全世界无产者，联合起来！

马克思诞辰200周年纪念版

马克思

资本论

Das Kapital

第一卷

中共中央 马克思 恩格斯 列宁 斯大林 著作编译局编译

人民出版社

马克思(1867年)

出 版 说 明

2018年5月5日，是卡尔·马克思诞辰200周年。为了纪念这位伟大革命导师，我们出版《资本论》纪念版，把马克思的这部不朽名著奉献给广大读者。

《资本论》是马克思毕生研究政治经济学的科学成果的集大成，是一部具有划时代意义的巨著。马克思在这部著作中运用辩证唯物主义和历史唯物主义的世界观和方法论揭示了资本主义社会的经济运动规律和资本主义产生、发展和灭亡的规律；根据对资本主义基本矛盾的分析，论证了资本主义为共产主义取代的历史必然性，为科学社会主义奠定了理论基础。这部著作在政治经济学领域实现了革命变革，创立了马克思主义政治经济学。《资本论》还包含有马克思主义哲学和科学社会主义的丰富内容，以及有关政治、法律、历史、教育、道德、宗教、科学技术、文学艺术和生态环境问题的精辟论述，是马克思主义的理论宝库。

《资本论》在20世纪30年代开始传入中国。1930年上海昆仑书店出版了陈启修翻译的《资本论》第一卷第一分册；1936年世界名著译社出版了侯外庐、王思华翻译的《资本论》第一卷。1938年上海读书生活出版社出版了郭大力、王亚南翻译的《资本论》第一、二、三卷，这是在中国首次出版的《资本论》的全译本。新中国成立后，郭大力、王亚南的译本由人民出版社多次再版。

中央编译局从20世纪60年代开始根据《马克思恩格斯全集》德文版，并参照《马克思恩格斯全集》俄文版翻译《资本论》第一、二、三卷，编入《马克思恩格斯全集》中文第一版第23、24、25卷，于1972年和1974年由人民出版社出版，1975年出版了单行本。《资本论》后经修订编入《马克思恩格斯全集》中文第二版第44、45、46卷和2009年出版的《马克思恩格斯文集》第5、6、7卷。

《资本论》纪念版按中央编译局编译的《马克思恩格斯文集》第5、6、7卷排印。

中共中央马克思恩格斯列宁斯大林著作编译局
人民出版社
2018年2月

凡　例

1.正文和附录中的文献分别按写作或发表时间编排。在个别情况下,为了保持一部著作或一组文献的完整性和有机联系,编排顺序则作变通处理。

2.目录和正文中凡标有星花*的标题,都是编者加的。

3.在引文中尖括号〈 〉内的文字和标点符号是马克思或恩格斯加的,引文中加圈点。处,是马克思或恩格斯加着重号的地方。

4.在目录和正文中方括号[ ]内的文字是编者加的。

5.未说明是编者加的脚注为马克思或恩格斯的原注。

6.《人名索引》、《文学作品和神话中的人物索引》、《文献索引》、《报刊索引》、《地名索引》、《名目索引》条目按汉语拼音字母顺序排列。

7.引文的出处中标有[P.]、[B.]、[M.]、[L.]、[Zh.]者,分别为马克思的《巴黎笔记》(1843年10月—1845年1月)、《布鲁塞尔笔记》(1845—1847年)、《曼彻斯特笔记》(1845年)、《伦敦笔记》(1850—1853年)和《引文笔记》(1859年)的外文缩写符号,符号后面的罗马数字和阿拉伯数字,分别指笔记本的编号和页码。

目　　录

第一卷说明 ………………………………………………………… *1—5*

卡·马克思　第一版序言 ……………………………………… 7—13
卡·马克思　第二版跋 ……………………………………… 14—23
卡·马克思　法文版序言和跋 ……………………………… 24—27
弗·恩格斯　第三版序言 …………………………………… 28—30
弗·恩格斯　英文版序言 …………………………………… 31—35
弗·恩格斯　第四版序言 …………………………………… 36—44

第　一　册
资本的生产过程

第　一　篇
商品和货币

第一章　商品 ……………………………………………………… 47—102
1.商品的两个因素:使用价值和价值(价值实体,价值量) ……………… 47
2.体现在商品中的劳动的二重性 ………………………………………… 54
3.价值形式或交换价值 …………………………………………………… 61
A.简单的、个别的或偶然的价值形式 ………………………………… 62

(1)价值表现的两极:相对价值形式和等价形式 62
(2)相对价值形式 63
(a)相对价值形式的内容 63
(b)相对价值形式的量的规定性 67
(3)等价形式 70
(4)简单价值形式的总体 75
B.总和的或扩大的价值形式 78
(1)扩大的相对价值形式 78
(2)特殊等价形式 79
(3)总和的或扩大的价值形式的缺点 80
C.一般价值形式 81
(1)价值形式的变化了的性质 81
(2)相对价值形式和等价形式的发展关系 84
(3)从一般价值形式到货币形式的过渡 86
D.货币形式 86
4.商品的拜物教性质及其秘密 88
第二章　交换过程 .... 103—113
第三章　货币或商品流通 .... 114—170
1.价值尺度 114
2.流通手段 124
(a)商品的形态变化 124
(b)货币的流通 136
(c)铸币。价值符号 147
3.货币 152
(a)货币贮藏 153

(b)支付手段 …… 158
(c)世界货币 …… 166

第 二 篇
货币转化为资本

第四章　货币转化为资本 …… 171—205
1.资本的总公式 …… 171
2.总公式的矛盾 …… 182
3.劳动力的买和卖 …… 194

第 三 篇
绝对剩余价值的生产

第五章　劳动过程和价值增殖过程 …… 207—231
1.劳动过程 …… 207
2.价值增殖过程 …… 217
第六章　不变资本和可变资本 …… 232—244
第七章　剩余价值率 …… 245—266
1.劳动力的剥削程度 …… 245
2.产品价值在产品相应部分上的表现 …… 255
3.西尼耳的“最后一小时” …… 258
4.剩余产品 …… 265
第八章　工作日 …… 267—350
1.工作日的界限 …… 267

2.对剩余劳动的贪欲。工厂主和领主 272
3.在剥削上不受法律限制的英国工业部门 282
4.日工和夜工。换班制度 297
5.争取正常工作日的斗争。14世纪中叶至17世纪末叶关于延长工作日的强制性法律 305
6.争取正常工作日的斗争。对劳动时间的强制的法律限制。1833—1864年英国的工厂立法 320
7.争取正常工作日的斗争。英国工厂立法对其他国家的影响 344
第九章　剩余价值率和剩余价值量 .... 351—361

第 四 篇
相对剩余价值的生产

第十章　相对剩余价值的概念 .... 363—373
第十一章　协作 .... 374—389
第十二章　分工和工场手工业 .... 390—426
1. 工场手工业的二重起源 390
2. 局部工人及其工具 393
3. 工场手工业的两种基本形式——混成的工场手工业和有机的工场手工业 396
4. 工场手工业内部的分工和社会内部的分工 406
5. 工场手工业的资本主义性质 416
第十三章　机器和大工业 .... 427—580
1. 机器的发展 427

2. 机器的价值向产品的转移 …… 443
3. 机器生产对工人的直接影响 …… 453
(a)资本对补充劳动力的占有。妇女劳动和儿童劳动 …… 453
(b)工作日的延长 …… 463
(c)劳动的强化 …… 470
4. 工厂 …… 481
5. 工人和机器之间的斗争 …… 492
6. 关于被机器排挤的工人会得到补偿的理论 …… 504
7. 工人随机器生产的发展而被排斥和吸引。棉纺织业的危机 …… 514
8. 大工业所引起的工场手工业、手工业和家庭劳动的革命 …… 529
(a)以手工业和分工为基础的协作的消灭 …… 529
(b)工厂制度对于工场手工业和家庭劳动的反作用 …… 531
(c)现代工场手工业 …… 532
(d)现代家庭劳动 …… 536
(e)现代工场手工业和家庭劳动向大工业的过渡。这一革命由于工厂法在这两种生产方式中的实行而加速 …… 541
9. 工厂立法(卫生条款和教育条款)。它在英国的普遍实行 …… 553
10. 大工业和农业 …… 578

第 五 篇
绝对剩余价值和相对剩余价值的生产

第十四章　绝对剩余价值和相对剩余价值 …… 581—592
第十五章　劳动力价格和剩余价值的量的变化 …… 593—606
I. 工作日的长度和劳动强度不变(已定),劳动生产力可变 …… 594

II. 工作日和劳动生产力不变，劳动强度可变 ………… 599
III. 劳动生产力和劳动强度不变，工作日可变 ………… 601
IV. 劳动的持续时间、劳动生产力和劳动强度同时变化 ………… 602
第十六章　剩余价值率的各种公式 ………… 607—611

第 六 篇
工　　资

第十七章　劳动力的价值或价格转化为工资 ………… 613—622
第十八章　计时工资 ………… 623—632
第十九章　计件工资 ………… 633—643
第二十章　工资的国民差异 ………… 644—649

第 七 篇
资本的积累过程

第二十一章　简单再生产 ………… 653—667
第二十二章　剩余价值转化为资本 ………… 668—706
1. 规模扩大的资本主义生产过程。商品生产所有权规律转变为资本主义占有规律 ………… 668
2. 政治经济学关于规模扩大的再生产的错误见解 ………… 679
3. 剩余价值分为资本和收入。节欲论 ………… 682
4. 几种同剩余价值分为资本和收入的比例无关但决定积累量的情况：劳动力的剥削程度；劳动生产力；所使用的资本和所消费的资本之间差额的扩大；预付资本的量 ………… 691

5. 所谓劳动基金 703
第二十三章　资本主义积累的一般规律 ...... 707—819
1. 在资本构成不变时，对劳动力的需求随积累的增长而增长 707
2. 在积累和伴随积累的积聚的进程中资本可变部分相对减少 717
3. 相对过剩人口或产业后备军的累进生产 725
4. 相对过剩人口的各种存在形式。资本主义积累的一般规律 738
5. 资本主义积累一般规律的例证 746
(a)1846—1866年的英格兰 746
(b)不列颠工业工人阶级中报酬微薄的阶层 754
(c)流动人口 765
(d)危机对工人阶级中报酬最优厚的部分的影响 769
(e)不列颠的农业无产阶级 774
(f)爱尔兰 803
第二十四章　所谓原始积累 ...... 820—875
1. 原始积累的秘密 820
2. 对农村居民土地的剥夺 823
3. 15世纪末以来惩治被剥夺者的血腥立法。压低工资的法律 843
4. 资本主义租地农场主的产生 851
5. 农业革命对工业的反作用。工业资本的国内市场的形成 854
6. 工业资本家的产生 859

7. 资本主义积累的历史趋势 …… 872
第二十五章　现代殖民理论 …… 876—887

注释 …… 891—957
人名索引 …… 958—1002
文学作品和神话中的人物索引 …… 1003—1007
文献索引 …… 1008—1073
报刊索引 …… 1074—1080
名目索引 …… 1081—1119
计量单位和货币名称表 …… 1120—1121

插　　图

马克思1867年8月16日给恩格斯的信 …… 3—4
《资本论》第一卷1867年德文版的封面 …… 11
马克思给《资本论》第一卷法文本出版者拉沙特尔的信 …… 25
《资本论》第一卷1890年德文版的扉页 …… 39
1938年上海读书出版社出版、1947年再版的《资本论》第一、二、三卷 …… 44—45

第一卷说明

《资本论》是马克思毕生研究政治经济学的伟大成果，是一部具有划时代意义的巨著。马克思在这部著作中运用辩证唯物主义和历史唯物主义的世界观和方法论揭示了资本主义社会的经济运动规律和资本主义产生、发展和灭亡的历史规律；根据对资本主义基本矛盾的分析，论证了资本主义被共产主义取代的历史必然性，为科学社会主义奠定了理论基础。这部著作在政治经济学领域实现了革命变革，创立了马克思主义政治经济学。《资本论》内容极其丰富，除经济学内容外，还包含马克思主义哲学和科学社会主义的内容，以及有关政治、法律、历史、教育、道德、宗教、科学技术、文学艺术的精辟论述，是马克思主义的理论宝库。

本卷为《资本论》第一卷《资本的生产过程》，主要研究资本直接生产过程中包含的各方面的关系。第一版于1867年在汉堡出版，分为六章。第一版出版后，马克思对内容和篇章结构作了修订，1872—1873年以分册形式出版了第二版，分为七篇二十五章。

在《第一版序言》和《第二版跋》中，马克思论述了《资本论》的研究对象和方法，指出：本书研究的是资本主义生产方式以及和它相适应的生产关系和交换关系，最终目的就是揭示现代社会的经济运动规律，贯穿全书的方法是唯物辩证法。马克思在建立《资本论》的理论体系时，使用的是从抽象上升到具体的逻辑方法。

在第一篇中，马克思研究了商品和货币，他从分析商品开始，阐明商品作为资本主义的经济细胞，包含着资本主义生产关系各种矛盾的萌芽，指出：商品具有使用价值和价值两个因素，商品的二因素根源于生产商品的劳动的二重性——具体劳动和抽象劳动；具体劳动生产使用价值，抽象劳动生产价值，价值的实体就是人类抽象劳动的凝结；劳动二重性的理论是理解政治经济学的枢纽，商品生产的矛盾反映资本主义社会中私人劳动和社会劳动的矛盾。马克思通过对价值形式的分析，揭示了货币的起源和本质，指出：货币是商品生产和交换发展的必然产物，货币的产生和使用使商品的使用价值和价值之间、具体劳动和抽象劳动之间、私人劳动和社会劳动之间的内在矛盾，转化为商品和货币这一外在矛盾；货币是商品交换的最后产物，又是资本发展的最初表现形式。马克思还详细论述了货币的各种职能，批判了商品拜物教。

在第二篇至第六篇中，马克思论述了货币转化为资本、绝对剩余价值的生产和相对剩余价值的生产，以及工资等理论，系统地阐明了剩余价值的直接生产过程。剩余价值理论是马克思政治经济学的核心理论，揭示了资本主义经济制度的本质。马克思论述了剩余价值生产的起点是货币转化为资本，这种转化的决定性条件是劳动力成为商品，指出：劳动力商品的出现是历史发展的结果；劳动力的价值等于生产和再生产工人及其家属的生活资料的价值；劳动力的使用价值是劳动，它是价值的源泉；雇佣工人在劳动中创造的价值除补偿劳动力的价值外，还有剩余，这些剩余价值被资本家无偿占有。马克思认为，资本是能带来剩余价值的价值，是一种特殊历史阶段上的社会生产关系。

马克思在劳动二重性的基础上，分析了资本主义生产过程的二重性，指出：资本主义生产一方面是生产使用价值的劳动过程，另一方面是生产剩余价值的价值形成和价值增殖过程；雇佣工人在必要劳动时间内生产出自己劳动力的等价，在剩余劳动时间内无偿地为资本家生产出剩余价值。马克思首次区分了购买生产资料的不变资本和购买劳动力的可变资本，指出它们在价值形成和价值增殖过程中起着完全不同的作用：不变资本只把价值转移到产品上，只有可变资本才不仅生产出劳动力价值的等价，而且生产出剩余价值。这样，马克思就进一步揭示了剩余价值的真正来源。马克思还分析了生产剩余价值的两种基本方式：一种是靠延长工作日来增加剩余价值，这是绝对剩余价值的生产；另一种是在工作日长度不变的条件下靠提高劳动生产率和降低劳动力价值来增加剩余价值，这是相对剩余价值的生产。在分析相对剩余价值的生产时，马克思考察了资本主义提高社会劳动生产力的三种基本历史形式——简单协作、工场手工业、机器大工业，指出机器大工业是资本主义生产方式最合适的技术基础，并对此作了深入的分析。马克思阐明了工资的本质，指出工资是劳动力价值的转化形式，强调工人在劳动中所创造的价值实际上大于劳动力的价值，工资只是工人劳动所创造的价值的一部分。

在第七篇中马克思论述了资本的积累过程，阐明了资本是怎样从剩余价值中产生的，揭示了资本积累的本质、一般规律和历史趋势。他考察了简单再生产和扩大再生产，指出：简单再生产是以原有规模不断重复进行的社会生产过程，它是扩大再生产的基础；扩大再生产是通过剩余价值不断资本化而使生产规模不断扩大的社会生产过程。他认为，从生产的不断循环中，可以看清可变资本不是资本家自己的预付，而是工人在以前的生产周期中创造的剩余价值；资本家的全部资本，不管最初来源如何，经过若干再生产循环之后都会成为被逐年占有的剩余价值；资本主义的再生产同时是资本主义关系的再生产，再生产过程一方面生产出物质财富，被资本家无偿占有，另一方面生产出除劳动力之外一无所有的无产者，他们注定要受雇于资本家。马克思指出，资本主义再生产的特点是扩大再生产，在这一过程中，资本积累得越多，生产越扩大，就越能更多地积累，这样，商品生产的所有权规律就转变为资本主义占有规律；在简单商品生产条件下，生产者对自己的劳动产品拥有所有权，而在资本主义生产条件下，所有权对资本家来说表现为占有他人无酬劳动的权力。他还指出，随着资本积累和生产的发展，用于生产资料的不变资本不断增大，用于雇佣工人的可变资本不断相对缩小，资本有机构成的不断提高必然造成过剩人口，形成庞大的产业后备军，这是资本主义特有的现象。马克思列举了产业后备军的各种存在形式，指出产业后备军是资本主义生产方式的必然产物，也是这种生产方式发展的条件。

本篇最后考察了资本的原始积累。马克思用铁的事实证明，历史上劳动者被剥夺生产资料的过程决不是田园诗般的过程，而是用血与火的文字载入史册的过程。马克思指出，资本主义必将经历一种否定的否定过程：资本主义生产方式的确立，是对个人的、以自己劳动为基础的私有制的第一个否定；但资本主义生产由于自然过程的必然性，造成了对自身的否定，这是否定的否定。马克思强调这种否定不是重新建立私有制，而是在协作和对土地及靠劳动本身生产的生产资料的共同占有的基础上，重新建立个人所有制。马克思根据对资本主义的基本矛盾即社会化生产与资本主义私人占有之间的矛盾的分析，揭示了资本主义必然灭亡的历史趋势：资本主义私有制的丧钟就要响了，剥夺者就要被剥夺了。

卡·马克思

资　本　论

政 治 经 济 学 批 判

第　一　卷

第一册：资本的生产过程

Ich brauche die Reinabzüge nicht zurück, sobald das Buch ganz erschienen ist.

2 Uhr Nachts. 16 Aug. 1867.

Dear Fred,

Eben den letzten Bogen (49.) des Buchs fertig corrigirt. Der Anhang — Werthform — kleingedruckt, umfaßt 1¼ Bogen.

Vorrede ditto gestern corrigirt zurückgeschickt. Also dieser Band ist fertig. Blos Dir verdanke ich es, daß dieß möglich war! Ohne Deine Aufopferung für mich konnte ich unmöglich die ungeheuren Arbeiten zu den 3 Bänden machen. I embrace you, full of thanks!

Einliegend 2 Bogen Reinabzug.

Die 15 £ mit bestem Dank erhalten.

Salut, mein lieber, theurer Freund!

Dein K. Marx.

马克思1867年8月16日给恩格斯的信

（中译文见下页）

马克思致恩格斯
曼彻斯特

1867年8月16日**凌晨两点**[于伦敦]

亲爱的弗雷德：

这本书的**最后一个印张**(第49印张)刚刚校完。**用小号字排印的**附录《**价值形式**》占了$1\frac{1}{4}$个印张。

序言也已于昨日校完并寄回。这样,**这一卷就完成了**。这本书能够完成,完全要归功于**你**!没有你为我作的牺牲,我是不可能完成这三卷书的繁重工作的。我满怀感激的心情拥抱你!

附上两个印张的清样。

15英镑已收到,非常感谢。

我的亲爱的、忠实的朋友,祝好!

你的　卡·马克思

等书出版以后,我才需要索回清样。

献　　给

我的难以忘怀的朋友

勇敢的忠实的高尚的无产阶级先锋战士

威廉·沃尔弗

1809年6月21日生于塔尔瑙

1864年5月9日死于曼彻斯特流亡生活中

第一版序言[1]

我把这部著作的第一卷交给读者。这部著作是我1859年发表的《政治经济学批判》的续篇。初篇和续篇相隔很久，是由于多年的疾病一再中断了我的工作。

前书的内容已经在本卷第一章作了概述。[2]这样做不仅是为了联贯和完整，叙述方式也改进了。在情况许可的范围内，前书只是略略提到的许多论点，这里都作了进一步的阐述；相反地，前书已经详细阐述的论点，这里只略略提到。关于价值理论和货币理论的历史的部分，现在自然完全删去了。[3]但是前书的读者可以在本书第一章的注释中，找到有关这两种理论的历史的新资料。

万事开头难，每门科学都是如此。所以本书第一章，特别是分析商品的部分，是最难理解的。其中对价值实体和价值量的分析，我已经尽可能地做到通俗易懂。(1)以货币形式为完成形态的价值形式，

---

(1)这样做之所以更加必要，是因为甚至斐·拉萨尔著作中反对舒尔采-德里奇的部分，即他声称已经提出我对那些问题的阐述的"思想精髓"的部分，也包含着严重的误解。顺便说一下，斐·拉萨尔经济著作中所有一般的理论原理，如关于资本的历史性质、关于生产关系和生产方式之间的联系等等，几乎是逐字地——甚至包括我创造的术语——从我的作品中抄去的，而且没有说明出处，这样做显然是出于宣传上的考虑。我当然不是说他在细节上的论述和实际上的应用，这同我没有关系。[4]

是极无内容和极其简单的。然而，两千多年来人类智慧对这种形式进行探讨的努力，并未得到什么结果①，而对更有内容和更复杂的形式的分析，却至少已接近于成功。为什么会这样呢？因为已经发育的身体比身体的细胞容易研究些。并且，分析经济形式，既不能用显微镜，也不能用化学试剂。二者都必须用抽象力来代替。而对资产阶级社会说来，劳动产品的商品形式，或者商品的价值形式，就是经济的细胞形式。在浅薄的人看来，分析这种形式好像是斤斤于一些琐事。这的确是琐事，但这是显微解剖学所要做的那种琐事。

因此，除了价值形式那一部分外，不能说这本书难懂。当然，我指的是那些想学到一些新东西、因而愿意自己思考的读者。

物理学家是在自然过程表现得最确实、最少受干扰的地方观察自然过程的，或者，如有可能，是在保证过程以其纯粹形态进行的条件下从事实验的。我要在本书研究的，是资本主义生产方式以及和它相适应的生产关系和交换关系。到现在为止，这种生产方式的典型地点是英国。因此，我在理论阐述上主要用英国作为例证。但是，如果德国读者看到英国工农业工人所处的境况而伪善地耸耸肩膀，或者以德国的情况远不是那样坏而乐观地自我安慰，那我就要大声地对他说：这正是说的阁下的事情[5]！

问题本身并不在于资本主义生产的自然规律所引起的社会对抗的发展程度的高低。问题在于这些规律本身，在于这些以铁的必然性发生作用并且正在实现的趋势。工业较发达的国家向工业较不发达的国家所显示的，只是后者未来的景象。

撇开这点不说。在资本主义生产已经在我们那里完全确立的地

---

①见本卷第74—75页。——编者注

方，例如在真正的工厂里，由于没有起抗衡作用的工厂法，情况比英国要坏得多。在其他一切方面，我们也同西欧大陆所有其他国家一样，不仅苦于资本主义生产的发展，而且苦于资本主义生产的不发展。除了现代的灾难而外，压迫着我们的还有许多遗留下来的灾难，这些灾难的产生，是由于古老的、陈旧的生产方式以及伴随着它们的过时的社会关系和政治关系还在苟延残喘。不仅活人使我们受苦，而且死人也使我们受苦。死人抓住活人！

德国和西欧大陆其他国家的社会统计，与英国相比是很贫乏的。[6]然而它还是把帷幕稍稍揭开，使我们刚刚能够窥见幕内美杜莎的头。如果我国各邦政府和议会像英国那样，定期指派委员会去调查经济状况，如果这些委员会像英国那样，有全权去揭发真相，如果为此能够找到像英国工厂视察员、编写《公共卫生》报告的英国医生、调查女工童工受剥削的情况以及居住和营养条件等等的英国调查委员那样内行、公正、坚决的人们，那么，我国的情况就会使我们大吃一惊。柏修斯需要一顶隐身帽来追捕妖怪。我们却用隐身帽紧紧遮住眼睛和耳朵，以便有可能否认妖怪的存在。

决不要在这上面欺骗自己。正像18世纪美国独立战争[7]给欧洲中等阶级敲起了警钟一样，19世纪美国南北战争[8]又给欧洲工人阶级敲起了警钟。在英国，变革过程已经十分明显。它达到一定程度后，一定会波及大陆。在那里，它将采取较残酷的还是较人道的形式，那要看工人阶级自身的发展程度而定。所以，现在的统治阶级，撇开其较高尚的动机不说，他们的切身利益也迫使他们除掉一切可以由法律控制的、妨害工人阶级发展的障碍。因此，我在本卷中还用了很大的篇幅来叙述英国工厂立法的历史、内容和结果。一个国家应该而且可以向其他国家学习。一个社会即使探索到了本身运动的自然规律——本书的最终目的就是揭示现代社会的经济运动规律——，它还是既不能跳过也不能用法令取消自然的发展阶段。但是它能缩短和减轻分娩的痛苦。

为了避免可能产生的误解，要说明一下。我决不用玫瑰色描绘资本家和地主的面貌。不过这里涉及的人，只是经济范畴的人格化，是一定的阶级关系和利益的承担者。我的观点是把经济的社会形态的发展理解为一种自然史的过程。不管个人在主观上怎样超脱各种关系，他在社会意义上总是这些关系的产物。同其他任何观点比起来，我的观点是更不能要个人对这些关系负责的。

在政治经济学领域内，自由的科学研究遇到的敌人，不只是它在一切其他领域内遇到的敌人。政治经济学所研究的材料的特殊性质，把人们心中最激烈、最卑鄙、最恶劣的感情，把代表私人利益的复仇女神召唤到战场上来反对自由的科学研究。例如，英国高教会派[9]宁愿饶恕对它的三十九条信纲[10]中的三十八条信纲进行的攻击，而不饶恕对它的现金收入的三十九分之一进行的攻击。在今天，同批评传统的财产关系相比，无神论本身是一种很小的过失。但在这方面，进步仍然是无可怀疑的。以最近几星期内发表的蓝皮书[11]《就工业和工联问题同女王陛下驻外使团的信函往来》为例。英国女王驻外使节在那里坦率地说，在德国，在法国，一句话，在欧洲大陆的一切文明国家，现有的劳资关系的变化同英国一样明显，一样不可避免。同时，大西洋彼岸的北美合众国副总统威德先生也在公众集会上说：在奴隶制废除后，资本关系和土地所有权关系的变化会提到日程上来！这是时代的标志，不是用紫衣黑袍遮掩得了的。这并不是说明天就会出现奇迹。但这表明，甚至在统治阶级中间也已经透露出一种模糊的感觉：现在的社会不是坚实的结晶体，而是一个能够变化并

Das Kapital.

Kritik der politischen Oekonomie.

Von

Karl Marx.

Erster Band.

Buch I: Der Produktionsprocess des Kapitals.

Hamburg

Verlag von Otto Meissner.

1867.

New-York: L. W. Schmidt, 24 Barclay-Street.

《资本论》第一卷1867年德文版的封面

且经常处于变化过程中的有机体。

这部著作的第二卷将探讨资本的流通过程(第二册)和总过程的各种形式(第三册),第三卷即最后一卷(第四册)将探讨理论史。[12]

任何的科学批评的意见我都是欢迎的。而对于我从来就不让步的所谓舆论的偏见,我仍然遵守伟大的佛罗伦萨人的格言:

走你的路,让人们去说罢![13]

卡尔·马克思

1867年7月25日于伦敦

第二版跋

我首先应当向第一版的读者指出第二版中所作的修改。很明显的是，篇目更加分明了。各处新加的注，都标明是第二版注。就正文本身说，最重要的有下列各点：

第一章第一节更加科学而严密地从表现每个交换价值的等式的分析中引出了价值，而且明确地突出了在第一版中只是略略提到的价值实体和由社会必要劳动时间决定的价值量之间的联系。第一章第三节（价值形式）全部改写了，第一版的双重叙述就要求这样做。——顺便指出，这种双重叙述是我的朋友，汉诺威的路·库格曼医生建议的。1867年春，初校样由汉堡寄来时，我正好访问他。他使我相信，大多数读者需要有一个关于价值形式的更带讲义性的补充说明。——第一章最后一节《商品的拜物教性质及其秘密》大部分修改了。第三章第一节（价值尺度）作了仔细的修改，因为在第一版中，考虑到《政治经济学批判》（1859年柏林版）已有的说明，这一节是写得不够细致的。第七章，特别是这一章的第二节，作了很大的修改。

原文中局部的、往往只是修辞上的修改，用不着一一列举出来。这些修改全书各处都有。但是，现在我校阅正在巴黎出版的法译本[14]时，发现德文原本的某些部分有的地方需要更彻底地修改，有的地方需要更好地修辞或更仔细地消除一些偶然的疏忽。可是我没有时间这样做，因为只是在1871年秋，正当我忙于其他迫切的工作的时候，我才接到通知说，书已经卖完了，而第二版在1872年1月就要付印。

《资本论》在德国工人阶级广大范围内迅速得到理解，是对我的劳动的最好的报酬。一个在经济方面站在资产阶级立场上的人，维也纳的工厂主迈尔先生，在普法战争[15]期间发行的一本小册子[16]中说得很对：被认为是德国世袭财产的卓越的理论思维能力，已在德国的所谓有教养的阶级中完全消失了，但在德国工人阶级中复活了。[17]

在德国，直到现在，政治经济学一直是外来的科学。古斯塔夫·冯·居利希在他的《商业、工业和农业的历史叙述》中，特别是在1830年出版的该书的前两卷中，已经大体上谈到了在我们这里妨碍资本主义生产方式发展、因而也妨碍现代资产阶级社会建立的历史条件。可见，政治经济学在我国缺乏生长的土壤。它作为成品从英国和法国输入；德国的政治经济学教授一直是学生。别国的现实在理论上的表现，在他们手中变成了教条集成，被他们用包围着他们的小资产阶级世界的精神去解释，就是说，被曲解了。他们不能把在科学上无能为力的感觉完全压制下去，他们不安地意识到，他们必须在一个实际上不熟悉的领域内充当先生，于是就企图用博通文史的美装，或用无关材料的混合物来加以掩饰。这种材料是从所谓官房学[18]——各种知识的杂拌，满怀希望的①德国官僚候补者必须通过的炼狱之火——抄袭来的。

从1848年起，资本主义生产在德国迅速地发展起来，现在正是

①在第三和四版中是："毫无希望的"。——编者注

它的欺诈盛行的时期。但是我们的专家还是命运不好。当他们能够不偏不倚地研究政治经济学时,在德国的现实中没有现代的经济关系。而当这些关系出现时,他们所处的境况已经不再容许他们在资产阶级的视野之内进行不偏不倚的研究了。只要政治经济学是资产阶级的政治经济学,就是说,只要它把资本主义制度不是看做历史上过渡的发展阶段,而是看做社会生产的绝对的最后的形式,那就只有在阶级斗争处于潜伏状态或只是在个别的现象上表现出来的时候,它还能够是科学。

拿英国来说。英国古典政治经济学是属于阶级斗争不发展的时期的。它的最后的伟大的代表李嘉图,终于有意识地把阶级利益的对立、工资和利润的对立、利润和地租的对立当做他的研究的出发点,因为他天真地把这种对立看做社会的自然规律。这样,资产阶级的经济科学也就达到了它的不可逾越的界限。还在李嘉图活着的时候,就有一个和他对立的人西斯蒙第批判资产阶级的经济科学了。(1)

随后一个时期,从1820年到1830年,在英国,政治经济学方面的科学活动极为活跃。这是李嘉图的理论庸俗化和传播的时期,同时也是他的理论同旧的学派进行斗争的时期。[20]这是一场出色的比赛。当时的情况,欧洲大陆知道得很少,因为论战大部分是分散在杂志论文、关于时事问题的著作和抨击性小册子上。这一论战的不偏不倚的性质——虽然李嘉图的理论也例外地被用做攻击资产阶级经济的武器[21]——可由当时的情况来说明。一方面,大工业本身刚刚脱离幼年时期;大工业只是从1825年的危机才开始它的现代

(1)见我的《政治经济学批判》第39页。[19]

生活的周期循环，就证明了这一点。另一方面，资本和劳动之间的阶级斗争被推到后面：在政治方面是由于纠合在神圣同盟[22]周围的政府和封建主同资产阶级所领导的人民大众之间发生了纠纷；在经济方面是由于工业资本和贵族土地所有权之间发生了纷争。这种纷争在法国是隐藏在小块土地所有制和大土地所有制的对立后面，在英国则在谷物法[23]颁布后公开爆发出来。这个时期英国的政治经济学文献，使人想起魁奈医生逝世后法国经济学的狂飙时期，但这只是像晚秋晴日使人想起春天一样。1830年，最终决定一切的危机发生了。

资产阶级在法国和英国夺得了政权。从那时起，阶级斗争在实践方面和理论方面采取了日益鲜明的和带有威胁性的形式。它敲响了科学的资产阶级经济学的丧钟。现在问题不再是这个或那个原理是否正确，而是它对资本有利还是有害，方便还是不方便，违反警方规定还是不违反警方规定。无私的研究让位于豢养的文丐的争斗，不偏不倚的科学探讨让位于辩护士的坏心恶意。甚至以工厂主科布顿和布莱特为首的反谷物法同盟[24]抛出的强迫人接受的小册子，由于对地主贵族展开了论战，即使没有科学的意义，毕竟也有历史的意义。但是罗伯特·皮尔爵士执政以来的自由贸易的立法，也把庸俗经济学的最后这根刺拔掉了。[25]

1848年大陆的革命也在英国产生了反应。那些还要求有科学地位、不愿单纯充当统治阶级的诡辩家和献媚者的人，力图使资本的政治经济学同这时已不容忽视的无产阶级的要求调和起来。于是，以约翰·斯图亚特·穆勒为最著名代表的平淡无味的混合主义产生了。[26]这宣告了"资产阶级"经济学的破产，关于这一点，俄国的伟大学者和批评家尼·车尔尼雪夫斯基在他的《穆勒政治经济学概述》中已作了出色的说明。

可见,在资本主义生产方式的对抗性质在法国和英国通过历史斗争而明显地暴露出来以后,资本主义生产方式才在德国成熟起来,同时,德国无产阶级比德国资产阶级在理论上已经有了更明确的阶级意识。因此,当资产阶级政治经济学作为一门科学看来在德国有可能产生的时候,它又成为不可能了。

在这种情况下,资产阶级政治经济学的代表人物分成了两派。一派是精明的、贪利的实践家,他们聚集在庸俗经济学辩护论的最浅薄的因而也是最成功的代表巴师夏的旗帜下;另一派是以经济学教授资望自负的人,他们追随约·斯·穆勒,企图调和不能调和的东西①。德国人在资产阶级经济学衰落时期,也同在它的古典时期一样,始终只是学生、盲从者和模仿者,是外国大商行的小贩。

所以,德国社会特殊的历史发展,排除了"资产阶级"经济学在德国取得任何独创的成就的可能性,但是没有排除对它进行批判的可能性。就这种批判代表一个阶级而论,它能代表的只是这样一个阶级,这个阶级的历史使命是推翻资本主义生产方式和最后消灭阶级。这个阶级就是无产阶级。

德国资产阶级的博学的和不学无术的代言人,最初企图像他们在对付我以前的著作时曾经得逞那样,用沉默置《资本论》于死地。[27]当这种策略已经不再适合当时形势的时候,他们就借口批评我的书,开了一些药方来"镇静资产阶级的意识",但是他们在工人报刊上(例如约瑟夫·狄慈根在《人民国家报》上发表的文章[28])遇到了强有力的

①关于穆勒的较详细的评述,见本卷第590—592页。——编者注

对手，至今还没有对这些对手作出答复。(1)

1872年春，彼得堡出版了《资本论》的优秀的俄译本。初版3 000册现在几乎已售卖一空。1871年，基辅大学政治经济学教授尼·季别尔先生在他的《李嘉图的价值和资本理论》一书中就已经证明，我的价值、货币和资本的理论就其要点来说是斯密—李嘉图学说的必然的发展。使西欧读者在阅读他的这本出色的著作时感到惊异的，是纯理论观点的始终一贯。

人们对《资本论》中应用的方法理解得很差，这已经由对这一方法的各种互相矛盾的评论所证明。

例如，巴黎的《实证论者评论》[29]一方面责备我形而上学地研究经济学，另一方面责备我——你们猜猜看！——只限于批判地分析既成的事实，而没有为未来的食堂开出调味单(孔德主义的吗?)。关于形而上学的责备，季别尔教授指出：

> “就理论本身来说，马克思的方法是整个英国学派的演绎法，其优点和缺点是一切最优秀的理论经济学家所共有的。”[30]

---

(1)德国庸俗经济学的油嘴滑舌的空谈家，指责我的著作的文体和叙述方法。对于《资本论》文字上的缺点，我本人的评判比任何人都更为严厉。然而，为了使这些先生及其读者受益和愉快，我要在这里援引一篇英国的和一篇俄国的评论。同我的观点完全敌对的《星期六评论》在其关于德文第一版的短评中说道：叙述方法“使最枯燥无味的经济问题具有一种独特的魅力”。1872年4月20日的《圣彼得堡消息报》也说：“除了少数太专门的部分以外，叙述的特点是通俗易懂，明确，尽管研究对象的科学水平很高却非常生动。在这方面，作者……和大多数德国学者大不相同，这些学者……用含糊不清、枯燥无味的语言写书，以致普通人看了脑袋都要裂开。”但是，对现代德国民族自由党教授的著作的读者说来，要裂开的是和脑袋完全不同的东西。

莫·布洛克先生在《德国的社会主义理论家》(摘自1872年7月和8月《经济学家杂志》)一文中,发现我的方法是分析的方法,他说:

"马克思先生通过这部著作而成为一个最出色的具有分析能力的思想家。"

德国的评论家当然大叫什么黑格尔的诡辩。[31]彼得堡的《欧洲通报》在一篇专谈《资本论》的方法的文章(1872年5月号第427—436页)[32]中,认为我的研究方法是严格的实在论的,而叙述方法不幸是德国辩证法的。作者写道:

"如果从外表的叙述形式来判断,那么最初看来,马克思是最大的唯心主义哲学家,而且是德国的极坏的唯心主义哲学家。而实际上,在经济学的批判方面,他是他的所有前辈都无法比拟的实在论者…… 决不能把他称为唯心主义者。"

我回答这位作者先生的最好的办法,是从他自己的批评中摘出几段话来,这几段话也会使某些不懂俄文原文的读者感到兴趣。

这位作者先生从我的《政治经济学批判》序言(1859年柏林版第4—7页[33],在那里我说明了我的方法的唯物主义基础)中摘引一段话后说:

"在马克思看来,只有一件事情是重要的,那就是发现他所研究的那些现象的规律。而且他认为重要的,不仅是在这些现象具有完成形式和处于一定时期内可见到的联系中的时候支配着它们的那个规律。在他看来,除此而外,最重要的是这些现象变化的规律,这些现象发展的规律,即它们由一种形式过渡到另一种形式,由一种联系秩序过渡到另一种联系秩序的规律。他一发现了这个规律,就详细地来考察这个规律在社会生活中表现出来的各种后果…… 所以马克思竭力去做的只是一件事:通过准确的科学研究来证明社会关系的一定秩序的必然性,同时尽可能完善地指出那些作为他的出发点和根据的事实。为了这个目的,只要证明现有秩序的必然性,同时证明这种秩序不可避免地要过渡到另一种秩序的必然性就完全够了,而不管人们相信或不相信,意识到或没有意识到这种过渡。马克思把社会运动看做受一定规律支配的自然史过程，这些规律不仅不以人的意志、意识和意图为转移，反而决定人的意志、意识和意图…… 既然意识要素在文化史上只起着这种从属作用，那么不言而喻，以文化本身为对象的批判，比任何事情更不能以意识的某种形式或某种结果为依据。这就是说，作为这种批判的出发点的不能是观念，而只能是外部的现象。批判将不是把事实和观念比较对照，而是把一种事实同另一种事实比较对照。对这种批判唯一重要的是，对两种事实进行尽量准确的研究，使之真正形成相互不同的发展阶段，但尤其重要的是，对各种秩序的序列、对这些发展阶段所表现出来的顺序和联系进行同样准确的研究…… 但是有人会说，经济生活的一般规律，不管是应用于现在或过去，都是一样的。马克思否认的正是这一点。在他看来，这样的抽象规律是不存在的…… 根据他的意见，恰恰相反，每个历史时期都有它自己的规律…… 一旦生活经过了一定的发展时期，由一定阶段进入另一阶段时，它就开始受另外的规律支配。总之，经济生活呈现出的现象和生物学的其他领域的发展史颇相类似…… 旧经济学家不懂得经济规律的性质，他们把经济规律同物理学定律和化学定律相比拟…… 对现象所作的更深刻的分析证明，各种社会有机体像动植物有机体一样，彼此根本不同…… 由于这些有机体的整个结构不同，它们的各个器官有差别，以及器官借以发生作用的条件不一样等等，同一个现象就受完全不同的规律支配。例如，马克思否认人口规律在任何时候在任何地方都是一样的。相反地，他断言每个发展阶段有它自己的人口规律…… 生产力的发展水平不同，生产关系和支配生产关系的规律也就不同。马克思给自己提出的目的是，从这个观点出发去研究和说明资本主义经济制度，这样，他只不过是极其科学地表述了任何对经济生活进行准确的研究必须具有的目的…… 这种研究的科学价值在于阐明支配着一定社会有机体的产生、生存、发展和死亡以及为另一更高的有机体所代替的特殊规律。马克思的这本书确实具有这种价值。”

这位作者先生把他称为我的实际方法的东西描述得这样恰当，并且在谈到我个人对这种方法的运用时又抱着这样的好感，那他所描述的不正是辩证方法吗？

当然，在形式上，叙述方法必须与研究方法不同。研究必须充分地占有材料，分析它的各种发展形式，探寻这些形式的内在联系。只有这项工作完成以后，现实的运动才能适当地叙述出来。这点一旦做到，材料的生命一旦在观念上反映出来，呈现在我们面前的就好像是一个先验的结构了。

我的辩证方法，从根本上来说，不仅和黑格尔的辩证方法不同，而且和它截然相反。[34]在黑格尔看来，思维过程，即甚至被他在观念这一名称下转化为独立主体的思维过程，是现实事物的创造主，而现实事物只是思维过程的外部表现。我的看法则相反，观念的东西不外是移入人的头脑并在人的头脑中改造过的物质的东西而已。

将近30年以前，当黑格尔辩证法还很流行的时候，我就批判过黑格尔辩证法的神秘方面。但是，正当我写《资本论》第一卷时，今天在德国知识界发号施令的、愤懑的、自负的、平庸的模仿者们[35]，却已高兴地像莱辛时代大胆的莫泽斯·门德尔松对待斯宾诺莎那样对待黑格尔，即把他当做一条“死狗”[36]了。因此，我公开承认我是这位大思想家的学生，并且在关于价值理论的一章中，有些地方我甚至卖弄起黑格尔特有的表达方式。辩证法在黑格尔手中神秘化了，但这决没有妨碍他第一个全面地有意识地叙述了辩证法的一般运动形式。在他那里，辩证法是倒立着的。必须把它倒过来，以便发现神秘外壳中的合理内核。

辩证法，在其神秘形式上，成了德国的时髦东西，因为它似乎使现存事物显得光彩。辩证法，在其合理形态上，引起资产阶级及其空论主义的代言人的恼怒和恐怖，因为辩证法在对现存事物的肯定的理解中同时包含对现存事物的否定的理解，即对现存事物的必然灭亡的理解；辩证法对每一种既成的形式都是从不断的运动中，因而也是从它的暂时性方面去理解；辩证法不崇拜任何东西，按其本质来说，它是批判的和革命的。

使实际的资产者最深切地感到资本主义社会充满矛盾的运动的，是现代工业所经历的周期循环的各个变动，而这种变动的顶点就是普遍危机。这个危机又要临头了，虽然它还处于预备阶段；由于它的舞台的广阔和它的作用的强烈，它甚至会把辩证法灌进新的神圣普鲁士德意志帝国的暴发户们的头脑里去。

卡尔·马克思

1873年1月24日于伦敦

法文版序言和跋

致莫里斯·拉沙特尔公民

亲爱的公民：

您想定期分册出版《资本论》的译本[14]，我很赞同。这本书这样出版，更容易到达工人阶级的手里，在我看来，这种考虑是最为重要的。

这是您的想法好的一面，但也有坏的一面：我所使用的分析方法至今还没有人在经济问题上运用过，这就使前几章读起来相当困难。法国人总是急于追求结论，渴望知道一般原则同他们直接关心的问题的联系，因此我很担心，他们会因为一开始就不能继续读下去而气馁。

这是一种不利，对此我没有别的办法，只有事先向追求真理的读者指出这一点，并提醒他们。在科学上没有平坦的大道，只有不畏劳苦沿着陡峭山路攀登的人，才有希望达到光辉的顶点。

亲爱的公民，请接受我对您的忠诚。

卡尔·马克思

1872年3月18日于伦敦

致　读　者

约·鲁瓦先生保证尽可能准确地、甚至逐字逐句地进行翻译。

Londres 18 Mars 1872.

Au citoyen Maurice La Châtre

Cher citoyen,

J'applaudis à votre idée de publier la traduction de "Das Kapital" en livraisons périodiques. Sous cette forme l'ouvrage sera plus accessible à la classe ouvrière et pour moi cette considération l'emporte sur toute autre.

Voilà le beau côté de votre médaille, mais en voici le revers: la méthode d'analyse que j'ai employée et qui n'avait pas encore été appliquée aux sujets économiques, rend assez ardue la lecture des premiers chapitres, et il est à craindre que le public français, toujours impatient de conclure, avide de connaître le rapport des principes généraux avec les questions immédiates qui le passionnent, ne se rebute parce qu'il n'aura pu tout d'abord passer outre.

C'est là un désavantage contre lequel je ne puis rien si ce n'est toutefois prévenir et prémunir les lecteurs soucieux de vérité. Il n'y a pas de route royale pour la science et ceux-là seulement ont chance d'arriver à ses sommets lumineux qui ne craignent pas de se fatiguer à gravir ses sentiers escarpés.

Recevez, cher citoyen, l'assurance de mes sentiments dévoués.

Karl Marx.

马克思给《资本论》第一卷法文本出版者拉沙特尔的信

他非常认真地完成了自己的任务。但正由于他那样认真，我不得不对表述方法作些修改，使读者更容易理解。因为本书分册出版，这些修改是逐日作的，所以不能处处一样仔细，文体不免有不一致的地方。

在担负校正工作后，我就感到作为依据的原本（德文第二版）应当作一些修改，有些论述要简化，另一些要加以完善，一些补充的历史材料或统计材料要加进去，一些批判性评注要增加，等等。不管这个法文版本有怎样的文字上的缺点，它仍然在原本之外有独立的科学价值，甚至对懂德语的读者也有参考价值。

下面是我从德文第二版跋中摘引的几段，是有关政治经济学在德国的发展和本书运用的方法的。

卡尔·马克思

1875年4月28日于伦敦

第三版序言

马克思不幸已不能亲自进行这个第三版的付印准备工作。这位大思想家——现在，连反对他的人也拜服他的伟大了——已于1883年3月14日逝世。

我失去了一个相交40年的最好的、最亲密的朋友，我应感谢他的地方是无法用言语表达的。现在，不论出版这个第三版的任务，还是出版以手稿形式遗留下来的第二卷[37]的任务，都落在我的身上了。在这里，我应该告诉读者，我是怎样履行前一项任务的。

马克思原想把第一卷原文大部分改写一下，把某些论点表达得更明确一些，把新的论点增添进去，把直到最近时期的历史材料和统计材料补充进去。由于他的病情和急于完成第二卷的定稿，他放弃了这一想法。他只作了一些最必要的修改，只把当时出版的法文版(《Le Capital》, par Karl Marx. Paris, Lachâtre, 1873[14])中已有的增补收了进去。

在马克思的遗物中，我发现了一个德文本[38]，其中有些地方他作了修改，标明何处应参看法文版；同时还发现了一个法文本，其中准确地标出了所要采用的地方。这些修改和增补，除少数外，都属于本书的最后一部分，即资本的积累过程那一篇。旧版的这一篇原文比其他各篇更接近于初稿，而前面各篇都作过比较彻底的修改。因此，这一篇的文体更加生动活泼，更加一气呵成，但也更不讲究，夹杂英文语气，有不明确的地方；叙述过程中间或有不足之处，因为个别重要论点只是提了一下。

说到文体，马克思亲自彻底校订了许多章节，并且多次作过口头指示，这就给了我一个标准去取舍英文术语和英文语气。马克思一定还会修改那些增补的地方，并且用他自己精练的德语代替流畅的法语；而我只要把它们移译过来，尽量和原文协调一致，也就满足了。

因此，在这第三版中，凡是我不能确定作者自己是否会修改的地方，我一个字也没有改。我也没有想到把德国经济学家惯用的行话弄到《资本论》里面来。例如，这样一种费解的行话：把通过支付现金而让别人为自己劳动的人叫做劳动**给予者**，把为了工资而让别人取走自己的劳动的人叫做劳动**受取者**。[39]法文 travail[劳动]在日常生活中也有“职业”的意思。但是，如果有个经济学家把资本家叫做 donneur de travail [劳动给予者]，把工人叫做 receveur de travail [劳动受取者]，法国人当然会把他看做疯子。

我也不能把原文中到处使用的英制货币和度量衡单位换算成新德制单位。在第一版出版时，德制度量衡种类之多，犹如一年的天数那样；此外，马克有两种（帝国马克当时还只存在于泽特贝尔的头脑中，这是他在30年代末发明的），古尔登有两种，塔勒至少有三种，其中一种以“新三分之二”[40]为单位。在自然科学上通用的是公制度量衡，在世界市场上通用的是英制度量衡。在这种情况下，对于一部几乎完全要从英国的工业状况中取得实际例证的著作来说，采用英制计量单位是很自然的。最后这个理由直到今天还有决定意义，尤其因为世界市场上的有关情况几乎没有什么变化，而且正是在那些有决定意义的工业部门——制铁业和棉纺织业，至今通用的还几乎完全是英制度量衡。

最后，我说几句关于马克思的不大为人们了解的引证方法。在单纯叙述和描写事实的地方，引文（例如引用英国蓝皮书[11]）自然是作为简单的例证。而在引证其他经济学家的理论观点的地方，情况就不同了。这种引证只是为了确定：一种在发展过程中产生的经济思想，是什么地方、什么时候、什么人第一次明确地提出的。这里考虑的只是，所提到的经济学见解在科学史上具有意义，能够多少恰当地从理论上表现当时的经济状况。至于这种见解从作者的观点来看是否还有绝对的或相对的意义，或者完全成为历史上的东西，那是毫无关系的。因此，这些引证只是从经济科学的历史中摘引下来作为正文的注解，从时间和首倡者两方面来确定经济理论中各个比较重要的成就。这种工作在这样一种科学上是很必要的，这种科学的历史著作家们一直只是以怀有偏见、不学无术、追名逐利而著称。——现在我们也会明白，和第二版序言[41]中所说的情况一样，为什么马克思只是在极例外的场合才引证德国经济学家的言论。

第二卷可望在1884年出版。[42]

弗里德里希·恩格斯

1883年11月7日于伦敦

英文版序言

关于《资本论》英译本的出版[43]，不需要作任何解释了。但是鉴于本书阐述的理论几年前就已经为英美两国的定期刊物和现代著作经常提到，被攻击或辩护，被解释或歪曲，倒是需要说明一下为什么这个英译本延迟到现在才出版。

1883年作者逝世后不久，我们就明显地感到这部著作确实需要一个英文版本，当时赛米尔·穆尔先生（马克思和本文作者多年的朋友，他可能比任何人都更熟悉这部著作）同意担任马克思的著作方面的遗嘱执行人迫切希望出版的英译本的翻译工作。我们商定，由我对照原文校订译稿，并且在我认为适当的地方提出修改意见。但是不久，我们看到，穆尔先生本身的业务使他不能如我们大家所期待的那样很快完成翻译工作，于是我们欣然接受了艾威林博士的建议，由他担任一部分翻译工作。同时，马克思的小女儿艾威林夫人建议，由她核对引文，把引自英国作者和蓝皮书并由马克思译成德文的许多文句恢复成原文。除了少数无法避免的例外，她全部完成了这项工作。

本书下述各部分是艾威林博士翻译的：1. 第十章（工作日）和第十一章（剩余价值率和剩余价值量）；2. 第六篇（工资，包括第十九章至第二十二章）；3. 第二十四章第四节（决定积累量的情况）至本书结尾，包括第二十四章最后一部分，第二十五章和第八篇全部（第二十六章至第三十三章);4. 作者的两篇序言。[44]其余部分全是穆尔先生翻译的。因此,译者只对各自的译文负责,而我对整个工作负全部责任。

我们全部译文所依据的德文第三版,是我在1883年利用作者遗留的笔记整理的,笔记注明第二版的哪些地方应当改成1873年法文版中被标出的文句。(1)第二版原文中这样修改的地方,和马克思曾经为一个英译本(大约10年前在美国有人打算出版的一个英译本,但主要由于没有十分合适的译者而作罢)所写的许多书面指示[45]中提出需要修改的地方大体相同。这份手稿是由我们的老朋友,新泽西州霍博肯的弗·阿·左尔格提供给我们的。手稿指出,还有一些地方应该按照法文版进行补充;但是因为这份手稿是早在马克思对第三版作最后指示的前几年写的,所以我不敢随便利用它,除非在个别情况下,并且主要是在它有助于我们解决某些疑难问题的情况下才加以利用。而大多数有疑难问题的句子,我们也参考了法文本,因为它指出了,原文中某些有意义而在翻译中不得不舍弃的地方,作者自己也是打算舍弃的。

可是,有一个困难是我们无法为读者解除的。这就是:某些术语的应用,不仅同它们在日常生活中的含义不同,而且和它们在普通政治经济学中的含义也不同。但这是不可避免的。一门科学提出的每一种新见解都包含这门科学的术语的革命。化学是最好的例证,它的全部术语大约每20年就彻底变换一次,几乎很难找到一种有机化

(1)《资本论》,卡尔·马克思著,约·鲁瓦译,全文由作者校阅,由拉沙特尔在巴黎出版。这个译本,特别是该书的最后一部分,对德文第二版作了相当多的修改和补充。

合物不是先后拥有一系列不同的名称的。政治经济学通常满足于照搬工商业生活上的术语并运用这些术语，完全看不到这样做会使自己局限于这些术语所表达的观念的狭小范围。例如，古典政治经济学虽然完全知道，利润和地租都不过是工人必须向自己雇主提供的产品中无酬部分（雇主是这部分产品的第一个占有者，但不是它的最后的唯一的所有者）的一部分、一份，但即使这样，它也从来没有超出通常关于利润和地租的概念，从来没有把产品中这个无酬部分（马克思称它为剩余产品），就其总和即当做一个整体来研究过，因此，也从来没有对它的起源和性质，对制约着它的价值的以后分配的那些规律有一个清楚的理解。同样，一切产业，除了农业和手工业以外，都一概被包括在制造业（manufacture）这个术语中，这样，经济史上两个重大的、本质不同的时期即以手工分工为基础的真正工场手工业时期和以使用机器为基础的现代工业时期的区别，就被抹杀了。不言而喻，把现代资本主义生产只看做是人类经济史上一个暂时阶段的理论所使用的术语，和把这种生产形式看做是永恒的、最终的阶段的那些作者所惯用的术语，必然是不同的。

关于作者的引证方法，不妨说几句。在大多数场合，也和往常一样，引文是用做证实文中提出的论断的文献上的证据。但在不少场合，引证经济学著作家的文句是为了表明：什么时候、什么地方、什么人第一次明确地提出某一观点。只要引用的论点具有重要意义，能够多少恰当地表现某一时期占统治地位的社会生产和交换的条件，马克思就加以引证，而不管这种论点是否为马克思所承认，或者，是否具有普遍意义。因此，这些引证是从科学史上摘引下来并作为注解以充实正文的。

我们这个译本只包括这部著作的第一册。但这第一册本身在很大程度上是一个整体，并且20年来一直被当做一部独立的著作。1885年我用德文出版的第二册，由于没有第三册，显然是不完全的，而第三册在1887年年底以前不能出版。到第三册德文原稿刊行时，再考虑准备第二、三两册的英文版也为时不晚[46]。

《资本论》在大陆上常常被称为“工人阶级的圣经”[47]。任何一个熟悉工人运动的人都不会否认：本书所作的结论日益成为伟大的工人阶级运动的基本原则，不仅在德国和瑞士是这样，而且在法国，在荷兰和比利时，在美国，甚至在意大利和西班牙也是这样；各地的工人阶级都越来越把这些结论看成是对自己的状况和自己的期望所作的最真切的表述。而在英国，马克思的理论正是在目前对社会主义运动产生着巨大的影响，这个运动在“有教养者”队伍中的传播，不亚于在工人阶级队伍中的传播。但这并不是一切。彻底研究英国的经济状况成为国民的迫切需要的时刻，很快就会到来。这个国家的工业体系的运转——没有生产的从而没有市场的经常而迅速的扩大，这种运转就不可能进行——，已趋于停滞。自由贸易已经无计可施了；甚至曼彻斯特对自己这个昔日的经济福音也发生了怀疑。(1)迅速发展的外国工业，到处直接威胁着英国的生产，不仅在受关税保护的市场上，而且在中立市场上，甚至在英吉利海峡的此岸都是这样。生产力按几何级数增长，而市场最多也只是按算术级数扩大。1825年至1867年每十年反复一次的停滞、繁荣、生产过剩和危机的

(1)在今天下午举行的曼彻斯特商会季度会议上，对自由贸易问题进行了激烈的辩论。会上曾提出决议案：“鉴于我们徒然等了40年时间，尚未见到其他国家效法英国的自由贸易，本商会认为，现在已到了重新考虑自己立场的时候。”决议案仅以一票之差被否决，即21票赞成，22票反对。——1886年11月1日《旗帜晚报》。

周期，看来确实已经结束，但这只是使我们陷入持续的和慢性的萧条的绝望泥潭。人们憧憬的繁荣时期将不再来临；每当我们似乎看到繁荣时期行将到来的种种预兆，这些预兆又消失了。而每一个冬天的来临都重新提出这一重大问题："怎样对待失业者"；虽然失业人数年复一年地增加，却没有人解答这个问题；失业者再也忍受不下去，而要起来掌握自己命运的时刻，几乎指日可待了。毫无疑问，在这样的时刻，应当倾听这样一个人的声音，这个人的全部理论是他毕生研究英国的经济史和经济状况的结果，他从这种研究中得出这样的结论：至少在欧洲，英国是唯一可以完全通过和平的和合法的手段来实现不可避免的社会革命的国家。当然，他从来没有忘记附上一句话：他并不指望英国的统治阶级会不经过"维护奴隶制的叛乱"[8]而屈服于这种和平的和合法的革命。

弗里德里希·恩格斯

1886年11月5日

第四版序言

第四版要求我尽可能把正文和注解最后确定下来。我是怎样实现这一要求的，可以简单说明如下：

根据再一次对照法文版和根据马克思亲手写的笔记[48]，我又把法文版的一些地方补充到德文原文中去。这些补充是在第80页（第3版第88页）、第458—460页（第3版第509—510页）、第547—551页（第3版第600页）、第591—593页（第3版第644页）和第596页（第3版第648页）注79。[①]此外，我还按照法文版和英文版把一个很长的关于矿工的注解（第3版第509—515页）移入正文（第4版第461—467页）[②]。其他一些小改动都是纯技术性的。

其次，我还补加了一些说明性的注释，特别是在那些由于历史情况的改变看来需要加注的地方。所有这些补加的注释都括在四角括号里，并且注有我的姓名的第一个字母或"D. H."。[③]

在此期间出版英文版时，许多引文作过全面的校订，这是很必要的。马克思的小女儿爱琳娜不辞劳苦，对所有引文的原文都进行了

---

①见本卷第138、567—569、674—678、722—724、728页。——编者注

②见本卷第569—576页。——编者注

③"D. H."是德语"der Herausgeber"（即"编者"）的头两个字母，在本卷中一律改为弗·恩·，并用六角括号〔 〕括起来。——编者注

核对，使占引文绝大多数的英文引文不再是德文的转译，而是采用原来的英文原文。因此，在出第四版时，我必须参考这个恢复了原文的版本。在参考中发现了某些细小的不确切的地方：有的引文页码弄错了（这一部分是由于从笔记本上转抄时抄错了，一部分是由于前三版堆积下来的排印的错误）；有的引号和省略号放错了位置（从摘录本上抄录这么多的引文，这种差错是不可避免的）；还有某些引文在翻译时用字不很恰当。有一些引文是根据马克思1843—1845年在巴黎记的旧笔记本抄录的，当时马克思还不懂英语，他读英国经济学家的著作是读的法译本；那些经过两次转译的引文多少有些走了原意——如引自斯图亚特、尤尔等人著作的话就是如此。这些地方我现在用的都是英文原文。其他一些细小的不确切和疏忽的地方也都改正了。把第四版和以前各版对照一下，读者就会看出，所有这些细微的改正，并没有使本书的内容有丝毫值得一提的改变。只有一段引文没有找到出处，这就是理查·琼斯的一段话（第4版第562页注47①）；马克思大概把书名写错了[49]。所有其余的引文都仍然具有充分的说服力，甚至以其现在的确切形式而更加具有说服力了。

不过，在此我不得不回溯一段往事。

据我所知，马克思的引文的正确性只有一次被人怀疑过。因为马克思逝世后这段引文的事又被重新提起，所以我不能不讲一讲。[50]

1872年3月7日，德国工厂主联盟的机关刊物柏林《协和》杂志刊登了一篇匿名作者②的文章，标题是《卡尔·马克思是怎样引证的》。这篇文章的作者义愤填膺、粗暴无礼地指责马克思歪曲了从格

①见本卷第690页。——编者注

②即路·布伦坦诺。——编者注

莱斯顿1863年4月16日预算演说中引用的一句话(这句话在1864年国际工人协会成立宣言中引用了,并且在《资本论》第1卷第4版第617页即第3版第670—671页[①]上再次引用了)。这句话就是:“财富和实力这种令人陶醉的增长……完全限于有产阶级。”这篇文章的作者说,在《汉萨德》的(准官方的)速记记录中根本没有马克思引的这句话。“但是在格莱斯顿的演说中根本没有这句话。他在演说中说的和这句话正好相反。〈接着是黑体字〉**马克思在形式上和实质上增添了这句话!**”

马克思在5月接到了这一期《协和》杂志,他在6月1日的《人民国家报》上回答了这个匿名作者[②]。因为当时他已记不起这一句话是引自哪一家报纸的报道,所以只得从两种英文出版物中举出意思完全相同的这句话,接着他引用了《泰晤士报》的报道。根据这一报道,格莱斯顿说:

> “从财富的观点来看,这个国家的状况就是这样。我从自己方面应当说,我几乎会怀着忧虑和悲痛的心情来看待财富和实力这种令人陶醉的增长,如果我相信,这种增长仅限于富裕阶级的话。这里完全没有注意到工人居民的状况。我刚刚描述的增长,亦即以我认为十分确切的材料为根据的增长,完全限于有产阶级。”

可见,格莱斯顿在这里是说,如果事实如此,他将感到悲痛,而事实**确实**是:实力和财富这种令人陶醉的增长完全**限于**有产阶级;至于准官方的《汉萨德》,马克思接着说道:“格莱斯顿先生非常明智地从事后经过炮制的他的这篇演说中删掉了无疑会使他这位英国财政大

---

①见本卷第751页。——编者注

②指《答布伦坦诺的文章》。——编者注

Das Kapital.

Kritik der politischen Oekonomie.

Von

Karl Marx.

Erster Band.

Buch I: Der Produktionsprocess des Kapitals.

Vierte, durchgesehene Auflage.

Herausgegeben von Friedrich Engels.

Hamburg.

Verlag von Otto Meissner.

1890.

《资本论》第一卷1890年德文版的扉页

臣声誉扫地的一句话；不过，这是英国常见的议会传统，而决不是小拉斯克尔反对倍倍尔的新发明[51]。"

这个匿名作者越来越恼怒了。他在自己的答复（7月4日《协和》杂志）中，抛开了第二手的材料，羞羞答答地暗示，按"惯例"只能根据速记记录引用议会演说；但接着他硬说，《泰晤士报》的报道（其中有这句"增添"的话）和《汉萨德》的报道（其中没有这句话）"在实质上完全一致"，还说什么《泰晤士报》的报道所包含的意思"同成立宣言中这个声名狼藉的地方正好相反"，然而这位先生却小心翼翼地避而不谈这样一个事实：除了这种所谓"正好相反"的意思外，这篇报道显然还恰恰包含有那个"声名狼藉的地方"。尽管如此，匿名作者自己也感到难于招架，只有玩弄新的花招才能自拔。他在自己那篇像上面所证明的通篇"无耻地撒谎"的文章中，塞满了极其难听的骂人话，什么"恶意"，"不诚实"，"捏造的材料"，"那个捏造的引文"，"无耻地撒谎"，"完全是伪造的引文"，"这种伪造"，"简直无耻"，等等。同时他又觉得有必要使争论的问题转向另一个方面，并预告要"在另一篇文章中说明，我们〈即这个"不会捏造的"匿名作者〉认为格莱斯顿的话包含什么意思"。好像他那无关紧要的见解还有点意义似的！这另一篇文章在7月11日的《协和》杂志上刊登出来了。

马克思在8月7日的《人民国家报》上又作了一次答辩①，这次还引用了1863年4月17日的《晨星报》和《晨报》的有关的地方。根据这两家报纸的报道，格莱斯顿说，他会怀着忧虑……的心情来看待财富和实力这种令人陶醉的增长，如果他相信，这种增长仅限于富裕阶级的话，而这种增长确实仅**限于**占有财产的阶级；可见，这两种报

①《答布伦坦诺的第二篇文章》。——编者注

道也都一字不差地重复着所谓马克思“增添”的那句话。马克思接着把《泰晤士报》的字句同《汉萨德》的字句加以对比后再一次断定，第二天早上出版的三种互不相干的报纸在这一点上完全相同的报道，证明这句话确实是说过的，而这句话在根据某种众所周知的“惯例”审查过的《汉萨德》中却没有，用马克思的话说，这是格莱斯顿“事后隐瞒了”。马克思最后声明，他没有时间再同匿名作者争辩，而匿名作者好像也觉得够了，至少马克思以后再没有收到《协和》杂志。

这件事看来就此终结而被人遗忘了。诚然后来有一两次从一些同剑桥大学有来往的人那里传来一些神秘的谣言，说什么马克思在《资本论》里犯了写作上的大罪，但无论怎样仔细追究，都得不到任何确实的结果。可是，1883年11月29日，即马克思逝世后8个月，《泰晤士报》上登载了一封剑桥三一学院的来信，署名是塞德利·泰勒。这个搞最温和的合作运动的小人物在来信中完全出乎意外地使我们终于不仅弄清了剑桥的谣言，而且也弄清了《协和》杂志上的那个匿名作者。

这个三一学院的小人物写道：

“使人特别惊异的是，**布伦坦诺教授**（当时在布雷斯劳，现在斯特拉斯堡任教）终于……揭露了在国际〈成立〉宣言中引用格莱斯顿演说时所怀的恶意。卡尔·马克思先生……曾企图为此进行辩护，但很快就被布伦坦诺巧妙的攻击打垮了，而他在垂死的挣扎中还敢于断言，格莱斯顿先生在1863年4月17日《泰晤士报》刊登他的演说原文之后，加工炮制了一份供《汉萨德》登载的演说记录，删掉了一句无疑会使他这位英国财政大臣声誉扫地的话。当布伦坦诺通过仔细地对比不同的文本，证明《泰晤士报》和《汉萨德》的报道彼此一致，绝对没有通过狡猾的断章取义而给格莱斯顿的话硬加上的那个意思时，马克思就借口没有时间而拒绝继续进行论战！”

这就是事情的真相！布伦坦诺先生在《协和》杂志上发动的匿名

攻击，在剑桥生产合作社的幻想中是多么辉煌！你看，这个德国工厂主联盟的圣乔治这样摆着架式，这样挺着剑[52]，进行“巧妙的攻击”，而恶龙马克思“很快被打垮”，倒在他的脚下，“在垂死的挣扎中”断了气！

但这种阿里欧斯托式的全部战斗描写，只是为了掩盖我们这位圣乔治①的诡计。他在这里再也不提什么“增添”，什么“伪造”，而只是说“狡猾的断章取义”了。整个问题完全转向另一个方面了，至于为什么要这样做，圣乔治和他的剑桥的卫士②当然非常清楚。

爱琳娜·马克思在《今日》月刊（1884年2月）上对泰勒作了答辩——因为《泰晤士报》拒绝刊登她的文章。她首先把辩论仅仅归结到原先所涉及的这一点上：是不是马克思“增添”了这句话？塞德利·泰勒先生回答说，在他看来，在马克思和布伦坦诺之间的争论中，

> “格莱斯顿先生的演说中是否有这句话完全是次要问题，主要的是，引用这句话的意图是要传达格莱斯顿的意思，还是要歪曲他的意思”。

接着，他承认说，《泰晤士报》的报道“的确包含有文字上的矛盾”，但是，整个上下文如果正确地加以解释，也就是照自由主义的格莱斯顿的意思加以解释，正好表明了格莱斯顿所**想**说的那个意思（1884年3月《今日》月刊）。这里最可笑的是，虽然照匿名的布伦坦诺所说，按“惯例”应当从《汉萨德》引证，《泰晤士报》的报道“必然很粗糙”，但我们这个剑桥的小人物却固执地**不**从《汉萨德》引证，而从《泰晤士报》引证。当然，《汉萨德》上根本**没有**这句倒霉的话！

爱琳娜·马克思没有费很大力气就在同一期《今日》月刊上驳倒

---

①指路·布伦坦诺。——编者注

②指塞·泰勒。——编者注

了这个论据。要么泰勒先生读过1872年的论战文章，如果是这样，那他现在就是在“撒谎”，他的撒谎表现在：他不但“增添”了原来没有的东西，而且“否定”了原来已有的东西。要么他没有读过这些论战文章，如果是这样，那他就无权开口。无论如何，他肯定再也不敢支持他的朋友布伦坦诺控告马克思“增添”引文了。相反，现在他不是说马克思“增添”，而是说马克思删掉了一句重要的话。其实这句话被引用在成立宣言的第5页上，只在这句所谓“增添”的话上面几行。至于格莱斯顿演说中包含的“矛盾”，那么，恰好正是马克思指出了（《资本论》第618页注105①，即第3版第672页）“1863年和1864年格莱斯顿的预算演说中不断出现的显著的矛盾”！不过，他不像塞德利·泰勒那样企图把这些矛盾溶化在自由主义的温情之中。爱·马克思在答辩的结尾说：“事实上完全相反。马克思既没有删掉任何值得一提的东西，也绝对没有‘增添’任何东西。他只是把格莱斯顿在演说中确实说过、而又用某种方法从《汉萨德》的报道中抹掉的一句话重新恢复，使它不致被人们遗忘。”

从此以后，连塞德利·泰勒先生也觉得够了。这帮大学教授们所策划的在两大国持续20年之久的整个这场行动，其结果是任何人也不敢再怀疑马克思写作上的认真态度了。而且可以设想，正如布伦坦诺先生不会再相信《汉萨德》教皇般永无谬误那样，塞德利·泰勒先生今后也不会再相信布伦坦诺先生的文坛战报了。

弗·恩格斯

1890年6月25日于伦敦

①见本卷第752页。——编者注

1938年上海读书出版社出版、1947年再版的

《资本论》第一、二、三卷

第　一　册

资本的生产过程

第一篇

商品和货币

第一章

商　　品

1. 商品的两个因素：使用价值和价值（价值实体，价值量）

资本主义生产方式占统治地位的社会的财富，表现为“庞大的商品堆积”[(1)]，单个的商品表现为这种财富的元素形式。因此，我们的研究就从分析商品开始。

商品首先是一个外界的对象，一个靠自己的属性来满足人的某种需要的物。这种需要的性质如何，例如是由胃产生还是由幻想产生，是与问题无关的。[(2)]这里的问题也不在于物怎样来满足人的需

(1)卡尔·马克思《政治经济学批判》1859年柏林版第3页[53]。

(2)“欲望包含着需要；这是精神的食欲，就像肉体的饥饿那样自然……

要，是作为生活资料即消费品来直接满足，还是作为生产资料来间接满足。

每一种有用物，如铁、纸等等，都可以从质和量两个角度来考察。每一种这样的物都是许多属性的总和，因此可以在不同的方面有用。发现这些不同的方面，从而发现物的多种使用方式，是历史的事情。(3)为有用物的量找到社会尺度，也是这样。商品尺度之所以不同，部分是由于被计量的物的性质不同，部分是由于约定俗成。

物的有用性使物成为使用价值。(4)但这种有用性不是悬在空中的。它决定于商品体的属性，离开了商品体就不存在。因此，商品体本身，例如铁、小麦、金刚石等等，就是使用价值，或财物。商品体的这种性质，同人取得它的使用属性所耗费的劳动的多少没有关系。在考察使用价值时，总是以它们的量的规定性为前提，如一打表，一码布，一吨铁等等。商品的使用价值为商品学这门学科提供材料。(5)

大部分〈物〉具有价值，是因为它们满足精神的需要。”（尼古拉斯·巴尔本《新币轻铸论。答洛克先生关于提高货币价值的意见》1696年伦敦版第2、3页）

(3)“物都有内在的长处〈这是巴尔本用来表示使用价值的专门用语〉，这种长处在任何地方都是一样的，如磁石吸铁的长处就是如此。”（尼古拉斯·巴尔本《新币轻铸论。答洛克先生关于提高货币价值的意见》1696年伦敦版第6页）磁石吸铁的属性只是在通过它发现了磁极性以后才成为有用的。

(4)“任何物的自然worth［价值］都在于它能满足必要的需要，或者给人类生活带来方便。”（约翰·洛克《略论降低利息的后果。1691年》，载于《约翰·洛克著作集》1777年伦敦版第2卷第28页）在17世纪，我们还常常看到英国著作家用“worth”表示使用价值，用“value”表示交换价值；这完全符合英语的精神，英语喜欢用日耳曼语源的词表示直接的东西，用罗曼语源的词表示被反映的东西。

(5)在资产阶级社会中，流行着一种法律拟制54，认为每个人作为商品的买者都具有百科全书般的商品知识。

使用价值只是在使用或消费中得到实现。不论财富的社会的形式如何，使用价值总是构成财富的物质的内容。在我们所要考察的社会形式中，使用价值同时又是交换价值的物质承担者。

交换价值首先表现为一种使用价值同另一种使用价值相交换的量的关系或比例(6)，这个比例随着时间和地点的不同而不断改变。因此，交换价值好像是一种偶然的、纯粹相对的东西，也就是说，商品固有的、内在的交换价值(valeur intrinsèque)似乎是一个形容语的矛盾①。(7)现在我们进一步考察这个问题。

某种一定量的商品，例如一夸特小麦，同x量鞋油或y量绸缎或z量金等等交换，总之，按各种极不相同的比例同别的商品交换。因此，小麦有许多种交换价值，而不是只有一种。既然x量鞋油、y量绸缎、z量金等等都是一夸特小麦的交换价值，那么，x量鞋油、y量绸缎、z量金等等就必定是能够互相代替的或同样大的交换价值。由此可见，第一，同一种商品的各种有效的交换价值表示一个等同的东西。第二，交换价值只能是可以与它相区别的某种内容的表现方式，"表现形式"。

我们再拿两种商品例如小麦和铁来说。不管二者的交换比例怎

---

(6)"价值就是一物和另一物、一定量的这种产品和一定量的别种产品之间的交换关系。"(勒特罗纳《论社会利益》，[载于]德尔编《重农学派》1846年巴黎版第889页)

(7)"任何东西都不可能有内在的交换价值。"(尼·巴尔本《新币轻铸论。答洛克先生关于提高货币价值的意见》第6页)或者像巴特勒所说：

"物的价值
正好和它会换来的东西相等。"55

---

①"形容语的矛盾"的原文是"contradictio in adjecto"，指"圆形的方"，"木制的铁"一类的矛盾。——编者注

样，总是可以用一个等式来表示：一定量的小麦等于若干量的铁，如1夸特小麦＝a英担铁。这个等式说明什么呢？它说明在两种不同的物里面，即在1夸特小麦和a英担铁里面，有一种等量的共同的东西。因而这二者都等于第三种东西，后者本身既不是第一种物，也不是第二种物。这样，二者中的每一个只要是交换价值，就必定能化为这第三种东西。

用一个简单的几何学例子就可以说明这一点。为了确定和比较各种直线形的面积，就把它们分成三角形，再把三角形化成与它的外形完全不同的表现——底乘高的一半。各种商品的交换价值也同样要化成一种共同东西，各自代表这种共同东西的多量或少量。

这种共同东西不可能是商品的几何的、物理的、化学的或其他的天然属性。商品的物体属性只是就它们使商品有用，从而使商品成为使用价值来说，才加以考虑。另一方面，商品交换关系的明显特点，正在于抽去商品的使用价值。在商品交换关系中，只要比例适当，一种使用价值就和其他任何一种使用价值完全相等。或者像老巴尔本说的：

> "只要交换价值相等，一种商品就同另一种商品一样。交换价值相等的物是没有任何差别或区别的。"(8)

作为使用价值，商品首先有质的差别；作为交换价值，商品只能有量的差别，因而不包含任何一个使用价值的原子。

如果把商品体的使用价值撇开，商品体就只剩下一个属性，即劳

---

(8)"只要交换价值相等，一种商品就同另一种商品一样。交换价值相等的物是没有任何差别或区别的……　价值100镑的铅或铁与价值100镑的银和金具有相等的交换价值。"(尼·巴尔本《新币轻铸论。答洛克先生关于提高货币价值的意见》第53页和第7页)

动产品这个属性。可是劳动产品在我们手里也已经起了变化。如果我们把劳动产品的使用价值抽去，那么也就是把那些使劳动产品成为使用价值的物体的组成部分和形式抽去。它们不再是桌子、房屋、纱或别的什么有用物。它们的一切可以感觉到的属性都消失了。它们也不再是木匠劳动、瓦匠劳动、纺纱劳动或其他某种一定的生产劳动的产品了。随着劳动产品的有用性质的消失，体现在劳动产品中的各种劳动的有用性质也消失了，因而这些劳动的各种具体形式也消失了。各种劳动不再有什么差别，全都化为相同的人类劳动，抽象人类劳动。

现在我们来考察劳动产品剩下来的东西。它们剩下的只是同一的幽灵般的对象性，只是无差别的人类劳动的单纯凝结，即不管以哪种形式进行的人类劳动力耗费的单纯凝结。这些物现在只是表示，在它们的生产上耗费了人类劳动力，积累了人类劳动。这些物，作为它们共有的这个社会实体的结晶，就是价值——商品价值。

我们已经看到，在商品的交换关系本身中，商品的交换价值表现为同它们的使用价值完全无关的东西。如果真正把劳动产品的使用价值抽去，就得到刚才已经规定的它们的价值。因此，在商品的交换关系或交换价值中表现出来的共同东西，也就是商品的价值。研究的进程会使我们再把交换价值当做价值的必然的表现方式或表现形式来考察，但现在，我们应该首先不管这种形式来考察价值。

可见，使用价值或财物具有价值，只是因为有抽象人类劳动对象化或物化在里面。那么，它的价值量是怎样计量的呢？是用它所包含的“形成价值的实体”即劳动的量来计量。劳动本身的量是用劳动的持续时间来计量，而劳动时间又是用一定的时间单位如小时、日等做尺度。

可能会有人这样认为，既然商品的价值由生产商品所耗费的劳动量来决定，那么一个人越懒，越不熟练，他的商品就越有价值，因为他制造商品需要花费的时间越多。但是，形成价值实体的劳动是相同的人类劳动，是同一的人类劳动力的耗费。体现在商品世界全部价值中的社会的全部劳动力，在这里是当做一个同一的人类劳动力，虽然它是由无数单个劳动力构成的。每一个这种单个劳动力，同别一个劳动力一样，都是同一的人类劳动力，只要它具有社会平均劳动力的性质，起着这种社会平均劳动力的作用，从而在商品的生产上只使用平均必要劳动时间或社会必要劳动时间。社会必要劳动时间是在现有的社会正常的生产条件下，在社会平均的劳动熟练程度和劳动强度下制造某种使用价值所需要的劳动时间。例如，在英国使用蒸汽织布机[56]以后，把一定量的纱织成布所需要的劳动可能比过去少一半。实际上，英国的手工织布工人把纱织成布仍旧要用以前那样多的劳动时间，但这时他一小时的个人劳动的产品只代表半小时的社会劳动，因此价值也降到了它以前的一半。

可见，只是社会必要劳动量，或生产使用价值的社会必要劳动时间，决定该使用价值的价值量。(9)在这里，单个商品是当做该种商品的平均样品。(10)因此，含有等量劳动或能在同样劳动时间内生产

---

(9)第二版注："当它们〈生活必需品〉互相交换的时候，它们的价值取决于生产它们所必需的和通常所用掉的劳动量。"(《对货币利息，特别是公债利息的一些看法》伦敦版第36、37页)上一世纪的这部值得注意的匿名著作没有注明出版日期。但从它的内容可以看出，该书是在乔治二世时代，大约1739年或1740年出版的。

(10)"全部同类产品其实只是一个量，这个量的价格是整个地决定的，而不以特殊情况为转移。"(勒特罗纳《论社会利益》第893页)

出来的商品，具有同样的价值量。一种商品的价值同其他任何一种商品的价值的比例，就是生产前者的必要劳动时间同生产后者的必要劳动时间的比例。“作为价值，一切商品都只是一定量的凝固的劳动时间。”(11)

因此，如果生产商品所需要的劳动时间不变，商品的价值量也就不变。但是，生产商品所需要的劳动时间随着劳动生产力的每一变动而变动。劳动生产力是由多种情况决定的，其中包括：工人的平均熟练程度，科学的发展水平和它在工艺上应用的程度，生产过程的社会结合，生产资料的规模和效能，以及自然条件。例如，同一劳动量在丰收年表现为八蒲式耳小麦，在歉收年只表现为四蒲式耳。同一劳动量用在富矿比用在贫矿能提供更多的金属等等。金刚石在地壳中是很稀少的，因而发现金刚石平均要花很多劳动时间。因此，很小一块金刚石就代表很多劳动。杰科布怀疑金是否按其全部价值支付过。[58]至于金刚石，就更可以这样说了。厄什韦葛说过，到1823年，巴西金刚石矿80年的总产量的价格还赶不上巴西甘蔗种植园或咖啡种植园一年半平均产量的价格，[59]虽然前者代表的劳动多得多，从而价值也多得多。如果发现富矿，同一劳动量就会表现为更多的金刚石，金刚石的价值就会降低。假如能用不多的劳动把煤转化为金刚石，金刚石的价值就会低于砖的价值。总之，劳动生产力越高，生产一种物品所需要的劳动时间就越少，凝结在该物品中的劳动量就越小，该物品的价值就越小。相反地，劳动生产力越低，生产一种物品的必要劳动时间就越多，该物品的价值就越大。可见，商品的价值量与实现在商品中的劳动的量成正比地变动，与这一劳动的生产力

---

(11)卡尔·马克思《政治经济学批判》1859年柏林版第6页。[57]

成反比地变动。

一个物可以是使用价值而不是价值。在这个物不是以劳动为中介而对人有用的情况下就是这样。例如,空气、处女地、天然草地、野生林等等。一个物可以有用,而且是人类劳动产品,但不是商品。谁用自己的产品来满足自己的需要,他生产的虽然是使用价值,但不是商品。要生产商品,他不仅要生产使用价值,而且要为别人生产使用价值,即生产社会的使用价值。〔而且不只是简单地为别人。中世纪农民为封建主生产作为代役租的粮食,为神父生产作为什一税的粮食。但不管是作为代役租的粮食,还是作为什一税的粮食,都并不因为是为别人生产的,就成为商品。要成为商品,产品必须通过交换,转到把它当做使用价值使用的人的手里。〕(11a)最后,没有一个物可以是价值而不是使用物品。如果物没有用,那么其中包含的劳动也就没有用,不能算做劳动,因此不形成价值。

2. 体现在商品中的劳动的二重性

起初我们看到,商品是一种二重的东西,即使用价值和交换价值。后来表明,劳动就它表现为价值而论,也不再具有它作为使用价值的创造者所具有的那些特征。商品中包含的劳动的这种二重性,

---

(11a) 第四版注:我插进了括号里的这段话,因为省去这段话常常会引起误解,好像不是由生产者本人消费的产品,马克思都认为是商品。——弗·恩·

是首先由我批判地证明的。(12)这一点是理解政治经济学的枢纽，因此，在这里要较详细地加以说明。

我们就拿两种商品如1件上衣和10码麻布来说。假定前者的价值比后者的价值大一倍。所以，如果10码麻布＝W，那么1件上衣＝2W。

上衣是满足一种特殊需要的使用价值。要生产上衣，就需要进行特定种类的生产活动。这种生产活动是由它的目的、操作方式、对象、手段和结果决定的。由自己产品的使用价值或者由自己产品是使用价值来表示自己的有用性的劳动，我们简称为有用劳动。从这个观点来看，劳动总是联系到它的有用效果来考察的。

上衣和麻布是不同质的使用价值，同样，决定它们存在的劳动即缝和织，也是不同质的。如果这些物不是不同质的使用价值，从而不是不同质的有用劳动的产品，它们就根本不能作为商品来互相对立。上衣不会与上衣交换，一种使用价值不会与同种的使用价值交换。

各种使用价值或商品体的总和，表现了同样多种的、按照属、种、科、亚种、变种分类的有用劳动的总和，即表现了社会分工。这种分工是商品生产存在的条件，虽然不能反过来说商品生产是社会分工存在的条件。在古代印度公社[61]中就有社会分工，但产品并不成为商品。或者拿一个较近的例子来说，每个工厂内都有系统的分工，但是这种分工不是由工人交换他们个人的产品引起的。只有独立的互不依赖的私人劳动的产品，才作为商品互相对立。

可见，每个商品的使用价值都包含着一定的有目的的生产活动，或有用劳动。各种使用价值如果不包含不同质的有用劳动，就不能

(12)卡尔·马克思《政治经济学批判》1859年柏林版第12、13等页。[60]

作为商品互相对立。在产品普遍采取商品形式的社会里，也就是在商品生产者的社会里，作为独立生产者的私事而各自独立进行的各种有用劳动的这种质的区别，发展成一个多支的体系，发展成社会分工。

对上衣来说，无论是裁缝自己穿还是他的顾客穿，都是一样的。在这两种场合，它都是起使用价值的作用。同样，上衣和生产上衣的劳动之间的关系本身，也并不因为裁缝劳动成为专门职业，成为社会分工的一个独立的部分就有所改变。在有穿衣需要的地方，在有人当裁缝以前，人已经缝了几千年的衣服。但是，上衣、麻布以及任何一种不是天然存在的物质财富要素，总是必须通过某种专门的、使特殊的自然物质适合于特殊的人类需要的、有目的的生产活动创造出来。因此，劳动作为使用价值的创造者，作为有用劳动，是不以一切社会形式为转移的人类生存条件，是人和自然之间的物质变换即人类生活得以实现的永恒的自然必然性。

上衣、麻布等等使用价值，简言之，种种商品体，是自然物质和劳动这两种要素的结合。如果把上衣、麻布等等包含的各种不同的有用劳动的总和除外，总还剩有一种不借人力而天然存在的物质基质。人在生产中只能像自然本身那样发挥作用，就是说，只能改变物质的形式。(13)不仅如此，他在这种改变形态的劳动本身中还要经常依靠自然力的帮助。因此，劳动并不是它所生产的使用价值即物质财富的唯一源泉。正像威廉·配第所说，劳动是财富之父，土地是财富

(13)“宇宙的一切现象，不论是由人手创造的，还是由自然的一般规律引起的，都不是真正的新创造，而只是物质的形态变化。结合和分离是人的智慧在分析再生产的观念时一再发现的唯一要素；价值〈指使用价值，尽管韦里在这

之母。[62]

现在，我们放下作为使用物品的商品，来考察商品价值。

我们曾假定，上衣的价值比麻布大一倍。但这只是量的差别，我们先不去管它。我们要记住的是，假如1件上衣的价值比10码麻布的价值大一倍，那么，20码麻布就与1件上衣具有同样的价值量。作为价值，上衣和麻布是有相同实体的物，是同种劳动的客观表现。但缝和织是不同质的劳动。然而在有些社会状态下，同一个人时而缝时而织，因此，这两种不同的劳动方式只是同一个人的劳动的变化，还不是不同的人的专门固定职能，正如我们的裁缝今天缝上衣和明天缝裤子只是同一的个人劳动的变化一样。其次，一看就知道，在我们资本主义社会里，随着劳动需求方向的改变，总有一定部分的人类劳动时而采取缝的形式，时而采取织的形式。劳动形式发生这种变换时不可能没有摩擦，但这种变换是必定要发生的。如果把生产活动的特定性质撇开，从而把劳动的有用性质撇开，劳动就只剩下一点：它是人类劳动力的耗费。尽管缝和织是不同质的生产活动，但二者都是人的脑、肌肉、神经、手等等的生产耗费，从这个意义上说，二者都是人类劳动。这只是耗费人类劳动力的两种不同的形式。当然，人类劳动力本身必须已有或多或少的发展，才能以这种或那种形式耗费。但是，商品价值体现的是人类劳动本身，是一般人类劳动的耗费。正如在资产阶级社会里，将军或银行家扮演着重要的角色，而

里同重农学派论战时自己也不清楚说的是哪一种价值〉和财富的再生产，如土地、空气和水在田地上变成小麦，或者昆虫的分泌物经过人的手变成丝绸，或者一些金属片被装配成钟表，也是这样。”（彼得罗·韦里《政治经济学研究》1771年初版，载于库斯托第编《意大利政治经济学名家文集·现代部分》第15卷第21、22页）

人本身则扮演极卑微的角色一样(14)，人类劳动在这里也是这样。它是每个没有任何专长的普通人的有机体平均具有的简单劳动力的耗费。**简单平均劳动**本身虽然在不同的国家和不同的文化时代具有不同的性质，但在一定的社会里是一定的。比较复杂的劳动只是**自乘的**或不如说**多倍的**简单劳动，因此，少量的复杂劳动等于多量的简单劳动。经验证明，这种简化是经常进行的。一个商品可能是最复杂的劳动的产品，但是它的**价值**使它与简单劳动的产品相等，因而本身只表示一定量的简单劳动。(15)各种劳动化为当做它们的计量单位的简单劳动的不同比例，是在生产者背后由社会过程决定的，因而在他们看来，似乎是由习惯确定的。为了简便起见，我们以后把各种劳动力直接当做简单劳动力，这样就省去了简化的麻烦。

因此，正如在作为价值的上衣和麻布中，它们的使用价值的差别被抽去一样，在表现为这些价值的劳动中，劳动的有用形式即缝和织的区别也被抽去了。作为使用价值的上衣和麻布是有一定目的的生产活动同布和纱的结合，而作为价值的上衣和麻布不过是同种劳动的凝结，同样，这些价值所包含的劳动之所以算做劳动，并不是因为它们同布和纱发生了生产上的关系，而只是因为它们是人类劳动力的耗费。正是由于缝和织具有不同的质，它们才是形成作为使用价值的上衣和麻布的要素；而只是由于它们的特殊的质被抽去，由于它

(14)参看黑格尔《法哲学》1840年柏林版第250页第190节。

(15)读者应当注意，这里指的不是工人得到的一个工作日的工资或价值，而是指工人的一个工作日对象化的商品价值。在我们叙述的这个阶段，工资这个范畴根本还不存在。①

①见本卷第613—622页。——编者注

们具有相同的质，即人类劳动的质，它们才是上衣价值和麻布价值的实体。

可是，上衣和麻布不仅是价值一般，而且是一定量的价值。我们曾假定，1件上衣的价值比10码麻布的价值大一倍。它们价值量的这种差别是从哪里来的呢?这是由于麻布包含的劳动只有上衣的一半，因而生产后者所要耗费劳动力的时间必须比生产前者多一倍。

因此，就使用价值说，有意义的只是商品中包含的劳动的质，就价值量说，有意义的只是商品中包含的劳动的量，不过这种劳动已经化为没有进一步的质的人类劳动。在前一种情况下，是怎样劳动，什么劳动的问题；在后一种情况下，是劳动多少，劳动时间多长的问题。既然商品的价值量只是表示商品中包含的劳动量，那么，在一定的比例上，各种商品应该总是等量的价值。

如果生产一件上衣所需要的一切有用劳动的生产力不变，上衣的价值量就同上衣自身的数量一起增加。如果一件上衣代表x个工作日，两件上衣就代表2x个工作日，依此类推。假定生产一件上衣的必要劳动增加一倍或减少一半。在前一种场合，一件上衣就具有以前两件上衣的价值，在后一种场合，两件上衣就只有以前一件上衣的价值，虽然在这两种场合，上衣的效用和从前一样，上衣包含的有用劳动的质也和从前一样。但生产上衣所耗费的劳动量有了变化。

更多的使用价值本身就是更多的物质财富，两件上衣比一件上衣多。两件上衣可以两个人穿，一件上衣只能一个人穿，依此类推。然而随着物质财富的量的增长，它的价值量可能同时下降。这种对立的运动来源于劳动的二重性。生产力当然始终是有用的、具体的劳动的生产力，它事实上只决定有目的的生产活动在一定时间内的效率。因此，有用劳动成为较富或较贫的产品源泉与有用劳动的生产力的提高或降低成正比。相反地，生产力的变化本身丝毫也不会影响表现为价值的劳动。既然生产力属于劳动的具体有用形式，它自然不再能同抽去了具体有用形式的劳动有关。因此，不管生产力发生了什么变化，同一劳动在同样的时间内提供的价值量总是相同的。但它在同样的时间内提供的使用价值量是不同的：生产力提高时就多些，生产力降低时就少些。因此，那种能提高劳动成效从而增加劳动所提供的使用价值量的生产力变化，如果会缩减生产这个使用价值量所必需的劳动时间的总和，就会减少这个增大了的总量的价值量。反之亦然。

一切劳动，一方面是人类劳动力在生理学意义上的耗费；就相同的或抽象的人类劳动这个属性来说，它形成商品价值。一切劳动，另一方面是人类劳动力在特殊的有一定目的的形式上的耗费；就具体的有用的劳动这个属性来说，它生产使用价值。(16)

---

(16)第二版注：为了证明“只有劳动才是我们在任何时候都能够用来估计和比较各种商品价值的最后的和现实的唯一尺度”，亚·斯密写道：“等量的劳动在任何时候和任何地方对工人本身都必定具有同样的价值。在工人的健康、精力和活动正常的情况下，在他所能具有的平均熟练程度的情况下，他总是要牺牲同样多的安宁、自由和幸福”(《国富论》第1卷第5章)。一方面，亚·斯密在这里(不是在每一处)把价值决定于生产商品所耗费的劳动量，同商品价值决定于劳动的价值混为一谈，因而他力图证明，等量的劳动总是具有同样的价值。另一方面，他感觉到，劳动就它表现为商品的价值而论，只是劳动力的耗费，但他把这种耗费又仅仅理解为牺牲安宁、自由和幸福，而不是把它也看做正常的生命活动。诚然，他看到的是现代雇佣工人。——注(9)提到的亚·斯密的那位匿名的前辈的说法要恰当得多。他说：“某人制造这种必需品用了一个星期……而拿另一种物与他进行交换的人要确切地估计出什么是真正的等值物，最好计算出什么东西会花费自己同样多的labour[劳动]和时间。这实际上就是说：一个人在一定时间内在一物上用去的劳动，同另一个人在同样的时间

3. 价值形式或交换价值

商品是以铁、麻布、小麦等等使用价值或商品体的形式出现的。这是它们的日常的自然形式。但它们所以是商品，只因为它们是二重物，既是使用物品又是价值承担者。因此，它们表现为商品或具有商品的形式，只是由于它们具有二重的形式，即自然形式和价值形式。

商品的价值对象性不同于快嘴桂嫂，你不知道对它怎么办。同商品体的可感觉的粗糙的对象性正好相反，在商品体的价值对象性中连一个自然物质原子也没有。因此，每一个商品不管你怎样颠来倒去，它作为价值物总是不可捉摸的。但是如果我们记得，商品只有作为同一的社会单位即人类劳动的表现才具有价值对象性，因而它们的价值对象性纯粹是社会的，那么不言而喻，价值对象性只能在商品同商品的社会关系中表现出来。我们实际上也是从商品的交换价值或交换关系出发，才探索到隐藏在其中的商品价值。①现在我们必须回到价值的这种表现形式。

内在另一物上用去的劳动相交换。”(《对货币利息，特别是公债利息的一些看法》第39页)——〔第四版注：英语有一个优点，它有两个不同的词来表达劳动的这两个不同的方面。创造使用价值的并且在质上得到规定的劳动叫做work，以与labour相对；创造价值的并且只在量上被计算的劳动叫做labour，以与work相对。见英译本第14页脚注。——弗·恩·〕

①见本卷第49—51页。——编者注

谁都知道——即使他别的什么都不知道，——商品具有同它们使用价值的五光十色的自然形式成鲜明对照的、共同的价值形式，即货币形式。但是在这里，我们要做资产阶级经济学从来没有打算做的事情：指明这种货币形式的起源，就是说，探讨商品价值关系中包含的价值表现，怎样从最简单的最不显眼的样子一直发展到炫目的货币形式。这样，货币的谜就会随着消失。

显然，最简单的价值关系就是一个商品同另一个不同种的商品（不管是哪一种商品都一样）的价值关系。因此，两个商品的价值关系为一个商品提供了最简单的价值表现。

A. 简单的、个别的或偶然的价值形式

x量商品A＝y量商品B，或x量商品A值y量商品B。

（20码麻布＝1件上衣，或20码麻布值1件上衣。）

（1）价值表现的两极：相对价值形式和等价形式

一切价值形式的秘密都隐藏在这个简单的价值形式中。因此，分析这个形式确实困难。

两个不同种的商品A和B，如我们例子中的麻布和上衣，在这里显然起着两种不同的作用。麻布通过上衣表现自己的价值，上衣则成为这种价值表现的材料。前一个商品起主动作用，后一个商品起被动作用。前一个商品的价值表现为相对价值，或者说，处于相对价值形式。后一个商品起等价物的作用，或者说，处于等价形式。

相对价值形式和等价形式是同一价值表现的互相依赖、互为条件、不可分离的两个要素，同时又是同一价值表现的互相排斥、互相

对立的两端即两极;这两种形式总是分配在通过价值表现互相发生关系的不同的商品上。例如我不能用麻布来表现麻布的价值。20码麻布＝20码麻布,这不是价值表现。相反,这个等式只是说,20码麻布无非是20码麻布,是一定量的使用物品麻布。因此,麻布的价值只能相对地表现出来,即通过另一个商品表现出来。因此,麻布的相对价值形式要求有另一个与麻布相对立的商品处于等价形式。另一方面,这另一个充当等价物的商品不能同时处于相对价值形式。它不表现自己的价值。它只是为另一个商品的价值表现提供材料。

诚然,20码麻布＝1件上衣,或20码麻布值1件上衣,这种表现也包含着相反的关系:1件上衣＝20码麻布,或1件上衣值20码麻布。但是,要相对地表现上衣的价值,我就必须把等式倒过来,而一旦我这样做,成为等价物的就是麻布,而不是上衣了。可见,同一个商品在同一个价值表现中,不能同时具有两种形式。不仅如此,这两种形式是作为两极互相排斥的。

一个商品究竟是处于相对价值形式,还是处于与之对立的等价形式,完全取决于它当时在价值表现中所处的地位,就是说,取决于它是价值被表现的商品,还是表现价值的商品。

(2)相对价值形式

(a)相对价值形式的内容

要发现一个商品的简单价值表现怎样隐藏在两个商品的价值关系中,首先必须完全撇开这个价值关系的量的方面来考察这个关系。人们通常的做法正好相反,他们在价值关系中只看到两种商品的一定量彼此相等的比例。他们忽略了,不同物的量只有化为同一单位后,才能在量上互相比较。不同物的量只有作为同一单位的表现,才

是同名称的，因而是可通约的。(17)

不论20码麻布＝1件上衣，或＝20件上衣，或＝x件上衣，也就是说，不论一定量的麻布值多少件上衣，每一个这样的比例总是包含这样的意思：麻布和上衣作为价值量是同一单位的表现，是同一性质的物。麻布＝上衣是这一等式的基础。

但是，这两个被看做质上等同的商品所起的作用是不同的。只有麻布的价值得到表现。是怎样表现的呢？是通过同上衣的关系，把上衣当做它的“等价物”，或与它“能交换的东西”。在这个关系中，上衣是价值的存在形式，是价值物，因为只有作为价值物，它才是与麻布相同的。另一方面，麻布自身的价值存在显示出来了，或得到了独立的表现，因为只有作为价值，麻布才能把上衣当做等值的东西，或与它能交换的东西。比如，丁酸是与甲酸丙酯不同的物体。但二者是由同一些化学实体——碳（C）、氢（H）、氧（O）构成，而且是以相同的百分比构成，即$C_4H_8O_2$。假如甲酸丙酯被看做与丁酸相等，那么，在这个关系中，第一，甲酸丙酯只是$C_4H_8O_2$的存在形式，第二，就是说，丁酸也是由$C_4H_8O_2$构成的。可见，通过使甲酸丙酯同丁酸相等，丁酸与自身的物体形式不同的化学实体被表现出来了。

如果我们说，商品作为价值只是人类劳动的凝结，那么，我们的分析就是把商品化为价值抽象，但是并没有使它们具有与它们的自

(17)少数经济学家，例如赛·贝利，曾分析价值形式，但没有得到任何结果，这首先是因为他们把价值形式同价值混为一谈，其次，是因为在讲求实用的资产者的粗鄙的影响下，他们一开始就只注意量的规定性。“对量的支配……构成价值。”(《货币及其价值的变动》1837年伦敦版第11页)作者赛·贝利。

然形式不同的价值形式。在一个商品和另一个商品的价值关系中，情形就不是这样。在这里，一个商品的价值性质通过该商品与另一个商品的关系而显露出来。

例如当上衣作为价值物被看做与麻布相等时，前者包含的劳动就被看做与后者包含的劳动相等。固然，缝上衣的劳动是一种与织麻布的劳动不同的具体劳动。但是，把缝看做与织相等，实际上就是把缝化为两种劳动中确实等同的东西，化为它们的人类劳动的共同性质。通过这种间接的办法还说明，织就它织出价值而论，不具有和缝相区别的特征，所以是抽象人类劳动。只有不同种商品的等价表现才使形成价值的劳动的这种特殊性质显示出来，因为这种等价表现实际上是把不同种商品所包含的不同种劳动化为它们的共同东西，化为一般人类劳动。(17a)

然而，只把构成麻布价值的劳动的特殊性质表现出来，是不够的。处于流动状态的人类劳动力或人类劳动形成价值，但本身不是价值。它在凝固的状态中，在对象化的形式上才成为价值。要使麻布的价值表现为人类劳动的凝结，就必须使它表现为一种“对象性”，这种对象性与麻布本身的物体不同，同时又是麻布与其他商品所共

(17a)第二版注：最早的经济学家之一、著名的富兰克林，继威廉·配第之后看出了价值的本质，他说：“因为一般说来贸易无非是一种劳动同另一种劳动的交换，所以一切物的价值用劳动来估计是最正确的”(斯帕克斯编《富兰克林全集》1836年波士顿版第2卷第267页)。富兰克林没有意识到，既然他“用劳动”来估计一切物的价值，他也就抽掉了各种互相交换的劳动的差别，这样就把这些劳动化为相同的人类劳动。他虽然没有意识到这一点，却把它说了出来。他先说“一种劳动”，然后说“另一种劳动”，最后说的是没有进一步限定的“劳动”，也就是作为一切物的价值实体的劳动。

有的。这个问题已经解决了。

在麻布的价值关系中，上衣是当做与麻布同质的东西，是当做同一性质的物，因为它是价值。在这里，它是当做表现价值的物，或者说，是以自己的可以捉摸的自然形式表示价值的物。当然，上衣，作为商品体的上衣，只是使用价值。一件上衣同任何一块麻布一样，不表现价值。这只是证明，上衣在同麻布的价值关系中，比在这种关系之外，多一层意义，正像许多人穿上镶金边的上衣，比不穿这种上衣，多一层意义一样。

在上衣的生产上，人类劳动力的确是以缝的形式被耗费的。因此，上衣中积累了人类劳动。从这方面看，上衣是"价值承担者"，虽然它的这种属性即使把它穿破了也是看不出来的。在麻布的价值关系中，上衣只是显示出这一方面，也就是当做物体化的价值，当做价值体。即使上衣扣上了纽扣，麻布在它身上还是认出与自己同宗族的美丽的价值灵魂。但是，如果对麻布来说，价值不同时采取上衣的形式，上衣在麻布面前就不能表示价值。例如，如果在A看来，陛下不具有B的仪表，因而不随着国王的每次更换而改变容貌、头发等等，A就不会把B当做陛下。

可见，在上衣成为麻布的等价物的价值关系中，上衣形式起着价值形式的作用。因此，商品麻布的价值是表现在商品上衣的物体上，一个商品的价值表现在另一个商品的使用价值上。作为使用价值，麻布是在感觉上与上衣不同的物；作为价值，它却是"与上衣等同的东西"，因而看起来就像上衣。麻布就这样取得了与它的自然形式不同的价值形式。它的价值存在通过它和上衣相等表现出来，正像基督徒的羊性通过他和上帝的羔羊[63]相等表现出来一样。

我们看到，一当麻布与别的商品即上衣交往时，商品价值的分析向我们说明的一切，现在就由麻布自己说出来了。不过它只能用它自己通晓的语言即商品语言来表达它的思想。为了说明劳动在人类劳动的抽象属性上形成它自己的价值，它就说，上衣只要与它相等，从而是价值，就和它麻布一样是由同一劳动构成的。为了说明它的高尚的价值对象性不同于它的浆硬的物体，它就说，价值看起来像上衣，因此它自己作为价值物，就同上衣相像，正如两个鸡蛋相像一样。顺便指出，除希伯来语以外，商品语言中也还有其他许多确切程度不同的方言。例如，要表达商品B同商品A相等是商品A自己的价值表现，德文"Wertsein"[价值，价值存在]就不如罗曼语的动词valere，valer，valoir[值]表达得确切。巴黎确实值一次弥撒！[64]

可见，通过价值关系，商品B的自然形式成了商品A的价值形式，或者说，商品B的物体成了反映商品A的价值的镜子。(18)商品A同作为价值体，作为人类劳动的化身的商品B发生关系，就使B的使用价值成为表现A自己的价值的材料。在商品B的使用价值上这样表现出来的商品A的价值，具有相对价值形式。

(b)相对价值形式的量的规定性

凡是价值要被表现的商品，都是一定量的使用物品，如15舍费耳小麦、100磅咖啡等等。这一定量的商品包含着一定量的人类劳

(18)在某种意义上，人很像商品。因为人来到世间，既没有带着镜子，也不像费希特派的哲学家那样，说什么我就是我，所以人起初是以别人来反映自己的。名叫彼得的人把自己当做人，只是由于他把名叫保罗的人看做是和自己相同的。因此，对彼得说来，这整个保罗就以他保罗的肉体成为人这个物种的表现形式。

动。因而，价值形式不只是要表现价值一般，而且要表现一定量的价值，即价值量。因此，在商品A和商品B如麻布和上衣的价值关系中，上衣这种商品不仅作为价值体一般被看做在质上同麻布相等，而且是作为一定量的价值体或等价物如1件上衣被看做同一定量的麻布如20码麻布相等。

“20码麻布＝1件上衣，或20码麻布值1件上衣”这一等式的前提是：1件上衣和20码麻布正好包含同样多的价值实体。就是说，这两个商品量耗费了同样多的劳动或等量的劳动时间。但是生产20码麻布或1件上衣的必要劳动时间，是随着织或缝的生产力的每一次变化而变化的。现在我们要较详细地研究一下这种变化对价值量的相对表现的影响。

I. 麻布的价值起了变化(19)，上衣的价值不变。如果生产麻布的必要劳动时间例如由于种植亚麻的土地肥力下降而增加一倍，那么麻布的价值也就增大一倍。这时不是20码麻布＝1件上衣，而是20码麻布＝2件上衣，因为现在1件上衣包含的劳动时间只有20码麻布的一半。相反地，如果生产麻布的必要劳动时间例如由于织机改良而减少一半，那么，麻布的价值也就减低一半。这样，现在是20码麻布＝$\frac{1}{2}$件上衣。可见，在商品B的价值不变时，商品A的相对价值即它表现在商品B上的价值的增减，与商品A的价值成正比。

II. 麻布的价值不变，上衣的价值起了变化。在这种情况下，如果生产上衣的必要劳动时间例如由于羊毛歉收而增加一倍，现在不

(19)“价值”一词在这里是用来指一定量的价值即价值量，前面有的地方已经这样用过。

是20码麻布＝1件上衣，而是20码麻布＝$\frac{1}{2}$件上衣。相反地，如果上衣的价值减少一半，那么，20码麻布＝2件上衣。因此，在商品A的价值不变时，它的相对的、表现在商品B上的价值的增减，与商品B的价值变化成反比。

我们把I、II类的各种情形对照一下就会发现，相对价值的同样的量的变化可以由完全相反的原因造成。所以，20码麻布＝1件上衣变为：1. 20码麻布＝2件上衣，或者是由于麻布的价值增加一倍，或者是由于上衣的价值减低一半；2. 20码麻布＝$\frac{1}{2}$件上衣，或者是由于麻布的价值减低一半，或者是由于上衣的价值增加一倍。

III. 生产麻布和上衣的必要劳动量可以按照同一方向和同一比例同时发生变化。在这种情况下，不管这两种商品的价值发生什么变动，依旧是20码麻布＝1件上衣。只要把它们同价值不变的第三种商品比较，就会发现它们的价值的变化。如果所有商品的价值都按同一比例同时增减，它们的相对价值就保持不变。它们的实际的价值变化可以由以下这个事实看出：在同样的劳动时间内，现在提供的商品量都比过去多些或少些。

IV. 生产麻布和上衣的各自的必要劳动时间，从而它们的价值，可以按照同一方向但以不同的程度同时发生变化，或者按照相反的方向发生变化，等等。这种种可能的组合对一种商品的相对价值的影响，根据I、II、III类的情况就可以推知。

可见，价值量的实际变化不能明确地，也不能完全地反映在价值量的相对表现即相对价值量上。即使商品的价值不变，它的相对价值也可能发生变化。即使商品的价值发生变化，它的相对价值也可能不变，最后，商品的价值量和这个价值量的相对表现同时发生的变

化，完全不需要一致。(20)

(3)等 价 形 式

我们说过，当商品A(麻布)通过不同种商品B(上衣)的使用价值表现自己的价值时，它就使商品B取得一种独特的价值形式，即等价形式①。商品麻布显示出它自身的价值存在，是通过上衣没有取得与自己的物体形式不同的价值形式而与它相等。这样，麻布表现出它自身的价值存在，实际上是通过上衣能与它直接交换。因此，一个商品的等价形式就是它能与另一个商品直接交换的形式。

如果一种商品例如上衣成了另一种商品例如麻布的等价物，上衣因而获得了一种特殊的属性，即处于能够与麻布直接交换的形式，

(20)第二版注：庸俗经济学以惯有的机警利用了价值量和它的相对表现之间的这种不一致现象。例如："只要承认，A由于同它相交换的B提高而降低，虽然这时在A上所耗费的劳动并不比以前少，这样，你们的一般价值原理就破产了……　如果承认，因为与B相对而言，A的价值提高，所以与A相对而言，B的价值就降低，那么，李嘉图提出的关于商品的价值总是取决于商品所体现的劳动量这个大原理就站不住脚了；因为既然A的费用的变化不仅改变了它本身的价值(与同它相交换的B相对而言)，而且也改变了B的价值(与A的价值相对而言)，虽然生产B所需要的劳动量并未发生任何变化，那么，不仅确认生产商品所耗费的劳动量调节商品价值的学说要破产，而且断言商品的生产费用调节商品价值的学说也要破产。"(约·布罗德赫斯特《政治经济学》1842年伦敦版第11、14页)

布罗德赫斯特先生也可以说：看看$\frac{10}{20}$、$\frac{10}{50}$、$\frac{10}{100}$等等分数罢。即使10这个数字不变，但它的相对量，它与分母20、50、100相对而言的量却不断下降。可见，整数(例如10)的大小由它包含的单位数来"调节"这个大原理破产了。

①见本卷第62—63页。——编者注

那么，这根本没有表明上衣与麻布交换的比例。既然麻布的价值量已定，这个比例就取决于上衣的价值量。不管是上衣表现为等价物，麻布表现为相对价值，还是相反，麻布表现为等价物，上衣表现为相对价值，上衣的价值量总是取决于生产它的必要劳动时间，因而和它的价值形式无关。但是一旦上衣这种商品在价值表现中取得等价物的地位，它的价值量就不是作为价值量来表现了。在价值等式中，上衣的价值量不如说只是充当某物的一定的量。

例如，40码麻布"值"什么呢?2件上衣。因为上衣这种商品在这里起着等价物的作用，作为使用价值的上衣与麻布相对立时是充当价值体，所以，一定量的上衣也就足以表现麻布的一定的价值量。因此，两件上衣能够表现40码麻布的价值量，但是两件上衣决不能表现它们自己的价值量，即上衣的价值量。在价值等式中，等价物始终只具有某物即某种使用价值的单纯的量的形式，对这一事实的肤浅了解，使贝利同他的许多先驱者和后继者都误认为价值表现只是一种量的关系。其实，商品的等价形式不包含价值的量的规定。

在考察等价形式时看见的第一个特点，就是使用价值成为它的对立面即价值的表现形式。

商品的自然形式成为价值形式。但是请注意，对商品B(上衣、小麦或铁等等)来说，这种转换只有在任何别的商品A(麻布等等)与它发生价值关系时，只有在这种关系中才能实现。因为任何商品都不能把自己当做等价物来同自己发生关系，因而也不能用它自己的自然外形来表现它自己的价值，所以它必须把另一商品当做等价物来同它发生关系，或者使另一商品的自然外形成为它自己的价值形式。

为了说明这一点，可以用衡量商品体本身即使用价值的尺度作例子。塔糖是物体，所以是重的，因而有重量，但是我们看不见也摸不着塔糖的重量。现在我们拿一些不同的铁块来，这些铁块的重量是预先确定了的。铁的物体形式，就其自身来说，同塔糖的物体形式一样，不是重的表现形式。要表现塔糖是重的，我们就要使它和铁发生重量关系。在这种关系中，铁充当一种只表示重而不表示别的东西的物体。因此，铁的量充当糖的重量尺度，对糖这个物体来说，它只是重的体现，重的表现形式。铁只是在糖或其他任何要测定重量的物体同它发生重量关系的时候，才起这种作用。如果两种物都没有重，它们就不能发生这种关系，因此一种物就不能成为另一种物的重的表现。如果把二者放在天平上，我们就会在实际上看到，当做有重的物，它们是相同的，因而在一定的比例上也具有同样的重量。铁这个物体作为重量尺度，对于塔糖来说，只代表重，同样，在我们的价值表现中，上衣这个物体对于麻布来说，也只代表价值。

但是，类比只能到此为止。在塔糖的重量表现中，铁代表两个物体共有的自然属性，即它们的重，而在麻布的价值表现中，上衣代表这两种物的超自然属性，即它们的价值，某种纯粹社会的东西。

一种商品例如麻布的相对价值形式，把自己的价值存在表现为一种与自己的物体和物体属性完全不同的东西，例如表现为与上衣相同的东西，因此，这个表现本身就说明其中隐藏着一种社会关系。等价形式却相反。等价形式恰恰在于：商品体例如上衣这个物本身就表现价值，因而天然就具有价值形式。当然，只是在商品麻布把商品上衣当做等价物的价值关系中，才是这样。(21)但是，因为一物的

---

(21)这种反思规定[65]是十分奇特的。例如，这个人所以是国王，只因为其他人作为臣民同他发生关系。反过来，他们所以认为自己是臣民，是因为他是国王。

属性不是由该物同他物的关系产生，而只是在这种关系中表现出来，所以上衣似乎天然具有等价形式，天然具有能与其他商品直接交换的属性，就像它天然具有重的属性或保暖的属性一样。从这里就产生了等价形式的谜的性质，这种性质只是在等价形式以货币这种完成的形态出现在政治经济学家的面前的时候，才为他的资产阶级的短浅的眼光所注意。于是他用不太耀眼的商品代替金银，并以一再满足的心情反复列举各种曾经充当过商品等价物的普通商品，企图以此来说明金银的神秘性质。他没有料到，最简单的价值表现，如20码麻布＝1件上衣，就已经提出了等价形式的谜让人们去解开。

充当等价物的商品的物体总是当做抽象人类劳动的化身，同时又总是某种有用的、具体的劳动的产品。因此，这种具体劳动就成为抽象人类劳动的表现。例如，如果上衣只当做抽象人类劳动的实现，那么，在上衣内实际地实现的缝劳动就只当做抽象人类劳动的实现形式。在麻布的价值表现中，缝劳动的有用性不在于造了衣服，从而造了人①，而在于造了一种物体，使人们能看出它是价值，因而是与对象化在麻布价值内的劳动毫无区别的那种劳动的凝结。要造这样一面反映价值的镜子，缝劳动本身就必须只是反映它作为人类劳动的这种抽象属性。

缝的形式同织的形式一样，都是人类劳动力的耗费。因此，二者都具有人类劳动的一般属性，因而在一定的情况下，比如在价值的生产上，就可以只从这个角度来考察。这并不神秘。但是在商品的价值表现上事情却变了样。例如，为了表明织不是在它作为织这个具

---

①原文套用了德国谚语“Kleider machen Leute”，直译是“衣服造人”，转义是“人靠衣装”。——编者注

体形式上，而是在它作为人类劳动这个一般属性上形成麻布的价值，我们就要把缝这种制造麻布的等价物的具体劳动，作为抽象人类劳动的可以捉摸的实现形式与织相对立。

可见，等价形式的第二个特点，就是具体劳动成为它的对立面即抽象人类劳动的表现形式。

既然这种具体劳动，即缝，只是当做无差别的人类劳动的表现，它就具有与别种劳动即麻布中包含的劳动等同的形式，因而，尽管它同其他一切生产商品的劳动一样是私人劳动，但终究是直接社会形式上的劳动。正因为这样，它才表现在一种能与别种商品直接交换的产品上。可见，等价形式的第三个特点，就是私人劳动成为它的对立面的形式，成为直接社会形式的劳动。

如果我们回顾一下一位伟大的研究家，等价形式的后两个特点就会更容易了解。这位研究家最早分析了许多思维形式、社会形式和自然形式，也最早分析了价值形式。他就是亚里士多德。

首先，亚里士多德清楚地指出，商品的货币形式不过是简单价值形式——一种商品的价值通过任何别的一种商品来表现——的进一步发展的形态，因为他说：

"5张床＝1间屋"

"无异于"：

"5张床＝若干货币"。

其次，他看到：包含着这个价值表现的价值关系，要求屋必须在质上与床等同，这两种感觉上不同的物，如果没有这种本质上的等同性，就不能作为可通约的量而互相发生关系。他说："没有等同性，就不能交换，没有可通约性，就不能等同。"但是他到此就停下来了，没有对价值形式作进一步分析。"实际上，这样不同种的物是不能通约的”，就是说，它们不可能在质上等同。这种等同只能是某种和物的真实性质相异的东西，因而只能是“应付实际需要的手段”66。

可见，亚里士多德自己告诉了我们，是什么东西阻碍他作进一步的分析，这就是缺乏价值概念。这种等同的东西，也就是屋在床的价值表现中对床来说所代表的共同的实体是什么呢？亚里士多德说，这种东西“实际上是不可能存在的”。为什么呢？只要屋代表床和屋二者中真正等同的东西，对床来说屋就代表一种等同的东西。这就是人类劳动。

但是，亚里士多德没有能从价值形式本身看出，在商品价值形式中，一切劳动都表现为等同的人类劳动，因而是同等意义的劳动，这是因为希腊社会是建立在奴隶劳动的基础上的，因而是以人们之间以及他们的劳动力之间的不平等为自然基础的。价值表现的秘密，即一切劳动由于而且只是由于都是一般人类劳动而具有的等同性和同等意义，只有在人类平等概念已经成为国民的牢固的成见的时候，才能揭示出来。而这只有在这样的社会里才有可能，在那里，商品形式成为劳动产品的一般形式，从而人们彼此作为商品占有者的关系成为占统治地位的社会关系。亚里士多德在商品的价值表现中发现了等同关系，正是在这里闪耀出他的天才的光辉。只是他所处的社会的历史限制，使他不能发现这种等同关系“实际上”是什么。

（4）简单价值形式的总体

一个商品的简单价值形式包含在它与一个不同种商品的价值关系或交换关系中。商品A的价值，通过商品B能与商品A直接交换而在质上得到表现，通过一定量的商品B能与既定量的商品A交换而在量上得到表现。换句话说，一个商品的价值是通过它表现为“交换价值”而得到独立的表现的。在本章的开头，我们曾经依照通常的说法，说商品是使用价值和交换价值，严格说来，这是不对的。商品是使用价值或使用物品和“价值”。一个商品，只要它的价值取得一个特别的、不同于它的自然形式的表现形式，即交换价值形式，它就表现为这样的二重物。孤立地考察，它决没有这种形式，而只有同第二个不同种的商品发生价值关系或交换关系时，它才具有这种形式。只要我们知道了这一点，上述说法就没有害处，而只有简便的好处。

我们的分析表明，商品的价值形式或价值表现由商品价值的本性产生，而不是相反，价值和价值量由它们的作为交换价值的表现方式产生。但是，这正是重商主义者和他们的现代复兴者费里埃、加尼耳之流(22)的错觉[67]，也是他们的反对者现代自由贸易贩子巴师夏之流的错觉[68]。重商主义者看重价值表现的质的方面，从而看重在货币上取得完成形态的商品等价形式，相反地，必须以任何价格出售自己的商品的现代自由贸易贩子，则看重相对价值形式的量的方面。因此，在他们看来，商品的价值和价值量只存在于由交换关系引起的表现中，也就是只存在于每日行情表中。苏格兰人麦克劳德，由于他的职责是用尽可能博学的外衣来粉饰伦巴特街[69]的杂乱的观念，而成了迷信的重商主义者和开明的自由贸易贩子之间的一个成功的综合[70]。

更仔细地考察一下商品A同商品B的价值关系中所包含的商

---

(22)第二版注：弗·路·奥·费里埃(海关副督察)《论政府和贸易的相互关系》1805年巴黎版。沙尔·加尼耳《论政治经济学的各种体系》1821年巴黎第2版。

品A的价值表现，就会知道，在这一关系中商品A的自然形式只是充当使用价值的形态，而商品B的自然形式只是充当价值形式或价值形态。这样，潜藏在商品中的使用价值和价值的内部对立，就通过外部对立，即通过两个商品的关系表现出来了，在这个关系中，价值要被表现的商品只是直接当做使用价值，而另一个表现价值的商品只是直接当做交换价值。所以，一个商品的简单的价值形式，就是该商品中所包含的使用价值和价值的对立的简单表现形式。

在一切社会状态下，劳动产品都是使用物品，但只是历史上一定的发展时代，也就是使生产一个使用物所耗费的劳动表现为该物的"对象的"属性即它的价值的时代，才使劳动产品转化为商品。由此可见，商品的简单价值形式同时又是劳动产品的简单商品形式，因此，商品形式的发展也是同价值形式的发展一致的。

一看就知道，简单价值形式是不充分的，是一种胚胎形式，它只有通过一系列的形态变化，才成熟为价格形式。

商品A的价值表现在某个商品B上，只是使商品A的价值同它自己的使用价值区别开来，因此也只是使商品A同某一种与它自身不同的个别商品发生交换关系，而不是表现商品A同其他一切商品的质的等同和量的比例。与一个商品的简单相对价值形式相适应的，是另一个商品的个别等价形式。所以，在麻布的相对价值表现中，上衣只是对麻布这一种个别商品来说，具有等价形式或能直接交换的形式。

然而个别的价值形式会自行过渡到更完全的形式。通过个别的价值形式，商品A的价值固然只是表现在一个别种商品上，但是这后一个商品不论是哪一种，是上衣、铁或小麦等等，都完全一样。随着同一商品和这种或那种不同的商品发生价值关系，也就产生它的种种不同的简单价值表现。(22a)它可能有的价值表现的数目，只受与它不同的商品种类的数目的限制。这样，商品的个别的价值表现就转化为一个可以不断延长的、不同的简单价值表现的系列。

B. 总和的或扩大的价值形式

z量商品A＝u量商品B，或＝v量商品C，或＝w量商品D，
或＝x量商品E，或＝其他

（20码麻布＝1件上衣，或＝10磅茶叶，或＝40磅咖啡，或＝1夸特小麦，或＝2盎司金，或＝$\frac{1}{2}$吨铁，或＝其他）

（1）扩大的相对价值形式

现在，一个商品例如麻布的价值表现在商品世界的其他无数的元素上。每一个其他的商品体都成为反映麻布价值的镜子。(23)这

(22a)第二版注：例如在荷马的著作中，一物的价值是通过一系列各种不同的物来表现的[71]。

(23)因此，如果麻布的价值用上衣来表现，我们就说麻布的上衣价值，如果麻布的价值用谷物来表现，我们就说麻布的谷物价值，依此类推。每一个这种表现都意味着，在上衣、谷物等等的使用价值上表现出来的是麻布的价值。“因为每种商品的价值都表示该商品在交换中的关系，所以根据它用来比较的商品，我们可以称它的价值为……谷物价值、呢绒价值；因此，有千万种价值，有多少种商品，就有多少种价值，它们都同样是现实的，又都同样是名义的。”（《对价值的本质、尺度和原因的批判研究，主要是论李嘉图先生及其信徒的著作》，《略论意见的形成和发表》一书的作者著，1825年伦敦版第39页）这部在英国曾经轰动一时的匿名著作的作者赛·贝利以为，只要这样指出同一商品价值具有种种不同的相对表现，就消除了规定价值概念的任何可能。虽然他眼光短浅，

样，这个价值本身才真正表现为无差别的人类劳动的凝结。因为形成这个价值的劳动现在十分清楚地表现为这样一种劳动，其他任何一种人类劳动都与之等同，而不管其他任何一种劳动具有什么样的自然形式，即不管它是对象化在上衣、小麦、铁或金等等之中。因此，现在麻布通过自己的价值形式，不再是只同另一种个别商品发生社会关系，而是同整个商品世界发生社会关系。作为商品，它是这个世界的一个公民。同时，商品价值表现的无限的系列表明，商品价值是同它借以表现的使用价值的特殊形式没有关系的。

在第一种形式即20码麻布＝1件上衣中，这两个商品能以一定的量的比例相交换，可能是偶然的事情。相反地，在第二种形式中，一个根本不同于偶然现象并且决定着这种偶然现象的背景马上就显露出来了。麻布的价值无论是表现在上衣、咖啡或铁等等无数千差万别的、属于各个不同占有者的商品上，总是一样大的。两个单个商品占有者之间的偶然关系消失了。显然，不是交换调节商品的价值量，恰好相反，是商品的价值量调节商品的交换比例。

(2)特殊等价形式

每一种商品，上衣、茶叶、小麦、铁等等，都在麻布的价值表现中充当等价物，因而充当价值体。每一种这样的商品的一定的自然形式，现在都成为一个特殊等价形式，与其他许多特殊等价形式并列。同样，种种不同的商品体中所包含的多种多样的一定的、具体的、有用的劳动，现在只是一般人类劳动的同样多种的特殊的实现形式或

但触及了李嘉图学说的弱点，李嘉图学派[72]例如在《威斯敏斯特评论》上攻击贝利时流露的愤激情绪，就证明了这一点。

表现形式。

(3)总和的或扩大的价值形式的缺点

第一,商品的相对价值表现是未完成的,因为它的表现系列永无止境。每当新出现一种商品,从而提供一种新的价值表现的材料时,由一个个的价值等式联结成的锁链就会延长。第二,这条锁链形成一幅由互不关联的而且种类不同的价值表现拼成的五光十色的镶嵌画。最后,像必然会发生的情形一样,如果每一个商品的相对价值都表现在这个扩大的形式中,那么,每一个商品的相对价值形式都是一个不同于任何别的商品的相对价值形式的无穷无尽的价值表现系列。扩大的相对价值形式的缺点反映在与它相适应的等价形式中。因为每一种商品的自然形式在这里都是一个特殊等价形式,与无数别的特殊等价形式并列,所以只存在着有局限性的等价形式,其中每一个都排斥另一个。同样,每个特殊的商品等价物中包含的一定的、具体的、有用的劳动,都只是人类劳动的特殊的因而是不充分的表现形式。诚然,人类劳动在这些特殊表现形式的总和中,获得自己的完全的或者总和的表现形式。但是它还没有获得统一的表现形式。

扩大的相对价值形式只是由简单的相对价值表现的总和,或第一种形式的等式的总和构成,例如:

20码麻布=1件上衣,

20码麻布=10磅茶叶,等等。

但是每一个这样的等式倒转过来也包含着一个同一的等式:

1件上衣=20码麻布,

10磅茶叶=20码麻布,等等。

事实上,如果一个人用他的麻布同其他许多商品交换,从而把麻布的价值表现在一系列其他的商品上，那么，其他许多商品占有者也就必然要用他们的商品同麻布交换，从而把他们的各种不同的商品的价值表现在同一个第三种商品麻布上。因此，把20码麻布＝1件上衣，或＝10磅茶叶，或＝其他等等这个系列倒转过来，也就是说，把事实上已经包含在这个系列中的相反关系表示出来，我们就得到：

C. 一般价值形式

1件上衣＝
10磅茶叶＝
40磅咖啡＝
1夸特小麦＝
2盎司金＝　　20码麻布
$\frac{1}{2}$吨铁＝
x量商品A＝
等等

(1)价值形式的变化了的性质

现在，商品价值的表现：1. 是简单的，因为都是表现在唯一的商品上；2. 是统一的，因为都是表现在同一的商品上。它们的价值形式是简单的和共同的，因而是一般的。

第一种形式和第二种形式二者都只是使一种商品的价值表现为一种与它自身的使用价值或商品体不同的东西。

第一种形式提供的价值等式是：1件上衣＝20码麻布，10磅茶

叶 $=\frac{1}{2}$ 吨铁，等等。上衣的价值表现为与麻布等同，茶叶的价值表现为与铁等同，等等，但是与麻布等同和与铁等同——上衣和茶叶各自的这种价值表现是不相同的，正如麻布和铁不相同一样。很明显，这种形式实际上只是在最初交换阶段，也就是在劳动产品通过偶然的、间或的交换而转化为商品的阶段才出现。

第二种形式比第一种形式更完全地把一种商品的价值同它自身的使用价值区别开来，因为例如上衣的价值现在是在一切可能的形式上与它的自然形式相对立，上衣的价值现在与麻布等同，与铁等同，与茶叶等同，与其他一切东西等同，只是不与上衣等同。另一方面，在这里商品的任何共同的价值表现都直接被排除了，因为在每一种商品的价值表现中，其他一切商品现在都只是以等价物的形式出现。扩大的价值形式，事实上是在某种劳动产品例如牲畜不再是偶然地而已经按照习惯同其他不同的商品交换的时候，才出现的。

新获得的形式使商品世界的价值表现在从商品世界中分离出来的同一种商品上，例如表现在麻布上，因而使一切商品的价值都通过它们与麻布等同而表现出来。每个商品的价值作为与麻布等同的东西，现在不仅与它自身的使用价值相区别，而且与一切使用价值相区别，正因为这样才表现为它和一切商品共有的东西。因此，只有这种形式才真正使商品作为价值互相发生关系，或者使它们互相表现为交换价值。

前两种形式表现一种商品的价值，或者是通过唯一一个不同种的商品，或者是通过许多种与它不同的商品构成的系列。在这两种情况下，使自己取得一个价值形式可以说是个别商品的私事，它完成这件事情是不用其他商品帮助的。对它来说，其他商品只是起着被动的等价物的作用。相反地，一般价值形式的出现只是商品世界共同活动的结果。一个商品所以获得一般的价值表现，只是因为其他一切商品同时也用同一个等价物来表现自己的价值，而每一种新出现的商品都要这样做。这就表明，因为商品的价值对象性只是这些物的"社会存在"，所以这种对象性也就只能通过它们全面的社会关系来表现，因而它们的价值形式必须是社会公认的形式。

现在，一切商品，在与麻布等同的形式上，不仅表现为在质上等同，表现为价值一般，而且同时也表现为在量上可以比较的价值量。由于它们都通过同一个材料，通过麻布来反映自己的价值量，这些价值量也就互相反映。例如，10磅茶叶＝20码麻布，40磅咖啡＝20码麻布。因此，10磅茶叶＝40磅咖啡。或者说，1磅咖啡所包含的价值实体即劳动，只等于1磅茶叶所包含的$\frac{1}{4}$。

商品世界的一般的相对价值形式，使被排挤出商品世界的等价物商品即麻布，获得了一般等价物的性质。麻布自身的自然形式是这个世界的共同的价值形态，因此，麻布能够与其他一切商品直接交换。它的物体形式是当做一切人类劳动的可以看得见的化身，一般的社会的蛹化。同时，织，这种生产麻布的私人劳动，也就处于一般社会形式，处于与其他一切劳动等同的形式。构成一般价值形式的无数等式，使实现在麻布中的劳动，依次等于包含在其他商品中的每一种劳动，从而使织成为一般人类劳动的一般表现形式。这样，对象化在商品价值中的劳动，不仅消极地表现为被抽去了实在劳动的一切具体形式和有用属性的劳动。它自身的积极的性质也清楚地表现出来了。这就是把一切实在劳动化为它们共有的人类劳动的性质，化为人类劳动力的耗费。

把劳动产品表现为只是无差别人类劳动的凝结物的一般价值形式，通过自身的结构表明，它是商品世界的社会表现。因此，它清楚地告诉我们，在这个世界中，劳动的一般的人类的性质形成劳动的独特的社会的性质。

(2)相对价值形式和等价形式的发展关系

等价形式的发展程度是同相对价值形式的发展程度相适应的。但是必须指出，等价形式的发展只是相对价值形式发展的表现和结果。

一个商品的简单的或个别的相对价值形式使另一个商品成为个别的等价物。扩大的相对价值形式，即一个商品的价值在其他一切商品上的表现，赋予其他一切商品以种种不同的特殊等价物的形式。最后，一种特殊的商品获得一般等价形式，因为其他一切商品使它成为它们统一的、一般的价值形式的材料。

价值形式本身发展到什么程度，它的两极即相对价值形式和等价形式之间的对立，也就发展到什么程度。

第一种形式——20码麻布＝1件上衣——就已经包含着这种对立，但没有使这种对立固定下来。我们从等式的左边读起，麻布是相对价值形式，上衣是等价形式，从等式的右边读起，上衣是相对价值形式，麻布是等价形式。在这里，要把握住两极的对立还相当困难。

在第二种形式中，每一次总是只有一种商品可以完全展开它的相对价值，或者说，它自身具有扩大的相对价值形式，是因为而且只是因为其他一切商品与它相对立，处于等价形式。在这里，不能再变换价值等式（例如20码麻布＝1件上衣，或＝10磅茶叶，或＝1夸特小麦等等）的两边的位置，除非改变价值等式的全部性质，使它从总和的价值形式转化为一般的价值形式。

最后，后面一种形式，即第三种形式，给予商品世界以一般的社会的相对价值形式，是因为而且只是因为除了一个唯一的例外，商品世界的一切商品都不能具有一般等价形式。因此，一个商品如麻布处于能与其他一切商品直接交换的形式，或者说，处于直接的社会的形式，是因为而且只是因为其他一切商品都不是处于这种形式。(24)

相反地，充当一般等价物的商品则不能具有商品世界的统一的、从而是一般的相对价值形式。如果麻布，或任何一种处于一般等价形式的商品，要同时具有一般的相对价值形式，那么，它必须自己给自己充当等价物。于是我们得到的就是20码麻布＝20码麻布，这是一个既不表现价值也不表现价值量的同义反复。要表现一般等价物的相对价值，我们就必须把第三种形式倒过来。一般等价物没有与其他商品共同的相对价值形式，它的价值相对地表现在其他一切商品体的无限的系列上。因此，扩大的相对价值形式，即第二种形式，现在表现为等价物商品特有的相对价值形式。

---

(24)实际上从一般的能直接交换的形式决不可能看出，它是一种对立的商品形式，是同不能直接交换的形式分不开的，就像一块磁铁的阳极同阴极分不开一样。因此，设想能够同时在一切商品上打上能直接交换的印记，就像设想能够把一切天主教徒都变成教皇一样。对于把商品生产看做人类自由和个人独立的顶峰的小资产者来说，去掉与这种形式相联系的缺点，特别是去掉商品的不能直接交换的性质，那当然是再好不过的事。蒲鲁东的社会主义就是对这种庸俗空想的描绘；我在别的地方曾经指出[73]，这种社会主义连首创的功绩也没有，在它以前很久，就由格雷、布雷以及其他人更好地阐述过了。在今天，这并不妨碍这种智慧以“科学”的名义在一定范围内蔓延开来。没有一个学派比蒲鲁东学派[74]更会滥用“科学”这个字眼了，因为

“缺乏概念的地方
字眼就及时出现”[75]。

（3）从一般价值形式到货币形式的过渡

一般等价形式是价值本身的一种形式。因此，它可以属于任何一种商品。另一方面，一个商品处于一般等价形式（第三种形式），是因为而且只是因为它被其他一切商品当做等价物排挤出来。这种排挤的结果最终只剩下一种独特的商品，从这个时候起，商品世界的统一的相对价值形式才获得客观的固定性和一般的社会效力。

等价形式同这种独特商品的自然形式社会地结合在一起，这种独特商品成了货币商品，或者执行货币的职能。在商品世界起一般等价物的作用就成了它特有的社会职能，从而成了它的社会独占权。在第二种形式中充当麻布的各种特殊等价物，而在第三种形式中把自己的相对价值共同用麻布来表现的各个商品中间，有一个特定的商品在历史过程中夺得了这个特权地位，这就是金。因此，我们在第三种形式中用商品金代替商品麻布，就得到：

D. 货币形式

$$\left.\begin{array}{l}
\text{20码麻布} = \\
\text{1件上衣} = \\
\text{10磅茶叶} = \\
\text{40磅咖啡} = \\
\text{1夸特小麦} = \\
\frac{1}{2}\text{吨铁} = \\
\text{x量商品A} =
\end{array}\right\} \text{2盎司金}$$

在第一种形式过渡到第二种形式，第二种形式过渡到第三种形式的时候，都发生了本质的变化。而第四种形式与第三种形式的唯一区别，只是金现在代替麻布取得了一般等价形式。金在第四种形式中同麻布在第三种形式中一样，都是一般等价物。唯一的进步在于：能直接地一般地交换的形式，即一般等价形式，现在由于社会的习惯最终地同商品金的独特的自然形式结合在一起了。

金能够作为货币与其他商品相对立，只是因为它早就作为商品与它们相对立。与其他一切商品一样，它过去就起等价物的作用：或者是在个别的交换行为中起个别等价物的作用，或者是与其他商品等价物并列起特殊等价物的作用。渐渐地，它就在或大或小的范围内起一般等价物的作用。一旦它在商品世界的价值表现中独占了这个地位，它就成为货币商品。只是从它已经成为货币商品的时候起，第四种形式才同第三种形式区别开来，或者说，一般价值形式才转化为货币形式。

一个商品（如麻布）在已经执行货币商品职能的商品（如金）上的简单的相对的价值表现，就是价格形式。因此，麻布的“价格形式”是：

20码麻布＝2盎司金，

如果2盎司金的铸币名称是2镑，那就是：

20码麻布＝2镑。

理解货币形式的困难，无非是理解一般等价形式，从而理解一般价值形式即第三种形式的困难。第三种形式倒转过来，就化为第二种形式，即扩大的价值形式，而第二种形式的构成要素是第一种形式：20码麻布＝1件上衣，或者x量商品A＝y量商品B。因此，简单的商品形式是货币形式的胚胎。

4. 商品的拜物教性质及其秘密

最初一看，商品好像是一种简单而平凡的东西。对商品的分析表明，它却是一种很古怪的东西，充满形而上学的微妙和神学的怪诞。就商品是使用价值来说，不论从它靠自己的属性来满足人的需要这个角度来考察，或者从它作为人类劳动的产品才具有这些属性这个角度来考察，它都没有什么神秘的地方。很明显，人通过自己的活动按照对自己有用的方式来改变自然物质的形态。例如，用木头做桌子，木头的形状就改变了。可是桌子还是木头，还是一个普通的可以感觉的物。但是桌子一旦作为商品出现，就转化为一个可感觉而又超感觉的物[76]。它不仅用它的脚站在地上，而且在对其他一切商品的关系上用头倒立着，从它的木脑袋里生出比它自动跳舞还奇怪得多的狂想。[(25)]

可见，商品的神秘性质不是来源于商品的使用价值。这种神秘性质也不是来源于价值规定的内容。因为，第一，不管有用劳动或生产活动怎样不同，它们都是人体的机能，而每一种这样的机能不管内容和形式如何，实质上都是人的脑、神经、肌肉、感官等等的耗费。这是一个生理学上的真理。第二，说到作为决定价值量的基础的东西，即这种耗费的持续时间或劳动量，那么，劳动的量可以十分明显地同劳动的质区别开来。在一切社会状态下，人们对生产生活资料所耗

---

(25)我们想起了，当世界其他一切地方好像静止的时候，中国和桌子开始跳起舞来，以激励别人[77]。

费的劳动时间必然是关心的，虽然在不同的发展阶段上关心的程度不同。(26)最后，一旦人们以某种方式彼此为对方劳动，他们的劳动也就取得社会的形式。

可是，劳动产品一旦采取商品形式就具有的谜一般的性质究竟是从哪里来的呢？显然是从这种形式本身来的。人类劳动的等同性，取得了劳动产品的等同的价值对象性这种物的形式；用劳动的持续时间来计量的人类劳动力的耗费，取得了劳动产品的价值量的形式；最后，生产者的劳动的那些社会规定借以实现的生产者关系，取得了劳动产品的社会关系的形式。

可见，商品形式的奥秘不过在于：商品形式在人们面前把人们本身劳动的社会性质反映成劳动产品本身的物的性质，反映成这些物的天然的社会属性，从而把生产者同总劳动的社会关系反映成存在于生产者之外的物与物之间的社会关系。由于这种转换，劳动产品成了商品，成了可感觉而又超感觉的物或社会的物。正如一物在视神经中留下的光的印象，不是表现为视神经本身的主观兴奋，而是表现为眼睛外面的物的客观形式。但是在视觉活动中，光确实从一物射到另一物，即从外界对象射入眼睛。这是物理的物之间的一种物理关系。相反，商品形式和它借以得到表现的劳动产品的价值关系，是同劳动产品的物理性质以及由此产生的物的关系完全无关的。这

---

(26)第二版注：在古日耳曼人中，一摩尔根土地的面积是按一天的劳动来计算的。因此，摩尔根又叫做Tagwerk[一日的工作]（或Tagwanne）（jurnale或jurnalis, terra jurnalis, jornalis或diurnalis），Mannwerk[一人的工作]，Mannskraft[一人的力量]，Mannsmaad，Mannshauet[一人的收割量]等等。见格奥尔格·路德维希·冯·毛勒《马尔克制度、农户制度、乡村制度、城市制度和公共政权的历史概论》1854年慕尼黑版第129页及以下几页。

只是人们自己的一定的社会关系，但它在人们面前采取了物与物的关系的虚幻形式。因此，要找一个比喻，我们就得逃到宗教世界的幻境中去。在那里，人脑的产物表现为赋有生命的、彼此发生关系并同人发生关系的独立存在的东西。在商品世界里，人手的产物也是这样。我把这叫做拜物教。劳动产品一旦作为商品来生产，就带上拜物教性质，因此拜物教是同商品生产分不开的。

商品世界的这种拜物教性质，像以上分析已经表明的，是来源于生产商品的劳动所特有的社会性质。

使用物品成为商品，只是因为它们是彼此独立进行的私人劳动的产品。这种私人劳动的总和形成社会总劳动。因为生产者只有通过交换他们的劳动产品才发生社会接触，所以，他们的私人劳动的独特的社会性质也只有在这种交换中才表现出来。换句话说，私人劳动在事实上证实为社会总劳动的一部分，只是由于交换使劳动产品之间、从而使生产者之间发生了关系。因此，在生产者面前，他们的私人劳动的社会关系就表现为现在这个样子，就是说，不是表现为人们在自己劳动中的直接的社会关系，而是表现为人们之间的物的关系和物之间的社会关系。

劳动产品只是在它们的交换中，才取得一种社会等同的价值对象性，这种对象性是与它们的感觉上各不相同的使用对象性相分离的。劳动产品分裂为有用物和价值物，实际上只是发生在交换已经十分广泛和十分重要的时候，那时有用物是为了交换而生产的，因而物的价值性质还在物本身的生产中就被注意到了。从那时起，生产者的私人劳动真正取得了二重的社会性质。一方面，生产者的私人劳动必须作为一定的有用劳动来满足一定的社会需要，从而证明它们是总劳动的一部分，是自然形成的社会分工体系的一部分。另一方面，只有在每一种特殊的有用的私人劳动可以同任何另一种有用的私人劳动相交换从而相等时，生产者的私人劳动才能满足生产者本人的多种需要。完全不同的劳动所以能够相等，只是因为它们的实际差别已被抽去，它们已被化成它们作为人类劳动力的耗费、作为抽象的人类劳动所具有的共同性质。私人生产者的头脑把他们的私人劳动的这种二重的社会性质，只是反映在从实际交易，产品交换中表现出来的那些形式中，也就是把他们的私人劳动的社会有用性，反映在劳动产品必须有用，而且是对别人有用的形式中；把不同种劳动的相等这种社会性质，反映在这些在物质上不同的物即劳动产品具有共同的价值性质的形式中。

可见，人们使他们的劳动产品彼此当做价值发生关系，不是因为在他们看来这些物只是同种的人类劳动的物质外壳。恰恰相反，他们在交换中使他们的各种产品作为价值彼此相等，也就使他们的各种劳动作为人类劳动而彼此相等。他们没有意识到这一点，但是他们这样做了。(27)因此，价值没有在额上写明它是什么[78]。不仅如此，价值还把每个劳动产品转化为社会的象形文字。后来，人们竭力要猜出这种象形文字的涵义，要了解他们自己的社会产品的秘密，因为把使用物品规定为价值，正像语言一样，是人们的社会产物。后来科学发现，劳动产品作为价值，只是生产它们时所耗费的人类劳动的物的表现，这一发现在人类发展史上划了一个时代，但它决没有消除劳动的社会性质的物的外观。彼此独立的私人劳动的独特的社会性

(27)第二版注：因此，当加利阿尼说价值是人和人之间的一种关系（“La Riechezza è una ragione tra due persone”）时，他还应当补充一句：这是被物的外壳掩盖着的关系。（加利阿尼《货币论》，载于库斯托第编《意大利政治经济学名家文集·现代部分》1803年米兰版第3卷第221页）

质在于它们作为人类劳动而彼此相等,并且采取劳动产品的价值性质的形式——商品生产这种特殊生产形式才具有的这种特点,对受商品生产关系束缚的人们来说,无论在上述发现以前或以后,都是永远不变的,正像空气形态在科学把空气分解为各种元素之后,仍然作为一种物理的物态继续存在一样。

产品交换者实际关心的问题,首先是他用自己的产品能换取多少别人的产品,就是说,产品按什么样的比例交换。当这些比例由于习惯而逐渐达到一定的稳固性时,它们就好像是由劳动产品的本性产生的。例如,一吨铁和两盎司金的价值相等,就像一磅金和一磅铁虽然有不同的物理属性和化学属性,但是重量相等一样。实际上,劳动产品的价值性质,只是通过劳动产品表现为价值量才确定下来。价值量不以交换者的意志、设想和活动为转移而不断地变动着。在交换者看来,他们本身的社会运动具有物的运动形式。不是他们控制这一运动,而是他们受这一运动控制。要有充分发达的商品生产,才能从经验本身得出科学的认识,理解到彼此独立进行的,但作为自然形成的社会分工部分而互相全面依赖的私人劳动,不断地被化为它们的社会的比例尺度,这是因为在私人劳动产品的偶然的不断变动的交换比例中,生产这些产品的社会必要劳动时间作为起调节作用的自然规律强制地为自己开辟道路,就像房屋倒在人的头上时重力定律强制地为自己开辟道路一样。(28)因此,价值

(28)"我们应该怎样理解这个只有通过周期性的革命才能为自己开辟道路的规律呢?这是一个以当事人的无意识活动为基础的自然规律。"(弗里德里希·恩格斯《国民经济学批判大纲》,载于阿尔诺德·卢格和卡尔·马克思编的《德法年鉴》1844年巴黎版)

量由劳动时间决定是一个隐藏在商品相对价值的表面运动后面的秘密。这个秘密的发现，消除了劳动产品的价值量纯粹是偶然决定的这种假象，但是决没有消除价值量的决定所采取的物的形式。

对人类生活形式的思索，从而对这些形式的科学分析，总是采取同实际发展相反的道路。这种思索是从事后开始的，就是说，是从发展过程的完成的结果开始的。给劳动产品打上商品烙印，因而成为商品流通的前提的那些形式，在人们试图了解它们的内容而不是了解它们的历史性质（这些形式在人们看来已经是不变的了）以前，就已经取得了社会生活的自然形式的固定性。因此，只有商品价格的分析才导致价值量的决定，只有商品共同的货币表现才导致商品的价值性质的确定。但是，正是商品世界的这个完成的形式——货币形式，用物的形式掩盖了私人劳动的社会性质以及私人劳动者的社会关系，而不是把它们揭示出来。如果我说，上衣、皮靴等等把麻布当做抽象的人类劳动的一般化身而同它发生关系，这种说法的荒谬是一目了然的。但是当上衣、皮靴等等的生产者使这些商品同作为一般等价物的麻布（或者金银，这丝毫不改变问题的性质）发生关系时，他们的私人劳动同社会总劳动的关系正是通过这种荒谬形式呈现在他们面前。

这种种形式恰好形成资产阶级经济学的各种范畴。对于这个历史上一定的社会生产方式即商品生产的生产关系来说，这些范畴是有社会效力的，因而是客观的思维形式。因此，一旦我们逃到其他的生产形式中去，商品世界的全部神秘性，在商品生产的基础上笼罩着劳动产品的一切魔法妖术，就立刻消失了。

既然政治经济学喜欢鲁滨逊的故事(29)，那么就先来看看孤岛上的鲁滨逊吧。不管他生来怎样简朴，他终究要满足各种需要，因而要从事各种有用劳动，如做工具，制家具，养羊驼，捕鱼，打猎等等。关于祈祷一类事情我们在这里就不谈了，因为我们的鲁滨逊从中得到快乐，他把这类活动当做休息。尽管他的生产职能是不同的，但是他知道，这只是同一个鲁滨逊的不同的活动形式，因而只是人类劳动的不同方式。需要本身迫使他精确地分配自己执行各种职能的时间。在他的全部活动中，这种或那种职能所占比重的大小，取决于他为取得预期效果所要克服的困难的大小。经验告诉他这些，而我们这位从破船上抢救出表、账簿、墨水和笔的鲁滨逊，马上就作为一个道地的英国人开始记起账来。他的账本记载着他所有的各种使用物品，生产这些物品所必需的各种活动，最后还记载着他制造这种种一定量的产品平均耗费的劳动时间。鲁滨逊和构成他自己创造的财富的物之间的全部关系在这里是如此简单明了，甚至连麦·维尔特先生用不着费什么脑筋也能了解。但是，价值的一切本质上的规定都包含在这里了。

现在，让我们离开鲁滨逊的明朗的孤岛，转到欧洲昏暗的中世纪去吧。在这里，我们看到的，不再是一个独立的人了，人都是互相依

---

(29)第二版注：甚至李嘉图也离不开他的鲁滨逊故事[79]。"他让原始的渔夫和原始的猎人一下子就以商品占有者的身份，按照对象化在鱼和野味的交换价值中的劳动时间的比例交换鱼和野味。在这里他陷入了时代错乱之中，他竟让原始的渔夫和原始的猎人在计算他们的劳动工具时去参看1817年伦敦交易所通用的年息表。看来，除了资产阶级社会形式以外，'欧文先生的平行四边形'[80]是他所知道的唯一的社会形式。"（卡尔·马克思《政治经济学批判》第38、39页[81]）

赖的：农奴和领主，陪臣和诸侯，俗人和牧师。物质生产的社会关系以及建立在这种生产的基础上的生活领域，都是以人身依附为特征的。但是正因为人身依附关系构成该社会的基础，劳动和产品也就用不着采取与它们的实际存在不同的虚幻形式。它们作为劳役和实物贡赋而进入社会机构之中。在这里，劳动的自然形式，劳动的特殊性是劳动的直接社会形式，而不是像在商品生产基础上那样，劳动的一般性是劳动的直接社会形式。徭役劳动同生产商品的劳动一样，是用时间来计量的，但是每一个农奴都知道，他为主人服役而耗费的，是他个人的一定量的劳动力。缴纳给牧师的什一税，是比牧师的祝福更加清楚的。所以，无论我们怎样判断中世纪人们在相互关系中所扮演的角色，人们在劳动中的社会关系始终表现为他们本身之间的个人的关系，而没有披上物之间即劳动产品之间的社会关系的外衣。

要考察共同的劳动即直接社会化的劳动，我们没有必要回溯到一切文明民族的历史初期都有过的这种劳动的原始的形式。[30]这里有个更近的例子，就是农民家庭为了自身的需要而生产粮食、牲畜、纱、麻布、衣服等等的那种农村家长制生产。对于这个家庭来说，

(30)第二版注："近来流传着一种可笑的偏见，认为原始的公有制的形式是斯拉夫人特有的形式，甚至只是俄罗斯的形式。这种原始形式我们在罗马人、日耳曼人、凯尔特人那里都可以见到，直到现在我们还能在印度人那里遇到这种形式的一整套图样，虽然其中一部分只留下残迹了。仔细研究一下亚细亚的、尤其是印度的公有制形式，就会证明，从原始的公有制的不同形式中，怎样产生出它的解体的各种形式。例如，罗马和日耳曼的私有制的各种原型，就可以从印度的公有制的各种形式中推出来。"(卡尔·马克思《政治经济学批判》第10页[82])

这种种不同的物都是它的家庭劳动的不同产品，但它们不是互相作为商品发生关系。生产这些产品的种种不同的劳动，如耕、牧、纺、织、缝等等，在其自然形式上就是社会职能，因为这是这样一个家庭的职能，这个家庭就像商品生产一样，有它本身的自然形成的分工。家庭内的分工和家庭各个成员的劳动时间，是由性别年龄上的差异以及随季节而改变的劳动的自然条件来调节的。但是，用时间来计量的个人劳动力的耗费，在这里本来就表现为劳动本身的社会规定，因为个人劳动力本来就只是作为家庭共同劳动力的器官而发挥作用的。

最后，让我们换一个方面，设想有一个自由人联合体，他们用公共的生产资料进行劳动，并且自觉地把他们许多个人劳动力当做一个社会劳动力来使用。在那里，鲁滨逊的劳动的一切规定又重演了，不过不是在个人身上，而是在社会范围内重演。鲁滨逊的一切产品只是他个人的产品，因而直接是他的使用物品。这个联合体的总产品是一个社会产品。这个产品的一部分重新用做生产资料。这一部分依旧是社会的。而另一部分则作为生活资料由联合体成员消费。因此，这一部分要在他们之间进行分配。这种分配的方式会随着社会生产有机体本身的特殊方式和随着生产者的相应的历史发展程度而改变。仅仅为了同商品生产进行对比，我们假定，每个生产者在生活资料中得到的份额是由他的劳动时间决定的。这样，劳动时间就会起双重作用。劳动时间的社会的有计划的分配，调节着各种劳动职能同各种需要的适当的比例。另一方面，劳动时间又是计量生产者在共同劳动中个人所占份额的尺度，因而也是计量生产者在共同产品的个人可消费部分中所占份额的尺度。在那里，人们同他们的劳动和劳动产品的社会关系，无论在生产上还是在分配上，都是简单明了的。

在商品生产者的社会里，一般的社会生产关系是这样的：生产者把他们的产品当做商品，从而当做价值来对待，而且通过这种物的形式，把他们的私人劳动当做等同的人类劳动来互相发生关系。对于这种社会来说，崇拜抽象人的基督教，特别是资产阶级发展阶段的基督教，如新教、自然神教等等，是最适当的宗教形式。在古亚细亚的、古代的等等生产方式[83]下，产品转化为商品，从而人作为商品生产者而存在的现象，处于从属地位，但是共同体越是走向没落阶段，这种现象就越是重要。真正的商业民族只存在于古代世界的空隙中，就像伊壁鸠鲁的神只存在于世界的空隙中[84]，或者犹太人只存在于波兰社会的缝隙中一样。这些古老的社会生产有机体比资产阶级的社会生产有机体简单明了得多，但它们或者以个人尚未成熟，尚未脱掉同其他人的自然血缘联系的脐带为基础，或者以直接的统治和服从的关系为基础。它们存在的条件是：劳动生产力处于低级发展阶段，与此相应，人们在物质生活生产过程内部的关系，即他们彼此之间以及他们同自然之间的关系是很狭隘的。这种实际的狭隘性，观念地反映在古代的自然宗教和民间宗教中。只有当实际日常生活的关系，在人们面前表现为人与人之间和人与自然之间极明白而合理的关系的时候，现实世界的宗教反映才会消失[85]。只有当社会生活过程即物质生产过程的形态，作为自由联合的人的产物，处于人的有意识有计划的控制之下的时候，它才会把自己的神秘的纱幕揭掉。但是，这需要有一定的社会物质基础或一系列物质生存条件，而这些条件本身又是长期的、痛苦的发展史的自然产物。

诚然，政治经济学曾经分析了价值和价值量（虽然不充分(31)），揭示了这些形式所掩盖的内容。但它甚至从来也没有提出过这样的问题：为什么这一内容采取这种形式呢？为什么劳动表现为价值，用劳动时间计算的劳动量表现为劳动产品的价值量呢？(32)一些公式

---

(31)李嘉图对价值量的分析并不充分，——但已是最好的分析，——这一点人们将在本书第三册和第四册中看到。86至于价值一般，古典政治经济学在任何地方也没有明确地和十分有意识地把表现为价值的劳动同表现为产品使用价值的劳动区分开。当然，古典政治经济学事实上是作了这种区分的，因为它有时从量的方面，有时从质的方面来考察劳动。但是，它从来没有意识到，各种劳动的纯粹量的差别是以它们的质的统一或等同为前提的，因而是以它们化为抽象人类劳动为前提的。例如，李嘉图就曾表示他同意德斯杜特·德·特拉西的说法。德斯杜特说："很清楚，我们的体力和智力是我们唯一的原始的财富，因此，这些能力的运用，某种劳动，是我们的原始的财宝；凡是我们称为财富的东西，总是由这些能力的运用创造出来的……　此外，这一切东西确实只代表创造它们的劳动，如果它们有价值，或者甚至有两种不同的价值，那也只能来源于创造它们的劳动的价值。"（李嘉图《政治经济学原理》1821年伦敦第3版第334页）我们只指出，李嘉图在德斯杜特的话中塞进了自己的更加深刻的思想。一方面，德斯杜特确实说过，凡是构成财富的东西都"代表创造它们的劳动"。但是另一方面，他又说，这一切东西的"两种不同的价值"（使用价值和交换价值）来自"劳动的价值"。这样，他就陷入庸俗经济学的平庸浅薄之中。庸俗经济学先假设一种商品（在这里是指劳动）的价值，然后再用这种价值去决定其他商品的价值。而李嘉图却把德斯杜特的话读做：劳动（而不是劳动的价值）既表现为使用价值，也表现为交换价值。不过他自己也不善于区别具有二重表现的劳动的二重性质，以致在关于《价值和财富，它们的不同性质》这整整一章中，不得不同让·巴·萨伊这个人的庸俗见解苦苦纠缠。因此，最后他不禁愕住了：在劳动是价值的源泉这一点上，德斯杜特虽然同他是一致的，可是另一方面，在价值概念上，德斯杜特却同萨伊是一致的。

(32)古典政治经济学的根本缺点之一，就是它从来没有从商品的分析，特别是商品价值的分析中，发现那种正是使价值成为交换价值的价值形式。恰

本来在额上写着[78]，它们是属于生产过程支配人而人还没有支配生产过程的那种社会形态的，但在政治经济学的资产阶级意识中，它们竟像生产劳动本身一样，成了不言而喻的自然必然性。因此，政治经济学对待资产阶级以前的社会生产有机体形式，就像教父[87]对待基督教以前的宗教一样。(33)

恰是古典政治经济学的最优秀的代表人物，像亚·斯密和李嘉图，把价值形式看成一种完全无关紧要的东西或在商品本性之外存在的东西。这不仅仅因为价值量的分析把他们的注意力完全吸引住了。还有更深刻的原因。劳动产品的价值形式是资产阶级生产方式的最抽象的，但也是最一般的形式，这就使资产阶级生产方式成为一种特殊的社会生产类型，因而同时具有历史的特征。因此，如果把资产阶级生产方式误认为是社会生产的永恒的自然形式，那就必然会忽略价值形式的特殊性，从而忽略商品形式及其进一步发展——货币形式、资本形式等等的特殊性。因此，我们发现，在那些完全同意用劳动时间来计算价值量的经济学家中间，对于货币即一般等价物的完成形态的看法是极为混乱和矛盾的。例如，在考察银行业时，这一点表现得特别明显，因为在这里关于货币的通常的定义已经不够用了。于是，与此相对立的，出现了复兴的重商主义体系（加尼耳等人[67]），这一体系在价值中只看到社会形式，或者更确切地说，只看到这种社会形式的没有实体的外观。——在这里，我断然指出，我所说的古典政治经济学，是指从威·配第以来的一切这样的经济学，这种经济学与庸俗经济学相反，研究了资产阶级生产关系的内部联系。而庸俗经济学却只是在表面的联系内兜圈子，它为了对可以说是最粗浅的现象作出似是而非的解释，为了适应资产阶级的日常需要，一再反复咀嚼科学的经济学早就提供的材料。在其他方面，庸俗经济学则只限于把资产阶级生产当事人关于他们自己的最美好世界的陈腐而自负的看法加以系统化，赋以学究气味，并且宣布为永恒的真理。

(33)"经济学家们[88]的论证方式是非常奇怪的。他们认为只有两种制度：一种是人为的，一种是天然的。封建制度是人为的，资产阶级制度是天然的。在这方面，经济学家很像那些把宗教也分为两类的神学家。一切异教都是人们臆造的，而他们自己的宗教则是神的启示……　于是，以前是有历史的，现在再也没有历史了。"（卡尔·马克思《哲学的贫困。答蒲鲁东先生的〈贫困的哲商品世界具有的拜物教性质或劳动的社会规定所具有的物的外观，使一部分经济学家迷惑到什么程度，也可以从关于自然在交换价值的形成中的作用所进行的枯燥无味的争论中得到证明。既然交换价值是表示消耗在物上的劳动的一定社会方式，它就像例如汇率一样并不包含自然物质。

因为商品形式是资产阶级生产的最一般的和最不发达的形式

学〉》1847年版第113页[89]）巴师夏先生认为古代希腊人和罗马人专靠掠夺为生，这真是滑稽可笑。如果人们几百年都靠掠夺为生，那就得经常有可供掠夺的东西，或者说，被掠夺的对象应当不断地被再生产出来。可见，希腊人和罗马人看来也要有某种生产过程，从而有某种经济，这种经济构成他们的世界的物质基础，就像资产阶级经济构成现今世界的物质基础一样。也许巴师夏的意思是说，建立在奴隶劳动上的生产方式是以某种掠夺制度为基础吧？如果是这样，他就处于危险的境地了。既然像亚里士多德那样的思想巨人在评价奴隶劳动时都难免发生错误，那么，像巴师夏这样的经济学侏儒在评价雇佣劳动时怎么会正确无误呢？——借这个机会，我要简短地回答一下美国一家德文报纸在我的《政治经济学批判》一书出版时（1859年）对我的指责。[90]在那本书中我曾经说过，一定的生产方式以及与它相适应的生产关系，简言之，"社会的经济结构，即有法律的和政治的上层建筑竖立其上并有一定的社会意识形式与之相适应的现实基础"，"物质生活的生产方式制约着整个社会生活、政治生活和精神生活的过程"[91]。可是据上述报纸说，这一切提法固然适用于物质利益占统治地位的现今世界，但却不适用于天主教占统治地位的中世纪，也不适用于政治占统治地位的雅典和罗马。首先，居然有人以为这些关于中世纪和古代世界的人所共知的老生常谈还会有人不知道，这真是令人惊奇。但有一点很清楚，中世纪不能靠天主教生活，古代世界不能靠政治生活。相反，这两个时代谋生的方式和方法表明，为什么在古代世界政治起着主要作用，而在中世纪天主教起着主要作用。此外，例如只要对罗马共和国的历史稍微有点了解，就会知道，地产的历史构成罗马共和国的秘史。而从另一方面说，唐·吉诃德误认为游侠骑士生活可以同任何社会经济形式并存，结果遭到了惩罚。

(因此它早就出现了,虽然不像今天这样是占统治地位的,从而是典型的方式),所以,它的拜物教性质显得还比较容易看穿。但是在比较具体的形式中,连这种简单性的外观也消失了。货币主义的幻觉是从哪里来的呢?是由于货币主义没有看出:金银作为货币代表一种社会生产关系,不过这种关系采取了一种具有奇特的社会属性的自然物的形式。而蔑视货币主义的现代经济学,当它考察资本时,它的拜物教不是也很明显吗?认为地租是由土地而不是由社会产生的重农主义幻觉,又破灭了多久呢?

为了不致涉及以后的问题,这里仅仅再举一个关于商品形式本身的例子。假如商品能说话,它们会说:我们的使用价值也许使人们感到兴趣。作为物,我们没有使用价值。作为物,我们具有的是我们的价值。我们自己作为商品物进行的交易就证明了这一点。我们彼此只是作为交换价值发生关系。现在,让我们听听经济学家是怎样说出商品内心的话的:

> "价值〈交换价值〉是物的属性,财富〈使用价值〉是人的属性。从这个意义上说,价值必然包含交换,财富则不然。"(34)"财富〈使用价值〉是人的属性,价值是商品的属性。人或共同体是富的;珍珠或金刚石是有价值的……"珍珠或金刚石作为珍珠或金刚石是有价值的。(35)

直到现在,还没有一个化学家在珍珠或金刚石中发现交换价值。可是那些自以为有深刻的批判力、发现了这种化学物质的经济学家,

---

(34)《评政治经济学上若干用语的争论,特别是有关价值、供求的争论》1821年伦敦版第16页。

(35)赛·贝利《对价值的本质、尺度和原因的批判研究》第165页及以下几页。92

却发现物的使用价值同它们的物质属性无关，而它们的价值倒是它们作为物所具有的。在这里为他们作证的是这样一种奇怪的情况：物的使用价值对于人来说没有交换就能实现，就是说，在物和人的直接关系中就能实现；相反，物的价值则只能在交换中实现，就是说，只能在一种社会的过程中实现。在这里，我们不禁想起善良的道勃雷，他教导巡丁西可尔说[93]：

> "一个人长得漂亮是环境造成的，会写字念书才是天生的本领。"(36)

---

(36)《评政治经济学上若干用语的争论》一书的作者和赛·贝利责备李嘉图，说他把交换价值从一种只是相对的东西转化为一种绝对的东西。恰恰相反，李嘉图是把金刚石、珍珠这种物在作为交换价值时所具有的表面的相对性，还原为这种外表所掩盖的真实关系，还原为它们作为人类劳动的单纯表现的相对性。如果说李嘉图主义者对贝利的答复既粗浅而又缺乏说服力，那只是因为他们在李嘉图本人那里找不到关于价值和价值形式即交换价值之间的内部联系的任何说明。

第二章
交换过程

商品不能自己到市场去，不能自己去交换。因此，我们必须找寻它的监护人，商品占有者。商品是物，所以不能反抗人。如果它不乐意，人可以使用强力，换句话说，把它拿走。(37)为了使这些物作为商品彼此发生关系，商品监护人必须作为有自己的意志体现在这些物中的人彼此发生关系，因此，一方只有符合另一方的意志，就是说每一方只有通过双方共同一致的意志行为，才能让渡自己的商品，占有别人的商品。可见，他们必须彼此承认对方是私有者。这种具有契约形式的(不管这种契约是不是用法律固定下来的)法的关系，是一种反映着经济关系的意志关系。这种法的关系或意志关系的内容是由这种经济关系本身决定的。(38)在这里，人们彼此只是作为商品的

---

(37)在以虔诚著称的12世纪，商品行列里常常出现一些极妙之物。当时一位法国诗人所列举的朗迪市场94上的商品中，除衣料、鞋子、皮革、农具、毛皮等物以外，还有"淫荡的女人"。

(38)蒲鲁东先从与商品生产相适应的法的关系中提取他的公平的理想，永恒公平的理想。顺便说一下，这就给一切庸人提供了一个使他们感到宽慰的论据，即商品生产形式像公平一样也是永恒的。然后，他反过来又想按照这种理想来改造现实的商品生产和与之相适应的现实的法。如果一个化学家不去

代表即商品占有者而存在。在研究进程中我们会看到，人们扮演的经济角色不过是经济关系的人格化，人们是作为这种关系的承担者而彼此对立着的。

商品占有者与商品不同的地方，主要在于：对商品来说，每个别的商品体只是它本身的价值的表现形式。商品是天生的平等派[95]和昔尼克派[96]，它随时准备不仅用自己的灵魂而且用自己的肉体去换取任何别的商品，哪怕这个商品生得比马立托奈斯还丑。商品所缺乏的这种感知商品体的具体属性的能力，由商品占有者用他自己的五种和五种以上的感官补足了。商品占有者的商品对他没有直接的使用价值。否则，他就不会把它拿到市场上去。他的商品对别人有使用价值。对他来说，他的商品直接有的只是这样的使用价值：它是交换价值的承担者，从而是交换手段。(39)所以，他愿意让渡他的商品来换取其使用价值为他所需要的商品。一切商品对它们的占有者是非使用价值，对它们的非占有者是使用价值。因此，商品必须全面转手。这种转手就形成商品交换，而商品交换使商品彼此作为价值发生关系并作为价值来实现。可见，商品在能够作为使用价值实现以前，必须先作为价值来实现。

研究物质变换的现实规律，并根据这些规律解决一定的问题，却要按照“自然性”和“亲和性”这些“永恒观念”来改造物质变换，那么对于这样的化学家人们该怎样想呢？如果有人说，“高利贷”违背“永恒公平”、“永恒公道”、“永恒互助”以及其他种种“永恒真理”，那么这个人对高利贷的了解比那些说高利贷违背“永恒恩典”、“永恒信仰”和“永恒神意”的教父[87]的了解又高明多少呢？

(39)“因为每种货物都有两种用途。——一种是物本身所固有的，另一种则不然，例如鞋，既用来穿，又可以用来交换。二者都是鞋的使用价值，因为谁用鞋来交换他所需要的东西，例如食物，谁就是利用了鞋。但不是利用鞋的自然用途，因为它不是为交换而存在的。”（亚里士多德《政治学》第1册第9章）

另一方面，商品在能够作为价值实现以前，必须证明自己是使用价值，因为耗费在商品上的人类劳动，只有耗费在对别人有用的形式上，才能算数。但是，这种劳动对别人是否有用，它的产品是否能够满足别人的需要，只有在商品交换中才能得到证明。

每一个商品占有者都只想让渡自己的商品，来换取另一个具有能够满足他本人需要的使用价值的商品。就这一点说，交换对于他只是个人的过程。另一方面，他想把他的商品作为价值来实现，也就是通过他所中意的任何另一个具有同等价值的商品来实现，而不问他自己的商品对于这另一个商品的占有者是不是有使用价值。就这一点说，交换对于他是一般社会的过程。但是，同一过程不可能同时对于一切商品占有者只是个人的过程，同时又只是一般社会的过程。

我们仔细看一下就会发现，对每一个商品占有者来说，每个别的商品都是他的商品的特殊等价物，因而他的商品是其他一切商品的一般等价物。但因为一切商品占有者都这样做，所以没有一个商品是一般等价物，因而商品也就不具有使它们作为价值彼此等同、作为价值量互相比较的一般的相对价值形式。因此，它们并不是作为商品，而只是作为产品或使用价值彼此对立着。

我们的商品占有者在他们的困难处境中是像浮士德那样想的：起初是行动[97]。因此他们还没有想就已经做起来了。商品本性的规律通过商品占有者的天然本能表现出来。他们只有使他们的商品同任何另一个作为一般等价物的商品相对立，才能使他们的商品作为价值，从而作为商品彼此发生关系。商品分析已经表明了这一点。但是，只有社会的行动才能使一个特定的商品成为一般等价物。因此，其他一切商品的社会的行动使一个特定的商品分离出来，通过这个商品来全面表现它们的价值。于是这个商品的自然形式就成为社会公认的等价形式。由于这种社会过程，充当一般等价物就成为被分离出来的商品的独特的社会职能。这个商品就成为货币。

“他们同心合意，把力量和权柄授予那只兽。凡没有这种印记即没有这个兽名或兽名的数字者，都不能买或卖。”（《启示录》[98]）

货币结晶是交换过程的必然产物，在交换过程中，各种不同的劳动产品事实上彼此等同，从而事实上转化为商品。交换的扩大和加深的历史过程，使商品本性中潜伏着的使用价值和价值的对立发展起来。为了交易，需要这一对立在外部表现出来，这就要求商品价值有一个独立的形式，这个需要一直存在，直到由于商品分为商品和货币这种二重化而最终取得这个形式为止。可见，随着劳动产品转化为商品，商品就在同一程度上转化为货币。[(40)]

直接的产品交换一方面具有简单价值表现形式，另一方面还不具有这种形式。这种形式就是x量商品A＝y量商品B。直接的产品交换形式是x量使用物品A＝y量使用物品B。[(41)]在这里，A物和B物在交换之前不是商品，它们通过交换才成为商品。使用物品可能成为交换价值的第一步，就是它作为非使用价值而存在，作为超过它的占有者的直接需要的使用价值量而存在。物本身存在于人之

---

(40)依此我们可以判断小资产阶级社会主义的滑头了。小资产阶级社会主义既想使商品生产永恒化，又想废除“货币和商品的对立”，就是说废除货币本身，因为货币只是存在于这种对立中。这么说，我们同样也可以废除教皇而保存天主教了。关于这个问题详见我的《政治经济学批判》第61页及下页。[99]

(41)只要不是两种不同的使用物品相交换，而是像在野蛮人中间常见的那样，把一堆混杂的东西当做第三种东西的等价物，那么，连直接的产品交换也还处于它的初期阶段。

外，因而是可以让渡的。为使这种让渡成为相互的让渡，人们只须默默地彼此当做那些可以让渡的物的私有者，从而彼此当做独立的人相对立就行了。然而这种彼此当做外人看待的关系在原始共同体的成员之间并不存在，不管这种共同体的形式是家长制家庭，古代印度公社[61]，还是印加国[100]，等等。商品交换是在共同体的尽头，在它们与别的共同体或其成员接触的地方开始的。但是物一旦对外成为商品，由于反作用，它们在共同体内部生活中也成为商品。它们交换的量的比例起初完全是偶然的。它们能够交换，是由于它们的占有者彼此愿意把它们让渡出去的意志行为。同时，对别人的使用物品的需要渐渐固定下来。交换的不断重复使交换成为有规则的社会过程。因此，随着时间的推移，至少有一部分劳动产品必定是有意为了交换而生产的。从那时起，一方面，物满足直接需要的效用和物用于交换的效用的分离固定下来了。它们的使用价值同它们的交换价值分离开来。另一方面，它们互相交换的量的比例是由它们的生产本身决定的。习惯把它们作为价值量固定下来。

在直接的产品交换中，每个商品对于它的占有者直接就是交换手段，对于它的非占有者直接就是等价物，不过它要对于后者是使用价值。因此，交换物还没有取得同它本身的使用价值或交换者的个人需要相独立的价值形式。随着进入交换过程的商品数量和种类的增多，这种形式就越来越成为必要的了。问题和解决问题的手段同时产生。如果不同商品占有者的不同商品在它们的交易中不和同一个第三种商品相交换并作为价值和它相比较，商品占有者拿自己的物品同其他种种物品相交换、相比较的交易就决不会发生。这第三个商品由于成为其他不同商品的等价物，就直接取得一般的或社会的等价形式，虽然是在狭小的范围内。这种一般等价形式同引起这个形式的瞬息间的社会接触一起产生和消失。这种形式交替地、暂时地由这个或那个商品承担。但是，随着商品交换的发展，这种形式就只是固定在某些特殊种类的商品上，或者说结晶为货币形式。它究竟固定在哪一种商品上，最初是偶然的。但总的说来，有两种情况起着决定的作用。货币形式或者固定在最重要的外来交换物品上，这些物品事实上是本地产品的交换价值的自然形成的表现形式；或者固定在本地可以让渡的财产的主要部分如牲畜这种使用物品上。游牧民族最先发展了货币形式，因为他们的一切财产都具有可以移动的，因而可以直接让渡的形式，又因为他们的生活方式使他们经常和别的共同体接触，因而引起产品交换。人们过去常常把作为奴隶的人本身当做原始的货币材料，但是从来没有把土地当做这种材料。这种想法只有在发达的资产阶级社会里才会产生。它出现在17世纪最后30多年，而只是在一个世纪以后的法国资产阶级革命时期，有人才试图在全国范围内来实现它。[101]

随着商品交换日益突破地方的限制，从而商品价值日益发展成为一般人类劳动的化身，货币形式也就日益转到那些天然适于执行一般等价物这种社会职能的商品身上，即转到贵金属身上。

"金银天然不是货币，但货币天然是金银"(42)，这句话已为金银的自然属性适于担任货币的职能而得到证明。(43)但至此我们只知道货币的一种职能：它是商品价值的表现形式，或者是商品价值量借

---

(42)卡尔·马克思《政治经济学批判》第135页。[102]"贵金属……天然是货币。"(加利阿尼《货币论》，载于库斯托第编《意大利政治经济学名家文集·现代部分》第3卷第137页)

(43)详见我的上述著作中《贵金属》一节。[103]

以取得社会表现的材料。一种物质只有分成的每一份都是均质的，才能成为价值的适当的表现形式，或抽象的因而等同的人类劳动的化身。另一方面，因为价值量的差别纯粹是量的差别，所以货币商品必须只能有纯粹量的差别，就是说，必须能够随意分割，又能够随意把它的各部分合并起来。金和银就天然具有这种属性。

货币商品的使用价值二重化了。它作为商品具有特殊的使用价值，如金可以镶牙，可以用做奢侈品的原料等等，此外，它又取得一种由它的独特的社会职能产生的形式上的使用价值。

因为其他一切商品只是货币的特殊等价物，而货币是它们的一般等价物，所以它们是作为特殊商品来同作为一般商品的货币(44)发生关系。

我们已经知道，货币形式只是其他一切商品的关系固定在一种商品上面的反映。①所以，只有在那些从货币的完成的形态出发而从后往前分析商品的人看来，“货币是商品”(45)才是一种发现。对于

(44)“货币是一般商品。”（韦里《政治经济学研究》第16页）

(45)“我们可以统称为贵金属的金银本身，是……价值……时涨时落的……商品……　当重量较小的贵金属可以购买数量较大的本国农产品或工业品等等时，我们可以认为贵金属的价值较高。”（［西·克莱门特］《论货币、贸易、汇兑的相互关系的一般概念》，一个商人著，1695年伦敦版第7页）“银和金，已铸币的或者未铸币的，虽然被用做计量其他一切物的尺度，但是它们和酒、油、烟、布或毛织物一样，也是商品。”（［乔·柴尔德］《论贸易，特别是东印度的贸易》1689年伦敦版第2页）“王国的财产和财富严格地说不能只限于货币，金和银也不能被排除在商品之外。”（［托·帕皮隆］《东印度的贸易是对王国最有利的贸易》1677年伦敦版第4页）

①见本卷第86—87、105—106页。——编者注

交换过程使之转化为货币的那个商品，交换过程给予它的，不是它的价值，而是它的独特的价值形式。有人由于把这两种规定混淆起来，曾误认为金银的价值是想象的。(46)由于货币在某些职能上可以用它本身的单纯的符号来代替，又产生了另一种误解，以为货币是一种单纯符号。但另一方面，在这种误解里面包含了一种预感：物的货币形式是物本身以外的东西，它只是隐藏在物后面的人的关系的表现形式。从这个意义上说，每个商品都是一个符号，因为它作为价值只是耗费在它上面的人类劳动的物质外壳。(47)但是，当人们把物在一

---

(46)“金银在成为货币以前，作为金属就具有价值。”(加利阿尼《货币论》第72页)洛克说：“由于银具有适于作货币的质，人们就一致同意给银一种想象的价值。”[约翰·洛克《略论降低利息和提高货币价值的后果。1691年》，载于《约翰·洛克著作集》1777年版第2卷第15页]与此相反，罗说：“不同的国家怎能给某物以一种想象的价值……或者说，这种想象的价值怎能保持下去呢？”但是请看他本人对这个问题了解得多么差：“银按照它具有的使用价值即它的实际价值进行交换；由于它被用做货币，又取得一个追加价值。”(约翰·罗《论货币和贸易》，载于欧·德尔编《18世纪的财政经济学家》第469、470页)

(47)“货币是它〈商品〉的符号。”(韦·德·福尔邦奈《商业学入门》1766年莱顿新版第2卷第143页)“货币作为符号被商品吸引。”(同上，第155页)“货币是某种物的符号，并且代表这种物。”(孟德斯鸠《论法的精神》，《孟德斯鸠全集》1767年伦敦版第2卷第3页)“货币不是单纯的符号，因为它本身就是财富；它不代表价值，它是价值的等价物。”(勒特罗纳《就价值、流通、工业、国内外贸易论社会利益》第910页)“当我们考察价值的概念时，物本身只是被看做一种符号，物不是被当做物本身，而是被当做它所值的东西。”(黑格尔《法哲学》第100页)法学家早在经济学家88以前，就宣扬货币是单纯符号、贵金属价值纯属想象的观念；这些法学家这样做是为了向王权献媚，他们在整个中世纪时期，一直以罗马帝国的传统和《学说汇纂》104中的货币概念，作为国王伪造铸币的权利的依据。这些法学家的好学生，菲力浦六世(瓦卢瓦的)105在1346年的一项法令中说：“无论何人不得亦不应怀疑，唯朕有权……处理铸币事宜，决定铸币之

定的生产方式的基础上取得的社会性质，或者说，把劳动的社会规定在一定的生产方式的基础上取得的物质性质说成是单纯的符号时，他们就把这些性质说成是人随意思考的产物。这是18世纪流行的启蒙方法，其目的是要在人们还不能解释人的关系的谜一般的形态的产生过程时，至少暂时把这种形态的奇异外观除掉。

前面已经指出，一个商品的等价形式并不包含该商品的价值量的量的规定①。即使我们知道金是货币，因而可以同其他一切商品直接交换，我们并不因此就知道例如10磅金的价值是多少。货币同任何商品一样，只能相对地通过别的商品来表现自己的价值量。它本身的价值是由生产它所需要的劳动时间决定的，并且是通过任何另一个凝结着同样多劳动时间的商品的量表现出来的。(48)金的相对价值量是在金的产地通过直接的物物交换确定的。当它作为货币进入流通时，它的价值已经是既定的了。还在17世纪最后几十年，人们已经知道货币是商品，这在货币分析上是跨出很大一步的开端，

制造、形状与储存，颁布有关铸币之命令，并遵照符合朕意之办法及价格将铸币付诸流通。”货币价值由皇帝下令规定，是罗马法的定则。当时明文禁止把货币当做商品。“任何人均不得购买货币，货币为公共使用而设，不应成为商品。”106对于这个问题，乔·弗·帕尼尼《试论物品的合理价格》(1751年)(库斯托第编《意大利政治经济学名家文集·现代部分》第2卷)作了很好的说明。特别在这一著作的第二部分，帕尼尼同法学家先生们展开了论战。

(48)“假定有人从秘鲁地下获得一盎司银并带到伦敦来，他所用的时间和他生产一蒲式耳谷物所需要的时间相等，那么，前者就是后者的自然价格；假定现在由于开采更富的新矿，获得两盎司银像以前获得一盎司银花费一样多，那么在其他条件相同的情况下，现在一蒲式耳谷物值10先令，而它以前值5先令。”(威廉·配第《赋税论》1667年伦敦版第31页)

①见本卷第71页。——编者注

但终究只是开端而已。困难不在于了解货币是商品，而在于了解商品怎样、为什么、通过什么成为货币。(49)

我们已经看到，在x量商品A＝y量商品B这个最简单的价值表现中，就已经存在一种假象，似乎表现另一物的价值量的物不通过这种关系就具有自己的等价形式，似乎这种形式是天然的社会属性。①我们已经探讨了这种假象是怎样确立起来的。当一般等价形式同一种特殊商品的自然形式结合在一起，即结晶为货币形式的时候，这种假象就完全形成了。一种商品成为货币，似乎不是因为其他商品都通过它来表现自己的价值，相反，似乎因为这种商品是货币，其他商品才都通过它来表现自己的价值。中介运动在它本身的结果中消失了，而且没有留下任何痕迹。商品没有出什么力就发现一个在它们之外、与它们并存的商品体是它们自身的现成的价值形态。这些物，即金和银，一从地底下出来，就是一切人类劳动的直接化身。

(49)罗雪尔教授先生教训我们说："错误的货币定义可以分为两大类：一类认为货币比商品多一些，一类认为货币比商品少一些。"接着他杂乱无章地开列了一份关于货币性质的著作的目录，从这个书目丝毫也不能了解真实的货币理论史。最后他训诫说："此外，不能否认，大部分现代国民经济学家对于使货币不同于其他商品的那些特性〈莫非指比商品多一些或少一些吗？〉是注意得不够的……　就这一点说，加尼耳之流的半重商主义的反动就不是完全没有根据的了。"（威廉·罗雪尔《国民经济学原理》1858年第3版第207—210页）多一些——少一些——不够——就这一点说——不是完全！这就是对概念下的定义！而罗雪尔先生还谦逊地把这类教授式的折中主义空谈命名为政治经济学的"解剖生理学的方法"！不过有一个发现要归功于他，那就是：货币是"一种快意的商品"。

①见本卷第62—73页。——编者注

货币的魔术就是由此而来的。人们在自己的社会生产过程中的单纯原子般的关系，从而，人们自己的生产关系的不受他们控制和不以他们有意识的个人活动为转移的物的形式，首先就是通过他们的劳动产品普遍采取商品形式这一点而表现出来。因此，货币拜物教的谜就是商品拜物教的谜，只不过变得明显了，耀眼了。

第三章
货币或商品流通

1. 价值尺度

为了简单起见,我在本书各处都假定金是货币商品。

金的第一个职能是为商品世界提供表现价值的材料,或者说,是把商品价值表现为同名的量,使它们在质的方面相同,在量的方面可以比较。这样,金执行一般的价值尺度的职能,并且首先只是由于这个职能,金这个独特的等价商品才成为货币。

商品并不是由于有了货币才可以通约。恰恰相反。因为一切商品作为价值都是对象化的人类劳动,从而本身可以通约,所以它们能共同用一个独特的商品来计量自己的价值,这样,这个独特的商品就转化为它们共同的价值尺度或货币。货币作为价值尺度,是商品内在的价值尺度即劳动时间的必然表现形式。(50)

---

(50)为什么货币不直接代表劳动时间本身,例如,以一张纸币代表x个劳动小时,这个问题可简单归结为:在商品生产的基础上为什么劳动产品必须表现为商品,因为商品的表现包含着商品分为商品和货币商品这种二重化。或者说,为什么私人劳动不能看成是直接的社会劳动,不能看成是它自身的对立面。我在别处曾详细地谈到在商品生产的基础上实行"劳动货币"这种平庸的

商品在金上的价值表现——x量商品A＝y量货币商品——是商品的货币形式或它的价格。现在，要用社会公认的形式表现铁的价值，只要有1吨铁＝2盎司金这样一个等式就够了。这个等式不需要再同其他商品的价值等式排成一个行列，因为金这个等价商品已经具有货币的性质。因此，现在商品的一般相对价值形式又具有商品最初的即简单的或个别的相对价值形式的样子。另一方面，扩大的相对价值表现，或相对价值表现的无限的系列，成为货币商品所特有的相对价值形式。而这个系列现在已经在商品价格中社会地提供了。把一份行情表上的价目倒过来读，就可以看出货币的价值量表现在各式各样的商品上。然而货币并没有价格。货币要参加其他商品的这个统一的相对价值形式，就必须把自己当做自己的等价物。

商品的价格或货币形式，同商品的价值形式本身一样，是一种与商品的可以捉摸的实在的物体形式不同的，因而只是观念的或想象的形式。铁、麻布、小麦等等的价值虽然看不见，但是存在于这些物的本身中；它们的价值通过它们同金相等，同金发生一种可以说只是在它们头脑中作祟的关系而表现出来。因此，商品监护人为了向外界表明商品的价格，必须把自己的舌头塞进它们的脑袋里，或者给它们挂上一张纸条。(51)因为商品在金上的价值表现是观念的，所以要

空想。(《政治经济学批判》第61页及以下几页[107])在这里我还想指出一点，例如欧文的"劳动货币"[108]，同戏票一样，不是"货币"。欧文以直接社会化劳动为前提，就是说，以一种与商品生产截然相反的生产形式为前提。劳动券只是证明生产者个人参与共同劳动的份额，以及他个人在供消费的那部分共同产品中应得的份额。不过欧文没有想到以商品生产为前提，也没有想到要用货币把戏来回避商品生产的必要条件。

(51)野蛮人或半野蛮人以另外的方式使用舌头。例如帕里船长在谈到巴芬湾西岸居民的情况时说："在这种场合〈在交换产品时〉……他们用舌头舔

表现商品的价值，也可以仅仅用想象的或观念的金。每一个商品监护人都知道：当他给予商品价值以价格形式或想象的金的形式时，他远没有把自己的商品转化为金，而为了用金估量数百万的商品价值，他不需要丝毫实在的金。因此，货币在执行价值尺度的职能时，只是想象的或观念的货币。这种情况引起了种种最荒谬的学说。(52)尽管只是想象的货币执行价值尺度的职能，但是价格完全取决于实在的货币材料。例如，一吨铁所包含的价值，即人类劳动量，是通过想象中包含等量劳动的货币商品量表现出来的。所以，一吨铁的价值，根据充当价值尺度的是金、银还是铜，就具有完全不同的价格表现，或者说，在金、银或铜的完全不同的数量中表现出来。

因此，如果两个不同的商品，例如金和银，同时充当价值尺度，一切商品就会有两种不同的价格表现，即金价格和银价格；只要金和银的价值比例不变，例如总是1∶15，那么这两种价格就可以安然并存。但是，这种价值比例的任何变动，都会扰乱商品的金价格和银价格之间的比例，这就在事实上证明，价值尺度的二重化是同价值尺度的职能相矛盾的。(53)

它〈要换给他们的物品〉两次，这才表示交易已经顺利完成。”[109]东部爱斯基摩人也总是用舌头舔他们换得的物品。既然在北方把舌头当做占有的器官，那么，在南方把肚子当做积累财富的器官就不足为奇了，卡弗尔人就是拿肚子的大小来衡量一个人的财富的。卡弗尔人真是聪明极了，因为当1864年英国官方卫生报告说，工人阶级的很大一部分人缺乏脂肪物质时[110]，一个叫哈维（不是发现血液循环的哈维）的医生，在同一年由于吹嘘他有一种妙方能使资产阶级和贵族消除过剩的脂肪而走了运。

(52)见卡尔·马克思《政治经济学批判》，《关于货币计量单位的学说》，第53页及以下几页。[111]

(53)第二版注：“在金和银依法同时充当货币即充当价值尺度的地方，想凡是价格已经确定的商品都表现为这样的形式：a量商品A＝x量金；b量商品B＝z量金；c量商品C＝y量金，等等，在这里，a、b、c代表商品A、B、C的一定量，x、z、y代表金的一定量。这样，商品价值就转化为大小不同的想象的金量，就是说，尽管商品五花八门，商品价值都转化为同名的量，即金量。这些价值作为这样的不同的金量互相比较，互相计量，这样在技术上就有必要把某一固定的金量作为商品价值的计量单位。这个计量单位本身通过进一步分成等分而发展成为标准。金、银、铜在变成货币以前，在它们的金属重量中就有这种标准，例如，以磅为计量单位，磅一方面分成盎司等等，另一方面又合成英担等等。(54)因此，在一切金属的流通中，原有的重量标准

把它们当做同一物质看待，总是徒劳的。如果假定同一劳动时间必须固定不变地对象化在银和金的同一比例中，这实际上就是假定银和金是同一物质，而一定量价值较低的金属，即银，是一定量金的一个固定不变的分数。从爱德华三世起到乔治二世时期，英国币制史经历了一连串的混乱，其原因是法定的金银比价同金银价值的实际变动不断发生冲突。有时金的估价高了，有时银的估价高了。估价低的金属退出流通，被熔化和输出。于是两种金属的比价再由法律予以更改，但新的名义价值很快又像旧的那样同实际的比价发生冲突。现代，由于印度和中国需要银，同银相比，金的价值暂时略微低落，结果在法国大规模地发生了上述现象：银被输出，被金逐出于流通之外。1855、1856和1857年，输入法国的金比从法国输出的金多了4 158万镑，而从法国输出的银比输入法国的银多了34 704 000镑。在一些国家里，两种金属都是法定的价值尺度，因而两者在支付中都必须接受，每个人都可以随意用银或金来支付，在这里价值增大的金属实际上有贴水，它同其他任何商品一样用估价过高的金属来计量自己的价格，而其实也只有估价过高的那种金属才起着价值尺度的作用。这方面的全部历史经验总结起来不过是：凡有两种商品依法充当价值尺度的地方，事实上总是只有一种商品保持着这种地位。”（卡尔·马克思《政治经济学批判》第52、53页[112]）

(54)第二版注：在英国，一盎司金是货币标准的单位，但它不能分成等分。

的名称，也是最初的货币标准或价格标准的名称。

作为价值尺度和作为价格标准，货币执行着两种完全不同的职能。作为人类劳动的社会化身，它是价值尺度；作为规定的金属重量，它是价格标准。作为价值尺度，它用来使形形色色的商品的价值转化为价格，转化为想象的金量；作为价格标准，它计量这些金量。价值尺度是用来计量作为价值的商品，相反，价格标准是用一个金量计量各种不同的金量，而不是用一个金量的重量计量另一个金量的价值。要使金充当价格标准，必须把一定重量的金固定为计量单位。在这里，正如在其他一切同名量的尺度规定中一样，尺度比例的固定性有决定的意义。因此，同一个金量越是不变地充当计量单位，价格标准就越是能更好地执行自己的职能。金能够充当价值尺度，只是因为它本身是劳动产品，因而是潜在可变的价值。(55)

首先很明显，金的价值变动丝毫不会妨碍金执行价格标准的职能。不论金的价值怎样变动，不同的金量之间的价值比例总是不变。哪怕金的价值跌落1 000%，12盎司金的价值仍然是一盎司金的12倍，在价格上问题只在于不同金量彼此之间的比例。另一方面，因为一盎司金决不会随着它的价值涨落而改变它的重量，所以它也不会因而改变它的等分的重量，这样，不论金的价值怎样变动，金作为固定的价格标准总是起同样的作用。

造成这种奇怪现象的原因是："我国的铸币制度本来只适用银，因此一盎司银分成的铸币总是一个整数；但是，后来在只适用银的铸币制度中采用了金，因此，一盎司金铸成的金币就不能是一个整数了。"（麦克拉伦《通货简史》1858年伦敦版第16页）

(55)第二版注：在英国的著作中，价值尺度(measure of value)和价格标准(standard of value)这两个概念极为混乱。它们的职能，从而它们的名称，经常被混淆起来。

金的价值变动也不会妨碍金执行价值尺度的职能。这种变动会同时影响一切商品，因此，在其他条件相同的情况下，它们相互间的相对价值不会改变，尽管这些价值这时都是在比过去高或低的金价格中表现出来。

同某一商品的价值用任何另一个商品的使用价值来表现一样，商品用金来估价也只是以下面一点为前提：在一定时间内生产一定量的金要耗费一定量的劳动。至于商品价格本身的变动，前面阐述的简单相对价值表现的规律也是适用的。①

商品价格只有在货币价值不变、商品价值提高时，或在商品价值不变、货币价值降低时，才会普遍提高。反之，商品价格只有在货币价值不变、商品价值降低时，或在商品价值不变、货币价值提高时，才会普遍降低。由此决不能得出结论说，货币价值提高，商品价格必定相应降低，货币价值降低，商品价格必定相应提高。这只适用于价值不变的商品。例如，某些商品的价值和货币的价值同时按同一比例提高，这些商品的价格就不会改变。如果这些商品的价值比货币价值增加得慢些或者增加得快些，那么，这些商品的价格的降低或提高，就由这些商品的价值变动和货币的价值变动之间的差额来决定。余此类推。

现在我们回过来考察价格形式。

由于各种原因，金属重量的货币名称同它原来的重量名称逐渐分离。其中在历史上有决定意义的是下列原因：1. 外国货币流入较不发达的民族，例如在古罗马，银币和金币最初是作为外国商品流通的。这些外国货币的名称与本地的重量名称是不同的。2. 随着财富

①见本卷第68—70页。——编者注

的增长，不大贵重的金属逐渐为比较贵重的金属所排挤，失去价值尺度的职能。铜为银所排挤，银为金所排挤，尽管这个顺序是同诗人想象的年代顺序[113]相抵触的。(56)例如，镑原来是真正一磅重的银的货币名称。当金排挤作为价值尺度的银时，这个名称就依照金和银的价值比例，可能用来称呼 $\frac{1}{15}$ 磅的金等等。现在，作为货币名称的镑就和作为金的通常重量名称的磅分开了。(57) 3. 几百年来君主不断伪造货币，使铸币原来的重量实际上只剩下一个名称。(58)

这些历史过程使金属重量的货币名称同它的通常重量名称的分离成为民族的习惯。因为货币标准一方面纯粹是约定俗成的，另一方面又需要得到公认，所以，最后就由法律来规定了。一定重量的贵金属，如一盎司金，由官方分成若干等分，取得法定的教名，如镑、塔勒等等。这种等分成为真正的货币计量单位后，又分为新的等分，后者也具有法定的教名，如先令、便士等等。(59)一定的金属重量仍旧是金属货币的标准。改变的只是分法和名称。

---

(56)而且这种年代顺序也不是在历史上普遍适用的。

(57)第二版注：例如，英镑还不到它原来重量的 $\frac{1}{3}$，苏格兰镑在合并[114]以前只有原来重量的 $\frac{1}{36}$，法国的利弗尔只有原来重量的 $\frac{1}{74}$，西班牙的马拉维第还不到原来重量的 $\frac{1}{1\,000}$，葡萄牙的瑞斯同原来重量之比还要小得多。[115]

(58)第二版注："那些现今只具有观念的名称的铸币在一切民族中都是最古老的铸币；曾经有一个时期，它们全都是实在的，正因为它们是实在的，所以才用它们来计算。"（加利阿尼《货币论》第153页）

(59)第二版注：戴维·乌尔卡尔特先生在《家常话》中说，现在英国货币标准的单位1镑约等于 $\frac{1}{4}$ 盎司金，是令人惊奇的（！）。他说："这是伪造尺度，不是确立标准。"［第105页］他在金重量的"假名"上，像在其他事情上一样，看出了文明的伪造之手。

因此，价格或商品价值在观念上转化成的金量，现在用金标准的货币名称或法定的计算名称来表现了。于是英国人不说一夸特小麦等于一盎司金，而说等于3镑17先令$10\frac{1}{2}$便士。这样，商品就用自己的货币名称说明自己值多少，每当需要把一物当做价值，从而用货币形式来确定时，货币就充当计算货币。(60)

物的名称对于物的本性来说完全是外在的。即使我知道一个人的名字叫雅各，我对他还是一点不了解。同样，在镑、塔勒、法郎、杜卡特等货币名称上，价值关系的任何痕迹都消失了。由于货币名称既表示商品价值，同时又表示某一金属重量即货币标准的等分，对这些神秘记号的秘密含义的了解就更加混乱了。(61)另一方面，价值和商品世界的形形色色的物体不同，必然发展为这种没有概念的物的而又纯粹是社会的形式。(62)

---

(60)第二版注："有人问阿那卡雪斯，希腊人为什么要用货币？他回答说，为了计算。"(阿泰纳奥斯《哲人宴》，施韦格霍伊泽编，1802年版第2卷第1部第4册第49节[第120页])

(61)第二版注："作为价格标准的金和商品价格表现为同样的计算名称，例如，一盎司金和一吨铁的价值同样都可表现为3镑17先令$10\frac{1}{2}$便士，因此，金的这种计算名称被叫做金的造币局价格。于是产生了一种奇怪的想法，以为金(或银)用它自身的材料来估价，而且和一切商品不同，它从国家取得固定的价格。确定一定重量的金的计算名称被误认为确定这个重量的价值。"(马克思《政治经济学批判》第52页116)

(62)参看《政治经济学批判》中《关于货币计量单位的学说》一节(第53页及以下几页111)。关于提高或降低"造币局价格"的各种幻想，无非是要国家使法定的货币名称不代表法定的金量或银量，而代表较多或较少的金量或银量，由此，如$\frac{1}{4}$盎司的金将来不是铸成20先令，而是铸成40先令。如果这种种幻想所抱的目的，不是为了采取一些拙劣的财政措施来对付公私债权人，而是价格是对象化在商品内的劳动的货币名称。因此，说商品同被称为它的价格的那个货币量等价，不过是同义反复，因为一个商品的相对价值表现总是两个商品等价的表现。(63)虽然价格作为商品价值量的指数，是商品同货币的交换比例的指数，但不能由此反过来说，商品同货币的交换比例的指数必然是商品价值量的指数。假定等量的社会必要劳动表现为1夸特小麦和2镑(约$\frac{1}{2}$盎司金)。2镑是1夸特小麦的价值量的货币表现或1夸特小麦的价格。如果情况许可把1夸特小麦标价为3镑，或者迫使把它标价为1镑，那么作为小麦的价值量的表现，1镑是太少了，3镑是太多了。但是1镑和3镑都是小麦的价格，因为第一，它们是小麦的价值形式，是货币；第二，它们是小麦同货币的交换比例的指数。在生产条件不变或者劳动生产力不变的情况下，再生产1夸特小麦仍需要耗费同样多的社会劳动时间。这一事实既不以小麦生产者的意志为转移，也不以其他商品占有者的意志为转移。因而，商品的价值量表现出一种必然的、商品形成过程内在的同社会劳动时间的关系。随着价值量转化为价格，这种必然的关系就表现为商品同在它之外存在的货币商品的交换比例。这种交换比例既可以表现商品的价值量，也可以表现比它大或小的量，在一定条件下，商品就是按这种较大或较小的量来

为了寻求经济上的"奇迹疗法"，那么配第在《货币略论。致哈利法克斯侯爵。1682年》中，就已经对这些幻想作了极为详尽的论述，而他的直接继承人达德利·诺思爵士和约翰·洛克只能把他的思想庸俗化，更不用说以后的人了。配第说："如果一道法令就能使国家的财富增加10倍，这就很奇怪，为什么我们的政府不早颁布这样的法令呢！"(同上，第36页)

(63)"否则必须承认，一百万货币的价值大于等值的商品的价值"(勒特罗纳《就价值、流通、工业、国内外贸易论社会利益》第919页)，因此也必须承认，"某一价值大于相等的另一价值"。

让渡的。可见，价格和价值量之间的量的不一致的可能性，或者价格偏离价值量的可能性，已经包含在价格形式本身中。但这并不是这种形式的缺点，相反地，却使这种形式成为这样一种生产方式的适当形式，在这种生产方式下，规则只能作为没有规则性的盲目起作用的平均数规律来为自己开辟道路。

价格形式不仅可能引起价值量和价格之间即价值量和它自身的货币表现之间的量的不一致，而且能够包藏一个质的矛盾，以致货币虽然只是商品的价值形式，但价格可以完全不是价值的表现。有些东西本身并不是商品，例如良心、名誉等等，但是也可以被它们的占有者出卖以换取金钱，并通过它们的价格，取得商品形式。因此，没有价值的东西在形式上可以具有价格。在这里，价格表现是虚幻的，就像数学中的某些数量一样。另一方面，虚幻的价格形式——如未开垦的土地的价格，这种土地没有价值，因为没有人类劳动对象化在里面——又能掩盖实在的价值关系或由此派生的关系。

同相对价值形式本身一样，价格通过下列方式来表现一种商品如一吨铁的价值：一定量的等价物，如一盎司金，能直接与铁交换。但决不能反过来说，铁也能直接与金交换。因此，商品要实际上起交换价值的作用，就必须抛弃自己的自然形体，从只是想象的金转化为实在的金，诚然，商品实现这种变体，同黑格尔的“概念”实现由必然到自由的过渡[117]相比，同龙虾脱壳相比，同教父圣哲罗姆(64)解脱

(64)圣哲罗姆在青年时代很费力地克制自己的物质欲念，他在沙漠中同美女的形象的斗争表明了这一点。在老年时代，他也很费力地克制自己的精神欲念。例如他说：“我自信在精神上处于世界审判者之前。”一个声音问道：“你是谁？”“我是一个基督徒。”世界审判者大发雷霆：“你撒谎，你只是一个西塞罗信徒！”[118]

原罪相比，是“更为困难的”。商品除了有例如铁这种实在的形态以外，还可以在价格上有观念的价值形态或想象的金的形态，但它不能同时既是实在的铁，又是实在的金。要规定商品的价格，只需要使想象的金同商品相等。但商品必须为金所代替，它才能对它的占有者起一般等价物的作用。例如，铁的占有者遇见某种享乐商品的占有者，向后者说铁的价格已经是货币形式了，后者就会像圣彼得在天堂听了但丁讲述信仰要义之后那样回答说：

> “这个铸币经过检验，
> 重量成色完全合格，
> 但告诉我，你钱袋里有吗？”119

价格形式包含着商品为取得货币而让渡的可能性和这种让渡的必要性。另一方面，金所以充当观念的价值尺度，只是因为它在交换过程中已作为货币商品流通。因此，在观念的价值尺度中隐藏着坚硬的货币。

2. 流 通 手 段

(a)商品的形态变化

我们看到，商品的交换过程包含着矛盾的和互相排斥的关系。① 商品的发展并没有扬弃这些矛盾，而是创造这些矛盾能在其中运动的形式。一般说来，这就是实际矛盾赖以得到解决的方法。例如，一

①见本卷第49—54、89—93页。——编者注

个物体不断落向另一个物体而又不断离开这一物体，这是一个矛盾。椭圆便是这个矛盾借以实现和解决的运动形式之一。

交换过程使商品从把它们当做非使用价值的人手里转到把它们当做使用价值的人手里，就这一点说，这个过程是一种社会的物质变换。一种有用劳动方式的产品代替另一种有用劳动方式的产品。商品一旦到达它充当使用价值的地方，就从商品交换领域转入消费领域。在这里，我们感兴趣的只是商品交换领域。因此，我们只是从形式方面考察全部过程，就是说，只是考察对社会的物质变换起中介作用的商品形式变换或商品形态变化。

人们对这种形式变换之所以理解得很差，除了对价值概念本身不清楚以外，是因为一个商品的每次形式变换都是通过两个商品即一个普通商品和货币商品的交换实现的。如果我们只注意商品和金的交换这个物质因素，那就会恰恰看不到应该看到的东西，即形式发生了怎样的变化。我们就会看不到：金作为单纯的商品并不是货币，而其他的商品通过它们的价格才把金当做它们自己的货币形态。

商品首先是没有镀金，没有蘸糖，以本来面目进入交换过程的。交换过程造成了商品分为商品和货币这种二重化，即造成了商品得以表现自己的使用价值和价值之间的内在对立的一种外部对立。在这种外部对立中，作为使用价值的商品同作为交换价值的货币对立着。另一方面，对立的双方都是商品，也就是说，都是使用价值和价值的统一。但这种差别的统一按相反的方向表现在两极中的每一极上，并且由此同时表现出它们的相互关系。商品实际上是使用价值，它的价值存在只是观念地表现在价格上，价格使商品同对立着的金发生关系，把金当做自己的实际的价值形态。反之，金这种物质只是充当价值的化身，充当货币。因此金实际上是交换价值。金的使用价值只是观念地表现在相对价值表现的系列上，金通过这个相对价值表现的系列，同对立着的商品发生关系，把它们当做自己的实际使用形态的总和。商品的这些对立的形式就是它们的交换过程的实际的运动形式。

现在，我们随同任何一个商品占有者，比如我们的老朋友织麻布者，到交换过程的舞台上去，到商品市场上去。他的商品即20码麻布的价格是规定了的。它的价格是两镑。他把麻布换成两镑，接着，这个守旧的人又用这两镑换一本价格相等的家庭用的圣经。麻布——对于他来说只是商品，只是价值承担者——被转让出去，换取了金，麻布的价值形态，然后又从这个价值形态被让渡出去，换取了另一种商品圣经，而圣经就作为使用物品来到织布者的家里，满足他受教化的需要。可见，商品交换过程是在两个互相对立、互为补充的形态变化中完成的：从商品转化为货币，又从货币转化为商品。(65)商品形态变化的两个因素同时就是商品占有者的两种行为，一种是卖，把商品换成货币，一种是买，把货币换成商品，这两种行为的统一就是：为买而卖。

如果织麻布者看看交易的最终结果，那么现在他占有的不是麻布，而是圣经，不是他原来的商品，而是另外一种价值相等而用处不同的商品。他用同样的方法取得他的其他生活资料和生产资料。在他看来，全部过程不过是他的劳动产品同别人的劳动产品进行交换

---

(65)“赫拉克利特说：……火变成万物，万物又变成火，就像金变成货物，货物变成金一样。”(斐·拉萨尔《爱非斯的晦涩哲人赫拉克利特的哲学》1858年柏林版第1卷第222页)拉萨尔在对这句话的注解中(第224页注3)，错误地把货币说成只是价值符号。[120]

的中介，是产品交换的中介。

因此，商品的交换过程是在下列的形式变换中完成的：

商品—货币—商品

W—G—W

从物质内容来说，这个运动是W—W，是商品换商品，是社会劳动的物质变换，这种物质变换的结果一经达到，过程本身也就结束。

W—G。商品的第一形态变化或卖。商品价值从商品体跳到金体上，像我在别处说过的[121]，是商品的惊险的跳跃。这个跳跃如果不成功，摔坏的不是商品，但一定是商品占有者。社会分工使商品占有者的劳动成为单方面的，又使他的需要成为多方面的。正因为这样，他的产品对他来说仅仅是交换价值。这个产品只有在货币上，才取得一般的社会公认的等价形式，而货币又在别人的口袋里。为了把货币吸引出来，商品首先应当对于货币占有者是使用价值，就是说，用在商品上的劳动应当是以社会有用的形式耗费的，或者说，应当证明自己是社会分工的一部分。但分工是自然形成的生产有机体，它的纤维在商品生产者的背后交织在一起，而且继续交织下去。商品可能是一种新的劳动方式的产品，它声称要去满足一种新产生的需要，或者想靠它自己去唤起一种需要。一种特殊的劳动操作，昨天还是同一个商品生产者许多职能中的一种职能，今天就可能脱离这种联系，独立起来，从而把它的局部产品当做独立商品送到市场上去。这个分离过程的条件可能已经成熟，或者可能尚未成熟。某种产品今天满足一种社会需要，明天就可能全部地或部分地被一种类似的产品排挤掉。即使某种劳动，例如我们这位织麻布者的劳动，是社会分工的特许的一部分，这也决不能恰好使他的20码麻布的使用价值得到了保证。社会对麻布的需要，像对其他各种东西的需要一样，是有限度的，如果他的竞争者已经满足了这种需要，我们这位朋友的产品就成为多余的、过剩的，因而是无用的了。接受赠马，不看岁口[122]，但是我们这位织麻布者决不是到市场去送礼的。我们就假定他的产品的使用价值得到了证明，因而商品会把货币吸引出来。但现在要问：它能吸引多少货币呢？当然，答案已经由商品的价格即商品价值量的指数预示了。我们把商品占有者可能发生的纯粹主观的计算错误撇开，因为这种错误在市场上马上可以得到客观的纠正。假定他耗费在他的产品上的只是平均社会必要劳动时间。因此，商品的价格只是对象化在商品中的社会劳动量的货币名称。但是，织麻布业的以往可靠的生产条件，没有经过我们这位织麻布者的许可而在他的背后发生了变化。同样多的劳动时间，昨天还确实是生产一码麻布的社会必要劳动时间，今天就不是了。货币占有者会非常热心地用我们这位朋友的各个竞争者定出的价格来说明这一点。我们这位朋友真是不幸，世上竟有很多织麻布者。最后，假定市场上的每一块麻布都只包含社会必要劳动时间。即使这样，这些麻布的总数所包含的已耗费的劳动时间仍然可能过多。如果市场的胃口不能以每码两先令的正常价格吞下麻布的总量，这就证明，在全部社会劳动时间中，以织麻布的形式耗费的时间太多了。其结果就像每一个织布者花在他个人的产品上的时间都超过了社会必要劳动时间一样。这正像俗话所说："一起捉住，一起绞死。"①在市场上，全部麻布只是当做一个商品，每一块麻布只是当做这个商品的相应部分。事实上，每一码的价值也只是同种人类劳动的同一的社会规定的量的

①德国谚语，意思是有祸同当。——编者注

化身。[123]

我们看到,商品爱货币,但是“真爱情的道路决不是平坦的”[124]。把自己的“分散的肢体”[125]表现为分工体系的社会生产有机体,它的量的构成,也像它的质的构成一样,是自发地偶然地形成的。所以我们的商品占有者发现:分工使他们成为独立的私人生产者,同时又使社会生产过程以及他们在这个过程中的关系不受他们自己支配;人与人的互相独立为物与物的全面依赖的体系所补充。

分工使劳动产品转化为商品,因而使它转化为货币成为必然的事情。同时,分工使这种转化能否成功成为偶然的事情。但是在这里应当纯粹地考察现象,因此假定这种现象是正常进行的。其实,只要这种现象发生,就是说,只要商品不是卖不出去,就总会发生商品的形式变换,尽管在这种形式变换中,实体——价值量——可能在不正常的场合亏损或增加。

对一个商品占有者来说,金代替了他的商品,对另一个商品占有者来说,商品代替了他的金。可以感觉到的现象是商品和金,即20码麻布和两镑转手了,换位了,就是说,交换了。但是商品同什么交换呢?同它自己的一般价值形态交换。金又同什么交换呢?同它的使用价值的一种特殊形态交换。金为什么作为货币同麻布对立呢?因为麻布的价格两镑或它的货币名称,已经使麻布同作为货币的金发生关系。原来的商品形式的转换是通过商品的让渡完成的,就是说,是在商品的使用价值确实把商品价格中只是想象的金吸引出来的时刻完成的。因此,商品价格的实现,或商品的仅仅是观念的价值形式的实现,同时就是货币的仅仅是观念的使用价值的实现。商品转化为货币,同时就是货币转化为商品。这一个过程是两方面的:从商品占有者这一极看,是卖;从货币占有者这另一极看,是买。或者

说，卖就是买，W—G同时就是G—W。(66)

到这里，我们还只知道人与人之间的一种经济关系，即商品占有者之间的关系，在这种关系中，商品占有者只是由于让出自己的劳动产品，才占有别人的劳动产品。因此，一个商品占有者所以能够作为货币占有者同另一个商品占有者对立，或者是因为他的劳动产品天然具有货币形式，是货币材料，是金等等；或者是因为他自己的商品已经蜕皮，已经蜕掉它原来的使用形式。金要执行货币的职能，自然就必须在某个地点进入商品市场。这个地点就在金的产地，在那里，金作为直接的劳动产品与另一种价值相同的劳动产品相交换。但是，从这个时候起，它就总是代表已经实现了的商品价格。(67)撇开金在产地同商品的交换不说，金在每个商品占有者手里都是他所让渡的商品的转换形态，都是卖的产物，或商品第一形态变化W—G的产物。(68)金成为观念的货币或价值尺度，是因为一切商品都用金来计量它们的价值，从而使金成为它们的使用形态的想象的对立面，成为它们的价值形态。金成为实在的货币，是因为商品通过它们的全面让渡使金成为它们的实际转换或转化的使用形态，从而使金成为它们的实际的价值形态。商品在它的价值形态上蜕掉了它的自然形成的使用价值的一切痕迹，蜕掉了创造它的那种

(66)“每次卖都是买”（魁奈医生《关于商业和手工业者劳动的问答》，[载于]德尔编《重农学派》1846年巴黎版第1部第170页），或者像魁奈在他的《一般原理》中所说：“卖就是买。”126

(67)“一个商品的价格只能用另一个商品的价格来支付。”（梅尔西埃·德拉里维耶尔《政治社会天然固有的秩序》，[载于]德尔编《重农学派》第2部第554页）

(68)“要有货币，就得先卖。”（同上，第543页）

特殊有用劳动的一切痕迹，蛹化为无差别的人类劳动的同样的社会化身。因此，从货币上看不出它是由哪种商品转化来的。在货币形式上，一种商品和另一种商品完全一样。因此，货币可以是粪土，虽然粪土并不是货币。假定我们的织麻布者让渡他的商品而取得的两个金币是一夸特小麦的转化形态。卖麻布W—G同时就是买麻布G—W。作为卖麻布，这个过程开始了一个运动，而这个运动是以卖的对立面，以买圣经结束的；作为买麻布，这个过程结束了一个运动，而这个运动是以买的对立面，以卖小麦开始的。W—G（麻布—货币），即W—G—W（麻布—货币—圣经）这一运动的始段，同时就是G—W（货币—麻布），即另一运动W—G—W（小麦—货币—麻布）的终段。一个商品的第一形态变化，即从商品形式转化为货币，同时总是另一个商品的相反的第二形态变化，即从货币形式又转化为商品。(69)

G—W。商品的第二形态变化，或最终的形态变化：买。因为货币是其他一切商品的转换形态，或者说，是它们普遍让渡的产物，所以它是绝对可以让渡的商品。货币把一切价格倒过来读，从而把自己反映在一切商品体上，即为货币本身变成商品而献身的材料上。同时，价格，即商品向货币送去的秋波，表明货币的转化能力的限度，即表明货币本身的量。因为商品在变成货币后就消失了，所以，从货币上就看不出它究竟怎样落到货币占有者的手中，究竟是由什么东

(69)像前面说过的，金或银的生产者是例外，他们拿自己的产品去交换，用不着先卖。①

①见本卷第111、117、130页。——编者注

西转化来的。货币没有臭味[127]，无论它从哪里来。一方面，它代表已经卖掉的商品，另一方面，它代表可以买到的商品。(70)

G—W，即买，同时就是卖，即W—G；因此，一个商品的后一形态变化，同时就是另一商品的前一形态变化。对我们的织麻布者来说，他的商品的生命旅程是以他把两镑又转化为圣经而结束的。卖圣经的人则把从织麻布者那里得到的两镑换成烧酒。G—W，即W—G—W（麻布—货币—圣经）的终段，同时就是W—G，即W—G—W（圣经—货币—烧酒）的始段。因为商品生产者只提供一种单方面的产品，所以他常常是大批地卖，而他的多方面的需要，又迫使他不断地把已经实现的价格，或得到的全部货币额，分散在许多次买上。因此，卖一次就要买许多次各种各样的商品。这样，一个商品的最终的形态变化，就是许多其他商品的第一形态变化的总和。

如果我们来考察一个商品例如麻布的总形态变化，那么我们首先就会看到，这个形态变化由两个互相对立、互为补充的运动W—G和G—W组成。商品的这两个对立的转化是通过商品占有者的两个对立的社会过程完成的，并反映在商品占有者充当的两种对立的经济角色上。作为卖的当事人，他是卖者，作为买的当事人，他是买者。但是，在商品的每一次转化中，商品的两种形式即商品形式和货币形式同时存在着，只不过是在对立的两极上，所以，对同一个商品占有者来说，当他是卖者时，有一个买者和他对立着，当他是买者时，有一个卖者和他对立着。正像同一个商品要依次经过两个相反

(70)“货币在我们手中代表我们要买的东西，它也代表我们取得货币时卖出的东西。”（梅尔西埃·德拉里维耶尔《政治社会天然固有的秩序》，[载于]德尔编《重农学派》第2卷第586页）

的转化，由商品变为货币，由货币变为商品一样，同一个商品占有者也要由卖者的角色转换为买者的角色。可见，这两种角色不是固定的，而是在商品流通中经常由人们交替扮演的。

一个商品的总形态变化，在其最简单的形式上，包含四个极和三个登场人物。最先，与商品对立着的是作为它的价值形态的货币，而后者在彼岸，在别人的口袋里，具有物的坚硬的现实性。因此，与商品占有者对立着的是货币占有者。商品一旦转化为货币，货币就成为商品的转瞬即逝的等价形式，这个等价形式的使用价值或内容在此岸，在其他的商品体中存在着。作为商品第一个转化的终点的货币，同时是第二个转化的起点。可见，在第一幕是卖者，在第二幕就成了买者，这里又有第三个商品占有者作为卖者同他对立着。(71)

商品形态变化的两个相反的运动阶段组成一个循环：商品形式，商品形式的抛弃，商品形式的复归。当然，在这里，商品本身具有对立的规定。对它的占有者来说，它在起点是非使用价值，在终点是使用价值。同样，货币先表现为商品转化成的固定的价值结晶，然后又作为商品的单纯等价形式而消失。

组成一个商品的循环的两个形态变化，同时是其他两个商品的相反的局部形态变化。同一个商品（麻布）开始它自己的形态变化的系列，又结束另一个商品（小麦）的总形态变化。商品在它的第一个转化中，即在出卖时，一身扮演这两种角色。而当它作为金蛹结束自己的生涯的时候，它同时又结束第三个商品的第一形态变化。可见，每个商品的形态变化系列所形成的循环，同其他商品的循环不可分

(71)“这样，就有四个终点和三个契约当事人，其中有一个人出现两次。”（勒特罗纳《就价值、流通、工业、国内外贸易论社会利益》第909页）

割地交错在一起。这全部过程就表现为商品流通。

商品流通不仅在形式上，而且在实质上不同于直接的产品交换。让我们回顾一下上面说过的过程。织麻布者确实拿麻布换了圣经，拿自己的商品换了别人的商品。但这种现象只有对于他才是真实的。宁愿要生暖的饮料而不要冰冷的圣物的圣经出卖者，不会想到麻布换他的圣经，正像织麻布者不会想到小麦换他的麻布一样，如此等等。B的商品替换了A的商品，但A和B并不是互相交换自己的商品。A同B彼此购买的事，实际上也可能发生，但这种特殊关系决不是由商品流通的一般条件引起的。在这里，一方面，我们看到，商品交换怎样打破了直接的产品交换的个人的和地方的限制，发展了人类劳动的物质变换。另一方面，整整一系列不受当事人控制的天然的社会联系发展起来了。织布者能卖出麻布，只是因为农民已经卖了小麦；嗜酒者能卖出圣经，只是因为织布者已经卖了麻布；酿酒者能卖出酿造之水，只是因为另一个人已经卖了永生之水[128]，如此等等。

因此，与直接的产品交换不同，流通过程在使用价值换位和转手之后并没有结束。货币并不因为它最终从一个商品的形态变化系列中退出来而消失。它不断地沉淀在商品空出来的流通位置上。例如，在麻布的总形态变化即麻布—货币—圣经中，先是麻布退出流通，货币补上它的位置，然后是圣经退出流通，货币又补上圣经的位置。一个商品由另一个商品代替，而货币商品留在第三人手中。(72)流通不断地把货币像汗一样渗出来。

---

(72)第二版注：这个现象虽然很明显，但是往往为政治经济学家所忽略，尤其是为庸俗的自由贸易论者所忽略。

有一种最愚蠢不过的教条：商品流通必然造成买和卖的平衡，因为每一次卖同时就是买，反过来也是一样。如果这是指实际完成的卖的次数等于买的次数，那是毫无意义的同义反复。但这种教条是要证明，卖者会把自己的买者带到市场上来。作为两极对立的两个人即商品占有者和货币占有者的相互关系，卖和买是同一个行为。但作为同一个人的活动，卖和买是两极对立的两个行为。因此，卖和买的同一性包含着这样的意思：如果商品被投入流通的炼金炉，没有炼出货币，没有被商品占有者卖掉，也就是没有被货币占有者买去，商品就会变成无用的东西。这种同一性还包含这样的意思：如果这个过程成功，它就会形成商品的一个休止点，形成商品生命中的一个时期，而这个时期可长可短。既然商品的第一形态变化是卖又是买，这个局部过程同时就是一个独立的过程。买者有商品，卖者有货币，也就是有一种不管早一些或晚一些再进入市场都保持着能够流通的形式的商品。没有人买，也就没有人能卖。但谁也不会因为自己已经卖，就得马上买。流通所以能够打破产品交换的时间、空间和个人的限制，正是因为它把这里存在的换出自己的劳动产品和换进别人的劳动产品这二者之间的直接的同一性，分裂成卖和买这二者之间的对立。说互相对立的独立过程形成内部的统一，那也就是说，它们的内部统一是运动于外部的对立中。当内部不独立（因为互相补充）的过程的外部独立化达到一定程度时，统一就要强制地通过危机显示出来。商品内在的使用价值和价值的对立，私人劳动同时必须表现为直接社会劳动的对立，特殊的具体的劳动同时只是当做抽象的一般的劳动的对立，物的人格化和人格的物化的对立，——这种内在的矛盾在商品形态变化的对立中取得发展了的运动形式。因此，这些形式包含着危机的可能性，但仅仅是可能性。这种可能性要发展

为现实，必须有整整一系列的关系，从简单商品流通的观点来看，这些关系还根本不存在。(73)

作为商品流通的中介，货币取得了流通手段的职能。

(b)货币的流通

劳动产品的物质变换借以完成的形式变换W—G—W，要求同一个价值作为商品成为过程的起点，然后又作为商品回到这一点。因此，商品的这种运动就是循环。另一方面，这个形式又排斥货币的循环。其结果是货币不断地离开它的起点，不再回来。只要卖者还紧紧握着他的商品的转化形态即货币，这个商品就仍然处在第一形态变化的阶段，或者说，只通过了流通的前半段。如果为买而卖的过程已经完成，货币就会再从它原来的占有者手里离开。当然，如果织麻布者买了圣经之后再卖麻布，货币就会再回到他的手里。但货币返回来，并不是由于上次那20码麻布的流通，相反地，那次流通已经使货币从织麻布者的手里离开，而到了圣经出售者的手里。货币返

(73)参看我在《政治经济学批判》第74—76页[129]对詹姆斯·穆勒的评论。在这里，经济学辩护论者的方法有两个特征。第一，简单地抽去商品流通和直接的产品交换之间的区别，把二者等同起来。第二，企图把资本主义生产当事人之间的关系，归结为商品流通所产生的简单关系，从而否认资本主义生产过程的矛盾。但商品生产和商品流通是极不相同的生产方式都具有的现象，尽管它们在范围和作用方面各不相同。因此，只知道这些生产方式所共有的、抽象的商品流通的范畴，还是根本不能了解这些生产方式的本质区别，也不能对这些生产方式作出判断。任何一门科学都不像政治经济学那样，流行着拿浅显的普通道理来大肆吹嘘的风气。例如，让·巴·萨伊由于知道商品是产品，就断然否定危机。[130]

回来，只是由于新的商品重新进行或重复同样的流通过程，并且这次的结果和上次相同。因此，商品流通直接赋予货币的运动形式，就是货币不断地离开起点，就是货币从一个商品占有者手里转到另一个商品占有者手里，或者说，就是货币流通(currency, cours de la monnaie)。

货币流通表示同一个过程的不断的、单调的重复。商品总是在卖者方面，货币总是作为购买手段在买者方面。货币作为购买手段执行职能，是在它实现商品的价格的时候。而货币在实现商品的价格的时候，把商品从卖者手里转到买者手里，同时自己也从买者手里离开，到了卖者手里，以便再去同另一个商品重复同样的过程。货币运动的单方面形式来源于商品运动的两方面形式，这一点是被掩盖着的。商品流通的性质本身造成了相反的外观。商品的第一形态变化表现出来的不仅是货币的运动，而且是商品本身的运动；而商品的第二形态变化表现出来的只是货币的运动。商品在流通的前半段同货币换了位置。同时，它的使用形态便离开流通，进入消费。[(74)]它的位置由它的价值形态或货币化装所占据。商品不再是包在它自己的天然外皮中，而是包在金外皮中来通过流通的后半段。因此，运动的连续性完全落在货币方面；这个运动对商品来说包含两个对立的过程，但作为货币本身的运动却总是包含同一个过程，就是货币同一个又一个的商品交换位置。因此，商品流通的结果，即一个商品被另一个商品所代替，似乎不是由商品本身的形式变换引起的，而是由货

---

(74)即使商品一再出卖(在这里，这种现象对我们来说还不存在)，它也会在最后一次出卖时，由流通领域落入消费领域，以便在那里充当生活资料或生产资料。

币作为流通手段的职能引起的，似乎正是作为流通手段的货币使本身不能运动的商品流通起来，使商品从把它们当做非使用价值的人手里转到把它们当做使用价值的人手里，并且总是朝着同货币本身运动相反的方向运动。货币不断使商品离开流通领域，同时不断去占据商品在流通中的位置，从而不断离开自己的起点。因此，虽然货币运动只是商品流通的表现，但看起来商品流通反而只是货币运动的结果。(75)

另一方面，货币所以具有流通手段的职能，只因为货币是商品的独立出来的价值。因此，货币作为流通手段的运动，实际上只是商品本身的形式的运动。因而这种运动也必然明显地反映在货币流通上。例如，麻布就是先把它的商品形式转化为它的货币形式。然后它的第一形态变化**W—G**的终极，即货币形式，成为它的第二形态变化**G—W**(即再转化为圣经)的始极。但这两个形式变换的每一个都是通过商品和货币的交换，通过二者互相变换位置而实现的。同一些货币作为商品的转换形态来到卖者手里，然后又作为商品的绝对可以让渡的形态从他的手里离开。这些货币变换位置两次。麻布的第一形态变化使这些货币进入织布者的口袋里，麻布的第二形态变化又使这些货币从那里出来。这样，同一个商品的两个互相对立的形式变换就反映在货币的两次方向相反的位置变换上。

反之，如果只有单方面的商品形态变化，不论单是卖或单是买，这个货币就只变换位置一次。货币的第二次位置变换总是表明商品的第二次形态变化，表明又由货币转化为商品。同一些货币反复不

---

(75)"它〈货币〉除了产品赋予它的运动之外，没有别的运动。"(勒特罗纳《就价值、流通、工业、国内外贸易论社会利益》第885页)

断地变换位置，不仅反映一个商品的形态变化的系列，而且反映整个商品世界的无数形态变化的交错联系。不言而喻，这一切只适合于这里所考察的简单商品流通形式。

每一个商品在流通中走第一步，即进行第一次形式变换，就退出流通，而总有新的商品进入流通。相反，货币作为流通手段却不断地留在流通领域，不断地在那里流动。于是产生了一个问题，究竟有多少货币不断地被流通领域吸收。

在一个国家里，每天都发生大量的、同时发生的、因而在空间上并行的单方面的商品形态变化，换句话说，一方面单是卖，另一方面单是买。商品在自己的价格上已经等于一定的想象的货币量。因为这里所考察的直接的流通形式总是使商品和货币作为物体彼此对立着，商品在卖的一极，货币在买的一极，所以，商品世界的流通过程所需要的流通手段量，已经由商品的价格总额决定了。事实上，货币不过是把已经在商品价格总额中观念地表现出来的金额实在地表现出来。因此，这两个数额相等是不言而喻的。但是我们知道，在商品价值不变的情况下，商品的价格会同金（货币材料）本身的价值一起变动，金的价值降低，商品的价格会相应地提高；金的价值提高，商品的价格会相应地降低[①]。随着商品价格总额这样增加或减少，流通的货币量必须以同一程度增加或减少。诚然，在这里，流通手段量的变化都是由货币本身引起的，但不是由它作为流通手段的职能，而是由它作为价值尺度的职能引起的。先是商品价格同货币价值成反比例地变化，然后是流通手段量同商品价格成正比例地变化。比如说，如果不是金的价值降低，而是银代替金充当价值尺度，或者不是银的价

①见本卷第118—119页。——编者注

值提高，而是金使银失去价值尺度的职能，那也会发生完全相同的现象。在前一种情况下，流通的银要比以前的金多，在后一种情况下，流通的金要比以前的银少。在这两种情况下，货币材料的价值，即执行价值尺度的职能的商品的价值都改变了，因此，商品价值的价格表现也会改变，实现这些价格的流通货币量也会改变。我们已经知道，商品流通领域有一个口，金（或银，总之，货币材料）是作为具有一定价值的商品，从这个口进入流通领域的。①这个价值在货币执行价值尺度的职能时，即在决定价格时，是作为前提而存在的。比如说，如果价值尺度本身的价值降低了，那么，这首先会在贵金属产地直接同作为商品的贵金属交换的那些商品的价格变化中表现出来。而很大一部分其他商品会在一个较长的时期继续按照价值尺度的已变得虚幻的旧有的价值来估价，特别在资产阶级社会还不太发展的阶段是这样。可是，通过商品间的价值关系，一个商品会影响另一个商品，于是这些商品的金价格或银价格会逐渐同商品价值本身所决定的比例趋于一致，直到最后所有的商品价值都相应地根据货币金属的新价值来估价。随着这个趋于一致的过程，贵金属不断增加，它们是由于代替那些直接同它们交换的商品而流进来的。因此，商品改定价格普遍到什么程度，或者说，商品的价值根据金属已经跌落并继续跌落到一定点的新价值来估价达到什么程度，实现商品价值所需要的贵金属数量也已经增加到同样的程度了。由于对发现新的金银矿以后出现的事实作了片面的考察，在17世纪，特别是在18世纪，有人得出了错误的结论，以为商品价格上涨是因为有更多的金银作为流通手段执行了职能。下面假设金的价值是既定的，实际上在估量价

---

①见本卷第111页。——编者注

格的一瞬间，金的价值确实也是既定的。

所以，在这种前提下，流通手段量决定于待实现的商品价格总额。如果我们再假设每一种商品的价格都是既定的，显然，商品价格总额就决定于流通中的商品量。只要稍微动一下脑筋就可以知道，1夸特小麦要是值2镑，100夸特就值200镑，200夸特就值400镑，等等，因此，在小麦出售时与小麦换位的货币量必须同小麦量一起增加。

假设商品量已定，流通货币量就随着商品价格的波动而增减。流通货币量之所以增减，是因为商品的价格总额随着商品价格的变动而增减。为此，完全不需要所有商品的价格同时上涨或跌落。只要若干主要商品的价格在一种情况下上涨，或在另一种情况下跌落，就足以提高或降低全部流通商品的待实现的价格总额，从而使进入流通的货币增加或减少。无论商品价格的变动是反映实际的价值变动，或只是反映市场价格的波动，流通手段量所受的影响都是相同的。

假定有若干互不相干的、同时发生的、因而在空间上并行的卖，或者说局部形态变化，例如有1夸特小麦、20码麻布、1本圣经、4加仑烧酒同时出售。如果每种商品的价格都是2镑，待实现的价格总额就是8镑，那么进入流通的货币量必须是8镑。相反，如果这4种商品是我们上面所说过的形态变化系列的各个环节，即1夸特小麦—2镑—20码麻布—2镑—1本圣经—2镑—4加仑烧酒—2镑，那么，有2镑就可以使所有这些商品依次流通，因为它依次实现它们的价格，从而实现8镑的价格总额，最后停留在酿酒者手中。这2镑完成了4次流通。同一些货币的这种反复的位置变换既表示商品发生双重的形式变换，表示商品通过两个对立的流通阶段的运动，也表示各种商品的形态变化交错在一起。(76)这个过程经过的各个互相对立、互为补充的阶段，不可能在空间上并行，只能在时间上相继发生。因此，时间就成为计量这个过程久暂的尺度，或者说，同一些货币在一定时间内的流通次数可以用来计量货币流通的速度。例如，假定上述四种商品的流通过程持续一天。这样，待实现的价格总额为八镑，同一些货币一天的流通次数是四次，流通的货币量是两镑，或者就一定时间的流通过程来说是：$\frac{\text{商品价格总额}}{\text{同名货币的流通次数}}$＝执行流通手段职能的货币量。这个规律是普遍适用的。在一定的时间内，一个国家的流通过程包括两方面：一方面是许多分散的、同时发生的和空间上并行的卖（或买）或局部形态变化，其中同一些货币只变换位置一次或只流通一次；另一方面是许多部分互相平行，部分互相交错的具有多少不等的环节的形态变化系列，其中同一些货币流通的次数多少不等。但是，从流通中的全部同名货币的总流通次数中可以得出每个货币的平均流通次数或货币流通的平均速度。例如，在每天流通过程开始时进入流通的货币量，当然由同时地和空间上并行地流通着的商品的价格总额来决定。但在过程之内，可以说每一货币都对另一货币承担责任。如果一个货币加快流通速度，另一个货币就会放慢流通速度，甚至完全退出流通领域，因为流通领域只能吸收这样一个金量，这个金量乘以它的单个元素的平均流通次数，等于待实现的价格总额。因此，货币的流通次数增加，流通的货币量就

---

(76)“正是产品使它〈货币〉运动，使它流通……　它〈即货币〉运动的速度可以补充它的数量。必要时，它会一刻不停地从一个人的手中转到另一个人的手中。”（勒特罗纳《就价值、流通、工业、国内外贸易论社会利益》第915、916页）

会减少。货币的流通次数减少，货币量就会增加。因为在平均流通速度一定时，能够执行流通手段职能的货币量也是一定的，所以，例如只要把一定量一镑的钞票投入流通，就可以从流通中取回等量的索维林，——这是一切银行都很熟悉的手法。

既然货币流通只是表现商品流通过程，即商品通过互相对立的形态变化而实现的循环，那么货币流通的速度也就表现商品形式变换的速度，表现形态变化系列的不断交错，表现物质变换的迅速，表现商品迅速退出流通领域并同样迅速地为新商品所代替。因此，货币流通的迅速表现互相对立、互为补充的阶段——由使用形态转化为价值形态，再由价值形态转化为使用形态——的流水般的统一，即卖和买两个过程的流水般的统一。相反，货币流通的缓慢则表现这两个过程分离成互相对立的独立阶段，表现形式变换的停滞，从而表现物质变换的停滞。至于这种停滞由什么产生，从流通本身当然看不出来。流通只是表示出这种现象本身。一般人在货币流通迟缓时看到货币在流通领域各点上出没的次数减少，就很容易用流通手段量不足来解释这种现象。(77)

(77)“因为货币……是买和卖的普遍的尺度，所以每一个要卖东西而找不到买主的人，就以为国内缺乏货币是他的商品卖不出去的原因；因此到处都叫嚷缺乏货币。然而这是一个大错误……　那些叫嚷缺乏货币的人究竟要什么呢？……　租地农民抱怨……他以为，如果国内有较多的货币，他的货物就可以卖到好价钱。看来，他要的不是货币，而是他想卖但又卖不出去的谷物和牲畜的好价钱……　为什么他卖不到好价钱呢？……　1. 或者是因为国内谷物和牲畜太多，到市场上来的人大多数都像他那样要卖，但只有少数人要买；2. 或者是因为通常的出口停滞……　3. 或者是因为消费缩减，例如，人们由于贫困，不能再花费过去那样多的生活费用。可见，有助于租地农民出售货物的，不是增加货币，而是消除这三个真正造成市场缩减的原因中的任何一个原可见，在每一段时期内执行流通手段职能的货币的总量，一方面取决于流通的商品世界的价格总额，另一方面取决于这个商品世界的互相对立的流通过程流动的快慢，这种流动决定着同一些货币能够实现价格总额的多大部分。但是，商品的价格总额又决定于每种商品的数量和价格。这三个因素，即价格的变动、流通的商品量、货币的流通速度，可能按不同的方向和不同的比例变动，因此，待实现的价格总额以及受价格总额制约的流通手段量，也可能有多种多样的组合。在这里，我们只举出商品价格史上最重要的几种组合。

在商品价格不变时，由于流通商品量增加，或者货币流通速度减低，或者这两种情况同时发生，流通手段量就会增加。反之，由于商品量减少，或者货币流通速度增加，流通手段量就会减少。

在商品价格普遍提高时，如果流通商品量的减少同商品价格的上涨保持相同的比例，或流通的商品量不变，而货币流通速度的增加同价格的上涨一样迅速，流通手段量就会不变。如果商品量的减少或货币流通速度的增加比价格的上涨更迅速，流通手段量就会减少。

在商品价格普遍下降时，如果商品量的增加同商品价格的跌落保持相同的比例，或货币流通速度的减低同价格的跌落保持相同的比例，流通手段量就会依然不变。如果商品量的增加或货币流通速

因。……批发商和零售商也同样要货币，就是说，因为市场停滞，他们要把他们经营的货物销售出去……没有比财富不断转手更能使国家繁荣的了。”（散见达德利·诺思爵士《贸易论》1691年伦敦版第11—15页）赫伦施万德的骗术总括起来就是：由商品性质产生并在商品流通中表现出来的矛盾，通过增加流通手段就可以消除。认为流通手段不足造成生产过程和流通过程的停滞，是一种流行的错觉，但决不能由此反过来说，例如官方采取“通货调节”的拙劣手段所造成的流通手段的真正不足，也不会引起停滞。

度的减低比商品价格的跌落更迅速，流通手段量就会增加。

各种因素的变动可以互相抵消，所以尽管这些因素不断变动，待实现的商品价格总额，从而流通的货币量可以依然不变。因此，特别是考察一个较长的时期，我们就会发现：在每一国家中流通的货币量的平均水平比我们根据表面现象所预料的要稳定得多；除了周期地由生产危机和商业危机引起的，以及偶尔由货币价值本身的变动引起的强烈震动时期以外，流通的货币量偏离这一平均水平的程度，比我们根据表面现象所预料的要小得多。

流通手段量决定于流通商品的价格总额和货币流通的平均速度这一规律(78)，还可以表述如下：已知商品价值总额和商品形态变化

---

(78)“推动一国商业，需要一定数量和比例的货币，过多或过少都对商业有害。这正像在小零售业中要有一定量的法寻来把银币换开和结算用最小的银币也无法处理的账目……　贸易所需要的法寻量的比例，取决于购买者的人数、他们购买的次数，首先是取决于最小的银币的价值，同样，我国商业所需要的货币(金币或银币)的比例，取决于交换的次数和支付额的大小。”(威廉·配第《赋税论》1667年伦敦版第17页)阿·杨格在他的《政治算术》(1774年伦敦版)中维护受到詹·斯图亚特等人攻击的休谟的理论，书中专列一章，题名是《价格取决于货币量》，见该书第112页及以下几页。我在《政治经济学批判》第149页上[131]曾经指出：“他(亚·斯密)把流通中的铸币量问题悄悄地抹掉了，因为他完全错误地把货币当做单纯的商品。”这句话只是对于亚·斯密专门论述货币的那些地方才是适用的。例如，在批评以前的政治经济学体系时，斯密偶尔说出了正确的看法：“每一个国家的铸币量取决于该国靠铸币而流通的商品的价值……　每一个国家每年买卖的货物的价值，要求有一定量的货币来使货物流通，并把它们分配给它们的真正的消费者，但不能使用比这更多的货币。流通的渠道必然会吸收一个使自己达到饱和的数量，但决不会容纳更多的数量。”(《国富论》[第3卷]第4篇第1章[第87、89页])与此相似，亚·斯密在这部著作的开头，曾专门颂扬分工，但后来，在最后一篇论述国家收入的源泉时，他又偶尔重复他的老师亚·弗格森的话，谴责了分工。

的平均速度，流通货币量或货币材料量决定于货币本身的价值。有一种错觉，认为情况恰恰相反，即商品价格决定于流通手段量，而流通手段量又决定于一个国家现有的货币材料量(79)，这种错觉在它的最初的代表者那里是建立在下面这个荒谬的假设上的：在进入流通过程时，商品没有价格，货币也没有价值，然后在这个过程内，商品堆的一个可除部分同金属堆的一个可除部分相交换。(80)

(79)"在每一个国家，随着民间的金银量的增加，货物的价格必定上涨，因此，如果任何一个国家的金银减少，那么一切货物的价格也必将随着货币的减少而相应地跌落。"(杰科布·范德林特《货币万能》1734年伦敦版第5页)把范德林特的著作同休谟的《论述》仔细对照后，我丝毫不怀疑，休谟知道并且利用了范德林特这部在别的方面也很重要的著作。流通手段量决定价格的看法，巴尔本以及更早期的著作家就曾提出过。范德林特说："无限制的贸易不会造成任何不便，而只会带来很大的好处，因为当一个国家的现金由于这种贸易而减少时(这是禁令所要防止的)，流入现金的那些国家的一切货物价格必然会随着这些国家现金的增加而上涨…… 我国的工业产品以及其他各种货物会很快地跌价，从而又造成对我们有利的贸易差额，这样，货币就会流回我国。"(同上，第43、44页)

(80)不言而喻，每一种商品的价格构成全部流通商品的价格总额的一个要素。但完全不能理解的是，为什么彼此不可通约的使用价值总量应同一个国家现有的金或银的总量相交换。如果大胆地幻想一下，把商品世界当做一个唯一的总商品，每一个商品只是它的可除部分，那我们就会得到一个美妙的算式：总商品＝x英担金，商品A＝总商品的可除部分＝x英担金的同一可除部分。孟德斯鸠当真这样说过："如果我们把世界上现有的金银量同现有的商品总量相比较，那么每个单个产品或商品一定可以同一定量的货币相比较。我们假定世界上只有一种产品或一种商品，或者说，只有一种东西可以买，而且它像货币那样可以分割，这个商品的一定部分就会相当于货币量的一定部分；这个商品总量的一半相当于货币总量的一半，等等…… 商品价格的决定总是基本上取决于商品总量和货币符号总量之间的比例。"(孟德斯鸠《论法的精神》，《孟德斯鸠全集》第3卷第12、13页)关于李嘉图和他的学生詹姆斯·穆勒、奥弗斯顿勋爵等人对这一理论的进一步发展，可参看《政治经济学批判》第140—146页、第

(c)铸币。价值符号

从货币作为流通手段的职能中产生出货币的铸币形式。在商品的价格或货币名称中想象地表现出来的金重量,必须在流通中作为同名的金块或铸币同商品相对立。正像确立价格标准一样,铸造硬币也是国家的事。金银作为铸币穿着不同的国家制服,但它们在世界市场上又脱掉这些制服。这就表明,商品流通的国内领域或民族领域,同它们的普遍的世界市场领域是分开的。

因此,金币和金块本来只有形状上的差别,金始终能从一种形式转化为另一种形式。(81)它离开造币厂的道路,同时就是通向熔炉的

150页及以下几页[132]。约·斯·穆勒先生凭他惯用的折中逻辑,懂得既要赞成他父亲詹姆斯·穆勒的见解,又要赞成相反的见解。他在自己的教科书纲要《政治经济学原理》的序言(第1版)[133]中,以当代的亚当·斯密自居,如果把该书的正文同这篇序言比较一下,真不知道究竟应当赞扬这个人的天真呢,还是赞扬那些诚心诚意地承认他是当代亚当·斯密的公众的天真。其实他同亚当·斯密相比,就像卡尔斯的威廉斯·卡尔斯将军同威灵顿公爵相比一样。[134]约·斯·穆勒先生在政治经济学方面进行的既不广也不深的独创研究,在1844年他出版的小册子《略论政治经济学的某些有待解决的问题》里全部包括了。洛克直截了当地说明了金银没有价值和金银价值取决于金银量这二者之间的关系。他说:"人们一致同意赋予金银一个想象的价值……在这些金属中所看到的内在价值无非是它们的量。"(《略论降低利息和提高货币价值的后果。1691年》,[载于]《洛克著作集》1777年版第2卷第15页)

(81)当然,探讨造币税之类的细节,决不是我的目的。但是,为了驳斥浪漫主义的献媚者亚当·弥勒对"英国政府免费造币"的"慷慨精神"的赞扬[135],可以引用达德利·诺思爵士的一段话:"金银像其他的商品一样,有它的来潮和退潮。只要从西班牙运到一批金银……就被送往伦敦塔去铸造。不久又会需

道路。这是因为金币在流通中受到磨损，有的磨损得多，有的磨损得少。金的名称和金的实体，名义含量和实际含量，开始了它们的分离过程。同名的金币具有了不同的价值，因为重量不同了。作为流通手段的金同作为价格标准的金偏离了，因此，金在实现商品的价格时不再是该商品的真正等价物。中世纪和直到18世纪为止的近代的铸币史就是一部这样混乱的历史。流通过程的自然倾向是要把铸币的金存在转化为金假象，或把铸币转化为它的法定金属含量的象征。这种倾向甚至为现代的法律所承认，这些法律规定，金币磨损到一定程度，便不能通用，失去通货资格。

既然货币流通本身使铸币的实际含量同名义含量分离，使铸币的金属存在同它的职能存在分离，那么在货币流通中就隐藏着一种可能性：可以用其他材料做的记号或用象征来代替金属货币执行铸币的职能。铸造重量极小的金币或银币在技术上有困难，而且起初是较贱的金属而不是较贵的金属（是银不是金，是铜不是银）充当价值尺度，因而在它们被较贵的金属赶下宝座之前曾一直作为货币流通，这些事实历史地说明了银记号和铜记号可以扮演金币替身的角色。这些记号在铸币流通最快因而磨损最快的商品流通领域中，即在极小额的买卖不断重复进行的领域中代替了金。为了不让金的这些侍从篡夺金本身的位置，法律规定一个极小的比例，只有在这个比

要金条和银条，以便再输出。如果金条和银条都没有了，而是恰巧都用来造币了，那怎么办呢？那就把铸币再熔化；这不会有什么损失，因为所有者对造币不用花费分文。但国家受到损失，不得不为了喂驴子而支付捆草料的费用。如果商人〈诺思本人是查理二世时代的一个大商人〉必须支付造币费，他就不会轻易地把他的银送到伦敦塔去了，而且铸币总是会比未铸的银有更高的价值了。”（诺思《贸易论》1691年伦敦版第18页）

例内，它们代替金来支付才能强人接受。不同种铸币流通的各种特殊领域当然是互相交错的。辅币在支付最小金币的尾数时与金同时出现；金不断地进入零售流通，但是又因与辅币兑换而从那里不断地被抛出来。(82)

银记号或铜记号的金属含量是由法律任意规定的。它们在流通中比金币磨损得还要快。因此，它们的铸币职能实际上与它们的重量完全无关，就是说，与价值完全无关。金的铸币存在同它的价值实体完全分离了。因此，相对地说没有价值的东西，例如纸票，就能代替金来执行铸币的职能。在金属货币记号上，这种纯粹的象征性质还在一定程度上隐藏着。但在纸币上，这种性质就暴露无遗了。我们看到，困难的只是第一步。

这里讲的只是强制流通的国家纸币。这种纸币是直接从金属流通中产生出来的。而信用货币产生的条件，我们从简单商品流通的观点来看还是根本不知道的。但不妨顺便提一下，正如本来意义的纸币是从货币作为流通手段的职能中产生出来一样，信用货币的自然根源是货币作为支付手段的职能。(83)

---

(82)"如果银币从来不超过小额支付所需的数量，它就不可能积累到足以进行巨额支付的数量……　用金进行巨额支付，也必然意味着用金进行零售贸易：金币的所有者拿金币进行小额购买时，除得到所买的商品外，还可找回银币；这样，那些本来会在零售商那里积累的银币余额，就会离开零售商，回到总流通中去。但如果银的数量多到不用金就可以进行小额支付，那么，零售商人从小额购买中就只能得到银，而这些银就必然会在他的手中积累起来。"（大卫·布坎南《大不列颠赋税和商业政策的研究》1844年爱丁堡版第248、249页）

(83)清朝户部右侍郎王茂荫向天子[咸丰]上了一个奏折，主张暗将官票宝钞改为可兑现的钞票。[136]在1854年4月的大臣审议报告中，他受到严厉申斥。他是否因此受到笞刑，不得而知。审议报告最后说："臣等详阅所奏……所国家把印有一镑、五镑等等货币名称的纸票从外部投入流通过程。只要这些纸票确实是代替同名的金额来流通，它们的运动就只反映货币流通本身的规律。纸币流通的特殊规律只能从纸币是金的代表这种关系中产生。这一规律简单说来就是：纸币的发行限于它象征地代表的金（或银）的实际流通的数量。诚然，流通领域所能吸收的金量经常变动，时常高于或低于一定的平均水平。但是，一个国家的流通手段量决不会降到一定的由经验确定的最低限量以下。这个最低限量不断变动它的组成部分，就是说，不断由另外的金块组成，这种情况当然丝毫不会影响这个量的大小和它在流通领域内的不断流动。因此，这个最低限量可以由纸做的象征来代替。但是，如果今天一切流通渠道中的纸币已达到这些渠道所能吸收货币的饱和程度，那么明天这些渠道就会因商品流通的波动而发生泛滥。一切限度都消失了。[139]不过，如果纸币超过了自己的限度，即超过了能够流通的同名的金币量，那么，撇开有信用扫地的危险不说，它在商品世界仍然只是代表由商品世界的内在规律所决定的那个金量，即它所能代表的那个金量。例如，如果一定的纸票量按其名称代表两盎司金，而实际是代替一盎司金，那么事实上一镑比如说就是$\frac{1}{8}$盎司金的货币名称，而不是原来$\frac{1}{4}$盎司金的货币名称了。其结果无异于金在它作为价格尺度的职能上发生了变化。同一价值，原来用一镑的价格来表现，现在要用两镑的价格来表现了。

论专利商而不便于国。”（《帝俄驻北京公使馆关于中国的著述》[137]，卡·阿贝尔博士和弗·阿·梅克伦堡译自俄文，1858年柏林版第1卷第47页及以下几页）关于金币在流通中不断磨损的问题，英格兰银行的一位“经理”曾在“上院委员会”（银行条例委员会）上作证说：“每年都有一批新的sovereigns〈不是政治上的君主，而是金镑的名称索维林[138]〉变得过轻。在一年中以十足重量流通的一批索维林，经过这一年的磨损，到下一年放在天平上就重量不足了。”（《1848年上院委员会》第429号）

纸币是金的符号或货币符号。纸币同商品价值的关系只不过是：商品价值观念地表现在一个金量上，这个金量则由纸象征地可感觉地体现出来。纸币只有代表金量（金量同其他一切商品量一样，也是价值量），才是价值符号。(84)

最后要问，为什么金可以用它本身的没有任何价值的符号来代替呢？而我们已经知道，只有当金执行铸币或流通手段的职能而被孤立起来或独立出来时，金才可以被代替。①当然，这种职能的独立化不是发生在个别金币上的，虽然磨损了的金币的继续流通已表明这种职能已经独立出来。金块只要实际处在流通中，它就是单纯的铸币或流通手段。对于个别金币不适用的情况，对于能由纸币代替的最低限度的金量却是适用的。这个金量经常处在流通领域中，不断地执行流通手段的职能，从而只是作为这种职能的承担者而存在。因此，它的运动只表示商品形态变化W—G—W的两个互相对立过程的不断互相转化。在这种形态变化中，商品的价值形态与商品对立，只是为了马上又消失。在这里，商品的交换价值的独立表现只

(84)第二版注：甚至最优秀的货币问题著作家，对货币的各种职能的理解也是很模糊的，例如，富拉顿下面的一段话就是证明："就我们的国内交换来说，通常由金币和银币执行的各种货币职能，同样可以有效地由不能兑现的纸币的流通来执行，而这种纸币除依法获得的人为的约定的价值外，没有任何别的价值。我想，这个事实是任何人都不能否认的。只要纸币发行量保持在应有的限度内，这种价值就能适合内在价值的一切目的，甚至使价值标准成为多余。"（富拉顿《论通货的调整》1845年伦敦第2版第21页）这就是说，由于货币商品在流通中可以被单纯的价值符号代替，作为价值尺度和价格标准的货币商品就成为多余的了！

①见本卷第147—149页。——编者注

是转瞬即逝的要素。它马上又会被别的商品代替。因此，在货币不断转手的过程中，单有货币的象征存在就够了。货币的职能存在可以说吞掉了它的物质存在。货币作为商品价格的转瞬即逝的客观反映，只是当做它自己的符号来执行职能，因此也能够由符号来代替。(85)但是，货币符号本身需要得到客观的社会公认，而纸做的象征是靠强制流通得到这种公认的。国家的这种强制行动，只有在一国范围内或国内的流通领域内才有效，也只有在这个领域内，货币才完全执行它的流通手段或铸币的职能，因而才能在纸币形式上取得一种同它的金属实体在外部相脱离的并纯粹是职能的存在形式。

3. 货　　币

作为价值尺度并因而以自身或通过代表作为流通手段来执行职能的商品，是货币。因此，金(或银)是货币。金作为货币执行职能，一方面是在这样的场合：它必须以其金体(或银体)出现，因而作为货币商品出现，就是说，它不像在充当价值尺度时那样纯粹是观念的，也不像在充当流通手段时那样可以用别的东西来代表；另一方面是

(85)由于金银作为铸币或只执行流通手段的职能时，变成了它们自己的符号，于是尼古拉·巴尔本就推论说，政府有权"提高货币价值"，就是说，例如，可以替一个名叫格罗申的银量起一个较大银量的名称——塔勒，这样，就可以用格罗申当塔勒来偿还债务。"货币因经常点数而磨损和减轻……　在交易中，人们注意的只是货币的名称和通用与否，而不是银的量……　国家的权威使金属成为货币。"(尼·巴尔本《新币轻铸论。答洛克先生关于提高货币价值的意见》第29、30、25页)

在这样的场合：它的职能——不论由它亲自执行，还是由它的代表执行——使它固定成为唯一的价值形态，成为交换价值的唯一适当的存在，而与其他一切仅仅作为使用价值的商品相对立。

(a)货 币 贮 藏

两种对立的商品形态变化的不断循环，或卖与买的不息转换，表现在不停的货币流通上，或表现在货币作为流通的永动机的职能上。只要商品的形态变化系列一中断，卖之后没有继之以买，货币就会停止流动，或者如布阿吉尔贝尔所说，由动的东西转化为不动的东西[140]，由铸币转化为货币。

随着商品流通本身的最初发展，把第一形态变化的产物，商品的转化形态或它的金蛹保留在自己手中的必要性和欲望也发展起来了。(86)出售商品不是为了购买商品，而是为了用货币形式来代替商品形式。这一形式变换从物质变换的单纯中介变成了目的本身。商品的转换形态受到阻碍，不能再作为商品的绝对可以让渡的形态或作为只是转瞬即逝的货币形式而起作用。于是货币硬化为贮藏货币，商品出售者成为货币贮藏者。

在商品流通的初期，只是使用价值的多余部分转化为货币。这样，金和银自然就成为这种多余部分或财富的社会表现。在有些民族中，与传统的自给自足的生产方式相适应，需要范围是固定封闭

(86)“货币财富无非是……已经转化为货币的产品财富。”（梅尔西埃·德拉里维耶尔《政治社会天然固有的秩序》第573页）“产品形式上的价值只是改变形式而已。”（同上，第486页）

的，在这些民族中，这种素朴的货币贮藏形式就永恒化了。在亚洲人那里，特别是在印度人那里，情况就是这样。范德林特以为商品价格决定于一个国家现有的金银量，他自问：为什么印度的商品这样便宜？他回答说：因为印度人埋藏货币。他指出，从1602年到1734年，他们埋藏的银值15 000万镑，这些银最先是从美洲运到欧洲去的。(87)从1856年到1866年这10年间，英国输往印度和中国的银（输到中国的银大部分又流入印度）值12 000万镑，这些银原先是用澳大利亚的金换来的。

随着商品生产的进一步发展，每一个商品生产者都必须握有这个物的神经[141]，这个"社会的抵押品"(88)[142]。他的需要不断更新，并促使他不断购买别人的商品，而他生产和出售自己的商品是要费时间的，并且带有偶然性。他要买而不卖，就必须在以前曾经卖而不买。这种做法要普遍实行，似乎是自相矛盾的。但是，贵金属在它的产地直接同其他商品交换。在那里就是卖（商品占有者方面）而不买（金银占有者方面）。(89)而以后的没有继之以买的卖，不过是贵金属在一切商品占有者中间进一步分配的中介。因此，在交易的各个点上，有不同数量的金银贮藏。自从有可能把商品当做交换价值来保持，或把交换价值当做商品来保持以来，求金欲就产生了。随着商品流通的扩展，货币——财富的随时可用的绝对社会形式——的权力增大了。

---

(87)"他们就是用这种办法使他们所有的货物和产品保持如此低廉的价格。"（范德林特《货币万能》第95、96页）

(88)"货币是一种抵押品。"（约翰·贝勒斯《论贫民、工业、贸易、殖民地和道德堕落》1699年伦敦版第13页）

(89)严格地说，买要以下面一点为前提：金或银已经是商品的转化形态，或者说，是卖的产物。

“金真是一个奇妙的东西！谁有了它，谁就成为他想要的一切东西的主人。有了金，甚至可以使灵魂升入天堂。”（哥伦布1503年寄自牙买加的信）

因为从货币身上看不出它是由什么东西转化成的，所以，一切东西，不论是不是商品，都可以转化成货币。一切东西都可以买卖。流通成了巨大的社会蒸馏器，一切东西抛到里面去，再出来时都成为货币的结晶。连圣徒的遗骨也不能抗拒这种炼金术，更不用说那些人间交易范围之外的不那么粗陋的圣物了。(90)正如商品的一切质的差别在货币上消灭了一样，货币作为激进的平均主义者把一切差别都消灭了。(91)但货币本身是商品，是可以成为任何人的私产的外界

---

(90)法国笃信基督教的国王亨利三世，抢劫了修道院等地的圣物，以便把它们变成银。大家知道，福基斯人抢劫德尔斐神庙的财宝曾在希腊史上起了什么作用。[143]众所周知，古代人把神庙看做商品之神的住所。神庙是“神圣的银行”。以经商为主的民族腓尼基人，认为货币是万物的转换形态。因此，那些在爱神节委身于外来人的少女把作为报酬得来的钱献给女神，是很自然的事。

(91)“金子！黄黄的，发光的，宝贵的金子！
只这一点点儿，就可以使黑的变成白的，丑的变成美的，
错的变成对的，卑贱变成尊贵，老人变成少年，懦夫变成勇士。
吓！你们这些天神们啊，为什么要给我这东西呢？
嘿，这东西会把你们的祭司和仆人从你们的身旁拉走；
把壮汉头颅底下的枕垫抽去；
这黄色的奴隶可以使异教联盟，同宗分裂；
它可以使受咒诅的人得福，使害着灰白色的癞病的人为众人所敬爱；
它可以使窃贼得到高爵显位，和元老们分庭抗礼；
它可以使鸡皮黄脸的寡妇重做新娘……
来，该死的土块，你这人尽可夫的娼妇……”（莎士比亚《雅典的泰门》）

物。这样，社会权力就成为私人的私有权力。因此，古代社会咒骂货币是自己的经济秩序和道德秩序的瓦解者。(92)还在幼年时期就抓着普路托的头发把他从地心里拖出来(93)的现代社会，则颂扬金的圣杯[144]是自己最根本的生活原则的光辉体现。

商品作为使用价值满足一种特殊的需要，构成物质财富的一种特殊的要素。而商品的价值则衡量该商品对物质财富的一切要素的吸引力的大小，因而也衡量该商品占有者的社会财富。在野蛮的简单的商品占有者看来，甚至在西欧的农民看来，价值是同价值形式分不开的，因而金银贮藏的增多就是价值的增多。当然，货币的价值在变动，这或者是由于它本身的价值变动，或者是由于商品的价值变动。但是一方面，这不会妨碍200盎司金始终比100盎司金包含的价值多，300盎司金又比200盎司金包含的价值多等等，另一方面，这也不会妨碍这种物的天然的金属形式仍旧是一切商品的一般等价形式，是一切人类劳动的直接的社会化身。贮藏货币的欲望按其本性是没有止境的。货币在质的方面，或按其形式来说，是无限的，也就是说，是物质财富的一般代表，因为它能直接转化成任何商品。但是在量的方面，每一个现实的货币额又是有限的，因而只是作用有限的购买手段。货币的这种量的有限性和质的无限性之间的矛盾，迫使货币贮藏者不断地从事息息法斯式的积累劳动。他们同世界征服者一样，这种征服者把征

(92)“人间再没有像金钱这样坏的东西，
这东西可以使城邦毁灭，使人们被赶出家乡，
把善良的人教坏，使他们走上邪路，做些可耻的事，
甚至叫人为非作歹，干出种种罪行。”
(索福克勒斯《安提戈涅》)

(93)“贪婪想把普路托从地心里拖出来。”(阿泰纳奥斯《哲人宴》)

服每一个新的国家只看做是取得了新的国界。

要把金作为货币，从而作为贮藏货币的要素保存起来，就必须阻止它流通，不让它作为购买手段化为消费品。因此，货币贮藏者为了金偶像而牺牲自己的肉体享受。他虔诚地信奉禁欲的福音书。另一方面，他能够从流通中以货币形式取出的，只是他以商品形式投入流通的。他生产的越多，他能卖的也就越多。因此，勤劳、节俭、吝啬就成了他的主要美德。多卖少买就是他的全部政治经济学。(94)

除直接的贮藏形式以外，还有一种美的贮藏形式，即占有金银制的商品。它是与资产阶级社会的财富一同增长的。“让我们成为富人或外表像富人吧。”（狄德罗）[145]这样，一方面，形成了一个日益扩大的金银市场，这个市场不以金银的货币职能为转移，另一方面，也形成了一个潜在的货币供应源泉，这个源泉特别在社会大风暴时期涌现出来。

货币贮藏在金属流通的经济中执行着种种不同的职能。它的第一个职能是从金银铸币的流通条件中产生的。我们已经知道，随着商品流通在范围、价格和速度方面的经常变动，流通的货币量也不断增减。①因此，这个量必须能伸缩。有时货币必须当做铸币被吸收，有时铸币必须当做货币被排斥。为了使实际流通的货币量总是同流通领域的饱和程度相适应，一个国家的现有的金银量必须大于执行铸币职能的金银量。这个条件是靠货币的贮藏形式来实现的。货币

(94)“尽量增加每一种商品的卖者的人数，尽量减少买者的人数，这是政治经济学的一切措施的枢纽。”（韦里《政治经济学研究》第52、53页）

①见本卷第138—146页。——编者注

贮藏的蓄水池，对于流通中的货币来说，既是排水渠，又是引水渠，因此，流通中的货币永远不会溢出它的流通的渠道。(95)

(b)支 付 手 段

在上面我们所考察的商品流通的直接形式中，同一价值量总是双重地存在着，在一极上是商品，在另一极上是货币。所以，商品占有者只是作为现存的互相等价的物的代表来接触。但是，随着商品流通的发展，使商品的让渡同商品价格的实现在时间上分离开来的关系也发展起来。这里我们只举出其中一些最简单的关系也就够了。一种商品需要的生产时间较长，另一种商品需要的生产时间较短。不同的商品的生产与不同的季节有关。一个商品的产地就是它的市场所在地，另一个商品要旅行到远方的市场去。因此，一个商品占有者可以在另一个商品占有者作为买者出现之前，作为卖者出现。当同样一些交易总是在同一些人中间反复进行时，商品的出售条件就按照商品的生产条件来调节。另一方面，某些种类的商品例如

---

(95)“一个国家要进行贸易，必须有一定数量的金属货币，这个数量按照情况的需要而变化，时而增多，时而减少……　货币的这种涨落，无需政治家的任何协助，能够自行调节……　两只吊桶交替工作：货币不足时，用金属块来铸造；金属块不足时，把货币熔化掉。”（达·诺思爵士《贸易论》[附言]第3页）长期在东印度公司146任职的约翰·斯图亚特·穆勒证实，在印度银饰品仍然直接执行贮藏货币的职能。“利率高时，银饰品送往造币厂，利率低时，它又恢复原状。”（约·斯·穆勒的证词，1857年《银行法报告》第2084、2101号）根据1864年关于印度金银输入和输出的议会文件147，1863年金银入超19 367 764镑。在1864年以前的八年间，贵金属入超109 652 917镑。在本世纪中，印度铸造的货币远远超过2亿镑。

房屋的使用权是出卖一定期限的。买者只是在期满时才真正取得了商品的使用价值。因而他先购买商品，后对商品支付。一个商品占有者出售他现有的商品，而另一个商品占有者却只是作为货币的代表或作为未来货币的代表来购买这种商品。卖者成为债权人，买者成为债务人。由于商品的形态变化或商品的价值形式的发展在这里起了变化，货币也就取得了另一种职能。货币成了支付手段。(96)

债权人或债务人的角色在这里是从简单商品流通中产生的。简单商品流通形式的改变，在卖者和买者身上打上了这两个新烙印。最初，同卖者和买者的角色一样，这也是暂时的和由同一些流通当事人交替扮演的角色。但是，现在这种对立一开始就不是那样愉快，并且能够更牢固地结晶起来。(97)而这两种角色还可以不依赖商品流通而出现。例如，古代世界的阶级斗争主要是以债权人和债务人之间的斗争的形式进行的；在罗马，这种斗争以负债平民的破产，沦为奴隶而告终。在中世纪，这种斗争以负债封建主的破产，他们的政治权力随着它的经济基础一起丧失而告终。但是在这里，货币形式——债权人和债务人的关系具有货币关系的形式——所反映的不过是更深刻的经济生活条件的对抗。

现在我们回到商品流通领域来。等价物——商品和货币——不再同时出现在卖的过程的两极上。现在，第一，货币在决定所卖商品

---

(96)路德把作为购买手段的货币和作为支付手段的货币区别开来。"由于高利贷你使我两头受损失：这里我不能支付，那里我不能购买。"（马丁·路德《给牧师们的谕示：讲道时要反对高利贷》1540年维滕贝格版）

(97)下面一点可以说明18世纪初期英国商人中的债务人和债权人的关系："英国商人中间盛行的那种残酷精神，是在任何其他社会和世界上任何其他国家所看不到的。"（《论信贷和破产法》1707年伦敦版第2页）

的价格上执行价值尺度的职能。由契约规定的所卖商品的价格，计量买者的债务，即买者到期必须支付的货币额。第二，货币执行观念的购买手段的职能。虽然货币只是存在于买者支付货币的承诺中，但它使商品的转手实现了。只是当支付日期到来时，支付手段才真正进入流通，就是说，从买者手里转到卖者手里。流通手段转化为贮藏货币，是因为流通过程在第一阶段中断，或商品的转化形态退出了流通。支付手段进入流通，但这是在商品已经退出流通之后。货币不再是过程的中介。它作为交换价值的绝对存在，或作为一般商品，独立地结束这一过程。卖者把商品转化为货币，是为了通过货币来满足某种需要，货币贮藏者把商品转化为货币，是为了以货币形式保存商品，欠债的买者把商品转化为货币，则是为了能够支付。如果他不支付，他的财产就会被强制拍卖。因此，现在由于流通过程本身的关系所产生的一种社会必要性，商品的价值形态即货币就成了卖的目的本身。

买者在把商品转化为货币之前，已经把货币再转化为商品，或者说，他先完成商品的第二形态变化，后完成商品的第一形态变化。卖者的商品在流通，但它只是靠私法的索债权实现它的价格。它在转化为货币之前，已经转化为使用价值。它的第一形态变化只是以后才完成的。(98)

---

(98)第二版注：从引自我在1859年出版的著作的如下一段话中可以看出，为什么我在本文中没有谈到相反的形式："相反，在G—W过程中，货币可以在其使用价值实现之前，或者说，在商品让渡之前，作为现实的购买手段转让出去，从而实现商品的价格。例如，通常的预付货款的形式就是如此。英国政府向印度农民购买鸦片时就是采取这种形式……　但是，这里货币不过是在我们已经知道的购买手段的形式上起作用……　诚然，资本也是以货币形式预付的……　可是这个观点不属于简单流通的范围。"(《政治经济学批判》1859年柏林版第119、120页[148])

在流通过程的每一个一定的时期内，到期的债务代表着产生这些债务的已售商品的价格总额。实现这一价格总额所必需的货币量，首先取决于支付手段的流通速度。它决定于两种情况：一是债权人和债务人的关系的锁链，即A从他的债务人B那里得到的货币，付给他的债权人C等等；一是各种不同的支付期限的间隔。一个接一个的支付的锁链或事后进行的第一形态变化的锁链，同我们前面考察的形态变化系列的交错，有本质的区别。①在流通手段的流通中，卖者和买者的联系不仅仅被表现出来，而且这种联系本身只是在货币流通中产生，并且是与货币流通一同产生的。相反地，支付手段的运动则表现了一种在这种运动之前已经现成地存在的社会联系。

若干卖的同时并行，使流通速度对铸币量的补偿作用受到了限制。反之，这种情况却为节省支付手段造成了新的杠杆。随着支付集中于同一地点，使这些支付互相抵消的专门机构和方法就自然地发展起来。例如中世纪里昂的转账处就是如此。只要把A对B、B对C、C对A等等所有的债权对照一下，就可以有一定的数额作为正数和负数互相抵消。这样需要偿付的只是债务差额。支付越集中，差额相对地就越小，因而流通的支付手段量也相对地越小。

货币作为支付手段的职能包含着一个直接的矛盾。在各种支付互相抵消时，货币就只是在观念上执行计算货币或价值尺度的职能。而在必须进行实际支付时，货币又不是充当流通手段，不是充当物质变换的仅仅转瞬即逝的中介形式，而是充当社会劳动的单个化身，充当交换价值的独立存在，充当绝对商品。这种矛盾在生产危机和商业

---

①见本卷第141—143页。——编者注

危机中称为货币危机(99)的那一时刻暴露得特别明显。这种货币危机只有在一个接一个的支付的锁链和抵消支付的人为制度获得充分发展的地方，才会发生。当这一机制整个被打乱的时候，不问其原因如何，货币就会突然直接地从计算货币的纯粹观念形态转变成坚硬的货币。这时，它是不能由平凡的商品来代替的。商品的使用价值变得毫无价值，而商品的价值在它自己的价值形式面前消失了。昨天，资产者还被繁荣所陶醉，怀着启蒙的骄傲，宣称货币是空虚的幻想。只有商品才是货币。今天，他们在世界市场上到处叫嚷：只有货币才是商品！他们的灵魂渴求货币这唯一的财富，就像鹿渴求清水一样。(100)在危机时期，商品和它的价值形态（货币）之间的对立发展成绝对矛盾。因此，货币的表现形式在这里也是无关紧要的。不管是用金支付，还是用银行券这样的信用货币支付，货币荒都是一样的。(101)

---

(99)本文所谈的货币危机是任何普遍的生产危机和商业危机的一个特殊阶段，应同那种也称为货币危机的特种危机区分开来。后一种货币危机可以单独产生，只是对工业和商业发生反作用。这种危机的运动中心是货币资本，因此它的直接范围是银行、交易所和金融。（马克思在第三版上加的注）

(100)“由信用主义这样突然转变到货币主义，就使得实际恐慌又加上了理论恐惧，而流通的当事人在他们自己的关系的深不可测的秘密面前瑟瑟发抖了。”（马克思《政治经济学批判》1859年柏林版第126页[149]）“穷人没有工作，因为富人没有钱雇用他们，虽然他们和过去一样，拥有同样的土地和劳动力，可以用来生产食物和衣服；正是这些，而不是货币，构成一个国家的真正财富。”（约翰·贝勒斯《关于创办一所劳动学院的建议》1696年伦敦版第3—4页）

(101)下面这段话可以说明“商业之友”是如何利用这种时机的：“一次〈1839年〉，一位贪婪的老银行家〈西蒂区的〉在他的私人房间里，坐在写字桌前，揭开桌盖，取出成捆的钞票给他的一位朋友看，并扬扬得意地说，这是60万镑，收回这些钞票，是为了使银根吃紧，在当天3点钟以后，再把它们全部投放出去。”（［亨·罗伊］《兑换理论。1844年银行法》1864年伦敦版第81页）

现在我们来考察一定时期内的流通货币的总额。假定流通手段和支付手段的流通速度是已知的，这个总额就等于待实现的商品价格总额加上到期的支付总额，减去彼此抵消的支付，最后减去同一货币交替地时而作为流通手段、时而作为支付手段执行职能的流通次数。例如，一个农民卖谷物得到两镑，在这里，这两镑起着流通手段的作用。他在支付日把这两镑用来支付织布者先前交给他的麻布。这时，这两镑执行支付手段的职能。接着织布者又拿现金去买圣经，于是这两镑又重新执行流通手段的职能，如此等等。因此，即使价格、货币流通速度和支付的节省程度是既定的，一定时期内例如一天内流通的货币量和流通的商品量也不再相符。货币在流通，而它所代表的是早已退出流通的商品。商品在流通，而它的货币等价物只有在将来才出现。另一方面，每天订立的支付和同一天到期的支付完全不是可通约的量。(102)

信用货币是直接从货币作为支付手段的职能中产生的。由出售商品得到的债券本身又因债权的转移而流通。另一方面，随着

1864年4月24日，半官方报纸《观察家报》报道："现在流传着一种很奇怪的谣言，说已经有一种使银根吃紧的手段…… 不论采用这类诡计看来是多么值得怀疑，但是这种谣言广为流传，确实值得一提。"

(102)"某日签订的购买总额或契约总额不会影响该日流通的货币量，但是在绝大多数场合，它会变为各种各样的票据，用来取得将来在或远或近的某日进入流通的货币量…… 今天开的票据或今天提供的信贷无论在数目、总额或期限上都不必同明天或后天开的票据或提供的信贷有什么相似之处。相反地，许多今天的票据和信贷到期时会同以前在许多完全不定的日期欠下的债务相抵。以12个月、6个月、3个月或1个月为期的票据往往凑在一起，以致使某日到期的债务总额特别膨胀起来。"(《通货论评述。给苏格兰人民的一封信》，英国一银行家著，1845年爱丁堡版，散见第29、30页)

信用事业的扩大，货币作为支付手段的职能也在扩大。作为支付手段的货币取得了它特有的各种存在形式，并以这些形式占据了大规模交易的领域，而金银铸币则主要被挤到小额贸易的领域中去。(103)

在商品生产达到一定水平和规模时，货币作为支付手段的职能就越出商品流通领域。货币变成契约上的一般商品。(104)地租、赋税等等由实物交纳转化为货币支付。这种转化在多大程度上取决于生产过程的总的状态，可以由例如罗马帝国两次企图用货币征收一切赋税都告失败来证明。路易十四统治下的法国农民极端贫困，这种受到布阿吉尔贝尔、沃邦元帅等人如此有力地斥责的现象，不仅是由

(103)为了举例说明在真正的商业活动中所用的现实的货币是多么少，我们在这里列出伦敦最大的贸易公司之一(莫里逊—狄龙公司)的全年的货币收支表。1856年该公司的交易额达好几百万镑，现在折合成100万镑计算。

收　入	(单位：镑)	支　出	(单位：镑)
定期支付的银行家和商人的票据	533 596	定期支付的票据	302 674
见票即付的银行支票等	357 715	伦敦各银行支票	663 672
地方银行券	9 627	英格兰银行券	22 743
英格兰银行券	68 554	金	9 427
金	28 089	银和铜	1 484
银和铜	1 486		
邮汇	933		
总计：	1 000 000	总计：	1 000 000

(《银行法特别委员会的报告》1858年7月第71页)

(104)"交易的性质在这里改变了，现在不是以货换货，不是供货和进货，而是出售和支付，一切交易……都建立在货币价格的基础上。"([丹·笛福]《论公共信贷》1710年伦敦第3版第8页)

重税引起的，而且是由实物税改为货币税造成的。(105)另一方面，在亚洲，地租的实物形式（它同时又是国税的主要因素）是建立在像自然关系那样一成不变地再生产出来的生产关系的基础上的，这种支付形式反过来又维护着这种古老的生产形式。这种支付形式是土耳其帝国自身得以维持的秘密之一。如果欧洲强加于日本的对外贸易使日本把实物地租改为货币地租，日本的模范的农业就会崩溃。这种农业的狭隘的经济存在条件也就会消失。

在每个国家，都规定一定的总的支付期限。撇开再生产的其他周期不说，这些期限部分地是以同季节变化有关的生产的自然条件为基础的。这些期限还调节着那些不是直接由商品流通产生的支付，如赋税、地租等等。这些分散在社会上各个地方的支付在一年的某些天所需的货币量，会在节省支付手段方面引起周期性的但完全是表面的混乱。(106)从支付手段的流通速度的规律中可以看出，一

(105)"货币成了万物的刽子手。"理财术是"一个蒸馏器，它使多得惊人的货物和商品蒸发，以便取得这种致命的膏汁"。"货币向全人类宣战。"（布阿吉尔贝尔《论财富、货币和赋税的性质》，德尔编《财政经济学家》1843年巴黎版第1卷第413、419、417、418页）

(106)克雷格先生对1826年的议会调查委员会说："1824年圣灵降临节，在爱丁堡，需要如此大量的钞票，以致到11点钟，我们手里连一张钞票也没有了，我们到一家一家银行去商借，但是都没有借到，许多交易都只好凭纸条付款。但是到了下午3点钟，所有的钞票都回到了那些发行钞票的银行。这些钞票只不过转转手而已。"在苏格兰，虽然钞票的实际平均流通量还不到300万镑，但是到了一年的各个支付期限，银行家手里所有的钞票（共约700万镑）都要动用。在这种情况下，钞票只是履行一种单一的特殊的职能，这个职能一经完成，它们立刻又各自回到那些发行钞票的银行。（约翰·富拉顿《论通货的调整》1845年伦敦第2版第86页注）为了便于了解，这里附带说一下，在富拉顿写这本书的时候，在苏格兰支付存款，不用支票，而只用钞票。

切周期性的支付（不问其起因如何）所必需的支付手段量，与支付期限的长短成反比。(107)[150]

由于充当支付手段的货币的发展，就必须积累货币，以便到期偿还债务。随着资产阶级社会的发展，作为独立的致富形式的货币贮藏消失了，而作为支付手段准备金的形式的货币贮藏却增长了。

(c)世 界 货 币

货币一越出国内流通领域，便失去了在这一领域内获得的价格标准、铸币、辅币和价值符号等地方形式，又恢复原来的贵金属块的形式。在世界贸易中，商品普遍地展开自己的价值。因此，在这里，商品独立的价值形态，也作为世界货币与商品相对立。只有在世界市场上，货币才充分地作为这样一种商品执行职能，这种商品的自然形式同时就是抽象人类劳动的直接的社会实现形式。货币的存在方式与货币的概念相适合了。

在国内流通领域内，只能有一种商品充当价值尺度，从而充当货

(107)有人问："如果一年的贸易额必须有4 000万，那么这600万〈金〉对于贸易所需的周转和流通是否够用呢？"配第以他惯用的巧妙方法回答说："我回答说够用，如果周转期很短，只有一个星期，像贫苦的手工业者和工人每星期六收付货币那样，那么要花费4 000万，有100万的$\frac{40}{52}$就够了；如果周转期是一季，按照我们交租纳税的习惯，那就要有1 000万。因此，假定支付期限总起来说是从1个星期到13个星期之间的平均数，那么1 000万加上100万的$\frac{40}{52}$，再求其半数，约等于550万，就是说，我们有550万就够了。"（威廉·配第《爱尔兰的政治解剖。1672年》1691年伦敦版第13、14页[151]）

币。在世界市场上，占统治地位的是双重价值尺度，即金和银。(108)

世界货币作为一般支付手段、一般购买手段和一般财富的绝对

---

(108)因此，法律规定国家银行只能贮藏那种在国内执行货币职能的贵金属，是荒唐的。例如，英格兰银行自己制造的那些“可爱的麻烦”，是众所周知的。关于金银相对价值发生变动的几个大的历史时代，见卡尔·马克思《政治经济学批判》第136页及以下几页。[152]第二版补注：罗伯特·皮尔爵士在他的1844年的银行法[153]中，力图摆脱这种困境，办法是允许英格兰银行发行以银块作准备金的银行券，但银储备不得超过金储备的$\frac{1}{4}$。同时，银的价值按照它在伦敦市场上的市场价格（以金计算的）来估价。〔第四版注：现在我们又处在金银的相对价值剧烈变动的时代。大约25年以前，金银的比价＝15$\frac{1}{2}$:1，现在大约＝22:1，而且与金相比，银的价值还在继续跌落。这实质上是这两种金属的开采方法发生变革的结果。从前，金几乎完全是从淘洗含金的冲积层即含金岩石的风化物中获得的。现在，这种方法已经不够用了，让位于开采含金石英矿脉的方法，后一种方法虽然古人早已知道（狄奥多鲁斯《史学丛书》第3卷第12—14章），但过去一直居于第二位。另一方面，不仅美国落基山脉的西部发现了新的大银矿，而且还铺设铁路来开发这个银矿和墨西哥银矿，这就有可能运去新式机器和燃料，从而以较低的费用大规模地开采银矿。但是，这两种金属在矿脉中的存在方式是大不相同的。金大都天然是纯的，但是它混杂在石英中，数量极少，因此必须把整批矿石粉碎，而后淘金，或用水银提取金。从100万克石英中，往往只能采到1—3克金，难得采到30—60克金。银很少天然是纯的，但它存在于比较容易从矿脉中开采的特殊的矿石中，这些矿石通常含银40%—90%；或者它也少量地混在某些本身值得开采的矿石如铜、铅等等中。从这里已经可以看出，采金所耗费的劳动增多了，而采银所耗费的劳动却大大减少了，所以银的价值降低是不言而喻的。假如银的价格现在不是用人为的办法维持在一定的水平上，那么银的价值降低一定会表现为价格的更大的跌落。目前美洲银矿还只开采了很少一部分，因此完全可以预料，银的价值在长时期内还会继续降低。此外，用于制造日用品和奢侈品的银相对地减少，银制品为镀银品和铝制品等等所代替，这也必然会促使银的价值降低。因此可以断定，复本位制想靠强制的国际行市来把银的价值比例提高到从前的1:15$\frac{1}{2}$是一种空想。毋宁说，银在世界市场上将越来越失去它的货币属性。——弗·恩·〕

社会化身执行职能。它的最主要的职能，是作为支付手段平衡国际贸易差额。由此产生重商主义体系的口号——贸易差额！(109)金银充当国际购买手段，主要是在各国间通常的物质变换的平衡突然遭到破坏的时候。最后，它们充当财富的绝对社会化身是在这样的场合：不是要买或是要支付，而是要把财富从一个国家转移到另一个国家，同时，商品市场的行情或者要达到的目的本身，不容许这种转移以商品形式实现。(110)

每个国家，为了国内流通，需要有准备金，为了世界市场的流通，也需要有准备金。因此，货币贮藏的职能，一部分来源于货币作为国内流通手段和国内支付手段的职能，一部分来源于货币作为世界货

---

(109)重商主义体系把通过金银来结算贸易顺差当做世界贸易的目的，而重商主义体系的反对者又完全误解了世界货币的职能。我在评论李嘉图时曾详细说明，对贵金属的国际运动的错误理解，不过是反映了对调节流通手段量的规律的错误理解。(《政治经济学批判》1859年柏林版第150页及以下几页[154])他的错误教条是："除了由于流通手段过剩以外，决不会有贸易逆差……　铸币的输出是由它的价值低引起的，这不是贸易逆差的结果，而是它的原因。"[155]这个教条我们在巴尔本那里已经见过："贸易差额，如果它存在的话，不是货币从一国输出的原因。相反地，货币输出是由各国的贵金属价值之间的差别引起的。"(尼·巴尔本《新币轻铸论。答洛克先生关于提高货币价值的意见》第59页)麦克库洛赫在《政治经济学文献。这门科学的分类书目》(1845年伦敦版)中，称赞巴尔本的这种先见之明，但十分机智地避而不谈"通货原理"[156]的荒谬前提在巴尔本那里所表现的素朴形式。这篇书目没有批判性，甚至是不正直的，这种情况在他叙述货币理论史的几章中达到了顶点，因为在这里，麦克库洛赫向奥弗斯顿勋爵(前银行家劳埃德)大献殷勤，把他捧为"银行界公认的领袖"。[157]

(110)例如，在提供外援，为进行战争或为恢复银行现金支付而举债等等情况下，价值正是需要货币形式。

币的职能。(110a)在后一种职能上，始终需要实在的货币商品，真实的金和银。因此，詹姆斯·斯图亚特为了把金银和它们的仅仅是地方的代表区别开来，就明确地把金银说成是世界货币。[158]

金银的流动是二重的。一方面，金银从产地分散到整个世界市场，在那里，在不同程度上为不同国家的流通领域所吸收，以便进入国内流通渠道，补偿磨损了的金银铸币，供给奢侈品的材料，并且凝固为贮藏货币。(111)这第一种运动是以实现在商品上的本国劳动和实现在贵金属上的金银出产国的劳动之间的直接交换为中介的。另一方面，金银又不断往返于不同国家的流通领域之间，这是一个随着汇率的不断变化而产生的运动。(112)

(110a)第二版注："在实行金属本位的国家，有了货币贮藏的机构，无须普遍流通的明显支持，也能够执行清偿国际债务的每种必要的职能，事实上，要证明这点，我想再也没有比下面这个例子更有说服力了：法国在遭到外国侵略的毁灭性破坏后刚刚开始恢复，就能够轻易地在27个月内偿付了同盟国加在它身上的近2 000万的战争赔款，而且其中很大一部分是用金属货币偿付的，但是却没有引起国内货币流通的显著缩减或混乱，也没有引起汇率的任何急剧的波动。"（富拉顿《论通货的调整》第141页）〔第四版注：我们还可以举一个更明显的例子。同一个法国在1871—1873年中的30个月内，轻易地偿付了相当于上述数目10倍多的巨额战争赔款，而且相当大一部分也是用金属货币偿付的。——弗·恩·〕

(111)"货币根据各国的需要在各国间分配……因为它总是被产品所吸引。"（勒特罗纳《就价值、流通、工业、国内外贸易论社会利益》第916页）"不断提供金银的矿山足以向每个国家提供所需要的数量。"（杰·范德林特《货币万能》第40页）

(112)"汇率每周都会涨落，在一年的某些时间内达到的比率对一国不利，而在另一些时间内又对它有利。"（巴尔本《新币轻铸论。答洛克先生关于提高货币价值的意见》第39页）

资产阶级生产发达的国家把大量集中在银行准备库内的贮藏货币，限制在它执行各种特殊职能所必需的最低限度以内。(113)除了某些例外，如果准备库内的货币贮藏大大超过平均水平，那就表明商品流通停滞了，或者商品形态变化的流动中断了。(114)

---

(113)一旦加上兑换银行券的基金的职能，这些不同的职能彼此就会发生危险的冲突。

(114)“超过国内贸易绝对需要的货币是死资本，不会给拥有这些货币的国家带来任何利润，除非在对外贸易中把它们输出和输入。”（约翰·贝勒斯《论贫民》第13页）“如果我们铸币过多，那怎么办呢？我们可以把最重的铸币熔化，加工成华丽光彩的餐具，金银器皿；或者把它们作为商品输往需要或想要它们的地方；或者可以把它们拿到利率高的地方去生息。”（威廉·配第《货币略论》第39页）“货币不过是国家躯体的脂肪，过多会妨碍这一躯体的灵活性，太少会使它生病……脂肪使肌肉的动作滑润，在缺乏食物时供给营养，使肌肤丰满，身体美化，同样，货币使国家的活动敏捷，在国内歉收时用来从国外进口食物，清偿债务……使一切美化；当然〈作者最后讽刺说〉，特别是使那班富有货币的人美化。”（威廉·配第《爱尔兰的政治解剖》第14、15页[151]）

第 二 篇

货币转化为资本

第 四 章

货币转化为资本

1. 资本的总公式

商品流通是资本的起点。商品生产和发达的商品流通，即贸易，是资本产生的历史前提。世界贸易和世界市场在16世纪揭开了资本的现代生活史。

如果撇开商品流通的物质内容，撇开各种使用价值的交换，只考察这一过程所造成的经济形式，我们就会发现，货币是这一过程的最后产物。商品流通的这个最后产物是资本的最初的表现形式。

资本在历史上起初到处是以货币形式，作为货币财产，作为商人资本和高利贷资本，与地产相对立。(1)然而，为了认识货币是资本

(1)以人身的奴役关系和统治关系为基础的地产权力和非人身的货币

的最初的表现形式，不必回顾资本产生的历史。这个历史每天都在我们眼前重演。现在每一个新资本最初仍然是作为货币出现在舞台上，也就是出现在市场上——商品市场、劳动市场或货币市场上，经过一定的过程，这个货币就转化为资本。

作为货币的货币和作为资本的货币的区别，首先只是在于它们具有不同的流通形式。

商品流通的直接形式是W—G—W，商品转化为货币，货币再转化为商品，为买而卖。但除这一形式外，我们还看到具有不同特点的另一形式G—W—G，货币转化为商品，商品再转化为货币，为卖而买。在运动中通过这后一种流通的货币转化为资本，成为资本，而且按它的使命来说，已经是资本。

现在我们较仔细地研究一下G—W—G这个流通。和简单商品流通一样，它也经过两个对立阶段。在第一阶段G—W（买）上，货币转化为商品。在第二阶段W—G（卖）上，商品再转化为货币。这两个阶段的统一是一个总运动：货币和商品交换，同一商品再和货币交换，即为卖商品而买商品；如果不管买和卖的形式上的区别，那就是用货币购买商品，又用商品购买货币。(2)整个过程的结果，是货币和货币交换，G—G。假如我用100镑买进2 000磅棉花，然后又把这2 000磅棉花按110镑卖出，结果我就是用100镑交换110镑，用货币交换货币。

很清楚，假如G—W—G这个流通过程只是兜个圈子，是同样

权力之间的对立，可以用两句法国谚语明白表示出来："没有一块土地没有地主"，"货币没有主人"。

(2)"人们用货币购买商品，用商品购买货币。"（梅尔西埃·德拉里维耶尔《政治社会天然固有的秩序》第543页）

大的货币价值相交换，比如说，100镑和100镑交换，那么这个流通过程就是荒唐的、毫无内容的了。货币贮藏者的办法倒是无比地简单，无比地牢靠，他把100镑贮藏起来，不让它去冒流通中的风险。另一方面，不论商人把他用100镑买来的棉花卖110镑，还是100镑，甚至只是50镑，他的货币总是经过一种独特和新奇的运动，这种运动根本不同于货币在简单商品流通中的运动，例如在农民手中的运动——出售谷物，又用卖得的货币购买衣服。因此，首先我们应该说明G—W—G和W—G—W这两种循环的形式上的区别。这样，隐藏在这种形式上的区别后面的内容上的区别同时也就暴露出来。

我们先来看一下这两种形式的共同点。

这两种循环都分成同样两个对立阶段：W—G（卖）和G—W（买）。在其中每一个阶段上，都是同样的两个物的要素即商品和货币互相对立，都是扮演同样两种经济角色的两个人即买者和卖者互相对立。这两个循环的每一个都是同样两个对立阶段的统一，这种统一在这两种情形下都是通过三个契约当事人的登场而实现的：一个只是卖，一个只是买，一个既买又卖。

但是，W—G—W和G—W—G这两个循环从一开始就不同，是由于同样两个对立的流通阶段具有相反的次序。简单商品流通以卖开始，以买结束；作为资本的货币的流通以买开始，以卖结束。作为运动的起点和终点的，在前一场合是商品，在后一场合是货币。在整个过程中起中介作用的，在前一形式是货币，在后一形式则是商品。

在W—G—W这个流通中，货币最后转化为充当使用价值的商品。于是，货币就最终花掉了。而在G—W—G这个相反的形式中，买者支出货币，却是为了作为卖者收入货币。他购买商品，把货币投入流通，是为了通过出卖这同一商品，从流通中再取回货币。他拿出货币时，就蓄意要重新得到它。因此，货币只是被预付出去。(3)

在W—G—W形式中，同一块货币两次变换位置。卖者从买者那里得到货币，又把它付给另一个卖者。整个过程以交出商品收入货币开始，以交出货币得到商品告终。在G—W—G形式中，情形则相反。在这里，两次变换位置的，不是同一块货币，而是同一件商品。买者从卖者手里得到商品，又把商品交到另一个买者手里。在简单商品流通中，同一块货币的两次变换位置，使货币从一个人手里最终转到另一个人手里；而在这里，同一件商品的两次变换位置，则使货币又流回到它最初的起点。

货币流回到它的起点同商品是否贱买贵卖没有关系。后者只影响流回的货币额的大小。只要买进的商品再被卖掉，就是说，只要G—W—G的循环全部完成，就发生货币流回的现象。可见，作为资本的货币的流通和单纯作为货币的货币的流通之间，存在着可以感觉到的区别。

一旦出卖一种商品所得到的货币又被用去购买另一种商品，W—G—W的循环就全部结束。如果货币又流回到起点，那只是由于整个过程的更新或重复。假如我把一夸特谷物卖了三镑，然后用这三镑买了衣服，对我来说，这三镑就是最终花掉了。我和这三

(3)“如果购买一物是为了再卖出去，这样用掉的钱叫做预付货币；如果购买一物不是为了再卖出去，这样用掉的钱可以说是花掉了。”（《詹·斯图亚特著作集》，由其子詹姆斯·斯图亚特爵士将军汇编，1805年伦敦版第1卷第274页）

镑再没有任何关系。它是衣商的了。假如我又卖了一夸特谷物，货币就又流回到我的手里，但这不是第一次交易的结果，而只是这一交易重复的结果。一旦我结束了这第二次交易，又买了东西，货币就又离开我。因此，在W—G—W这个流通中，货币的支出和货币的流回没有任何关系。相反，在G—W—G中，货币的流回是由货币支出的性质本身决定的。没有这种流回，活动就失败了，或者过程就中断而没有完成，因为它的第二阶段，即作为买的补充和完成的卖没有实现。

在W—G—W循环中，始极是一种商品，终极是另一种商品，后者退出流通，转入消费。因此，这一循环的最终目的是消费，是满足需要，总之，是使用价值。相反，G—W—G循环是从货币一极出发，最后又返回同一极。因此，这一循环的动机和决定目的是交换价值本身。

在简单商品流通中，两极具有同样的经济形式。二者都是商品，而且是价值量相等的商品。但它们是不同质的使用价值，如谷物和衣服。在这里，产品交换，表现社会劳动的不同物质的变换，是运动的内容。G—W—G这个流通则不同。乍一看来，它似乎是无内容的，因为是同义反复。两极具有同样的经济形式。二者都是货币，从而不是不同质的使用价值，因为货币正是商品的转化形式，在这个形式中，商品的一切特殊使用价值都已消失。先用100镑交换成棉花，然后又用这些棉花交换成100镑，就是说，货币兜了一个圈子又交换成货币，同样的东西又交换成同样的东西。这似乎是一种既无目的又很荒唐的活动。(4)一个货币额和另一个货币

(4)梅尔西埃·德拉里维耶尔驳重商主义者说："人们不会用货币去交

额只能有量的区别。因此，G—W—G过程所以有内容，不是因为两极有质的区别(二者都是货币)，而只是因为它们有量的不同。最后从流通中取出的货币，多于起初投入的货币。例如，用100镑买的棉花卖100镑＋10镑，即110镑。因此，这个过程的完整形式是G—W—G′。其中的G′＝G＋ΔG，即等于原预付货币额加上一个增殖额。我把这个增殖额或超过原价值的余额叫做剩余价值(surplus value)。可见，原预付价值不仅在流通中保存下来，而且在流通中改变了自己的价值量，加上了一个剩余价值，或者说增殖了。正是这种运动使价值转化为资本。

诚然，在W—G—W中，两极W和W，如谷物和衣服，也可能是大小不等的价值量。农民卖谷物的价钱可能高于谷物的价值，或者他买衣服的价钱可能低于衣服的价值。他也可能受衣商的骗。但是这种价值上的差异，对这种流通形式本身来说完全是偶然的。即

换货币。”(《政治社会天然固有的秩序》第486页)有一本专门论述“贸易”和“投机”的著作写道：“一切贸易都是不同种物品的交换；而利益〈商人的?〉正是由于这种不同而产生的。用一磅面包交换一磅面包，这不会带来任何利益……因此，贸易同赌博相比形成有利的对照，因为赌博只是用货币交换货币。”(托·柯贝特《个人致富的原因和方法的研究，或贸易和投机原理的解释》1841年伦敦版第5页)虽然柯贝特不知道，G—G，货币交换货币，不仅是商业资本，而且是一切资本特有的流通形式，但他至少承认，这个形式是投机这种贸易与赌博共有的；但是后来出现了麦克库洛赫，他发现，为卖而买就是投机，这样，投机和贸易的区别就消失了。“任何交易，只要一个人购买产品是为了再卖出去，实际上就是投机。”(麦克库洛赫《商业和商轮航运业的实用、理论和历史辞典》1847年伦敦版第1009页)平托，这个阿姆斯特丹交易所的平达，更是无比天真，他说：“贸易是一种赌博〈这句话是从洛克那里抄袭来的〉，不过从乞丐那儿是赢不到任何东西的。如果有人在长时间内赢了所有的人的所有的钱，那他只有心甘情愿地把赢得的绝大部分钱退回去，才能再赌。”(平托《关于流通和信用的论文》1771年阿姆斯特丹版第231页)

使两极（如谷物和衣服）是等价的，这种流通形式也丝毫不会像G—W—G过程一样丧失自己的意义。在这里，两极的价值相等倒可以说是这种流通形式正常进行的条件。

为买而卖的过程的重复或更新，与这一过程本身一样，以达到这一过程以外的最终目的，即消费或满足一定的需要为限。相反，在为卖而买的过程中，开端和终结是一样的，都是货币，都是交换价值，单是由于这一点，这种运动就已经是没有止境的了。诚然，G变成了G＋ΔG，100镑变成了100镑＋10镑。但是单从质的方面来看，110镑和100镑一样，都是货币。而从量的方面来看，110镑和100镑一样，也是有限的价值额。如果把这110镑当做货币用掉，那它就不再起作用了。它不再成为资本。如果把它从流通中取出来，那它就凝固为贮藏货币，即使藏到世界末日，也不会增加分毫。因此，如果问题是要使价值增殖，那么110镑和100镑一样，也需要增殖，因为二者都是交换价值的有限的表现，从而具有相同的使命：通过量的增大以接近绝对的富。不错，原预付价值100镑和它在流通中所增殖的剩余价值10镑在一瞬间是有区别的，但这个区别马上又消失了。过程终了时，不是100镑原价值在一边，10镑剩余价值在另一边。得到的结果是一个110镑的价值。这个价值具有和原先的100镑一样的适宜于开始价值增殖过程的形式。货币在运动终结时又成为运动的开端。(5)因此，每一次为卖而买所完成的循环的终结，自然成为

---

(5)“资本……分为原有资本和利润，即资本……所获得的增长额，虽然实践本身立刻又将这种利润加到资本上，并把它和资本投入周转中。”（弗·恩格斯《国民经济学批判大纲》，载于阿尔诺德·卢格和卡尔·马克思编的《德法年鉴》1844年巴黎版第99页）

新循环的开始。简单商品流通——为买而卖——是达到流通以外的最终目的，占有使用价值，满足需要的手段。相反，作为资本的货币的流通本身就是目的，因为只是在这个不断更新的运动中才有价值的增殖。因此，资本的运动是没有限度的。(6)

作为这一运动的有意识的承担者，货币占有者变成了资本家。他这个人，或不如说他的钱袋，是货币的出发点和复归点。这种流通的客观内容——价值增殖——是他的主观目的；只有在越来越多地占有抽象财富成为他的活动的唯一动机时，他才作为资本家或作为人格化的、有意志和意识的资本执行职能。因此，决不能把使用价值

---

(6)亚里士多德拿经济同货殖作对比。他从经济出发。经济作为一种谋生术，只限于取得生活所必要的并且对家庭或国家有用的物品。"真正的财富就是由这样的使用价值构成的；因为满足优裕生活所必需的这类财产的量不是无限的。但是还有另一种谋生术，把它叫做货殖是很适当、很贴切的。由于货殖，财富和财产的界限看来就不存在了。商品交易〈"ἡ καπηλικὴ"，按字面意义是零售贸易，亚里士多德采用这个形式，是因为在这个形式中占支配地位的是使用价值〉按其性质来说不属于货殖范围，因为在这里，交换只限于他们自己〈买者和卖者〉需要的物品。"他又说，因此，商品交易的最初形式也是物物交换，但是随着它的扩大，必然产生货币。随着货币的发明，物物交换必然发展成为商品交易，而后者一反它的最初的宗旨，成了货殖，成了赚钱术。货殖与经济的区别是："对货殖来说，流通是财富的源泉。货殖似乎是围绕着货币转，因为货币是这种交换的起点和终点。因此，货殖所追求的财富也是无限的。一种技术，只要它的目的不是充当手段，而是充当最终目的，它的要求就是无限的，因为它总想更加接近这个目的；而那种只是追求达到目的的手段的技术，就不是无限的，因为目的本身已给这种技术规定了界限。货殖则和前一种技术一样，它的目的也是没有止境的，它的目的就是绝对的富有。有界限的是经济而不是货殖…… 前者的目的是与货币本身不同的东西，后者的目的是增加货币……由于把这两种难以分清的形式混为一谈，有人就以为，无限地保存和增加货币是经济的最终目的。"(散见亚里士多德《政治学》，贝克尔编，第1册第8、9章)

看做资本家的直接目的。(7)他的目的也不是取得一次利润，而只是谋取利润的无休止的运动。(8)这种绝对的致富欲，这种价值追逐狂(9)，是资本家和货币贮藏者所共有的，不过货币贮藏者是发狂的资本家，资本家是理智的货币贮藏者。货币贮藏者通过竭力把货币从流通中拯救出来(10)所谋求的无休止的价值增殖，为更加精明的资本家通过不断地把货币重新投入流通而实现了。(10a)

商品的价值在简单流通中所采取的独立形式，即货币形式，只是商品交换的中介，运动一结束就消失。相反，在G—W—G流通中，商品和货币这二者仅仅是价值本身的不同存在方式：货币是它的一般存在方式，商品是它的特殊的也可以说只是化了装的存在方式。(11)价

---

(7)“商品〈这里是指使用价值〉不是产业资本家的最终目的……货币是他的最终目的。”（托·查默斯《论政治经济学同社会的道德状况和道德远景的关系》1832年格拉斯哥第2版第165、166页）

(8)“虽然商人并不轻视已经获得的利润，但他的目光却总是盯着未来的利润。”（安·詹诺韦西《市民经济学讲义》(1765年版)，载于库斯托第编《意大利政治经济学名家文集·现代部分》第8卷第139页）

(9)“这种不可遏止的追逐利润的狂热，这种可诅咒的求金欲，始终左右着资本家。”（麦克库洛赫《政治经济学原理》1830年伦敦版第179页）当然，这种见解并不妨碍麦克库洛赫之流，在理论上陷入困境的情况下，例如在考察生产过剩问题时，还是把资本家变成了善良的市民，好像他关心的只是使用价值，好像他真正像狼一般贪求的，只是皮靴、帽子、鸡蛋、印花布以及其他各种极为平常的使用价值。

(10)“Σώζειν”[拯救]是希腊人用来表示货币贮藏的一种特别用语。同样，英语“to save”也是既有拯救，又有储蓄的意思。

(10a)“事物在直进中没有无限性，在循环中却有。”（加利阿尼[《货币论》第156页]）

(11)“构成资本的不是物质，而是这些物质的价值。”（让·巴·萨伊《论政治经济学》1817年巴黎第3版第2卷第429页）

值不断地从一种形式转化为另一种形式，在这个运动中永不消失，这样就转化为一个自动的主体。如果把自行增殖的价值在其生活的循环中交替采取的各种特殊表现形式固定下来，就得出这样的说明：资本是货币，资本是商品。(12)但是实际上，价值在这里已经成为一个过程的主体，在这个过程中，它不断地变换货币形式和商品形式，改变着自己的量，作为剩余价值同作为原价值的自身分出来，自行增殖着。既然它生出剩余价值的运动是它自身的运动，它的增殖也就是自行增殖。它所以获得创造价值的奇能，是因为它是价值。它会产仔，或者说，它至少会生金蛋。

价值时而采取时而抛弃货币形式和商品形式，同时又在这种变换中一直保存自己和扩大自己；价值作为这一过程的扩张着的主体，首先需要一个独立的形式，把它自身的同一性确定下来。它只有在货币上才具有这种形式。因此，货币是每个价值增殖过程的起点和终点。它以前是100镑，现在是110镑，等等。但货币本身在这里只是价值的一种形式，因为价值有两种形式。货币不采取商品形式，就不能成为资本。因此，货币在这里不像在货币贮藏的情况下那样，与商品势不两立。资本家知道，一切商品，不管它们多么难看，多么难闻，在信仰上和事实上都是货币，是行过内部割礼的犹太人，并且是把货币变成更多的货币的奇妙手段。

在简单流通中，商品的价值在与商品的使用价值的对立中，至多取得了独立的货币形式，而在这里，商品的价值突然表现为一个处在

---

(12)“用于生产目的的通货〈！〉就是资本。”（麦克劳德《银行业的理论与实践》1855年伦敦版第1卷第1章第55页）“资本就是商品。”（詹姆斯·穆勒《政治经济学原理》1821年伦敦版第74页）

过程中的、自行运动的实体，商品和货币只是这一实体的两种形式。不仅如此。现在，它不是表示商品关系，而可以说是同它自身发生私自关系。它作为原价值同作为剩余价值的自身区别开来，作为圣父同作为圣子的自身区别开来，而二者年龄相同，实际上只是一个人。这是因为预付的100镑只是由于有了10镑剩余价值才成为资本，而它一旦成为资本，一旦生了儿子，并由于有了儿子而生了父亲，二者的区别又马上消失，合为一体——110镑。

因此，价值成了处于过程中的价值，成了处于过程中的货币，从而也就成了资本。它离开流通，又进入流通，在流通中保存自己，扩大自己，扩大以后又从流通中返回来，并且不断重新开始同样的循环。(13)G—G′，生出货币的货币——money which begets money[159]——资本的最初解释者重商主义者就是这样来描绘资本的。

为卖而买，或者说得完整些，为了贵卖而买，即G—W—G′，似乎只是一种资本即商人资本所特有的形式。但产业资本也是这样一种货币，它转化为商品，然后通过商品的出售再转化为更多的货币。在买和卖的间歇，即在流通领域以外发生的行为，丝毫不会改变这种运动形式。最后，在生息资本的场合，G—W—G′的流通简化地表现为没有中介的结果，表现为一种简练的形式，G—G′，表现为等于更多货币的货币，比本身价值更大的价值。

因此，G—W—G′事实上是直接在流通领域内表现出来的资本的总公式。

(13)“资本……是不断增大的价值。”（西斯蒙第《政治经济学新原理》第1卷第88、89页）

2. 总公式的矛盾

货币羽化为资本的流通形式，是和前面阐明的所有关于商品、价值、货币和流通本身的性质的规律相矛盾的。它和简单商品流通相区别的地方，在于同样两个对立过程（卖和买）的次序相反。但这种纯粹形式上的区别，是用什么魔法使这一过程的性质改变的呢？

不仅如此。在互相进行交易的三个业务上的朋友中间，只是对其中一个人来说，次序才是颠倒过来了。作为资本家，我从A手里购买商品，再把商品卖给B；作为简单的商品占有者，我把商品卖给B，然后从A手里购买商品。对A和B这两个业务上的朋友来说，这个区别是不存在的。他们只是作为商品的买者或卖者出现。我自己是作为简单的货币占有者或商品占有者，作为买者或卖者与他们相对立。在这两个序列中，对于一个人我只是买者，对于另一个人我只是卖者；对于一个人我只是货币，对于另一个人我只是商品，不论对于这两个人中的哪一个，我都不是资本，不是资本家，不是比货币或商品更多的什么东西的代表，或者能起货币或商品以外的什么作用的东西的代表。对我来说，向A购买商品和把商品卖给B，构成一个序列。但是这两个行为之间的联系，只有对我来说才是存在的。A并不关心我同B的交易，B并不关心我同A的交易。假如我想向他们说明我把交易的序列颠倒过来而作出的特殊功绩，他们就会向我指出，是我把序列本身弄错了，整个交易不是由买开始和由卖结束，而是相反，由卖开始和由买结束。实际上，我的第一个行为买，在A看来是卖，我的第二个行为卖，在B看来是买。A和B并不满足于这一点，他们还会说，这整个序列是多余的，是耍把戏。A可以直接把商品卖给B，B可以直接向A购买商品。这样，整个交易就缩短为普通商品流通的一个单方面的行为：从A看来只是卖，从B看来只是买。可见，我们把序列颠倒过来，并没有越出简单商品流通领域，相反，我们倒应该看一看：这个领域按其性质来说，是否允许进入这一领域的价值发生增殖，从而允许剩余价值的形成。

我们拿表现为单纯的商品交换这种形式的流通过程来说。在两个商品占有者彼此购买对方的商品，并到支付日结算债务差额时，总是出现这种形式。在这里，货币充当计算货币，它把商品的价值表现为商品价格，而不是用它的物体同商品本身相对立。就使用价值来看，交换双方显然都能得到好处。双方都是让渡对自己没有使用价值的商品，而得到自己需要使用的商品。但好处可能不止是这一点。卖葡萄酒买谷物的A，在同样的劳动时间内，大概会比种植谷物的B酿出更多的葡萄酒，而种植谷物的B，在同样的劳动时间内，大概会比酿酒的A生产出更多的谷物。可见，与两人不进行交换而各自都不得不为自己生产葡萄酒和谷物相比，用同样的交换价值，A能得到更多的谷物，B能得到更多的葡萄酒。因此，就使用价值来看，可以说，“交换是一种双方都得到好处的交易”(14)。就交换价值来看，情况就不同了。

“一个有许多葡萄酒而没有谷物的人，同一个有许多谷物而没有葡萄酒的人进行交易，在他们之间，价值50的小麦和价值50的葡萄酒相交换了。这种

(14)“交换是一种奇妙的交易，交换双方总是〈！〉得到好处。”（德斯杜特·德·特拉西《论意志及其作用》1826年巴黎版第68页）该书1823年也以《政治经济学概论》的名称出版。

交换不论对哪一方来说都不是交换价值的增多，因为每一方通过这次行为得到的价值，是和他在交换以前握有的价值相等的。”(15)

事情不会由于货币作为流通手段出现在商品之间，以及买和卖的行为明显地分离开来而发生变化。(16)商品的价值在商品进入流通以前就表现为商品价格，因此它是流通的前提，不是流通的结果。(17)

如果抽象地来考察，就是说，把不是从简单商品流通的内在规律中产生的情况撇开，那么，在这种流通中发生的，除了一种使用价值被另一种使用价值代替以外，只是商品的形态变化，即商品的单纯形式变换。同一价值，即同量的对象化社会劳动，在同一个商品占有者手里，起初表现为他的商品的形态，然后是该商品转化成的货币的形态，最后是由这一货币再转化成的商品的形态。这种形式变换并不包含价值量的改变。而商品价值本身在这一过程中所经历的变换，只限于它的货币形式的变换。起初，这个货币形式是待售商品的价格，然后是在价格中已经表现出来的货币额，最后是等价商品的价格。这种形式变换，像一张五镑的钞票换成若干索维林、若干半索维林和若干先令一样，本身并不包含价值量的改变。因此，商品流通就它只引起商品价值的形式变换来说，在现象纯粹地进行的情况下，就只引起等价物的交换。连根本不懂什么是价值的庸俗经济学，每当它想依照自己的方式来纯粹地观察现象的时候，也假定供求是一致的，就是说，假定供求的影响是完全不存在的。因此，就使用价值来

(15)梅尔西埃·德拉里维耶尔《政治社会天然固有的秩序》第544页。

(16)“这两个价值中有一个是货币，还是两个都是普通商品，这件事本身是毫无关系的。”(同上，第543页)

(17)“不是契约当事人决定价值；价值在成交以前就已经决定了。”(勒特罗纳《论社会利益》第906页)

看，交换双方都能得到利益，但在交换价值上，双方都不能得到利益。不如说，在这里是："在平等的地方，没有利益可言。"(18)诚然，商品可以按照和自己的价值相偏离的价格出售，但这种偏离是一种违反商品交换规律的现象。(19)商品交换就其纯粹形态来说是等价物的交换，因此，不是增大价值的手段。(20)

因此，那些试图把商品流通说成是剩余价值的源泉的人，大多是把使用价值和交换价值弄混了、混淆了。例如，孔狄亚克说：

> "认为在商品交换中是等量的价值交换等量的价值，那是错误的。恰恰相反，契约当事人双方总是用较小的价值去换取较大的价值…… 如果真的总是等量的价值交换，那么契约当事人的任何一方都不会得到利益。但双方都得到利益，或都应该得到利益。为什么呢？物的价值只在于物和我们的需要的关系。某物对一个人来说是多了，对另一人来说则是少了，或者相反…… 不能设想，我们会把自己消费所必需的物拿去卖…… 我们是要把自己用不着的东西拿去卖，以取得自己需要的东西；我们是要以少换多…… 人们自然会认为，只要每个被交换的物在价值上等于同一货币量，那就是等量的价值交换等量的价值…… 但还必须考虑到另一方面；试问：我们双方不是都用剩余物来交换需要物吗？"(21)

(18)加利阿尼《货币论》，载于库斯托第编《意大利政治经济学名家文集·现代部分》第4卷第244页。

(19)"当某种外部情况使价格降低或提高时，交换就会对一方不利，于是平等被破坏了，但这种破坏是由于外部原因，而不是由于交换造成的。"（勒特罗纳《论社会利益》第904页）

(20)"交换按其性质来说是一种契约，这种契约以平等为基础，也就是说，是在两个相等的价值之间订立的。因此，它不是致富的手段，因为所付和所得是相等的。"（勒特罗纳《论社会利益》第903、904页）

(21)孔狄亚克《商业和政府(1776年)》，载于德尔和莫利纳里编《政治经济学文选》1847年巴黎版第267、291页。

我们看到，孔狄亚克不但把使用价值和交换价值混在一起，而且十分幼稚地把商品生产发达的社会硬说成是这样一种状态：生产者自己生产自己的生存资料，而只把满足自己需要以后的余额即剩余物投入流通。(22)然而，孔狄亚克的论据却经常为现代经济学家所重复，当他们要说明商品交换的发达形态即贸易会产生剩余价值的时候，更是如此。例如，有人说：

> “贸易使产品增添价值，因为同一产品在消费者手里比在生产者手里具有更大的价值，因此，严格说来，贸易应看做是一种生产活动。”(23)

但是，人们购买商品不是付两次钱：一次是为了它的使用价值，一次是为了它的价值。如果说商品的使用价值对买者比对卖者更有用，那么商品的货币形式对卖者比对买者就更有用。不然他何必出卖商品呢？因此，我们同样也可以说，例如，买者把商人的袜子转化为货币，严格说来，就是完成一种“生产活动”。

假如互相交换的是交换价值相等的商品，或交换价值相等的商品和货币，就是说，是等价物，那么很明显，任何人从流通中取出的价值，都不会大于他投入流通的价值。在这种情形下，就不会有剩余价值形成。商品的流通过程就其纯粹的形式来说，要求等价物的交换。但是在实际上，事情并不是纯粹地进行的。因此，我们假定是非等价

(22)因此，勒特罗纳在回答他的朋友孔狄亚克时说得很对：“在发达的社会中，根本没有剩余的东西。”同时他还讽刺地解释说：“假如交换双方都以同样少的东西换得同样多的东西，那么他们得到的也就同样多。”因为孔狄亚克对交换价值的性质一无所知，所以，他对威廉·罗雪尔教授先生来说是自己的幼稚概念的合适证明人。见罗雪尔的《国民经济学原理》1858年第3版［第102—103、190—191页］。

(23)赛·菲·纽曼《政治经济学原理》1835年安多弗—纽约版第175页。

物的交换。

在任何情形下，在商品市场上，只是商品占有者与商品占有者相对立，他们彼此行使的权力只是他们商品的权力。商品的物质区别是交换的物质动机，它使商品占有者互相依赖，因为他们双方都没有他们自己需要的物品，而有别人需要的物品。除商品使用价值的这种物质区别以外，商品之间就只有一种区别，即商品的自然形式和它的转化形式之间的区别，商品和货币之间的区别。因此，商品占有者之间的区别，只不过是卖者即商品占有者和买者即货币占有者之间的区别。

假定卖者享有某种无法说明的特权，可以高于商品价值出卖商品，把价值100的商品卖110，即在名义上加价10%。这样，卖者就得到剩余价值10。但是，他当了卖者以后，又成为买者。现在第三个商品占有者作为卖者和他相遇，并且也享有把商品贵卖10%的特权。我们那位商品占有者作为卖者赚得了10，但是作为买者要失去10。(24)实际上，整个事情的结果是，全体商品占有者都高于商品价值10%互相出卖商品，这与他们把商品按其价值出售完全一样。商品的这种名义上的普遍加价，其结果就像例如用银代替金来计量商品价值一样。商品的货币名称即价格上涨了，但商品间的价值比例仍然不变。

我们再反过来，假定买者享有某种特权，可以低于商品价值购买商品。在这里，不用说，买者还要成为卖者。他在成为买者以前，就曾经是卖者。他在作

(24)“靠提高产品的名义价值……卖者不会致富……因为他们作为卖者所得的利益，在他们作为买者时又如数付出。”（[约·格雷]《国民财富基本原理的说明》1797年伦敦版第66页）

为买者赚得10%以前，就已经作为卖者失去了10%。(25)结果一切照旧。

因此，剩余价值的形成，从而货币的转化为资本，既不能用卖者高于商品价值出卖商品来说明，也不能用买者低于商品价值购买商品来说明。(26)

即使偷偷加进一些不相干的东西，如像托伦斯上校那样，问题也决不会变简单些。这位上校说：

> “有效的需求在于，消费者通过直接的或间接的交换能够和愿意〈!〉付给商品的部分，大于生产它们时所耗费的资本的一切组成部分。”(27)

在流通中，生产者和消费者只是作为卖者和买者相对立。说生产者得到剩余价值是由于消费者付的钱超过了商品的价值，那不过是把商品占有者作为卖者享有贵卖的特权这个简单的命题加以伪装罢了。卖者自己生产了某种商品，或代表它的生产者，同样，买者也是自己生产了某种已表现为货币的商品，或代表它的生产者。因此，是生产者和生产者相对立。他们的区别在于，一个是买，一个是卖。商品占有者在生产者的名义下高于商品价值出卖商品，在消费者的名义下对商品付出高价，这并不能使我们前进一步。(28)

---

(25)“假如有人不得不把价值24利弗尔的产品卖18利弗尔，那么，当他用这笔货币额再去购买时，这18利弗尔同样能买到24利弗尔的东西。”(勒特罗纳《论社会利益》第897页)

(26)“因此，任何一个卖者通常不能提高自己商品的价格，否则他购买其他卖者的商品时也必须付出高价。根据同样的理由，任何一个消费者通常不能以低价购买商品，否则他也必须降低他出售的商品的价格。”(梅尔西埃·德拉里维耶尔《政治社会天然固有的秩序》第555页)

(27)罗·托伦斯《论财富的生产》1821年伦敦版第349页。

(28)“利润由消费者支付这种想法显然是十分荒谬的。消费者又是谁呢?”(乔·拉姆赛《论财富的分配》1836年爱丁堡版第183页)

因此,坚持剩余价值来源于名义上的加价或卖者享有贵卖商品的特权这一错觉的代表者,是假定有一个只买不卖,从而只消费不生产的阶级。从我们上面达到的观点来看,即从简单流通的观点来看,还不能说明存在着这样一个阶级。但是,我们先假定有这样一个阶级。这个阶级不断用来购买的货币,必然是不断地、不经过交换、白白地、依靠任何一种权利或暴力,从那些商品占有者手里流到这个阶级手里的。把商品高于价值卖给这个阶级,不过是骗回一部分白白交出去的货币罢了。(29)例如,小亚细亚的城市每年向古罗马交纳贡款,就是如此。罗马则用这些货币购买小亚细亚城市的商品,而且按高价购买。小亚细亚人通过贸易从征服者手里骗回一部分贡款,从而欺骗了罗马人。但是,吃亏的还是小亚细亚人。他们的商品仍旧是用他们自己的货币支付的。这决不是发财致富或创造剩余价值的方法。

所以,我们还是留在卖者也是买者、买者也是卖者的商品交换范围内吧。我们陷入困境,也许是因为我们只把人理解为人格化的范畴,而不是理解为个人。

商品占有者A可能非常狡猾,总是使他的同行B或C受骗,而B和C无论如何也报复不了。A把价值40镑的葡萄酒卖给B,换回价值50镑的谷物。A把自己的40镑转化为50镑,把较少的货币变成了较多的货币,把自己的商品转化为资本。我们仔细地来看一下。

---

(29)"假如有人感到需求不足,那么马尔萨斯先生是否会劝他把钱付给别人,让别人用这笔钱购买他的商品呢?"一个很气愤的李嘉图的信徒这样质问马尔萨斯,因为后者及其门徒查默斯牧师从经济学的观点赞美了纯买者阶级,即消费者阶级。见《论马尔萨斯先生近来提倡的关于需求的性质和消费的必要性的原理》1821年伦敦版第55页。

在交换以前，A手中有价值40镑的葡萄酒，B手中有价值50镑的谷物，总价值是90镑。在交换以后，总价值还是90镑。流通中的价值没有增大一个原子，只是它在A和B之间的分配改变了。一方的剩余价值，是另一方的不足价值，一方的增加，是另一方的减少。如果A不用交换形式作掩饰，而直接从B那里偷去10镑，也会发生同样的变化。显然，流通中的价值总量不管其分配情况怎样变化都不会增大，正像一个犹太人把安女王时代的一法寻当做一基尼来卖，不会使本国的贵金属量增大一样。一个国家的整个资本家阶级不能靠欺骗自己来发财致富。(30)

可见，无论怎样颠来倒去，结果都是一样。如果是等价物交换，不产生剩余价值；如果是非等价物交换，也不产生剩余价值。(31)流通或商品交换不创造价值。(32)

---

(30)德斯杜特·德·特拉西虽然是(或许正因为是)研究院院士[160]，却持有相反的观点。他说，产业资本家赚得利润，是因为"他们按高于生产成本的价格出卖一切商品。他们卖给谁呢？首先是彼此互卖"(德斯杜特·德·特拉西《论意志及其作用》第239页)。

(31)"两个相等的价值相交换，既不增大也不减少社会上现有价值的量。两个不相等的价值相交换……同样也改变不了社会价值的总额，因为它给这一个人增添的财富，是它从另一个人手中取走的财富。"(让·巴·萨伊《论政治经济学》1817年巴黎第3版第2卷第443、444页)这个论点是萨伊几乎逐字逐句地从重农学派那里抄袭来的，当然他并不关心从这个论点会得出什么结论。下面的例子可以说明，他是怎样利用当时已被人遗忘的重农学派的著作，来增加自己的"价值"的。萨伊先生"最著名的"论点："产品只能用产品来购买"(同上，第1卷第438页)，用重农学派的原话来说就是："产品只有用产品来支付"(勒特罗纳《论社会利益》第899页)。

(32)"交换不会给产品以任何价值。"(弗·威兰德《政治经济学原理》1843年波士顿版第169页)

由此可以了解，为什么我们在分析资本的基本形式，分析决定现代社会的经济组织的资本形式时，开始根本不提资本的常见的、所谓洪水期前的形态，即商业资本和高利贷资本。

G—W—G′的形式，为贵卖而买，在本来意义的商业资本中表现得最纯粹。另一方面，它的整个运动是在流通领域内进行的。但是，因为不能从流通本身来说明货币转化为资本，说明剩余价值的形成，所以只要是等价物相交换，商业资本看来是不可能存在的；(33)因而，商业资本只能这样来解释：寄生在购买的商品生产者和售卖的商品生产者之间的商人对他们双方进行欺骗。富兰克林就是在这个意义上说："战争是掠夺，商业是欺骗。"(34)如果不应单纯用对商品生产者的欺骗来说明商业资本的增殖，那就必须举出一长串的中间环节，但是在这里，商品流通及其简单要素是我们唯一的前提，因此这些环节还完全不存在。

关于商业资本所说的一切，更加适用于高利贷资本。在商业资本中，两极，即投入市场的货币和从市场取出的增大的货币，至少还以买和卖，以流通运动为中介。在高利贷资本中，G—W—G′形式简化成没有中介的两极G—G′，即交换成更多货币的货币。这种形式是和货币的性质相矛盾的，因而从商品交换的角度是无法解释的。

(33)"在不变的等价物支配下，商业是不可能的。"（乔·奥普戴克《论政治经济学》1851年纽约版第66—67页）"实际价值和交换价值之间的差别基于下述事实：物品的价值不同于人们在买卖中为该物品提供的那个所谓等价物，就是说，这个等价物并不是等价物。"（弗·恩格斯《国民经济学批判大纲》，载于阿尔诺德·卢格和卡尔·马克思编的《德法年鉴》1844年巴黎版第95、96页）

(34)《本杰明·富兰克林全集》，斯帕克斯编第2卷《关于国民财富的有待研究的几个问题》[第376页]。

所以，亚里士多德说：

> “货殖有两种，一种属于商业方面，一种属于经济方面。后者是必要的，值得称赞的，前者以流通为基础，理应受到谴责（因为它不以自然为基础，而以互相欺骗为基础）。所以，高利贷受人憎恨完全理所当然，因为在这里，货币本身成为赢利的源泉，没有用于发明它的时候的用途。货币是为商品交换而产生的，但利息却使货币生出更多的货币。它的名称〈τόκος，利息和利子〉就是由此而来的。利子和母财是相像的。但利息是货币生出的货币，因此在所有的赢利部门中，这个部门是最违反自然的。”(35)

在我们研究的进程中，我们将会发现，生息资本和商业资本一样，也是派生的形式，同时会看到，为什么它们在历史上的出现早于资本的现代基本形式。

上面已经说明，剩余价值不能从流通中产生；因此，在剩余价值的形成上，必然有某种在流通中看不到的情况发生在流通的背后。(36)但是，剩余价值能不能从流通以外的什么地方产生呢？流通是商品占有者的全部商品关系①的总和。在流通以外，商品占有者只同他自己的商品发生关系。就商品的价值来说，这种关系只是：他的商品包含着他自己的、按一定社会规律计量的劳动量。这个劳动量表现为他的商品的价值量，而因为价值量表现为计算货币，所以这个劳动量就表现为一个价格，例如10镑。但是，他的劳动不能表现

(35)亚里士多德《政治学》第1册第10章［第17页］。

(36)“在通常的市场条件下，利润不是由交换产生的。如果利润不是先前就已存在，那么，在这种交易以后也不会有。”（拉姆赛《论财富的分配》第184页）

①在第一、二版中是“相互关系”；在第三、四版中是“商品关系”。——编者注

为商品的价值加上超过这个商品本身价值而形成的余额，不能表现为一个等于10镑又等于11镑的价格，不能表现为一个大于自身价值的价值。商品占有者能够用自己的劳动创造价值，但是不能创造自行增殖的价值。他能够通过新的劳动给原有价值添加新价值，从而使商品的价值增大，例如把皮子制成皮靴就是这样。这时，同一个材料由于包含了更大的劳动量，也就有了更大的价值。因此，皮靴的价值大于皮子的价值，但是皮子的价值仍然和从前一样。它没有增殖，没有在制作皮靴时添加剩余价值。可见，商品生产者在流通领域以外，也就是不同其他商品占有者接触，就不能使价值增殖，从而使货币或商品转化为资本。

因此，资本不能从流通中产生，又不能不从流通中产生。它必须既在流通中又不在流通中产生。

这样，就得到一个双重的结果。

货币转化为资本，必须根据商品交换的内在规律来加以说明，因此等价物的交换应该是起点。(37)我们那位还只是资本家幼虫的货

(37)根据以上说明，读者可以知道，这里的意思不过是：即使商品价格与商品价值相等，资本也一定可以形成。资本的形成不能用商品价格与商品价值的偏离来说明。假如价格确实与价值相偏离，那就必须首先把前者还原为后者，就是说，把这种情况当做偶然情况撇开，这样才能得到以商品交换为基础的资本形成的纯粹现象，才能在考察这个现象时，不致被那些起干扰作用的、与真正的过程不相干的从属情况所迷惑。而且我们知道，这种还原决不单纯是一种科学的手续。市场价格的不断波动，即它的涨落，会互相补偿，彼此抵消，并且还原为平均价格，而平均价格是市场价格的内在基准。这个基准是例如从事一切需要较长时间经营的企业的商人或工业家的指南。所以他们知道，就整个一段较长的时期来看，商品实际上既不是低于也不是高于平均价格，而是按照平均价格出售的。因此，如果撇开利害得失来考虑问题是符合他们的利益的话，

币占有者，必须按商品的价值购买商品，按商品的价值出卖商品，但他在过程终了时取出的价值必须大于他投入的价值。他变为蝴蝶，必须在流通领域中，又必须不在流通领域中。这就是问题的条件。这里是罗陀斯，就在这里跳跃吧！[161]

3. 劳动力的买和卖

要转化为资本的货币的价值变化，不可能发生在这个货币本身上，因为货币作为购买手段和支付手段，只是实现它所购买或所支付的商品的价格，而它如果停滞在自己原来的形式上，它就凝固为价值量不变的化石了。(38)同样，在流通的第二个行为即商品的再度出卖上，也不可能发生这种变化，因为这一行为只是使商品从自然形式再转化为货币形式。因此，这种变化必定发生在第一个行为G—W中所购买的商品上，但不是发生在这种商品的价值上，因为互相交换的是等价物，商品是按它的价值支付的。因此，这种变化只能从这种商品的使用价值本身，即从这种商品的消费中产生。要从商品的消费中取得价值，我们的货币占有者就必须幸运地在流通领域内即在市

他们就应该这样提出资本形成的问题：既然价格是由平均价格即归根到底是由商品的价值来调节的，那么资本怎么会产生呢？我说“归根到底”，是因为平均价格并不像亚·斯密、李嘉图等人所认为的那样，直接与商品的价值量相一致①。

(38)“在货币形式上……资本是不产生利润的。”(李嘉图《政治经济学原理》第267页)

---

① 见本卷第184—185页。——编者注

场上发现这样一种商品，它的使用价值本身具有成为价值源泉的独特属性，因此，它的实际消费本身就是劳动的对象化，从而是价值的创造。货币占有者在市场上找到了这样一种独特的商品，这就是劳动能力或劳动力。

我们把劳动力或劳动能力，理解为一个人的身体即活的人体中存在的、每当他生产某种使用价值时就运用的体力和智力的总和。

但是，要使货币占有者在市场上找到作为商品的劳动力，就必须具备各种条件。商品交换本身除了包含由它自己的性质所产生的从属关系以外，不包含任何其他从属关系。在这种前提下，劳动力只有而且只是因为被它自己的占有者即有劳动力的人当做商品出售或出卖，才能作为商品出现在市场上。劳动力占有者要把劳动力当做商品出卖，他就必须能够支配它，从而必须是自己的劳动能力、自己人身的自由所有者。(39)劳动力占有者和货币占有者在市场上相遇，彼此作为身份平等的商品占有者发生关系，所不同的只是一个是买者，一个是卖者，因此双方是在法律上平等的人。这种关系要保持下去，劳动力所有者就必须始终把劳动力只出卖一定时间，因为他要是把劳动力一下子全部卖光，他就出卖了自己，就从自由人转化为奴隶，从商品占有者转化为商品。他作为人，必须总是把自己的劳动力当做自己的财产，从而当做自己的商品。而要做到这一点，他必须始终让买者只是在一定期限内暂时支配他的劳动力，

(39)在有关古典古代的一些实用百科辞典[162]中，可以看到一种谬论：在古代世界，资本就有了充分的发展，“所缺少的只是自由工人和信用事业”。蒙森先生在他的《罗马史》中也一再陷入混乱。

消费他的劳动力，就是说，他在让渡自己的劳动力时不放弃自己对它的所有权。(40)

货币占有者要在市场上找到作为商品的劳动力，第二个基本条件就是：劳动力占有者没有可能出卖有自己的劳动对象化在其中的商品，而不得不把只存在于他的活的身体中的劳动力本身当做商品出卖。

一个人要出卖与他的劳动力不同的商品，他自然必须占有生产资料，如原料、劳动工具等等。没有皮革，他就不能做皮靴。此外，他还需要有生活资料。任何人，即使是未来音乐的创作家，都不能靠未来的产品过活，也不能靠尚未生产好的使用价值过活。人从出现在地球舞台上的第一天起，每天都要消费，不管在他开始生产以前和在生产期间都是一样。如果产品是作为商品生产的，在它生产出来以后就必须卖掉，而且只有在卖掉以后，它才能满足生产者的需要。除

---

(40)因此，各种立法都规定了劳动契约的最长期限。在自由劳动的民族里，一切法典都规定了解除契约的条件。在有些国家，特别是墨西哥(美国南北战争[8]前，从墨西哥夺去的领土也是这样，库扎政变[163]前多瑙河地区实际上也是这样)，奴隶制采取债役这种隐蔽的形式。因为债务要以劳役偿还，而且要世代相传，所以不仅劳动者个人，而且连他的家族实际上都成为别人及其家族的财产。胡阿雷斯废除了抵债劳役[164]。所谓的皇帝马克西米利安颁布一道敕令，又把它恢复了。华盛顿的众议院一针见血地谴责这个敕令是恢复墨西哥的奴隶制的敕令。"我可以把我的体力上和智力上的特殊技能和活动能力……在限定的时期内让渡给别人使用，因为根据这种限制，它们同我的整体和全体取得一种外在的关系。如果我把我的由于劳动而具体化的全部时间和我的全部生产活动都让渡给别人，那么，我就把这种活动的实体、我的普遍的活动和现实性、我的人身，变成别人的财产了。"(黑格尔《法哲学》1840年柏林版第104页第67节)

生产时间外，还要加上出售所需要的时间。

可见，货币占有者要把货币转化为资本，就必须在商品市场上找到自由的工人。这里所说的自由，具有双重意义：一方面，工人是自由人，能够把自己的劳动力当做自己的商品来支配，另一方面，他没有别的商品可以出卖，自由得一无所有，没有任何实现自己的劳动力所必需的东西。

为什么这个自由工人在流通领域中同货币占有者相遇，对这个问题货币占有者不感兴趣。他把劳动市场看做是商品市场的一个特殊部门。我们目前对这个问题也不感兴趣。货币占有者是在实践上把握着这个事实，我们则是在理论上把握着这个事实。但是有一点是清楚的。自然界不是一方面造成货币占有者或商品占有者，而另一方面造成只是自己劳动力的占有者。这种关系既不是自然史上的关系，也不是一切历史时期所共有的社会关系。它本身显然是已往历史发展的结果，是许多次经济变革的产物，是一系列陈旧的社会生产形态灭亡的产物。

我们前面所考察的经济范畴，也都带有自己的历史痕迹。产品成为商品，需要有一定的历史条件。要成为商品，产品就不应作为生产者自己直接的生存资料来生产。如果我们进一步研究，在什么样的状态下，全部产品或至少大部分产品采取商品的形式，我们就会发现，这种情况只有在一种十分特殊的生产方式即资本主义生产方式的基础上才会发生。但是这种研究不属于商品分析的范围。即使绝大多数产品直接用来满足生产者自己的需要，没有转化为商品，从而社会生产过程按其广度和深度来说还远没有为交换价值所控制，商品生产和商品流通也能够产生。产品要表现为商品，需要社会内部的分工发展到这样的程度：在直接的物物交换中开始的使用价值和交换价值的分离已经完成。但是，这样的发展阶段是历史上完全不同的经济的社会形态所共有的。

如果考察一下货币，我们就会看到，货币是以商品交换发展到一定高度为前提的。货币的各种特殊形式，即单纯的商品等价物，或流通手段，或支付手段、贮藏货币和世界货币，按其中这种或那种职能的不同作用范围和相对占优势的情况，表示社会生产过程的极不相同的阶段。但是根据经验，不很发达的商品流通就足以促使所有这些形式的形成。资本则不然。有了商品流通和货币流通，决不是就具备了资本存在的历史条件。只有当生产资料和生活资料的占有者在市场上找到出卖自己劳动力的自由工人的时候，资本才产生；而单是这一历史条件就包含着一部世界史。因此，资本一出现，就标志着社会生产过程的一个新时代。(41)

现在应该进一步考察这个独特商品——劳动力。同一切其他商品一样，劳动力也具有价值。(42)这个价值是怎样决定的呢？

同任何其他商品的价值一样，劳动力的价值也是由生产从而再生产这种独特物品所必要的劳动时间决定的。就劳动力代表价值来说，它本身只代表在它身上对象化的一定量的社会平均劳动。劳动力只是作为活的个人的能力而存在。因此，劳动力的生产要以活的个人的存在为前提。假设个人已经存在，劳动力的生产就是这个个

---

(41)因此，资本主义时代的特点是，对工人本身来说，劳动力是归他所有的一种商品的形式，因而他的劳动具有雇佣劳动的形式。另一方面，正是从这时起，劳动产品的商品形式才普遍化。

(42)“人的价值，和其他一切物的价值一样，等于他的价格，就是说，等于对他的能力的使用所付的报酬。”（托·霍布斯《利维坦》，载于莫尔斯沃思编《托马斯·霍布斯英文著作集》1839—1844年伦敦版第3卷第76页）

人本身的再生产或维持。活的个人要维持自己，需要有一定量的生活资料。因此，生产劳动力所必要的劳动时间，可以归结为生产这些生活资料所必要的劳动时间，或者说，劳动力的价值，就是维持劳动力占有者所必要的生活资料的价值。但是，劳动力只有表现出来才能实现，只有在劳动中才能发挥出来。而劳动力的发挥即劳动，耗费人的一定量的肌肉、神经、脑等等，这些消耗必须重新得到补偿。支出增多，收入也得增多。[(43)]劳动力所有者今天进行了劳动，他必须明天也能够在同样的精力和健康条件下重复同样的过程。因此，生活资料的总和应当足以使劳动者个人能够在正常生活状况下维持自己。由于一个国家的气候和其他自然特点不同，食物、衣服、取暖、居住等等自然需要本身也就不同。另一方面，所谓必不可少的需要的范围，和满足这些需要的方式一样，本身是历史的产物，因此多半取决于一个国家的文化水平，其中主要取决于自由工人阶级是在什么条件下形成的，从而它有哪些习惯和生活要求。[(44)]因此，和其他商品不同，劳动力的价值规定包含着一个历史的和道德的要素。但是，在一定的国家，在一定的时期，必要生活资料的平均范围是一定的。

劳动力所有者是会死的。因此，要使他不断出现在市场上（这是货币不断转化为资本的前提），劳动力的卖者就必须"像任何活的个体一样，依靠繁殖使自己永远延续下去"[(45)]。因损耗和死亡而退出市场的劳动力，至少要不断由同样数目的新劳动力来补充。因此，生

---

(43)古罗马的斐力卡斯，作为管理人居于农业奴隶之首，但"由于劳动比奴隶轻，得到的报酬也比奴隶更微薄"（泰·蒙森《罗马史》1856年版第810页）。

(44)参看威·托·桑顿《人口过剩及其补救办法》1846年伦敦版。

(45)配第。[165]

产劳动力所必要的生活资料的总和,包括工人的补充者即工人子女的生活资料,只有这样,这种独特的商品占有者的种族才能在商品市场上永远延续下去。(46)

为改变一般人的本性,使它获得一定劳动部门的技能和技巧,成为发达的和专门的劳动力,就要有一定的教育或训练,而这又得花费或多或少的商品等价物。劳动力的教育费用随着劳动力性质的复杂程度而不同。因此,这种教育费用——对于普通劳动力来说是微乎其微的——包括在生产劳动力所耗费的价值总和中。

劳动力的价值可以归结为一定量生活资料的价值。因此,它也随着这些生活资料的价值即生产这些生活资料所需要的劳动时间量的改变而改变。

一部分生活资料,如食品、燃料等等,每天都有新的消耗,因而每天都必须有新的补充。另一些生活资料,如衣服、家具等等,可以使用较长的时期,因而只是经过较长的时期才需要补充。有些商品要每天购买或支付,有些商品要每星期购买或支付,还有些商品要每季度购买或支付,如此等等。但不管这些支出的总和在例如一年当中怎样分配,都必须由每天的平均收入来补偿。假如生产劳动力每天所需要的商品量=A,每星期所需要的商品量=B,每季度所需要的商品量=C,其他等等,那么这些商品每天的平均需要量=$\frac{365A+52B+4C+\text{其他等等}}{365}$。假定平均每天所需要的这个商品量包

(46)“它的〈劳动的〉自然价格……由一定量的生存资料和舒适品构成。这个量是根据一个国家的气候和习惯,为维持工人并使他有可能抚养家庭,以保证市场上劳动供应不致减少所必需的。”(罗·托伦斯《论谷物外销》1815年伦敦版第62页)劳动一词在这里错误地当做劳动力一词来使用。

含六小时社会劳动，那么每天对象化在劳动力中的就是半天的社会平均劳动，或者说，每天生产劳动力所需要的是半个工作日。每天生产劳动力所需要的这个劳动量，构成劳动力的日价值，或每天再生产出的劳动力的价值。假定半天的社会平均劳动又表现为三先令或一塔勒的金量，那么一塔勒就是相当于劳动力日价值的价格。如果劳动力占有者按每天一塔勒出卖劳动力，劳动力的出售价格就等于劳动力的价值，而且根据我们的假定，一心要把自己的塔勒转化为资本的货币占有者是支付这个价值的。

劳动力价值的最低限度或最小限度，是劳动力的承担者即人每天得不到就不能更新他的生命过程的那个商品量的价值，也就是维持身体所必不可少的生活资料的价值。假如劳动力的价格降到这个最低限度，那就降到劳动力的价值以下，因为这样一来，劳动力就只能在萎缩的状态下维持和发挥。但是，每种商品的价值都是由提供标准质量的该种商品所需要的劳动时间决定的。

认为这种由事物本性产生的劳动力的价值规定是粗暴的，并且像罗西那样为之叹息，那是一种极其廉价的感伤主义：

> “在考察劳动能力时，撇开生产过程中维持劳动的生存资料，那就是考察一种臆想的东西。谁谈劳动，谈劳动能力，同时也就是谈工人和生存资料，工人和工资。”(47)

谈劳动能力并不就是谈劳动，正像谈消化能力并不就是谈消化一样。大家知道，要有消化过程，光有健全的胃是不够的。谁谈劳动能力，谁就不会撇开维持劳动能力所必要的生活资料。生活资料的价值正是表现在劳动能力的价值上。劳动能力不卖出去，对工人就

---

(47)罗西《政治经济学教程》1843年布鲁塞尔版第370、371页。

毫无用处，不仅如此，工人就会感到一种残酷的自然必然性：他的劳动能力的生产曾需要一定量的生存资料，它的再生产又不断地需要一定量的生存资料。于是，他就和西斯蒙第一样发现了："劳动能力……不卖出去，就等于零。"(48)

劳动力这种独特商品的特性，使劳动力的使用价值在买者和卖者缔结契约时还没有在实际上转到买者手中。和其他任何商品的价值一样，它的价值在它进入流通以前就已确定，因为在劳动力的生产上已经耗费了一定量的社会劳动，但它的使用价值只是在以后的力的表现中才实现。因此，力的让渡和力的实际表现即力作为使用价值的存在，在时间上是互相分开的。但是，就这类通过出售而在形式上让渡使用价值和在实际上向买者转让使用价值在时间上互相分开的商品来说，买者的货币通常执行支付手段的职能。(49)在资本主义生产方式占统治地位的一切国家里，给劳动力支付报酬，是在劳动力按购买契约所规定的时间发挥作用以后，例如是在每周的周末。因此，到处都是工人把劳动力的使用价值预付给资本家；工人在得到买者支付他的劳动力价格以前，就让买者消费他的劳动力，因此，到处都是工人给资本家以信贷。这种信贷不是什么空虚的幻想，这不仅为贷方碰到资本家破产时失掉工资(50)所证明，而且也为一系列远

(48)西斯蒙第《政治经济学新原理》第1卷第114页。

(49)"一切劳动都是在它结束以后付给报酬的。"(《关于需求的性质的原理》第104页)"商业信用必定是从这样的时刻开始的，那时工人，生产的最初的创造者，有可能依靠自己的积蓄等待一两个星期、一个月、一个季度等等，再领取自己劳动的工资。"(沙·加尼耳《论政治经济学的各种体系》1821年巴黎第2版第2卷第150页)

(50)施托尔希说，"工人贷出自己的勤劳"，但是——他又狡猾地补充

为持久的影响所证明。(51)

说——他们除了会“失掉自己的工资，不冒任何风险……工人没有付出任何物质的东西”（施托尔希《政治经济学教程》1815年彼得堡版第2卷第36、37页）。

(51)举个例子。在伦敦有两种面包房：一种是按面包的全价出售的，一种是按低价出售的。后者占面包房总数的$\frac{3}{4}$以上。（政府调查委员休·西·特里门希尔关于《面包工人的申诉的报告》1862年伦敦版第32—34页）这些按低价出售的面包房所出售的面包，几乎无例外地都掺了明矾、肥皂、珍珠灰、白垩、德比郡石粉以及诸如此类的其他一些颇为可口的、富有营养的而又合乎卫生的成分。（见上述蓝皮书和《1855年面包掺假调查委员会的报告》，以及哈索尔医生《揭穿了的掺假行为》1861年伦敦第2版）约翰·戈登爵士对1855年委员会说：“由于这种掺假，每天靠两磅面包度日的穷人，现在实际上连$\frac{1}{4}$的养料都得不到，且不说这种掺假对他们的健康的危害了。”特里门希尔（《面包工人的申诉的报告》第48页）认为，“工人阶级的很大一部分”明明知道掺假，可是还得与面包一起忍受明矾、石粉这一类东西，其原因就在于，对工人阶级来说，“面包房或杂货店爱给他们什么样的面包，他们就得买什么样的面包，这是必然的事情”。因为他们只是在劳动周的周末才得到报酬，所以，他们也只有“在周末才能支付全家一星期消费的面包钱”。特里门希尔还引用了一些证词：“众所周知，用这种混合物制成的面包是特意为这种主顾做的。”“在英格兰〈特别是苏格兰〉的许多农业区，工资是每两周、甚至每一个月发一次。支付期这样长，农业工人不得不赊购商品……他必须付出较高的价钱，他实际上已被赊卖东西给他的店铺束缚住了。例如，在威尔特郡的霍宁舍姆，每月发一次工资，工人购买一英石面粉要付2先令4便士，而在别的地方则只要1先令10便士。”（《公共卫生。枢密院卫生视察员第6号报告》1864年版第264页）“1853年，佩斯利和基尔马诺克〈苏格兰西部〉的手工印染工人，通过一次罢工迫使支付期从一个月缩短为两周。”（《工厂视察员报告。1853年10月31日》第34页）英国许多煤矿主采取的方法可以说明，工人给资本家的信贷获得了进一步的、奇妙的发展。按照这种方法，工人到月底才领工资，在这期间从资本家那里得到预支，而预支往往就是一些工人不得不高于市场价格支付的商品（实物工资制）。“煤矿主惯用的一种办法就是，每月发一次工资，而在这一个月的每个周末给工人预支一次。预支是在店铺进行的〈这个店铺就是老板自己开设的杂货店〉。工人在店铺的这一边拿到钱，在另一边又把钱花掉。”（《童工调查委员会。第3号报告》1864年伦敦版第38页第192号）

但是，无论货币执行购买手段还是支付手段的职能，商品交换本身的性质并不因此发生变化。劳动力的价格已由契约确定下来，虽然它同房屋的出租价格一样，要在以后才实现。劳动力已经卖出，虽然报酬要在以后才得到。但是，为了在纯粹的形式上理解这种关系，我们暂且假定，劳动力占有者每次出卖劳动力时就立即得到了契约所规定的价格。

现在我们知道了，货币占有者付给劳动力这种独特商品的占有者的价值是怎样决定的。货币占有者在交换中得到的使用价值，在劳动力的实际使用即消费过程中才表现出来。这个过程所必需的一切物品，如原料等等，是由货币占有者在商品市场上买来并且按十足的价格支付的。劳动力的消费过程，同时就是商品和剩余价值的生产过程。劳动力的消费，像任何其他商品的消费一样，是在市场以外，或者说在流通领域以外进行的。因此，让我们同货币占有者和劳动力占有者一道，离开这个嘈杂的、表面的、有目共睹的领域，跟随他们两人进入门上挂着"非公莫入"牌子的隐蔽的生产场所吧！在那里，不仅可以看到资本是怎样进行生产的，而且还可以看到资本本身是怎样被生产出来的。赚钱的秘密最后一定会暴露出来。

劳动力的买和卖是在流通领域或商品交换领域的界限以内进行的，这个领域确实是天赋人权的真正伊甸园[166]。那里占统治地位的只是自由、平等、所有权和边沁[167]。自由！因为商品例如劳动力的买者和卖者，只取决于自己的自由意志。他们是作为自由的、在法律上平等的人缔结契约的。契约是他们的意志借以得到共同的法律表现的最后结果。平等！因为他们彼此只是作为商品占有者发生关系，用等价物交换等价物。所有权！因为每一个人都只支配自己的东西。边沁！因为双方都只顾自己。使他们连在一起并发生关系的唯一力量，是他们的利己心，是他们的特殊利益，是他们的私人利益。正因为人人只顾自己，谁也不管别人，所以大家都是在事物的前定和谐[168]下，或者说，在全能的神的保佑下，完成着互惠互利、共同有益、全体有利的事业。

一离开这个简单流通领域或商品交换领域，——庸俗的自由贸易论者用来判断资本和雇佣劳动的社会的那些观点、概念和标准就是从这个领域得出的，——就会看到，我们的剧中人的面貌已经起了某些变化。原来的货币占有者作为资本家，昂首前行；劳动力占有者作为他的工人，尾随于后。一个笑容满面，雄心勃勃；一个战战兢兢，畏缩不前，像在市场上出卖了自己的皮一样，只有一个前途——让人家来鞣。

第 三 篇
绝对剩余价值的生产

第 五 章
劳动过程和价值增殖过程

1. 劳 动 过 程

劳动力的使用就是劳动本身。劳动力的买者消费劳动力，就是叫劳动力的卖者劳动。劳动力的卖者也就由此在现实上成为发挥作用的劳动力，成为工人，而在此以前，他只不过在可能性上是工人。为了把自己的劳动表现在商品中，他必须首先把它表现在使用价值中，表现在能满足某种需要的物中。因此，资本家要工人制造的是某种特殊的使用价值，是一定的物品。虽然使用价值或财物的生产是为了资本家，并且是在资本家的监督下进行的，但是这并不改变这种生产的一般性质。所以，劳动过程首先要撇开每一种特定的社会的形式来加以考察。

劳动首先是人和自然之间的过程，是人以自身的活动来中介、调整和控制人和自然之间的物质变换的过程。人自身作为一种自然力与自然物质相对立。为了在对自身生活有用的形式上占有自然物质，人就使他身上的自然力——臂和腿、头和手运动起来。当他通过这种运动作用于他身外的自然并改变自然时，也就同时改变他自身的自然。他使自身的自然中蕴藏着的潜力发挥出来，并且使这种力的活动受他自己控制。在这里，我们不谈最初的动物式的本能的劳动形式。现在，工人是作为他自己的劳动力的卖者出现在商品市场上。对于这种状态来说，人类劳动尚未摆脱最初的本能形式的状态已经是太古时代的事了。我们要考察的是专属于人的那种形式的劳动。蜘蛛的活动与织工的活动相似，蜜蜂建筑蜂房的本领使人间的许多建筑师感到惭愧。但是，最蹩脚的建筑师从一开始就比最灵巧的蜜蜂高明的地方，是他在用蜂蜡建筑蜂房以前，已经在自己的头脑中把它建成了。劳动过程结束时得到的结果，在这个过程开始时就已经在劳动者的表象中存在着，即已经观念地存在着。他不仅使自然物发生形式变化，同时他还在自然物中实现自己的目的，这个目的是他所知道的，是作为规律决定着他的活动的方式和方法的，他必须使他的意志服从这个目的。但是这种服从不是孤立的行为。除了从事劳动的那些器官紧张之外，在整个劳动时间内还需要有作为注意力表现出来的有目的的意志，而且，劳动的内容及其方式和方法越是不能吸引劳动者，劳动者越是不能把劳动当做他自己体力和智力的活动来享受，就越需要这种意志。

劳动过程的简单要素是：有目的的活动或劳动本身，劳动对象和劳动资料。

土地（在经济学上也包括水）最初以食物，现成的生活资料供给人类(1)，它未经人的协助，就作为人类劳动的一般对象而存在。所有那些通过劳动只是同土地脱离直接联系的东西，都是天然存在的劳动对象。例如从鱼的生活要素即水中分离出来的即捕获的鱼，在原始森林中砍伐的树木，从地下矿藏中开采的矿石。相反，已经被以前的劳动可以说滤过的劳动对象，我们称为原料。例如，已经开采出来正在洗的矿石。一切原料都是劳动对象，但并非任何劳动对象都是原料。劳动对象只有在它已经通过劳动而发生变化的情况下，才是原料。

劳动资料是劳动者置于自己和劳动对象之间、用来把自己的活动传导到劳动对象上去的物或物的综合体。劳动者利用物的机械的、物理的和化学的属性，以便把这些物当做发挥力量的手段，依照自己的目的作用于其他的物。(2)劳动者直接掌握的东西，不是劳动对象，而是劳动资料(这里不谈采集果实之类的现成的生活资料，在这种场合，劳动者身体的器官是唯一的劳动资料)。这样，自然物本身就成为他的活动的器官，他把这种器官加到他身体的器官上，不顾圣经的训诫，延长了他的自然的肢体。[169]土地是他的原始的食物仓，也是他的原始的劳动资料库。例如，他用来投、磨、压、切等等的石块就是土地供给的。土地本身是劳动资料，但是它

---

(1)“土地的自然产品，数量很小，并且完全不取决于人，自然提供这点产品，正像给一个青年一点钱，使他走上勤劳致富的道路一样。”(詹姆斯·斯图亚特《政治经济学原理》1770年都柏林版第1卷第116页)

(2)“理性何等强大，就何等狡猾。理性的狡猾总是在于它的起中介作用的活动，这种活动让对象按照它们本身的性质互相影响，互相作用，它自己并不直接参与这个过程，而只是实现自己的目的。”(黑格尔《哲学全书》第1部《逻辑学》1840年柏林版第382页)

在农业上要起劳动资料的作用，还要以一系列其他的劳动资料和劳动力的较高的发展为前提。(3)一般说来，劳动过程只要稍有一点发展，就已经需要经过加工的劳动资料。在太古人的洞穴中，我们发现了石制工具和石制武器。在人类历史的初期，除了经过加工的石块、木头、骨头和贝壳外，被驯服的，也就是被劳动改变的、被饲养的动物，也曾作为劳动资料起着主要的作用。(4)劳动资料的使用和创造，虽然就其萌芽状态来说已为某几种动物所固有，但是这毕竟是人类劳动过程独有的特征，所以富兰克林给人下的定义是“a toolmaking animal”[171]，制造工具的动物。动物遗骸的结构对于认识已经绝种的动物的机体有重要的意义，劳动资料的遗骸对于判断已经消亡的经济的社会形态也有同样重要的意义。各种经济时代的区别，不在于生产什么，而在于怎样生产，用什么劳动资料生产。(5)劳动资料不仅是人类劳动力发展的测量器，而且是劳动借以进行的社会关系的指示器。在劳动资料本身中，机械性的劳动资料（其总和可称为生产的骨骼系统和肌肉系统）远比只是充当劳动对象的容器的劳动资料（如管、桶、篮、罐等，其总和一般可称为生产的脉管系统）更能显示一个社会生产时代的具有决定意义的特征。后者只是在化学工业中才起着重要的

---

(3)加尼耳的著作《政治经济学理论》(1815年巴黎版)一般说来是贫乏的，但针对重农学派，却恰当地列举了一系列构成真正的农业的前提的劳动过程。

(4)杜尔哥在《关于财富的形成和分配的考察》(1766年[170])一书中，很好地说明了被饲养的动物对于文化初期的重要性。

(5)在从工艺上比较各个不同的生产时代时，真正的奢侈品在一切商品中意义最小。

作用。(5a)

广义地说，除了那些把劳动的作用传达到劳动对象，因而以这种或那种方式充当活动的传导体的物以外，劳动过程的进行所需要的一切物质条件也都算做劳动过程的资料。它们不直接加入劳动过程，但是没有它们，劳动过程就不能进行，或者只能不完全地进行。土地本身又是这类一般的劳动资料，因为它给劳动者提供立足之地，给他的劳动过程提供活动场所。这类劳动资料中有的已经经过劳动的改造，例如厂房、运河、道路等等。

可见，在劳动过程中，人的活动借助劳动资料使劳动对象发生预定的变化。过程消失在产品中。它的产品是使用价值，是经过形式变化而适合人的需要的自然物质。劳动与劳动对象结合在一起。劳动对象化了，而对象被加工了。在劳动者方面曾以动的形式表现出来的东西，现在在产品方面作为静的属性，以存在的形式表现出来。劳动者纺纱，产品就是纺成品。

如果整个过程从其结果的角度，从产品的角度加以考察，那么劳动资料和劳动对象二者表现为生产资料(6)，劳动本身则表现为生产劳动。(7)

(5a)第二版注：尽管直到现在，历史学对物质生产的发展，即对整个社会生活从而整个现实历史的基础，了解得很少，但是，人们至少在自然科学研究的基础上，而不是在所谓历史研究的基础上，按照制造工具和武器的材料，把史前时期划分为石器时代、青铜器时代和铁器时代。

(6)例如，把尚未捕获的鱼叫做渔业的生产资料，好像是奇谈怪论。但是至今还没有发明一种技术，能在没有鱼的水中捕鱼。

(7)这个从简单劳动过程的观点得出的生产劳动的定义，对于资本主义生产过程是绝对不够的。

当一个使用价值作为产品退出劳动过程的时候，另一些使用价值，以前的劳动过程的产品，则作为生产资料进入劳动过程。同一个使用价值，既是这种劳动的产品，又是那种劳动的生产资料。所以，产品不仅是劳动过程的结果，同时还是劳动过程的条件。

在采掘工业中，劳动对象是天然存在的，例如采矿业、狩猎业、捕鱼业等等中的情况就是这样（在农业中，只是在最初开垦处女地时才是这样）；除采掘工业以外，一切产业部门所处理的对象都是原料，即已被劳动滤过的劳动对象，本身已经是劳动产品。例如，农业中的种子就是这样。动物和植物通常被看做自然的产物，实际上它们不仅可能是上年度劳动的产品，而且它们现在的形式也是经过许多世代、在人的控制下、通过人的劳动不断发生变化的产物。尤其是说到劳动资料，那么就是最肤浅的眼光也会发现，它们的绝大多数都有过去劳动的痕迹。

原料可以构成产品的主要实体，也可以只是作为辅助材料参加产品的形成。辅助材料或者被劳动资料消费，例如煤被蒸汽机消费，机油被轮子消费，干草被挽马消费；或者加在原料上，使原料发生物质变化，例如氯加在未经漂白的麻布上，煤加在铁上，染料加在羊毛上；或者帮助劳动本身的进行，例如用于劳动场所的照明和取暖的材料。在真正的化学工业中，主要材料和辅助材料之间的区别就消失了，因为在所用的原料中没有一种会作为产品的实体重新出现。(8)

---

(8)施托尔希把真正的原料和辅助材料区别开来，把前者叫做“matière”，把后者叫做“matériaux”[172]；舍尔比利埃把辅助材料叫做“matières instrumentales”[173]。

因为每种物都具有多种属性，从而有各种不同的用途，所以同一产品能够成为很不相同的劳动过程的原料。例如，谷物是磨面者、制淀粉者、酿酒者和畜牧业者等等的原料。作为种子，它又是自身生产的原料。同样，煤作为产品退出采矿工业，又作为生产资料进入采矿工业。

在同一劳动过程中，同一产品可以既充当劳动资料，又充当原料。例如，在牲畜饲养业中，牲畜既是被加工的原料，又是制造肥料的手段。

一种已经完成而可供消费的产品，能重新成为另一种产品的原料，例如葡萄能成为葡萄酒的原料。或者，劳动使自己的产品具有只能再作原料用的形式。这样的原料叫做半成品，也许叫做中间成品更合适些，例如棉花、线、纱等等。这种最初的原料虽然本身已经是产品，但还需要通过一系列不同的过程，在这些过程中，它不断改变形态，不断重新作为原料起作用，直到最后的劳动过程把它当做完成的生活资料或完成的劳动资料排出来。

可见，一个使用价值究竟表现为原料、劳动资料还是产品，完全取决于它在劳动过程中所起的特定的作用，取决于它在劳动过程中所处的地位，随着地位的改变，它的规定也就改变。

因此，产品作为生产资料进入新的劳动过程，也就丧失产品的性质。它们只是作为活劳动的物质因素起作用。在纺纱者看来，纱锭只是纺纱用的手段，亚麻只是纺纱的对象。当然，没有纺纱材料和纱锭是不能纺纱的。因此，在纺纱开始时，必须先有这两种产品。但是，亚麻和纱锭是过去劳动的产品这件事，对这个过程本身来说是没有关系的，正如面包是农民、磨面者、面包师等等过去劳动的产品这件事，对营养作用来说是没有关系的一样。相反，如果生产资料在劳动过程中显示出它是过去劳动的产品这种性质，那是由于它有缺点。不能切东西的刀，经常断头的纱等等，使人强烈地想起制刀匠A和纺纱人E。如果产品很好，它的使用属性由过去劳动创造这一点就看不出来了。

机器不在劳动过程中服务就没有用。不仅如此，它还会受到自然的物质变换的破坏力的影响。铁会生锈，木会腐朽。纱不用来织或编，会成为废棉。活劳动必须抓住这些东西，使它们由死复生，使它们从仅仅是可能的使用价值转化为现实的和起作用的使用价值。它们被劳动的火焰笼罩着，被劳动当做自己的躯体加以同化，被赋予活力以在劳动过程中执行与它们的概念和使命相适合的职能，它们虽然被消费掉，然而是有目的地，作为形成新使用价值，新产品的要素被消费掉，而这些新使用价值，新产品或者可以作为生活资料进入个人消费领域，或者可以作为生产资料进入新的劳动过程。

因此，如果说，现有的产品不仅是劳动过程的结果，而且是劳动过程的存在条件，那么另一方面，它们投入劳动过程，从而与活劳动相接触，则是使这些过去劳动的产品当做使用价值来保存和实现的唯一手段。

劳动消费它自己的物质要素，即劳动对象和劳动资料，把它们吞食掉，因而是消费过程。这种生产消费与个人消费的区别在于：后者把产品当做活的个人的生活资料来消费，而前者把产品当做劳动即活的个人发挥作用的劳动力的生活资料来消费。因此，个人消费的产物是消费者本身，生产消费的结果是与消费者不同的产品。

只要劳动资料和劳动对象本身已经是产品，劳动就是为创造产品而消耗产品，或者说，是把产品当做产品的生产资料来使用。但是，正如劳动过程最初只是发生在人和未经人的协助就已存在的土地之间一样，现在在劳动过程中也仍然有这样的生产资料，它们是天然存在的，不是自然物质和人类劳动的结合。

劳动过程，就我们在上面①把它描述为它的简单的、抽象的要素来说，是制造使用价值的有目的的活动，是为了人类的需要而对自然物的占有，是人和自然之间的物质变换的一般条件，是人类生活的永恒的自然条件，因此，它不以人类生活的任何形式为转移，倒不如说，它为人类生活的一切社会形式所共有。因此，我们不必来叙述一个劳动者与其他劳动者的关系。一边是人及其劳动，另一边是自然及其物质，这就够了。根据小麦的味道，我们尝不出它是谁种的，同样，根据劳动过程，我们看不出它是在什么条件下进行的：是在奴隶监工的残酷的鞭子下，还是在资本家的严酷的目光下；是在辛辛纳图斯耕种自己的几亩土地的情况下，还是在野蛮人用石头击杀野兽的情况下。(9)

我们再回头来谈我们那位未来的资本家吧。我们离开他时，他已经在商品市场上购买了劳动过程所需要的一切因素：物的因素和人的因素，即生产资料和劳动力。他用内行的狡黠的眼光物色到了

(9)根据这种非常合乎逻辑的理由，托伦斯上校在野蛮人用的石头上发现了资本的起源。“在野蛮人用来投掷他所追逐的野兽的第一块石头上，在他用来打落他用手摘不到的果实的第一根棍子上，我们看到占有一物以取得另一物的情形，这样我们就发现了资本的起源。”（罗·托伦斯《论财富的生产》第70、71页）根据那第一根棍子[Stock]也许还可以说明，为什么在英语中stock和资本是同义词。

①见本卷第207—211页。——编者注

适合于他的特殊行业(如纺纱、制靴等等)的生产资料和劳动力。于是,我们的资本家就着手消费他购买的商品,劳动力;就是说,让劳动力的承担者,工人,通过自己的劳动来消费生产资料。当然,劳动过程的一般性质并不因为工人是为资本家劳动而不是为自己劳动就发生变化。制靴或纺纱的特定方式和方法起初也不会因资本家的插手就发生变化。起初,资本家在市场上找到什么样的劳动力就得使用什么样的劳动力,因而劳动在还没有资本家的时期是怎样的,资本家就得采用怎样的劳动。由劳动从属于资本而引起的生产方式本身的变化,以后才能发生,因而要以后才来考察。

劳动过程,就它是资本家消费劳动力的过程来说,显示出两个特殊现象。

工人在资本家的监督下劳动,他的劳动属于资本家。资本家进行监视,使劳动正常进行,使生产资料用得合乎目的,即原料不浪费,劳动工具受到爱惜,也就是使劳动工具的损坏只限于在劳动中它被使用时损耗的必要程度。

其次,产品是资本家的所有物,而不是直接生产者工人的所有物。资本家例如支付劳动力一天的价值。于是,在这一天内,劳动力就像出租一天的任何其他商品(例如一匹马)一样,归资本家使用。商品由它的买者使用;劳动力的占有者提供他的劳动,实际上只是提供他已卖出的使用价值。从他进入资本家的工场时起,他的劳动力的使用价值,即劳动力的使用,劳动,就属于资本家了。资本家购买了劳动力,就把劳动本身当做活的酵母,并入同样属于他的各种形成产品的死的要素。从资本家的观点看来,劳动过程只是消费他所购买的劳动力商品,而他只有把生产资料加到劳动力上才能消费劳动力。劳动过程是资本家购买的各种物之间的过程,是归他所有的各

种物之间的过程。因此，这个过程的产品归他所有，正像他的酒窖内处于发酵过程的产品归他所有一样。(10)

2. 价值增殖过程

产品——资本家的所有物——是一种使用价值，如棉纱、皮靴等等。虽然例如皮靴在某种意义上构成社会进步的基础，而我们的资本家也是一位坚决的进步派，但是他不是为了皮靴本身而制造皮靴。在商品生产中，使用价值决不是本身受人喜爱的东西。在这里，所以要生产使用价值，是因为而且只是因为使用价值是交换价值的物质基质，是交换价值的承担者。我们的资本家所关心的是下述两点。第一，他要生产具有交换价值的使用价值，要生产用来出售的物品，商品。第二，他要使生产出来的商品的价值，大于生产该商品所需要的各种商品即生产资料和劳动力——为了购买它们，他已在商品市场上预付了宝贵的货币——的价值总和。他不仅要生产使用价值，

(10)“产品在转化为资本以前就被占有了；这种转化并没有使它们摆脱那种占有。”(舍尔比利埃《富或贫》1841年巴黎版第54页)“无产者为换取一定量的生活资料出卖自己的劳动，也就完全放弃了对产品的任何分享。产品的占有还是和以前一样，并不因上述的契约而发生变化。产品完全归提供原料和生活资料的资本家所有。这是占有规律的严格结果，相反地，这个规律的基本原则却是每个劳动者对自己产品拥有专有权。”(同上，第58页)詹姆斯·穆勒在《政治经济学原理》第70、71页上写道：“当工人是为工资而劳动时，资本家不仅是资本的〈这里是指生产资料的〉所有者，而且也是劳动的所有者。如果人们像通常那样，把用来支付工资的东西也包括在资本的概念中，那么，离开资本来谈劳动就是荒谬的。在这种意义上，资本一词包括资本和劳动二者。”

而且要生产商品，不仅要生产使用价值，而且要生产价值，不仅要生产价值，而且要生产剩余价值。

因为这里谈的是商品生产，所以事实上直到现在我们显然只考察了过程的一个方面。正如商品本身是使用价值和价值的统一一样，商品生产过程必定是劳动过程和价值形成过程的统一。

现在我们就把生产过程作为价值形成过程来考察。

我们知道，每个商品的价值都是由物化在该商品的使用价值中的劳动的量决定的，是由生产该商品的社会必要劳动时间决定的。[①]这一点也适用于作为劳动过程的结果而归我们的资本家所有的产品。因此，首先必须计算对象化在这个产品中的劳动。

假定这个产品是棉纱。

生产棉纱，首先要有原料，例如10磅棉花。而棉花的价值是多少，在这里先用不着探究，因为资本家已经在市场上按照棉花的价值例如10先令把它购买了。在棉花的价格中，生产棉花所需要的劳动已经表现为一般社会劳动。我们再假定，棉花加工时消耗的纱锭量代表纺纱用掉的一切其他劳动资料，价值为2先令。如果12先令的金额是24个劳动小时或2个工作日的产物，那么首先可以得出，2个工作日对象化在棉纱中。

棉花改变了它的形状，被消耗的纱锭量完全消失了，但我们不应该受这种情况的迷惑。如果40磅棉纱的价值＝40磅棉花的价值＋1个纱锭的价值，也就是说，如果生产这个等式两边的产品需要同样的劳动时间，那么按照一般的价值规律，10磅棉纱就是10磅棉花和$\frac{1}{4}$个纱锭的等价物。在这种情况下，同一劳动时间一次体现在使用价值棉纱中，另一

①见本卷第52页。——编者注

次体现在使用价值棉花和纱锭中。因此，价值无论表现在棉纱、纱锭或者棉花中，都是一样的。纱锭和棉花不再相安无事地并存着，而是在纺纱过程中结合在一起，这种结合改变了它们的使用形式，使它们转化为棉纱。但这种情况不会影响到它们的价值，就像它们通过简单的交换而换成等价物棉纱一样。

生产棉花所需要的劳动时间，是生产以棉花为原料的棉纱所需要的劳动时间的一部分，因而包含在棉纱中。生产纱锭所需要的劳动时间也是如此，因为没有纱锭的磨损或消费，棉花就不能纺成纱。(11)

因此，在考察棉纱的价值，即生产棉纱所需要的劳动时间时，可以把各种不同的在时间和空间上分开的特殊劳动过程，即生产棉花本身和生产所消耗的纱锭量所必须完成的劳动过程，以及最后用棉花和纱锭生产棉纱所必须完成的劳动过程，看成是同一个劳动过程的前后相继的不同阶段。棉纱中包含的全部劳动都是过去的劳动。至于生产棉纱的各种形成要素所需要的劳动时间是早已过去的，是过去完成的，而在纺纱这一最后过程中直接耗费的劳动则是接近现在的，是现在完成的，这种情况是完全没有关系的。如果建筑一座房屋需要一定数量的劳动，例如30个工作日，那么体现在这座房屋中的劳动时间的总量，不会因为第30个工作日比第一个工作日晚29天而有所改变。因此，包含在劳动材料和劳动资料中的劳动时间，完全可以看成是在纺纱过程的早期阶段耗费的，是在最后以纺纱形式加进的劳动之前耗费的。

---

(11)“影响商品价值的，不仅是直接花费在商品上的劳动，而且还有花费在协助这种劳动的器具、工具和建筑物上的劳动。”（李嘉图《政治经济学原理》1821年伦敦第3版第1章第16页）

因此，生产资料即棉花和纱锭的表现为12先令价格的价值，是棉纱价值或产品价值的组成部分。

但是这里必须具备两个条件。第一，棉花和纱锭必须实际上用来生产使用价值。在我们所举的例子中，就是必须从棉花和纱锭生产出棉纱。对于价值说来，它由什么样的使用价值来承担都是一样的，但是它必须由一种使用价值来承担。第二，要假定所用的劳动时间只是一定社会生产条件下的必要劳动时间。如果纺一磅纱只需要一磅棉花，那么，纺一磅纱就只应当消耗一磅棉花，纱锭也是这样。如果资本家异想天开，要用金锭代替铁锭，那么在棉纱的价值中仍然只计算社会必要劳动，即生产铁锭所必要的劳动时间。

现在，我们知道了，棉纱价值的哪一部分是由生产资料即棉花和纱锭构成的。这一部分价值等于12先令，等于两个工作日的化身。现在要考察纺纱工人本身的劳动加在棉花上的价值部分。

现在，我们要从与考察劳动过程时完全不同的角度来考察这种劳动。在考察劳动过程时，谈的是使棉花转化为棉纱的有目的的活动。在其他一切条件不变的前提下，劳动越合乎目的，棉纱就越好。纺纱工人的劳动是一种和其他生产劳动不同的特殊生产劳动。这种区别在主体方面和客体方面都表现出来，就是说，表现在纺纱的特殊目的，它的特殊操作方式，它的生产资料的特殊性质，它的产品的特殊使用价值上。棉花和纱锭充当纺纱劳动的生活资料，但是不能用它们制造线膛炮。相反，就纺纱工人的劳动是形成价值的劳动，是价值源泉来说，它却和炮膛工人的劳动毫无区别，或者用一个更切近的例子来说，同植棉者和纱锭制造者实现在棉纱的生产资料中的劳动毫无区别。只是由于这种同一性，植棉、制锭和纺纱才能成为同一个总价值即棉纱价值的只有量的区别的各个部分。这里涉及的不再是劳动的质，即劳动的性质和内容，而只是劳动的量。劳动的量是容易计算的。我们假定纺纱劳动是简单劳动，是社会平均劳动。以后我们会知道，相反的假定也不会对问题有丝毫影响。①

在劳动过程中，劳动不断由动的形式转为存在形式，由运动形式转为对象性形式。一小时终了时，纺纱运动就表现为一定量的棉纱，于是一定量的劳动，即一个劳动小时，对象化在棉花中。我们说劳动小时，也就是纺纱工人的生命力在一小时内的耗费，因为在这里，纺纱劳动只有作为劳动力的耗费，而不是作为纺纱这种特殊劳动才具有意义。

在这里具有决定意义的是，在过程的进行中，即在棉花转化为棉纱时，消耗的只是社会必要劳动时间。如果在正常的即平均的社会的生产条件下，一个劳动小时内a磅棉花应该转化为b磅棉纱，那么，只有把12 × a磅棉花转化为12 × b磅棉纱的工作日，才当做12小时工作日。因为只有社会必要劳动时间才算是形成价值的劳动时间。

同劳动本身一样，在这里，原料和产品也都与我们从本来意义的劳动过程的角度考察时完全不同了。原料在这里只是当做一定量劳动的吸收器。通过这种吸收，原料确实转化为棉纱，因为劳动力以纺纱形式耗费并加在原料中了。而产品棉纱现在只是棉花所吸收的劳动的测量器。如果一小时内有$1\frac{2}{3}$磅棉花被纺掉，或者说，转化为$1\frac{2}{3}$磅棉纱，那么10磅棉纱就表示6个被吸收的劳动小时。由经验确定的一定的产品量，现在只不过代表一定量的劳动，代表一定量凝固的劳动时间。它们只是一小时、两小时、一天的社会劳动的化身。

在这里，劳动是纺纱劳动，它的原料是棉花，它的产品是棉纱，这种情况是没有关系的，正如劳动对象本身已经是产品、是原料这种

① 见本卷第230—231页。——编者注

情况没有关系一样。如果工人不是在纺纱厂做工，而是在煤矿做工，劳动对象煤就是天然存在的。但是，从矿床中开采出来的一定量的煤，例如一英担，依然代表一定量被吸收的劳动。

在劳动力出卖时，曾假定它的日价值＝3先令，在3先令中体现了6个劳动小时，而这也就是生产出工人每天平均的生活资料量所需要的劳动量。[①]现在，如果我们的纺纱工人在1个劳动小时内把$1\frac{2}{3}$磅棉花转化为$1\frac{2}{3}$磅棉纱[(12)]，他在6小时内就会把10磅棉花转化为10磅棉纱。因此，在纺纱过程中，棉花吸收了6个劳动小时。这个劳动时间表现为3先令金额。这样，由于纺纱本身，棉花就被加上了3先令的价值。

现在我们来看看产品即10磅棉纱的总价值。在这10磅棉纱中对象化了$2\frac{1}{2}$个工作日：2日包含在棉花和纱锭量中，$\frac{1}{2}$日是在纺纱过程中被吸收的。这个劳动时间表现为15先令金额。因此，同10磅棉纱的价值相一致的价格是15先令，1磅棉纱的价格是1先令6便士。

我们的资本家愣住了。产品的价值等于预付资本的价值。预付的价值没有增殖，没有产生剩余价值，因此，货币没有转化为资本。这10磅棉纱的价格是15先令，而在商品市场上为购买产品的各种形成要素或劳动过程的各种因素所花掉的也是15先令：10先令购买棉花，2先令购买所消耗的纱锭，3先令购买劳动力。棉纱的膨胀了的价值无济于事，因为棉纱的价值只是以前分配在棉花、纱锭和劳动力上的价值的总和，已有价值的这种单纯相加，永远也不能产生剩

(12)这里的数字完全是随意假设的。

①见本卷第200—201页。——编者注

余价值。(13)这些价值现在集中在一个物上面，但是，在15先令分开来购买三种商品以前，这些价值就已经集中在一个15先令的货币额上了。

这种结果本身是不足为奇的。1磅棉纱的价值是1先令6便士，因此，我们的资本家在商品市场上买10磅棉纱就得付出15先令。不管他是在市场上购买现成的房屋，还是自己建造一座房屋，无论哪一种做法都不会使置备房屋支出的货币增加。

熟悉庸俗政治经济学的资本家也许会说：他预付自己货币的意图是要由此生出更多的货币。但是，通向地狱的道路是由良好的意图铺成的[174]；他不进行生产，也同样可以有赚钱的意图。(14)他进行威胁。他说人们再也抓不住他的把柄了。以后他要在市场上购买现成的商品，不再自己制造。但是，如果他的所有资本家弟兄都这样做，他又怎能在市场上找到商品呢？而他又不能拿货币当饭吃。他进行说教。要人们想到他的节欲。他本来可以把他的15先令挥霍掉。他没有这样做，他生产地消费它们，把它们制成了棉纱。确实如此。可是他为此得到的是棉纱而不是后悔。他决不应该再去当货币贮藏者，后者已经向我们表明，禁欲会得到什么结果。而且，在一无所有的地

---

(13)这是重农学派关于一切非农业劳动的非生产性的学说借以建立起来的根本命题，这个命题对于专业经济学家来说，是不容反驳的。"把许多其他东西的价值加在一个物上〈例如，把织工的生活费用加在麻布上〉，也就是说，把若干价值一层层地堆积在一个价值上，这种办法使价值有了相应的增加…… '加'这个词完美地表达了劳动产品价格形成的方式；这种价格不过是许多被消耗的、加在一起的价值的总和；'加'并不意味着'乘'。"（梅尔西埃·德拉里维耶尔《政治社会天然固有的秩序》，载于《重农学派》1846年巴黎版第2部第1章第599页）

(14)例如，在1844—1847年，他从生产中抽出了一部分自己的资本，拿来在铁路股票上投机。又如，在美国南北战争[8]时期，他关闭了工厂，把工人抛向街头，自己到利物浦棉花交易所去赌博。

方，皇帝也会丧失他的权力。①不管他禁欲的功劳有多大，也没有东西可以用来付给禁欲以额外的报偿，因为退出生产过程的产品的价值只等于投入生产过程的各商品价值的总和。他应该以“德有德报”来安慰自己。然而资本家不这样，他纠缠不休。说什么棉纱对他没有用处。他生产棉纱是为了出售。好，那就让他出售吧！或者更简单一些，让他以后只生产自己需要的东西吧，——这是他的家庭医生麦克库洛赫早已给他开好的药方，作为防止生产过剩这种流行病的灵丹妙药。②他强硬起来。难道工人光用一双手就能凭空创造产品，生产商品吗？难道不是他给工人材料，工人才能用这些材料并在这些材料之中来体现自己的劳动吗？社会上大多数人一贫如洗，他不是用自己的生产资料，棉花和纱锭，对社会和对由他供给生活资料的工人本身进行了莫大的服务吗？难道他的服务不应该得到报酬吗？但是，工人把棉花和纱锭转化为棉纱，不也就是为他服务了吗？而且这里的问题也不在于服务。(15)服务无非是某种使用价值发挥效用，而不管这种使

(15)“你尽可以夸耀、粉饰和装扮……　但是谁取得的〈比他供给的〉更多或更好，那就是高利贷。也就是说，像偷盗和抢劫一样，他不是为邻人服务，而是损害邻人。一切名为对邻人服务和行善的事情，并非都是服务和行善。奸夫和淫妇也是互相提供重大的服务和互相满足的。骑士帮助杀人放火犯拦路行抢，打家劫舍，也是对他的重大服务。罗马教徒没有把我们全部淹死、烧死、杀死、囚死，而是让一些人活着，把他们驱逐，或者夺去他们所有的东西，也是对我们的重大服务。魔鬼对于为他服务的人也提供重大的不可估量的服务……总之，世上到处都是重大的、卓越的、日常的服务和行善。”（马丁·路德《给牧师们的谕示：讲道时要反对高利贷》1540年维滕贝格版）

①德国谚语。——编者注

②见本卷第179页。——编者注

用价值是商品还是劳动。(16)然而这里谈的是交换价值。他付给工人三先令价值。工人还给他一个完全相当的等价物，即加在棉花上的三先令价值，工人以价值偿还了价值。我们这位朋友刚才还以资本自傲，现在却突然采取像自己的工人那样的谦逊态度了。难道他自己没有劳动吗？难道他没有从事监视和监督纺纱工人的劳动吗？他的这种劳动不也形成价值吗？但是，他的监工和经理耸肩膀了。而他得意地笑了笑，又恢复了他原来的面孔。他用一大套冗长无味的空话愚弄了我们。为此他不费一文钱。他把这一类虚伪的遁词和空话都交给他为此目的雇用的政治经济学教授们去讲。他自己是一个讲求实际的人，对于业务范围之外所说的话，虽然并不总是深思熟虑，但对于业务范围之内所做的事，他始终是一清二楚的。

让我们更仔细地来看一看。劳动力的日价值是三先令，因为在劳动力本身中对象化了半个工作日，就是说，因为每天生产劳动力所必要的生活资料要费半个工作日。但是，包含在劳动力中的过去劳动和劳动力所能提供的活劳动，劳动力一天的维持费和劳动力一天的耗费，是两个完全不同的量。前者决定它的交换价值，后者构成它的使用价值。维持一个工人24小时的生活只需要半个工作日，这种情况并不妨碍工人劳动一整天。因此，劳动力的价值和劳动力在劳动过程中的价值增殖，是两个不同的量。资本家购买劳动力时，正是看中了这个价值差额。劳动力能制造棉纱或皮靴的有用属性，只是一个必要条件，因为劳动必须以有用的形式耗费，才能形

(16)关于这一点，我在《政治经济学批判》第14页上说过："'服务'这个范畴对于像让·巴·萨伊和弗·巴师夏那样的经济学家必然会提供怎样的'服务'是不难了解的。"175

成价值。但是，具有决定意义的，是这个商品独特的使用价值，即它是价值的源泉，并且是大于它自身的价值的源泉。这就是资本家希望劳动力提供的独特的服务。在这里，他是按照商品交换的各个永恒规律行事的。事实上，劳动力的卖者，和任何别的商品的卖者一样，实现劳动力的交换价值而让渡劳动力的使用价值。他不交出后者，就不能取得前者。劳动力的使用价值即劳动本身不归它的卖者所有，正如已经卖出的油的使用价值不归油商所有一样。货币占有者支付了劳动力的日价值，因此，劳动力一天的使用即一天的劳动就归他所有。劳动力维持一天只费半个工作日，而劳动力却能发挥作用或劳动一整天，因此，劳动力使用一天所创造的价值比劳动力自身一天的价值大一倍。这种情况对买者是一种特别的幸运，对卖者也决不是不公平。

我们的资本家早就预见到了这种情况，这正是他发笑的原因[176]。因此，工人在工场中遇到的，不仅是6小时而且是12小时劳动过程所必需的生产资料。如果10磅棉花吸收6个劳动小时，转化为10磅棉纱，那么20磅棉花就会吸收12个劳动小时，转化为20磅棉纱。我们来考察一下这个延长了的劳动过程的产品。现在，在这20磅棉纱中对象化了5个工作日，其中4个工作日对象化在已消耗的棉花和纱锭量中，1个工作日是在纺纱过程中被棉花吸收的。5个工作日用金来表现是30先令，或1镑10先令。因此这就是20磅棉纱的价格。1磅棉纱仍然和以前一样值1先令6便士。但是，投入劳动过程的商品的价值总和是27先令。棉纱的价值是30先令。产品的价值比为了生产产品而预付的价值增长了$\frac{1}{9}$。27先令转化为30先令，带来了3先令的剩余价值。戏法终于变成了。货币转化为资本了。

问题的一切条件都履行了，商品交换的各个规律也丝毫没有违反。等价物换等价物。作为买者，资本家对每一种商品——棉花、纱锭和劳动力——都按其价值支付。然后他做了任何别的商品购买者所做的事情。他消费它们的使用价值。劳动力的消费过程（同时是商品的生产过程）提供的产品是20磅棉纱，价值30先令。资本家在购买商品以后，现在又回到市场上来出售商品。他卖棉纱是1先令6便士一磅，既不比它的价值贵，也不比它的价值贱。然而他从流通中取得的货币比原先投入流通的货币多3先令。他的货币转化为资本的这整个过程，既在流通领域中进行，又不在流通领域中进行。它是以流通为中介，因为它以在商品市场上购买劳动力为条件。它不在流通中进行，因为流通只是为价值增殖过程作准备，而这个过程是在生产领域中进行的。所以，“在这个最美好的世界上，一切都十全十美”[177]。

当资本家把货币转化为商品，使商品充当新产品的物质形成要素或劳动过程的因素时，当他把活的劳动力同这些商品的死的对象性合并在一起时，他就把价值，把过去的、对象化的、死的劳动转化为资本，转化为自行增殖的价值，转化为一个有灵性的怪物，它用“好像害了相思病”[178]的劲头开始去“劳动”。

如果我们现在把价值形成过程和价值增殖过程比较一下，就会知道，价值增殖过程不外是超过一定点而延长了的价值形成过程。如果价值形成过程只持续到这样一点，即资本所支付的劳动力价值恰好为新的等价物所补偿，那就是单纯的价值形成过程。如果价值形成过程超过这一点而持续下去，那就成为价值增殖过程。

其次，如果我们把价值形成过程和劳动过程比较一下，就会知道，劳动过程的实质在于生产使用价值的有用劳动。在这里，运动只是从质的方面来考察，从它的特殊的方式和方法，从目的和内容方面来考察。在价值形成过程中，同一劳动过程只是表现出它的量的方面。所涉及的只是劳动操作所需要的时间，或者说，只是劳动力被有用地消耗的时间长度。在这里，进入劳动过程的商品，已经不再作为在劳动力有目的地发挥作用时执行一定职能的物质因素了。它们只是作为一定量的对象化劳动来计算。无论是包含在生产资料中的劳动，或者是由劳动力加进去的劳动，都只按时间尺度计算。它等于若干小时、若干日等等。

但是，劳动只是在生产使用价值所耗费的时间是社会必要时间的限度内才被计算。这里包含下列各点。劳动力应该在正常的条件下发挥作用。如果纺纱机在纺纱业中是社会上通用的劳动资料，那就不能让工人使用手摇纺车。他所用的棉花也应该是正常质量的棉花，而不应该是经常断头的坏棉花。否则，在这两种情况下，他生产一磅棉纱所耗费的劳动时间就会超过社会必要劳动时间，而这些超过的时间并不形成价值或货币。不过，劳动的物质因素是否具有正常性质并不取决于工人，而是取决于资本家。再一个条件，就是劳动力本身的正常性质。劳动力在它被使用的专业中，必须具有在该专业占统治地位的平均的熟练程度、技巧和速度。而我们的资本家在劳动市场上也买到了正常质量的劳动力。这种劳动力必须以通常的平均的紧张程度，以社会上通常的强度来耗费。资本家小心翼翼地注视着这一点，正如他小心翼翼地注视着不让有一分钟不劳动而白白浪费掉一样。他购买的劳动力有一定的期限。他要得到属于他的东西。他不愿意被盗窃。最后，他不允许不合理地消费原料和劳动资料，——为此我们这位先生有他自己的刑法，——因为浪费了的材料或劳动资料是多耗费的对象化劳动量，不被计算，不加入形成价值

的产品中。(17)

我们看到，以前我们分析商品时所得出的创造使用价值的劳动和创造价值的同一个劳动之间的区别①，现在表现为生产过程的不同方面的区别了。

作为劳动过程和价值形成过程的统一，生产过程是商品生产过

(17)这是以奴隶制为基础的生产所以昂贵的原因之一。按照古代人的恰当的说法，劳动者在这里只是作为会说话的工具，同牲畜作为会发声的工具，无生命的劳动工具作为无声的工具相区别。179但劳动者本人却要让牲畜和劳动工具感觉到，他和它们不一样，他是人。他虐待它们，以狂喜的心情毁坏它们，以表示自己与它们有所不同。因此，这种生产方式的经济原则，就是只使用最粗糙、最笨重、因而很难损坏的劳动工具。因此，直到南北战争爆发之前，墨西哥湾沿岸各蓄奴州一直使用古代中国式的犁。这种犁像猪和鼹鼠那样掘地，但不能把地犁出沟来，不能把土翻过来。参看约·埃·凯尔恩斯《奴隶劳力》1862年伦敦版第46页及以下几页。奥姆斯特德在他的《沿海各蓄奴州旅行记》[第46、47页]中也谈到："我看到了这里使用的工具，在我们中间，任何一个有理性的人也不会把这样的工具交给他雇用的工人使用。这种工具异常笨重，在我看来，使用起来至少要比我们通常使用的工具多费百分之十的劲。然而人们却使我相信，由于奴隶使用工具不当心不仔细，就是给他们较轻便的或不太笨重的工具，也不可能有好结果；我们经常让工人使用的并为我们带来优厚利益的那些工具，在弗吉尼亚的麦田里用不上一天就会损坏，尽管那里的土地比我们的土地松软，而且没有那么多石块。当我问为什么各个农庄都普遍地用骡子代替马的时候，我听到的第一个最令人信服的理由，就是马受不住黑人的经常不断的虐待。马要是受到虐待，很快就会垮，变成残废，而骡子即使挨鞭子，饿一两次，也不会造成身体上的伤害。骡子在照料不周或劳累过度时，也不会受凉生病。我用不着走远，只要从我执笔写作的房间的窗户望出去，就几乎随时可以看到虐待牲畜的情形，而在北方，如果这样虐待牲畜，几乎每个农场主都会马上把工人解雇的。"

①见本卷第54—60、220—221页。——编者注

程；作为劳动过程和价值增殖过程的统一，生产过程是资本主义生产过程，是商品生产的资本主义形式。

我们在前面指出过，对于价值的增殖过程来说，资本家占有的劳动是简单的、社会的平均劳动，还是较复杂的、比重较高的劳动，是毫无关系的。比社会的平均劳动较高级、较复杂的劳动，是这样一种劳动力的表现，这种劳动力比普通劳动力需要较高的教育费用，它的生产要花费较多的劳动时间，因此它具有较高的价值。既然这种劳动力的价值较高，它也就表现为较高级的劳动，也就在同样长的时间内对象化为较多的价值。但是，无论纺纱工人的劳动和珠宝细工的劳动在程度上有多大差别，珠宝细工用来补偿自己的劳动力价值的那一部分劳动，与他用来创造剩余价值的那一部分追加劳动在质上完全没有区别。在这两种场合，剩余价值都只是来源于劳动在量上的剩余，来源于同一个劳动过程——在一种场合是棉纱生产过程，在另一种场合是首饰生产过程——的持续时间的延长。(18)

(18)较高级劳动和简单劳动，熟练劳动和非熟练劳动之间的区别，有一部分是基于单纯的错觉，或者至少是基于早就不现实的、只是作为传统惯例而存在的区别；有一部分则是基于下面这样的事实：工人阶级的某些阶层处于更加无依无靠的地位，比别人更难于取得自己劳动力的价值。在这方面，偶然的情况起着很大的作用，以致这两种劳动会互换位置。例如，在一切资本主义生产发达的国家中，工人阶级的体质已经孱弱和相当衰竭，因此，一般说来，同很轻巧的细活相比，需要很多力气的粗活常常成为较高级劳动，而细活倒降为简单劳动。如瓦匠的劳动在英国要比锦缎工人的劳动高得多。另一方面，剪毛工人的劳动虽然体力消耗大，而且很不卫生，但仍被看做“简单”劳动。而且，不要以为所谓“熟练劳动”在国民劳动中占着相当大的数量。据兰格计算，英格兰（和威尔士）有1 100多万人靠简单劳动为生。当时的人口总数是1 800万，其中要减去100万贵族和150万需要救济的贫民、流浪汉、罪犯、娼妓等，还要减另一方面，在每一个价值形成过程中，较高级的劳动总是要化为社会的平均劳动，例如一日较高级的劳动化为x日简单的劳动。(19)因此，假定资本使用的工人是从事简单的社会的平均劳动，我们就能省却多余的换算而使分析简化。

去465万中等阶级，其中包括小食利者、官吏、作家、艺术家、教员等等。为了凑足这465万的数目，除银行家等等之外，他还把所有工资较高的"工厂工人"列为中等阶级中从事劳动的部分！甚至瓦匠也被列为"复杂劳动者"。这样剩下来的，便是上面说的1 100万了。（赛·兰格《国家的贫困，贫困的原因及其防止办法》1844年伦敦版［散见第49—52页］）"除自己的普通劳动外拿不出任何别的东西来换取食物的一个庞大阶级，占人口的大多数。"（詹姆斯·穆勒《殖民地》，载于《不列颠百科全书》（增补卷）1831年版）

(19)"当人们说到作为价值尺度的劳动时，必定指一定种类的劳动……别种劳动对这种劳动的比例，是容易确定的。"（［约·卡泽诺夫］《政治经济学大纲》1832年伦敦版第22、23页）

第六章

不变资本和可变资本

劳动过程的不同因素在产品价值的形成上起着不同的作用。

工人把一定量的劳动——撇开他的劳动所具有的特定的内容、目的和技术性质不说——加到劳动对象上，也就把新价值加到劳动对象上。另一方面我们发现，被消耗的生产资料的价值又成了产品价值的组成部分，例如，棉花和纱锭的价值包含在棉纱的价值中。可见，生产资料的价值由于转移到产品上而被保存下来。这种转移是在生产资料转化为产品时发生的，是在劳动过程中发生的。它是以劳动为中介的。然而它是怎样进行的呢？

工人并不是在同一时间内劳动两次：一次由自己的劳动把价值加到棉花上；另一次保存棉花的旧价值，或者说，把他所加工的棉花和使用的纱锭的价值转移到产品棉纱上。他只是由于加进新价值而保存了旧价值。但是，把新价值加到劳动对象上和把旧价值保存在产品中，是工人在同一时间内达到的两种完全不同的结果（虽然工人在同一时间内只劳动一次），因此很明显，这种结果的二重性只能用他的劳动本身的二重性来解释。在同一时间内，劳动就一种属性来说必然创造价值，就另一种属性来说必然保存或转移价值。

每个工人怎样加进劳动时间，从而加进价值呢？始终只能通过他特有的生产劳动方式。纺纱工人只有通过纺纱，织布工人只有通过织布，铁匠只有通过打铁，才能加进劳动时间。而通过他们借以加进一般劳动，从而加进新价值的有目的的形式，通过纺纱、织布、打铁，生产资料棉花和纱锭，棉纱和织机，铁和铁砧也就成了一种产品，一种新的使用价值的形成要素。(20)生产资料的使用价值的旧形式消失了，但只是为了以新的使用价值形式出现。我们在考察价值形成过程时已经看到，只要使用价值是有目的地用来生产新的使用价值，制造被用掉的使用价值所必要的劳动时间，就成为制造新的使用价值所必要的劳动时间的一部分，也就是说，这部分劳动时间从被用掉的生产资料转移到新产品上去。可见，工人保存被用掉的生产资料的价值，或者说，把它们作为价值组成部分转移到产品上去，并不是由于他们加进一般劳动，而是由于这种追加劳动的特殊的有用性质，由于它的特殊的生产形式。劳动作为这种有目的的生产活动，纺纱、织布、打铁，只要同生产资料接触，就使它们复活，赋予它们活力，使它们成为劳动过程的因素，并且同它们结合为产品。

如果工人的特殊的生产劳动不是纺纱，他就不能使棉花转化为棉纱，因而也就不能把棉花和纱锭的价值转移到棉纱上。不过，如果这个工人改行当木匠，他仍然会用一个工作日把价值加到他的材料上。可见，他通过自己的劳动加进价值，并不是由于他的劳动是纺纱劳动或木匠劳动，而是由于他的劳动是一般的抽象的社会劳动；他加进一定的价值量，并不是因为他的劳动具有特殊的有用的内容，而是因为他的劳动持续了一定的时间。因此，纺纱工人的劳动，就它的抽

---

(20)“劳动创造一种新物来代替被消灭的物。”（《论国民政治经济学》1821年伦敦版第13页）

象的一般的属性来说，作为人类劳动力的耗费，把新价值加到棉花和纱锭的价值上；而就它的具体的特殊的有用的属性来说，作为纺纱的过程，把这些生产资料的价值转移到产品上，从而把这些价值保存在产品中。由此就产生了劳动在同一时间内所得出的结果的二重性。

新价值的加进，是由于劳动的单纯的量的追加；生产资料的旧价值在产品中的保存，是由于所追加的劳动的质。同一劳动由于它的二重性造成的这种二重作用，清楚地表现在不同的现象上。

假定由于某种发明，纺纱工人6小时纺的棉花同过去36小时纺的棉花一样多。作为有目的的有用的生产活动，他的劳动的能力增加为6倍。他的劳动的产品也增加为6倍，从6磅棉纱增加到36磅棉纱。但是，现在36磅棉花吸收的劳动时间只和过去6磅棉花吸收的劳动时间一样多。加在36磅棉花上的新劳动比用旧方法时少$\frac{5}{6}$，因此，加进的价值也只是过去的$\frac{1}{6}$。另一方面，现在在产品36磅棉纱中包含6倍的棉花价值。纺纱6小时，保存并转移到产品上去的原料价值是过去的6倍，虽然加到同量原料上的新价值小$\frac{5}{6}$。这说明，在同一不可分割的过程中，劳动保存价值的属性和创造价值的属性在本质上是不同的。纺同量的棉花所必要的劳动时间越多，加到棉花上的新价值就越大；在同一劳动时间内纺的棉花磅数越多，保存在产品内的旧价值就越大。

相反，假定纺纱劳动的生产率不变，就是说，纺纱工人把一磅棉花转化为棉纱所需的时间同过去一样。但是假定棉花本身的交换价值变了，一磅棉花的价格提高到原来的6倍，或降低为原来的$\frac{1}{6}$。在这两种情况下，纺纱工人都是把同一劳动时间，因而也是把同一价值加到同量的棉花上；在这两种情况下，他都是在同样的时间内生产同样多的棉纱。然而，他从棉花转移到棉纱上即产品上的价值，在一种情况下是原来的$\frac{1}{6}$，在另一种情况下是原来的6倍。当劳动资料涨价或跌价，而它在劳动过程中始终发挥相同的效用时，情况也是如此。

如果纺纱过程的技术条件不变，而且它的生产资料的价值也不变，那么纺纱工人在同样的劳动时间内就仍旧消耗同等数量的、价值不变的原料和机器。在这种情况下，纺纱工人保存在产品中的价值就同他加进的新价值成正比。他两星期加进的劳动比一星期多一倍，因而价值也多一倍；同时，他用掉的材料及其价值也多一倍，他损耗的机器及其价值也多一倍，因而，他在两星期的产品中保存的价值比在一星期的产品中多一倍。在已定的不变的生产条件下，工人加进的价值越多，他保存的价值就越多。但是，他能保存更多的价值，并不是因为他加进了更多的价值，而是因为他在不变的和不以他自己的劳动为转移的条件下加进了这个价值。

当然，从某种相对的意义上可以说，工人保存的旧价值同他加进的新价值总是保持同一比例。不管棉花从一先令涨到两先令或者跌到六便士，不管它的价值怎样变动，工人保存在一小时产品中的棉花价值总是只有保存在两小时产品中的一半。其次，如果他本身的劳动的生产率发生了变化，提高了或者降低了，那么，他例如一个劳动小时纺的棉花就会比过去增多或减少，与此相应，他保存在一个劳动小时产品中的棉花价值也会增多或减少。但是不管怎样，他两个劳动小时保存的价值总是一个劳动小时的两倍。

把价值的纯粹象征性的表现——价值符号撇开，价值只是存在于某种使用价值中，存在于某种物中。（人本身单纯作为劳动力的存在来看，也是自然对象，是物，不过是活的有意识的物，而劳动本身则是这种力在物上的表现。）因此，如果使用价值丧失，价值也就丧失。生产资料在丧失自己的使用价值的同时并不丧失价值，因为它们通过劳动过程丧失自己原来的使用价值形态，实际上只是为了在产品上获得另一种使用价值形态。虽然价值存在于某种使用价值中是很重要的，但是商品的形态变化表明，它存在于哪一种使用价值中是没有关系的。由此可见，在劳动过程中，只有生产资料丧失它的独立的使用价值同时也丧失它的交换价值，价值才从生产资料转移到产品上。生产资料转给产品的价值只是它作为生产资料而丧失的价值。但是在这方面，劳动过程的各种物质因素的情况是不同的。

为发动机器而燃烧的煤消失得无影无踪，为润滑轮轴而上的油等等也是这样。染料和其他辅助材料消失了，但是又在产品的属性中表现出来。原料形成产品的实体，但是改变了自己的形式。可见，原料和辅助材料丧失了它们作为使用价值进入劳动过程时所具有的独立形态。真正的劳动资料却不是这样。工具、机器、厂房、容器等等，只有保持原来的形态，并且第二天以同前一天一样的形式进入劳动过程，才能在劳动过程中发挥作用。它们在生前，在劳动过程中，与产品相对保持着独立的形态，它们在死后也是这样。机器、工具、厂房等等的尸骸同在它们帮助下形成的产品总是分开而存在的。如果我们考察某个这类的劳动资料从进入工作场所那天起到被扔进废品库那天止发挥作用的整个时期，就会看到，在这个时期中，它的使用价值已经完全被劳动消耗了，因此它的交换价值也完全转移到产品上去了。例如，一台纺纱机的寿命为10年，在10年的劳动过程中，它的全部价值就转移到10年的产品上去。因此，一种劳动资料的生存期，包括若干不断重新用它来反复进行的劳动过程。在这方面，劳动资料同人的情况一样。每人每天都死掉生命的24小时。但无论从谁身上都不能确切地看出，他已经死掉了生命的多少天。然而，这并不妨碍人寿保险公司从人的平均寿命中得出非常准确、非常有利（这重要得多）的结论。劳动资料也是这样。根据经验可以知道，一种劳动资料，例如某种机器，平均能用多少时间。假定这种劳动资料的使用价值在劳动过程中只能持续6天，那么它平均每个工作日丧失它的使用价值的$\frac{1}{6}$，因而把它的价值的$\frac{1}{6}$转给每天的产品。一切劳动资料的损耗，例如它们的使用价值每天的损失，以及它们的价值每天往产品上相应的转移，都是用这种方法来计算的。

这十分清楚地表明，生产资料转给产品的价值决不会大于它在劳动过程中因本身的使用价值的消灭而丧失的价值。如果生产资料没有价值可以丧失，就是说，如果它本身不是人类劳动的产品，那么，它就不会把任何价值转给产品。它只是充当使用价值的形成要素，而不是充当交换价值的形成要素。一切未经人的协助就天然存在的生产资料，如土地、风、水、矿脉中的铁、原始森林中的树木等等，都是这样。

在这里，我们遇到另一个有趣的现象。假定一台机器值1 000镑，并且在1 000天内损耗掉。在这种情况下，机器的价值每天有$\frac{1}{1\,000}$从机器本身转移到它的日产品上。同时，尽管机器的生命力日益减弱，但整个机器仍然不断地在劳动过程中起作用。由此可见，劳动过程的某个因素，某种生产资料，是全部进入劳动过程，但只是部分地进入价值增殖过程①。在这里，劳动过程和价值增殖过程①的区别反映在它们的物质因素上：同一生产资料，作为劳动过程的要素，是全部加入同一生产过程；作为价值形成的要素，则只是

①在经马克思审定的法文版、经恩格斯审定的英文版中是："价值形成过程"。——编者注

部分加入同一生产过程。(21)

另一方面正相反，一种生产资料能够全部进入价值增殖过程①，而只是部分进入劳动过程。假定在把棉花纺成棉纱的时候，每天115磅棉花中有15磅没有变成棉纱，而是变成了飞花。如果损失这15磅棉花是正常的，在棉花的平均加工条件下是不可避免的，那么这15磅棉花虽然不是棉纱的要素，但它的价值同形成棉纱实体的100磅棉花的价值完全一样，也加入棉纱的价值中。为了生产100磅棉纱，15磅棉花的使用价值必须化为飞花。因此，这些棉花的损

---

(21)这里的问题不涉及劳动资料即机器、建筑物等等的修理。正在修理中的机器不是充当劳动资料，而是充当劳动材料。不是用它来劳动，而是对它本身进行加工，以便修复它的使用价值。为了我们的目的，我们可以设想，这种修理劳动总是包括在生产劳动资料所必要的劳动中。正文中所说的那种损耗是任何医生都不能医治的，它逐渐导致死亡。“这种磨损有时是不可能补偿的，就刀来说，它会使刀最后弄到这种地步，连磨刀匠也会说，这把刀子不值得再磨了。”我们在正文中看到，例如机器是全部进入每一个劳动过程，但只是部分进入同时进行的价值增殖过程①。根据这一点，我们可以判断下述概念的混乱了：“李嘉图先生说，机器制造工人制造织袜机时耗费的劳动的一部分”，包含在例如一双袜子的价值内。“可是生产每一双袜子的全部劳动……包含机器制造工人的全部劳动，而不只是他的一部分劳动。因为，虽然一台机器能织出许多双袜子，但是缺少机器的任何一部分，连一双袜子也织不出来。”(《评政治经济学上若干用语的争论，特别是有关价值、供求的争论》1821年伦敦版第54页)这位作者，这位极端自负的“自命不凡的人”，他的混乱，从而他的论战，只有就下面这一点来说是对的：无论李嘉图，还是在他以前或以后的其他任何经济学家，都没有把劳动的两个方面准确地区分开来，自然更没有对这两方面在价值形成上所起的不同作用做出分析。

---

①在经马克思审定的法文版、经恩格斯审定的英文版中是：“价值形成过程”。——编者注

失是棉纱的一个生产条件。正因为如此，它们才把自己的价值转给棉纱。劳动过程中的一切排泄物都是这样，至少在这些排泄物不再形成新的生产资料，因而不再形成新的独立的使用价值的情况下是这样。例如我们在曼彻斯特的大机器制造厂内可以看到，被庞大的机器像刨花一样削下的铁屑堆积如山，傍晚用大车运到炼铁厂去，第二天变成铁锭再运回来。

生产资料只有在劳动过程中丧失掉存在于旧的使用价值形态中的价值，才把价值转移到新形态的产品上。它们在劳动过程中所能丧失的最大限度的价值量，显然是以它们进入劳动过程时原有的价值量为限，或者说，是以生产它们自身所需要的劳动时间为限。因此，生产资料加到产品上的价值决不可能大于同它们所参加的劳动过程无关而具有的价值。不管一种劳动材料，一种机器，一种生产资料怎样有用，如果它值150镑，比方说，耗费500个工作日，那么它加到用它制造的总产品上去的价值就决不会大于150镑。它的价值不是由它作为生产资料进入的劳动过程决定的，而是由它作为产品被生产出来的劳动过程决定的。它在劳动过程中只是作为使用价值，作为具有有用属性的物起作用，因此，如果它在进入劳动过程之前没有价值，它就不会把任何价值转给产品。(22)

---

(22)我们可以由此了解庸俗的让·巴·萨伊的荒诞无稽了：他想从生产资料(土地、工具、皮革等等)的使用价值在劳动过程中所提供的“生产服务”，引出剩余价值(利息、利润、地租)。决不轻易放过机会把精巧的辩护思想用黑字写在白纸上的威廉·罗雪尔先生则喊道：“让·巴·萨伊在《论政治经济学》第一卷第四章中非常正确地指出，‘榨油机所生产的价值扣除一切费用后，还留下一种同制造榨油机本身所费的劳动有本质区别的新东西’。”(《国民经济学原理》1858年第3版第82页注)非常正确！榨油机所生产的“油”同制造榨油机所

当生产劳动把生产资料转化为新产品的形成要素时，生产资料的价值也就经过一次轮回。它从已消耗的躯体转到新形成的躯体。但是这种轮回似乎是在现实的劳动背后发生的。工人不保存旧价值，就不能加进新劳动，也就不能创造新价值，因为他总是必须在一定的有用的形式上加进劳动；而他不把产品变为新产品的生产资料，从而把它们的价值转移到新产品上去，他就不能在有用的形式上加进劳动。可见，由于加进价值而保存价值，这是发挥作用的劳动力即活劳动的自然恩惠，这种自然恩惠不费工人什么，但对资本家却大有好处，使他能够保存原有的资本价值。(22a)当生意兴隆的时候，资本家埋头赚钱，觉察不到劳动的这种无偿的恩惠。但当劳动过程被迫中断的时候，当危机到来的时候，资本家对此就有切肤之感了。(23)

费的劳动是很不相同的。罗雪尔先生所说的"价值"是指"油"这种东西，因为"油"有价值；但"自然界"有石油，尽管相对来说不"很多"，他大概针对这一点在另一个地方说道："它〈自然界！〉几乎完全不生产交换价值。"[同上，第79页]罗雪尔的自然界同交换价值有关系，就像一个愚蠢的姑娘同一个只有"一点点大的"孩子有关系一样。这位"学者"还借这次引证的机会说道："李嘉图学派通常把资本当做'积蓄的劳动'包括在劳动概念内，这是不高明的〈！〉，因为〈！〉资本占有者〈！〉不单纯是〈?！〉生产〈?〉和〈??〉保存它〈什么东西?〉，而且的确〈！〉还〈！〉做了更多的事情〈！〉：就是〈?！?〉节制了自己的享受，为此，比如说〈！！！〉，他要求得到利息。"（同上，[第82页]）这种单纯从"要求"中得出"价值"的政治经济学的"解剖学和生理学方法"是多么"高明"啊！

(22a)"在农场主用于生产的一切工具中，人类劳动……是农场主用来补偿自己资本的最可靠的东西。其他两类东西——役畜和……车、犁、铲等等——没有一定量的人类劳动，就毫无用处。"（埃德蒙·伯克《关于贫困的意见和详情，原系1795年11月向最尊敬的威廉·皮特提出的报告》1800年伦敦版第10页）

(23)有一个工厂主，他的纺纱厂共雇用800个工人，每周平均消耗150包东印度棉花或约130包美国棉花。他在1862年11月26日的《泰晤士报》上就生产资料来说，被消耗的是它们的使用价值，由于这种使用价值的消费，劳动制成产品。生产资料的价值实际上没有被消费(24)，因而也不可能再生产出来。这个价值被保存下来，但不是因为在劳动过程中对这个价值本身进行了操作，而是因为这个价值原先借以存在的那种使用价值虽然消失，但只是消失在另一种使用价值之中。因此，生产资料的价值是再现在产品的价值中，确切地说，不是再生产出来。所生产出来的是旧交换价值借以再现的新使用价值。(25)

曾为了他的工厂每年停工的花费向公众诉苦。他估计这笔花费达6 000镑。在这些非生产费用中，有许多项目同我们这里无关，如地租、税款、保险费以及按年雇用的人员——经理、会计、工程师的薪金等等。然后，依他计算，为了购买工厂有时取暖和偶尔开动蒸汽机所用的煤共需150镑。此外还要支付临时雇来保养机器的工人的工资。最后，机器的折旧为1 200镑，因为“天气和自然的腐蚀力并不因蒸汽机停止运转就不再发挥作用”。他明白地说，折旧所以只估计为1 200镑这样一个很小的数目，是因为机器已经很破旧了。

(24)“生产消费：在生产消费中，商品的消费是生产过程的一部分……在这种场合，价值没有被消费掉。”(赛·菲·纽曼《政治经济学原理》1835年安多弗—纽约版第296页)

(25)在一本也许已经出到20版的美国教本中，有这样的话：“资本以什么形式再现是无关紧要的。”该书在罗列了一切可能在产品中再现自己价值的生产成分之后，得出结论说：“人们生存和安乐所必需的各种食物、衣服和住房同样会发生变化。它们时时被消费掉，而它们的价值则作为它们给予人的肉体和精神的新力量再现出来，从而形成新的资本，再用于生产过程。”(弗·威兰德《政治经济学原理》1843年波士顿版第32页)我们撇开所有其他的奇怪说法不谈，只须指出，例如在新力量中再现的，并不是面包的价格，而是面包的形成血液的实体。相反，作为这个力量的价值再现的，也并不是生活资料，而是生活资料的价值。同样一些生活资料，如果它的费用减少一半，仍然产生同样多的肌肉、骨骼等等，总之，仍然产生同等的力量，但不是同等价值的力量。这种把“价值”换成“力量”，以及全部伪善的含糊其辞，掩盖着这样一种显然徒劳的企图：想从预付价值的单纯再现中得出剩余价值。

劳动过程的主观因素，即发挥作用的劳动力，却不是这样。当劳动通过它的有目的的形式把生产资料的价值转移到产品上并保存下来的时候，它的运动的每时每刻都形成追加的价值，形成新价值。假设生产过程在工人生产出他自己的劳动力价值的等价物以后就停下来，例如，他劳动6小时加进3先令价值。这个价值是产品价值超过其中由生产资料价值构成的部分而形成的余额。它是在这个过程中产生的唯一的新价值，是产品中由这个过程本身生产的唯一的价值部分。当然，它只是补偿资本家在购买劳动力时预付的，工人自身在生活资料上花费的货币。就已花费的3先令来说，这3先令的新价值只是表现为再生产。但它是真正再生产出来的，不像生产资料的价值只是表面上再生产出来的。在这里，一个价值用另一个价值来补偿是通过创造新价值来实现的。

然而我们已经知道，劳动过程在只是再生产出劳动力价值的等价物并把它加到劳动对象上以后，还越过这一点继续下去[①]。为再生产出这一等价物，6小时就够了，但是劳动过程不是持续6小时，而是比如说持续12小时。这样，劳动力发挥作用的结果，不仅再生产出劳动力自身的价值，而且生产出一个超额价值。这个剩余价值就是产品价值超过消耗掉的产品形成要素即生产资料和劳动力的价值而形成的余额。

我们叙述了劳动过程的不同因素在产品价值的形成中所起的不同作用，事实上也就说明了资本的不同组成部分在资本本身的价值增殖过程中所执行的不同职能。产品的总价值超过产品的形成要素的价值总额而形成的余额，就是价值已经增殖的资本超过原预付资本价值而形成的余额。一方的生产资料，另一方的劳动力，不过是原

---

①见本卷第217—226页。——编者注

有资本价值在抛弃货币形式而转化为劳动过程的因素时所采取的不同的存在形式。

可见，转变为生产资料即原料、辅助材料、劳动资料的那部分资本，在生产过程中并不改变自己的价值量。因此，我把它称为不变资本部分，或简称为不变资本。

相反，转变为劳动力的那部分资本，在生产过程中改变自己的价值。它再生产自身的等价物和一个超过这个等价物而形成的余额，剩余价值。这个剩余价值本身是可以变化的，是可大可小的。这部分资本从不变量不断转化为可变量。因此，我把它称为可变资本部分，或简称为可变资本。资本的这两个组成部分，从劳动过程的角度看，是作为客观因素和主观因素，作为生产资料和劳动力相区别的；从价值增殖过程的角度看，则是作为不变资本和可变资本相区别的。

不变资本这个概念决不排斥它的组成部分发生价值变动的可能性。假定1磅棉花今天值6便士，明天由于棉花歉收而涨到1先令。仍在加工中的原有的棉花，是按6便士的价值买进的，但现在加到产品上的价值部分却是1先令。已经纺完，也许已经变成棉纱在市场上流通的棉花，加到产品上的价值同样也比它原来的价值大一倍。然而我们知道，这种价值变动是同纺纱过程本身中棉花价值的增殖没有关系的，即使原有的棉花还根本没有进入劳动过程，它现在也能按1先令而不是按6便士再卖出去。不仅如此，棉花经历的劳动过程越少，这种结果就越可靠。因此，投机的规律是：在发生这类价值变动的情况下，要在加工最少的原料上进行投机，就是说，在棉布上不如在棉纱上，在棉纱上不如在棉花上。在这里，价值变化是发生在生产棉花的过程中，而不是发生在棉花作为生产资料，从而作为不变资本执行职能的过程中。商品的价值固然是由商品所包含的劳动量决定的，但这个劳动量本身是社会决定的。如果生产商品的社会必要劳动时间改变了，例如，同一数量的棉花在歉收时比在丰收时代表更多的劳动量，那就会反过来对原有的商品发生影响，因为原有的商品始终只是本类商品的一个样品(26)，它的价值总是由社会必要劳动计量的，因而也总是由现有的社会条件下的必要劳动计量的。

同原料的价值一样，已经用在生产过程中的劳动资料即机器等等的价值，也可以发生变动，因此它们转给产品的那部分价值也会发生变动。例如，由于一种新发明，同种机器可由较少的劳动耗费再生产出来，那么旧机器就要或多或少地贬值，因而转移到产品上去的价值也要相应地减少。但就是在这种情况下，价值变动也是在机器作为生产资料执行职能的生产过程以外发生的。机器在这个过程中转移的价值决不会大于它同与这个过程无关而具有的价值。

生产资料价值的变动，虽然也会对已经进入生产过程的生产资料产生影响，但不会改变生产资料作为不变资本的性质。同样，不变资本和可变资本之间的比例的变动也不会影响它们在职能上的区别。例如，劳动过程的技术条件可以大大革新，以致过去10个工人用10件价值很小的工具只能加工比较少量的原料，现在一个工人用一台昂贵的机器就能加工100倍的原料。在这种情况下，不变资本即被使用的生产资料的价值量大大增加了，而资本的可变部分即预付劳动力的部分则大大减少了。但是，这种变动只改变不变资本和可变资本之间量的关系，或者说，只改变总资本分为不变组成部分和可变组成部分的比例，而不影响不变资本和可变资本的区别。

---

(26)“全部同类产品其实只是一个量，这个量的价格是整个地决定的，而不以特殊情况为转移。”（勒特罗纳《论社会利益》第893页）

第 七 章

剩余价值率

1. 劳动力的剥削程度

预付资本C在生产过程中生出的剩余价值，或预付资本价值C的增殖额，首先表现为产品价值超过产品的各种生产要素的价值总和而形成的余额。

资本C分为两部分，一部分是为购买生产资料而支出的货币额c，另一部分是为购买劳动力而支出的货币额v；c代表转化为不变资本的价值部分，v代表转化为可变资本的价值部分。因此，最初是C＝c＋v，例如，预付资本500镑＝ $\overbrace{410}^{c}$ 镑＋ $\overbrace{90}^{v}$ 镑。在生产过程结束时得到商品，它的价值＝$\overbrace{c+v}$＋m（m是剩余价值），例如，$\overbrace{410}^{c}$ $\overbrace{\text{镑}}$＋ $\overbrace{90}^{v}$ 镑＋ $\overbrace{90}^{m}$ 镑。原来的资本C变为C′，由500镑变为590镑。二者的差额＝m，即90镑剩余价值。因为各种生产要素的价值等于预付资本的价值，所以，说产品价值超过产品的各种生产要素的价值而形成的余额，等于预付资本的价值增殖额，或等于生产出来的剩余价值，实际上是同义反复。

然而，对这个同义反复需要作进一步的规定。这里同产品价值相比较的，是产品形成过程中消耗的各种生产要素的价值。但是我们已经知道，由劳动资料构成的那部分被使用的不变资本只是把自己价值的一部分转给产品，而其余的部分仍然保留在原来的存在形式中①。既然这后一部分在价值形成中不起任何作用，在这里就可以把它抽去。即使把它计算进去，也不会引起任何改变。假定c＝410镑，由原料312镑、辅助材料44镑和在过程中磨损的机器54镑组成，而实际使用的机器的价值是1 054镑。我们只把机器因执行职能而失掉的并因而转给产品的54镑价值，算做为生产产品价值而预付的价值。如果我们把仍然保留在原来形式（如蒸汽机等等）中的1 000镑计算进去，就必须在预付价值和产品价值这两边都加上1 000镑。(26a)这样，一边就是1 500镑，另一边就是1 590镑。差额或剩余价值仍然是90镑。因此，凡从上下文联系中得不出相反意思的地方，我们谈到为生产价值而预付的不变资本时，总只是指在生产中消耗的生产资料的价值。

根据这样的假定，我们再回头来谈C＝c＋v这个公式，这个公式现在转化为$C' = \overgroup{c+v}+m$，并且正因为这样，C转化为C′。我们知道，不变资本的价值只是再现在产品中②。可见，在生产过程中实际新生产的价值产品，是和从这个过程中得到的产品价值不同的。因此，它不像乍一看来那样，仿佛是$\overgroup{c+v}+m$，或$\overbrace{410}^{c}$镑＋$\overbrace{90}^{v}$镑＋$\overbrace{90}^{m}$镑，

(26a)“如果我们把所使用的固定资本的价值算做预付资本的一部分，我们就必须在年终时把这种资本的残余价值算做年收入的一部分。”（马尔萨斯《政治经济学原理》1836年伦敦第2版第269页）

① 见本卷第235—241页。——编者注

② 见本卷第234—243页。——编者注

而是v+m，或 $\underbrace{90}_{}^{v}$ 镑+ $\underbrace{90}_{}^{m}$ 镑，不是590镑，而是180镑。如果不变资本c=0，换句话说，如果有这样一些产业部门，它们的资本家可以不使用经过生产的生产资料，既不使用原料、辅助材料，也不使用劳动工具，而只是使用天然存在的材料和劳动力，那么，就不会有不变价值部分转移到产品上去。产品价值的这个要素，即我们例子中的410镑，就会消失，但是包含90镑剩余价值的180镑的价值产品仍然会同c代表最大的价值额时一样大。现在，$C=\overbrace{0+v}=v$，而已经增殖的资本 $C'=v+m$，$C'-C$ 仍然 $=m$。相反，如果m=0，换句话说，假定劳动力（其价值是以可变资本预付的）只是生产了自己的等价物，那么 $C=c+v$，C'（产品价值）$=\overbrace{c+v}+0$，因此，$C=C'$。预付资本没有增殖。

实际上我们已经知道，剩余价值只是v这个转变为劳动力的资本部分发生价值变化的结果，因此，$v+m=v+\Delta v$（v加v的增长额）[①]。但是现实的价值变化和价值变化的比率却是被这样的事实掩盖了：由于资本可变组成部分的增加，全部预付资本也增加了。全部预付资本以前是500，现在变成了590。可见，要对这个过程进行纯粹的分析，必须把产品价值中只是再现不变资本价值的那一部分完全抽去，就是说，必须使不变资本c=0。这样就要运用数学上的一条定律，就是数学上运算变量和常量的定律，即运算常量同变量相加减的定律。

另一个困难是由可变资本的原有形式产生的。比如在上述例子中，C'=410镑不变资本+90镑可变资本+90镑剩余价值。90镑是

---

①见本卷第242—243页。——编者注

已知量，因而是不变量，因此把它当做可变量似乎是不合理的。但$\overbrace{90}^{v}$镑或90镑可变资本，在这里实际上只是这个价值所经过的过程的符号。购买劳动力所预付的资本部分是一定量的对象化劳动，因而同购买的劳动力的价值一样，是一个不变的价值量。但是，在生产过程本身中，预付的90镑为发挥作用的劳动力所代替，死劳动为活劳动所代替，静止量为流动量所代替，不变量为可变量所代替。结果是v的再生产加v的增长额。从资本主义生产的观点来看，这全部进程是转变为劳动力的那个原来不变的价值的自行运动。过程及其结果都要归因于这个价值。因此，如果说90镑可变资本或自行增殖的价值这个说法看来是矛盾的，那么它只是表现了资本主义生产固有的矛盾。

乍一看来，假定不变资本等于0是很奇怪的。但在日常生活中人们经常这样做。例如，有人要计算英国棉纺织业的利润，他首先就会扣除付给美国、印度、埃及等国的棉花价格，就是说，使在产品价值中只是再现出来的资本价值＝0。

当然，不仅剩余价值同直接产生它并由它来表示其价值变化的那部分资本的比率具有重大的经济意义，而且剩余价值同全部预付资本的比率也具有重大的经济意义。因此我们将在第三册[180]中详细讨论后一比率。要使资本的一部分转变为劳动力而增殖，就必须使资本的另一部分转化为生产资料。要使可变资本起作用，就必须根据劳动过程的一定的技术性质，按相应的比例来预付不变资本。一定的化学过程固然需要蒸馏器及其他容器，但这并不妨碍我们在分析时把蒸馏器本身抽去。如果对价值创造和价值变化就其本身进行考察，也就是说，进行纯粹的考察，那么生产资料，不变资本的这些物质形态，就只是提供一种物质，使流动的、形成价值的力得以固定在上面。因此，这种物质的性质如何是没有关系的，无论它是棉花还是铁都一样。这种物质的价值如何也是没有关系的。它只须有足够的量，以便能吸收生产过程中要消耗的劳动量。只要有了足够的量，不管它的价值提高或是降低，或者像土地和大海那样没有价值，都不会影响价值创造和价值变化的过程。(27)

这样，我们先假定不变资本部分等于零。于是，预付资本就从 $c+v$ 简化为 v，产品价值 $\overbrace{c+v}+m$ 就简化为价值产品 $\overbrace{v+m}$。假定价值产品＝180镑，代表整个生产过程期间流动的劳动，我们从中扣除90镑可变资本的价值，就可得到90镑剩余价值。90镑（m）这个数字在这里表示所生产的剩余价值的绝对量。剩余价值的相对量，即可变资本价值增殖的比率，显然由剩余价值同可变资本的比率来决定，或者用 $\frac{m}{v}$ 来表示。在上述例子中，它是 $\frac{90}{90}=100\%$。我把可变资本的这种相对的价值增殖或剩余价值的相对量，称为剩余价值率。(28)

我们已经知道，工人在劳动过程的一段时间内，只是生产自己劳动力的价值，就是说，只是生产他的必要生活资料的价值。①因为他是在以社会分工为基础的状态下进行生产，所以他不是直接生产自

(27)第二版注：卢克莱修说，“无中不能生有”[181]，这是不言而喻的。“价值创造”是使劳动力转变为劳动。而劳动力首先又是已转变为人的机体的自然物质。

(28)这是仿照英国人的“利润率”、“利息率”等等说法。读者在第三册中会看到，只要知道了剩余价值的各个规律，利润率是容易理解的。如果走相反的道路，则既不能了解前者，也不能了解后者。

①见本卷第225页。——编者注

己的生活资料，而是以某种特殊的商品形式（如棉纱）生产出同他的生活资料的价值相等的价值，或者说，同他用来购买生活资料的货币相等的价值。他为此耗费的工作日部分是大小不同的，这取决于他每天平均的生活资料的价值，也就是取决于每天生产这些生活资料所需要的平均劳动时间。如果工人每天的生活资料的价值平均代表六个对象化劳动小时，那么，工人要生产这个价值，就必须平均每天劳动六小时。如果他不是为资本家劳动，而是独立地为自己劳动，在其他条件相同的情况下，他平均一天同样要劳动这么多小时，才能生产出自己的劳动力的价值，从而获得维持或不断再生产自己所必需的生活资料。但是，因为工人在生产劳动力日价值（如三先令）的工作日部分内，只是生产资本家已经支付[(28a)]的劳动力价值的等价物，就是说，只是用新创造的价值来补偿预付的可变资本的价值，所以，这种价值的生产只是表现为再生产。因此，我把进行这种再生产的工作日部分称为必要劳动时间，把在这部分时间内耗费的劳动称为必要劳动。[(29)]这种劳动对工人来说所以必要，是因为它不以他的劳动的社会的形式为转移。这种劳动对资本和资本世界来说所以

(28a)〔第三版注：在这里，作者沿用了流行的经济学用语。我们记得，在第137页①已经说明，实际上不是资本家“预付”给工人，而是工人“预付”给资本家。——弗·恩·〕

(29)我们在本书的前面一直是用“必要劳动时间”这个词泛指生产一般商品的社会必要劳动时间。从现在起，我们也用这个词指生产独特的商品即劳动力的必要劳动时间。用同一术语表示不同的意思是容易发生误会的，但这种现象在任何科学中都不能完全避免。例如，我们可以用高等数学和初等数学作一比较。

---

①见本卷第202页。——编者注

必要，是因为工人的经常存在是它们的基础。

劳动过程的第二段时间，工人超出必要劳动的界限做工的时间，虽然耗费工人的劳动，耗费劳动力，但并不为工人形成任何价值。这段时间形成剩余价值，剩余价值以从无生有的全部魅力引诱着资本家。我把工作日的这部分称为剩余劳动时间，把这段时间内耗费的劳动称为剩余劳动（surplus labour）。把价值看做只是劳动时间的凝结，只是对象化的劳动，这对于认识价值本身具有决定性的意义，同样，把剩余价值看做只是剩余劳动时间的凝结，只是对象化的剩余劳动，这对于认识剩余价值也具有决定性的意义。使各种经济的社会形态例如奴隶社会和雇佣劳动的社会区别开来的，只是从直接生产者身上，劳动者身上，榨取这种剩余劳动的形式。(30)

因为可变资本的价值等于它所购买的劳动力的价值，因为这个劳动力的价值决定工作日的必要部分，而剩余价值又由工作日的剩余部分决定，所以从这里可以得出结论：剩余价值和可变资本之比等于剩余劳动和必要劳动之比，或者说，剩余价值率$\frac{m}{v}=\frac{\text{剩余劳动}}{\text{必要劳动}}$。这两个比率把同一种关系表现在不同的形式上：一种是对象化劳动

(30)威廉·修昔的底斯·罗雪尔先生[182]以真正哥特舍德[183]的天才发现，在今天，剩余价值或剩余产品的形成，以及与此相联的积累，是由于资本家的“节俭”，为此，资本家“比如说，要求得到利息”，相反，“在极低的文化阶段……是强者迫使弱者节俭”。(《国民经济学原理》1858年第3版第82、78页)是节约劳动呢？还是节约尚不存在的剩余产品呢？罗雪尔之流除了确实无知之外，又怀有辩护士的胆怯心情，不敢对价值和剩余价值作出诚实的分析，不敢得出可能是危险的违反警方规定的结论，正是这一点，迫使罗雪尔之流把资本家用来辩护自己占有已存在的剩余价值时表面上多少能说得过去的理由，歪曲成剩余价值产生的原因。

的形式，另一种是流动劳动的形式。

因此，剩余价值率是劳动力受资本剥削的程度或工人受资本家剥削的程度的准确表现。(30a)

按照我们的假定，产品的价值 = $\overbrace{\overset{c}{410}\text{ 镑} + \overset{v}{90}}$ 镑 + $\overset{m}{90}$ 镑，预付资本 = 500镑。因为剩余价值 = 90，预付资本 = 500，所以按照通常的计算方法，人们就说：剩余价值率（人们把它同利润率混为一谈）= 18%。这样低的比率是会使凯里先生及其他和谐论者感动的。但实际上剩余价值率不是 = $\frac{m}{C}$ 或 $\frac{m}{c+v}$，而是 = $\frac{m}{v}$，也就是说，不是 $\frac{90}{500}$，而是 $\frac{90}{90}$ = 100%，比表面的剥削程度的五倍还要多。虽然我们在这个场合不知道工作日的绝对量，不知道劳动过程的期间（日、周等等），也不知道90镑可变资本同时推动的工人人数，但剩余价值率 $\frac{m}{v}$ 由于可以转化为 $\frac{\text{剩余劳动}}{\text{必要劳动}}$，就精确地向我们表明工作日的两个组成部分的比率。这个比率为100%。因此，工人是半天为自己劳动，半天为资本家劳动。

这样，计算剩余价值率的方法可以简述如下：我们把全部产品价值拿来，使其中只是再现的不变资本价值等于零。余下的价值额就是在商品形成过程中实际生产出来的唯一的价值产品。如果剩余价值已定，我们从这个价值产品中减去剩余价值，就可得出可变资本。如果可变资本已定，而我们要求出剩余价值，那就得从这个价值产品

(30a)第二版注：剩余价值率虽然是劳动力剥削程度的准确表现，但并不是剥削的绝对量的表现。例如，如果必要劳动 = 5小时，剩余劳动 = 5小时，那么剥削程度 = 100%。这里剥削量是5小时。但是如果必要劳动 = 6小时，剩余劳动 = 6小时，剥削程度仍然是100%，剥削量却增加了20%，由5小时增加到6小时。

中减去可变资本。如果这二者已定，那就只须进行最后的运算，计算剩余价值同可变资本的比率$\frac{m}{v}$。

这种方法虽然很简单，但它所依据的见解是读者所不习惯的。看来，举几个例子使读者熟悉一下是适当的。

我们先举一家纺纱厂的例子，该厂拥有10 000个走锭纺纱纱锭，用美国棉花纺32支纱，每个纱锭一周生产1磅棉纱。飞花占6%。因此，每周有10 600磅棉花被加工成10 000磅棉纱和600磅飞花。1871年4月，这种棉花每磅花费$7\frac{3}{4}$便士，因此10 600磅棉花约为342镑。10 000个纱锭（包括粗纺机和蒸汽机在内），按每个花费1镑计算，共为10 000镑。它们的损耗率是10%＝1 000镑，或每周20镑。厂房的租金是300镑，或每周6镑。煤每周11吨（每小时一马力用煤4磅，100马力（按示功器）一周60小时的用煤量，外加房屋取暖用煤），每吨按8先令6便士计算，每周约花费$4\frac{1}{2}$镑，煤气每周1镑，机油每周$4\frac{1}{2}$镑，因此，以上所有的辅助材料每周共需10镑。总之，不变价值部分每周是378镑。工资每周是52镑。棉纱的价格是每磅$12\frac{1}{4}$便士，或10 000磅＝510镑，因此剩余价值是510镑－430镑＝80镑。我们使不变价值部分378镑＝0，因为它在每周的价值形成中不起作用。这样，每周的价值产品132镑＝$\overbrace{52}^{v}$镑＋$\overbrace{80}^{m}$镑。因此，剩余价值率＝$\frac{80}{52}=153\frac{11}{13}$%。在10小时的平均工作日内，必要劳动＝$3\frac{31}{33}$小时，剩余劳动＝$6\frac{2}{33}$小时。(31)

---

(31)第二版注：第一版所举的1860年一家纺纱厂的例子，有些事实错误。本文列举的材料非常精确，它是曼彻斯特的一位工厂主向我提供的。这里要指出一点，英国的旧马力是根据汽缸的直径计算的，而新马力则是根据示功器指示的实际马力计算的。[184]

杰科布1815年作过如下的计算[185]，他假定每夸特小麦的价格是80先令，每英亩平均收小麦22蒲式耳，所以从每英亩得到的是11镑。这个计算预先把不同的项目互相抵消了，因而很不完备，但对我们的目的来说已经足够用了。

每英亩的价值生产

种子（小麦）	1镑9先令	什一税、地方税和国税	1镑1先令
肥料	2镑10先令	地租	1镑8先令
工资	3镑10先令	租地农场主的利润和利息	1镑2先令
总计	7镑9先令	总计	3镑11先令

在这里（我们始终假定产品的价格＝它的价值），剩余价值是分为利润、利息、什一税等等不同项目的。这些项目与我们无关。我们把它们加在一起，就得到剩余价值3镑11先令。我们把买种子和肥料的3镑19先令作为不变资本部分，使它等于零。预付的可变资本就是3镑10先令，代替它而被生产出来的新价值是$\underbrace{3镑10先令+3镑11先令}$。这样，$\frac{m}{v}=\frac{3镑11先令}{3镑10先令}$，在100%以上。工人用他的工作日的一半以上生产剩余价值，这些剩余价值被各种人用各种借口瓜分掉。(31a)

(31a)我们引用的这个计算材料只是作为例解，因为假定价格＝价值。我们在第三册中会看到，即使拿平均价格来说，也不会这样简单地得出这个等式。[186]

2. 产品价值在产品相应部分上的表现

现在我们再回头谈谈资本家是怎样使货币成为资本的那个例子。他的纺纱工人的必要劳动是6小时，剩余劳动也是6小时，因此劳动力的剥削程度是100%。①

一个十二小时工作日的产品是20磅棉纱，价值30先令。这个棉纱价值至少有$\frac{8}{10}$(24先令)是由已消耗的生产资料的只是再现的价值(20磅棉花20先令，纱锭等等4先令)构成的，或者说，是由不变资本构成的。其余的$\frac{2}{10}$是在纺纱过程中产生的6先令新价值，其中一半补偿预付的劳动力的日价值或可变资本，另一半形成3先令剩余价值。可见，这20磅棉纱的总价值是依下列方式构成的：

$$30\text{先令棉纱价值} = \overset{c}{\underbrace{24}}\ \text{先令} + \overbrace{\overset{v}{\underbrace{3}}\ \text{先令} + \overset{m}{\underbrace{3}}}\ \text{先令}$$

因为这个总价值表现在总产品20磅棉纱上，所以各个不同的价值要素也必定可以表现在产品的相应部分上。

如果说30先令的棉纱价值存在于20磅棉纱中，那么，这个价值的$\frac{8}{10}$或其不变部分24先令，就存在于$\frac{8}{10}$的产品或16磅棉纱中。在这当中，$13\frac{1}{3}$磅棉纱代表原料的价值，即纺掉的棉花的价值20先令，$2\frac{2}{3}$磅棉纱代表已消耗的辅助材料和劳动资料纱锭等等的价值4先令。

因此，$13\frac{1}{3}$磅棉纱代表总产品20磅棉纱中纺掉的全部棉花，即

---

① 见本卷第225—227页。——编者注

总产品的原料，此外再也不代表别的东西。虽然$13\frac{1}{3}$磅棉纱中只包含价值$13\frac{1}{3}$先令的$13\frac{1}{3}$磅棉花，但它们的追加价值$6\frac{2}{3}$先令形成其余$6\frac{2}{3}$磅棉纱中纺掉的棉花的等价物。结果好像其余的$6\frac{2}{3}$磅棉纱被抽掉了棉花，而总产品中的全部棉花都塞到$13\frac{1}{3}$磅棉纱中了。另一方面，在这$13\frac{1}{3}$磅棉纱中，现在既不包含已消耗的辅助材料和劳动资料的价值的任何一个原子，也不包含纺纱过程中创造的新价值的任何一个原子。

同样，剩下的包含不变资本余额（＝4先令）的$2\frac{2}{3}$磅棉纱，只是代表总产品20磅棉纱中所用掉的辅助材料和劳动资料的价值。

因此，$\frac{8}{10}$的产品或16磅棉纱，虽然从物体来看，从作为使用价值棉纱来看，它们同产品的其余部分一样，也是纺纱劳动的创造物，但从这里所讲的意义上看，它们并不包含纺纱劳动，并不包含在纺纱过程本身中吸收的劳动。好像它们没有经过纺就转化为棉纱了，好像它们的棉纱形态纯粹是虚假骗人的。其实，当资本家按24先令把这些棉纱卖出，又用这24先令买回生产资料时就会表明，这16磅棉纱不过是化了装的棉花、纱锭、煤炭等等。

反之，其余$\frac{2}{10}$的产品或4磅棉纱，现在只是代表12小时纺纱过程中生产的6先令新价值。其中包含的已用掉的原料和劳动资料的价值已经被剔除了，同前16磅棉纱合并在一起了。体现在20磅棉纱中的纺纱劳动都集中在$\frac{2}{10}$的产品上。好像这4磅棉纱是纺纱工人用空气纺成的，好像所用的棉花和纱锭是未经人类劳动而天然存在的，因而不会把任何价值加到产品中去。

这4磅棉纱包含一天纺纱过程所生产的全部价值产品，其中2磅棉纱只代表已用掉的劳动力的补偿价值，即3先令可变资本，其余2磅棉纱则只代表3先令剩余价值。

因为纺纱工人的12个劳动小时对象化在6先令中，所以在30先令的棉纱价值中就对象化了60个劳动小时。它们存在于20磅棉纱内，其中$\frac{8}{10}$或16磅棉纱是纺纱过程以前的48个劳动小时的化身，也就是对象化在棉纱的生产资料中的劳动的化身，而$\frac{2}{10}$或4磅棉纱则是纺纱过程本身中消耗的12个劳动小时的化身。

前面我们已经看到，棉纱的价值等于棉纱生产中创造的新价值加棉纱的生产资料中原先已有的价值之和①。现在我们又看到，产品价值在职能上或在概念上不同的组成部分，怎样能够表现在产品本身的相应部分上。

我们以上把产品——生产过程的结果——分成几个量。一个量只代表生产资料中包含的劳动，或不变资本部分。另一个量只代表生产过程中加进的必要劳动，或可变资本部分。最后一个量的产品只代表同一过程中加进的剩余劳动，或剩余价值。这种划分很简单，但又很重要，这一点在以后把它应用到复杂的尚未解决的问题上时就可以看出。

上面我们把总产品当做一个十二小时工作日的完成结果来考察。但是我们还可以对总产品按其产生过程来考察，仍然把各个部分产品当做职能上不同的各个产品部分。

纺纱工人12小时生产20磅棉纱，因此1小时生产$1\frac{2}{3}$磅，8小时生产$13\frac{1}{3}$磅，也就是生产一个部分产品，其价值等于整个工作日纺掉的棉花的总价值。同样，往后的1小时36分生产的部分产品＝$2\frac{2}{3}$磅棉纱，因而代表12个劳动小时所用掉的劳动资料的价值。再往后的1小时12分，纺纱工人生产2磅棉纱＝3先令，这部分产品

①见本卷第232—234页。——编者注

价值等于他在6小时必要劳动中所创造的全部价值产品。最后的$\frac{6}{5}$小时，他又生产2磅棉纱，其价值等于他半天剩余劳动所生产的剩余价值。这是英国工厂主日常应用的计算方法，例如他会说，他在最初8小时或$\frac{2}{3}$的工作日中把棉花赚回来，如此等等。我们知道，这个公式是正确的，其实它就是上面的第一个公式，不过把现成产品的各部分同时并存的空间变成了它们依次出现的时间。但是，伴随这个公式也可能产生极其蛮横的想法，特别是在那些实际上关心价值的增殖过程，但在理论上又有意曲解这一过程的头脑中会产生这种想法。这些人可能这样想：我们的纺纱工人例如在他的工作日的最初8小时是生产或补偿棉花的价值，往后的1小时36分是生产或补偿已消耗的劳动资料的价值，再往后的1小时12分是生产或补偿工资的价值，而只有那非常著名的"最后一小时"才是献给工厂主生产剩余价值的。这样一来，纺纱工人就得创造双重奇迹：一方面，他在用棉花、纱锭、蒸汽机、煤炭、机油等等纺纱的时候同时又生产这些东西；另一方面，他把一个有一定强度的工作日变成5个这样的工作日。就我们的例子来说，生产原料和劳动资料需要$\frac{24}{6}=4$个十二小时工作日，而把它们转化为棉纱还需要一个十二小时工作日。掠夺成性的贪欲相信这种奇迹，并且总是找得到发空论的献媚者来证明这种奇迹，下面这个历史上著名的例子就说明了这一点。

3. 西尼耳的"最后一小时"

1836年的一个早晨，以经济学识和文体优美著称的纳索·威·西尼耳，这位在英国经济学家中在某种程度上相当于克劳伦的人，从牛津被召往曼彻斯特。他在牛津教授政治经济学，现在被召到这里来学习政治经济学。工厂主选中了他，要他充当斗士去反对新颁布的工厂法[187]和比工厂法更激进的争取十小时工作日的鼓动。工厂主以惯常的实际经验上的敏感看出，这位教授先生"还需要好好地最后雕琢一番"。因此他们写信叫他到曼彻斯特来。而这位教授先生把他在曼彻斯特从工厂主那里学到的课业，加以润色，写成一本小册子：《关于工厂法对棉纺织业的影响的书信》（1837年伦敦版）。在这本小册子里，我们可以读到下面一段很有教益的话：

"按照现行法律，凡雇用不满18岁的人的工厂，每天的劳动时间都不得超过$11\frac{1}{2}$小时，就是说，一周的前5天每天劳动12小时，星期六劳动9小时。下面的分析〈!〉说明，这种工厂的全部纯利润来源于最后一小时。假定工厂主投资100 000镑，其中用在厂房和机器上的是80 000镑，用在原材料和工资上的是20 000镑。假定资本每年周转一次，总利润是15%，该厂全年的商品销售额应该是价值115 000镑……　一个工作日是23个$\frac{1}{2}$劳动小时，每个$\frac{1}{2}$劳动小时生产115 000镑的$\frac{5}{115}$或$\frac{1}{23}$。在构成总额115 000镑的$\frac{23}{23}$中，$\frac{20}{23}$即115 000镑中的100 000镑只是补偿资本，$\frac{1}{23}$即总利润〈!〉15 000镑中的5 000镑补偿工厂和机器的磨损。其余$\frac{2}{23}$即每天最后两个$\frac{1}{2}$小时生产10%的纯利润。因此，在价格不变的情况下，如果工厂不是劳动$11\frac{1}{2}$小时，而是可以劳动13小时，那么，只要增加大约2 600镑流动资本，就能使纯利润增加一倍以上。另一方面，劳动时间每天缩短1小时，纯利润就会消失，缩短$1\frac{1}{2}$小时，总利润也会消失。"(32)

这位教授先生竟把这种东西叫做"分析"！如果他真的相信工厂

(32)西尼耳《关于工厂法对棉纺织业的影响的书信》1837年伦敦版第12、13页。我们且不谈那些和我们的目的无关的奇谈怪论，例如，说工厂主把补偿磨损的机器等等的金额，即补偿资本的一个组成部分的金额，算在总利润或纯利润、毛利润或净利润里面。我们也不去谈这些数据是否正确。伦纳德·霍主的怨言，认为工人把一天的大部分时间用来生产从而再生产或补偿建筑物、机器、棉花、煤炭等等的价值，那么，任何分析都是多余的。他只须回答：诸位先生！如果你们把劳动时间从$11\frac{1}{2}$小时减为10小时，在其他条件相同的情况下，每天棉花、机器等等的消耗也会减少$1\frac{1}{2}$小时。因此，你们正好得失相当。以后你们的工人用来再生产或补偿预付资本价值的时间就会少$1\frac{1}{2}$小时。如果西尼耳不相信工厂主所说的话，而是作为内行认为必须作一番分析，他首先就得请求工厂主先生们，在专门涉及纯利润同工作日长度的关系的问题上，不要把机器和厂房、原料和劳动混杂在一起，而是要把包含

纳在《给西尼耳先生的一封信》(1837年伦敦版)中已指明，这些数据除了供所谓“分析”外没有什么别的价值。伦纳德·霍纳是1833年的工厂调查委员会的委员，在1859年前，一直是工厂视察员——其实是工厂检查官。他对英国工人阶级有不朽的贡献。他终生不仅同恼怒的工厂主作斗争，而且同大臣作斗争，对于这些大臣来说，计算工厂主在下院的“票数”比计算“人手”在工厂内的劳动小时要重要得多。

注(32)的补充：且不谈西尼耳说的内容如何荒唐，他的叙述方法也是混乱的。其实，他想说的是：工厂主使工人每天劳动$11\frac{1}{2}$小时或$\frac{23}{2}$小时。正像一个工作日的情形一样，全年的劳动也是由$11\frac{1}{2}$小时或$\frac{23}{2}$小时(乘以一年的工作日数)构成。按照这个假定，$\frac{23}{2}$个劳动小时生产的年产品为115 000镑；$\frac{1}{2}$个劳动小时生产的年产品为$\frac{1}{23}\times$115 000镑；$\frac{20}{2}$个劳动小时生产$\frac{20}{23}\times$115 000镑＝100 000镑，也就是说，它们只补偿预付资本。余下的$\frac{3}{2}$个劳动小时生产$\frac{3}{23}\times$115 000镑=15 000镑，即总利润。在这$\frac{3}{2}$个劳动小时中，$\frac{1}{2}$个劳动小时生产$\frac{1}{23}\times$115 000镑＝5 000镑，即只补偿工厂和机器的损耗。最后的两个$\frac{1}{2}$劳动小时，即最后一个劳动小时，生产$\frac{2}{23}\times$115 000镑＝10 000镑，即纯利润。在本文中，西尼耳把最后的$\frac{2}{23}$的产品转化为工作日本身的各个部分。

在厂房、机器、原料等等中的不变资本放在一边，把预付在工资上的资本放在另一边。在这之后，如果按照工厂主的计算，工人是用$\frac{2}{2}$个劳动小时或1小时再生产或补偿工资，那么这位分析家就应该接着说：

根据你们的说法，工人是在倒数第二小时生产自己的工资，在最后一小时生产你们的剩余价值或纯利润。因为工人在同样的时间内生产同样的价值，所以倒数第二小时的产品和最后一小时的产品具有同样的价值。其次，工人只有耗费劳动，才生产价值，而他的劳动量是由他的劳动时间来计量的。按照你们的说法，工人的劳动时间是每天$11\frac{1}{2}$小时。他用这$11\frac{1}{2}$小时的一部分来生产或补偿自己的工资，用另一部分来生产你们的纯利润。在这个工作日内他再也没有做别的事情。既然按照你们的说法，工人的工资和他提供的剩余价值是同样大的价值，那么工人显然是在$5\frac{3}{4}$小时内生产自己的工资，在其余$5\frac{3}{4}$小时内生产你们的纯利润。其次，因为两小时棉纱产品的价值等于他的工资的价值额加上你们的纯利润，所以这一棉纱的价值必然等于$11\frac{1}{2}$个劳动小时，也就是说，倒数第二小时的产品必然等于$5\frac{3}{4}$个劳动小时，最后一小时的产品也必然等于$5\frac{3}{4}$个劳动小时。现在我们到了棘手的地方了。请注意！倒数第二个劳动小时同最初一个劳动小时一样，都是一个通常的劳动小时。不多也不少。因此，纺纱工人怎么能在1个劳动小时内生产出代表$5\frac{3}{4}$个劳动小时的棉纱价值呢？实际上，他并没有创造这样的奇迹。他在1个劳动小时内生产的使用价值是一定量的棉纱。这些棉纱的价值等于$5\frac{3}{4}$个劳动小时，其中$4\frac{3}{4}$小时未经他的协助就已包含在1小时消耗的生产资料棉花、机器等等内，而$\frac{4}{4}$小时或1小时才是由他自己加进的。因为他的工资是在$5\frac{3}{4}$小时内生产的，而1小时纺出的棉纱产品也包含$5\frac{3}{4}$个劳动小时，所以，他$5\frac{3}{4}$小时纺纱劳动的价值产品等于1小时纺纱劳动的产品价值，这并不是什么魔法妖术。如果你们以为他用了他的工作日的哪怕一个时间原子来再生产或“补偿”棉花、机器等等的价值，那你们就完全错了。由于他的劳动把棉花和纱锭变成棉纱，由于他纺纱，棉花和纱锭的价值就自行转移到棉纱上去。这种结果是靠他的劳动的质，而不是靠他的劳动的量造成的。当然，他1小时转移到棉纱上去的棉花等等的价值比$\frac{1}{2}$小时多，但这只是因为他1小时纺掉的棉花比$\frac{1}{2}$小时多。现在你们懂了吧，你们所谓工人在倒数第二小时生产他的工资的价值，在最后一小时生产纯利润，只不过是说，他的工作日的2小时（不管是最初2小时或是最后2小时）的棉纱产品，体现着$11\frac{1}{2}$个劳动小时，正好等于他的整个工作日。所谓工人在前$5\frac{3}{4}$小时生产他的工资，在后$5\frac{3}{4}$小时生产你们的纯利润，又只不过是说，前$5\frac{3}{4}$小时你们给了报酬，后$5\frac{3}{4}$小时你们没有给报酬。这里我说劳动的报酬，而不说劳动力的报酬，是为了用你们的行话。诸位先生，现在请把你们付给报酬的劳动时间和你们没有付给报酬的劳动时间比较一下，你们就会发现，二者的比率是半天比半天，也就是100%。这当然是一个很高的百分比。而且毫无疑问的是，如果你们使你们的“人手”不是劳动$11\frac{1}{2}$小时，而是劳动13小时，并且像你们会做的那样，把额外的$1\frac{1}{2}$小时也归入纯粹的剩余劳动，那么剩余劳动就会从$5\frac{3}{4}$小时增加到$7\frac{1}{4}$小时，从而剩余价值率就会从100%增加到$126\frac{2}{23}$%。如果你们期望，加上$1\frac{1}{2}$小时就能使剩余价值率从100%增加到200%，甚至200%以上，即“增加一倍以上”，那未免太乐观了。另一方面——人的心是很奇怪的东西，特别是当人把心放在钱袋里的时候——如果你们担心，工作日从$11\frac{1}{2}$小时缩减为$10\frac{1}{2}$小时会使你们的全部纯利润化为乌有，那又未免太悲观了。事情决不是这样的。假设其他一切条件相同，即使剩余劳动从$5\frac{3}{4}$小时降为$4\frac{3}{4}$小时，仍然会得出一个很好的剩余价值率，即$82\frac{14}{23}\%$。但是这个致命的“最后一小时”——你们为它编造的神话比锡利亚信徒[188]为世界末日编造的神话还要多——是“十足的胡说”。失掉这最后一小时，你们并不会丧失“纯利润”，而你们使用的童男童女也不会失去“灵魂的纯洁”。(32a)

(32a)西尼耳证明，工厂主的纯利润、英国棉纺织业的存在和英国在世界市场上的地位都决定于“最后一个劳动小时”；而安德鲁·尤尔博士则又证明[189]，如果不是把童工和不满18岁的青工在工厂的温暖而纯洁的道德气氛里关上整整12小时，而是提早“一小时”把他们赶到冷酷无情、放荡不羁的外界去，他们就会因懒惰和邪恶而使灵魂不能得救。从1848年起，工厂视察员在半年一次的《报告》中一直拿“最后的”、“致命的一小时”来嘲弄工厂主。例如，豪威耳先生在1855年5月31日的工厂视察报告中说：“假如下面这种巧妙的计算〈他引证西尼耳〉是正确的，联合王国的所有棉纺织厂从1850年起就已经赔本了。”(《工厂视察员报告。截至1855年4月30日为止的半年》第19页)当1848年议会通过十小时工作日法案[190]时，分散在多塞特和萨默塞特两郡交界处的农村麻纺厂的工厂主们，强迫一些正规工人接受一份反对这项法案的请愿书，请愿书中有这样的话：“我们这些向你们请愿的人，作为父母，认为增加一小时闲荡的时间，结果只会使我们的孩子道德败坏，因为懒惰是万恶之始。”关于这一点，1848年10月31日的工厂视察员报告指出：“在这些敦厚善良的父母们的子女做工的麻纺厂里，空气中充满着原料的尘埃和纤维碎屑，即使只在纺纱车间待上10分钟，也会感到非常难受，因为眼睛、耳朵、鼻孔、嘴巴里会立刻塞满亚麻的碎屑，根本无法躲避，这不能不使你感到极度的痛苦。同时，由于机器飞速地转动，这种劳动本身需要全神贯注，需要一刻不停地运用技巧和动作，这些儿童在这样的空气里除了吃饭时间外整整劳动10小时，现在还要他们的父母说自己的子女‘懒惰’，这未免太残酷了……　这些儿童的劳动时间比附近农村里雇工的劳动时间还要长……　所谓‘懒惰和邪恶’这种无情的胡说必须斥之为十足的假仁假义和最无耻的伪善……　大约在12年以前，当有人在最高

当你们的"最后一小时"真的敲响的时候，请你们想起牛津的这位教授吧。好了，但愿在一个更美好的世界里再同诸位相会。再见！(33)……　西尼耳1836年发现的"最后一小时"这个信号，在1848年4月15日，又被经济学界的一位大官老爷詹姆斯·威尔逊

权威的批准下，十分自信地、郑重其事地公开宣布工厂主的全部'纯利润'来源于'最后一小时'劳动，从而工作日缩短一小时就会消灭纯利润的时候，一部分公众曾对这种自信程度感到惊讶；而现在，当这部分公众看到下面的事实时恐怕会不相信自己的眼睛了，这就是：关于充满善行的'最后一小时'的独创的发现，从那时以来已经大大完善，不仅包括'利润'，而且还包括'道德'；因此，如果儿童的劳动时间减为整整10小时，儿童的道德会和他们的雇主的纯利润一道化为乌有，因为二者都取决于这最后的致命的一小时。"(《工厂视察员报告。1848年10月31日》第101页)接着，这份工厂视察员报告举出了一些实例，说明这些工厂主先生的"道德"和"善行"，说明他们怎样施用阴谋、诡计、利诱、威胁、伪造等手段，迫使少数完全不会反抗的工人在这种请愿书上签名，然后把这种请愿书冒充整个产业部门和整个郡的请愿书提交议会。——无论是后来热心拥护工厂立法而值得赞扬的西尼耳本人，还是先后反对他的人，都不知道怎样说明这一"独创的发现"的错误结论。这个事实最能说明所谓经济"科学"的现状。他们只是诉诸实际经验。而理由和原因仍然是秘密。

(33)这位教授先生总算从这次曼彻斯特的旅行中得到了一些好处！在《关于工厂法的书信》中，全部纯利润，即"利润"、"利息"和甚至"更多的东西"取决于工人的一小时无酬劳动！而在一年前，西尼耳在他那本为牛津的大学生和有教养的庸人写的《政治经济学大纲》一书中，还反对李嘉图提出的价值由劳动时间决定的论点，"发现"利润来源于资本家的劳动，利息来源于资本家的禁欲主义，来源于他的"Abstinenz"["节欲"]。这一派胡言本身是陈旧的，但"节欲"这个词是新鲜的。罗雪尔先生把这个词正确地译成德文的"Enthaltung"["节制"]①。但他的不大懂拉丁文的同胞维尔特们、舒尔采们以及别的米歇尔们却把这个词变成了僧侣用语"Entsagung"["禁欲"]。

---

①见本卷第240页。——编者注

在伦敦《经济学家》杂志上重新吹奏起来，以反对十小时工作日的法律。

4. 剩余产品

我们把代表剩余价值的那部分产品（在第2节①举的例子中，是20磅棉纱的$\frac{1}{10}$或2磅棉纱）称为剩余产品（surplus produce,produit net）。决定剩余价值率的，不是剩余价值同资本总额的比率，而是剩余价值同资本的可变组成部分的比率，同样，决定剩余产品的水平的，也不是剩余产品同总产品的其余部分的比率，而是剩余产品同代表必要劳动的那部分产品的比率。剩余价值的生产是资本主义生产的决定的目的，同样，富的程度不是由产品的绝对量来计量，而是由剩余产品的相对量来计量。(34)

(34)"对于一个拥有20 000镑资本，每年获得利润2 000镑的人来说，只要他的利润在任何情况下都不低于2 000镑，不管他的资本是雇100个工人还是雇1 000个工人，不管生产的商品是卖10 000镑还是卖20 000镑，都是一样的。一个国家的实际利益不也是这样吗？只要这个国家的实际纯收入，它的地租和利润不变，这个国家的人口有1 000万还是有1 200万，都是无关紧要的。"（李嘉图《政治经济学原理》1821年伦敦第3版第416页）早在李嘉图之前，有一位剩余产品的狂热的崇拜者阿瑟·杨格——他还是一个喜欢空谈而缺乏批判精神的作家，他的名声和他的功绩适成反比——就曾说过："在一个现代王国里，如果像古罗马那样把整个省区的土地分给独立的小农耕种，即使他们耕种得很好，又有什么用呢？除了繁殖人口别无其他目的，而人口繁殖本身是最没

①见本卷第255—258页。——编者注

必要劳动和剩余劳动之和，工人生产他的劳动力的补偿价值的时间和生产剩余价值的时间之和，构成他的劳动时间的绝对量——工作日（working day）。

有用处的。"（阿瑟·杨格《政治算术》1774年伦敦版第47页）

注(34)的补充：奇怪的是，"有一种强烈的倾向，把纯收入说成是对工人阶级有利的……但是很明显，它之所以有利，并不因为它是纯的"（托·霍普金斯《论地租》1828年伦敦版第126页）。

第八章

工　作　日

1. 工作日的界限

我们已经假定劳动力是按照它的价值买卖的。它的价值，和其他各种商品的价值一样，是由生产它所必要的劳动时间决定的。因此，如果工人平均一天生活资料的生产需要六小时，那么工人平均每天就要劳动六小时来逐日生产他的劳动力，或者说，再生产出他出卖劳动力得到的价值。这样，他的工作日的必要部分就是六小时，因而，在其他条件不变的情况下，是一个已定量。但是由此还不能确定工作日本身的量。

我们用 a ———————— b 线表示必要劳动时间的持续或长度，假定是六小时。再假定劳动分别超过ab线一小时、三小时、六小时不等，我们就得到三条不同的线：

工作日 I

a ———————— b — c

工作日 II

a ———————— b ——— c

工作日 III

a ———————— b ———————— c

这三条线表示三种不同的工作日：七小时工作日、九小时工作日和十二小时工作日。延长线bc表示剩余劳动的长度。因为工作日等于ab＋bc，即ac，所以它随着可变量bc一同变化。因为ab是已定的，所以bc与ab之比总是可以计算出来的。它在工作日Ⅰ中是$\frac{1}{6}$，在工作日Ⅱ中是$\frac{3}{6}$，在工作日Ⅲ中是$\frac{6}{6}$。又因为$\frac{\text{剩余劳动时间}}{\text{必要劳动时间}}$这个比率决定剩余价值率，所以已知这两段线之比，就可以知道剩余价值率。就上述三种不同的工作日来说，剩余价值率分别等于$16\frac{2}{3}\%$、50%和100%。相反，仅仅知道剩余价值率，却不能断定工作日的长度。例如，假定剩余价值率是100%，可是工作日可以是8小时、10小时、12小时等等。这个剩余价值率只表明工作日的两个组成部分即必要劳动和剩余劳动是同样大的，但并不表明每一部分各有多大。

所以，工作日不是一个不变量，而是一个可变量。它的一部分固然是由不断再生产工人本身所必需的劳动时间决定的，但是它的总长度随着剩余劳动的长度或持续时间而变化。因此，工作日是可以确定的，但是它本身是不定的(35)。

另一方面，工作日虽然不是固定的量，而是流动的量，但是它只能在一定的界限内变动。不过它的最低界限是无法确定的。当然，假定延长线bc或剩余劳动＝0，我们就得出一个最低界限，即工人为维持自身而在一天当中必须从事必要劳动的那部分时间。但是在资本主义生产方式的基础上，必要劳动始终只能是工人的工作日的一部分，因此，工作日决不会缩短到这个最低限度。可是工作日有一个最高界限。它不能延长到超出某个一定的界限。这个最高

(35)“工作日是个不定量，可长可短。”（[约翰·肯宁安]《论手工业和商业。兼评赋税》1770年伦敦版第73页）

界限取决于两点。第一是劳动力的身体界限。一个人在24小时的自然日内只能支出一定量的生命力。正像一匹马天天干活，每天也只能干8小时。这种力每天必须有一部分时间休息、睡觉，人还必须有一部分时间满足身体的其他需要，如吃饭、盥洗、穿衣等等。除了这种纯粹身体的界限之外，工作日的延长还碰到道德界限。工人必须有时间满足精神需要和社会需要，这些需要的范围和数量由一般的文化状况决定。因此，工作日是在身体界限和社会界限之内变动的。但是这两个界限都有极大的弹性，有极大的变动余地。例如我们看到有8小时、10小时、12小时、14小时、16小时、18小时的工作日，也就是有各种各样长度的工作日。

资本家按照劳动力的日价值购买了劳动力。劳动力在一个工作日内的使用价值归资本家所有。因此，资本家有权要工人在一日之内为他做工。但什么是一个工作日呢？(36)当然比一个自然的生活日短。短多少呢？关于这个极限，即工作日的必要界限，资本家有他自己的看法。作为资本家，他只是人格化的资本。他的灵魂就是资本的灵魂。而资本只有一种生活本能，这就是增殖自身，创造剩余价值，用自己的不变部分即生产资料吮吸尽可能多的剩余劳动。(37)资本是死劳动，它像吸血鬼一样，只有吮吸活劳动才有生命，吮吸的活劳动越多，它的生命就越旺盛。工人劳动的时间就是资本家消费他

(36)这个问题比罗伯特·皮尔爵士向伯明翰商会提出的有名的问题“什么是一镑？”不知要重要多少。皮尔所以提出这样的问题，只是因为他和伯明翰的“小先令派”191一样，不理解货币的本质。

(37)“资本家的任务是：靠所支出的资本来取得尽量多的劳动量。”（让·古·库尔塞尔-塞讷伊《工商企业、农业企业的理论和实践概论》1857年巴黎第2版第62页）

所购买的劳动力的时间。(38)如果工人利用他的可供支配的时间来为自己做事，那他就是偷窃了资本家。(39)

可见，资本家是以商品交换规律作根据的。他和任何别的买者一样，力图从他的商品的使用价值中取得尽量多的利益。但是，突然传来了在疾风怒涛般的生产过程中一直沉默的工人的声音：

我卖给你的商品和其他的普通商品不同，它的使用可以创造价值，而且创造的价值比它本身的价值大。正是因为这个缘故你才购买它。在你是资本价值的增殖，在我则是劳动力的过多的支出。你和我在市场上只知道一个规律，即商品交换的规律。商品不归卖出商品的卖者消费，而归买进商品的买者消费。因此，我每天的劳动力归你使用。但是我必须依靠每天出卖劳动力的价格来逐日再生产劳动力，以便能够重新出卖劳动力。如果撇开由于年老等等原因造成的自然损耗不说，我明天得像今天一样，在体力、健康和精神的正常状态下来劳动。你经常向我宣讲“节俭”和“节制”的福音。好！我愿意像个有理智的、节俭的主人一样，爱惜我唯一的财产——劳动力，不让它有任何荒唐的浪费。我每天只想在它的正常耐力和健康发展所容许的限度内使用它，使它运动，转变为劳动。你无限制地延长工作日，就能在一天内使用掉我三天还恢复不过来的劳动力的量。你在劳动上这样赚得的，正是我在劳动实体上损失的。使用我的劳动

(38)“每天损失一个劳动小时，会给一个商业国家造成莫大的损害。”“我们王国的劳动贫民大量地消费奢侈品；制造业中的平民尤其如此；他们同时还消费自己的时间——这是各种消费中最有害的一种消费。”([约翰·肯宁安]《论手工业和商业》[1770年伦敦版]第47、153页)

(39)“贪婪的吝啬鬼不放心地监视着自由短工，只要他休息一下，就硬说是偷窃了他。”(尼·兰盖《民法论》1767年伦敦版第2卷第466[、467]页)

力和劫掠我的劳动力完全是两回事。如果在劳动量适当的情况下一个中常工人平均能活30年，那你每天支付给我的劳动力的价值就应当是它的总价值的 $\frac{1}{365\times30}$ 或 $\frac{1}{10\,950}$。但是如果你要在10年内就消费尽我的劳动力，可是每天支付给我的仍然是我的劳动力总价值的 $\frac{1}{10\,950}$，而不是 $\frac{1}{3\,650}$，那就只支付了我的劳动力日价值的 $\frac{1}{3}$，因而每天就偷走了我的商品价值的 $\frac{2}{3}$。你使用三天的劳动力，只付给我一天劳动力的代价。这是违反我们的契约和商品交换规律的。因此，我要求正常长度的工作日，我这样要求，并不是向你求情，因为在金钱问题上没有温情可言。[192]你可能是一个模范公民，也许还是禁止虐待动物协会的会员，甚至还享有德高望重的名声，但是在你我碰面时你所代表的那个东西的里面是没有心脏跳动的。如果那里面仿佛有什么东西在跳动的话，那不过是我自己的心。我要求正常的工作日[193]，因为我和任何别的卖者一样，要求得到我的商品的价值。(40)

我们看到，撇开弹性很大的界限不说，商品交换的性质本身没有给工作日规定任何界限，因而没有给剩余劳动规定任何界限。资本家要坚持他作为买者的权利，他尽量延长工作日，如果可能，就把一个工作日变成两个工作日。另一方面，这个已经卖出的商品的独特性质给它的买者规定了一个消费的界限，并且工人也要坚持他作为卖者的权利，他要求把工作日限制在一定的正常量内。于是这里出

---

(40)1860—1861年，伦敦建筑工人举行大罢工，要求把工作日缩短到九小时，当时他们的委员会发表了一项声明，这项声明同我们这位工人的辩护词几乎完全一样。声明讽刺地指出，一位最贪婪的“建筑业老板”——某个莫·佩托爵士——享有“德高望重的名声”（这位佩托在1867年以后得到了和施特鲁斯堡一样的结局！）。

现了二律背反，权利同权利相对抗，而这两种权利都同样是商品交换规律所承认的。在平等的权利之间，力量就起决定作用。所以，在资本主义生产的历史上，工作日的正常化过程表现为规定工作日界限的斗争，这是全体资本家即资本家阶级和全体工人即工人阶级之间的斗争。

2. 对剩余劳动的贪欲。工厂主和领主

资本并没有发明剩余劳动。凡是社会上一部分人享有生产资料垄断权的地方，劳动者，无论是自由的或不自由的，都必须在维持自身生活所必需的劳动时间以外，追加超额的劳动时间来为生产资料的所有者生产生活资料(41)，不论这些所有者是雅典的贵族，伊特鲁里亚的神权政治首领，罗马的市民，诺曼的男爵，美国的奴隶主，瓦拉几亚的领主，现代的地主，还是资本家(42)。但是很明显，如果在一个经济的社会形态中占优势的不是产品的交换价值，而是产品的使用价值，剩余劳动就受到或大或小的需求范围的限制，而生产本身的性质就不会造成对剩余劳动的无限制的需求。因此，在古代，只有在谋取具有独立的货币形式的交换价值的地方，即在金银的生产上，才

(41)“那些劳动的人……实际上既养活那些称为富人的领年金者，也养活自己。”(埃德蒙·伯克《关于贫困的意见和详情》1800年伦敦版第2、3页)

(42)尼布尔在他的《罗马史》中非常天真地指出：“像伊特鲁里亚人的那种建筑，虽然仅存遗迹，但仍令人惊异；这样的建筑，毋庸讳言，在小〈!〉国是以奴隶主和奴隶的存在为前提的。”西斯蒙第说得深刻得多：“布鲁塞尔的花边”是以雇主和雇工的存在为前提的。

有骇人听闻的过度劳动。在那里，累死人的强迫劳动是过度劳动的公开形式。这只要读一读西西里的狄奥多鲁斯的记载就可以知道。(43)但是在古代世界，这只是一种例外。不过，那些还在奴隶劳动或徭役劳动等较低级形式上从事生产的民族，一旦卷入资本主义生产方式所统治的世界市场，而这个市场又使它们的产品的外销成为首要利益，那就会在奴隶制、农奴制等等野蛮暴行之上，再加上过度劳动的文明暴行。因此，在美国南部各州，当生产的目的主要是直接满足本地需要时，黑人劳动还带有一种温和的家长制的性质。但是随着棉花出口变成这些州的切身利益，黑人所从事的有时只要七年就把生命耗尽的过度劳动，就成为一种事事都要加以盘算的制度的一个因素。问题已经不再是从黑人身上榨取一定量的有用产品。现在的问题是要生产剩余价值本身了。徭役劳动，例如多瑙河两公国的徭役劳动，也有类似的情形。

把多瑙河两公国对剩余劳动的贪欲和英国工厂对剩余劳动的贪欲比较一下特别有意思，因为徭役制度下的剩余劳动具有独立的、可以感觉得到的形式。

假定工作日由6小时必要劳动和6小时剩余劳动组成。在这种情况下，自由工人每周为资本家提供6×6小时即36小时的剩余劳动。这和他每周为自己劳动3天，又为资本家白白地劳动3天，完全一样。但是这种情形是觉察不出来的。剩余劳动和必要劳动融合在

(43)“这些不幸者〈在埃及、埃塞俄比亚和阿拉伯之间的金矿中做工的人〉不仅总是肮脏不堪，而且不得不赤身露体，谁看到他们，都不能不同情他们的悲惨命运。在这种地方，对于老弱病残和妇女没有任何的照顾和怜悯。所有的人都在皮鞭的逼迫下不断地做工，直到死亡才结束他们的痛苦和贫困生活。”(狄奥多鲁斯(西西里的)《史学丛书》第3卷第13章[第258、260页])

一起了。因此，我也可以用另外的说法来表示同样的关系，例如说工人在每分钟内为自己劳动30秒，为资本家劳动30秒，等等。而徭役劳动就不是这样。例如瓦拉几亚的农民为维持自身生活所完成的必要劳动和他为领主所完成的剩余劳动在空间上是分开的。他在自己的地里完成必要劳动，在主人的领地里完成剩余劳动。所以，这两部分劳动时间是各自独立的。在徭役劳动形式中，剩余劳动和必要劳动截然分开。这种表现形式上的差别，显然丝毫不会改变剩余劳动和必要劳动之间的量的比率。每周三天的剩余劳动，无论是叫做徭役劳动还是叫做雇佣劳动，对劳动者自己来说始终是没有形成等价物的三天劳动。不过资本家对剩余劳动的贪欲表现为渴望无限度地延长工作日，而领主的贪欲则较简单地表现为直接追求徭役的天数。(44)

在多瑙河两公国，徭役劳动是同实物地租和其他农奴制义务结合在一起的，但徭役劳动是交纳给统治阶级的最主要的贡赋。凡是存在这种情形的地方，徭役劳动很少是由农奴制产生的，相反，农奴制倒多半是由徭役劳动产生的。(44a)罗马尼亚各州的情形就是这样。那里原来的生产方式是建立在公有制的基础上的，但这种公有制不同于斯拉夫的形式，也完全不同于印度的形式。一部分土地

---

(44)以下所述，是指罗马尼亚各州在克里木战争后发生政变163以前的情形。

(44a)〔第三版注：这种情形也适用于德国，特别是易北河以东的普鲁士。在15世纪，德国的农民虽然几乎都要担负一定的实物贡赋和劳役，但是除此之外，他们至少在事实上是自由的人。勃兰登堡、波美拉尼亚、西里西亚和东普鲁士等地的德国移民，甚至在法律上被认为是自由人。贵族在农民战争中的胜利，结束了这种状况。不但战败的德国南部的农民又沦为农奴，而且从16世

是自由的私田，由公社成员各自耕种，另一部分土地是公有地，由公社成员共同耕种。这种共同劳动的产品，一部分作为储备基金用于防灾备荒和应付其他意外情况，一部分作为国家储备用于战争和宗教方面的开支以及公社的其他开支。久而久之，军队和教会方面的头面人物侵占了公有地，从而也就侵占了花在公有地上的劳动。自由农民在公社土地上的劳动转化成了为公社土地掠夺者而进行的徭役劳动。于是农奴制关系随着发展起来，但这只是就事实而言，不是就法律而言，直到后来，要解放全世界的俄罗斯才借口废除农奴制而把这种农奴制用法律固定下来。1831年俄国将军基谢廖夫颁布的徭役劳动法，当然是由领主们口授的。俄罗斯由此一举征服了多瑙河两公国的贵族，并博得了整个欧洲的自由派白痴们的喝彩。

按照这个称为《组织规程》[194]的徭役劳动法，瓦拉几亚的每个农民除交纳详细规定的大量实物贡赋之外，还必须为所谓土地所有者完成：1. 12个一般工作日；2. 一个田间工作日；3. 一个搬运木材的工作日。一年共14日。不过，因为制定该法令的人谙熟政治经济学，所以规定的不是通常意义的工作日，而是生产某种平均日产品所必要的工作日，而这个平均日产品又规定得非常狡猾，连塞克洛普在24小时之内也完成不了。因此，《组织规程》本身以道地的俄罗斯式讽刺的露骨语言解释说，12个工作日应理解为36日体力劳动的产品，一个田间工作日应理解为3日，一个搬运木材的工作日也应理解

纪中叶以后，东普鲁士、勃兰登堡、波美拉尼亚和西里西亚的自由农民，以及紧跟着还有石勒苏益格—荷尔斯泰因的自由农民也都降到了农奴的地位。(毛勒《德国领主庄园、农户和农户制度史》[1863年埃朗根版]第4卷[第522—523、530页]。麦岑《1866年以前普鲁士国家疆域内的土地和农业关系》。汉森《石勒苏益格—荷尔斯泰因公国农奴制》)——弗·恩·]

为3日。合计是42日徭役。此外还要加上所谓“Jobagie”，就是当地主在生产上有特殊需要时所服的劳役。每个村每年要按照人口的多寡出一定人力为领主服这种劳役。每个瓦拉几亚的农民估计要担负14日这种额外徭役劳动。这样，规定的徭役劳动每年就有56个工作日。在瓦拉几亚，由于气候不好，每年只有210日可以从事农活。其中有40日是星期天和节日，平均还有30日坏天气，加起来就去掉了70日。剩下的只有140个工作日。徭役劳动同必要劳动之比是$\frac{56}{84}$或$66\frac{2}{3}\%$，这表明剩余价值率比英国农业工人或工厂工人的劳动的剩余价值率要小得多。但这只是法定的徭役劳动。《组织规程》比英国的工厂立法有更多的“自由主义”精神，易于让人规避它自己的规定。它除了把12日变成56日之外，又把56日徭役中每日的名义上的劳动定额规定得非拖到以后的日子去完成不可。例如一日的锄草定额，特别是玉米地的锄草定额，实际上要加倍的时间才能完成。某些农活的法定的一日劳动定额，甚至可以解释成所谓这一日是从5月开始一直到10月为止。对于摩尔多瓦，规定更加苛刻。有一个为胜利所陶醉的领主喊道：

> “《组织规程》规定的12日徭役，等于一年365日！”(45)

如果说通过一项项条文使对剩余劳动的贪欲合法化的多瑙河两公国《组织规程》是这种贪欲的积极表现，那么，英国的工厂法是这种贪欲的消极表现。英国的工厂法是通过国家，而且是通过资本家和地主统治的国家所实行的对工作日的强制的限制，来节制资本无限

(45)详见埃·雷尼奥《多瑙河两公国政治社会史》1855年巴黎版［第305页及以下几页］。

度地榨取劳动力的渴望。即使撇开一天比一天更带威胁性的高涨着的工人运动不说，也有必要对工厂劳动强制地进行限制，正像有必要用海鸟粪对英国田地施肥一样。同是盲目的掠夺欲，在后一种情况下使地力枯竭，而在前一种情况下使国家的生命力遭到根本的摧残。英国的周期复发的流行病和德法两国士兵身高的降低，都同样明白地说明了这个问题。(46)

1850年制定的现行(1867年)工厂法[195]规定，一周平均每个工作日为10小时，即一周的前5天为12小时，从早晨6时至晚上6时，其中包括法定的半小时早饭时间和一小时午饭时间，做工时间净剩$10\frac{1}{2}$小时；星期六为8小时，从早晨6时至午后2时，其中有半小时早饭时间。每周净剩60小时，前5天为$10\frac{1}{2}$小时，星期六为$7\frac{1}{2}$小时。(47)[196]为了监督这项法律的执行，任命了专门的官员，即工厂

(46)"一般说来，一个生物体超过它的同类的平均长度，这在某种限度内表示这个生物体的强健。如果人的发育由于自然条件或社会条件而受到妨害，人体就会缩小。在欧洲所有实行征兵制的国家里，自从实行这种制度以来，成年男子的平均身高和整个应征条件都降低了。法国在革命(1789年)以前，步兵身高的最低标准是165厘米，1818年(根据3月10日的法令)是157厘米，根据1832年3月21日的法令是156厘米。在法国，应征者平均有一半以上因身高不够和体质孱弱而被淘汰。在萨克森，1780年军人的身高标准是178厘米，目前是155厘米。在普鲁士目前是157厘米。根据1862年5月9日《巴伐利亚报》刊载的迈耶尔博士的报告，普鲁士按九年平均计算，每1 000个应征者当中有716人不合格：其中317人因身高不够，399人因体质孱弱……　1858年，柏林就没有征足兵额，差156人。"(尤·冯·李比希《化学在农业和生理学中的应用》1862年第7版第1卷第117、118页)

(47)关于1850年工厂法的历史，将在本章以后的段落叙述。①

①见本卷第338—341页。——编者注

视察员，直属内务部，他们的报告由议会每半年公布一次。这些报告不断地提供关于资本家对剩余劳动贪欲的官方统计材料。

让我们听一听这些工厂视察员的报告吧。(48)

“进行欺骗的工厂主在早晨6点前1刻就开工，有时还要早些，有时稍晚些，晚上6点过1刻才收工，有时稍早些，有时还要晚些。他把名义上规定的半小时早饭时间前后各侵占5分钟，一小时午饭时间前后各侵占10分钟。星期六下午到2点过1刻才收工，有时稍早些，有时还要晚些。这样他就赚到：

早6时前……………15分钟		
晚6时后……………15分钟		
早饭……………………10分钟		5日共计：300分钟
午饭……………………20分钟		
60分钟		

(48)英国从大工业产生到1845年这段时期，我只在某些地方提到，有关情况，请读者阅读弗里德里希·恩格斯的《英国工人阶级状况》(1845年莱比锡版)。1845年以后发表的工厂视察员报告、矿山视察员报告等等，都说明了恩格斯对资本主义生产方式的精神了解得多么深刻；把他的著作和过了18—20年以后才发表的童工调查委员会(1863—1867年)的官方报告稍加比较就可以看出，他对工人阶级状况的详细入微的描写是多么令人惊叹。童工调查委员会的报告所谈的恰好是1862年以前尚未实施工厂法的那些工业部门的情形，其中有些部门直到现在还没有实施工厂法。因此，恩格斯所描写的状况在这些部门内并没有受外部影响而发生多大变化。我所举的例子主要属于1848年以后的自由贸易时期，也就是不学无术而又像孚赫[197]那样吹牛的自由贸易论贩子们神话般地向德国人大吹特吹的那个极乐时期。——这里所以把英国摆在首要地位，只是因为英国是资本主义生产的典型代表，而且对于我们所研究的对象来说，只有英国才有不断公布的官方统计材料。

星 期 六

早6时前………………15分钟 |
早饭……………………10分钟 | 一周共计:340分钟
下午2时后……………15分钟 |

就是说,每周多出来5小时40分钟,每年以50个劳动周计算(除掉两周作为节日或因故停工),共为27个工作日。"(49)

"每个工作日比标准时间延长5分钟,一年就等于$2\frac{1}{2}$个工作日。"(50)"这里捞一点时间,那里捞一点时间,一天多出一小时,一年12个月就变成13个月了。"(51)

在危机时期,生产中断,"开工不足",每周只开工几天。这当然不影响延长工作日的欲望。营业越不振,就越要从已有的营业中取得更大的利润。开工的时间越少,就越要使剩余劳动时间延长。工厂视察员关于1857—1858年的危机时期报告说:

"在生意这样不景气的时候还有过度劳动现象,人们也许会认为是矛盾的;可是生意不景气却刺激那些无所顾忌的人去犯法。他们这样就保证自己能取得额外利润……"伦纳德·霍纳说:"我的管区有122家工厂倒闭,143家停工,所有其余的工厂也都开工不足,但是就在这个时期,超过法定时间的过度劳动仍然存在。"(52)豪威耳先生说:"虽然大多数工厂由于营业不振只开半工,但我和以前一样仍旧接到同样多的控告,说由于侵占法定的吃饭时间和休息时间,工人每天被夺去半小时或三刻钟。"(53)

在1861年至1865年的可怕的棉业危机时期,也发生了同样的

(49)伦纳德·霍纳《关于修改工厂法的建议》,载于《工厂法》(根据下院决定于1859年8月9日刊印)第4、5页。

(50)《工厂视察员报告。截至1856年10月为止的半年》第35页。

(51)《工厂视察员报告。1858年4月30日》第9、10页。

(52)同上,第10页。

(53)同上,第25页。

现象，不过规模比较小。(54)

“如果我们在吃饭时间或其他非法定时间查到有工人在做工，有人有时就出来辩解，说这些人怎么也不愿离开工厂，要他们停止工作〈擦洗机器等等〉，就得使用强制办法，特别是在星期六下午更是如此。但是，如果机器停转后仍有‘人手’留在工厂里，那只是因为在早晨6时至晚上6时的法定劳动时间内没有拨出时间让他们干这类事情。”(55)

---

(54)《工厂视察员报告。截至1861年4月30日为止的半年》。见附录2；《工厂视察员报告。1862年10月31日》第7、52、53页。1863年的下半年违法事件又增多，参看《工厂视察员报告。截至1863年10月31日为止的半年》第7页。

(55)《工厂视察员报告。1860年10月31日》第23页。根据工厂主在法庭上的供词，他们工厂的工人狂热地反对工厂劳动的任何中断，关于这一点，有下列奇闻为证。1836年6月初，迪斯伯里（约克郡）的治安法官接到控告，说巴特利附近有八个大工厂的厂主违反了工厂法。其中有几位先生雇用12—15岁的儿童五人，迫使他们从星期五早晨6点一直劳动到星期六下午4点，除了吃饭和半夜一小时睡眠外，不让有任何休息。这些孩子在那种叫做“再生毛料洞”的小屋里一连劳动30小时，他们在那里把破旧毛织物撕成碎片，洞里弥漫着灰尘和毛屑，连成年工人都要经常用手帕捂着嘴来保护自己的肺！这些被告先生虽然没有发誓（他们这些贵格会会士都是谨小慎微的信教者，是不发誓的），但是硬说他们怀有怜悯之心，本来允许这些可怜的孩子睡四个小时，但是这些固执的孩子偏偏不肯睡！这几位贵格会会士先生被判处罚金20镑。德莱登对这些贵格会会士颇有先见之明，他写道：

“狐狸装出一副
　　道貌岸然的面孔，
它不敢发誓，
　　一味妖言惑众，
它一双贼眼四处探索，
　　佯做忏悔者的神情，
它想破戒，
　　不先祈祷一番，不成！”198

“看来，靠超过法定时间的过度劳动获得额外利润，对许多工厂主来说是一个难于抗拒的巨大诱惑。他们指望不被发觉，而且心中盘算，即使被发觉了，拿出一笔小小的罚款和诉讼费，也仍然有利可图。”(56)“如果额外时间是在一天之内零敲碎打地偷窃来的，那么，视察员要想找出违法的证据就会遇到几乎不可克服的困难。”(57)

资本“零敲碎打地偷窃”工人吃饭时间和休息时间的这种行为，又被工厂视察员叫做“偷占几分钟时间”(58)，“夺走几分钟时间”(59)，工人中间流行的术语，叫做“啃吃饭时间”(60)。

我们看到，在这种气氛中，剩余价值由剩余劳动形成已经不是什么秘密。有一位很可敬的工厂主对我说：

“如果你允许我每天只让工人多干10分钟的话，那你一年就把1 000镑放进了我的口袋。”(61)“时间的原子就是利润的要素。”(62)

在这一点上，最能说明问题的是，人们把那些全天劳动的工人叫做“全日工”，把13岁以下的只准劳动六小时的童工叫做“半日工”(63)。在这里，工人不过是人格化的劳动时间。一切个人之间的区别都化成“全日工”和“半日工”的区别[199]了。

---

(56)《工厂视察员报告。1856年10月31日》第34页。

(57)同上，第35页。

(58)同上，第48页。

(59)同上。

(60)同上。

(61)同上。

(62)《工厂视察员报告。1860年4月30日》第56页。

(63)这个术语无论在工厂或工厂报告中，都取得了正式的公民权。

3. 在剥削上不受法律限制的英国工业部门

以上我们考察了这样一些部门中延长工作日的欲望，对剩余劳动的狼一般的贪婪，在这些部门中，无限度的压榨，正如一个英国资产阶级经济学家所说，比西班牙人对美洲红种人的暴虐有过之而无不及(64)，因此，资本终于受到法律规定的约束。现在我们来看看另外一些生产部门，在那里，直到今天，或者直到不久以前，还在毫无拘束地压榨劳动力。

“1860年1月14日，郡治安法官布罗顿先生在诺丁汉市会议厅主持的一次集会上说，从事花边生产的那部分城市居民过着极其贫穷痛苦的生活，其困苦程度是文明世界的其他地方所没有见过的……　9岁到10岁的孩子，在大清早2、3、4点钟就从肮脏的床上被拉起来，为了勉强糊口，不得不一直干到夜里10、11、12点钟。他们四肢瘦弱，身躯萎缩，神态呆痴，麻木得像石头人一样，使人看一眼都感到不寒而栗。马利特先生和别的工厂主起来抗议讨论这类事情，是一点也不奇怪的……　这种制度，正像蒙塔古·瓦尔皮牧师所描写的那样，是无拘无束的奴隶制，是在社会、肉体、道德和智力方面的奴隶制……　如果一个城市竟举行公众集会，请求把男子每天的劳动时间限制为18小时，那我们将作何感想呢！……　我们抨击弗吉尼亚和卡罗来纳的种植园主。然而，他们买卖黑

(64)“工厂主贪得无厌，他们追逐利润时犯下的暴行，同西班牙人征服美洲追逐黄金时犯下的暴行相比，有过之而无不及。”(约翰·威德《中等阶级和工人阶级的历史》1835年伦敦第3版第114页)这本书的理论部分，是政治经济学概论的一种，在当时有它独到之处，如关于商业危机的论述就是一例。至于历史部分，则是无耻地从莫·伊登爵士的《贫民的状况》(1797年伦敦版)中抄来的。

奴、鞭笞黑奴、贩卖人肉的行为，比起为资本家的利益而制造面纱和硬领的过程中发生的那种慢性杀人的暴行，难道更可恶吗？”(65)

斯塔福德郡的陶器业，在最近22年来，曾三度成为议会调查的对象。调查的结果，第一次见斯克里文先生1841年向“童工调查委员会”提出的报告，第二次见奉枢密院[200]医官命令公布的格林豪医生1860年的报告（《公共卫生。第3号报告》第1部分第102—113页），最后一次见朗格先生1863年的报告，载于1863年6月15日的《童工调查委员会。第1号报告》。[201]在这里，就我的任务来说，只要从1860年和1863年的报告中摘录一些受剥削的儿童本人的证词就够了。根据儿童的情况也就可以推知成年人的情况，特别是少女和妇女的情况。同这一工业部门比较起来，棉纺业之类的部门还算是很愉快很卫生的职业呢。(66)

威廉·伍德，9岁，“从7岁零10个月就开始做工”。一直是“运模子”（把已经入模的坯子搬到干燥房，再把空模搬回来）。他每周天天早晨6点上工，晚上9点左右下工。“我每周天天都干到晚上9点钟。例如最近七八个星期都是这样。”就是说，一个7岁的孩子竟劳动15小时！约·默里，12岁，他说：

“我干的是运模子和转辘轳。我早晨6点钟上工，有时4点钟上工。昨天，我干了一整夜，一直干到今天早晨6点钟。我从前天夜里起就没有上过床。除我以外，还有八九个孩子昨天都干了一整夜。除了一个没有来，其余的孩子今天早晨又都上工了。我一个星期挣3先令6便士〈1塔勒5格罗申〉。我整整干了一夜，也没多得到一个钱。上星期我就整整干了两夜。”

---

(65)1860年1月17日的伦敦《每日电讯》。

(66)参看恩格斯《英国工人阶级状况》第249—251页[202]。

弗尼霍夫，10岁，他说：

“我不总是能够得到十足一小时的吃饭时间，而往往只有半小时，每星期四、星期五、星期六都是这样。”(67)

格林豪医生指出，在特伦特河畔斯托克和在沃尔斯坦顿这两个陶业区，人的寿命特别短。20岁以上的男子从事陶业生产的，在斯托克区虽然只占36.6%，在沃尔斯坦顿只占30.4%，但是在这类年龄的男子死亡人数中，死于胸腔病的陶工在斯托克区占一半以上，在沃尔斯坦顿区约占$\frac{2}{5}$。在汉利行医的布思罗伊德医生说：

“陶工一代比一代矮，一代比一代弱。”

另一个医生麦克贝恩先生也说：

“我在陶工中间行医25年了，我发觉这个阶级在身高和体重方面显著退化。”

以上这些证词是从格林豪医生1860年的报告(68)中摘录的。

下面我们从几个调查委员1863年的报告中摘录几段。北斯塔福德郡医院主任医生阿利奇说：

“陶工作为一个阶级，不分男女……代表着身体上和道德上退化的人口。他们一般都是身材矮小，发育不良，而且胸部往往是畸形的。他们未老先衰，寿命不长，迟钝而又贫血；他们常患消化不良症、肝脏病、肾脏病和风湿症，表明体质极为虚弱。但他们最常患的是胸腔病：肺炎、肺结核、支气管炎和哮喘病。有一种哮喘病是陶工特有的，通称陶工哮喘病或陶工肺结核。还有侵及腺、骨骼和身体其他部分的瘰疬病，患这种病的陶工占$\frac{2}{3}$以上。只是由于有新的人口从

(67)《童工调查委员会。第1号报告。1863年》，证词第16、19、18页。

(68)《公共卫生。第3号报告》第102、104、105页。

邻近的乡村地区补充进来，由于同较为健康的人结婚，这个地区的人口才没有发生更严重的退化。”

不久前还是该医院外科医生的查理·帕森斯先生在给调查委员朗格的信中写道：

“我所能说的只是我个人的观察，并没有什么统计材料作根据。但是我可以毫不犹豫地说，每当我看到这些为满足父母和雇主的贪心而牺牲了健康的不幸孩子们的时候，我的愤慨一次又一次地涌上心头。”

他列举陶工患病的种种原因，最后指出，最重要的原因是“劳动时间过长”。调查委员会的报告希望：

“一个在全世界人们的心目中占有如此卓越地位的行业，不能再容忍这种可耻的现象：它依靠工人的劳动和技巧，取得了光辉的成就，但伴随而来的是，工人身体退化，遭受种种折磨，早期死亡。”(69)

这里所说的英格兰陶器业的情况，也适用于苏格兰的陶器业。(70)

火柴制造业是从1833年发明用木梗涂磷的办法之后出现的。自1845年起，它在英国迅速地发展起来，并由伦敦人口稠密的地区传到曼彻斯特、伯明翰、利物浦、布里斯托尔、诺里奇、纽卡斯尔、格拉斯哥等地，它同时也使牙关锁闭症蔓延到各地。维也纳的一位医生还在1845年就发现这种病是火柴工人的职业病。工人中有一半是13岁以下的儿童和不满18岁的少年。谁都知道，这种制造业有害健康，令人生厌，所以只有工人阶级中那些最不幸的人，饿得半死的

(69)《童工调查委员会。1863年》第24、22页和第XI页。

(70)同上，第XLVII页。

寡妇等等，才肯把“衣衫褴褛、饿得半死、无人照管、未受教育的孩子”(71)送去干这种活。在委员怀特1863年询问过的证人当中，有270人不满18岁，40人不满10岁，10人只有8岁，5人只有6岁。工作日从12到14或15小时不等，此外还有夜间劳动，没有固定的吃饭时间，而且多半是在充满磷毒的工作室里吃饭。(71)如果但丁还在，他会发现，他所想象的最残酷的地狱也赶不上这种制造业中的情景。

在壁纸工厂中，粗糙的壁纸用机器印刷，精致的壁纸用手工印刷。生产的旺季是从10月初到第二年4月底。在这段时期内，劳动往往从早晨6时一直持续到晚上10时，甚至到深夜，中间几乎没有休息。

耶·李奇说：

“去年〈1862年〉冬天，19个女孩子中，有6个因为劳动过度，害了病，不能上工。为了不让她们打瞌睡，我必须对她们大声喊叫。”威·达菲说：“孩子们往往疲倦得睁不开眼睛，其实，我们自己往往也是如此。”约·莱特伯恩说：“我13岁……　去年冬天我们干到晚上9点，前年冬天干到晚上10点。去年冬天我的脚有伤，差不多每天晚上都疼得哭起来。”乔治·阿斯普登说：“我这个孩子7岁的时候，我就常常背着他在雪地里上下工，他常常要做16个钟头的工！……当他在机器旁干活的时候，我往往得跪下来喂他饭，因为他不能离开机器，也不能把机器停下来。”曼彻斯特一家工厂的股东兼经理斯密斯说：“我们〈他是指那些为“我们”做工的“人手”〉一直做工，中间不停下来吃饭，所以一天$10\frac{1}{2}$小时的活到下午4点半就干完了，以后的时间都是额外时间(72)。〈难道这位斯密

(71)《童工调查委员会。1863年》，第LIV页。

(72)不要把这种时间理解为我们所说的剩余劳动时间。这些先生把$10\frac{1}{2}$小时的劳动看做正常工作日，因而其中包含正常的剩余劳动。在此之外是“额外时间”，它的报酬稍高一些。往后我们就会知道，在所谓正常日中使用劳动力，报酬是低于价值的，所以“额外时间”不外是资本家用来榨取更多的“剩余劳动”的诡计；而且，即使对“正常日”中使用的劳动力确实支付了足够的报酬，情况仍然是一样的。

斯先生在这$10\frac{1}{2}$小时内也不吃一顿饭吗?〉我们〈还是那位斯密斯〉很少在晚上6点以前停工〈他是指停止消费"我们的"劳动力机器〉,所以我们〈又是克里斯平203〉实际上整年都有额外时间……　在过去18个月当中,无论孩子或成年人〈152个儿童和18岁以下的少年,140个成年人〉平均每周至少要干7天零5小时即$78\frac{1}{2}$小时。在今年〈1863年〉5月2日以前的6周内,平均时间更长了,每周达8天即84小时!"

还是这位如此爱用君主口吻以"我们"自称①的斯密斯先生,微笑着补充说:"机器劳动是轻松的。"采用手工印刷的工厂主却说:"手工劳动比机器劳动要合乎卫生。"但是工厂主先生们全都愤愤不平地反对"至少在吃饭时间使机器停下来"的建议。巴勒区(伦敦)一家壁纸厂的经理奥特利先生说道:

"要是法律准许的劳动时间是从早晨6点到晚上9点,对我们〈!〉倒很合适,可是工厂法规定的时间是从早晨6点到晚上6点,这对我们〈!〉可不合适……　在午饭时间我们的机器总是停下来〈何等宽宏大量!〉。这样做在纸张和颜料方面不会造成大不了的损失。"接着他满怀同情地补充说:"但是,我可以理解,因此而造成的损失是人们所不喜欢的。"

委员会的报告坦率地认为,某些"大公司"担心丧失时间,即担心丧失占有他人劳动的时间,并从而"丧失利润"。这不能成为"充足的理由",让13岁以下的儿童和不满18岁的少年在长达12—16小时的时间内"丧失"吃午饭的时间,或者像给蒸汽机添煤加水,给羊毛加肥皂水,给机轮上油等等那样,把午饭仅仅当做劳动资料的辅助材料在生产过程进行中加给他们。(73)

(73)《童工调查委员会。1863年》,证词第123、124、125、140页和第LXIV页。

①在欧洲一些国家,君主在正式场合用"我们"来代替"我"。——编者注

在英国，没有一个工业部门像面包业（刚刚兴起的机制面包业不算在内）那样，直到今天还保持着如此古老的、只有从罗马帝国时代的诗人作品里才可以看到的纪元前的生产方式。不过，前面已经说过，资本起初并不关心它所征服的劳动过程的技术性质。起初，它是遇到什么样的劳动过程就采用什么样的劳动过程。[①]

面包掺假的情况，令人难以置信，在伦敦尤为厉害。这种现象最先是由下院"食物掺假"调查委员会（1855—1856年）和哈索尔医生《揭穿了的掺假行为》一书揭发出来的。(74)揭发的结果是1860年8月6日颁布了"防止饮食品掺假"法，这是一项无效的法律，因为它对每个企图靠买卖假货"赚正当钱"的自由贸易论者当然是极端宽容的。(75)委员会本身也相当坦率地承认，自由贸易实质上是假货贸易，或者用英国人的俏皮说法，是"诡辩品"贸易。事实上，这种"诡辩"比普罗塔哥拉[205]更会颠倒黑白，比埃利亚派[206]更能当面证明一切真实都只不过是假象。(76)

---

(74)把明矾磨成细粉，或与盐混合，这是一种常见的商品，名为"面包素"。[204]

(75)大家知道，煤烟是碳的一种高效形态，可作肥料，资本主义的烟囱扫除业者都是把煤烟卖给英格兰租地农民。1862年，一个英国陪审员审理了这样一件案子：卖者瞒着买者在煤烟中掺了90%的灰尘和沙，这样的煤烟究竟算是"商业上"的"真正的"煤烟呢，还是"法律上"的"掺假的"煤烟。"商业之友"判决说，这是商业上的"真正的"煤烟。原告租地农民败诉，并且还要支付诉讼费用。

(76)法国化学家舍伐利埃的一篇论商品"掺假"的文章中说，他所检查过的600多种商品中，很多商品都有10、20甚至30种掺假的方法。他又说，很多掺假方法他还不知道，而且他知道的也并没有全部列举出来。他指出，糖有6

---

① 见本卷第216—217页。——编者注

不管怎样，委员会把公众的目光引向了他们“每日的面包”，从而引向了面包业。与此同时，伦敦面包工人在群众大会上和在向议会的请愿中，发出了反对过度劳动等等的呼声。这种呼声如此急迫，以致当局把我们上面屡次提到的1863年委员会的委员休·西·特里门希尔先生，任命为皇家调查专员。他的报告(77)和列举的证词激动了公众，不过不是激动了公众的心，而是激动了公众的胃。熟读圣经的英国人虽然清楚地知道，一个人除非由于上帝的恩赐而成为资本家、大地主或领干薪者，否则必须汗流满面来换取面包，但是他不知道，他每天吃的面包中含有一定量的人汗，并且混杂着脓血、蜘蛛网、死蟑螂和发霉的德国酵母，更不用提明矾、砂粒以及其他可口的矿物质了。因此，不管“贸易自由”多么神圣，这个一向“自由”的面包业终于受到国家视察员的监督(1863年议会会议快结束时)，同时，这次会议通过的法令还禁止18岁以下的面包工人在晚上9点至第二天早晨5点这段时间内做工。这项最后的条款充分说明了这个带有古代遗风的工业部门中过度劳动的情形。

“伦敦的面包工人通常在夜里11点开始干活。他先发面，这是一种极费力气的活。根据烤制面包的数量和精粗程度，需要半小时到三刻钟。然后他躺在那块兼作发面盆盖子的面板上，拿一个面袋枕在头下，再拿一个面袋盖在身上，睡几个钟头。随后他一连紧张地忙上五个小时，把面揉好，分成一块一块，做成

种掺假方法，橄榄油有9种，奶油有10种，盐有12种，牛奶有19种，面包有20种，烧酒有23种，面粉有24种，巧克力有28种，葡萄酒有30种，咖啡有32种，等等。甚至仁慈的上帝也不能逃脱这种命运。见鲁瓦尔·德卡尔《论伪造圣物》1856年巴黎版。

(77)《就面包工人的申诉向女王陛下内务大臣所作的报告》1862年伦敦版，以及《第2号报告》1863年伦敦版。

面包的样子，放到炉里去烤，再从炉里取出，等等。烤炉房的温度达75—90度①，小烤炉房的温度还要高些。各种各样的面包做成后，分送面包的工作又开始了。短工中的一大部分人，刚刚结束了上述繁重的夜间劳动，又要在白天提着篮子或推着车子挨户送面包，有时，他们还要再在烤炉房里干些别的活。根据季节和营业规模的不同，劳动在下午1点到6点之间结束，而另一部分工人则在烤炉房里一直忙到晚上。”(78)“在伦敦社交季节，伦敦西头烤制‘全价’面包的工人通常是在夜里11点开始干活，一直忙到第二天早晨8点，中间只稍微休息一两次。然后他们就运送面包，或有时在烤炉房烤面包干，一直干到下午4点、5点、6点甚至7点。活全干完了才睡6个小时，有时只睡5个或4个小时。到了星期五，总是提前上工，大约从晚上10点开始，不停地烤制面包或发送面包，一直忙到星期六晚上8点，而在大多数情况下，要一直干到星期日早晨4点或5点。就连出售‘全价’面包的第一流面包房，到了星期天，也要为第二天做4—5小时的准备工作……　在‘卖低价面包的老板’那里（前面已经说过，这种人在伦敦面包业主中占$\frac{3}{4}$），面包工人的劳动时间更长，不过几乎全是在烤炉房里做工，因为他们的老板除把面包供应一些小铺子外，只在自己的店铺里出售。每当临近周末……就是说从星期四起，晚上10点就开始干活，一直干到星期六深夜，中间只有很少的休息。”(79)

至于这些“卖低价面包的老板”，连资产阶级观点也承认：“工人的无酬劳动是他们进行竞争的基础”(80)。而“卖全价面包的老板”则向调查委员会揭发说，他的“卖低价面包”的竞争者盗窃别人的劳动，并在面包中掺假。

“他们所以走运，全靠欺骗公众，压榨工人，要工人劳动18小时，而只给12

(78)《就面包工人的申诉向女王陛下内务大臣所作的报告》1862年伦敦版，以及《第1号报告》第VI—VII页。

(79)同上，第LXXI页。

(80)乔治·里德《面包业的历史》1848年伦敦版第16页。

①指华氏温度，相当于23.8—32摄氏度。——编者注

小时的工资。”(81)

面包掺假和卖低价面包的面包业主阶层的形成这两种现象，在英国是从18世纪初发展起来的，那时，这一行业的行会性质刚刚消失，而资本家以面粉厂厂主或面粉代理商的面目，出现在名义上的面包房老板的背后。(82)这就为资本主义的生产，为无限度地延长工作日和为夜间劳动奠定了基础，虽然夜间劳动甚至在伦敦也只是在1824年才真正站稳脚跟。(83)

根据以上所述，我们就可以了解，为什么委员会的报告把面包工人列为短命的工人；这些工人即使幸运地逃脱了工人阶级的各个部分通常都难免的夭折，也很少活到42岁。可是，等着去面包业做工的人总是非常之多。就伦敦来说，这种“劳动力”的来源是苏格兰、英格兰西部农业区以及德国。

1858—1860年，爱尔兰的面包工人自己筹款组织了多次群众大会，为反对做夜工和星期日劳动进行鼓动。公众怀着爱尔兰人的热情表示站在工人一边，例如在都柏林1860年的五月大会上就是这样。由于这一运动，只做日工的规定在弗克斯福德、基尔肯尼、克郎

---

(81)《(第1号)报告。证词部分》。“卖全价面包的老板”奇斯曼的证词，第108页。

(82)乔治·里德《面包业的历史》。在17世纪末18世纪初，打入各种行业的代理商还被官方认为是“社会之害”。例如在萨默塞特郡，在治安法官季度法庭开庭期间，大陪审团[207]曾向下院递送一份“呈文”，其中说：“布莱克韦尔商馆中的这些代理商是社会之害，他们危害织布业，必须予以铲除。”(《我们英国羊毛业的诉讼案》1685年伦敦版第7页)

(83)《就面包工人的申诉向女王陛下内务大臣所作的报告。第1号报告》第VIII页。

梅尔、沃特福德等地真正有效地得到执行。

“在雇佣工人苦不堪言的利默里克，由于面包房老板，特别是面包房兼磨坊老板的反抗，运动遭到了失败。利默里克失败的例子导致恩尼斯和蒂珀雷里两郡的倒退。在公众的不满情绪表现得最强烈的科克郡，老板们利用他们解雇工人的权力，把运动压了下去。在都柏林，老板们进行了最坚决的反抗，他们用迫害领导运动的工人的办法，迫使其余的工人让步，同意做夜工和星期日劳动。”(84)

在爱尔兰武装到牙齿的英国政府所属的委员会，竟痛切地规劝都柏林、利默里克、科克等地那些铁石心肠的面包房老板：

“委员会认为，劳动时间受自然规律的限制，若有违反，必受惩罚。老板们用解雇来威胁工人，迫使他们违背宗教信仰，违反国家法律，冒犯社会舆论〈这些全是指星期日劳动〉，这样老板们就挑起劳资之间的仇恨，提供了危害宗教、道德和社会秩序的先例……　委员会认为，把工作日延长到12小时以上，是横暴地侵犯工人的家庭生活和私人生活，这就侵犯一个男人的家庭，使他不能履行他作为一个儿子、兄弟、丈夫和父亲所应尽的家庭义务，以致造成道德上的非常不幸的后果。12小时以上的劳动会损害工人的健康，使他们早衰早死，因而造成工人家庭的不幸，恰好在最必要的时候，失去家长的照料和扶持。”(85)

以上是爱尔兰的情形。在海峡彼岸的苏格兰，农业工人(即庄稼汉)揭露，他在最寒冷的天气里，每天要劳动13—14小时，星期日还要从事4小时的额外劳动(这还是在信守安息日[208]的国家里呢！)。(86)就在这个时候，伦敦一个大陪审团面前站着三个铁路员工：

(84)《1861年爱尔兰面包业委员会的报告》。

(85)同上。

(86)1866年1月5日，农业工人在格拉斯哥附近的拉斯韦德举行群众大会。(见1866年1月13日《工人辩护士报》)自1865年底以来，在农业工人——最初在苏格兰——中成立了一个工联，这是一次历史性的事件。在英格兰最受一个列车长，一个司机，一个信号员。一次惨重的车祸把几百名旅客送到了另一个世界。这几个铁路员工的疏忽大意是造成这次不幸事件的原因。他们在陪审员面前异口同声地说，10—12年以前，他们每天只劳动8小时。但是在最近5—6年内，劳动时间延长到了14、18甚至20小时，而在旅客特别拥挤的时候，例如在旅行季节，他们往往要连续劳动40—50小时。可是他们都是些普通人，并不是塞克洛普。他们的劳动力使用到一定限度就不中用了。他们浑身麻木，头发昏，眼发花。但是最"可尊敬的不列颠陪审员"对他们的回答，是定为"杀人罪"，交付巡回审判庭审理，并只在一项温和的附录中表示良好的愿望，希望铁路大亨们将来在购买必要数量的"劳动力"时大方一些，在榨取所购买的劳动力时"节制"、"节欲"或"节俭"一些。(87)

压迫的一个农业区白金汉郡，雇佣工人于1867年3月举行一次大罢工，要求把周工资从9—10先令提高到12先令。——(从这些事件可以看出，英国农业无产阶级的运动[209]，自从1830年后他们的强大示威运动遭到镇压，特别是实行新的济贫法以来，虽然遭到了彻底破坏，可是到了60年代，这个运动又重新抬头，并终于在1872年进入了新的时代[210]。在第二卷我还要回过来谈谈这个问题[211]，并且谈一谈1867年以后发表的关于英国农业工人状况的蓝皮书[11]。第三版补注。)

(87) 见1866年1月20日《雷诺新闻》。这家周报每周都以"耸人听闻的标题"，如《可怕的横祸》、《惊人的惨剧》等等，报道一连串新发生的铁路惨祸。北斯塔福德郡铁路线上的一个工人对此议论说："谁都知道，司机和司炉稍一失神，就会造成严重的后果。天气这么冷，还要拼命延长劳动时间，不让有片刻休息，那又怎能不造成这样的后果呢?我们可以举一个每天都在发生的例子：上星期一，有一个司炉一清早就上工，干了14小时50分钟才下工。他还没有来得及喝口茶，就又被叫去做工了。就这样他一连做工29小时15分钟。这一周的其余几天，他的工作情形是这样：星期三15小时，星期四15小时35分，星期五$14\frac{1}{2}$小时，星期六14小时10分，一周共工作88小时30分。不难设想，当一大群不同职业、年龄、性别的各种各样的工人，争先恐后地向我们拥来，简直比被杀者的鬼魂向奥德赛拥去还要厉害。即使不去参看他们腋下夹着的蓝皮书，我们也可以一眼看出他们劳动过度。现在让我们从这一大群人当中再挑出两种人来，一种是女时装工，一种是铁匠。这两种人的鲜明的对照表明，在资本面前一切人都是平等的。

1863年6月下旬，伦敦所有的日报都用《活活累死》这一“耸人听闻”的标题登载着一条消息，报道20岁的女时装工玛丽·安·沃克利是怎样死的。她在一家很有名的宫廷时装店里做工，受一位芳名爱利莎的老板娘的剥削。这里又碰到我们常常讲的那一类老故事了。(88)店里的少女平均每天劳动$16\frac{1}{2}$小时，在忙季，她们往往要一连劳动30小时，要不时靠喝雪莉酒、波尔图葡萄酒或咖啡来维持她们已经不听使唤的“劳动力”。当时正是忙季的最高潮。为了迎贺刚从国外进口的威尔士亲王夫人①，少女们要为高贵的夫人小姐在转眼之间就变出参加舞会的华丽服装来。玛丽·安·沃克利同其他60个少女一起连续干了$26\frac{1}{2}$小时，每30个人挤在一间屋里，空气少到还不及需要量的$\frac{1}{3}$，夜里睡在用木板隔成的一间间不透气的小屋里，每两人一张

他只得到6个工作日的工资时会感到多么惊异。这个人是个新手，他问什么叫一个工作日。得到的回答是：13个小时算一个工作日，也就是说，78小时算一周。而多做的10小时30分钟又怎么算呢？争吵了很久，最后才给他加了10便士〈不足10银格罗申〉。”(1866年2月4日《雷诺新闻》)

(88)参看弗·恩格斯《英国工人阶级状况》第253、254页。202

①指亚历山德拉。——编者注

床。(89)这还是伦敦一家较好的时装店。玛丽·安·沃克利星期五得病，星期日就死了，而使老板娘爱利莎大为吃惊的是，她竟没有来得及把最后一件礼服做好。医生基斯先生被请来的时候已经太迟了，他直率地向验尸陪审团作证说：

"玛丽·安·沃克利致死的原因，是在过分拥挤的工作室里劳动时间过长，以及寝室太小又不通风。"

为了教医生讲话得体，验尸陪审团却说：

"死者是中风死的，但是也有理由担心，在过分拥挤的工作室里劳动过度等等，可能加速了她的死亡。"

---

(89)卫生局的莱瑟比医生当时说："成年人的寝室至少要有300立方英尺空气，而起居室至少要有500立方英尺。"伦敦一家医院的主任医生理查森说："各种女缝纫工——女时装工、女服装工、普通女裁缝，都有三种灾难，这就是劳动过度，空气不足，营养不够或消化不良。一般说来，这种劳动对于妇女无论如何要比男子更为适宜。这种行业的不幸，特别在首都，在于它被26个资本家所垄断，这些资本家利用资本所产生的权势，硬要从劳动里实现节约〈他的意思是说：靠浪费劳动力来节约费用〉。在整个女缝纫工阶级中人们都感受到了资本家的这种权力。如果一个女服装工揽到了一些顾客，那么由于竞争，她必须在家里拼死命地干，才能把顾客维持住，而且她必然要让她的助手同样从事过度的劳动。如果她抢不到生意，或者不能再独立经营下去，她就到一家裁缝店去做工，在那里，活并不轻，但是收入有保障。处于这样的地位，她就变成了纯粹的奴隶，随着社会的动荡而漂泊不定；她时而待在家里的小房间里挨饿或近乎挨饿；时而又要在一昼夜劳动15、16甚至18小时，而她们劳动的场所空气闷得几乎令人喘不过气来，同时她们吃下的东西，哪怕吃得还不坏，由于缺乏新鲜空气，也消化不了。纯粹由于空气不良而造成的肺病，就是靠这些牺牲者而存在的。"(理查森医生《劳动与过度劳动》，载于1863年7月18日《社会科学评论》)

自由贸易论者科布顿和布莱特的机关报《晨星报》叫喊道："我们的白奴累垮而进入坟墓了，无声无臭地憔悴而死了。"(90)

"累死——这是目前普遍存在的现象，不仅在时装店是如此，而且在很多地方，在一切生意兴隆的地方都是如此……　我们试以铁匠为例。如果可以相信诗人的话，那么世界上再没有像铁匠那样强健、那样快活的人了。他大清早就起来，太阳还没有出来，就丁当丁当地打起铁来。他比谁都吃得多，喝得足，睡得好。单就身体条件来说，如果劳动适度，铁匠的情况确实是属于最好的了。但是，我们到城里去，看看这些健壮的汉子所担负的劳动重担，看看他们在我国的死亡表上所占据的位置吧。在马里勒本区〈伦敦最大的市区之一〉，铁匠每年的死亡率为 $\frac{31}{1\,000}$，比英国成年男子的平均死亡率高 $\frac{11}{1\,000}$。打铁几乎是人的天生的技能，本来是无可非议的，只是由于过度劳动才成为毁灭人的职业。他每天能打这么多锤，迈这么多步，呼吸这么多次，干这么多活，平均能活比方说50年。现在强迫他每天多打这么多锤，多迈这么多步，多呼吸这么多次，而这一切加在一起就使他的生命力每天多耗费 $\frac{1}{4}$。他尽力做了，结果在一个有限的时期内多干了 $\frac{1}{4}$ 的活，但是他活不到50岁，他

---

(90)见1863年6月23日《晨星报》。《泰晤士报》曾利用这件事反对布莱特等人而为美国奴隶主辩护。该报写道："我们中间很多人认为，只要我们自己是用饥饿的折磨来代替皮鞭的抽打，使我们本国的年轻妇女累死，我们就很难有权利用火和剑攻击那些生来就是奴隶主的家族，他们至少是好好地养活他们的奴隶，并让奴隶进行适度的劳动。"(1863年7月2日《泰晤士报》)托利党的报纸《旗帜报》也同样地申斥纽曼·霍尔牧师说："他把奴隶主开除教籍，可是却同那些用养一只狗的钱驱使伦敦公共马车夫和售票员等等每天劳动16小时的正人君子在一起祈祷。"最后，预言家托马斯·卡莱尔先生发言了。关于这位先生，还在1850年我就写过："天才已经消失，剩下的只是崇拜。"212这位卡莱尔先生在一篇简短的寓言中把现代史上的唯一重大事件，美国南北战争8，说成是北方的彼得拼命要打破南方保罗的头，因为北方的彼得"逐日"雇用工人，而南方的保罗却"终生"雇用。(《萌芽中的美国伊利亚特》，载于1863年8月《麦克米伦杂志》)这样，托利党同情城市雇佣工人(决不是农村雇佣工人！)的肥皂泡终于破灭了。问题的核心还是奴隶制！

37岁就死了。”(91)

4. 日工和夜工。换班制度

从价值增殖过程来看，不变资本即生产资料的存在，只是为了吮吸劳动，并且随着吮吸每一滴劳动吮吸一定比例的剩余劳动。如果它们不这样做，而只是闲置在那里，就给资本家造成消极的损失，因为生产资料闲置起来就成了无用的预付资本；一旦恢复中断的生产必须追加开支，这种损失就成为积极的损失。把工作日延长到自然日的界限以外，延长到夜间，只是一种缓和的办法，只能大致满足一下吸血鬼吮吸劳动鲜血的欲望。因此，在一昼夜24小时内都占有劳动，是资本主义生产的内在要求。但是日夜不停地榨取同一劳动力，从身体上说是不可能的，因此，为克服身体上的障碍，就要求白天被吸尽的劳动力和夜里被吸尽的劳动力换班工作。换班有各种办法，例如可以使一部分员工这个星期做日班，下个星期做夜班，等等。大家知道，这种换班制度，这种换班制的经营方法，在英国棉纺织业等部门方兴未艾的青春时期是很盛行的，今天，在莫斯科省的纺纱厂中也很流行。这种24小时连续不停的生产过程，作为一种制度，直到今天还存在于大不列颠的许多依然“自由”的工业部门中，其中如英格兰、威尔士和苏格兰的炼铁厂、锻冶厂、压延厂以及其他金属工厂。在这里，劳动过程除了6个工作日每天24小时，在大多数工厂还包

(91)理查森医生《劳动与过度劳动》，载于1863年7月18日《社会科学评论》。

括星期日24小时。工人中有男有女，有成年人有儿童。儿童和少年从8岁（有时是6岁）直到18岁年龄不等。(92)在某些部门中，少女和妇女也整夜和男工一道做工。(93)

我们且不说夜工的一般害处。(94)昼夜24小时持续不断的生产过程，为打破名义上的工作日界限提供了极大的方便。例如，在上述那些劳动十分繁重的工业部门中①，每个工人公认的工作日大多为12

(92)《童工调查委员会。第3号报告》1864年伦敦版第IV、V、VI、VII页。

(93)“在斯塔福德郡和南威尔士，少女和妇女不但白天而且夜里都在煤矿和焦炭堆上做工。送交议会的报告经常指出，这种做法带来尽人皆知的严重弊端。这些妇女同男子一道做工，从衣服上很难区别出来；她们浑身是污泥和煤灰。这种不适于妇女的职业几乎必然使妇女丧失自尊心，因而使她们品行堕落。”（《童工调查委员会。第3号报告》第194号第XXVI页，参看《第4号报告》（1865年）第61号第XIII页）玻璃厂的情况也是如此。

(94)有一个雇儿童做夜工的钢厂老板说：“做夜工的少年在白天也不能睡觉，不能得到必要的休息，他们只好在第二天不停地到处乱跑，看来这是很自然的。”（《童工调查委员会。第4号报告》第63号第XIII页）一位医生谈到日光对身体的维护和发育的重要性时说道：“日光还直接影响身体的各部组织，使其强健而富有弹性。动物的肌肉缺少适量的光照就会松软，失去弹力，神经也会因缺乏刺激而失去应有的紧张度，各个部分的发育就会受到阻碍……　至于儿童，经常有充足的阳光，并且每天有一部分时间受到日光的直接照射，对于他们的健康是特别重要的。日光可以促使食物变成良好的成形血液，并使新形成的纤维组织强固起来。它还可以刺激视觉器官，从而加强大脑各部分的机能的活动。”这一段话摘自伍斯特总医院主任医生威·斯特兰奇先生论述“健康”的著作（1864年）[213]。这位医生在给调查委员怀特先生的信中写道：“我从前在兰开夏郡有机会观察过夜工对工厂儿童的影响。和某些雇主通常的说法相反，我肯定认为，这种劳动很

①见本卷第282—297页。——编者注

小时，无论夜工或日工都是如此。但是在很多场合，那种超出这一界限的过度劳动，用英国官方报告的话来说，“实在可怕”(95)。报告说：

“任何有感情的人想到证词中提到的9—12岁儿童所担负的劳动量，都不能不得出结论说，再也不能容许父母和雇主这样滥用权力。”(96)

“儿童昼夜轮班做工的办法，无论在忙时或平时，都会使工作日极度延长。这种延长在许多场合不仅骇人听闻，而且简直令人难以置信。有时难免有的儿童因某种原因不能上工接班。这时，一个或几个该下工的儿童就得留下来填补空位。这个办法是人人皆知的，有一次，我问一个压延厂的经理，没有上工的儿童由谁代替，他竟回答说：‘我知道，你心里和我一样明白。’他毫不犹豫地承认了上述事实。”(97)

“有一个压延厂，名义上的工作日是从早晨6点到晚上5点半。有一个儿童，每星期有4个夜晚，至少要干到第二天晚上8点半……这样一直继续了6个月。”“另一个儿童，9岁时，有时一连做3班，每班12小时；10岁时，有时一连干两天两夜。”“第三个儿童，今年10岁，每星期有三天都是从早晨6点一直干到夜间12点，其余几天干到晚上9点。”“第四个儿童，今年13岁，整个星期都是从下午6点干到第二天中午12点，有时接连做3班，例如从星期一早晨一直干到星期二夜晚。”“第五个儿童，今年12岁，在斯泰夫利铸铁厂做工，他一连14天都是从早晨6点干到夜间12点，他已经不能再这样干下去了。”9岁的乔治·阿林斯沃思说：“我是上星期五来的。我们应当在第二天清早3点上工。所以我就留在这里过夜。我家离这里有5英里路。我睡在地板上，铺一条皮围裙，盖一件短外衣。以后的两天我早晨6点来上工。唉！这个地方真热！来这儿以前，我有整整一年的时间也是在高炉上做工。那是在乡下的一家非常大的工厂，在那里，星期六也是清早3点上工，不过好歹还能回家睡觉，因为离家不远。在别的日子里，我早晨6

快就使孩子的健康受到损害。”(《童工调查委员会。第4号报告》第284号第55页）这类事物也成为认真争论的对象，这就再好不过地表明，资本主义生产是怎样影响着资本家及其仆从们的“大脑机能”。

(95)《童工调查委员会。第4号报告》第57号第XII页。

(96)同上，第58号第XII页。

(97)同上。

点上工，到晚上6点或者7点下工。”如此等等。(98)

(98)《童工调查委员会。第4号报告》(1865年)第58号第XIII页。当然，这些“劳动力”的文化程度，必然会像他们和一位调查委员进行下述谈话时表现出来的那样！耶利米·海恩斯，12岁，他说：“4的4倍是8，而4个4是16……　国王是有一切金钱和黄金的人。我们有个国王，据说她是个女王，他们叫她亚历山德拉公主。据说她嫁给了女王的儿子。公主是男人。”威廉·特纳，12岁，他说：“我不是住在英国。我想，是有这么一个国家，但以前根本不知道。”约翰·莫里斯，14岁，他说：“听说上帝造了世界，又听说所有的人都淹死了，只有一个人活着；听说，这个人是一只小鸟。”威廉·斯密斯，15岁，他说：“上帝造了男人，男人造了女人。”爱德华·泰勒，15岁，他说：“我根本不知道伦敦。”亨利·马修曼，17岁，他说：“我有时到教堂去……他们讲道时提到一个名字，叫耶稣基督，其他的名字我都说不上来了，就连耶稣基督是怎么回事，我也说不上来。他不是被杀死的，而是像平常人那样死去的。他和别人有些不同，因为他有些信教，别人不信。”(同上，第74号第XV页)“魔鬼是好人。我不知道他住在哪儿。基督是坏蛋。”“这个女孩(10岁)把God[上帝]念成Dog[狗]，而且不知道女王的名字①”。(《童工调查委员会。第5号报告》1866年第55页第278号)在上述金属工厂中实行的制度，在玻璃厂和造纸厂也很盛行。在用机器生产的造纸厂中，除了挑选破布以外，所有其他工序照例都实行夜工。有的地方借助于换班制，通常从星期日晚上起直到下星期六午夜12点止，整个星期当中始终都有夜工。日班每星期有5天做12小时，有1天做18小时。夜班每星期有5夜做12小时，有1夜做6小时。有的地方是每班工人一连做24小时，隔一天一换班。其中一班在星期一做6小时，不过到星期六要做18小时以补足24小时。有的地方实行介于这二者之间的制度，例如所有在造纸机上工作的工人，一个星期中每天都做15—16小时。调查委员洛德说：这种制度看来兼有十二小时换班制和二十四小时换班制的一切害处。在这种夜班制度下做工的，有13岁以下的儿童，有18岁以下的少年，还有妇女。在实行十二小时换班制的情况下，有时接班的人没有来，他们就不得不连干两班，干24小时。证人的证词说明，男孩和女孩经常要加班加点，往往是连续干24小时，甚至36小时。从事“连续不断而又单调乏味的”抛光作业的，有12岁的小姑娘，她们整月都是每天工作14小时，“只有两次至多是三次半小时的吃饭时间，此外没有任何正规的休息时间。”有些工厂完全取消了正规的夜工，可是额外劳动却长得可怕，而且“往往是发生在那些最脏最热最单调的工序上”(《童工调查委员会。第4号报告》1865年第XXXVIII和XXXIX页)。

①指维多利亚。——编者注

现在我们来听听资本自己是怎样解释这种24小时制度的。当然，对于这种制度的极端形式，对于它滥用这种制度，以致把工作日延长到“骇人听闻和令人难以置信”的程度，它是避而不谈的。它所谈的只是这种制度的“正常”形式。

内勒—维克斯公司炼钢厂老板，雇有600—700人，其中只有10%未满18岁，这些未满18岁的工人当中又只有20个男孩是做夜班的。这个公司的老板说：

> “这些男孩根本不感到酷热难熬。温度大约介于86°—90°之间①…… 锻冶车间和压轧车间分昼夜两班劳动，其他各车间就只有日班，从早晨6点到晚上6点。锻冶车间的劳动是从12点到12点。有一些人只做夜工，不日夜换班…… 我们没有发现日工和夜工对健康〈内勒—维克斯公司老板的健康吗?〉有什么不同的影响。而且，休息时间固定不变比昼夜改变恐怕要睡得好些…… 约有20个未满18岁的少年做夜班…… 不叫18岁以下的少年做夜工，我们就应付不下去。我们所以反对，是因为这会增加生产费用。熟练工人和工头不容易找，而少年工要多少有多少…… 当然，我们使用的少年工的比例是比较小的，所以限制夜工同我们并没有多大的利害关系。”(99)

约翰·布朗公司钢铁厂有3 000名成年男工和少年工，一部分制钢制铁的重活是“昼夜换班”的。该公司的J. 埃利斯先生说，在劳动繁重的制钢厂，每两个成年男工配一个或两个少年工。在他们公司里，18岁以下的少年工有500名，其中约$\frac{1}{3}$即170名不满13岁。关于拟议中的法律修正案，埃利斯先生说：

> “禁止未满18岁的人在24小时内劳动12小时以上，我并不认为是特别值

(99)《童工调查委员会。第4号报告》1865年第79号第XVI页。

①指华氏温度，相当于30—32摄氏度。——编者注

得谴责的。但是我不认为，人们可以划一条线来规定12岁以上的少年免做夜工。我们宁可接受完全禁止未满13岁甚至15岁的少年做工的法律，而不愿接受不让我们已有的少年做夜工的禁令。做日班的少年也必须轮换做夜班，因为成年男工不能老是做夜班；这会毁掉他们的健康。不过我们认为，做一星期夜工，又做一星期日工，不会有什么害处。〈而内勒—维克斯公司为了维护自己工厂的利益，却相反地认为，连续做夜工并没有害处，定期轮换做夜工倒可能有害处。〉我们看到，轮换做夜工的人同专做日工的人同样健康……　我们反对禁止18岁以下的少年做夜工，因为这会增加费用。这就是唯一的理由。〈多么无耻的坦率！〉我们认为，为此增加的费用，会超出企业正常的负担能力，如果适当地考虑到企业的成效的话。〈多么拐弯抹角！〉这里劳力很少，进行这种调整，就会使劳力不够用。〈这就是说，埃利斯—布朗公司就会陷入不得不如数支付劳动力价值的不幸境地。〉”(100)

卡姆梅尔公司的“塞克洛普”钢铁厂的规模同上述约翰·布朗公司不相上下。该厂的经理曾把他的一份书面证词亲手递交给政府委员怀特，但是后来把证词退给他修改时，他又觉得最好还是把这个手稿隐藏起来。但怀特先生的记忆力很强。他非常清楚地记得，在塞克洛普公司看来，禁止儿童和少年做夜工是“行不通的事情；这无异于关闭他们的工厂”，虽然在他们工厂中未满18岁的少年只占6%强，未满13岁的只占1%！(101)

关于这个问题，阿特克利夫的炼钢、压延、锻铁工厂，桑德森兄弟钢铁公司的E.F.桑德森先生说：

“禁止未满18岁的少年做夜工会引起很大的困难；主要的困难是，用成年男工代替少年工必然使费用增加。增加多少，我说不上，但是看来不会增加到使工厂主能够提高钢的价格，因此，这种损失就落在工厂主身上，因为成年男工〈多么固执的人！〉当然会拒绝承担这种损失。”

---

(100)《童工调查委员会。第4号报告》第80号第XVI、XVII页。

(101)同上，1865年第82号第XVII页。

桑德森先生不知道他究竟付给儿童多少工资，不过，

> “大概每人每周得到4—5先令……　少年工干的活，一般地说来〈当然不总是“特殊地说来”〉，有少年工的力气就足够用了，用成年男工的较大力气是得不偿失，只有在很少的场合，如金属制件很重时，使用这种较大的力气才合算。成年男工也喜欢有个少年工当下手，因为成年男工不那么听话。此外，儿童应当从小就开始学手艺。只许少年做日工，就达不到这个目的”。

为什么呢？为什么少年不能在白天学手艺呢？你的理由是什么呢？

> “因为这样一来，成年男工一周做日工，一周做夜工，就会有一半时间和同班的少年工分开，从而把他们从少年工那里得到的利益丧失一半。成年男工教少年工学手艺，就算做少年工劳动报酬的一部分，这就使成年男工能够得到廉价的少年劳动。所以，只准少年做日工，就会使每个成年男工的利益丧失一半。”

换句话说，桑德森公司就得自己掏腰包，而不能再用少年工的夜间劳动来支付成年男工的这部分工资了。这样一来，桑德森公司的利润就会减少一些，而这就是桑德森公司所谓少年工不能在白天学手艺的好理由(102)。此外，现在同少年工换班的成年男工就得担负起全部的夜工，这是他们不能忍受的。总之，困难是太大了，也许会使夜工完全停下来。E. F. 桑德森说：“至于说到钢的生产本身，那倒不会有什么差别。但是！”但是桑德森公司不单是生产钢而已。生产钢只是赚钱的借口。熔炉、轧钢设备等等，厂房、机器、铁、煤等等，除

---

(102)“在我们这个富于思考的和论辩的时代，假如一个人对于任何事物，即使是最坏的、最无理的事物，不能说出一些好理由，那他还不是一个高明的人。世界上一切腐败的事物之所以腐败，无不有其好理由。”（黑格尔《哲学全书》第1部《逻辑学》1840年柏林版第249页）

了变成钢，还有别的任务。它们的存在是为了吮吸剩余劳动，而24小时吮吸的剩余劳动当然比12小时多。事实上，按照上帝旨意和人间法律，桑德森公司有了它们，也就有了一张证书，可以在一天全部24小时内支配一定数量人手的劳动时间；而它们吮吸劳动的职能一旦中断，它们也就丧失了资本的性质，从而给桑德森公司造成纯粹的损失。

> “在这种情况下，由于非常贵重的机器有一半时间停着不用，那就会造成损失。并且，为了生产在目前这种制度下所能生产的同样数量的产品，就得把厂房和机器增加一倍，而这就会使费用增加一倍。”

其他资本家都只准在白天开工，他们的厂房、机器、原料到夜间就“停着不用”，可是为什么这个桑德森公司偏偏要求特权呢？E. F. 桑德森代表全体桑德森回答说：

> “是的，凡是只在白天开工的工厂，都会遭受到这种由于机器停着不用而造成的损失。但是我们使用熔炉，损失就更大。如果熔炉不停火，就会浪费燃料〈现在却是浪费工人的生命材料〉，如果熔炉停火，就要重新生火并等待烧到必要的热度，这就损失了时间〈而损失的睡眠时间——甚至是8岁孩子的睡眠时间，正是桑德森家族捞到的劳动时间〉，而且一冷一热会使熔炉受到损害〈而昼夜换班劳动却不会使这些熔炉受到损害了〉”(103)。

---

(103)《童工调查委员会。第4号报告》1865年第85号第XVII页。一个玻璃厂老板先生也有类似的忧虑：规定童工的“正规吃饭时间”是不可能的，因为熔炉由此失散的一定“热量”是“纯粹的损失”或“浪费”。调查委员怀特对此作出回答时，完全不像尤尔、西尼耳等人以及他们的可怜的德国应声虫罗雪尔等人那样，为资本家花费他们的货币时的“节制”、“禁欲”和“节俭”以及他们对人的生命的帖木儿式的“浪费”而大为感动，他说：“定出正规的吃饭时间会比现在多浪费一些热量，但是这种浪费同现在各玻璃厂中正在发育的儿童由于没有时间舒舒服服吃顿饭和没有时间进行消化而给王国造成的生命力的浪费相比较，

5. 争取正常工作日的斗争。14世纪中叶至17世纪末叶关于延长工作日的强制性法律

“什么是一个工作日呢?”资本支付劳动力的日价值,可以在多长的时间内消费劳动力呢?在劳动力本身的再生产所需要的劳动时间以外,可以把工作日再延长到什么程度呢?我们知道,资本对这些问题的回答是:工作日就是一昼夜24小时减去几小时休息时间。没有

即使折合成货币价值,也是算不了什么的”(同上,第XLV页)。这还是在“进步年”1865年!214且不说在制造玻璃瓶和燧石玻璃的工厂中做工的儿童搬运时要费多少气力,他们在不停地干活的过程中,6小时就得走15—20(英)里路!而劳动往往长达14—15小时!在许多这种玻璃厂,像在莫斯科的纺纱厂那样,盛行六小时换班制①。“在一周的劳动时间中,6小时已经是持续得最长的休息时间了。而其中还包括往返工厂、盥洗、穿衣、吃饭所需要的时间。这样一算,实际剩下的休息时间就极少了。如果不牺牲些睡眠时间,那就没有时间游戏和呼吸点新鲜空气,而对于在如此高温下担负如此繁重劳动的儿童来说,睡眠又是绝对不可少的……　但是就连短短的睡眠也睡不稳,在夜间他们担心睡过时间,在白天又被外面的喧闹声吵醒。”怀特先生曾列举事实,说明有个少年连续做了36小时工,有些12岁的男孩一直干到夜里2点钟,然后在厂里睡到早晨5点钟(只睡3个小时!),就又开始白天的工作!总报告起草人特里门希尔和塔夫内尔说:“男女童工和女工在日班或夜班中所担负的劳动量是惊人的。”(同上,第XLIII页和第XLIV页)可是“异常禁欲”的玻璃业资本家也许正喝醉了酒,在深夜里东倒西歪地从俱乐部走回家去,一边走一边像个傻瓜似地哼着:“不列颠人永远永远不会当奴隶!”215

① 见本卷第297页。——编者注

这种休息时间，劳动力就根本不能重新工作。首先，不言而喻，工人终生不外就是劳动力，因此他的全部可供支配的时间，按照自然和法律都是劳动时间，也就是说，应当用于资本的自行增殖。至于个人受教育的时间，发展智力的时间，履行社会职能的时间，进行社交活动的时间，自由运用体力和智力的时间，以至于星期日的休息时间（即使是在信守安息日[208]的国家里）[(104)]，——这全都是废话！但是，资本由于无限度地盲目追逐剩余劳动，像狼一般地贪求剩余劳动，不仅突破了工作日的道德极限，而且突破了工作日的纯粹身体的极限。它侵占人体的成长、发育和维持健康所需要的时间。它掠夺工人呼吸新鲜空气和接触阳光所需要的时间。它克扣吃饭时间，尽量把吃饭时间并入生产过程本身，因此对待工人就像对待单纯的生产资料那样，给他饭吃，就如同给锅炉加煤、给机器上油一样。资本把积蓄、更新和恢复生命力所需要的正常睡眠，变成了恢复精疲力竭的有机体所必不可少的几小时麻木状态。在这里，不是劳动力维持正常状态决定工作日的界限，相反地，是劳动力每天尽可能达到最大量的耗费（不论这是多么强制和多么痛苦）决定工人休息时间的界限。资本

---

(104)例如，在英格兰，有的农村直到目前为止，一个工人还常常因为在安息日在自己房前的园圃里干点活，亵渎了安息日而受到监禁的处罚。但是同样是工人如果在星期日不去金属厂、造纸厂或玻璃厂干活，那么即使是出于宗教的癖性，也要按违反契约论处。如果对于安息日的亵渎是发生在资本的“价值增殖过程”内，正统教徒的议会就充耳不闻了。伦敦鱼店和家禽店的短工，在一份要求废除星期日劳动的呈文（1863年8月）中说，他们在一星期的前六天，每天平均劳动15小时，星期日劳动8—10小时。从这份呈文还可以看出，这种“星期日劳动”正是埃克塞特会堂[216]的饕餮而伪善的贵族所鼓励的。这些如此热心“追求肉体享受”的“圣徒”，是通过他们容忍第三者的过度劳动、贫困和饥饿来表明自己的基督徒精神的。美餐对他们（工人）是非常有害的。

是不管劳动力的寿命长短的。它唯一关心的是在一个工作日内最大限度地使用劳动力。它靠缩短劳动力的寿命来达到这一目的，正像贪得无厌的农场主靠掠夺土地肥力来提高收获量一样。

可见，资本主义生产——实质上就是剩余价值的生产，就是剩余劳动的吮吸——通过延长工作日，不仅使人的劳动力由于被夺去了道德上和身体上正常的发展和活动的条件而处于萎缩状态，而且使劳动力本身未老先衰和过早死亡。(105)它靠缩短工人的寿命，在一定期限内延长工人的生产时间。

但是，劳动力的价值包含再生产工人或延续工人阶级所必需的商品的价值。既然资本无限度地追逐自行增殖，必然使工作日延长到违反自然的程度，从而缩短工人的寿命，缩短他们的劳动力发挥作用的时间，那么，已经消费掉的劳动力就必须更加迅速地得到补偿，这样，在劳动力的再生产上就要花更多的费用，正像一台机器磨损得越快，每天要再生产的那一部分机器价值也就越大。因此，资本为了自身的利益，看来也需要规定一种正常工作日。

奴隶主买一个劳动者就像买一匹马一样。他失去奴隶，就是失去一笔资本，必须再花一笔钱到奴隶市场上去买，才能得到弥补。但是，

> “尽管佐治亚州的稻田和密西西比州的沼泽地对人体组织具有致命的危害，这种对人的生命的破坏总不会大到连靠弗吉尼亚州和肯塔基州的黑人众多的‘自然保护区’也补充不了的程度。当经济上的考虑使奴隶主的利益同保存奴隶相一致时，这种考虑还可以成为奴隶受到人的待遇的某种保证，但在实行奴隶贸

---

(105)“我们在以前的报告中曾提到，许多有经验的工厂主确认，过度的劳动……无疑会过早地耗尽人的劳动力。”（《童工调查委员会。第4号报告》1862年第64号第XIII页）

易以后，同样的经济上的考虑却成了把奴隶折磨致死的原因，因为奴隶一旦可以从外地的黑人'自然保护区'得到补充，他们的寿命也就不如他们活着时的生产率那样重要了。因此，在奴隶输入国，管理奴隶的格言是：最有效的经济就是在最短的时间内从当牛马的人身上榨出最多的劳动。在种植热带作物的地方，种植园的年利润往往与总资本相等，正是在这些地方，黑人的生命被视同草芥。正是这个几世纪以来成为巨大富源的西印度农业，曾吞没了几百万非洲人。拿现在的古巴来说，那里每年的收入总是以百万计算，种植园主俨然就是王公，但是我们看到，那里的奴隶阶级饮食最坏，劳动最累最重，甚至每年都有一大批人直接由于劳动过度、睡眠和休息不足等慢性折磨而丧命"(106)。

只要换一个名字，这正是说的阁下的事情！[5]试把奴隶贸易换成劳动市场，把肯塔基和弗吉尼亚换成爱尔兰以及英格兰、苏格兰和威尔士的农业区，把非洲换成德国再看看吧！我们已经听到，过度劳动使伦敦的面包工人不断丧生①，可是伦敦的劳动市场总是挤满来自德国和其他地方的人，等着去面包房送死。我们已经看到，陶器业是工人寿命最短的行业之一。②但是陶工是不是因此就缺少呢？普通工人出身的、现代陶器业的创始人乔赛亚·韦奇伍德，1785年曾向下院说，陶器业共有15 000—20 000人。(107)到了1861年，单是大不列颠的陶器业市镇人口就有101 302人。

"棉纺织业有90年的历史……　在英国经历了三代人，却吞没了九代纺织工人。"(108)

(106)凯尔恩斯《奴隶劳力》1862年伦敦版第110、111页。

(107)约翰·华德《特伦特河畔斯托克城》1843年伦敦版第42页。

(108)1863年4月27日费伦德在下院的演说。

①见本卷第288—292页。——编者注

②见本卷第283—285页。——编者注

诚然，在个别的热病式的繁荣时期，劳动市场上曾严重缺乏劳动力。例如1834年就是这样。当时工厂主先生们向济贫法委员会建议，把农业区的“过剩人口”送往北方，并表示“工厂主们将吸收和消费这批人”(109)。这是他们的原话。

“在济贫法委员会的同意下，在曼彻斯特成立了代办所。农业工人的名单造好以后交给了代办所。工厂主们纷纷赶到代办所，挑选自己需要的人，然后就把这些家庭从英国南部运出来。这些人体包裹就像一包包货物一样，挂上签条，通过运河或用货车运走了；也有人步行，很多人迷了路，在工业区四处乱走，濒于饿死的境地。这已经发展成为一种真正的贸易部门。下院几乎不相信会有这样的事。但是这种经常的贸易，这种贩卖人肉的行当继续存在，曼彻斯特代办所不断把这些人买来，卖给曼彻斯特的工厂主，就像把黑人经常不断地卖给美国南部各州的植棉主一样……　1860年，棉纺织业空前繁荣……　人手又不够了。工厂主们又向贩卖人肉的代办所求援……于是代办所便到多塞特郡的沙丘地带、德文郡的高地、威尔特郡的平原去搜罗，但过剩的人口已经被吸收光了。”

《贝里卫报》抱怨说，英法通商条约签订以后，本来还会吸收1万人，而且很快还需要3万—4万人。但是从事人肉买卖的大小代办所1860年在农业区几乎没有搜罗到什么人，于是

“工厂主们派了代表去求见济贫法委员会主席维利尔斯先生，请求他再次准许贫民习艺所的穷孩子和孤儿进工厂去做工”(110)。

---

(109)“工厂主们将吸收和消费这批人。这是棉纺织厂主们的原话。”(同上)

(110) 1863年4月27日费伦德在下院的演说。尽管维利尔斯有最良好的愿望，但“根据法律”他不得不拒绝工厂主们的要求。可是由于地方贫民管理局的甘愿效劳，这些先生们还是达到了自己的目的。工厂视察员亚·雷德格雷夫先生硬说，这一次，这种“根据法律”把孤儿和需要救济的贫民的孩子当做学徒看待的制度，“没有带来以前的弊病”(关于这些“弊病”，参看恩格斯《英国工

一般说来，经验向资本家表明：过剩人口，即同当前资本增殖的需要相比较的过剩人口，是经常存在的，虽然这些人发育不良、寿命短促、更替迅速、可以说尚未成熟就被摘掉。(111)另一方面，经验向

人阶级状况》)，不过确实在一种情况下，也就是"在那些从苏格兰农业区被送到兰开夏郡和柴郡的少女和年轻妇女的身上，这种制度是被滥用了"。工厂主根据这个"制度"同济贫院当局订立了有一定期限的契约。工厂主供给这些儿童衣食住，还给一点补贴。1860年是英国棉纺织业最繁荣的一年，而且工资也高，因为对工人的需求量特别大，可是这时爱尔兰的人口却减少了，英格兰和苏格兰农业区的人口空前大量地迁往澳洲和美洲了，同时英格兰某些农业区的人口，由于生命力大受摧残以及可利用的人口早已被人肉贩子搜罗走而大大减少了。如果注意到这些事实，再来听听雷德格雷夫先生的下面一段话，就会感到奇怪了。他说："但是这种劳动〈济贫院儿童的劳动〉只有在找不到别的劳动时才有人去找，因为这是一种昂贵的劳动。一个13岁的少年每周的普通工资大约是四先令；但是要供给50个或100个这样的少年的衣食住，再加上医药补助费和一定的监管费，此外再加上少量的补贴，这样每人每周四先令是不够的。"(《工厂视察员报告。1860年4月30日》第27页)雷德格雷夫先生忘记说明，既然工厂主以每人四先令的费用都无法把50个或100个孩子放在一起养活和监管，那么工人自己又怎能靠自己孩子的四先令工资来做到这一点呢。为了避免从正文中引出错误的结论，在这里我还应当指出，英国棉纺织业自从施行1850年工厂法[195]，因而对劳动时间等进行调整以来，已应看做是英国的模范工业。英国棉纺织业工人的处境，从各方面来说都比大陆上的命运相同的伙伴好些。"普鲁士的工厂工人每星期至少比他们的英国对手多劳动10小时，而如果他们是在自己家里用自己的织机工作，那么连这个追加劳动时间的界限也突破了。"(《工厂视察员报告。1855年10月31日》第103页)上面提到的工厂视察员雷德格雷夫，在1851年工业博览会以后，曾到大陆上，特别是到法国和普鲁士调查工厂状况。关于普鲁士的工厂工人，他说："他们得到的工资仅够购买简单的食品和少量他们习惯用的生活舒适品……　与他们的英国对手相比，他们生活更苦，劳动更重"(《工厂视察员报告。1853年10月31日》第85页)。

(111)"从事过度劳动的人死得惊人地快；但死者的空位马上又有人补充上，人物频频更换，但舞台上并没有因而发生任何变化。"(《英国和美国》1833年伦敦版第1卷第55页；爱·吉·韦克菲尔德著)

有头脑的观察者表明：虽然从历史的观点看，资本主义生产几乎是昨天才诞生的，但是它已经多么迅速多么深刻地摧残了人民的生命根源；工业人口的衰退只是由于不断从农村吸收自然生长的生命要素，才得以缓慢下来；甚至农业工人，尽管他们可以吸到新鲜空气，尽管在他们中间自然选择的规律（按照这个规律，只有最强壮的人才能生存）起着无限的作用，也已经开始衰退了(112)。有如此“好理由”来否认自己周围一代工人的苦难的资本，在自己的实际运动中不理会人类在未来将退化并将不免终于灭绝的前途，就像它不理会地球可能和太阳相撞一样。在每次证券投机中，每个人都知道暴风雨总有一天会到来，但是每个人都希望暴风雨在自己发了大财并把钱藏好以后，落到邻人的头上。我死后哪怕洪水滔天！[217]这就是每个资本家和每个资本家国家的口号。因此，资本是根本不关心工人的健康和寿命的，除非社会迫使它去关心。(113)人们为体力和智力的衰退、夭折、过度劳动的折磨而愤愤不平，资本却回答说：既然这种痛苦会

---

(112)见《公共卫生。枢密院卫生视察员第6号报告。1863年》1864年伦敦版。这个报告特别谈到农业工人。“人们认为萨瑟兰郡是一个有很大改进的郡，但最近的调查发现，在这个曾经以出美男子和勇敢士兵而闻名的地方，居民已退化成瘦弱的种族了。尽管这个地区背山临海，环境极其有益于健康，但儿童的面容异常消瘦苍白，竟同在伦敦小巷的污秽空气中才能遇到的那种面容一样。”（桑顿《人口过剩及其补救办法》1846年伦敦版第74、75页）他们实际上同那些和娼妓、小偷挤住在格拉斯哥的小街陋巷的3万个“英武的山地居民”相似。

(113)“尽管居民的健康是国民资本的一个重要成分，但恐怕必须承认，资本家根本不想保持和珍惜这个财富……　工厂主关心工人的健康状况是被迫的。”（《泰晤士报》1861年11月5日）“西区的男人成了人类的织工……　工人的健康被断送了，再过几代这个种族就会退化。但反作用发生了。儿童劳动的时间受到了限制……”（《户籍总署署长第22号年度报告》1861年）

增加我们的快乐（利润），我们又何必为此苦恼呢？[218]不过总的说来，这也并不取决于个别资本家的善意或恶意。自由竞争使资本主义生产的内在规律作为外在的强制规律对每个资本家起作用。(114)

正常工作日的规定，是几个世纪以来资本家和工人之间斗争的结果。但在这个斗争的历史中，出现了两种对立的倾向。例如，我们对照一下英国现行的工厂立法和从14世纪起一直到18世纪中叶的劳工法(115)。现代的工厂法强制地缩短工作日，而那些劳工法力图强制地延长工作日。资本在它的萌芽时期，由于刚刚出世，不能单纯依靠经济关系的力量，还要依靠国家政权的帮助才能确保自己吮吸足够数量的剩余劳动的权利，它在那时提出的要求，同它在成年时期不得不忍痛做出的让步比较起来，诚然是很有限的。只是过了几个世纪以后，"自由"工人由于资本主义生产方式的发展，才自愿地，也就是说，才在社会条件的逼迫下，按照自己的日常生活资料的价格出

---

(114)例如，我们看到，1863年初，在斯塔福德郡拥有大规模陶器厂的26家公司，其中包括乔·韦奇伍德父子公司，提出呈文，请求"国家进行强制干涉"。他们说，同"别的资本家的竞争"使他们不能"自愿地"限制儿童的劳动时间等等。"因此，虽然我们对上述弊病深恶痛绝，但依靠工厂主之间的某种协议是不可能制止这种弊病的……　鉴于所有这些情况，我们确信，制定一种强制的法律是必要的。"（《童工调查委员会。第1号报告》1863年第322页）

注(114)的补充：最近有一个更突出的例子。在热病式的繁荣时期，棉价很高，于是布莱克本的棉织业主们达成协议，在一定时期内缩短自己工厂的劳动时间。这个期限大约到11月底（1871年）为止。然而兼营纺和织的富裕厂主利用这个协议所造成的生产缩减的机会，扩大自己的营业，从而靠牺牲小厂主获得了大量利润。这些小厂主迫于困难就向工厂工人呼吁，要他们大力鼓吹九小时工作日，并答应为此给以资助！

(115)在英国，这些劳工法（在法国、尼德兰等国同时也有这种法令）是在1813年，在生产关系早已使它们失效以后，才正式废除的。

卖自己一生的全部能动时间，出卖自己的劳动能力本身，为了一碗红豆汤出卖自己的长子继承权[219]。因此，从14世纪中叶至17世纪末，资本借助国家政权的力量力图迫使成年工人接受的工作日的延长程度，同19世纪下半叶国家在某些地方为了限制儿童血液变成资本而对劳动时间规定的界限大体相一致，这是很自然的了。例如，在马萨诸塞州，这个直到最近还是北美共和国最自由的州，今天国家颁布的12岁以下儿童的劳动时间的界限，在17世纪中叶还曾经是英国的健壮的手工业者、结实的雇农和大力士般的铁匠的正常工作日。(116)

第一个劳工法(爱德华三世二十三年即1349年)的颁布，其直接借口(是借口，而不是原因，因为这种法律在这个借口不再存在的情况下继续存在了几百年)是鼠疫猖獗[220]，人口大大减少，用一个托利党著作家的话来说，当时“要用合理的价格〈即能保证雇主得到合理的剩余劳动量的价格〉雇用工人，已经困难到了实在难以忍受的地步”。(117)因

(116)“12岁以下的儿童在工厂中每天不得劳动10小时以上。”(《马萨诸塞州普通法》第60章第3节。这些法令是1836—1858年颁布的。)“在所有棉纺织厂、毛织厂、丝织厂、造纸厂、玻璃厂、亚麻厂或铁工厂和其他金属加工厂实行的每天10小时劳动，应视为法定的日劳动量。又规定，对于不论在任何工厂做工的未成年人，今后皆不得鼓励或强迫他们每天劳动10小时以上，或每周劳动60小时以上；其次，本州任何工厂今后皆不得雇用10岁以下的未成年人当工人。”(《新泽西州。限制工作日的长度的法令》第1、2节。1851年3月18日法令)“12岁至15岁的未成年人，不论在任何工厂，每天不得劳动11小时以上，并且不得在早晨5点以前和晚上7点半以后做工。”(《罗得岛州修订条例》第139章第23节。1857年7月1日)

(117)[约·巴·拜耳斯]《自由贸易的诡辩》1850年伦敦第7版第205页。这位托利党人还承认：“议会通过的不利于工人而有利于雇主的关于调整工资的法令，维持了很长的时期，达464年之久。人口增长了。这些法令现在已经成为多余和累赘了。”(同上，第206页)

此，在法律上强制地规定了“合理的”工资，同样也强制地规定了工作日界限。后面这一点，即我们在这里唯一关心的一点，在1496年（亨利七世时期）的法令中又提到了。依照法令（虽然始终没有实现），所有手艺人和农业工人的工作日，从3月到9月，应该是从早晨5点到晚上7—8点，其中吃饭时间是早饭1小时，午饭$1\frac{1}{2}$小时，午后小餐$\frac{1}{2}$小时，正好比现行工厂法规定的吃饭时间多一倍。(118)冬季，是从早晨5点干到天黑，中间的休息时间不变。1562年的伊丽莎白法令，没有触动“按日领工资或按周领工资”的所有工人的工作日长度，不过它设法把夏季的休息时间限制为$2\frac{1}{2}$小时，冬季限制为2小时。午饭时间只有1小时，“$\frac{1}{2}$小时午睡制”只准在5月中至8月中这段时间内实行。旷工1小时扣工资1便士。但实际上，工人的待遇要比法令规定的好得多。政治经济学之父，在某种程度上也可以说是统计学的创始人威廉·配第，在17世纪最后30多年发表的一部著作中说：

> “工人〈当时是指农业工人〉一天做工10小时，一星期吃饭20次，就是说，平日每天3次，星期天两次。可见，只要他们星期五晚上节食，午饭时间不像现在这样用两小时即从11时到1时，而用一个半小时，从而劳动增加$\frac{1}{20}$，消费减少$\frac{1}{20}$，那么，上述税收的$\frac{1}{10}$就可以筹集出来了。”(119)

---

(118)关于这项法令，约·威德公正地指出：“从1496年的法令可以看出，当时的伙食费等于手工业者收入的$\frac{1}{3}$，等于农业工人收入的$\frac{1}{2}$。这说明，当时的工人比现在的工人有更大的独立性，因为现在农业工人和工场手工业工人的伙食费在他们工资中所占的比重大得多了。”（约·威德《中等阶级和工人阶级的历史》第[23]、25页）有人认为，这种差别是由于现在的食品和衣服的比价和那时的比价不同造成的，但只要略为看一下弗利特伍德主教的《行情表》（1707年伦敦第1版及1745年伦敦第2版），这种意见就不攻自破了。

(119)威·配第《爱尔兰的政治解剖。1672年》1691年版第10页[151]。

安德鲁·尤尔博士抨击1833年的十二小时工作日法案是倒退到黑暗时代，不是说得很公平吗？当然，劳工法中列举的并为配第所提到的各项规定对学徒也是适用的。至于直至17世纪末儿童劳动的情况究竟怎样，我们从下面的怨言中可以看出：

> “我们英国少年在当学徒以前，什么都不干，因此，他们当然需要七年这样长的时间，才能成为熟练的手艺人。”

相反地，德国值得夸耀的是，那里的儿童在摇篮里就至少“受到一点职业训练”(120)。

---

(120)《论促进机械工业发展的必要性》1690年伦敦版第13页。为了辉格党和资产阶级的利益，麦考莱伪造了英国历史，他宣称：“让儿童过早地从事劳动的做法，在17世纪十分盛行，这从当时的工业状况来看几乎令人难以置信。在毛织业的中心诺里奇，六岁的儿童就被看做是有劳动能力的。当时有许多著作家，其中包括有些被认为是心地非常正直的著作家，曾以‘惊喜若狂’的心情谈到，单是在这座城市，男女童工一年所创造的财富就比他们的生活费要多12 000镑。我们对过去的历史研究得越仔细，就越有理由驳斥那种认为我们时代充满了新的社会弊病的见解。新东西不过是发现这些弊病的智慧和医治这些弊病的人道精神”(《英国史》第1卷第417页)。麦考莱本来还可以告诉我们：17世纪的“心地非常正直”的商业之友，曾以“惊喜若狂”的心情叙述荷兰的一所济贫院曾怎样雇用一个四岁的儿童做工，而且这种“应用于实际的道德”的例子，直到亚·斯密时代为止，在一切麦考莱式人道主义者的著作中都有过。诚然，随着那种和手工业有区别的工场手工业的出现，剥削儿童的踪迹也就显现出来了。这种剥削在一定程度上从来就存在于农民中间，并且农民身上的枷锁越沉重，这种剥削就越厉害。资本的趋势是很明显的，但事实本身却像双头婴儿一样，是极为罕见的。因此，富于预感的“商业之友”就以“惊喜若狂”的心情把这些事实当做特别值得重视、值得惊异的事情记录下来，以垂教同时代的和后代的人们，并让他们去模仿。这位喜欢献媚和爱说漂亮话的苏格兰人麦考莱还说：“我们现在听到的只是退步，但看到的只是进步。”这是什么眼睛，尤其是，这是什么耳朵！

在18世纪的大部分时间内，直到大工业时代以前，英国资本还不能靠支付劳动力一星期的价值而占有工人的整个星期，只有农业工人是例外。当时工人靠四天的工资可以生活一星期，在他们看来，这一事实并不能成为其余两天也要为资本家做工的充分理由。英国有一派经济学家为了替资本效劳，猛烈攻击工人顽固不化；另一派经济学家则为工人辩护。例如，让我们听听波斯尔思韦特（当时他编的商业辞典，就像现在麦克库洛赫和麦格雷戈的同类著作一样受到好评）和前面引述过的《论手工业和商业》的作者①之间的争论吧(121)。

波斯尔思韦特说道：

> “我在结束这几点评述的时候，不能不提到从许多人那里听来的这样一种陈腐论调：如果工人（industrious poor）做5天工就足够维持生活，他就不想做满6天工。他们因此做出结论说，必须用税收或任何其他办法提高那些甚至是必要生活资料的价格，来迫使手工业者和工场手工业工人每星期不间断地劳动6天。请原谅，我的见解和这些要本王国的劳动人口永远做奴隶的大政治家们不同。他们忘记了这样一句谚语：‘只管干活不玩耍，头脑迟钝人变傻’。难道英国人没有因为他们多才多艺的手工业者和工场手工业工人一向为不列颠的商品争得普遍声誉而感到自豪吗？这是怎样得来的呢？或许就是由于我们生性活泼的劳动大众善于消遣娱乐吧。如

(121)非难工人最凶的就是本文提到的《论手工业和商业》(1770年伦敦版)的匿名作者。①他早在《论赋税》(1765年伦敦版)一书中就进行了这样的非难。站在这一方的，还有妙不可言的饶舌统计家普隆涅斯-阿瑟·杨格。为工人辩护的，最出色的当推：杰科布·范德林特《货币万能》(1734年伦敦版)；神学博士纳撒尼尔·福斯特牧师《论当前粮价昂贵的原因》(1767年伦敦版)；普赖斯博士，特别是波斯尔思韦特(对自己的《工商业大辞典》一书的增补以及他的《阐明并增进大不列颠商业利益》1759年伦敦第2版)。至于事实本身，当时的许多别的著作家都是确认的，例如乔赛亚·塔克尔就是如此。

①指约·肯宁安。——编者注

果硬要他们终年劳碌，每星期干满6天，而且老是干同样的活，那他们的才能不会退化吗？他们不会由活泼的灵巧的人变为笨拙的迟钝的人吗？我们的工人由于这种长期的奴隶制，不是会丧失自己的声誉而不是保持自己的声誉吗？……还能指望受着这种残酷折磨的动物有什么熟练的技艺吗？…… 他们中间许多人4天干的活，抵得上法国人干5—6天。但是，如果英国人长期做苦力，恐怕他们就会退化，落在法国人后面。我国人民在战争中素以勇敢闻名，我们不是常说，这是因为一方面有美味的英国牛排和布丁来果腹，另一方面有立宪的自由精神吗？我国手工业者和工场手工业工人所以有高超的才能、精力和技巧，怎能说不是因为他们享有可以随意消遣娱乐的自由呢？但愿他们永远不会丧失这种特权，不会失去成为他们劳动技巧和英勇精神的来源的优越生活！”(122)

关于这个问题，《论手工业和商业》的作者却回答说：

“假如每周的第七天休息是上帝的安排，那就是说，其余6天属于劳动〈下面我们就会看到，他的意思是说属于资本〉，所以强制实行上帝的这一诫命221，决不能说是残忍的行为…… 人一般说来天生是好逸恶劳的，我们从我国工场手工业工人的行为就不幸地体验到这一点。除非生活资料涨价，不然他们每周平均顶多干4天活…… 假定1蒲式耳小麦代表一个工人的全部生活资料，价格为5先令，工人干一天活挣1先令。这样，他一周只需要劳动5天；如果1蒲式耳小麦为4先令，他就只需要劳动4天…… 但是本王国的工资比生活资料的价格高得多，因此工场手工业工人劳动4天，就可以有余钱维持一周其余几天的闲适生活…… 我希望，我说的这些已足以表明，一周进行6天适度的劳动并不是什么奴隶制。我国农业工人就是一周干6天活的，看来他们是工人(labouring poor)中最幸福的人(123)；荷兰人在手工工场每周也是劳动这么多天，而且看来是一个很幸福的民族。法国人也是这样劳动，只要不是中间插了许多假日的话(124)…… 但是我们的民众却有

---

(122)波斯尔思韦特《工商业大辞典》，《第一篇绪论》第XIV页。

(123)［约·肯宁安］《论手工业和商业》。他自己在第96页上就说明，还在1770年，英国农业工人的“幸福”已经成了什么样子。“他们的劳动力总是紧张到极点；他们的生活坏得不能再坏，他们的劳动重得不能再重。”

(124)新教几乎把所有传统的假日都变成了工作日，由此它在资本的产生上就起了重要作用。

一种成见，好像他们作为英国人生来就有一种特权，应该比欧洲任何一国的〈工人大众〉都享有更大的自由和独立。这种思想使我们的士兵勇敢起来，就这点说，它可能有些好处；但是工场手工业工人受这种思想的影响越小，他们本身和国家得到的好处就越大。工人无论什么时候都不应当认为自己可以不依靠自己的上司而独立……　在我们这样一个大概占总人口$\frac{7}{8}$的人只有一点财产或没有财产的商业国家里，怂恿不良分子是非常危险的(125)……　只有我们的工业贫民情愿做6天工而依旧领取现在做4天工所得的工资，情况才能根本好转。(126)"

为了这种目的，也为了"根除懒惰、放荡和对自由的奢望"，同时也为了"减轻济贫税、鼓励勤勉精神和压低手工工场的劳动价格"，我们的忠于资本的埃卡尔特提出了一个行之有效的办法，就是把这些依赖社会慈善事业的工人，一句话，把需要救济的贫民关进"理想的习艺所"。"这种习艺所应当成为恐怖之所。"(127)在这种"恐怖之所"，这种"理想的习艺所"里，"每天"应当劳动"14小时，不过其中包括适当的吃饭时间，因此净剩的劳动时间是整整12小时"。(128)

在1770年的"理想的习艺所"，即恐怖之所，工作日是12小时！而经过了63年，到了1833年，当英国议会把四种工业①部门的

(125)［约·肯宁安］《论手工业和商业》第15、41、96、97、55、56、57页。

(126)同上，第69页。早在1734年，杰科布·范德林特就说过，资本家抱怨工人懒惰，其秘密只是想用同样的工资使4个工作日变成6个工作日。

(127)同上，第242、243页："这种理想的习艺所应当成为'恐怖之所'，而不应当成为贫民收容所，让他们在那里吃得饱，穿得又暖又好，而只做极少的工作。"

(128)同上，［第260页］。他说："法国人嘲笑我们的狂热的自由思想。"(同上，第78页)

①见本卷第321页。——编者注

13—18岁的儿童的工作日缩短为整整12小时的时候，似乎英国工业的末日就到来了！1852年，当路易·波拿巴为了巩固自己在资产阶级心目中的地位，打算修改法定的工作日时，法国工人大众异口同声地高呼："把工作日缩短为12小时的法令，是共和国立法留给我们的唯一福利！"(129)在苏黎世，10岁以上的儿童的劳动限制为12小时；在阿尔高州，13—16岁的儿童的劳动在1862年从$12\frac{1}{2}$小时减为12小时；在奥地利，14—16岁的儿童的劳动在1860年也缩短为12小时。(130)如果麦考莱还在的话，一定会以"惊喜若狂"的心情大叫"1770年以来的巨大进步"！①

需要救济的贫民的"恐怖之所"在1770年还只是资本灵魂的梦想，几年以后，它却作为工场手工业工人自身的庞大的"习艺所"矗立起来了。它叫做工厂。但是这一次，理想在现实面前大为逊色。

(129)"他们特别反对每天工作12小时以上，因为规定这种工时的法令是共和国立法留给他们的唯一福利。"(《工厂视察员报告。1855年10月31日》第80页)法国1850年9月5日的十二小时工作日法令是临时政府1848年3月2日法令的资产阶级化的翻版；这个法令适用于一切作坊。在这项法令颁布以前，法国的工作日是不受限制的。工厂的工作日长达14、15小时或者还要多些。见布朗基先生的《1848年法国的工人阶级》。这位布朗基先生是经济学家，而不是那位革命家，他曾受政府的委托调查过工人的状况。

(130)比利时在调整工作日方面也显示出是一个资产阶级的模范国家。英国驻布鲁塞尔的全权大使霍华德·德·沃尔登勋爵，1862年5月12日向外交部报告说："罗日埃大臣对我说，无论是普遍的法令还是地方性的调整，都没有使儿童劳动受到什么限制；近三年来，政府在每次会议上都想向两院提出关于这个问题的法案，但总是遇到无法克服的障碍，因为人们猜忌不安，唯恐出现一种同劳动完全自由的原则相抵触的法令！"

①见本卷第315页。——编者注

6. 争取正常工作日的斗争。对劳动时间的强制的法律限制。1833—1864年英国的工厂立法

资本经历了几个世纪，才使工作日延长到正常的最大极限，然后越过这个极限，延长到十二小时自然日的界限。(131)此后，自18世纪最后三十多年大工业出现以来，就开始了一个像雪崩一样猛烈的、突破一切界限的冲击。习俗和自然、年龄和性别、昼和夜的界限，统统被摧毁了。甚至旧法规①中按农民的习惯规定的关于昼夜的简单概念，也变得如此模糊不清，以致一位英国法官还在1860年为了对昼和夜作出“有判决力的”解释，就不得不使出真正学究式的聪明。(132)

(131)“无论哪一阶级的人，如果每天必须劳作12小时，那确实是十分令人遗憾的事情。如果把吃饭和往返工厂的时间都计算在内，实际上这就在一天24小时中占去14小时…… 我想，即使不谈健康问题，单从道德观点来看，谁也不会否认，从13岁这么小的年龄开始(而在“自由的”工业部门甚至是从更小的年龄开始)，就不断地把劳动阶级的时间全部侵吞，这是非常有害的，是一种可怕的弊端…… 为了公共道德，为了培育出健壮的居民，为了使广大人民能有合理的生活享受，应当坚决要求在一切营业部门中把每个工作日的一部分留出来作为休息和余暇时间。”(伦纳德·霍纳《工厂视察员报告。1841年12月31日》)

(132)见《1860年春季开庭期安特里姆郡贝尔法斯特法庭庭长奥特韦先生的判决》。

① 见本卷第313—314页。——编者注

资本则狂欢痛饮来庆祝胜利。

被生产的轰隆声震晕了的工人阶级一旦稍稍清醒过来，就开始进行反抗，首先是在大工业的诞生地英国。但是30年来，工人所争得的让步完全是有名无实的。从1802年到1833年，议会颁布了五个劳动法[222]，但是议会非常狡猾，它没有批准一文钱用于强制地实施这些法令，用于维持必要的官员等等。(133)这些法令只是一纸空文。

> "事实是，在1833年法令[187]以前，任意让儿童和少年整夜、整日或整昼夜从事劳动。"(134)

现代工业中的正常工作日，只是从1833年颁布了有关棉、毛、麻、丝工厂的工厂法起才出现的。1833年到1864年的英国工厂立法史，比任何东西都更能说明资本精神的特征！

1833年的法令规定，工厂的普通工作日应从早晨5点半开始，到晚上8点半结束。在这15小时的界限内，在白天的任何时间使用少年（从13岁到18岁）做工都是合法的，但是有一个条件：除某些特

---

(133)很能说明路易-菲力浦这个资产者国王的制度的缺点的是，他在位时颁布的唯一的工厂法（1841年3月22日）从来就没有兑现过。而且这个法令也只是涉及儿童劳动。它规定8—12岁的儿童劳动8小时，12—16岁的儿童劳动12小时，等等，并且还附有许多例外，以致竟准许8岁的儿童做夜工。在一个连每只老鼠都要受警察监视的国家里，对这项法令的监督和推行却寄托在"商业之友"的善良愿望上。只是从1853年起，才仅仅在北部省设置了一个领薪水的政府视察员。同样能很好说明法国社会一般发展的特点的是，路易-菲力浦的法令在1848年革命前竟是拥有各种各样法律的法国立法工厂中独一无二的工厂法！

(134)《工厂视察员报告。1860年4月30日》第50页。

别规定的情况外，同一个少年一天之内做工不得超过12小时。法令的第六节规定："在限制的劳动时间内，每人每天至少应有$1\frac{1}{2}$小时的吃饭时间"。除开下面要谈到的例外情况，禁止雇用未满9岁的儿童；9岁至13岁的儿童的劳动每天限制为8小时。禁止9岁至18岁的少年做夜工，也就是在该法令所说的晚上8点半至早晨5点半之间做工。

立法者根本不想触犯资本榨取成年劳动力的自由，即他们所说的"劳动自由"，于是想出一种别出心裁的制度来防止工厂法造成这种令人发指的后果。1833年6月28日委员会中央评议会的第1号报告说道：

> "现时工厂制度的大弊病，在于它必然把儿童劳动延长到成年人工作日的极限。克服这种弊病的唯一的方法，看来就是实行儿童分两班做工的方案，而不是去限制成年人的劳动，因为那样造成的弊病比要消除的弊病更大。"223

这个"方案"于是就以"换班制度"（"System of Relays"；在英语和法语中，Relay都指到驿站换马）的名义实施了。例如，9—13岁的儿童分成两班，一班从早晨5点半到午后1点半，另一班从午后1点半到晚上8点半，等等。

工厂主先生们极端厚颜无耻地无视最近22年来所公布的一切有关儿童劳动的法律，为了奖赏他们，如今又给他们吞服的药丸涂上一层金色。议会决定，未满11岁的儿童从1834年3月1日起，未满12岁的儿童从1835年3月1日起，未满13岁的儿童从1836年3月1日起，在工厂劳动不应超过8小时！这种对"资本"如此宽厚的"自由主义"，理应得到更多的赞赏，因为法尔医生、安·卡莱尔爵士、本·布罗迪爵士、查·贝尔爵士、格思里先生等等，一句话，当时伦敦最著名的内科和外科医生，在下院作证时都曾经说过，“危险在于迟缓！”[224]。关于这个问题，法尔医生说得更尖锐：

> “为了防止由任何原因引起的早死，立法同样是必要的。这种方法〈工厂方法〉无疑应看做是引起早死的最残酷的方法之一。”(135)

同一个“经过改革”的议会，一方面出于对工厂主先生们的温情，迫使未满13岁的儿童在几年内继续在工厂地狱里每周劳动72小时；另一方面却在那也是一点一滴地给予自由的解放法令[226]中，一开始就禁止种植园主强迫任何黑奴每周劳动45小时以上！

但是资本毫不体谅，却掀起了一个叫嚷了好几年的鼓动运动。运动主要是围绕着什么样的年龄算是儿童的问题，因为法律规定，儿童每天做工不得超过8小时，并且要受到一定的义务教育。根据资本主义人类学的说法，儿童时代到10岁，或者至多到11岁就结束了。工厂法完全生效的日期——不祥的1836年——越接近，工厂主这帮恶棍就越猖狂。他们确实把政府吓住了，于是政府在1835年建议把儿童时期的界限从13岁降为12岁。但这时外界的压力也越来越带有威胁性。下院没有勇气这样做了。它拒绝把13岁的儿童扔在资本的札格纳特车轮下[227]每天被压榨8小时以上。1833年的法令完全生效了。直到1844年6月它一直没有变动。

在工厂劳动先是局部后是全部受到这项法令约束的10年间，工厂视察员的官方报告充满了关于这项法令无法实施的抱怨。1833年的法令规定，在早晨5点半到晚上8点半这15小时内，每个“少

(135)“Legislation is equally necessary for the prevention of death, in any form in which it can be prematurely inflicted, and certainly this must be viewed as a most cruel mode of inflicting it.”[225]

年"和"儿童"究竟什么时候开始、中断和停止他的12小时或8小时劳动，完全由资本家先生们去决定，并且他们还可以为不同的人规定不同的吃饭时间，这样一来，这班先生很快就找到一种新的"换班制度"①，让驿马不是在一定的驿站换班，而是在不固定的驿站上一次又一次地被套上跑下去。我们不来进一步谈论这个制度的妙处，因为后面我们还要谈到。但是一眼就看得很清楚，这个制度不仅使整个工厂法的精神，而且使它的条文都落空了。既然每个儿童和少年的账册如此复杂，工厂视察员有什么办法迫使工厂主遵守法定的劳动时间和吃饭时间呢？以前那种残酷的不法行为很快地又在许多工厂中不受惩罚地盛行起来。工厂视察员在同内务大臣的一次会见(1844年)时证明说，在新发明的换班制度下不可能实行任何监督。(136)但这时情况毕竟有了很大变化。特别是从1838年以来，工厂工人把十小时工作日法案[190]当做自己经济上的竞选口号，正像他们把宪章[228]当做自己政治上的竞选口号一样。甚至一部分按照1833年法令来经营工厂的工厂主，也上书议会，控告某些"口是心非的弟兄"进行不道德的"竞争"，因为这些人由于更加厚颜无耻或拥有较有利的地方条件就违反法律。此外，尽管个别的工厂主仍然可以为所欲为，工厂主阶级的代言人和政治领袖却要求对工人采取另一种态度和使用另一种语言。他们已经发动了废除谷物法的运动，为了取得胜利，需要工人的帮助！因此，他们不仅答应把大圆面包加大一倍[229]，而且答应在自由贸易的千年王国[230]内实行十小时工作日法

(136)《工厂视察员报告。1849年10月31日》第6页。

①见本卷第331—338页。——编者注

案。(137)所以，他们就更不能去反对那种只以实行1833年法令为目的的措施了。①最后，托利党人由于自己的最神圣的利益即地租受到威胁，也用博爱家的口吻大骂他们的敌人的“可耻行为”(138)。

于是就出现了1844年6月6日的补充工厂法。它从1844年10月1日开始生效。它又把另一类工人，即18岁以上的妇女，置于法律保护之下。她们在各方面都受到与少年工相同的待遇，她们的劳动时间限制为12小时，禁止做夜工，等等。立法第一次被迫对成年人的劳动也进行直接的正式的监督。1844—1845年的工厂报告讽刺地说：

> “就我们所知，成年妇女还从未抱怨过这种侵犯她们权利的行为。”(139)

13岁以下的儿童的工作日缩短为每天$6\frac{1}{2}$小时，在有些条件下是7小时。(140)

为了防止滥用虚假的“换班制度”，法律又规定了下列重要的细则：

> “儿童和少年的工作日，应该从有任何一个儿童或少年早晨在工厂里开始劳动的时候算起。”

按照这个规定，如果A是从早晨8点开始劳动，B是从10点开始劳

(137)《工厂视察员报告。1848年10月31日》第98页。

(138)伦纳德·霍纳还正式使用了“可耻行为”一语(《工厂视察员报告。1859年10月31日》第7页)。

(139)《工厂视察员报告。1844年9月30日》第15页。

(140)法令允许使用儿童劳动10小时，只要他们不是天天做工，而是隔一天做一天工。总的说来，后面这项附带条款始终没有发生过效力。

①见本卷第321—322页。——编者注

动，那么，B的工作日仍然要和A的工作日一样，应在同一时间结束。开工时间应以某个公共时钟为准，例如，以附近的铁路时钟为准，工厂的钟要和这个铁路时钟保持一致。工厂主必须在工厂张贴大字印刷的时间表，说明上工、下工、休息的时间。12点以前上工的儿童不得在下午1点钟以后又让做工。这样，下午班就不能再有上午班的儿童。受法律保护的全体工人都要有$1\frac{1}{2}$小时的吃饭时间，并应在同一时间吃饭，其中至少有1小时应在下午3点以前。儿童或少年至少应有半小时的吃饭时间，否则不得让他们在下午1点以前做工5小时以上。儿童、少年和妇女不得留在某种劳动过程正在进行的厂房中吃饭，等等。

我们看到，这些按照军队方式一律用钟声来指挥劳动的期间、界限和休息的细致的规定，决不是议会设想出来的。它们是作为现代生产方式的自然规律从现存的关系中逐渐发展起来的。它们的制定、被正式承认以及由国家予以公布，是长期阶级斗争的结果。它们的直接后果之一，就是这些规定的实施使工厂的成年男工的工作日也受到同样的限制，因为在大多数生产过程中，必须有儿童、少年和妇女的协作。所以总的说来，在1844—1847年期间，受工厂立法约束的一切工业部门，都普遍一致地实行了十二小时工作日。

但是，工厂主如果没有得到某种“退步”作补偿，是不会容忍这种“进步”的。在他们的敦促下，下院把可以雇用的儿童的最低年龄从9岁减为8岁，以保证资本按照上帝旨意和人间法律得到“工厂儿童的追加供给”(141)。

---

(141)“由于他们的劳动时间的缩短会引起雇用人数〈儿童数〉的增加，有人就认为，这种增长了的需求可由8—9岁的儿童的追加供给来满足。”(《工厂视察员报告。1844年9月30日》第13页)

1846—1847年在英国经济史上划了一个时代。谷物法[23]废除了,棉花和其他原料的进口税取消了,自由贸易被宣布为立法的指路明灯!一句话,千年王国出现了。另一方面,宪章运动和争取十小时工作日的鼓动在这期间达到了顶点。它们在渴望报仇的托利党人那里找到了同盟者。尽管以布莱特和科布顿为首的言而无信的自由贸易派疯狂反抗,争取了很长时间的十小时工作日法案终于由议会通过了。

1847年6月8日的新工厂法规定,从1847年7月1日起,"少年"(从13岁到18岁)和所有女工的工作日先缩短为11小时,而从1848年5月1日起,最终限制为10小时。在其他方面,这个法令只是1833年和1844年的法令的修正补充。

资本先发制人,想使这个法令在1848年5月1日不能完全实行。而且,似乎由于取得经验教训而变得聪明的工人自己应当来帮助再一次破坏自己的事情。时机是选择得很巧妙的。

"必须记住,1846—1847年爆发了可怕的危机,工厂工人深受其害,因为很多工厂开工不足,另一些工厂完全停工。大量工人的生活非常窘迫,很多工人负有债务。因此,可以有把握地断定,他们宁愿劳动时间更长一些,以便弥补过去的亏损,偿还债务,或者从当铺赎回自己的家具,或者把卖掉的东西再补充进来,或者为自己和家属添制新衣。"(142)

工厂主先生们普遍把工资降低了10%,企图以此来助长这种状况的自然作用。而这就是所谓向自由贸易新纪元的献礼。后来,工作日缩短为11小时,工资又降低$8\frac{1}{3}$%,最后工作日缩短为10小时,工资降低的百分比再增加一倍。因此,凡是在情况允许的地方,

(142)《工厂视察员报告。1848年10月31日》第16页。

工资至少降低了25%。(143)在这样准备妥当的时机下，就在工人中间展开了废除1847年法令的鼓动。欺骗、诱惑、威胁的手段全都用了，但都是枉费心机。虽然在工人中间征集到了半打请愿书，诉说“他们深受这个法令的压迫”，但是在口头询问这些请愿者的时候，他们说是被迫签名的。“他们是受压迫，但不是受工厂法而是受某种人的压迫。”(144)工厂主们既然无法使工人说出他们工厂主想说的话，于是自己就以工人的名义在报刊上和议会里大叫大嚷。他们指责工厂视察员是一种国民公会委员[231]，想靠残酷无情地牺牲不幸的工人，来实现他们改善世界的奇想。但是这一招也没有得逞。工厂视察员伦纳德·霍纳本人以及通过他的助手在兰开夏郡的工厂中询问了很多证人。在被询问的工人中，赞成十小时工作日的将近70%，赞成十一小时的百分比要小得多，赞成原来的十二小时的只占极少数。(145)

另一个“友好的”花招是使成年男工劳动12—15小时，然后宣布这是无产阶级内心愿望的最好的表达。但是“残酷无情的”工厂视察员伦纳德·霍纳马上又出现了。大多数“加班加点工人”声称：

---

(143)“我发现，每周领取10先令的人因为工资普遍减少10%而少得1先令，又因为工作时间缩短而少得1先令6便士，总共少得2先令6便士，尽管如此，大多数人还是坚决拥护十小时工作日法案。”(同上)

(144)“当我在请愿书上签名的时候，我就说我做了一件坏事。——那你为什么要签名呢?——因为拒绝签名就会被解雇。——请愿者觉得自己确实‘受压迫’，但不是受工厂法的压迫。”(同上，第102页)

(145)《工厂视察员报告。1848年10月31日》第17页。在霍纳先生的管区，曾询问了181个工厂的10 270个成年男工。他们的证词都载于截至1848年10月为止的半年工厂视察员报告的附录中。这种询问在其他方面也提供了宝贵的材料。

“他们宁愿劳动10小时而少拿些工资，但是他们没有选择的余地；他们有很多人失业，有很多纺纱工人被迫去做零工，如果他们拒绝延长劳动时间，别人马上就会把他们挤走。所以，摆在他们面前的问题是：或者把劳动时间延长一些，或者流落街头。”(146)

资本想先发制人，但是失败了。十小时工作日法令于1848年5月1日生效。但这时，宪章派也失败了。他们的领袖被关进监狱，他们的组织遭到破坏。宪章派的失败已经动摇了英国工人阶级的自信心。[232]不久，巴黎的六月起义和对起义的血腥镇压，[233]使欧洲大陆和英国的统治阶级的一切派别——土地所有者和资本家，交易所豺狼和小商人，保护关税论者和自由贸易论者，政府和反对派，教士和自由思想者，年轻的娼妇和年老的修女——都在拯救财产、宗教、家庭和社会的共同口号下联合起来了！工人阶级到处被排除在法律保护之外，被革出教门，受到“嫌疑犯处治法”[234]的迫害。工厂主先生们可以为所欲为了。他们进行公开的反叛，不仅反对十小时工作日法令，而且反对1833年以来力图对劳动力的“自由”榨取稍加限制的一切立法。这是一次缩小型的“维护奴隶制的叛乱”[8]，这次叛乱蛮横无耻，疯狂已极，持续了两年多，而这样做是十分便宜的，因为叛乱的资本家只是用自己工人的生命进行冒险。

为了便于了解以后的事情，必须记住：1833年、1844年和1847年的各个工厂法，凡是在后者没有对前者进行修改的地方，都保留了法律效力；这三个法令都没有限制18岁以上的男工的工作日；从1833年以来，早晨5点半至晚上8点半这15小时的时间始终是法

(146)同上。见《附录》中列举的伦纳德·霍纳本人收集的第69、70、71、72、92、93号证词，以及助理视察员亚·收集的第51、52、58、59、60、62、70号证词。有一个工厂主自己讲出了全部真相。见该报告第265号以后的第14号。

定“日”，在这个界限以内，少年和妇女可以在法律规定的条件下，起先劳动12小时，后来劳动10小时。①

某些地方的工厂主开始把他们雇用的少年工和女工解雇一部分，有时甚至解雇一半，同时却把几乎已经绝迹的夜工在成年男工当中恢复了。他们叫嚷说，十小时工作日法令使他们别无出路！(147)

第二步是针对法定的吃饭时间，让我们听听工厂视察员是怎样说的：

> “自从工作日限制为10小时以来，工厂主们就说（虽然实际上他们还没有完全实现他们所说的），如果劳动是从早晨9点到晚上7点，那么他们在早晨9点以前拿出一小时，在晚上7点以后拿出半小时，总共用$1\frac{1}{2}$小时作为吃饭时间，这也就是充分地执行法令的规定了。现在，在某些场合，他们准许有半小时或一小时的午饭时间，但是他们坚持说，他们没有义务把这$1\frac{1}{2}$小时的任何部分包括在十小时工作日之内。”(148)

因此，工厂主先生们硬说，1844年法令关于吃饭时间的十分详细的规定②，只是允许工人在进厂以前和离厂以后，即在自己家里吃饭喝水！工人为什么不应当在早晨9点以前吃午饭呢？但是皇家法官裁决说，法律规定的吃饭时间

> “必须安排在实际工作日的休息时间内。让工人从早晨9点到晚上7点连续不停地劳动10小时是不合法的”(149)。

---

(147)《工厂视察员报告。1848年10月31日》第133、134页。

(148)《工厂视察员报告。1848年4月30日》第47页。

(149)《工厂视察员报告。1848年10月31日》第130页。

---

①见本卷第321—322、325、327页。——编者注

②见本卷第326页。——编者注

经过这几场愉快的示威后，资本采取了与1844年法令条文相适应的即合法的步骤来进行反叛。

诚然，1844年的法令规定，上午12点以前做工的8—13岁的儿童不准在下午1点以后又让做工。①但是在中午12点或下午开始做工的儿童的$6\frac{1}{2}$小时劳动，法令却未作任何规定！因此，可以使中午12点开始做工的8岁儿童在12点至1点之间干1小时，在下午2点至4点之间干2小时，在5点至晚上8点半之间干$3\frac{1}{2}$小时，总共是法定的$6\frac{1}{2}$小时！甚至还有更妙的办法。为了使儿童的劳动同干到晚上8点半的成年男工的劳动配合起来，工厂主只要在下午2点以前不给儿童活干，就可以使他们在工厂中连续不停地干到晚上8点半！

> “现在人们公开承认，近来由于工厂主拼命使机器开动10小时以上，在所有的少年和妇女都离开工厂以后，8—13岁的男女儿童被留下来和成年男工一起干到晚上8点半，这种办法已在英国实行。”(150)

工人和工厂视察员从卫生和道德的角度提出抗议。但资本回答说：

> “我的行为没有越轨，我要求我的权利！
> 那就是我的契约上规定的罚金和抵押品！”235

事实上，1850年7月26日向下院提出的统计材料表明，尽管有各种抗议，到1850年7月15日为止，还有257家工厂的3 742个儿

(150)《工厂视察员报告。1848年10月31日》第142页。

①见本卷第326页。——编者注

童受着这种“办法”的折磨。(151)不仅如此！资本的山猫眼睛发现，1844年的法令规定，在上午连续劳动5小时至少要休息30分钟，但是关于下午的劳动却没有任何类似的规定。因此，资本要求而且确实也迫使8岁的童工不仅从下午2点一直拼命干到晚上8点半，而且还要挨饿！

> “对了，他的胸部，
> 契约上是这么说的！”(152)[235]

对于1844年法令限制儿童劳动的条款，资本家像夏洛克那样死抠法令条文，只是为了对该法令限制“少年和妇女”的劳动的这同一项条款进行公开的反叛做准备。我们记得，废除“虚假的换班制度”是这个法令的主要目的和主要内容①。工厂主开始反叛这个法令的时候，只是简单地声明说，1844年法令禁止在十五小时工厂日内任意分小段时间来使用少年和妇女的条款，

“在劳动时间限制为12小时的时候，没有造成多大损失。而在实行十小时工作

(151)《工厂视察员报告。1850年10月31日》第5、6页。

(152)资本无论在其发达的形式上或不发达的形式上，性质都是一样的。在美国南北战争爆发前不久，由于奴隶主的影响被强加在新墨西哥领土上的法典中写道：只要资本家购买了工人的劳动力，工人就“成为他的〈资本家的〉货币”。在罗马的贵族中也流行过这种看法。他们借给平民债务人的钱，通过生活资料转化为债务人的血和肉。因此，这种“血和肉”是“他们的货币”。由此就产生了夏洛克式的十表法[236]！兰盖关于贵族债权人时常在台伯河彼岸用煮熟了的债务人的肉来大办筵席的臆说[237]，和道默关于基督教圣餐的臆说[238]一样，始终无法确定。

① 见本卷第325页。——编者注

日法令的情况下，它们就是难以忍受的不公平了”(153)。

因此，他们用最冷静的态度向视察员宣称，他们将不理睬法律的条文，他们打算自行恢复旧的制度。(154)据说，这样做符合听了不良劝告的工人本身的利益，

> “能对他们支付较高的工资”。“这是在实行十小时工作日法令下保持大不列颠的工业优势的唯一可能的办法。”(155)“在换班制度下要发现违法情况也许有些困难，但这又有什么关系呢？难道为使工厂视察员及其助手省掉一些小小的麻烦，就应当把这个国家的巨大的工厂利益看成是次要的东西吗？”(156)

当然，所有这些遁词都无济于事。工厂视察员向法庭提出诉讼。但是工厂主的请愿书立即像雪片似地飞向内务大臣乔治·格雷爵士，以致他在1848年8月5日的通令中晓谕视察员：

> “只要还没有证实换班制度被滥用来使少年和妇女劳动10小时以上，一般不要按违背法令条文来追究。”

在这以后，工厂视察员约·斯图亚特就准许苏格兰全境在十五小时工厂日内实行所谓换班制度，于是这种制度很快就像以前那样盛行起来。而英格兰的工厂视察员则声明，内务大臣没有权力自作主张中止法律的实施，并且继续向法庭控告那些维护奴隶制的叛乱者。

---

(153)《工厂视察员报告。1848年10月31日》第133页。

(154) 例如，慈善家阿什沃思在写给伦纳德·霍纳的一封贵格会会士式的令人作呕的信中，就是这样说的。(《工厂视察员报告。1849年4月》第4页)

(155)《工厂视察员报告。1848年10月31日》第138页。

(156)同上，第140页。

但是，既然法庭，郡治安法官(157)宣判他们无罪，那传讯又有什么用呢？在这些法庭上坐的是工厂主先生，他们是自己审问自己。举一个例子。克肖—利斯公司的纺纱厂主，一个叫埃斯克里格的人，曾把他的工厂准备实施换班制度的计划提交本区的工厂视察员。在他的计划被拒绝以后，他起初没有采取什么行动。几个月以后，一个叫鲁宾逊的人——也是纺纱厂主，他如果不是埃斯克里格的星期五，至少也是他的亲戚——由于实行一种与埃斯克里格想出的换班制度相同的制度而被控告到斯托克波特市巴勒区治安法官。庭上坐着四位法官，其中三位是纺纱厂主，而以那位必不可少的埃斯克里格为首。埃斯克里格宣判鲁宾逊无罪，并且说，对鲁宾逊来说是合法的事，对埃斯克里格也是合理的。于是，他根据他自己的具有法律效力的判决，马上就在自己的工厂里实行这种制度。(158)不用说，这种法庭的组成本身就是对法律的公然违反。(159)工厂视察员豪威耳叫道：

"这种审判把戏亟须改革……　或者是使法律适应这种宣判，或者是让一个犯错误较少、能使判决适应法律的法院去执行……　在一切这样的场合都多么需要领薪水的法官啊！"(160)

---

(157)这些"郡治安法官"，即被威·科贝特称为"伟大的不领薪水的人"，是由各郡绅士组成的不领薪水的治安法官。事实上，他们形成统治阶级的世袭法庭[239]。

(158)《工厂视察员报告。1849年4月30日》第21、22页。参看该报告第4、5页上类似的例子。

(159)根据威廉四世元年和二年法令，即叫做约翰·霍布豪斯爵士工厂法的第39章第10节，在与工厂法有关的问题上，任何一个棉纺织厂厂主及其父子兄弟一律不得担任治安法官的职务。

(160)《工厂视察员报告。1849年4月30日》[第22页]。

皇家法官宣布工厂主对1848年法令的解释是荒谬的，但是社会的救主们坚持原来的想法。伦纳德·霍纳报告说：

"我在七个审判区中提出10件诉讼，试图强制人们执行法律，可是只有一件诉讼得到治安法官的支持…… 我认为再对违法行为提出诉讼是徒劳无益的。法令中规定劳动时间要整齐划一的那一部分条文……在兰开夏郡已经不发生效力。我和我的助手没有任何办法能使自己确信，那些实行所谓换班制度的工厂不让少年和妇女劳动10小时以上…… 1849年4月底，在我的管区里已经有114家工厂采用这种方法，近来这种工厂的数目还在急剧增加。一般说来，现在工厂的劳动是$13\frac{1}{2}$小时，从早晨6点到晚上7点半；也有劳动15小时的，从早晨5点半到晚上8点半。"(161)

还在1848年12月，伦纳德·霍纳就列举出65个工厂主和29个工厂监工，说他们一致认为，在这种换班制度下，任何监督制度都不能阻止过度劳动的广泛流行。(162)同一批儿童和少年时而由纺纱车间调到织布车间，时而在15小时之内由这个工厂调到那个工厂。(163)这样一种制度怎能加以监督呢，

"它滥用换班之名，把工人像纸牌一样按无限多样的方式混杂起来，并且天天变更各人的劳动和休息时间，以致同组的全体工人永远不能在同一时间同一地点做工！"(164)

但是，完全撇开现实的过度劳动不说，这种所谓换班制度是资本幻想的产物，连傅立叶关于"短时工作"[240]的幽默描写都相形见绌，所不同的只是，劳动的吸引力转化成了资本的吸引力。我们来看看

(161)《工厂视察员报告。1849年4月30日》第5页。

(162)《工厂视察员报告。1849年10月31日》第6页。

(163)《工厂视察员报告。1849年4月30日》第21页。

(164)《工厂视察员报告。1848年10月31日》第95页。

工厂主所编制的那些计划吧，它们被有声望的报纸誉为“在相当精细和适当的安排下才能做出的事物”的典范。全体工人有时被分为12—15个类别，各类别本身的组成部分不断改变。在十五小时工厂日内，资本一会儿把工人拉来干30分钟，一会儿拉来干一小时，然后又把他推开，接着又把他拉来，然后再把他推开，就这样一小段一小段时间地把他赶来赶去，但是在他未做满10小时之前，决不把他放掉。就像在舞台上一样，同样一些人物要在各幕戏的各个场次轮流出场。但是也正像演员在整个戏的演出中是属于舞台一样，现在，工人在15小时之内是属于工厂，其中还不包括上下工走路的时间。于是，休息时间变成了强制闲逛的时间，它把少年男工赶进酒店，把少年女工赶进妓院。资本家力图不增加劳动人员而使自己的机器开动12小时或15小时，为此他们每天都想出新招，这就使工人不得不有时抓住这一点零碎时间，有时抓住那一点零碎时间把饭吞下去。在争取十小时工作日的鼓动期间，工厂主大喊大叫，说工人歹徒们请愿的目的是想用10小时的劳动取得12小时的工资。现在他们是反过来了。他们支配劳动力12小时或15小时，而只支付10小时的工资！(165)这就是问题的实质，这就是工厂主对十小时工作日法令的解释！正是这些假献殷勤、满嘴博爱的自由贸易论者，在宣传反对谷物法的整整10年中，一分一毫地算给工人听，说如果可以自由输入粮

---

(165)见《工厂视察员报告。1849年4月30日》第6页，以及工厂视察员豪威耳和桑德斯在《工厂视察员报告。1848年10月31日》中对“换班制度”的详细剖析。还可参看阿什顿市及其附近地区的牧师于1849年春为反对“换班制度”而向女王①呈交的请愿书。

---

①指维多利亚。——编者注

食，那么按照英国工业的能力，只要实行十小时工作日就足以使资本家发财致富了。(166)

资本进行了两年的叛乱终于取得了胜利：英国四个高等法院之一，财务法院，于1850年2月8日判决一件案子时宣布，虽然工厂主违反了1844年法令的精神，但是这个法令本身的某些词句已经使法令变得毫无意义。“这种判决就是废除了十小时工作日法。”(167)很多以前不敢对少年和女工实行换班制度的工厂主，现在都双手抓住换班制度不放了。(168)

但是，随着资本获得表面上的最后胜利，情况立即又发生了变化。在此以前，工人虽然日复一日地进行不屈不挠的反抗，但是这种反抗一直采取守势。现在他们在兰开夏郡和约克郡召开声势浩大的集会表示抗议。他们提出，所谓十小时工作日法令只是一场骗局，只是议会的欺诈行为，根本就未存在过！工厂视察员急切地警告政府说，阶级对抗已经达到难以置信的紧张程度。甚至一部分工厂主也抱怨起来：

> “治安法官的互相矛盾的判决，造成十分不正常的、无政府的状态。在约克郡是一种法律，在兰开夏郡又是一种法律，在兰开夏郡的某一教区是一种法律，在邻近的教区又是一种法律。大城市的工厂主可以逃避法律，小地方的工厂主找不到必要的人手来实行换班制度，更不必说把工人从一个工厂调到另一个

---

(166)例如可参看罗·海·格雷格《工厂问题。十小时工作日法案》1837年版。

(167)弗·恩格斯《英国的十小时工作日法》(载于我主编的《新莱茵报。政治经济评论》1850年4月号第13页[241])。在美国南北战争时期，这所“高等”法院又发现，由于语义含糊，取缔海盗船只武装的法律竟成了正好相反的东西。

(168)《工厂视察员报告。1850年4月30日》。

工厂……”

平等地剥削劳动力，是资本的首要的人权。

在这种情况下，工厂主和工人之间取得了某种妥协，这种妥协被议会在1850年8月5日新的补充工厂法[195]中固定下来。“少年和妇女”的工作日，在一周的前5天从10小时延长为$10\frac{1}{2}$小时，星期六限制为$7\frac{1}{2}$小时。劳动时间应从早晨6点至晚上6点(169)，其中休息$1\frac{1}{2}$小时作为吃饭时间，吃饭时间应当统一，并且要符合1844年的规定等等。这样，换班制度就永远结束了。(170)关于儿童劳动，1844年的法令仍然有效。

有一类工厂主，这一次也和以往一样，保全了自己对无产阶级儿童的特殊的领主权。他们是丝厂厂主。1833年他们曾咄咄逼人地喊叫：“如果剥夺他们让各种年龄的儿童每天劳动10小时的自由，那就等于让他们的工厂停工。”他们说，他们无法买到足够数量的11岁以上的儿童。他们强行取得了想要取得的特权。后来的调查表明，他们的借口纯系捏造(171)，但是这并没有妨碍他们在整整10年内，每天用10小时从那些必须靠人放到凳子上才能干活的幼童的血中抽出丝来。(172)1844年的法令虽然“抢走了”他们让不满11岁的儿童每天劳动$6\frac{1}{2}$小时以上的“自由”，但是保证了他们每天剥削11—13岁的儿童10小时的特权，并且取消了儿童在其他工厂本来可以受到的义务教育。这一次的借口是：

(169)在冬季，这段时间可以改为早晨7点至晚上7点。

(170)“现行法律〈1850年〉是一种妥协，其结果是工人放弃了十小时工作日法令的利益，而得到的好处是，凡在劳动时间上受到限制的人都能以统一的时间上工和下工。”(《工厂视察员报告。1852年4月30日》第14页)

(171)《工厂视察员报告。1844年9月30日》第13页。

(172)同上。

“细巧的织物需要灵巧的手指，而这只有年幼时进工厂才能做到。”(173)

儿童们由于手指细巧而被杀戮，正如俄国南部的牛羊由于身上的皮和油而被屠宰一样。最后，1844年准许的这种特权，到1850年又受到限制而只适用于捻丝和缫丝部门了；但是，为了补偿资本失掉这种“自由”而遭到的损失，11—13岁儿童的劳动时间从10小时延长到$10\frac{1}{2}$小时。借口是：“丝厂的劳动比其他工厂轻，对健康损害较少。”(174)后来，官方医生的调查表明，情况正好相反，

“丝业区的平均死亡率异常高，人口中妇女部分的平均死亡率甚至比兰开夏郡棉纺织业区还高”(175)。

---

(173)《工厂视察员报告。1846年10月31日》第20页。

(174)《工厂视察员报告。1861年10月31日》第26页。

(175)同上，第27页。一般说来，工厂法影响所及的工人居民的体格都大大增强了。医生的所有证词在这一点上都是一致的，我根据自己在各个不同时期的亲身观察，也确信这一点。尽管如此，并且即使撇开初生婴儿的惊人的死亡率不说，格林豪医生的正式报告还是表明，同“具有正常健康状况的农业区”相比，工厂区的健康状况是不良的。我引用他1861年报告中的下列统计表作为证明：

在工业中做工的成年男子的百分比	每10万个男子中死于肺病的人数	地区名称	每10万个妇女中死于肺病的人数	在工业中做工的成年妇女的百分比	妇女职业类别
14.9	598	威根	644	18.0	棉业
42.6	708	布莱克本	734	34.9	同上
37.3	547	哈利法克斯	564	20.4	毛业
41.9	611	布拉德福德	603	30.0	同上
31.0	691	麦克尔斯菲尔德	804	26.0	丝业
14.9	588	利克	705	17.2	同上
36.6	721	特伦特河畔斯托克	665	19.3	瓦器业
30.4	726	伍尔斯坦顿	727	13.9	同上
—	305	8个健康的农业区	340	—	

尽管工厂视察员每半年提出一次抗议，但是这种恶劣现象一直继续到现在。(176)

1850年的法令只是把“少年和妇女”的劳动时间从15小时改为12小时，即从早晨5点半至晚上8点半改为从早晨6点至晚上6点。就是说，这种改变不适用于儿童，他们照旧可以在开工前半小时和完工后$2\frac{1}{2}$小时内被使用，尽管他们劳动的总时间不得超过$6\frac{1}{2}$小时。在讨论法案的时候，工厂视察员曾向议会提出统计材料，说明这种反常现象造成了可耻的滥用。但是毫无效果。因为在这背后隐藏着一种企图，就是想借助于儿童在繁荣年代重新把成年男工的工作日延长到15小时。以后三年的经验表明，这种企图由于成年男工的反抗必定遭到失败。(177)因此，1850年法令终于在1853年作了补充：禁止“在少年和妇女早晨上工前和晚上下工后使用童工”。从那时起，除了少数例外情况，1850年的工厂法把受它约束的工业部门的全体工人的工作日都纳入法律限制之内了。(178)从第

---

(176)大家知道，英国的“自由贸易派”曾多么不愿意放弃丝织业的保护关税。现在限制法国进口的保护关税是取消了，取而代之的却是英国的工厂儿童也不加保护了。

(177)《工厂视察员报告。1853年4月30日》第30页。

(178)在1859年和1860年英国棉纺织业的鼎盛时期，有些工厂主企图以额外时间付高工资为诱饵，促使成年男纺工等延长工作日。使用手摇骡机和自动纺机的纺工向雇主提出意见书，这才罢休。意见书中写道：“坦白地说，我们的生活对我们来说已成为一种负担。只要我们每周被关在工厂中的时间仍比别的工人几乎多两天〈20小时〉，我们就觉得自己好像是国家的奴隶，并且我们责备自己竟容忍一种对我们自己的和我们后代的身心有害的制度长期存在下去……　所以，我们郑重通知，从新年起，我们每周劳动将决不多于60小时，从6点至6点，其中还包括法定的$1\frac{1}{2}$小时的休息时间。”(《工厂视察员报告。1860年4月30日》第30页)

一个工厂法颁布以来，到这时已经过去半个世纪了。(179)

1845年公布的"印染工厂法"，使立法第一次超出了它原有的范围。资本容许这种新的"狂暴行为"时的不悦心情，贯穿法令的每一行！这个法令把8—13岁的儿童和妇女的工作日限制为16小时，从早晨6点到晚上10点，并且没有规定任何法定的吃饭时间。它容许人们任意使13岁以上的男工日夜劳动。(180)这是议会的一次流产。(181)

但是，原则战胜了，它在作为现代生产方式的特殊产物的大工业部门中胜利了。1853—1860年时期这些部门的惊人发展，以及同时出现的工厂工人体力和精神的复活，连瞎子也看得清清楚楚。连那些经过半个世纪的内战才被迫逐步同意在法律上限制和规定工作日的工厂主，也夸耀这些工业部门与那些仍旧是"自由的"剥削领域所形成的对照。(182)"政治经济学"上的伪善者现在也宣称，认

---

(179)关于利用这个法律的词句来破坏法律的手法，参看议会报告《工厂法》(1859年8月9日)，以及该报告所载伦纳德·霍纳《关于修改工厂法以使工厂视察员能够制止目前盛行的非法劳动的建议》。

(180)"在最近半年〈1857年〉里，我的管区的8岁和8岁以上的儿童事实上都被迫从早上6点累死累活地干到晚上9点。"(《工厂视察员报告。1857年10月31日》第39页)

(181)"印染工厂法关于教育以及劳动保护的规定被认为是一种失败。"(《工厂视察员报告。1862年10月31日》第52页)

(182)例如，埃·波特尔1863年3月24日写给《泰晤士报》的一封信中就是这样说的。《泰晤士报》提醒他不要忘记反对十小时工作日法令的工厂主叛乱。①

---

①见本卷第662—665页。——编者注

识在法律上规定工作日的必要性，是他们这门“科学”的突出的新成就。(183)不难了解，在工厂大亨们被迫服从不可避免的东西并且同它和解之后，资本的抵抗力量就逐渐削弱了，而同时，工人阶级的进攻力量则随着他们在没有直接利害关系的社会阶层中的同盟者的增加而加强了。这就是从1860年以来进步较快的原因。

染厂和漂白厂(184)在1860年，花边厂和织袜厂在1861年分别受1850年工厂法的约束。由于有童工调查委员会第1号报告(1863年)，一切瓦器业(不仅是陶器业)、火柴厂、雷管厂、弹药厂、壁纸厂、天鹅绒厂以及许多统称为“最后整饰”的作业，都遭

---

(183)同图克一起编写并出版《价格史》的威·纽马奇先生就是这样认为的。难道怯懦地向舆论让步也是科学上的进步么？

(184)1860年颁布的关于漂白厂和染厂的法令规定，从1861年8月1日起，工作日暂时缩短为12小时，从1862年8月1日起，最后缩短为10小时，也就是说，平日为$10\frac{1}{2}$小时，星期六为$7\frac{1}{2}$小时。但是不祥的1862年一到来，旧把戏又重演了。工厂主先生们向议会请愿，要求把准许少年和妇女劳动12小时的规定仅仅再延长一年……“在现今的营业状况下〈棉荒时期〉，如果允许工人每天劳动12小时，赚得尽可能多的工资，那对他们将是十分有利的……”一项根据这种精神拟定的法案也已经提交下院。“由于苏格兰漂白厂工人的鼓动，这项法案被撤销了。”(《工厂视察员报告。1862年10月31日》第14、15页)盗用工人名义说话的资本遭到工人回击后，又借助法学家的眼镜发现，1860年的法令和议会的一切有关“劳动保护”的法令一样，措辞含糊，从中能找到这样的借口：该法令的有效范围不包括“轧光工”和“整理工”。英国的审判权始终是资本的忠实奴仆，它通过“高等民事法院”批准了这种强词夺理的解释。“这引起工人极大的不满，并且深为遗憾的是，立法的明确意图，竟由于字义不明而化为泡影。”(《工厂视察员报告。1862年10月31日》第18页)

受同样的命运。1863年，"露天漂白厂"(185)和面包房分别受专门法令的约束，在露天漂白厂中禁止在夜间（从晚上8点至早晨6点）使用儿童、少年和妇女做工，在面包房中禁止在晚上9点至早

---

(185)"露天漂白业者"撒谎说，他们没有使用妇女做夜工，以此逃避了1860年漂白工厂法。但谎言被工厂视察员揭穿了，同时，工人的请愿书使议会打消了"露天漂白厂"坐落在芳香、凉爽的草地上的印象。在这些露天漂白厂里，干燥室的温度高达华氏90°—100°，其中做工的主要是少女。"冷却"这个词已经成了她们从干燥室偶尔跑到户外喘口气的专门用语。"在干燥室里有15个少女，烘烤麻布的温度是80°—90°，烘烤细麻布的温度是100°和100°以上。一间约有10平方英尺的小屋，中间放着密闭火炉，12个少女在那里〈把细麻布等〉熨平和叠齐。少女们围着发出炽热的火炉，细麻布很快就被烘干，然后由她们熨平。这些人的劳动时间是没有限制的。在忙的时候，他们要接连许多天干到晚上9点或12点。"(《工厂视察员报告。1862年10月31日》第56页)一个医生说："没有规定专门的时间让人们凉快一下，不过当温度高得实在受不了，或者女工的手被汗水弄脏了，便允许她们出去几分钟……　我在这些女工中行医的经验使我断定，她们的健康状况比纺纱女工坏得多〈而资本在递交给议会的请愿书中，竟用鲁本斯的风格把她们描画成非常健康！〉。她们中间最常见的病是：肺病、支气管炎、子宫病、恶性歇斯底里和风湿症。我认为，造成所有这些病症的直接或间接的原因，就是她们的工作室温度太高以及她们缺少足够的舒适的衣服，不能在冬季回家时抵御寒冷潮湿空气的袭击。"(同上，第56、57页)关于后来才从快活的"露天漂白业者"那里争得来的1863年法令，工厂视察员指出："这个法令看起来是保护工人的，但它不仅没有达到保护工人的目的……按照法令的条文，只有当儿童和妇女在晚上8点以后被发现做工时才受到保护，即使在这种场合，因法令所规定的证明方法有种种保留条件，几乎不可能有人会受到处罚。"(同上，第52页)"作为一个具有人道的和教育的目的的法令来说，该法令是彻底失败了。允许同样也可以说强迫妇女和儿童每天劳动14小时(包括或不包括吃饭时间，要看情况而定)，或许还要劳动更长的时间，并且不管他们的年龄、性别如何，不管漂白厂邻近地区的家庭有怎样的社会习惯，这能说是人道的吗？"(《工厂视察员报告。1863年4月30日》第40页)

晨5点使用18岁以下的面包工人[①]。根据童工调查委员会以后的各次建议，英国一切重要工业部门，除农业、采矿业和运输业以外，都有被夺去“自由”的危险，关于这些建议我们以后还要谈到。(185a)[②]

7. 争取正常工作日的斗争。英国工厂立法对其他国家的影响

读者会记得，不管生产方式本身由于劳动从属于资本而产生了怎样的变化，生产剩余价值或榨取剩余劳动，是资本主义生产的特定的内容和目的[③]。读者会记得，从我们到目前为止所阐明的观点看来，只有独立的、因而在法律上是成年的工人，作为商品出卖者与资本家缔结契约[④]。因此，如果说在我们的历史的概述中，起主要作用的一方面是现代工业，另一方面是身体上和法律上未成年的人的劳动，那么我们只是把前者看做榨取劳动的特殊领域，把后者看做这种榨取的特别鲜明的例子。但是，即使暂不涉及以后的阐述，仅仅根据历史事实的联系，也可以得出如下的结论：

(185a)第二版注：自从1866年我写这些话以来，倒退的现象又发生了。

①见本卷第289页。——编者注

②见本卷第565—566页。——编者注

③见本卷第216—218、265—270、305—307页。——编者注

④见本卷第195—197页。——编者注

第一，在最早依靠水力、蒸汽和机器而发生革命的工业部门中，即在现代生产方式的最初产物——棉、毛、麻、丝等纺织业中，资本无限度地、放肆地延长工作日的欲望首先得到了满足。物质生产方式的改变和生产者的社会关系的相应的改变(186)，先是造成了无限度的压榨，后来反而引起了社会的监督，由法律来限制、规定和划一工作日及休息时间。因此，这种监督在19世纪上半叶只是作为例外情况由法律规定的。(187)但是，当这种监督刚刚征服了新生产方式的已有领域时，它却发现，不仅许多别的生产部门采用了真正的工厂制度，而且那些采用或多或少陈旧的生产方式的手工工场（如陶器作坊、玻璃作坊等）、老式的手工业（如面包房），甚至那些分散的所谓家庭劳动（如制钉业等）(188)，也都像工厂一样早已处于资本主义剥削之下了。因此，立法不得不逐渐去掉它的例外性，或者在像英国这样在立法上仿效罗马决疑论的方式的地方，把有人在里面劳动的任何房屋都任意称为工厂。(189)

第二，某些生产部门中规定工作日的历史以及另一些生产部门

(186)"这两个阶级〈资本家和工人〉各自的行为，是它们当时所处地位的结果。"（《工厂视察员报告。1848年10月31日》第113页）

(187)"受限制的行业都与使用蒸汽力或水力生产纺织品有关。一种行业必须具备两个条件才受工厂视察制度的保护，这就是：使用蒸汽力或水力，并且加工某种特定的纤维。"（《工厂视察员报告。1864年10月31日》第8页）

(188)关于这种所谓家庭工业的情况，童工调查委员会最近的报告提供了非常丰富的材料。

(189)"最近这次会期〈1864年〉通过的法令……涉及习惯异常不同的各种行业。使用机械力开动机器，已不再像以前那样是一个企业在法律上被当做工厂的必要条件了。"（《工厂视察员报告。1864年10月31日》第8页）

中还在继续争取这种规定的斗争，清楚地证明：孤立的工人，“自由”出卖劳动力的工人，在资本主义生产的一定成熟阶段上，是无抵抗地屈服的。因此，正常工作日的确立是资本家阶级和工人阶级之间长期的多少隐蔽的内战的产物。斗争是在现代工业范围内开始的，所以它最先发生在现代工业的发源地英国。(190)英国的工厂工人不仅是英国工人阶级的先进战士，而且是整个现代工人阶级的先进战士，最先向资本的理论挑战的也正是他们的理论家。(191)所以，工厂哲学家尤尔咒骂说，英国工人阶级洗不掉的耻辱就是，他们面对勇敢地为“劳动的完全自由”而奋斗的资本，竟把“工厂法的奴隶制”写在自己的旗帜上。(192)

---

(190)在比利时这个大陆自由主义的乐园，连这种运动的影子都没有。甚至那里的煤矿和金属矿山，各种年龄的男女工人都被完全“自由地”消费着，而不论消费时间多长以及什么时候被消费。那里所雇用的每1 000人中，有733个男人，83个妇女，135个16岁以下的男孩，49个16岁以下的女孩。在炼铁厂等处，每1 000人中，有668个男人，149个妇女，98个16岁以下的男孩，85个16岁以下的女孩。此外，对成熟的或未成熟的劳动力虽然都剥削得很厉害，但工资很低，每日平均的工资，男人为2先令8便士，妇女为1先令8便士，少年为1先令2$\frac{1}{2}$便士。不过，与1850年相比，1863年比利时输出的煤、铁等等的数量和价值几乎增加了一倍。

(191)本世纪头10年刚刚结束，罗伯特·欧文就不仅在理论上主张限制工作日的必要性，而且在实际上在新拉纳克他自己的工厂内实行了十小时工作日。这正同他的“生产劳动与儿童教育相结合”一样，同他创办的工人合作企业一样，被讥笑为共产主义的空想。现在，第一个空想成了工厂法，第二个空想成了一切“工厂法”中的正式用语，第三个空想甚至成了进行反动欺骗的外衣。

(192)尤尔《工厂哲学》(法译本)1836年巴黎版第2卷第39、40、67、77等页。

法国在英国后面慢慢地跟了上来。在那里，十二小时工作日法律(193)曾需要二月革命242来催生，但是它比自己的英国原版更不完备得多。虽然如此，法国的革命方法还是显示了它的独特的优点。它一下子就给所有的作坊和工厂毫无区别地规定了同样的工作日界限，而英国立法却时而在这一点上，时而在那一点上被迫向环境的压力屈服，并且极容易制造出一起又一起的诉讼纠纷。(194)另一方面，法国法律作为原则宣布的东西，在英国则只是以儿童、少年和妇女的名义争取的东西，并且这些东西直到最近才作为普遍的权利提了出来。(195)

---

(193)“1855年巴黎国际统计会议”的报告说：“法国的法律把工厂和作坊每天的劳动时间限制为12小时。但它不是把这一劳动限制在固定的钟点内〈即一段时间内〉，而只是规定儿童在早晨5点至晚上9点这段时间内做工。因此一部分工厂主就利用这一不幸的沉默给予他们的权利，让工人每天(也许除开星期日)不停地劳动。他们为此使用两班工人，每班在作坊内的劳动时间都不超过12小时，但企业的生产却昼夜不停。法律得到了遵守，但这合乎人道吗?”除了“做夜工对人的机体有破坏性的影响”外，报告还着重指出，“夜晚男女工人挤在同一个灯光暗淡的车间内会产生严重的后果”。

(194)“例如，在我这个地区内，在同一家工厂建筑物内，同一个工厂主既是要受‘漂白厂和染厂法’约束的漂白业者和染色业者，又是要受‘印染工厂法’约束的印染业者，并且还是受‘工厂法’约束的上浆业者……”(贝克先生的报告，载于《工厂视察员报告。1861年10月31日》第20页)贝克先生在列举这些法令的不同规定以及由此引起的种种纠纷以后说：“可见，如果工厂主存心回避法律，那么要保证执行议会的这三个法令是多么困难。”[同上，第21页]不过这倒保证法学家先生有案子可办了。

(195)因此，工厂视察员终于大胆地说出：“这种异议〈资本对在法律上限制劳动时间的异议〉必将在劳动权利的伟大原则面前屈服……到一定的时候，雇主使用工人劳动的权利就终止，工人就可以自行支配自己的时间，即使他还没有精疲力竭。”(《工厂视察员报告。1862年10月31日》第54页)

在北美合众国，只要奴隶制使共和国的一部分还是畸形的，任何独立的工人运动就仍然处于瘫痪状态。在黑人的劳动打上屈辱烙印的地方，白人的劳动也不能得到解放。但是，从奴隶制的死亡中，立刻萌发出一个重新变得年轻的生命。南北战争[8]的第一个果实，就是争取八小时工作日运动，这个运动以特别快车的速度，从大西洋跨到太平洋，从新英格兰跨到加利福尼亚。在巴尔的摩召开的全国工人代表大会[243]（1866年8月）宣布：

"为了把我国的劳动从资本主义的奴隶制下解放出来，当务之急是颁布一项法律，规定八小时工作日为美利坚联邦各州的正常工作日。我们誓以全力争取这一光荣的结果。"(196)

与此同时（1866年9月初），在日内瓦召开的"国际工人代表大会"，根据伦敦总委员会的建议，通过决议："限制工作日是一个先决条件，没有这个条件，一切进一步谋求工人解放的尝试都将遭到失败……　我们建议通过立法手续把工作日限制为八小时。"[244]

这样，大西洋两岸从生产关系本身中本能地成长起来的工人运动，就证实了英国工厂视察员罗·约·桑德斯的话：

"如果不先限制工作日，不严格地强制贯彻工作日的法定界限，要想在社会改革方面采取进一步的措施，是决不可能有任何成功希望的。"(197)

---

(196)"我们，敦刻尔克的工人，特此声明：现行制度所规定的劳动时间太长，没有给工人休息和发展的时间，倒是把工人贬低到比在奴隶制下好不了多少的受奴役地位。因此我们通过决议：一个工作日有八小时就够了，而且法律上应该加以承认；我们呼吁报刊这个强有力的杠杆来支持我们……凡拒绝给予这种支持的人，将被看做是劳动改良和工人权利的敌人。"（纽约州敦刻尔克工人的决议，1866年）

(197)《工厂视察员报告。1848年10月31日》第112页。

必须承认，我们的工人在走出生产过程时同他进入生产过程时是不一样的。在市场上，他作为“劳动力”这种商品的占有者与其他商品的占有者相对立，即作为商品占有者与商品占有者相对立。他把自己的劳动力卖给资本家时所缔结的契约，可以说像白纸黑字一样表明了他可以自由支配自己。在成交以后却发现：他不是“自由的当事人”，他自由出卖自己劳动力的时间，是他被迫出卖劳动力的时间(198)；实际上，他“只要还有一块肉、一根筋、一滴血可供榨取”(199)，吸血鬼就决不罢休。为了“抵御”折磨他们的毒蛇[246]，工人必须把他们的头聚在一起，作为一个阶级来强行争得一项国家法律，一个强有力的社会屏障，使自己不致再通过自愿与资本缔结的契约而把自己和后代卖出去送死和受奴役。(200)从法律上限制工作日的朴素的大宪章[247]，代替了“不可剥夺的人权”这种冠冕堂皇的条目[248]，这个大宪章“终于明确地规定了，工人出卖的时间何时结束，属于工人自己

(198)“此外，这种诡计〈例如资本在1848—1850年采取的手法〉提供了一个无可辩驳的证据，证明一种经常有人提出的看法是多么错误，这种看法是：工人不需要任何保护，而应被看做是他们的唯一财产即他们双手的劳动和额头上的汗水的自由支配者。”(《工厂视察员报告。1850年4月30日》第45页)“自由劳动(如果还可以这样称呼的话)，即使在自由的国家也需要法律的强有力的臂膀来保护。”(《工厂视察员报告。1864年10月31日》第34页)“允许每天劳动14小时，包括或不包括吃饭时间……就等于强迫这样做。”(《工厂视察员报告。1863年4月30日》第40页)

(199)弗里德里希·恩格斯《英国的十小时工作日法》，载于我主编的《新莱茵报。政治经济评论》1850年4月号第5页[245]。

(200)在受十小时工作日法令约束的工业部门，该法令“使工人免于完全退化，并使他们的健康状况有了保障”。(《工厂视察员报告。1859年10月31日》第47页)“资本〈在工厂中〉超过限定时间仍使机器转动，就必定损害它所雇用的工人的健康和道德；而工人是不能自己保护自己的。”(同上，第8页)

的时间何时开始”(201)。多么大的变化啊![249]

(201)“还有一个更大的好处,这就是工人自己的时间和雇主的时间之间的界限终于清楚了。工人现在知道,他出卖的时间何时结束,他自己的时间何时开始,由于他预先准确地知道这一点,他就能够依照自己的目的事先安排自己的时间。”(《工厂视察员报告。1859年10月31日》第52页)“它〈工厂法〉使工人成了自己时间的主人,从而赋予他们一种道义力量,这种力量使他们也许有可能掌握政治权力。”(同上,第47页)工厂视察员以有节制的讥讽和经过斟酌的语言暗示,现在的十小时工作日法令,在某种程度上也使资本家摆脱了他作为单纯的资本化身而自然带有的那种野蛮性,并给了他受少许“教养”的时间。从前,“雇主除了搞钱以外再没有时间做别的事情,而工人除了劳动以外也再没有时间做别的事情”(同上,第48页)。

第 九 章

剩余价值率和剩余价值量

在这一章里，也同前面一样，假定劳动力的价值，从而再生产或维持劳动力所必要的工作日部分，是一个已知的不变的量。

在这个前提下，知道剩余价值率，同时也就知道一个工人在一定的时间内为资本家提供的剩余价值量。例如，如果必要劳动每天是6小时，表现为金额3先令或1塔勒，那么，1塔勒就是一个劳动力的日价值，或者说，是购买一个劳动力所预付的资本价值。其次，如果剩余价值率是100%，那么，这1塔勒的可变资本就生产1塔勒的剩余价值量，或者说，工人每天提供6小时的剩余劳动量。

但是，可变资本是资本家同时使用的全部劳动力的总价值的货币表现。因此，可变资本的价值，等于一个劳动力的平均价值乘以所使用的劳动力的数目。因此，在已知劳动力价值的情况下，可变资本的量与同时雇用的工人人数成正比。如果一个劳动力的日价值＝1塔勒，那么，每天要剥削100个劳动力，就必须预付100塔勒的资本，要剥削n个劳动力，就必须预付n塔勒的资本。

同样，如果1塔勒的可变资本，即一个劳动力的日价值，每天生产1塔勒的剩余价值，那么，100塔勒的可变资本每天就生产100塔勒的剩余价值，n塔勒的可变资本每天就生产1塔勒×n的剩余价值。可见，所生产的剩余价值量，等于一个工人一个工作日所提供的剩余价值乘以所使用的工人人数。又因为在劳动力价值已定的情况下，一个工人所生产的剩余价值量是由剩余价值率决定的，由此就得出如下第一个规律：所生产的剩余价值量，等于预付的可变资本量乘以剩余价值率，或者说，是由同一个资本家同时剥削的劳动力的数目与单个劳动力受剥削的程度之间的复比决定的。①

因此，如果我们用M表示剩余价值量，用m表示一个工人每天平均提供的剩余价值，用v表示购买一个劳动力每天预付的可变资本，用V表示可变资本的总数，用k表示一个平均劳动力的价值，用$\frac{a'}{a}$（$\frac{\text{剩余劳动}}{\text{必要劳动}}$）表示一个平均劳动力受剥削的程度，用n表示所使用的工人人数，我们就得出：

$$M=\begin{cases}\frac{m}{v}\times V\\ k\times\frac{a'}{a}\times n。\end{cases}$$

这里继续假定，不仅一个平均劳动力的价值不变，而且一个资本家所使用的工人已经化为平均的工人。也有例外的情况，就是所生产的剩余价值并不与受剥削的工人人数按比例增长，但这时劳动力的价值也就不是不变的了。

因此，在一定量剩余价值的生产上，一种因素的减少可以由另一种因素的增加来补偿。如果可变资本减少，同时剩余价值率却按同一比例提高，那么所生产的剩余价值量仍然不变。按照以前的假定，

①在经马克思审定的法文版中，这个规律的后一部分表述如下：“或者说，等于一个劳动力的价值乘以该劳动力受剥削的程度，再乘以同时使用的劳动力总数。”——编者注

如果一个资本家每天要剥削100个工人，必须预付100塔勒，而剩余价值率如果是50%，那么，这100塔勒的可变资本就提供50塔勒的剩余价值，或100×3个劳动小时的剩余价值。如果剩余价值率提高一倍，或者说，工作日不是从6小时延长到9小时，而是从6小时延长到12小时，那么减少了一半的可变资本50塔勒，也同样提供50塔勒的剩余价值，或50×6个劳动小时的剩余价值。可见，可变资本的减少，可以由劳动力受剥削的程度的按比例的提高来抵偿，或者说，所雇用的工人人数的减少，可以由工作日的按比例的延长来抵偿。因此在一定限度内，资本所能榨取的劳动的供给，并不取决于工人的供给。(202)反过来说，如果剩余价值率降低了，那么，只要可变资本量或雇用的工人人数按比例增加，所生产的剩余价值量就仍然不变。

但是，靠提高剩余价值率或延长工作日来补偿工人人数或可变资本量的减少，是有不能超越的界限的。无论劳动力的价值如何，无论维持工人的必要劳动时间是2小时还是10小时，一个工人每天所能生产的总价值，总是小于24个劳动小时所对象化的价值，如果这24个对象化劳动小时的货币表现是12先令或4塔勒，那就总是小于12先令或4塔勒。我们前面假定，要再生产劳动力本身，或者说，要补偿购买劳动力所预付的资本价值，每天需要6个劳动小时。根据这个假定，500塔勒的可变资本，使用500个工人，在剩余价值率为100%，或工作日为12小时的时候，每天生产500塔勒的剩余价

(202)这个基本规律看来是庸俗经济学的先生们所不知道的。他们与阿基米德相反，认为在需求和供给决定劳动的市场价格这一点上，发现了一个不是使世界运动而是使世界静止的支点。[250]

值，或6×500个劳动小时的剩余价值。100塔勒的资本，每天使用100个工人，在剩余价值率为200%，或工作日为18小时的时候，只生产200塔勒的剩余价值量，或12×100个劳动小时的剩余价值量。它的总价值产品，即预付的可变资本的等价物加剩余价值，在任何一天都决不能达到400塔勒或24×100个劳动小时的数额。平均工作日（它天然总是小于24小时）的绝对界限，就是可变资本的减少可以由剩余价值率的提高来补偿的绝对界限，或者说，就是受剥削的工人人数的减少可以由劳动力受剥削的程度的提高来补偿的绝对界限。这个非常明白的第二个规律，对于解释资本要尽量减少自己所雇用的工人人数即减少转化为劳动力的可变资本部分的趋势（以后将谈到这种趋势）所产生的许多现象，是十分重要的，而这种趋势是同资本要生产尽可能多的剩余价值量的另一种趋势相矛盾的。反过来说，如果所使用的劳动力数量增加了，或可变资本量增加了，但是它的增加和剩余价值率的降低不成比例，那么所生产的剩余价值量就会减少。

第三个规律是从所生产的剩余价值量取决于剩余价值率和预付的可变资本量这两个因素而得出来的。如果剩余价值率或劳动力受剥削的程度已定，劳动力价值或必要劳动时间量已定，那么不言而喻，可变资本越大，所生产的价值量和剩余价值量也就越大。如果工作日的界限及其必要组成部分的界限已定，那么，一个资本家所生产的价值量和剩余价值量，显然就只取决于他所推动的劳动量。但根据以上假设，他所推动的劳动量取决于他所剥削的劳动力的数量，或他所剥削的工人人数，而工人的人数又是由他所预付的可变资本量决定的。因此，在剩余价值率和劳动力价值已定的情况下，所生产的剩余价值量同预付的可变资本量成正比。但是我们知道，资本家把他的资本分成两部分。他把一部分投在生产资料上，这是他的资本的不变部分。他把另一部分转化为活的劳动力，这一部分形成他的可变资本。在同一生产方式的基础上，在不同生产部门中，资本划分为不变组成部分和可变组成部分的比例是不同的。在同一生产部门内，这一比例是随着生产过程的技术基础和社会结合的变化而变化的。但是，无论一定量的资本是怎样分为不变组成部分和可变组成部分，无论后者与前者之比是1∶2或是1∶10，还是1∶x，刚才确定的规律都不会受到影响，因为根据前面的分析，不变资本的价值虽然再现在产品价值中，但是并不加入新形成的价值产品[①]。使用1 000个纺纱工人，当然比使用100个纺纱工人需要更多的原料、纱锭等等。但是不管这些待追加的生产资料的价值是提高，降低，还是不变，也不管是大是小，都不会对推动这些生产资料的劳动力的价值增殖过程有任何影响。因此，上面确认的规律就具有这样的形式：在劳动力的价值已定和劳动力受剥削的程度相同的情况下，不同的资本所生产的价值量和剩余价值量，同这些资本的可变组成部分即转化为活劳动力的组成部分的量成正比。

这一规律同一切以表面现象为根据的经验显然是矛盾的。每个人都知道，就所使用的总资本两个部分各占的百分比来说，纺纱厂主使用的不变资本较多，可变资本较少，面包房老板使用的可变资本较多，不变资本较少，但前者获得的利润或剩余价值并不因此就比后者少。要解决这个表面上的矛盾，还需要许多中项，就像从初等代数的角度来看，要了解$\frac{0}{0}$可以代表一个真实的量需要很多中项一样。尽管古典经济学从来没有表述过这一规律，但是它却本能地坚持这一

①见本卷第232—244页。——编者注

规律，因为这个规律是价值规律本身的必然结果。古典经济学企图用强制的抽象法把这个规律从现象的矛盾中拯救出来。以后(203)我们会看到，李嘉图学派[72]是怎样被这块拦路石绊倒的。“确实什么也没有学到”[252]的庸俗经济学，在这里也像在其他各处一样，抓住了现象的外表来反对现象的规律[253]。它与斯宾诺莎相反，认为“无知就是充足的论据”[254]。

我们可以把社会总资本每天所使用的劳动看成一个唯一的工作日。例如，如果工人人数为100万，一个工人的平均工作日为10小时，那么社会工作日就是1 000万小时。在这个工作日的长度已定时，不管它的界限是由生理条件还是由社会条件决定，只有工人人数即工人人口增加，剩余价值量才能增加。在这里，人口的增加形成社会总资本生产剩余价值的数学界限。反之，在人口数量已定时，这种界限就由工作日的可能的延长来决定。(204)在下一章我们会看到，这个规律只适用于以上所考察的剩余价值形式。

从以上对剩余价值生产的考察中可以看出，不是任何一个货币额或价值额都可以转化为资本。相反地，这种转化的前提是单个货币占有者或商品占有者手中有一定的最低限额的货币或交换价值。可变资本的最低限额，就是为取得剩余价值全年逐日使用的一个劳动力的成本价格。如果这个工人自己占有生产资料，并且满足于工人的生活，那么只要有再生产他的生活资料的必要劳动时间，比如说

---

(203)详见第四册[251]。

(204)“社会的劳动，即用在经济上的时间，表现为一个定量，比如说，100万人每人每天10小时，或1 000万小时…… 资本的增长是有限度的。在任何一定的时期内，这个限度就是用在经济上的时间的实际数量。”(《论国民政治经济学》1821年伦敦版第47、49页)

每天八小时，对他来说就够了。因而他也只需要够八个劳动小时用的生产资料。但是，资本家还要工人除这八小时外再进行比如说四小时剩余劳动，这样，他就需要一个追加的货币额，来购置追加的生产资料。按照我们的假设，他必须使用两个工人，才能靠每天占有的剩余价值来过工人那样的生活，即满足他的必要的需要。在这种情况下，他的生产的目的就只是维持生活，不是增加财富；而在资本主义生产下，增加财富是前提。为了使他的生活只比一个普通工人好一倍，并且把所生产的剩余价值的一半再转化为资本，他就必须把预付资本的最低限额和工人人数都增加为原来的八倍。诚然，他自己也可以和他的工人一样，直接参加生产过程，但这时他就不过成了介于资本家和工人之间的中间人物，成了"小业主"。资本主义生产发展到一定高度，就要求资本家能够把他作为资本家即人格化的资本执行职能的全部时间，都用来占有从而控制他人的劳动，用来出售这种劳动的产品。(205)中世纪的行会力图用强制的办法防止手工业师傅转化为资本家，限定一个师傅可以雇用的劳动者的人数不得超过一个极小的最高限额。货币或商品的占有者，只有当他在生产上预

(205)"租地农场主不能指靠自己的劳动，如果他这样做，我认为他会受到损失。他的事务应该是全面照料：他必须监督打谷人，否则粮食打不干净，工钱很快就浪费了；他还必须监督割草人、割麦人等等；他必须经常巡视自己的篱笆；他必须查看是否有疏忽的地方；如果他只局限在一处，那么别处就难免有疏忽。"（［约·阿巴思诺特］《当前粮食价格和农场面积相互关系的研究》，一个租地农场主著，1773年伦敦版第12页）这本书非常有趣，从中可以研究"资本主义租地农场主"或他明确地称之为"商人租地农场主"的起源，可以听到这种租地农场主在那些主要是为生存而挣扎的"小租地农民"面前是怎样自我吹嘘的。"资本家阶级最初是部分地、最后是完全地摆脱了体力劳动的必要性。"（理查·琼斯牧师《国民政治经济学教程》1852年赫特福德版第3讲第39页）

付的最低限额大大超过了中世纪的最高限额时，才真正变为资本家。在这里，也像在自然科学上一样，证明了黑格尔在他的《逻辑学》255中所发现的下列规律的正确性，即单纯的量的变化到一定点时就转变为质的区别。(205a)

单个的货币占有者或商品占有者要蛹化为资本家而必须握有的最低限度价值额，在资本主义生产的不同发展阶段上是不同的，而在一定的发展阶段上，在不同的生产部门内，也由于它们的特殊的技术条件而各不相同。还在资本主义生产初期，某些生产部门所需要的最低限额的资本就不是在单个人手中所能找到的。这种情况一方面引起国家对私人的补助，如柯尔培尔时代的法国和直到目前的德意志若干邦就是这样。另一方面，促使对某些工商业部门的经营享有合法垄断权的公司(206)的形成，这种公司就是现代股份公司的前驱。

我们不详细谈资本家和雇佣工人的关系在生产过程的进行中的

(205a)现代化学上应用的、最早由洛朗和热拉尔科学地阐明的分子说，正是以这个规律作基础的。〔第三版补注：这个注解对于不大懂化学的人来说是不十分明了的。所以我们对它作如下的解释：作者在这里所指的是最初由沙·热拉尔在1843年命名的碳氢化合物的"同系列"，其中每一个系列都有自己的代数组成式。例如：烷烃系列是C_nH_{2n+2}；正醇系列是$C_nH_{2n+2}O$；正脂肪酸系列是$C_nH_{2n}O_2$以及其他等等。在上面的例子中，CH_2在分子式中单纯的量的增加，每次都形成一个不同质的物体。关于洛朗和热拉尔在确定这个重要事实上的贡献（马克思对他们的贡献估计过高），可参看柯普《化学的发展》1873年慕尼黑版第709、716页和肖莱马《有机化学的产生及其发展》1879年伦敦版第54页。——弗·恩·〕

(206)马丁·路德把这种机构称为"垄断公司"256。

变化，也不谈资本本身的更进一步的规定。这里只着重指出少数要点。

在生产过程中，资本发展成为对劳动，即对发挥作用的劳动力或工人本身的指挥权[①]。人格化的资本即资本家，监督工人有规则地并以应有的强度工作。

其次，资本发展成为一种强制关系，迫使工人阶级超出自身生活需要的狭隘范围而从事更多的劳动。作为他人辛勤劳动的制造者，作为剩余劳动的榨取者和劳动力的剥削者，资本在精力、贪婪和效率方面，远远超过了以往一切以直接强制劳动为基础的生产制度。

资本起初是在历史上既有的技术条件下使劳动服从自己的。因此，它并没有直接改变生产方式。所以我们上面所考察的、单靠延长工作日这种形式的剩余价值的生产，看来是与生产方式本身的任何变化无关的。它在旧式面包业中和在现代棉纺业中同样有效。

如果我们从劳动过程的观点来考察生产过程[②]，那么工人并不是把生产资料当做资本，而只是把它当做自己有目的的生产活动的手段和材料。例如在制革厂，工人只是把皮革当做自己的劳动对象。他不是鞣资本家的皮。可是，只要我们从价值增殖过程的观点来考察生产过程[③]，情形就不同了。生产资料立即转化为吮吸他人劳动的手段。不再是工人使用生产资料，而是生产资料使用工人了。不是工人把生产资料当做自己生产活动的物质要素来消费，而是生产资料把工人当做自己的生活过程的酵母来消费，并且资本的生活过

①见本卷第216—217页。——编者注

②见本卷第207—208页。——编者注

③见本卷第226—228页。——编者注

程只是资本作为自行增殖的价值的运动。夜间停止不用、不吮吸活劳动的熔炉和厂房，对资本家说来是一种“纯粹的损失”。①因此，熔炉和厂房就造成了要劳动力“做夜工的要求”。货币单纯地转化为生产过程的物质因素，转化为生产资料，就使生产资料转化为占有他人劳动和剩余劳动的合法权和强制权。最后还可以举一个例子说明，资本主义生产所固有的并成为其特征的这种颠倒，死劳动和活劳动、价值和创造价值的力之间的关系的倒置，是如何反映在资本家头脑的意识中的。在1848—1850年英国工厂主叛乱时期，“佩斯利的一家棉麻纺纱厂（卡莱尔父子公司，这是苏格兰西部资格最老、声誉最好的公司之一，它自1752年开办以来，世世代代由同一家族经营）的老板”，这位非常有学识的绅士，在1849年4月25日《格拉斯哥每日邮报》上发表了一封信(207)，标题是《换班制度》，其中有一段天真可笑的话：

> “现在让我们看看，把劳动时间由12小时缩减到10小时会产生怎样的祸害……　这些祸害‘合计起来’给工厂主的前途和财产带来极其严重的损害。如果他〈即他的“人手”〉以前劳动12小时，而现在限制为10小时，那就等于他的企业内每12台机器或12个纱锭缩减为10台机器或10个纱锭，如果工厂被卖掉，那它就只能按10来计价。于是全国每家工厂的价值都会减少六分之一。”(208)

在苏格兰西部这个世袭的资本的头脑中，生产资料即纱锭等的

(207)《工厂视察员报告。1849年4月30日》第59页。

(208)同上，第60页。工厂视察员斯图亚特本人是一个苏格兰人，他与英格兰的工厂视察员相反，已完全为资本主义思维方式所俘虏。他把这封信附在他的报告中，并明确地指出，这“是某一位采用换班制度的工厂主所写的最有用的一封信，它特别可以用来消除对这种制度的偏见和疑虑”。

①见本卷第302—304页。——编者注

价值同它们的自行增殖或每天吞下他人一定量的无偿劳动的资本属性这样紧密地融合在一起，以致卡莱尔公司的老板真的以为，在出卖工厂时，要支付给他的不仅是纱锭的价值，而且还有它们的价值增殖，不仅是包含在纱锭内的劳动或生产同种纱锭所必要的劳动，而且还有借助于纱锭每天从佩斯利的健壮的西苏格兰人身上榨取的剩余劳动。正因为如此，他才认为，如果工作日缩短两小时，每12台纺纱机的出售价格就会缩减为每10台的出售价格！

第 四 篇
相对剩余价值的生产

第 十 章
相对剩余价值的概念

工作日的一部分只是生产出资本所支付的劳动力价值的等价物。到现在为止，工作日的这一部分被看做不变量，而在一定的生产条件下，在社会现有的经济发展阶段上，它实际上也是这样的。在这个必要劳动时间之外，工人还能劳动2小时、3小时、4小时、6小时等。剩余价值率和工作日的长度就取决于这个延长的量。如果必要劳动时间是不变的，那么相反，整个工作日是可变的。现在假定有一个工作日，它的长度以及它的必要劳动和剩余劳动的划分是已定的。例如ac线a ———————————— b —— c 代表一个十二小时工作日，ab段代表10小时必要劳动，bc段代表2小时剩余劳动。现在，如果没有ac的进一步延长，或者说不依靠ac的进一步延长，怎样才能增加剩余价值的生产呢？也就是说，怎样才能延长剩余劳动呢？

尽管工作日的界限ac已定，看来bc仍然可以延长，不过不是越过它的终点c(同时也是工作日ac的终点)延长,而是由它的起点b以相反的方向向a端推移而延长。假定在a————————————b′—b——c中,b′—b等于bc的一半,或一个劳动小时。如果在一个十二小时工作日ac中,b移到b′,bc就延长到b′c,剩余劳动就增加了一半,从2小时增加到3小时,虽然工作日仍旧是12小时。但是很明显,如果必要劳动不同时从ab缩短到ab′,从10小时缩短到9小时,要使剩余劳动这样从bc延长到b′c,从2小时延长到3小时是不可能的。必要劳动的缩短要与剩余劳动的延长相适应,或者说,工人实际上一直为自己耗费的劳动时间的一部分,要转化为资本家耗费的劳动时间。这里,改变的不是工作日的长度,而是工作日中必要劳动和剩余劳动的划分。

另一方面,知道工作日的量和劳动力的价值,显然也就知道剩余劳动量本身。劳动力的价值,即生产劳动力所需要的劳动时间,决定再生产劳动力价值所必要的劳动时间。如果一个劳动小时用金量来表示是半先令或6便士,劳动力的日价值是5先令,那么工人每天就必须劳动10小时,才能补偿资本支付给他的劳动力的日价值,或者说,才能生产出他每天必要生活资料的价值的等价物。知道这些生活资料的价值,也就知道工人劳动力的价值(1),知道工人劳动力的价值,也就知道他的必要劳动时间的量。从整个工作日中减去必要劳动时间,就得到剩余劳动的量。12小时减去10小时,还剩2小时,这里

(1)每天平均工资的价值是由工人"为了生活、劳动和延续后代"所必需的东西决定的。(威廉·配第《爱尔兰的政治解剖》1672年版第64页)"劳动的价格总是由必要生活资料的价格决定的。""如果……工人所得的工资不能依照他作为一个工人的低下的身份和地位,维持他们当中许多人注定会有的大家庭",那他就没有得到适当的工资。(杰·范德林特《货币万能》第15页)"只凭双手和勤劳的普通工人,除了能够把他的劳动出卖给别人以外,就一无所有……　在一切劳

看不出，在这些条件下剩余劳动怎么能够延长到2小时以上。当然资本家可以不付给工人5先令，而只付给4先令6便士，或者更少。再生产这4先令6便士价值，有9个劳动小时就够了，这样，在一个十二小时工作日中，剩余劳动就不是2小时，而是3小时了，剩余价值本身也就从1先令提高到1先令6便士了。但是这个结果的获得，只是由于把工人的工资压低到劳动力价值以下。工人只得到他在9小时内生产的4先令6便士，他所支配的生活资料比以前少$\frac{1}{10}$，因此，他的劳动力只能有萎缩的再生产。在这里，剩余劳动的延长，只是由于打破剩余劳动的正常界限，剩余劳动的范围的扩大，只是由于侵占了必要劳动时间的范围。虽然这种方法在工资的实际运动中起着重要的作用，但是在这里它应该被排除，因为我们假定，一切商品，包括劳动力在内，都是按其十足的价值买卖的。既然作了这样的假定，那么劳动力的生产或劳动力价值的再生产所必要的劳动时间，就不能因为工人的工资低于他的劳动力的价值而减少，而只有当这个价值本身降低时才减少。在工作日长度已定的情况下，剩余劳动的延长必然是由于必要劳动时间的缩短，而不是相反，必要劳动时间的缩短是由于剩余劳动的延长。就我们的例子来说，劳动力的价值必须在实际上降低$\frac{1}{10}$，必要劳动时间才能减少$\frac{1}{10}$，从10小时减到9小时，从而剩余劳动从2小时延长到3小时。

但是，劳动力的价值要这样降低$\frac{1}{10}$，同量的生活资料，从前用10

动部门，工人的工资都必定是，而实际上也是限于维持他的生活所必需的东西。”（杜尔哥《关于财富的形成和分配的考察》，德尔编《全集》第1卷第10页）“生存资料的价格实际上等于劳动的生产费用。”（马尔萨斯《关于地租的本质和增长及其调整原则的研究》1815年伦敦版第48页注）

小时生产出来，现在要求用九小时生产出来。不过，要做到这一点，不提高劳动生产力是不可能的。例如，一个鞋匠使用一定的劳动资料，在一个十二小时工作日内可以做一双皮靴。如果他要在同样的时间内做两双皮靴，他的劳动生产力就必须提高一倍。不改变他的劳动资料或他的劳动方法，或不同时改变这二者，就不能把劳动生产力提高一倍。因此，他的劳动生产条件，也就是他的生产方式，从而劳动过程本身，必须发生革命。劳动生产力的提高，我们在这里一般是指劳动过程中的这样一种变化，这种变化能缩短生产某种商品的社会必需的劳动时间，从而使较小量的劳动获得生产较大量使用价值的能力。(2)在研究我们上面考察的那种形式的剩余价值的生产时，我们曾假定生产方式是既定的。而现在，对于由必要劳动转化为剩余劳动而生产剩余价值来说，资本占有历史上遗留下来的或者说现存形态的劳动过程，并且只延长它的持续时间，就绝对不够了。它必须变革劳动过程的技术条件和社会条件，从而变革生产方式本身，以提高劳动生产力，通过提高劳动生产力来降低劳动力的价值，从而缩短再生产劳动力价值所必要的工作日部分。

我把通过延长工作日而生产的剩余价值，叫做绝对剩余价值；相反，我把通过缩短必要劳动时间、相应地改变工作日的两个组成部分的量的比例而生产的剩余价值，叫做相对剩余价值。

要使劳动力的价值降低，生产力的提高必须扩展到这样一些产业部

(2)“改进手艺，不外是发现一种新方法，可以比以前用更少的人或者(也就是)用更短的时间制成产品。”(加利阿尼《货币论》，载于《意大利政治经济学名家文集·现代部分》1803年米兰版第158、159页)“生产费用的节约，不外是用于生产的劳动量的节约。”(西斯蒙第《政治经济学概论》第1卷第22页)

门，这些部门的产品决定劳动力的价值，就是说，它们或者属于日常生活资料的范围，或者能够代替这些生活资料。但是，商品的价值不仅取决于使商品取得最终形式的那种劳动的量，而且还取决于该商品的生产资料所包含的劳动量。例如，皮靴的价值不仅取决于鞋匠的劳动，而且还取决于皮革、蜡、线等等的价值。因此，那些为生产必要生活资料提供不变资本物质要素（劳动资料和劳动材料）的产业部门中生产力的提高，以及它们的商品相应的便宜，也会降低劳动力的价值。相反，那些既不提供必要生活资料，也不为制造必要生活资料提供生产资料的生产部门中生产力的提高，不会影响劳动力的价值。

变得便宜的商品当然只是相应地，即只是按照该商品在劳动力的再生产中所占的比例，降低劳动力的价值。例如，衬衫是一种必要生活资料，但只是许多种必要生活资料中的一种。这种商品变得便宜只会减少工人购买衬衫的支出。但是必要生活资料的总和是由各种商品、各个特殊产业部门的产品构成的，每一种这样的商品的价值总是劳动力价值的一个相应部分。劳动力价值随着它的再生产所必要的劳动时间的缩短而降低，这种必要劳动时间的全部缩短等于所有这些特殊生产部门中这种劳动时间缩短的总和。在这里我们把这个总结果看成好像是每个个别场合的直接结果和直接目的。当一个资本家提高劳动生产力来使例如衬衫便宜的时候，他决不是必然抱有相应地降低劳动力的价值，从而减少必要劳动时间的目的；但是，只要他最终促成这个结果，他也就促成一般剩余价值率的提高。(3)

---

(3)“如果工厂主通过机器的改良使他的产品增加一倍……他（最终）会获利，不过是由于他可以使工人的衣着更便宜……从而使工人在总收益中所得的份额更小。”（拉姆赛《论财富的分配》第168[、169]页）

必须把资本的一般的、必然的趋势同这种趋势的表现形式区别开来。

这里不考察资本主义生产的内在规律怎样表现为资本的外部运动，怎样作为竞争的强制规律发生作用，从而怎样成为单个资本家意识中的动机。然而有一点一开始就很清楚：只有了解了资本的内在本性，才能对竞争进行科学的分析，正像只有认识了天体的实际的、但又直接感觉不到的运动的人，才能了解天体的表面上的运动一样。但是，为了理解相对剩余价值的生产，只根据已经得出的结果，要作如下的说明。

如果一个劳动小时用金量来表示是6便士或$\frac{1}{2}$先令，一个十二小时工作日就会生产出6先令的价值。假定在一定的劳动生产力的条件下，在这12个劳动小时内制造12件商品；每件商品用掉的生产资料、原料等的价值是6便士。在这种情况下，每件商品花费1先令，即6便士是生产资料的价值，6便士是加工时新加进的价值。现在假定有一个资本家使劳动生产力提高一倍，在一个十二小时工作日中不是生产12件这种商品，而是生产24件。在生产资料的价值不变的情况下，每件商品的价值就会降低到9便士，即6便士是生产资料的价值，3便士是最后的劳动新加进的价值。生产力虽然提高一倍，一个工作日仍然同从前一样只创造6先令新价值，不过这6先令新价值现在分散在增加了一倍的产品上。因此分摊在每件产品上的不是这个总价值的$\frac{1}{12}$，而只是$\frac{1}{24}$，不是6便士，而是3便士，也就是说，在生产资料转化为产品时，就每件产品来说，现在加到生产资料上的，不像从前那样是整整一个劳动小时，而是半个劳动小时。现在，这个商品的个别价值低于它的社会价值，就是说，这个商品所花费的劳动时间，少于在社会平均条件下生产的大宗同类商品所花费的劳动时间。每件商品平均花费1先令，或者说，代表2小时社会劳动；在生产方式发生变化以后，它只花费9便士，或者说，只包含$1\frac{1}{2}$个劳动小时。但是商品的现实价值不是它的个别价值，而是它的社会价值，就是说，它的现实价值不是用生产者在个别场合生产它所实际花费的劳动时间来计量，而是用生产它所必需的社会劳动时间来计量。因此，如果采用新方法的资本家按1先令这个社会价值出售自己的商品，那么他的商品就是超出它的个别价值3便士出售，这样，他就实现了3便士的超额剩余价值。但是另一方面，对他来说，一个十二小时工作日现在表现为24件商品，而不是过去的12件商品。因此，要卖掉一个工作日的产品，他就需要有加倍的销路或大一倍的市场。在其他条件相同的情况下，他的商品只有降低价格，才能获得较大的市场。因此，资本家要高于商品的个别价值但又低于它的社会价值来出售商品，例如一件商品卖10便士。这样，他从每件商品上仍然赚得1便士的超额剩余价值。对于资本家来说，剩余价值总会这样提高，不管他的商品是不是属于必要生活资料的范围，是不是参加劳动力的一般价值的决定。因此，即使撇开后面这种情况，每个资本家都抱有提高劳动生产力来使商品便宜的动机。

然而，甚至在这种场合，剩余价值生产的增加也是靠必要劳动时间的缩短和剩余劳动的相应延长。(3a)假定必要劳动时间是

(3a)“一个人的利润，不是取决于他对别人的劳动产品的支配，而是取决于他对这种劳动本身的支配。在他的工人的工资不变的情况下，如果他能以较高的价格出售他的商品，显然，他就会从中获得利益……　他只要用他的产品的较小部分，就足以推动这种劳动，因而更大部分的产品就留给他自己了。”（［约·卡泽诺夫］《政治经济学大纲》1832年伦敦版第49、50页）

10小时，或者说，劳动力的日价值是5先令，剩余劳动是2小时，因而每日生产的剩余价值是1先令。但我们的资本家现在是生产24件商品，每件卖10便士，或者说，一共卖20先令。因为生产资料的价值等于12先令，所以$14\frac{2}{5}$件商品只是补偿预付的不变资本。十二小时工作日表现为其余的$9\frac{3}{5}$件商品。因为劳动力的价格＝5先令，所以6件产品表现必要劳动时间，$3\frac{3}{5}$件产品表现剩余劳动。必要劳动和剩余劳动之比在社会平均条件下是5∶1，而现在是5∶3。用下列方法也可以得到同样结果。一个十二小时工作日的产品价值是20先令。其中12先令属于只是再现的生产资料的价值。因此，剩下的8先令是体现一个工作日的价值的货币表现。这个货币表现比同类社会平均劳动的货币表现要多，因为12小时的同类社会平均劳动只表现为6先令。生产力特别高的劳动起了自乘的劳动的作用，或者说，在同样的时间内，它所创造的价值比同种社会平均劳动要多。但是我们的资本家仍然和从前一样，只用5先令支付劳动力的日价值。因此工人现在要再生产这个价值，用不着像过去那样需要10小时，而只需要$7\frac{1}{2}$小时。这样，他的剩余劳动就增加了$2\frac{1}{2}$小时，他生产的剩余价值就从1先令增加到3先令。可见，采用改良的生产方式的资本家，比同行业的其余资本家在一个工作日中占有更大的部分作为剩余劳动。他个别地所做的，就是资本全体在生产相对剩余价值的场合所做的。但是另一方面，当新的生产方式被普遍采用，因而比较便宜地生产出来的商品的个别价值和它的社会价值之间的差额消失的时候，这个超额剩余价值也就消失。价值由劳动时间决定这同一规律，既会使采用新方法的资本家感觉到，他必须低于商品的社会价值来出售自己的商品，又会作为竞争的强制规律，迫使他的竞争者也采用新的生产方式。(4)因此，只有当劳动生产力的提高扩展到同生产必要生活资料有关的生产部门，以致使属于必要生活资料范围，从而构成劳动力价值要素的商品变得便宜时，一般剩余价值率才会最终受到这一整个过程的影响。

商品的价值与劳动生产力成反比。劳动力的价值也是这样，因为它是由商品价值决定的。相反，相对剩余价值与劳动生产力成正比。它随着生产力提高而提高，随着生产力降低而降低。在货币价值不变的情况下，一个十二小时社会平均工作日总是生产6先令的价值产品，而不管这个价值额以怎样的比例分割为劳动力价值的等价物和剩余价值。但是，如果由于生产力的提高，每天的生活资料的价值，从而劳动力的日价值，从5先令下降到3先令，那么剩余价值就从1先令增加到3先令。为了再生产劳动力的价值，从前需要10个劳动小时，现在只需要6个劳动小时。有4个劳动小时空了出来，可以并入剩余劳动的范围。因此，提高劳动生产力来使商品便宜，并通过商品便宜来使工人本身便宜，是资本的内在的冲动和经常的趋势。(5)

商品的绝对价值本身，是生产商品的资本家所不关心的。他关

---

(4)“如果我的邻人以少量的劳动生产出许多的东西，从而能卖得便宜，那我也就必须设法和他卖得一样便宜。所以每一种能用较少人手的劳动，从而用较低的费用来生产的技艺、方法或机器，都会在别人身上引起一种强制和竞争，使他们或者也采用同样的技艺、方法或机器，或者去发明类似的东西，这样，大家都会处于同等的地位，谁也不能比邻人卖得便宜。”（[亨·马丁]《东印度贸易对英国的利益》1720年伦敦版第67页）

(5)“如果同时取消对工业的限制，工人的开支按怎样的比例减少，他的工资就会按怎样的比例减少。”（《论取消谷物出口奖励金》1753年伦敦版第7页）“工业的利益要求谷物和一切食品尽可能便宜；凡是会使谷物和食品昂贵的

心的只是商品所包含的、在出售时实现的剩余价值。剩余价值的实现自然就包含着预付价值的补偿。因为相对剩余价值的增加和劳动生产力的发展成正比，而商品价值的降低和劳动生产力的发展成反比，也就是说，因为同一过程使商品便宜，并使商品中包含的剩余价值提高，所以这就解开了一个谜：为什么只是关心生产交换价值的资本家，总是力求降低商品的交换价值；这也就是政治经济学奠基人之一魁奈用来为难他的论敌、而后者至今还没有回答的那个矛盾。魁奈说：

"你们认为，在工业产品的生产中，只要不损害生产，越能节省费用或昂贵的劳动，这种节省就越有利，因为这会降低产品的价格。尽管如此，你们又认为，由工人劳动创造的财富的生产，在于增大他们产品的交换价值。"(6)

可见，在资本主义生产条件下，通过发展劳动生产力来节约劳动(7)，目的决不是为了缩短工作日。它的目的只是为了缩短生产

事，必然也会使劳动昂贵……凡工业不受限制的国家，食品的价格必然影响劳动的价格。如果生活必需品便宜了，劳动的价格必定下降。"（同上，第3页）"随着生产力的提高，工资按同一比例下降。虽然机器使生活必需品便宜了，但是也使工人便宜了。"（《一篇比较竞争和合作的利弊的得奖论文》1834年伦敦版第27页）

(6)魁奈《关于商业和手工业者劳动的问答》第188、189页。

(7)"这些投机家非常节约他们必须支付报酬的工人劳动。"（比多《大生产工具引起的工业技术和商业中的垄断》1828年巴黎版第13页）"企业主总是会竭力节省时间和劳动。"（《杜格尔德·斯图亚特全集》，威·汉密尔顿爵士编，1855年爱丁堡版第8卷《政治经济学讲义》第318页）"他们〈资本家〉所关心的是尽可能增大他们所雇用的工人的生产力。他们的注意力集中在，而且几乎完全集中在提高这种生产力上。"（理·琼斯《国民政治经济学教程》第3卷[第39页]）

一定量商品所必要的劳动时间。工人在他的劳动的生产力提高时，一小时内例如会生产出等于过去10倍的商品，从而每件商品需要的劳动时间只是过去的$\frac{1}{10}$，这决不能阻止他仍旧得劳动12小时，并且在12小时内生产1 200件商品，而不是以前的120件商品。他的工作日甚至还可能延长，以致他现在要在14小时内生产1 400件商品等等。因此，在麦克库洛赫、尤尔、西尼耳这一类经济学家的著作中，在这一页可以读到，工人应当感谢资本发展了生产力，因为这种发展缩短了必要劳动时间，在下一页接着就会读到，工人为了表示这种感谢，以后必须劳动15小时，以代替原来的10小时。在资本主义生产中，发展劳动生产力的目的，是为了缩短工人必须为自己劳动的工作日部分，以此来延长工人能够无偿地为资本家劳动的工作日的另一部分。在商品没有变便宜的情况下，究竟能在多大的程度上达到这个结果，我们在下面考察相对剩余价值的各种特殊的生产方法时，就可以看到。

第十一章
协　　作

我们已经看到，资本主义生产实际上是在同一个资本同时雇用人数较多的工人，因而劳动过程扩大了自己的规模并提供了较大量的产品的时候才开始的①。人数较多的工人在同一时间、同一空间（或者说同一劳动场所），为了生产同种商品，在同一资本家的指挥下工作，这在历史上和概念上都是资本主义生产的起点。就生产方式本身来说，例如，初期的工场手工业，除了同一资本同时雇用的工人人数较多而外，和行会手工业几乎没有什么区别。行会师傅的作坊只是扩大了而已。

因此，起初只是量上的区别。我们已经看到，一定的资本所生产的剩余价值量，等于一个工人所提供的剩余价值乘以同时雇用的工人人数②。工人人数本身丝毫不会改变剩余价值率或劳动力的剥削程度，而且，就商品价值的生产来说，劳动过程的任何质的变化，看来是没有关系的。这是由价值的性质得出来的。如果一个十二小时工作日对象化为6先令，那么1 200个这样的工作日就对象化为6先令×1 200。在前一种情况下，产品体现了12个劳动小时，在后一种情况下，则体现了12×

①见本卷第356—358页。——编者注

②见本卷第352页。——编者注

1 200个劳动小时。在价值生产上,多数始终只是许多个数的总和。因此对于价值生产来说,1 200个工人无论是单独进行生产,还是在同一资本指挥下联合起来进行生产,都不会引起任何差别。

不过,在一定限度内还是会发生变化。对象化为价值的劳动,是社会平均性质的劳动,也就是平均劳动力的表现。但是平均量始终只是作为同种的许多不同的个别量的平均数而存在的。在每个产业部门,个别工人,彼得或保罗,都同平均工人多少相偏离。这种在数学上叫做“误差”的个人偏离,只要把较多的工人聚集在一起,就会互相抵消,归于消失。著名的诡辩家和献媚者埃德蒙·伯克甚至根据他当租地农场主的实际经验也懂得,只要有五个雇农“这样小的队伍”,劳动的所有个人差别就会消失,因此任意五个成年英国雇农在一起,和其他任何五个英国雇农一样,可以在同样的时间内完成同样多的劳动。(8)无论如何,明显的是,同时雇用的人数较多的工人的总工作日除以工人人数,本身就是一天的社会平均劳动。例如,假定一个人的工作日是12小时。这样,12个同时雇用的工人的工作日就构成144小时的总工作日,虽然这12个工人中每个人的劳动都多少偏离社会平均劳动,因而每个工人做同一件工作所用的时间有多有少,但是每个工人的工作日作为144小时总工作日的$\frac{1}{12}$,都具有社

---

(8)“毫无疑问,由于体力、技巧和勤劳的差别,一个人的劳动价值同另一个人的劳动价值有很大的差别。但是根据我的仔细观察,我完全可以肯定,任何五个人共同提供的劳动量和我所说的那种年龄的其他五个人所提供的劳动量是相等的。这就是说,在这五个人中一人具备优等工人的一切特质,一人是劣等工人,其他三人是中等,接近优等工人或劣等工人。所以,即使在五个人这样小的队伍中,也能发现任何五个人所能提供的全部总量。”(埃·伯克《关于贫困的意见和详情》第15、16页)还可参看凯特勒关于平均的个人的言论。[257]

会平均性质。但是，对于雇用12个工人的资本家来说，工作日是作为12个工人的总工作日而存在的。不管这12个工人是协同地劳动，还是他们劳动的全部联系只在于他们为同一个资本家做工，每个工人的工作日都总是总工作日的一个相应部分。反之，如果这12个工人每两人为一个小业主雇用，那么每个业主能否生产同样的价值量，从而能否实现一般剩余价值率，就是偶然的了。这里就会出现个人偏离。如果一个工人生产一种商品所花费的时间显著地超出社会必需的时间，他的个人必要劳动时间显著地偏离社会必要劳动时间或平均劳动时间，那么，他的劳动就不能当做平均劳动，他的劳动力就不能当做平均劳动力。这样的劳动力不是根本卖不出去，就是只能低于劳动力的平均价值出卖。因此要有一定的最低限度的劳动熟练程度作为前提，以后我们会看到：资本主义生产找到了衡量这个最低限度的办法①。不过这个最低限度是会偏离平均水平的，虽然另一方面，劳动力必须按平均价值支付。因此，在六个小业主中间，有人赚到的会高于一般剩余价值率，有人赚到的会低于一般剩余价值率。这些差别就整个社会来说会互相抵消，但是就单个业主来说却不是这样。因此对单个生产者来说，只有当他作为资本家进行生产，同时使用许多工人，从而一开始就推动社会平均劳动的时候，价值增殖规律才会完全实现。(9)

即使劳动方式不变，同时使用人数较多的工人，也会在劳动过程

(9)罗雪尔教授先生声称他发现，教授夫人雇用的一个女裁缝两天内提供的劳动，比她雇用的两个女裁缝一天内提供的劳动要多。[258]这位教授先生不应该在婴儿室和在没有主要人物——资本家的情况下观察资本主义的生产过程。

① 见本卷第633—639页。——编者注

的物质条件上引起革命。容纳许多人做工的厂房、储藏原料等的仓库、供许多人同时使用或交替使用的容器、工具、器具等，总之，一部分生产资料，现在是在劳动过程中共同消费的。一方面，商品的交换价值，从而生产资料的交换价值，丝毫不会因为它们的使用价值得到某种更有效的利用而有所增加。另一方面，共同使用的生产资料的规模会增大。20个织布工人用20台织机劳动的房间，必然比一个独立织布者带两个帮工做工的房间大得多。但是，建造一座容纳20个人的作坊比建造10座各容纳两个人的作坊所耗费的劳动要少，因此大量积聚的并且共同使用的生产资料的价值，一般地说，不会和这些生产资料的规模及其效果成比例地增加。共同使用的生产资料转移到单个产品上去的价值组成部分所以较小，部分是因为这些生产资料转移的总价值要同时分配在较大量的产品上，部分是因为这些生产资料加入生产过程的价值同分散的生产资料相比，绝对地说虽然较大，但从它们作用范围来看，相对地说却较小。因此，不变资本的价值组成部分降低了，而随着这部分价值的量的减少，商品的总价值也降低了。其结果和商品的生产资料的生产变得便宜时所产生的结果一样。生产资料使用方面的这种节约，只是由于许多人在劳动过程中共同消费它们。即使许多人只是在空间上集合在一起，并不协同劳动，这种生产资料也不同于单干的独立劳动者或小业主的分散的并且相对地说花费大的生产资料，而取得了社会劳动的条件或劳动的社会条件这种性质。一部分劳动资料甚至在劳动过程本身取得这种社会性质以前，就已经取得这种社会性质。

生产资料的节约一般要从两方面去考察。一方面，它使商品便宜，从而使劳动力的价值下降。另一方面，它改变剩余价值同全部预付资本，也就是同资本的不变组成部分和可变组成部分的价值总额之间的比例。后一点要到本书第三册第一篇[259]才来探讨，为了叙述上的联系，和这里有关的许多问题也留到该篇再谈。分析的进程要求把研究的对象这样分割开来，而这种分割也是符合资本主义生产的精神的。因为在资本主义生产中，劳动条件作为某种独立的东西而与工人相对立，所以劳动条件的节约也表现为一种与工人无关、因而与提高工人的个人生产率的方法相脱离的特殊操作。

许多人在同一生产过程中，或在不同的但互相联系的生产过程中，有计划地一起协同劳动，这种劳动形式叫做协作。(10)

一个骑兵连的进攻力量或一个步兵团的抵抗力量，与每个骑兵分散展开的进攻力量的总和或每个步兵分散展开的抵抗力量的总和有本质的差别，同样，单个劳动者的力量的机械总和，与许多人手同时共同完成同一不可分割的操作(例如举起重物、转绞车、清除道路上的障碍物等)所发挥的社会力量有本质的差别。(11)在这里，结合劳动的效果要么是单个人劳动根本不可能达到的，要么只能在长得多的时间内，或者只能在很小的规模上达到。这里的问题不仅是通过协作提高了个人生产力，而且是创造了一种生产力，这种生产力本身必然是集体力。(11a)

---

(10)"Concours de forces"["协力"]。(德斯杜特·德·特拉西《论意志及其作用》第80页)

(11)"有许多工作非常简单，不能分割开来，没有许多人手的协作就不能完成。例如，把一根大树干抬到车上……总之，凡是许多人手不同时在同一个不可分割的工作上互相帮助就不能完成的事情，都是这样。"(爱·吉·韦克菲尔德《略论殖民艺术》1849年伦敦版第168页)

(11a)"一吨重的东西，一个人举不起来，10个人必须竭尽全力才能举起来，而100个人只要每个人用一个指头的力量就能举起来。"(约翰·贝勒斯《关于创办一所劳动学院的建议》1696年伦敦版第21页)

且不说由于许多力量融合为一个总的力量而产生的新力量。在大多数生产劳动中，单是社会接触就会引起竞争心和特有的精力振奋，从而提高每个人的个人工作效率。因此，12个人在一个144小时的共同工作日中提供的总产品，比12个单干的劳动者每人劳动12小时或者一个劳动者连续劳动12天所提供的总产品要多得多。(12)这是因为人即使不像亚里士多德所说的那样，天生是政治动物(13)，无论如何也天生是社会动物。

尽管许多人同时协同完成同一或同种工作，但是每个人的个人劳动，作为总劳动的一部分，仍可以代表劳动过程本身的不同阶段。由于协作，劳动对象可以更快地通过这些阶段。例如，瓦匠站成一排，把砖从脚手架的下面传到上面，虽然每个人都做同一件事情，但是这些单个操作构成一个总操作的连续部分，成为每块砖在劳动过程中必须通过的各个特殊阶段。因此，总体劳动者例如用24只手传

(12)"这时候〈当同样数量的劳动者由一个租地农场主用在300英亩土地上，而不是由10个租地农场主各用在30英亩土地上的时候〉也会因雇工的相对人数较多而具有优越性。除了有实际经验的人，这种优越性是不容易被认识到的。人们自然会说：1:4等于3:12；但实际情况却并非如此，因为在收获时期和许多其他类似的紧急工作上，把许多劳动力结合在一起，工作就会做得更好更快。例如，在收获工作上，两人赶车，两人装车，两人传送，两人使耙，其余的人安排在禾堆上或谷仓内，他们一起干完的活要比同样多的人分成组分别在各个农场里所干完的活多一倍。"（[约·阿巴思诺特]《当前粮食价格和农场面积相互关系的研究》，一个租地农场主著，1773年伦敦版第7、8页）

(13)确切地说，亚里士多德所下的定义是：人天生是城市的市民[260]。这个定义标志着古典古代的特征，正如富兰克林所说的人天生是制造工具的动物这一定义标志着美国社会的特征一样。

砖，比单个劳动者每人都用两只手搬着砖上下脚手架要快。(14)劳动对象在比较短的时间内通过同样的空间。另一方面，例如，如果一座建筑物同时从各个方面动工兴建，尽管协作的人做的是同一或同种工作，那也会发生劳动的结合。144小时的结合工作日可以在空间上从多方面对劳动对象进行加工，因为结合劳动者或总体劳动者前前后后都有眼睛和手，在一定程度上是全能的。这样，144小时结合工作日完成总产品，比只能比较单方面地对劳动对象进行加工的、多少是单干的劳动者的12个十二小时工作日要快。产品的不同的空间部分同时成长。

我们所以着重指出，许多互相补充的劳动者做同一或同种工作，是因为这种最简单的共同劳动的形式即使在最发达的协作形态中也起着重大作用。如果劳动过程是复杂的，只要有大量的人共同劳动，就可以把不同的操作分给不同的人，因而可以同时进行这些操作，这样，就可以缩短制造总产品所必要的劳动时间。(15)

在许多生产部门都有紧急时期，即由劳动过程的性质本身所决定的一定时期，在这些时期内必须取得一定的劳动成果。例如剪一

---

(14)"此外必须肯定，这种部分的分工在劳动者干同样的活时也能实行。例如，瓦匠手递手地把砖传送到脚手架上去，他们虽然做的是同样的活，但在他们之间仍然存在着一种分工，这种分工表现在，他们每个人都把砖传送一定的距离，他们共同把砖传到一定的地点，这比每个人单独把砖搬到脚手架上去要快得多。"（弗·斯卡尔培克《社会财富的理论》1839年巴黎第2版第1卷第97、98页）

(15)"如果问题是要完成一件复杂的劳动，那就必须同时做各种事情。一个人干这个，另一个人干那个，大家合起来将会取得一个人的努力所根本不能达到的结果。一人划船，另一人掌舵，第三人撒网或叉鱼，没有这种协力，捕鱼就不可能取得成果。"（德斯杜特·德·特拉西《论意志及其作用》第78页）

群羊的羊毛或收割若干摩尔根的谷物，在这种情况下，产品的数量和质量取决于这种操作是否在一定的时间开始并在一定的时间结束。在这里，劳动过程要占用的时间是事先决定了的，正像例如捕鲱鱼的情况一样。一个人只能从一天中分割出一个工作日，例如12小时，但是，例如100个人协作就能把一个十二小时工作日扩大成一个1 200小时工作日。短促的劳动期限可以由在紧要关头投入生产场所的巨大的劳动量来补偿。在这里，能否及时获得成果，取决于是否同时使用许多结合的工作日，成效的大小取决于劳动者人数的多少；但是这种人数总比在同样长的时间内为达到同样效果所需要的单干劳动者的人数要少。(16)由于缺少这样的协作，美国西部每年都要损失大量粮食，而在英国的统治已经破坏了旧的公社的东印度地区，每年都要损失大量棉花。(17)

一方面，协作可以扩大劳动的空间范围，因此，某些劳动过程由于劳动对象空间上的联系就需要协作；例如排水、筑堤、灌溉、开凿运河、修筑道路、铺设铁路等等。另一方面，协作可以与生产规模相比相对地在空间上缩小生产领域。在劳动的作用范围扩大的同时劳动空间范围的这种缩小，会节约非生产费用(faux frais)，

(16)“在紧要关头完成它们〈农业劳动〉有更大的效果。”([约·阿巴思诺特]《当前粮食价格和农场面积相互关系的研究》第7页)“在农业上没有比时间因素更重要的因素了。”(李比希《农业的理论与实践》1856年版第23页)

(17)“人们很难想象，在这个劳动输出比世界上任何其他国家(也许中国和英国除外)都多的国家里，竟发生了另一种祸害：找不到足够数量的人手来收摘棉花。结果很大一部分棉花无人收摘，另外一部分是掉在地上以后从地上拣起来的，这部分自然失去了色泽，而且部分已经腐烂。由于在适当的季节缺少人手，植棉者实际上不得不损失很大一部分棉花，而这些棉花正是英国所十分渴望的。”(1861年7月22日《孟加拉公报。大陆新闻摘要双月刊》)

这种缩小是由劳动者的集结、不同劳动过程的靠拢和生产资料的积聚造成的。(18)

和同样数量的单干的个人工作日的总和比较起来，结合工作日可以生产更多的使用价值，因而可以减少生产一定效用所必要的劳动时间。不论在一定的情况下结合工作日怎样达到生产力的这种提高：是由于提高劳动的机械力，是由于扩大这种力量在空间上的作用范围，是由于与生产规模相比相对地在空间上缩小生产场所，是由于在紧急时期短时间内动用大量劳动，是由于激发个人的竞争心和振奋他们的精力，是由于使许多人的同种作业具有连续性和多面性，是由于同时进行不同的操作，是由于共同使用生产资料而达到节约，是由于使个人劳动具有社会平均劳动的性质，在所有这些情形下，结合工作日的特殊生产力都是社会的劳动生产力或社会劳动的生产力。这种生产力是由协作本身产生的。劳动者在有计划地同别人共同工作中，摆脱了他的个人局限，并发挥出他的种属能力。(19)

既然劳动者不在一起就不能直接地共同工作，既然劳动者集结在一定的空间是他们进行协作的条件，那么，同一个资本，同一个资本家，如果不同时使用雇佣工人，也就是同时购买他们的劳动

---

(18)"由于耕作的进步，从前分散用在500英亩土地上的全部资本和劳动(也许还要多)，现在集中在100英亩土地上进行精耕细作。"虽然"同所使用的资本量和劳动量相比，空间是缩小了，但是同从前单个独立生产者占有的或耕种的生产领域相比，生产领域却是扩大了"(理·琼斯《论财富的分配》，《地租》，1831年伦敦版第190、191、199、200页)。

(19)"单个人的力量是很小的，但是这些很小的力量结合起来所产生的总力量，比这些部分力量的总和要大，因此单是力量的结合就能减少时间和扩大这些力量发生作用的空间。"(乔·里·卡尔利为彼·韦里《政治经济学研究》所加的注释，载于《意大利政治经济学名家文集·现代部分》第15卷第196页)

力，雇佣工人就不能进行协作。因此，在劳动力本身集合在生产过程中以前，这些劳动力的总价值或工人一天、一周等等的工资总额，必须已经集合在资本家的口袋里。一次支付300工人的报酬，即使支付的只是一天的报酬，也比全年一周一周地支付少量工人的报酬需要更多的资本支出。因此，协作工人的人数或协作的规模，首先取决于单个资本家能支出多大资本量来购买劳动力，也就是取决于每一个资本家在多大规模上拥有供许多工人用的生活资料。

可变资本的情形是这样，不变资本的情形也是这样。例如，拿原料的支出来说，一个雇用300个工人的资本家的支出，是30个各雇用10个工人的资本家中的每一个人的支出的30倍。诚然，共同使用的劳动资料在价值量和物质量方面都不会同雇用的工人人数按同一程度增加，但是它们的增加还是很显著的。因此，较大量的生产资料积聚在单个资本家手中，是雇佣工人进行协作的物质条件，而且协作的范围或生产的规模取决于这种积聚的程度。

起初，为了有足够的同时被剥削的工人人数，从而有足够的生产出来的剩余价值数量，以便使雇主本身摆脱体力劳动，由小业主变成资本家，从而使资本关系在形式上建立起来，需要有一定的最低限额的单个资本。①现在，这个最低限额又表现为使许多分散的和互不依赖的单个劳动过程转化为一个结合的社会劳动过程的物质条件。

同样，起初资本指挥劳动只是表现为这样一个事实的形式上的结果：工人不是为自己劳动，而是为资本家，因而是在资本家的支

---

①见本卷第357—358页。——编者注

配下劳动①。随着许多雇佣工人的协作，资本的指挥发展成为劳动过程本身的进行所必要的条件，成为实际的生产条件。现在，在生产场所不能缺少资本家的命令，就像在战场上不能缺少将军的命令一样。

一切规模较大的直接社会劳动或共同劳动，都或多或少地需要指挥，以协调个人的活动，并执行生产总体的运动——不同于这一总体的独立器官的运动——所产生的各种一般职能。一个单独的提琴手是自己指挥自己，一个乐队就需要一个乐队指挥。一旦从属于资本的劳动成为协作劳动，这种管理、监督和调节的职能就成为资本的职能。这种管理的职能作为资本的特殊职能取得了特殊的性质。

首先，资本主义生产过程的动机和决定目的，是资本尽可能多地自行增殖(20)，也就是尽可能多地生产剩余价值，因而也就是资本家尽可能多地剥削劳动力。随着同时雇用的工人人数的增加，他们的反抗也加剧了，因此资本为压制这种反抗所施加的压力也必然增加。资本家的管理不仅是一种由社会劳动过程的性质产生并属于社会劳动过程的特殊职能，它同时也是剥削一种社会劳动过程的职能，因而也是由剥削者和他所剥削的原料之间不可避免的对抗决定的②。同样，随着作为他人的财产而同雇佣工人相对立的生产资料的规模的增大，对这些生产资料的合理使用进行监督的必要性也增

(20)“利润……是经营的唯一目的。”（杰·范德林特《货币万能》第11页）

①见本卷第359页。——编者注

②见本卷第873—874页。——编者注

加了。(21)其次，雇佣工人的协作只是资本同时使用他们的结果。他们的职能上的联系和他们作为生产总体所形成的统一，存在于他们之外，存在于把他们集合和联结在一起的资本中。因此，他们的劳动的联系，在观念上作为资本家的计划，在实践中作为资本家的权威，作为他人意志——他们的活动必须服从这个意志的目的——的权力，而和他们相对立。

因此，如果说资本主义的管理就其内容来说是二重的，——因为它所管理的生产过程本身具有二重性：一方面是制造产品的社会劳动过程，另一方面是资本的价值增殖过程，——那么，资本主义的管理就其形式来说是专制的。随着大规模协作的发展，这种专制也发展了自己特有的形式。正如起初当资本家的资本一达到开始真正的资本主义生产所需要的最低限额时，他便摆脱体力劳动一样，现在他把直接和经常监督单个工人和工人小组的职能交给了特种的雇佣工人。正如军队需要军官和军士一样，在同一资本指挥下共同工作的大量工人也需要工业上的军官（经理）和军士（监工），在劳动过程中以资本的名义进行指挥。监督工作固定为他们的专职。政治经济学家在拿独立的农民或独立的手工业者的生产方式同以奴

---

(21)英国一家庸人报纸《旁观者》1866年5月26日报道，在曼彻斯特金属丝加工公司实行资本家和工人合伙经营以后，“第一个结果便是材料的浪费突然减少，因为工人理解到，他们没有理由比对待资本家的财产还更厉害地浪费自己的财产，而除了黄账以外，材料的浪费大概是工厂亏损的最大原因了”。该报又发现罗奇代尔合作实验261的根本缺点是：“这些实验表明，工人组合能够有效地管理商店、工厂以及几乎一切工业形式，这些实验大大改善了工人本身的状况，但是〈！〉它们却没有给资本家留下明显的位置。”多么可怕啊！

隶制为基础的种植园经济作比较时，把这种监督工作算做非生产费用。(21a)相反地，他在考察资本主义生产方式时，却把从共同的劳动过程的性质产生的管理职能，同从这一过程的资本主义的、从而对抗的性质产生的管理职能混为一谈。(22)资本家所以是资本家，并不是因为他是工业的管理者，相反，他所以成为工业的司令官，因为他是资本家。工业上的最高权力成了资本的属性，正像在封建时代，战争中和法庭裁判中的最高权力是地产的属性一样。(22a)

只要工人作为劳动力的出卖者和资本家进行交易，他就是自己劳动力的所有者，他只能出卖他所占有的东西，出卖他个人的、单个的劳动力。这种关系，决不因为资本家购买的不是一个劳动力而是100个劳动力，或者说，他不是和一个工人而是和100个互不相干的工人签订合同，而有所变化。资本家无须让这100个工人协作就能使用他们。因此，他支付的是100个独立劳动力的价值，而不是100个结合劳动力的价值。工人作为独立的人是单个的人，他们和同一资本发生关系，但是彼此不发生关系。他们的协作是在劳动过程中才开始的，但是在劳动过程中他们已经不再属于自己了。他们一进

(21a)凯尔恩斯教授在指出“对劳动的监督”是北美南方各州奴隶制生产的主要特点以后，继续说道：“因为农民所有者〈北方的〉得到他的土地的全部产品，所以用不着其他的劳动刺激。在这里完全不需要监督”（凯尔恩斯《奴隶劳力》第48、49页）。

(22)善于看出各种生产方式的具有社会特征的区别的詹姆斯·斯图亚特爵士指出：“为什么大制造业企业破坏家庭手工业呢？难道不是因为前者接近于奴隶劳动的单纯性吗？”（《政治经济学原理》1767年伦敦版第1卷第167、168页）

(22a)因此奥古斯特·孔德及其学派本可以像证明资本家老爷的永恒必要性那样，去证明封建老爷的永恒必要性。262

入劳动过程,便并入资本。作为协作的人,作为一个工作有机体的肢体,他们本身只不过是资本的一种特殊存在方式。因此,工人作为社会工人所发挥的生产力,是资本的生产力。只要把工人置于一定的条件下,劳动的社会生产力就无须支付报酬而发挥出来,而资本正是把工人置于这样的条件之下的。因为劳动的社会生产力不费资本分文,另一方面,又因为工人在他的劳动本身属于资本以前不能发挥这种生产力,所以劳动的社会生产力好像是资本天然具有的生产力,是资本内在的生产力。

古代的亚洲人、埃及人、伊特鲁里亚人等等的庞大建筑[263],显示了简单协作的巨大作用。

> “在过去的时代,这些亚洲国家除了民用的和军事的开支以外,还有剩余的生活资料,可以用于华丽的或实用的建筑。这些国家可以指挥几乎全部非农业人口的手臂,而对这些剩余生活资料的唯一支配权又完全属于君主和僧侣,所以它们有能力兴建那些遍布全国的宏伟纪念物…… 在移动巨大的雕像和庞大的重物方面,当时的搬运本领令人惊讶,在这方面恣意滥用的几乎全是人的劳动。光有劳动者的人数和他们的努力的集中就够了。我们看到巨大的珊瑚礁从海底升起形成岛屿和陆地,虽然每一个珊瑚虫是渺小的、微弱的、不足道的。亚洲任何一个君主国的非农业劳动者,除了自己个人的体力以外,很少能贡献什么,但是他们的数量就是他们的力量,而指挥这些群众的权力,就产生出这些巨大的建筑。正是由于劳动者赖以生活的那些收入都集中在一个人或少数人的手里,才使这一类事业成为可能。”(23)

亚洲和埃及的国王或伊特鲁里亚的神权政治的首领等等的这种权力,在现代社会已经转到资本家手里,不管他是单个资本家,还是

(23)理·琼斯《国民政治经济学教程》第77、78页。伦敦和欧洲其他国家首都搜集的古亚述、埃及等等的文物,为我们提供了这些协作的劳动过程的见证。

像在股份公司264里那样，是结合资本家。

在人类文化初期，在狩猎民族(23a)中，或者例如在印度公社的农业中，我们所看到的那种在劳动过程中占统治地位的协作，一方面以生产条件的公有制为基础，另一方面，正像单个蜜蜂离不开蜂房一样，以个人尚未脱离氏族或公社的脐带这一事实为基础。这两点使得这种协作不同于资本主义协作。在古代世界、中世纪和现代的殖民地偶尔采用的大规模协作，以直接的统治关系和奴役关系为基础，大多数以奴隶制为基础。相反，资本主义的协作形式一开始就以出卖自己的劳动力给资本的自由雇佣工人为前提。不过，历史地说，资本主义的协作形式是同农民经济和独立的手工业生产(不管是否具有行会形式)相对立而发展起来的。(24)对农民经济和独立的手工业生产来说，资本主义协作不是表现为协作的一个特殊的历史形式，而协作本身倒是表现为资本主义生产过程所固有的并表示其特征的历史形式。

正如协作发挥的劳动的社会生产力表现为资本的生产力一样，协作本身表现为同单个的独立劳动者或小业主的生产过程相对立的资本主义生产过程的特有形式。这是实际的劳动过程由于从属于资本而经受的第一个变化。这种变化是自然发生的。这一变化的前提，即在同一个劳动过程中同时雇用人数较多的雇佣工人，构成资本

(23a)兰盖在他的著作《民法论》中把狩猎称为最初的协作形式，而把对人的狩猎(战争)称为最初的狩猎形式之一，这也许不是不对的。

(24)小农经济和独立的手工业生产，一部分构成封建生产方式的基础，一部分在封建生产方式瓦解以后又和资本主义生产并存。同时，它们在原始的东方公有制解体以后，奴隶制真正支配生产以前，还构成古典共同体265在其全盛时期的经济基础。

主义生产的起点。这个起点是和资本本身的存在结合在一起的。因此，一方面，资本主义生产方式表现为劳动过程转化为社会过程的历史必然性，另一方面，劳动过程的这种社会形式表现为资本通过提高劳动过程的生产力来更有利地剥削劳动过程的一种方法。

上面所考察的简单形态的协作，是同规模较大的生产结合在一起的，但是并不构成资本主义生产方式的一个特殊发展时代的固定的具有特征的形式。它至多不过在仍然保持手工业性质的初期工场手工业(25)中，在那种和工场手工业时期相适应的、仅仅由于同时使用的工人的数量和所积聚的生产资料的规模才和农民经济有本质区别的大农业中，近似地表现出来。简单协作在那些大规模运用资本而分工或机器还不起重大作用的生产部门，始终是占统治的形式。

虽然协作的简单形态本身表现为同它的更发展的形式并存的特殊形式，协作仍然是资本主义生产方式的基本形式。

(25)“难道把许多人的技巧、勤劳和竞争心结合在同一个工作中不是推动这一工作的办法吗？英国难道能用其他方法使自己的羊毛工场手工业达到这样完善的程度吗？”（贝克莱《提问者》1750年伦敦版第56页第521节）

第 十 二 章
分工和工场手工业

1. 工场手工业的二重起源

以分工为基础的协作，在工场手工业上取得了自己的典型形态。这种协作，作为资本主义生产过程的具有特征的形式，在真正的工场手工业时期占统治地位。这个时期大约从16世纪中叶到18世纪最后30多年。

工场手工业是以两种方式产生的。

一种方式是：不同种的独立手工业的工人在同一个资本家的指挥下联合在一个工场里，产品必须经过这些工人之手才能最后制成。例如，马车过去是很多独立手工业者，如马车匠、马具匠、裁缝、钳工、铜匠、旋工、饰绦匠、玻璃匠、彩画匠、油漆匠、描金匠等劳动的总产品。马车工场手工业把所有这些不同的手工业者联合在一个工场内，他们在那里同时协力地进行劳动。当然，一辆马车在制成以前是不能描金的。但是，如果同时制造许多辆马车，那么，当一部分马车还处在生产过程的较早阶段的时候，另一部分马车就可以不断地描金。到此为止，我们的立足点还是简单协作，它在人和物方面的材料都是现成的。但是很快就发生了本质的变化。专门从事马车制造的裁缝、钳工、铜匠等等，逐渐地失去了全面地从事原有手工业的习惯和能力。另一方面，他们的片面活动现在取得了一种最适合于狭隘活动范围的形式。起初，马车工场手工业是作为独立手工业的结合出现的。以后，马车生产逐渐地分成了各种特殊的操作，其中每一种操作都固定为一个工人的专门职能，全部操作由这些局部工人联合体来完成。同样，织物工场手工业以及一系列其他工场手工业，也是由不同的手工业在同一个资本的指挥下结合起来而产生的。(26)

但是，工场手工业也以相反的方式产生。许多从事同一个或同一类工作(例如造纸、铸字或制针)的手工业者，同时在同一个工场里为同一个资本所雇用。这是最简单形式的协作。每个这样的手工业者(可能带一两个帮工)都制造整个商品，因而顺序地完成制造这一商品所需要的各种操作。他仍然按照原有的手工业方式进行劳动。但是外部情况很快促使人们按照另一种方式来利用集中在同一个场所的工人和他们同时进行的劳动。例如，必须在一定期限内提供大

(26)下面的一段引文为工场手工业的这种形成方式提供了一个较近的例子。里昂和尼姆的丝纺织业"完全是宗法式的；它雇用许多妇女和儿童，但是并没有把他们累坏或者累死。它让这些妇女和儿童在优美的德龙、瓦尔、伊泽尔河、沃克吕兹河流域养蚕、缫丝。它从来也没有成为真正的工厂生产。如果仔细地考察一下……这里分工的原则有其特点。虽然那里有缫丝女工、纺工、染色工、浆纱工以及织工；不过他们并没有联合在一个工场里，并不从属于同一个雇主；他们所有的人都是独立的"。(阿·布朗基《工业经济学教程》，阿·布莱斯编，1838—1839年巴黎版第79页)自从布朗基写了这段话以来，不同的独立的工人已经有一部分联合在工厂里了。〔第四版注：自从马克思写了这段话以来，动力织机在这些工厂里已经得到了应用，并且很快就把手工织机排挤掉了。克雷费尔德的丝纺织业具有同样的经历。——弗·恩·〕

量完成的商品这种情况，就是如此。于是劳动有了分工。各种操作不再由同一个手工业者按照时间的先后顺序完成，而是分离开来，孤立起来，在空间上并列在一起，每一种操作分配给一个手工业者，全部操作由协作者同时进行。这种偶然的分工一再重复，显示出它特有的优越性，并渐渐地固定为系统的分工。商品从一个要完成许多种操作的独立手工业者的个人产品，转化为不断地只完成同一种局部操作的各个手工业者的联合体的社会产品。一个德国的行会造纸匠要依次完成的、互相连接的那些操作，在荷兰的造纸手工工场里独立化为许多协作工人同时进行的局部操作。纽伦堡的行会制针匠是英国制针手工工场的基本要素。但是纽伦堡的一个制针匠要依次完成也许20种操作，而在英国，将近20个制针匠同时进行工作，每一个人只从事20种操作中的一种[266]，后来，这20种操作根据经验又进一步划分、孤立，并独立化为各个工人的专门职能。

可见，工场手工业的产生方式，它由手工业形成的方式，是二重的。一方面，它以不同种的独立手工业的结合为出发点，这些手工业非独立化和片面化到了这种程度，以致它们在同一个商品的生产过程中成为只是互相补充的局部操作。另一方面，工场手工业以同种手工业者的协作为出发点，它把这种个人手工业分成各种不同的特殊操作，使之孤立和独立化到这种程度，以致每一种操作成为一个特殊工人的专门职能。因此，一方面工场手工业在生产过程中引进了分工，或者进一步发展了分工，另一方面它又把过去分开的手工业结合在一起。但是不管它的特殊的出发点如何，它的最终形态总是一样的：一个以人为器官的生产机构。

为了正确地理解工场手工业的分工，重要的是把握住下列各点。首先，在这里生产过程分解为各个特殊阶段是同手工业活动分成各种不同的局部操作完全一致的。不管操作是复杂还是简单，它仍然是手工业性质的，因而仍然取决于每个工人使用工具时的力量、熟练、速度和准确。手工业仍旧是基础。这种狭隘的技术基础使生产过程得不到真正科学的分解，因为产品所经过的每一个局部过程都必须能够作为局部的手工业劳动来完成。正因为手工业的熟练仍旧是生产过程的基础，所以每一个工人都只适合于从事一种局部职能，他的劳动力就转化为终身从事这种局部职能的器官。最后，这种分工是特殊种类的协作，它的许多优越性都是由协作的一般性质产生的，而不是由协作的这种特殊形式产生的。

2. 局部工人及其工具

如果我们进行更仔细的考察，那么首先就可以清楚地看到，终生从事同一种简单操作的工人，把自己的整个身体转化为这种操作的自动的片面的器官，因而他花费在这一操作上的时间，比顺序地进行整个系列的操作的手工业者要少。但是，构成工场手工业活机构的结合总体工人，完全是由这些片面的局部工人组成的。因此，与独立的手工业比较，在较短时间内能生产出较多的东西，或者说，劳动生产力提高了。(27)在局部劳动独立化为一个人的专门职能之后，局部劳动的方法也就完善起来。经常重复做同一种有限的动作，并把注

(27)"在一种工种繁多的工场手工业中，劳动越是分得细，越是分给不同的局部工人去完成，就必然进行得越快、越好，时间和劳动的损失就越少。"（［亨·马丁］《东印度贸易的利益》1720年伦敦版第71页）

意力集中在这种有限的动作上，就能够从经验中学会消耗最少的力量达到预期的效果。又因为总是有好几代工人同时在一起生活，在同一些手工工场内共同劳动，所以，这样获得的技术上的诀窍就能巩固、积累并迅速地传下去。(28)

工场手工业在工场内部把社会上现存的各种手工业的自然形成的分立再生产出来，并系统地把它发展到极端，从而在实际上生产出局部工人的技艺。另一方面，工场手工业把局部劳动转化为一个人的终生职业，符合以前社会的如下倾向：使手工业变成世袭职业，使它固定为种姓，或当一定历史条件产生与种姓制度相矛盾的个人变化时，使它硬化为行会。种姓和行会由以产生的自然规律，就是调节动植物分化为种和亚种的那个自然规律。不同的只是，种姓的世袭性和行会的排他性发展到一定程度会当做社会法令来颁布。(29)

> “达卡的麦斯林薄纱的精细，科罗曼德尔的花布及其他布匹的色彩的华丽和耐久，始终是无与伦比的。但是它们的生产并没有依靠资本、机器和分工或者任何一种使欧洲制造业获得很多益处的手段。织工是单独的个人，他是根据

---

(28)“容易的劳动是留传下来的技能。”(托·霍吉斯金《通俗政治经济学》第48页)

(29)“手艺……在埃及也达到了相当完善的程度。因为只有在这个国家里，手工业者根本不容许过问另一个市民阶级的事情，他只能从事本族依法应当世袭的职业…… 我们在其他民族中看到，手工业者把他们的注意力分散在过多的事情上…… 他们有时种地，有时经商，有时同时从事两三种手艺。在自由国家，他们通常都要出席民众大会…… 与此相反，在埃及，一个手工业者如果参与国事或同时从事几种手艺，就要受到严厉的惩罚。因此，没有任何东西会妨碍他们专心从事自己的职业…… 此外，他们虽然继承了祖先的许多手艺，但仍然热衷于寻找新的改进。”(狄奥多鲁斯(西西里的)《史学丛书》第1卷第74章)

顾客的订货织布的。他使用的织机的结构非常简单，有时候只是用些木棍草草搭成的。这种织机甚至没有卷经线的装置，因此机身必须全部伸展开来，这样它就很笨重，很长，无法放在生产者的小屋中，因此生产者必须在露天劳动，一遇到坏天气，就只好停工。”(30)

正是父传子、子传孙一代一代积累下来的特殊熟练，才使印度人具有蜘蛛一样的技艺。但是同大多数工场手工业的工人相比，这样一个印度织工从事的是极复杂的劳动。

一个在制品的生产中依次完成各个局部过程的手工业者，必须时而变更位置，时而调换工具。由一种操作转到另一种操作会打断他的劳动流程，造成他的工作日中某种空隙。一旦手工业者整天不断地从事同一种操作，这些空隙就会缩小，或者说会随着他的操作变化的减少而趋于消失。在这里，劳动生产率的提高，或者是由于增加了一定时间内劳动力的支出，也就是提高了劳动强度，或者是由于减少了劳动力的非生产耗费。就是说，每次由静止到运动所需要的力量的额外消耗，为已经达到的正常速度在较长时间的持续所补偿。另一方面，不断从事单调的劳动，会妨碍精力的振奋和焕发，因为精力是在活动本身的变换中得到恢复和刺激的。

劳动生产率不仅取决于劳动者的技艺，而且也取决于他的工具的完善程度。同类的工具，例如切削工具、钻具、凿具和锤具等，用于不同的劳动过程，而同一种工具在同一劳动过程中又用于不同的操作。但是，一旦劳动过程的不同操作彼此分离，并且每一种局部操作在局部工人手中获得最合适的因而是专门的形式，过去用于不同目

(30)休·默里、詹姆斯·威尔逊等著《英属印度古今历史概述》1832年爱丁堡版第2卷第449、450页。印度的织机是竖立的，也就是说经纱是垂直张开的。

的的工具就必然要发生变化。工具形式变化的方向，是根据从工具原来形式带来的特殊困难中得出的经验决定的。劳动工具的分化和劳动工具的专门化，是工场手工业的特征，前者使同类的工具获得了适合于每种特殊用途的特殊的固定形式，后者使每种这样的特殊的工具只有在专门的局部工人的手中才能充分发挥作用。单在伯明翰就生产出约300种不同的锤，不但每一种锤只适用于一个特殊的生产过程，而且往往好多种锤只用于同一过程的不同操作。工场手工业时期通过劳动工具适合于局部工人的专门的特殊职能，使劳动工具简化、改进和多样化。(31)这样，工场手工业时期也就同时创造了机器的物质条件之一，因为机器就是由许多简单工具结合而成的。

局部工人及其工具构成工场手工业的简单要素。现在我们来考察工场手工业的全貌。

3. 工场手工业的两种基本形式——混成的工场手工业和有机的工场手工业

工场手工业的组织有两种基本形式。这两种形式虽然有时交错在一起，但仍然是两个本质上不同的类别，而且特别在工场手工业后来转化为使用机器的大工业时，起着完全不同的作用。这种二重性

(31)达尔文在其划时代的著作《物种起源》中，谈到动植物的自然器官时指出："在同一个器官需要从事不同的工作时，这个器官容易变异的原因也许在于：自然选择对于每一形态上的细小差异的保存或抑制，不如在同一个器官专用于一个特殊目的时那样小心。比如，用来切各种东西的刀，大体上可保持同样的形状；但专供一种用途的工具，如作另一种用途，就必须具有另一种形式。"

起源于制品本身的性质。制品或者是由各个独立的局部产品纯粹机械地装配而成，或者是依次经过一系列互相关联的过程和操作而取得完成的形态。

例如，机车是由5 000多个独立部件组成的。但是它不能算做第一类真正工场手工业的例子，因为它是大工业的产物。钟表才是最好的例子。威廉·配第就已经用它来说明工场手工业的分工。[267]钟表从一个纽伦堡手工业者的个人制品[268]，转化为无数局部工人的社会产品。这些局部工人是：毛坯工、发条工、字盘工、游丝工、钻石工、棘轮掣子工、指针工、表壳工、螺丝工、镀金工，此外还有许多小类，例如制轮工（又分黄铜轮工和钢轮工）、龆轮工、上弦拨针机构工、装轮工（把各种轮安到轴上，并把它们抛光等等）、轴颈工、齿轮安装工（把各种齿轮和龆轮安装到机心中去）、切齿工（切轮齿，扩孔，把棘爪簧和棘爪淬火）、擒纵机构工，圆柱形擒纵机构又有圆筒工、擒纵轮片工、摆轮工、快慢装置工（调节钟表快慢的装置）、擒纵调速器安装工，还有条合和棘爪安装工、钢抛光工、齿轮抛光工、螺丝抛光工、描字工、制盘工（把搪瓷涂到铜上）、表壳环制造工、装销钉工（把黄铜销钉插入表壳的接头等）、表壳弹簧制造工（制造能使表壳弹起来的弹簧）、雕刻工、雕镂工、表壳抛光工以及其他工人，最后是装配全表并使其行走的装配工。只有钟表的少数几个零件要经过不同的人的手，所有这些分散的肢体[125]只是在最终把它们结合成一个机械整体的人的手中才集合在一起。在这里，同在其他类似的制品上一样，成品和它的各种不同的要素的外在关系，使局部工人在同一个工场中的结合成为一种偶然的事情。局部劳动本身又可以作为彼此独立的手工业进行，如在瓦特州和纳沙泰尔州就是这样；在日内瓦则有大钟表手工工场，也就是说，那里局部工人在一个资本指挥下进行直接的协作。但即使在日内瓦，指针盘、发条和表壳也很少是在手工工场本身内制造的。在这里，结合的工场手工业生产，只有在例外的情形下才是有利的，因为在家里劳动的工人之间的竞争十分激烈，生产分为许多异质的过程，使人们不大可能使用共同的劳动资料；而且在分散生产的情况下，资本家可节省厂房等的费用。(32)不过，这些在家里为一个资本家（工厂主）劳动的局部工人的地位，也是和仅仅为自己的顾客劳动的独立手工业者的地位完全不同的。(33)

第二类工场手工业，是工场手工业的完成形式，它生产的制品要经过相互联系的发展阶段，要顺序地经过一系列的阶段过程，例如，制针手工工场的针条要经过72个甚至92个专门的局部工人之手。

由于这种工场手工业把原来分散的手工业结合在一起，它就缩短了制品的各个特殊生产阶段之间的空间距离。制品从一个阶段转

---

(32)1854年日内瓦生产了8万只钟表，还不及纳沙泰尔州钟表产量的五分之一。仅在绍德封，在这个可以被看做一家钟表手工工场的城市，每年的产量就比日内瓦高一倍。1850年至1861年，日内瓦提供了72万只钟表。见《女王陛下驻外使馆秘书关于驻在国的工商业等情况的报告》1863年第6号中《日内瓦钟表业的报告》。如果那些只是装配而成的制品的生产的各个过程互不相联，本身很难使这类手工工场转化为大工业的机器生产，那么在钟表生产中还有两个别的障碍：钟表的零件小巧精细，而且钟表是奢侈品，式样繁多，因此，例如伦敦最好的钟表公司，一年中生产的钟表未必有一打是相似的。采用机器卓有成效的瓦什隆—康斯坦丁钟表工厂，在大小和式样上至多也只生产三四个品种。

(33)从钟表制造业这种混成工场手工业的典型例子，我们可以十分精确地研究上面提到的现象，即由于手工业活动的分解而产生的劳动工具的分化和专门化。

移到另一阶段所需要的时间减少了，同样，用在这种转移上的劳动也减少了。(34)这样，同手工业相比，劳动生产力提高了，这种提高是由工场手工业的一般协作性质产生的。另一方面，工场手工业特有的分工原则，使不同的生产阶段孤立起来，这些阶段作为同数的手工业性质的局部劳动而互相独立。既然各个孤立的职能之间要建立和保持联系，制品就得不断地由一个人之手转到另一个人之手，由一个过程转到另一个过程。从大工业的角度来看，这种情形表现为一种具有特征的、破费的、工场手工业原则所固有的局限性。(35)

如果我们考察一定量的原料（如造纸手工工场的破布或者制针手工工场的针条），就可以看到，这些原料在获得自己的最后形态之前，要在不同的局部工人手中经过时间上顺序进行的各个生产阶段。但如果把工场看做一个总机构，那么原料就同时处在它的所有的生产阶段上。由局部工人组成的总体工人，用他的许多握有工具的手的一部分拉针条，同时用另一些手和工具把针条拉直、切断、磨尖等等。不同的阶段过程由时间上的顺序进行转化为空间上的并存。因此在同一时间内可以提供更多的成品。(36)虽然这种同时性是由总过程的一般协作形式产生的，但是工场手工业不只是发现了

(34)“在人们如此密集地一起劳动的情形下，运输必然会更少。”（［亨·马丁］《东印度贸易的利益》第106页）

(35)“由于使用手工劳动，工场手工业中不同的生产阶段发生了分立，这就大大增加了生产费用，这种损失主要是从一个劳动过程到另一个过程的转移造成的。”（《各国的工业》1855年伦敦版第2部第200页）

(36)“它〈分工〉把工作分成各个可以同时进行的部分，也就节省了时间……　由于单独的个人必须分别完成的各种不同的劳动过程的同时进行，就有可能例如在从前切断或磨尖一枚针的时间内制造出许多枚针。”（杜格尔德·斯图亚特《政治经济学讲义》第319页）

现成的协作条件，而且还通过把手工业的活动加以分解而部分地创造出协作条件。另一方面，工场手工业所以能够达到劳动过程的这种社会组织，只是因为同一个工人固定在同一局部工作上。

因为每个局部工人的局部产品同时只是同一制品的特殊的发展阶段，所以，一个工人是给另一个工人，或一组工人是给另一组工人提供原料。一个工人的劳动结果，成了另一个工人劳动的起点。因此在这里，一个工人是直接给另一个工人提供工作。在每一局部过程中，取得预期效果所必要的劳动时间是根据经验确定的，工场手工业总机构是以一定的劳动时间内取得一定的结果为前提的。只有在这个前提下，互相补充的各个劳动过程才能不间断地、同时地、空间上并存地进行下去。很明显，各种劳动因而各个工人之间的这种直接的互相依赖，迫使每个工人在自己的职能上只使用必要的时间，因此在这里形成了和独立手工业中，甚至和简单协作中完全不同的连续性、划一性、规则性、秩序性(37)，特别是劳动强度。在一种商品上只应耗费生产该商品的社会必要劳动时间，这在商品生产的条件下表现为竞争的外部强制，因为肤浅地说，每一个生产者都必须按商品的市场价格出售商品。而在工场手工业中，在一定劳动时间内提供一定量的产品，成了生产过程本身的技术规律。(38)

但是，不同的操作需要不等的时间，因此在相等的时间内会提供不等量的局部产品。因此，要使同一个工人每天总是只从事同一种

(37)“每种工场手工业内专门工人的种类越多……　每种工作就越有秩序和规律；完成每种工作的时间必然较短，劳动也就必然减少。”（[亨·马丁]《东印度贸易的利益》第68页）

(38)但是工场手工业的生产在许多部门中只是不完善地达到这种结果，因为它不能可靠地控制生产过程的一般的化学条件和物理条件。

操作，不同的操作就必须使用不同比例数的工人。例如在活字铸造业中，如果一个铸工每小时能铸2 000个字，一个分切工能截开4 000个字，一个磨字工能磨8 000个字，雇用一个磨字工就需要雇用四个铸工和两个分切工。[269]在这里，又回到了最简单形式的协作原则：同时雇用许多人从事同种工作。但现在这个原则表现为一种有机的关系。因此，工场手工业的分工不仅使社会总体工人的不同质的器官简单化和多样化，而且也为这些器官的数量大小，即为从事每种专门职能的工人小组的相对人数或相对量，创立了数学上固定的比例。工场手工业的分工在发展社会劳动过程的质的组成的同时，也发展了它的量的规则和比例性。

如果各个不同的局部工人小组之间最合适的比例数，已由经验为一定的生产规模确定下来，那么，只有使每个特殊工人小组按倍数增加，才能扩大这个生产规模。(39)此外，某些工作，不管规模大些或小些，都可以由同一个人来做。例如，总监督的工作，把局部产品由一个生产阶段运送到另一个生产阶段的工作等等，就是如此。因此，使这些职能独立，或者把它们交给特殊工人，只有在增加雇佣工人人数的情况下，才是有利的，但是这种增加必须立刻在所有小组中按比例实行。

一个小组，即执行同一局部职能的一定数目的工人，是由同质的要素组成的，并且构成总机构的一个特殊器官。但在某些手工工

(39)“既然经验根据每种工场手工业的产品的特殊性质，既表明了把生产分为多少局部操作最为有利，也表明了每一操作所必要的工人人数，那么一切不依照此数的准确倍数经营的企业，就要用较大的费用进行生产……　这就是工业企业规模巨大的原因之一。”（查·拜比吉《论机器和工厂的经济》1832年伦敦版第21章第172、173页）

场，这种小组本身就是一个已经组织好了的劳动体，而总机构由这些基本的生产有机体的重复或倍加形成。拿制瓶手工工场为例。这种工场分为三个本质不同的阶段，第一个阶段是预备阶段：调制玻璃的配料，把砂、石灰等等混合在一起，并把这种混合物熔化为玻璃液。(40)最后阶段是把瓶从焙烧炉中取出，分类，包装等等。这两个阶段都使用了不同的局部工人。在这两个阶段之间是真正的玻璃生产即对玻璃液的加工。在玻璃炉的每一个炉口旁都有一个小组在工作。这种小组在英国叫做“炉口”，它由一个制瓶工或精制工、一个吹气工、一个收集工、一个堆积工或研磨工和一个搬入工组成。这五个局部工人形成一个单一的劳动体的五个特殊器官。这个劳动体只有作为一个整体，即只有通过五个人的直接协作才能起作用。如果这个由五个部分构成的躯体少了一个成员，它就瘫痪了。但一个玻璃炉有好几个炉口，例如，在英国有四至六个炉口，每个炉口都有一个盛玻璃液的土制坩埚，并且有一个同样由五个成员组成的工人小组。在这里，每个组的组织都直接以分工为基础，而各个同类小组之间的联系则是一种简单的协作，在这种协作下，生产资料之一（这里是玻璃炉）由于共同使用而得到更经济的利用。这种有四至六个小组的玻璃炉，构成一个玻璃作坊；而一个玻璃手工工场有几个这样的作坊，同时还要有生产的最初阶段和最后阶段所需的各种设备和工人。

最后，正如工场手工业部分地由不同手工业结合而成一样，工场手工业又能发展为不同的工场手工业的结合。例如，英国的大玻璃

(40)在英国，熔炉是和对玻璃加工的玻璃炉分开的；但在比利时，同一个炉却用于两个过程。

工场自己制造土制坩埚，因为产品的优劣主要取决于坩埚的质量。在这里，制造生产资料的工场手工业同制造产品的工场手工业联合起来了。反过来，制造产品的工场手工业，也可以同那些又把它的产品当做原料的工场手工业，或者同那些把它的产品与自己的产品结成一体的工场手工业联合起来。例如，我们看到制造燧石玻璃的工场手工业同磨玻璃业和铸铜业（为各种玻璃制品镶嵌金属）结合在一起。在这种场合，不同的结合的工场手工业成了一个总工场手工业在空间上多少分离的部门，同时又是各有分工的、互不依赖的生产过程。结合的工场手工业虽有某些优点，但它不能在自己的基础上达到真正的技术上的统一。这种统一只有在工场手工业转化为机器生产时才能产生。

工场手工业时期很快就表明减少生产商品所必要的劳动时间是自觉的原则(41)，因此也就间或发展了机器的使用，特别是在某些需要大量人力、费力很大的简单的最初的过程。例如，在造纸手工工场很快就采用了粉碎磨来磨碎破布，在冶金业很快就采用了所谓的捣碎磨来捣碎矿石。(42)[270]罗马帝国以水磨的形式把一切机器的原始形式留传下来。(43)[271]手工业时期留下了指南针、火药、印刷术和自鸣钟这些伟大的发明。但总的来说，正如亚当·斯密指出的，机器在分工

(41)参看威·配第、约·贝勒斯、安·耶伦顿的著作，《东印度贸易的利益》一书以及杰·范德林特的著作。

(42)16世纪末，法国还使用捣臼和筛子来碎矿和洗矿。

(43)从面粉磨的历史可以探究出机器的全部发展史。直到现在英文还把工厂叫做mill［磨房］。在19世纪最初几十年德国的工艺学文献中还可以看到，Mühle［磨］一词不仅指一切用自然力推动的机器，甚至也指一切使用机器装置的手工工场。

之旁起着次要的作用。(44)机器在17世纪的间或应用是非常重要的，因为它为当时的大数学家们创立现代力学提供了实际的支点和刺激。

工场手工业时期所特有的机器始终是由许多局部工人结合成的总体工人本身。一种商品的生产者顺序地完成的、在其全部劳动过程中交织在一起的各种操作，向商品生产者提出各种不同的要求。在一种操作中，他必须使出较大的体力；在另一种操作中，他必须比较灵巧；在第三种操作中，他必须更加集中注意力，等等；而同一个人不可能在相同的程度上具备这些素质。在各种操作分离、独立和孤立之后，工人就按照他们的特长分开、分类和分组。如果说工人的天赋特性是分工赖以生长的基础，那么工场手工业一经建立，就会使生来只适宜于从事片面的特殊职能的劳动力发展起来。现在总体工人具备了技艺程度相同的一切生产素质，同时能最经济地使用它们，因为他使自己的所有器官个体化而成为特殊的工人或工人小组，各自担任一种专门的职能。(45)局部工人作为总体工人

(44)读者在本书第四册[12]中将会更详细地看到，关于分工，亚·斯密没有提出任何一个新原理。人们把他看做工场手工业时期集大成的政治经济学家，是因为他特别强调分工。他认为机器只起了从属作用，这种说法在大工业初期遭到罗德戴尔的反驳，在往后的发展时期又遭到尤尔的反驳。亚·斯密还把工具的分化同机器的发明混为一谈。在工具的分化中，工场手工业的局部工人自己起了巨大的作用；在机器的发明中，起作用的不是工场手工业工人，而是学者、手工业者甚至农民(如布林德利)等。[272]

(45)"因为把工作分成许多种不同的操作，其中每种操作都需要不同程度的技艺和体力，所以手工工场主能够准确地按照每种操作所需要的数量来购买体力和技艺。如果全部工作由一个工人来完成，那么同一个工人就必须有足够的技艺来完成最细致的操作，有足够的体力来完成最繁重的操作。"(查·拜比吉《论机器和工厂的经济》第19章)

的一个肢体，他的片面性甚至缺陷就成了他的优点。(46)从事片面职能的习惯，使他转化为本能地准确地起作用的器官，而总机构的联系迫使他以机器部件的规则性发生作用。(47)

因为总体工人的各种职能有的比较简单，有的比较复杂，有的比较低级，有的比较高级，所以他的器官，即各个劳动力，需要极不相同的教育程度，从而具有极不相同的价值。因此，工场手工业发展了一种劳动力的等级制度，与此相适应的是一种工资的等级制度。一方面，单个工人适应于一种片面的职能，终生从事这种职能；另一方面，各种劳动操作，也要适应这种由先天的和后天的技能构成的等级制度。(48)然而，每一个生产过程都需要有一些任何人都能胜任的简单操作。现在，这一类操作也断绝了同内容较充实的活动要素的流动的联系，硬化为专门职能。

因此，工场手工业在它掌握的每种手工业中，造成了一类所谓的

---

(46)例如，肌肉的片面发展和骨骼的弯曲等等。

(47)一个玻璃手工工场的总经理威·马歇尔先生对一个调查委员会委员提出的关于如何使少年工人保持勤劳的问题，作了很好的回答："他们不可能忽略自己的工作；他们一开始干，就得干下去；他们好像是一台机器的各个部分。"(《童工调查委员会。1865年第4号报告》第247页)

(48)尤尔博士在颂扬大工业时，比那些不像他那样有论战兴趣的前辈经济学家，甚至比他的同时代人，如拜比吉(他作为数学家和力学家虽然比尤尔高明，但他实际上只是从工场手工业的观点去理解大工业的)，更加敏锐地感觉到工场手工业的特点。尤尔说："使工人适应于一种特殊的操作是分工的实质。"另一方面，他认为，分工是使"劳动适合于不同的个人才能"，最后，他把整个工场手工业制度说成是"一种按熟练程度分级的制度"，是"按不同熟练程度实行的分工"。(散见尤尔《工厂哲学》第19—23页)

非熟练工人，这些工人是手工业生产极端排斥的。如果说工场手工业靠牺牲完整的劳动能力使非常片面的专长发展成技艺，那么它又使没有任何发展开始成为专长。与等级制度的阶梯相并列，工人简单地分为熟练工人和非熟练工人。对后者说来完全不需要学习费用，而对前者说来，由于职能的简化，学习费用比手工业者要低。在这两种场合，劳动力的价值都降低了。(49)但也有例外，当劳动过程的分解产生了一些在手工业生产中根本没有过的，或者不是在同样大的范围内有过的新的综合的职能时，就是如此。由学习费用的消失或减少所引起的劳动力的相对贬值，直接包含着资本的更大的增殖，因为凡是缩短劳动力再生产所必要的时间的事情，都会扩大剩余劳动的领域。

4. 工场手工业内部的分工和社会内部的分工

我们首先考察了工场手工业的起源，接着考察了它的简单要素——局部工人及其工具，最后考察了它的总机构。现在我们简单地叙述一下工场手工业分工和构成一切商品生产的一般基础的社会分工之间的关系。

单就劳动本身来说，可以把社会生产分为农业、工业等大类，叫做一般的分工；把这些生产大类分为种和亚种，叫做特殊的分工；把

(49)“每一个手工业者……能够通过在单项操作上的实践使自己日臻完善……成为更廉价的工人。”(同上，第19页)

工场内部的分工，叫做个别的分工。(50)

社会内部的分工以及个人被相应地限制在特殊职业范围内的现象，同工场手工业内部的分工一样，是从相反的两个起点发展起来的。在家庭内部(50a)，随后在氏族内部，由于性别和年龄的差别，也就是在纯生理的基础上产生了一种自然的分工。随着共同体的扩大，人口的增长，特别是各氏族间的冲突，一个氏族之征服另一个氏族，这种分工的材料也扩大了。另一方面，我在前面已经谈到①，产品交换是在不同的家庭、氏族、共同体互相接触的地方产生的，因为在文化的初期，以独立资格互相接触的不是个人，而是家庭、氏族等等。不同的共同体在各自的自然环境中，找到不同的生产资料和不同的生活资料。因此，它们的生产方式、生活方式和产品，也就各不相同。这种自然的差别，在共同体互相接触时引起了产品的互相交换，从而使这些产品逐渐转化为商品。交换没有造成生产领域之间

(50)"分工开始于各种极其不同的职业的分离，一直发展到有许多工人来制造同一件产品，如在手工工场里那样。"(施托尔希《政治经济学教程》巴黎版第1卷第173页)"在有一定文明程度的国家中，我们看到三种分工：第一种我们称之为一般的分工，它使生产者分为农民、制造业者和商人，这是与国民劳动的三个主要部门相适应的；第二种可以叫做特殊的分工，是每个劳动部门分为许多种……　最后，第三种分工可以叫做分职或真正的分工，它发生在单个手工业或职业内部……　在大多数手工工场和作坊都有这种分工。"(斯卡尔培克《社会财富的理论》1839年巴黎第2版第1卷第84、85页)

(50a)〔第三版注：后来对人类原始状况的透彻的研究，使作者得出结论：最初不是家庭发展为氏族，相反地，氏族是以血缘为基础的人类社会的自然形成的原始形式。由于氏族纽带的开始解体，各种各样家庭形式后来才发展起来。273——弗·恩·〕

①见本卷第106—107页。——编者注

的差别，而是使不同的生产领域发生关系，从而使它们转化为社会总生产的多少互相依赖的部门。在这里，社会分工是由原来不同而又互不依赖的生产领域之间的交换产生的。而在那里，在以生理分工为起点的地方，直接互相联系的整体的各个特殊器官互相分开和分离，——这个分离过程的主要推动力是同其他共同体交换商品，——并且独立起来，以致不同的劳动的联系是以产品作为商品的交换为中介的。在一种场合，原来独立的东西丧失了独立，在另一种场合，原来非独立的东西获得了独立。

一切发达的、以商品交换为中介的分工的基础，都是城乡的分离。(51)可以说，社会的全部经济史，都概括为这种对立的运动。但是关于这种对立，我们不在这里多谈。

一定量同时使用的工人，是工场手工业内部分工的物质前提，同样，人口数量和人口密度是社会内部分工的物质前提，在这里，人口密度代替了工人在同一个工场内的密集。(52)但是人口密度是一种相对的东西。人口较少但交通工具发达的国家，比人口较多但交通工具不发达的国家有更加密集的人口；从这个意义上说，例如，美国

(51)詹姆斯·斯图亚特爵士最清楚地阐明了这一点。他的著作比《国富论》早出版10年，但是至今很少有人知道它。这可以从下面的事实看出：马尔萨斯的崇拜者甚至不知道，马尔萨斯的《人口原理》的第一版，除了纯粹夸夸其谈的部分以外，除了抄袭华莱士和唐森两位牧师的著作以外，几乎全部抄袭斯图亚特的著作。

(52)"社会的交往，和劳动产品赖以增加的那种力量结合，都需要一定的人口密度。"（詹姆斯·穆勒《政治经济学原理》1821年伦敦版第50页）"当工人人数增加时，社会生产力便按工人人数的增加乘以分工的效果的复比而增长。"（托·霍吉斯金《通俗政治经济学》第120页）

北部各州的人口比印度的人口更加稠密。(53)

因为商品生产和商品流通是资本主义生产方式的一般前提，所以工场手工业的分工要求社会内部的分工已经达到一定的发展程度。相反地，工场手工业分工又会发生反作用，发展并增加社会分工。随着劳动工具的分化，生产这些工具的行业也日益分化。(54)一旦工场手工业的生产扩展到这样一种行业，即到目前为止作为主要行业或辅助行业和其他行业联系在一起、并由同一生产者经营的行业，分离和互相独立的现象就会立即发生。一旦工场手工业的生产扩展到某种商品的一个特殊的生产阶段，该商品的各个生产阶段就转化为各种独立的行业。前面已经指出，在制品是一个由局部产品纯粹机械地装配成的整体的地方，局部劳动又可以独立化为特殊的手工业①。为了使工场手工业内部的分工更完善，同一个生产部门，根据其原料的不同，根据同一种原料可能具有的不同形式，而分成不同的有时是崭新的工场手工业。例如，18世纪上半叶，单在法国就织出了100多种不同的丝织品；例如，在阿维尼翁，法律曾规定“每个学徒始终只能从事一种产品的制造，不得同时学几种产品的制造方法”。[275]把特殊生产部门固定在一个国家的特殊地区的地域分工，由

(53)1861年以来，由于棉花需求量大增[274]，东印度某些人口稠密的地区，靠缩小稻米的生产来扩大棉花的生产。结果部分地区发生了饥荒，因为缺乏交通工具以及由此产生的缺乏物资交流，使一个地区稻米的不足不能由另一地区的供应来弥补。

(54)例如，早在17世纪，织机梭的制造在荷兰就形成了一个特殊的工业部门。

①见本卷第396—398页。——编者注

于利用各种特点的工场手工业生产的出现，获得了新的推动力。(55)在工场手工业时期，世界市场的扩大和殖民制度（二者属于工场手工业时期的一般存在条件），为社会内部的分工提供了丰富的材料。在这里，我们不去进一步论证，分工除了扩展到经济领域以外，又怎样扩展到社会的其他一切领域，怎样到处为专业化、专门化的发展，为人的细分奠定基础，以致亚·斯密的老师亚·弗格森曾经叫喊说："我们成了奴隶民族，我们中间没有自由人"(56)。

社会内部的分工和工场内部的分工，尽管有许多相似点和联系，但二者不仅有程度上的差别，而且有本质的区别。在一种内在联系把不同的生产部门联结起来的场合，这种相似点无可争辩地表现得最为明显。例如，牧人生产毛皮，皮匠把毛皮转化为皮革，鞋匠把皮革转化为皮靴。在这里，每个人所生产的只是一种中间制品，而最后的完成的形态是他们的特殊劳动的结合产品。此外，还有供给牧人、皮匠和鞋匠以生产资料的各种劳动部门。有人可能像亚·斯密那样，认为这种社会分工和工场手工业分工的区别只是主观的，也就是说，只是对观察者才存在的，因为观察者在工场手工业分工的场合一眼就可以在空间上看到各种各样局部劳动，而在社会分工的场合，各种局部劳动分散在广大的面上，每个特殊部门都雇用大量的人，因而

(55)"英国的毛纺织工场手工业不是分成不同的部分或部门，固定在特殊地方，在那里只是或主要是生产一种东西吗？萨默塞特郡不是生产细呢，约克郡不是生产粗呢，埃克塞特不是生产双幅呢，萨德伯里不是生产细哔叽，诺里奇不是生产绉纱，肯德尔不是生产半毛织品，惠特尼不是生产毛毯如此等等吗？"（贝克莱《提问者》1750年版［第56页］第520节）

(56)亚·弗格森《论市民社会史》1767年爱丁堡版第4分册第2部分第285页。

使这种联系模糊不清。(57)但是，使牧人、皮匠和鞋匠的独立劳动发生联系的是什么呢？那就是他们各自的产品都是作为商品而存在。反过来，工场手工业分工的特点是什么呢？那就是局部工人不生产商品。(58)转化为商品的只是局部工人的共同产品。(58a)社会内部

---

(57)亚·斯密说，在真正的工场手工业中，分工似乎比较显著，因为"各个劳动部门所使用的工人往往可以聚集在一个工场内，观察者一眼就可看到。相反地，在那些目的在于满足广大居民的主要需要的大工场手工业〈!〉中，各个劳动部门使用的工人如此之多，以致不可能把他们集中在一个工场内……分工就没有这样显眼"（亚·斯密《国富论》第1篇第1章）。同一章有一段著名的话，开头是："请看一看文明昌盛的国家最普通的手工业者或短工获得的财产……"随后谈到，无数的多种多样的行业怎样联合起来满足一个普通工人的需要。这段话，几乎逐字逐句抄自贝·曼德维尔《蜜蜂的寓言，或个人劣行，公共利益》的注释（1705年第1版没有注释，1714年版附有注释）。

(58)"但是再也没有什么东西可以叫做个人劳动的自然报酬。每个工人只生产整体的一个部分，由于每个部分单独就其本身来说没有任何价值或用处，因此没有东西工人可以拿来说：这是我的产品，我要留给我自己。"（《保护劳动反对资本的要求》1825年伦敦版第25页）这部出色著作的作者，就是前面引证过的托·霍吉斯金。

(58a)第二版注：社会分工和工场手工业分工的这种区别对美国人来说已由实际的例证说明了。美国南北战争[8]时期，在华盛顿人们想出了许多新捐税，其中一种是对"一切工业产品"征收6%的税。人们问道：什么是工业产品呢？立法者回答说：一物"当它制成的时候"，就是生产出来了；当它准备出卖的时候，就是制成了。从很多事例中举一个例子来说。纽约和费城的手工工场过去"制造"伞以及伞的全部附件。但因为伞是各种完全不同的组成部分的联合体，所以这些部分逐渐成为互不依赖的、在不同地方经营的生产部门的制品。这些生产部门的局部产品，现在都作为独立的商品进入制伞手工工场，制伞手工工场只是把这些产品装配为一个整体。美国人把这种物品称为集合品，作为税的集合点，这种物品理应这样称呼。伞首先"集合了"自己每个部分的价格的6%的税，然后又"集合了"它本身的总价格的6%的税。

的分工以不同劳动部门的产品的买卖为中介；工场手工业内部各局部劳动之间的联系，以不同的劳动力出卖给同一个资本家，而这个资本家把它们作为一个结合劳动力来使用为中介。工场手工业分工以生产资料集中在一个资本家手中为前提；社会分工则以生产资料分散在许多互不依赖的商品生产者中间为前提。在工场手工业中，保持比例数或比例的铁的规律使一定数量的工人从事一定的职能；而在商品生产者及其生产资料在社会不同劳动部门中的分配上，偶然性和任意性发挥着自己的杂乱无章的作用。诚然，不同的生产领域经常力求保持平衡，一方面因为，每一个商品生产者都必须生产一种使用价值，即必须满足一种特殊的社会需要，而这种需要的范围在量上是不同的，一种内在联系把各种不同的需要量联结成一个自然的体系；另一方面因为，商品的价值规律决定社会在它所支配的全部劳动时间中能够用多少时间去生产每一种特殊商品。但是不同生产领域的这种保持平衡的经常趋势，只不过是对这种平衡经常遭到破坏的一种反作用。在工场内部的分工中预先地、有计划地起作用的规则，在社会内部的分工中只是在事后作为一种内在的、无声的自然必然性起着作用，这种自然必然性只能在市场价格的晴雨表式的变动中觉察出来，并克服着商品生产者的无规则的任意行动。工场手工业分工的前提是资本家对于只是作为他所拥有的总机构的各个肢体的人们享有绝对的权威；社会分工则使独立的商品生产者互相对立，他们不承认任何别的权威，只承认竞争的权威，只承认他们互相利益的压力加在他们身上的强制，正如在动物界中一切反对一切的战争[276]多少是一切物种的生存条件一样。因此，资产阶级意识一方面称颂工场手工业分工，工人终生固定从事某种局部操作，局部工人绝对服从资本，把这些说成是为提高劳动生产力的劳动组织，同时又同样高声责骂对社会生产过程的任何有意识的社会监督和调节，把这说成是侵犯资本家个人的不可侵犯的财产权、自由和自决的“独创性”。工厂制度的热心的辩护士们在斥责社会劳动的任何一种普遍组织时，只会说这种组织将把整个社会转化为一座工厂，这一点是很能说明问题的。

在资本主义生产方式的社会中，社会分工的无政府状态和工场手工业分工的专制是互相制约的，相反地，在职业的分离自然地发展起来、随后固定下来、最后由法律加以巩固的早期社会形式中，一方面，呈现出一幅有计划和有权威地组织社会劳动的图画，另一方面，工场内部的分工还完全受到排斥，或者只是在很狭小的范围内，或者只是间或和偶然地得到发展。(59)

例如，那些目前还部分地保存着的原始的规模小的印度公社[61]，就是建立在土地共同占有、农业和手工业直接结合以及固定分工的基础之上的，这种分工在组成新公社时成为现成的计划和略图。这种公社都是一个自给自足的生产整体，它们的生产面积从一百英亩至几千英亩不等。产品的主要部分是为了满足公社本身的直接需要，而不是当做商品来生产的，因此，生产本身与整个印度社会以商品交换为中介的分工毫无关系。只有剩余的产品才转化为商品，而且有一部分到了国家手中才转化为商品，从远古以来就有一定量的产品作为实物地租流入国家手中。在印度的不同地区存在着不同的

(59)“甚至下面一点也可以确立为普遍的规则：社会内部的分工越不受权威的支配，工场内部的分工就越发展，越会从属于一人的权威。因此，在分工方面，工场里的权威和社会上的权威是互成反比的。”（卡尔·马克思《哲学的贫困》第130、131页[277]）

公社形式。形式最简单的公社共同耕种土地，把土地的产品分配给公社成员，而每个家庭则从事纺纱、织布等等，作为家庭副业。除了这些从事同类劳动的群众以外，我们还可以看到一个“首领”，他兼任法官、警官和税吏；一个记账员，登记农业账目，登记和记录与此有关的一切事项；第三个官吏，捕缉罪犯，保护外来旅客并把他们从一个村庄护送到另一村庄；一个边防人员，守卫公社边界防止邻近公社入侵；一个管水员，从公共蓄水池中分配灌溉用水；一个婆罗门，司理宗教仪式；一个教员，在沙土上教公社儿童写字读书；一个专管历法的婆罗门，以占星师的资格确定播种、收割的时间以及对各种农活有利和不利的时间；一个铁匠和一个木匠，制造和修理全部农具；一个陶工，为全村制造器皿；一个理发师，一个洗衣匠，一个银匠，有时还可以看到一个诗人，他在有些公社里代替银匠，在另外一些公社里代替教员。这十几个人的生活由全公社负担。如果人口增长了，就在未开垦的土地上按照旧公社的样子建立一个新的公社。公社的机构显示了有计划的分工，但是它不可能有工场手工业分工，因为对铁匠、木匠等等来说市场是不变的，至多根据村庄的大小，铁匠、陶工等等不是一个而是两个或三个。(60)调节公社分工的规律在这里以自然规律的不可抗拒的权威起着作用，而每一个手工业者，例如铁匠等等，在他的工场内按照传统方式完成他职业范围内的一切操作，但是他是独立的，不承认任何权威。这些自给自足的公社不断地按照同一形式把自己再生产出来，当它们偶然遭到破坏时，会在同一地点以

(60)马克·威尔克斯中校《印度南部的历史概要》1810—1817年伦敦版第1卷第118—120页。在乔治·坎伯尔所著《现代印度》1852年伦敦版中，可以看到对印度公社各种形式的出色描写。278

同一名称再建立起来(61)，这种公社的简单的生产有机体，为揭示下面这个秘密提供了一把钥匙：亚洲各国不断瓦解、不断重建和经常改朝换代，与此截然相反，亚洲的社会却没有变化。这种社会的基本经济要素的结构，不为政治领域中的风暴所触动。

前面已经谈到，行会的规章①通过严格限制一个行会师傅所能雇用的帮工的人数，有计划地阻止了行会师傅转化为资本家。同样，行会师傅只能在他本人是师傅的那个手工业中雇用帮工。行会竭力抵制商人资本这种与它对立的、唯一自由的资本形式的任何侵入。商人可以购买任何商品，但是不能购买作为商品的劳动。他只许充当手工业产品的订购人。如果外部情况引起进一步的分工，现存的行会就分为几个亚种，或者在原有行会之外建立新的行会，但是各种手工业并不联合在一个工场内。因此，虽然行会组织造成的手工业的分离、孤立和发展是工场手工业时期的物质存在条件，但行会组织排斥了工场手工业的分工。总的说来，工人和他的生产资料还是互相结合的，就像蜗牛和它的甲壳互相结合一样，因而工场手工业的起码基础还不具备，也就是说，生产资料还没有独立化为资本而同工人相对立。

整个社会内的分工，不论是否以商品交换为中介，是各种经济的

(61)“从远古以来国内居民就在这种简单形式下……生活。各个村社的边界很少变动；虽然村社有时由于战争、饥荒和瘟疫而受到侵害，甚至被弄得荒无人烟，但是同一名称，同一边界，同一利益，甚至同一家族，会维持几百年之久。居民对王国的崩溃或分裂毫不在意；只要村社保持完整，他们就不问村社隶属于什么权力，或受哪一个君主统治。村社内部经济保持不变。”（前爪哇副总督托·斯坦福·拉弗尔斯《爪哇史》1817年伦敦版第1卷第285页）

①见本卷第357、394页。——编者注

社会形态所共有的，而工场手工业分工却完全是资本主义生产方式的独特创造。

5. 工场手工业的资本主义性质

人数较多的工人受同一资本指挥，既是一般协作的自然起点，也是工场手工业的自然起点。反过来，工场手工业的分工又使所使用的工人人数的增加成为技术上的必要。现在，单个资本家所必须使用的最低限额的工人人数，要由现有的分工来规定。另一方面，要得到进一步分工的利益，就必须进一步增加工人人数，而且只能按倍数来增加。但是随着资本的可变组成部分的增加，资本的不变组成部分也必须增加，建筑物、炉子等共同生产条件的规模要扩大，原料尤其要增加，而且要比工人人数快得多地增加。由于分工，劳动生产力提高了，一定劳动量在一定时间内消耗的原料数量也就按比例增大。因此，单个资本家手中的资本最低限额越来越增大，或者说，社会的生活资料和生产资料越来越多地转化为资本，这是由工场手工业的技术性质产生的一个规律。(62)

---

(62)“手工业的细分所必需的资本〈应当说：所必需的生活资料和生产资料〉现成地存在于社会中是不够的；这个资本还必须在企业主手中积累到足够的数量，使他们能够经营大规模的生产……　分工越发展，要固定使用同数工人，就需要把越来越多的资本花费在工具、原料等等上面。”（施托尔希《政治经济学教程》巴黎版第1卷第250、251页）“生产工具的积聚和分工是彼此不可分割的，正如政治领域内国家权力的集中和私人利益的分化不能分离一样。”（卡·马克思《哲学的贫困》1847年巴黎版第134页[277]）

在工场手工业中，也和在简单协作中一样，执行职能的劳动体是资本的一种存在形式。由许多单个的局部工人组成的社会生产机构是属于资本家的。因此，由各种劳动的结合所产生的生产力也就表现为资本的生产力。真正的工场手工业不仅使以前独立的工人服从资本的指挥和纪律，而且还在工人自己中间造成了等级的划分。简单协作大体上没有改变个人的劳动方式，而工场手工业却使它彻底地发生了革命，从根本上侵袭了个人的劳动力。工场手工业把工人变成畸形物，它压抑工人的多种多样的生产志趣和生产才能，人为地培植工人片面的技巧，这正像在拉普拉塔各国[279]人们为了得到牲畜的毛皮或油脂而屠宰整只牲畜一样。不仅各种特殊的局部劳动分配给不同的个体，而且个体本身也被分割开来，转化为某种局部劳动的自动的工具(63)，这样，梅涅尼·阿格利巴把人说成只是人身体的一个片断这种荒谬的寓言[280]就实现了。(64)起初，工人因为没有生产商品的物质资料，把劳动力卖给资本，现在，他个人的劳动力不卖给资本，就得不到利用。它只有在一种联系中才发挥作用，这种联系只有在它出卖以后，在资本家的工场中才存在。工场手工业工人按其自然的性质没有能力做一件独立的工作，他只能作为资本家工场的附属物展开生产活动。(65)正像耶和华

(63)杜格尔德·斯图亚特把工场手工业工人叫做"用于局部劳动的……活的自动机"(杜格尔德·斯图亚特《政治经济学讲义》第318页)。

(64)珊瑚的每一个个体实际上都是全群的一个胃脏。但是它供给全群以养料，而不是像罗马贵族那样从全群汲取养料。

(65)"精通一种手工业的全部技艺的工人可以到处工作和谋生，而另一种工人〈工场手工业工人〉只不过是一种附属物，他一离开自己的同事，就既没有能力，也没有独立性，因此他不得不接受人们认为强加于他是适宜的那种规章。"(施托尔希《政治经济学教程》1815年彼得堡版第1卷第204页)

的选民的额上写着他们是耶和华的财产[78]一样，分工在工场手工业工人的身上打上了他们是资本的财产的烙印。

独立的农民或手工业者所发挥（虽然是小规模地）的知识、判断力和意志，——他发挥这些东西，正如未开化的人把全部战争艺术当做他的个人机智来施展一样，——现在只是对整个工场说来才是必要的。生产上的智力在一个方面扩大了它的规模，正是因为它在许多方面消失了。局部工人所失去的东西，都集中在和他们对立的资本上面了。(66)工场手工业分工的一个产物，就是物质生产过程的智力作为他人的财产和统治工人的力量同工人相对立。这个分离过程在简单协作中开始，在工场手工业中得到发展，在大工业中完成。在简单协作中，资本家在单个工人面前代表社会劳动体的统一和意志，工场手工业使工人畸形发展，变成局部工人，大工业则把科学作为一种独立的生产能力与劳动分离开来，并迫使科学为资本服务。(67)

在工场手工业中，总体工人从而资本在社会生产力上的富有，是以工人在个人生产力上的贫乏为条件的。

> “无知是迷信之母，也是工业之母。思索和想象会产生错误，但是手足活动的习惯既不靠思索，也不靠想象。因此，在最少用脑筋的地方，工场手工业也就最繁荣，所以，可以把工场看成一部机器，而人是机器的各个部分。”(68)

---

(66)亚·弗格森《论市民社会史》第4分册第2部分第281页：“一人之所得，可以是他人之所失。”

(67)“有知识的人和生产工人彼此分离得很远，知识不是工人用来为自己增加自身的生产力的手段，却几乎到处都与工人相对立……　知识成了一种能同劳动分离并同它相对立的工具。”（威·汤普森《财富分配原理的研究》1824年伦敦版第274页）

(68)亚·弗格森《论市民社会史》第4分册第2部分第280页。

事实上，在18世纪中叶，某些手工工场宁愿使用半白痴来从事某些简单的、然而构成工厂秘密的操作。(69)

亚·斯密说：

> “大多数人的智力，必然由他们的日常活动发展起来。终生从事少数简单操作的人……没有机会运用自己的智力……　他的迟钝和无知就达到无以复加的地步。”

斯密在描述了局部工人的愚钝以后继续说：

> “他的呆板的、单调的生活自然损害了他的进取精神……　它甚至破坏了他的身体的活力，使他除了从事他所会的那种局部工作以外，不能精力充沛地持久地使用自己的力量。因此，他在自己的专门职业中的技能是靠牺牲他的智力的、社会的和军事的品德而取得的。但是，在每一个工业的文明的社会中，这是劳动贫民即广大人民群众必然陷入的境地。”(70)

为了防止由于分工而造成的人民群众的完全萎缩，亚·斯密建议由国家来实施国民教育，虽然是在极小的范围内实施。亚·斯密著作的法文译者和评注者热·加尔涅——他在法兰西第一帝国时自然地成了元老院议员——始终一贯地反对这一点。他认为，国民教

---

(69)约·德·塔克特《劳动人口今昔状况的历史》1846年伦敦版第1卷第148页。

(70)亚·斯密《国富论》第5篇第1章[第3节]第2项。亚·弗格森曾说明分工的有害后果。作为弗格森的学生，亚·斯密对这一点是十分清楚的。他在自己的著作中一开头就专门把分工歌颂了一番，只是顺便地提到分工是社会不平等的根源。只是在第5篇论述国家收入时，他才重述了弗格森的见解。关于弗格森、亚·斯密、勒蒙泰和萨伊在批评分工问题上的历史关系，我在《哲学的贫困》中已经把必须说的话都说了，在那里我第一次提到工场手工业分工是资本主义生产方式的特殊形式。(卡·马克思《哲学的贫困》1847年巴黎版第122页及以下几页277)

育是同分工的基本规律相矛盾的；实施国民教育会“消灭我们的整个社会制度”。他说：

“像其他一切分工一样，体力劳动和脑力劳动之间的分离(71)，随着社会〈他正确地使用了这个用语来表示资本、土地所有权和它们的国家〉的日益富裕而越来越明显、越来越确定。像其他任何分工一样，这种分工是过去进步的结果和未来进步的原因……　政府应当反对这种分工并阻止它的自然进程吗？政府应当用一部分国家收入来试图使两类力求分开和分立的劳动混淆和混合起来吗？”(72)

某种智力上和身体上的畸形化，甚至同整个社会的分工也是分不开的。但是，因为工场手工业时期大大加深了劳动部门的这种社会分裂，另一方面，因为它以自己特有的分工才从生命的根源上侵袭着个人，所以工场手工业时期也首先给工业病理学提供了材料和刺激力。(73)

“一个人如果应受死刑，对他的分割就叫做处死，如果他不应受死刑，对他

---

(71)弗格森在《论市民社会史》第281页中就说过：“在这个分工的时代，思维本身可以成为一种特殊的职业。”

(72)热·加尔涅的译本第5卷第4—5页。

(73)帕多瓦临床医学教授拉马志尼1700年发表了自己的著作《论手工业者的疾病》，1777年该书译成法文，1841年又转载在《医学百科全书。第7部分：古典作家》。自然，大工业时期使他的关于工人患病的病例大大增加。参看《一般大城市特别是里昂城工人的生理卫生和精神卫生》，安·路·丰特雷医生编，1858年巴黎版和[罗哈奇]《不同阶层、年龄、性别的人所特有的疾病》(六卷集)1840年乌尔姆版。在1854年，技艺和手工业协会281任命了一个工业病理学调查委员会。在“特威克楠经济博物馆”的目录中可以找到这个委员会所搜集的文件的目录。官方的《公共卫生报告》是十分重要的。参看医学博士爱德华·赖希《论人类的退化》1868年埃朗根版。

的分割就叫做谋杀。对劳动的分割就是对民众的谋杀。”(74)

以分工为基础的协作或工场手工业，最初是自发地形成的。一旦它得到一定的巩固和扩展，它就成为资本主义生产方式的有意识的、有计划的和系统的形式。真正工场手工业的历史表明，工场手工业所特有的分工最初是如何根据经验，好像背着当事人获得适当的形式，但后来是如何像行会手工业那样，力图根据传统把一度找到的形式保持下来，在个别场合甚至把它保持了几百年。这种形式的变化，除了在次要事情上的变化以外，始终只是由于劳动工具的革命。现代工场手工业——在这里我不是指以机器为基础的大工业——或者如在大城市产生的服装工场手工业那样，找到了现成的“诗人的分散的肢体”[125]，只需要把它们从分散状态集合起来；或者，分工的原则十分明显，只需要简单地把手工业生产（例如装订业）的各种操作分配给专门的工人。在这种情况下，用不着一个星期的经验，就能找到各种职能所必需的人手之间的比例数。(75)

工场手工业分工通过手工业活动的分解，劳动工具的专门化，局部工人的形成以及局部工人在一个总机构中的分组和结合，造成了

(74)戴·乌尔卡尔特《家常话》1855年伦敦版第119页。黑格尔对于分工持有一种非常奇特的观点。他在自己的《法哲学》一书中说：“所谓有教养的人，首先是指那些能够做别人所能做的一切事情的人。”[282]

(75)有一种天真的信念，认为资本家个人在分工方面先验地运用了有发明能力的天才。这种信念只是在如罗雪尔先生那样的德国教授中间还存在着，在罗雪尔看来，分工是从资本家的丘必特式的脑袋中现成地跳出来的，因此他以“各种各样的工资”来酬谢资本家[283]。实行分工的程度取决于钱袋的大小，而不取决于天才的大小。

社会生产过程的质的划分和量的比例，从而创立了社会劳动的一定组织，这样就同时发展了新的、社会的劳动生产力。工场手工业分工作为社会生产过程的特殊的资本主义形式，——它在当时的基础上只能在资本主义的形式中发展起来，——只是生产相对剩余价值即靠牺牲工人来加强资本（人们把它叫做社会财富，"国民财富"等等）自行增殖的一种特殊方法。工场手工业分工不仅只是为资本家而不是为工人发展社会的劳动生产力，而且靠使各个工人畸形化来发展社会的劳动生产力。它生产了资本统治劳动的新条件。因此，一方面，它表现为社会的经济形成过程中的历史进步和必要的发展因素，另一方面，它表现为文明的和精巧的剥削手段。

政治经济学作为一门独立的科学，是在工场手工业时期才产生的，它只是从工场手工业分工的观点把社会分工一般(76)看成是用同量劳动生产更多商品，从而使商品便宜和加速资本积累的手段。同这种着重量和交换价值的观点截然相反，古典古代的著作家只注重质和使用价值。(77)由

(76)更早的著作家，如配第和《东印度贸易的利益》的匿名作者［亨·马丁］，比亚·斯密更肯定地指出了工场手工业分工的资本主义性质。

(77)在现代著作家中，只有18世纪的某些著作家如贝卡里亚和詹姆斯·哈里斯是例外，他们在分工问题上几乎只是重复古人的见解。贝卡里亚写道："每一个人根据切身经验都知道，如果一个人总是把手和智慧用于同种劳动和产品，他就能比那些各自生产自己需要的东西的人更容易、更多、更好地把产品制造出来……　因此，为了共同的福利和本身的利益，人就分成不同的阶级和阶层。"（切扎雷·贝卡里亚《社会经济原理》，库斯托第编，现代部分，第11卷第28页）詹姆斯·哈里斯，即后来以关于他任驻彼得堡大使的《日记》闻名的马姆兹伯里伯爵，在对自己的《关于幸福的对话》1741年伦敦版[284]（该书后来又转载于《三篇论文》1772年伦敦第3版）的一个附注中说道："关于社会是一种自然物的全部论证〈即通过"分工"的论证〉都取自柏拉图《理想国》第二册。"

于社会生产部门的分离，商品就制造得更好，人的不同志趣和才能为自己选择到适宜的活动范围(78)，如果没有限制，在任何地方都做不出重要的事情(79)。因此，产品和生产者由于分工而得到改善。他们偶尔也提到产品数量的增加，但他们指的只是使用价值的更加丰富。他们根本没有想到交换价值，没有想到使商品便宜的问题。这种关于使用价值的观点既在柏拉图那里(80)，也在色诺

(78)例如，《奥德赛》第14卷第228行："不同的人喜欢从事不同的工作。"阿基洛库斯说过："每个人都在不同的工作中得到乐趣。"[285]见塞克斯都·恩披里柯的著作。

(79)"他能做很多工作，但是什么工作都做得不好。"[286]雅典人作为商品生产者，感到自己比斯巴达人高明，因为后者在战时虽然会支配人，但不会支配钱。按照修昔的底斯的记载，伯里克利在号召雅典人进行伯罗奔尼撒战争的演说中说道："自给自足的人宁可用自己的身体而不用钱来进行战争"（修昔的底斯《伯罗奔尼撒战争史》第1册第141篇）。虽然如此，甚至在物质生产上，雅典人的理想仍然是与分工相对立的自给自足，因为"分工产生福利，自给自足还产生独立"。在这里应该注意到，在推翻三十僭主的时代[287]，没有地产的雅典人还不到5 000人。

(80)柏拉图从个人需要的多面性和个人才能的片面性来说明共同体内部的分工。他的主要论点是：劳动者应当适应工作，而不是工作应当适应劳动者，如果劳动者同时从事好几种手艺，从而把这种或那种手艺当做副业，那么后一种情况就是不可避免的。"因为劳动不能等到从事劳动的人有空时才做，劳动者必须坚持劳动，而不能马马虎虎。这是必要的。由此可见，如果一个人根据自己的天生才能，在适当的时间内不做别的工作，而只做一件事，那么他就能做得更多、更出色、更容易。"（《理想国》，拜特尔、奥雷利等人编，第2版第2篇）在修昔的底斯《伯罗奔尼撒战争史》第1册第142篇中也有类似的观点："同其他任何一种行业一样，航海业是一种技艺，不能在闲暇时候当做副业来做；反过来，其他手艺也不能当做航海业的副业来做。"[288]柏拉图说，如果工作必须等待劳动者，那么生产的紧要时机往往就会被错过，产品就会被糟蹋，"适于劳动的

芬(81)那里占统治地位。前者认为分工是社会分为等级的基础，后者则以他所特有的市民阶级的本能已经更加接近工场内部的分工。在柏拉图的理想国[290]中，分工被说成是国家的构成原则，就这一点说，他的理想国只是埃及种姓制度在雅典的理想化；与柏拉图同时代的其他人，例如伊索克拉底(82)，也把埃及看成是模范的产业国，甚至在罗马帝国时代的希腊人看来，它还保持着这种

时间就会丧失"。在英国漂白业主反对工厂法规定全体工人在一定时间吃饭的抗议书中，又可以见到柏拉图的这个思想。他们的生产不能迁就工人，因为"焙烧、洗涤、漂白、压平、加光和染色等操作，中断一定的时间就必然有引起损坏的危险……　规定全体工人在同一时间吃饭，有时会使贵重的产品因劳动过程未完成而遭受损坏。"哪儿没有柏拉图主义呀！

(81)色诺芬说，得到波斯国王餐桌上的食物不仅十分光荣，而且这些食物比别的食物更可口得多。"这是毫不奇怪的，因为如同其他手艺在大城市里特别完善一样，国王的食物也是特别精美的。在小城市里，同一个人要制造床、门、犁、桌子；有时还要造房子，如果他能找到使他足以维持生活的主顾，他就很满意了。一个从事这么多种工作的人，是绝不可能把一切都做好的。但在大城市里，每一个人都能找到许多买者，只从事一种手艺就足以维持生活。有时甚至不必从事整个手艺，一个人做男鞋，另一个人做女鞋。有时，一个人只靠缝鞋为生，另一个人只靠切鞋底为生；有的人只裁衣，有的人只缝纫。从事最简单工作的人，无疑能最出色地完成这项工作，这是必然的。烹调的手艺也是这样。"(色诺芬《居鲁士的教育》第8卷第2章)[289]色诺芬在这里只注意使用价值的要达到的质量，虽然他已经知道，分工的规模取决于市场的大小。

(82)"他〈布西里士〉把所有的人分成特殊的种姓……规定同一些人必须始终做同一种工作，因为他知道，经常改变自己职业的人，是什么工作都精通不了的；而始终从事同一职业的人，却能把工作做得非常出色。实际上我们也看到，在手艺和手工业方面，他们胜过自己的竞争者，尤甚于名手胜过拙工。在用来维持君权和国家制度的机构方面，他们做得如此出色，以致谈到这个问题的著名哲学家对埃及国家制度的赞扬胜过对其他国家制度的赞扬。"(伊索克拉底《布西里士》第7、8章)

意义。(83)

在真正的工场手工业时期，即在工场手工业成为资本主义生产方式的统治形式的时期，工场手工业所特有的倾向的充分实现遇到了多方面的障碍。虽然工场手工业，如我们已看到的，除了把工人分成等级以外，还把工人简单地分为熟练工人和非熟练工人①，但是，由于熟练工人具有压倒优势的影响，非熟练工人的人数仍然极其有限。虽然工场手工业使特殊操作适应于它的活的劳动器官的年龄、体力和发育的不同程度，从而迫切要求在生产上对妇女和儿童进行剥削，但总的说来，这种倾向由于习惯和男工的反抗而遭到破坏。虽然手工业活动的分解降低了工人的教育费用，从而降低了工人的价值，但较难的局部劳动仍然需要较长的学习时间，甚至在这种学习时间已成为多余的地方，工人仍用心良苦地把它保留下来。例如，我们看到，英国的学习时间定为七年的学徒法，直到工场手工业时期的末期还完全有效，大工业才把它们废除。因为手工业的熟练仍然是工场手工业的基础，同时在工场手工业中执行职能的总机构没有任何不依赖工人本身的客观骨骼，所以资本不得不经常同工人的不服从行为作斗争。我们的朋友尤尔叫喊说：

> "人类天性的弱点如此之大，以致工人越熟练，就越任性，越难驾驭，因此，工人不驯服的脾气给总机构造成巨大的损害。"(84)

因此，在整个工场手工业时期，都可听到关于工人缺乏纪律的怨

(83)参看狄奥多鲁斯(西西里的)《史学丛书》。

(84)尤尔《工厂哲学》第20页。

①见本卷第405—406页。——编者注

言。(85)即使我们没有当时的著作家的记载，但从16世纪直到大工业时代，资本始终没有能够占有工场手工业工人全部可供支配的劳动时间，各种工场手工业生命短促，它们随着工人由国外迁入或迁往国外而由一国迁到另一国，这些最简单的事实就等于成千上万册的书。我们一再引用过的《论手工业和商业》的作者在1770年呼吁说："必须用这种或那种方法把秩序建立起来。"66年以后，安德鲁·尤尔博士也说道，在以"经院式的分工教条"为基础的工场手工业中，还缺乏"秩序"，而"阿克莱建立了秩序"①。

同时，工场手工业既不能掌握全部社会生产，也不能根本改造它。工场手工业作为经济上的艺术品，耸立在城市手工业和农村家庭工业的广大基础之上。工场手工业本身的狭隘的技术基础发展到一定程度，就和它自身创造出来的生产需要发生矛盾。

工场手工业最完善的产物之一，是生产劳动工具本身特别是生产当时已经采用的复杂的机械装置的工场。尤尔说：

> "这种作坊展示了各种程度的分工。钻头、刀具、旋床各有各的工人，这些工人依照他们的熟练程度而分成等级。"291

工场手工业分工的这一产物，又生产出机器。机器使手工业的活动不再成为社会生产的支配原则。因此，一方面，工人终生固定从事某种局部职能的技术基础被消除了。另一方面，这个原则加于资本统治身上的限制也消失了。

---

(85)这句话，用在英国比用在法国恰当得多；用在法国比用在荷兰恰当。

---

①见本卷第488页。——编者注

第 十 三 章
机器和大工业

1. 机器的发展

约翰·斯图亚特·穆勒在他的《政治经济学原理》一书中说道：

> “值得怀疑的是，一切已有的机械发明，是否减轻了任何人每天的辛劳。”(86)

但是，这也决不是资本主义使用机器的目的。像其他一切发展劳动生产力的方法一样，机器是要使商品便宜，是要缩短工人为自己花费的工作日部分，以便延长他无偿地给予资本家的工作日部分。机器是生产剩余价值的手段。

生产方式的变革，在工场手工业中以劳动力为起点，在大工业中以劳动资料为起点。因此，首先应该研究，劳动资料如何从工具转化为机器，或者说，机器和手工业工具有什么区别。这里只能谈谈显著的一般的特征，因为社会史上的各个时代，正如地球史上的各个时代

(86)穆勒应该说“任何不靠别人劳动过活的人”，因为机器无疑大大地增加了养尊处优的游惰者的人数。

一样，是不能划出抽象的严格的界限的。

数学家和力学家说，工具是简单的机器，机器是复杂的工具，某些英国经济学家也重复这种说法。他们看不到二者之间的本质区别，甚至把简单的机械力如杠杆、斜面、螺旋、楔等等也叫做机器。(87)的确，任何机器都是由这些简单的力构成的，不管它怎样改装和组合。但是从经济学的观点来看，这种说明毫无用处，因为其中没有历史的要素。另一方面，还有人认为，工具和机器的区别在于：工具的动力是人，机器的动力是不同于人力的自然力，如牲畜、水、风等等。(88)按照这种说法，在各个极不相同的生产时代存在的牛拉犁是机器，而一个工人用手推动的、每分钟可织96 000个线圈的克劳生式回转织机不过是工具了。[293]而且，同一台织机，用手推动时是工具，用蒸汽推动时就成为机器了。既然畜力的使用是人类最古老的发明之一，那么，机器生产事实上就应该先于手工业生产了。当1735年约翰·淮亚特宣布他的纺纱机的发明，并由此开始18世纪的工业革命时，他只字未提这种机器将不用人而用驴去推动，尽管它真是用驴推动的。淮亚特的说明书上说，这是一种“不用手指纺纱”的机器。(89)

---

(87)例如见赫顿《数学教程》。[292]

(88)“根据这个观点也可以在工具和机器之间划出鲜明的界限：锹、锤、凿等等，以及杠杆装置和螺旋装置，不管这些装置如何精巧，它们的动力是人……所有这些都属于工具的概念；而用畜力拉的犁，风力等推动的磨则应算做机器。”（威廉·舒尔茨《生产运动》1843年苏黎世版第38页）这是一部在某些方面值得称赞的著作。

(89)在他以前，最早大概在意大利，就已经有人使用机器纺纱了，虽然当时的机器还很不完善。如果有一部考证性的工艺史，就会证明，18世纪的任何所有发达的机器都由三个本质上不同的部分组成：发动机，传动机构，工具机或工作机。发动机是整个机构的动力。它或者产生自己的动力，如蒸汽机、热力机[295]、电磁机等；或者接受外部某种现成的自然力的推动，如水车受落差水推动，风磨受风推动等。传动机构由飞轮、转轴、齿轮、蜗轮、杆、绳索、皮带、联结装置以及各种各样的附件组成。它调节运动，在必要时改变运动的形式（例如把垂直运动变为圆形运动），把运动分配并传送到工具机上。机构的这两个部分的作用，仅仅是把运动传给工具机，由此工具机才抓住劳动对象，并按照一定的目的来改变它。机器的这一部分——工具机，是18世纪工业革命的起点。在今天，每当手工业或工场手工业生产过渡到机器生产时，工具机也还是起点。

如果我们仔细地看一下工具机或真正的工作机，那么再现在我们面前的，大体上还是手工业者和工场手工业工人所使用的那些器

发明，很少是属于某一个人的。可是直到现在还没有这样的著作。达尔文注意到自然工艺史，即注意到在动植物的生活中作为生产工具的动植物器官是怎样形成的。社会人的生产器官的形成史，即每一个特殊社会组织的物质基础的形成史，难道不值得同样注意吗？而且，这样一部历史不是更容易写出来吗？因为，如维科所说的那样，人类史同自然史的区别在于，人类史是我们自己创造的，而自然史不是我们自己创造的。工艺学揭示出人对自然的能动关系，人的生活的直接生产过程，从而人的社会生活关系和由此产生的精神观念的直接生产过程。甚至所有抽象掉这个物质基础的宗教史，都是非批判的。事实上，通过分析找出宗教幻象的世俗核心，比反过来从当时的现实生活关系中引出它的天国形式要容易得多。后面这种方法是唯一的唯物主义的方法，因而也是唯一科学的方法。那种排除历史过程的、抽象的自然科学的唯物主义[294]的缺点，每当它的代表越出自己的专业范围时，就在他们的抽象的和意识形态的观念中显露出来。

具和工具，尽管它们在形式上往往有很大改变。不过，现在它们已经不是人的工具，而是一个机构的工具或机械工具了。或者，整部机器只是旧手工业工具多少改变了的机械翻版，如机械织机(90)；或者，装置在工作机机架上的工作器官原是老相识，如纺纱机上的锭子，织袜机上的针，锯木机上的锯条，切碎机上的刀等等。这些工具同工作机的真正机体的区别，甚至表现在它们的出生上：这些工具大部分仍然由手工业或工场手工业生产，然后才装到由机器生产的工作机的机体上。(91)因此，工具机是这样一种机构，它在取得适当的运动后，用自己的工具来完成过去工人用类似的工具所完成的那些操作。至于动力是来自人还是本身又来自另一台机器，这并不改变问题的实质。在真正的工具从人那里转移到机构上以后，机器就代替了单纯的工具。即使人本身仍然是原动力，机器和工具之间的区别也是一目了然的。人能够同时使用的工具的数量，受到人天生的生产工具的数量，即他自己身体的器官数量的限制。在德国，起初有人试图让一个纺纱工人踏两架纺车，也就是说，要他同时用双手双脚劳动。[298]这太紧张了。后来有人发明了脚踏的双锭纺车，但是，能同时纺两根纱的纺纱能手几乎像双头人一样罕见。相反地，珍妮机[299]一开始就能用12—18个纱锭，织袜机同时可用几千枚织针，等等。同一工作机同时使用的工具的数量，一开始就摆脱了一个工人的手工业工具

(90)特别在机械织机的最初形式上，人们一眼就可以看出旧织机的样子。它的现代形式已经大为改观了。[296]

(91)大约从1850年起，在英国，工作机上越来越多的工具才开始用机器制造，虽然不是由生产机器本身的那些工厂主来制造。生产这些机械工具的机器，例如，有自动制造纱管的机器，装置梳毛刷的机器，制造筘的机器和制造走锭纺纱机纱锭和翼锭纺纱机纱锭的机器。[297]

所受到的器官的限制。

作为单纯动力的人和作为真正操作工人的人之间的区别，在许多手工业工具上表现得格外明显。例如，在纺车上，脚只起动力的作用，而在纱锭上工作即引纱和捻纱的手，则从事真正的纺纱操作。正是手工工具的这后一部分，首先受到了工业革命的侵袭。最初，工业革命除了使人从事用眼看管机器和用手纠正机器的差错这种新劳动外，还使人发挥纯机械的动力作用。相反地，原来只是用人当简单动力的那些工具，如推磨(92)、抽水、拉风箱、捣臼等等，却最早使用了牲畜、水、风(93)作为动力。这些工具部分地在工场手工业时期，个别地甚至在更早以前，就已经发展为机器，但并没有引起生产方式的革命。在大工业时期可以看出，这些工具甚至在它们的手工业形式上就已经是机器了。例如，1836—1837年荷兰人用来抽干哈勒姆湖水的水泵，就是按普通唧筒的原理设计的，不同的只是，它的活塞不是用人手来推动，而是用巨大的蒸汽机来推动。[304]在英国，现在有时还把铁匠用的极不完善的普通风箱的把手同蒸汽机连接起来，而变成机械风箱。17世纪末工场手工

(92)埃及的摩西说："牛在打谷的时候，不可笼住它的嘴。"[300]相反地，德国的基督教慈善家们，在把农奴当做推磨的动力来使用时，却在农奴的脖子上套一块大木板，使农奴不能伸手把面粉放到嘴里。[301]

(93)荷兰人一方面由于缺少天然落差水，另一方面由于还要排掉过量的水，不得不用风作为动力。荷兰人的风车是从德国得到的。[302]在德国，这项发明曾在贵族、牧师和皇帝之间引起一场很妙的争论：在三者中，风究竟"属于"谁。德国人说，空气造成占有，而风却使荷兰自由。在荷兰，风造成占有的东西，不是荷兰人，而是荷兰人的土地。到1836年，荷兰仍然使用共有6万马力的12 000台风车，防止了全国三分之二的土地再度变为沼泽。[303]

业时期发明的、一直存在到18世纪80年代初的那种蒸汽机本身(94)，并没有引起工业革命。相反地，正是工具机的创造才使蒸汽机的革命成为必要。一旦人不再用工具作用于劳动对象，而只是作为动力作用于工具机，人的肌肉充当动力的现象就成为偶然的了，人就可以被风、水、蒸汽等等代替了。当然，这种变更往往会使原来只以人为动力而设计的机构发生重大的技术变化。今天，所有还必须为自己开辟道路的机器，像缝纫机、制面包机等等，如果它们的性能一开始就不排斥小规模应用，那就要设计成既适合用人作动力，也适合用纯机械作动力。

作为工业革命起点的机器，是用这样一个机构代替只使用一个工具的工人，这个机构用许多同样的或同种的工具一起作业，由一个单一的动力来推动，而不管这个动力具有什么形式。(95)在这里我们就有了机器，但它还只是机器生产的简单要素。

工作机规模的扩大和工作机上同时作业的工具数量的增加，需要一种较大的发动机构。这个机构要克服它本身的阻力，就必须有一种比人力强大的动力，更不用说人是一种进行划一运动和连续运动的很不完善的工具了。假定人只是作为简单的动力起作用，也就是说，一种工具机已经代替了人的工具，那么现在自然力也可以作为动力代替人。在工场手工业时期遗留下来的一切大动力中，马力是最坏的一种，这部分地是因为马有它自己的头脑，部分地是因为它十

(94)虽然这种蒸汽机由于瓦特发明第一种蒸汽机，即所谓单向蒸汽机，而大大地改进了，但这种形式的蒸汽机仍然只是抽水和提盐水的机器。305

(95)“把所有这些简单的工具结合起来，由一个发动机来推动，便成为机器。”(拜比吉《论机器和工厂的经济》[第136页])

分昂贵，而且能在工厂内使用的范围很有限。(96)但在大工业的童年时期，马是常被使用的。除了当时的农业家的怨言外，一直到今天仍沿用马力来表示机械力这件事，就是证明。风太不稳定，而且无法控制；此外，在大工业的发源地英国，水力的应用在工场手工业时期就已经占有优势。早在17世纪，就有人试用一架水车来推动两盘上磨，也就是两套磨。但是这时，传动机构规模的扩大同水力不足发生了冲突，这也是促使人们更精确地去研究摩擦规律的原因之一。同样，靠磨杆一推一拉来推动的磨，它的动力的作用是不均匀的，这又引出了飞轮(97)的理论和应用。飞轮后来在大工业中起了非常重要的作用。大工业最初的科学要素和技术要素就是这样在工场手工业时期发展起来的。阿克莱的翼锭纺纱机最初是用水推动的。但使用水力作为主要动力有种种困难。它不能随意增大，在缺乏时不能补

(96)1859年12月，约翰·查·摩尔顿在技艺协会[281]上宣读了一篇关于《论农业中使用的动力》的报告。其中有一段话："每一种有助于土地划一性的改良，都使应用蒸汽机来提供纯机械力更为可能……　在有弯弯曲曲的灌木丛或其他障碍而影响划一动作的地方，就需要用马力。这种障碍正在一天天地消失。在那些需要发挥较多的意志和较少的体力的操作上，唯一可以采用的，是每时每刻都由人的精神所支配的力，也就是人力。"接着，摩尔顿先生把蒸汽力、马力和人力都简化为蒸汽机所通用的计量单位，即简化为每分钟把33 000磅提高一英尺的力，并计算出一蒸汽马力的费用：用蒸汽机每小时为三便士，用马每小时为$5\frac{1}{2}$便士。其次，为了保持马的健康，每天只能使用八小时。使用蒸汽力，全年每七匹耕马中至少可以节省三匹，而且所花的费用不会超过被代替的马在三四个月（即它们被实际使用的时间）内所花的费用。最后，在可以应用蒸汽力的农活上，农活的质量也比利用马力时改进了。要完成一台蒸汽机的工作，必须用66个工人，每小时总共花费15先令；要完成一匹马的工作，必须用32个工人，每小时总共花费8先令。

(97)孚耳阿伯，1625年。德库，1688年。[306]

充，有时完全枯竭，而主要的是，它完全受地方的限制。(98)直到瓦特发明第二种蒸汽机，即所谓双向蒸汽机后，才找到了一种原动机，它消耗煤和水而自行产生动力，它的能力完全受人控制，它可以移动，同时它本身又是推动的一种手段；这种原动机是在城市使用的，不像水车那样是在农村使用的，它可以使生产集中在城市，不像水车那样使生产分散在农村(99)，它在工艺上可得到普遍的应用，在地址选择上不太受地点条件的限制。瓦特的伟大天才表现在1784年4月他所取得的专利的说明书中，他没有把自己的蒸汽机说成是一种用于特殊目的的发明，而把它说成是大工业普遍应用的发动机。他在说明书中指出的用途，有一些（例如蒸汽锤）过了半个多世纪以后才被采用。[308]但是他当时曾怀疑，蒸汽机能否应用到航海上。1851年，他的后继者，博尔顿—瓦特公司，在伦敦工业博览会上展出了远洋轮船用的最大的蒸汽机。

只是在工具由人的有机体的工具转化为一个机械装置即工具机的工具以后，发动机才取得了一种独立的、完全摆脱人力限制的形式。于是，我们以上所考察的单个的工具机，就降为机器生产的一个简单要素了。现在，一台发动机可以同时推动许多工作机。随着同时被推动的工作机数量的增加，发动机也在增大，传动机构也跟着扩展成为一个庞大的装置。

(98)现代的涡轮机发明，使工业上水力的利用摆脱了过去的许多限制。[307]

(99)“在纺织工场手工业初期，工厂的厂址取决于是否具有足以推动水车的落差的水流；虽然水磨的采用意味着家庭工业体系开始解体，但这些水磨必须建立在水流旁边，水磨和水磨之间又往往相距很远，所以，这种水磨与其说是城市体系的一部分，不如说是农村体系的一部分；直到使用蒸汽力代替水流以后，工厂才汇集在城市和有生产蒸汽所必需的足够数量的煤和水的地方。蒸汽机是工业城市之母。”（亚·雷德格雷夫《工厂视察员报告。1860年4月30日》第36页）

现在，必须把许多同种机器的协作和机器体系这两件事区别开来。

在前一场合，整个制品是由同一台工作机完成的。工作机完成各种不同的操作，这些操作原来是由一个手工业者用自己的工具（例如织布业者用自己的织布机）来完成的，或者是由若干手工业者独立地或作为一个手工工场的成员用各种工具顺次来完成的。(100)例如，在现代的信封手工工场中，一个工人用折纸刀折纸，另一个工人涂胶水，第三个工人折边，预备印上图样，第四个工人把图样印好，等等。每个信封，每经过一道局部操作，就要转一次手。一台信封制造机一下子完成所有这些操作，而且一小时制成3 000个或更多的信封。[309]1862年伦敦工业博览会上展出的一台美国纸袋制造机，可以切纸、涂胶水、折纸，每分钟生产300个纸袋。[310]在工场手工业中分成几种操作顺次进行的整个过程，现在由一台由各种工具结合而成的工作机来完成。不管这样一台工作机只是一个比较复杂的手工工具的机械复制品，还是由工场手工业各种专门化了的简单工具的结合，在工厂内，即在以机器生产为基础的工场内，总有简单协作重新出现，这种协作首先表现为同种并同时共同发生作用的工作机在空间上的集结（这里撇开工人不说）。例如，许多机械织机集结在同一厂房内便组成一个织布工厂，许多缝纫机集结在同一厂房内便组成一个缝纫厂。但这里存在着技术上的统一，因为许多同种的工作机都是同时并同等地从共同的原

(100)从工场手工业分工的观点来看，织布不是简单的手工业劳动，而是复杂的手工业劳动，因此，机械织机是一种能完成很多种操作的机器。有人认为，现代机器起初掌握的是工场手工业分工所简化了的那些操作，这种看法是根本错误的。在工场手工业时期，纺纱和织布分成了新的种类，所使用的工具也改良和改变了，但劳动过程本身丝毫没有分开，仍然是手工业性质的。机器的起点不是劳动，而是劳动资料。

动机的心脏跳动中得到搏动，这是通过传动机构传送来的，而传动机构对这些工作机来说也有一部分是共同的，因为它不过是分出一些特殊的分支同每个工具机相联结。正像许多工具只组成一个工作机的器官一样，许多工作机现在只组成同一个发动机构的同样的器官。

但是，只有在劳动对象顺次通过一系列互相联结的不同的阶段过程，而这些过程是由一系列各不相同而又互为补充的工具机来完成的地方，真正的机器体系才代替了各个独立的机器。在这里，工场手工业所特有的以分工为基础的协作又出现了，但这种协作现在表现为各个局部工作机的结合。各种局部工人的专门工具，例如，毛纺织手工工场中的弹毛工、梳毛工、起毛工、纺毛工等等所使用的工具，现在转化为各种专门化的工作机的工具，而每台工作机又在结合的工具机构的体系中成为一个特殊的器官，执行一种特殊的职能。在最先采用机器体系的部门中，工场手工业本身大体上为机器体系对生产过程的划分和组织提供了一个自然基础。(101)但在工场手工业生产和机器生产之间一开始就出现了一个本质的区别。在

---

(101)在大工业时代以前，毛纺织工场手工业是英国主要的工场手工业。所以，在18世纪上半叶，绝大部分实验都是在毛纺织工场手工业中进行的。在毛纺织业上取得的经验为棉纺织业带来了好处，棉花的机械加工需要的准备工作不像羊毛那样费力；后来则相反，机械毛纺织业是在机械棉纺织业的基础上发展起来的。毛纺织工场手工业的某些要素，直到最近几十年才纳入工厂制度内，例如梳毛就是这样。“在‘精梳机’，尤其是李斯特式精梳机……被采用以后，机械力才广泛应用到梳毛过程上……其结果无疑使大批工人失业。过去羊毛多半是在梳毛工人家里用手来梳。现在一般都在工厂内梳，除了少数几种仍然宁可用手梳羊毛的特殊操作外，手工劳动被淘汰了。许多手工梳毛工人在工厂内找到了工作，但手工梳毛工人的产品比机器的产品要少得多，所以很大一批梳毛工人依然找不到工作。”(《工厂视察员报告。1856年10月31日》第16页)

工场手工业中，单个的或成组的工人，必须用自己的手工工具来完成每一个特殊的局部过程。如果说工人会适应这个过程，那么这个过程也就事先适应了工人。在机器生产中，这个主观的分工原则消失了。在这里，整个过程是客观地按其本身的性质分解为各个组成阶段，每个局部过程如何完成和各个局部过程如何结合的问题，由力学、化学等等在技术上的应用来解决[102]，当然，在这里也像以前一样，理论的方案需要通过实际经验的大量积累才臻于完善。每一台局部机器依次把原料供给下一台，由于所有局部机器都同时动作，产品就不断地处于自己形成过程的各个阶段，不断地从一个生产阶段转到另一个生产阶段。在工场手工业中，局部工人的直接协作，使各个特殊工人小组形成一定的比例数，同样，在有组织的机器体系中，各局部机器不断地互相交接工作，也使各局部机器的数目、规模和速度形成一定的比例。结合工作机——现在是各种单个工作机和各组工作机的一个有组织的体系——所完成的整个过程越是连续不断，即原料从整个过程的最初阶段转到最后阶段的中断越少，从而，原料越是不靠人的手而靠机构本身从一个生产阶段传送到另一个生产阶段，结合工作机就越完善。如果说，在工场手工业中，各特殊过程的分离是一个由分工本身得出的原则，那么相反地，在发达的工厂中，起支配作用的是各特殊过程的连续性。

一个机器体系，无论是像织布业那样，以同种工作机的单纯协作

(102)“所以，工厂制度的原则是：……把劳动过程分成它的各个重要的组成部分，来代替各个手工业者之间劳动的分工或分级。”（尤尔《工厂哲学》第20页）

为基础，还是像纺纱业那样，以不同种工作机的结合为基础，一旦它由一个自动的原动机来推动，它本身就形成一个大自动机。整个体系可以由例如蒸汽机来推动，虽然个别工具机在某些动作上还需要工人，例如，在采用自动走锭纺纱机以前，走锭纺纱机就需要工人发动，而精纺到现在都还是这样；或者，机器的某些部分必须像工具一样，靠工人操纵才能进行工作，例如，在机器制造上，在滑动刀架还未转化为自动装置以前就是这样。当工作机不需要人的帮助就能完成加工原料所必需的一切运动，而只需要人从旁照料时，我们就有了自动的机器体系，不过，这个机器体系在细节方面还可以不断地改进。例如，断纱时使纺纱机自动停车的装置，梭中纬纱用完时使改良蒸汽织机立即停车的自动开关，都完全是现代的发明。现代造纸工厂可以说是生产的连续性和应用自动原理的范例。在纸张的生产上，我们可以详细而有益地研究以不同生产资料为基础的不同生产方式之间的区别，以及社会生产关系同这些生产方式之间的联系，因为德国旧造纸业为我们提供了这一部门的手工业生产的典型，17世纪荷兰和18世纪法国提供了真正工场手工业的典型，而现代英国提供了自动生产的典型，此外在中国和印度，直到现在还存在着这种工业的两种不同的古亚细亚的形式。

通过传动机由一个中央自动机推动的工作机的有组织的体系，是机器生产的最发达的形态。在这里，代替单个机器的是一个庞大的机械怪物，它的躯体充满了整座整座的厂房，它的魔力先是由它的庞大肢体庄重而有节奏的运动掩盖着，然后在它的无数真正工作器官的疯狂的旋转中迸发出来。

在专门制造蒸汽机、走锭纺纱机等等的工人出现以前，走锭纺纱机、蒸汽机等等就已经出现了，这正像在裁缝出现以前人就已经穿上了衣服一样。但是，沃康松、阿克莱、瓦特等人的发明之所以能够实现，只是因为这些发明家找到了相当数量的、在工场手工业时期就已准备好了的熟练的机械工人。这些工人中，一部分是各种职业的独立的手工业者，另一部分是联合在像前面所说的分工非常严格的手工工场内的。[①]随着发明的增多和对新发明的机器的需求的增加，一方面机器制造业日益分为多种多样的独立部门，另一方面制造机器的工场手工业内的分工也日益发展。这样，在这里，在工场手工业中，我们看到了大工业的直接的技术基础。工场手工业生产了机器，而大工业借助于机器，在它首先占领的那些生产领域排除了手工业生产和工场手工业生产。因此，机器生产是在与它不相适应的物质基础上自然兴起的。机器生产发展到一定程度，就必定推翻这个最初是现成地遇到的、后来又在其旧形式中进一步发展了的基础本身，建立起与它自身的生产方式相适应的新基础。正像在单个机器还要由人来推动时，它始终是一种小机器一样，正像在蒸汽机还没有代替现成的动力——牲畜、风甚至水以前，机器体系不可能自由发展一样，当大工业特有的生产资料即机器本身，还要依靠个人的力量和个人的技巧才能存在时，也就是说，还取决于手工工场内的局部工人和手工工场外的手工业者用来操纵他们的小工具的那种发达的肌肉、敏锐的视力和灵巧的手时，大工业也就得不到充分的发展。所以，且不说这样生产出的机器很昂贵，——这种情况作为自觉的动机支配着资本，——已经用机器进行生产的工业的扩大，以及机器向新的生产部门的渗入，仍完全取决于这样一类工人增加的情况，这类工人由于他们的职业带有半艺术性，只能逐

①见本卷第396—403页。——编者注

渐地增加而不能飞跃地增加。但是，大工业发展到一定阶段，也在技术上同自己的手工业和工场手工业的基础发生冲突。发动机、传动机构和工具机的规模日益扩大；随着工具机摆脱掉最初曾支配它的构造的手工业型式而获得仅由其力学任务决定的自由形式，工具机的各个组成部分日益复杂、多样并具有日益严格的规则性；自动体系日益发展；难于加工的材料日益不可避免地被应用，例如以铁代替木材(103)；——所有这些都是自然发生的任务，要解决这些任务到处都碰到人身的限制。这些限制甚至工场手工业中的结合工人也只能在一定程度上突破，而不能从根本上突破。例如，像现代印刷机、现代蒸汽织机和现代梳棉机这样的机器，就不是工场手工业所能提供的。

一个工业部门生产方式的变革，会引起其他部门生产方式的变革。这首先涉及因社会分工而孤立起来以致各自生产一种独立的商品、但又作为一个总过程的各阶段而紧密联系在一起的那些工业部门。因此，有了机器纺纱，就必须有机器织布，而这二者又使漂白业、印花业和染色业必须进行力学和化学革命。同样，另一方面，棉纺业的革命又引起分离棉花纤维和棉籽的轧棉机的发明，由于这一发明，

(103)最初的机械织机主要是木制的，改良的现代机械织机是铁制的。311 只要极其粗略地把现代蒸汽织机和旧的蒸汽织机比较一下，把铸铁厂的现代鼓风工具和当初仿照普通风箱制成的笨拙的机械风箱比较一下，就可以看出生产资料的旧形式最初如何支配着它的新形式。但是，最有说服力的也许是现代火车头发明以前试制的火车头了。这种火车头实际上有两条腿，像马一样迈步。随着力学的进一步发展和实际经验的积累，机器的形式才完全由力学原理决定，从而才完全摆脱了变为机器的那些工具的传统体形。

棉花生产才有可能按目前所需要的巨大规模进行。(104)但是，工农业生产方式的革命，尤其使社会生产过程的一般条件即交通运输手段的革命成为必要。正像以具有家庭副业的小农业和城市手工业为“枢纽”[312]（我借用傅立叶的用语）的社会所拥有的交通运输手段，完全不再能满足拥有扩大的社会分工、集中的劳动资料和工人以及殖民地市场的工场手工业时期的生产需要，因而事实上已经发生了变革一样，工场手工业时期遗留下来的交通运输手段，很快又转化为具有狂热的生产速度和巨大的生产规模、经常把大量资本和工人由一个生产领域投入另一个生产领域并具有新建立的世界市场联系的大工业所不能忍受的桎梏。因此，撇开已经完全发生变革的帆船制造业不说，交通运输业是逐渐地靠内河轮船、铁路、远洋轮船和电报的体系而适应了大工业的生产方式。但是，现在要对巨大的铁块进行锻冶、焊接、切削、镗孔和成型，又需要有庞大的机器，制造这样的机器是工场手工业的机器制造业所不能胜任的。

因此，大工业必须掌握它特有的生产资料，即机器本身，必须用机器来生产机器。这样，大工业才建立起与自己相适应的技术基础，才得以自立。随着19世纪最初几十年机器生产的发展，机器实际上逐渐掌握了工具机的制造。但只是到了最近几十年，由于大规模的铁路建设和远洋航运事业的发展，用来制造原动机的庞大机器才产生出来。

---

(104)直到最近，在18世纪发明的各种机器中，要算美国人伊莱·惠特尼发明的轧棉机在本质上变化最少。只是在最近几十年（1867年以前），由于另一个美国人，纽约州奥尔巴尼的埃默里先生作了一番简单而有效的改进，惠特尼的机器才变得陈旧了。[310]

用机器制造机器的最重要的生产条件，是要有能供给各种强度的力量同时又完全受人控制的发动机。蒸汽机已经是这样的机器。但是，机器各部件所必需的精确的几何形状，如直线、平面、圆、圆柱形、圆锥形和球形，也同时要用机器来生产。在19世纪最初10年，亨利·莫兹利发明了滑动刀架，解决了这个问题。这种刀架不久就改为自动式，经改装后从它最初被使用的旋床上移到其他制造机器的机器上。313这种机械装置所代替的不是某种特殊工具，而是人的手本身。以往必须用手把切削工具等等的刃对准或加在劳动材料（如铁）上面，才能制造出一定的形状。现在有了这种装置，就能制造出机器各部件的几何形状，而且

> "轻易、精确和迅速的程度是任何最熟练工人的富有经验的手都无法做到的"(105)。

如果我们现在考察一下机器制造业所采用的机器中构成真正工具机的部分，那么，手工业工具就再现出来了，不过规模十分庞大。例如，钻床的工作部分，是一个由蒸汽机推动的庞大钻头，没有这种钻头就不可能生产出大蒸汽机和水压机的圆筒。机械旋床是普通脚踏旋床的巨型翻版；刨床是一个铁木匠，它加工铁所用的工具就是木匠加工木材的那些工具；伦敦造船厂切割胶合板的工具是一把巨大的刹刀；剪裁机的工具是一把大得惊人的剪刀，它剪铁就像裁缝剪布一样；蒸汽锤

---

(105)《各国的工业》1855年伦敦版第2部第239页。该书在这里还说道："不管旋床的这个附件多么简单，从外表上看多么不重要，但我们认为，可以毫不夸大地说，它对机器使用的改良和推广所产生的影响，不下于瓦特对蒸汽机的改良所产生的影响。这种附件的采用立即使各种机器完善和便宜了，并推动了新的发明和改良。"

靠普通的锤头工作，但这种锤头重得连托尔也举不起来。(106)[314]例如，内史密斯发明的这些蒸汽锤中，有一种重6吨多，从7英尺的高度垂直落在36吨重的铁砧上。它能毫不费劲地把一块花岗石打得粉碎，也能轻轻地一下一下地把钉子钉进柔软的木头里去。(107)[316]

劳动资料取得机器这种物质存在方式，要求以自然力来代替人力，以自觉应用自然科学来代替从经验中得出的成规。在工场手工业中，社会劳动过程的组织纯粹是主观的，是局部工人的结合；在机器体系中，大工业具有完全客观的生产有机体，这个有机体作为现成的物质生产条件出现在工人面前。在简单协作中，甚至在因分工而专业化的协作中，社会化的工人排挤单个的工人还多少是偶然的现象。而机器，除了下面要谈的少数例外，则只有通过直接社会化的或共同的劳动才发生作用。因此，劳动过程的协作性质，现在成了由劳动资料本身的性质所决定的技术上的必要了。

2. 机器的价值向产品的转移

我们已经知道，由协作和分工产生的生产力，不费资本分文。①它是社会劳动的自然力。用于生产过程的自然力，如蒸汽、水等等，也不费分

(106)在伦敦有一种锻造轮船蹼轮轴的机器叫“托尔”。这种机器锻造一个$16\frac{1}{2}$吨重的轴，就像铁匠打一个马蹄铁那样轻松。[315]

(107)那些也能够小规模使用的木材加工机器，大部分是美国人的发明。

①见本卷第375—382、386—387、393—396、405—406、417—418、422页。——编者注

文。可是，正像人呼吸需要肺一样，人要在生产上消费自然力，就需要一种“人的手的创造物”317。要利用水的动力，就要有水车，要利用蒸汽的压力，就要有蒸汽机。利用自然力是如此，利用科学也是如此。电流作用范围内的磁针偏离规律，或电流绕铁通过而使铁磁化的规律一经发现，就不费分文了。(108)但是要在电报等方面利用这些规律，就需要有极昂贵的和复杂的设备。我们已经知道，工具并没有被机器排挤掉。它由人的有机体的小工具，通过扩大规模，增加数量，发展成为由人创造的机构的工具。①现在资本不要工人用手工工具去做工，而要工人用一个会自行操纵工具的机器去做工。因此，如果说大工业把巨大的自然力和自然科学并入生产过程，必然大大提高劳动生产率，这一点是一目了然的，那么生产力的这种提高并不是靠增加另一方面的劳动消耗换来的，这一点却决不是同样一目了然的。像不变资本的任何其他组成部分一样，机器不创造价值，但它把自身的价值转移到由它的服务所生产的产品上。就机器具有价值，从而把价值转给产品来说，它是产品价值的一个组成部分。机器不是使产品变便宜，而是按照它自身的价值使产品变贵。很明显，机器和发达的机器体系这种大工业特有的劳动资料，在价值上比手工业生产和工场手工业生产的劳动资料增大得无可比拟。

首先应当指出，机器总是全部地进入劳动过程，始终只是部分地进

(108)科学根本不费资本家“分文”，但这丝毫不妨碍他们去利用科学。资本像吞并他人的劳动一样，吞并“他人的”科学。但是，对科学或物质财富的“资本主义的”占有和“个人的”占有，是截然不同的两件事。尤尔博士本人曾哀叹他的亲爱的、使用机器的工厂主们对力学一窍不通。李比希也曾述说英国的化学工厂主们对化学惊人地无知。

① 见本卷第429—432页。——编者注

入价值增殖过程。它加进的价值，决不会大于它由于磨损而平均丧失的价值。因此，机器的价值和机器定期转给产品的价值部分，有很大的差别。作为价值形成要素的机器和作为产品形成要素的机器，有很大的差别。同一机器在同一劳动过程中反复使用的时期越长，这种差别就越大。诚然，我们已经知道，每一种真正的劳动资料或生产工具，总是全部地进入劳动过程，始终只是按照它每天平均的损耗而部分地进入价值增殖过程[①]。但是，使用和磨损之间的这种差别，在机器上比在工具上大得多，因为机器是由比较耐用的材料制成的，寿命较长；因为机器的使用要遵照严格的科学规律，能够更多地节约它的各个组成部分和它的消费资料的消耗；最后，因为机器的生产范围比工具的生产范围广阔无比。如果我们不算机器和工具二者每天的平均费用，即不算由于它们每天的平均损耗和机油、煤炭等辅助材料的消费而加到产品上的那个价值组成部分，那么，它们的作用是不需要代价的，同未经人类加工就已经存在的自然力完全一样。机器的生产作用范围越是比工具大，它的无偿服务的范围也就越是比工具大。只是在大工业中，人才学会让自己过去的、已经对象化的劳动的产品大规模地、像自然力那样无偿地发生作用。(109)

(109)李嘉图有时很重视机器的这种作用（但他没有说明这种作用，像他没有说明劳动过程和价值增殖过程的一般区别一样），以致有时忘掉了机器转移到产品上的价值组成部分，而把机器和自然力完全混为一谈。例如他说："亚当·斯密从来没有低估自然力和机器为我们提供的服务，而是十分恰当地把它们加到商品上的价值的性质区别开来……由于它们做工不需要费用，它们为我们提供的帮助就不会使交换价值有丝毫增加。"（李嘉图《政治经济学和赋税原理》第336、337页）当然，李嘉图用这个见解反驳让·巴·萨伊是正确的，因为让·巴·萨伊胡说，机器提供的"服务"创造那个构成"利润"部分的价值。318

①见本卷第237—238页。——编者注

在考察协作和工场手工业时，我们知道，共同消费某些共同的生产条件(如建筑物等)，比单个工人消费分散的生产条件要节约，因而能使产品便宜一些①。在机器生产的场合，不仅一个工作机的许多工具共同消费一个工作机的躯体，而且许多工作机共同消费同一个发动机和一部分传动机构。

如果机器的价值和机器转给日产品的价值部分之间的差额已定，那么这个价值部分使产品变贵的程度，首先取决于产品的数量，就像是取决于产品的面积。布莱克本的贝恩斯先生在1857年发表的一篇演讲中计算过：

“一实际的机械马力(109a)可以推动450个自动走锭纺纱机纱锭及其附

(109a)〔第三版注：一“马力”等于一分钟33 000英尺磅的力，即等于一分钟使33 000磅上升一英尺，或一分钟使一磅上升33 000英尺的力。这就是上面所说的马力②。但在日常的商业用语中，以及本书的某些引文中，是把同一机器的“额定”马力和“商业”马力或“指示”马力加以区别的。旧的马力或额定马力，只是根据活塞冲程和气缸直径计算的，完全没有把蒸汽压力和活塞速度考虑进去。这实际上就是说，如果认为这台蒸汽机例如有50马力，那指的是用博尔顿和瓦特时代那样微弱的蒸汽压力和那样低的活塞速度来推动。可是从那时起，这两个因素都大大增强了。为了测量一台机器现在实际提供的机械力，已经发明了表明蒸汽压力的指示器。活塞速度是容易确定的。因此，一台机器的“指示”马力或“商业”马力的大小可以用一个数学公式来计算，这个公式同时包括气缸直径、活塞冲程高度、活塞速度和蒸汽压力，从而表明这台机器一分钟实际上提供多少33 000英尺磅。因此，一额定马力实际上可以提供三、四甚至五指示马力或实际马力。加这个注是为了说明后面各处的引文。③——弗·恩·〕

①见本卷第376—378、401—403页。——编者注

②见本卷第433页。——编者注

③见本卷第477—478页。——编者注

属设备，或者可以推动200个翼锭纺纱机纱锭，或者可以推动15台织宽40英寸布的织布机以及整经、浆纱等装置。”319

一蒸汽马力每天的费用及其所推动的机器的损耗，在第一种情况下是分配在450个走锭纺纱机纱锭的日产品上；在第二种情况下是分配在200个翼锭纺纱机纱锭的日产品上；在第三种情况下是分配在15台机械织机的日产品上。可见，转给一盎司棉纱或一码布的只是极小的一部分价值。前面举的蒸汽锤的例子也是这样。①因为蒸汽锤每天的磨损和煤炭的消耗等等是分配在它每天锤打的巨量的铁上，所以在每英担铁上只添加很小一部分价值；但如果用这个庞大的工具来钉小钉子，那么分配在每英担上的价值就会很大了。

如果工作机的作用范围已定，也就是说，工作机的工具数量已定，或者在涉及力的时候，工作机工具的规模已定，那么产品的数量就取决于工作机作业的速度，例如，取决于纱锭的转速或蒸汽锤每分钟锤击的次数。某些大蒸汽锤每分钟可锤70次；赖德的专利锻造机，用小蒸汽锤锻造纱锭，每分钟可锤700次。320

如果机器转给产品的价值的比率已定，那么这个价值部分的大小就取决于机器本身价值的大小。(110)机器本身包含的劳动越少，它

(110)受资本主义观念束缚的读者，在这里当然会惋惜没有谈到机器按其资本价值加到产品上的“利息”。但是，很容易理解，机器像不变资本的任何其他组成部分一样，并不生产新价值，因而不可能加进称做“利息”的新价值。其次，很明显，这里所谈的是剩余价值的生产，因此，不能预先假定剩余价值的某个部分叫“利息”。资本主义的计算方法，一看就是荒谬的，是和价值的形成规律相矛盾的。这一点在本书第三册180中将加以说明。

①见本卷第443页。——编者注

加到产品上的价值也就越小。它转移的价值越小，它的生产效率就越高，它的服务就越接近自然力的服务。而用机器生产机器，会使机器的价值同机器的规模和作用相对而言降低下来。

比较分析一下手工业或工场手工业生产的商品的价格和机器生产的同种商品的价格，一般可以得出这样的结论：在机器产品中，由劳动资料转来的价值组成部分相对地说是增大了，但绝对地说是减少了。这就是说，它的绝对量是减少了，但它同产品（如一磅棉纱）的总价值相比较的量是增大了。(111)

很明显，如果生产一台机器所费的劳动，与使用该机器所节省的劳动相等，那么这只不过是劳动的变换，就是说，生产一个商品所需

(111)当机器排挤马或只是当做动力、而不是当做改变物质形式的机器使用的其他役畜时，机器所加入的这个价值组成部分，无论绝对地说或是相对地说都要减少。顺便提一下，按照笛卡儿下的定义，动物是单纯的机器[321]，他是用与中世纪不同的工场手工业时期的眼光来看问题的。在中世纪，动物被看做人的助手，后来冯·哈勒先生在他的《国家学的复兴》中也是这样看的。[322]笛卡儿和培根一样，认为生产形态的改变和人对自然的实际支配，是思维方法改变的结果。[323]他的《方法论》就说明了这一点，他在该书中写道："可以〈用他介绍到哲学中的方法〉获得一种对生活非常有益的知识，找到一种实践哲学来代替学校中所讲授的思辨哲学，借助实践哲学，我们就可以像了解我们的手工业者的各种职业一样，清楚地了解火、水、空气、星球以及我们周围的其他一切物体的力量和作用，这样我们就能在一切适合的地方利用这些力量和作用，从而使自己成为自然的主人和占有者"，并且"促进人类生活的完善"。达德利·诺思爵士在《贸易论》（1691年）一书的序言中写道，笛卡儿的方法在政治经济学上的应用，开始使政治经济学摆脱了关于货币、商业等的古代神话和迷信观念。但一般说来，英国早期的经济学家都把培根和霍布斯当做自己的哲学家，而后来洛克成了英国、法国、意大利的政治经济学的主要"哲学家"。

要的劳动总量没有减少，或者说，劳动生产力没有提高。但是，机器所费的劳动和它所节省的劳动之间的差额，或机器生产率的高低，显然不是由机器本身的价值和它所代替的工具的价值之间的差额来决定的。只要机器所费的劳动，从而机器加到产品上的价值部分，小于工人用自己的工具加到劳动对象上的价值，这种差额就一直存在。因此，机器的生产率是由它代替人类劳动力的程度来衡量的。根据贝恩斯先生的计算，由一蒸汽马力推动的450个走锭纺纱机纱锭及其附属设备，需要两个半工人看管(112)；每个自动走锭纺纱机纱锭在十小时工作日的情况下可纺出13盎司棉纱（平均纱支），因此两个半工人一星期可纺出$365\frac{5}{8}$磅棉纱。可见，大约366磅棉花（为了简便起见，我们撇开废棉不说）在转化为棉纱时，只吸收了150个劳动小时，或15个十小时工作日，而用纺车，一个手工纺工60小时纺13盎司棉纱，因此，同量的棉花就要吸收2 700个十小时工作日，或27 000个劳动小时。(113)在木板印花或手工印花这种旧方法被机器印花代替的地方，一台机器由一个成年男工或少年工看管，一小时印制的四色花布的数量，等于过去200个成年工人印制的数量[324]。(114)在1793年伊莱·惠特尼发明轧棉机以前，轧除一磅棉花

(112)根据埃森商会的年度报告(1863年10月)，1862年，克虏伯铸钢厂用161个熔炉、煅烧炉、渗炭炉，32台蒸汽机（约等于1800年曼彻斯特使用的蒸汽机总数）和14架蒸汽锤（合计代表1 236马力），49个锻铁炉，203台工具机，约2 400名工人，生产了1 300万磅钢锭。在这里，一马力还摊不到两个工人。

(113)据拜比吉的计算，在爪哇，几乎单是纺纱劳动就使棉花价值增加117%。而同一时期(1832年)，英国精纺业的机器和劳动加进棉花的总价值约为原料价值的33%。（《论机器和工厂的经济》第165、166页）

(114)此外，机器印花还可以节省染料。

的棉籽要花一个平均工作日。由于有了他的发明,一个黑人妇女每天可以轧100磅棉花,而且从那以后,轧棉机的效率又大有提高。[325]原来要花50分钱生产的一磅棉纤维,后来卖10分钱,而且利润更高,也就是说,包含的无酬劳动更多了。在印度,使用一种半机器式的工具——手工轧棉机,来使棉纤维与棉籽脱离。使用这种工具,一个男工和一个女工每天能轧28磅棉花。但使用几年前福布斯博士发明的手工轧棉机,两个成年男工和一个少年工每天可轧250磅棉花;[326]在用牛、蒸汽或水作动力的地方,只需要几个男女少年充当添料工。16台这样的机器,用牛来拉,每天能完成以前750个人一天平均的工作。(115)

前面已经说过,装在蒸汽犁上的蒸汽机在一小时内花费3便士或$\frac{1}{4}$先令所完成的工作,等于66个人在一小时内花费15先令所完成的工作。①我又来引用这个例子,是为了反驳一种错误的见解。就是说,这15先令决不是这66个人一小时内加进的劳动的表现。如果剩余劳动和必要劳动之比为100%,那么,这66个工人一小时就生产30先令的价值,虽然其中只有33小时表现为他们自己的等价物,即表现为15先令的工资。因此,假定一台机器的所值等于它排挤的150个工人一年的工资,比方说3 000镑,那么,这3 000镑决不是这150个工人所提供的并加到劳动对象上的劳动的货币表现,而只是他们的年劳动中表现为他们工资的那部分劳动

(115)参看向印度总督府提出产品报告的沃森医生1860年4月17日在技艺协会[281]上所作的报告。[327]

①见本卷第433页。——编者注

的货币表现。相反，机器的货币价值3 000镑是生产机器时所耗费的全部劳动的表现，不管这一劳动按什么比例形成工人的工资和资本家的剩余价值。可见，即使机器的所值和它所代替的劳动力的所值相等，对象化在机器本身中的劳动，总是比它所代替的活劳动少得多。(116)

如果只把机器看做使产品便宜的手段，那么使用机器的界限就在于：生产机器所费的劳动要少于使用机器所代替的劳动。可是对资本说来，这个界限表现得更为狭窄。因为资本支付的不是所使用的劳动，而是所使用的劳动力的价值，所以，对资本说来，只有在机器的价值和它所代替的劳动力的价值之间存在差额的情况下，机器才会被使用。因为工作日中必要劳动和剩余劳动的比例，在不同的国家是不同的，而且在同一国家不同的时期，或者在同一时期不同的生产部门，也是不同的；其次，因为工人的实际工资有时降到他的劳动力价值以下，有时升到他的劳动力价值以上，所以，机器的价格和它所要代替的劳动力的价格之间的差额，可以有很大的变动，即使生产机器所必需的劳动量和机器所代替的劳动总量之间的差额保持不变。(116a)但是，对资本家本身来说，只有前一种差额才决定商品的生产费用，并通过竞争的强制规律对他发生影响。因此，现在英国发明的机器只能在北美使用，正像16世纪和17世纪德国发明的机器只能在荷兰使用，18世纪法国的某些发明只能在

(116)“生产这些不会说话的因素〈机器〉所花的劳动，总是比被它们排挤的劳动少得多，即使它们具有相同的货币价值。”（李嘉图《政治经济学和赋税原理》第40页）

(116a)第二版注：因此，在共产主义社会，机器的使用范围将和在资产阶级社会完全不同。

英国使用一样。在一些较老的发达国家，机器本身在某些产业部门的使用，会造成其他部门的劳动过剩（李嘉图用的是redundancy of labour），以致其他部门的工资降到劳动力价值以下，从而阻碍机器的应用，并且使机器的应用在资本看来是多余的，甚至往往是不可能的，因为资本的利润本来不是靠减少所使用的劳动得来的，而是靠减少有酬劳动得来的。近几年来，在英国毛纺织业的某些部门中，童工显著减少，有的地方几乎完全被排挤掉了。为什么呢？因为工厂法规定童工必须实行两班制，一班劳动六小时，另一班劳动四小时，或每班只劳动五小时。但是父母们不愿比以前出卖全日工更便宜地出卖半日工。因此半日工就被机器所代替。(117)在矿井禁止使用妇女和儿童（10岁以下的）以前，[328]资本认为，在煤矿和其他矿井使用裸体的妇女和少女，而且往往让她们同男子混在一起的做法，是完全符合它的道德规范的，尤其是它的总账的，所以直到禁止使用妇女和儿童以后，资本才采用机器。美国人发明了碎石机。英国人不采用这种机器，因为从事这种劳动的“不幸者”（“wretch”是英国政治经济学用来称呼农业工人的术语）的劳动只有很小一部分是有报酬的，所以对于资本家说来，机器反而会使生

(117)“雇主不会毫无必要地使用两班13岁以下的童工……　事实上，有一类工厂主（毛纺业主）现在很少使用13岁以下的童工即半日工。他们采用了各种改良的和新式的机器，因而不用雇用童工〈即13岁以下的童工〉了。我可以举一个劳动过程的例子来说明童工人数减少的情况：把一种叫捻线机的装置同现有的机器连接起来，由六个或四个（根据每台机器的性能而定）半日工去做的工作，现在可由一个少年〈13岁以上〉去完成了……　半日制”促进了“捻线机的发明”。（《工厂视察员报告。1858年10月31日》[第42、43页]）

产变贵。(118)在英国，直到现在还有时不用马而用妇女在运河上拉纤等等(119)，因为生产马和机器所需要的劳动是一个数学上的已知量，而维持过剩人口中的妇女所需要的劳动，却是微不足道的。因此，恰恰是英国这个机器国家，比任何地方都更无耻地为了卑鄙的目的而浪费人力。

3. 机器生产对工人的直接影响

前面已经指出，大工业的起点是劳动资料的革命①，而经过变革的劳动资料，在工厂的有组织的机器体系中获得了最发达的形态。在研究人身材料怎样合并到这个客观有机体之前，让我们先来考察一下这种革命对工人本身的某些一般影响。

(a)资本对补充劳动力的占有。妇女劳动和儿童劳动

就机器使肌肉力成为多余的东西来说，机器成了一种使用没有肌肉力或身体发育不成熟而四肢比较灵活的工人的手段。因此，资本主义使用机器的第一个口号是妇女劳动和儿童劳动！这样一来，

(118)“只要劳动〈他指的是工资〉不上涨，机器往往不会被采用。”(李嘉图《政治经济学和赋税原理》第479页)

(119)见《在爱丁堡社会科学会议上的报告。1863年10月》。

①见本卷第426页及以下几页。——编者注

这种代替劳动和工人的有力手段，就立即转化为这样一种手段，它使工人家庭全体成员不分男女老少都受资本的直接统治，从而使雇佣工人人数增加。为资本家进行的强制劳动，不仅夺去了儿童游戏的时间，而且夺去了家庭本身惯常需要的、在家庭范围内从事的自由劳动的时间。(120)

劳动力的价值不只是决定于维持成年工人个人所必需的劳动时间，而且决定于维持工人家庭所必需的劳动时间。①机器把工人家庭的全体成员都抛到劳动市场上，就把男劳动力的价值分到他全家人身上了。因此，机器使男劳动力贬值了。购买例如有四个劳动力的一家人，也许比以前购买家长一个劳动力花费得多些，但现在四个工作日代替了原来的一个工作日，劳动力的价格按照四个工作日的剩余劳动超过一个工作日的剩余劳动的比例而下降了。现在，一家人要维持生活，四口人不仅要给资本提供劳动，而且要给资本提供剩余劳动。因此，机器从一开始，在增加人身剥削材料，即扩大资本固有

---

(120)在美国南北战争[8]引起的棉业危机期间，英国政府把爱德华·斯密斯医生派往兰开夏郡和柴郡等地，调查棉纺织业工人的健康状况。他报告说：撇开工人被赶出工厂环境不说，从卫生方面来看，危机还有其他许多益处。现在，工人的妻子有必要的空闲时间来给自己的孩子喂奶，而不必用戈弗雷强心剂[329]（一种鸦片剂）去毒害他们了。她们有时间学习烹调了。不幸的是，她们是在没有什么东西可吃的时候，学到这种烹调术的。但是，从这里可以看到，资本为了自行增殖，是如何掠夺那种为消费所必需的家务劳动的。这一危机还被用来在专门学校里教工人的女儿学缝纫。为了使那些为全世界纺纱的工人女儿学缝纫，竟需要有一次美国革命和一次世界危机！

---

①见本卷第198—200页。——编者注

的剥削领域(121)的同时，也提高了剥削程度。

机器还从根本上使资本关系的形式上的中介，即工人和资本家之间的契约发生了革命。在商品交换的基础上，第一个前提是资本家和工人作为自由人，作为独立的商品占有者而互相对立：一方是货币和生产资料的占有者，另一方是劳动力的占有者。①但是现在，资本购买未成年人或半成年人。从前工人出卖他作为形式上自由的人所拥有的自身的劳动力。现在他出卖妻子儿女。他成了奴隶贩卖者。(122)对儿童劳动的需求，在形式上也往往同美国报纸广告上常见

(121)“由于男子劳动日益为妇女劳动代替，特别是成年人劳动日益为儿童劳动代替，工人人数大大增加了。三个每周工资为6—8先令的13岁的女孩，排挤了一个每周工资为18—45先令的成年男子。”（托·德·昆西《政治经济学逻辑》1844年伦敦版第147页注）因为某些家务事，如照料婴儿和喂奶等，不能完全不管，所以，被资本没收的母亲，必须多多少少雇用代替者。家庭消费所必需的劳动，如缝缝补补等，必须由购买现成商品来代替。因此，家务劳动消耗的减少，相应地就增加了货币的支出。因而，工人家庭的生产费用增加了，并且抵消了收入的增加。此外，节省地合理地利用和配制生活资料也不可能了。关于被官方政治经济学所隐瞒的这些事实，可以在工厂视察员和童工调查委员会的《报告》中，特别是在《公共卫生报告》中，找到丰富的材料。

(122)在英国工厂内，限制妇女劳动和儿童劳动，是成年男工从资本那里争取到的②。与这个重大的事实相反，人们在童工调查委员会最近的报告中竟然还看到，就贩卖儿童来说，身为父母的工人具有确实令人愤慨的、十足的奴隶贩子般的特征。可是，正如从这些《报告》中可以看到的那样，资本主义的伪善者们，却在那里攻讦这种他们自己一手造成、使之永存并加以利用的兽行，而在其他场合，他们把这种兽行名之曰“劳动自由”。“儿童劳动被利用了……　他们

①见本卷第195页。——编者注

②见本卷第340页。——编者注

的对黑奴的需求相似。例如，一个英国工厂视察员说：

> "在我的管区的一个最重要的工业城市里，地方报纸的一条广告引起了我的注意，广告写道：兹征求12—20名少年，外貌要13岁以上。工资每周4先令。报名处……"(123)

这里之所以用"外貌要13岁"这句话，是因为按照工厂法规定，未满13岁的儿童只能劳动6小时。年龄必须经过合格医生的证明。因此，工厂主需要外表看来已满13岁的儿童。工厂主雇用的未满13岁的儿童人数屡次大幅度地减少，这在英国近20年来的统计材料中是令人惊讶的。根据工厂视察员本人的证词，这种情况大部分是由合格医生造成的，他们为迎合资本家的剥削欲望和父母的贩卖要求而虚报儿童的年龄。在声名狼藉的伦敦贝特纳尔格林区，每逢星期一和星期二的早晨，都有公开的集市，9岁以上的男女儿童就在那里把自己出租给伦敦的丝织厂。"一般的条件是，每周1先令8便士(归父母)，2便士归我自己，外加茶点费。"契约仅以一周为限。这种集市上的情景和语言确实令人愤慨。(124)直到

甚至仅仅为自己每天的面包而劳动。他们没有力量承受如此过度的沉重劳动，没有受过指导他们未来生活的教育，他们被抛入一种对身心有害的环境中。犹太历史学家在谈到梯特毁灭耶路撒冷时曾说过，既然一个毫无人性的母亲，竟牺牲自己的婴儿来解除无法抑制的饥饿的痛苦，那么，耶路撒冷遭到了破坏，如此彻底的破坏，是不足为奇的。"(《公共经济概论》1833年卡莱尔版第66页)

(123)亚·雷德格雷夫《工厂视察员报告。1858年10月31日》第41页。

(124)《童工调查委员会。第5号报告》1866年伦敦版第81页第31号。〔第四版注：贝特纳尔格林区的丝织业现在几乎已经绝迹了。——弗·恩·〕

现在英国还有这样的事发生：妇女“把子女从贫民习艺所中领出来，以每周两先令六便士的价格出租给任何一个主顾”(125)。在大不列颠，不顾法律的规定，至少还有2 000名儿童被自己的父母卖出去充当活的烟囱清扫机（虽然已经有机器可以代替他们）。(126)机器引起的劳动力买者和卖者之间的法的关系的革命，使全部交易本身失去了自由人之间的契约的外表，这就为后来英国议会提供了国家干涉工厂事务的法律上的根据。每当工厂法把以前不受约束的工业部门的儿童劳动限制为六小时的时候，工厂主总是一再抱怨说：有些父母会把儿童从受限制的工业部门中领出来，把他们卖给“劳动自由”还盛行的部门，即卖给那些迫使不满13岁的儿童像成年人一样从事劳动，因而付给他们较高的卖价的工业部门。但因为资本是天生的平等派，就是说，它要求把一切生产领域内剥削劳动的条件的平等当做自己的天赋人权，所以，儿童劳动在一个工业部门受到法律限制，就成为儿童劳动在另一个工业部门受到限制的原因。

前面已经指出，机器起初使儿童、少年像工人妻子一样在以机器为基础而产生的工厂内直接地受资本的剥削，后来使他们在所有其他工业部门内间接地受资本的剥削，而使他们的身体受到摧残。①因此在这里，我们只谈一点，就是工人子女出生后头几年的惊人的死亡率。在英格兰，有16个户籍区在10万个不满一周

(125)《童工调查委员会。第3号报告》1864年伦敦版第53页第15号。

(126)《童工调查委员会。第5号报告》第XXII页第137号。

①见本卷第297—304页。——编者注

岁的儿童中每年平均的死亡人数只是9 085人(其中有一个区只是7 047人);24个区是10 000人至11 000人;39个区是11 000人至12 000人;48个区是12 000人至13 000人;22个区超过20 000人;25个区超过21 000人;17个区超过22 000人;11个区超过23 000人;在胡、伍尔弗汉普顿、阿什顿安德莱恩和普雷斯顿超过24 000人;在诺丁汉、斯托克波特和布拉德福德超过25 000人;在威斯贝奇是26 001人;在曼彻斯特是26 125人。(127)1861年的一个官方医生调查报告指出:造成这样高的死亡率的原因,除了当地的情况外,主要是由于母亲外出就业,以及由此引起的对子女的照顾不周和虐待,例如饮食不适、缺乏营养、喂鸦片剂等等,另外,母亲还违反天性地疏远自己的子女,从而发生故意饿死和毒死的事件。(128)相反地,在"妇女最少就业"的农业区,"死亡率则最低"(129)。但是,1861年的调查委员会却得出了一个出人意料的结论:在北海沿岸的一些纯农业区,不满一周岁的儿童的死亡率几乎赶上了名声最坏的工厂区。因此,朱利安·汉特医生被派去就地研究这种现象。他的报告收在《公共卫生。第6号报告》中。(130)在此以前人们认为,是疟疾和低洼的沼泽

(127)《公共卫生。第6号报告》1864年伦敦版第34页。

(128)"此外,它〈1861年的调查〉……还证明,在上述情况下,儿童由于母亲外出工作,无人照料和照顾不周而死亡,母亲对自己的子女也惊人地丧失了自然感情——她们通常对子女的死亡并不十分介意,有时甚至……直接设法弄死他们。"(同上)

(129)同上,第454页。

(130)同上,第454—462页。亨利·朱利安·汉特医生《关于英格兰某些农业区婴儿死亡率过高的报告》。

地区所特有的其他疾病使儿童大批死亡。但调查却得出了完全相反的结论：

> “把冬天是沼泽地夏天是贫瘠草地的土地变成肥沃的谷物耕地，这是消灭疟疾的原因，但也就是这个原因造成了非常高的婴儿死亡率。”(131)

汉特医生在这些地区询问过70个开业医生，他们对这一点的意见“惊人地一致”。事实上，随着土地耕作的革命，采用了工业制度。

> “同少年男女在帮伙里一起劳动的已婚妇女，为了挣一些钱，被一个出租整个帮伙的叫做‘帮头’的人，交给租地农场主支配。这些帮伙往往到离本村许多英里以外的地方去；早晚都可以在路上看到他们，妇女们穿着短裙和短上衣、靴子，有时穿长裤，表面上很健壮有力，但由于放荡成性而败坏了，她们喜欢这种忙碌的独立的生活方式，而毫不考虑这会给她们家里瘦弱的子女带来多么不幸的后果。”(132)

工厂区的各种现象在这里又重现了，而且暗地杀害儿童和让儿童服鸦片剂的现象比工厂区还要厉害。(133)

英国枢密院[200]医官、《公共卫生》报告主编西蒙医生说：

> “我了解工业中大量使用成年妇女所造成的恶果，所以每当我看到这种现

---

(131)《公共卫生。第6号报告》1864年伦敦版第35、455、456页。

(132)同上，第456页。

(133)在英国的农业区，和在工厂区一样，成年男工和女工的鸦片消费量也日益增加。“扩大鸦片剂的销路……已成为某些有胆量的批发商的主要目的。药商认为鸦片剂是最畅销的商品。”(同上，第459页)服用鸦片剂的婴儿“萎缩成小老头或瘦得像小猴子”(同上，第460页)。人们看到，印度和中国是怎样报复英国的。

象都有理由感到深恶痛绝。”(134)

工厂视察员罗·贝克在一份官方报告中疾呼：

“禁止任何有家的已婚妇女在任何工厂里干活，对于英国的工厂区来说，确实会是一件幸事。”(135)

关于对妇女劳动和儿童劳动进行资本主义剥削所造成的精神摧残，弗·恩格斯在他所著的《英国工人阶级状况》中以及其他的著作家已经作了详尽的阐述，因此我在这里只是提一下。把未成年人变成单纯制造剩余价值的机器，就人为地造成了智力的荒废，——这和自然的无知完全不同，后者把智力闲置起来，并没有损坏它的发展能力、它的自然肥力本身，——这种智力的荒废甚至使英国议会最后不得不宣布，在一切受工厂法约束的工业中，受初等教育是“在生产上”使用14岁以下儿童的法定条件。工厂法关于所谓教育的条款措辞草率；由于缺少行政机构，这种义务教育大部分仍然徒有其名；工厂主反对这个教育法令，使用种种阴谋诡计回避这个法令；——这一切明显地暴露出资本主义生产的精神。

“只有立法机关应受谴责，因为它颁布了一个骗人的法令，这个法令表面上关心儿童的教育，但没有一条规定能够保证达到这个口头上的目的。它只是规定儿童每天必须有若干小时〈三小时〉被关在叫做学校的地方的四壁之内，规定儿童的雇主每周必须从一个以男教师或女教师身份签字的人那里得到证明书。”(136)

---

(134)《公共卫生。第6号报告》1864年伦敦版第37页。

(135)《工厂视察员报告。1862年10月31日》第59页。这位工厂视察员以前是医生。

(136)伦纳德·霍纳《工厂视察员报告。1857年4月30日》第17页。

在1844年的修正工厂法颁布以前，上学证明书由男教师或女教师在上面画一个十字来代替签字，并不是少见的现象，因为他们自己也不会写字。

“我访问一所颁发这种证明书的学校，教师的无知使我非常惊奇，所以我问他：‘先生，请问您识字吗？’他的回答是：‘唉，认识一点点’。为了申辩，他又补充一句：‘不管怎样，我总比我的学生强’。”

在拟定1844年的法令的时候，工厂视察员揭发了这种叫做学校的地方的丑事。但他们不得不承认这种学校发的证明书在法律上是完全有效的。他们努力的全部成果就是，从1844年起，

“教师必须在上学证明书上亲笔填写数字，并且必须亲笔签上自己的姓名”(137)。

苏格兰工厂视察员约翰·金凯德爵士谈到了他公务中类似的经历。

“我们访问的第一所学校是由一个叫安·基林的夫人主办的。当我请她把她的姓拼读出来时，她马上就出了错，她先说了一个C，但马上改正说，她的姓的第一个字母是K。然而，我查看她在上学证明书上的签字时，发现她的姓的写法不一，她的笔迹说明她根本没有教书的能力。她自己也承认，她不会填写名册……　在另一所学校，我发现教室长15英尺宽10英尺，里面有75个儿童，不知在叽叽喳喳讲些什么。”(138)“然而，儿童只得到上学证明书而受不到教育的现象，不仅存在于这些受罪的地方。在许多有合格师资的学校，由于各种年龄（从三岁起）的儿童乱哄哄地混杂在一起，教师也几乎是白费力气。教师

(137)伦纳德·霍纳《工厂视察员报告。1855年10月31日》第18、19页。

(138)约翰·金凯德爵士《工厂视察员报告。1858年10月31日》第31、32页。

的收入在最好的情况下也少得可怜，这些收入完全依靠儿童交纳的便士，因此他尽可能把大量学生塞进一个教室里。此外，学校设备简陋，缺乏书籍和其他教具，沉闷难闻的空气对贫苦的儿童产生有害的影响。我到过很多这样的学校，看见一排一排的儿童无所事事，但这就被证明是上学了，在官方的统计中，这些儿童算是受过教育的。"(139)

在苏格兰，工厂主竭力排斥那种必须上学的儿童。

"这足以证明，工厂主对教育条款是十分憎恶的。"(140)

这种情况在受一种特别工厂法限制的棉布等印花厂中表现得荒诞离奇。按照这项法令的规定，

"每个儿童在到这种印花厂就业以前，必须在他就业第一天前的6个月内至少上学30天，并且不得少于150小时。他在印花厂就业期间，每过6个月仍须上学30天，而且是150小时…… 上学时间应在早晨8点至下午6点之间。每天上学的时数少于$2\frac{1}{2}$小时或超过5小时，都不得算入150小时之内。在一般情况下，儿童在30天内上下午都上学，每天5小时，30天期满，如果达到规定的总数150小时，用他们自己的话来说，读完了书，那他们就又回到印花厂，在那里再劳动6个月；到下一个上学期限，他们又去上学，直到又读完了书为止……许多按规定上过150小时学的儿童，在印花厂待了6个月以后再回到学校时，情形和刚上学时一样…… 他们自然又把前一次上学所学到的东西忘得一干二净。还有一些印花厂，上学的事完全取决于工厂的营业需要。每6个月内所必须达到的时数是由每次3—5小时零碎凑成的，而且可能分散在这6个月内。例如，一天是从上午8点到11点上学，另一天是从下午1点到4点上学，在儿童有些天不上学之后，突然又从下午3点到6点上学；他可能连续上三四天或一个星期，然后又停三个星期或整整一个月。而当他的雇主偶然不需要他

(139)伦纳德·霍纳《工厂视察员报告。1857年4月30日》第17、18页。

(140)约翰·金凯德爵士《工厂视察员报告。1856年10月31日》第66页。

的那些零星日子里，他又回去混一些小时；因此，儿童可说是被推来推去，从学校推到工厂，再从工厂推到学校，直到凑满150小时为止”(141)。

机器使儿童和妇女以压倒的多数加入结合劳动人员中，终于打破了男工在工场手工业时期仍在进行的对资本专制的反抗。(142)

(b)工作日的延长

如果说机器是提高劳动生产率，即缩短生产商品的必要劳动时间的最有力的手段，那么，它作为资本的承担者，首先在它直接占领的工业中，成了把工作日延长到超过一切自然界限的最有力的手段。一方面，它创造了新条件，使资本能够任意发展自己这种一贯的倾向，另一方面，它创造了新动机，使资本增强了对他人劳动的贪欲。

---

(141)亚·雷德格雷夫《工厂视察员报告。1857年10月31日》第41—43页。近几年来，在早就受原工厂法(不是本文最后所说的印染工厂法)约束的英国工业部门，实行教育条款的障碍已有了一定程度的克服。在不受工厂法约束的工业中，玻璃厂主格迪斯的观点依然十分盛行。他教训调查委员会委员怀特说："据我看来，近几年来一部分工人阶级受到了更多的教育，是一种祸害。这是危险的，因为这会使他们成为过分独立的人。"(《童工调查委员会。第4号报告》1865年伦敦版第253页)

(142)"工厂主伊·先生对我说，他只使用妇女来操纵他的机械织机；他喜欢使用已婚的妇女，特别是必须养家糊口的妇女；这种妇女比未婚的妇女更专心、更听话，她们不得不尽最大努力去取得必要的生活资料。这样一来，美德，女性特有的美德，反而害了她们自己，她们恭顺温柔的天性，竟成为使她们受奴役和受苦难的手段。"([安·]阿什利《工厂十小时工作日法案。1844年3月15日的演说》1844年伦敦版第20页)

首先，在机器上，劳动资料的运动和活动离开工人而独立了。劳动资料本身成为一种工业上的永动机，如果它不是在自己的助手——人的身上遇到一定的自然界限，即人的身体的虚弱和人的意志，它就会不停顿地进行生产。因此，劳动资料作为资本——而且作为资本，自动机在资本家身上获得了意识和意志——就受这样一种欲望的激励，即力图把有反抗性但又有弹性的人的自然界限的反抗压到最低限度。(143)而且，由于在机器上劳动看来很容易，由于妇女和儿童比较温顺驯服，这种反抗无疑减小了。(144)

我们已经知道，机器的生产率同机器转移到制品上的价值组成部分的大小成反比。机器执行职能的期限越长，分担机器加进的价值的产品量就越大，机器加到单个商品上的价值部分就越小。而机器的有效寿命，显然取决于工作日的长度或每天劳动过程的长度乘

---

(143)“自从普遍采用昂贵的机器以来，人被强行消耗的力量远远超出人的平均力量。”(罗伯特·欧文《评工业体系的影响》1817年伦敦第2版[第16页])

(144)英国人喜欢把一件事物最初的经验的表现形式看做该事物的原因。他们往往认为，工厂劳动时间长的原因，是因为在工厂制度初期，资本曾在贫民院和孤儿院对儿童进行了希律王式的掠夺*330*，从而吞并了一种完全没有意志的人身材料。例如，身为英国工厂主的菲尔登就说过：“很明显，劳动时间长，是因为从全国各地获得了大量无家可归的儿童，这使工厂主可以不依赖于工人。工厂主就是靠这样搜罗来的可怜的人身材料延长劳动时间。一旦长时间劳动成为习惯，他们也就能更加容易地把这种长时间劳动强加在他们的邻人身上。”(约·菲尔登《工厂制度的祸害》1836年伦敦版第11页)关于妇女劳动，工厂视察员桑德斯在1843年的工厂报告中说：“在女工中，有些人接连好多星期，除了少数几天以外，都是从早晨6点干到深夜12点，中间只有不到2小时的吃饭时间，因此，一星期当中有5天，都是每天24小时中只剩下6小时给她们上下班和睡觉。”

以劳动过程反复进行的日数。

机器的磨损决不像在数学上那样精确地和它的使用时间相一致。即使在二者相一致的前提下，一台在$7\frac{1}{2}$年内每天工作16小时的机器所包含的生产时间和加到总产品上的价值，也不会多于同样一台在15年内每天只工作8小时的机器所包含的生产时间和加到总产品上的价值。但是在第一种情况下，机器价值的再生产要比第二种情况下快一倍，而且资本家用这台机器在$7\frac{1}{2}$年内就可以吞下在第二种情况下15年内才能吞下的剩余劳动。

机器的有形损耗有两种。一种是由于使用，就像铸币由于流通而磨损一样。另一种是由于不使用，就像剑入鞘不用而生锈一样。在后一种情况下，机器的损耗是由于自然力的作用。前一种损耗或多或少地同机器的使用成正比，后一种损耗在一定程度上同机器的使用成反比。(145)

但是，机器除了有形损耗以外，还有所谓无形损耗。只要同样结构的机器能够更便宜地再生产出来，或者出现更好的机器同原有的机器相竞争，原有机器的交换价值就会受到损失。(146)在这两种情况下，即使原有的机器还十分年轻和富有生命力，它的价值也不再由实

(145)“搁置不用，可能是金属机构的灵敏可转动的部分遭受损坏的……原因。”（尤尔《工厂哲学》第281页）

(146)前面①已经提到的那位“曼彻斯特纺纱业主”（1862年11月26日《泰晤士报》），在列举机器的费用时说：“它〈即“为机器磨损而作的扣除”〉也有这样的目的：当机器在报废前被其他新的、构造更好的机器代替而停止使用时，用来补偿这样不断造成的损失。”

①见本卷第240—241页。——编者注

际对象化在其中的劳动时间来决定，而由它本身的再生产或更好的机器的再生产的必要劳动时间来决定了。因此，它或多或少地贬值了。机器总价值的再生产时期越短，无形损耗的危险就越小，而工作日越长，这个再生产时期就越短。在某个生产部门最初采用机器时，那些使机器更便宜地再生产出来的新方法(147)，那些不仅涉及机器的个别部分或装置，而且涉及机器的整个构造的改良，会接连不断地出现。因此，在机器的最初的生活期，这种延长工作日的特别动机也最强烈。(148)

在其他条件不变和工作日已定的情况下，要剥削双倍的工人，就必须把投在机器和厂房上的不变资本部分和投在原料、辅助材料等等上的不变资本部分增加一倍。随着工作日的延长，生产的规模会扩大，而投在机器和厂房上的资本部分却保持不变。(149)因此，不仅剩余价值增加了，而且榨取剩余价值所必需的开支减少了。当然，只要延长工作日，总会在一定程度上发生这种情况，但是在这里，它却更加具有决定性的意义，因为转化为劳动资料的资本部分具有更大

---

(147)“根据一般的估算，制造第一台新型机器的费用，是制造第二台的五倍。”(拜比吉《论机器和工厂的经济》第211、212页)

(148)“几年来，网布的生产进行了许多重大的改良，以致一台保养得很好的原来价值1 200镑的机器，几年后就只能卖60镑了…… 改良迅速地接连出现，以致机器在其制造者手中半途而废，因为成功的发明已使它们过时。”因此，在这个狂飙时期，网布厂主很快就使用两班工人，把劳动时间从原来的8小时延长到24小时。(同上，第233页)

(149)“不言而喻，在行情涨落不定，需求时高时低的情况下，经常会出现这样的时机：工厂主不增加固定资本，也能使用更多的流动资本……不增加建筑物和机器的开支，也能加工更多的原材料。”(罗·托伦斯《论工资和联合》1834年伦敦版第64页)

的意义。(150)机器生产的发展使资本中越来越大的组成部分固定在这样一种形式上，在这种形式上，一方面资本可以不断地增殖，另一方面，一旦资本同活劳动的接触被中断，它就会丧失使用价值和交换价值。英国棉纺织业巨头阿什沃思先生曾教训纳索·威·西尼耳教授说：

> “当一个农夫放下自己的铁锹时，他使一笔18便士的资本在这个时期内变成无用的东西。当我们的人〈即工厂工人〉有一个离开工厂时，他使一笔值10万镑[331]的资本变成无用的东西。”(151)

请想一想吧！把一笔值10万镑的资本变成了——即使在一瞬间——“无用的东西”！我们的人有一个竟然随便在什么时候离开工厂，这真是骇人听闻的事！在被阿什沃思教训过的西尼耳看来，机器规模的扩大，使工作日的不断延长成为“合乎愿望的事情”。(152)

机器生产相对剩余价值，不仅由于它直接地使劳动力贬值，使劳动力再生产所必需的商品便宜，从而间接地使劳动力便宜，而且还由于它在最初偶尔被采用时，会把机器占有者使用的劳动转化为

---

(150)本文谈到这点，只是为了叙述上的全面性，因为我要到第三册[180]才考察利润率即剩余价值和预付总资本的比率。

(151)西尼耳《关于工厂法的书信》1837年伦敦版第14页。

(152)“固定资本大大超过流动资本……使长的劳动时间成为合乎愿望的事情。”随着机器等等规模的增大，“延长劳动时间的动机也就增强，因为这是使大量固定资本带来利润的唯一手段”(同上，第11、14页)。“一个工厂，不管它的劳动时间长短，有许多开支是始终不变的，如建筑物租金、地方税和国税、火灾保险费、各种固定工人的工资、机器折旧费以及其他种种费用。这些开支同利润的比率，会随着生产规模的增大而按同一比例减小。”(《工厂视察员报告。1862年10月31日》第19页)

高效率的劳动，把机器产品的社会价值提高到它的个别价值以上，从而使资本家能够用日产品中较小的价值部分来补偿劳动力的日价值。因此，在机器生产还处于垄断状况的这个过渡时期，利润特别高，而资本家也就企图尽量延长工作日来彻底利用这个“初恋时期”[332]。高额的利润激起对更多利润的贪欲。

随着机器在同一生产部门内普遍应用，机器产品的社会价值就降低到它的个别价值的水平，于是下面这个规律就会发生作用：剩余价值不是来源于资本家用机器所代替的劳动力，而是相反地来源于资本家雇来使用机器的劳动力。剩余价值只是来源于资本的可变部分，而且我们已经知道，剩余价值量取决于两个因素，即剩余价值率和同时使用的工人人数①。在工作日的长度已定时，剩余价值率取决于工作日分为必要劳动和剩余劳动的比例。同时使用的工人人数则取决于资本的可变部分和不变部分的比例。现在很明显，不管机器生产怎样靠减少必要劳动来提高劳动生产力，而以此扩大剩余劳动，它只有减少一定资本所使用的工人人数，才能产生这样的结果。机器生产使以前的可变资本的一部分，也就是曾转变为活劳动力的资本的一部分，转化为机器，即转化为不生产剩余价值的不变资本。但是，例如从两个工人身上榨不出从24个工人身上同样多的剩余价值。24个工人每人只要在12小时中提供一小时剩余劳动，总共就提供24小时剩余劳动，而两个工人的全部劳动只不过是24小时。可见，利用机器生产剩余价值包含着一个内在的矛盾：在一定量资本所提供的剩余价值的两个因素中，机器要提高一个因素，要提高剩余价值率，就只有减少另一个因素，减少工人人数。

①见本卷第351—355页。——编者注

一旦机器生产的商品的价值随着机器在一个工业部门普遍应用而成为所有同类商品的起调节作用的社会价值，这个内在的矛盾就会表现出来；但正是这个资本没有意识到的矛盾(153)又重新推动资本拼命延长工作日，以便不仅增加相对剩余劳动，而且增加绝对剩余劳动，来弥补被剥削的工人人数的相对减少。

因此，机器的资本主义应用，一方面创造了无限度地延长工作日的新的强大动机，并且使劳动方式本身和社会劳动体的性质发生这样的变革，以致打破对这种趋势的抵抗；另一方面，部分地由于使资本过去无法染指的那些工人阶层受资本的支配，部分地由于使那些被机器排挤的工人游离出来，制造了过剩的劳动人口(154)，这些人不得不听命于资本强加给他们的规律。由此产生了现代工业史上一种值得注意的现象，即机器消灭了工作日的一切道德界限和自然界限。由此产生了经济学上的悖论，即缩短劳动时间的最有力的手段，竟变为把工人及其家属的全部生活时间转化为受资本支配的增殖资本价值的劳动时间的最可靠的手段。古代最伟大的思想家亚里士多德曾经幻想过：

> “如果每一件工具都能按照命令，或者，甚至按照自己的预感去完成它所担负的工作，就像代达罗斯的雕像那样会自己动作，或者像赫斐斯塔司的鼎状宝座那样会自动执行祭神的工作，如果织布的梭会自己织布，那么师傅就不需要助手，主人就不需要奴隶了。”(155)

---

(153)为什么资本家个人以及受资本家见解束缚的政治经济学意识不到这个内在的矛盾，我们将在第三册头几篇中看到。

(154)李嘉图的伟大功绩之一，是把机器不仅看做生产商品的手段，而且看做生产“过剩人口”的手段。

(155)弗兰茨·比泽《亚里士多德的哲学》1842年柏林版第2卷第408页。

西塞罗时代的希腊诗人安谛巴特洛斯，曾歌颂碾谷的水磨这种一切生产机器的最初形式的发明，把它看做是女奴隶的解放者和黄金时代的复兴者！(156)“异教徒！噢，这些异教徒！”正像机智的巴师夏和在他以前的更聪明的麦克库洛赫已经发现的那样，这些古代人对政治经济学和基督教一窍不通。例如，他们不了解机器是延长工作日的最可靠的手段。他们也许会辩护说，一个人受奴役是使另一个人获得充分发展的手段。但是，要鼓吹群众受奴役，以便使少数粗野的或者没有多少教养的暴发户成为“卓越的纺纱业主”、“了不起的香肠制造业主”和“有势力的鞋油商人”，那他们还缺少专门的基督教器官。

(c)劳动的强化

资本手中的机器所造成的工作日的无限度的延长，使社会的生

(156)我在这里引用施托尔贝格翻译的诗，因为这首诗和前面引用的关于分工的话①完全一样，说明了古代的观点同现代的观点正好相反：

“磨房姑娘啊！珍惜你们推磨的手，
安静地睡吧，不用管雄鸡向你们报晓！
女神已派水妖替你们效劳。
她们轻盈地跳到轮上。
轮轴转动了，石磨旋转着。
让我们像祖先一样地生活，不必再劳碌，
让我们享受女神赐给的恩惠吧！”

(《希腊诗选》，克里斯蒂安·施托尔贝格伯爵译，1782年汉堡版［第312页］)

①见本卷第418—426页。——编者注

命根源受到威胁，结果像我们所看到的那样，引起了社会的反应，从而产生了受法律限制的正常工作日。[①]在正常工作日的基础上，我们前面已经看到的劳动强化现象，就获得了决定性的重要意义。[②]在分析绝对剩余价值时，首先涉及的是劳动的外延量，而劳动的强度则是假定不变的。现在我们要考察外延量怎样转变为内涵量或强度。

不言而喻，随着机器的进步和机器工人这一特殊类别工人的经验积累，劳动的速度，从而劳动的强度，自然也会增加。例如，英国在半个世纪内，工作日的延长同工厂劳动强度的增加一直是同时并进的。但是很明显，在一种劳动不是一时的发作，而是日复一日有规律地划一地反复进行的情况下，必定会出现这样一个时刻，这时工作日的延长和劳动的强化会互相排斥，以致要延长工作日就只有降低劳动强度，或者反过来，要提高劳动强度就只有缩短工作日。自从工人阶级逐渐增长的反抗迫使国家强制缩短劳动时间，并且首先为真正的工厂强行规定正常工作日以来，也就是说，自从剩余价值的生产永远不能通过延长工作日来增加以来，资本就竭尽全力一心一意加快发展机器体系来生产相对剩余价值。同时，相对剩余价值的性质也发生了变化。一般地说，生产相对剩余价值的方法是：提高劳动生产力，使工人能够在同样的时间内以同样的劳动消耗生产出更多的东西。同样的劳动时间加在总产品上的价值，仍然和以前同样多，虽然这个不变的交换价值现在表现为较多的使用价值，从而使单个商品的价值下降。但是，一旦强制缩短工作日，情况就不同了。强制缩短

①见本卷第345页。——编者注

②见本卷第395页。——编者注

工作日，大大地推动了生产力的发展和生产条件的节约，同时迫使工人在同样的时间内增加劳动消耗，提高劳动力的紧张程度，更紧密地填满劳动时间的空隙，也就是说，使劳动凝缩到只有在缩短了的工作日中才能达到的程度。这种压缩在一定时间内的较大量的劳动，现在是算做较大的劳动量，而实际上也是如此。现在，计量劳动时间的，除了它的“外延量”以外，还有它的密度。(157)现在，十小时工作日中一个强度较大的小时，同十二小时工作日中一个较松弛的小时相比，包含相同的或者更多的劳动，即已耗费的劳动力。因此，强度较大的一小时的产品同较松弛的$1\frac{1}{5}$小时的产品相比，具有相同的或者更多的价值。撇开相对剩余价值由于劳动生产力的提高而增加不说，现在，例如$3\frac{1}{3}$小时剩余劳动和$6\frac{2}{3}$小时必要劳动，也和从前4小时剩余劳动和8小时必要劳动一样，给资本家提供同样大的价值量。

现在要问，劳动是怎样强化的呢？

工作日缩短的第一个结果，是基于一个显而易见的规律，即劳动力的活动能力同它的活动时间成反比。因此，在一定的限度内，力的作用的持续时间上的损失，可由力的作用程度来弥补。资本也会通过付酬的办法，设法使工人在实际上付出更多的劳动力。(158)在工场

(157)当然，不同生产部门的劳动强度是有差别的。这种差别，正如亚·斯密指出的，会因每种劳动特有的次要条件，而部分地互相抵消。只有当劳动的内涵量和外延量成为同一劳动量的相互对立的、彼此排斥的表现时，这种差别才会影响到劳动时间充当价值尺度的作用。

(158)特别是通过计件工资的办法，关于这种形式，我们将在第六篇中加以说明。①

①见本卷第633—639页。——编者注

手工业中，例如，在机器不起作用或只起很小作用的陶器业中，工厂法的实行令人信服地证明，单单缩短工作日，就惊人地增加了劳动的规则性、划一性、秩序性、连续性和效能。(159)但是，在真正的工厂中是否也有这样的结果，看来是值得怀疑的，因为在这里，工人要服从机器的连续的、划一的运动，早已造成了最严格的纪律。因此，当1844年讨论把工作日缩减到12小时以下的问题时，工厂主几乎异口同声地说：

> "他们的监工在各个车间，都注意不让人手浪费时间"，"工人专心致志的程度可以说不能再提高了"，因此，在机器的速度等其他一切条件不变的情况下，"指望在管理良好的工厂里，通过提高工人的注意力等等来获得任何显著的成果，是荒谬的。"(160)

这种论断被实验推翻了。罗·加德纳先生从1844年4月20日起，在普雷斯顿他的两个大工厂里，把劳动时间由每天12小时改为11小时。经过大约一年的时间，结果是：

> "花费同样多的开支，得到同样多的产品，而全体工人11小时挣的工资，和以前12小时挣的同样多。"(161)

在这里我且不谈纺纱间和梳棉间的实验，因为这种实验同机器速度的提高（提高2%）结合在一起。相反地，在织造各式各样细花时装布的织布间，客观生产条件没有发生任何变化。结果是：

---

(159)见《工厂视察员报告。1865年10月31日》。

(160)《工厂视察员报告。1844年和截至1845年4月30日为止的三个月》第20、21页。

(161)同上，第19页。因为计件工资没有变动，所以一周的工资额取决于产品数量。

> “从1844年1月6日到4月20日，每天干12小时，每个工人每周的平均工资是10先令$1\frac{1}{2}$便士，从1844年4月20日到6月29日，每天干11小时，每周的平均工资是10先令$3\frac{1}{2}$便士。”(162)

在这里，11小时比以前12小时生产出更多的东西，这完全是由于工人始终不懈地付出更多的劳动和节约时间造成的。工人拿到同样的工资，并得到一小时的空闲时间；而资本家得到同量的产品，并节约了一小时煤炭、煤气等的消耗。在霍罗克斯先生和杰克逊先生的工厂里也进行过类似的实验，并且得到了同样的结果。(163)

缩短工作日，这种起初创造了使劳动凝缩的主观条件，也就是使工人有可能在一定时间内付出更多力量的办法，一旦由法律强制实行，资本手中的机器就成为一种客观的和系统地利用的手段，用来在同一时间内榨取更多的劳动。这是通过两种方法达到的：一种是提高机器的速度，另一种是扩大同一个工人看管的机器数量，即扩大他的劳动范围。改进机器结构，一方面是对工人施加更大的压力所必需的，另一方面，这本身又是和劳动的强化伴随在一起的，因为工作日的限制，迫使资本家在生产费用上面精打细算。蒸汽机的改进提高了活塞每分钟的冲击次数，同时由于力的更加节省，用同一个发动机就能推动更大的机构，而耗煤量照旧不变，甚至下降了。传动机构的改进减少了磨擦力，使各种大小轮轴的直径和重量减到越来越小

(162)《工厂视察员报告。1844年和截至1845年4月30日为止的三个月》，第20页。

(163)同上，第21页。在上述实验中，精神要素起着重要的作用。工人对工厂视察员说：“我们更加振奋地工作，我们总是抱着晚上可以早一点下班的希望；全厂从最年轻的接线工到最年老的工人，都充满活泼愉快的精神，并且我们能够彼此多帮助。”(同上)

的最低限度，——这正是现代机器显著超过旧式机器的地方。最后，工作机的改进，在提高速度和扩大效能的同时，缩小了机器的体积（如现代蒸汽织机），或者在增大机体的同时，扩大了它所使用的工具的规模和数量（如纺纱机），或者对零件稍加改进而增加了这些工具的活动性（如50年代中期，自动走锭纺纱机的纱锭转速就是这样提高了$\frac{1}{5}$）。

英国在1832年开始把工作日缩短到12小时。在1836年，一个英国工厂主就说过：

“同以前比较，现在工厂中的劳动大大加重了，因为机器速度的大大加快要求工人更加聚精会神，更多地活动。”(164)

1844年，阿什利勋爵，即现在的舍夫茨别利伯爵，在下院根据文件作了如下的发言：

“现在，在制造过程中雇用的工人的劳动，是开始实行这些操作时的三倍。毫无疑问，机器完成的工作，代替了成百万人的肌肉，但是，机器也使受它可怕的运动支配的人的劳动惊人地增加了……　1815年，工人在12小时内来回看管两台纺40支纱的走锭纺纱机，等于步行8英里。1832年，在12小时内看管两台纺同样支纱的走锭纺纱机所走的距离等于20英里，并且往往还要多。1825年，一个纺纱工人在12小时内，在每台走锭纺纱机上牵伸820次，12小时的牵伸总数是1 640次。1832年，一个纺纱工人在一个十二小时工作日内，在每台走锭纺纱机上牵伸2 200次，合计是4 400次；1844年，在每台走锭纺纱机上牵伸2 400次，合计是4 800次；有时，需要的劳动量还要大……　现在，我手头另有一份1842年的文件，证明劳动累进地增加，不仅是因为步行的距离加大了，而且还因为生产的商品数量增加了，而人手的数量相应地减少了；此外，还因为现在纺的往往是较次的棉花，需要较多的劳动……　在梳棉间，劳动也大大增加了。现在，一个人要干以前由两个人分担的活。织布间雇用的工人很多，而且

(164)约翰·菲尔登《工厂制度的祸害》1836年伦敦版第32页。

多半是妇女，在这里，近年来由于机器速度的提高，劳动量增加了整整10%。1838年，每周纺纱18 000绞，1843年达到21 000绞。1819年，蒸汽织机每分钟打梭60次，1842年是140次，这说明劳动大大增加了。”(165)

鉴于十二小时工作日法令支配下的劳动在1844年就已达到这样惊人的强度，因此，当时英国工厂主说在这方面不能再前进一步，说再缩短劳动时间就等于缩减生产，这似乎是有道理的。他们这种理由表面上的正确性，在他们不倦的检查官、工厂视察员伦纳德·霍纳当时所说的下面这段话中得到了最好的证明：

“由于产量主要由机器的速度来调节，工厂主所关心的必定是设法使机器的速度快到极点，而又不违背下列条件：保护机器以免损坏得太快，保持产品的质量，使工人能够跟上机器的运转，而又不过分紧张，以致不能持久。往往有这样的情况：工厂主由于操之过急，过分地加快了运转。这样，损坏和次品使提高速度得不偿失，工厂主又不得不放慢机器的速度。因为精明能干的工厂主会找到可能达到的最高限度，所以我得出结论，11小时不可能生产出和12小时一样多的产品。我还认为，领取计件工资的工人已经紧张到了极点，超过这个极限，他就不可能继续保持同样的劳动强度了。”(166)

因此，尽管有加德纳等人的实验，霍纳还是得出结论说：把工作日进一步缩短到12小时以下，产品数量就一定会减少。(167)但是10年以后，霍纳自己引用他1845年的疑虑，来证明他当时还是多么不了解机器和人的劳动力所具有的弹性。这二者同样会由于工作日的强制缩短而紧张到极点。

现在，我们来考察一下1847年以后，英国棉、毛、丝、亚麻纺织厂

(165)散见阿什利勋爵《工厂十小时工作日法案。1844年3月15日星期五在下院的演说》1844年伦敦版第6—9页。

(166)《工厂视察员报告。1845年4月30日》第20页。

(167)同上，第22页。

实行十小时工作日法令以来的时期。

> “纱锭的转速，在翼锭纺纱机上每分钟增加了500转，在走锭纺纱机上每分钟增加了1 000转，也就是说，翼锭纺纱机纱锭的转速在1839年是每分钟4 500转，现在〈1862年〉是5 000转，而走锭纺纱机纱锭的转速原来是每分钟5 000转，现在是6 000转；前者的转速增加了$\frac{1}{10}$，后者的转速增加了$\frac{1}{6}$。”(168)

1852年，曼彻斯特附近帕特里克罗夫特的著名土木工程师詹姆斯·内史密斯，在给伦纳德·霍纳的一封信中解释了1848—1852年蒸汽机的改良。他指出，在官方的工厂统计中，蒸汽马力仍然是按1828年的功率计算的(169)，这种马力只是额定马力，只能当做实际马力的指数。他还说：

> “毫无疑问，重量相同的蒸汽机(往往就是只经过现代改良的同一些机器)，比以前平均多做50%的功；在许多场合，同一些蒸汽机，在速度限制为每分钟220英尺的时候，提供50马力，现在则提供100马力以上，而且耗煤量减少了……同一额定马力的现代蒸汽机，由于构造的改良，锅炉容积和结构的缩小等等，能比以前发出更大的推动力……　因此，虽然同额定马力比较起来，使用的人手数量和过去一样，但是同工作机比较起来，使用的人手数量则减少了。”(170)

1850年，联合王国的工厂共使用134 217额定马力，推动

---

(168)《工厂视察员报告。1862年10月31日》第62页。

(169)这种情形从1862年的《议会报告》起有了改变。这份报告已经不用额定蒸汽马力，而用现代蒸汽机和水车的实际蒸汽马力(见第352页注(109a)①)。线锭也不再和真正的纱锭混在一起了(在1839、1850、1856年的《报告》中是混在一起的)；其次，就毛纺织厂来说，“起毛机”的数目列举出来了，黄麻、大麻厂同亚麻厂区别开来了；最后，在报告中第一次收入了织袜业。

(170)《工厂视察员报告。1856年10月31日》第14、20页。

---

①见本卷第446页。——编者注

25 638 716个纱锭和301 445台织机。1856年，纱锭数是33 503 580个，织机数是369 205台。如果所需要的马力仍旧和1850年相同，那么1856年就需要175 000马力。但根据官方材料，只有161 435马力，也就是说，按照1850年的标准计算现在减少了1万多马力。(171)

> "1856年的最近的报告〈官方统计〉确证了下述事实：工厂制度在急剧扩展；同机器比较起来，人手数量减少了；由于力的节省和通过其他方法，蒸汽机可以推动更重的机器；由于工作机的改良、制造方法的改变、机器速度的提高以及其他许多原因，制品量增加了。"(172)"各种机器的巨大改进，大大提高了它们的生产力。毫无疑问，工作日的缩短……推动了这种改进。这种改进以及工人紧张程度的加强，使得在较短〈两小时或$\frac{1}{6}$〉的工作日内生产的制品，至少和以前在较长的工作日内生产的制品一样多。"(173)

工厂主的财富如何随着劳动力剥削的加强而增加，单是下面这个事实就可以证明：英国棉纺织等等工厂的平均增长额，从1838年到1850年间是每年32个，而在1850年到1856年间是每年86个。[333]

从1848年到1856年八年间，在十小时工作日的支配下，英国工业有了这样大的进步，但这种进步在1856年到1862年这以后的六年间，又被远远地超过了。例如丝织厂，1856年有1 093 799个锭子，1862年有1 388 544个锭子；1856年有9 260台织机，1862年有10 709台织机。相反地，工人人数1856年是56 137人，1862年是52 429人。这些数字表明，锭子数增加了26.9%，织机增加了15.6%，而工人人数却同时减少了7%。精梳毛纺织厂使用的锭子，1850年是875 830个，1856年

---

(171)《工厂视察员报告。1856年10月31日》第14、15页。

(172)同上，第20页。

(173)同上，第10页。参看《工厂视察员报告。1860年4月30日》第30页及以下几页。

是1 324 549个(增加51.2%),1862年是1 289 172个(减少2.7%)。但是,1856年的数字把线锭计算在内,而1862年的数字没有把线锭计算在内,如果把线锭减去,那么,1856年以来锭子数是相当稳定的。相反地,1850年以来,在许多地方,锭子和织机的速度增加了一倍。精梳毛纺织厂的蒸汽织机,在1850年是32 617台,1856年是38 956台,1862年是43 048台。这种工厂的工人人数,在1850年是79 737人,1856年是87 794人,1862年是86 063人;但是其中14岁以下的童工,1850年是9 956人,1856年是11 228人,1862年是13 178人。可见,同1856年比较起来,1862年虽然织机数有很大的增加,但是雇用的工人总数减少了,而被剥削的童工总数却增加了。(174)

1863年4月27日,议员费伦德在下院说:

"我受兰开夏郡和柴郡16个区的工人代表的委托,在这里讲话。他们告诉我,工厂中的劳动,由于机器的改进,不断加重。过去一个人带着助手,看管两台织机,现在没有助手,要看管三台织机;而且一个人看管四台织机等等,也完全不是什么稀罕的事。从上述事实中可以看出,12小时的劳动,现在压缩在不到10个劳动小时当中了。因此,不言而喻,近几年来工厂工人的辛劳有了多么惊人的增加。"(175)

---

(174)《工厂视察员报告。1862年10月31日》第100、103、129、130页。

(175)现在,一个织布工人使用两台现代蒸汽织机,在每周60小时内,可生产出具有一定长度和宽度的某种布26匹,而使用旧式的蒸汽织机,只能生产四匹。19世纪50年代初期,这种布每匹的织造费就已由2先令9便士下降到5 $\frac{1}{8}$ 便士。334

第二版补注:"30年前〈1841年〉,一个棉纺工人带三个助手,只看管两台共有300—324个纱锭的走锭纺纱机。现在〈1871年底〉,一个棉纺工人带五个助手要看管几台共有2 200个纱锭的走锭纺纱机,生产的纱至少比1841年多六倍。"(工厂视察员亚历山大·雷德格雷夫,载于1872年1月5日《技艺协会杂志》)

因此，虽然工厂视察员不倦地、十分正当地颂扬1844年和1850年的工厂法的好处，但他们也承认，缩短工作日，已使劳动的强度达到损害工人健康，从而破坏劳动力本身的地步。

“近几年来，在大多数棉纺织厂、精梳毛纺织厂和丝织厂里，机器的运转大大加快，看管机器需要的劳动紧张到精疲力竭的地步，看来，这正是格林豪医生在他最近的出色的报告中所指出的肺病死亡率过高的原因之一。”(176)

毫无疑问，当法律使资本永远不能延长工作日时，资本就力图不断提高劳动强度来补偿，并且把机器的每一改进变成一种加紧吮吸劳动力的手段，资本的这种趋势很快又必定达到一个转折点，使劳动时间不可避免地再一次缩短。(177)另一方面，英国工业的蓬勃发展，在1833—1847年时期，即实行十二小时工作日时期，超过了实行工厂制度以来的最初半个世纪，即工作日不受限制时期，而从1848年到现在实行十小时工作日时期又超过了1833—1847年时期，而且超过的幅度比前一幅度大得多。(178)

(176)《工厂视察员报告。1861年10月31日》第25、26页。

(177)现在(1867年)，在兰开夏郡的工厂工人中已经开始宣传八小时工作日了。

(178)下面的一些数字可以说明1848年以来联合王国的真正的“工厂”的进步：

	输　出　量			
	1848年	1851年	1860年	1865年
棉纺织厂				
棉纱（磅）	135 831 162	143 966 106	197 343 655	103 751 455
棉线（磅）		4 392 176	6 297 554	4 648 611
棉织品（码）	1 091 373 930	1 543 161 789	2 776 218 427	2 015 237 851
亚麻厂和大麻厂				
麻纱（磅）	11 722 182	18 841 326	31 210 612	36 777 334

4. 工　　厂

我们在本章的开头考察了工厂的躯体，即机器体系的构

	输　出　量			
	1848年	1851年	1860年	1865年
麻织品(码)	88 901 519	129 106 753	143 996 773	247 012 329
丝织厂				
经丝、捻丝、纺丝（磅）	194 815	462 513	897 402	812 589
丝织品（码）		1 181 455①	1 307 293①	2 869 837
毛纺织厂				
毛纱和精梳毛纱（磅）		14 670 880	27 533 968	31 669 267
毛织品（码）		151 231 153	190 371 537	278 837 418
	输　出　价　值（镑）			
棉纺织厂				
棉纱	5 927 831	6 634 026	9 870 875	10 351 049
棉织品	16 753 369	23 454 810	42 141 505	46 903 796
亚麻厂和大麻厂				
麻纱	493 449	951 426	1 801 272	2 505 497
麻织品	2 802 789	4 107 396	4 804 803	9 155 358
丝织厂				
经丝、捻丝、纺丝	77 789	196 380	826 107	768 064
丝织品		1 130 398	1 587 303	1 409 221
毛纺织厂				
毛纱和精梳毛纱	776 975	1 484 544	3 843 450	5 424 047
毛织品	5 733 828	8 377 183	12 156 998	20 102 259

①磅。——编者注

成[①]。后来我们看到，机器怎样通过占有妇女劳动和儿童劳动增加资本剥削的人身材料[②]，机器怎样通过无限度地延长工作日侵吞工人的全部生活时间，最后，机器的发展虽然使人们能在越来越短的时间内提供惊人地增长的产品，但又怎样作为系统的手段，用来在每一时刻内榨取更多的劳动或不断地加强对劳动力的剥削。现在我们转过来考察工厂的整体，而且考察的是它的最发达的形态。

尤尔博士，这位自动工厂的平达，一方面把工厂描写成

“各种工人即成年工人和未成年工人的协作，这些工人熟练地勤勉地看管着由一个中心动力（原动机）不断推动的、进行生产的机器体系”；

另一方面，又把工厂描写成

“一个由无数机械的和有自我意识的器官组成的庞大的自动机，这些器官为了生产同一个物品而协调地不间断地活动，因此它们都从属于一个自行发动的动力”。

（见蓝皮书《联合王国简要统计一览》1861年和1866年伦敦版第8卷和第13卷）

1839年到1850年间，兰开夏郡的工厂总数只增加了4%，1850年到1856年间增加了19%，1856年到1862年间增加了33%；而在两个11年中间，雇用的职工人数绝对地说增加了，相对地说减少了。参看《工厂视察员报告。1862年10月31日》第63页。在兰开夏郡，棉纺织工厂占统治地位。它们在英格兰、威尔士、苏格兰和爱尔兰的所有同类工厂中占45.2%，占纱锭总数的83.3%，占蒸汽织机总数的81.4%，占棉纺织厂蒸汽马力总数的72.6%，占雇用职工总数的58.2%（同上，第62、63页），从这里可以看到，它们在整个纺织业中占着多么大的比例。

---

①见本卷第429、435—436页。——编者注

②见本卷第453—454页。——编者注

这两种说法决不是相同的。在前一种说法中，结合总体工人或社会劳动体表现为积极行动的主体，而机械自动机则表现为客体；在后一种说法中，自动机本身是主体，而工人只是作为有意识的器官与自动机的无意识的器官并列，而且和后者一同从属于中心动力。第一种说法适用于机器体系的一切可能的大规模应用，第二种说法表明了机器体系的资本主义应用，从而表明了现代工厂制度的特征。因此，尤尔也喜欢把产生运动的中心机器不仅描写成自动机[Automat]，而且描写成专制君主[Autokrat]。

"在这些大工场里，仁慈的蒸汽力量把无数臣民聚集在自己的周围。"(179)

使用劳动工具的技巧，也同劳动工具一起，从工人身上转到了机器上面。工具的效率从人类劳动力的人身限制下解放出来。这样一来，工场手工业分工的技术基础就消失了。因此，在自动工厂里，代替工场手工业所特有的专业化工人的等级制度的，是机器的助手所要完成的各种劳动的平等化或均等化的趋势(180)，代替局部工人之间的人为差别的，主要是年龄和性别的自然差别。

就分工在自动工厂里重新出现而言，这种分工首先是把工人分配到各种专门化机器上去，以及把大群并不形成有组织的小组的工人分配到工厂的各个部门，在那里，他们在并列着的同种工作机上劳动，因此，在他们之间只有简单的协作。工场手工业的有组织的小组被一个主要工人同少数助手的联系代替了。重大的差别是实际

(179)尤尔《工厂哲学》第18页。

(180)同上，第20页。参看卡尔·马克思《哲学的贫困》第140、141页[335]。

操作工作机的工人(包括某些看管发动机或给发动机添料的工人)和这些机器工人的单纯下手(几乎完全是儿童)之间的差别。所有“feeders”(单纯给机器添劳动材料的人)或多或少地都算在这种下手之内。除了这两类主要工人外,还有为数不多的负责检查和经常修理全部机器的人员,如工程师、机械师、细木工等等。这一类是高级的工人,其中一部分人有科学知识,一部分人有手艺,他们不属于工厂工人的范围,而只是同工厂工人聚集在一起。[(181)]这种分工是纯技术性的。

一切在机器上从事的劳动,都要求训练工人从小就学会使自己的动作适应自动机的划一的连续的运动。只要总机器本身是一个由各种各样的、同时动作并结合在一起的机器构成的体系,以它为基础的协作也就要求把各种不同的工人小组分配到各种不同的机器上去。但是,机器生产不需要像工场手工业那样,使同一些工人始终从事同一种职能,从而把这种分工固定下来。[(182)]因为工厂的全部运动不是从工人出发,而是从机器出发,所以不断更换人员也不会使劳动过程

---

(181)英国的工厂立法把正文中提到的后一类工人明确地算做非工厂工人,排斥在工厂立法的作用范围以外;而议会发表的《报告》却也同样明确地不但把工程师、机械师等,而且把工厂管理人员、营业员、外勤人员、仓库管理员、包装工等,总而言之,把工厂主以外的一切人都列入工厂工人的范畴,这表明在统计上有意制造骗局,这一点在别的方面也可以得到详细的证明。

(182)尤尔也承认这一点。他说:“在必要的时候,工厂管理人员可以随意把”工人“从一台机器调到另一台机器”,他还得意扬扬地叫嚷:“这样调换显然违背了让一个人做别针针头,另一个人磨别针针尖的那种分工的老规矩”[336]。他本应问问自己,为什么自动工厂只是“在必要的时候”才废除这个“老规矩”。

中断。1848—1850年英国工厂主叛乱期间所实行的换班制度①，提供了最有力的证明。最后，年轻人很快就可以学会使用机器，因此也就没有必要专门培养一种特殊的工人成为机器工人。(183)在工厂里，单纯的下手干的活一方面可以用机器来代替(184)，另一方面由于这种活十分简单，从事这种苦役的人员可以迅速地经常地更换。

虽然机器从技术上废弃了旧的分工制度，但是这种旧制度最初由于习惯，仍然作为工场手工业的传统在工厂里延续着，后来被资本当做剥削劳动力的手段，在更令人厌恶的形式上得到了系统的恢复

(183)在情况紧急的时候，例如美国南北战争期间，工厂工人破例地被资产者用来干最粗笨的活，如筑路等等。1862年及以后几年英国为失业的棉纺织工人设立的"国家工场"，和1848年法国的"国家工场"的区别在于：在后者，工人由国家出钱从事非生产劳动，在前者，工人则从事对资产者有利的城市生产劳动，同时使用这样的工人比使用正规工人更便宜，从而迫使他们和正规工人竞争。"棉纺织工人的身体，看起来无疑是变好了。我认为……就男工而论，这是在户外从事公共工程的结果。"(这里指的是在"普雷斯顿沼泽"干活的普雷斯顿的工厂工人。)(《工厂视察员报告。1863年10月》第59页)

(184)例如：自从1844年的法律[153]颁布以来，毛纺织厂就采用各种机械装置代替儿童劳动。当工厂主先生们使用的儿童必须上工厂的下手"学校"时，力学中这个几乎尚未开拓的领域马上就有了显著的发展。"自动走锭纺纱机也许是一种和其他任何一种机器同样危险的机器。大多数事故都发生在幼童身上，这是由于他们在纺机开动时爬到它下面去扫地造成的。许多看管走锭纺纱机的工人因这种过失而被〈工厂视察员〉控告，并被判罚款，但这样做并没有产生任何普遍的好处。如果机器制造者能发明一种自动扫地机，使这些幼童不需要再爬到机器下面去，那将是对我们的保护措施的值得庆幸的贡献。"(《工厂视察员报告。1866年10月31日》第63页)

①见本卷第322—337页。——编者注

和巩固。过去是终生专门使用一种局部工具，现在是终生专门服侍一台局部机器。滥用机器的目的是要使工人自己从小就转化为局部机器的一部分。(185)这样，不仅工人自身再生产所必需的费用大大减少，而且工人终于毫无办法，只有依赖整个工厂，从而依赖资本家。在这里，像在其他各处一样，必须把社会生产过程的发展所造成的较大的生产率同这个过程的资本主义剥削所造成的较大的生产率区别开来。

在工场手工业和手工业中，是工人利用工具，在工厂中，是工人服侍机器。在前一种场合，劳动资料的运动从工人出发，在后一种场合，则是工人跟随劳动资料的运动。在工场手工业中，工人是一个活机构的肢体。在工厂中，死机构独立于工人而存在，工人被当做活的附属物并入死机构。

> “在这种永无止境的苦役中，反复不断地完成同一个机械过程；这种苦役单调得令人丧气，就像息息法斯的苦刑一样；劳动的重压，像巨石般一次又一次地落在疲惫不堪的工人身上。”(186)

机器劳动极度地损害了神经系统，同时它又压抑肌肉的多方面

(185)因此，我们就可以来评价蒲鲁东的如下荒诞的看法：他不是把机器“构成”为劳动资料的综合，而是“构成”为为了工人自己而进行的局部劳动的综合。[277]

(186)弗·恩格斯《英国工人阶级状况》第217页[337]。甚至一个很普通的乐观的自由贸易论者莫利纳里先生也指出：“一个人每天看管机器的划一运动15小时，比他从事同样长时间的体力劳动还要衰老得快。这种看管机器的劳动，如果时间不太长，也许可以成为一种有益于智力的体操，但是由于这种劳动过度，对智力和身体都有损害。”(古·德·莫利纳里《经济学概论》1846年巴黎版［第49页］)

运动，夺去身体上和精神上的一切自由活动。(187)甚至减轻劳动也成了折磨人的手段，因为机器不是使工人摆脱劳动，而是使工人的劳动毫无内容。一切资本主义生产既然不仅是劳动过程，而且同时是资本的增殖过程，就有一个共同点，即不是工人使用劳动条件，相反地，而是劳动条件使用工人，不过这种颠倒只是随着机器的采用才取得了在技术上很明显的现实性。由于劳动资料转化为自动机，它就在劳动过程本身中作为资本，作为支配和吮吸活劳动力的死劳动而同工人相对立。正如前面已经指出的那样，生产过程的智力同体力劳动相分离，智力转化为资本支配劳动的权力，是在以机器为基础的大工业中完成的①。变得空虚了的单个机器工人的局部技巧，在科学面前，在巨大的自然力面前，在社会的群众性劳动面前，作为微不足道的附属品而消失了；科学、巨大的自然力、社会的群众性劳动都体现在机器体系中，并同机器体系一道构成"主人"的权力。因此，当这位主人（在他的头脑中，机器和他对机器的垄断已经不可分割地结合在一起）同"人手"发生冲突时，他就轻蔑地对他们说：

"工厂工人们应当牢牢记住，他们的劳动实际上是一种极低级的熟练劳动；没有一种劳动比它更容易学会，按质量来说比它报酬更高；没有一种劳动能通过对最无经验的人进行短期训练而在这样短的时间这样大量地得到。在生产事务中，主人的机器所起的作用，实际上比工人的劳动和技巧所起的作用重要得多，因为工人的劳动和技巧六个月就可以教完，任何一个雇农六个月就可以

(187)弗·恩格斯《英国工人阶级状况》第216页[338]。

①见本卷第418页。——编者注

学会。”(188)

工人在技术上服从劳动资料的划一运动以及由各种年龄的男女个体组成的劳动体的特殊构成，创造了一种兵营式的纪律。这种纪律发展成为完整的工厂制度，并且使前面已经提到的监督劳动②得到充分发展，同时使那种把工人划分为劳工和监工，划分为普通工业士兵和工业军士的现象得到充分发展。

“自动工厂的主要困难在于建立必要的纪律，以便使人们抛弃无规则的劳动习惯，使他们和大自动机的始终如一的规则性协调一致。但是，发明一个适合自动体系的需要和速度的纪律法典，并有成效地加以实行，不愧是海格立斯式的事业，而这正是阿克莱的高尚成就！甚至在这个体系已完全建立起来的今天，也几乎不可能在成年工人中间为自动体系找到有用的助手。”(189)

资产阶级通常十分喜欢分权制[339]，特别是喜欢代议制，但资本在工厂法典中却通过私人立法独断地确立了对工人的专制。这种法典只是对劳动过程实行社会调节，即对大规模协作和使用共同的劳动资料，特别是使用机器所必需的社会调节的一幅资本主义讽刺画。奴隶监督者的鞭子被监工的罚金簿代替了。自然，一切处罚都简化

(188)《纱厂工头和厂主的保护基金。委员会的报告》1854年曼彻斯特版第17、19页。后面可以看到，当“主人”感到他们的“活的”自动机有丧失的危险的时候，他们就唱完全不同的调子。①

(189)尤尔《工厂哲学》第15页。了解阿克莱生平的人，决不会把“高尚”这个字眼加到这位天才的理发师头上。在18世纪的所有大发明家中，他无疑是偷盗别人发明的最大的贼，是最卑鄙的家伙。

① 见本卷第661—665页。——编者注

② 见本卷第383—386页。——编者注

成罚款和扣工资，而且工厂的莱喀古士们立法的英明，使犯法也许比守法对他们更有利。(190)

(190)“资产阶级用来束缚无产阶级的奴隶制，无论在哪里也不像在工厂制度上暴露得这样明显。在这里，一切自由在法律上和事实上都不见了。工人必须在清晨5点半钟到工厂。如果迟到几分钟，那就得受罚；如果他迟到10分钟，在吃完早饭以前干脆就不放他进去，这样，他就要丧失一天工资的四分之一。无论吃饭、喝水、睡觉，他都得听命令……　专制的钟声把他从睡梦中唤走，把他从早餐和午餐中唤走。工厂的情形又怎样呢？在这里，工厂主是绝对的立法者。他随心所欲地颁布工厂的规则；他爱怎样就怎样修改和补充自己的法规；即使他在这个法规中加上最荒谬的东西，法院还是会对工人说：你们既然自愿地订了这个契约，那你们现在就得履行它……　这些工人注定了从九岁起无论精神上或肉体上都要在棍子下面生活一直到死。”（弗·恩格斯《英国工人阶级状况》第217页及以下几页[338]）我想举两个例子来解释一下“法院说的话”。一件事是1866年底在设菲尔德发生的。那里，一个工人同一家铁工厂订了两年合同。由于同工厂主吵了一次架，他离开了工厂，并表示决不再给这个工厂主干活了。结果他被控违反合同，判了两个月监禁。(要是工厂主违反合同，只能受民法制裁，只有罚款的危险。)两个月刑满出狱后，那个工厂主又要他按旧合同回厂工作。这个工人说不行，他违反合同已经受过处罚。工厂主又把他告了，法院又对他判刑，虽然其中一位法官希先生公开指责说，一个人为了同一过失或罪行，要一辈子一次又一次地受处罚，这在法律上是荒谬的。作出这个判决的，不是“伟大的不领薪水的人”①，不是地方上的道勃雷，而是伦敦的一个高等法院。〔第四版注：现在这种状况已不存在。现在在英国，除少数情况外（如公用煤气厂），工人违反合同和雇主一样只受民法的制裁。——弗·恩·〕第二件事是1863年11月底在威尔特郡发生的。韦斯特伯里这个地方的利奥韦呢绒工厂主哈鲁普雇用的约30名蒸汽织机女工举行了一次罢工，因为这个哈鲁普有一个称心的习惯，对早晨迟到者要扣工资：迟到2分钟扣6便士，迟到3分钟扣1先令，迟到10分钟扣1先令6便士。按每小时扣9先令算，一天就要扣4镑10先令，但是她们全年的平均工资每

① 见本卷第334页。——编者注

在这里我们只提一下进行工厂劳动的物质条件。人为的高温，充满原料碎屑的空气，震耳欲聋的喧嚣等等，都同样地损害人的一切感官，更不用说在密集的机器中间所冒的生命危险了。这些机器像四季更迭那样规则地发布自己的工业伤亡公报。(190a)

周从来没有超过10—12先令。哈鲁普还雇一个男孩吹上工哨。有时这个男孩在早晨6点以前就吹哨了，哨声一停，工人没有赶到，工厂就关上大门，门外的人都要罚款；因为厂里没有钟，不幸的工人都受哈鲁普指使的年轻报时员的操纵。举行"罢工"的工人，母亲们和少女们说，只要用钟来代替报时员，规定较合理的罚款，她们就愿意复工。哈鲁普以违反合同为理由把19个妇女和少女告到了治安法官那里。她们每人竟被判罚款6便士，讼费2先令6便士，旁听者都很愤怒。哈鲁普离开法院时，一群人跟在他后面嘘叫。——工厂主惯用的一种伎俩是，借口工人提供给工厂主的产品质量不好而通过扣工资来惩罚工人。1866年，这种方法引起了英国陶业区的总罢工。童工调查委员会的报告(1863—1866)列举一些事例，说明工人做了工不仅得不到工资，反而由于罚款规定竟成了自己尊贵的"主人"的债务人。最近的棉业危机也提供了很有教益的实例，说明工厂专制君主在扣工资方面是多么精明。工厂视察员罗·贝克说："不久前，我本人不得不对一个棉纺织厂主起诉，因为在这样艰难困苦的时候，他还从他雇用的某些'少年'〈13岁以上的〉工人身上扣10便士，作为他只花6便士领来的医生的年龄证明书的费用，按法律规定只准扣3便士，按照习惯是根本不扣的……　另有一个工厂主，为了达到同一目的而又不触犯法律，在医生证明替他做工的穷孩子适于纺纱时，向他们每人收一先令，作为学会纺纱技术和秘诀的学费。因此，存在着暗流，不了解这种暗流，就不能了解在目前这样的时期发生的像罢工〈指1863年6月达温的机器织布工人的一次罢工〉这样的非常现象。"(《工厂视察员报告。1863年4月30日》第50、51页)(工厂报告往往载有它的正式公布日期以后的事)

(190a)"关于操作危险机器的保护法起了有益的作用。但是……现在又有一些20年前所没有的造成事故的新根源，其中尤其是机器的转速的加快。现在，推动机轮、转轴、纱锭和织机的力量增加了，而且还在不断增加；接断头时，手指的动作必须更迅速更小心，因为稍一怠慢或疏忽，手指就会被轧断……很多事故都是因为工人急于干完自己的活造成的。必须记住，对工厂主来说，最重要的是使他的机器不停地运转，就是说，不停地生产出纱和布来。每一分社会生产资料的节约只是在工厂制度的温和适宜的气候下才成熟起来的，这种节约在资本手中却同时变成了对工人在劳动时的生活条件系统的掠夺，也就是对空间、空气、阳光以及对保护工人在生产过程中人身安全和健康的设备系统的掠夺，至于工人的福利设施就根本谈不上了。(191)傅立叶称工厂为“温和的监狱”340难道不对

钟的停顿不仅是动力的损失，而且是产品的损失。因此，关心产品数量的监工督促工人使机器转动，而这对于按制品重量或件数计酬的工人来说也是同样重要的。所以，虽然大多数工厂形式上禁止在机器转动时擦洗机器，但这种做法仍普遍存在。单是这个原因，最近6个月就造成了906起事故…… 虽然机器天天都擦洗，但是一般都规定星期六彻底擦洗一次，而这也多半是在机器运转的时候进行…… 干这个活是没有报酬的，因此工人总想尽快地把它做完。所以，星期五特别是星期六发生的事故，要比其余几天多得多。星期五发生的事故比前4天的平均数大约超过12%，星期六则比前5天的平均数多25%；但是，星期六的工作日只有$7\frac{1}{2}$小时，而其余几天是$10\frac{1}{2}$小时，如果把这一点也计算在内，那么，星期六的超过数字就在65%以上。”(《工厂视察员报告。1866年10月31日》1867年伦敦版第9、15、16、17页)

(191)在第三册第一篇259里，我将叙述英国工厂主最近对工厂法中有关保护“人手”的肢体不受有致命危险的机器损害的条款所发动的进攻。在这里，只要引用工厂视察员伦纳德·霍纳的正式报告中的一段话就够了：“我听过工厂主们抱着令人不能容忍的轻率态度谈论某些事故，例如，认为损失一个手指不过是一件小事。然而，一个工人的生活和前途都要靠他的手指，这种损失对他说来是很严重的事情。当听到这种胡说八道的时候，我就问：‘如果你们需要补充一个工人，但来了两个，他们在其他各方面都同样合适，只是其中一个没有大拇指或食指，那么你们挑选哪一个呢？’他们会毫不迟疑地说，要那个十指俱全的人…… 这些工厂主先生们对他们所说的伪善立法抱有错误的偏见。”(《工厂视察员报告。1855年10月31日》)这些先生都是“机灵人”，他们热衷于奴隶主的叛乱8并不是没有目的的！

吗？(192)

5. 工人和机器之间的斗争

资本家和雇佣工人之间的斗争是同资本关系本身一起开始的。在整个工场手工业时期，这场斗争一直如火如荼地进行着。(193)但只是在采用机器以后，工人才开始反对劳动资料本身，即反对资本的物质存在方式。工人奋起反对作为资本主义生产方式的物质基础的这种一定形式的生产资料。

17世纪，反对所谓Bandmühle（也叫做Schnurmühle或Mühlenstuhl）即一种织带子和花边的机器的工人暴动几乎席卷了整个欧洲。(194)17世纪30年代，一个荷兰人在伦敦附近开办的一家风力锯木场毁于平

---

(192)在最早受工厂法约束的工厂里，劳动时间被强行限制，并且还受其他规定的限制，所以过去的某些弊端已经消除。机器本身的改进，到一定时候就要求"改进厂房的结构"，这对工人是有利的。（参看《工厂视察员报告。1863年10月31日》第109页）

(193)参看约翰·霍顿《农业和手工业的改进》1727年伦敦版，《东印度贸易的利益》1720年版，约翰·贝勒斯《关于创办一所手工业和农业的劳动学院的建议》1696年伦敦版。"不幸的是，业主和工人彼此处于一种无休止的战争中。业主的一贯目的是要使自己的活尽可能廉价地得到完成；他们不惜使用各种诡计来达到这一目的，而工人同样也总想利用一切机会强迫业主满足他们的更高要求。"《论当前粮价昂贵的原因》1767年版第61、62页。（作者是纳撒尼尔·福斯特牧师，他完全站在工人方面。）

(194)织带机是在德国发明的。意大利神父朗切洛蒂在1636年于威尼斯出版的一本书中说道："大约50年以前〈朗切洛蒂的书写于1629年〉，但泽人安东·弥勒在该城市看到一台非常精巧的机器，它能同时织四至六条花边；但因为市议会害怕这项发明会使大批工人沦为乞丐，所以压制了这项发明，并让人将

民的暴行。18世纪初在英国，水力锯木机好不容易才战胜了议会支持的民众反抗。1758年，埃弗里特制成了第一台水力剪毛机，但是它被10万名失业者焚毁了。5万名一向以梳毛为生的工人向议会请愿，反对阿克莱的梳毛机和梳棉机[342]。19世纪最初15年，英国工场手工业区发生的对机器的大规模破坏（特别是由于蒸汽织机的应用），即所谓鲁德运动[343]，为西德茅斯、卡斯尔雷等反雅各宾派政府采取最反动的暴力行动[344]提供了借口。工人要学会把机器和机器的资本主义应用区别开来，从而学会把自己的攻击从物质生产资料本身转向物质生产资料的社会使用形式，是需要时间和经验的。(195)

工场手工业内部为工资而进行的斗争，是以工场手工业为前提的，根本不反对它的存在。至于说工场手工业的建立遭到反对，那

发明人秘密勒死或溺死。"[341]1621年，在莱顿第一次采用了这种机器。先是花边工人的暴动迫使市政局禁止使用这种机器；荷兰国会在1623、1639等年份曾颁布几道法令限制使用它；最后，1661年12月5日的法令准许在一定条件下使用它。博克斯霍恩（《政治原理》1663年版）谈到在莱顿采用织带机时说道："大约20年前，这个城市有人发明了一种织机，使用这种织机，在同样时间内，一个人能够比较轻松地织出比过去几个人所织的还要多的东西。这就引起了织工的骚动和控告，最后市政局禁止使用这种织机。"1676年，这种机器在科隆被禁止使用，同一时候它输入英国，也引起了工人的骚动。1685年2月19日，德皇颁布敕令，禁止在全德国使用这种机器。在汉堡，根据市政局的命令，它被当众焚毁。1719年2月9日，查理六世重申1685年的敕令，而萨克森选帝侯国到1765年才准许公开使用它。这种轰动世界的机器，实际上是纺纱机和织布机的先驱，因而也是18世纪工业革命的先驱。一个毫无织布经验的少年，只要来回推动这种机器的摇杆，就能使整个机器及其全部织梭运动；改良后的这种机器能同时生产40—50条花边。

(195)在旧式的工场手工业中，甚至今天，工人有时还对机器采取粗暴的反抗形式。例如，1865年在设菲尔德锉刀工人中间就发生过这种事情。

么，这种反对是来自行会师傅和享有特权的城市，而不是来自雇佣工人。因此，工场手工业时期的著作家认为，分工主要是潜在地代替工人的手段，而不是现实地排挤工人的手段。这个区别是不言自明的。例如，我们说，现在英国50万人用机器纺掉的棉花，如果用旧式纺车来纺需要一亿人，这当然不是说机器占据了这从来没有存在过的一亿人的位置。这只是说，要代替纺纱机，需要上亿工人。反过来，我们说，在英国蒸汽织机把80万织工抛向街头，那么，这并不是说现有机器要由一定数量工人来代替，而是说现有的一定数量工人事实上已经被机器代替或排挤。在工场手工业时期，手工业生产虽然已经解体了，但仍旧是基础。中世纪遗留下来的城市工人相对来说是不多的，不能满足新的殖民地市场的需要；同时，真正的工场手工业为那些由于封建制度的解体而被赶出土地的农村居民开辟了新的生产领域。因此，当时工场内的分工和协作更多地显示了自己的积极方面，即提高在业工人的生产效率。(196)在许多国家中，早在大工业时期以前很久，协作和劳动资料在少数人手中的结合，当应用于农业时，确实使农村居民的生产方式，从而使他们的生活条件和就业手段

(196)詹姆斯·斯图亚特爵士也完全从这个意义来理解机器的作用。"因此，我把机器看做（潜在地）增加不需要供养的劳动者人数的手段……　机器的作用和那种新居民的作用有什么区别呢？"（《政治经济学原理研究》法译本第1卷第1分册第19章）配第天真得多，他说：机器代替了"一夫多妻制"。这个观点至多只适用于美国的某些地方。相反地，"使用机器来减少单个人的劳动是很少能成功的，因为制造机器用掉的时间，比使用机器所节省的时间要多。只有当机器大规模起作用时，当一台机器能帮助成千上万的人劳动时，机器才是真正有用的。因此，机器总是在人口最稠密，失业人数最多的国家使用最多……　使用机器不是由于缺少工人，而是为了便于吸引大量工人参加劳动"（皮尔西·莱文斯顿《论公债制度及其影响》1824年伦敦版第45页）。

发生了巨大的、突然的和强烈的革命。但是，这种斗争最初与其说是在资本和雇佣劳动之间发生的，不如说是在大土地所有者和小土地所有者之间发生的；另一方面，就劳动者被劳动资料（羊、马等等）排挤来说，那么在这里，直接的暴力行为首先形成工业革命的前提。先是劳动者被赶出土地，然后羊进去了。①像在英国发生的那种大规模盗窃土地的现象，才为大农业开辟了活动场所。(196a)因此，农业的这个变革一开始就更具有政治革命的外观。

劳动资料一作为机器出现，就立刻成了工人本身的竞争者。(197)资本借助机器进行的自行增殖，同生存条件被机器破坏的工人的人数成正比。资本主义生产的整个体系，是建立在工人把自己的劳动力当做商品出卖的基础上的。分工使这种劳动力片面化，使它只具有操纵局部工具的特定技能。一旦工具由机器来操纵，劳动力的交换价值就随同它的使用价值一起消失。工人就像停止流通的纸币一样卖不出去。工人阶级的一部分就这样被机器转化为过剩的人口，也就是不再为资本的自行增殖所直接需要的人口，这些人一部分在旧的手工业和工场手工业生产反对机器生产的力量悬殊的斗争中毁

(196a)〔第四版注：这种情况也适用于德国。在我国有大农业的地方，特别是东部，大农业都是靠从16世纪，特别是1648年以来盛行的“清扫领地”②建立的。——弗·恩·〕

(197)“机器同劳动处于不断的竞争中。”（李嘉图《政治经济学和赋税原理》第479页）

①见本卷第837—841页。——编者注

②“清扫领地”的原文是“Bauernlegen”，意思是：封建领主掠夺农民的土地，把农民从土地上赶走。——编者注

灭，另一部分则涌向所有比较容易进去的工业部门，充斥劳动市场，从而使劳动力的价格降低到它的价值以下。有人说，需要救济的工人会得到巨大的安慰：一方面，他们的痛苦只是“短暂的”（“a temporary inconvenience”[“短暂的不便”]）；另一方面，机器只是逐渐地占据整整一个生产领域，因此它的破坏作用的范围和强度会缩减。一种安慰抵消另一种安慰。在机器逐渐地占领某一生产领域的地方，它给同它竞争的工人阶层造成慢性的贫困。在过渡迅速进行的地方，机器的影响则是广泛的和急性的。世界历史上再没有比英国手工织布工人缓慢的毁灭过程更为可怕的景象了，这个过程拖延了几十年之久，直到1838年才结束。在这些织布工人中，许多人饿死了，许多人长期地每天靠$2\frac{1}{2}$便士维持一家人的生活。(198)与此相反，英国的棉纺织机在东印度的影响却是急性的。1834—1835年东印度总督确认：

(198)1834年济贫法[345]实行以前，英国手工织布业和机器织布业间的竞争之所以拖延下去，是因为远远低于最低限额的工资得到了教会救济金的补充。“1827年，牧师特纳先生是柴郡威尔姆斯托工业区的教区长。移民委员会提出的问题和特纳先生的回答表明，手工劳动同机器的竞争是如何维持下来的。问：‘动力织机的使用排挤了手工织机的使用吗？’答：‘毫无疑问是这样；如果手工织布工人不能屈从于工资的降低，那就会比现在受到更大的排挤。’问：‘但是，他们在屈从后所得的工资是不足维持生活的，他们是否要求得到教会津贴来弥补生活费用的不足呢？’答：‘是的，手工织机和动力织机的竞争，事实上是靠济贫费维持的。’可见，令人受辱的赤贫或向国外移民，这就是采用机器给劳动者带来的好处。他们从受人尊敬的、在一定程度上独立的手工业者被降低为靠低三下四地哀求别人施舍面包过活的穷人。这就是人们所说的‘短暂的不便’。”（《一篇比较竞争和合作的利弊的得奖论文》1834年伦敦版第29页）

"这种灾难在商业史上几乎是绝无仅有的。织布工人的尸骨把印度的平原漂白了。"

诚然，就这些织工短暂一生的结束来说，机器带给他们的只是"短暂的不便"。然而，由于机器不断占领新的生产领域，机器的"短暂的"影响也就成为长期的了。可见，资本主义生产方式使劳动条件和劳动产品具有的与工人相独立和相异化的形态，随着机器的发展而发展成为完全的对立。(199)因此，随着机器的出现，才第一次发生工人对劳动资料的粗暴的反抗。

劳动资料扼杀工人。当然，这种直接的对立，在新采用的机器同传统的手工业生产或工场手工业生产发生竞争时，表现得最明显。但在大工业本身内，机器的不断改良和自动体系的发展也发生类似的作用。

"改良机器的一贯目的，是减少体力劳动，或者说，是通过以铁的装置代替人的装置的方法使工厂的生产链条的某个环节完善起来。"(200)"把蒸汽力和水力应用到以前用手推动的机器上，是每天都发生的事情……　为了节省动力，改进制品，增加同样时间内的产量，或排挤掉一个童工、一个女工或一个男工等等，在机器上不断实行一些小的改良，这种改良虽然看起来没有多大意义，但会产生重要的结果。"(201)"凡是某种操作需要高度熟练和准确的手的地方，

(199)"使国家的纯收入〈即地主和资本家的收入，如李嘉图在同一个地方所说明的。在经济学看来，他们的财富就=国家的财富〉增加的原因，同时可以使人口过剩和使工人状况恶化。"(李嘉图《政治经济学和赋税原理》第469页)"一切机械改良的一贯目的和趋势，实际上就是完全摆脱人的劳动，或者是以妇女和儿童的劳动代替成年男工的劳动，以粗工代替熟练工，从而降低劳动的价格。"(尤尔[《工厂哲学》第23页])

(200)《工厂视察员报告。1858年10月31日》第43页。

(201)《工厂视察员报告。1856年10月31日》第15页。

人们总是尽快地把这种操作从过于灵巧和易于违犯各种规则的工人手中夺过来，把它交给一种动作非常规律、甚至儿童都能看管的特殊机械来进行。"(202)"在自动体系下，工人的才能越来越受排挤。"(203)"机器改良不仅可以减少为取得一定成果所雇用的成年工人的人数，而且用一种人代替另一种人：熟练程度低的代替熟练程度高的，儿童代替成年人，女工代替男工。所有这些变化都引起工资率的经常波动。"(204)"机器不断地把成年人抛出工厂。"(205)

机器体系在工作日缩短的压力下的飞速发展向我们表明，由于实际经验的积累，由于机械手段的现有规模以及技术的不断进步，机器体系具有极大的弹性①。但在1860年，英国棉纺织工业的这个全盛年，谁能料到此后三年在美国南北战争[8]的刺激下竟会引起机器的急剧改良和手工劳动的相应被排挤呢？在这里，只要从英国工厂视察员关于这一问题的官方材料中引用几个例子就够了。曼彻斯特的一个工厂主说：

(202)尤尔《工厂哲学》第19页。"烧砖业所采用的机器的巨大好处在于：它使采用者可以完全不依赖熟练工人。"(《童工调查委员会。第5号报告》1866年伦敦版第130页第46号)

第二版补注：大北铁路公司机务处主任阿·斯特罗克先生在谈到制造机器(火车头等)时说道："对昂贵的英国工人的需要一天比一天减少了。采用改良工具使产量增加，而服侍这种工具的是低级劳动……　以前，必须用熟练劳动来生产蒸汽机的所有部件，现在生产这些部件是用不太熟练的劳动，但借助优良的工具……　我所说的工具是指制造机器时所使用的机器。"(《皇家铁道委员会。证词》1867年伦敦版第17862号和17863号)

(203)尤尔《工厂哲学》第20页。

(204)同上，第321页。

(205)同上，第23页。

①见本卷第476—480页。——编者注

“我们过去用75台梳棉机，现在只用12台，产量和过去一样，质量也和过去一样，甚至更好……　工资每星期节省10镑，飞花减少10%。”

在曼彻斯特的一家精纺厂内，

“由于加速运转和采用各种自动过程，工人人数在一个车间削减了$\frac{1}{4}$，在另一个车间削减了$\frac{1}{2}$以上，而以精梳机代替二道粗梳机，又使从前梳棉间所雇用的人手大大减少了”。

另一家纺纱厂估计该厂共节省10%的“人手”。曼彻斯特的吉尔摩公司纺纱厂主们说：

“我们估计，由于采用新机器，在我们的清棉间整整节省了$\frac{1}{3}$的人手和工资……在粗纺间和并条间节省了将近$\frac{1}{3}$的费用和人手；在精纺间节省了将近$\frac{1}{3}$的费用。不仅如此，我们现在交给织布业主的纱的质量，由于采用新机器而大大改进了，因此织出的布比用旧机器纺的纱所织出的布又多又好。”(206)

关于这一点，工厂视察员亚·雷德格雷夫说道：

“在生产增加的同时，工人迅速减少；不久以前，毛纺织工厂又开始裁减人手，而且还在不断裁减；前几天，一位住在罗奇代尔附近的教员对我说，女学校中人数大大减少，不仅是由于危机的压力，而且是由于毛纺织工厂机器的改良，改良后平均裁减了70个半日工。”(207)

(206)《工厂视察员报告。1863年10月31日》第108页及以下几页。

(207)同上，第109页。棉业危机时期机器的迅速改良，使英国工厂主能在美国南北战争结束后立即又使商品充斥世界市场。到1866年下半年，布匹几乎就卖不出去了。于是，商品开始运往中国和印度委托销售，这自然使商品充斥更加严重。1867年初，工厂主采取了他们惯用的摆脱困境的手段，把工资降低5%。工人起来反抗，并且宣称，唯一的出路是缩短劳动时间，每周工作四天(这在理论上是完全正确的)。经过较长时期的抗拒以后，自命的工业司令官们不得不决定这样做，不过有些地方工资降低5%，有些地方没有降低。[346]

下表[347]说明美国南北战争引起的英国棉纺织工业的机械改良的总结果。

工　厂　数

	1856年	1861年	1868年
英格兰和威尔士	2 046	2 715	2 405
苏格兰	152	163	131
爱尔兰	12	9	13
联合王国	2 210	2 887	2 549

蒸汽织机台数

	1856年	1861年	1868年
英格兰和威尔士	275 590	368 125	344 719
苏格兰	21 624	30 110	31 864
爱尔兰	1 633	1 757	2 746
联合王国	298 847	399 992	379 329

纱　锭　数

	1856年	1861年	1868年
英格兰和威尔士	25 818 576	28 352 125	30 478 228
苏格兰	2 041 129	1 915 398	1 397 546
爱尔兰	150 512	119 944	124 240
联合王国	28 010 217	30 387 467	32 000 014

在业人数

	1856年	1861年	1868年
英格兰和威尔士	341 170	407 598	357 052
苏格兰	34 698	41 237	39 809
爱尔兰	3 345	2 734	4 203
联合王国	379 213	451 569	401 064

可见，从1861年至1868年减少了338家棉纺织厂，这就是说，生产效率较高、规模较大的机器集中在人数较少的资本家手中。蒸汽织机减少了20 663台；但与此同时它们的产品增加了，可见，一台改良的织机现在提供的产品比一台旧式织机要多。最后，纱锭增加了1 612 547个，而在业工人却减少了50 505人。因此，棉业危机压在工人身上的“暂时的”贫困，由于机器迅速不断的进步而加剧和持久了。

但是，机器不仅是一个极强大的竞争者，随时可以使雇佣工人“过剩”。它还被资本公开地有意识地宣布为一种和雇佣工人敌对的力量并加以利用。机器成了镇压工人反抗资本专制的周期性暴动和罢工等等的最强有力的武器。(208)用加斯克尔的话来说，蒸汽机一开始就是“人力”的对头[348]，它使资本家能够粉碎工人日益高涨的、可能使刚刚开始的工厂制度陷入危机的那些要求。(209)可以写出整整一部历史，说明1830年以来的许多发明，都只是作为资本对付工人暴动的武器而出现的。我们首先想到的是自动走锭纺纱机，因为它开辟了自动体系的新时代。(210)①

蒸汽锤的发明者内史密斯，在他向工联调查委员会所作的证词

(208)“在燧石玻璃和瓶玻璃业中，业主和工人之间的关系等于一种慢性的罢工。”因此，主要操作靠机器完成的压制玻璃工场手工业就发展起来。纽卡斯尔的一家公司，以前每年生产350 000磅吹制燧石玻璃，现在生产3 000 500磅压制玻璃。(《童工调查委员会。第4号报告》1865年版第262、263页)

(209)加斯克尔《英国的工业人口》1833年伦敦版第34、35页。[349]

(210)费尔贝恩先生由于自己的机器制造厂发生罢工，在机器制造上发明了某些极重要的应用机器的方法。[350]

①见本卷第446—449页。——编者注

中，谈到他由于1851年机器制造工人的长期大罢工而采用的机器改良时说：

> “我们现代机械改良的特征，是采用自动工具机。一个机械工人现在所要做的，并不是自己劳动，而是看管机器的出色劳动，这种活每一个男孩都能干。完全依仗自己技能的那类工人，现在全部被排除了。从前我用四个男孩配一个机械工人。由于这些新的机械结合，我把成年男工从1 500人减到750人。结果，我的利润大大增加。”351

尤尔在谈到印花业中的一种印花机时说道：

> “资本家终于求助于科学来摆脱这种难以忍受的奴役〈也就是使他们感到负担的同工人签订的契约条件〉，他们很快地恢复了自己的合法权利——头脑支配身体其他部分的权利。”

他在谈到由于一次罢工而直接引起的浆纱方面的一项发明时说道：

> “一帮不满分子自以为在旧的分工线上构筑了无法攻破的工事，却发现现代机械战术已把他们的侧翼包围，他们的防御手段已经毫无用处。他们只好无条件投降。”

他在谈到自动走锭纺纱机的发明时说道：

> “它的使命是恢复工业阶级中间的秩序……　这一发明证实了我们已经阐述的理论：当资本迫使科学为自己服务时，它总是迫使劳动的反叛之手就范。”(211)

尤尔的著作虽然是在1835年，在工厂制度还不很发达的年代出版的，但这部著作仍不失为工厂精神的典型表现。这不仅是因为它

(211)尤尔《工厂哲学》第367—370页。

包含直率的昔尼克主义[96]，而且还因为它天真地道出了资本头脑中的荒谬的矛盾。例如，他先阐述了这样一种“理论”：资本借助于受它供养的科学“总是迫使劳动的反叛之手就范”，然后他又怒气冲冲地说：

“有人竟从某一方面非难机械物理学，指责它助长富有的资本家的专制，充当压迫贫苦阶级的工具。”

他到处宣扬机器的迅速发展对工人如何有利，然后又警告工人说，他们的反抗和罢工等等会加速机器的发展。他说：

“这种暴力的反叛表示出人的最可鄙的目光短浅的性格，它使一个人自己成为自己的刽子手。”

与此相反，他在前几页曾说道：

“如果没有因为工人的错误见解而引起的激烈冲突和中断，工厂制度的发展还要迅速得多，给有关各方带来的利益还要大得多。”

接着他又宣称：

“对大不列颠工厂区居民来说，值得庆幸的是，机械的改良只是逐渐实现的。”

他说：

“指责机器排挤了一部分成年工人，使成年工人的人数超过对劳动的需要，从而降低了他们的工资，这是不公正的。可是机器扩大了对儿童劳动的需求，因而提高了**儿童劳动**的工资率。”

另一方面，这位安慰家又为儿童的低工资辩护：“这阻止了父母们过早地把他们的孩子送进工厂”。尤尔的整个著作是一部维护无限制的工作日的辩护书。当立法规定13岁的儿童每天不得劳动12

小时以上时，他这颗自由主义的心就回想起中世纪最黑暗的时代。但这并不妨碍他去诱劝工厂工人感谢上帝，因为上帝通过机器使他们“有了空闲时间去考虑自己的不朽利益”(212)。

6. 关于被机器排挤的工人会得到补偿的理论

詹姆斯·穆勒、麦克库洛赫、托伦斯、西尼耳、约翰·斯图亚特·穆勒等一整批资产阶级经济学家断言，所有排挤工人的机器，总是同时地而且必然地游离出相应的资本，去如数雇用这些被排挤的工人。(213)

假定在一家壁纸工场，资本家雇用100个工人，每人每年30镑。因此他每年支出的可变资本总共是3 000镑。现在他解雇50个工人，雇用剩下的50个工人操纵他花费1 500镑买来的机器。为了简单起见，我们把厂房、煤炭等等都撇开不说。再假定每年消耗的原料仍然是3 000镑。(214)经过这样的形态变化是否“游离”出任何资本呢？按旧的生产方式，在支出总额6 000镑中，一半是不变资本，一半是可变资本。现在这个总额中，4 500镑是不变资本（3 000镑用于原料，1 500镑用于机器），1 500镑是可变资本。可变的或转化为

(212) 尤尔《工厂哲学》第368、7、370、280、321、322、281、475页。

(213) 李嘉图起初也持这种观点，但是后来，由于他特有的科学的公正态度和热爱真理，断然收回了这种观点。见《政治经济学和赋税原理》第31章《论机器》。

(214) 注意，我是完全按照上述那些经济学家的方式举例的。

活劳动力的资本部分，不再是总资本的一半，而只是总资本的$\frac{1}{4}$。在这里，资本并没有被游离出来，倒是被束缚在一种不再同劳动力相交换的形式中，也就是说，可变资本转化为不变资本。现在，如果其他条件不变，这6 000镑资本再也不能雇用50个以上的工人。机器每改良一次，这笔资本雇用的工人也就减少一次。如果新采用的机器的费用少于机器所排挤的劳动力和劳动工具的总额，比如说，不是1 500镑而只是1 000镑，那么，1 000镑可变资本就被转化为不变资本，或者说，被束缚起来，而有500镑资本被游离出来。假定年工资是相同的，在解雇50个工人的情况下，这500镑资本就形成大约16个工人的就业基金，其实大大少于16个工人，因为要使500镑转化为资本，就必须把其中的一部分再转化为不变资本，因而也只能把一部分转变为劳动力。

再假定制造新机器会雇用人数较多的机械工人，这是不是应该算做对被解雇的壁纸工人的补偿呢？在最好的情况下，制造新机器所雇用的工人也比使用新机器所排挤的工人要少。这1 500镑以前只代表被解雇的壁纸工人的工资，现在在机器的形态上则代表：1. 制造机器所需要的生产资料的价值；2. 制造机器的机械工人的工资；3. 落到他们的“雇主”手里的剩余价值。其次，机器一经制成，在它报废以前就不需要再更新。因此，要使追加的机械工人人数持续地被雇用，壁纸厂主就必须一个接一个地去用机器排挤工人。

事实上，那些辩护士也并不是指用这种方式游离资本。他们指的是被游离出来的工人的生活资料。不可否认，例如在上述情况下，机器不仅游离出50个工人，从而使他们成为“可供支配的”，而且同时还割断了他们同价值1 500镑的生活资料的联系，因而也就“游离”出这些生活资料。因此，机器把工人从生活资料中游离出来这一简单而又毫不新奇的事实，用经济学家的话一说，就成了机器替工人游离出生活资料，或机器把生活资料转化为用来雇用工人的资本。可见，一切事情全看你怎么说。真是：好话能遮丑[352]。

按照这个理论，价值1 500镑的生活资料，是一笔靠50个被解雇的壁纸工人的劳动去增殖的资本。因此，一旦这50个人被迫休假，这笔资本也就无事可做，但是在找到新的“投资场所”以前，它是不会安闲的，在那里，上述这50个人可以重新在生产上消费它。可见，资本和工人迟早总要重新会合，而到那时补偿就实现了。可见，被机器排挤的工人所受的痛苦，正像这个世界上的财富一样，也是暂时的。

金额1 500镑的生活资料，从来没有作为资本同被解雇的工人对立过。作为资本同他们对立的，是现在转化为机器的1 500镑。仔细地考察一下就会看出，这1 500镑只是代表被解雇的50个工人一年所生产的壁纸的一部分，工人们从雇主那里以货币形式而不是以实物形式得到这一部分作为工资。他们用这些转化为1 500镑的壁纸购买具有同样金额的生活资料。因此，这些生活资料对于他们来说，不是资本，而是商品，而他们本身对于这些商品来说，不是雇佣工人，而是买者。机器把他们从购买手段中“游离”出来，于是就把他们从买者转化为非买者。因此对这些商品的需求减少了。如此而已。如果需求的这种减少没有由需求在其他方面的增加来补偿，商品的市场价格就会下降。如果这种情况延续的时间较长而且范围较广，生产这些商品所雇用的工人就会被解雇。以前用来生产必要生活资料的一部分资本，就以其他的形式再生产出来。当市场价格下降和资本转移时，生产必要生活资料所雇用的工人也从一部分工资中被“游离”出来。可见，辩护士先生并没有证明，机器由于把工人从生活资料中游离出来，同时就把这些生活资料转化为雇用这些工人的资本；反而用自己经过考验的供求规律证明了，机器不仅在采用它的生产部门，而且还在没有采用它的生产部门把工人抛向街头。

被经济学上的乐观主义所歪曲的事实真相是：受机器排挤的工人从工场被抛到劳动市场，增加了那里已可供资本主义剥削支配的劳动力的数量。我们在第七篇将会看到，机器的这种作用，在这里被说成是对工人阶级的补偿，其实正相反，是对工人的极端可怕的鞭笞。[①]在这里只指出一点：从一个工业部门被抛出来的工人，当然可以在另外一个工业部门找职业。如果他们找到了职业，从而在他们和同他们一道被游离出来的生活资料之间重新建立了联系，那么，在这里起中介作用的，是正在挤入投资场所的新追加的资本，而决不是过去已经执行职能的并且现在转化为机器的资本。并且，即使如此，他们的前途也是多么渺茫！这些因为分工而变得畸形的可怜的人，离开他们原来的劳动范围就不值钱了，只能在少数低级的、因而始终是人员充斥和工资微薄的劳动部门去找出路。(215)其次，每个工业部门每年都吸收一批新人，供该部门用于人员的正常补充和扩充。一

(215)关于这个问题，一位李嘉图学派的人在反对让·巴·萨伊的胡言乱语时说道："在分工发达的地方，工人的技艺只能在他学得这种技艺的那个特殊部门应用；工人本身就是一种机器。因此，像鹦鹉那样喋喋不休地说，事物都有找到自己的水准的趋势，是丝毫无济于事的。我们必须看看周围，我们会发现，事物长时期都不能找到自己的水准；即使找到了，也比过程开始时的水准低。"（《论关于需求的性质的原理》1821年伦敦版第72页）

①见本卷第735—736页。——编者注

旦机器把一部分至今在一定工业部门就业的工人游离出来，这些补充人员也要重新分配，由其他劳动部门来吸收，不过，原来的那些牺牲者大部分在过渡期间堕落丧亡。

一个毫无疑问的事实是：机器本身对于工人从生活资料中“游离”出来是没有责任的。机器使它所占领的那个部门的产品便宜，产量增加，而且最初也没有使其他工业部门生产的生活资料的数量发生变化。因此，完全撇开年产品中被非劳动者挥霍掉的巨大部分不说，在应用机器以后，社会拥有的可供被解雇的工人用的生活资料同以前一样多，或者更多。而这正是经济学辩护论的主要点！同机器的资本主义应用不可分离的矛盾和对抗是不存在的，因为这些矛盾和对抗不是从机器本身产生的，而是从机器的资本主义应用产生的！因为机器就其本身来说缩短劳动时间，而它的资本主义应用延长工作日；因为机器本身减轻劳动，而它的资本主义应用提高劳动强度；因为机器本身是人对自然力的胜利，而它的资本主义应用使人受自然力奴役；因为机器本身增加生产者的财富，而它的资本主义应用使生产者变成需要救济的贫民，如此等等，所以资产阶级经济学家就简单地宣称，对机器本身的考察确切地证明，所有这些显而易见的矛盾都不过是平凡现实的假象，而就这些矛盾本身来说，因而从理论上来说，都是根本不存在的。于是，他们就用不着再动脑筋了，并且还指责他们的反对者愚蠢，说这些人不是反对机器的资本主义应用，而是反对机器本身。

资产阶级经济学家决不否认，在机器的资本主义应用中也出现短暂的不便；但是哪个徽章没有反面呢！对他们说来，机器除了资本主义的利用以外不可能有别的利用。因此，在他们看来，机器使用工人和工人使用机器是一回事。所以，谁要是揭露机器的资本主义应用的真相，谁就是根本不愿意有机器的应用，就是社会进步的敌人！(216)这完全是著名的杀人犯比尔·赛克斯的道理：

> “陪审官先生们，这些行商确定是被杀死了。但这不是我的罪过，这是刀的罪过。难道我们因为这种短暂的不便就该禁止用刀吗？请你们想一想！没有刀，哪里有农业和手工业？刀在外科手术上不是很能为人造福，在解剖方面不是给人带来知识吗？此外，在备办喜筵时，刀不是一位称心的助手吗？如果你们禁止用刀，那就等于把我们拖回到野蛮时代的深渊。”(216a)

虽然机器在应用它的劳动部门必然排挤工人，但是它能引起其他劳动部门就业的增加。不过，这种作用同所谓的补偿理论毫无共同之处。因为任何一种机器产品，例如一码机织布总是比被它排挤的同种手工产品便宜，所以就产生一条绝对的规律：如果机器生产的物品的总量同它所代替的手工业或工场手工业生产的物品的总量相等，那么，所使用的劳动总量就要减少。生产劳动资料本身如机器、煤炭等等所需要的劳动量的增加，同使用机器而引起的劳动量的减少相比，必然较小。不然的话，机器产品就会同手工产品一样贵，或者更贵。但是事实上，人数减少了的工人所生产的机器制品总量不是不变，而是远远超过被排挤的手工业制品的总量。假定生产40万码机织布所使用的工人，少于生产10万码手工织布所使用

(216)麦克库洛赫便是患这种傲慢的呆小病的能手之一。例如，他装成八岁小孩那样天真地说：“如果越来越提高工人的技艺，使他能用同样的或者更少的劳动量生产出越来越多的商品量是有利的话，那么，工人利用能最有效地帮助他取得这种成果的机器，也必然是有利的。”（麦克库洛赫《政治经济学原理》1830年伦敦版第182页）

(216a)“纺纱机的发明者毁灭了印度，不过这对我们无关紧要。”（阿·梯也尔《财产论》[第275页]）在这里，梯也尔先生把纺纱机和机械织机混淆起来了，“不过这对我们无关紧要”。

的工人。在四倍的产品中包含四倍的原料。因此原料的生产也必须增长为原来的四倍。至于所耗费的劳动资料，如厂房、煤炭、机器等，生产这些东西所必须追加的劳动可能增长的界限，也随着机器产品量和同数工人能够生产的手工产品量之间的差额而变化。

可见，随着机器生产在一个工业部门的扩大，给这个工业部门提供生产资料的那些部门的生产首先会增加。就业工人数量会因此增加多少，在工作日长度和劳动强度已定的情况下，取决于所使用的资本的构成，也就是取决于资本不变组成部分和可变组成部分的比例。这个比例又随着机器在这些行业中已经占领或者正在占领的范围不同而有很大变化。随着英国机器体系的进展，注定要到煤矿和金属矿中去劳动的人数惊人地膨胀起来，尽管最近几十年，由于矿业中使用新机器，这种增加变得缓慢了。(217)一种新工人随着机器出现了，这就是机器的生产者。我们已经知道①，机器生产以越来越大的规模占领这个生产部门本身。(218)再拿原料来

(217)根据1861年的人口调查[353](1863年伦敦版第2卷)，在英格兰和威尔士煤矿就业的工人共246 613人，其中20岁以下的73 546人，20岁以上的173 067人。在前一类中，5—10岁的835人，10—15岁的30 701人，15—19岁的42 010人。在铁、铜、铅、锡以及其他所有金属矿上就业的共319 222人。

(218)1861年，在英格兰和威尔士从事机器生产的共60 807人，其中包括工厂主及其职员等，以及这一部门的所有经理人和商业人员。但是不包括小型机器(如缝纫机等)的生产者和工作机上的工具(如纱锭等)的生产者。技师总数为3 329人。

①见本卷第441—442页。——编者注

说(219)，毫无疑问，例如棉纺业的飞速发展极大地促进了美国的植棉业，从而不仅大大促进了非洲的奴隶贸易，而且还使饲养黑人成了所谓边疆蓄奴各州的主要事业。1790年，美国进行了第一次奴隶人口调查，当时共有奴隶697 000人，而到1861年大约有400万人[354]。另一方面，同样明确的是，机械毛纺织工厂的兴旺，以及耕地不断转化为牧羊场，引起了农业劳动者的大量被驱逐和"过剩"①。爱尔兰直到目前还在经历着这个过程，那里的人口从1845年以来几乎减少了一半，并且还在继续减少，以达到同爱尔兰大地主和英格兰毛纺织厂主先生们的需要恰好相适应的那个程度。

如果机器占领了某一劳动对象在取得最终形式前所必须经过的初期阶段或中间阶段，那么，在这种机器制品进入的那些仍保持手工业或工场手工业生产方式的部门中，对劳动的需求就随着劳动材料的增加而增加。例如，机器纺纱业提供的棉纱又便宜又多，使得手工织布业者最初不用增加开支就可以开全工。这样一来，他们的收入增加了。(220)于是人们纷纷拥向棉织业，直到最后，这些被珍妮机、翼锭纺纱机和走锭纺纱机例如在英国召唤出来的80万织工又被蒸汽

(219)因为铁是最重要的原料之一，所以这里应当指出，1861年英格兰和威尔士的炼铁工人共有125 771人，其中男工123 430人，女工2 341人。男工中20岁以下的有30 810人，20岁以上的有92 620人。

(220)"上世纪末和本世纪初，一个有四个成年人(棉织工)和两个充当络纱工的小孩的家庭，每天劳动10小时，每周收入四镑；如果活非常紧急，还能收入多些……　以前，他们常常苦于棉纱供应不足。"(加斯克尔《英国的工业人口》第24、26页)

①见本卷第832—841页。——编者注

织机挤垮为止。同样，由于机器生产的衣料充足，男女裁缝和缝纫女工等等的人数也不断增加，直到缝纫机出现为止。

机器生产用相对少的工人人数所提供的原料、半成品、劳动工具等等的数量不断增加，与此相适应，对这些原料和半成品的加工也就分成无数的部门，因而社会生产部门的多样性也就增加。机器生产同工场手工业相比使社会分工获得无比广阔的发展，因为它使它所占领的行业的生产力得到无比巨大的增长。

采用机器的直接结果是，增加了剩余价值，同时也增加了体现这些剩余价值的产品量，从而，在增加供资本家阶级及其仆从消费的物质时，也增加了这些社会阶层本身。这些社会阶层的财富的增加和生产必要生活资料所需要的工人人数的不断相对减少，一方面产生出新的奢侈要求，另一方面又产生出满足这些要求的新手段。社会产品中有较大的部分转化为剩余产品，而剩余产品中又有较大的部分以精致和多样的形式再生产出来和消费掉。换句话说，奢侈品的生产在增长。(221)大工业造成的新的世界市场关系也引起产品的精致和多样化。不仅有更多的外国消费品同本国的产品相交换，而且还有更多的外国原料、材料、半成品等作为生产资料进入本国工业。随着这种世界市场关系的发展，运输业对劳动的需求增加了，而且运输业又分成许多新的下属部门。(222)

在工人人数相对减少的情况下生产资料和生活资料的增加，使

---

(221)弗·恩格斯在《英国工人阶级状况》一书中指出，正是这些生产奢侈品的工人大部分处于悲惨的境地。关于这个问题，童工调查委员会的报告有大量新的例证。

(222)1861年英格兰和威尔士在商船上工作的海员有94 665人。

那些生产在较远的将来才能收效的产品（如运河、船坞、隧道、桥梁等等）的工业部门中的劳动扩大了。一些全新的生产部门，从而一些新的劳动领域，或者直接在机器体系的基础上，或者在与机器体系相适应的一般工业变革的基础上形成起来。不过，它们在总生产中所占的比重，即使在最发达的国家，也不是很大的。它们所雇用的工人人数的增加，同它们重新造成的对最粗笨的手工劳动的需求成正比。目前，这类工业主要有煤气厂、电报业、照相业、轮船业和铁路业。根据1861年的调查（在英格兰和威尔士），煤气业（包括煤气厂、机械设备的生产、煤气公司的经理处等）有15 211人[355]，电报业有2 399人，照相业有2 366人，轮船业有3 570人，铁路业有70 599人[356]（其中包括大约28 000个比较固定的"非熟练的"掘土工人以及全部管理人员和商业人员）。所以，这五种新工业总共有94 145人。

最后，大工业领域内生产力的极度提高，以及随之而来的所有其他生产部门对劳动力的剥削在内涵和外延两方面的加强，使工人阶级中越来越大的部分有可能被用于非生产劳动，特别是使旧式家庭奴隶在"仆役阶级"（如仆人、使女、侍从等等）的名称下越来越大规模地被再生产出来。根据1861年的人口调查，英格兰和威尔士的总人口为20 066 224人，其中男子9 770 259人，妇女10 289 965人。从中减掉不宜劳动的老幼，所有"非生产的"妇女、少年和儿童，再减掉官吏、牧师、法律界人员、军人等"意识形态的"阶层以及所有专门以地租、利息等形式消费别人劳动的人，最后再减掉需要救济的贫民、流浪者、罪犯等，大致还剩下800万不同年龄的男女，其中包括所有以某种方式在生产、商业和金融等部门执行职能的资本家。在这800万人中有：

农业工人（包括牧人和住在农场主家里的雇农与使女）……………… 1 098 261人
棉、毛、精梳毛、亚麻、大麻、丝、黄麻等纺织厂和机器织袜业、机器织花边业的全部雇佣人员 ……………… 642 607人(223)[357]
煤矿和金属矿的全部雇佣人员 ……………… 565 835人
所有冶金厂（炼铁厂、压延厂等）和各种金属手工工场的雇佣人员 ……………… 396 998人(224)[359]
仆役阶级 ……………… 1 208 648人(225)

全部纺织厂的雇佣人员和煤矿、金属矿的人员加在一起是1 208 442人；全部纺织厂的雇佣人员和冶金厂、金属手工工场人员加在一起是1 039 605人；二者都少于现代家庭奴隶的人数。请看机器的资本主义应用获得了多么辉煌的结果！

7. 工人随机器生产的发展而被排斥和吸引。棉纺织业的危机

政治经济学上一切头脑健全的代表人物都承认，新采用机器，对那些首先成为机器竞争对象的旧有手工业和工场手工业中的工人产生灾

(223)其中13岁以上的男子只有177 596人。[358]

(224)其中妇女有30 501人。

(225)其中男子有137 447人。在这1 208 648人中还没有把不在私人住宅中服务的全部人员包括在内。

第二版注：从1861年到1870年，男仆的人数几乎增加了一倍，达到267 671人。1847年看守狩猎场的人（在贵族的狩猎场）有2 694人，而1869年有4 921人。伦敦小市民家中使用的少女，俗称小奴隶（“little slaveys”）。

难性的影响。他们几乎全都为工厂工人的奴隶地位叹息。那么，他们打出的大王牌是什么呢?这就是：机器在其采用时期和发展时期的恐怖过去之后，最终是增加而不是减少劳动奴隶！是的，政治经济学正沉醉于一个令人厌恶的定理，一个连每个相信资本主义生产方式的永恒的自然必然性的"慈善家"都感到厌恶的定理：甚至已经建立在机器生产的基础上的工厂，经过一定的发展时期，经过或长或短的"过渡时期"，也会让比它当初抛向街头的更多的工人进厂受苦！(226)

诚然，有些例子(例如英国精梳毛纺织厂和丝纺织厂)已经表明，到了一定的发展程度上，在工业部门极度扩展的同时，所使用的工人人数不仅可能相对地减少，而且可能绝对地减少①。1860年，根据议会的命令对联合王国所有的工厂进行过一次专门调查，在兰开夏郡、柴郡和约克郡工厂区中属工厂视察员罗·贝克管辖的地区，共有652家工厂，其中570家拥有：蒸汽织机85 622台，纱锭(不包括并纱

(226)相反地，加尼耳认为机器生产的最终结果是劳动奴隶人数的绝对减少，而人数增多了的"高贵的人们"就是靠这些劳动奴隶来养活，靠他们来发展自己著名的"能够完善的完善能力"。360加尼耳对生产的运动了解得很少，但是他至少感到，如果机器的采用把就业工人转化为需要救济的贫民，而机器的发展所造成的劳动奴隶又比它挤垮的还多，机器便是一种非常不祥的东西。他的观点的愚昧，只有用他自己的话才能表达出来："注定要从事生产和消费的各阶级的人数在减少，而管理劳动，安抚、宽慰和开导全体居民的各阶级的人数在增加……他们占有因劳动费用减少、商品丰富和消费品价格低廉而产生的全部利益。人类沿着这个方向正在升入天才创造的至高领域，进入宗教的最深奥的境界，建立救世的道德〈那就是"占有全部利益"等等〉准则，制定保护自由〈"注定要从事生产的阶级"的自由吗?〉和权力、顺从和正义、义务和人道的法律"。这段胡话载于沙·加尼耳《论政治经济学的各种体系》1821年巴黎第2版第1卷第224页，参看第212页。

①见本卷第478—479页。——编者注

锭)6 819 146个,蒸汽机27 439马力,水车1 390马力,雇用94 119人。而到1865年,这些工厂拥有:织机95 163台,纱锭7 025 031个,蒸汽机28 925马力,水车1 445马力,雇用88 913人。可见,从1860年到1865年,这些工厂的蒸汽织机增加了11%,纱锭增加了3%,蒸汽马力增加了5%,而与此同时雇用的人数却减少了5.5%。(227)在1856年到1862年期间,英国的毛纺织业获得了显著的发展,而所使用的工人人数却几乎没有变化。

> “这表明,新采用的机器以多么大的程度排挤了以前各个时期的劳动。”(228)

根据某些由经验提供的事实,工厂工人就业人数的增加往往只是表面的,也就是说,这种增加并不是由于已经建立在机器生产基础上的工厂扩大了,而是由于附属部门逐渐和它合并。例如,1838—1856年期间,机械织机及其使用的工厂工人的增加,就(不列颠)棉纺织工厂来说,完全是由于这个生产部门的扩大,而在另外一些工厂中,则是由于过去

---

(227)《工厂视察员报告。1865年10月31日》第58页及以下几页。但在这同时,雇用日益增加的工人的物质基础也已经具备:建立了110家新的工厂,它们共拥有11 625台蒸汽织机,628 576个纱锭以及2 695蒸汽马力和水力马力。(同上)

(228)《工厂视察员报告。1862年10月31日》第79页。

第二版补注:1871年12月底,工厂视察员亚·雷德格雷夫在布拉德福德新机械学会作的一次报告中说:“若干时间以来,使我惊讶的是,毛纺织厂的面貌发生了变化。从前工厂里都是妇女和儿童,现在看来一切工作都由机器做了。一个工厂主对我提出的问题作了如下的解释:‘在旧制度下,我雇用63个人;采用改良的机器之后,我把工人减少到33人,最近,由于一些新的重大变化,我又能够把工人从33人减少到13人。’”

用人的肌肉力推动的织毯机、织带机、织麻布机等等现在采用了蒸汽力。(229)因此，这些工厂工人的增加只是表明就业工人总数的减少。最后，在这里还完全撇开了这种情况，就是除金属工厂外，到处都是少年工人(18岁以下的)、妇女和儿童在工厂人员中远居优势。

然而我们知道，尽管机器生产实际地排挤和潜在地代替了大量工人，但随着机器生产本身的发展(这种发展表现为同种工厂数目的增多或现有工厂规模的扩大)，工厂工人的人数最终可以比被他们排挤的工场手工业工人或手工业工人的人数多。假定每周使用的500镑资本中，在旧的生产方式下不变组成部分占$\frac{2}{5}$，可变组成部分占$\frac{3}{5}$，也就是说，200镑用于生产资料，300镑用于劳动力，比如说一镑雇一个工人。由于采用机器生产，总资本的构成发生变化。假定现在这个资本分为$\frac{4}{5}$的不变组成部分和$\frac{1}{5}$的可变组成部分，或者说，用于劳动力的只有100镑。这样，过去雇用的工人就有$\frac{2}{3}$被解雇。如果工厂生产扩大，使用的总资本在其他生产条件不变的情况下由500镑增加到1 500镑，那么现在就要雇用300个工人，和工业革命以前同样多。如果所使用的资本继续增加到2 000镑，那么就要雇用400个工人，比采用旧的生产方式时多$\frac{1}{3}$。使用的工人人数绝对地增加了100人，相对地，即同预付总资本相比，却减少了800人，因为2 000镑资本在旧的生产方式下应雇用1 200个工人，而不是400个工人。可见，就业工人人数的相对减少和绝对增加是并行不悖的。上面假定，随着总资本的增加，资本的构成保持不变，因为生产条件保持不变。然而我们已经知道，随着机器体系的每一进步，由机器、原料等构成的不变资本部分不断增加，而用于劳动力的可变资本部分则不断减少，同时我们还知道，在任何其他的生产方式下，改良都不

---

(229)《工厂视察员报告。1856年10月31日》第16页。361

是这样经常进行，因而总资本的构成也不是这样经常变化①。然而这种经常的变化也经常地被间歇时期和在既定技术基础上的单纯量的扩大所中断。因此就业工人的人数也就增加。例如，在1835年，联合王国的棉、毛、精梳毛、亚麻、丝等纺织厂的工人总数只有354 684人，可是到1861年，仅蒸汽织机占用的织工（八岁以上的各种年龄的男女）就有230 564人。[362]当然，如果考虑到1838年不列颠的手工织布工人以及和他们一起工作的家属还有80万人(230)，这种增加也就不算大了；而且这里还根本没有提到亚洲和欧洲大陆上被排挤掉的那些手工织布工人。

关于这一点，还要作某些说明，其中我们将部分地谈到理论叙述本身还没有涉及的一些纯粹事实方面的情况。

只要机器生产在一个工业部门内靠牺牲旧有的手工业或工场手工业来扩展，它就一定取得成功，就像用针发枪装备的军队在对付弓箭手的军队时一定取得成功一样。机器刚刚为自己夺取活动范围的这个初创时期，由于借助机器生产出异常高的利润而具有决定性的重要意义。这些利润本身不仅形成加速积累的源泉，而且把不断新生的并正在寻找新的投资场所的很大一部分社会追加资本吸引到有利的生产领域。突飞猛进的初创时期的这种特殊利益，不断地在新采用机器的生产部门重现。但是，一旦工厂制度达到一定的广度和

(230)“手工织布工人〈织棉布或用其他物质掺上棉花来织布的工人〉的痛苦，曾经是一个皇家委员会的调查对象，但是，虽然他们的苦难已被承认、被感叹，他们的状况的改善〈！〉却仍要听天由命；也许可以相信，这种痛苦现在〈20年后！〉已近于消除，目前蒸汽织机的大量推广，极有可能促进了这一点。”（《工厂视察员报告。1856年10月31日》第15页）

①见本卷第449—453、467—470、476—480页。——编者注

一定的成熟程度，特别是一旦它自己的技术基础即机器本身也用机器来生产，一旦煤和铁的采掘、金属加工以及交通运输业都发生革命，总之，一旦与大工业相适应的一般生产条件形成起来，这种生产方式就获得一种弹性，一种突然地跳跃式地扩展的能力，只有原料和销售市场才是它的限制。一方面，机器直接引起原料的增加，例如轧棉机使棉花生产增加。(231)另一方面，机器产品的便宜和交通运输业的变革是夺取国外市场的武器。机器生产摧毁国外市场的手工业产品，迫使这些市场变成它的原料产地。例如东印度就被迫为大不列颠生产棉花、羊毛、大麻、黄麻、靛蓝等。(232)大工业国工人的不断"过剩"，大大促进了国外移民和外国的殖民地化，而这些外国变成宗主国的原料产地，例如澳大利亚就变成羊毛产地。(233)一种与机器

---

(231)机器影响原料生产的其他方法，将在第三册[180]叙述。

(232)　从东印度向大不列颠输出的棉花

1846年	34 540 143磅
1860年	204 141 168磅
1865年	445 947 600磅

从东印度向大不列颠输出的羊毛

1846年	4 570 581磅
1860年	20 214 173磅
1865年	17 105 617磅

(233)　从好望角向大不列颠输出的羊毛

1846年	2 958 457磅
1860年	16 574 345磅
1865年	29 220 623磅

从澳大利亚向大不列颠输出的羊毛

1846年	21 789 346磅
1860年	59 166 616磅
1865年	109 734 261磅

生产中心相适应的新的国际分工产生了，它使地球的一部分转变为主要从事农业的生产地区，以服务于另一部分主要从事工业的生产地区。这种革命是同农业中的各种变革联系在一起的，关于这些变革，我们在这里还不需要作进一步的说明。(234)

1867年2月18日，英国下院根据格莱斯顿先生的提议，编制了一份关于1831年到1866年期间联合王国各种谷物和面粉的总输入和输出的统计材料。我把总结果列举如下。面粉折合成以夸特为单位的谷物。[363]（见下表）

(234)美国的经济发展本身就是欧洲特别是英国的大工业的产物。目前(1866年)的美国，仍然应当看做是欧洲的殖民地。〔第四版注：从那时以来，美国发展成为世界第二工业国，但它的殖民地性质并没有因此完全失掉。——弗·恩·〕

从美国向大不列颠输出的棉花（以磅为单位）

1846年	401 949 393
1852年	765 630 544
1859年	961 707 264
1860年	1 115 890 608

从美国向大不列颠输出的谷物等（以英担为单位）

	1850年	1862年
小　麦	16 202 312	41 033 503
大　麦	3 669 653	6 624 800
燕　麦	3 174 801	4 426 994
黑　麦	388 749	7 108
面　粉	3 819 440	7 207 113
荞　麦	1 054	19 571
玉蜀黍	5 473 161	11 694 818
Bere或Bigg（大麦的一种）	2 039	7 675
豌　豆	811 620	1 024 722
豆　类	1 822 972	2 037 137
合　计	35 365 801	74 083 441

几个五年期间和1866年

	1831—1835	1836—1840	1841—1845	1846—1850	1851—1855	1856—1860	1861—1865	1866
每年平均输入（夸特）	1 096 373	2 389 729	2 843 865	8 776 552	8 345 237	10 913 612	15 009 871	16 457 340
每年平均输出（夸特）	225 263	251 770	139 056	155 461	307 491	341 150	302 754	216 218
每年平均入超	871 110	2 137 959	2 704 809	8 621 091	8 037 746	10 572 462	14 707 117	16 241 122
各个时期每年平均人口数	24 621 107	25 929 507	27 262 559	27 797 598	27 572 923	28 391 544	29 381 760	29 935 404
每人每年平均消费的谷物等的数量超过本国产品的数量（夸特）	0.036	0.082	0.099	0.310	0.291	0.372	0.501	0.543

工厂制度的巨大的跳跃式的扩展能力和它对世界市场的依赖，必然造成热病似的生产，并随之造成市场商品充斥，而当市场收缩时，就出现瘫痪状态。工业的生命按照中常活跃、繁荣、生产过剩、危机、停滞这几个时期的顺序而不断地转换。由于工业循环的这种周期变换，机器生产使工人在就业上并从而在生活状况上遭遇的没有保障和不稳定性，成为正常的现象。除了繁荣时期以外，资本家之间总是进行十分激烈的斗争，以争夺各自在市场上的份额。这个份额同产品的便宜程度成正比。除了由此造成的资本家竞相采用代替劳动力的改良机器和新的生产方法以外，每次都出现这样的时刻：为了追求商品便宜，强制地把工资压低到劳动力价值以下。(235)

---

(235)1866年7月，由于"同盟歇业"而被莱斯特的制鞋厂主抛向街头的工人，给"英国职业协会"发出一份呼吁书，其中说道："大约10年前，莱斯特的制鞋业由于采用钉鞋法代替缝鞋法而发生了变革。当时可以得到优厚的工资。这种新营业迅速推广开来。各商店之间展开了激烈的竞争，看谁能够提供最雅致的商品。但不久就产生了一种不良的竞争，大家竞相在市场上廉价出售。有害的后果很快表现在工资的降低上，劳动的价格急剧下降，以致许多商店现在只付出原来工资的一半。然而，尽管工资越降越低，看来利润却随着工资率的每一变动而增加"。——工厂主甚至利用工业的不利时期，通过过分降低工资，也就是直接盗窃工人的必要生活资料，来取得巨额利润。下面是考文垂丝织业危机时期的一个例子："根据我从工厂主和工人那里得到的材料来看，工资的降低无疑地超过了由于外国生产者的竞争或其他原因而需要降低的程度。多数织工的工资降低了30%—40%。5年前，工人织一幅丝带可得6或7先令，现在只能得3先令3便士或3先令6便士；另一种劳动，从前得4先令和4先令3便士，现在只得2先令或2先令3便士。工资的降低超过了为刺激需求而必须降低的程度。实际上，就许多种丝带来说，在工资降低时，从来没有出现过商品价格的任何降低。"(弗·戴·朗格委员的报告，载于《童工调查委员会。第5号报告。1866年》第114页第1号)

可见，工厂工人人数的增加以投入工厂的总资本在比例上更迅速得多的增加为条件。但是，这个过程只是在工业循环的退潮期和涨潮期内实现。它还经常被技术进步所打断，这种进步有时潜在地代替工人，有时实际地排挤工人。机器生产中这种质的变化，不断地把工人逐出工厂，或者把新的补充人员的队伍拒之门外，而工厂的单纯的量的扩大在把被逐出的工人吸收进来的同时，还把新的人员吸收进来。工人就这样不断被排斥又被吸引，被赶来赶去，而且被招募来的人的性别、年龄和熟练程度也不断变化。

只要粗略地看一下英国棉纺织业的命运，就可以再清楚不过地了解工厂工人的命运。

从1770年到1815年，棉纺织业有五年处于不振或停滞状态。在这最初45年的时期，英国工厂主垄断了机器和世界市场。从1815年到1821年，不振。1822年和1823年，繁荣。1824年，废除禁止结社法[364]，工厂普遍大扩展。1825年，危机[365]。1826年，棉纺织业工人极端贫困，发生暴动。1827年，略有好转。1828年，蒸汽织机和输出量大增。1829年，输出（特别是向印度的输出）超过历年。1830年，市场商品充斥，境况艰难。1831年到1833年，连续不振；东印度公司对东亚（印度和中国）贸易的垄断权被取消。1834年，工厂和机器大增，工人不足。新济贫法促进农业工人向工厂区流动。农业各郡的儿童被劫掠一空。白奴贸易。1835年，大繁荣。同时，手工织布工人饥饿待毙。1836年，大繁荣。1837年和1838年，不振状态和危机。1839年，复苏。1840年，严重萧条，发生暴动，军队出动干涉。1841年和1842年，工厂工人遭受极大的痛苦。1842年，工厂主解雇工人以便迫使废除谷物法。成千上万的工人涌向约克郡，又被军队驱回，他们的领袖被提交兰开斯特法庭。1843年，严重贫困。

1844年，复苏。1845年，大繁荣。1846年，起初是继续高涨，以后有回落的征候。谷物法被废除。1847年，危机。为庆祝“大圆面包”[229]，工资普遍降低10%或10%以上。1848年，继续不振。曼彻斯特处于军队保护之下。1849年，复苏。1850年，繁荣。1851年，商品降价，工资低微，罢工频繁。1852年，开始好转。罢工继续发生，工厂主以输入外国工人相威胁。1853年，输出增加。普雷斯顿罢工持续八个月，严重贫困。1854年，繁荣，市场商品充斥。1855年，破产消息从美国、加拿大和东亚市场纷纷传来。1856年，大繁荣。1857年，危机。1858年，好转。1859年，大繁荣，工厂增加。1860年，英国棉纺织业达到顶点。印度、澳大利亚以及其他市场上商品过剩，直到1863年几乎还没有销完全部存货。同法国缔结贸易协定[366]。工厂和机器激增。1861年，高涨持续了一些时候，随后出现回落，美国南北战争[8]，棉荒。1862年到1863年，完全崩溃。

棉荒的历史太有代表性了，我们不能不略为叙述一下。从1860年到1861年的世界市场状况的简述中可以看出，对于工厂主来说，棉荒发生的正是时候，部分地说对于他们是有利的。这是个事实，它已被曼彻斯特商会的报告所承认，帕麦斯顿和德比在议会中也宣布过，而且也为实际情况证明了。(236)当然，1861年联合王国的2 887家棉纺织厂中，有许多是小工厂。在这2 887家工厂中，有2 109家是属于工厂视察员亚·雷德格雷夫的管辖范围。根据他的报告，在这2 109家工厂中，使用还不到10蒸汽马力的有392家，占19%；使用10—20马力之间的有345家，占16%；使用20马力

(236)参看《工厂视察员报告。1862年10月31日》第30页。

和20马力以上的有1 372家。(237)小工厂多半是在1858年以后的繁荣时期建立起来的织布厂，而且大部分是靠一些投机家分头出棉纱、出机器、出厂房建立起来的，由以前的监工或其他没有资财的人经营。这些小工厂主大部分已经破产了。其实，棉荒避免了商业危机，不然他们也会遭到同样的命运。虽然他们占工厂主总数的$\frac{1}{3}$，但是他们工厂的资本只占投入棉纺织业的资本的极小的一部分。至于瘫痪的规模，据可靠估计，1862年10月有60.3%的纱锭和58%的织机停工。这是整个工业部门的情况，各个区的情况当然是很不同的。只有极少数的工厂开全工（每周60小时），其余工厂都有停工现象。即使那些做全工并且照例拿计件工资的少数工人，由于次棉代替好棉，埃及棉代替海岛棉（在精纺厂）、苏拉特棉（东印度）代替美棉和埃及棉，以及废棉掺苏拉特棉代替纯棉，所得到的周工资也不可避免地减少了。苏拉特棉纤维较短，含有脏物，棉纱易断，经纱上浆不用面粉而用各种重拼料，以及其他等等，这一切都减低了机器的速度，或者减少了一个织工所能看管的织机台数，增加了纠正机器差错所花的劳动，在减少产量的同时也减少了计件工资。使用苏拉特棉时，做全工的工人也要遭受20%、30%或更多的损失。而多数工厂主又把计件工资率降低了5%，7.5%和10%。因此，那些每周只劳动3天、3天半、4天或者每天只劳动6小时的工人的处境也就可想而知了。1863年，在情况已经有所好转之后，织布工人、纺纱工人等的周工资也只有3先令4便士、3先令10便士、4先令6便士、5先令1便士等。(238)即使在这样悲惨的状况下，工厂主在克扣工资方

(237)参看《工厂视察员报告。1863年10月31日》第18、19页。

(238)同上，第41—45、51、52页。

面的创造精神也没有丝毫减退。工厂主的棉花不好和机器不合用等等使制品出了毛病，也成了罚扣工资的部分原因。如果工厂主还是工人住的小屋的房主，那他还要从名义工资中扣除一部分算做房租。工厂视察员雷德格雷夫谈到自动走锭纺纱机的看管工（他们每人看管两台自动走锭纺纱机）时说道：他们

“做满14天全工，得到8先令11便士；从这个数中扣除房租，而工厂主又把房租的一半作为礼物送还工人，这样看管工拿回家去的总共是6先令11便士。1862年的最后时期，织布工人周工资最低是2先令6便士”(239)。

甚至工人只劳动很短的时间，工资中也常常要扣除房租。(240)难怪在兰开夏郡的某些地方发生一种饥饿病！但比这一切更能说明问题的是：生产过程的革命是靠牺牲工人来进行的。这就像解剖学家拿青蛙作实验一样，完全是拿无价值的生物体作实验。工厂视察员雷德格雷夫说：

“我虽然列举了许多工厂的工人的实际收入，但是不能认为，他们每星期都能得到这个数目。由于工厂主不断地进行实验，工人的状况极不稳定…… 他们的收入随着混合棉的质量而增减，有时和过去相差15%，而过一两个星期竟降低50%—60%。”(241)

这些实验不仅靠牺牲工人的生活资料来进行，而且还以牺牲工人的全部五官为代价。

“拆棉花包的工人告诉我，难忍的臭味熏得人恶心…… 在混棉间、清棉间和梳棉间里，棉屑和尘埃飞扬，刺激人的七窍，引起咳嗽和呼吸困难…… 由于

(239)《工厂视察员报告。1863年10月31日》第41、42页。

(240)同上，第57页。

(241)同上，第50、51页。

纤维短，浆纱时棉纱上附加大量的材料，而且是用各种代用品来代替原来使用的面粉。这就引起织布工人恶心呕吐和消化不良。因为灰尘多，支气管炎、咽喉炎十分流行；其次，由于苏拉特棉里的脏东西刺激皮肤，皮肤病也很流行。”

另一方面，面粉的代用品由于增加棉纱的重量而成为工厂主先生们的福尔土纳特的钱袋。这些代用品使“15磅原料在织成布后重20磅”(242)。工厂视察员1864年4月30日的报告说：

“现在，工业上使用这种办法简直达到卑鄙无耻的程度。我从可靠方面得知，8磅的布是由$5\frac{1}{4}$磅棉花和$2\frac{3}{4}$磅浆料制成的。另一匹$5\frac{1}{4}$磅的布里含有两磅浆料。这还是供出口的普通的衬衫布。其他种类的布里有时竟加了50%的浆料，因此工厂主可以吹嘘，而且确实也在吹嘘，说他们之所以发财致富，是因为他们的布卖得比布在名义上包含的纱的价值还便宜。”(243)

可是，工人们不只是要苦于工厂主在厂内的实验和市政当局在厂外的实验，不只是要苦于工资降低和失业、贫困和救济以及上下两院的赞美词。

“因棉荒而失业的不幸的妇女们，成了社会的遗弃者，而且现在仍然如此…… 年轻妓女的数目比过去25年增多了。”(244)

可见，不列颠棉纺织工业在最初的45年中，即从1770年到1815年，只有5年是危机和停滞状态，但这45年是它垄断世界的时期。在第二个时期，即从1815年到1863年的48年间，只有20年是复苏和繁荣时期，却有28年是不振和停滞时期。从1815年到1830

(242)《工厂视察员报告。1863年10月31日》第62、63页。

(243)《工厂视察员报告。1864年4月30日》第27页。

(244)引自博尔顿警察局长哈里斯的信，载于《工厂视察员报告。1865年10月31日》第61页。

年，开始同欧洲大陆和美国竞争。从1833年起，靠“毁灭人种”的办法强行扩大亚洲市场。[367]谷物法废除之后，从1846年到1863年，有八年是中常活跃和繁荣时期，却有九年是不振和停滞时期。棉纺织业中的成年男工的状况，即使是在繁荣时期，也可根据下面的附注作出判断。(245)

(245)1863年春，棉纺织工人在要求成立移民协会的一份呼吁书中说：“工厂工人的大量移民在目前是绝对必要的，这一点只有少数人才会否认。下列事实表明，经常不断的移民在任何时候都是需要的，否则我们就不能维持我们平时的地位。这些事实就是：1814年，输出的棉织品的官方价值〈这只是数量的指数〉是17 665 378镑，而其实际市场价值是20 070 824镑；1858年，输出的棉织品的官方价值是182 221 681镑，而其实际市场价值只是43 001 322镑；数量增加为10倍，而卖得的价格只增加一倍多一点。这种对于整个国家特别是对于工厂工人极其有害的结果，是由各种同时起作用的原因造成的。最突出的原因之一是劳动的经常过剩，而这种过剩对我们这个生产部门来说是必不可少的，因为它如要不被消灭，就得不断扩大市场。在现有制度下，商业的周期性停滞就像死亡一样不可避免，而这种停滞可能使我们棉纺织工厂停工。但是，人的创造精神并不因此就停歇下来。根据最低的估计，最近25年有600万人离开了这个国家，尽管如此，由于为了使产品便宜而不断排挤劳动，甚至在最繁荣的时期，仍然有很大一部分成年男工无法在工厂找到任何条件的任何工作。”(《工厂视察员报告。1863年4月30日》第51、52页)在以后的某章中，我们会看到，在棉纺织业的大灾难中，工厂主先生们是怎样用尽一切办法，甚至借助国家权力，来力图阻止工厂工人移居国外①。

①见本卷第662—665、730页。——编者注

8. 大工业所引起的工场手工业、手工业和家庭劳动的革命

(a)以手工业和分工为基础的协作的消灭

我们已经看到，机器如何消灭了以手工业为基础的协作和以手工业分工为基础的工场手工业。①收割机是前一种情况的例子，它代替了收割者的协作。制针机是后一种情况的明显例子。据亚当·斯密说，在他那时候，10个男人分工合作每天能制针48 000多枚。但是现在，一台机器在一个十一小时工作日中就能制针145 000枚。一个妇女或少女平均可以看管四台这样的机器，因此，她用机器每天可以生产针近60万枚，每星期就可以生产300多万枚。(246)如果一台单个的工作机代替了协作或工场手工业，那么，工作机本身又可以成为手工业生产的基础。但是，手工业生产在机器基础上的再现只是向工厂生产的过渡，只要机械动力（蒸汽或水）代替人的肌肉来推动机器，工厂生产通常就会出现。小生产可以间或地并且也只能是暂时地同机械动力结合起来，那或是靠租用蒸汽，如伯明翰的某些工场手工业，或是靠采用小型热力机[295]，如织布业等的某些部门。(247)在

(246)《童工调查委员会。第3号报告》1864年版第108页第447号。

(247)在美国，手工业在机器基础上的这种再现，是常见的事。正是由于这个原因，在向工厂生产的不可避免的过渡中，同欧洲甚至同英国比较起来，那里的积聚一日千里地飞跃进展。

①见本卷第426、435—443、486页。——编者注

考文垂的丝织业里，一种“小屋工厂”的实验曾自发地发展起来。由几排小屋围成的方形场地的中间，建起一座安装蒸汽机的所谓机器房，蒸汽机通过枢轴同各个小屋中的织机连接起来。蒸汽一律是租用的，例如每台织机交$2\frac{1}{2}$先令。不管织机是否转动，蒸汽费都得按周支付。每个小屋有2—6台织机，这些机器有的是工人的，有的是赊购的，有的是租来的。小屋工厂和真正的工厂之间的斗争持续了12年以上。结果是300家小屋工厂完全破产。[248]在过程的性质并不是一开始就要求大规模生产的场合，那些最近几十年间新兴的工业，例如信封制造业、钢笔尖制造业等等，通常都是先经过手工业生产，然后经过工场手工业生产这些短暂的过渡阶段才达到工厂生产。这种形态变化，在制品的工场手工业生产不是由按顺序的各个发展过程组成，而是由许多各不相干的过程组成的地方，最为困难。例如，这种情形对于钢笔尖工厂就是一大障碍。但是大约15年前就已经发明了一种自动机，可以一下子完成六种各不相干的过程。1820年手工业提供的第一批12打钢笔尖价格7镑4先令，1830年工场手工业提供的为8先令，而现在工厂提供给批发商的价格是2—6便士。[249] *368*

(248)参看《工厂视察员报告。1865年10月31日》第64页。

(249)吉洛特先生在伯明翰建立了第一座大规模的钢笔尖手工工场。早在1851年，该厂就能生产18 000多万枚笔尖，每年消费120吨钢板。伯明翰垄断着联合王国的这一行业，现在每年生产几十亿枚钢笔尖。根据1861年的调查，这一行业雇用的工人人数为1 428人，其中女工1 268人，年龄最小的只有五岁。

(b)工厂制度对于工场手工业和家庭劳动的反作用

随着工厂制度的发展和随之而来的农业的变革，不仅所有其他工业部门的生产规模扩大了，而且它们的性质也发生了变化。机器生产的原则是把生产过程分解为各个组成阶段，并且应用力学、化学等等，总之应用自然科学来解决由此产生的问题。这个原则到处都起着决定性的作用。因此，机器时而挤进工场手工业的这个局部过程，时而又挤进那个局部过程。这样一来，从旧的分工中产生的工场手工业组织的坚固结晶就发生溶解，并给不断变化腾出位置。此外，总体工人即结合工人的构成也发生了根本的变革。同工场手工业时期相反，现在，只要可行，分工的计划总是把基点放在使用妇女劳动、各种年龄的儿童劳动和非熟练工人劳动上，总之，放在使用英国人所谓的“廉价劳动”上。这一情况不仅适用于使用机器或者不使用机器的一切大规模结合的生产，而且适用于在工人的私人住宅或者在小工场中进行生产的所谓家庭工业。这种所谓的现代家庭工业，与那种以独立的城市手工业、独立的农民经济，特别是以工人家庭的住宅为前提的旧式家庭工业，除了名称，毫无共同之处。现在它已经转化为工厂、手工工场或商店的外部分支机构。资本除了把工厂工人、手工工场工人和手工业工人大规模地集中在一起，并直接指挥他们，它还通过许多无形的线调动着另一支居住在大城市和散居在农村的家庭工人大军。例如，蒂利先生在爱尔兰的伦敦德里所开设的衬衫工厂，就雇用着1 000个工厂工人和9 000个散居在农村的家庭工人。(250)

---

(250)《童工调查委员会。第2号报告》1864年版第LXVIII页第415号。

现代工场手工业中对廉价劳动力和未成熟劳动力的剥削，比在真正的工厂中还要无耻，因为工厂所拥有的技术基础，即代替肌肉力的机器和轻便的劳动，在现代工场手工业中大多是不存在的；同时，在现代工场手工业中，女工或未成熟工人的身体还被丧尽天良地置于有毒物质等等的侵害之下。而这种剥削在所谓的家庭劳动中，又比在工场手工业中更加无耻，这是因为：工人的反抗力由于分散而减弱，在真正的雇主和工人之间挤进了一大批贪婪的寄生虫，家庭劳动到处和同一生产部门的机器生产或者至少是工场手工业生产进行竞争，贫困剥夺了工人必不可少的劳动条件——空间、光线、通风设备等等，就业越来越不稳定，最后，在这些由大工业和大农业所造成的“过剩”人口的最后避难所里，工人之间的竞争必然达到顶点。由于采用机器生产才系统地实现的生产资料的节约，一开始就同时是对劳动力的最无情的浪费和对劳动发挥作用的正常条件的剥夺，而现在，在一个工业部门中，社会劳动生产力和结合的劳动过程的技术基础越不发达，这种节约就越暴露出它的对抗性的和杀人的一面。

(c)现代工场手工业

现在，我举几个例子来说明上述原理。其实读者已经从工作日那一章看到大量例证。伯明翰及其近郊的金属手工工场除雇用1万个妇女外，还雇用3万个儿童和少年，大多数都干着很重的活。他们在这里的有害健康的铸铜业、纽扣业、珐琅业、电镀业和油漆业中劳动。(251)伦敦的各家书报印刷厂由于让成年和未成年的工人从事过

(251)甚至设菲尔德的锉刀业也雇用儿童！

度劳动而博得了“屠宰场”的美名。(251a)在订书业中也存在着这种过度劳动，这里的牺牲品主要是妇女、少女和儿童。在制绳业中，未成年的工人担负着繁重的劳动，在制盐、制蜡烛以及其他化工工场中，他们还得做夜工；在尚未采用机械动力的丝织业中，织机是由少年来推动的，这种活简直能累死人。(252)一种最丢脸、最肮脏、报酬最低、主要是雇用少女和妇女来干的活是清理破布。我们知道，大不列颠不仅自己拥有无数的破布，而且还是全世界破布贸易的中心。破布从日本、遥远的南美各国和加那利群岛流进来。但是，它的主要供应来源是德国、法国、俄国、意大利、埃及、土耳其、比利时和荷兰。破布用于做肥料、床垫、再生呢绒，还当做造纸的原料。这些清理破布的女工是传播天花及其他传染病的媒介，而她们自己就是这些疾病的最先的牺牲者。(253)除金属矿和煤矿之外，砖瓦工场可以作为典型的例子，来说明过度劳动、繁重的和不适当的劳动以及那些从幼年起就被使用的工人在这方面所受到的摧残。在英国，这种砖瓦工场只是间或采用新发明的机器（1866年）。从5月到9月，劳动是从早晨5点起到晚上8点止，如果是在户外晾干，则往往从早晨4点起到晚上9点止。早晨5点至晚上7点的工作日算是“缩短的”、“适度的”了。男女儿童从6岁起，甚至从4岁起就被使用。他们劳动的时间同成年人一样长，甚至往往比成年人还要长。活很吃力，夏天的酷

(251a)《童工调查委员会。第5号报告》1866年版第3页第24号；第6页第55、56号；第7页第59、60号。

(252)同上，第114、115页第6—7号。调查委员正确地指出，如果在其他地方是机器代替人，那么在这里的的确确是少年代替了机器。

(253)见关于破布贸易的报告以及《公共卫生。第8号报告》1866年伦敦版，附录第196—208页的大量实例。

热更容易使人精疲力竭。例如在莫斯利的一个制砖工场，一个24岁的姑娘每天制砖2 000块，只有两个未成年的女孩子作助手，帮她运土和垛砖。这两个女孩子每天要从30英尺深的土坑里通过很滑的斜坡挖出10吨黏土，并把它运到210英尺远的地方去。

“通过制砖工场这座炼狱，儿童在道德上没有不极端堕落的……　他们从幼年起就听惯了各种下流话，他们在各种卑劣、猥亵、无耻的习惯中野蛮无知地长大，这就使他们日后变成无法无天、放荡成性的无赖汉……　他们的居住方式是道德败坏的一个可怕根源。每个成型工〈他是真正的熟练工人，又是一个工人小组的头〉要在自己的小屋里安排他这一班七个人的吃和住。这些人不管是不是他的家里人，男女青少年都睡在他的小屋里。这种小屋通常只有两个房间，个别的才有三个房间，他们统统睡在地上，通风很差。他们劳累一天，浑身汗水，已经精疲力竭，哪还能讲究卫生、清洁和礼貌。这样的小屋多数都是混乱和肮脏的真正标本……　雇用少女干这种活的最大弊病就是，这种情况往往使她们从幼年起就终生沦为放荡成性的败类。在自然使她们懂得自己是个女人之前，她们已经变成粗鲁的、出言下流的男孩子。她们身上披着几块肮脏的布片，裸露大腿，蓬头垢面，根本不在乎什么端庄和羞耻。吃饭的时候，她们伸开四肢躺在田野上，或者偷看在附近运河里洗澡的小伙子。她们干完了白天的重活，就换一身好一点的衣服，陪着男人上酒馆。”

所有这种工人从幼年起都酗酒，这完全是很自然的事。

“最糟糕的是，制砖工人自暴自弃。一个比较好的工人曾对绍索菲尔兹的牧师说，先生，您感化一个制砖工人，那简直比感化魔鬼还难！”(254)

关于现代工场手工业（这里指除真正的工厂之外的一切大规模的工场）中劳动条件的资本主义的节约，可以在《公共卫生报告》第4

(254)《童工调查委员会。第5号报告》1866年版第XVI—XVIII页第86—97号；第130—133页第39—71号。还可参看《第3号报告》1864年版第48、56页。

号(1861年)和第6号(1863年)中找到大量的官方材料。报告中关于工场，特别是关于伦敦印刷业和裁缝业工场的描绘，超过了我们的小说家的最可怕的幻想。对工人健康状况的影响，是不言而喻的。枢密院[200]主任医官兼《公共卫生报告》主编西蒙医生说：

“我在我的第4号报告〈1861年〉中曾指出，工人要坚持他们首要的健康权利，也就是说，要求雇主无论叫工人干什么活时，都要在责任所及的范围内，使劳动避免一切可以避免的有害健康的情况，这实际上是办不到的。我曾指出，当工人事实上没有能力自己实现这个健康权利的时候，他们也不可能从卫生警察官吏那里得到任何有效的帮助…… 现在，无数的男女工人的生命，只是由于他们的职业所造成的无止境的肉体折磨，便无谓地受到摧残而缩短了。”(255)

为了说明工场对工人健康状况的影响，西蒙医生还列出一张死亡统计表(256)：

各有关产业部门雇用的不同年龄的工人人数	在健康方面互相比较的几个产业部门	各有关产业部门按年龄划分每10万人中的死亡率		
		25—35岁	35—45岁	45—55岁
958 265	英格兰和威尔士的农业	743	805	1 145
男 22 301 女 12 377	伦敦的裁缝业	958	1 262	2 093
13 803	伦敦的印刷业	894	1 747	2 367

(255)《公共卫生。第6号报告》1864年伦敦版第29、31页。

(256)同上，第30页。西蒙医生指出，伦敦25—35岁的裁缝和印刷工人的死亡率实际上还要高得多，因为他们的伦敦雇主从农村得到大量的30岁以下的青年“学徒”和“实习生”(即那些想提高自己手艺的人)。这些人在调查中算做伦敦人，他们使伦敦死亡率的计算基数增大了，但是并没有使伦敦死亡的人数相应增加，因为他们当中大部分人要返回农村去，特别是在患重病的时候。(同上)

(d)现代家庭劳动

我现在来谈谈所谓家庭劳动。为了对这个在大工业的背景下建立起来的资本的剥削领域和它的骇人听闻的状况有个简略的了解，不妨考察一下例如英格兰某些偏僻乡村经营的那些表面上充满田园风味的制钉业。(257)不过在这里，只要从花边业和草辫业中完全没有采用机器，或者同机器生产和工场手工业生产完全没有发生竞争的部门中举出几个例子就够了。

在英国从事花边生产的共有15万人，其中受1861年工厂法约束的大约有1万人，其余的14万人绝大多数是妇女、男女少年和儿童，其中男性很少。这些“廉价的”剥削材料的健康状况，可以从诺丁汉贫民诊所杜鲁门医生的下列统计材料中看出来。在686个患病的花边女工(大部分是17岁到24岁)中，患肺病的比率如下(258)：

1852年每45人中有1人	1857年每13人中有1人
1853年每28人中有1人	1858年每15人中有1人
1854年每17人中有1人	1859年每 9人中有1人
1855年每18人中有1人	1860年每 8人中有1人
1856年每15人中有1人	1861年每 8人中有1人

肺病率的这种增长，一定会使最乐观的进步党人和最善于像孚

(257)这里指的是用铁锤打成的钉子，而不是用机器制作的钉子。见《童工调查委员会。第3号报告》第XI、XIX页第125—130号；第52页第11号；第113—114页第487号；第137页第674号。

(258)《童工调查委员会。第2号报告》第XXII页第166号。

赫那样撒谎的德国自由贸易论贩子感到满意的。

受1861年工厂法约束的是采用机器生产的真正花边业，而在英国，这一行业通常都已经采用机器了。我们要在这里略加考察的部门（我们的考察仅限于所谓家庭工人，而不涉及集中在手工工场和商店等处的工人），可分为两类：一类是花边整理（对机织花边进行最后加工，它又分成许多工种），另一类是手织花边。

花边整理当做一种家庭劳动，或者是在所谓“老板娘家”进行的，或者是在妇女家里由她自己或同她的子女一道进行的。那些开设“老板娘家”的妇女本身也是贫穷的。工场就是她们的私宅的一部分。她们从工厂主或商店老板等人那里承揽订货，使用妇女、少女和幼童的劳动，其人数要看她们房间的大小和营业需要的变动情况而定。雇用的女工的人数有些工场是20—40人，有些工场是10—20人。儿童开始劳动的平均最低年龄是6岁，但有些儿童不满5岁就开始劳动了。劳动时间通常是从早晨8点到晚上8点，中间有$1\frac{1}{2}$小时的吃饭时间，吃饭时间很不规则，而且往往是在臭气熏天的小工房里吃饭。生意好的时候，往往从早晨8点（有时是6点）干到夜里10、11或12点。在英国兵营中，每个士兵规定占有500—600立方英尺的空间，在军医院里规定占有1 200立方英尺。而在这样的小工房里，每人只有67—100立方英尺。同时煤气灯还消耗空气中的氧气。为了保持花边的清洁，即使在冬天，儿童们也往往必须把鞋脱掉，哪怕地面上铺的是石板或砖块。

“在诺丁汉，常常可以看到15个至20个儿童挤在一间也许不超过12英尺见方的小房间里，一天24小时内要干15小时，这种劳动本身由于单调乏味而令人厌倦，而且劳动条件对健康极为不利……　甚至年龄最小的儿童干起活来也紧张得要命和迅速得惊人，他们的手指几乎不能稍停一下或放慢一点。如果有人向他们问话，他们也眼不离活，唯恐耽误了一分一秒。”

劳动时间越长，“老板娘”用“长棍”来催促儿童的次数就越多。

“儿童们逐渐疲乏了。他们的劳动单调乏味，极费眼力，由于姿势持久不变而格外累人，当这种长时间的劳动快要结束时，他们简直像小鸟一样不能安静下来。这是真正的奴隶劳动。”(259)

如果妇女是同自己的子女在家里(这个家，在现代意义上，就是租来的一间房子，往往是一间阁楼)一道劳动，情况就更坏到不能再坏了。这种劳动在诺丁汉周围80英里的地区内都可见到。在商店干活的儿童，晚上9点或10点下工时，往往还要给他一捆活，让他带回家去干。资本主义的伪君子这样做时，当然会通过他的雇佣奴才的嘴巴说上一句漂亮话：“这是给你母亲的”，但是他非常清楚，可怜的孩子必然要坐下来帮着母亲干。(260)

手织花边业主要分布在英格兰的两个农业区。一个是霍尼顿花边业区，包括德文郡南海岸20英里至30英里宽的地带和北德文的少数地方；另一个区包括白金汉、贝德福德、北安普敦等郡的大部分，以及牛津郡和亨廷登郡的邻近地区。农业短工住的小屋通常就是工场。有些手工工场老板雇有3 000多个这样的家庭工人，主要是儿童和少年，全部是女性。在花边整理那里见到的情况又重新出现了。只不过“老板娘家”被贫穷妇女用自己小屋开办的所谓“花边学校”代替了。在这些学校里劳动的儿童从5岁起(有时还要小)直到12岁或者15岁。在第一年，年龄最小的儿童每天劳动4—8小时，稍大

(259)《童工调查委员会。第2号报告》1864年版第XVIII、XIX、XX、XXI页。

(260)同上，第XXI、XXII页。

一些的就从早晨6点劳动到晚上8点或10点。

“工房通常是小屋的普通卧室，为了挡风，烟囱也堵死了，住在里面的人甚至在冬天也往往只能靠自己的体温来暖和自己。有的地方，这些所谓教室像个小贮藏室，连安装火炉的地方都没有…… 这些破旧的小屋异常拥挤，空气坏极了。此外，臭水沟、厕所、腐烂物以及经常堆在小屋门外的其他脏物也产生着有害的影响。”

关于占有空间的情况：

“在一所花边学校里，有18个女孩和一个老板娘，每人占有33立方英尺的空间；在另一所臭气熏天的学校里，有18个人，每人占有24$\frac{1}{2}$立方英尺。在这个行业中，竟雇用2岁到2岁半的儿童干活。”(261)

在白金汉和贝德福德这两个农业郡中不从事手织花边业的地方，草辫业就兴起了。这种行业扩展到赫特福德郡的大部分地区和埃塞克斯郡的西部和北部。1861年，从事草辫业和草帽业的共有48 043人，其中有各种年龄的男子3 815人，其余都是妇女，20岁以下的有14 913人，其中儿童近6 000人。在这里，“草辫学校”代替了花边学校。[369]孩子们通常从4岁起，有时在3岁到4岁之间，就开始在这里学编草辫。他们当然受不到任何教育。孩子们自己都把初级小学称为“自然的学校”，来和这种吸血的场所相区别。他们到这种地方来劳动，只是为了完成他们的饿得半死的母亲指定他们完成的活，即每天大多要完成30码。下工后，他们的母亲往往还要孩子在家里再劳动到夜里10、11以至12点。他们不断用唾液把麦秆润湿，因此常常割破手指和嘴唇。根据巴拉德医生所综合的伦敦卫生视察员们的共同意见，在卧室或工房中，每个人至少应占有300立方英尺的空

(261)《童工调查委员会。第2号报告》1864年版第XXIX、XXX页。

间。但是，草辫学校里的空间比花边学校还要小，“每个人只有$12\frac{2}{3}$立方英尺、17立方英尺、$18\frac{1}{2}$立方英尺，最多也不到22立方英尺”。调查委员怀特说：

“这些数字中的最小的数字，比一个装在每边各3英尺的箱子里的儿童所占的空间还要小一半。”

这就是孩子们在12岁或14岁以前的生活享受。贫困堕落的双亲只想从孩子身上榨取尽可能多的东西。孩子们长大以后，自然也就对他们的双亲漠不关心并弃之不管了。

“难怪在这样教养起来的人口中流行着无知和放荡的现象……　他们的道德极度败坏……　许多妇女都有私生子，而且其中很多人还未到成熟年龄就有了，这种情况使那些熟悉刑事案件统计材料的人也不免大吃一惊。”(262)

但是，堪称基督教权威人士的蒙塔朗贝尔伯爵竟然声称，这些模范家庭的祖国是什么欧洲的基督教模范国家！

在上述两个工业部门中，工资一般都低得可怜（在草辫学校，儿童的最高工资在例外的情况下可以达到3先令），而由于实行实物工资制①（这种制度在花边业区特别盛行），工资比它的名义数额就更低了。(263)

(262)《童工调查委员会。第2号报告》1864年版第XXXIX、XL、XLI页。

(263)《童工调查委员会。第1号报告》1863年版第185页。

①见本卷第203页。——编者注

(e)现代工场手工业和家庭劳动向大工业的过渡。这一革命由于工厂法在这两种生产方式中的实行而加速

单靠滥用妇女劳动力和未成年劳动力，单靠掠夺一切正常的劳动条件和生活条件，单靠残酷的过度劳动和夜间劳动来实现的劳动力的便宜化，终究会遇到某些不可逾越的自然界限，而以此为基础的商品的便宜化和整个资本主义的剥削，随着也会发生这种情形。当这一点终于达到时(这需要很长的时间)，采用机器和把分散的家庭劳动(还有工场手工业)迅速转化为工厂生产的时刻就来到了。

“服饰”的生产为这一运动提供了最明显的例证。根据童工调查委员会的分类，这一工业部门包括草帽和女帽生产者，便帽生产者，裁缝，妇女头饰工和女时装工(264)，衬衫生产者和缝纫工，胸衣生产者，手套生产者和制鞋工，以及其他许多较小的行业，如领带和硬领业等等。1861年，在英格兰和威尔士的这些工业部门中雇用的女工总计有586 298人，其中20岁以下的至少有115 242人，15岁以下的有16 560人。在联合王国(1861年)，这类女工共有750 334人。同一时期，英格兰和威尔士的制帽业、制鞋业、手套业及裁缝业雇用的男工有437 969人，其中15岁以下的有14 964人，15岁至20岁的有89 285人，20岁以上的有333 117人。属于这一领域的许多比较小的

(264)妇女头饰业严格说来只指头饰物的制作，但它也制作女大衣和大披肩；而dressmakers[女时装工]则相当于德国的Putzmacherinnen[女制帽工]。

部门还没有统计在内。但是我们就现有的数字来看，单在英格兰和威尔士，根据1861年的调查，从事这种生产的人就有1 024 267人，也就是说，几乎与农业和畜牧业吸收的人数相等。我们现在开始明白，机器生产出来的这样惊人的大量产品和“游离”出来的这样惊人的大量工人究竟到哪里去了。

从事“服饰”生产的有手工工场，它们只是把具有现成的分散的肢体[125]的分工在手工工场内部再生产出来；还有较小的手工业师傅，不过他们已不再像从前那样为个别消费者劳动，而是为手工工场和商店劳动，这样一来，往往整个城市和整个地区都专门从事某种行业，像制鞋业等等；最后，有所谓的家庭工人，他们生产大部分产品，成了手工工场、商店、甚至较小的手工业师傅的分支机构。(265)大量的劳动材料、原料、半成品等由大工业供给，大量的廉价的任人摆布的人身材料则由大工业和大农业“游离”出来的人组成。这一领域中的手工工场所以会产生，主要是因为资本家需要在自己手里拥有一支能适应需求的每一变动的后备军。(266)但这些手工工场又允许分散的手工业生产和家庭生产作为自己的广阔基础与自己一起并存下去。在这些劳动部门中所以能大量地生产剩余价值，同时能使产品越来越便宜，这在过去和现在都主要是因为工资被降到仅够糊口的最低限度，而劳动时间却延长到人能忍受的最高限度。正是由于转

(265)英国的妇女头饰业和女时装业大多是在雇主的房屋里进行生产的，工人一部分是住在那里的常雇女工，一部分是住在外面的打短工的女工。

(266)调查委员怀特视察了一个军服手工工场，该工场雇有1 000—1 200人，几乎全部是女性；他又视察了一个有1 300个工人的制鞋工场，其中几乎一半是儿童和少年，等等。(《童工调查委员会。第2号报告》第XLVII页第319号)

化为商品的人的血和汗变得便宜，销售市场不断地扩大并且仍在一天天扩大，而对英国来说，盛行英国习俗和爱好的殖民地市场尤其是如此。最后，转折点来到了。旧方法的基础是单纯对工人材料进行残酷的剥削，同时多少采用一些系统发展起来的分工。这种基础已经不再能适应日益发展的市场和更加迅速地发展着的资本家之间的竞争了。采用机器的时刻来到了。同等地占领这一生产领域所有部门（如女时装业，裁缝业，制鞋业，缝纫业，制帽业等）的具有决定性革命意义的机器，是缝纫机。

缝纫机对工人的直接影响，同所有在大工业时期征服新生产部门的机器的影响大体相似。年龄最小的儿童被排挤了。同家庭工人（其中很多人都是“穷人中的最穷者”）相比，机器工人的工资提高了。处境较好的手工业者的工资由于机器的竞争而降低了。新的机器工人完全是少女和年轻妇女。她们靠机械的力量消灭了男工在较重的劳动中的独霸地位，并且把大批老年妇女和未成熟儿童从较轻的劳动中赶走。这种强有力的竞争扼杀了最弱的手工工人。最近10年来伦敦因饥饿而死亡的人数的惊人增长，同机器缝纫业的扩大是齐头并进的。(267)使用缝纫机的新的女工，按照机器的轻重、大小及其性能，坐着或者站着，用手和脚或者单用手推动机器，她们要耗费大量的劳动力。她们的劳动由于拖得很长（虽然大多比在旧制度下要短些）危害着她们的健康。在制鞋业、胸衣业和制帽业等行业中，本来已经很小很挤的工场，现在再塞进缝纫机，对健康就更加有害了。调查委员洛德说：

(267)例如，1864年2月26日，在户籍总署署长[370]的一周死亡情况报告中有五起饿死事件。同一天，《泰晤士报》又报道了一起饿死事件。一周中有六个人成了饥饿的牺牲品！

> “一走进有30到40个机器工人挤在一起干活的低矮的工场，就感到受不了…… 温度（一部分是由烧熨斗的煤气炉发出的）高得可怕…… 即使在那些盛行所谓适度的劳动时间，即从上午8点至下午6点的工场里，每天照例还是有3个或者4个人晕倒。”(268)

社会的生产方式的变革，生产资料改革的这一必然产物，是在各种错综复杂的过渡形式中完成的。这些过渡形式的变化，取决于缝纫机占领这一或那一工业部门的范围的大小和时间的长短，取决于工人当时的状况，取决于工场手工业生产、手工业生产或家庭生产三者谁占优势，取决于工场的租金(269)，等等。例如，在劳动（主要通过简单协作）多半已经组织起来的女时装业中，缝纫机最初只是工场手工业生产的一个新因素。在裁缝业、衬衫业和制鞋业等行业中，各种形式交织在一起了。有的地方是真正的工厂生产；有的地方是中间人从资本家头儿那里取得原料，在“小屋”或“阁楼”里把10—50或者更多的雇佣工人聚集在缝纫机周围；最后，有的地方则像机器尚未形成有组织的体系而只能小范围使用时会发生的情形那样，是手工业者或家庭工人同自己的家人或少数外面雇来的工人一起，使用属于他们自己的缝纫机。(270)在英国，现在盛行的实际上是这样一种制度：资本家在自己的厂房里集中大量的机器，然后把机器产品分给

(268)《童工调查委员会。第2号报告》1864年版第LXVII页第406—409号；第84页第124号；第LXXIII页第441号；第68页第6号；第84页第126号；第78页第85号；第76页第69号；第LXXII页第438号。

(269)“工场的租金看来是最终起决定作用的因素，因此，在首都把工作包给小雇主和家庭的旧制度维持得最久，恢复得最早。”（同上，第83页第123号）后面这句话只是就制鞋业而言。

(270)在手套业等行业中，工人的状况和需要救济的贫民几乎没有什么区别，所以不存在这种情况。

家庭工人大军去进一步加工。(271)但是，过渡形式的错综复杂并不能掩盖向真正的工厂生产转化的趋势。助长这种趋势的，首先是缝纫机本身的性能，它的多种多样的用途促使以前分散的生产部门在同一个厂房里和在同一个资本的指挥下联合起来；其次是，初步的缝纫工作以及其他一些操作最适合在机器所在的地方进行；最后是，那些用自己的机器进行生产的手工业者和家庭工人不可避免地遭到剥夺。现在，这种命运已经部分地落在他们身上了。投在缝纫机上的资本量的不断增加(272)，刺激了生产，并造成了市场停滞，这就发出了家庭工人出卖缝纫机的信号。缝纫机本身的生产过剩又迫使急于打开销路的缝纫机生产者按周出租缝纫机，这就造成了把小的机器所有者置于死地的竞争局面。(273)机器结构的不断变化和机器的日益便宜，使旧机器也不断地贬值，以致只有那些以极低的价格大批收买这种机器的大资本家，才能从使用这种机器中获利。最后，用蒸汽机代替人，在这里也像在一切类似的变革过程中一样，具有决定性的意义。蒸汽力的运用最初遇到了一些纯粹技术上的障碍，例如机器发生震动，控制机器速度有困难，轻型机器损坏很快等等，但经验很快就教会了人们克服这些障碍。(274)如果说，一方面许多工作机在比较大的手工工场中的集中促进了蒸汽力的应用，那么另一方面，蒸汽同人的肌肉的竞争则加速了工人和工作机在大工厂的集中。例

(271)《童工调查委员会。第2号报告》1864年版第83页第122号。

(272)仅仅莱斯特一个地方，生产批发商品的制靴制鞋业，在1864年就已经使用了800台缝纫机。

(273)《童工调查委员会。第2号报告》1864年版第84页第124号。

(274)例如，伦敦皮姆利科的军服厂，伦敦德里的蒂利—亨德森衬衫厂，利默里克的一家使用近1 200个“人手”的泰特公司服装厂就是这样。

如，英国生产“服饰”①的庞大领域，正如大部分其他行业一样，现在正经历着从工场手工业、手工业、家庭劳动过渡到工厂生产的变革。但在这以前，所有这些形式已经在大工业的影响下完全变样、解体，变得畸形了，它们没有显示出工厂制度的积极发展因素，却老早就再现了工厂制度的一切可怕的方面，甚至有过之无不及。(275)

这种自发进行的工业革命，由于工厂法在所有使用妇女、少年和儿童的工业部门的推行而被人为地加速了。强制规定工作日的长度、休息时间、上下工时间，实行儿童的换班制度，禁止使用一切未满一定年龄的儿童等等，一方面要求采用更多的机器(276)，并用蒸汽代替肌肉充当动力(277)。另一方面，为了从空间上夺回在时间上失去的东西，就要扩充共同使用的生产资料如炉子、厂房等等，一句话，要

(275)“向工厂制度过渡的趋势”(《童工调查委员会。第2号报告》1864年版第LXVII页)。“现在整个行业都处于过渡状态，并经历着花边业、织布业等已经历过的那种变化。”(同上，第LXVII页第405号)“一次完全的革命”(同上，第XLVI页第318号)。在1840年童工调查委员会的那个时期，织袜业还是手工操作。从1846年起，各种不同的机器被采用了，现在这些机器已用蒸汽推动。英国织袜业雇用的各种年龄(从三岁起)的男女工人总数，在1862年大约12万人。其中受到工厂法约束的，根据1862年2月11日的议会报告[371]，只有4 063人。

(276)例如，关于陶器业，“格拉斯哥不列颠陶器厂”的柯克伦公司报告说：“为了维持我们的产量，我们现在广泛地使用机器，用非熟练工人去照管它们。每天都使我们相信，我们能够比使用旧方法生产出更多的产品”(《工厂视察员报告。1865年10月31日》第13页)。“工厂法的作用是促进机器的进一步采用。”(同上，第13、14页)

(277)例如，陶器业实行工厂法以后，用机动辘轳代替手摇辘轳的现象大大增加了。

①见本卷第542页。——编者注

使生产资料在更大程度上集中起来，并与此相适应，使工人在更大程度上集结起来。每一种受工厂法威胁的工场手工业所一再狂热鼓吹的主要反对论据，实际上不外是：必须支出更大量的资本，才能在旧有规模上继续进行生产。至于说工场手工业和家庭劳动之间的中间形式以及家庭劳动本身，那么，随着工作日和儿童劳动受到限制，它们也就日益失去立足之地。对廉价劳动力的无限制的剥削是它们竞争能力的唯一基础。

工厂生产的重要条件，就是生产结果具有正常的保证，也就是说，在一定的时间里生产出一定量的商品，或取得预期的有用效果，特别在工作日被规定以后更是如此。其次，被规定的工作日的法定休息时间，要求劳动能够突然地和周期地停顿下来，而不损害正处在生产过程中的制品。当然，纯机械性质的行业同那些要经历某种化学和物理过程的行业（如陶器业、漂白业、染色业、面包业以及大部分金属加工业）相比，生产结果比较容易得到保证，劳动的中断也比较容易做到。只要不受限制的工作日、夜工以及对人力的肆意糟蹋照旧存在，每一种自然发生的障碍都会很快被看做生产上的永恒的“自然界限”。没有一种毒药消灭害虫能比工厂法消灭这类“自然界限”更有把握。没有任何人比陶器业的先生们叫喊“不可能”叫得更响亮的了。1864年，工厂法强制施行到他们身上，过了16个月以后，一切不可能都消失了。工厂法所引起的

“用压缩代替蒸发加工陶土的改良方法，烘土坯的炉子的新结构等等，都是制陶技术上极其重要的事件，它们标志着上一世纪无法比拟的制陶技术上的进步……　炉温大大降低了，而煤的消耗大大减少了，陶器制作得更快了”(278)。

(278)《工厂视察员报告。1865年10月31日》第96、127页。

同各种预言相反，提高的并不是陶制品的成本价格，而是产量，结果从1864年12月到1865年12月的12个月中，陶制品出口的价值比前三年的平均出口价值超过了138 628镑。在火柴业里，少年们甚至在吃中饭时也得用火柴棍去浸蘸发热的磷混合溶液，这种溶液的有毒的气体直扑到他们脸上，这种情况过去被认为是自然规律。工厂法（1864年）的实施使工厂不得不节省时间，结果促使一种浸蘸机问世，这种机器发出的气体不会扑到工人身上。(279)目前还没有受到工厂法约束的那些花边工场手工业部门还坚持认为，因为各种花边材料烘干时间长短不同，从三分钟到一小时或一小时以上不等，所以吃饭时间不能固定。对于这种说法，童工调查委员会委员回答说：

> “这里的情况和壁纸业的情况一样。这个部门的某些主要工厂主曾激烈地争辩说，由于所使用的材料的性质和这些材料要经过的各道工序的差异，突然停下劳动去吃饭，就会造成重大的损失……　按照《工厂法扩充条例》〈1864年〉第6节第6条的规定，自该法公布之日起给予他们18个月的期限，期满后，他们就必须遵行工厂法所规定的休息时间。”(280)

议会刚批准这个法律，工厂主先生们就已经发现：

> “我们原来预料实行工厂法后会产生的种种弊端并没有出现。我们没有发现生产有任何瘫痪现象。实际上，我们在同一时间内生产得更多了。”(281)

我们看到，英国议会（肯定不会有人责备它的独创性）根据经验

---

(279)火柴厂由于采用了这种机器和其他的机器，其中一个部门就用32个14岁至17岁的男女少年代替了230个青年。1865年，由于蒸汽力的应用，这种节省工人的做法又进了一步。

(280)《童工调查委员会。第2号报告》1864年版第IX页第50号。

(281)《工厂视察员报告。1865年10月31日》第22页。

已经认识到，仅仅一项强制性的法律，就可以消除一切有碍于限制和规定工作日的所谓生产上的自然障碍。因此，当一个工业部门实行工厂法时，总要给予6到18个月的时间，在这段时期内，工厂主的事情就是扫除技术上的障碍。米拉波的格言"不可能？永远别对我说这种蠢话！"，特别适用于现代工艺学。但是，如果说工厂法就这样像在温室里那样使工场手工业生产转化为工厂生产所必需的物质要素成熟起来，那么，它又由于使扩大资本支出成为必要而加速了小师傅的破产和资本的积聚。(282)

撇开纯技术上的和技术上可以排除的障碍不说，对工作日的规定还遇到工人本身的不规则的生活习惯的障碍，这特别是发生在这样的地方，那里盛行计件工资，在一天或一星期中所旷费的时间可以由以后的过度劳动或做夜工来补偿，这种方法使成年工人变得野蛮，使他们的未成年的和女性的伙伴遭到毁灭。(283)劳动力耗费方面的这种毫无规则的情形，虽然是对单调乏味的苦役的一种自发的粗暴反应，但在极大程度

(282)"必要的改良……在许多旧的手工工场中是不可能实行的，因为要支出一大笔资本，而这是现在许多所有者的财力所不能胜任的…… 工厂法的施行必然会引起暂时的紊乱。这种紊乱的程度同需要革除的弊病的大小成正比。"(《工厂视察员报告。1865年10月31日》第96、97页)

(283)以高炉为例，"因为工人们习惯于在星期一不上工，有时星期二的一部分时间或者整天也不上工，所以，每到周末，劳动时间一般都要大大延长"(《童工调查委员会。第3号报告》第VI页)。"小师傅们的劳动时间一般是极不规则的。他们放过两天或者三天，以后就通宵劳动以弥补损失…… 如果他们有子女，还会让自己的子女来劳动。"(同上，第VII页)"上工时间没有规则的现象，由于人们可能并且习惯于靠过度劳动来弥补损失而得到了滋长。"(同上，第XVIII页)"在伯明翰，时间的损失令人吃惊…… 他们在一部分时间里游游逛逛，在另一部分时间里则拼命赶工。"(同上，第XI页)

上是由生产本身的无政府状态引起的，而这种无政府状态又是以资本对劳动力的不受限制的剥削为前提的。除了工业周期的一般的周期变动和每个生产部门的特殊的市场波动外，还出现一种因航海季节的周期性或因赶时髦而形成的所谓旺季，此外，还会突然出现必须在最短期限内完成大批订货的情况。这种短期订货的习惯随着铁路和电报的发展越来越变得经常了。例如，伦敦的一个工厂主说：

> "铁路系统扩展到全国各地，大大地助长了短期订货的习惯；买主现在从格拉斯哥、曼彻斯特和爱丁堡每隔14天来一次，或者是到我们供货的西蒂大商行成批购货。他们不再像往常那样从货栈里购买，而是发出必须立即交货的订单。前几年，我们总是可以在淡季预先准备好下一旺季的需要，而现在谁也不能预言将会需要什么。"(284)

在那些尚未受工厂法约束的工厂和手工工场里，在所谓旺季，由于突如其来的订货，周期性地盛行着骇人听闻的过度劳动。在工厂、手工工场和商店的那些外部分支机构里，即在本来就极不规则的家庭劳动领域里，原料和订货完全取决于资本家的情绪，在这里，资本家根本不用去考虑厂房、机器等的利用问题，而只是拿工人的生命去冒险。这个领域，正系统地培育着一支随时可供支配的产业后备军，这支后备军在一年的一部分时间里由于被迫从事非人的劳动而遭到摧残，在另一部分时间里则由于没有工作而穷困堕落。童工调查委员会的报告说：

> "雇主们利用家庭劳动习以为常的不规则性，在要完成紧急的活计时，迫使家庭劳动延长到夜间11点、12点、2点，事实上，就像通常所说的，延长到随便什么时间"，而劳动场所又是"臭气熏天，简直会使你晕倒。你可能走到门口，把

(284)《童工调查委员会。第4号报告》第XXXII页。"据说，铁路系统的扩展大大地助长了这种突然订货的习惯，结果工人们不得不拼命赶工，连饭都顾不上吃，还要加班加点。"（同上，第XXXI页）

门打开，但不敢往里走”(285)。

有一个被询问的证人鞋匠说：

“我们的雇主真古怪，他们认为，让一个少年在这半年累得要死，在另外半年又几乎被迫到处闲逛，这对少年没有什么害处。”(286)

这些所谓“商业习惯”（“usages which have grown with the growth of trade”），同技术上的障碍一样，过去和现在都被有利害关系的资本家硬说成是生产上的“自然界限”，这是棉纺织业巨头们在最初受到工厂法①威胁时最喜欢叫喊的口号。虽然他们的工业比任何其他工业更依赖于世界市场，从而也更依赖于航海业，但是经验已经揭露了他们的谎言。从此以后，任何一种所谓的“商业障碍”都被英国的工厂视察员看成是一种无聊的借口了。(287)事实上，童工调查委员会的极其认真的调查证明：在某些工业中，规定工作日只不过是把已经使用的劳动量较均衡地分配在全年(288)；这种规定，对于那种害死人的、毫无意义的、本身同大工业制度不相适应的、变化无常的赶时

(285)《童工调查委员会。第4号报告》第XXXV页第235号和第237号。

(286)同上，第127页第56号。

(287)“至于因航运未能准时完成订货托运任务而造成的商业损失，我想起，这是1832年和1833年工厂主先生们最喜欢列举的论据。现在，蒸汽已把一切距离缩短了一半，并对交通进行了新的调整。因此，在这个问题上已提不出任何像过去那样有力的论据了。这类论调当时在实际考验面前就已经站不住脚，现在肯定也经不起再次考验。”（《工厂视察员报告。1862年10月31日》第54、55页）

(288)《童工调查委员会。第3号报告》第XVIII页第118号。

①指1833年的工厂法，见本卷第321—325页。——编者注

髦的风气(289)，是第一个合理的约束；远洋航行和一般交通工具的发展已经打破了季节性劳动的固有的技术基础(290)；一切其他所谓不能控制的条件，也由于厂房的扩大、机器的增加、同时使用的工人人数的增长(291)以及这些变化对批发商业制度自然产生的反作用而消除了(292)。但是，正像资本通过自己代表的嘴屡次宣布的那样，要资本同意这种变革，“只有在一项普遍适用的议会法令的压力下”(293)，即

(289)还在1699年，约翰·贝勒斯就指出：“时髦的变化无常，使贫苦的穷人增加。它有两大害处：1. 帮工在冬季由于找不到工作而陷入贫困，因为衣料商人和织布厂老板在春天到来以前，在他们得知什么东西将成为时髦货以前，不敢支出资本去雇用帮工；2. 在春天，帮工又不够用，于是，为了保证王国商业在一季或半年内的需要，织布厂老板必须招收许多学徒，这样就把农民从耕犁旁夺走了，以致使农村缺乏人手，而城市则大都充满乞丐，一到冬季，许多耻于乞讨的人就会饿死。”(《论贫民、工业、贸易、殖民地和道德堕落》第9页)

(290)《童工调查委员会。第5号报告》第171页第34号。

(291)例如，布拉德福德出口商人的证词说：“在这种情况下，很明显，少年在商店里从早晨8点干到晚上7点或7点半就够了，用不着再延长。唯一的问题是得增加开支和增加人手。如果某些雇主不这样贪图利润，少年是没有必要劳动到这样晚的；添置一部机器只需花费16镑到18镑……　一切困难都是由设备不够和空间不足引起的。”(同上，第171页第35、36、38号)

(292)同上。伦敦有一个工厂主认为，强制规定工作日是保护工人不受工厂主侵害的手段，也是保护工厂主本身不受批发商侵害的手段。他说：“我们的行业所受到的压力是由出口商人造成的；例如，他们愿意用帆船运送货物，既想在一定的季节到达目的地，同时又想把帆船运费和轮船运费之间的差额装进自己腰包；或者，从两艘轮船中挑选最先出航的一艘，争取在他们的竞争者之前到达国外市场。”(第81页第32号)

(293)有个工厂主说：“只有在一项普遍适用的议会法令的压力下，以牺牲生产的扩大为代价，才能避免这种情况。”(《童工调查委员会。第5号报告》第X页第38号)

用法律强制规定工作日的情况下，才能办到。

9. 工厂立法(卫生条款和教育条款)。它在英国的普遍实行

工厂立法是社会对其生产过程自发形态的第一次有意识、有计划的反作用。正如我们讲过的，它像棉纱、走锭纺纱机和电报一样，是大工业的必然产物。①在谈到工厂立法在英国的普遍实行之前，我们还要简单地提一提英国工厂法中与工作日的小时数无关的某些条款。

撇开卫生条款中使资本家容易规避的措辞不说，这些条款的内容也是非常贫乏的，实际上只是就粉刷墙壁和其他几项清洁措施，通风和危险机器的防护等做出一些规定。我们在第三册[180]里还会谈到，工厂主曾怎样进行疯狂的斗争，反对这些要求他们拿出少量的钱来保护他们“人手”的四肢的条款。这里再一次光辉地证实了自由贸易论者的信条：在一个存在着对抗利益的社会里，人人追逐私利，就会促进公共福利②。举一个例子就够了。大家知道，在过去20年间，爱尔兰的亚麻工业以及随之兴起的打麻工厂，都得到了很大的发展。1864年那里的打麻工厂已有约1 800家。每到秋冬两季，一些完全不熟悉机器的人，主要是少年和妇女，即附近小租地农民的妻子儿女，便定期地放下地里的活，到打麻工厂从事往碾压机里装填亚麻的劳动。这里的事故，按其数量和程度来说是机器史上根本没有先

① 见本卷第276—278、320—344页。——编者注

② 见本卷第204—205页。——编者注

例的。只在基尔迪南（在科克附近）的一家打麻工厂里，从1852年至1856年就一共发生六起造成死亡和60起造成严重残废的事故，而所有这些事故本来只要花几先令，安上一些最简单的装置就可以防止。唐帕特里克各工厂的合格医生怀特，在1865年12月16日的官方报告中说道：

> “打麻工厂里的事故可怕到了极点。在许多场合，身体被铡掉$\frac{1}{4}$。受伤者的通常结局，不是死亡，就是变成残废而痛苦终身。国内工厂数量的增多当然会扩大这种可怕的结果。我相信，国家对打麻工厂进行适当监督，就可以避免身体和生命的大量牺牲。”(294)

为了迫使资本主义生产方式建立最起码的清洁卫生设施，必须由国家颁布强制性的法律。还有什么比这一点能更好地说明资本主义生产方式的特点呢？

> “1864年的工厂法使陶器业的200多个工场进行了粉刷和清扫，这些工场已经有20年或者根本就节制了这一类的工作。〈这就是资本的“节欲”！〉这些作坊雇有27 878个工人，他们至今还在过度的日间劳动中，甚至往往在过度的夜间劳动中，呼吸着极端有害的空气。这种空气使得这种在其他方面危害较少的职业也成为疾病和死亡的温床。工厂法使通风设备大大增加了。”(295)

同时，工厂法的这个部分清楚地表明，资本主义生产方式按其本质来说，只要超过一定的限度就拒绝任何合理的改良。我们一再指出，英国的医生曾异口同声地宣布，每人起码要有500立方英尺的空间才能持续地工作①。好了！既然工厂法通过它的各种强制性规定

(294)《童工调查委员会。第5号报告》第XV页第72号及以下几号。

(295)《工厂视察员报告。1865年10月31日》第127页。

①见本卷第295页。——编者注

间接地加速了较小的工场向工厂的转化，从而间接地侵害了较小的资本家的所有权，并确保了大资本家的垄断权，那么，法律关于工场中的每个工人应占有必要空间的强制规定，就会一下子直接剥夺成千上万的小资本家！就会动摇资本主义生产方式的根基，也就是说，会破坏大小资本通过劳动力的“自由”购买和消费而实现自行增殖。因此，工厂立法在500立方英尺的空间面前碰壁了。卫生机关、工业调查委员会、工厂视察员，都一再强调500立方英尺的必要性，又一再述说不可能强迫资本接受这一点。这样，他们实际上就是宣布，工人的肺结核和其他肺部疾病是资本生存的一个条件。(296)

尽管工厂法的教育条款整个说来是不足道的，但还是把初等教育宣布为劳动的强制性条件。(297)这一条款的成就第一次证明了智育和体育(298)同体力劳动相结合的可能性，从而也证明了体力劳动

---

(296)我们从经验中发现，一个中等健康的人每次呼吸通常大约要消耗25立方英寸空气，而每分钟大约要呼吸20次。所以，一个人在24小时内所消耗的空气约为72万立方英寸或416立方英尺。我们又知道，呼吸过的空气在自然大工场内经过净化以前，是不能再用于呼吸过程的。根据瓦伦廷和布鲁纳的试验，一个健康的人看来每小时呼出的碳酸气约为1 300立方英寸；这就等于说，在24小时内从肺中排出的，约合8盎司固体碳素。“每人至少应该有800立方英尺。”（赫胥黎）

(297)根据英国工厂法，如果父母不能让他们的14岁以下的孩子受初等教育，就不能同时把他们送进“受监督”的工厂做工。工厂主对遵守法律有责任。“工厂教育是强制性的，并且是劳动条件之一。”（《工厂视察员报告。1865年10月31日》第111页）

(298)关于体育（对青少年来说还有军事训练）同工厂儿童和贫民学生的强制教育相结合的非常有利的结果，可以参看纳·威·西尼耳在“全国社会科学促进协会”第七届年会上的演说（载于《总结报告》1863年伦敦版第63、64页），也可以参看1865年10月31日工厂视察员报告第118、119、120、126页及以下几页。

同智育和体育相结合的可能性。工厂视察员很快从教师的证词中就发现：虽然工厂儿童上课的时间要比正规的日校学生少一半，但学到的东西一样多，而且往往更多。

> “道理很简单。那些在学校里只待半天的人总是精力充沛，几乎随时都适于并愿意学功课。半工半读的制度使得两种活动互为休息和调剂，因此，对儿童来说，这种制度比不间断地从事其中一种活动要合适得多。一个从清晨就坐在学校里的儿童，特别在暑天，不可能同一个从劳动中来的活泼愉快的儿童相比。”(299)

关于这一点，从西尼耳于1863年在爱丁堡举行的社会学家大会的演说中也可以找到进一步的例证。他在这篇演说中还指出，上层阶级和中层阶级的孩子们的片面的、不生产的和漫长的学习日，只是白白地增加教师的劳动，“同时，不仅无益地并且是绝对有害地浪费着儿童的时间、健康和精力”(300)。正如我们在罗伯特·欧文那里可以详细看到的那样，从工厂制度中萌发出了未来教育的幼芽，未来教

(299)《工厂视察员报告。1865年10月31日》第118、119页。一个天真的丝织厂主曾对童工调查委员会委员说：“我完全相信，造就优秀工人的真正秘诀在于从幼年时期起就把劳动与智育结合起来。当然，劳动既不应该过分紧张，又不应该令人厌恶、有损健康。我希望我自己的孩子们能有劳动和游戏作为他们上课的调剂。”（《童工调查委员会。第5号报告》第82页第36号）

(300)西尼耳在“全国社会科学促进协会”第七届年会上的演说，载于《总结报告》第66页。把纳·威·西尼耳在1863年的演说和他对1833年工厂法的痛骂比较一下，或者把这次大会的观点同英国某些农业区域仍然禁止贫穷的父母送子女上学，违者将受到饿死的惩罚这个事实比较一下，就可以清楚地说明，大工业发展到一定水平是如何通过物质生产方式和社会生产关系的变革而使人的头脑发生变革的①。例如，斯内尔先生报告说，在萨默塞特郡，如果有一个

①见本卷第258—265页。——编者注

育对所有已满一定年龄的儿童来说，就是生产劳动同智育和体育相结合，它不仅是提高社会生产的一种方法，而且是造就全面发展的人的唯一方法。

我们已经看到，大工业从技术上消灭了那种使一个完整的人终生固定从事某种局部操作的工场手工业分工，而同时，大工业的资本主义形式又更可怕地再生产了这种分工：在真正的工厂中，是由于把工人转化为局部机器的有自我意识的附件；在其他各处，一部分是由于间或地使用机器和机器劳动(301)，一部分是由于采用妇女劳动、儿童劳动和非熟练劳动作为分工的新基础①。工场手工业分工和大工业性质之间的矛盾强烈地表现出来。例如，它表现在这样一个可怕的事实上：现代工厂和手工工场雇用的大部分儿童从最年幼的时期起就被束缚在最简单的操作上，多年遭受着剥削，却没有学会任何一种哪怕以后只是在同一手工工场或工厂中能用得上的

穷人向教区请求救济，他就得被迫让自己的孩子退学，这已经成为惯例。例如，费尔特姆市的牧师沃拉斯顿先生谈到过这样的事情：有些家庭被拒绝给予任何救济，"因为他们让自己的孩子上学"！

(301)在手工业性质的机器即人力推动的机器，同发达的机器即以机械动力为前提的机器直接或间接地发生竞争的地方，对推动机器的工人来说就会发生巨大的变化。原来是蒸汽机代替工人，而现在却是工人要代替蒸汽机。因此，工人的劳动力的紧张和耗费就会达到惊人的程度，而且注定要受这种苦刑的全是未成年人！如调查委员朗格在考文垂及其附近地方发现，人们使用10岁到15岁的少年推动织带机，至于使用更幼小的孩子去推动小型织机的情况就更不用说了。"这是非常吃力的工作。儿童成了蒸汽力的单纯的代用品。"(《童工调查委员会。第5号报告》1866年版第114页第6号)关于官方报告所说的"这种奴隶制度"的杀人后果，见同页及以下几页。

---

①见本卷第429—431、483—488页。——编者注

手艺。例如，过去在英国的印刷业中，同旧的工场手工业和手工业制度相适应，学徒工是从比较简单的活过渡到比较复杂的活。他们经过一段学习时期，最终就成为熟练的印刷工人。凡从事这门手工业的人，都必须能读会写。随着印刷机的出现，一切都变了。印刷机使用两种工人：一种是成年工人，他们看管机器；另一种是少年，大多从11岁到17岁，他们的工作只是把纸铺开送到机器上，或者从机器上把印好的纸取下来。他们(特别是在伦敦)在一星期中有好几天要连续不断地从事这种苦工达14、15、16小时，甚至往往一连劳动36小时，而中间只有两小时吃饭和睡觉的休息时间！(302)他们当中大部分人不识字，他们通常都是非常粗野的、反常的人。

> “要使他们能胜任自己的工作，不需要任何知识教育；他们很少有机会接触技艺，更少有机会运用判断力；他们的工资虽然在少年中略高一些，但是不会随着他们的成长按比例增加，而且大多数人都没有任何希望被提升到收入较高和责任较大的机器看管工人的职位，因为每一台机器只需要一个看管工人，却往往需要四个少年。”(303)

当他们长大到不适于从事儿童劳动时，也就是最迟到17岁时，就被印刷厂解雇。他们成为罪犯的补充队。企图在别的地方为他们找到职业的某些尝试，也都由于他们的无知、粗野、体力衰退和精神堕落而遭到了失败。

关于工场内部的工场手工业分工所谈到的这一切，也适用于社会内部的分工。只要手工业和工场手工业构成社会生产的普遍基础，生产者对专一生产部门的隶属，他的职业的原有多样性的破

---

(302)《童工调查委员会。第5号报告》1866年版第3页第24号。

(303)同上，第7页第59、60号。

坏[304]，就成为发展的必要因素。在这一基础上，每一个特殊的生产部门都通过经验找到适合于自己的技术形态，慢慢地使它完善，而一当达到一定的成熟程度，就迅速地使它固定下来。除商业提供的新的劳动材料外，劳动工具的逐渐改变也会不时地引起变化。一旦从经验中取得适合的形式，工具就固定不变了；工具往往世代相传达千年之久的事实，就证明了这一点。很能说明问题的是，各种特殊的手艺直到18世纪还称为mysteries（mystères）[秘诀][305]，只有经验丰富的内行才能洞悉其中的奥妙。这层帷幕在人们面前掩盖他们自己的社会生产过程，使各种自然形成的分门别类的生产部门彼此成为哑谜，甚至对每个部门的内行都成为哑谜。大工业撕碎了这层帷幕。大工业的原则是，首先不管人的手怎样，把每一个生产过程本身分解成各个构成要素，从而创立了工艺学这门完全现代的科学。社会生产过程的五光十色的、似无联系的和已经固定化的形态，分解成为自然科学的自觉按计划的和为取得预期有用效果而系统分类的应用。工艺学也揭示了为数不多的重大的基本运动形式，

(304)"在苏格兰高地某些地方……根据统计报告，有许多牧羊人和小屋贫农及其妻子儿女，穿着他们用自己鞣制的皮革缝制的鞋子，穿着不经任何外人之手而自己制成的衣服，做衣服的材料是他们自己从羊身上剪下来的，或者是用他们自己种出来的麻。在做衣服时，除锥子、针、顶针和极少数织布用的铁制工具外，几乎没有一件买来的东西。染料是妇女们自己从树、灌木、野草上面采来的。"（《杜格尔德·斯图亚特全集》，汉密尔顿编，第8卷第327—328页）

(305)在埃蒂耶纳·布瓦洛的有名的著作《手工业手册》中写道，帮工升师傅时，要进行如下宣誓："要兄弟般地热爱同行弟兄，扶持同行弟兄，每个人在自己的职业中决不随意泄露本行秘诀，甚至为了整体的利益，决不为推销自己的商品而向买主介绍他人制品的缺点。"

尽管所使用的工具多种多样，人体的一切生产活动必然在这些形式中进行，正像机器虽然异常复杂，力学仍会看出它们不过是简单机械力的不断重复一样。现代工业从来不把某一生产过程的现存形式看成和当做最后的形式。因此，现代工业的技术基础是革命的，而所有以往的生产方式的技术基础本质上是保守的。(306)现代工业通过机器、化学过程和其他方法，使工人的职能和劳动过程的社会结合不断地随着生产的技术基础发生变革。这样，它也同样不断地使社会内部的分工发生革命，不断地把大量资本和大批工人从一个生产部门投到另一个生产部门。因此，大工业的本性决定了劳动的变换、职能的更动和工人的全面流动性。另一方面，大工业在它的资本主义形式上再生产出旧的分工及其固定化的专业。我们已经看到，这个绝对的矛盾怎样破坏着工人生活的一切安宁、稳定和保障，使工人面临这样的威胁：在劳动资料被夺走的同时，生活资料也不断被夺走(307)，在他的局部职能变成过剩的同时，他本身也变成过剩的东西；这个矛盾怎样通过工人阶级的不断牺牲、劳动力的无限度的浪费和社会无政府状态造成的灾难而放纵地表现出

(306)“资产阶级除非对生产工具，从而对生产关系，从而对全部社会关系不断地进行革命，否则就不能生存下去。反之，原封不动地保持旧的生产方式，却是过去的一切工业阶级生存的首要条件。生产的不断变革，一切社会状况不停的动荡，永远的不安定和变动，这就是资产阶级时代不同于过去一切时代的地方。一切固定的僵化的关系以及与之相适应的素被尊崇的观念和见解都被消除了，一切新形成的关系等不到固定下来就陈旧了。一切等级的和固定的东西都烟消云散了，一切神圣的东西都被亵渎了。人们终于不得不用冷静的眼光来看他们的生活地位、他们的相互关系。”（弗·恩格斯和卡·马克思《共产党宣言》1848年伦敦版第5页[372]）

(307)“你们夺去了我活命的资料，就是要了我的命。”（莎士比亚）[373]

来[①]。这是消极的方面。但是，如果说劳动的变换现在只是作为不可克服的自然规律并且带着自然规律在任何地方遇到障碍时都有的那种盲目破坏作用而为自己开辟道路(308)，那么，大工业又通过它的灾难本身使下面这一点成为生死攸关的问题：承认劳动的变换，从而承认工人尽可能多方面的发展是社会生产的普遍规律，并且使各种关系适应于这个规律的正常实现。大工业还使下面这一点成为生死攸关的问题：用适应于不断变动的劳动需求而可以随意支配的人，来代替那些适应于资本的不断变动的剥削需要而处于后备状态的、可供支配的、大量的贫穷工人人口；用那种把不同社会职能当做互相交替的活动方式的全面发展的个人，来代替只是承担一种社会局部职能的局部个人。综合技术学校和农业学校是这种变革过程在大工业基础上自然发展起来的一个要素；职业学校是另一个要素，在这种学校里，工人的子女受到一些有关工艺学和各种生产工具的实际操作的教育。如果说工厂立法作为从资本那里争取来的最初的微小让步，只是把初等教育同工厂劳动结合起来，那么毫无疑问，工人阶级在不可避免地夺取政权之后，将使理论的和实践的工

(308)一个法国工人从旧金山回来后这样写道："我从没有想到，我在加利福尼亚竟能够干各种职业。我原来确信，除了印刷业外，我什么也干不了……可是，一旦处在这个换手艺比换衬衫还要容易的冒险家世界中，——请相信我的忠诚！——我也就和别人一样地干了。由于矿山劳动的收入不多，我就抛弃了这个职业到城里去，在那里我先后做过印刷工人、屋面工人、铸铅工人等等。因为有了适合做任何工作的经验，我觉得自己不再像一个软体动物而更像一个人了。"（昂·科尔邦《论职业教育》第2版第50页）

①见本卷第492—528页。——编者注

艺教育在工人学校中占据应有的位置。同样毫无疑问，生产的资本主义形式和与之相适应的工人的经济关系，是同这种变革酵母及其目的——消灭旧分工——直接矛盾的。但是，一种历史生产形式的矛盾的发展，是这种形式瓦解和新形式形成的唯一的历史道路。“鞋匠，管你自己的事吧！”[374]——手工业智慧的这一“顶峰”，在钟表匠瓦特发明蒸汽机，理发师阿克莱发明经线织机，宝石工人富尔顿发明轮船以来，已成为一种可怕的愚蠢了。(309)

当工厂立法规定工厂、工场手工业等的劳动时，这最初仅仅表现为对资本的剥削权利的干涉。相反地，对所谓家庭劳动(310)的任何规定都立即表现为对父权(用现代语言来说是亲权)的直接侵犯。温和的英国议会对于采取这一步骤长期来一直装腔作势，畏缩不前。但是事实的力量终于迫使人们承认，大工业在瓦解旧家庭制度的经济基础以及与之相适应的家庭劳动的同时，也瓦解了旧的家庭关系本身。不得不为儿童的

(309)政治经济学史上一个真正非凡的人物约翰·贝勒斯，早在17世纪末就非常清楚地懂得，必须废除现行的教育和分工，因为这种教育和分工按照相反的方向在社会的两极上造成一端肥胖，一端枯瘦。他说得很好：“游手好闲的学习并不比学习游手好闲好……　体力劳动是上帝原本安排的……　劳动对于身体健康犹如吃饭对于生命那样必要，因为悠闲固然使一个人免掉痛苦，但疾病又会给他带来痛苦……　劳动给生命之灯添油，而思想把灯点燃……一种愚笨的儿童劳动〈这是对巴泽多及其现代模仿者们的充满预感的反驳〉会使儿童的心灵愚笨。”(《关于创办一所一切有用的手工业和农业的劳动学院的建议》1696年伦敦版第12、14、16、18页)

(310)这种劳动多半也在较小的工场中进行，正如我们在花边手工工场和草辫业中看到的那样①，特别是设菲尔德、伯明翰等地的金属手工工场，能够更详细地表明这一点。

①见本卷第536—540页。——编者注

权利来呼吁了。1866年童工调查委员会的最后报告说：

> “不幸的是，所有的证词都表明：男女儿童在自己的父母面前比在任何别人面前都更需要保护。”一般儿童劳动，特别是家庭劳动遭受无限度剥削的制度“之所以能够维持，是因为父母对自己的年幼顺从的儿女滥用权力，任意虐待，而不受任何约束或监督…… 父母不应当享有为每周取得一点工资而把自己的孩子变成单纯机器的绝对权力…… 儿童和少年有权为防止亲权的滥用而取得立法方面的保护，这种滥用会过早地毁坏他们的体力，并且使他们道德堕落，智力衰退”。(311)

然而，不是亲权的滥用造成了资本对未成熟劳动力的直接或间接的剥削，相反，正是资本主义的剥削方式通过消灭与亲权相适应的经济基础，造成了亲权的滥用。不论旧家庭制度在资本主义制度内部的解体表现得多么可怕和可厌，但是由于大工业使妇女、男女少年和儿童在家庭范围以外，在社会地组织起来的生产过程中起着决定性的作用，它也就为家庭和两性关系的更高级的形式创造了新的经济基础。当然，把基督教日耳曼家庭形式看成绝对的东西，就像把古罗马家庭形式、古希腊家庭形式和东方家庭形式看成绝对的东西一样，都是荒谬的。这些形式依次构成一个历史的发展序列。同样很明白，由各种年龄的男女个人组成的结合劳动人员这一事实，尽管在其自发的、野蛮的、资本主义的形式中，也就是在工人为生产过程而存在，不是生产过程为工人而存在的那种形式中，是造成毁灭和奴役的祸根，但在适当的条件下，必然会反过来转变成人道的发展的源泉。(312)

---

(311)《童工调查委员会。第5号报告》第XXV页第162号和《第2号报告》第XXXVIII页第285、289号，第XXV、XXVI页第191号。

(312)“工厂劳动可以像家务劳动一样洁净、美妙，甚至更洁净、更美妙。”（《工厂视察员报告。1865年10月31日》第129页）

工厂法从一项在机器生产的最初产物即纺纱业和织布业中实行的特殊法，发展成为整个社会生产中普遍实行的法律，这种必然性，正如我们已经看到的，是从大工业的历史发展进程中产生的①。在大工业的背景下，工场手工业、手工业和家庭劳动的传统形态经历着彻底的变革：工场手工业不断地转变为工厂；手工业不断地转变为工场手工业；最后，手工业和家庭劳动领域在相对说来短得惊人的时间内变成了苦难窟，骇人听闻的最疯狂的资本主义剥削在那里为所欲为。在这里最后起了决定作用的，有两方面的情况：第一，经验不断反复证明，如果资本只是在社会范围的个别点上受到国家的监督，它就会在其他点上更加无限度地把损失捞回来(313)；第二，资本家自己叫喊着要求平等的竞争条件，即要求对劳动的剥削实行平等的限制(314)。我们且听一听关于这方面的两种由衷的呼声吧。库克斯利先生们(布里斯托尔的生产钉子、链条等的工厂主)，自愿在自己的企业里实行工厂规定。

> “因为邻近各厂继续存在着旧的不规范的制度，所以他们不得不遭受损失，眼看着他们的少年工人在下午6点钟以后被引诱到别的地方去继续做工。他们当然会说：‘这对于我们是一种不公平，并且是一种损失，因为这样会消耗少年工人的部分体力，而从少年取得的全部利益理应属于我们。’”(315)

辛普森先生(伦敦纸袋纸盒厂的工厂主)对童工调查委员会委员说：

(313)《工厂视察员报告。1865年10月31日》第27、32页。

(314)关于这一点，在《工厂视察员报告》中可以找到大量的例证。

(315)《童工调查委员会。第5号报告》第X页第35号。

①见本卷第529—553页。——编者注

“他愿意在任何一个要求实行工厂法的请愿书上签名。无论如何，他在晚上总是感到不安，他在自己的工场关门以后就想，别的工场干的时间更长些，正在把订货从他的鼻子底下抢走。”(316)

童工调查委员会总结说：

“只使较大的雇主的工厂遵守规定，而他们同行业的小工场在劳动时间上却不受任何法律限制，这对较大的雇主是不公平的。在劳动时间的限制上，把较小的工场看做例外，就造成不平等的竞争条件，这是一种不公平。除此以外，对较大的工厂主来说还有一种不利：他们的少年劳动和妇女劳动的供给会被引到不受工厂法约束的工场。最后，这会促使较小的工场增加，而这些较小的工场对国民的健康、福利、教育以及普遍的改善，几乎毫无例外都是最为不利的。”(317)

童工调查委员会在它的最终报告中，建议把140多万儿童、少年和妇女(其中几乎有一半人受小生产和家庭劳动的剥削)置于工厂法的约束之下。(318)委员会说：

“如果议会全部接受我们的建议，那么毫无疑问，这样的立法不仅对同它直接有关的年幼和体弱的人，而且对直接〈妇女〉和间接〈男子〉地受立法约束的更大量的成年工人，都会产生最有益的影响。这种立法会迫使他们接受规定好的

(316)《童工调查委员会。第5号报告》第IX页第28号。

(317)同上，第XXV页第165—167号。关于大生产对小生产的优越性，请参看《童工调查委员会。第3号报告》第13页第144号；第25页第121号；第26页第125号；第27页第140号等等。

(318)受工厂法约束的工业部门如下：花边工场手工业，织袜业，草编业，各种服饰工场手工业，制花业，制鞋业，制帽业，手套业，裁缝业，一切金属工厂(从炼铁厂到制针厂)，造纸厂，玻璃工场手工业，烟草工场手工业，橡胶厂，制筘(纺织用)业，手织地毯业，雨伞阳伞工场手工业，纱锭及筒管业，印刷业，装订业，文具用品业(这里还包括纸盒、卡片、颜色纸等的生产)，制绳业，煤精装饰品工场手工业，砖厂，手工丝织业，丝带业，盐厂，制烛厂，水泥厂，砂糖精制业，饼干业，各种木器业及其他种种杂品制造业。

和适度的劳动时间；它会节约和积蓄在很大程度上决定他们的个人幸福和国家幸福的体力储备；它会保护正在发育的一代，使他们免于在幼年从事毁坏体质和引起早衰的过度紧张的劳动；最后，它还会为至少13岁以下的儿童提供接受初等教育的机会，从而结束那种难以置信的愚昧无知状态，这种状态在委员会的报告里曾得到如实的描写，使人看了不能不十分痛心，深感国民受到了侮辱。”(319)

托利党内阁在1867年2月5日通过国王演辞宣布，它已经把工业调查委员会的提案(319a)定为“法案”。做到这一步，竟需要在无价值的生物体上进行一次长达20年的新实验。议会童工调查委员会早在1840年就已经被任命成立了。该委员会1842年的报告，用纳·威·西尼耳的话来说，

“对资本家和父母的贪婪、自私和残酷，对儿童和少年的困苦、堕落和遭受摧残，展示出一幅从未见过的极为可怕的图景……　也许有人会说，报告描写的是过去时代的惨状。但遗憾的是，我们面前的一些报告说明，这种惨状仍然存在，同过去一样严重。两年前哈德威克出版的一本小册子写道，1842年受到指责的弊端，今天〈1863年〉仍在泛滥……　这份报告〈1842年〉20年来竟无人过问，在这期间，当年的儿童已长大成人，他们既对我们称为道德的东西，也对学校教育、宗教和自然的家庭之爱毫无所知，但我们竟然又让这些儿童成了现在这一代孩子的父母”(320)。

---

(319)《童工调查委员会。第5号报告》第XXV页第169号。

(319a)工厂法扩充条例于1867年8月12日通过。它约束的，是所有涉及金属铸造、金属锻冶和金属加工的工场手工业(包括机器制造厂)，其次是玻璃工场手工业，造纸工场手工业，古塔波树胶工场手工业和橡胶工场手工业，烟草工场手工业，印刷业，装订业，以及一切雇有50人以上的工场。——1867年8月17日通过的劳动时间规定法，约束较小的工场以及所谓家庭劳动。

我在第二册中还会回过来讲到这些法律和1872年的新矿业法等等。[375]

(320)西尼耳《社会科学年会》第55页及以下几页。

在这期间，社会状况发生了变化。议会再也不敢像当年拒绝童工调查委员会1842年的要求那样，拒绝该委员会1863年的要求了。因此还在1864年，当该委员会只公布了它的一部分报告时，瓦器业（包括陶器业）、壁纸、火柴、弹药和雷管制造业以及剪绒业，便都受到已在纺织业中实行的那些法律的约束。当时的托利党内阁通过1867年2月5日的国王演辞，公布了以童工调查委员会（这个委员会在1866年完成了它的工作）的最后提案为基础的新法案。

1867年8月15日和21日，工厂法扩充条例和工场管理法先后获得国王批准。前者约束大企业，后者约束小企业。

工厂法扩充条例约束炼铁厂、铜铁工厂、铸造厂、机器制造厂、金属加工厂、古塔波树胶厂、造纸厂、玻璃厂、烟草厂，还有印刷业和装订业，以及所有在一年中至少有100天同时雇有50名以上工人的同类工业的工场。

为了对这个法律的适用范围的扩大有一个概括的了解，我们在这里引用该法律规定的几个定义：

"**手工业**是指〈在这项法律中〉任何一种作为职业或者为了谋利而从事或者附带从事的手工劳动，它用于制造、改装、装饰、修理或最后加工某种待售的物品或这种物品的一部分。"

"**工场**是指有任何一个儿童、少年工人或妇女在其中从事某种'手工业'，并且雇用这个儿童、少年或妇女的人有权进入并实行监督的一切有顶的或露天的房间或场所。"

"**受雇**是指在一个师傅或在符合下述详细规定的尊亲之一的手下从事一种'手工业'，不管领工资或不领工资。"

"**尊亲**是指父、母、监护人、或其他负责监护或监督某一……儿童或少年工人的人。"

第7条规定，凡违反该法律的规定而雇用儿童、少年工人和妇女者，得处以罚款，这一条不仅适用于工场主(不管是不是尊亲之一)，而且也适用于

> “尊亲以及其他对儿童、少年工人或妇女有监护权或从他们的劳动中得到直接好处的人”。

适用于大企业的工厂法扩充条例作了大量可耻的例外规定和对资本家的卑怯妥协，因此同工厂法比较起来，是后退了。

工场管理法由于其各项细节十分贫乏，在被授权执行该法律的市政及地方当局手中仍然是一纸空文。1871年议会从这些当局手里收回该法的执行权，把它交给了工厂视察员，从而使工厂视察员的视察范围一举扩大了10万多个工场，单是砖厂就增加了300个，但对于本来就人手不足的视察人员，只十分谨慎地增派了8名助手。(321)

因此，在1867年的这次英国立法中引人注意的地方是：一方面，统治阶级的议会不得不被迫在原则上采取非常的和广泛的措施，来防止资本主义剥削的过火现象；另一方面，议会在真正实现这些措施时又很不彻底、很不自愿、很少诚意。

1862年的调查委员会还建议对采矿业实行一种新的规定；采矿业和其他各种工业不同的地方在于，在这里土地占有者和工业资本家的利益是一致的。过去，这两种利益的对立曾促进了工厂立法；现

---

(321)工厂视察人员包括：2名视察员，2名副视察员，41名助理视察员。新添的8名助理视察员是1871年任命的。1871—1872年，英格兰、苏格兰和爱尔兰用于执行工厂法的费用总共只有25 347镑，其中还包括控告违法事件的诉讼费。

在，正是不存在这种对立，才足以说明矿业立法为什么会如此拖延和施展诡计。

1840年调查委员会揭露了骇人听闻、令人愤慨的事实，这在整个欧洲成为一桩如此大的丑闻，以致议会为了拯救自己的良心，不得不通过了1842年的矿业法，这项法律仅限于禁止使用妇女和10岁以下的儿童从事井下劳动。

以后，1860年，制定了矿山视察法，规定矿山要受专门任命的国家官员的检查，不许雇用10岁至12岁的儿童，除非他们持有学校的证明或者按一定的时数上学。由于任命的视察员少得可笑，职权又很小，加上其他一些下面将要详细叙述的原因，这项法令仍完全是一纸空文。

关于矿山的最近的蓝皮书[11]之一，是《矿山特别委员会的报告。附证词。1866年7月23日》。这是由下院议员组成的一个有全权传呼和询问证人的委员会的作品，是厚厚的一册对开本，其中报告本身一共只有五行，内容是：委员会无话可说，还必须询问更多的证人！

询问证人的方式使人想起英国法庭的反问法，就是律师乱七八糟地提出各种无耻的模棱两可的问题，力图弄得证人糊里糊涂，然后对他的话加以歪曲。在这里，律师也就是议会询问人委员会的委员，其中有矿主和矿山经营者；证人是矿工，大部分是煤矿工人。这套滑稽戏最能说明资本的精神了，因此在这里不能不引述几段。为了便于考察起见，我把调查的结果分类叙述。我记得，问题和回答在英国蓝皮书中都编有号码，而这里所引用的都是煤矿工人的证词。

1. 矿山中10岁以上少年的劳动。劳动，连同到矿山往返的路程，一般持续14—15小时，有时还要长，从早晨3、4、5点钟到傍晚4—5点钟。（第6、452、83号）成年工人分两班劳动，或者说劳动8小时，但是为了节省开支，少年不换班。（第80、203、204号）年幼的儿童主要是雇来开关矿内各巷道的通风门，大一些的儿童则做较重的活，如运煤等等。（第122、739、740、1717号）这种长时间的井下劳动一直要做到18岁或者22岁，然后才转入真正的挖煤劳动。（第161号）现在儿童和少年所受的折磨，比以往任何时期都更残酷。（第1663—1667号）矿工几乎一致要求议会制定一项法令禁止使用不满14岁的童工从事矿山劳动。于是，布鲁斯先生问道：

“这种要求难道不取决于父母的贫穷程度吗？”布鲁斯先生问道：“如果父亲死了或者变成残废等等，那么夺去家庭的这个收入来源，难道不残忍吗？那就必须施行一项普遍的规章。你愿意在任何情况下都禁止不满14岁的儿童从事井下劳动吗？”回答：“在任何情况下都愿意。”（第107—110号）维维安：“如果矿山禁止使用不满14岁的童工，父母不会把孩子送到工厂等处去吗？——一般说，不会。”（第174号）工人：“开关通风门看起来很容易，但这是很苦的活。这些少年不仅老是挨风吹，而且关在那里完全像关在阴暗的牢房里一样。”资产者维维安：“如果一个少年有灯，他不能在看门的时候读读书吗？——首先，他得自己买蜡烛，再说，也不会允许他这样做。他在那里要注意自己的工作，他必须尽他的责任。我从来没见过任何少年在矿里念书。”（第139—160号）

2. 教育。矿工要求像工厂中那样，制定一项有关儿童强制教育的法律。他们认为，1860年法令中关于使用10—12岁少年要有学校证明的条款纯粹是一种空想。资本主义审讯官的“寻根究底的”盘问在这里实在可笑极了。

“法令应当更多地约束谁呢，雇主还是父母？——对双方都应当约束。”

（第115号）“不更多地约束其中的一方吗？——让我怎么回答呢？”（第116号）“雇主有没有表示某种愿望想使劳动时间规定得适合于上学呢？——从来没有。”（第137号）“矿工以后能改进自己的教养吗？——一般说来，他们越来越坏；染上了各种恶习；酗酒、赌钱等等，完全堕落了。”（第211号）“为什么不送儿童们进夜校呢？——多数煤矿区根本没有夜校。但主要的是，他们都让长时间的过度劳动累得精疲力竭，连眼睛也睁不开。”资产者最后断定说：“这样看，你是反对教育啰？——决不是，不过……”（第454号）“1860年的法令不是规定矿主等等在雇用10岁至12岁的儿童时要索取学校的证明么？——法律是这样规定的，但是矿主不照办。”（第441—443号）“你认为，法律的这项条款没有普遍实行吗？——根本就没有实行。”（第444号）“矿工对教育问题很关心吗？——绝大多数人都很关心。”（第717号）“他们都盼望实行这项法律吗？——绝大多数人都盼望。”（第718号）“为什么他们不迫使实行这项法律呢？——有许多工人希望拒绝没有学校证明的少年做工，但是他会成为被记名的人。”（第720号）“谁给他记名呢？——他的雇主。”（第721号）“那你岂不是相信雇主会追究一个服从法律的人吗？——我相信雇主会这样做。”（第722号）“为什么工人不拒绝使用这样的少年呢？——这可不由工人做主。”（第723号）“你要求议会干涉吗？——要在矿工的孩子们的教育上多少做出点有成效的事情，议会必须制定一项法令来强制实行。”（第1634号）“这种办法应适用于大不列颠全部工人的孩子呢，还是只适用于矿工的孩子？——我到这里来是代表矿工说话。”（第1636号）“为什么要把矿工的孩子和别的孩子分开？——因为他们是通常情况下的一个例外。”（第1638号）“在哪一方面？——身体方面。”（第1639号）“为什么教育对他们比对其他阶级的孩子更有价值呢？——我不是说教育对于他们更有价值，但是，由于他们在矿上从事过度劳动，就更少有机会上日校和星期日学校。”（第1640号）“这类问题可不能绝对地看，难道不是这样吗？”（第1644号）“矿区的学校够么？——不够。”（第1646号）“如果国家要求每一个儿童都入学，那么，从哪里来这么多的学校容纳所有的儿童上学呢？——我想，如果情况需要这么办，学校自然会办起来的。”（第1647号）“不只是绝大部分儿童，而且绝大部分成年矿工也都不会写不会读。”（第705、726号）

3. 妇女劳动。虽然从1842年以来已经不再在井下使用女工，但是她们仍被用来在井上装卸煤炭等物，把煤桶拉到运河边和火车旁，选煤等等。最近三四年来使用的女工大有增加。(第1727号)这些女工大多数是矿工的妻子、女儿和寡妇，年龄从12岁至50、60岁不等。(第647、1779、1781号)

“矿工对矿上雇用妇女有什么想法呢?——他们普遍谴责这种做法。”(第648号)“为什么?——他们认为这会使女性堕落(第649号)……　妇女穿着男人的衣服。在许多场合下丧失了任何的羞耻心。有些妇女抽烟。劳动同井下一样脏。其中许多已婚的妇女不能尽自己的家庭职责。”(第651—654号、第701号)“寡妇能在其他地方找到同样收入(每周8—10先令)的职业吗?——我不能回答这个问题。”(第709号)“那么你仍然〈铁石心肠!〉下决心截断她们的这条谋生之路么?——毫无疑问。”(第710号)“哪儿来的这种情绪呢?——我们矿工非常尊敬女性，不忍看到她们在煤矿里受罪……　这种活大部分是很繁重的。有许多姑娘一天要卸煤10吨之多。”(第1715、1717号)“你是否认为矿上雇用的女工比工厂雇用的女工更没有道德?——变坏的人的百分比大于工厂姑娘。”(第1732号)“但你不是对工厂里的道德状况也不满意么?——不满意。”(第1733号)“那么你也希望禁止工厂里使用妇女劳动吗?——不，我不希望。”(第1734号)“为什么不希望?——工厂劳动对于女性比较体面和适合。”(第1735号)“你不是认为这种劳动对她们的道德仍然是有害的吗?——不，远不像矿上的劳动那样有害。不过，我的意见不仅是出于道德方面的考虑，而且也出于身体和社会方面的考虑。姑娘们的社会堕落是令人痛心的，是极端严重的。在这些姑娘成为矿工的妻子以后，她们的丈夫就深受这种堕落之苦，这种情况使他们离开家跑去酗酒。”(第1736号)“但是铁工厂雇用的妇女不也是这样吗?——关于其他生产部门我不能说什么。”(第1737号)“但是铁工厂雇用的妇女和矿上雇用的妇女有什么不同呢?——我没有研究过这个问题。”(第1740号)“你能找出这两类人之间的区别吗?——我没有把握回答这个问题，不过我挨家挨户访问过，知道我们矿区里的一些丑事。”(第1741号)“你是不是很希望在所有会使妇女堕落的地方消灭妇女劳动呢?——是的……　儿童的最好的感情应由母亲来培养。”(第1750号)“但是从事农业的妇女也是这样吗?——农活只有两季，而我们这里的妇女一年四季都要劳动，有时白天黑夜接着干，汗流浃背，使她们的体质变弱，健康受到损害。”(第1751号)“你没有全盘地研究过这个问题〈即妇女劳动的问题〉吗?——我观察了周围的情况，我敢说，我在任何地方都找不到和煤矿上的妇女劳动相似的工作。(第1753号)这是男人干的活,而且是身强力壮的男人干的活。""较好的矿工想振奋起来并认真做人,但在妻子那里得不到支持,反而被她们拖了后腿。"[第1793、1794、1808号]

资产者又乱七八糟盘问了一通之后,终于暴露了他们对寡妇、贫苦家庭等等的"同情心"的秘密。

"煤矿主们派一些绅士去当总监工,而这些总监工为了博得主人嘉许,就实行尽可能节约地办一切事情的政策;雇用的姑娘每天得到1先令—1先令6便士,而男人却得到2先令6便士。"(第1816号)

4. 验尸陪审员。

"谈到你们区里的验尸陪审员的调查,那么,在发生事故时,工人对诉讼程序是否满意?——不,他们不满意。"(第360号)"为什么不满意?——特别是因为当陪审员的那些人对矿山毫无所知。工人除了当证人以外,根本不让干别的。被邀请当陪审员的一般是邻近的小店主,这些人受矿主即他们的顾客的影响,对证人的技术用语一窍不通。我们要求由矿工当一部分陪审员。判决和证人的证词一般是矛盾的。"(第361—375号)"陪审员不是应当公正吗?——是的。"(第378号)"工人会成为这样的陪审员吗?——我看不出有任何原因会使工人不公正。他们有实际知识。"(第379号)"但是他们会不会由于偏袒工人而作出不公正的苛刻的判决呢?——不,我相信不会。"(第380号)

5. 虚假的度量衡等等。工人要求以每周发一次工资的办法代替两周发一次工资的办法,要求按重量计算,不要按煤桶的容量计算,保证不使用假秤等等。

"如果煤桶用欺骗的办法被加大,工人不是在提出声明后14天就可以离开矿井吗?——但是如果他到另外一个地方去,也会遇到同样的情况。"(第1071号)"但他不是仍然可以离开这种不公平的地方吗?——到处都是不公平的。"

(第1072号)“但是工人不是在提出声明后14天又可以离开他所在的地方吗?——是的。”(第1073号)

询问就此了结!

6. 矿山视察。工人不仅遭受瓦斯爆炸事故带来的痛苦。

“我们也要对煤矿内通风不良提出控诉,这种情况使工人在矿内几乎无法呼吸,因此什么活也干不了。例如,正好现在在我干活的那个工作面上,恶劣的空气使许多工人病倒了好几个星期。在主要巷道里,空气一般还够用,然而正好在我们干活的地方就不够用了。如果有谁向视察员控诉通风情况,那他就会被解雇,并且成为一个‘被记名的’人,到别的地方也找不到工作。1860年的矿山视察法纯粹是一张废纸。视察员的人数太少了,他们也许要七年才能进行一次形式上的视察。我们的视察员是一个不能做任何事情的70多岁的人,他要管130多个煤矿。我们除了需要有更多的视察员外,还需要有助理视察员。”(第234号及以下几号)“这样是不是政府应当维持一支视察员队伍,让他们在没有工人报告的情况下自己就能够解决你们的全部要求?——这是不可能的,不过他们应该自己到矿井里来听取报告。”(第280号)“你不认为这样做的结果就会把通风等责任〈!〉从矿主身上推到政府官员身上吗?——决不会这样,他们的职责是要迫使人们遵守现行的法律。”(第285号)“你说的助理视察员是不是指那些比现任视察员薪水少、级别低的人呢?——如果你们能够派比较好的,我决不希望要级别低的。”(第294号)“你们是要更多的视察员呢,还是要比视察员低一级的人呢?——我们需要那些能亲自到矿上来跑跑并且不顾私利的人。”(第295号)“如果你们要求派次一级视察员的愿望得到满足,那么他们在熟练程度上的缺陷不会造成危险吗?……　——不会;政府的责任是委派适当的人员。”(第297号)

这种询问方式最终连调查委员会的主席也感到太荒唐了。他插进来说:

“你们是希望有实际经验的人员,能亲自到矿井看看并把情况报告给视察员,而视察员就可以运用他的较高级的知识。”(第531号)“所有这些旧矿井都搞通风设备，不是会造成很大的花费吗？——是的，费用可能会增加，但人的生命会得到保障。”

一个煤矿工人对1860年法令第17条表示抗议：

“现在，如果矿山视察员发现矿井的某一部分不适于工作，他必须向矿主和内务大臣报告。然后矿主有20天的考虑时间；20天期满后，矿主可以拒绝任何改进。但是矿主要是这样做，他就必须给内务大臣打一个报告，并向他推荐五名矿山工程师，由内务大臣从中挑选仲裁人。我们认为，在这种情况下，矿主实际上是委派自己的仲裁人。”（第581号）

作为询问人的资产者（他自己就是矿主）说：

“这种抗辩纯粹是瞎想出来的。”（第586号）“这样说来，你们对矿山工程师的正直评价很低了？——我是说，这种做法非常不合理、不公平。”（第588号）“难道矿山工程师不具备某种公正的品格，从而可以使他们的决定避免你们所担心的那种偏袒吗？——我拒绝回答有关这些人的个人品格的问题。我相信，在许多情况下，他们做事很不公正，在这种人命关天的地方，应当剥夺他们的这种权力。”（第589号）

这个资产者又厚颜无耻地问：

“你不认为矿主也会因瓦斯爆炸而遭到损失吗？”

最后还问道：

“你们工人不请求政府的帮助就不能自己维护你们自己的利益吗？——不能。”（第1042号）

1865年大不列颠有3 217个煤矿和12个视察员。约克郡的一个矿主（1867年1月26日《泰晤士报》报道）自己曾计算过，撇开视察员的纯事务性的工作（而这就占了他们的全部时间）不说，每个矿山每10年才能被视察一次。无怪近几年来（特别是1866年和1867年）惨祸发生的次数越来越多、规模越来越大（有时一次竟牺牲200—300名工人）。这就是“自由”资本主义生产的美妙之处！

1872年的法令尽管有很大缺陷，但它无论如何是对矿山雇用的儿童的劳动时间作出规定，并在一定程度上使矿山经营者和采矿业主要对所谓的事故负责的第一个法令。

1867年调查农业中儿童、少年、妇女的劳动情况的皇家委员会公布了几个很重要的报告。为了把工厂立法的原则在形式上加以改变而应用到农业方面去，曾有过各种尝试，但直到今天这些尝试都完全失败了。可是我在这里必须提醒注意的一点是：普遍应用这些原则的不可抗拒的趋势已经存在。

如果说，作为工人阶级的身体和精神的保护手段的工厂立法的普遍化已经不可避免，那么，另一方面，正如前面讲到的，这种普遍化使小规模的分散的劳动过程向大的社会规模的结合的劳动过程的转化也普遍化和加速起来，从而使资本的积聚和工厂制度的独占统治也普遍化和加速起来。它破坏一切还部分地掩盖着资本统治的陈旧的过渡的形式，而代之以直接的、无掩饰的资本统治。这样，它也就使反对这种统治的直接斗争普遍化。它迫使单个的工场实行划一性、规则性、秩序和节约，同时，它又通过对工作日的限制和规定所造成的对技术的巨大刺激而加重整个资本主义生产的无政府状态和灾难，提高劳动强度并扩大机器与工人的竞争。它在消灭小生产和家庭劳动的领域的同时，也消灭了“过剩人口”的最后避难所，从而消灭了整个社会机制的迄今为止的安全阀。它在使生产过程的物质条件和社会结合成熟的同时，也使生产过程的资本主义形式的矛盾和对抗成熟起来，因此也同时使新社会的形成要素和旧社会的变革要素

成熟起来。(322)

---

(322)罗伯特·欧文是合作工厂和合作商店之父，但是正如前面所指出的，他不像他的追随者那样，对这些孤立的转变要素的作用抱有任何幻想①。他不仅在自己的试验中实际地以工厂制度为起点，而且还在理论上说明工厂制度是社会革命的起点。[376]莱顿大学政治经济学教授菲瑟灵先生，在1860年至1862年出版的著作《实用国民经济手册》(这部著作以最适当的形式说出庸俗经济学的一切庸俗主张)中竭力赞成手工业生产、反对大工业时，似乎也感觉到了类似的东西——〔第四版注：英国立法通过相互矛盾的工厂法、工厂法扩充条例、工场管理法而制造的“一起又一起的诉讼纠纷”(第264页②)，最终变得使人无法容忍了，因此在1878年的工厂和工场法[377]中把所有有关的立法汇编成一部法典。当然这里不可能对这部今天还有效的英国工业法典提出详细的评论。只指出下列各点就够了。法令约束的范围：1. 纺织工厂。在这里几乎一切情况都和以前一样：10岁以上的儿童每天准许劳动$5\frac{1}{2}$小时，或者每天劳动6小时，星期六休息；少年和妇女前5天每天劳动10小时，星期六最多不得超过$6\frac{1}{2}$小时。——2. 非纺织工厂。这里的规定比过去更接近于1. 中的各项规定，但仍有些对资本家有利的例外，而且在某些场合，只要得到内务大臣的特别许可，这些例外还可以扩大。——3. 其定义和过去的法令大体相同的工场。要是它们雇用儿童、少年工人或者妇女，就要受到同非纺织工厂大致相同的待遇，但在细节上又规定较宽。——4. 不雇用儿童或少年工人，只雇用18岁以上的男女工人的工场。对这一类工场规定得更宽。——5. 只由家庭成员在自家住宅劳动的家庭工场。关于这类工场的各项规定更具有弹性，同时还限定：视察员如果没有得到内阁或法院的特别许可，只准进入那些并非同时兼作住宅的房间；最后，家庭范围内的草辫业、花边编织业、手套业完全不受约束。尽管这个法令有这些缺点，但它和1877年3月23日的瑞士联邦工厂法一样，一直还是这方面的一部最好的法律。把这个法令同提到的瑞士联邦工厂法比较一下特别有意思，因为这种比较十分清楚地表明了两种立法方法的优缺点：一种是英国的、“历史的”、从一个一个案件着手的立法方法；另一种是大陆的、以法国革命传统为基础的、更为概括的立法方法。可惜，英国这部法典在工场中施行时，由于视察人员不足，大多仍然是一纸空文。——弗·恩·〕

---

①见本卷第346页。——编者注

②见本卷第347页。——编者注

10. 大工业和农业

大工业在农业以及农业生产当事人的社会关系上引起的革命，要留到以后才能说明。在这里，我们先简短地提一下某些结果就够了。如果说机器在农业中的使用大多避免了机器使工厂工人遭到的那种身体上的损害(323)，那么机器在农业中的使用在造成工人"过剩"方面却发生了更为强烈的作用，而且没有遇到什么抵抗，这一点我们在以后将会详细谈到。①例如，在剑桥郡和萨福克郡，最近20年来耕地面积大大扩大了，而在这一时期农村人口不但相对地减少了，而且绝对地减少了。在北美合众国，农业机器目前只是潜在地代替了工人，也就是说，它使生产者有可能耕种更大的面积，但是并没有在实际上驱逐在业工人。1861年，英格兰和威尔士参加农业机器制造的人数总计有1 034人，而在蒸汽机和工作机上干活的农业工人总共只有1 205人。

在农业领域内，就消灭旧社会的堡垒——"农民"，并代之以雇佣工人来说，大工业起了最革命的作用。这样，农村中社会变革的需要和社会对立，就和城市相同了。最墨守成规和最不合理的经营，被科学在工艺上的自觉应用代替了。农业和工场手工业的原始的家庭纽

(323)我们可以在威·哈姆博士的《英国的农具和农业机器》(1856年第2版)中找到关于英国农业所应用的机器的详细叙述。哈姆先生在描述英国农业发展进程时毫无批判地追随莱昂斯·德·拉韦涅先生[378]。〔第四版注：当然，这部著作现在已经过时了。——弗·恩·〕

①见本卷第774—802页。——编者注

带，也就是把二者的幼年未发展的形态联结在一起的那种纽带，被资本主义生产方式撕断了。但资本主义生产方式同时为一种新的更高级的综合，即农业和工业在它们对立发展的形态的基础上的联合，创造了物质前提。资本主义生产使它汇集在各大中心的城市人口越来越占优势，这样一来，它一方面聚集着社会的历史动力，另一方面又破坏着人和土地之间的物质变换，也就是使人以衣食形式消费掉的土地的组成部分不能回归土地，从而破坏土地持久肥力的永恒的自然条件。这样，它同时就破坏城市工人的身体健康和农村工人的精神生活。(324)但是资本主义生产通过破坏这种物质变换的纯粹自发形成的状况，同时强制地把这种物质变换作为调节社会生产的规律，并在一种同人的充分发展相适合的形式上系统地建立起来。在农业中，像在工场手工业中一样，生产过程的资本主义转化同时表现为生产者的殉难史，劳动资料同时表现为奴役工人的手段、剥削工人的手段和使工人贫穷的手段，劳动过程的社会结合同时表现为对工人个人的活力、自由和独立的有组织的压制。农业工人在广大土地上的分散，同时破坏了他们的反抗力量，而城市工人的集中却增强了他们的反抗力量。在现代农业中，像在城市工业中一样，劳动生产力的提高和劳动量的增大是以劳动力本身的破坏和衰退为代价的。此外，资本主义农业的任何进步，都不仅是掠夺劳动者的技巧的进步，而且是掠夺土地的技巧的进步，在一定时期内提高土地肥力的任何进步，

(324)“你们把人民分成两个敌对的阵营：粗笨的农民和娇弱的侏儒。天啊！一个按农业利益和商业利益分裂开来的民族，不仅无视这种惊人的不自然的划分，而且正是因为这种划分，自称为健康的，甚至自命为开化的和文明的民族。”(戴维·乌尔卡尔特《家常话》第119页)这段话同时表明了这样一种批判的长处和短处，这种批判知道评论现在，谴责现在，却不知道理解现在。

同时也是破坏土地肥力持久源泉的进步。一个国家，例如北美合众国，越是以大工业作为自己发展的基础，这个破坏过程就越迅速。(325)因此，资本主义生产发展了社会生产过程的技术和结合，只是由于它同时破坏了一切财富的源泉——土地和工人。

---

(325)参看李比希《化学在农业和生理学中的应用》1862年第7版，特别是第1卷《农业自然规律概论》。李比希的不朽功绩之一，是从自然科学的观点出发阐明了现代农业的消极方面。他对农业史所作的历史的概述虽不免有严重错误，但也包含一些卓见。可惜的是，他竟会不加考虑地发表这样的见解："把土弄得更细并且经常翻耕，会促进疏松的那部分土壤内的空气流通，扩大并更新受空气作用的土壤表面；但是很容易理解，土地的收益不会同使用在土地上的劳动成比例地增加，而是以小得多的比率增加"。李比希接着说："这个规律最先是由约翰·斯·穆勒在他的《政治经济学原理》中表述的，该书第一卷第217页这样写道：'在其他条件相同的情况下，同雇用的工人人数的增加相比，土地的产量以递减的比率增加，这是农业的普遍规律〈穆勒先生甚至以错误的公式复述了李嘉图学派的规律，因为在英国，所使用的工人的减少始终是同农业的进步并行的，因此，这个在英国并且为了英国而发明的规律，至少在英国是完全不适用的〉。'这确是令人惊奇的事情，因为穆勒并不知道这个规律的根据。"(李比希《化学在农业和生理学中的应用》第1卷第143页和注释)且不说李比希对"劳动"(他所理解的劳动与政治经济学不同)一词的错误解释，无论如何"令人惊奇的"是，他竟把约翰·斯·穆勒先生当做这个理论的首倡者，其实，这个理论最先由亚当·斯密时代的詹姆斯·安德森发表，直到19世纪初还被他在不同的著作[379]中加以重复；1815年，剽窃能手马尔萨斯(他的全部人口论都是无耻的剽窃)把它据为己有；[380]威斯特在当时也与安德森无关而独立地对此作了阐述；[381]1817年，李嘉图把它同一般的价值理论联系起来，[382]从此以后，这个理论就以李嘉图的名字传遍全世界。1820年，詹姆斯·穆勒(约翰·斯·穆勒的父亲)把它庸俗化了，[383]最后，约翰·斯·穆勒先生也把它当做一种老生常谈的学派教条加以复述。不可否认，约·斯·穆勒之所以享有那种无论如何"令人惊奇"的权威，几乎完全是由于类似的误解造成的。

第五篇

绝对剩余价值和相对剩余价值的生产

第十四章

绝对剩余价值和相对剩余价值

劳动过程最初是抽象地，撇开它的各种历史形式，作为人和自然之间的过程来考察的（见第五章①）。在那里曾指出："如果整个劳动过程从其结果的角度加以考察，那么劳动资料和劳动对象二者表现为生产资料，劳动本身则表现为生产劳动。"在注(7)中还补充说："这个从简单劳动过程的观点得出的生产劳动的定义，对于资本主义生产过程是绝对不够的。"在这里要进一步阐述这个问题。

就劳动过程是纯粹个人的劳动过程来说，同一劳动者是把后来彼此分离开来的一切职能结合在一起的。当他为了自己的生活目的

①见本卷第207—217页。——编者注

对自然物实行个人占有时，他是自己支配自己的。后来他成为被支配者。单个人如果不在自己的头脑的支配下使自己的肌肉活动起来，就不能对自然发生作用。正如在自然机体中头和手组成一体一样，劳动过程把脑力劳动和体力劳动结合在一起了。后来它们分离开来，直到处于敌对的对立状态。产品从个体生产者的直接产品转化为社会产品，转化为总体工人即结合劳动人员的共同产品。总体工人的各个成员较直接地或者较间接地作用于劳动对象。因此，随着劳动过程的协作性质本身的发展，生产劳动和它的承担者即生产工人的概念也就必然扩大。为了从事生产劳动，现在不一定要亲自动手；只要成为总体工人的一个器官，完成他所属的某一种职能就够了。上面从物质生产性质本身中得出的关于生产劳动的最初的定义，对于作为整体来看的总体工人始终是正确的。但是，对于总体工人的每一单个成员来说，它就不再适用了。

但是，另一方面，生产劳动的概念缩小了。资本主义生产不仅是商品的生产，它实质上是剩余价值的生产。工人不是为自己生产，而是为资本生产。因此，工人单是进行生产已经不够了。他必须生产剩余价值。只有为资本家生产剩余价值或者为资本的自行增殖服务的工人，才是生产工人。如果可以在物质生产领域以外举一个例子，那么，一个教员只有当他不仅训练孩子的头脑，而且还为校董的发财致富劳碌时，他才是生产工人。校董不把他的资本投入香肠工厂，而投入教育工厂，这并不使事情有任何改变。因此，生产工人的概念决不只包含活动和效果之间的关系，工人和劳动产品之间的关系，而且还包含一种特殊社会的、历史地产生的生产关系。这种生产关系把工人变成资本增殖的直接手段。所以，成为生产工人不是一种幸福，而是一种不幸。在阐述理论史的本书第四册将更详细地谈到，古典政治经济学一直把剩余价值的生产看做生产工人的决定性的特征。[384]因此，古典政治经济学对生产工人所下的定义，随着它对剩余价值性质的看法的改变而改变。例如，重农学派认为，只有农业劳动才是生产劳动，因为只有农业劳动才提供剩余价值。在重农学派看来，剩余价值只存在于地租形式中。

把工作日延长，使之超出工人只生产自己劳动力价值的等价物的那个点，并由资本占有这部分剩余劳动，这就是绝对剩余价值的生产。绝对剩余价值的生产构成资本主义制度的一般基础，并且是相对剩余价值生产的起点。就相对剩余价值的生产来说，工作日一开始就分成必要劳动和剩余劳动这两个部分。为了延长剩余劳动，就要通过以较少的时间生产出工资的等价物的各种方法来缩短必要劳动。绝对剩余价值的生产只同工作日的长度有关；相对剩余价值的生产使劳动的技术过程和社会组织发生彻底的革命。

因此，相对剩余价值的生产以特殊的资本主义的生产方式为前提；这种生产方式连同它的方法、手段和条件本身，最初是在劳动在形式上从属于资本的基础上自发地产生和发展的。劳动对资本的这种形式上的从属，又让位于劳动对资本的实际上的从属。

至于各种中间形式，在这里只要提一下就够了。在这些中间形式中，剩余劳动不是用直接强制的办法从生产者那里榨取的，生产者也没有在形式上从属于资本。资本在这里还没有直接支配劳动过程。在那些用古老传统的生产方式从事手工业或农业的独立生产者的身旁，有高利贷者或商人，有高利贷资本或商业资本，他们像寄生虫似地吮吸着这些独立生产者。这种剥削形式在一个社会内占统治地位，就排斥资本主义的生产方式，不过另一方面，这种剥削形式又可以成为通向资本主义生产方式的过渡，例如中世纪末期的情况就是这样。最后，正如现代家庭劳动的例子所表明的[①]，某些中间形式还会在大工业的基础上在某些地方再现出来，虽然它的样子完全改变了。

对于绝对剩余价值的生产来说，只要劳动在形式上从属于资本就够了，例如，只要从前为自己劳动或者作为行会师傅的帮工的手工业者变成受资本家直接支配的雇佣工人就够了；另一方面却可以看到，生产相对剩余价值的方法同时也是生产绝对剩余价值的方法。无限度地延长工作日[②]正是表现为大工业的特有的产物。特殊的资本主义的生产方式一旦掌握整整一个生产部门，它就不再是单纯生产相对剩余价值的手段，而一旦掌握所有决定性的生产部门，那就更是如此。这时它成了生产过程的普遍的、在社会上占统治地位的形式。现在它作为生产相对剩余价值的特殊方法，只在下面两种情况下还起作用：第一，以前只在形式上从属于资本的那些产业为它所占领，也就是说，它扩大作用范围；第二，已经受它支配的产业由于生产方法的改变不断发生革命。

从一定观点看来，绝对剩余价值和相对剩余价值之间的区别似乎完全是幻想的。相对剩余价值是绝对的，因为它以工作日超过工人本身生存所必要的劳动时间的绝对延长为前提。绝对剩余价值是相对的，因为它以劳动生产率发展到能够把必要劳动时间限制为工作日的一个部分为前提。但是，如果注意一下剩余价值的运动，这种表面上的同一性就消失了。在资本主义生产方式一旦确立并成为普遍的生产方式的情况下，只要涉及剩余价值率的提高，绝对剩余价值和相对剩余价值之间的差别就可以感觉到了。假定劳动力按其价值

①见本卷第536—540页。——编者注

②见本卷第463—470页。——编者注

支付，那么，我们就会面临这样的抉择：如果劳动生产力和劳动的正常强度已定，剩余价值率就只有通过工作日的绝对延长才能提高；另一方面，如果工作日的界限已定，剩余价值率就只有通过工作日两个组成部分即必要劳动和剩余劳动的相对量的变化才能提高，而这种变化在工资不降低到劳动力价值以下的情况下，又以劳动生产率或劳动强度的变化为前提。

如果工人需要用他的全部时间来生产维持他自己和他的家庭所必要的生活资料，那么他就没有时间来无偿地为第三者劳动。没有一定程度的劳动生产率，工人就没有这种可供支配的时间，而没有这种剩余时间，就不可能有剩余劳动，从而不可能有资本家，而且也不可能有奴隶主，不可能有封建贵族，一句话，不可能有大占有者阶级。(1)

因此，可以说剩余价值有一个自然基础，但这只是从最一般的意义来说，即没有绝对的自然障碍会妨碍一个人把维持自身生存所必要的劳动从自身解脱下来并转嫁给别人，比如，同样没有绝对的自然障碍会妨碍一个人去把别人的肉当做食物。(1a)决不应该像有时发生的情况那样，把各种神秘的观念同这种自然发生的劳动生产率联系起来。只有当人类通过劳动摆脱了最初的动物状态，从而他们的劳动本身已经在一定程度上社会化的时候，一个人的剩余劳动成为另一个人的生存条件的关系才会出现。在文化初期，已经取得的劳动生产力很低，但是需要也很低，需要是同满足需要的手段一同发展

---

(1)“资本主义企业主作为一个特殊阶级的存在本身是取决于劳动生产率的。”（拉姆赛《论财富的分配》第206页）“如果每个人的劳动刚够生产他自己的食物，那就不会有任何财产了。”（莱文斯顿《论公债制度及其影响》第14页）

(1a)据最近统计，仅在地球上已经考查过的地区内，至少还居住着400万吃人的人。

的，并且是依靠这些手段发展的。其次，在这个文化初期，社会上依靠他人劳动来生活的那部分人的数量，同直接生产者的数量相比，是微不足道的。随着社会劳动生产力的增进，这部分人也就绝对地和相对地增大起来。(2)此外，资本关系就是在作为一个长期发展过程的产物的经济土壤之上产生的。作为资本关系的基础和起点的现有的劳动生产率，不是自然的恩惠，而是几十万年历史的恩惠。

撇开社会生产的形态的发展程度不说，劳动生产率是同自然条件相联系的。这些自然条件都可以归结为人本身的自然（如人种等等）和人的周围的自然。外界自然条件在经济上可以分为两大类：生活资料的自然富源，例如土壤的肥力，渔产丰富的水域等等；劳动资料的自然富源，如奔腾的瀑布、可以航行的河流、森林、金属、煤炭等等。在文化初期，第一类自然富源具有决定性的意义；在较高的发展阶段，第二类自然富源具有决定性的意义。例如，可以用英国同印度比较，或者在古代世界，用雅典、科林斯同黑海沿岸各国比较。

绝对必须满足的自然需要的数量越少，土壤自然肥力越大，气候越好，维持和再生产生产者所必要的劳动时间就越少。因而，生产者在为自己从事的劳动之外来为别人提供的剩余劳动就可以越多。狄奥多鲁斯谈到古代埃及人时就这样说过：

> “他们抚养子女所花的力气和费用少得简直令人难以相信。他们给孩子随便煮一点最简单的食物；甚至纸草的下端，只要能用火烤一烤，也拿来给孩子们吃。此外也给孩子们吃沼泽植物的根和茎，有的生吃，有的煮一煮或烧一烧再吃。因为气候非常温暖，大多数孩子不穿鞋和衣服。因此父母养大一个子女的

---

(2)“在美洲未开化的印第安人那里，几乎一切都属于劳动者，99%的东西归劳动所有；在英国，工人也许从来没有得到$\frac{2}{3}$。”（《东印度贸易对英国的利益》第72、73页）

费用总共不超过20德拉马。埃及有那么多的人口并有可能兴建那么多宏伟的建筑，主要可由此得到说明。”(3)

但是古代埃及能兴建这些宏伟建筑，与其说是由于埃及人口众多，还不如说是由于有很大一部分人口可供支配。单个工人的必要劳动时间越少，他能提供的剩余劳动就越多；同样，工人人口中为生产必要生活资料所需要的部分越小，可以用于其他事情的部分就越大。

资本主义生产一旦成为前提，在其他条件不变和工作日保持一定长度的情况下，剩余劳动量随劳动的自然条件，特别是随土壤的肥力而变化。但决不能反过来说，最肥沃的土壤最适于资本主义生产方式的生长。资本主义生产方式以人对自然的支配为前提。过于富饶的自然“使人离不开自然的手，就像小孩子离不开引带一样”385。它不能使人自身的发展成为一种自然必然性。(4)资本的祖国不是草木繁茂的热带，而是温带。不是土壤的绝对肥力，而是它的差异性和它的自然产品的多样性，形成社会分工的自然基础，并且通过人所处的自然环境的变化，促使他们自己的需要、能力、劳动资料和劳动方式趋于多样化。社会地控制自然力，从而节约地利用自然力，用人

---

(3)狄奥多鲁斯《史学丛书》第1卷第80章。

(4)“前者〈自然富源〉在非常富饶非常有利时，使人无所用心、骄傲自满、放荡不羁。而后者[人工富源]则迫使人要小心谨慎，有丰富的学识、熟练的技巧和政治的才能。”(《英国得自对外贸易的财富，或我国对外贸易差额是衡量我国财富的尺度》，伦敦商人托马斯·曼著，作者之子约翰·曼为公共利益出版，1669年伦敦版第181、182页)“我觉得，对于一个民族来说，最大的不幸莫过于他们所居住的地方天然就能出产大部分生活资料和食物，而气候又使人几乎不必为穿和住担忧……当然也可能有另一方面的极端。投入劳动不能带来任何结果的土地，同不投入任何劳动就能出产丰富产品的土地是一样坏的。”([纳·福斯特]《论当前粮价昂贵的原因》1767年伦敦版第10页)

力兴建大规模的工程占有或驯服自然力，——这种必要性在产业史上起着最有决定性的作用。如埃及(5)、伦巴第、荷兰等地的治水工程就是例子。或者如印度、波斯等地，在那里人们利用人工渠道进行灌溉，不仅使土地获得必不可少的水，而且使矿物质肥料同淤泥一起从山上流下来。兴修水利是阿拉伯人统治下的西班牙和西西里岛产业繁荣的秘密。(6)

良好的自然条件始终只提供剩余劳动的可能性，从而只提供剩余价值或剩余产品的可能性，而决不能提供它的现实性。劳动的不同的自然条件使同一劳动量在不同的国家可以满足不同的需要量(7)，因而在其他条件相似的情况下，使得必要劳动时间各不相

(5)计算尼罗河水量变动期的需要，产生了埃及的天文学，同时这又使祭司种姓作为农业领导者进行统治。“二至点是尼罗河水每年开始上涨的时刻，埃及人必须以最大的注意力去观察它……　他们必须确定这个回归年，以便安排农事。因此，他们必须向天空探索它的回转的明显标志。”(居维叶《论地球表面的巨变》，赫弗编，1863年巴黎版第141页)

(6)供水的管理是国家权力对印度的互不联系的小生产有机体进行统治的物质基础之一。印度的伊斯兰教统治者比他们的后继者英国人更懂得这一点。我们只要回忆一下1866年的那次饥荒在孟加拉省奥里萨地区饿死了100多万印度人就够了。

(7)“没有两个国家能够以等量的劳动耗费而同样丰富地提供数目相等的必要生活资料。人的需要的增减取决于人所处的气候的严寒或温暖，所以不同国家的居民必须从事的各种职业的比例是不一样的，这种差别的程度只有根据冷热的程度才能断定。由此可以得出一个一般的结论：维持一定数量的人的生活所需要的劳动量，在气候寒冷的地方最大，在气候炎热的地方最小，因为前一种地方与后一种地方相比，人们不仅需要较多的衣服，而且土地也必须耕作得更好。”(《论决定自然利息率的原因》1750年伦敦版第59页)这部划时代的匿名著作的作者是约瑟夫·马西。休谟就是从这部著作中得出他的利息理论的。

同。这些自然条件只作为自然界限对剩余劳动发生影响，就是说，它们只确定开始为别人劳动的起点。产业越进步，这一自然界限就越退缩。在西欧社会中，工人只有靠剩余劳动才能买到为维持自己生存而劳动的许可，因此容易产生一种错觉，似乎提供剩余产品是人类劳动的一种天生的性质。(8)但是，我们可以举出亚洲群岛的东部一些岛屿上的居民的例子。那里的森林中长着野生的西米树。

> “居民在西米树上钻个孔，确定树髓已经成熟时，就把树放倒，分成几段，取出树髓，再掺水和过滤，就得到完全可以食用的西米粉。从一棵西米树上通常可以采得西米粉300磅，有时可采得500磅至600磅。那里的居民到森林去采伐面包，就像我们到森林去砍柴一样。”(9)

假定东亚的一个这样的面包采伐者为了满足自己的全部需要，每周需要劳动12小时。自然的恩惠直接给予他的，是许多闲暇时间。要他把这些闲暇时间用于为自己生产，需要一系列的历史条件；要他把这些时间用于为别人从事剩余劳动，需要外部的强制。如果那里出现了资本主义生产，这个诚实的人为了占有一个工作日的产品，也许每周就得劳动6天。自然的恩惠说明不了，为什么他现在每周要劳动6天，或者为什么他要提供5天的剩余劳动。它只是说明，为什么他的必要劳动时间限于每周一天。但是，他的剩余产品无论如何不是来自人类劳动的某种天生的神秘性质。

同历史地发展起来的社会劳动生产力一样，受自然制约的劳动生产力也表现为合并劳动的资本的生产力。

---

(8)“任何劳动都必须〈看来，这也是市民的权利和义务〉留有一些剩余量。”(蒲鲁东386)

(9)弗·沙乌《土地、植物和人》1854年莱比锡第2版第148页。

李嘉图从来没有考虑到剩余价值的起源。他把剩余价值看做资本主义生产方式固有的东西，而资本主义生产方式在他看来是社会生产的自然形式。他在谈到劳动生产率的时候，不是在其中寻找剩余价值存在的原因，而只是寻找决定剩余价值量的原因。相反，他的学派公开宣称，劳动生产力是利润（应读做剩余价值）产生的原因。这无论如何总比重商主义者前进了一步，因为重商主义者认为，产品的价格超过产品生产费用而形成的余额是从交换中，从产品高于其价值的出售中产生的。不过对这个问题，李嘉图学派[72]也只是回避，而没有解决。[387]这些资产阶级经济学家实际上具有正确的本能，懂得过于深入地研究剩余价值的起源这个爆炸性问题是非常危险的。可是在李嘉图以后半个世纪，约翰·斯图亚特·穆勒先生还在拙劣地重复那些最先把李嘉图学说庸俗化的人的陈腐遁词，郑重其事地宣称他比重商主义者高明，对此我们该说些什么呢？

穆勒说：

“利润的原因在于，劳动生产的东西比维持劳动所需要的东西多。”

这不过是旧话重提；但是穆勒还想加上一些自己的东西。

“或者对这一论点换一种说法，资本提供利润的原因在于，食物、衣服、原料和劳动资料等存在的时间比生产它们所需要的时间长。”

这里，穆勒把劳动时间的持续与劳动产品存在时间的持续混为一谈了。按照这种看法，面包业主永远不可能从他的雇佣工人那里取得同机器制造业主相同的利润，因为面包业主的产品只能持续一天，而机器制造业主的产品却能持续20年或更长的时间。自然，如果鸟巢存在的时间不比造巢所需的时间长，鸟只好不要巢了。

这一基本真理一旦确立，穆勒就来确立他比重商主义者高明之处了：

> “因此，我们看到，利润不是来自交换这种偶然的事情，而是来自劳动生产力；不管交换是否发生，一个国家的总利润总是由劳动生产力决定的。如果没有职业的区分，那就既没有买，也没有卖，但是利润依然存在。”

这样一来，在这里，交换、买和卖这些资本主义生产的一般条件被说成是纯粹偶然的事情；并且没有劳动力的买和卖，利润依然存在！

他接下去又说：

> “如果一个国家的全体工人所生产的东西超过了他们的工资总额的20%，那么不论商品价格的水平如何，利润总是20%。”

从一方面看，这是绝妙的同义反复，因为既然工人为自己的资本家生产了20%的剩余价值，利润和工人工资总额之比自然是20∶100。但另一方面，说利润“总是20%”却是完全错误的。它必然总是小于20%，因为利润要按预付资本的总额来计算。例如，假设资本家预付了500镑，其中400镑预付在生产资料上，100镑预付在工资上。假定剩余价值率照上面所说是20%，那么利润率则是20∶500，即4%，而不是20%。

接下去又有一个光辉的例证，说明穆勒是怎样对待社会生产的各种历史形式的：

> “我到处假定，除少数例外，事物的现状到处都占统治地位，这就是说，资本家预付全部费用，包括工人的报酬在内。”

把地球上迄今只是作为例外而占统治地位的一种状态看做到处存在的状态，这真是奇怪的错觉！我们再往下看。穆勒欣然承认，

“资本家这样做也没有绝对的必要”[388]。事情正好相反。

> “如果工人在他完成全部工作以前已有维持这段时间生活所必需的资金，他就可以在劳动全部结束后再去领他的工资，甚至他的全部工资。但在这种情况下，他在某种程度上成了资本家了，因为他把资本投入企业，提供了经营企业所需的一部分资金。”

穆勒同样可以说，一个不仅为自己预付生活资料，而且为自己预付劳动资料的工人实际上是他自己的雇佣工人。或者说，只为自己服劳役而不为主人服劳役的美国农民是他自己的奴隶。

穆勒在这样清楚地论证了资本主义生产即使在它不存在的时候也总是存在的以后，又完全合乎逻辑地证明，资本主义生产即使在它存在的时候也是不存在的。他说：

> “甚至在前一场合〈即资本家预付雇佣工人的全部生活资料〉，我们也可以用同一观点来考察工人〈即把他看做资本家〉。”“因为他是在市场价格以下〈！〉提供他的劳动的，所以他好像是把其中的差额〈？〉预付给他的企业主……”(9a)

实际上工人是在一周或其他一段时间内把自己的劳动无偿地预付给资本家，然后在一周之末或其他一段时间结束时才取得他的劳动的市场价格；在穆勒看来，这就使工人成了资本家！平地上的一堆土，看起来也像座小山；现代资产阶级的平庸，从它的“大思想家”的水平上就可以测量出来。

(9a)散见约·斯图亚特·穆勒《政治经济学原理》1868年伦敦版第252—253页。——〔以上各段是按照《资本论》法文版翻译过来的。——弗·恩·〕

第十五章

劳动力价格和剩余价值的量的变化

劳动力价值是由平均工人通常必要的生活资料的价值决定的。这些生活资料在形式上虽然可能有变化，但是在一定社会的一定时代，它们的量是一定的，所以可以看做是一个不变量。变化的是这个量的价值。还有两个因素决定劳动力的价值。一个是劳动力的发展费用，这种费用是随生产方式的变化而变化的；另一个是劳动力的自然差别：是男劳动力还是女劳动力，是成年劳动力还是未成年劳动力。这些不同劳动力的使用（这又是由生产方式决定的）在工人家庭的再生产费用上和在成年男工的价值上都造成很大的差别。但是在下面的研究中，是撇开这两个因素的。(9b)

我们假定：1. 商品是按照它的价值出售的；2. 劳动力的价格有时可能比它的价值高，但从不比它的价值低。

在这种假定下，我们看到，劳动力价格和剩余价值的相对量取决于三种情况：1. 工作日的长度，或劳动的外延量；2. 正常的劳动强

(9b)第281页①所研究的情形，在这里自然也被撇开了。〔第三版注。——弗·恩·〕

①见本卷第368—369页。——编者注

度，或劳动的内涵量，即一定时间内耗费一定量的劳动；3. 最后，劳动生产力，即由于生产条件发展程度的不同，等量的劳动在同样时间内会提供较多或较少的产品量。[①]显然，这三个因素可以有各种各样的组合：或者是其中一个因素不变，其他两个因素可变；或者两个因素不变，一个因素可变；最后，或者三个因素同时变化。这些因素同时变化时，又因为变化的大小和方向可以不同，组合也就更加多种多样了。下面只谈谈几种最主要的组合。

I. 工作日的长度和劳动强度不变（已定），劳动生产力可变

在这个假定下，劳动力的价值和剩余价值是由三个规律决定的：

第一，不论劳动生产率如何变化，从而不论产品量和单个商品的价格如何变化，一定长度的工作日总表现为相同的价值产品。

一个十二小时工作日的价值产品例如为6先令，虽然所生产的使用价值量会随劳动生产力的变化而变化，因而6先令的价值会分配在较多或较少的商品上面。

第二，劳动力的价值和剩余价值按照相反的方向变化。劳动生产力的变化，它的提高或降低，按照相反的方向影响劳动力的价值，按照相同的方向影响剩余价值。

①见本卷第363—373页。——编者注

一个十二小时工作日的价值产品是一个不变量，例如6先令。这个不变量等于剩余价值加劳动力价值（这个价值由工人以等价物来补偿）之和。不言而喻，在一个不变量的两个部分当中，一个部分不减少，另一个部分就不能增加。剩余价值不由3先令降低到2先令，劳动力的价值就不可能由3先令提高到4先令，反过来，劳动力的价值不由3先令降低到2先令，剩余价值就不可能由3先令提高到4先令。因而，在这种情况下，劳动力价值或剩余价值的绝对量，如果没有它们的相对量或比例量的同时变化，是不可能变化的。劳动力价值和剩余价值不可能同时提高或同时降低。

其次，如果劳动生产力不提高，劳动力的价值就不能降低，从而剩余价值就不能提高。用前面的例子来说，如果不是劳动生产力的提高，使以前需要6小时生产的生活资料量用4小时就可以生产出来，劳动力的价值就不可能由3先令降低到2先令。反过来，如果不是劳动生产力的下降，使以前只用6小时就能生产的生活资料量要用8小时才能生产出来，劳动力的价值也就不可能由3先令提高到4先令。由此可以得出结论，劳动生产率的提高会降低劳动力的价值，从而提高剩余价值，相反地，劳动生产率的下降会提高劳动力的价值，降低剩余价值。

李嘉图在表述这个规律时忽略了一点：虽然剩余价值量或剩余劳动量的变化是以劳动力的价值量或必要劳动量的相反的变化为前提的，但决不能由此推论说，这些量是按照同一比例变化的。它们会以相同的量增加或减少。但是价值产品或工作日的各部分增加或减少的比例，取决于劳动生产力变化以前的原来的划分。假定劳动力价值为4先令，或必要劳动时间为8小时，剩余价值为2先令，或剩余劳动为4小时；如果由于劳动生产力提高，劳动力价值降低到3先令，或必要劳动降低到6小时，那么剩余价值就提高到3先令，或剩余劳动提高到6小时。一方增加的量和另一方减少的量都是2小时或1先令。但是用比例来表示的量的变化在两方面是不一样的。劳动力的价值由4先令降低到3先令，即降低了$\frac{1}{4}$或25%，剩余价值则由2先令提高到3先令，即提高$\frac{1}{2}$或50%。由此可见，劳动生产力的一定变化所引起的剩余价值的增加或减少的比例，取决于工作日中原来表现为剩余价值的那一部分，如果那部分原来较小，比例就较大，原来较大，比例就较小。

第三，剩余价值的增加或减少始终是劳动力价值相应的减少或增加的结果，而决不是这种减少或增加的原因。(10)

因为工作日是一个不变量，并表现为不变的价值量，因为剩余价值量的每一变化都有劳动力价值量的相反的变化与之相适应，又因为劳动力的价值只能随劳动生产力的变化而变化，所以很清楚，在这些条件下，剩余价值量的任何变化都是由劳动力价值量的相反的变化而引起的。上面我们已经知道，劳动力价值和剩余价值的绝对量，如果没有它们的相对量的变化，是不可能变化的。现在，我们又得出，它们的相对量，如果没有劳动力价值的绝对量的变化，是不可能变化的。

---

(10)麦克库洛赫也对这第三个规律作了荒谬的补充：通过取消资本家以前必须交纳的捐税，剩余价值在劳动力价值不降低的情况下也能提高。这些捐税的取消绝对不会改变产业资本家直接从工人身上榨取的剩余价值量。它只是改变产业资本家装进自己腰包的剩余价值的比例，或要同第三者分享的剩余价值的比例。所以它不会改变劳动力价值和剩余价值的比例。因此，麦克库洛赫所谓的例外情况只能证明他对规则的误解。在他把李嘉图庸俗化时，正像让·巴·萨伊把亚·斯密庸俗化时一样，常常发生这种不幸。

按照第三个规律，剩余价值量的变化是以劳动生产力的变化所引起的劳动力价值的变动为前提的。剩余价值量变化的界限是由劳动力价值的新的界限决定的。但是，即使在情况允许这个规律发生作用的条件下，也会发生各种中间的变动。例如，由于劳动生产力的提高，劳动力价值由4先令降低到3先令，或者必要劳动时间由8小时降低到6小时，而劳动力的价格还是可以只降低到3先令8便士，3先令6便士，3先令2便士等等，因而剩余价值只提高到3先令4便士，3先令6便士，3先令10便士等等。下降以3先令为最低界限，而下降程度取决于资本的压力同工人的反抗这二者的力量对比。

劳动力的价值是由一定量的生活资料的价值决定的。随着劳动生产力的变化而变化的，是这些生活资料的价值，而不是它们的量。在劳动生产力提高时，工人和资本家的生活资料量本身可以同时按照同样的比例增长，而劳动力价格和剩余价值之间不发生任何量的变化。如果劳动力原来的价值是3先令，必要劳动时间是6小时，而剩余价值也是3先令，剩余劳动也是6小时，那么，在工作日的划分不变的情况下，劳动生产力虽然提高一倍，而劳动力价格和剩余价值会保持不变。不过它们现在都表现为数量增加一倍、但按比例变得便宜了的使用价值。劳动力的价格虽然不变，但是它现在提高到劳动力的价值以上。如果劳动力的价格下降，但没有下降到由劳动力的新价值所决定的最低界限，即$1\frac{1}{2}$先令，而是下降到2先令10便士，2先令6便士等等，那么这个下降了的价格也还是代表一个增加了的生活资料量。可见，在劳动生产力提高时，劳动力的价格能够不断下降，而工人的生活资料量同时不断增加。但是相对地说，即同剩余价值比较起来，劳动力的价值还是不断下降，

从而工人和资本家的生活状况之间的鸿沟越来越深。(11)

李嘉图第一个严密地表述了上述三个规律。他的阐述中的缺点是：1. 他把这些规律所适用的各种特殊条件看做是资本主义生产的理所当然的、普遍的和独有的条件。他既不懂得工作日长度的变化，也不懂得劳动强度的变化，因此在他看来，劳动生产率自然就成了唯一可变的因素。2. 同其他一切经济学家一样，李嘉图从不研究剩余价值本身，就是说，他不是撇开它的特殊形式如利润、地租等去进行研究。这一点在比前一点大得多的程度上损害了他的分析。因此，他把剩余价值率的各种规律同利润率的各种规律直接混为一谈。[389]上面已经说过，利润率是剩余价值同预付总资本的比率，而剩余价值率则是剩余价值同这个资本的可变部分的比率。假定资本（C）为500镑，分在原料、劳动资料等（c）上共400镑，分在工资（v）上为100镑；再假定剩余价值（m）＝100镑。这样，剩余价值率为$\frac{m}{v}=\frac{100镑}{100镑}=100\%$，而利润率$\frac{m}{C}=\frac{100镑}{500镑}=20\%$。此外，很显然，利润率还取决于对剩余价值率不发生任何影响的一些情况。以后在本书第三册中，我将说明，同一个剩余价值率可以表现为极不相同的利润率，而不同的剩余价值率在一定情况下也可以表现为同一利润率。[390]

(11)“当工业生产率发生变化，一定量的劳动和资本所生产的产品增多或减少时，工资所占的比例部分会发生显著的变化，但这个部分所代表的量不变；或者这个量发生变化，但工资的比例部分不变。”（［约·卡泽诺夫］《政治经济学大纲》第67页）

II. 工作日和劳动生产力不变，劳动强度可变

劳动强度的提高是以在同一时间内劳动消耗的增加为前提的。因此，一个强度较大的工作日比一个时数相同但强度较小的工作日体现为更多的产品。诚然，在劳动生产力提高时，同一个工作日就提供较多的产品。但在后一种情况下，由于产品所费劳动比以前少，单个产品的价值就下降；而在前一种情况下，由于产品所费的劳动同以前一样，单个产品的价值保持不变。在这种情况下，产品的数量增加了，但它们的价格没有下降。随着产品数量的增加，它们的价格总额也就增大，但在生产力提高的情况下，同一价值总额不过表现在增大的产品总量上。可见，在劳动时数不变的情况下，强度较大的工作日就体现为较多的价值产品，因而，在货币的价值不变的情况下，也就体现为较多的货币。强度较大的工作日的价值产品随着它的强度同社会的正常强度的偏离程度而变化。因此，同一个工作日不再像以前那样表现为一个不变的价值产品，而是表现为一个可变的价值产品。例如，强度较大的十二小时工作日，就不像普通强度的十二小时工作日那样，表现为6先令，而是表现为7先令、8先令等等。显然，如果一个工作日的价值产品发生变化，例如从6先令增加到8先令，那么这个价值产品的两个部分，即劳动力的价格和剩余价值可以同时按照相同的或不同的程度增加。如果价值产品由6先令提高到8先令，劳动力价格和剩余价值可以同时由3先令增加到4先令。在这种场合，劳动力价格虽然提高，但不一定要超过它的价值。相反

地，在劳动力价格提高时，劳动力的价值还可能降低①。当劳动力价格的提高不能补偿劳动力的加速的损耗时总是发生这种情况。

我们知道，撇开一时的例外情况不说，只有在有关的产业部门的产品加入工人的日常消费的情况下，劳动生产率的变化才能引起劳动力价值量的变化，从而引起剩余价值量的变化。②这种限制在这里是不适用的。不论劳动量在外延上还是在内涵上发生变化，劳动的价值产品量总要与劳动量的变化相适应而发生变化，而不管这个价值借以体现的物品有怎样的性质。

如果一切产业部门的劳动强度都同时相等地提高，新的提高了的强度就成为普通的社会的正常强度，因而不再被算做外延量。但是甚至在这种情况下，平均的劳动强度在不同的国家仍然是不同的，因而会使价值规律在不同国家的工作日上的应用有所变化。一个国家的强度较大的工作日，比另一个国家的强度较小的工作日，表现为更大的货币额。(12)

---

(12)“在其他条件相同的情况下，同别国工厂主相比，英国工厂主在一定时间内所能得到的劳动量要多得多，以致英国每周总计60小时的工作日抵得上别国72—80小时的工作日。”(《工厂视察员报告。1855年10月31日》第65页)通过法令进一步缩短大陆各工厂的工作日，会是缩小大陆和英国的劳动时间的差距的最有效手段。

---

①在《马克思恩格斯全集》德文版第23卷和历史考证版第2部分第5卷中，编者把“劳动力的价值还可能降低”改为“劳动力价格还可能降低到劳动力的价值以下”。——编者注

②见本卷第364—368页。——编者注

III. 劳动生产力和劳动强度不变，工作日可变

工作日可以向两个方向变化。它可以缩短或延长。

1. 在假定的条件下，即在劳动生产力和劳动强度不变时，工作日的缩短不会使劳动力价值，从而不会使必要劳动时间发生变化。它会缩小剩余劳动和剩余价值。随着剩余价值的绝对量的下降，它的相对量，即它同劳动力价值的不变量相比的量也就下降。资本家只有把劳动力价格压低到它的价值以下，才能避免损失。

一切反对缩短工作日的陈词滥调，都认定这种现象是在这里所假设的条件下发生的。然而实际上正好相反：劳动生产率和劳动强度的变化，或者是在工作日缩短以前，或者是紧接着在工作日缩短以后发生的。(13)

2. 工作日的延长：假定必要劳动时间是6小时，或劳动力价值是3先令，剩余劳动也是6小时，剩余价值是3先令。那么，整个工作日就是12小时，并表现为6先令的价值产品。如果工作日延长2小时，劳动力价格不变，那么剩余价值的相对量就随同它的绝对量一同增加。虽然劳动力价值按其绝对量来说没有变化，但按其相对量来说却降低了。在第I节所假设的条件下，劳动力价值的绝对量不发生变化，它的相对量就不可能变化。相反地，在这里，劳动力价值

(13)“十小时工作日法令的施行，表明……存在着各种补偿的情况。”(《工厂视察员报告。1848年10月31日》第7页)

的相对量的变化，是剩余价值的绝对量的变化的结果。

因为工作日借以表现的价值产品随着工作日的延长而增加，所以劳动力的价格和剩余价值可以同时等量地或不等量地增长。这种同时增长可以发生在下述两种场合：工作日绝对延长，或者工作日没有绝对延长，但是劳动强度增加了。

随着工作日的延长，劳动力的价格尽管名义上不变，甚至有所提高，还是可能降到它的价值以下。我们记得，劳动力的日价值是根据劳动力的正常的平均持续时间或工人的正常的寿命来计算的，并且是根据从生命物质到运动的相应的、正常的、适合人体性质的转变来计算的。(14)与工作日的延长密不可分的劳动力的更大损耗，在一定点内，可以用增多的报酬来补偿。超过这一点，损耗便以几何级数增加，同时劳动力再生产和发挥作用的一切正常条件就遭到破坏。劳动力的价格和劳动力的剥削程度就不再是可通约的量了。

IV. 劳动的持续时间、劳动生产力和劳动强度同时变化

很明显，在这里可能有许多种组合。可能两个因素变化，一个因素不变，或者三个因素同时发生变化。它们可能在同一程度上或在不同程度上变化，可能向同一方向或向相反的方向变化，以致它们的

(14)“人在24小时内所耗费的劳动量，可以从研究人体内部的化学变化来大致确定，因为物质的变化了的形式表明动力已经消耗的情况。”（格罗夫《物理力的相互关系》[第308、309页]）

变化可以部分地或全部地互相抵消。其实，根据Ⅰ、Ⅱ、Ⅲ节所作的解释来分析一切可能的情况并不困难。只要顺次地把其中一个因素视为可变，把其他因素视为不变，就会得到任何一种可能的组合的结果。因此在下面我们只简单地谈谈两种重要的情况。

1. 劳动生产力降低，同时工作日延长：

这里所谈的劳动生产力的降低，是指这样一些劳动部门，它们的产品决定劳动力的价值。由于土壤肥力下降以及农产品相应涨价所引起的劳动生产力的降低，就是一个例子。假定工作日是12小时，它的价值产品是6先令，其中一半补偿劳动力的价值，另一半形成剩余价值。因此，工作日划分为6小时必要劳动和6小时剩余劳动。假定由于农产品的涨价，劳动力的价值由3先令提高到4先令，因而必要劳动时间由6小时增加到8小时。如果工作日不变，那么剩余劳动就从6小时减少到4小时，剩余价值就从3先令降低到2先令。如果工作日延长2小时，即从12小时延长到14小时，那么剩余劳动仍然是6小时，剩余价值仍然是3先令，但是剩余价值量同由必要劳动计量的劳动力价值相比较却下降了。如果工作日延长4小时，即由12小时延长到16小时，那么剩余价值和劳动力价值的比例量，剩余劳动和必要劳动的比例量仍然不变。但是剩余价值的绝对量由3先令增加到4先令，剩余劳动的绝对量由6个劳动小时增加到8个劳动小时，即增加$\frac{1}{3}$或$33\frac{1}{3}\%$。可见，在劳动生产力降低和工作日同时延长的情况下，即使剩余价值的比例量降低，它的绝对量仍可保持不变；即使剩余价值的绝对量增加，它的比例量仍可保持不变；并且，工作日延长到一定的程度时，剩余价值的比例量和绝对量都可能增加。

在1799年到1815年期间，英国生活资料价格的上涨引起了名义工资的提高，虽然用生活资料表示的实际工资降低了。威斯特和李嘉图由此得出农业劳动生产率的下降引起剩余价值率下降的结论，并且把这个仅仅存在于他们幻想之中的假定当做对工资、利润和地租的相对的量的关系进行重要分析的出发点。[391]但是在当时，由于劳动强度的提高和劳动时间的强制延长，剩余价值也绝对地和相对地增加了。这正是工作日的无限度的延长获得公民权的时期(15)，这个时期的特点是：一方面资本加速增长，另一方面需要救济的赤贫也加速增长。(16)

---

(15)"谷物和劳动很少会完全齐头并进，但是有一个明显的界限，越过这个界限它们就不能互相分离。劳动阶级在物价上涨时期作出的异乎寻常的努力，引起工资下降，这种下降在证词〈1814—1815年向议会调查委员会作的证词〉中已经得到证实。这种努力对个人来说是十分光荣的，并确能促使资本增长。但是任何一个有人性的人，都不希望这种努力永远不变地坚持下去。作为权宜之计，这种努力是十分值得赞扬的；如果这种努力永远坚持下去，其结果就和一个国家的居民在食物上濒于绝境差不多。"（马尔萨斯《关于地租的本质和增长》1815年伦敦版第48、49页注）当李嘉图等人不顾最惹人注目的事实，把工作日的不变量当做他们全部研究的基础时，马尔萨斯却强调工作日的延长，并且在自己的小册子的其他地方也直截了当地谈到这一点。这对马尔萨斯来说是一种光荣。但是马尔萨斯为之效劳的保守利益使他看不到，随着机器的异常的发展以及对妇女劳动和儿童劳动的剥削，无限度地延长工作日必定会使工人阶级的很大一部分"过剩"，特别是在战争造成的需求和英国对世界市场的垄断消失的时候。用永恒的自然规律去解释这种"人口过剩"，当然比用资本主义生产的纯粹历史的自然规律去解释更便利，更符合马尔萨斯真正牧师般地崇拜的统治阶级的利益。

(16)"战争期间资本增加的主要原因，在于每个社会中人数最多的劳动阶级的更加努力，也许还在于这个阶级的更加贫困。更多的妇女和儿童为环境所迫，不得不从事劳动；原来的工人，由于同样的原因不得不拿出更多的时间去增加生产。"（[乔治·罗伯逊]《政治经济学论文集。论当前国家贫困的主要原因》1830年伦敦版第248、249页）

2. 劳动强度和劳动生产力提高，同时工作日缩短：

劳动生产力的提高和劳动强度的增加，从一方面来说，起着同样的作用。二者都会增加任何一段时间内所生产的产品总额。因此，二者都能缩短工人生产自己的生活资料或其等价物所需要的工作日部分。工作日的绝对最低界限，总是由工作日的这个必要的但能缩减的部分形成。如果整个工作日缩小到这个必要的部分，那么剩余劳动就消失了，这在资本的制度下是不可能发生的。只有消灭资本主义生产形式，才允许把工作日限制在必要劳动上。但是，在其他条件不变的情况下，必要劳动将会扩大自己的范围。一方面，是因为工人的生活条件将会更加丰富，他们的生活要求将会增大。另一方面，是因为现在的剩余劳动的一部分将会列入必要劳动，即形成社会准备基金和社会积累基金所必要的劳动。

劳动生产力越是增长，工作日就越能缩短；而工作日越是缩短，劳动强度就越能增加。从社会的角度来看，劳动生产率还随同劳动的节约而增长。这种节约不仅包括生产资料的节约，而且还包括一切无用劳动的免除。资本主义生产方式迫使每一个企业实行节约，但是它的无政府状态的竞争制度却造成社会生产资料和劳动力的最大的浪费，而且也产生了无数现在是必不可少的、但就其本身来说是多余的职能。

在劳动强度和劳动生产力已定的情况下，劳动在一切有劳动能力的社会成员之间分配得越平均，一个社会阶层把劳动的自然必然性从自身上解脱下来并转嫁给另一个社会阶层的可能性越小，社会工作日中用于物质生产的必要部分就越小，从而用于个人的自由活动，脑力活动和社会活动的时间部分就越大。从这一方面来说，工作日的缩短的绝对界限就是劳动的普遍化。在资本主义社会里，一个阶级享有自由时间，是由于群众的全部生活时间都转化为劳动时间了。

第十六章
剩余价值率的各种公式

我们已经知道，剩余价值率是用下列公式来表示的①：

$$\text{I. } \frac{\text{剩余价值}}{\text{可变资本}}\left(\frac{m}{v}\right)=\frac{\text{剩余价值}}{\text{劳动力价值}}=\frac{\text{剩余劳动}}{\text{必要劳动}}\text{。}$$

前两个公式是价值的比率，第三个公式是生产这些价值所需要的时间的比率，它们表示同一个东西。这些互相替代的公式在概念上是严格的。因此，我们看到，在古典政治经济学中，这些公式诚然在实质上已经制定出来，但是还不是有意识地制定的。在那里我们看到的是下列派生的公式：

$$\text{II. } \frac{\text{剩余劳动}^{②}}{\text{工作日}}=\frac{\text{剩余价值}}{\text{产品价值}}=\frac{\text{剩余产品}}{\text{总产品}}\text{。}$$

这里，同一个比率交替地在劳动时间的形式上，在劳动时间借以体现的价值的形式上，在这些价值借以存在的产品的形式上表现出来。不言而喻，这里所说的产品价值只能理解为工作日的价值产品，产品

---

①见本卷第251—252页。——编者注

②马克思在他审定的法文版中，给这个公式加了括号，并指出，这是“因为剩余劳动的概念在资产阶级政治经济学中表述得不清楚”。——编者注

价值的不变部分不包括在内。

在所有这些公式中，实际的劳动剥削程度或剩余价值率是虚假地被表现出来的。假定工作日为12小时。根据我们前面例子的其他各项假设①，在这种情况下，实际的劳动剥削程度就表现为如下的比率：

$$\frac{6\text{小时剩余劳动}}{6\text{小时必要劳动}}=\frac{3\text{先令剩余价值}}{3\text{先令可变资本}}=100\%。$$

但是，根据公式II，我们却得出：

$$\frac{6\text{小时剩余劳动}}{12\text{小时工作日}}=\frac{3\text{先令剩余价值}}{6\text{先令价值产品}}=50\%。$$

这两个派生的公式实际上表示工作日或其价值产品按怎样的比例在资本家和工人之间进行分配。因此，如果把这些公式看做资本自行增殖程度的直接表现，就会得出一个虚假的规律：剩余劳动或剩余价值决不能达到100%。(17)因为剩余劳动始终只能是工作日的

(17)例如，见洛贝尔图斯《给冯·基尔希曼的第三封信：驳李嘉图的地租学说，并论证新的租的理论》1851年柏林版。关于这一著作，我以后还要谈到。该著作提出的地租理论虽然是错误的，但它看出了资本主义生产的本质。392——〔第三版补注：从这里可以看出，只要马克思在前人那里看到任何真正的进步和任何正确的新思想，他总是对他们作出善意的评价。然而洛贝尔图斯致鲁道夫·迈耶尔的书信的发表，使马克思的上述赞许不能不打一个相当的折扣。书信中说："不仅要把资本从劳动中拯救出来，而且要把它从其自身中拯救出来，要真正做到这一点，最好的办法是把企业主资本家的活动理解为资本所有权委托给他的国民经济职能或国家经济职能，把他的利润理解为一种薪俸的形式，因为我们还不知道有其他的社会组织。但薪俸是可以调节的，如果它

①见本卷第249—253页。——编者注

一个部分，或剩余价值始终只能是价值产品的一个部分，所以剩余劳动必然始终小于工作日，或剩余价值必然始终小于价值产品。二者必须相等，才能达到 $\frac{100}{100}$ 的比率。剩余劳动要吞掉整个工作日（这里指一周劳动或一年劳动等等的平均日），必要劳动就必须减到零。但是，如果必要劳动消失了，剩余劳动也就消失了，因为后者只是前者的函数。因此，$\frac{\text{剩余劳动}}{\text{工作日}}=\frac{\text{剩余价值}}{\text{价值产品}}$ 这个比率永远不能达到 $\frac{100}{100}$ 的界限，更不能提高到 $\frac{100+x}{100}$。但剩余价值率或实际的劳动剥削程度完全能够达到这种程度。就拿路易·德·拉韦涅先生的计算做例子。根据他的计算，英国农业工人只得到产品(18)或其价值的 $\frac{1}{4}$，而资本家（租地农场主）得到 $\frac{3}{4}$，不管这个赃物以后还要在资本家和土地所有者等人之间怎样进行分配。依照这个例子，英国农业工人的剩余劳动和必要劳动之比是3∶1，剥削率是300%。

古典学派把工作日看做不变量的方法，由于公式II的应用而固定化了，因为人们在这里总是把剩余劳动同一定长度的工作日进行比较。如果只着眼于价值产品的分配，也会得到同样的结果。已经

过多地侵占了工资，还可以降低。马克思对社会的入侵——我要这样来称呼他的著作——也应该这样来击退……　总之，马克思的著作与其说是对资本的研究，还不如说是对现代资本形式的攻击。他把现今的资本形式和资本概念本身混为一谈了，这就是他的错误的根源。”（洛贝尔图斯-亚格措夫博士《书信和社会政治论文集》，鲁道夫·迈耶尔博士出版，1881年柏林版第1卷第111页，洛贝尔图斯第48封信）——洛贝尔图斯在《社会问题书简》里的真正大胆的进攻完全为这些意识形态上的陈词滥调所淹没了。——弗·恩·〕

(18)不言而喻，在这种计算中，产品中只补偿所投不变资本的那一部分是没有计算在内的。——路易·德·拉韦涅先生是一位盲目崇拜英国的人，他只会把比例估计过低，决不会估计过高。

对象化在一个价值产品中的工作日总是一个具有一定界限的工作日。

把剩余价值和劳动力价值表现为价值产品的两部分——顺便提一下，这种表现方式是从资本主义生产方式本身中产生的，它的意义将在以后加以说明——掩盖了资本关系的特殊性质，即掩盖了可变资本与活劳动力的交换，以及与此相适应的工人与产品的分离。代替的是一种协同关系的假象，仿佛工人和资本家在这种协同关系中是按照产品的不同的形成要素的比例来分配产品的(19)。

但是，公式II总是能再转化成公式I。例如，如果我们知道$\frac{6\text{小时剩余劳动}}{12\text{小时工作日}}$，那么，必要劳动时间＝12小时工作日减掉6小时剩余劳动，并得出：

$$\frac{6\text{小时剩余劳动}}{6\text{小时必要劳动}}=\frac{100}{100}。$$

我在前面已经顺便提到的第三个公式①是：

$$\text{III.}\ \frac{\text{剩余价值}}{\text{劳动力价值}}=\frac{\text{剩余劳动}}{\text{必要劳动}}=\frac{\text{无酬劳动}}{\text{有酬劳动}}。$$

$\frac{\text{无酬劳动}}{\text{有酬劳动}}$这个公式会引起一种误解，好像资本家是向劳动而不

(19)因为资本主义生产过程的一切发达的形式都是协作形式，所以，把这些形式所特有的对抗性质抽去，并把它们胡说成是自由的协同形式，自然是再容易不过的事情了。例如，亚·拉博尔德伯爵在《论有利于社会一切方面的协同精神》(1818年巴黎版[第130、131页])中就是这样做的。393美国人亨·凯里有时甚至把这种戏法应用于奴隶制度的关系，也收到相同的效果。

①见本卷第251—252页。——编者注

是向劳动力支付报酬，但是这种误解经过前面的说明已经消除了。$\frac{\text{无酬劳动}}{\text{有酬劳动}}$这个公式只是$\frac{\text{剩余劳动}}{\text{必要劳动}}$这个公式的通俗的表述。①资本家支付劳动力价值或偏离这一价值的劳动力价格，在交换中取得对活劳动力本身的支配权。他对这种劳动力的利用分为两个时期。在一个时期，工人只生产一个等于他的劳动力价值的价值，因而只生产一个等价物。这样，资本家预付出劳动力的价格，得到一个价格相等的产品。这就好像资本家是在市场上购买现成的产品。而在剩余劳动期间，劳动力的利用为资本家创造出无须他付出代价的价值。(20)他无偿地获得了劳动力的这种利用。在这个意义上，剩余劳动可以称为无酬劳动。

因此，资本不仅像亚·斯密所说的那样，是对劳动的支配权。[394]按其本质来说，它是对无酬劳动的支配权。一切剩余价值，不论它后来在利润、利息、地租等等哪种特殊形态上结晶起来，实质上都是无酬劳动时间的化身。资本自行增殖的秘密归结为资本对别人的一定数量的无酬劳动的支配权。

(20)虽然重农学派没有看出剩余价值的秘密，但他们还是非常清楚，剩余价值是“一种独立的和可供支配的财富，是他〈财富的占有者〉没有出钱买却可以拿去卖的财富”(杜尔哥《关于财富的形成和分配的考察》第11页)。

①见本卷第194—204页。——编者注

第六篇

工　资

第十七章

劳动力的价值或价格转化为工资

在资产阶级社会的表面上，工人的工资表现为劳动的价格，表现为对一定量劳动支付的一定量货币。在这里，人们说劳动的价值，并把它的货币表现叫做劳动的必要价格或自然价格。另一方面，人们说劳动的市场价格，也就是围绕着劳动的必要价格上下波动的价格。

但什么是商品的价值呢?这就是耗费在商品生产上的社会劳动的对象形式。我们又用什么来计量商品的价值量呢?用它所包含的劳动量来计量。那么，比如说，一个十二小时工作日的价值是由什么决定的呢?是由一个十二小时工作日中包含的12个劳动小时决定的；这是无谓的同义反复。(21)

(21)"李嘉图相当机智地避开了一个困难，这个困难乍看起来似乎会推翻他的关于价值取决于生产中所使用的劳动量的理论。如果严格地坚持这个原则，就会得出结论说，劳动的价值取决于劳动的生产中所使用的劳动量——

劳动要作为商品在市场上出卖，无论如何必须在出卖以前就已存在。但是，如果工人能使他的劳动独立存在，他出卖的就是商品，而不是劳动。(22)①

撇开这些矛盾不说，货币即对象化劳动同活劳动的直接交换，也会或者消灭那个正是在资本主义生产的基础上才自由展开的价值规律，或者消灭那种正是以雇佣劳动为基础的资本主义生产本身。举例来说，假定一个十二小时工作日表现为6先令的货币价值。或者是等价物相交换，这样，工人以12小时劳动获得6先令。他的劳动的价格就会等于他的产品的价格。在这种情形下，他没有为他的劳动的购买者生产剩余价值，这6先令不转化为资本，资本主义生产的基础就会消失，然而正是在这个基础上，工人才出卖他的劳动，而他的劳动才成为雇佣劳动。或者工人在12小时劳动中获得的少于6先令，就是说，少于12小时劳动。12小时劳动同10小时劳动、6小

这显然是荒谬的。因此，李嘉图先生用了一个巧妙的手法，使劳动的价值取决于生产工资所需要的劳动量；或者用他自己的话来说，劳动的价值应当由生产工资所必需的劳动量来估量；他这里指的是为生产付给工人的货币或商品所必需的劳动量。那我们同样也可以说，呢绒的价值不是由生产呢绒所花费的劳动量来估量，而是由生产用呢绒换得的银所花费的劳动量来估量。”（[赛·贝利]《对价值的本质、尺度和原因的批判研究》第50、51页）

(22)“如果你们把劳动叫做商品，那么它也还是不同于这样的商品，这种商品最初为交换的目的而生产，然后拿到市场上去，应和同时在市场上出售的其他商品按照适当的比例相交换。劳动只有当它被带到市场上去的那一瞬间才被创造出来，或者不如说，劳动是在它被创造出来以前被带到市场上去的。”（《评政治经济学上若干用语的争论》第75、76页）

---

① 见本卷第194—204页。——编者注

时劳动等等相交换。不等量的这种相等，不仅消灭了价值规定。这种自我消灭的矛盾甚至根本不可能当做规律来阐明或表述。(23)

从劳动分为对象化劳动和活劳动这一形式上的区别而引出较多量劳动同较少量劳动相交换，这是徒劳无益的。(24)因为商品的价值不是由实际对象化在商品中的劳动量来决定，而是由生产该商品所必要的活劳动的量来决定，所以这种做法就更加荒谬了。假定一个商品代表6个劳动小时。如果一些发明使这个商品用3小时就可以生产出来，那么，连已经生产出来的商品的价值也会降低一半。现在，这个商品所代表的只是3小时社会必要劳动，而不是原先6小时社会必要劳动了。可见，决定商品的价值量的，是生产商品所必需的劳动量，而不是劳动的对象形式。

实际上，在商品市场上同货币占有者直接对立的不是劳动，而是工人。工人出卖的是他的劳动力。当工人的劳动实际上开始了的时候，它就不再属于工人了，因而也就不再能被工人出卖了。劳动是价值的实体和内在尺度，但是它本身没有价值。(25)

---

(23)“如果把劳动看成一种商品，而把资本，劳动的产品，看成另一种商品，并且假定这两种商品的价值是由相同的劳动量来决定的，那么一定量的劳动就会……和同量劳动所生产的资本量相交换；过去的劳动就会……和同量的现在的劳动相交换。但是，劳动的价值同其他商品相比……不是由同量劳动决定的。”（爱·吉·韦克菲尔德对他出版的亚·斯密《国富论》所加的注。1835年伦敦版第1卷第230、231页）

(24)“必须同意〈“社会契约”395的又一翻版〉，每当已经完成的劳动同将要完成的劳动相交换时，后者〈资本家〉获得的价值必须多于前者〈工人〉。”（西蒙（即西斯蒙第）《论商业财富》1803年日内瓦版第1卷第37页）

(25)“劳动，即价值的唯一尺度……一切财富的创造者，不是商品。”（托·霍吉斯金《通俗政治经济学》第186页）

在“劳动的价值”这个用语中，价值概念不但完全消失，而且转化为它的反面。这是一个虚幻的用语，就像土地的价值一样。但是这类虚幻的用语是从生产关系本身中产生的。它们是本质关系的表现形式的范畴。事物在其现象上往往颠倒地表现出来，这是几乎所有的科学都承认的，只有政治经济学例外。(26)

古典政治经济学毫无批判地从日常生活中借用了“劳动的价格”这个范畴，然后提出问题：这一价格是怎样决定的？它马上认识到，供求关系的变化，对于劳动的价格也像对于一切其他商品的价格一样，无非是说明价格的变化，也就是说明市场价格围绕着一定的量上下波动。如果供求相抵，而其他条件不变，价格的波动就会停止。而这时，供求也不再说明任何东西了。在供求相抵时，劳动的价格就是它的不依赖供求关系来决定的价格，即它的自然价格，而这个价格才真正是应当分析的对象。或者我们拿市场价格在一个较长时期（比如说一

(26)相反地，把这些用语说成是单纯的诗人的破格权，这只能说明分析的无能。蒲鲁东说：“人们认为劳动有价值并不因为它本身是商品，而是指人们认定劳动中所隐含的价值。劳动的价值是一种……比喻说法。”因此，针对这种说法我指出：“他把劳动商品这个可怕的现实只看做是文法上的简略。这就是说，建立在劳动商品基础上的整个现代社会，今后仅仅是建立在某种破格的诗文和比喻性的用语上了。如果社会愿意‘排除’使它烦恼的‘一切麻烦’，好吧！只要去掉不好听的字句，改一改说法就可以了；要达到这个目的，只要请求科学院出版一部新辞典就够了。”（卡尔·马克思《哲学的贫困》第34、35页[396]）把价值理解成什么也不是，当然方便多了。这样，就可以随便把任何东西都包括到这个范畴中去。例如，让·巴·萨伊就是这样做的。“价值”是什么？答：“物之所值。”“价格”是什么？答：“以货币表现的物的价值。”为什么“土地的劳动……具有价值？因为人们赋予它一个价格”。这就是说，价值是物之所值，而土地之所以有“价值”，是因为人们“用货币表现了”它的价值。总之，这是理解事物“因何”和“为何”问题的非常简便的方法。

年）内的波动来看，就会发现，这种上下的波动会互相抵消，而得出一个中等的平均量，一个不变量。这个平均量和围绕着这个平均量发生的互相抵消的偏离，自然是由不同的东西决定的。这个支配着和调节着劳动的偶然市场价格的价格，即劳动的"必要价格"（重农学派）或"自然价格"（亚当·斯密）[397]，也像在其他商品的场合一样，只能是用货币来表现的劳动的价值。政治经济学以为用这种办法就可以通过劳动的偶然价格进到劳动的价值。然后认为，这一价值也和在其他商品的场合一样，是由生产费用来决定的。但是生产费用——工人的生产费用，即用来生产或再生产工人本身的费用，又是什么呢？这个问题在政治经济学上是不自觉地代替了原来的问题，因为政治经济学在劳动本身的生产费用上只是兜圈子，没有前进一步。可见，政治经济学称为劳动的价值的东西，实际上就是劳动力的价值；劳动力存在于工人身体内，它不同于它的职能即劳动，正如机器不同于机器的运转一样。人们研究了劳动的市场价格和它的所谓价值之间的区别，研究了这种价值同利润率、同借助于劳动所生产的商品价值的关系等等，但从来没有发现，分析的进程不仅已从劳动的市场价格推移到它的假想的价值，而且又把这个劳动价值本身化为劳动力的价值。古典政治经济学没有意识到自己的分析所得出的这个结果，毫无批判地采用"劳动的价值"，"劳动的自然价格"等等范畴，把它们当做所考察的价值关系的最后的、适当的用语，结果就像我们在下面将要看到的那样，陷入了无法解决的混乱和矛盾中，同时为庸俗经济学的在原则上只忠于假象的浅薄性提供了牢固的活动基础。

现在，我们首先来考察一下，劳动力的价值和价格是怎样表现为它的转化形式，即表现为工资的。

我们知道，劳动力的日价值是根据工人的一定的寿命来计算的，而同工人的一定的寿命相适应的是一定长度的工作日①。假定一个普通工作日是12小时，劳动力的日价值是3先令，而这3先令是一个体现6个劳动小时的价值的货币表现。如果工人获得了3先令，他就获得了他的在12小时内执行职能的劳动力的价值。现在如果劳动力的这个日价值当做日劳动的价值来表现，那就会得出这样一个公式：12小时的劳动有3先令价值。这样一来，劳动力的价值就决定劳动的价值，或者用货币来表现，就决定劳动的必要价格。如果劳动力的价格同它的价值相偏离，那么劳动的价格也就会同它的所谓价值相偏离。

既然劳动的价值只是劳动力的价值的不合理的用语，那么不言而喻，劳动的价值必定总是小于劳动的价值产品，因为资本家总是使劳动力执行职能的时间超过再生产劳动力本身的价值所需要的时间。在上述例子中，在12小时内执行职能的劳动力的价值是3先令，为了再生产这一价值，劳动力需要执行职能6小时。可是劳动力的价值产品是6先令，因为劳动力实际上执行职能12小时，而劳动力的价值产品不是由劳动力本身的价值来决定的，而是由劳动力执行职能的时间长短来决定的。这样，我们就会得到一个一看就是荒谬的结果：创造6先令价值的劳动有3先令价值。(27)

其次，我们看到，体现工作日的有酬部分即6小时劳动的3先令

(27)参看《政治经济学批判》第40页398。我曾在那里指出，在考察资本时应当解决这个问题："为什么在纯粹由劳动时间决定的交换价值的基础上进行的生产，结果竟会使劳动的交换价值小于这劳动的产品的交换价值？"

①见本卷第198—201页。——编者注

价值，表现为包含六小时无酬劳动在内的整个十二小时工作日的价值或价格。于是，工资的形式消灭了工作日分为必要劳动和剩余劳动、分为有酬劳动和无酬劳动的一切痕迹。全部劳动都表现为有酬劳动。在徭役劳动下，服徭役者为自己的劳动和为地主的强制劳动在空间上和时间上都是明显地分开的。在奴隶劳动下，连奴隶只是用来补偿他本身的生活资料的价值的工作日部分，即他实际上为自己劳动的工作日部分，也表现为为主人的劳动。他的全部劳动都表现为无酬劳动。(28)相反地，在雇佣劳动下，甚至剩余劳动或无酬劳动也表现为有酬劳动。在奴隶劳动下，所有权关系掩盖了奴隶为自己的劳动，而在雇佣劳动下，货币关系掩盖了雇佣工人的无代价劳动。

因此可以懂得，为什么劳动力的价值和价格转化为工资形式，即转化为劳动本身的价值和价格，具有决定性的重要意义。这种表现形式掩盖了现实关系，正好显示出它的反面。工人和资本家的一切法的观念，资本主义生产方式的一切神秘性，这一生产方式所产生的一切自由幻觉，庸俗经济学的一切辩护遁词，都是以这个表现形式为依据的。

如果说世界历史需要经过很长时间才揭开了工资的秘密，那么相反地，要了解这种表现形式的必然性，存在的理由，却是再容易不过的了。

资本和劳动的交换，在人们的感觉上，最初完全同其他一切商品

---

(28)伦敦一家天真到愚蠢程度的自由贸易派机关报《晨星报》，在美国南北战争时期，一再以人类所能有的义愤断言，“南部同盟”[8]的黑人的劳动是完全无代价的。最好请它把这种黑人的一天的费用同例如伦敦东头的自由工人的一天的费用比较一下。

的买卖一样。买者付出一定数额的货币，卖者付出与货币不同的物品。在这里，法的意识至多只认识物质的区别，这种区别表现在法律上对等的各个公式中："我给，为了你给；我给，为了你做；我做，为了你给；我做，为了你做"[399]。

其次，因为交换价值和使用价值本身是不可通约的量，所以"劳动的价值"、"劳动的价格"这种用语，似乎并不比"棉花的价值"、"棉花的价格"这种用语更不合理。况且，工人是在提供自己的劳动以后被支付报酬的。而货币在其充当支付手段的职能上，是在事后才实现所提供的物品的价值或价格的，在这里就是实现所提供的劳动的价值或价格。最后，工人提供给资本家的"使用价值"，实际上不是他的劳动力，而是劳动力的职能，即一定的有用劳动，裁缝劳动，鞋匠劳动，纺纱劳动等等。至于这种劳动本身另一方面又是形成价值的一般要素，具有一种使它同一切其他商品相区别的属性，这一点却是普通意识所不能领会的。

让我们站在工人的立场上来看，他以12小时劳动获得6小时劳动的价值产品，比如说3先令，对他说来，他的12小时劳动实际上是3先令的购买手段。他的劳动力的价值可以随着他的日常生活资料的价值的变化而变化，从3先令提高到4先令或降低到2先令。或者他的劳动力的价值不变，它的价格可以因供求关系的变化，从3先令提高到4先令或降低到2先令。但是不管怎样，他付出的始终是12个劳动小时。因此，在他看来，他所获得的等价物的量的任何变化，都必然表现为他的12个劳动小时的价值或价格的变化。由于这种情况，把工作日看做不变量的亚·斯密(29)就反过来得出一个错

(29)亚·斯密只是在谈到计件工资时，才偶然地隐约提到工作日的变化。

误的论断：劳动的价值是不变的，虽然生活资料的价值会变化，因而对工人来说，同一个工作日会表现为较多或较少的货币。

另一方面我们拿资本家来说。他无疑希望用尽量少的货币换取尽量多的劳动。因此，他实际上所关心的只是劳动力的价格和劳动力执行职能时所创造的价值之间的差额。但是，他力图尽可能便宜地购买一切商品，并且总是把低于价值购买和高于价值出售这一纯粹欺诈行为说成是他的利润的来源。因而，他理解不到，如果劳动的价值这种东西确实存在，而且他确实支付了这一价值，那么资本就不会存在，他的货币也就不会转化为资本。

此外，工资的实际运动显示出一些现象，似乎证明被支付的不是劳动力的价值，而是它的职能即劳动本身的价值。这些现象可以归纳为两大类：第一，工资随着工作日长度的变化而变化。如果是这样，我们同样可以说，因为租用机器一周的费用比租用一天要贵，所以被支付的不是机器的价值，而是机器运转的价值。第二，执行同一职能的不同工人的工资之间存在着个人的差别。这种个人的差别在奴隶制度下也可以看到，但是在那里劳动力本身是赤裸裸地、不加任何掩饰地出卖的，这种差别没有引起任何幻觉。区别只是在于：劳动力因超过平均水平而获得的利益或因低于平均水平而遭到的损失，在奴隶制度下落到奴隶主身上，而在雇佣劳动制度下则落到工人自己身上，因为在后一种场合，劳动力是由工人自己出卖的，而在前一种场合，是由第三者出卖的。

总之，就“劳动的价值和价格”或“工资”这个表现形式不同于它所表现的本质关系，即劳动力的价值和价格而言，我们关于一切表现形式和隐藏在它们背后的基础所说的话，也是适用的。前者是直接地、自发地、作为流行的思维形式再现出来的，而后者只有科学才能揭示出来[1]。古典政治经济学几乎接触到事物的真实状况，但是没有自觉地把它表述出来。只要古典政治经济学附着在资产阶级的皮上，它就不可能做到这一点。

①见本卷第356页。——编者注

第十八章
计时工资

工资本身又采取各种各样的形式，这种情况从那些过分注重材料而忽视一切形式区别的经济学教程中是了解不到的。但是，阐述所有这些形式是属于专门研究雇佣劳动的学说的范围[400]，因而不是本书的任务。不过，这里要简单地说明一下两种占统治地位的基本形式。

我们记得，劳动力总是按一定时期来出卖的①。因此，直接表现劳动力的日价值、周价值等等的转化形式，就是“计时工资”的形式，也就是日工资等等。

首先应当指出，在第十五章叙述过的关于劳动力价格和剩余价值的量的变化的规律，只须改变一下形式，就转化为工资规律②。同样，劳动力的交换价值和由这个价值转变成的生活资料的量之间的区别，现在表现为名义工资和实际工资之间的区别。在本质形式上已经阐明的事情，再在表现形式上重复一遍，那是徒劳无益的。因此我们只限于说明计时工资的若干特点。

---

①见本卷第201—202、216—217、226—227页。——编者注

②见本卷第593—606页。——编者注

工人靠日劳动、周劳动等等得到的货币额(30)，形成他的名义的即按价值计算的工资额。但是很明显，依照工作日的长短，即依照工人每天所提供的劳动量，同样的日工资、周工资等等可以代表极不相同的劳动价格，也就是说，可以代表对同量劳动所支付的极不相同的货币额。(31)因而，在考察计时工资时必须再把工资总额，即日工资、周工资等等的总额和劳动价格区别开来。但怎样得出这个价格，即一定量劳动的货币价值呢？劳动力的平均日价值除以平均工作日的小时数，就得出平均的劳动价格。如果劳动力的日价值是3先令，即6个劳动小时的价值产品，而工作日为12小时，那么一个劳动小时的价格 $= \frac{3\text{先令}}{12} = 3$便士。这样得出的劳动小时的价格就是劳动价格的单位尺度。

由此可见，即使劳动价格不断下降，日工资、周工资等等仍然可以保持不变。例如，一个普通工作日是10小时，劳动力的日价值是3先令，那么一个劳动小时的价格是$3\frac{3}{5}$便士；一旦工作日延长到12小时，一个劳动小时的价格就降低到3便士，一旦工作日延长到15小时，一个劳动小时的价格就降低到$2\frac{2}{5}$便士。虽然如此，日工资或周工资仍旧不变。反之，即使劳动价格不变或甚至下降，日工资或周工资也可以增加。例如，一个工作日是10小时，劳动力的日价值是3先令，那么一个劳动小时的价格就是$3\frac{3}{5}$便士。如果由于工作量增加，工人按照原来的劳动价格劳动12小

---

(30)这里总是假定货币本身的价值是不变的。

(31)“劳动价格是对一定量劳动所支付的货币额。”(爱德华·威斯特爵士《谷物价格和工资》1826年伦敦版第67页)威斯特是《论资本用于土地》(牛津大学大学学院一研究员著，1815年伦敦版)这本在政治经济学史上有划时代意义的匿名著作的作者。

时，那么他的日工资就增加到3先令$7\frac{1}{5}$便士，而劳动价格没有变化。如果不是增加劳动的外延量而是增加劳动的内涵量，那也会得到同样的结果。(32)因此，在名义上的日工资或周工资提高的同时，劳动价格可以不变或下降。这也适用于工人家庭的收入，只要家长提供的劳动量是靠家庭成员的劳动而增加的。因此，存在着不减少名义上的日工资或周工资而降低劳动价格的各种方法。(33)

一般的规律就是：如果日劳动、周劳动等等的量已定，那么日工资或周工资就决定于劳动价格，而劳动价格本身或者是随着劳动力的价值而变化，或者是随着劳动力的价格与其价值的偏离而变化。反之，如果劳动价格已定，那么日工资或周工资就决定于日劳动或周

---

(32)“工资决定于劳动价格和完成的劳动量……　工资的增加不一定包含着劳动价格的提高。在劳动时间较长和劳动较紧张的情况下，工资可以大大增加，而劳动价格却可以保持不变。”（爱德华·威斯特爵士《谷物价格和工资》1826年伦敦版第67、68和112页）不过关于“劳动价格”是怎样决定的这样一个主要问题，威斯特却用陈词滥调搪塞过去了。

(33)18世纪工业资产阶级的最狂热的辩护士、我们多次引用过的《论手工业和商业》的作者正确地感觉到了这一点，虽然他把问题阐述得很混乱：“由食品和其他生活必需品的价格决定的是劳动的量，而不是劳动的价格〈他把劳动价格理解为名义上的日工资或周工资〉，如果大大降低生活必需品的价格，那你们自然就会相应地减少劳动的量……　工厂主们知道，除了改变劳动价格的名义数额以外，还有各种提高或降低劳动价格的方法”（[约·肯宁安]《论手工业和商业》第48和61页）。纳·威·西尼耳在他的《关于工资率的三篇演讲》（1830年伦敦版）中不加引号地利用了威斯特的著作，他说：“工人主要关心的是工资的数量”（第15页）。这就是说，工人主要关心的是他所得到的东西，即工资的名义数额，而不是他所给予的东西，即劳动的量！

劳动的量。

计时工资的计量单位，即一个劳动小时的价格，是劳动力的日价值除以普通工作日的小时数所得之商。假定一个普通工作日是12小时，而劳动力的日价值是3先令，即6个劳动小时的价值产品。在这种情况下，一个劳动小时的价格是3便士，它的价值产品是6便士。如果工人现在一天就业不足12小时（或者一周不足6天），比如说只有8小时或6小时，那么按这个劳动价格计算，他只能得到2先令或$1\frac{1}{2}$先令的日工资。(34)因为根据假定，工人要生产出一个只是和他的劳动力价值相适应的日工资，一天必须平均劳动6小时，又因为根据同一假定，他在每小时内只有一半时间是为自己劳动，而另一半时间是为资本家劳动，所以很清楚，如果他就业不足12小时，他就不能挣得6小时的价值产品。前面我们已经看到过度劳动的破坏性后果，这里我们又发现了工人由于就业不足所遭受的苦难的根源。

如果小时工资是用下述办法来确定的，即资本家的义务不是支付日工资或周工资，而只是愿意雇用工人多少劳动小时就支付多少小时的报酬，那么，资本家就能使工人就业的时间少于原先作为计算小时工资或劳动价格的计量单位的基础的那个

---

(34)这种异常的就业不足的影响是和法律强制普遍缩短工作日的影响完全不同的。前者与工作日的绝对长度无关，它可以在15小时工作日上发生，同样也可以在6小时工作日上发生。正常的劳动价格，在第一种场合是按照工人平均每天劳动15小时来计算的，在第二种场合，是按照他平均每天劳动6小时来计算的。因此，如果他在第一种场合只被雇$7\frac{1}{2}$小时，在第二种场合只被雇3小时，那么结果就会相同。

时间。因为这种计量单位是由$\frac{\text{劳动力的日价值}}{\text{一定小时数的工作日}}$这个比率确定的，所以，一旦工作日不再包含一定的小时数，这种计量单位自然就失去了任何意义。有酬劳动和无酬劳动之间的联系就被消除了。现在资本家不让工人做满维持自身生存所必要的劳动时间，也能从工人身上榨取一定量的剩余劳动。他可以破坏就业方面的任何规则性，完全按照自己的方便、意愿和眼前利益，使最惊人的过度劳动同相对的或完全的失业互相交替。他可以在支付“正常的劳动价格”的借口下，把工作日延长到超过正常的限度，而不给工人任何相应的补偿。因此，伦敦建筑工人为反对资本家强制实行这种小时工资的企图，发动了一次完全合理的暴动（1860年）。法律对工作日的限制结束了这种不正当的做法，不过，这种限制当然没有消灭由于机器的竞争，由于所使用的工人在质量上的改变，由于局部的和普遍的危机而产生的就业不足的现象。

在日工资或周工资增加的情形下，劳动价格可以在名义上保持不变，甚至降低到它的正常水平以下。只要劳动价格或劳动小时的价格不变，而工作日超出它的普通长度，这种情况就会发生。在$\frac{\text{劳动力的日价值}}{\text{工作日}}$这一分数中，如果分母增大，分子就会更快地增大。由于劳动力的损耗，劳动力的价值会同劳动力执行职能的时间一起增加，而且前者增加的比例比后者更快。因此，在计时工资占统治地位而劳动时间又不受法律限制的许多产业部门中，就自然地形成了一种习惯，把达到一定点（比如满10小时）的工作日当做是正常的（“normal working day”［“正常的工作日”］，“the day's work”［“日劳动”］，“the regular hours of work”［“正规的劳动时间”］）。超过这个界限的劳动时间形成额外时间，并且以小时为计量单位付以额外报酬，虽然额外报酬往往低得可怜。[(35)]正常工作日在这里是作为实际工作日的一部分而存在的，而且就全年来说，实际工作日往往比正常工作日要长。[(36)]在不列颠各种产业部门中，在工作日的延长超出一定正常界限时，劳动价格的增长造成了这样一种情况：所谓正常时间内的劳动价格很低，这就迫使那些想挣得足够工资的工人在额外时间去做报酬较高的工作。[(37)]法

---

(35)"额外时间的报酬率〈在花边制造业中〉非常低，每小时$\frac{1}{2}$便士等等，以致同它对工人的健康和生命力所造成的巨大损害形成了尖锐的对照……不仅如此，这样挣得的一点点额外报酬往往又不得不耗费在额外的饮食上。"(《童工调查委员会。第2号报告》第XVI页第117号)

(36)例如，在壁纸印刷业中，在工厂法最近实行以前，情况就是这样。"我们一直劳动，连吃饭的间歇时间也没有，结果10个半小时的日工到下午4点半就完了，此后就全是额外时间，这种时间很少在下午6点以前结束，因此，实际上我们终年都在做额外时间的工作。"(斯密斯先生的证词，载于《童工调查委员会。第1号报告》第125页)

(37)例如，在苏格兰的漂白业中就是这样。"在苏格兰的某些地方，这种行业〈在1862年工厂法实行以前〉是按额外时间的制度经营的，即把10小时当做正常的工作日。在这段时间内每人得到1先令2便士。但是每天还有3或4小时额外时间，每小时的报酬是3便士。实行这种制度的结果是：只在正常时间内劳动的人，只能挣得8先令的周工资。不在额外时间做工，工资是不够用的。"(《工厂视察员报告。1863年4月30日》第10页)这种"额外时间的额外报酬，是工人无力抗拒的一种诱惑"(《工厂视察员报告。1848年4月30日》第5页)。伦敦西蒂的书籍装订业雇用了许多14、15岁的少女，而且还订有学徒合同，规定了一定的劳动小时。尽管如此，在每月的最后一周，她们还是要同较年长的男工混杂在一起，一直劳动到夜间10、11、12点，甚至到1点。"业主以额外工资和一顿丰富的夜餐钱来引诱她们"，这顿夜餐，她们是在附近的酒馆中吃的。在这些"年轻的永生者"中间因此产生了十分放荡的行为(《童工调查委员会。第5号报告》第44页第191号)，不过这些行为，由于她们除了其他书籍外还装订了大量的圣经和宗教书籍而得到了补偿。

律对工作日的限制结束了这种快意的事情。(38)

在一个产业部门内，工作日越长，工资就越低，这是人所共知的事实。(39)工厂视察员亚·雷德格雷夫通过1839年到1859年20年间的比较观察说明了这一点。根据他的观察，在受十小时工作日法令约束的工厂中，工资提高了，而在每天工作14—15小时的工厂中，工资下降了。(40)

从“在劳动价格已定时，日工资或周工资决定于所提供的劳动量”这一规律中首先可以得出这样的结论：劳动价格越低，工人为了保证得到哪怕是可怜的平均工资而付出的劳动量必然越大，或者说，工作日必然越长。劳动价格的低廉在这里起了刺激劳动时间延长的作用。(41)

---

(38)见《工厂视察员报告。1863年4月30日》第5页。在1860年大罢工和同盟歇业中，伦敦建筑工人对事态作了完全正确的判断，他们声明，只有在下述两个条件下才愿意接受小时工资：1. 在规定劳动小时价格的同时，也要规定以9小时或10小时为正常工作日，而且十小时工作日的每小时价格要高于九小时工作日的每小时价格；2. 超过正常工作日的每一小时都是额外时间，要相应地付给较高的报酬。

(39)“此外，这是一个十分值得注意的事实：通常劳动时间长的地方，工资就低。”（《工厂视察员报告。1863年10月31日》第9页）“只能挣得饥饿工资的劳动大多是过长的。”（《公共卫生。第6号报告。1863年》第15页）

(40)《工厂视察员报告。1860年4月30日》第31、32页。

(41)例如，英国手工制钉业工人，由于劳动价格低廉，每天要劳动15小时才能挣得极可怜的周工资。“他一天到晚累死累活地要干许许多多小时，才能挣得11便士或1先令，而且从中还要扣除$2\frac{1}{2}$到3便士，以补偿工具的磨损、燃料的耗费和铁屑的耗损。”（《童工调查委员会。第3号报告》第136页第671号）在同样长的劳动时间内，女工只能挣得5先令的周工资（同上，第137页第674号）。

但是，劳动时间的延长反过来又会引起劳动价格的下降，从而引起日工资或周工资的下降。

劳动价格由$\frac{\text{劳动力的日价值}}{\text{一定小时数的工作日}}$来决定这个事实表明：如果没有任何补偿，单是工作日的延长就会降低劳动价格。但是那些使资本家能够长期延长工作日的情况，最初使他能够，最后则迫使他也在名义上降低劳动价格，以致劳动时数增加了，但总价格即日工资或周工资却下降了。这里只要指出两种情况就够了。如果一个人完成一个半人或两个人的工作，那么即使市场上劳动力的供给不变，劳动的供给还是增加了。由此造成的工人之间的竞争，使资本家能够压低劳动价格，而劳动价格的降低反过来又使他能够更加延长劳动时间。(42)但是这种对异常的即超过社会平均水平的无酬劳动量的支配权，很快就会成为资本家本身之间的竞争手段。商品价格的一部分是由劳动价格构成的。劳动价格的无酬部分不需要计算在商品价格内。它可以赠送给商品购买者。这是竞争促成的第一步。竞争迫使完成的第二步是，至少把延长工作日而产生的异常的剩余价值的一部分也不包括在商品的出售价格中。异常低廉的商品出售价格就是以这样的方式形成的，最初是偶然的，以后就逐渐固定下来，并且从此成为劳动时间过长而工资极低的不变基础，而原先这种出售价格却是这些情况所造成的结果。我们只是指出这一运动，因为分析竞争不是这里要做的事情[401]。不过我们还是可以听一下资本家本

(42)例如，一个工厂工人如果拒绝像通常那样干较多的时数，"他很快就会被任何一个不论干多长时间都愿意的工人所代替，这样他就会失业"(《工厂视察员报告。1848年10月31日》，证词第39页第58号)。"如果一个人做两个人的工作……　利润率通常会提高……　因为这种追加的劳动供给，压低了劳动的价格。"(西尼耳《关于工资率的三篇演讲》1830年伦敦版第15页)

人的自白。

“在伯明翰，业主之间的竞争是这样激烈，以致我们中间的某些人，不得不以雇主的身份做他们平素感到可耻的事情；但是即使如此也不能多赚钱，而只是让公众从中得到好处。”(43)

我们记得伦敦有两种面包房老板，一种是按全价出售面包，另一种是低于正常价格出售面包①。“全价出售者”向议会调查委员会指责他们的竞争者说：

“他们能够存在，首先就是靠欺骗公众〈通过商品掺假〉，其次是靠从工人身上榨取18小时的劳动而支付12小时的工资……　工人的无酬劳动是用来进行竞争斗争的手段……　面包业主之间的竞争是夜间劳动难以废除的原因。低价出售者低于成本价格（它随着面粉价格的变化而变化）出售面包，但他并没有受到损失，因为他从工人身上榨取了更多的劳动。如果我从工人那里只取得12小时劳动，而我的邻居却取得18或20小时劳动，那么，他必然会在出售价格上把我击败。如果工人能坚持要求支付额外时间的报酬，这种手法立刻就会完蛋……　低价出售者雇用的工人中，有很大一部分是外国人、少年和其他被迫满足于几乎任何一种所能得到的工资的人。”(44)

这种诉苦之所以有意思，还因为它表明：反映在资本家头脑中的

(43)《童工调查委员会。第3号报告》，证词第66页第22号。

(44)《就面包工人的申诉向女王陛下内务大臣所作的报告》1862年伦敦版第LII页和同一报告，证词第479、359、27号。不过，全价出售者，如我们在前面已经提到的，而且像他们的代言人贝内特本人所承认的，也让他们的工人“在晚上11点钟或更早的时候开始干活，并且往往干到第二天晚上7点钟”（同上，第22页）②。

①见本卷第203页。——编者注

②见本卷第289—290页。——编者注

只是生产关系的假象。资本家不知道，劳动的正常价格也包含着一定量的无酬劳动，并且正是这种无酬劳动是他的利润的正常源泉。剩余劳动时间这个范畴对他说来是根本不存在的，因为剩余劳动时间包含在正常的工作日之内，而这个正常工作日在他看来已经以日工资支付了。但是，额外时间，即工作日超过与普通的劳动价格相适应的界限的延长部分，对他来说却是存在的。为了对付他的低价出售的竞争者，他甚至主张对这种额外时间支付额外报酬。但是他仍然不知道，这种额外报酬，和普通的劳动小时的价格一样，也包含着无酬劳动。例如，十二小时工作日的一个小时价格是3便士，即$\frac{1}{2}$个劳动小时的价值产品，而一个额外劳动小时的价格是4便士，即$\frac{2}{3}$个劳动小时的价值产品。在第一种场合，资本家无偿地占有了$\frac{1}{2}$个劳动小时，在第二种场合，无偿地占有了$\frac{1}{3}$个劳动小时。

第十九章
计件工资

计件工资无非是计时工资的转化形式，正如计时工资是劳动力的价值或价格的转化形式一样。

在实行计件工资的情况下，乍一看来，似乎工人出卖的使用价值不是他的劳动力的职能即活的劳动，而是已经对象化在产品中的劳动，似乎这种劳动的价格不是像计时工资那样，由 $\frac{\text{劳动力的日价值}}{\text{一定小时数的工作日}}$ 这个分数来决定，而是由生产者的工作效率来决定的。(45)

首先，两种工资形式在同一些行业中同时并存的事实，必定剧烈地动摇着对这种假象的信念。例如：

---

(45)“计件劳动制度标志着工人史上的一个时代；它是介于受资本家意志支配的普通短工的地位和不久的将来有希望一身兼任手工业者和资本家的合作手工业者之间的阶段。计件工人即使在靠企业主的资本从事劳动时，实际上也是自己的雇主。”（约翰·瓦茨《工会和罢工。机器和合作社》1865年曼彻斯特版第52、53页）我引用这本小册子，是因为它是一切早已陈腐的辩护滥调的真正臭水坑。就是这位瓦茨先生，以前曾热衷于欧文主义，并在1842年发表过另外一本小册子《政治经济学家的事实和臆想》，在那里，他说财产就是掠夺。这已经是很久以前的事了。

“伦敦的排字工人通常是拿计件工资，计时工资在他们那里是例外。相反地，各地的排字工人通常是拿计时工资，计件工资是例外。伦敦港口的造船工人拿计件工资，英国其他港口的造船工人则拿计时工资。”(46)

在伦敦，同一些马具工场中，就同一种劳动来说，往往对法国人支付计件工资，对英国人支付计时工资。在普遍实行计件工资的真正工厂中，个别劳动职能由于技术上的原因不能按件计算，因而按计时工资来支付。(47)不过很清楚，工资支付形式的区别丝毫没有改变工资的本质，虽然其中一种形式可以比另一种形式更有利于资本主义生产的发展。

假定普通工作日为12小时，其中6小时是有酬的，6小时是无酬的。假定一个工作日的价值产品是6先令，从而一个劳动小时的价值产品是6便士。假定经验表明，一个具有平均劳动强度和技能，因而在生产一种物品时实际上只耗费社会必要劳动时间的工人，在12小时内提供24件产品，不管它们是一个个可分离的产

---

(46)托·约·邓宁《工联和罢工》1860年伦敦版第22页。

(47)下面这个例子说明，这两种工资形式的同时并存多么有利于工厂主进行欺诈：“一个工厂雇了400个人，其中一半是拿计件工资的，劳动时间长一些对他们有直接利益。另外200人是按日支付报酬的，他们劳动的时间与计件工人一样长，但是他们的额外劳动时间得不到任何报酬……　这200个人每天在半小时内干的活，就等于一个人在50小时内或一个人在一周劳动的$\frac{5}{6}$的时间内所干的活，这对于企业主有明显的好处。”(《工厂视察员报告。1860年10月31日》第9页)“额外劳动仍旧非常盛行。而且，在大多数场合下，法律本身就提供了保障，使这种现象不致被揭发出来而受到惩处。在以前许多报告中，我曾指出……所有那些不是领取计件工资而是领取周工资的工人受到怎样不公平的待遇。”(伦纳德·霍纳《工厂视察员报告。1859年4月30日》第8、9页)

品，还是一个具有连续性的制品的可以分别计量的部分。这样，这24件产品的价值，扣除其中包含的不变资本部分，为6先令，每件产品的价值为3便士。工人每件得$1\frac{1}{2}$便士，所以12小时得3先令。在实行计时工资的情况下，不管是假定工人6小时为自己劳动，6小时为资本家劳动，还是假定他每小时一半为自己劳动，一半为资本家劳动，都是没有区别的；同样在这里，不管是说每一件产品一半是有酬的，一半是无酬的，还是说12件产品的价格只是补偿劳动力的价值，而另外12件产品体现为剩余价值，也是没有区别的。

计件工资的形式同计时工资的形式一样是不合理的。例如，两件商品，扣除其中耗费掉的生产资料的价值，作为一个劳动小时的产品，值6便士，而工人由此得到3便士的价格。计件工资实际上不直接表现价值关系。在这里，不是一件商品的价值由体现在其中的劳动时间来计量，相反地，工人耗费的劳动是由他们生产的产品的件数来计量。在实行计时工资的情况下，劳动由劳动的直接的持续时间来计量；在实行计件工资的情况下，则由在一定时间内劳动所凝结成的产品的数量来计量。(48)劳动时间本身的价格最终决定于这个等式：日劳动价值＝劳动力的日价值。因此，计件工资只是计时工资的转化形式。

现在我们比较详细地来考察一下计件工资的特点。

在这里，劳动的质量是由产品本身来控制的，产品必须具有平均

---

(48)"工资有两种计算方法，或者是按劳动的持续时间来计算，或者是按劳动产品来计算。"(《政治经济学原理概论》1796年巴黎版第32页)这部匿名著作的作者是热·加尔涅。

的质量，计件价格才能得到完全的支付。从这方面说，计件工资是克扣工资和进行资本主义欺诈的最丰富的源泉。

计件工资给资本家提供了一个十分确定的计算劳动强度的尺度。只有体现在一个预先规定的并由经验确定的商品量中的劳动时间，才被看做是社会必要劳动时间，并当做这种劳动时间来支付报酬。因此，在伦敦较大的裁缝工场中，把某件产品，例如一件背心等等，叫做一小时或半小时等等，每小时付给6便士。从实践中知道，一小时的平均产品是多少。在做时装、改衣服等等时，雇主和工人之间常常会为某件产品是否等于一小时等等发生争执，最后还是要由经验来解决。在伦敦的家具制造厂等部门中也有类似的情况。如果工人没有平均的工作效率，因而不能提供一定的最低限度的日劳动，他就会被解雇。(49)

既然劳动的质量和强度在这里是由工资形式本身来控制的，那么对劳动的监督大部分就成为多余的了。因此，计件工资的形式既形成前面所说的现代家庭劳动的基础①，也形成层层剥削和压迫的制度的基础。后一种制度有两种基本形式。一方面，计件工资使资本家和雇佣工人之间的寄生者的中间盘剥即包工制(subletting of labour)更容易实行。中间人的利润完全来自资本家支付的劳动价格

(49)"交给他〈纺纱工人〉一定重量的棉花。经过一定时间，他必须交出一定重量的有一定精细程度的线或纱，并且根据这样提供的每一磅产品，得到一定的报酬。如果产品的质量不好，他就要受罚；如果产品数量少于一定时期规定的最低限度，他就会被解雇，就会被更能干的工人所代替。"(尤尔《工厂哲学》1835年伦敦版第316、317页)

①见本卷第536—540页。——编者注

和中间人实际付给工人的那部分劳动价格之间的差额。(50)在英国，这种制度有一个特别的称呼“sweating-system”(血汗制度)。另一方面，计件工资使资本家能与工头(在手工工场是组长，在矿井是采煤工人等等，在工厂是真正的机器工人)签订按件计酬的合同，工头按照合同规定的价格自己负责招募帮手和支付给他们工资。在这里，资本对工人的剥削是通过工人对工人的剥削来实现的。(51)

实行了计件工资，很自然，工人的个人利益就会使他尽可能紧张地发挥自己的劳动力，而这使资本家容易提高劳动强度的正常程度。(51a)同样，延长工作日也是工人的个人利益之所在，因为这样可

---

(50)“如果一件劳动产品要经过许多人的手，他们都要从中分取利润，而只有最后一双手才从事劳动，那么女工最后得到的报酬就微乎其微了。”(《童工调查委员会。第2号报告》第LXX页第424号)

(51)甚至辩护士瓦茨也说：“如果在一项工作中所有被雇用的人都成为合同的参加者，每个人都量力而为，而不是一个人只顾自己的利益，而让他的同伴去从事过度劳动，那么这会是计件工资制的一个重大改进。”(约翰·瓦茨《工会和罢工。机器和合作社》1865年曼彻斯特版第53页)关于这个制度的害处，参看《童工调查委员会。第3号报告》第66页第22号；第11页第124号，第XI页第13、53、59号等等。

(51a)人们往往人为地助长这种自然的结果。例如，伦敦的机器制造业中惯用的诡计是：“资本家挑选一名特别强壮和灵巧的人做一定数量工人的头头。每到一个季度或其他期限付给他以追加工资，条件是他拼命地干，以促使他的那些只领取普通工资的同伴也跟着拼命地干……　这不用进一步解释就可以说明，为什么资本家抱怨说，‘工联限制劳动、卓越技能和劳动力的发挥’。”(托·约·邓宁《工联和罢工》1860年伦敦版第22、23页)因为作者本人就是工人和工联书记，人们也许会认为他的话过于夸张。但是请看一看，比如说，约·查·摩尔顿的“受人推崇的”农业百科全书吧，在“工人”一条里，这个方法是当做一种卓有成效的方法向租地农场主们推荐的。

以提高他的日工资或周工资。(52)这就会引起那种在研究计时工资时已经指出过的反作用①，更不用说，即使在计件工资保持不变的情况下，工作日的延长本身就包含着劳动价格的下降。

在实行计时工资的情况下，除少数例外，通常是对同样的职能支付同样多的工资①；在实行计件工资的情况下，虽然劳动时间的价格是由一定量的产品来计量的，但日工资或周工资却因工人的个人差别而变化，因为某一工人在一定时间内只提供最低限额的产品，另一工人提供平均数额的产品，第三个工人则提供超过平均数额的产品。因此，在这种情况下，各个工人的实际收入，会因其技能、体力、精力、耐力等等的不同而有很大的差别。(53)当然，这决不会改变资本和雇佣劳动之间的一般关系。第一，就整个工场来说，个人的差别会互相抵消，所以，整个工场在一定劳动时间内会提供一个平均的产品量，而支付的总工资也会是本行业的平均工资。第二，工资和剩余价值之间的比例仍旧不变，因为各个工人各自提供的剩余价值量是同他

(52)"所有拿计件工资的人……由于劳动超过法定界限而获得利益。这种从事额外时间的劳动的愿望，在织布女工和绞纱女工中间尤为常见。"(《工厂视察员报告。1858年4月30日》第9页)"这种计件工资制对资本家非常有利……它直接促使少年陶工在四五年内从事过长的额外劳动，而得到的却是按低价支付的计件工资。这是引起陶工身体衰退的主要原因之一。"(《童工调查委员会。第1号报告》第XIII页)

(53)"如果在某个行业劳动是按单价计件支付报酬……那么各个工人的工资在数量上就会有很大差别……　但就日工资来说，通常都有一个统一的数额……雇主和工人都把这个数额看做是该行业的中常工人的标准工资。"(托·约·邓宁《工联和罢工》1860年伦敦版第17页)

① 见本卷第626—630页。——编者注

们各自的工资相适应的。但是计件工资给个性提供的较大的活动场所，一方面促进了工人个性的发展，从而促进了自由精神、独立性和自我监督能力的发展；但另一方面也促进了他们之间的互相竞争。因此，计件工资有一种趋势，就是在把个别工资提高到平均水平以上的同时，把这个水平本身降低。但是，在某种计件工资根据长期的传统已经固定下来，因而特别难以降低的地方，雇主就会破例地把计件工资强行转化为计时工资。针对这一点，例如1860年考文垂织带工人举行了大罢工。(54)最后，计件工资是上一章叙述的计时制的一个主要支柱。(55)

---

(54)"手工业帮工的劳动，是按日或按件规定的……　从事每种手艺的工人一天能完成多少工作，业主大体是心中有数的，所以，他们往往根据完成的工作量付给工人报酬；这样，即使没有监督，这些帮工为了切身利益也会尽力劳动。"(康替龙《试论一般商业的性质》1756年阿姆斯特丹版第185页和第202页。第1版于1755年出版)可见，魁奈、詹姆斯·斯图亚特爵士和亚·斯密曾充分利用过的康替龙，在这里已经把计件工资看做只是计时工资的改变了的形式。在康替龙著作的法文版的扉页上注明系译自英文，但是该书的英文版《关于工商业、货币、金银、银行和外汇的分析》(菲力浦·康替龙著，选自一位已故的伦敦西蒂商人的手稿)不仅出版日期较晚(1759年)，而且按其内容来说，也表明是后来的修订版。例如，在法文版中还没有提到休谟，而在英文版中，配第的名字几乎再也没有出现过。英文版在理论上的价值比较小，但是其中关于英国贸易、贵金属贸易等等的各种专门材料，却是法文版所没有的。因此，英文版扉页上注明的本书"主要选自一位已故的极有才能的绅士的手稿，加以改编"等字样，看来并不完全是当时所流行的虚构手法。402

(55)"我们不是常常看到，有些工场雇用的工人远远超过工作上的实际需要吗?雇主雇用工人往往是为了期待某种无法预料的、有时甚至完全是想象的工作。既然雇主支付计件工资，他就不冒任何风险，因为一切时间上的损失完全由没有活干的人承担。"(昂·格雷古瓦《布鲁塞尔轻罪法庭上的印刷工人》1865年布鲁塞尔版第9页)

从以上所述可以得出：计件工资是最适合资本主义生产方式的工资形式。虽然计件工资决不是什么新东西，在14世纪，它就已经与计时工资一起正式列入英法两国的劳工法中，但是只是在真正工场手工业时期，它才得到比较广阔的活动场所。在大工业的狂飙时期，特别是从1797年至1815年，计件工资成了延长劳动时间和降低工资的手段。我们从蓝皮书《谷物法请愿特别委员会的报告和证词》(1813年至1814年议会会期)和《上院委员会关于谷物的生长、贸易、消费状况以及有关法律的报告》(1814年至1815年会期)中，可以找到有关当时工资变动的十分重要的材料。在这里，我们可以找到自从反雅各宾战争[403]开始以来劳动价格不断下降的证明文件。例如，在织布业中计件工资下降得很厉害，尽管工作日已经大大延长，但日工资仍旧低于以前的水平。

"织布工人的实际收入比从前大为减少：同普通工人相比，他的优越性以前是很大的，而现在几乎完全消失了。事实上，熟练劳动和普通劳动的工资间的差别现在比过去任何时期都小得多。"(56)

随着计件工资的实行而增加的劳动强度和长度，对农业无产阶级毫无好处，这从一本维护大地主和租地农场主利益的书中摘录出来的下面这段话就可以看出：

"绝大部分农活是由按日或按件雇用的人来完成的。他们的周工资约为12先令；虽然可以假定，一个人在采用计件工资的情况下，由于劳动有较大的刺激，比在采用周工资的情况下能够多挣1先令或许2先令，但是在计算他的总收入时就会发现，他在一年中由于失业而造成的损失抵消了这一增加部

(56)《评大不列颠的商业政策》1815年伦敦版第48页。

分……　一般说来我们还会发现，这些人的工资同必要生活资料的价格保持着一定的比例，所以有两个孩子的人，可以不靠教区的救济而维持一家的生活。”(57)

当时马尔萨斯就议会公布的事实说过：

“我承认，我看到计件工资的广泛采用，感到不愉快。在较长的时期内每天从事12或14小时实在繁重的劳动，对一个人来说是太多了。”(58)

在受工厂法约束的工场内，一般采用的是计件工资，因为在这里，资本只能在内涵上扩大工作日。(59)

随着劳动生产率的改变，同一产品量所代表的劳动时间也会改变。于是计件工资也会改变，因为计件工资是一定劳动时间的价格表现。就上面所举的例子①来说，12小时内生产出24件产品，12小时的价值产品是6先令，劳动力的日价值是3先令，一个劳动小时的价格是3便士，每件产品的工资是$1\frac{1}{2}$便士。每件产品吸收了$\frac{1}{2}$个劳动小时。假定劳动生产率提高一倍，同一个工作日现在提供的产品不是24件，而是48件，在其他一切情况不变的条件下，计件工资就会由$1\frac{1}{2}$便士降低到$\frac{3}{4}$便士，因为现在每件产品所代表的已经不是$\frac{1}{2}$个劳动小时，而只是$\frac{1}{4}$个劳动小时。$24\times1\frac{1}{2}$便士＝3先令，同样$48\times\frac{3}{4}$便士＝3先令。换句话说，计件工资的下降是与同一时间

(57)《论谷物法》1815年伦敦版第34页。

(58)马尔萨斯《关于地租的本质和增长》1815年伦敦版[第49页注]。

(59)“拿计件工资的工人，约占工厂工人总数的$\frac{4}{5}$。”(《工厂视察员报告。1858年4月30日》第9页)

①见本卷第634—635页。——编者注

内所生产的产品件数的增加成比例的(60)，从而，是与耗费在同一件产品上的劳动时间的减少成比例的。计件工资的这种变动虽然纯粹是名义上的，但也会引起资本家和工人之间的经常不断的斗争：或者是因为资本家以此为借口来实际降低劳动的价格；或者是因为在劳动生产力提高的同时劳动强度也提高了；或者是因为工人当真看待计件工资的假象，认为被支付的是他的产品，而不是他的劳动力，因此反对在商品的出售价格没有相应地降低的情况下降低工资。

> “工人仔细地注视着原料的价格和制品的价格，这样就能够准确地估计他们的雇主的利润。”(61)

资本有权拒绝这种要求，认为这是对雇佣劳动的性质的粗暴歪曲。(62)它大骂这种要对产业进步课税的狂妄企图，并且断然宣称劳

---

(60)“他的纺纱机的生产力是准确计算好了的，靠这种机器完成的劳动的报酬，**随着**这种机器的生产力的提高而减少，虽然不是**按照**同一比例减少。”（尤尔《工厂哲学》第317页）可是尤尔自己又把后面那句辩护的话否定了。他承认，例如在走锭纺纱机加长的时候，这种加长就会引起追加劳动。可见，劳动不是按照劳动生产率增长的程度减少。其次，“由于这种加长，机器的生产力提高了$\frac{1}{5}$。如果这种情况确实发生了，那么纺纱工完成的工作就不能按从前的工资率付给报酬；但是由于他的工资率不是减少$\frac{1}{5}$，这种改良也就提高了工人在每一定数量劳动小时中的货币工资”。但是，“以上所说需要作某种修正……纺纱工必须从自己的追加收入6便士中拿出一部分来付给追加的未成年的助手，这些助手挤掉了一部分成年工人”（同上，第320、321页），这一事实决不能说明工资有提高的趋势。

(61)亨·福塞特《英国工人的经济状况》1865年剑桥和伦敦版第178、179页。

(62)在1861年10月26日伦敦的《旗帜报》上，载有一篇关于约翰·布莱特公司诉讼案的报告。该公司向罗奇代尔治安法官“控告地毯业工联代表，说

动生产率与工人毫不相干。(63)

他们进行恐吓。布莱特公司的股东采用了一种新机器，用以前生产160码地毯所需的时间和劳动〈！〉，现在可以生产240码。工人无权要求参与他们的雇主因投资于机器改良而获得的利润的分配。因此，公司老板提议把每码的工资从$1\frac{1}{2}$便士降低到1便士，这样，工人以同量劳动所得的收入仍和以前完全一样。这只是名义上的降低。关于这件事，据说事先没有如实告诉工人"。

(63)"工联为了要保持工资，企图分享改良机器而获得的利润！〈多么可怕啊！〉……　他们因为劳动缩短而要求较高的工资……　换句话说，他们企图对产业改良课税。"(《论工会》1834年伦敦新版第42页)

第二十章
工资的国民差异

在第十五章，我们考察了可以引起劳动力价值的绝对量或相对量（即同剩余价值相比较的量）发生变化的种种组合的情况，而另一方面，劳动力价格借以实现的生活资料量，又可以发生与这一价格的变动无关(64)或不同的运动。我们已经说过，只要把劳动力的价值或价格换成外在的工资形式，那里的一切规律就会转化为工资运动的规律①。在这一运动中表现为各种变动着的组合的情况，对于不同的国家说来，会表现为各个国民工资的同一时期的差异。因此，在比较国民工资时，必须考虑到决定劳动力的价值量的变化的一切因素：自然的和历史地发展起来的首要的生活必需品的价格和范围，工人的教育费用，妇女劳动和儿童劳动的作用，劳动生产率，劳动的外延量和内涵量。即使作最肤浅的比较，首先也要求把不同国家同一行业的平均日工资化为长度相等的工作日。在对日工资作了这样换

(64)“因为用工资能买到更多更便宜的物品，就说工资〈这里指工资的货币表现〉提高了，这是不正确的。”（大卫·布坎南对他出版的亚·斯密《国富论》所加的注。1814年版第1卷第417页）

①见本卷第623页。——编者注

算以后，还必须把计时工资换算为计件工资，因为只有计件工资才是计算劳动生产率和劳动内涵量的尺度。

每一个国家都有一个中等的劳动强度，在这个强度以下的劳动，在生产一个商品时所耗费的时间要多于社会必要劳动时间，所以不能算做正常质量的劳动。在一个国家内，只有超过国民平均水平的强度，才会改变单纯按劳动的持续时间进行的价值计量。在以各个国家作为组成部分的世界市场上，情形就不同了。国家不同，劳动的中等强度也就不同；有的国家高些，有的国家低些。于是各国的平均数形成一个阶梯，它的计量单位是世界劳动的平均单位。因此，强度较大的国民劳动比强度较小的国民劳动，会在同一时间内生产出更多的价值，从而表现为更多的货币。

但是，价值规律在其国际范围的应用，还会由于下述情况而发生更大的变化：只要生产效率较高的国家没有因竞争而被迫把它们的商品的出售价格降低到和商品的价值相等的程度，生产效率较高的国民劳动在世界市场上也被算做强度较大的劳动。

一个国家的资本主义生产越发达，那里的国民劳动的强度和生产率，就越超过国际水平。(64a)因此，不同国家在同一劳动时间内所生产的同种商品的不同量，有不同的国际价值，从而表现为不同的价格，即表现为按各自的国际价值而不同的货币额。所以，货币的相对价值在资本主义生产方式较发达的国家里，比在资本主义生产方式不太发达的国家里要小。由此可以得出结论：名义工资，即表现为货币的劳动力的等价物，在前一种国家会比在后一种国家高；但这决不

(64a)我们将在别处研究，哪些和生产率有关的情况能够在个别生产部门使这一规律发生变化。

是说，实际工资即供工人支配的生活资料也是这样。

但是即使撇开不同国家货币价值的这种相对的差异，也常常可以发现，日工资、周工资等等在前一种国家比在后一种国家高，而相对的劳动价格，即同剩余价值和同产品价值相比较的劳动价格，在后一种国家却比在前一种国家高。(65)

1833年工厂委员会委员考威尔，曾对纺纱业作了仔细调查，并得出如下结论：

> "英国的工资虽然对于工人说来可能比大陆高，但是对于工厂主说来，实际上比大陆低。"（尤尔《工厂哲学》第314页）

英国工厂视察员亚历山大·雷德格雷夫在1866年10月31日的工厂报告中，根据同大陆各国比较的统计材料指出，大陆的劳动，尽管工资较低，劳动时间也长得多，但是同产品相比较，还是比英国贵。奥尔登堡一家棉纺织厂的一位英国经理说，那里的劳动时间是从早晨5点半到晚上8点，星期六也不例外，而当地工人即使在英国监工的监视下在这个时间内提供的产品，也比英国工人在10小时内

(65)詹姆斯·安德森在同亚·斯密论战时说过："同样应当指出，虽然在农产品特别是谷物便宜的贫国中，劳动价格表面上通常较低，其实在那里，劳动价格实际上大都比其他国家高。因为工人每日获得的工资，虽然是劳动的表面价格，但是并不代表劳动的实际价格。实际价格是已完成的一定量劳动使企业主实际上花去的费用。从这个观点看来，劳动在富国几乎总是比在贫国便宜，虽然谷物和其他生活资料的价格在贫国通常比在富国低得多……　按日计酬的劳动在苏格兰比在英格兰贱得多……　而按件计酬的劳动一般在英格兰较贱。"（詹姆斯·安德森《论激励民族创业精神的手段》1777年爱丁堡版第350、351页）——相反地，工资的低廉又引起劳动的昂贵。"劳动在爱尔兰比在英格兰贵……因为那里的工资低得多。"（《皇家铁道委员会报告》1867年版第2074号）

提供的产品少，要是在德国监工的监视下，那还要少得多。工资比英国的低得多，在许多场合低50%，但是同机器相比的工人数却要比英国的多得多，在一些部门达5∶3。雷德格雷夫先生提供了有关俄国棉纺织厂的非常详尽的材料。这些材料是一位不久前还在俄国工厂任职的英国经理提供给他的。在这块充满种种丑事的俄国土地上，英国工厂幼年时期的那些陈旧的骇人听闻的现象还非常盛行。管理者当然都是英国人，因为当地的俄国资本家不会管理工厂。尽管工人从事过度劳动，夜以继日地干活，而报酬却微乎其微，但是俄国的工业品仍然只有在禁止外国货的情况下才能勉强站住脚。最后，我还要举出雷德格雷夫先生的一张关于欧洲各国每个工厂和每个纺纱工人的平均纱锭数的比较表。雷德格雷夫先生本人指出，这些数字是他几年以前收集的，从那时以来，英国工厂的规模和每个工人的纱锭数都扩大了。但是他假定，所列举的大陆国家也有了同样程度的进步，因此这些数字材料仍然有比较的价值。

每个工厂的平均纱锭数

英格兰	12 600
瑞　士	8 000
奥地利	7 000
萨克森	4 500
比利时	4 000
法　国	1 500
普鲁士	1 500

每个工人的平均纱锭数

法　国	14
俄　国	28
普鲁士	37
巴伐利亚	46

奥地利……………………………………………………………………49
比利时……………………………………………………………………50
萨克森……………………………………………………………………50
德意志各小邦 ……………………………………………………………55
瑞　士……………………………………………………………………55
大不列颠 …………………………………………………………………74

雷德格雷夫先生说：

“这一比较对大不列颠是不利的，除了别的原因以外，特别是因为：在大不列颠，有许多工厂是兼营机器织布业和纺纱业的，而在计算时，连一个织工也没有除去。相反地，外国工厂大多只经营纺纱业。如果能够拿同样的情况进行精确比较，我就可以从我的管区中举出许多棉纺厂，在这些工厂里，只要一个男工和两个女助手就能看管几台共有2 200个纱锭的走锭纺纱机，每天生产出重220磅、长400英里的棉纱。”（散见《工厂视察员报告。1866年10月31日》第31—37页）

我们知道，英国的一些公司在东欧和亚洲承包过铁路建筑工程，它们除了使用当地工人外，还使用了一定数量的英国工人。它们迫于实际的需要，就不得不考虑劳动强度的国民差异，但是这并没有使它们受到任何损失。它们根据经验知道，即使工资水平多少同中等劳动强度是相符合的，但是劳动的相对价格（同产品相比较的价格）通常是按相反方向变动的。

亨·凯里在他的最早的经济学著作之一《论工资率》(66)中企图证明，不同的国民工资同各国工作日的生产率水平成正比，以便从这种国际的对比中得出结论说，工资总是随着劳动生产率而升降。即使凯里没有像往常那样把毫无批判地、表面地拼凑起来的统计材

(66)《论工资率：世界劳动人口状况差别的原因的探讨》1835年费城版。

料杂乱无章地罗列在一起，而是论证了自己的前提，我们关于剩余价值生产的全部分析还是证明，他的这个推论是荒谬的。最妙的是，他并不认为，事物按照理论应该怎样，实际就是怎样。正是国家的干涉歪曲了这种自然的经济关系。因此，在计算国民工资时，似乎必须把工资中以税收的形式归国家所有的那一部分看做是归工人自身所有的。凯里先生难道不应当进一步想一想：这种“国家费用”不也是资本主义发展的“自然果实”吗？这样的推论对这样的人说来是十分相称的：他起初把资本主义生产关系说成是永恒的自然规律和理性规律，并且说这些规律的自由的、和谐的作用只是由于国家干涉才遭到破坏，可是后来他发现，英国对世界市场的恶魔般的影响（似乎这种影响不是从资本主义生产的自然规律中产生的），使国家干涉即通过国家来保护那些“自然规律和理性规律”成为必要，换句话说，就是使实行保护关税制度成为必要。其次他发现，李嘉图等人用来表述现存社会的对立和矛盾的定理，并不是现实经济运动的观念上的产物，相反地，英国和其他地方的资本主义生产中的现实对立倒是李嘉图等人的理论的结果！最后，他发现，破坏资本主义生产方式天生的优美与和谐的，归根到底是贸易。再前进一步，他也许会发现，资本主义生产的唯一祸害就是资本本身。只有一个如此惊人地缺乏批判能力和如此假装博学的人——尽管他持有保护关税的异端邪说——，才配成为一位名叫巴师夏的人和现代自由贸易派其他一切乐观主义者的和谐智慧的秘密源泉。

第 七 篇

资本的积累过程

一个货币额转化为生产资料和劳动力，这是要执行资本职能的价值量所完成的第一个运动。这个运动是在市场上，在流通领域内进行的。运动的第二阶段，生产过程，在生产资料转化为商品时就告结束，这些商品的价值大于其组成部分的价值，也就是包含原预付资本加上剩余价值。接着，这些商品必须再投入流通领域。必须出售这些商品，把它们的价值实现在货币上，把这些货币又重新转化为资本，这样周而复始地不断进行。这种不断地通过同一些连续阶段的循环，就形成资本流通。

积累的第一个条件，是资本家能够卖掉自己的商品，并把由此得到的绝大部分货币再转化为资本。下面假定资本是按正常的方式完成自己的流通过程的。对这一过程的详细分析要在第二册里进行。

生产剩余价值即直接从工人身上榨取无酬劳动并把它固定在商品上的资本家，是剩余价值的第一个占有者，但决不是剩余价值的最后所有者。以后他还必须同在整个社会生产中执行其他职能的资本家，同土地所有者等等，共同瓜分剩余价值。因此，剩余价值分为各个不同的部分。它的各部分归不同类的人所有，并具有不同的、互相独立的形式，如利润、利息、商业利润、地租等等。剩余价值的这些转化形式在第三册[180]里才能研究。

因此，我们在这里一方面假定，生产商品的资本家按照商品的价值出售商品，而不去进一步研究资本家如何回到商品市场：既不研究资本在流通领域里所采取的那些新形式，也不研究这些形式所包含的再生产的具体条件。另一方面，我们把资本主义的生产者当做全部剩余价值的所有者，或者，不妨把他当做所有参加分赃的人的代表。所以，我们首先抽象地来考察积累，也就是把积累只看做直接生产过程的一个要素。

此外，只要积累在进行，资本家就是在出售所生产的商品，并把出售商品所取得的货币再转化为资本。其次，剩余价值分为各个不同的部分，丝毫也不会改变它的性质以及使它成为积累要素的那些必要条件。不管资本主义生产者自己握有的或分给别人的剩余价值的比例如何，他总是最先占有剩余价值。因此，我们在叙述积累时假定的情况，也就是积累进行中实际发生的情况。另一方面，剩余价值的分割和流通的中介运动模糊了积累过程的简单的基本形式。因此，对积累过程的纯粹的分析，就要求我们暂时抛开掩盖它的机制的内部作用的一切现象。

第二十一章
简单再生产

不管生产过程的社会的形式怎样，生产过程必须是连续不断的，或者说，必须周而复始地经过同样一些阶段。一个社会不能停止消费，同样，它也不能停止生产。因此，每一个社会生产过程，从经常的联系和它不断更新来看，同时也就是再生产过程。

生产的条件同时也就是再生产的条件。任何一个社会，如果不是不断地把它的一部分产品再转化为生产资料或新生产的要素，就不能不断地生产，即再生产。在其他条件不变的情况下，社会在例如一年里所消费的生产资料，即劳动资料、原料和辅助材料，只有在实物形式上为数量相等的新物品所替换，社会才能在原有的规模上再生产或保持自己的财富，这些新物品要从年产品总量中分离出来，重新并入生产过程。因此，一定量的年产品是属于生产的。这部分本来供生产消费之用的产品，就采取的实物形式来说，大多数不适于个人消费。

生产具有资本主义的形式，再生产也就具有同样的形式。在资本主义生产方式下，劳动过程只表现为价值增殖过程的一种手段，同样，再生产也只表现为把预付价值作为资本即作为自行增殖的价值来再生产的一种手段。某个人之所以扮演资本家的经济角色，只是因为他的货币不断地执行资本的职能。比如说，如果100镑预付货币额在今年转化为资本，生产了20镑剩余价值，那么，在明年及以后各年它必须重复同样的活动。剩余价值作为资本价值的周期增加额或处在过程中的资本的周期果实，取得了来源于资本的收入[Revenue①]的形式。(1)

如果这种收入只是充当资本家的消费基金，或者说，它周期地获得，也周期地消费掉，那么，在其他条件不变的情况下，这就是简单再生产。虽然简单再生产只是生产过程在原来规模上的重复，但是这种单纯的重复或连续，赋予这个过程以某些新的特征，或者不如说，消除它仅仅作为孤立过程所具有的虚假特征。

生产过程是以购买一定时间的劳动力作为开端的，每当劳动的售卖期限届满，从而一定的生产期间(如一个星期，一个月等等)已经过去，这种开端就又更新。但是，工人只是在自己的劳动力发挥了作用，把它的价值和剩余价值实现在商品上以后，才得到报酬。因此，工人既生产了我们暂时只看做资本家的消费基金的剩余价值，也生产了付给他自己报酬的基金即可变资本，而后者是在它以工资形式流回到工人手里之前生产的，只有当他不断地再生产这种基金的时候，他才被雇用。由此就产生了在第十六章里提到的经济学家的公式II，这个公

(1)“消费别人劳动产品的富人，只有通过交换行为〈购买商品〉才能获得这种产品。因此，他们似乎很快就会花光自己的准备金……　但是在这种社会制度下，财富获得了一种通过别人劳动而再生产出来的力量……　财富，和劳动一样，并且通过劳动，每年提供果实，这种果实每年可以被消费掉，但不会使富人变穷。这种果实就是来源于资本的收入。”(西斯蒙第《政治经济学新原理》第1卷第81、82页)

①见本卷第682页。——编者注

式把工资表现为产品本身的一部分。(2)这就是工人自己不断再生产的产品中不断以工资形式流回到工人手里的那一部分。当然，资本家用货币把这个商品价值支付给工人。但这些货币不过是劳动产品的转化形式。当工人把一部分生产资料转化为产品的时候，他以前的一部分产品就再转化为货币。工人今天的劳动或下半年的劳动是用他上星期的劳动或上半年的劳动来支付的。只要我们不是考察单个资本家和单个工人，而是考察资本家阶级和工人阶级，货币形式所造成的错觉就会立即消失。资本家阶级不断地以货币形式发给工人阶级票据，让工人阶级用来领取由它生产而为资本家阶级所占有的产品中的一部分。工人也不断地把这些票据还给资本家阶级，以便从资本家阶级那里取得他自己的产品中属于他自己的那一部分。产品的商品形式和商品的货币形式掩饰了这种交易。

因此，可变资本不过是工人为维持和再生产自己所必需的生活资料基金或劳动基金的一种特殊的历史的表现形式；这种基金在一切社会生产制度下都始终必须由劳动者本身来生产和再生产。劳动基金所以不断以工人劳动的支付手段的形式流回到工人手里，只是因为工人自己的产品不断以资本的形式离开工人。但是劳动基金的这种表现形式丝毫没有改变这样一个事实：资本家把工人自己的对象化劳动预付给工人。(3)以徭役农民为例。比如说，他每周三天用

---

(2)“工资和利润一样，都应该在实际上看成成品的一部分。”（拉姆赛《论财富的分配》第142页）“产品的一部分以工资的形式属于工人。”（詹·穆勒《政治经济学原理》，帕里佐译，1823年巴黎版第33、34页）

(3)“当资本用于预付给工人的工资时，它丝毫不增加用来维持劳动的基金。”（卡泽诺夫对他编的马尔萨斯《政治经济学定义》所加的注。1853年伦敦版第22页）

自己的生产资料在自己的耕地上劳动，其余三天在主人的庄园服徭役。他不断再生产自己的劳动基金，而这一劳动基金对他来说，从来也没有采取第三者为换取他的劳动而预付的支付手段的形式。然而，他的无酬的强制的劳动也从来没有采取自愿的和有酬的劳动的形式。如果地主把徭役农民的耕地、耕畜、种子，一句话，把他的生产资料都攫为己有，那么，徭役农民从此以后就不得不把自己的劳动力出卖给地主了。在其他条件不变的情况下，他现在也和过去一样，每周劳动六天，三天为自己，三天为现在转化为雇主的过去的地主。他现在也和过去一样，要把这些生产资料作为生产资料来消费，把它们的价值转移到产品上。现在也和过去一样，一定部分的产品仍要进入再生产。但是，既然徭役劳动采取了雇佣劳动的形式，徭役农民和过去一样所生产和再生产的劳动基金也就采取了由地主预付给徭役农民的资本的形式。资产阶级经济学家由于头脑狭隘不能区别表现形式和它所表现的东西，他们无视这样一个事实：甚至今天，劳动基金在地球上也只是例外地表现为资本的形式。(4)

诚然，只有从生产过程的不断更新来考察资本主义生产过程，可变资本才会失去从资本家私人基金中预付的价值的性质。(4a)但是，这一过程总要从某地某时开始。因此，从我们上面所持的观点来看，下面的情况是可能的：资本家曾经一度依靠某种与无酬的他人劳动

---

(4)"工人的生活资料由资本家预付给工人的地方，在地球上还不到四分之一。"（理查·琼斯《国民政治经济学教程》1852年赫特福德版第36页）

(4a)"manufacturer〈即制造业工人〉的工资虽然由雇主预付，但实际上雇主没有破费什么，因为这些工资的价值通常总是带着利润，在工人的劳动加于其上的对象的增大的价值中又被保留下来。"（亚·斯密《国富论》第2篇第3章第355页）

无关的原始积累而成为货币占有者，因而能够作为劳动力的购买者进入市场。然而，资本主义生产过程的单纯连续或者说简单再生产，还会引起其他一些特殊的变化，这些变化不仅影响资本的可变部分，而且影响整个资本。

如果1 000镑资本周期地（例如每年）创造剩余价值200镑，而这些剩余价值每年又都被消费掉，那就很清楚，同一过程重复五年以后，所消费的剩余价值量 $=5\times200$，也就是等于原预付资本价值1 000镑。如果年剩余价值只是部分地被消费掉，例如只消费掉一半，那么，在生产过程重复10年以后，也会产生同样的结果，因为 $10\times100=1\ 000$。总之，预付资本价值除以每年所消费的剩余价值，就可以求出，经过若干年或者说经过若干个再生产期间，原预付资本就会被资本家消费掉，因而消失了。资本家认为，他所消费的是他人无酬劳动的产品即剩余价值，而保存了原资本价值，但这种看法绝对不能改变事实。经过若干年以后，资本家占有的资本价值就等于他在这若干年不付等价物而占有的剩余价值额，而他所消费的价值额就等于原有资本价值。诚然，他手中握有一笔数量没有改变的资本，而且其中一部分如厂房、机器等等，在他开始经营的时候就已经存在。但是，这里问题在于资本的价值，而不在于资本的物质组成部分。如果某人借了等于自己全部财产的价值的债务而把全部财产耗尽，那么他的全部财产正好只代表他的全部债务的总额。同样，如果资本家把自己预付资本的等价物消费掉，那么这些资本的价值不过只代表他无偿占有的剩余价值的总额。他的原有资本的任何一个价值原子都不复存在了。

因此，撇开一切积累不说，生产过程的单纯连续或者说简单再生产，经过一个或长或短的时期以后，必然会使任何资本都转化为积累的资本或资本化的剩余价值。即使资本在进入生产过程的时候是资本使用者本人挣得的财产，它迟早也要成为不付等价物而被占有的价值，成为无酬的他人劳动在货币形式或其他形式上的化身。

我们在第四章已经看到，要使货币转化为资本，只有商品生产和商品流通的存在还是不够的。为此首先必须有下列双方作为买者和卖者相对立：一方是价值或货币的占有者，另一方是创造价值的实体的占有者；一方是生产资料和生活资料的占有者，另一方是除了劳动力以外一无所有的占有者。所以，劳动产品和劳动本身的分离，客观劳动条件和主观劳动力的分离，是资本主义生产过程事实上的基础或起点。

但是，起初仅仅是起点的东西，后来通过过程的单纯连续，即通过简单再生产，就作为资本主义生产本身的结果而不断重新生产出来，并且永久化了。一方面，生产过程不断地把物质财富转化为资本，转化为资本家的价值增殖手段和消费品。另一方面，工人不断地像进入生产过程时那样又走出这个过程：他是财富的人身源泉，但被剥夺了为自己实现这种财富的一切手段。因为在他进入过程以前，他自己的劳动就同他相异化而为资本家所占有，并入资本中了，所以在过程中这种劳动不断对象化在为他人所有的产品中。因为生产过程同时就是资本家消费劳动力的过程，所以工人的产品不仅不断地转化为商品，而且也转化为资本，转化为吮吸创造价值的力的价值，转化为购买人身的生活资料，转化为使用生产者的生产资料。(5)

(5)“这就是生产消费的一个特别值得注意的属性。生产中所消费的东西就是资本，并且通过消费才成为资本。”（詹姆斯·穆勒《政治经济学原理》第242页）可是詹·穆勒并没有说明这种“特别值得注意的属性”。

可见，工人本身不断地把客观财富当做资本，当做同他相异己的、统治他和剥削他的权力来生产，而资本家同样不断地把劳动力当做主观的、同它本身对象化在其中和借以实现的资料相分离的、抽象的、只存在于工人身体中的财富源泉来生产，一句话，就是把工人当做雇佣工人来生产。(6)工人的这种不断再生产或永久化是资本主义生产的必不可少的条件。

工人的消费有两种。在生产本身中他通过自己的劳动消费生产资料，并把生产资料转化为价值高于预付资本价值的产品。这是他的生产消费。同时这也是购买他的劳动力的资本家对他的劳动力的消费。另一方面，工人把购买他的劳动力而支付给他的货币用于生活资料：这是他的个人消费。可见，工人的生产消费和个人消费是完全不同的。在前一种消费下，工人起资本动力的作用，属于资本家；在后一种消费下，他属于自己，在生产过程以外执行生活职能。前一种消费的结果是资本家的生存，后一种消费的结果是工人自己的生存。

在考察"工作日"等等时，有些场合已经表明：工人往往被迫把自己的个人消费变成生产过程的纯粹附带的事情①。在这种情况下，他给自己添加生活资料，是为了维持自己劳动力的运转，正像给蒸汽机添煤加水，给机轮上油一样。在这里，他的消费资料只是一种生产

(6)"确实，一种工场手工业最初采用时，会使许多贫民得到工作；但他们依然贫穷，而且这种工场手工业的继续经营又会造成更多的贫民。"(《限制羊毛出口的理由》1677年伦敦版第19页)"租地农场主荒谬地断言他维持穷人生活。实际上，穷人被维持在贫困生活中。"(《最近济贫税增加的理由，或劳动价格和粮食价格的比较研究》1777年伦敦版第31页)

①见本卷第277—287、304—308页。——编者注

资料的消费资料,他的个人消费是直接生产的消费。但是,这表现为一种在本质上与资本主义生产过程无关的无谓消耗。(7)

只要我们考察的不是单个资本家和单个工人,而是资本家阶级和工人阶级,不是孤立的商品生产过程,而是在社会范围内不断进行的资本主义生产过程,情况就不同了。当资本家把自己一部分资本转变为劳动力时,他就由此增殖了自己的总资本。他一举两得。他不仅从他由工人那里取得的东西中,而且从他给工人的东西中获取利益。用来交换劳动力的资本转化为生活资料,这种生活资料的消费是为了再生产现有工人的肌肉、神经、骨骼、脑髓和生出新的工人。因此,工人阶级的个人消费,在绝对必要的限度内,只是把资本用来交换劳动力的生活资料再转化为可供资本重新剥削的劳动力。这种消费是资本家最不可少的生产资料即工人本身的生产和再生产。可见,工人的个人消费,不论在工场、工厂等以内或以外,在劳动过程以内或以外进行,总是资本生产和再生产的一个要素,正像擦洗机器,不论在劳动过程中或劳动过程的一定间歇进行,总是生产和再生产的一个要素一样。虽然工人实现自己的个人消费是为自己而不是为资本家,但事情并不因此有任何变化。役畜的消费并不因为役畜自己享受食物而不成为生产过程的一个必要的要素。工人阶级的不断维持和再生产始终是资本再生产的条件。资本家可以放心地让工人维持自己和繁殖后代的本能去实现这个条件。他所操心的只是把工人的个人消费尽量限制在必要的范围之内,这种做法同南美洲那种强迫工人吃营养较多的食物,不吃营养较少的食物的粗暴行为,真有

(7)要是罗西真正识破"生产消费"的秘密,他就不会在这一点上如此夸夸其谈了。

天壤之别。(8)

因此，资本家及其意识形态家即政治经济学家认为，只有为了使工人阶级永久化而必需的，也就是为了使资本消费劳动力而实际必须消费的那部分工人个人消费，才是生产消费。除此以外，工人为了自己享受而消费的一切都是非生产消费。(9)如果资本积累引起工资的提高，从而引起工人消费资料的增加，但资本并没有消费更多的劳动力，那么追加资本就会非生产地消费掉。(10)实际上，工人的个人消费对他自己来说是非生产的，因为这种消费仅仅是再生产贫困的个人；而对资本家和国家来说是生产的，因为它生产了创造他人财富的力量。(11)

因此，从社会角度来看，工人阶级，即使在直接劳动过程以外，也同死的劳动工具一样是资本的附属物。甚至工人阶级的个人消费，在一定限度内，也不过是资本再生产过程的一个要素。不过，这个过程关心的是，它不让这些有自我意识的生产工具在它不断使他们的

(8)"南美洲矿工每天的劳动〈也许是世界上最繁重的劳动〉，就是把重180—200磅的矿石从450英尺深的地下背到地面上来，但他们只靠面包和豆子过活；他们宁愿只吃面包，但他们的雇主发现他们光吃面包不可能干这样的重活，所以把他们当做牛马，强迫他们吃豆子；豆子含磷酸钙比面包多得多。"（李比希《化学在农业和生理学中的应用》1862年第7版第1卷第194页注）

(9)詹姆斯·穆勒《政治经济学原理》第238页及以下几页。

(10)"如果劳动价格大大提高，以致增加资本也无法使用更多的劳动，那我就要说，这样增加的资本就会非生产地消费掉。"（李嘉图《政治经济学和赋税原理》1821年伦敦第3版第163页）

(11)"唯一真正的生产消费，就是资本家为了再生产而对财富的消费或破坏〈他指的是生产资料的消耗〉……　工人……对于雇用他的人、对于国家是生产的消费者，但严格说来，对自己本身就不是生产的消费者。"（马尔萨斯《政治经济学定义》1853年伦敦版第30页）

劳动产品从他们这一极移到资本那一极时跑掉。个人消费一方面保证他们维持自己和再生产自己，另一方面通过生活资料的耗费来保证他们不断重新出现在劳动市场上。罗马的奴隶是由锁链，雇佣工人则由看不见的线系在自己的所有者手里。他的独立性这种假象是由雇主的经常更换以及契约的法律拟制[54]来保持的。

从前，资本在它认为必要的时候，就通过强制性法律来实现它对自由工人的所有权。例如在1815年以前，英国禁止机器工人移居国外，违者予以严惩。

工人阶级的再生产，同时也包括技能的世代传授和积累。(12)资本家竭力把这种熟练的工人阶级的存在算做属于自己的生产条件，并且实际上把这种熟练的工人阶级看做自己的可变资本的实际存在，每当危机使这种工人阶级有丧失的危险时，这一点就会表现出来。大家知道，美国的南北战争[8]以及随之而来的棉荒，把兰开夏郡等地的大部分棉纺织业工人抛向街头。[404]于是从工人阶级自身以及其他社会阶层中就出现呼声，要求通过国家援助或国民的自愿捐款把“多余的人”迁往英国的殖民地或美国。当时《泰晤士报》(1863年3月24日)发表了曼彻斯特前任商会会长埃德蒙·波特尔的一封信。这封信在下院被恰当地称为“工厂主宣言”。(13)我们在这里举出几处有代表性的地方，这些地方毫无掩饰地表明了资本对劳动力的所有权。

(12)“人们可以说储存起来和预先准备好的唯一的东西，就是工人的技能……　熟练劳动的积累和储存，这种最重要的操作，对大部分工人来说，不要任何资本也可以完成。”(霍吉斯金《保护劳动反对资本的要求》第12、13页)

(13)“这封信可以看做工厂主宣言。”(1863年4月27日费伦德在下院会议上就棉荒提出的议案)

“有人可能对棉纺织业工人说，他们的劳动供给太多了……也许应当减少三分之一，这样才能保障对其余三分之二的正常需求……　社会舆论坚决要求移民……　雇主〈即棉纺织厂主〉不愿意看到他的劳动供给转移出去；他会想，这样做既不公正又不正确……　如果移民靠公共基金来资助，他就有权要求听取他的意见，也许有权提出抗议。”

这个波特尔接着谈到，棉纺织业是如何有用，如何“无疑地吸收了爱尔兰和英格兰农业区的多余人口”，它的规模是如何的大，如何在1860年占英国输出总额的$\frac{5}{13}$，它如何经过几年后，会由于市场特别是印度市场的扩大，并由于“按每磅6便士得到充足的棉花供给”而再行扩展。他继续说：

“时间（一年两年或许是三年）会生产出必要的数量……　于是我要提出一个问题：这种工业值得维持吗？这种机器〈指活的劳动机器〉值得费力去维护吗？想抛弃这种机器不是最大的愚蠢吗？我认为是这样。我承认，工人不是财产，不是兰开夏郡和雇主们的财产；然而他们是二者的力量；他们是有智慧的和受过训练的力量，不是在一代之内就能替换的；相反地，其他机器即工人进行操作的机器，很大一部分可以在12个月内加以替换和改良而获得利益。(14)如果鼓励或允许〈！〉劳动力迁往国外，那资本家怎么办呢？”

---

(14)人们会记得，通常在必须降低工资的情况下，同一资本就唱完全不同的调子。这时“主人”异口同声地说（见第四篇第389页第188注①）：“工厂工人们应当牢牢记住，他们的劳动实际上是一种极低级的熟练劳动；没有一种劳动比它更容易学会，按质量来说比它报酬更高，没有一种劳动能通过对最无经验的人进行短期训练而在这样短的时间这样大量地得到。在生产事务中，主人的机器〈现在我们听到，这种机器可以在12个月内加以替换和改良而获得利益〉所起的作用，实际上比工人的劳动和技巧〈现在我们听到，这种劳动和技巧在30年中无法替换〉所起的作用重要得多，因为工人的劳动和技巧6个月就可以教完，任何一个雇农6个月就可以学会。”

---

①见本卷第488页。——编者注

这种发自内心的叫喊使人想起了宫廷侍卫长卡尔布[405]。

"……　抛掉工人的精华，固定资本就会大大贬值，流动资本就会经不起同劣等劳动供应不足的斗争……　有人对我们说，工人自己希望迁往国外。工人要这样做，那是很自然的……　抛掉棉纺织业的劳动力，把支付给他们的工资比如降低$\frac{1}{3}$，或500万，使棉纺织业生产缩减，这样一来，工人上面的一个阶级即小店主怎么办呢？地租及小屋租金怎么办呢？……小租地农场主、比较优裕的房主和土地所有者怎么办呢？输出国家最优秀的工厂工人，降低它的那部分生产效率最高的资本和财富的价值，以使这个国家贫弱，请问，对国内一切阶级说来，还有什么计划会比这种计划更具有自杀性呢？""我建议在两三年内分批发放一笔500万—600万的贷款；这笔钱由棉纺织工业区济贫所所属的特别委员掌管，依照特别法律的规定来使用，并实行一定的强制劳动来保持受救济者的道德标准……　放弃自己最优秀的工人，并且通过实行大规模的造成国内空虚的移民，以及把全区的资本和价值弄得一干二净，而使剩下的工人道德败坏，意志消沉，对土地所有者或雇主来说，还有什么比这更坏的事情吗？"

波特尔这位棉纺织厂主选中的喉舌，把"机器"分为两类，这两类都属于资本家。一类在资本家的工厂里，另一类在夜间和星期日住在厂外的小屋中。一类是死机器，另一类是活机器。死机器不仅逐日损坏和贬值，而且由于技术不断进步，它的现有数量中的大部分不断变得如此陈旧，以致在几个月之内可以用新机器来替换而获得利益。活机器则相反，它延续的时间越久，历代的技能积累得越多，就越好。《泰晤士报》在回答这位大厂主时写道：

"埃·波特尔先生深深感到棉纺织企业主的异乎寻常的绝对的重要性，因此为了维持这个阶级并且使他们的行业永世长存，他准备把50万工人强行关进庞大的有道德的贫民习艺所。波特尔先生问道，这种工业值得维持吗？我们回答说，当然值得，应当用一切正直的手段来维持。波特尔先生又问，这种机器值得费力去维护吗？这里我们就犹豫了。波特尔先生指的机器是人这种机器，因为他断言他并不打算把这种机器当做绝对的财产。我们必须承认，维护人这种机器，也就是把他们关起来并且给他们上油，直到需要他们的时候为止，我们认为这是‘不值得费力的’，甚至是不可能的。人这种机器有一种特性：不管你如何上油擦洗，不使用就会生锈。此外，正如我们已经看见的，人这种机器能自己放出蒸汽，发生爆炸，在我们的大城市里疯狂地胡闹。正如波特尔先生所说，再生产工人可能需要更长的时间，但是只要我们手里有机械师和货币，我们总是能够找到克勤克俭、吃苦耐劳的人，从这些人中间可以造就出超过我们任何时候所能需要的工厂工长……　波特尔先生谈到过一年、两年或三年工业又会活跃起来，要求我们不鼓励或不允许劳动力迁往国外！他说工人希望移居国外是很自然的，但是他认为，国家必须不顾他们的要求，把这50万工人和他们的70万家属关闭在棉纺织工业区里，并且——这是必然会得出的——国家必须用暴力压制他们的不满，用救济维持他们的生存；所有这一切都是由于考虑到有朝一日棉纺织企业主可能再需要他们……　现在已经是这个岛国强大的舆论行动起来，从那些想把劳动力同煤、铁、棉花一样看待的人的手里拯救出‘这种劳动力’的时候了。”(15)

《泰晤士报》的文章只不过是一种益智游戏。“强大的舆论”实际上同波特尔先生的意见一样，认为工厂工人是工厂的活动的附属物。工人被制止移居国外。(16)他们被关进棉纺织工业区的“有道德的贫民习艺所”，他们仍然是“兰开夏郡棉纺织企业主的力量”①。

因此，资本主义生产过程在本身的进行中，再生产出劳动力和劳动条件的分离。这样，它就再生产出剥削工人的条件，并使之永久

(15)1863年3月24日《泰晤士报》。

(16)议会没有为移民批准一个铜板的经费，只是颁布法令，责成市政当局把工人维持在半死不活的状态中，或不付给标准工资而对他们进行剥削。相反，三年后，当牛瘟流行的时候，议会甚至粗暴地打破议会惯例，立即批准数百万来补偿百万富翁地主们的损失；他们的租地农场主显然由于肉价上涨而未曾遭受损失。土地所有者在1866年议会开会时的野兽般的吼叫表明，即使不是印度教徒也可以礼拜撒巴拉神牛，即使不是丘必特也可以转化为牛。

①见本卷第663页。——编者注

化。它不断迫使工人为了生活而出卖自己的劳动力，同时不断使资本家能够为了发财致富而购买劳动力。(17)现在已经不再是偶然的事情使资本家和工人作为买者和卖者在商品市场上相对立。过程本身必定把工人不断地当做自己劳动力的卖者投回商品市场，并把工人自己的产品不断地转化为资本家的购买手段。实际上，工人在把自己出卖给资本家以前就已经属于资本了。工人在经济上的从属地位(18)，是通过他的卖身行为的周期更新、雇主的更换和劳动的市场价格的变动来实现的，同时又被这些事实所掩盖(19)。

可见，资本主义生产过程，在联系中加以考察，或作为再生产过程加以考察时，不仅生产商品，不仅生产剩余价值，而且还生产和再

---

(17)“工人为了生活而需要生活资料，雇主为了获利而需要劳动。”(西斯蒙第《政治经济学新原理》巴黎版第1卷第91页)

(18)达勒姆郡存在着这种隶属地位的农村粗野形式。有几个郡，当地的条件不能保证租地农场主对农业短工的无可争辩的所有权，达勒姆郡就是其中的一个。采矿业使农业短工有选择的机会。因此，在这些地方，租地农场主打破惯例，只承租筑有工人小屋的土地。小屋租金就是工资的一部分。这些小屋叫做“农业工人房舍”。工人要租这些小屋必须完成一定的封建义务，租赁契约就叫做“bondage”[“依附关系”]，按照这种束缚工人的契约，例如工人在外地做工的时候，必须由他的女儿或其他人代他工作。工人本人叫bondsman，即依附农。这种关系还从一个全新的角度表明，工人的个人消费就是为资本的消费或生产消费。“值得注意的是，甚至这种依附农的粪便都成了他的利欲熏心的主子的一项额外收入……　租地农场主除了自己的厕所以外，不许邻近有别的厕所，而且不容许对这方面的领主权有任何侵犯。”(《公共卫生。第7号报告。1864年》第188页)

(19)我们记得，在儿童劳动等方面，甚至连卖身的形式也不存在。①

---

①见本卷第309—310、452、455—463页。——编者注

生产资本关系本身：一方面是资本家，另一方面是雇佣工人。[20]

(20)“资本以雇佣劳动为前提，而雇佣劳动又以资本为前提。两者相互制约；两者相互产生。一个棉纺织厂的工人是不是只生产棉织品呢？不是，他生产资本。他生产重新供人利用去支配他的劳动并通过他的劳动创造新价值的价值。”(卡尔·马克思《雇佣劳动与资本》，载于《新莱茵报》1849年4月7日第266号)用这个标题在《新莱茵报》上发表的文章，是1847年我在布鲁塞尔德意志工人协会406就这个题目发表的演说的一部分；文章的登载由于二月革命而中断。

第二十二章
剩余价值转化为资本

1. 规模扩大的资本主义生产过程。商品生产所有权规律转变为资本主义占有规律

我们以前考察了剩余价值怎样从资本产生①，现在我们考察资本怎样从剩余价值产生。把剩余价值当做资本使用，或者说，把剩余价值再转化为资本，叫做资本积累。(21)

首先，我们从单个资本家的角度来考察这个过程。例如，一个纱厂主预付了1万镑的资本，其中$\frac{4}{5}$用于棉花、机器等等，其余$\frac{1}{5}$用于工资。假定他每年生产棉纱24万磅，价值为12 000镑。如果剩余价值率为100%，剩余价值就包含在4万磅棉纱的剩余产品

(21)“资本积累就是把收入的一部分当做资本使用。”(马尔萨斯《政治经济学定义》，卡泽诺夫编，第11页)“收入转化为资本。”(马尔萨斯《政治经济学原理》1836年伦敦第2版第320页)

①见本卷第182—205、216—227页。——编者注

或纯产品中，它占总产品的$\frac{1}{6}$，价值2 000镑。这2 000镑价值将由出售而实现。2 000镑的价值额就是2 000镑的价值额。从这笔货币上既嗅不出也看不出它是剩余价值。一个价值是剩余价值这一点，表明这一价值怎样来到它的所有者手里，但是丝毫也不能改变价值或货币的本性。

因此，纱厂主要把他新增加的2 000镑货币转化为资本，在其他条件不变的情况下，就得预付其中的$\frac{4}{5}$去购买棉花等物，$\frac{1}{5}$去购买新的纺纱工人，这些纺纱工人会在市场上找到生活资料，而生活资料的价值已由纱厂主预付给他们了。于是，这2 000镑新资本就在纺纱厂中执行职能，并又带来400镑的剩余价值。

资本价值最初是以货币形式预付的；相反，剩余价值一开始就作为总产品的一定部分的价值而存在。如果总产品卖出去，转化为货币，那么资本价值就又取得了自己最初的形式，而剩余价值则改变了自己最初的存在方式。但是从这时候起，资本价值和剩余价值二者都成了货币额，并且以完全相同的方式重新转化为资本。资本家把这二者都用来购买商品，以便能够重新开始制造自己的产品，而这次是在扩大规模上进行的。但是，他要买到这些商品，就必须在市场上找到这些商品。

他自己的棉纱所以能流通，只是因为他把自己的年产品投入市场，正像其他所有的资本家也把自己的商品投入市场一样。但这些商品在进入市场以前，就已经存在于年生产基金中了，也就是说，已经存在于由各个单个资本的总额或社会总资本在一年中转化成的各种物品的总额中了，而每个资本家只占有其中的一个相应部分。市场上的过程只是实现年生产的各个组成部分的交换，使它们从一个人的手里转到另一人的手里，但它既不能增大年生产的总额，也不能改变所生产的物品的本性。可见，全部年产品能有什么用途，取决于它本身的构成，而决不取决于流通。

首先，年生产必须提供用来补偿一年中所消费的资本的物质组成部分的一切物品(使用价值)。扣除这一部分以后，剩下的就是包含剩余价值的纯产品或剩余产品。但这种剩余产品究竟是由什么构成的呢?也许是那些供资本家阶级满足需要和欲望的物品，即加入他们的消费基金的物品吧?如果真是这样，剩余价值就会被挥霍尽，这样就只能进行简单再生产了。

要积累，就必须把一部分剩余产品转化为资本。但是，如果不是出现了奇迹，能够转化为资本的，只是在劳动过程中可使用的物品，即生产资料，以及工人用以维持自身的物品，即生活资料。所以，一部分年剩余劳动必须用来制造追加的生产资料和生活资料，它们要超过补偿预付资本所需的数量。总之，剩余价值所以能转化为资本，只是因为剩余产品(它的价值就是剩余价值)已经包含了新资本的物质组成部分。(21a)

但要使这些组成部分真正执行资本的职能，资本家阶级还需要追加劳动。如果从外延方面或内涵方面都不能增加对已经就业的工人的剥削，那就必须雇用追加的劳动力。而资本主义生产的机制也已经考虑到了这一点，因为它把工人阶级当做靠工资过活的阶级再生产出来，让他们的通常的工资不仅够用来维持自己，而且还够用来

(21a)这里我们把出口贸易撇开不说。一个国家借助出口贸易可以使奢侈品转变为生产资料或生活资料，或者也可以反过来。为了对我们的研究对象在其纯粹的状态下进行考察，避免次要情况的干扰，我们在这里必须把整个贸易世界看做一个国家，并且假定资本主义生产已经到处确立并占据了一切产业部门。

进行繁殖。资本只要把工人阶级每年向它提供的各种年龄的追加劳动力同已经包含在年产品中的追加生产资料合并起来，剩余价值向资本的转化就完成了。具体说来，积累就是资本以不断扩大的规模进行的再生产。简单再生产的循环改变了，按照西斯蒙第的说法[407]，变成螺旋形了。(21b)

现在我们再回过头来谈我们所举的例子。这是亚伯拉罕生以撒，以撒生雅各[408]等等的老故事。10 000镑原有资本带来2 000镑剩余价值，这些剩余价值资本化了；新的2 000镑资本又带来400镑剩余价值；这个剩余价值又资本化了，于是转化为第二个追加资本，又带来80镑新的剩余价值，依此类推。

我们在这里撇开资本家自己所消费的那部分剩余价值不说。追加资本是同原有资本合并，还是同它分开而独立增殖；是由积累它的同一资本家使用，还是转入别的资本家手中，这些我们暂时也不必过问。只是我们不应当忘记，在新形成的资本旁边，原有资本仍在继续再生产自己，并生产剩余价值，而且每一个积累的资本就它同自己所创造的追加资本的关系来说，也是这样。

原有资本是由预付10 000镑而形成的。它的占有者是从哪里得到它的呢？是通过他本人的劳动和他的祖先的劳动得到的！——政治经济学的代表人物一致这样回答我们(21c)，而他们的这种假定

(21b)西斯蒙第对积累的分析有一个很大的缺点，就是他太满足于“收入①转变为资本”这句话，而没有深究这个活动的物质条件。

(21c)“最初的劳动是他的资本产生的由来。”(西斯蒙第《政治经济学新原理》巴黎版第1卷第109页)

①见本卷第682页。——编者注

好像真的是唯一符合商品生产的规律的。

2 000镑追加资本的情况就完全不同了。它的产生过程我们是一清二楚的。这是资本化了的剩余价值。它一开始就没有一个价值原子不是由无酬的他人劳动产生的。合并追加劳动力的生产资料，以及维持这种劳动力的生活资料，都不外是剩余产品的不可缺少的组成部分，即资本家阶级每年从工人阶级那里夺取的贡品的不可缺少的组成部分。如果资本家阶级用贡品的一部分从工人阶级那里购买追加劳动力，甚至以十足的价格来购买，就是说，用等价物交换等价物，那还是征服者的老把戏，用从被征服者那里掠夺来的货币去购买被征服者的商品。

如果追加资本所雇用的就是把它生产出来的人，那么他们首先必须继续使原有资本增殖，其次要对自己过去劳动的产品用比它所费劳动更多的劳动买回来。如果我们把这看做资本家阶级和工人阶级之间的交易，那么，即使用从前雇用的工人的无酬劳动来雇用追加的工人，问题的实质也不会有丝毫改变。资本家也许还把追加资本转化为机器，而机器又把这种追加资本的生产者抛向街头，用几个儿童来代替他们。不管怎样，工人阶级总是用他们这一年的剩余劳动创造了下一年雇用追加劳动的资本。(22)这就是所谓“资本生资本”①。

第一个追加资本2 000镑的积累的前提，是资本家所预付的、由

(22)“在资本使用劳动以前，劳动就创造了资本。”（爱·吉·韦克菲尔德《英国和美国》1833年伦敦版第2卷第110页）

①见本卷第181页。——编者注

于他的“最初劳动”而属于他的10 000镑价值额。而第二个追加资本400镑的前提，只能是第一个追加资本2 000镑的先行积累，400镑就是这2 000镑的资本化的剩余价值。现在，对过去无酬劳动的所有权，成为现今以日益扩大的规模占有活的无酬劳动的唯一条件。资本家积累得越多，他就越能更多地积累。

既然构成第一个追加资本的剩余价值，是用一部分原资本购买劳动力的结果，而这种购买符合商品交换的规律，从法律上看来，这种购买的前提不外是工人自由地支配自己的能力，而货币或商品的占有者自由地支配属于他的价值；既然第二个追加资本等等不过是第一个追加资本的结果，因而是前一种关系的结果；既然每一次交易始终符合商品交换的规律，资本家总是购买劳动力，工人总是出卖劳动力，甚至可以假定这种交易是按劳动力的实际价值进行的；那么很明显，以商品生产和商品流通为基础的占有规律或私有权规律，通过它本身的、内在的、不可避免的辩证法转变为自己的直接对立物。表现为最初活动的等价物交换，已经变得仅仅在表面上是交换，因为，第一，用来交换劳动力的那部分资本本身只是不付等价物而占有的他人的劳动产品的一部分；第二，这部分资本不仅必须由它的生产者即工人来补偿，而且在补偿时还要加上新的剩余额。这样一来，资本家和工人之间的交换关系，仅仅成为属于流通过程的一种表面现象，成为一种与内容本身无关的并只是使它神秘化的形式。劳动力的不断买卖是形式。其内容则是，资本家用他总是不付等价物而占有的他人的已经对象化的劳动的一部分，来不断再换取更大量的他人的活劳动。最初，在我们看来，所有权似乎是以自己的劳动为基础的。至少我们应当承认这样的假定，因为互相对立的仅仅是权利平等的商品占有者，占有他人商品的手段只能是让渡自己的商品，而自己的商品又只能是由劳动创造的。现在，所有权对于资本家来说，表现为占有他人无酬劳动或它的产品的权利，而对于工人来说，则表现为不能占有自己的产品。所有权和劳动的分离，成了似乎是一个以它们的同一性为出发点的规律的必然结果。(23)

因此，不论资本主义占有方式好像同最初的商品生产规律如何矛盾，但这种占有方式的产生决不是由于这些规律遭到违反，相反地，是由于这些规律得到应用。只要略微回顾一下以资本主义积累为终点的各个依次发生的运动阶段，就可以再次弄清楚这一点。

首先我们看到，一个价值额最初转化为资本是完全按照交换规律进行的。契约的一方出卖自己的劳动力，另一方购买劳动力。前者取得自己商品的价值，从而把这种商品的使用价值即劳动让渡给后者。后者就借助于现在也归他所有的劳动，把已经归他所有的生产资料转化为一种新产品，这个产品在法律上也归他所有。

这个产品的价值首先包含了已被消费掉的生产资料的价值。有用劳动不把生产资料的价值转移到新产品上去，就不能消费这些生产资料；但劳动力要卖得出去，必须能够向使用它的工业部门提供有用劳动。

其次，新产品的价值包含了劳动力价值的等价物和一个剩余价值。这是由于按一定时期（一日，一周等等）出卖的劳动力的价值，低

(23)资本家对他人劳动产品的所有权“是占有规律的严酷的结果，但这个规律的基本原则却是每个工人对自己的劳动产品拥有唯一的所有权”（舍尔比利埃《富或贫》1841年巴黎版第58页，但是这种辩证的转变，在那里并没有得到正确的阐明）。

于它在这期间被使用后所创造的价值。但是，工人得到了付给他的劳动力的交换价值，让渡了他的劳动力的使用价值，这同任何买卖都一样。

劳动力这种特殊商品具有独特的使用价值，它能提供劳动，从而能创造价值，但这并不触犯商品生产的一般规律。所以，如果说预付在工资上的价值额不仅在产品中简单地再现出来，而且还增加了一个剩余价值，那么，这也并不是由于卖者被欺诈，——他已获得了自己商品的价值，——而只是由于买者消费了这种商品。

交换规律只要求彼此出让的商品的交换价值相等。这一规律甚至从来就要求商品的使用价值各不相同，并且同它们的消费毫无关系，因为消费只是在买卖结束和完成以后才开始的。

可见，货币最初转化为资本，是完完全全符合商品生产的经济规律以及由此产生的所有权的。尽管这样，这种转化仍然有以下的结果：

1. 产品属于资本家，而不属于工人；

2. 这一产品的价值除包含预付资本的价值外，还包含剩余价值，后者要工人耗费劳动，而不要资本家耗费任何东西，但它却成为资本家的合法财产；

3. 工人保持了自己的劳动力，只要找到买者就可以重新出卖。

简单再生产仅仅是这种最初的活动的周期反复。货币总是一次又一次地重新转化为资本。因此，规律并没有遭到违反，相反地，只是得到不断发生作用的机会。

“好多次连续发生的交换行为，不过使最后一次成为最初一次的代表。”（西斯蒙第《政治经济学新原理》第1卷第70页）

然而，我们已经知道，简单再生产足以使这种最初的活动具有一种同把它当做孤立过程来考察时完全不同的性质。

“在参加国民收入分配的人中间，一部分人〈工人〉每年通过新的劳动获得新的分配权；另一部分人〈资本家〉则通过最初劳动已经预先取得了永久的分配权。”（同上，第110、111页）

大家知道，劳动领域并不是长子继承权创造奇迹的唯一领域。

如果简单再生产为规模扩大的再生产，为积累所代替，事情也还是一样。在前一种情况下，资本家花费了全部剩余价值，在后一种情况下，他只消费了剩余价值的一部分，而把其余部分转化为货币，以此表现了自己的公民美德。

剩余价值是资本家的财产，它从来不属于别人。资本家把剩余价值预付在生产上，完全像他最初进入市场的那一天一样，是从他自己的基金中预付的。至于这一次他的基金是由他的工人的无酬劳动产生的这一事实，和问题绝对无关。如果工人B是用工人A所生产的剩余价值来雇用的，那么，第一，A提供这种剩余价值时，资本家对他的商品支付了全部合理价格，分文也没有少给；第二，这一交易同工人B毫无关系。B所要求的而且有权要求的，是资本家把他的劳动力的价值付给他。

“双方都有利，因为对工人来说，他在劳动前〈应当说：在他自己的劳动带来成果前〉就预先得到他的劳动〈应当说：别的工人的无酬劳动〉的果实；对雇主来说，这个工人的劳动的价值大于他的工资的价值〈应当说：他生产的价值大于他的工资的价值〉。”（西斯蒙第《政治经济学新原理》第1卷第135页）

诚然，如果我们对资本主义生产从它的更新的不间断进行中加以考察，而且我们考察的不是单个资本家和单个工人，而是他们的整体，即资本家阶级和与它对立的工人阶级，那么，情况就会完全不同了。但这样一来，我们就得应用一个与商品生产完全不同的标准。

在商品生产中，互相对立的仅仅是彼此独立的卖者和买者。他们之间的相互关系随着他们所签订的契约期满而告结束。要是交易重复进行，那是由于订了新的契约，它同以前的契约完全无关，在这里同一买者和同一卖者再次碰在一起只是偶然的事情。

因此，如果要把商品生产或属于商品生产的过程按商品生产本身的经济规律来加以判断，我们就必须把每个交换行为就其本身来加以考察，撇开它与以前和以后的交换行为的一切联系。因为买卖只是在个别人之间进行，所以不可能在这里去寻找整个社会阶级之间的关系。

现在执行职能的资本，不管它经过的周期的再生产和先行积累的系列多么长，总是保持着它本来的处女性。尽管每一个单独考察的交换行为仍遵循交换规律，但占有方式却会发生根本的变革，而这丝毫不触犯与商品生产相适应的所有权。这同一所有权，在产品归生产者所有，生产者用等价物交换等价物，只能靠自己劳动致富的初期，是有效的；在社会财富越来越多地成为那些能不断地重新占有别人无酬劳动的人的财产的资本主义时期，也是有效的。

一旦劳动力由工人自己作为商品自由出卖，这种结果就是不可避免的。但只有从这时起，商品生产才普遍化，才成为典型的生产形式；只有从这时起，每一个产品才一开始就是为卖而生产，而生产出来的一切财富都要经过流通。只有当雇佣劳动成为商品生产的基础时，商品生产才强加于整个社会；但也只有这时，它才能发挥自己的全部潜力。说雇佣劳动的介入使商品生产变得不纯，那就等于说，商品生产要保持纯粹性，它就不该发展。商品生产按自己本身内在的

规律越是发展成为资本主义生产，商品生产的所有权规律也就越是转变为资本主义的占有规律。(24)

我们已经看到，甚至在简单再生产的情况下，全部预付资本，不管它的来源如何，都转化为积累的资本或资本化的剩余价值①。但在生产的巨流中，全部原预付资本，与直接积累的资本即重新转化为资本（不论它是在积累者手中，还是在他人手中执行职能）的剩余价值或剩余产品比较起来，总是一个近于消失的量（数学意义上的无限小的量）。所以，政治经济学一般都把资本说成是“用来重新生产剩余价值的积累起来的财富”(25)（转化了的剩余价值或收入），或把资本家说成是“剩余产品的占有者”(26)。只不过这同一种看法还有另一种表达方式，即全部现存的资本都是积累起来的或资本化的利息，因为利息不过是剩余价值的一部分。(27)

---

(24)蒲鲁东提出永恒的商品生产所有权规律同资本主义所有制相对立，想以此消灭资本主义所有制，对他的这种机智不能不感到惊讶！

(25)“资本就是用来获取利润的积累起来的财富。”（马尔萨斯《政治经济学原理》[第262页]）“资本……就是由收入中节约下来并用来获取利润的财富所构成的。”（理查·琼斯《国民政治经济学教程》1852年赫特福德版第16页）

(26)“剩余产品或资本的占有者。”（[查·温·迪尔克]《国民困难的原因及其解决办法。给约翰·罗素勋爵的一封信》1821年伦敦版[第4页]）

(27)“资本加上储蓄资本的每部分复利，把一切东西都攫取走了，以致世界上能提供收入的一切财富早就成了资本的利息。”（伦敦1851年7月19日《经济学家》杂志）

---

①见本卷第653—667页。——编者注

2. 政治经济学关于规模扩大的再生产的错误见解

在进一步探讨积累或剩余价值再转化为资本的某些规定以前，我们必须清除古典经济学提出的一种含糊观点。

资本家为自己消费而用一部分剩余价值购买的商品，对他不起生产资料和价值增殖手段的作用，同样，他为满足自己的自然需要和社会需要而购买的劳动，也不起生产劳动的作用。资本家没有通过购买这种商品和劳动把剩余价值转化为资本，相反地，把它作为收入消费掉或花费掉了。旧贵族的思想，如黑格尔正确地指出的，是主张"消费现存的东西"[409]，特别是讲究个人侍奉的豪华，以示阔绰，与此相反，在资产阶级经济学看来，具有决定性重要意义的是，宣布资本积累是每个公民的首要义务，并谆谆告诫人们，如果把全部收入吃光用尽，而不把其中相当的一部分用来雇用追加的生产工人，让他们带来的东西超过他们耗费的东西，那就不能积累。另一方面，资产阶级经济学又不得不同一般人的偏见作斗争，这种偏见把资本主义生产和货币贮藏混为一谈(28)，以为积累的财富会使财富现有的实物形式免遭破坏，也就是不被消费掉，或者说，使财富避免进入流通。其

(28)"现今任何政治经济学家都不能把储蓄看做只是货币贮藏：撇开这种做法的狭隘和无效不说，储蓄这个名词在涉及国民财富方面只能设想有一个用法，这个用法是从储蓄的不同用途中产生并以储蓄所维持的不同种类的劳动的实际差别为基础的。"（马尔萨斯《政治经济学原理》1836年伦敦第2版第38、39页）

实，把货币贮藏起来不投入流通，同把货币作为资本而增殖，恰恰是相反的两回事，从货币贮藏的意义上进行商品积累，是十足的愚蠢行为。(28a)大量商品的积累是流通停滞或生产过剩的结果。(29)诚然，在一般人的观念中是把下面这两种现象混在一起了：一方面是富人消费基金中积累的供慢慢消费的财物，另一方面是一切生产方式所共有的储备。后一现象，我们在分析流通过程时还要略微谈到。

因此，古典经济学强调指出，积累过程的特点是，剩余产品由生产工人消费，而不由非生产工人消费，这一点是对的。但它的错误也正是从这里开始。亚·斯密使人们形成一种流行的看法，把积累仅仅看成剩余产品由生产工人消费，或者说，把剩余价值的资本化仅仅看成剩余价值转变为劳动力。例如，我们听听李嘉图的说法：

> “必须懂得，一个国家的全部产品都是要消费掉的，但究竟由再生产另一个价值的人消费，还是由不再生产另一个价值的人消费，这中间有难以想象的区别。我们说收入节约下来加入资本，我们的意思是，加入资本的那部分收入，是由生产工人消费的，而不是由非生产工人消费的。如果认为资本可以由于不消费而增加，那就大错特错了。”(30)

李嘉图和一切以后的经济学家追随亚·斯密一再重复地说：“加入资本的那部分收入，是由生产工人消费的”，这就大错特错了。根据这种看法，所有转化为资本的剩余价值都要成为可变资本了。其

(28a)例如巴尔扎克曾对各色各样的贪婪作过透彻的研究。那个开始以积累商品的方式来进行货币贮藏的老高利贷者高布赛克，在他笔下已经是一个老糊涂虫了。

(29)“资本积累……交换停滞……生产过剩。”（托·柯贝特《个人致富的原因和方法的研究》第104页）

(30)李嘉图《政治经济学和赋税原理》第163页注。

实，剩余价值和原预付价值一样，分成不变资本和可变资本，分成生产资料和劳动力。劳动力是可变资本在生产过程中的存在形式。在这个过程中，它本身被资本家消费了。它通过自己的职能——劳动——消费生产资料。同时，购买劳动力所付出的货币，转化为不是由“生产劳动”而是由“生产工人”消费的生活资料。亚·斯密根据自己根本错误的分析得出了以下的荒谬结论：虽然每一单个资本分成不变组成部分和可变组成部分，但社会资本只分解为可变资本，或者说，只用来支付工资。例如，一个呢绒厂主把2 000镑转化为资本。他把这些货币的一部分用来雇织工，另一部分用来购买毛纱和织毛机等等。而把毛纱和织毛机卖给他的人，又把其中的一部分用来支付劳动，依此类推，直到2 000镑完全用于支付工资，或者这2 000镑所代表的全部产品都由生产工人消费掉。我们看到，这个论据的全部力量就在于把我们推来推去的“依此类推”这几个字。事实上，亚当·斯密正是在困难开始的地方中止了他的研究。(31)

要是我们只考察年总生产基金，每年的再生产过程是容易理解的。但年生产的各个组成部分都必须投入商品市场，而困难就在这里开始。各个资本的运动和个人收入的运动交错混合在一起，消失在普遍的换位中，即消失在社会财富的流通中，这就迷惑了人们的视线，给我们的研究提出了极其复杂的问题需要解决。在本书第二册第三篇[411]中，我将对实际的联系进行分析。重农学派最大的功劳，

(31)尽管约翰·斯图亚特·穆勒先生著有《逻辑》一书[410]，但从未发现他前辈这种错误的分析，这种错误分析即使以资产阶级的眼光，从纯粹专业的观点来看，也亟须加以纠正。他到处以门徒的教条主义态度记下他的老师们的混乱思想。在这里也是这样，他说：“从长远来看，资本本身终归要全部分解为工资，当资本因产品出售而得到补偿时，会再变为工资”。

就在于他们在自己的《经济表》412中，首次试图画出一幅通过流通表现出来的年生产的图画。(32)

不言而喻，政治经济学不会不利用亚·斯密的所谓纯产品中转化为资本的部分完全由工人阶级消费这一论点，来为资本家阶级的利益服务。

3. 剩余价值分为资本和收入。节欲论

在前一章里，我们把剩余价值或剩余产品只是看做资本家的个人消费基金①，在这一章里，我们到现在为止把它只是看做积累基金。但是，剩余价值不仅仅是前者，也不仅仅是后者，而是二者兼而有之。剩余价值一部分由资本家作为收入(33)消费，另一部分用做

(32)亚·斯密在叙述再生产过程从而积累时，与他的前辈特别是重农学派相比，在很多方面不仅没有进步，而且还有决定性的退步。同本文中所提到的他的错觉有关的，是同样由他遗留给政治经济学的极其荒谬的教条：商品的价格由工资、利润（利息）和地租构成，也就是仅仅由工资和剩余价值构成。从这个基础出发，至少有施托尔希幼稚地承认："把必要价格分解为它的最简单的要素是不可能的"（施托尔希《政治经济学教程》1815年彼得堡版第2卷第141页注）。宣称商品价格不可能分解为它的最简单的要素，这是多么妙的经济科学！关于这一点，我将在第二册第三篇和第三册第七篇更详细地谈到。

(33)读者会注意到，收入[Revenue]一词有双重用法：第一是指剩余价值，即从资本周期地产生的果实；第二是指这一果实中被资本家周期地消费掉或加入他的消费基金的部分。我保留了这一双重意义，因为它同英法两国经济学家的用语相一致。

①见本卷第653—661页。——编者注

资本或积累起来。

在剩余价值量已定时，这两部分中的一部分越大，另一部分就越小。在其他一切条件不变的情况下，这种分割的比例决定着积累量。而谁进行这种分割呢？是剩余价值的所有者资本家。因此，这是他的意志行为。至于他所征收的贡品中由他积累的部分，据说是他节约下来的，因为他没有把它吃光用尽，也就是说，因为他执行了他作为资本家的职能，即执行使自己致富的职能。

资本家只有作为人格化的资本，他才有历史的价值，才有像聪明的利希诺夫斯基所说的“没有任何日期”[413]的历史存在权。也只有这样，他本身的暂时必然性才包含在资本主义生产方式的暂时必然性中。但既然这样，他的动机，也就不是使用价值和享受，而是交换价值和交换价值的增殖了。作为价值增殖的狂热追求者，他肆无忌惮地迫使人类去为生产而生产，从而去发展社会生产力，去创造生产的物质条件；而只有这样的条件，才能为一个更高级的、以每一个个人的全面而自由的发展为基本原则的社会形式建立现实基础。只有作为资本的人格化，资本家才受到尊敬。作为资本的人格化，他同货币贮藏者一样，具有绝对的致富欲。但是，在货币贮藏者那里表现为个人的狂热的事情，在资本家那里却表现为社会机制的作用，而资本家不过是这个社会机制中的一个主动轮罢了。此外，资本主义生产的发展，使投入工业企业的资本有不断增长的必要，而竞争使资本主义生产方式的内在规律作为外在的强制规律支配着每一个资本家。竞争迫使他不断扩大自己的资本来维持自己的资本，而他扩大资本只能靠累进的积累。

所以，就资本家的一切行动只是那个通过他才有了意志和意识的资本的职能而论，他的私人消费，对他来说也就成了对他的资本积累的掠夺，就像在意大利式簿记中资本家的私人开支被记在资本家的借方来同资本相对立一样。积累是对社会财富世界的征服。它在扩大被剥削的人身材料的数量的同时，也扩大了资本家直接和间接的统治。(34)

但是，原罪到处发生作用。随着资本主义生产方式、积累和财富的发展，资本家不再仅仅是资本的化身。他对自己的亚当①具有“人

(34)路德用高利贷者这种虽然在不断翻新但仍属老式的资本家形式为例，出色地说明了统治欲是致富欲的一个要素。“异教徒根据理性得出了高利贷者是四重盗贼和杀人犯的结论。而我们基督徒却非常尊敬他们，几乎要为了他们的金钱而崇拜他们……　凡是榨取、抢劫和盗窃别人食物的人，就是犯了使人饿死，使人灭亡的杀人大罪(这要看他的力量的大小)。高利贷者就是犯了这样的大罪，他照理应当上绞架，如果他身上的肉多得足供许多乌鸦啄而分食，那么，他盗窃了多少古尔登，就应该被多少乌鸦去吃。但是他们却泰然坐在安乐椅上，而小偷却被绞死……　小偷带上镣铐，大盗却腰缠万贯，身着丝绸……　所以，在世界上人类再没有比守财奴和高利贷者更大的敌人了(恶魔除外)，因为他想成为支配一切人的上帝。土耳其人、武夫、暴君也是恶人，但他们仍不得不让人们生活，并自认是恶人和敌人。他们有时还会同情甚至不得不同情某些人。而高利贷者和贪财之徒却想竭尽全力使整个世界毁灭于饥渴、悲伤和贫苦之中，从而使他能独占一切，人人都把他奉为上帝，去领受他的恩赐，永远成为他的奴隶……　披上长外套，戴上金链指环，擦擦油嘴，让人看来俨如尊贵的虔诚者并加以赞颂……
高利贷者是一个庞大可怕的怪物，像一只蹂躏一切的恶狼，比任何卡库斯、格里昂或安泰都厉害。但他却装出一副虔诚的样子，想使人无法知道被他倒着牵回洞穴去的公牛究竟到什么地方去了。然而海格立斯必然会听到公牛的吼声和俘虏的叫声，甚至到悬崖峭壁中去搜寻卡库斯，把公牛从恶汉手中拯救出来。所谓卡库斯就是指盗窃、抢劫和吞食一切的虔诚的高利贷者这个恶汉。他不承认自己做了恶事，并且认为谁也不会找到他，因为公牛是倒着牵回他的洞里去的，从足迹看来公牛似乎是被放走了。高利贷者正是想这样愚弄整个世界，似乎他带来了利益，他把公牛给了世界，其实他夺取了公牛并把它独吞了……　既然对劫路人、杀人犯和强盗应处以磔车刑或斩首，那就更应该把一切高利贷者处以磔车刑和斩首……驱逐，革出教门，或斩首。”(马丁·路德《给牧师们的谕示：讲道时要反对高利贷》)

①“亚当”在这里也有欲望、情欲的意思。——编者注

的同情感”[414]，而且他所受的教养使他把禁欲主义的热望嘲笑为旧式货币贮藏者的偏见。古典的资本家谴责个人消费是违背他的职能的罪恶，是对积累的“节制”，而现代化的资本家却能把积累看做是对自己的享受冲动的“禁欲”。“啊，他的胸中有两个灵魂，一个要想同另一个分离！”[415]

在资本主义生产方式的历史初期，——而每个资本主义的暴发户都个别地经过这个历史阶段，——致富欲和贪欲作为绝对的欲望占统治地位。但资本主义生产的进步不仅创立了一个享乐世界；随着投机和信用事业的发展，它还开辟了千百个突然致富的源泉。在一定的发展阶段上，已经习以为常的挥霍，作为炫耀富有从而取得信贷的手段，甚至成了“不幸的”资本家营业上的一种必要。奢侈被列入资本的交际费用。此外，资本家财富的增长，不是像货币贮藏者那样同自己的个人劳动和个人消费的节约成比例，而是同他榨取别人的劳动力的程度和强使工人放弃一切生活享受的程度成比例的。因此，虽然资本家的挥霍从来不像放荡的封建主的挥霍那样是直截了当的，相反地，在它的背后总是隐藏着最肮脏的贪欲和最小心的盘算；但是资本家的挥霍仍然和积累一同增加，一方决不会妨害另一方。因此，在资本家个人的崇高的心胸中同时展开了积累欲和享受欲之间的浮士德式的冲突。

艾金医生在1795年发表的一部著作中说：

> “曼彻斯特的工业可分为四个时期。在第一个时期，工厂主为了维持生活，不得不辛勤劳动。”

他们发财致富特别是靠盘剥那些把子女送来当学徒的父母，那些父母为此不得不付给他们高额学费，而这些学徒却忍饥挨饿。另一方面，当时平均利润很低，要积累就得大大节俭。他们过着像货币贮藏者一样的生活，甚至连资本的利息也不肯消费。

> “在第二个时期，他们开始赚到了少量的财产，但还像过去那样辛勤地劳动”，——因为像一切奴隶监督者都知道的那样，对劳动的直接剥削是要花费劳动的，——“并且过着和过去一样的俭朴生活……　在第三个时期，奢侈开始了，各企业通过派骑马的人〈骑马的推销员〉到王国各商业城市去兜揽生意而扩大了经营。在1690年以前，在工业中赚到3 000—4 000镑资本的人可能为数极少，甚至根本没有。但大约就在这个时候，或者在稍后的时期，工业家已经积累了货币，开始建造石头房子来代替木棚或土房……　但在18世纪最初几十年，如果一个曼彻斯特的工厂主以一品脱外国葡萄酒款待自己的客人，那就会遭到所有邻居的议论和非难。”

在机器生产出现以前，工厂主们晚上在酒店聚会时花的费用从来不会超过六便士一杯果汁酒和一便士一包烟叶。直到1758年，才出现了划时代的事情，人们第一次看到“一个实际从事营业的人坐上自己的马车”！“第四个时期”，即18世纪最后30多年，“是穷奢极欲，大肆挥霍的时期，这是靠扩大营业来维持的”(35)。如果善良的艾金医生今天在曼彻斯特复活的话，他又将说些什么呢！

积累啊，积累啊！这就是摩西和先知们！*416*“勤劳提供物资，而节俭把它积累起来”。(36)因此，节俭啊，节俭啊，也就是把剩余价值或剩余产品中尽可能大的部分重新转化为资本！为积累而积累，为生产而生产——古典经济学用这个公式表达了资产阶级时期的历史使命。

---

(35)艾金医生《曼彻斯特市外30—40英里范围内的郊区》1795年伦敦版第181页及以下几页。

(36)亚·斯密《国富论》第2卷第3章。

它从未低估过财富分娩带来的痛苦[(37)]，而对历史必然性伤心流泪又有什么用处呢？在古典经济学看来，无产者不过是生产剩余价值的机器，而资本家也不过是把这剩余价值转化为追加资本的机器。它非常严肃地对待资本家的历史职能。为了使资本家的内心摆脱享受欲和致富欲之间的不幸的冲突，马尔萨斯在本世纪20年代初期曾维护这样一种分工：让实际从事生产的资本家承担积累的任务，而让另一些参加剩余价值分配的人，如土地贵族、领受国家和教会俸禄的人等等承担挥霍的任务。他说，最重要的就是"把支出欲和积累欲分开"[(38)]。那些早就变得享乐成性和沉湎于交际的资本家先生们不由得大叫起来。他们的代言人之一，一个李嘉图派叫道：马尔萨斯先生鼓吹高额地租、高额税收等等，难道是为了让非生产消费者来不断地刺激工业家！诚然，口号所标榜的是生产，规模不断扩大的生产，但是，

> "这个过程与其说会促进生产，不如说会阻碍生产。而且让一部分人过着游手好闲的生活，只是为了去鞭策另一些人，这也不是十分公正的。尽管从后者的性格来说，如果强迫他们去做，他们是能把事情办好的"[(39)]。

尽管他认为靠吸掉工业资本家汤里的油水这种办法来刺激工业资本家去积累是不公正的，但是他觉得，"要使工人勤勉地劳动"，必须尽可能地把工人的工资减到最低限度。他从来也不隐瞒生财之道就在于占有无酬劳动。

---

(37)甚至让·巴·萨伊也说："富人是靠牺牲穷人进行储蓄的。"[417]"罗马的无产者几乎完全靠社会过活……　几乎可以说，现代社会是靠无产者过活，靠夺取无产者的那一部分劳动报酬过活。"（西斯蒙第《政治经济学概论》第1卷第24页）

(38)马尔萨斯《政治经济学原理》第325、326页。

(39)《论马尔萨斯先生近来提倡的关于需求的性质和消费的必要性的原理》第67页。

“工人需求的增加不过是表明他们甘愿拿走自己产品中的一小部分，而把其中大部分留给他们的雇主；要是有人说，消费〈工人的消费〉减少会产生过剩现象〈市场商品充斥，生产过剩〉，那我只能回答说：过剩现象是高额利润的同义语。”(40)

关于从工人那里掠夺来的赃物应该怎样在工业资本家和游手好闲的土地所有者等人之间进行分配才最有利于积累这种学究气的争论，遇到七月革命[418]就平息下去了。此后不久，城市无产阶级在里昂敲响了警钟，而农村无产阶级在英国燃起了熊熊烈火。[419]海峡此岸在传播欧文主义，海峡彼岸在传播圣西门主义和傅立叶主义。庸俗经济学的时钟已经响了。在纳索·威·西尼耳于曼彻斯特发现资本的利润(包括利息)是无酬的“最后第十二个劳动小时”的产物①恰恰一年以前，他曾向世界宣布了自己的另一个发现。他庄严地声称：“我用节欲一词来代替被看做生产工具的资本一词。”(41)这真是庸俗经济学的“发现”的不可超越

(40)《论马尔萨斯先生近来提倡的关于需求的性质和消费的必要性的原理》第59页。

(41)西尼耳《政治经济学基本原理》，阿里瓦本译，1836年巴黎版第309页。在旧古典学派的追随者看来，这也未免太过分了。“西尼耳先生用劳动和节欲这两个词来代替劳动和资本这两个词……　节欲是一个单纯的否定。利润的来源不是节欲，而是用于生产的资本的使用。”(约翰·卡泽诺夫对他编的马尔萨斯《政治经济学定义》所加的注。1853年伦敦版第130页)相反地，约翰·斯图亚特·穆勒先生一方面抄录李嘉图的利润理论，另一方面又接受西尼耳的“节欲报酬论”。他对于黑格尔的“矛盾”，一切辩证法的源泉，虽然十分生疏，但对各种平庸的矛盾却很内行。

第二版补注：庸俗经济学家从来也没有作过下述简单的思考：人的一切行动都可以看做他的相反行动的“节欲”。吃饭是绝食的节欲，行走是站立的节欲，劳动是闲逸的节欲，闲逸是劳动的节欲等等。这些先生们应当想一想斯宾诺莎的话：规定就是否定[420]。

①见本卷第258—259页。——编者注

的标本！它用阿谀的词句来替换经济学的范畴。如此而已。西尼耳教训说："野蛮人造弓就是从事工业，但他没有实行节欲。"这就向我们说明，在早期的社会状态下，劳动资料如何和为何没有资本家的"节欲"也被制造出来了。"社会越进步，就越要求节欲"(42)，也就是越要求那些以占有别人劳动及其产品为业的人实行节欲。从此劳动过程的一切条件就如数转化为资本家的节欲行为了。谷物不只是吃掉，而且还用来播种，这是资本家的节欲！葡萄酒保留一段时间进行发酵，这是资本家的节欲！(43)资本家"把生产工具贷给〈！〉工人"，也就是说，把生产工具同劳动力合并在一起作为资本来增殖，而不把蒸汽机、棉花、铁路、肥料、挽马等等吃光，或者按照庸俗经济学家的幼稚说法，不把"它们的价值"变成奢侈品和其他消费资料挥霍掉，这就是资本家在掠夺自己的欲望。(44)资本家阶级究竟怎样能做到这一点，至今仍然是庸俗经济学严加保守的秘密。够了，世界之所以能生存，无非全靠这个在毗湿奴神前的现代赎罪者资本家的自我修行[227]。不仅是积累，就是单纯的"保存资本也要求不断地努力克服把资本吃光用尽的诱

(42)西尼耳《政治经济学基本原理》第342、343页。

(43)"如果不打算获得追加价值，谁……也不会例如播种自己的小麦并让它在地里种上一年，或把自己的葡萄酒藏在窖里好多年，而会立即把这些东西或它们的等价物消费掉。"(斯克罗普《政治经济学原理》，阿·波特尔编，1841年纽约版第133页[421])

(44)"资本家如果不把自己的工具的价值转化为消费品或奢侈品供自己使用，而把生产工具贷给工人，就是节制。"(古·德·莫利纳里《经济学概论》第36页)用"贷给"这种委婉的说法，是为了按照庸俗经济学家的有效手法，把受工业资本家剥削的雇佣工人与那些向借贷资本家借款的工业资本家本身混为一谈。

惑”(45)。所以很明显，单是人道就要求把资本家从殉道和诱惑中解救出来，其办法同不久前佐治亚州的奴隶主所采取的一样，后者通过废除奴隶制[422]而摆脱了这样一种左右为难的境地：是把鞭打黑奴所得的全部剩余产品消耗在香槟酒上，还是把其中一部分再转化为更多的黑人和更多的土地。

在极不相同的经济的社会形态中，不仅都有简单再生产，而且都有规模扩大的再生产，虽然程度不同。生产和消费会累进地增加，因此，转化为生产资料的产品也会累进地增加。但是，只要工人的生产资料，从而他的产品和生活资料，还没有以资本形式同他相对立，这个过程就不会表现为资本积累，因而也不会表现为资本家的职能。(46)几年前去世的、继马尔萨斯之后在黑利伯里东印度学院讲授政治经济学的理查·琼斯，曾用两大事实很好地阐明了这一点。因为印度人民大部分是自耕农，所以他们的产品、劳动资料和生活资料从来不具有“从别人的收入中节约下来从而要经过一个预先的积累过程的基金的形式”(47)。另一方面，在旧制度被英国统治破坏最小的省份，非农业工人由豪门直接雇用，一部分剩余农产品以贡品或地

(45)库尔塞尔-塞纳伊《工商企业、农业企业的理论和实践概论，或业务手册》第20页。

(46)“最有助于国民资本进步的几种特殊收入，在它们各个不同发展阶段上是不同的，因此它们在处于这种发展的不同阶段的各个国家里也是截然不同的……　在社会的初期阶段，同工资和地租相比，利润……是一个不重要的积累源泉……　当国民劳动的力量真正得到显著发展时，利润作为一个积累源泉就相当重要了。”(理查·琼斯《国民政治经济学教程》第16、20、21页)

(47)同上，第36页及以下几页。〔第四版注：这一定是错了，这句话没有找到出处。——弗·恩·[49]〕

租形式流到这些豪门手中。这种剩余产品的一部分在实物形式上为豪门所消费，另一部分由工人替他们转化为奢侈品及其他消费品，而剩下的一部分则形成自己占有劳动工具的工人的工资。在这里，虽然没有那种奇异的圣徒、神色黯然的骑士[①]、“禁欲的”资本家介于其间，生产和规模扩大的再生产也仍在照常进行。

4. 几种同剩余价值分为资本和收入的比例无关但决定积累量的情况：劳动力的剥削程度；劳动生产力；所使用的资本和所消费的资本之间差额的扩大；预付资本的量

假设剩余价值分为资本和收入的比例已定，积累的资本量显然取决于剩余价值的绝对量。假定80%资本化，20%被消费掉，那么，积累的资本是2 400镑还是1 200镑，就要看剩余价值的总额是3 000镑还是1 500镑。可见，决定剩余价值量的一切情况也影响着积累的量。在这里我们对这些情况再作一次总括的说明，但是只限于它们在积累方面会提供新观点的范围。

我们记得，剩余价值率首先取决于劳动力的剥削程度[②]。政治经济学非常重视剥削程度的这种作用，以致有时把由于提高劳动生

①指唐·吉诃德。——编者注

②见本卷第352—354页。——编者注

产力而造成的积累的加速和由于加强对工人的剥削而造成的积累的加速等同起来。(48)在论述剩余价值的生产的那几篇里，我们总是假定工资至少和劳动力的价值相等。但是，把工资强行压低到这一价值以下，在实际运动中起着极为重要的作用，因此我们不能不对这一点略加考察。在一定限度内，这实际上是把工人的必要消费基金转化为资本的积累基金。

约·斯·穆勒说：

> “工资没有生产力；它是一个生产力的价格；工资不会同劳动本身一起参加商品的生产，正如机器的价格也不会同机器本身一起参加商品的生产一样。如果劳动无须购买就能得到，工资就成为多余的了。”(49)

但是，假如工人能靠空气过活，那用任何价格也不能购买他们了。因此，工人不费分文是一个数学意义上的极限：虽然可以逐渐接近，但永远无法达到。资本的经常趋势是使工人降到这种不费分文的地步。我常引用的一个18世纪著作家、《论手工业和商业》的作者①声称，英国的重大历史任务是把英国的工资降低到法国和荷兰

(48)“李嘉图说：‘在社会发展的不同阶段，资本或使用〈即剥削〉劳动的手段的积累有快有慢，但无论怎样都必然取决于劳动生产力。一般说来，在有大量肥沃土地的地方，劳动生产力最高。’假如这里所说的劳动生产力，是指每一产品中属于亲手生产该产品的人的那一部分很小，那么这段话就是同义反复，因为其余部分形成一个基金，只要它的所有者高兴，便可以用来积累资本。但是在土地最肥沃的地方，大多不会有这种情况。”（《评政治经济学上若干用语的争论》第74页）

(49)约·斯·穆勒《略论政治经济学的某些有待解决的问题》1844年伦敦版第90、91页。

①指约·肯宁安。——编者注

的水平，他不过是泄露了英国资本灵魂深处的秘密。(50)例如，他天真地说：

"如果我们的穷人〈称呼工人的术语〉想过奢侈的生活……他们的劳动就必然昂贵……　只要想想我们工场手工业工人消费多得惊人的奢侈品吧，什么白兰地酒、杜松子酒、茶叶、砂糖、外国水果、烈性啤酒、印花亚麻布、鼻烟和香烟等等。"(51)

他还引用了北安普敦郡的一个工厂主的文章，这位工厂主仰天悲鸣：

"劳动在法国要比在英国整整便宜三分之一，因为法国的穷人劳动繁重，但衣食简单，他们的主要食物是面包、水果、青菜、根菜和干鱼；他们很少吃肉，小麦昂贵时，面包也吃得很少"(52)。这篇文章的作者接着说道："而且他们喝的只是白水或低度酒。因此他们实际上花的钱极少……　这种状况当然很难达到，但并不是不能达到的，法国和荷兰已经存在这种状况，就令人信服地证明了这一点。"(53)

---

(50)《论手工业和商业》1770年伦敦版第43、44页。1866年12月和1867年1月的《泰晤士报》也类似地表达了英国矿山占有者的心情，文中描绘了比利时矿工的幸福生活，他们只是要求和得到为他们的"主人"而生存所绝对必需的东西。比利时工人备受熬煎，但是《泰晤士报》却把他们描写成模范工人！1867年2月初，比利时的矿工（在马谢讷）用罢工作了回答，这次罢工是用火药和枪弹镇压下去的。*423*

(51)《论手工业和商业》1770年伦敦版第44、46页。

(52)北安普敦郡的这位工厂主犯了一个虔诚的欺骗罪，这是出于内心的冲动，因而是可以原谅的。他表面上是在比较英国的和法国的工场手工业工人的生活，但是，正如他后来所承认的，在本文的引文中，他描写的却是法国的农业工人！

(53)《论手工业和商业》1770年伦敦版第70、71页。第三版注：由于此后出现了世界市场上的竞争，我们现在迈进了一大步。议员斯特普尔顿向他的选举人说："如果中国成了一个大工业国，那么欧洲的工人人口除非把生活水平降低到他们的竞争者的水平，否则，我就不知道他们怎样才能坚持竞争。"（1873年9月9日《泰晤士报》）——现在英国资本渴望达到的目标已经不再是大陆的工资，而是中国的工资了。

20年后，一位名列贵族的美国骗子本杰明·汤普森（又称拉姆福德伯爵）遵循着同一博爱主义的路线，使上帝和人都大为满意。他的《论文集》可以说是一本菜谱，其中全是制作各种各样的代用品的方法，用以代替工人日常的昂贵食品。请看这位令人惊异的“哲学家”的一张特别成功的菜单：

> “大麦5磅，玉米5磅，青鱼3便士，盐1便士，醋1便士，胡椒和白菜2便士，总计 $20\frac{3}{4}$ 便士，可以做成供64个人喝的汤，如果粮食的价格中常，汤的费用还可以降低到每人合 $\frac{1}{4}$ 便士。”(54)

随着资本主义生产的发展，商品掺假使汤普森的理想也成为多余的了。(55)

18世纪末和19世纪的最初几十年间，英国的租地农场主和地主把工资强行降低到绝对的最低限度，他们以工资形式付给农业短工的钱比

(54)本杰明·汤普森《政治、经济、哲学论文集》（三卷集）1796—1802年伦敦版第1卷第294页。弗·摩·伊登爵士在他所著的《贫民的状况，或英国劳动者阶级从征服时期到现在的历史》一书中，竭力向贫民习艺所的主管人推荐拉姆福德的乞丐汤，并且以责备的口吻提醒英格兰的工人说：“在苏格兰，有许多家庭一连几个月都只吃加盐和水的燕麦面和大麦面，而不吃小麦、黑麦和肉，尽管如此，他们还是生活得很舒适”（同上，第1卷第2篇第2章第503页）。在19世纪也有过类似的“提示”。例如：“英格兰的农业工人不愿吃掺有杂粮的混合面粉。在教育比较好的苏格兰可能不会有这种偏见。”（医学博士查理·亨·帕里《从农业工人、佃农、土地所有者和国家方面来看现行谷物法的必要》1816年伦敦版第68、69页）可是这位帕里也哀叹，现在（1815年）英格兰工人的境况比伊登时代（1797年）差多了。

(55)从最近的议会调查委员会关于生活资料掺假的报告可以看到，在英国，甚至药物的掺假也不是例外的现象，而成为一种通例。例如，把从伦敦34家药房买来的34个鸦片样品进行化验，发现其中31种掺有罂粟头、面粉、树胶、黏土和沙等物，而且许多样品连一个吗啡原子也没有。

最低限度还要低，而以教区救济金的形式付给不足的部分。下面这个例子可以说明英国的道勃雷们在“合法地”来规定工资率时的丑态：

“1795年，当地主们在规定斯皮纳姆兰地方的工资的时候，他们已用过午餐，但是他们显然认为工人是无须用午餐的……　他们决定：当一个8磅11盎司重的面包卖1先令的时候，每人每周的工资应为3先令，在这种面包价格上涨，而没有达到1先令5便士之前，工资可以适当增加。一旦超过了这一价格，工资则应按比例地减少，直到这种面包的价格达到2先令为止，这时每人的食量应比以前减少$\frac{1}{5}$。”(56)

1814年，有一位大租地农场主，治安法官，济贫院主管，工资调整人阿·贝内特在上院调查委员会上被质问：

“一天劳动的价值和教区给工人的救济金之间是否有某种比例？”他回答说：“有的，每个家庭每周的收入要超过名义工资，补足到每人一加仑面包(8磅11盎司)和每人3便士……　我们认为一个家庭中每人每周有一加仑面包就足以维持生活了；3便士则用来买衣服；如果教区愿意发给衣服，这3便士就可以不发了。这种办法不仅在威尔特郡西部一带普遍采用，我想全国也在普遍采用。”(57)

当时有一位资产阶级著作家喊道：

“这样，租地农场主们在若干年内就把自己同胞中的这个可敬的阶级贬低了，竟然迫使他们以贫民习艺所作为栖身之所……　租地农场主甚至阻碍工人最必要的消费基金的积累，以便增加自己的收入。”(58)

---

(56)乔·路·纽纳姆(律师)《评向议会两院委员会所作的关于谷物法的证词》1815年伦敦版第20页注。

(57)同上，第19、20页。

(58)查·亨·帕里《从农业工人、佃农、土地所有者和国家方面来看现行谷物法的必要》第77、69页。地主老爷们不仅“补偿了”他们以英国的名义所进行的反雅各宾战争403中的损失，而且还大发横财。“在18年中，他们的地租增加了一倍、两倍、三倍，个别的甚至增加了五倍。”(同上，第100、101页)

目前，直接掠夺工人必要的消费基金对于剩余价值的形成，从而对于资本的积累基金的形成究竟起怎样的作用，已经由所谓家庭劳动（参看第十三章第8节d[①]）的例子说明了。在本篇中我们还要举出更多的事实。

虽然在一切产业部门里，由劳动资料构成的不变资本部分，必须足够供由设备规模决定的一定数量的工人使用，但是它完全不必总是同所使用的劳动量按同一比例增加。假定某一工厂有100个工人，每人劳动8小时，共800个劳动小时。如果资本家想使这个劳动小时数增加一半，他可以再雇用50个工人，但这样一来，他不仅要在工资上预付新的资本，而且要在劳动资料上预付新的资本。不过他也可以使原有的100个工人不是劳动8小时而是劳动12小时，这样，现有的劳动资料就足够使用了，只是损耗得快一些罢了。可见，由提高劳动力的紧张程度而获得的追加劳动，没有不变资本部分的相应增加，也能够增加剩余产品和剩余价值，即积累的实体。

在采掘工业中，例如在采矿业中，原料不是预付资本的组成部分。这里的劳动对象不是过去劳动的产品，而是由自然无偿赠予的。如金属矿石、矿物、煤炭、石头等等。这里的不变资本几乎完全由劳动资料组成，它们能很容易地容纳增加了的劳动量（如工人日夜换班）。而在其他条件相同的情况下，产品的数量和价值同所使用的劳动成正比地增加。在这里，正像在生产的第一天一样，形成产品的原始要素，从而也就是形成资本物质成分的要素，即人和自然，是携手并进的。由于劳动力具有弹性，即使不预先增加不变资本，积累的领域也能扩大。

---

①见本卷第536—540页。——编者注

在农业中，不预付追加的种子和肥料，就不可能扩大耕地。但是，一旦预付了追加的种子和肥料，那么，即使对土地进行纯粹机械性的耕作，也会对产量的提高发生奇迹般的作用。只要原有数量的工人付出更多的劳动量，不必预付新的劳动资料，也可以提高肥力。这又是人对自然的直接作用，这种作用无须新资本的介入，也会成为扩大积累的直接源泉。

最后，在本来意义的工业中，任何追加的劳动消耗都要求相应地追加原料的消耗，但是不一定要追加劳动资料的消耗。因为采掘工业和农业给加工工业提供了它本身需要的原料和它的劳动资料的原料，所以采掘工业和农业无须追加资本而生产的追加产品，对于加工工业也是有利的。

总的结论是：资本一旦合并了形成财富的两个原始要素——劳动力和土地，它便获得了一种扩张的能力，这种能力使资本能把它的积累的要素扩展到超出似乎是由它本身的大小所确定的范围，即超出由体现资本存在的、已经生产的生产资料的价值和数量所确定的范围。

资本积累的另一个重要的因素是社会劳动生产率的水平。

随着劳动生产力的提高，表现一定价值从而一定量剩余价值的产品量也会提高。在剩余价值率不变甚至下降，但其下降比劳动生产力的提高缓慢的情况下，剩余产品量也会增加。因此，在剩余产品分为收入和追加资本的比例保持不变的情况下，资本家的消费可以增加，而积累基金并不减少。积累基金的相对量甚至可以靠牺牲消费基金而增加，而由于商品变得便宜，资本家享用的消费品仍和过去相等甚至比过去还多。但是我们已经知道，工人之变得便宜，从而剩余价值率的增加，是同劳动生产率的提高携手并进的，即使在实际工资提高的情况下也是如此[①]。实际工资从来不会和劳动生产率按同一比例增加。这样，同一可变资本价值会推动更多的劳动力，从而推动更多的劳动。同一不变资本价值会表现为更多的生产资料，即表现为更多的劳动资料、劳动材料和辅助材料，从而会提供更多的形成产品和价值的要素，或者说，提供更多的吮吸劳动的要素。因此，在追加资本的价值不变甚至降低的情况下，积累仍然可以加快。不仅再生产的规模在物质上扩大了，而且剩余价值的生产也比追加资本的价值增长得更快。

劳动生产力的发展也会对原资本或已经处于生产过程中的资本发生反作用。执行职能的不变资本的一部分是由劳动资料如机器等等构成的，这些劳动资料只有经过一个较长的时期，才会被消费掉，因而被再生产出来或被同一种新的物品所替换。但是，这些劳动资料每年都有一部分死亡，或者说，达到了它的生产职能的终点。因此，每年都有一部分是处在周期的再生产或被同一种新的物品所替换的阶段。如果生产这些劳动资料的部门的劳动生产力发展了，而劳动生产力是随着科学和技术的不断进步而不断发展的，那么旧的机器、工具、器械等等就会被效率更高的、从功效来说更便宜的机器、工具和器械等等所代替。撇开现有的劳动资料在细节上的不断改进不说，旧的资本也会以生产效率更高的形式再生产出来。不变资本的另一部分，即原料和辅助材料在一年当中不断地再生产出来，而其中由农业生产的大多是一年再生产一次。因此，改良方法等等的每次采用，在这里对追加资本和已在执行职能的资本几乎同时发生影响。化学的每一个进步不仅增加有用物质的数量和已知物质的用

---

①见本卷第594—598页。——编者注

途，从而随着资本的增长扩大投资领域。同时，它还教人们把生产过程和消费过程中的废料投回到再生产过程的循环中去，从而无须预先支出资本，就能创造新的资本材料。正像只要提高劳动力的紧张程度就能加强对自然财富的利用一样，科学和技术使执行职能的资本具有一种不以它的一定量为转移的扩张能力。同时，这种扩张能力对原资本中已进入更新阶段的那一部分也发生反作用。资本以新的形式无代价地合并了在它的旧形式背后所实现的社会进步。当然，生产力的这种发展同时会使正在执行职能的资本部分地贬值。只要这种贬值通过竞争被人们痛切地感觉到，主要负担就会落到工人身上，资本家力图用加强对工人剥削的办法来弥补自己的损失。

劳动把它所消费的生产资料的价值转移到产品上去。另一方面，一定量的劳动所推动的生产资料的价值和数量是同劳动的生产效率的提高成比例地增加的。因此，虽然同量的劳动始终只是给自己的产品增加同量的新价值，但是，随着劳动生产率的提高，同时由劳动转移到产品上的旧资本的价值仍会增加。

例如，一个英国的纺纱工人和一个中国的纺纱工人以同样的强度劳动同样多的小时，那么在一周当中他们会创造出相等的价值。但是，尽管有这种相等，使用一架强有力的自动机劳动的英国人一周的产品的价值和只使用一架手摇纺车的中国人一周的产品的价值，仍有大得惊人的差别。在同一个时间内，中国人纺一磅棉花，英国人可以纺好几百磅。一个几百倍大的旧价值总额使英国人的产品的价值膨胀了，这些旧价值以新的有用形式保存在产品中，因而又可以重新执行资本的职能。弗·恩格斯告诉我们："1782年，〈英国〉前三年剪下的全部羊毛都因为缺少工人而没有加工，假若不是新发明的机器帮助把所有的羊毛都纺出来的话，这些羊毛还得这样搁下去。”(59)在机器形式中对象化的劳动自然没有直接创造出任何一个人，但是它使较少的工人人数通过追加相对少的活劳动，就能不仅把羊毛生产地消费掉，对羊毛加进新的价值，而且还以毛纱等等的形式保存羊毛的旧价值。同时，它又提供了羊毛扩大再生产的手段和刺激。在创造新价值时又保存旧价值，这是活劳动的自然恩惠。因此，随着劳动的生产资料的效能、规模和价值的增长，从而随着由劳动生产力的发展而造成的积累的增长，劳动在不断更新的形式中把不断膨胀的资本的价值保存下来并使之永久化。(60)劳动的这种自

(59)弗里德里希·恩格斯《英国工人阶级状况》第20页*424*。

(60)古典经济学由于对劳动过程和价值增殖过程作了不完全的分析，从来也没有真正了解再生产的这一重要因素。例如，我们在李嘉图那里就可以看到这种情形。例如他说：不管生产力发生怎样的变化，“100万人在工厂里总是生产出相同的价值”。在他们的劳动的外延量和内涵量已定时，这样说是对的。但是这一点不会妨碍下面的事实，即在劳动生产力不同的情况下，100万人会把极不相同的生产资料量转化为产品，因而会把极不相同的价值量保存在他们的产品中，也会提供极不相同的产品价值。而李嘉图在作某些结论时把这一情况忽视了。顺便提一下，李嘉图妄图用上述例子向让·巴·萨伊阐明使用价值(在这里他把它叫做wealth，即物质财富)和交换价值的区别。萨伊回答说：“李嘉图先生说，应用较好的方法，100万人可以生产出多一两倍的财富，而并不生产更多的价值。李嘉图提出的这一难题，只要我们把生产看做(也必须看做)一种交换，即人们为了取得产品而在其中提供自己的劳动、土地和资本的生产服务的那种交换，就能迎刃而解了。我们正是通过这些生产服务才获得世界上的一切产品……　因此……在名为生产的那种交换中，我们的生产服务所产生的有用物的量越多，我们就越富，我们的生产服务的价值就越大。”(让·巴·萨伊《给马尔萨斯先生的信》1820年巴黎版第168、169页)萨伊想要说明的“难题”(这种“难题”对他来说是存在的，对李嘉图来说并不存在)如下：为什么在使用价值的量由于劳动生产力的提高而增加时，使用价值的价值不会增加？回答是：只要我们把使用价值叫做交换价值，这个难题就解决了。交换价值是一种

然能力表现为合并劳动的资本所固有的自我保存的能力，正像劳动的社会生产力表现为资本的属性，资本家对剩余劳动的不断占有表现为资本的不断自行增殖一样。劳动的一切力量都显现为资本的力量，正像商品价值的一切形式都显现为货币的形式一样。

随着资本的增长，所使用的资本和所消费的资本之间的差额也在增大。换句话说，劳动资料如建筑物、机器、排水管、役畜以及各种器械的价值量和物质量都会增加，这些劳动资料在或长或短的一个时期里，在不断反复进行的生产过程中，用自己的整体执行职能，或

以某种方式与交换相联系的东西。因此，我们把生产称为劳动和生产资料同产品的"交换"，同时十分清楚，生产提供的使用价值越多，人们得到的交换价值也就越多。换句话说，一个工作日给织袜厂主生产的使用价值例如袜子越多，工厂主也就越富有袜子。但是萨伊先生突然想起，随着袜子"量的增加"，袜子的"价格"（它当然与交换价值毫无关系）就会下降，"因为竞争迫使他们〈生产者〉按照他们在产品上花去的费用出售产品"。但如果资本家按照他在商品上所耗费的价格出售这些商品，那么利润又从什么地方来呢？这不要紧。萨伊解释说，由于生产率的提高，每一个人用从前换一双袜子的同一等价物，现在可以换两双。他所得出的结论正是他想反驳的李嘉图的论点。经过了这样一番苦思之后，他扬扬得意地对马尔萨斯说道："先生，这是个有充分根据的学说，我敢说，如果没有这个学说，便无从解决政治经济学上一些非常困难的问题，特别是解决这样的问题：财富代表价值，但在产品价值下降时，一个国家怎么会变得更为富有。"（《给马尔萨斯先生的信》第170页）一位英国经济学家对于萨伊在信中所玩弄的类似手法说道："这些装腔作势的说法大体上就是萨伊先生喜欢称之为自己的学说的东西，他还力劝马尔萨斯在赫特福德讲授这种学说，就像人们'在欧洲许多地方'已经做过的那样。他说：'如果你发现这一切论断中有什么似乎矛盾的地方，就请你考察一下它们所表现的那些事物吧，我敢相信，你会觉得这些论断是十分简单，十分合理的。'毫无疑问，通过这种手法，这些论断决不会表现为独创的或重要的。"（《论马尔萨斯先生近来提倡的关于需求的性质和消费的必要性的原理》第110页）

者说，为达到某种有用的效果服务，而它们本身却是逐渐损耗的，因而是一部分一部分地丧失自己的价值，也就是一部分一部分地把自己的价值转移到产品中去。这些劳动资料越是作为产品形成要素发生作用而不把价值加到产品中去，也就是说，它们越是整个地被使用而只是部分地被消费，那么，它们就越是像我们在上面说过的自然力如水、蒸汽、空气、电力等等那样，提供无偿的服务[①]。被活劳动抓住并赋予生命的过去劳动的这种无偿服务，会随着积累规模的扩大而积累起来。

因为过去劳动总是装扮成资本，也就是说，A、B、C等人的劳动的被人所有总是装扮成非劳动者X的自己所有，所以资产者和政治经济学家们对过去劳动的功绩赞扬备至；苏格兰的天才麦克库洛赫甚至认为，过去劳动应当得到特殊的报酬（利息、利润等等）。[(61)]于是，那种以生产资料的形式参与活劳动过程的过去劳动所取得的不断增长的重要性，就被归功于这种劳动的同工人本身相异化的形态，即它的资本的形态，虽然这种劳动是工人的过去的和无酬的劳动。就像奴隶主不能把劳动者本身和他的奴隶身份分开来考虑一样，资本主义生产的实际当事人及其胡说八道的思想家不能把生产资料和它们今天所具有的对抗性的社会化装分开来考虑。

在劳动力的剥削程度已定的情况下，剩余价值量就取决于同时被剥削的工人人数，而工人人数和资本的量是相适应的，虽然它们的

(61)在西尼耳取得“节欲的报酬”的专利权[②]以前，麦克库洛赫早就取得了“过去劳动的报酬”的专利权。

①见本卷第443—445页。——编者注

②见本卷第264页。——编者注

比例是变动着的。所以，资本由于连续的积累而增加得越多，分为消费基金和积累基金的价值额也就增加得越多。因此，资本家既能过更优裕的生活，又能更加“禁欲”。最后，生产的规模越是随着预付资本量一同扩大，生产的全部发条也就运作得越是有力。

5. 所谓劳动基金

我们在这一研究的进程中已经知道，资本不是一个固定的量，而是社会财富中一个有弹性的、随着剩余价值分为收入和追加资本的比例而不断变化的部分①。其次我们知道，即使执行职能的资本的量已定，资本所合并的劳动力、科学和土地（经济学上所说的土地是指未经人的协助而自然存在的一切劳动对象），也会成为资本的有弹性的能力，这种能力在一定的限度内使资本具有一个不依赖于它本身的量的作用范围②。在这里，我们把流通过程中一切会使同量资本发生程度极不相同的作用的条件完全撇开不说。因为我们以资本主义生产的界限为前提，因而以社会生产过程的纯粹自然发生的形式为前提，所以我们把一切用现有的生产资料和劳动力可以直接而有计划地实现的更合理的结合撇开不说。古典经济学从来就喜欢把社会资本看成一个有固定作用程度的固定量。不过这种偏见只是在庸人的鼻祖耶利米·边沁手里，即在19世纪资产阶级平庸理智的这个枯燥乏味的、迂腐不堪的、夸夸其谈的圣哲手

① 见本卷第682—685页。——编者注

② 见本卷第698—699页。——编者注

里，才确立为教条。(62)边沁在哲学家中的地位，就像马丁·塔珀在诗人中的地位一样。他们两人只有在英国才能制造出来。(63)按照他的教条，生产过程的最普通的现象，如生产过程的突然扩张和收缩，甚至积累本身，都是完全不可理解的。(64)边沁本人和马尔萨

---

(62)参看耶·边沁《惩罚和奖赏的理论》，埃·杜蒙编，1826年巴黎第3版第2卷第4册第2章。

(63)耶利米·边沁纯粹是一种英国的现象。在任何时代，任何国家里，都不曾有一个哲学家，就连我们的哲学家克里斯蒂安·沃尔弗也算在内，曾如此沾沾自喜地谈论这些庸俗不堪的东西。效用原则并不是边沁的发明。他不过把爱尔维修和18世纪其他法国人的才气横溢的言论平庸无味地重复一下而已。假如我们想知道什么东西对狗有用，我们就必须探究狗的本性。这种本性本身是不能从“效用原则”中虚构出来的。如果我们想把这一原则运用到人身上来，想根据效用原则来评价人的一切行为、运动和关系等等，就首先要研究人的一般本性，然后要研究在每个时代历史地发生了变化的人的本性。但是边沁不管这些。他幼稚而乏味地把现代的市侩，特别是英国的市侩说成是标准人。凡是对这种古怪的标准人和他的世界有用的东西，本身就是有用的。他还用这种尺度来评价过去、现在和将来。例如基督教是“有用的”，因为它对刑法从法律方面所宣判的罪行，从宗教方面严加禁止。艺术批评是“有害的”，因为它妨碍贵人们去欣赏马丁·塔珀的作品，如此等等。这位勇敢的人的座右铭是“没有一天不动笔”425，他就用这些废话写出了堆积如山的书。如果我有我的朋友亨·海涅那样的勇气，我就要把耶利米先生称为资产阶级蠢材中的一个天才。

(64)“政治经济学家们过于喜欢把一定量的资本和一定数目的工人看做具有划一力量的和以某种划一的强度发生作用的生产工具……　那些主张商品是生产的唯一因素的人证明生产根本不能扩大，因为要扩大生产就必须预先增加生活资料、原料和工具，实际上这就等于说，没有生产的预先增长，就不可能有生产的增长，或者换句话说，任何生产的增长都是不可能的。”（赛·贝利《货币及其价值的变动》第58、70页）贝利主要是从流通过程的观点来批判这个教条。

斯、詹姆斯·穆勒、麦克库洛赫等人都利用这一教条以达到辩护的目的，特别是为了把资本的一部分，即可变资本或可转变为劳动力的资本，说成是一个固定的量。可变资本的物质存在，即它所代表的工人生活资料的量或所谓劳动基金，被虚构为社会财富中一个受自然锁链束缚的而且不能突破的特殊部分。为了推动社会财富中要作为固定资本，或从物质方面说，要作为生产资料执行职能的那一部分，必须有一定量的活劳动。这个量是由工艺所确定的。但是，推动这一劳动量所需要的工人人数不是已定的，因为这个数目随着单个劳动力的剥削程度而变化，这个劳动力的价格也不是已定的，已定的只是它的具有很大弹性的最低界限。这一教条所依据的事实是：一方面，工人对社会财富分为非劳动者的消费品和生产资料这一点无权过问；另一方面，工人只有在幸运的例外情况下才有可能靠牺牲富人的"收入"来扩大所谓"劳动基金"。(65)

把劳动基金的资本主义界限改写成劳动基金的社会的自然界限，造成了多么荒唐的同义反复，这可以用福塞特教授的例子来说明。他说：

(65)约·斯·穆勒在其《政治经济学原理》一书中说："现在劳动产品的分配是同劳动成反比的：产品的最大部分属于从来不劳动的人，次大部分属于几乎只是名义上劳动的人，而且劳动越艰苦和越不愉快，报酬就越少，最后，从事最劳累、最费力的体力劳动的人甚至连得到生活必需品都没有保证"。为了避免误解，我说明一下，像约·斯·穆勒这类人由于他们的陈旧的经济学教条和他们的现代倾向发生矛盾，固然应当受到谴责，但是，如果把他们和庸俗经济学的一帮辩护士混为一谈，也是很不公平的。

> “一个国家的流动资本(66)就是它的劳动基金。因此，要想计算出每个工人所得到的平均货币工资，只要简单地用工人人口的数目去除这个资本就行了。”(67)

这就是说，我们先算出实际付给的个人工资的总额，然后我们就可以断言，这样加起来的结果就是上帝和自然强行规定的“劳动基金”的价值总额。最后，我们把用这种办法得出的总额除以工人人数，就可以又发现平均每个工人能得到多少。这是一个非常狡猾的手法。它并不妨碍福塞特先生一口气说出：

> “英国每年所积累的总财富分为两个部分。一部分用来维持英国本身的工业。另一部分则输往国外……　用在本国工业上的那一部分占这个国家每年积累的财富的不大的一部分。”(68)

由此可见，从英国工人那里不付等价物而窃取的、逐年都在增长的剩余产品的一大部分，不是在英国而是在其他国家资本化的。但是同追加资本一起输出的，还有上帝和边沁所发明的“劳动基金”的一部分。(69)

---

(66)这里我要提醒读者，可变资本和不变资本这两个范畴是我最先使用的①。亚·斯密以来的政治经济学都把这两个范畴中包含的规定，同那种由流通过程产生的形式区别，即固定资本和流动资本的区别混淆起来了。关于这个问题本书第二册第二篇[426]还要更详细地谈到。

(67)剑桥大学政治经济学教授亨·福塞特《英国工人的经济状况》1865年伦敦版第120页。

(68)同上，第122、123页。

(69)可以说，每年从英国输出的不仅是资本，而且还有以移民形式输出的工人。不过本文所指的并不是移民的特有财产[427]，这些移民大部分不是工人。其中租地农民的儿子占很大部分。每年为了获得利息而输往国外的英国追加资本同每年的积累的比率，要比每年的移民同每年人口的增长的比率大得多。

---

①见本卷第232—244页。——编者注

第二十三章
资本主义积累的一般规律

1. 在资本构成不变时，对劳动力的需求随积累的增长而增长

我们在这一章要研究资本的增长对工人阶级的命运产生的影响。在这种研究中，最重要的因素是资本的构成和它在积累过程进行中所起的变化。

资本的构成要从双重的意义上来理解。从价值方面来看，资本的构成是由资本分为不变资本和可变资本的比例，或者说，分为生产资料的价值和劳动力的价值即工资总额的比例来决定的。从在生产过程中发挥作用的物质方面来看，每一个资本都分为生产资料和活的劳动力；这种构成是由所使用的生产资料量和为使用这些生产资料而必需的劳动量之间的比例来决定的。我把前一种构成叫做资本的价值构成，把后一种构成叫做资本的技术构成。二者之间有密切的相互关系。为了表达这种关系，我把由资本技术构成决定并且反映技术构成变化的资本价值构成，叫做资本的有机构成。凡是简单地说资本构成的地方，始终应当理解为资本的有机构成。

投入一定生产部门的许许多多单个资本，在构成上或多或少是不同的。把这些资本的一个个构成加以平均，就得出这个生产部门的总资本的构成。最后，把一切生产部门的平均构成加以总平均，就得出一个国家的社会资本的构成，我们以下要谈的归根到底只是这种构成。

资本的增长包含它的可变组成部分，即转变为劳动力的组成部分的增长。转化为追加资本的剩余价值总要有一部分再转化为可变资本，或追加的劳动基金。假定资本的构成不变，也就是说，为了推动一定量的生产资料或不变资本始终需要同量劳动力，同时其他情况也不变，那么，对劳动的需要和工人的生存基金，显然按照资本增长的比例而增长，而且资本增长得越快，它们也增长得越快。因为资本每年都生产出剩余价值，其中的一部分每年都并入原资本，因为这种增殖额本身随着已经执行职能的资本的规模的扩大每年都在增长，最后，因为在致富欲的特殊的刺激下，例如，在由于新发展起来的社会需要而开辟了新的市场、新的投资领域等等的情况下，只要改变剩余价值或剩余产品分为资本和收入的比例，积累的规模就能突然扩大，所以，资本的积累需要，能够超过劳动力或工人人数的增加，对工人的需要，能够超过工人的供给，这样一来，工资就会提高。只要上述假定一直不变，这种情况最终一定会发生。因为雇用的工人一年比一年多，所以迟早必定会出现这样的时候：积累的需要开始超过通常的劳动供给，于是工资提高。在整个15世纪和18世纪上半叶，在英国就可以听到这方面的怨言。但是这些多少有利于雇佣工人的维持和繁殖的情况，丝毫不会改变资本主义生产的基本性质。简单再生产不断地再生产出资本关系本身：一方面是资本家，另一方面是雇佣工人；同样，规模扩大的再生产或积累再生产出规模扩大的资本关系：一极是更多的或更大的资本家，另一极是更多的雇佣工人。劳动力必须不断地作为价值增殖的手段并入资本，不能脱离资本，它对资本的从属关系只是由于它时而卖给这个资本家，时而卖给那个资本家才被掩盖起来，所以，劳动力的再生产实际上是资本本身再生产的一个因素。因此，资本的积累就是无产阶级的增加。(70)①

古典经济学十分懂得这个原理，以致像前面已经说过的，亚·斯密、李嘉图等人甚至错误地把积累同剩余产品中整个资本化的部分由生产工人消费或转化成追加的雇佣工人混为一谈②。还在1696年，约翰·贝勒斯就说过：

> “假设某人有10万英亩土地，有10万镑货币和10万头牲畜，而没有一个工人，那么这个富人自己还不就是工人？既然工人使人变富，那工人越多，富人也就越多……　穷人的劳动就是富人的财源。”(71)

(70)卡尔·马克思《雇佣劳动与资本》。——“在群众受压迫的程度相同的情况下，一个国家的无产者越多，这个国家就越富。”(科兰《政治经济学。革命及所谓社会主义乌托邦的起源》1857年巴黎版第3卷第331页)“无产者”在经济学上只能理解为生产和增殖“资本”的雇佣工人，只要他对“资本先生”(贝魁尔对这种人的称呼)的价值增殖的需要成为多余时，就被抛向街头。“原始森林中的病弱的无产者”是罗雪尔的奇妙的幻想。原始森林人是原始森林的所有主，他像猩猩一样毫不客气地把原始森林看做自己的财产。可见，他不是无产者。只有在原始森林剥削他，而不是他剥削原始森林时，他才是无产者。至于他的健康状况，那么，不仅完全可以同现代无产者的健康状况相比，而且也可以同患梅毒的和患瘰疬病的“上流人士”的健康状况相比。不过，威廉·罗雪尔先生所说的原始森林，大概是指他的家乡吕讷堡的灌木林吧。

(71)约翰·贝勒斯《关于创办一所一切有用的手工业和农业的劳动学院的建议》1696年伦敦版第2页。

①见本卷第691—701页。——编者注

②见本卷第680—699页。——编者注

同样，贝尔纳德·曼德维尔在18世纪初也曾说过：

“在财产有充分保障的地方，没有货币还比较容易生活，没有穷人就不行，因为谁去劳动呢？……　应当使工人免于挨饿，但不应当使他们拥有任何可供储蓄的东西。如果某处有一个属于最低阶级的人，想靠异常的勤劳和忍饥挨饿来摆脱自己生长起来的那种环境，那谁也不应当妨碍他，因为对社会上每一个人，每一个家庭来说，节俭无可否认是最聪明的办法；但是对一切富裕民族有利的是：绝大部分穷人永远不要无事可做，但要经常花光他们所收入的一切……靠每天劳动为生的人，只有贫困才能激励他们去工作，缓和这种贫困是明智的，但加以治疗则未免愚蠢。能使工人勤勉的唯一手段是适度的工资。工资过低会使工人依各自的气质或者垂头丧气，或者悲观绝望，工资过高则会使他们傲慢不逊，好逸恶劳……　从以上的说明就可以知道，在不允许奴隶存在的自由民族中，最可靠的财富就是众多的勤劳贫民。此外，他们还是补充海陆军的永不枯竭的源泉，没有他们，就不能有任何享乐，任何一个国家的产品都不可能被用来谋利。要使社会〈当然是非劳动者的社会〉幸福，使人民自己满足于可怜的处境，就必须使大多数人既无知又贫困。知识会使我们产生更大和更多的愿望，而人的愿望越少，他的需要也就越容易满足。”(72)

曼德维尔这个诚实的和头脑清晰的人还没有了解：积累过程的机制本身，会在增大资本的同时，增加“勤劳贫民”即雇佣工人的数量，这些雇佣工人不得不把自己的劳动力转化为日益增长的资本的日益增大的增殖力，并且由此把他们对自己所生产的、但已人格化为资本家的产品的从属关系永久化。弗·莫·伊登爵士在他所著《贫民的状况，或英国劳动者阶级的历史》一书中曾谈到这种从属关系，

(72)贝·曼德维尔(《蜜蜂的寓言》1728年伦敦第5版第212、213、328页附注)——“有节制的生活和不断的劳动，对于穷人来说，是通向物质幸福〈他是指尽可能长的工作日和尽可能少的生活资料〉的道路，而对于国家〈即地主、资本家和他们的政界显贵与代理人〉来说，是通向富裕的道路。”(《论手工业和商业》1770年伦敦版第54页)

他说：

“在我们这个地带，为了满足需求，就需要有劳动，因此，社会上至少有一部分人必须不倦地劳动……　但是一些不劳动的人却支配着勤劳的产品。这些所有主所以能够如此，仅仅归因于文明和秩序；他们纯粹是市民制度的创造物(73)。因为这种制度承认，除了劳动之外，还可以用别种方法占有劳动的果实。拥有独立财产的人所以能够拥有财产，几乎完全是靠别人的劳动，而不是靠他们自己的能力，他们的能力决不比别人强；富人不同于穷人的地方，不在于占有土地和货币，而在于拥有对劳动的支配权……　对穷人适宜的，不是使他们处于卑贱的或奴隶般的地位，而是使他们处于安适和宽松的从属关系，对拥有财产的人来说，他们则应当对于为他们劳动的人拥有充分的影响和权威……　每一个懂得人类天性的人都知道，这样一种从属关系是工人自身安乐所必需的。”(74)

顺便提一下，在亚当·斯密的学生中，只有弗·莫·伊登爵士在18世纪有过某些重要的成就。(75)

---

(73)伊登应当问一下：“市民制度”又是谁的创造物？他从法律幻想的观点出发，不是把法律看做物质生产关系的产物，而是相反，把生产关系看做法律的产物。兰盖只用“法的精神就是所有权”428这样一句话，就把孟德斯鸠幻想的“法的精神”推翻了。

(74)伊登《贫民的状况，或英国劳动者阶级的历史》第1卷第1篇第1章第1、2页和序言第XX页。

(75)假如读者想提醒我们不要忘了1798年发表《人口原理》的马尔萨斯，那我也要提醒你们：他这本书最初的版本不过是对笛福、詹姆斯·斯图亚特爵士、唐森、富兰克林、华莱士等人的小学生般肤浅的和牧师般拿腔做调的剽窃，其中没有一个他独自思考出来的命题。这本小册子所以轰动一时，完全是由党派利益引起的。法国革命在不列颠王国找到了热情的维护者；“人口原理”是在18世纪逐渐编造出来的，接着在一次巨大的社会危机中被大吹大擂地宣扬为对付孔多塞等人学说的万无一失的解毒剂，英国的寡头政府认为它可以最有效地扑灭一切追求人类进步的热望，因而报以热情的喝彩。马尔萨斯对自己在以上所假定的对工人最有利的积累条件下，工人对资本的从属关系是采取可以忍受的，或者如伊登所说的“安适和宽松的”形式。

的成功大为惊奇，于是着手把一些表面地拼凑起来的材料塞进原来的模型中去，又添加了点新东西，不过这些东西不是马尔萨斯发现的，而只是被他据为己有的。——顺便提一下，马尔萨斯虽然是英国国教高教会派[9]的牧师，但他曾立过修道士终身不婚的誓言。这正是取得新教派的剑桥大学的研究员资格的条件之一。“已婚者不得成为本委员会会员。谁一旦娶妻，即不再为会员。”（《剑桥大学委员会报告》第172页）这种情况使马尔萨斯区别于其他新教牧师而处于有利的地位，因为其他新教牧师抛弃了天主教关于教士终身不婚的圣诫，并且力言“要生养众多”[429]是他们特有的圣经上规定的使命，以致到处为人口的增殖作出极不体面的贡献，而同时却又向工人宣讲“人口原理”。能说明问题的是：经济学上拙劣地仿造出来的原罪，亚当的苹果，“迫不及待的情欲”，唐森牧师风趣地称之为“要把邱比特的箭弄钝的各种障碍”——这个微妙的问题过去和现在都是由新教神学或不如说新教教会的老爷们所垄断。除了威尼斯的僧侣奥特斯这位有创见有才智的著作家外，大多数人口论者都是新教牧师。例如：布鲁克纳，他1767年在莱顿出版的《动物界论》一书详尽无遗地论述了整个现代人口理论，而该书的思想是由魁奈同自己的学生老米拉波对这一题目的一次短暂争论所提供的[430]，后来是华莱士牧师、唐森牧师、马尔萨斯牧师及其学生托·查默斯大牧师，至于这一派的一些次要的牧师文人，那就根本不用谈了。最初研究政治经济学的，是像霍布斯、洛克、休谟一类的哲学家，以及像托马斯·莫尔、坦普尔、苏利、德·维特、诺思、罗、范德林特、康替龙、富兰克林一类的实业家和政治家，而特别在理论方面进行过研究并获得巨大成就的，是像配第、巴尔本、曼德维尔、魁奈一类的医生。甚至在18世纪中叶，一位当时著名的经济学家，牧师塔克尔先生，还曾为他自己研究钱财而进行过辩解。后来，正是随着“人口原理”的出现，新教牧师的时钟响了。把人口看做财富的基础，并且和亚当·斯密一样是牧师们不可调和的敌人的配第，似乎预料到了这些拙劣的插手，他说道：“教士最守苦行时，宗教最繁荣，正如在律师饿死的地方，法律最昌明一样”。因此，配第劝告新教的牧师们：如果你们不愿再追随使徒保罗，不愿终身不婚来“禁欲”，“至少不要生出多于现有牧师俸禄所能吸收的牧师，也就是说，在英格兰和威尔士只有12 000份牧师俸禄的时候，要是生出24 000个

随着资本的增长，这种关系不是更为加强，而只是更为扩大，也就是说，资本的剥削和统治的范围只是随着它本身的规模和它的臣民人数的增大而扩大。在工人自己所生产的日益增加的并且越来越多地

牧师，那是不明智的，因为12 000个无以为生的人总要设法自谋生计。为此他们走向民间，向人们游说：那12 000个受俸牧师在毒害人们的灵魂，使这些灵魂饿死，把他们引入歧途而无法升入天国。除了这样做而外，难道还能有什么别的更容易谋生的方法吗？”（配第《赋税论》1667年伦敦版第57页）亚当·斯密对当时新教牧师的态度可以从下面这件事看出来。在《给法学博士亚当·斯密的一封信，论他的朋友大卫·休谟的生平和哲学》（一位称做基督徒的人著，1784年牛津第4版）这一著作中，诺里奇的高教会派主教霍恩博士责难亚·斯密，因为斯密在一封致斯特拉恩先生的公开信中要使自己的“朋友大卫〈即休谟〉不朽”，因为斯密向公众讲述，“休谟在他临终的床上以读琉善的作品和玩惠斯特牌而自娱”，甚至胆敢写道：“无论在休谟生前或死后，我始终认为，他在人类天性的弱点所允许的范围内，接近了一个理想的全智全德的人。”这位主教愤怒地叫喊道：“先生，您向我们把一个不可救药地反对一切叫做宗教的东西并且竭尽全力甚至要使宗教这个名称也从人们的记忆中消失的人的性格和品行，描绘成全智全德的，您这样做合适吗？”（同上，第8页）“但是，热爱真理的朋友们，不要气馁，无神论是长久不了的。”（第17页）亚当·斯密“抱着残忍的恶意，要在全国宣扬无神论〈就是通过他的《道德情操论》〉……　博士先生，我们了解您的诡计！您想得倒好，但是这一次却失算了。您想用大卫·休谟先生的例子来使我们相信，无神论对于意志沮丧的人来说是唯一的兴奋剂，是对付死亡恐怖的唯一的解毒剂……　您去笑那废墟中的巴比伦吧！去祝贺那无情的恶魔法老吧！”（同上，第20、21、22页）在亚·斯密的学生中，一个正统派在亚·斯密死后写道：“斯密对休谟的友谊妨碍他成为一个基督徒……　他相信休谟的每一句话。即使休谟对他说，月亮是一块绿色的干酪，他也会相信。所以，休谟说没有上帝，没有奇迹，他也同样相信……　斯密在政治原则上接近于共和主义。”（詹姆斯·安德森《蜜蜂》1791—1793年爱丁堡版，共18卷，第3卷第166、165页）托·查默斯牧师曾怀疑，亚·斯密捏造出“非生产工人”这个范畴纯粹是出于恶意，是专门用来影射新教牧师的，虽然牧师们在上帝的葡萄园中也进行了幸福的劳动。431

转化为追加资本的剩余产品中，会有较大的部分以支付手段的形式流回到工人手中，使他们能够扩大自己的享受范围，有较多的衣服、家具等消费基金，并且积蓄一小笔货币准备金。但是，吃穿好一些，待遇高一些，特有财产[427]多一些，不会消除奴隶的从属关系和对他们的剥削，同样，也不会消除雇佣工人的从属关系和对他们的剥削。由于资本积累而提高的劳动价格，实际上不过表明，雇佣工人为自己铸造的金锁链已经够长够重，容许把它略微放松一点。在关于这一问题的争论中，大都把主要的东西，即资本主义生产的具有代表性的特征忽略了。在这里，购买劳动力，不是为了用它的服务或它的产品来满足买者的个人需要。买者的目的是增殖他的资本，是生产商品，使其中包含的劳动比他支付了报酬的劳动多，也就是包含一个不花费他什么，但会通过商品的出售得到实现的价值部分。生产剩余价值或赚钱，是这个生产方式的绝对规律。劳动力只有在它会把生产资料当做资本来保存，把自身的价值当做资本再生产出来，并且以无酬劳动提供追加资本的源泉的情况下，才能够卖出去。(76)所以，劳动力的出卖条件不管对工人怎样有利，总要使劳动力不断地再出卖，使财富作为资本不断地扩大再生产。我们已经知道，工资按其本性来说，要求工人不断地提供一定数量的无酬劳动①。即使完全撇开工资提高而劳动价格同

(76)第二版注："但是，不论工业工人还是农业工人，他们就业的界限是一致的，那就是雇主能够从他们的劳动产品中榨取利润。如果工资率过高，使雇主的利润降低到平均利润以下，那么，雇主就会不再雇用他们，或者只有在他们答应降低工资的条件下才会继续雇用他们。"（约翰·威德《中等阶级和工人阶级的历史》1835年伦敦第3版第240页）

①见本卷第617—622页。——编者注

时下降等情况不说，工资的增大至多也不过说明工人必须提供的无酬劳动量的减少。这种减少永远也不会达到威胁制度本身的程度。撇开关于工资率的暴力冲突不说，——亚当·斯密也早就指出过[432]，在这种冲突中，一般说来雇主始终是雇主，——由资本积累而引起的劳动价格的提高不外是下列两种情况之一：

一种情况是，劳动价格继续提高，因为它的提高不会妨碍积累的进展；这没有什么值得奇怪的地方，因为，亚·斯密说过，

> “即使利润下降，资本还是能增长，甚至增长得比以前还要快……　利润小的大资本，一般也比利润大的小资本增长得快”（《国富论》第1卷第189页）。

在这种情况下，很显然，无酬劳动的减少决不会妨碍资本统治的扩大。另一种情况是，积累由于劳动价格的提高而削弱，因为利润的刺激变得迟钝了。积累减少了。但是随着积累的减少，使积累减少的原因，即资本和可供剥削的劳动力之间的不平衡，也就消失了。所以，资本主义生产过程的机制会自行排除它暂时造成的障碍。劳动价格重新降到适合资本增殖需要的水平，而不管这个水平现在是低于、高于还是等于工资提高前的正常水平。可见，在第一种情况下，并不是劳动力或工人人口绝对增加或相对增加的减缓引起资本的过剩，相反地，是资本的增长引起可供剥削的劳动力的不足。在第二种情况下，并不是劳动力或工人人口绝对增加或相对增加的加速引起资本的不足，相反地，是资本的减少使可供剥削的劳动力过剩，或者不如说使劳动力价格过高。正是资本积累的这些绝对运动反映为可供剥削的劳动力数量的相对运动，因而看起来好像是由后者自身的运动引起的。用数学上的术语来说：积累量是自变量，工资量是因变量，而不是相反。同样，在工业周期的危机阶段，商品价格的普遍降

低表现为货币相对价值的提高，而在繁荣阶段，商品价格的普遍提高表现为货币相对价值的降低。所谓通货学派[156]就从这里得出结论说，物价高时，流通的货币太多；物价低时，流通的货币太少。他们的无知和对事实的完全误解(77)，有这样一些经济学家现在可以与之媲美，这些经济学家把积累的上述现象说成是：在一种情况下是雇佣工人太少，在另一种情况下是雇佣工人太多。

作为所谓“自然人口规律”的基础的资本主义生产规律，可以简单地归结如下：资本、积累同工资率之间的关系，不外是转化为资本的无酬劳动和为推动追加资本所必需的追加劳动之间的关系。因此，这决不是两个彼此独立的量，即资本量和工人人口数量之间的关系；相反地，归根到底这只是同一工人人口所提供的无酬劳动和有酬劳动之间的关系。如果工人阶级提供的并由资本家阶级所积累的无酬劳动量增长得十分迅速，以致只有大大追加有酬劳动才能转化为资本，那么，工资就会提高，而在其他一切情况不变时，无酬劳动就会相应地减少。但是，一旦这种减少达到这样一点，即滋养资本的剩余劳动不再有正常数量的供应时，反作用就会发生：收入中资本化的部分减少，积累削弱，工资的上升运动受到反击。可见，劳动价格的提高被限制在这样的界限内，这个界限不仅使资本主义制度的基础不受侵犯，而且还保证资本主义制度的规模扩大的再生产。可见，被神秘化为一种自然规律的资本主义积累规律，实际上不过表示：资本主义积累的本性，决不允许劳动剥削程度的任何降低或劳动价格的任何提高有可能严重地危及资本关系的不断再生产和它的规模不断扩大的再生产。在一种不是物质财富为工人的发展需要而存在，相反

(77)参看卡尔·马克思《政治经济学批判》第165页及以下几页[433]。

是工人为现有价值的增殖需要而存在的生产方式下，事情也不可能是别的样子。正像人在宗教中受他自己头脑的产物的支配一样，人在资本主义生产中受他自己双手的产物的支配。(77a)

2. 在积累和伴随积累的积聚的进程中资本可变部分相对减少

按照经济学家们自己的见解，引起工资提高的，既不是社会财富的现有量，也不是已经取得的资本量，而仅仅是积累的不断增长和它的增长速度（亚·斯密《国富论》第1篇第8章）。以上我们只考察了这个过程的一个特殊阶段，即在资本技术构成不变的情况下资本增长的阶段。但是过程会越出这一阶段。

一旦资本主义制度的一般基础奠定下来，在积累过程中就一定会出现一个时刻，那时社会劳动生产率的发展成为积累的最强有力的杠杆。亚·斯密说：

> "引起工资提高的原因，即资本的增长，也促使劳动生产能力提高，使较小量的劳动能够生产出较大量的产品。"*434*

(77a)"如果回头来看看我们在最初研究时曾经指出的……资本本身不过是人的劳动的产物……那么似乎完全不能理解的是，人怎么会落入他自己的产物——资本——的统治下，并且从属于这个产物；然而，因为实际上情况确实如此，所以不禁要问：工人作为资本的创造者，怎么会由资本的主人变为资本的奴隶呢？"（冯·杜能《孤立国家》1863年罗斯托克版第2卷第2部分第5、6页）杜能的功绩在于提出了问题。他的回答却十分幼稚。

如果撇开土壤肥力等等自然条件，撇开单独地进行劳动的独立生产者的技能（这种技能更多地表现在质量即制品的优劣上，而不是表现在数量即制品的多寡上），那么，社会劳动生产率的水平就表现为一个工人在一定时间内，以同样的劳动力强度使之转化为产品的生产资料的相对量。工人用来进行劳动的生产资料的量，随着工人的劳动生产率的增长而增长。在这里，这些生产资料起着双重作用。一些生产资料的增长是劳动生产率增长的结果，另一些生产资料的增长是劳动生产率增长的条件。例如，由于有了工场手工业分工和采用了机器，同一时间内加工的原料增多了，因而，进入劳动过程的原料和辅助材料的量增大了。这是劳动生产率增长的结果。另一方面，使用的机器、役畜、矿物质肥料、排水管等等的量，则是劳动生产率增长的条件。以建筑物、炼铁炉、运输工具等等形式积聚起来的生产资料的量，也是这样。但是，不管是条件还是结果，只要生产资料的量比并入生产资料的劳动力相对增长，这就表示劳动生产率的增长。因而，劳动生产率的增长，表现为劳动的量比它所推动的生产资料的量相对减少，或者说，表现为劳动过程的主观因素的量比它的客观因素的量相对减少。

资本技术构成的这一变化，即生产资料的量比推动它的劳动力的量相对增长，又反映在资本的价值构成上，即资本价值的不变组成部分靠减少它的可变组成部分而增加。例如，有一笔资本，按百分比计算，起初50%投在生产资料上，50%投在劳动力上。后来，随着劳动生产率的发展，80%投在生产资料上，20%投在劳动力上，等等。资本的不变部分比可变部分日益相对增长的这一规律，在每一步上都由商品价格的比较分析所证实（像前面已经说明的①），不管我们

①见本卷第701—702页。——编者注

比较的是同一国家的不同经济时代，还是同一时代的不同国家。只代表所耗费的生产资料价值或资本不变部分的那个价格要素的相对量，同积累的增进成正比；用来支付劳动或代表资本可变部分的另一价格要素的相对量，一般同积累的增进成反比。

不过，资本可变部分比不变部分的相对减少，或资本价值构成的变化，只是近似地表示出资本的物质组成部分构成上的变化。例如，目前投入纺纱业的资本价值中，不变资本占$\frac{7}{8}$，可变资本占$\frac{1}{8}$，而在18世纪初不变资本占$\frac{1}{2}$，可变资本占$\frac{1}{2}$，但是，目前一定量纺纱劳动在生产中所消费的原料、劳动资料等等的量却比18世纪初要多几百倍。原因很简单：随着劳动生产率的增长，不仅劳动所消费的生产资料的量增大了，而且生产资料的价值比生产资料的量相对地减小了。这样一来，生产资料的价值绝对地增长了，但不是同它的量按比例增长。因此，不变资本和可变资本之间的差额的增大，同不变资本转变成的生产资料的量和可变资本转变成的劳动力的量之间的差额的增大相比，要慢得多。随着后一个差额的增长，前一个差额也增长，但是增长的程度较小。

然而，积累的增进虽然使资本可变部分的相对量减少，但是决不因此排斥它的绝对量的增加。假定资本价值起初分为50%的不变资本和50%的可变资本，后来分为80%的不变资本和20%的可变资本。如果原有资本在此期间从例如6 000镑增加到18 000镑，那么，它的可变组成部分也要增加$\frac{1}{5}$。这个可变部分原来是3 000镑，现在是3 600镑。但是，要使对劳动的需求提高20%，以前只需资本增加20%就够了，现在则要求原有资本增加为三倍。

在第四篇中已经指出，社会劳动生产力的发展怎样以大规模的协作为前提，怎样只有在这个前提下，才能组织劳动的分工和结合，才能使生产资料由于大规模积聚而得到节约，才能产生那些按其物质属性来说只适于共同使用的劳动资料，如机器体系等等，才能使巨大的自然力为生产服务，才能使生产过程转化为科学在工艺上的应用[①]。在商品生产中，生产资料归私人所有，因而劳动者或者单独地、独立地生产商品，或者由于缺乏自行经营的资料而把自己的劳动力当做商品来出卖；在这种生产的基础上，上述的前提只有通过单个资本的增长来实现，或者说，随着社会生产资料和生活资料转化为资本家的私有财产来实现。商品生产的基础只有在资本主义的形式上才能担负起大规模的生产。所以，单个商品生产者手中一定程度的资本积累，是特殊的资本主义的生产方式的前提。因此，在从手工业到资本主义生产的过渡中，我们必须假定已经有这种积累[②]。这种积累可以叫做原始积累，因为它不是特殊的资本主义的生产的历史结果，而是这种生产的历史基础。这种积累本身是怎样发生的，我们还用不着在这里研究。只要知道它是起点就行了。但是，一切在这个基础上生长起来的提高社会劳动生产力的方法，同时也就是提高剩余价值或剩余产品的生产的方法，而剩余价值或剩余产品又是积累的形成要素。因此，这些方法同时也就是资本生产资本或资本加速积累的方法。剩余价值不断再转化为资本，表现为进入生产过程的资本量的不断增长。这种增长又成为一种扩大的生产规模以及随之出现的提高劳动生产力和加速剩余价值生产的方法的基础。可见，一定程度的资本积累表现为特殊的资本主义的生产方式的条件，而特殊的资本主义的生产方式又反过来引起资本的加速积累。因

① 见本卷第374—389页。——编者注

② 见本卷第356—358页。——编者注

此，特殊的资本主义的生产方式随着资本积累而发展，资本积累又随着特殊的资本主义的生产方式而发展。这两种经济因素由于这种互相推动的复合关系，引起资本技术构成的变化，从而使资本的可变组成部分同不变组成部分相比越来越小。

每一单个资本都是生产资料的或大或小的积聚，并且相应地指挥着一支或大或小的劳动军。每一个积累都成为新的积累的手段。这种积累随着执行资本职能的财富数量的增多而扩大这种财富在单个资本家手中的积聚，从而扩大大规模生产和特殊的资本主义的生产方法的基础。社会资本的增长是通过许多单个资本的增长来实现的。假定其他一切条件不变，各单个资本，以及与之相连的生产资料的积聚，会按照它们各自在社会总资本中所占份额的比例而增长。同时，从原资本上会分出枝杈来，作为新的独立资本执行职能。在这方面，资本家家庭内部的分产起着重大作用。因此，随着资本的积累，资本家的人数也多少有所增加。这种直接以积累为基础的或不如说和积累等同的积聚，有两个特征。第一，在其他条件不变的情况下，社会生产资料在单个资本家手中积聚的增进，受社会财富增长程度的限制。第二，社会资本中固定在每个特殊生产部门的部分，分在许多资本家身上，他们作为独立的和互相竞争的商品生产者彼此对立着。所以，积累和伴随积累的积聚不仅分散在许多点上，而且执行职能的资本的增长还同新资本的形成和旧资本的分裂交错在一起。因此，积累一方面表现为生产资料和对劳动的支配权的不断增长的积聚，另一方面，表现为许多单个资本的互相排斥。

社会总资本这样分散为许多单个资本，或它的各部分间的互相排斥，又遇到各部分间的互相吸引的反作用。这已不再是生产资料和对劳动的支配权的简单的、和积累等同的积聚。这是已经形成的各资本的积聚，是它们的个体独立性的消灭，是资本家剥夺资本家，是许多小资本转化为少数大资本。这一过程和前一过程不同的地方就在于，它仅仅以已经存在的并且执行职能的资本在分配上的变化为前提，因而，它的作用范围不受社会财富的绝对增长或积累的绝对界限的限制。资本所以能在这里，在一个人手中膨胀成很大的量，是因为它在那里，在许多人手中丧失了。这是不同于积累和积聚的本来意义的集中。

资本的这种集中或资本吸引资本的规律，不可能在这里加以阐述。简单地提一些事实就够了。竞争斗争是通过使商品便宜来进行的。在其他条件不变时，商品的便宜取决于劳动生产率，而劳动生产率又取决于生产规模。因此，较大的资本战胜较小的资本。其次，我们记得，随着资本主义生产方式的发展，在正常条件下经营某种行业所需要的单个资本的最低限量提高了。因此，较小的资本挤到那些大工业还只是零散地或不完全地占领的生产领域中去。在那里，竞争的激烈程度同互相竞争的资本的多少成正比，同互相竞争的资本的大小成反比。竞争的结果总是许多较小的资本家垮台，他们的资本一部分转入胜利者手中，一部分归于消灭。除此而外，一种崭新的力量——信用事业，随同资本主义的生产而形成起来。起初，它作为积累的小小的助手不声不响地挤了进来，通过一根根无形的线把那些分散在社会表面上的大大小小的货币资金吸引到单个的或联合的资本家手中；但是很快它就成了竞争斗争中的一个新的可怕的武器；最后，它转化为一个实现资本集中的庞大的社会机构。

随着资本主义生产和积累的发展，竞争和信用——集中的两个最强有力的杠杆，也以同样的程度发展起来。同时，积累的增进又使可以集中的材料即单个资本增加，而资本主义生产的扩大，又替那些要有资本的预先集中才能建立起来的强大工业企业，一方面创造了社会需要，另一方面创造了技术手段。因此，现在单个资本的互相吸引力和集中的趋势比以往任何时候都更加强烈。虽然集中运动的相对广度和强度在一定程度上由资本主义财富已经达到的数量和经济机构的优越程度来决定，但是集中的进展决不取决于社会资本的实际增长量。这正是集中与积聚——它不过是规模扩大的再生产的另一种表现——特别不同的地方。集中可以通过单纯改变既有资本的分配，通过单纯改变社会资本各组成部分的量的组合来实现。资本所以能在这里，在一个人手中增长成巨大的量，是因为它在那里，在许多单个人的手中被夺走了。在一个生产部门中，如果投入的全部资本已融合为一个单个资本时，集中便达到了极限。(77b)在一个社会里，只有当社会总资本或者合并在唯一的资本家手中，或者合并在唯一的资本家公司手中的时候，集中才算达到极限。

集中补充了积累的作用，使工业资本家能够扩大自己的经营规模。不论经营规模的扩大是积累的结果，还是集中的结果；不论集中是通过吞并这条强制的途径来实现，——在这种场合，某些资本成为对其他资本的占压倒优势的引力中心，打破其他资本的个体内聚力，然后把各个零散的碎片吸引到自己方面来，——还是通过建立股份公司这一比较平滑的办法把许多已经形成或正在形成的资本融合起来，经济作用总是一样的。工业企业规模的扩大，对于更广泛地组织许多人的总体劳动，对于更广泛地发展这种劳动的物质动力，也就是

(77b)〔第四版注：英美两国最新的“托拉斯”已经在为这一目标而奋斗，它们力图至少把一个生产部门的全部大企业联合成一个握有实际垄断权的大股份公司。——弗·恩·〕

说,对于使分散的、按习惯进行的生产过程不断地变成社会结合的、用科学处理的生产过程来说,到处都成为起点。

不过很明显,积累,即由圆形运动变为螺旋形运动的再生产所引起的资本的逐渐增大,同仅仅要求改变社会资本各组成部分的量的组合的集中比较起来,是一个极缓慢的过程。假如必须等待积累使某些单个资本增长到能够修建铁路的程度,那么恐怕直到今天世界上还没有铁路。但是,集中通过股份公司转瞬之间就把这件事完成了。集中在这样加强和加速积累作用的同时,又扩大和加速资本技术构成的变革,即减少资本的可变部分来增加它的不变部分,从而减少对劳动的相对需求。

通过集中而在一夜之间集合起来的资本量,同其他资本量一样,不断再生产和增大,只是速度更快,从而成为社会积累的新的强有力的杠杆。因此,当人们谈到社会积累的增进时,今天已经默默地把集中的作用包括在内。

在正常的积累进程中形成的追加资本(见第22章第1节),主要是充当利用新发明和新发现的手段,总之,是充当利用工业改良的手段。但是,随着时间的推移,旧资本总有一天也会从头到尾地更新,会脱皮,并且同样会以技术上更加完善的形态再生出来,在这种形态下,用较少量的劳动就足以推动较多量的机器和原料。由此必然引起对劳动需求的绝对减少,不言而喻,经历这种更新过程的资本越是由于集中运动而大量聚集,对劳动需求的绝对减少也就越厉害。

可见,一方面,在积累进程中形成的追加资本,同它自己的量比较起来,会越来越少地吸引工人。另一方面,周期地按新的构成再生产出来的旧资本,会越来越多地排斥它以前所雇用的工人。

3. 相对过剩人口或产业后备军的累进生产

资本积累最初只是表现为资本的量的扩大，但是以上我们看到，它是通过资本构成不断发生质的变化，通过减少资本的可变组成部分来不断增加资本的不变组成部分而实现的。(77c)①

特殊的资本主义的生产方式，与之相适应的劳动生产力的发展以及由此引起的资本有机构成的变化，不只是同积累的增进或社会财富的增长保持一致的步伐。它们的进展要快得多，因为简单的积累即总资本的绝对扩大，伴随有总资本的各个分子的集中，追加资本的技术变革，也伴随有原资本的技术变革。因此，随着积累的进程，资本的不变部分和可变部分的比例会发生变化；假定原来是1∶1，后来会变成2∶1、3∶1、4∶1、5∶1、7∶1等等，因而随着资本的增长，资本总价值转变为劳动力的部分不是$\frac{1}{2}$，而是递减为$\frac{1}{3}$、$\frac{1}{4}$、$\frac{1}{5}$、$\frac{1}{6}$、$\frac{1}{8}$等等，转变为生产资料的部分则递增为$\frac{2}{3}$、$\frac{3}{4}$、$\frac{4}{5}$、$\frac{5}{6}$、$\frac{7}{8}$等等。因为对劳动的需求，不是由总资本的大小决定的，而是由总资本可变组成部分的大小决定的，所以它随着总资本的增长而递减，而不像以前假定的那

(77c)〔第三版注：在马克思的自用本上，此处有如下的边注："为了以后备考，这里应当指出：如果扩大只是量上的扩大，那么同一生产部门中，较大和较小资本的利润都同预付资本的量成比例。如果量的扩大引起了质的变化，那么，较大资本的利润率就会同时提高"。——弗·恩·〕

①见本卷第718—719页。——编者注

样，随着总资本的增长而按比例增加。对劳动的需求，同总资本量相比相对地减少，并且随着总资本量的增长以递增的速度减少。诚然，随着总资本的增长，总资本的可变组成部分即并入总资本的劳动力也会增加，但是增加的比例越来越小。积累作为生产在一定技术基础上的单纯扩大而发生作用的那种间歇时间缩短了。为了吸收一定数目的追加工人，甚至为了在旧资本不断发生形态变化的情况下继续雇用已经在职的工人，就不仅要求总资本以不断递增的速度加快积累。而且，这种不断增长的积累和集中本身，又成为使资本构成发生新的变化的一个源泉，也就是成为使资本的可变组成部分和不变组成部分相比再次迅速减少的一个源泉。总资本的可变组成部分的相对减少随着总资本的增长而加快，而且比总资本本身的增长还要快这一事实，在另一方面却相反地表现为，好像工人人口的绝对增长总是比可变资本即工人人口的就业手段增长得快。事实是，资本主义积累不断地并且同它的能力和规模成比例地生产出相对的，即超过资本增殖的平均需要的，因而是过剩的或追加的工人人口。

就社会总资本来考察，时而它的积累运动引起周期的变化，时而这个运动的各个因素同时分布在各个不同的生产部门。在某些部门，由于单纯的积聚①，资本的构成发生变化而资本的绝对量没有增长；在有些部门，资本的绝对增长同它的可变组成部分或它所吸收的劳动力的绝对减少结合在一起；在另一些部门，资本时而在一定的技术基础上持续增长，并按照它增长的比例吸引追加的劳动力，时而发生有机的变化，资本的可变组成部分缩小；在一切部门中，资本可变部分的增长，从而就业工人人数的增长，总是同过剩人口的激烈波

①在第三版和经恩格斯审定的英文版中是："集中"。——编者注

动，同过剩人口的暂时产生结合在一起，而不管这种产生采取排斥就业工人这个较明显的形式，还是采取使追加的工人人口难于被吸入它的通常水道这个不大明显但作用相同的形式。(78)随着已经执行职能的社会资本量的增长及其增长程度的提高，随着生产规模和所使用的工人人数的扩大，随着他们劳动的生产力的发展，随着财富的一切源流的更加广阔和更加充足，资本对工人的更大的吸引力和更大的排斥力互相结合的规模也不断扩大，资本有机构成和资本技术形式的变化速度也不断加快，那些时而同时地时而交替地被卷入这些变化的生产部门的范围也不断增大。因此，工人人口本身在生产出资本积累的同时，也以日益扩大的规模生产出使他们自身成为相

---

(78)英格兰和威尔士的人口调查表明：

全体从事农业的人员(土地所有者、租地农场主、园丁、牧人等等都包括在内)1851年为2 011 447人，1861年为1 924 110人，减少87 337人。毛织厂——1851年为102 714人，1861年为79 242人；丝织厂——1851年为111 940人，1861年为101 678人；印染工人——1851年为12 098人，1861年为12 556人，虽然生产大为扩大，但人数增加很少，这就意味着就业工人人数相对地大为减少。制帽工人——1851年为15 957人，1861年为13 814人；草帽及便帽工人——1851年为20 393人，1861年为18 176人；麦芽工人——1851年为10 566人，1861年为10 677人；蜡烛工人——1851年为4 949人，1861年为4 686人，人数减少的原因之一是煤气灯的增多。制梳工人——1851年为2 038人，1861年为1 478人；锯木工人——1851年为30 552人，1861年为31 647人，由于锯木机的推广，人数增加很少；制钉工人——1851年为26 940人，1861年为26 130人，人数减少是由于机器的竞争；锡矿和铜矿工人——1851年为31 360人，1861年为32 041人。相反，棉纺织业——1851年为371 777人，1861年为456 646人；煤矿——1851年为183 389人，1861年为246 613人。“一般说来，1851年以来，工人人数的增加在那些直到现在还没有成功地采用机器的部门最为显著。”(《1861年英格兰和威尔士人口调查》1863年伦敦版第3卷第36页)

对过剩人口的手段。(79)这就是资本主义生产方式所特有的人口规律，事实上，每一种特殊的、历史的生产方式都有其特殊的、历史地发生作用的人口规律。抽象的人口规律只存在于历史上还没有受过人干涉的动植物界。

过剩的工人人口是积累或资本主义基础上的财富发展的必然产物，但是这种过剩人口反过来又成为资本主义积累的杠杆，甚至成为资本主义生产方式存在的一个条件。过剩的工人人口形成一支可供支配的产

(79)可变资本相对量递减的规律和这个规律对雇佣工人阶级状况的影响，曾经被古典学派某些优秀的经济学家感觉到，但是没有被他们所理解。在这方面，最大的功绩应归于约翰·巴顿，虽然他同所有其他的人一样，把不变资本同固定资本混为一谈，把可变资本同流动资本混为一谈。他说："对劳动的需求取决于流动资本的增加，而不是取决于固定资本的增加。如果这两种资本的比例在任何时候和在任何情况下确实都是一样的话，那么由此的确可以得出结论说，就业工人的人数同国家的财富成比例。但是这种假定并不符合现实。随着技术的进步和文明的传播，固定资本与流动资本相比越来越大。英国生产一匹凡尔纱所使用的固定资本额至少等于印度生产同样一匹凡尔纱所使用的固定资本额的一百倍，也许是一千倍。而流动资本的份额则是百分之一或千分之一……　如果把一年的全部积蓄都加到固定资本上去，也不会使劳动的需求有任何增长。"（约翰·巴顿《论影响社会上劳动阶级状况的环境》1817年伦敦版第16、17页）"使国家的纯收入增加的原因，同时可以使人口过剩和使工人状况恶化。"（李嘉图《政治经济学和赋税原理》第469页）①随着资本的增加，"〈对劳动的〉需求会相对地减少"（同上，第480页注）。"用来维持劳动的资本额可以不依赖于资本总额的变化而发生变化……　随着资本本身越来越雄厚，就业规模的大波动以及大贫困变得越来越频繁。"（理查·琼斯《政治经济学绪论》1833年伦敦版第52页）"〈对劳动的〉需求的提高……并不是同总资本的积累成比例的……因此，在社会进步的过程中，用于再生产的国民资本的每次增加，对工人状况的影响会越来越小。"（拉姆赛《论财富的分配》第90、91页）

①见本卷第497页。——编者注

业后备军，它绝对地从属于资本，就好像它是由资本出钱养大的一样。过剩的工人人口不受人口实际增长的限制，为不断变化的资本增殖需要创造出随时可供剥削的人身材料。随着积累和伴随积累而来的劳动生产力的发展，资本的突然膨胀力也增长了，这不仅是因为执行职能的资本的弹性和绝对财富——资本不过是其中一个有弹性的部分——增长了，也不仅是因为信用每当遇到特殊刺激会在转眼之间把这种财富的非常大的部分作为追加资本交给生产支配。这还因为生产过程本身的技术条件，机器、运输工具等等，有可能以最大的规模最迅速地把剩余产品转化为追加的生产资料。随着积累的增进而膨胀起来的并且可以转化为追加资本的大量社会财富，疯狂地涌入那些市场突然扩大的旧生产部门，或涌入那些由旧生产部门的发展而引起需要的新兴生产部门，如铁路等等。在所有这些场合，都必须有大批的人可以突然地被投到决定性的地方去，而又不致影响其他部门的生产规模。这些人就由过剩人口来提供。现代工业特有的生活过程，由中常活跃、生产高度繁忙、危机和停滞这几个时期构成的、穿插着较小波动的十年一次的周期形式，就是建立在产业后备军或过剩人口的不断形成、或多或少地被吸收、然后再形成这样的基础之上的。而工业周期的阶段变换又使过剩人口得到新的补充，并且成为过剩人口再生产的最有力的因素之一。

现代工业这种独特的生活过程，我们在人类过去的任何时代都是看不到的，即使在资本主义生产的幼年时期也不可能出现。那时资本构成的变化还极其缓慢。因此，对劳动的需求的增长，总的说来是同资本的积累相适应的。不管那时资本积累的增进同现代相比是多么缓慢，它还是碰到了可供剥削的工人人口的自然限制，这些限制只有通过以后将要谈到的暴力手段才能清除。生产规模突然的跳跃式的膨胀是它突然收缩的前提；而后者又引起前者，但是没有可供支配的人身材料，没有不取决于人口绝对增长的工人的增加，前者是不可能的。工人的这种增加，是通过使一部分工人不断地被“游离”出来的简单过程，通过使就业工人人数比扩大的生产相对减少的方法造成的。因此，现代工业的整个运动形式来源于一部分工人人口不断地转化为失业的或半失业的人手。政治经济学的肤浅性也表现在，它把信用的膨胀和收缩，把工业周期各个时期更替的这种单纯的征兆，看做是造成这种更替的原因。正如天体一经投入一定的运动就会不断地重复这种运动一样，社会生产一经进入交替发生膨胀和收缩的运动，也会不断地重复这种运动。而结果又会成为原因，于是不断地再生产出自身条件的整个过程的阶段变换就采取周期性的形式。这种周期性一经固定下来，那么，就连政治经济学也会把相对的，即超过资本增殖的平均需要的过剩人口的生产，看做是现代工业的生活条件。

曾任牛津大学政治经济学教授、后来又任英国殖民部官员的赫·梅里韦尔说：

> “假定在危机时期国家竭力通过向国外移民的办法来摆脱几十万过剩的贫民，那结果会怎样呢?结果是，当对劳动的需求刚一恢复时，劳动就会不足。人的再生产不管多么快，要把成年工人补充起来，总需要有一代人的时间。可是我们的工厂主的利润主要取决于是否有能力利用需求活跃的有利时机，并以此来弥补滞销时期的损失。而他们只有拥有对机器和体力劳动的指挥权，才能保证有这种能力。他们必须找到可供支配的人手；他们必须能够依据市场情况在必要时加强或收缩他们的营业活动，否则他们就决不能在竞争的角逐中保持优势，而这种优势是国家财富的基础。”(80)

甚至马尔萨斯也承认过剩人口对于现代工业来说是必要的，虽

---

(80)赫·梅里韦尔《关于殖民和殖民地的演说》1841—1842年伦敦版第1卷第146页。

然他按照自己的褊狭之见，把它解释成工人人口的绝对过剩，而不是工人人口的相对过剩。他说：

> "在一个主要依靠工商业的国家里，如果在工人阶级中间盛行慎重地对待结婚的习惯，那对国家是有害的……　按人口的性质来说，即使遇到特殊需求，不经过16年或18年的时间，也不可能向市场供应追加工人。然而，收入通过节约转化为资本却可以快得多；一个国家的劳动基金比人口增长得快的情况，是经常有的。"(81)

政治经济学这样把工人的相对过剩人口的不断生产宣布为资本主义积累的必要条件之后，就恰如其分地以一个老处女的姿态，通过她的"最理想的人"即资本家的嘴，对那些因自己创造了追加资本而被抛向街头的"过剩的人"说了如下的话：

> "我们工厂主增大你们必须借以生存的资本，为你们做了我们所能做的事情；而你们必须去做其余的事情，去使你们的人数同生存资料相适应。"(82)

对资本主义生产来说，人口自然增长所提供的可供支配的劳动力数量是绝对不够的。为了能够自由地活动，它需要有一支不以这种自然限制为转移的产业后备军。

以上我们假定，就业工人人数的增减正好同可变资本的增减相一致。

然而，可变资本在它所指挥的工人人数不变或甚至减少的情况

---

(81)马尔萨斯《政治经济学原理》第215、319、320页。在这本书中，马尔萨斯依靠西斯蒙第终于发现了资本主义生产的美妙的三位一体：生产过剩，人口过剩，消费过剩，实在是三个极美妙的怪物！参看弗·恩格斯《国民经济学批判大纲》第107页及以下几页435。

(82)哈丽雅特·马蒂诺《曼彻斯特的罢工》1832年版第101页。

下也会增长。如果单个工人提供更多的劳动，因而他的工资增加，——即使劳动价格不变，或者甚至下降，但只要下降得比劳动量的增加慢，——情况就是如此。在这种场合，可变资本的增长是劳动增加的指数，而不是就业工人增加的指数。每一个资本家的绝对利益在于，从较少的工人身上而不是用同样低廉或甚至更为低廉的花费从较多的工人身上榨取一定量的劳动。在后一种情况下，不变资本的支出会随着所推动的劳动量成比例地增长，在前一种情况下，不变资本的增长则要慢得多。生产规模越大，这种动机就越具有决定意义。它的力量随资本积累一同增长。

我们已经知道，资本主义生产方式和劳动生产力的发展——既是积累的原因，又是积累的结果——使资本家能够通过从外延方面或内涵方面加强对单个劳动力的剥削，在支出同样多的可变资本的情况下推动更多的劳动①。其次，我们还知道，资本家越来越用不大熟练的工人排挤较熟练的工人，用未成熟的劳动力排挤成熟的劳动力，用女劳动力排挤男劳动力，用少年或儿童劳动力排挤成年劳动力，这样，他就用同样多的资本价值买到更多的劳动力②。

所以，在积累的进程中，一方面，较大的可变资本无须招收更多的工人就可以推动更多的劳动；另一方面，同样数量的可变资本用同样数量的劳动力就可以推动更多的劳动；最后，通过排挤较高级的劳动力可以推动更多较低级的劳动力。

因此，相对过剩人口的生产或工人的游离，比生产过程随着积累的增进而加速的技术变革，比与此相适应的资本可变部分比不变部

---

①见本卷第460—480页。——编者注

②见本卷第453—463页。——编者注

分的相对减少，更为迅速。如果说生产资料在扩大规模和作用的同时，在越来越小的程度上成为工人的就业手段，那么，这种情况本身又会由于下述事实而有所变化：劳动生产力越是增长，资本造成的劳动供给比资本对工人的需求越是增加得快。工人阶级中就业部分的过度劳动，扩大了它的后备军的队伍，而后者通过竞争加在就业工人身上的增大的压力，又反过来迫使就业工人不得不从事过度劳动和听从资本的摆布。工人阶级的一部分从事过度劳动迫使它的另一部分无事可做，反过来，它的一部分无事可做迫使它的另一部分从事过度劳动，这成了各个资本家致富的手段(83)，同时又按照与社会积累

(83)甚至在1863年棉荒时期，我们在布莱克本的纺纱工人散发的一本小册子中，也看到对过度劳动的强烈指责。由于工厂法的约束，从事这种过度劳动的当然只有成年男工。"这个工厂要求成年工人每天劳动12—13小时，虽然有成百的人被迫无事可做，而他们又愿意劳动一部分时间，以便养家糊口和防止自己的工人弟兄因过度劳动而早死。"小册子接着说："我们要问，进行额外时间的劳动这种做法，能使主人和'仆役'之间建立某种可以容忍的关系吗？过度劳动的牺牲者和因此而被宣告为被迫无事可做的人，同样地感到不公平。如果把劳动加以公平的分配，那么，这个地区所需完成的工作足以使所有的人都能部分地就业。我们只要求一个权利：我们请求业主们，至少在目前状况维持不变的期间，普遍缩短劳动时间，而不是使一部分人从事过度劳动，使另一部分人由于没有活干被迫靠救济来维持生活。"(《工厂视察员报告。1863年10月31日》第8页)——《论手工业和商业》的作者①，以其惯有的可靠的资产者本能，来理解相对过剩人口对就业工人的影响。"在这个王国中，引起怠惰的另一个原因，就是缺少足够数量的劳动人手。只要出现对产品的某种特殊需求，而使劳动量变得不足时，工人就会感觉到自己的重要性，并且想使业主也感觉到这一点；这是令人惊奇的；但是这帮家伙的心思坏透了，每遇到这种场合，成群的工人就联合起来，终日游惰，使他们的业主陷于困境。"(《论手工业和商业》第27、28页)这是说，这些人要求提高工资。

①指约·肯宁安。——编者注

的增进相适应的规模加速了产业后备军的生产。这个因素在相对过剩人口的形成上是多么重要,可以拿英国的例子来证明。英国"节约"劳动的技术手段是十分强大的。但是,如果明天把劳动普遍限制在合理的程度,并且在工人阶级的各个阶层中再按年龄和性别进行适当安排,那么,要依照现有的规模继续进行国民生产,目前的工人人口是绝对不够的。目前"非生产"工人的大多数都不得不转化为"生产"工人。

大体说来,工资的一般变动仅仅由同工业周期各个时期的更替相适应的产业后备军的膨胀和收缩来调节。因此,决定工资的一般变动的,不是工人人口绝对数量的变动,而是工人阶级分为现役军和后备军的比例的变动,是过剩人口相对量的增减,是过剩人口时而被吸收、时而又被游离的程度。现代工业具有十年一次的周期,每次周期又有各个周期性的阶段,而且这些阶段在积累进程中被越来越频繁地相继发生的不规则的波动所打断。对于这个现代工业来说,如果有下面这样的规律,那确实是太好了:劳动的供求不是通过资本的膨胀和收缩,因而不是按照资本当时的增殖需要来调节,以致劳动市场忽而由于资本膨胀而显得相对不足,忽而由于资本收缩而显得过剩,而是相反,资本的运动依存于人口量的绝对运动。然而,这正是经济学的教条。按照这个教条,工资因资本的积累而提高。工资的提高刺激工人人口更快地增加,这种增加一直持续到劳动市场充斥,因而资本同工人的供给比较起来相对不足时为止。工资下降,于是事情走向反面。由于工资的下降,工人人口逐渐减少,以致资本同工人人口比较起来又相对过剩,或者像另一些人所说的那样,工资的降低和对工人剥削的相应提高,会使积累重新加快,而与此同时,低工资又会抑制工人阶级的增长。这样一来,就又出现劳动的供给小于劳动的需求、工资提高等等情况。这对于发达的资本主义生产是一个多么美好的运动方法啊！可是，在真正有劳动能力的人口因工资提高而可能出现某种实际增长以前，已经一再经过了这样一个时期，在这个时期必然发生工业战，展开厮杀，并且决出胜负。

1849年至1859年间，在谷物价格下降的同时，英国农业地区出现了实际考察起来只是名义上的工资提高。例如，周工资在威尔特郡由7先令提高到8先令，在多塞特郡由7先令或8先令提高到9先令，等等。这是农业过剩人口异乎寻常外流的结果，而这种外流是由战争[436]造成的需求和铁路工程、工厂、矿山等部门的大规模扩展引起的。工资越低，它的任何提高，即使是微不足道的提高，在百分比上也表现得越高。例如，周工资是20先令，提高到22先令，就是提高10%；但如果周工资只有7先令，提高到9先令，那就是提高$28\frac{4}{7}\%$，这听起来就相当可观了。不管怎样，租地农场主大喊大叫起来，甚至伦敦《经济学家》在谈到这些饥饿工资时，也郑重其事地胡诌什么有了“普遍的和重大的提高”(84)。租地农场主该怎么办呢？难道他们会像教条的经济学的头脑所设想的那样，等待这种优厚的报酬促使农业工人增加，直到他们的工资不得不重新下降吗？不，租地农场主采用了更多的机器，工人转瞬间又“过剩”到连租地农场主也感到满意的程度。同以前相比，现在投入农业的“资本更多了”，并且采取了生产效率更高的形式。这样一来，对劳动的需求不仅相对地下降，而且绝对地下降了。

经济学的上述虚构，把调节工资的一般变动或调节工人阶级即总劳动力和社会总资本之间的关系的规律，同在各个特殊生产部门

(84)1860年1月21日《经济学家》。

之间分配工人人口的规律混为一谈了。例如，由于市场情况良好，某一生产部门的积累特别活跃，利润高于平均利润，追加资本纷纷涌来，这样，对劳动的需求和工资自然就会提高。较高的工资把较大一部分工人人口吸引到这个有利的部门，直到这里劳动力达到饱和，工资终于又下降到以前的平均水平，如果工人流入过多，甚至会降到这个水平以下。那时工人流入该生产部门的现象不仅停止，甚至还会发生流出现象。在这里，政治经济学家就以为看到了，随着工资的提高，工人人数"在何处以及如何"绝对增长，而随着工人人数的绝对增长，工资"在何处以及如何"下降；但是事实上，他所看到的，只是某一特殊生产部门的劳动市场的局部波动，他所看到的，只是工人人口按照资本的需要的变动而在各投资部门之间的分配。

产业后备军在停滞和中等繁荣时期加压力于现役劳动军，在生产过剩和亢进时期又抑制现役劳动军的要求。所以，相对过剩人口是劳动供求规律借以运动的背景。它把这个规律的作用范围限制在绝对符合资本的剥削欲和统治欲的界限之内。这里正好应该回过来谈一下经济学辩护论的一大业绩。我们记得，由于采用新机器或扩大旧机器，一部分可变资本转化为不变资本，这是"束缚"资本，从而"游离"工人的活动，而经济学辩护士却相反地把这种活动说成是为工人游离资本[①]。只有到现在我们才能充分地评价辩护士的厚颜无耻。其实，被游离出来的，不仅有直接被机器排挤的工人，而且还有他们的代替者和企业在原有基础上实行一般扩大时通常会吸收的追加人员。现在他们全被"游离"出来，并且每一笔希望执行职能的新资本都能支配他们。不管这种资本吸引的是这些工人，还是另一些

---

①见本卷第504—506页。——编者注

工人，只要这笔资本刚好足以从市场上雇走被机器抛到市场上的那么多工人，那么对劳动的总需求的影响就等于零。如果它雇用的人数较少，过剩的人数就会增加；如果它雇用的人数较多，劳动总需求增加的幅度也只不过等于就业的人超过“被游离的人”的那个差额。可见，寻求投资场所的追加资本本来会激起的劳动总需求的增加，在以上每一种场合都会按照工人被机器抛向街头的程度而抵消。因此，这也就是说，资本主义生产的机制安排好，不让资本的绝对增长伴有劳动总需求的相应增加。而辩护士就把这叫做对于被排挤的工人在被抛入产业后备军的过渡时期中遭受贫困、痛苦和可能死亡的一种补偿！对劳动的需求同资本的增长并不是一回事，劳动的供给同工人阶级的增长也不是一回事，所以，这里不是两种彼此独立的力量互相影响。骰子是假的。资本在两方面同时起作用。它的积累一方面扩大对劳动的需求，另一方面又通过“游离”工人来扩大工人的供给，与此同时，失业工人的压力又迫使就业工人付出更多的劳动，从而在一定程度上使劳动的供给不依赖于工人的供给。劳动供求规律在这个基础上的运动成全了资本的专制。因此，一旦工人识破秘密，知道了他们为什么劳动越多，为他人生产的财富越多，他们的劳动生产力越是提高，他们连充当资本增殖手段的职能对他们来说也就越是没有保障；一旦工人发现，他们本身之间竞争的激烈程度完全取决于相对过剩人口的压力；一旦工人因此试图通过工联等等在就业工人和失业工人之间组织有计划的合作，来消除或削弱资本主义生产的那种自然规律对他们这个阶级所造成的毁灭性的后果，这时，资本和它的献媚者政治经济学家就大吵大叫起来，说这是违反了“永恒的”和所谓“神圣的”供求规律。也就是说，就业工人和失业工人之间的任何联合都会破坏这个规律的“纯粹的”作用。另一方面，例如在殖民地，一旦有不利的情况妨碍建立产业后备军，从而妨碍工人阶级绝对地从属于资本家阶级，资本就同它的庸俗的桑乔·潘萨一道起来反叛“神圣的”供求规律，并企图用强制手段来阻碍它发挥作用。

4. 相对过剩人口的各种存在形式。资本主义积累的一般规律

相对过剩人口是形形色色的。每个工人在半失业或全失业的时期，都属于相对过剩人口。工业周期阶段的更替使相对过剩人口具有显著的、周期反复的形式，因此，相对过剩人口时而在危机时期急剧地表现出来，时而在营业呆滞时期缓慢地表现出来。如果撇开这些形式不说，那么，过剩人口经常具有三种形式：流动的形式、潜在的形式和停滞的形式。

在现代工业的中心——工厂、制造厂、冶金厂、矿山等等，工人时而被排斥，时而在更大的规模上再被吸引，因此总的说来，就业人数是增加的，虽然增加的比率同生产规模相比不断缩小。在这里，过剩人口处于流动的形式。

无论在真正的工厂中，还是在一切有机器作为因素加入或者甚至仅仅实行现代分工的大工场中，都需要大量的还没有脱离少年期的男工。少年期一过，便只剩下极少数的人能够被原生产部门继续雇用，而大多数的人通常要被解雇。他们成了流动过剩人口的一个要素，这个要素随着工业规模的扩大而增大。其中一部分人移居国外，其实不过是跟着外流的资本流出去。由此造成的后果之一，是女

性人口比男性人口增长得快，英格兰就是一个例子。工人数量的自然增长不能满足资本积累的需要，但同时又超过这种需要，这是资本运动本身的一个矛盾。资本需要的少年工人数量较大，成年工人数量较小。比这个矛盾更引人注目的是另一个矛盾：在成千上万的人手流落街头的同时，有人却抱怨人手不足，因为分工把人手束缚在一定的生产部门了。(85)此外，资本消费劳动力是如此迅速，以致工人到了中年通常就已经多少衰老了。他落入过剩者的队伍，或者从较高的等级被排挤到较低的等级。我们看到，正是大工业中的工人寿命最短。

> “曼彻斯特保健医官利医生证实，该市富裕阶级的平均寿命是38岁，而工人阶级的平均寿命只有17岁。在利物浦，前者是35岁，后者是15岁。可见，特权阶级的寿命比他们的不那么幸运的同胞的寿命要长一倍以上。”(85a)

在这种情况下，这部分无产阶级的绝对增长就需要采取这样一种形式：它的成员迅速耗损，但是它的人数不断增大。这样就需要工人一代一代地迅速更替。（这个规律对人口中的其他阶级是不适用的。）这种社会需要，是通过早婚这一大工业工人生活条件的必然后果，并通过剥削工人子女以奖励工人生育子女的办法来满足的。

资本主义生产一旦占领农业，或者依照它占领农业的程度，对农业工人人口的需求就随着在农业中执行职能的资本的积累而绝对地

(85)1866年下半年，伦敦有8万到9万工人失业，而同时期的工厂报告却说：“说需求总是恰好在必需的时候引起供给，似乎不是绝对正确的。拿劳动来说，就不是这样，去年由于缺乏劳动力，许多机器不得不停工。”（《工厂视察员报告。1866年10月31日》第81页）

(85a)当时的伯明翰市长〔现任（1883年）商业大臣。——弗·恩·〕约·张伯伦1875年1月14日在伯明翰市卫生会议上的开幕词。

减少，而且对人口的这种排斥不像在非农业的产业中那样，会由于更大规模的吸引而得到补偿。因此，一部分农村人口经常准备着转入城市无产阶级或制造业无产阶级的队伍，经常等待着有利于这种转化的条件。（这里所说的制造业是指一切非农业的产业。）(86)因此，相对过剩人口的这一源泉是长流不息的。但是，它不断地流向城市是以农村本身有经常潜在的过剩人口为前提的，这种过剩人口的数量只有在排水渠开放得特别大的时候才能看得到。因此，农业工人的工资被压到最低限度，他总是有一只脚陷在需要救济的赤贫的泥潭里。

第三类相对过剩人口，停滞的过剩人口，形成现役劳动军的一部分，但是就业极不规则。因此，它为资本提供了一个贮存着可供支配的劳动力的取之不竭的蓄水池。这种劳动力的生活状况降到了工人阶级的平均正常水平以下，正是这种情况使它成为资本的特殊剥削部门的广泛基础。它的特点是劳动时间最长而工资最低。它的主要形式，我们在家庭劳动一节中已经看到了①。它不断地从大工业和农业的过剩者那里得到补充，特别是从那些由于手工业生产被工场手工业生产打垮，或者工场手工业生产被机器生产打垮而没落的工

---

(86)根据1861年对英格兰和威尔士的人口调查，“781座城市有居民10 960 998人，而乡村和农村教区只有居民9 105 226人……　在1851年的人口调查中列有580座城市，它们的人口同它们周围的农业地区的人口大致相等。可是，在以后的10年中，农业地区的人口只增加50万人，而580座城市的人口却增加了1 554 067人。农村教区的人口增加6.5%，而城市人口增加17.3%。增长率的差额是由于农村人口流入城市造成的。人口增长总额中有$\frac{3}{4}$属于城市”（《人口调查》第3卷第11、12页）。

---

①见本卷第536—540页。——编者注

业部门那里得到补充。它的数量随着由积累的规模和能力的增大造成的“过剩”工人的增长而增加。但是，它同时又是工人阶级中一个会自行再生产和繁衍不息的要素，它在工人阶级的增长总额中所占的比重大于其他要素。实际上，不仅出生和死亡的数量，而且家庭人口的绝对量都同工资的水平，即各类工人所支配的生活资料量成反比。资本主义社会的这个规律，在野蛮人中间，或者甚至在文明的移民中间，听起来会是荒谬的。它使人想起各种个体软弱的、经常受到追捕的动物的大量再生产。(87)

最后，相对过剩人口的最底层陷于需要救济的赤贫的境地。撇开流浪者、罪犯和妓女，一句话，撇开真正的流氓无产阶级不说，这个社会阶层由三类人组成。第一类是有劳动能力的人。只要粗略地浏览一下英格兰需要救济的贫民的统计数字，就会发现，他们的人数每当危机发生时就增大，每当营业复苏时就减少。第二类是孤儿和需要救济的贫民的子女。他们是产业后备军的候补者，在高度繁荣时期，如在1860年，他们迅速地大量地被卷入现役劳动军的队伍①。第三类是衰败的、流落街头的、没有劳动能力的人。属于这一类的，主要是因分工而失去灵活性以致被淘汰的人，还有超过工人正常年

(87)“贫困似乎会促进繁殖。”(亚·斯密[437])在风流才子加利阿尼神父看来，这甚至是上帝特别英明的安排：“上帝安排好了，让从事最有益的职业的人生得绰绰有余”(加利阿尼《货币论》第4卷第78页)。“贫困在达到引起饥馑和瘟疫的极限以前，与其说会妨碍人口的增长，不如说会促进人口的增长。”(赛·兰格《国家的贫困》1844年版第69页)兰格用统计材料说明了这个论点之后，又继续说道：“如果世界上所有的人都生活在舒适安乐的环境中，那么世界上很快就会荒无人烟。”

①见本卷第309—312页。——编者注

龄的人，最后还有随着带有危险性的机器、采矿业、化学工厂等等的发展而人数日益增多的工业牺牲者，如残疾人、病人、寡妇等等。需要救济的赤贫形成现役劳动军的残疾院和产业后备军的死荷重[①]。它的生产包含在相对过剩人口的生产中，它的必然性包含在相对过剩人口的必然性中，它和相对过剩人口一起，形成财富的资本主义生产和发展的一个存在条件。它是资本主义生产的一项非生产费用，但是，资本知道怎样把这项费用的大部分从自己的肩上转嫁到工人阶级和中等阶级下层的肩上。

社会的财富即执行职能的资本越大，它的增长的规模和能力越大，从而无产阶级的绝对数量和他们的劳动生产力越大，产业后备军也就越大。可供支配的劳动力同资本的膨胀力一样，是由同一些原因发展起来的。因此，产业后备军的相对量和财富的力量一同增长。但是同现役劳动军相比，这种后备军越大，常备的过剩人口也就越多，他们的贫困同他们所受的劳动折磨成反比[②]。最后，工人阶级中贫苦阶层和产业后备军越大，官方认为需要救济的贫民也就越多。**这就是资本主义积累的绝对的、一般的规律**。像其他一切规律一样，这个规律的实现也会由于各种各样的情况而有所变化，不过对这些情况的分析不属于这里的范围。

当经济学的智者们向工人说教，要工人使自己的人数去适应资本增殖的需要时，他们的愚蠢是很清楚的。资本主义生产和积累的机制在不断地使这个人数适应资本增殖的需要。这种适应的开头是创造出相对过剩人口或产业后备军，结尾是现役劳动军中不断增大

①“死荷重”是运输业的用语，指运输工具自身的重量。——编者注

②在经马克思审定的法文版中是：“成正比”。——编者注

的各阶层的贫困和需要救济的赤贫的死荷重。

由于社会劳动生产率的增进，花费越来越少的人力可以推动越来越多的生产资料，这个规律在不是工人使用劳动资料，而是劳动资料使用工人的资本主义的基础上表现为：劳动生产力越高，工人对他们就业手段的压力就越大，因而他们的生存条件，即为增加他人财富或为资本自行增殖而出卖自己的力气，也就越没有保障。因此，生产资料和劳动生产率比生产人口增长得快这一事实，在资本主义下却相反地表现为：工人人口总是比资本的增殖需要增长得快。

我们在第四篇分析相对剩余价值的生产时已经知道，在资本主义制度内部，一切提高社会劳动生产力的方法都是靠牺牲工人个人来实现的；一切发展生产的手段都转变为统治和剥削生产者的手段，都使工人畸形发展，成为局部的人，把工人贬低为机器的附属品，使工人受劳动的折磨，从而使劳动失去内容，并且随着科学作为独立的力量被并入劳动过程而使劳动过程的智力与工人相异化；这些手段使工人的劳动条件变得恶劣，使工人在劳动过程中屈服于最卑鄙的可恶的专制，把工人的生活时间转化为劳动时间，并且把工人的妻子儿女都抛到资本的札格纳特车轮下[227]①。但是，一切生产剩余价值的方法同时就是积累的方法，而积累的每一次扩大又反过来成为发展这些方法的手段。由此可见，不管工人的报酬高低如何，工人的状况必然随着资本的积累而恶化。最后，使相对过剩人口或产业后备军同积累的规模和能力始终保持平衡的规律把工人钉在资本上，比赫斐斯塔司的楔子把普罗米修斯钉在岩石上钉得还要牢。这一规律制约着同资本积累相适应的贫困积累。因此，在一极是财富的积累，

---

①见本卷第453—492页。——编者注

同时在另一极，即在把自己的产品作为资本来生产的阶级方面，是贫困、劳动折磨、受奴役、无知、粗野和道德堕落的积累。

政治经济学家们以各种不同的形式说出了资本主义积累的这种对抗性质(88)，虽然他们把它同资本主义以前的生产方式的那些尽管部分地相类似但本质上不同的现象混同起来。

18世纪的一位大经济学著作家、威尼斯的修道士奥特斯，把资本主义生产的对抗性理解为社会财富的普遍的自然规律。

> “在一个国家里，经济上的善和经济上的恶总是保持平衡，一些人财富的充裕总是与另一些人财富的贫乏相抵。一些人享有巨大财富，同时总伴有更多得多的其他人被完全剥夺必需品。一个国家的财富同它的人口相适应，而它的贫困则同它的财富相适应。一些人勤劳迫使另一些人懒惰。穷人和懒惰者，是富人和勤奋者所造成的一个必然结果”等等。(89)

在奥特斯之后大约过了10年，高教会[9]新教牧师唐森，曾十分露骨地颂扬贫困是财富的必要条件。

> “用法律来强制劳动，会引起过多的麻烦、暴力和叫嚣，而饥饿不仅是和平的、无声的和持续不断的压力，而且是刺激勤勉和劳动的最自然的动力，会唤起最大的干劲。”

---

(88)“资产阶级借以在其中活动的那些生产关系的性质决不是单一的、单纯的，而是两重的；在产生财富的那些关系中也产生贫困；在发展生产力的那些关系中也发展一种产生压迫的力量；这些关系只有不断消灭资产阶级单个成员的财富和产生出不断壮大的无产阶级，才能产生资产者的财富，即资产阶级的财富；这一切都一天比一天明显了。”（卡尔·马克思《哲学的贫困》[89]）

(89)贾·奥特斯《国民经济学》，六卷集，1774年版，载于库斯托第编《意大利政治经济学名家文集·现代部分》第21卷第6、8、9、23—25等页。奥特斯在该书第32页上写道：“我不想设计对人民幸福无用的制度，我只研究人民不幸的原因。”

所以，一切问题都归结为怎样使工人阶级的饥饿永久化，而照唐森的看法，那个特别在穷人中起作用的人口原理已经把这件事安排好了。

“下面这一点似乎是一个自然规律：穷人在一定程度上是轻率的〈也就是说，他们是如此轻率，嘴里没有衔着金羹匙就降生到世界上来〉，所以，总是有一些人去担任社会上最卑微、最肮脏和最下贱的职务。于是，人类幸福基金大大增加，比较高雅的人们解除了烦劳，可以不受干扰地从事比较高尚的职业等等……　济贫法有一种趋势，就是要破坏上帝和自然在世界上所创立的这个制度的和谐与优美、均称与秩序。”(90)

威尼斯的修道士从使贫困永久化的命运中，找到基督教的善行、终身不婚、修道院和慈善机关存在的理由，而这位新教的牧师却从其中找到借口，来诅咒使穷人有权享受少得可怜的社会救济的法律。施托尔希说：

“社会财富的增长产生出那个有用的社会阶级……它从事最单调、最下贱和最令人厌恶的职业，一句话，它把生活中一切不愉快的、受奴役的事情担在自己的肩上，从而使其他阶级有闲暇，有开阔的心境和传统的〈妙！〉高贵品

(90)《论济贫法》，一个愿人们幸福的人〈即牧师约·唐森先生〉著，1786年版，1817年伦敦再版，第15、39、41页。这位“高雅的”牧师的上述著作和他的《西班牙游记》，马尔萨斯经常整页整页地加以抄袭①，而唐森自己的大部分学说却是从詹·斯图亚特爵士那里抄袭来的，不过加以歪曲了而已。例如斯图亚特说：“这里，在奴隶制度下，有一种使人〈为了非劳动者〉勤勉劳动的暴力方法……那时人们被迫从事劳动〈也就是说，为别人从事无偿劳动〉，因为他们是别人的奴隶；而现在，人们被迫从事劳动〈也就是说，为了非劳动者从事无偿劳动〉，因为他们是自己需求的奴隶”438，他这样说，但并没有因此就像这位大腹便便的牧师那样做出结论：雇佣工人应当经常挨饿。相反地，他希望增加雇佣工人的需要，并希望他们需要量的增加能刺激他们去为“比较高雅的人们”劳动。

①见本卷第711—712页。——编者注

性……”(91)

施托尔希问自己：这种伴随有群众贫困和堕落的资本主义文明，同野蛮相比究竟有什么优越性呢？他只找到一个答案：安全！西斯蒙第说：

“由于工业和科学的进步，每一个工人每天所能生产的东西比他自己消费所需要的东西多得多。但是，在他的劳动生产财富的同时，如果叫他自己去消费这个财富，那么这个财富就会使他不适宜于劳动了。”他认为，“如果人们〈即非工人〉必须像工人那样不倦地劳动才能获得技艺的一切改良和工业给我们带来的一切享受，那么他们大概会放弃这些东西……　在今天，努力同它的报酬分开了；不是同一个人先劳动而后休息，相反地，正是因为一个人劳动，另一个人才休息……　因此，劳动生产力的无限增长的结果，只能增加那些游手好闲的富人的奢侈和享受。”(92)

最后，冷血的资产阶级空论家德斯杜特·德·特拉西冷酷地声称：

“在贫国，人民是安乐的；在富国，人民通常是贫苦的。”(93)

5. 资本主义积累一般规律的例证

(a)1846—1866年的英格兰

现代社会的任何一个时期，都不如最近20年这样有利于研究资

(91)施托尔希《政治经济学教程》1815年圣彼得堡版第3卷第223页。

(92)西斯蒙第《政治经济学新原理》第1卷第79、80、85页。

(93)德斯杜特·德·特拉西《论意志及其作用》第231页。

本主义的积累。在这个时期，真好像是福尔土纳特的钱袋被发现了。不过，在所有国家中，英格兰又是一个典型的例子，因为它在世界市场上占据首位，因为资本主义生产方式只有在这里才得到了充分的发展，最后还因为，从1846年以来自由贸易的千年王国[439]的实现，又切断了庸俗政治经济学最后的退路。我们已经在第四篇里充分谈到了生产的巨大进步，由于这种进步，这20年中的后10年又远远超过了前10年。①

最近半个世纪以来，英格兰人口的绝对增长虽然很大，但是它的相对增长或增长率却不断下降。引自官方人口调查的下列表格就可以证明。

英格兰和威尔士每十年中人口每年增长的百分率：

1811—1821	1.533%
1821—1831	1.446%
1831—1841	1.326%
1841—1851	1.216%
1851—1861	1.141%

另一方面，现在我们再来看看财富的增长。在这里，应纳所得税的利润、地租等等的变动情况是最可靠的依据。1853—1864年，大不列颠应纳税的利润（不包括租地农场主的和若干其他项目的利润）增长50.47%（平均每年增长4.58%）(94)，而同时期人口约增长12%。1853—1864年，应纳税的地租（包括房屋、铁路、矿山、渔场等等的地

(94)《皇家国内税务委员。第10号报告》1866年伦敦版第38页。

①例如见本卷第478—482页。——编者注

租)增加38%,每年增加$3\frac{5}{11}\%$①,其中增加最快的是下列项目(95):

	1853年到1864年收入增加	每年增加
房屋…………………	38.60%	3.50%
采石场………………	84.76%	7.70%
矿山…………………	68.85%	6.26%
铸铁厂………………	39.92%	3.63%
渔场…………………	57.37%	5.21%
煤气厂………………	126.02%	11.45%
铁路…………………	83.29%	7.57%

如果把1853—1864年这段时间以每四年为一期作一比较,就会看出,收入的增长程度是不断提高的。例如,利润的收入,1853—1857年期间每年增加1.73%,1857—1861年期间每年增加2.74%,1861—1864年期间每年增加9.30%。在联合王国,应纳所得税的收入总额,1856年为307 068 898镑,1859年为328 127 416镑,1862年为351 745 241镑,1863年为359 142 897镑,1864年为362 462 279镑,1865年为385 530 020镑。(96)

(95)《皇家国内税务委员。第10号报告》1866年伦敦版第38页。

(96)这些数字用来作比较足以说明问题,但是绝对地看来,则是虚假的,因为每年也许有1亿镑的收入被隐瞒了。国内税务委员在每一次报告中都要对这种一贯的欺瞒,特别是商业和工业方面的欺瞒抱怨不已。例如:"某股份公司呈报应纳税的利润是6 000镑,而税务员估算为88 000镑,结果还是按后面这个数目纳了税。另一家公司呈报的是19万镑,但后来被迫承认,实际数目是25万镑。"(《皇家国内税务委员。第10号报告》第42页)

①在第一至四版中是:"$3\frac{5}{12}\%$"。——编者注

资本积累的同时伴随有资本的积聚和集中。虽然英格兰没有官方的农业统计材料(爱尔兰倒有),但是有10个郡自动提供了统计材料。根据这些统计材料可以看出:1851年到1861年,100英亩以下的租地农场从31 583个减少到26 567个,也就是说,有5 016个合并于较大的租地农场了。(97)1815年到1825年,在应纳遗产税的动产中还没有一份超过100万镑的,但是从1825年到1855年,就有了8份,从1855年到1859年6月,也就是4年半的时间里,又有了4份。(98)简单地分析一下1864年和1865年的D项所得税(把租地农场主等等除外的利润),可以最明显地看出这种集中。首先应该指出,这种来源的收入达到60镑就要交纳所得税。在英格兰、威尔士和苏格兰,这种应纳税的收入1864年为95 844 222镑,1865年为105 435 787镑(99),纳税的人数1864年在居民总数23 891 009人中是308 416人,1865年在居民总数24 127 003人中是332 431人。两年中这种收入的分配情况如下表:

	到1864年4月5日为止的一年		到1865年4月5日为止的一年	
	利润收入（镑）	人　数	利润收入（镑）	人　数
总收入	95 844 222	308 416	105 435 787	332 431
其　中	57 028 290	22 334	64 554 197	24 075
其　中	36 415 225	3 619	42 535 576	4 021
其　中	22 809 781	822	27 555 313	973
其　中	8 744 762	91	11 077 238	107

(97)《人口调查》1863年伦敦版第3卷第29页。约翰·布莱特断言,英格兰的土地有一半属于150个地主,苏格兰的土地有一半属于12个地主。这一说法从未有人反驳过。

(98)《皇家国内税务委员。第4号报告》1860年伦敦版第17页。

(99)这是纯收入,即已扣除了法定的免税额。

联合王国的煤产量，1855年为61 453 079吨，价值16 113 267镑，1864年为92 787 873吨，价值23 197 968镑；生铁产量，1855年为3 218 154吨，价值8 045 385镑，1864年为4 767 951吨，价值11 919 877镑。联合王国的营业铁路里程，1854年为8 054英里，投入资本286 068 794镑，1864年为12 789英里，投入资本425 719 613镑。联合王国的进出口总额，1854年为268 210 145镑，1865年为489 923 285镑。出口的变动情况如下表(100)：

1847年	58 842 377镑
1849年	63 596 052镑
1856年	115 826 948镑
1860年	135 842 817镑
1865年	165 862 402镑
1866年	188 917 536镑

根据这些为数不多的材料，我们已经可以理解为什么不列颠国民户籍总署署长[370]发出这样一种胜利的欢呼了：

“人口的增加固然迅速，但它赶不上工业和财富的增长。”(101)

现在让我们再来看看这种工业的直接代表，或这种财富的生产者，即工人阶级。格莱斯顿说：

“我国社会状况最令人感到忧虑的特点之一就是，国民的消费力在下降，工

(100)现在，1867年3月，印度和中国的市场由于不列颠棉纺织厂主的委托销售，又已经商品过剩了。1866年棉纺织业工人的工资开始下降5%，1867年由于类似的情况，普雷斯顿发生了2万人的罢工。〔这是接踵而来的危机的序幕。——弗·恩·〕

(101)《人口调查》1863年伦敦版第3卷第11页。

人阶级的困苦和贫穷在加剧，而与此同时，上层阶级的财富不断积累，资本不断增长。”(102)

这位假献殷勤的大臣1843年2月13日在下院是这样说的。过了20年，在1863年4月16日，他在预算演说中又说：

“从1842年到1852年，国内应纳税的收入增加了6%…… 在从1853年到1861年的8年内，如以1853年的收入为基础，这种收入则增加了20%。事实令人惊奇得几乎到了难以置信的程度…… 财富和实力这种令人陶醉的增长……完全限于有产阶级，但是……但是这种增长对工人居民也一定有间接的好处，因为它会降低日用消费品的价格，——富人虽然更富了，穷人至少也不那么穷了。不过我不敢断定穷的极端程度已经缩小。”(103)*440*

多么拙劣的诡辩！如果说工人阶级仍然“穷”，只是随着他们给有产阶级创造的“财富和实力的令人陶醉的增长”而变得“不那么穷”了，那也就是说，工人阶级相对地还是像原来一样穷。如果说穷的极端程度没有缩小，那么，穷的极端程度就增大了，因为富的极端程度已经增大。至于说到生活资料价格的降低，那么官方的统计材料，例如伦敦孤儿院的材料却表明，1860—1862年三年间的生活资料价格平均比1851—1853年三年间上涨了20%。在随后的1863—1865年三年中，肉、奶油、牛奶、糖、盐、煤以及其他许多必要的生活资料的价格又继续上涨了。(104)格莱斯顿在1864年4月7日所作的下一个预

(102)格莱斯顿1843年2月13日在下院的演说。(1843年2月14日《泰晤士报》。2月13日《汉萨德》)

(103)格莱斯顿1863年4月16日在下院的演说。4月17日《晨星报》。

(104)见蓝皮书中的官方材料：散见《联合王国的各种统计材料。第六部分》1866年伦敦版第260—273页。不说孤儿院等的统计材料，就是政府公报中为皇家儿女婚嫁费用辩护的言论也可以作为证明。这些公报从未忘记提到生活资料昂贵的情形。

算演说，是一首对赚钱事业的进步和因“贫穷”而减色的国民幸福的平达式的赞歌。他谈到“处于需要救济的赤贫边缘”的群众，谈到“工资没有提高的”行业，最后，他用下面这样的话概括了工人阶级的幸福：

“人的生活十有八九都纯粹是为生存而挣扎。”(105)

不像格莱斯顿那样受官方考虑的约束的福塞特教授则直截了当地说：

“自然我并不否认，货币工资随着资本的这种增加〈最近几十年〉而有所提高，但是，由于许多生活必需品日益昂贵〈他认为这是由于贵金属贬值造成的〉，这种表面上的利益在很大程度上都丧失了……　富人迅速地变得更富了，而工人阶级的生活却没有什么可以觉察得出来的改善……　工人几乎成了小店主的奴隶，他们都是小店主的债务人。”(106)

在论述工作日和机器的那几篇里，我们揭示了不列颠工人阶级是在怎样的条件下为有产阶级创造了“财富和实力的令人陶醉的增长”。不过我们那时考察的，主要是执行社会职能时的工人。为了全

---

(105)格莱斯顿1864年4月7日在下院的演说。《汉萨德》上的文字是这样的：“而且，一般说来，人的生活多半是为生存而挣扎。”英国的一位著作家用布瓦洛的下面的文句来说明1863年和1864年格莱斯顿的预算演说中不断出现的显著的矛盾：

“人皆如此：暮四朝三，
由白变黑，反复无常，
有如时装，时时变换，
惹人讨厌，自己心烦。”441
（[引自亨·罗伊]《兑换理论》1864年伦敦版第135页）

(106)亨·福塞特《英国工人的经济状况》1865年伦敦版第67、82页。至于说工人越来越依赖于小店主，这是工人就业方面越来越多的变动和中断的结果。

面说明积累的规律，还必须注意工人在厂外的状况，他们营养和居住的状况。由于本书篇幅所限，我们在这里考察的主要是工业无产阶级和农业工人中报酬最微薄的部分，也就是工人阶级的大多数。

在这以前，我还要简单谈一谈官方认为需要救济的贫民，也就是工人阶级中丧失了出卖劳动力这个生存条件而靠社会施舍度日的那部分人。在英格兰[(107)]，官方认为需要救济的贫民的人数1855年是851 369人，1856年是877 767人，1865年是971 433人。由于棉荒，1863年和1864年这种贫民的人数分别增加到1 079 382人和1 014 978人。1866年的危机使伦敦遭到了最沉重的打击，在这个居民比苏格兰王国还要多的世界市场中心，这种贫民的人数1866年比1865年增加了19.5%，比1864年增加了24.4%，而在1867年的头几个月比1866年增加得还多。在分析需要救济的贫民的统计数字时必须指出两点。一方面，这种贫民人数的增减运动反映着工业周期各阶段的变换。另一方面，随着资本的积累，阶级斗争日益发展，从而工人的觉悟日益提高，关于需要救济的贫民实际人数的官方统计也就越来越带有欺骗性。例如，最近两年来英国报刊（《泰晤士报》、《派尔-麦尔新闻》等）大声叫嚷的虐待需要救济的贫民的现象，是早就存在的。弗·恩格斯在1844年就叙述过完全相同的惨状和“追求轰动效应的作品”中完全相同的喧闹一时的伪善呼叫。[442]不过，最近10年伦敦饿死的人数惊人地增加了[①]，这无疑证明工人是

(107)英格兰总是包括威尔士；大不列颠包括英格兰、威尔士和苏格兰；联合王国包括以上三个地方和爱尔兰。

①见本卷第543页。——编者注

更加憎恶贫民习艺所[108]这种贫民惩治所的奴役了。

(b)不列颠工业工人阶级中报酬微薄的阶层

现在我们来考察工业工人阶级中报酬微薄的阶层。1862年棉荒时期，枢密院[200]委派斯密斯医生调查了兰开夏郡和柴郡的贫穷的棉纺织工人的营养状况。根据过去多年的观察，斯密斯曾得出过这样的结论："为了避免饥饿病"，每个中常妇女一天的营养，最低限度必须包含3 900格令碳素，180格令氮素，每个中常男子一天的营养，最低限度必须包含4 300格令碳素，200格令氮素，这就是说，一个妇女需要的养料大致等于2磅上等小麦面包所含的养料，男子需要的还要多$\frac{1}{9}$。成年男女平均每周最低限度需要28 600格令碳素和1 330格令氮素。他的计算在实际生活中惊人地得到了证实：他的计算同棉纺织工人消费的营养量被贫困压低到的可怜水平是相一致的。1862年12月，棉纺织工人每周得到的碳素是29 211格令，氮素是1 295格令。

1863年，枢密院下令调查英国工人阶级中营养最差的那部分人的贫困状况。枢密院医官西蒙医生选派了上述那位斯密斯医生担任这项工作。他的调查范围一方面包括农业工人，另一方面包括丝

(108)亚·斯密有时还把workhouse[贫民习艺所]一词同manufactory[手工工场]一词等同起来。例如，他在论分工那一章的开头写道："在各种劳动部门就业的人，往往可以被集合在同一工场(workhouse)里。"[443]这一点以特别的方式说明了亚·斯密以来的进步。

织工人、女缝工、皮手套工人、织袜工人、织手套工人和制鞋工人。后一方面的各类工人，除织袜工人外，全是城市工人。按照调查的惯例，选择的对象是每一类工人中最健康的和境况比较好的家庭。

调查得出的总的结论是：

“调查过的各类城市工人中，只有一类工人消费的氮素略微超过那个免于患饥饿病的绝对最低量；有两类工人氮素和碳素营养都不足，而其中一类相差很多；调查过的农业家庭中，有$\frac{1}{5}$以上得到的碳素营养少于必要量，有$\frac{1}{3}$以上得到的氮素营养少于必要量；有三个郡（伯克郡、牛津郡、萨默塞特郡）普遍缺乏最低限度的氮素营养。”(109)

在农业工人中，联合王国最富庶的地区英格兰的农业工人营养最差。(110) *444* 农业工人中缺乏营养的主要又是妇女和儿童，因为“男人要去干活，总得吃饭”。在调查过的各类城市工人中，营养缺乏的程度更为严重。“他们的饮食非常坏，以致必然发生许多严重的有害健康的不足现象。”(111)（这一切都是资本家的“禁欲”！也就是连勉强糊口所必不可少的生活资料都进行禁欲而不付给他的工人！）

下表表示出，上述各类纯粹城市工人的营养状况同斯密斯医生假定的最低营养量，以及同棉纺织工人最贫困时期的营养状况的对比。(112)

---

(109)《公共卫生。第6号报告。1863年》1864年伦敦版第13页。

(110)同上，第17页。

(111)同上，第13页。

(112)同上，附录第232页。

男　女　两　性	每周平均的碳素量（格令）	每周平均的氮素量（格令）
五种城市生产部门	28 876	1 192
兰开夏郡失业的工厂工人	29 211	1 295
兰开夏郡工人应得的最低限量（按男女人数相等计算）	28 600	1 330

调查过的各类工业工人中，有半数即 $\frac{60}{125}$ 完全得不到啤酒，28%得不到牛奶。平均每周消费的流质食物量，最低的是女缝工的家庭，只有7盎司，最高的是织袜工人的家庭，有 $24\frac{3}{4}$ 盎司。完全得不到牛奶的人当中，大部分是伦敦的女缝工。每周消费的面包量，最低的是女缝工，只有 $7\frac{3}{4}$ 磅，最高的是制鞋工人，有 $11\frac{1}{4}$ 磅，每个成年人每周消费的平均总量是9.9磅。糖（糖浆等等）每周的消费量，最低的是皮手套工人，只有4盎司，最高的是织袜工人，有11盎司；所有各类中每个成年人平均每周消费的总量是8盎司。每个成年人平均每周的奶油（脂肪等等）消费总量是5盎司。每个成年人平均每周的肉类（腊肉等等）消费量，最低是丝织工人，只有 $7\frac{1}{4}$ 盎司，最高是皮手套工人，有 $18\frac{1}{4}$ 盎司；各类工人每人消费的平均总量是13.6盎司。每个成年人每周的饮食费大致平均如下：丝织工人2先令 $2\frac{1}{2}$ 便士，女缝工2先令7便士，皮手套工人2先令 $9\frac{1}{2}$ 便士，制鞋工人2先令 $7\frac{3}{4}$ 便士，织袜工人2先令 $6\frac{1}{4}$ 便士。麦克尔斯菲尔德丝织工人的饮食费平均每周只有1先令 $8\frac{1}{2}$ 便士。营养最差的是女缝工、丝织工人和皮手套工人。(113)

(113)《公共卫生。第6号报告。1863年》1864年伦敦版第232、233页。

关于这种营养状况，西蒙医生在他的总的卫生报告中说：

“由于缺乏营养而引起疾病或者加重疾病的事例是举不胜举的，任何一个熟悉贫民医疗情况，或者熟悉医院的住院或门诊病人的人都可以证实这一点……　但是，从卫生的观点看，这里还要加上另一个非常重要的情况……应该记住，缺乏饮食是极难忍受的，而饮食的严重缺乏通常总是跟随在其他方面的不足发生之后。远在缺乏营养成为卫生问题以前，远在生理学家想到计算决定生死的氮素和碳素的格令数以前，家庭生活中早已谈不上任何物质享受了。衣服和燃料比食物还缺。没有足够的抗寒能力；居住面积狭小到了引起疾病或者加重疾病的程度；家具器皿几乎一无所有；甚至保持整洁也成了过于破费和难于办到的事。如果出于自尊心想保持整洁，那么任何这样的尝试都会加重饥饿的痛苦。住的地方是在房屋最便宜的地区；是在卫生警察的工作收效最少，排水沟最坏，交通最差，环境最脏，水的供给最不充分最不清洁的地区，如果是在城市的话，阳光和空气也最缺乏。当穷到连饮食都感到缺乏时，也就必然要遭到这些威胁健康的灾祸。这些灾祸加在一起对生命固然是可怕的威胁，但仅仅缺乏饮食本身就已经够骇人的了……　这使人产生痛苦的思考，特别是，如果想到这里所说的贫困完全不是由于游手好闲而应得的贫困。这是工人的贫困。是的，说到城市工人，他们为了换取少量的食物，竟多半要使劳动延长到超出一切界限。然而，只有作极大的保留，才能说这种劳动可以使工人维持生活……在大多数场合，这种名义上的维持生活不过是一条或长或短的通向需要救济的赤贫的迂回道路而已。”(114)

最勤劳的工人阶层的饥饿痛苦和富人建立在资本主义积累基础上的粗野的或高雅的奢侈浪费之间的内在联系，只有当人们认识了经济规律时才能揭露出来。居住状况却不是这样。在这方面，任何一个公正的观察者都能看到，生产资料越是大量集中，工人就相应地越要聚集在同一个空间，因此，资本主义的积累越迅速，工人的居住状况就越悲惨。随着财富的增长而实行的城市“改良”是

(114)《公共卫生。第6号报告。1863年》1864年伦敦版第14、15页。

通过下列方法进行的：拆除建筑低劣地区的房屋，建造供银行和百货商店等等用的高楼大厦，为交易往来和豪华马车而加宽街道，修建铁轨马车路等等；这种改良明目张胆地把贫民赶到越来越坏、越来越挤的角落里去。另一方面，每个人都知道，房屋的昂贵和房屋的质量成反比，房屋投机分子开采贫困这个矿山比当年开采波托西矿山[445]赚钱多，花钱少。在这里，资本主义积累的对抗性质，从而整个资本主义财产关系的对抗性质(115)，表现得如此明显，就连英国官方关于这个问题的报告也都充满了对“财产和财产权”的异端攻击。随着工业的发展、资本的积累、城市的扩展和“美化”，灾祸越来越严重，以致在1847年到1864年间，仅仅由于害怕那些对“上流人士”也决不留情的传染病，议会就制定了不下十项卫生警察法令，在某些城市，如利物浦、格拉斯哥等地，吓破了胆的资产阶级还通过他们的市政当局来进行干涉。不过，西蒙医生在他的1865年的报告中仍然大声疾呼：“一般说来，这些灾祸在英国还没有控制住。”根据枢密院的命令，1864年对农业工人的居住条件进行了调查，1865年又对城市中较贫穷的阶级的居住条件进行了调查。人们在《公共卫生。第7号和第8号报告》中，可以看到朱利安·汉特医生完成的这一出色工作。关于农业工人我在后面再谈①。我先引用西蒙医生总的评语来说明城市的居住状况。

(115)“任何情况都不像工人阶级的居住条件这样露骨这样无耻地使人权成为产权的牺牲品。每个大城市都是使人成为牺牲品的一个场所，一个祭坛，每年要屠杀成千上万的人来祭祀贪婪的摩洛赫。”（赛·兰格《国家的贫困》1844年版第150页）

①见本卷第774页及以下几页。——编者注

他说：

“虽然我的公务上的观点仅限于医学方面，然而最普通的人道不容许我忽视这种灾祸的另外一面。在灾祸达到较严重的程度时，它几乎必然会使人们不顾任何体面，造成肉体和肉体机能如此龌龊的混杂，如此毫无掩饰的性的裸露，以致使人像野兽而不像人。受这种影响会使人堕落，时间越久，堕落越深。对于在这样可诅咒的环境下出生的儿童来说，这种环境本身就是一种寡廉鲜耻的洗礼。如果想让处在这种境况下的人们在其他方面努力向上，追求以身心纯洁为本质的文明气氛，那是绝对无望的。”(116)

就住宅过分拥挤和绝对不适于人居住而言，伦敦首屈一指。汉特医生说：

“有两点是肯定无疑的：第一，在伦敦，大约有20个大的贫民区，每个区住1万人左右，这些人的悲惨处境超过了在英国其他任何地方所能见到的一切惨象，而这种处境几乎完全是由住宅设备恶劣造成的；第二，在这些贫民区，住房过于拥挤和破烂的情形，比20年前糟糕得多。”(117)“即使把伦敦和纽卡斯尔的许多地区的生活说成是地狱生活，也不算过分。”(118)

在伦敦，随着城市不断“改良”，以及与此相连的旧街道和房屋被拆除，随着这个大都会中工厂增多和人口流入，最后，随着房租同城市地租一道上涨，就连工人阶级中处境较好的那部分人以及小店主和

---

(116)《公共卫生。第8号报告》1866年伦敦版第14页注。

(117)同上，第89页。关于生活在这些贫民区里的儿童，汉特医生说：“我们不知道，在这种贫民密集成堆的时期以前，孩子们是怎样被教养成人的。现在，孩子们同各种年龄的人混到深更半夜，酗酒，猥亵，吵架，他们就是这样在我国史无前例的环境下受着使他们将来成为危险阶级人物的教育；要是有谁敢预断这样的孩子将来会有怎样的品行，那他就是个大胆的预言家。”(同上，第56页)

(118)同上，第62页。

中等阶级其他下层的分子，也越来越陷入这种可诅咒的恶劣的居住条件中了。

“房租过高，只有很少的工人才付得起一间房子以上的租金。”(119)

在伦敦，几乎没有一所房产不寄生着无数的“中间人”。伦敦的地价总是大大高于土地的年收入，因为每个买地的人都抱着投机的目的，指望迟早会按审定价格（即征用时由陪审员确定的价格）再把地抛售出去，或者会由于靠近某个大企业而能诈取异常高的价钱。结果是，买卖快到期的租约成了一项经常的交易。

“对于从事这种营业的绅士们所能期待的，就是他们会像他们所干的那样去干——尽量从房客身上榨取一切可能榨取的东西，而把糟到不能再糟的房子留给他们的后继者。”(120)

房租是按周支付的，所以这些先生们不会冒任何风险。由于市内修建铁路，

“不久前的一个星期六的晚上，我们看到伦敦东头有许多从自己的旧住所里被赶出来的家庭，背着少得可怜的家当到处徘徊，可是除了投奔贫民习艺所，找不到任何栖身之处”(121)。

贫民习艺所已经有人满之患，而议会批准的“改良”措施不过刚刚开始执行。如果工人因拆毁旧房而被赶了出来，那他们并不离开自己的教区，或者，最远也只是搬到紧靠原来教区的地方。

“他们自然想要尽量住在自己劳动场所的附近。结果原来住两间房的人

(119)《圣马丁的医官的报告。1865年》。

(120)《公共卫生。第8号报告》1866年伦敦版第91页。

(121)同上，第88页。

家，现在也不得不住一间。即使出的房租比原来的高，住的房子却比他们被赶出来的那些糟糕的房子还要糟糕。住在滨河路的工人，有半数要走两英里路才能到达劳动场所。”

滨河路的主要街道虽然使外国人为伦敦的富庶而惊叹，但是这条路本身可以作为伦敦人口拥挤的例子。据保健医官计算，在滨河路的一个教区里，每英亩面积就住有581人，而且还把泰晤士河的一半水面算了进去。很明显，每一项卫生警察措施，都由于拆毁不适用的房子而把工人从某个街区赶出去，其唯一的结果就是使他们更加密集地拥挤在另一个街区，在伦敦历来就是这样。汉特医生说：

“或者是必须把这一整套办法看做荒谬的而予以制止；或者是必须唤起公众的同情〈!〉，让公众关心现在可以毫不夸大地称为国民义务的事情，这就是为那些不能出资自建房屋，但能定期交纳房租以报偿出租者的人提供住房。”(122)

让我们来赞美资本主义的公正吧！土地所有者、房主、实业家，在他们的财产由于进行“改良”，如修铁路、修新街道等等而被征用时，不仅可以得到充分的赔偿，而且按照上帝旨意和人间法律，他们还应得到一大笔利润，作为对他们迫不得已实行“禁欲”的安慰。而工人及其妻子儿女连同全部家当却被抛到大街上来，如果他们过于大量地拥到那些市政当局要维持市容的市区，他们还要遭到卫生警察的起诉！

19世纪初，在英国除伦敦外再没有一个10万人口的城市。只有五个城市超过50 000人。而现在，超过50 000人的城市已有28个。

“这种变化的结果，不仅是城市人口大量增加，而且原先人口稠密的小城市现在也变成了中心，四周建筑起许多房屋，简直没有地方进得了新鲜空气。这

(122)《公共卫生。第8号报告》1866年伦敦版第89页。

里已不再合富人的心意了，于是他们搬到爽心悦目的郊外去。继这些富人之后而来的住户，住进这些较大的房子里，每家一间，往往还要再收房客。这样一来，居民就都被塞到不是专为他们盖的、完全不适合他们住的房子里，周围的环境的确会使成年人堕落，使儿童毁灭。”(123)

一个工业城市或商业城市的资本积累得越快，可供剥削的人身材料的流入也就越快，为工人安排的临时住所也就越坏。因此，产量不断增加的煤铁矿区的中心泰恩河畔纽卡斯尔，是一座仅次于伦敦而居第二位的住宅地狱。那里住小单间房屋的不下34 000人。在纽卡斯尔和盖茨黑德，不久前大量的房屋由于绝对有害公益，根据警察的命令拆毁了。可是新房子盖得很慢，而营业却发展得很快。因此，1865年，城市比过去任何时候都更加拥挤不堪。简直难得有一间招租的小单间。纽卡斯尔热病医院的恩布尔顿医生说：

“毫无疑问，伤寒病持续和蔓延的原因，是人们住得过于拥挤和住房肮脏不堪。工人常住的房子都在偏街陋巷和大院里。从光线、空气、空间、清洁各方面来说，是不完善和不卫生的真正典型，是任何一个文明国家的耻辱。男人、妇女、儿童夜晚挤在一起。男人们上日班和上夜班的你来我往，川流不息，以致床铺难得有变冷的时候。这些住房供水不良，厕所更坏，肮脏，不通风，成了传染病的发源地。”(124)

这样的洞窟，每周房租也从八便士涨到了三先令。汉特医生说：

“泰恩河畔纽卡斯尔是一个例子，说明我们同胞中最优秀的一部分，由于房屋和街道这些外部环境，往往沉沦到接近野蛮的退化状态。”(125)

由于资本和劳动的大量流动，一个工业城市的居住状况今天还

(123)《公共卫生。第8号报告》1866年伦敦版第56页。

(124)同上，第149页。

(125)同上，第50页。

勉强过得去，明天就会变得恶劣不堪。或者，市政官员终于可能振作起来去消除最恶劣的弊端。然而明天，衣衫褴褛的爱尔兰人或者破落的英格兰农业工人就会像蝗虫一样成群地拥来。人们把他们塞到地下室和仓库里，或者把过去还像样的工人住房变成一种寓所，在这里住客变动得非常迅速，就像三十年战争时期的营房一样。布拉德福德就是一个例子。那里的市政当局的凡夫俗子们正在从事城市改革。此外，1861年那里还有1751栋没有住人的房子。但是现在营业兴旺起来了——关于这种情况，黑人之友、温和的自由主义者福斯特先生最近曾经文雅地谈到过。随着营业的兴旺，那里自然也就被不断起伏的"后备军"或"相对过剩人口"的浪潮所淹没。汉特医生从一家保险公司代办所得到一张表格(126)，表上记载的这些令人厌恶

(126)布拉德福德一家工人保险公司代办所的一张表格：

火神街122号	1间房	16人
拉姆利街13号	1间房	11人
鲍尔街41号	1间房	11人
波特兰街112号	1间房	10人
哈迪街17号	1间房	10人
北街18号	1间房	16人
北街17号	1间房	13人
怀默街19号	1间房	8个成年人
乔伊特街56号	1间房	12人
乔治街150号	1间房	3家
赖夫尔广场玛丽门11号	1间房	11人
马歇尔街28号	1间房	10人
马歇尔街49号	3间房	3家
乔治街128号	1间房	18人
乔治街130号	1间房	16人

的地下室和小房间，住的大多是收入较好的工人。这些人都说，如果有较好的房子，他们是愿意租赁的。正当温和的自由主义者福斯特议员为自由贸易的恩赐，为布拉德福德的经营精梳毛纺业的巨头们的利润流着激动的眼泪的时候，工人们一家大小却潦倒堕落，疾病缠身。布拉德福德的贫民诊所的一位医生贝尔在他1865年9月5日的报告中说，在他的管区内，热病患者的惊人的死亡率是由他们的居住条件造成的。他说：

"在一个1500立方英尺的地下室里住着10个人……　在文森特街、格林-艾尔广场和利斯，有223栋房子住着1450人，可是只有435个床铺和36个厕所……我所指的床铺是连一卷肮脏的破布或一小堆刨花也都算在内的，每个床铺平均睡3.3人，有些甚至睡5—6个人。很多人没有床，穿着衣服睡在光秃秃的地上，青年男女，已婚的和未婚的，都混睡在一起。这些房子大都是些阴暗、潮湿、污秽、发臭的洞穴，根本不适合人住，这还用得着说吗？这里是引起疾病和死亡的中心。连那些听任这种毒疮在我们中间溃烂的境况良好的人也身受其害。"(127)

爱德华街4号	1间房	17人
[乔治街49号	1间房	2家]
约克街34号	1间房	2家
咸饼街	2间房	26人

地　下　室

瑞琴特广场	1个地下室	8人
爱克街	1个地下室	7人
罗伯茨街33号	1个地下室	7人
普拉特后街(炼铜场)	1个地下室	7人
埃比尼泽街27号	1个地下室	6人

(《公共卫生。第8号报告》1866年伦敦版第111页)

(127)《公共卫生。第8号报告》1866年伦敦版第114页。

居住状况的恶劣次于伦敦而居第三位的，是布里斯托尔。

“这里，在这个欧洲最富的城市之一，赤贫现象和住房惨状也极为严重。”(128)

(c)流 动 人 口

现在我们来考察一个来自农村而大部分在工业中就业的居民阶层。他们是资本的轻步兵，资本按自己的需要把他们时而调到这里，时而调到那里。当不行军的时候，他们就“露营”。这种流动的劳动被用在各种建筑工程和排水工程、制砖、烧石灰、修铁路等方面。这是一支流动的传染病纵队，它把天花、伤寒、霍乱、猩红热等疾病带到它扎营的附近地区。(129)在像铁路建设等需要大量投资的企业中，企业主本人通常为自己的军队提供一些木棚之类的住所。这种临时性的村落没有任何卫生设备，不受地方当局监督，对承包人先生非常有利可图，他把工人既当做产业士兵又当做房客进行着双重剥削。木棚里各有一个、两个或三个洞穴，住户即掘土工人等等按照洞穴数每周分别付房租两先令、三先令或四先令。(130)举一个例子就够了。据西蒙医生报告，1864年9月，内务大臣乔治·格雷爵士收到塞文欧克斯教区卫生治理委员会主席如下一份揭发报告：

(128)《公共卫生。第8号报告》1866年伦敦版第50页。

(129)《公共卫生。第7号报告》1865年伦敦版第18页。

(130)同上，第165页。

“大约12个月以前，这个教区根本没听说有天花病。在那以前不久，从刘易舍姆到坦布里奇的铁路工程开始了。此外，主要工程就在这个城市附近进行，工程总部也设在这里。因此有大量的人在这里就业。由于小屋住不下所有的人，承包人杰伊先生就吩咐在铁路沿线各点建造一些供工人居住的小棚。这些小棚既没有通风设备，也没有排水沟，而且必然拥挤不堪，因为每个房客不管自己家里有多少人，而且尽管每个小棚只有两个房间，也必须接纳别的房客。根据我们所收到的医生的报告说，结果是这些可怜的人夜里为了躲避从紧靠窗子的臭水里和厕所里发出的会传播疾病的恶臭，不得不忍受窒息的痛苦。最后，一位有机会参观过这些小棚的医生向我们委员会提出了控诉。这位医生用极其沉痛的语调叙述了这些所谓住宅的状况，他担心倘若不采取一些卫生预防措施，就会产生极其严重的后果。大约一年前，上面提到过的那位杰伊曾答应安排一所房子，以便他雇用的人在患传染病时可以立即被隔离。今年7月底，他再次许下了这个诺言，但是此后尽管发生了几起天花，并且有两人因此死亡，他仍然没有采取任何步骤履行自己的诺言。9月9日凯尔森医生向我报告说，在这些小棚里又发生了几起天花，他把那里的情况描绘得非常可怕。我还应当向阁下〈大臣〉补充报告一点。我们教区已有了一座隔离所，也就是所说的传染病房，用来收容本教区传染病患者。几个月来，这个病房总是挤满病人。有一家5个孩子死于天花和热病。今年4月1日至9月1日，死于天花的已不下10人，其中有4个人就是死在成为传染病发源地的上述小棚中。由于遭难的家属竭力保守秘密，患者的数目无法确定。”(131)

煤矿以及其他矿山的工人是属于不列颠无产阶级中报酬最优厚的一类工人。他们花了怎样的代价才挣得自己的工资，这一点在前

---

(131)《公共卫生。第7号报告》1865年伦敦版第18页注。查珀伦勒弗里斯联合教区的济贫所监督向户籍总署署长370报告说：“在达夫霍尔斯，在小山似的石灰渣堆上挖了许多小窑洞。这些洞穴就是掘土工人和雇来修筑铁路的其他工人的住处，这些洞穴狭窄、潮湿，没有排水沟，也没有厕所。除了在顶上凿一个小孔兼作烟囱外，没有任何通风设备。天花十分猖獗，已经〈在这些穴居人之中〉造成几起死亡。”(同上，注2)

面已经说过了。(132)在这里我再略微谈谈他们的居住情况。矿山开采者，不管他是矿山的所有主还是承租人，通常要为自己的工人建造一定数量的小屋。工人"无偿地"得到小屋和燃料用煤，也就是说，这些小屋和煤构成工资中用实物支付的部分。靠这种办法安置不了的人，每年可以领到四镑作为补偿。矿区很快就吸引来大批的居民，他们是原来的矿工以及聚集在他们周围的手工业者和小店主等等。这里也像其他一切人口稠密的地方一样，地租很高。因此，采矿业主力图在井口附近的狭小的建筑地段上，盖起尽可能多的正好能塞下他的工人和工人家属的必要数量的小屋。一旦附近又开凿新矿井或者重新开采旧矿井，拥挤的程度就要增加。在建造小屋方面，唯一起作用的着眼点就是：凡是绝非必需的现金开支，资本家一概实行"禁欲"。朱利安·汉特医生说：

> "诺森伯兰和达勒姆矿山的矿工以及其他工人的住宅，整个说来，大概是英国——不过蒙茅斯郡的一些类似的地区除外——能够大量见到的最坏的和最贵的住宅了。最糟糕的是：许多人挤在一间房里；在狭小的建筑地段胡乱盖了一大批房子；缺水并且没有厕所；经常采取屋上架屋或者把屋子分成几层的办法〈以致各种小屋都层层相叠〉……　企业主把整个移民队伍看成似乎只是露营，而不是定居。"(133)

斯蒂文斯医生说：

---

(132)第460页及以下几页①所引述的详细材料主要是关于煤矿工人的情况。关于金属矿山的更加恶劣的状况，参看1864年皇家委员会的诚实的报告。

(133)《公共卫生。第7号报告》1865年伦敦版第180、182页。

---

①见本卷第568—576页。——编者注

“我奉命视察了达勒姆联合教区大部分的大矿山村落……　除了极少数例外，可以说，所有的村落都没有采取过任何措施来保障居民的健康……　所有矿工都被束缚〈“bound”这个词和bondage［依附］①一样，都来源于农奴制时代〉在与矿山承租人或矿山所有主签订的12个月的契约上。只要工人流露出不满，或者在哪一方面得罪了监工，监工就在监督簿上他们的姓名下面作个记号或加个注，等到签订新的一年的契约时就把他们解雇……　在我看来，再没有别的实物工资制比这个人口稠密地区所流行的实物工资制②更坏了。工人不得不接受处于传染病影响下的住房，作为他的工资的一部分。他自己一点也无能为力。无论从哪方面看，他都是一个农奴。除了他的所有主以外，恐怕很难有别的什么人能帮助他。但是所有主首先要考虑的是自己的收支表，其结果是可想而知的。工人还从所有主那里得到水的供应。不管供应好坏，不管有无，工人都要付水费，或者不如说，从他的工资中都要作出扣除。”(134)

在同“社会舆论”或甚至同卫生警察发生冲突时，资本总是恬不知耻地对工人不得不在其中劳动和居住的、既危险又使人受辱的条件进行“辩护”，说这是为了更有利地剥削工人所必需的。当资本拒绝在工厂的危险机器上安装防护设备，拒绝在矿山中安装通风设备和采取安全措施，对此一概实行禁欲时，就是这样说的。现在，在矿工的住宅方面，它也是这样说的。枢密院的医官西蒙医生在他的正式报告中说：

“人们替恶劣的房屋设备辩解，说矿山通常是以租赁方式开采的；租赁合同期限太短（煤矿大多是21年），所以矿山承租人认为不值得为企业所招来的工人、手工业者等等提供良好的房屋设备；即使承租人自己想在这方面慷慨一点，地主也会打消他的这种念头。地主有一种倾向，就是当地面上一旦造起像样而

(134)《公共卫生。第7号报告》1865年伦敦版第515、517页。

①见本卷第666页。——编者注

②见本卷第203页。——编者注

舒适的村庄供给那些开采地下财产的矿工们居住时，他就会马上利用这种特权来索取异常高的追加地租。这种禁令性的价格，即使不是一道直接的禁令，也会把另一些本想把房屋建造得好一些的人吓回去…… 我不想进一步研究这种辩解的价值，也不想研究用来建造像样的住宅的追加费用归根到底应当由谁负担，由地主、矿山承租人、工人还是由公众负担…… 但是，面对后面所附报告〈汉特、斯蒂文斯等医生的报告〉中揭露出来的那些可耻事实，必须采取一个补救的办法…… 土地所有权竟被利用来造成社会的极大不公平。地主以矿山所有主的身份把一个工业移民队伍召到自己的领地上来从事劳动，然后又以地面所有主的身份使他所招来的工人无法找到生活上必不可少的合适住宅。矿山承租人〈资本主义的矿山开采者〉没有任何金钱上的利益要来反对交易上的这种划分，因为他知道得很清楚：即使地主的条件很苛刻，后果也不由他承担；而承担这种后果的工人受的教育太少，不懂得自己享有卫生权利；不论极端恶劣的住宅，还是污浊不堪的饮用水，从来都没有引起过罢工。”(135)

(d)危机对工人阶级中报酬最优厚的部分的影响

在谈到真正的农业工人之前，我还要举一个例子，说明危机本身对工人阶级中报酬最优厚的部分即工人阶级的贵族产生了怎样的影响。我们记得，1857年发生了一次大危机——工业周期每一次都是以这种危机而告终。下一个周期是在1866年到来的。由于棉荒把许多资本从通常的投资领域赶到了货币市场的大中心，这次危机在真正的工厂区域已经打了折扣，因而主要带有金融的性质。这次危机在1866年5月爆发，这是以伦敦一家大银行的破产为信号的，继这家银行之后，无数在金融上进行欺诈的公司也接着倒闭了。遭殃

(135)《公共卫生。第7号报告》1865年伦敦版第16页。

的伦敦大生产部门之一是铁船制造业。这一行业的巨头们在繁荣时期不仅无限度地使生产过剩了，而且由于他们误认为信用来源会照样源源不绝，还接受了大宗的供货合同。现在，一种可怕的反作用发生了，而且直到目前，1867年3月底，还在伦敦其他工业部门(136)继续发生。为了说明工人的状况，从1867年初采访过主要受难地区的《晨星报》记者的详细报道中摘引一段如下。

“在伦敦东头，在波普勒、米尔沃尔、格林尼治、德特福德、莱姆豪斯、坎宁镇等区，至少有15 000名工人及其家属处于极端贫困的状态，其中有3 000多人是熟练的机械工人。他们失业6个月至8个月了，积蓄已全部用光……我费了好大劲才挤到贫民习艺所(在波普勒)的大门口，因为它已被一群饿坏了的人团团围住。他们在等着发面包票，但是发票的时间还没有到。院子很大，是方形的，沿着院墙盖有一圈棚子。几大堆雪覆盖着堆在院子当中的铺路石块。院子里有一些用柳条篱笆隔成的小块地方，活像羊栏一样。天气好的时候男人们就在里面干活。我去采访那天，栏子里面全是雪，没法坐人。男人们就在棚子底下砸铺路的石块。每个人都坐在一块大石头上，挥动着大锤砸碎结着冰的花岗石，直到砸满五蒲式耳为止。这样他们一天的活才算干完，并获得三便士和一张面包票。院子的一边有一座歪歪斜斜的小木房。我们把门推开，看见里面塞满了人，肩并肩地挤在一起互相取暖。他们一边撕麻絮一边争论，看谁能吃得最少而干的时间最长，因为有耐力成了受称赞的事情。单是这个贫民习艺所就收容着7 000个接受救济的人，其中

(136)“大批伦敦贫民在挨饿！……　近几天来，在伦敦的墙上张贴着巨幅招贴画，上面写着以下值得注意的字句：‘肥牛们！快饿死的人们！肥牛离开了自己的水晶宫，来养肥住在豪华宅第中的财主，而快饿死的人们却惨死在自己的穷窟里。’载有这种不祥字句的招贴画不断地重新出现。刚刚撕掉或盖住一批，马上在同一地方或在同样显眼的地方又出现一批……　这使人想起促使法国人民发动1789年事变的不祥之兆……　正当英国工人和他们的妻子儿女死于饥寒交迫的时候，成百万的英国货币，即英国劳动的产品，却被投资到俄国、西班牙、意大利和别的国家的企业中去。”(1867年1月20日《雷诺新闻》)

有好几百人在6个月或8个月以前还拿着我国熟练劳动的最高工资。许多人即使积蓄已经用光，但只要还有一点东西可以典当，也决不乞求教区救济；如果没有这种情况，接受救济的人数还要增加一倍……　离开贫民习艺所，我又到街上走了走，街道两旁大多是两层楼的房子，这种房子在波普勒比比皆是。我的向导是失业委员会的委员。我们访问的第一家是一个已经失业27周的铁匠。我看见他和他的全家坐在一间后屋里。屋子里还剩下一点家具，而且生着火。为了使小孩子们光着的脚不致冻坏，不生火是不行的，因为那天非常冷。在火对面的盆子里放着一堆粗麻，妻子和孩子们正在撕麻絮，这是从贫民习艺所领取面包的代价。丈夫在某个上面谈到过的那种院子里干活，每天得一张面包票和3便士。这时他正好回家吃午饭。他苦笑着对我们说，他饿极了；他的午饭只有几片薄薄的涂着油的面包和一杯没有牛奶的清茶……　我们又敲第二家的门，开门的是一个中年妇女，她一句话也没有说就把我们领进一间狭小的后屋，一家大小都在那里一声不响地坐着，呆望着快要熄灭的火。他们脸上和他们的小屋里笼罩着的那种凄凉绝望的情景，使我再也不愿看到类似的景象。妇人指着她的孩子们说：'先生，他们已经26个星期没有活干了。我们所有的钱都花光了，那是我和孩子们的父亲在光景好时积蓄下来想在困难时期有点依靠。请你们看吧！'她几乎是发狂似地喊着，一边拿出一本存取款项写得清清楚楚的银行存折；我们从上面可以看出，这笔小小的财产最初怎样从5先令开始存起，怎样一点一点地增加到20镑，然后又怎样逐渐消失，从若干镑减到若干先令，直到最后一次提款使存折变得像一张白纸一样一文不值。这家人每天从贫民习艺所领到一顿救济饭……　接着我们访问了一个曾在造船厂工作的爱尔兰人的妻子。我们发现她已经饿病了，穿着衣服躺在一张垫子上，勉强算盖着一条毯子，因为所有的被褥都已进了当铺。两个可怜的孩子照料着她，但是看来孩子们自己正需要母亲的照顾。她已经19个星期被迫无事可干，以致陷入这样的境地。她在讲述痛苦经历的时候唉声叹气，仿佛失去了对美好未来的一切希望……　我们走出房子的时候，有一个年轻人跑来要我们到他家去，看看是不是能帮他一点忙。一个年轻的妻子，两个可爱的小孩，一卷当票，一间空房——这就是他指给我们看的一切。"

下面我们再从托利党的报纸上摘引一段描述1866年危机的余痛的报道。不要忘记，这里谈到的伦敦东头，不仅是本章所谈到的铁船制造业工人的所在地，而且还是工资一向低于最低额的所谓“家庭劳动”的所在地。

> “昨天在这个大都会的一角出现了一幅可怕的情景。东头的好几千失业工人虽然没有打着黑色丧旗成群结队地游行，但是这股人潮已经够吓人的了。让我们想想这些人受着怎样的苦难吧。他们快要饿死了。这是一个简单而可怕的事实。他们共有40 000人……　在我们面前，在这个不可思议的大都会的一个区，一边是旷古未有的最大量财富的积累，而紧挨着它的旁边的是40 000个走投无路的行将饿死的人！现在这成千成万的人正在侵入其他市区；这些一直处于半饥饿状态的人向我们大声诉苦，向天哀号，向我们诉说他们的破烂不堪的住所，他们无法找到工作，求乞也没有用。而地方上交纳济贫税的人，由于教区的勒索，也濒于需要救济的赤贫的边缘了。”（1867年4月5日《旗帜报》）

英国的资本家中间流行着一种说法，认为比利时是工人的乐园，因为据说“劳动的自由”，其实也就是“资本的自由”，在那里既不受工联专制的侵犯，也不受工厂法的侵犯。因此，我在这里应谈一谈比利时工人的“幸福”。关于这种幸福的秘密，肯定再也没有人比已故的杜克佩西奥先生更为熟悉的了。杜克佩西奥先生是比利时监狱和慈善机关的总监，也是比利时中央统计委员会的委员。现在让我们来翻看一下他的《比利时劳动阶级的经济预算》(1855年布鲁塞尔版)。在这本书中，我们可以看到一个比利时的标准工人家庭，该书根据非常精确的材料算出了这个家庭每年的收支，然后又把它的营养状况同士兵、水兵和囚犯的营养状况作了比较。这个家庭有“父亲、母亲和四个孩子”。这六个人中“有四个人可以全年就业而有所收益”；假定“他们中间没有生病的和不能劳动的人”，他们“除了交纳为数极少的教堂座位费以外，在宗教、道德和精神需要方面没有什么开支”，他们不“在储蓄银行存款或交纳养老准备金”，没有“奢侈品的开支或其他的多余的开支”。只有父亲和大儿子抽点烟，星期天上个酒馆，这些总共每周花86生丁。

“根据不同行业同意付给工人的工资的综合材料可以看出……一日工资的最高平均额，男人是1法郎56生丁，妇女是89生丁，男孩是56生丁，女孩是55生丁。按照这个标准计算，这家的收入一年最多不过1068法郎……　我们把这个当做典型的家庭的一切可能的收入都计算进去了。但是，既然我们也给母亲算上一笔工资，这样，我们就使她无法料理家务了；谁来看家和照顾小孩呢？谁来做饭、洗衣服和缝缝补补呢？这是工人每天都要碰到的难题。”

根据这个算法，这个家庭的预算是：

1日的工资额		300个工作日的工资总额
父亲	1.56法郎	468法郎
母亲	0.89法郎	267法郎
儿子	0.56法郎	168法郎
女儿	0.55法郎	165法郎
	合计	1068法郎

工人如果要达到下述各种人的营养水平，全家每年的支出额和不足额如下：

	支出额	不足额
水兵的营养	1828法郎	760法郎
士兵的营养	1473法郎	405法郎
囚犯的营养	1112法郎	44法郎

“我们看到，只有少数工人家庭才能达到同囚犯差不多的营养，更不用说达到水兵或士兵的营养了。1847—1849年，比利时每个囚犯每天平均花费63生丁，同工人每天的生活费用相比还有一个13生丁的差额。管理费和监视费可由囚犯不付房租来抵消……　但是多数工人，甚至可以说大多数工人的生活过得还要俭朴，这是怎么回事呢？这只是由于工人采取了只有他们自己

才了解其中秘密的应急措施；他们减少了每天的口粮；吃黑面包而不吃白面包；少吃或者根本不吃肉；少用或者根本不用奶油和调味品；一家大小挤在一两间小屋里，男孩和女孩睡在一起，往往就睡在同一张草垫子上；他们节减服装、洗濯和清洁用品的开支；放弃星期天的消遣；总之，他们决心过最痛苦的贫困生活。工人已经到了山穷水尽的地步，只要生活资料的价格稍稍上涨一点，或者无工可做，或者生病，都会加深工人的贫困，使他完全毁灭。债台高筑，借贷无门，衣服和绝对必需的家具送进当铺，最后是全家申请列入贫民名册。”(137)

其实，在这个“资本家的乐园”里，只要最必要的生活资料的价格发生最微小的变动，就会引起死亡和犯罪数字的变动！（见《〈佛来米人，前进！〉协会呼吁书》1860年布鲁塞尔版第13、14页）全比利时共有93万个家庭。据官方统计，其中富有的家庭（选民）9万户，共45万人；城乡中等阶级下层的家庭39万户，共195万人，其中有相当大一部分正在不断地下降为无产阶级。最后，工人家庭45万户，共225万人，其中的一些模范家庭正在享受着杜克佩西奥所描写的那种幸福。在这45万户工人家庭中，列入贫民名册的竟达20万户以上！

(e)不列颠的农业无产阶级

资本主义生产和积累的对抗性质，在任何地方再也没有比在英格兰农业（包括畜牧业）的进步和农业工人的退步上表现得更为残酷的了。在考察农业工人的现状之前，我们先略微回顾一下过去。在英格兰，现代农业是在18世纪中叶出现的，虽然生产方式由以发生

(137)杜克佩西奥《比利时劳动阶级的经济预算》1855年布鲁塞尔版第151、154、155、156页。

变化的基础，即土地所有权关系的变革还要早得多。

阿瑟·杨格虽是一个肤浅的思想家，但不失为一个精确的观察家，我们从他关于1771年农业工人的描述中可以看到，这些农业工人同他们14世纪末“生活得很富裕并且能积累财富”(138)的先人比较起来，扮演着非常可怜的角色，更不用说同“英格兰城乡劳动者的黄金时代”15世纪相比了。但是我们用不着追溯这么远。在1777年的一部内容十分丰富的著作中写道：

> “大租地农场主几乎上升到绅士的地位，而贫困的农业工人几乎被踩到地下去了。把今天农业工人的状况和40年前的状况比较一下，他们的不幸处境是一目了然的……　土地所有者和租地农场主狼狈为奸，压榨工人。”(139)

接着作者又详细地证明，农村中的实际工资从1737年到1777年几乎降低了$\frac{1}{4}$即25%。当时理查·普赖斯博士也说：

> “现代政治袒护国民中的上层阶级；其结果是，整个王国迟早终将只由绅士和乞丐，贵族和奴隶组成。”(140)

---

(138)詹姆斯·埃·索·罗杰斯(牛津大学政治经济学教授)《英国的农业史和价格史》1866年牛津版第1卷第690页。这部著作是辛勤劳动的成果，目前已出版的头两卷只包括1259—1400年时期。第二卷全是统计资料。这是我们手头所有的关于那个时期的第一部真实可靠的价格史。[446]

(139)《最近济贫税增加的理由，或劳动价格和粮食价格的比较研究》1777年伦敦版第5、11页。

(140)理查·普赖斯《评继承支付》，威·摩尔根编，1803年伦敦第6版第2卷第158页。作者在第159页上指出：“现在一个工作日的名义价格不过比1514年提高3倍，或者最多不过提高4倍。可是现在谷物价格却涨了6倍，肉类和衣服的价格涨了将近14倍。因此，劳动价格的提高远远赶不上生活费用的上涨，现在的劳动价格同生活费用相比较，看来还抵不上过去的一半。”

但是英格兰农业工人在1770年至1780年期间的状况，无论就他们的营养和居住状况来说，或者就他们的自尊感和娱乐情况等等来说，都成了以后再也没有达到过的理想。他们的平均工资如果用小麦来表示，1770年至1771年是90品脱，到伊登时代（1797年）已经只有65品脱，而到1808年时则只剩下60品脱了。(141)

前面我们已经提到反雅各宾战争403末期农业工人的状况①，在这次战争中，土地贵族、租地农场主、工厂主、商人、银行家、交易所骑士、军火商等等大发横财。同时，一方面由于银行券贬值，另一方面由于同银行券贬值无关的生活必需品价格的上涨，名义工资也提高了。但是工资的实际变动情况，用不着在这里详细论述，用很简单的方法就可以说明。济贫法345及其行政机关在1795年和1814年并没有什么变化。我们还记得这项法令在农村中是怎样实施的，那就是由教区以救济形式把名义工资补足到只够工人勉强糊口的名义数额。②租地农场主支付的工资和教区贴补的工资不足额之间的比率说明两件事：第一，工资已经降到它的最低限额以下；第二，农业工人在何种程度上成了既是雇佣工人又是需要救济的贫民，或者说，在何种程度上被变成了他所在的教区的农奴。我们选一个能代表其他各郡平均情况的郡来说吧。在北安普敦郡，1795年平均周工资是7先令6便士，一个六口之家

(141)巴顿《论影响社会上劳动阶级状况的环境》1817年伦敦版第26页。关于18世纪末的情况，参看伊登《贫民的状况》一书。

①见本卷第640—641页。——编者注

②见本卷第694—695页。——编者注

的年支出总额是36镑12先令5便士，收入总额是29镑18先令，由教区贴补的不足额是6镑14先令5便士。1814年，该郡周工资是12先令2便士，一个五口之家的年支出总额是54镑18先令4便士，收入总额是36镑2先令，由教区贴补的不足额是18镑6先令①4便士。(142)可见，在1795年，不足额占工资的$\frac{1}{4}$弱，而到1814年竟占一半以上。不言而喻，在这种情况下，伊登曾经在农业工人小屋中看到过的那种略感舒适的情景，到1814年早已无影无踪了。(143)从此以后，在租地农场主饲养的各种牲畜中，工人这种会说话的工具一直是受苦最深、喂得最坏和虐待得最残酷的了。

这种状况一直平静无事地继续下去，直到

> “1830年斯温暴动[209]使我们〈即统治阶级〉在燃烧着的麦垛的熊熊火光中看到，在农业英格兰的表面下也像在工业英格兰的表面下一样，充满着贫困和燃烧着阴森的反叛的怒火”(144)。

当时萨德勒曾在下院中给农业工人起了一个绰号，把他们叫做“白奴”，一个主教在上院也袭用了这个绰号。当时最著名的政治经济学家爱·吉·韦克菲尔德说：

---

(142)帕里《从农业工人、佃农、土地所有者和国家方面来看现行谷物法的必要》1816年伦敦版第80页。

(143)同上，第213页。

(144)赛·兰格《国家的贫困》1844年版第62页。

---

①按计算应为16先令，不过帕里著作中就是这样写的。——编者注

"英格兰南部的农业工人不是奴隶，也不是自由人，而是需要救济的贫民。"(145)

谷物法[23]临废除前的一段时期，进一步透露了农业工人的状况。一方面，资产阶级鼓动家的利益是要证明这个保护法对谷物的真正生产者很少起什么保护作用。另一方面，工业资产阶级又非常恼恨土地贵族对工厂状况的非难，恼恨这些腐败透顶、丧尽天良、矜持高傲的游惰者对工厂工人的痛楚所表示的假慈悲，恼恨他们对工厂立法所表现的那种"外交热忱"。英格兰有句古老的谚语：两贼相争，好人得利。事实上，统治阶级的两个派别在关于它们当中谁最无耻地剥削工人的问题上展开的喧闹的狂热的争吵，从左右两方面有助于真相的暴露。舍夫茨别利伯爵，又称阿什利勋爵，是贵族慈善家反工厂运动的先锋[447]。因此，他成了1844年至1845年《纪事晨报》上揭露农业工人状况的文章中的热门话题。这家报纸是当时最重要的自由党机关报，它在各个农业地区都有特派记者。这些记者不满足于一般的记述和统计，而且还把调查过的工人家庭和他们的地主的姓名公布出来。下表(146)列举了布兰福德、温伯恩和普尔附近三个村庄工资的支付情况。这些村庄是乔治·班克斯先生和舍夫茨别利伯爵的财产。我们将会看到，这位"低教会派"[448]的教皇，英格兰虔诚派的头目，同他的伙伴班克斯一样，还以房租为借口从工人的微薄工资中克扣掉相当大一部分。

(145)《英国和美国》1833年伦敦版第1卷第47页。

(146)1845年3月29日伦敦《经济学家》第290页。

儿童人数	全家人口	男子周工资	儿童周工资	全家每周收入	每周房租	扣除房租后每周净收入	平均每人每周收入
		先令 便士	先令 便士	先令 便士	先令 便士	先令 便士	先令 便士
村庄一							
2	4	8 —	—	8 —	2 —	6 —	1 6
3	5	8 —	—	8 —	1 6	6 6	1 $3\frac{1}{2}$
2	4	8 —	—	8 —	1 —	7 —	1 9
2	4	8 —	—	8 —	1 —	7 —	1 9
6	8	7 —	1 6	10 6	2 —	8 6	1 $\frac{3}{4}$
3	5	7 —	2 —	7 —	1 4	5 8	1 $1\frac{1}{2}$
村庄二							
6	8	7 —	1 6	10 —	1 6	8 6	1 $\frac{3}{4}$
6	8	7 —	1 6	7 —	1 $3\frac{1}{2}$	5 $8\frac{1}{2}$	— $8\frac{1}{2}$
8	10	7 —	—	7 —	1 $3\frac{1}{2}$	5 $8\frac{1}{2}$	— 7
4	6	7 —	—	7 —	1 $6\frac{1}{2}$	5 $5\frac{1}{2}$	— 11
3	5	7 —	—	7 —	1 $6\frac{1}{2}$	5 $5\frac{1}{2}$	1 1
村庄三							
4	6	7 —	—	7 —	1 —	6 —	1 —
3	5	7 —	2 —	11 6	— 10	10 8	2 $1\frac{1}{2}$
0	2	5 —	2 6	5 —	1 —	4 —	2 —

谷物法的废除大大推动了英格兰的农业。修建巨大规模的排水工程(147),采用圈养牲畜和人工种植饲料的新方法,应用施肥机,采用处理黏土的新方法,更多地使用矿物质肥料,采用蒸汽机以及其他各种新式工作机等等,总之,耕作更加集约化就是这一时期的特点。皇家农业学会主席皮由兹先生断言,由于采用新机器,(相对的)经营费用几乎减少了一半。另一方面,从土地上得到的实际收益迅速增加了。每英亩土地投资的增加,因而租地农场的加速积聚,是采用新方法的基本条件。(148)同时,从1846年到1856年耕地面积约扩大了464 119英亩,东部各郡原为养兔场和贫瘠牧场而现在变成了富饶的庄稼地的大片土地尚不计算在内。我们已经知道,从事农业的总人数与此同时却减少了。就拿男女两性各种年龄的真正农业工人来说,他们的人数从1851年的1 241 269人减少到1861年的1 163 217人。(149)因此,英国户籍总署署长[370]有理由说:"1801年以来租地农场主和农业工人数目的增加,同农产品

(147)为此目的,土地贵族自己从国库中贷给自己一笔低利资金(当然是通过议会),而租地农场主却必须以双倍的利息偿还给这班贵族。

(148)中等租地农场主的减少特别可以从下列各栏人口调查情况中看出:"租地农场主的儿子、孙子、兄弟、侄子、女儿、孙女、姊妹、侄女",一句话,就是租地农场主所使用的自己家庭的成员。这些栏的总人数1851年为216 851人,到1861年就只有176 151人了。从1851年到1871年,英格兰20英亩以下的租地农场减少了900多个,50—75英亩的租地农场由8 253个减到6 370个,所有100英亩以下的其他各类租地农场的情况也与此相仿。相反,在这20年间大租地农场的数目却增加了,300—500英亩的租地农场由7 771个增加到8 410个,500英亩以上的租地农场由2 755个增加到3 914个,1 000英亩以上的租地农场由492个增加到582个。

(149)牧羊人总数由12 517人增加到25 559人。

的增长是极不相称的。”(150)但是最近一个时期，这种不相称的情况更加严重了：一方面，耕地面积不断扩大，耕作更加集约化，投在土地及其耕作上的资本有了空前的积累，农产品获得了英格兰农业史上空前未有的增长，土地所有者的地租大大增加，资本主义租地农场主的财富日益膨胀；另一方面，农业工人人口却在绝对地减少。如果再加上城市销售市场的不断迅速扩大，自由贸易的占统治地位，那么，农业工人在经过种种不幸之后终于被安排在理应令人陶醉的幸福环境中了。

但是罗杰斯教授却得出这样的结论：今天的英格兰农业工人，不要说同他们14世纪下半叶和15世纪的先人相比，就是同他们1770年到1780年时期的先人相比，他们的状况也是极端恶化了，“他们又成了农奴”，而且是食宿都很坏的农奴。(151)朱利安·汉特医生在他关于农业工人的居住状况的划时代的报告中说：

> “农仆〈这是农奴制时期对农业劳动者的称呼〉的生活费用固定在只够他活命的最低的数额上……　他的工资和住房同从他身上榨取的利润相比，几乎不值一提。他在租地农场主的计算中是个零(152)……　他的生存资料永远被看成是一个固定的量。”(153)“至于他的收入的任何进一步的减少，他会说：我什么也没有，我什么也不操心。他不担心将来，因为他除了生存所绝对必需的东

(150)《1861年英格兰和威尔士人口调查》1863年伦敦版第36页。

(151)罗杰斯《英国的农业史和价格史》1866年牛津版第1卷第693页。“农民又成了农奴。”(同上，第10页)罗杰斯先生属于自由学派[449]，他是科布顿和布莱特的私人朋友，因此决不是“过去时代的赞颂者”[450]。

(152)《公共卫生。第7号报告》1865年伦敦版第242页。因此一点也不奇怪，为什么房屋出租者一听说一个工人挣得多一些就对他提高房租，而租地农场主一看到“工人的妻子找到工作”就降低他的工资(同上)。

(153)同上，第135页。

西之外，一无所有。他降到了零点，也就是租地农场主计算的起点。由它去吧，幸福与不幸反正同他无关。”(154)

1863年，对被判处流放和从事强制性公共劳动的犯人的饮食状况和劳动状况曾进行过正式调查。调查的结果记载在两大本厚厚的蓝皮书中。其中写道：

“英格兰监狱中犯人的饮食同这个国家贫民习艺所中需要救济的贫民以及自由农业工人的饮食的详细对比，无可辩驳地表明，前者的饮食比后二者都要好得多。”(155)而“被判处从事强制性公共劳动的犯人的劳动量，大约只有普通农业工人的一半”(156)。451

下面略引几段颇为典型的证词。爱丁堡典狱官约翰·斯密斯在作证时说：

“英格兰监狱中的饮食比普通农业工人要好得多。”(第5056号)“苏格兰的普通农业工人很少吃到什么肉类，这是事实。”(第5057号)“你知道有什么理由能说明犯人的饮食必须比普通农业工人好得多吗?——确实不知道。”(第3047号)“你是否认为应当作进一步试验，使被判处从事强制性公共劳动的犯人的饮食和自由农业工人的饮食大致差不多呢?”(第3048号)(157)其中还写道：“农业工人会说：我干的活很重但是吃不饱。我在蹲监狱的时候，活没有这样重但是吃得很饱，因此我觉得释放出来还不如关在监狱里好。”(158)

综合该报告第一卷中所附的各种表格，可以得出如下比较表。

---

(154)《公共卫生。第7号报告》1865年伦敦版第134页。

(155)《法律执行情况调查委员会关于流放和劳役监禁的报告》1863年伦敦版第42页第50号。

(156)同上，第77页。《大法官备忘录》。

(157)同上，第2卷证词。

(158)同上，第1卷附录第280页。

每周营养量(158a)

(单位:盎司)

	含氮成分	无氮成分	矿物质	合计
波特兰监狱的犯人	28.95	150.06	4.68	183.69
皇家海军水兵	29.63	152.91	4.52	187.06
士兵	25.55	114.49	3.94	143.98
马车制造工人	24.53	162.06	4.23	190.82
排字工人	21.24	100.83	3.12	125.19
农业工人	17.73	118.06	3.29	139.08

1863年医务调查委员会对国民中吃得较坏的各阶级的营养状况进行过一次调查,这次调查的一般结果读者已经知道了。①它表明,大部分农业工人家庭的饮食都低于"防止饥饿病"所必需的最低限度。特别在康沃尔、德文、萨默塞特、威尔特、斯塔福德、牛津、伯克斯和赫茨等地的所有纯农业区更是这样。斯密斯医生说:

"农业工人得到的营养比平均量多,因为他得到的食物比家庭其他成员多得多,这对他的劳动来说是必不可少的。在比较贫困的地区,几乎全部肉类或油脂都归他一个人了。他的妻子和正处在发育期的孩子们得到的营养量多半不够,主要是缺乏氮素,几乎所有的郡都是如此。"(159)

(158a)《法律执行情况调查委员会关于流放和劳役监禁的报告》1863年伦敦版第1卷附录第274—275页。

(159)《公共卫生。第6号报告。1863年》第238、249、261、262页。

①见本卷第754—757页。——编者注

同租地农场主住在一起的男仆和婢女的营养倒很充足。他们的总数由1851年的288 272人减少到1861年的204 962人。斯密斯医生说：

"妇女参加田间劳动尽管有一些坏处，但在目前情况下对一个家庭来说还是大有好处，因为这样做可以给家庭增加一些钱用于买鞋子、衣服和支付房租，从而能使一家人吃得好些。"(160)

这次调查的最值得注意的结果之一，就是弄清了英格兰农业工人的营养比联合王国其他地区农业工人的营养要差得多。下表就是证明：

中等农业工人每周消费的碳素和氮素(161)

（单位：格令）

	碳素	氮素
英格兰	40 673	1 594
威尔士	48 354	2 031
苏格兰	48 980	2 348
爱尔兰	43 366	2 434

(160)《公共卫生。第6号报告。1863年》第262页。

(161)同上，第17页。英格兰农业工人得到的牛奶量只等于爱尔兰农业工人的$\frac{1}{4}$，面包量只等于$\frac{1}{2}$。19世纪初，阿·杨格在他的《爱尔兰游记》中就指出，爱尔兰工人的营养状况要好些。理由很简单：贫穷的爱尔兰租地农场主比富裕的英格兰租地农场主要人道得多。至于威尔士，正文中引用的资料不适用于它的西南地区。"当地的所有医生都一致承认，随着居民身体状况的恶化，由结核病和瘰疬病等等引起的死亡率急剧上升了，并且一致认为健康状况的恶化是由贫穷造成的。当地农业工人一天的生活费大约为五便士，在许多地区，租地农场主〈他自己也很拮据〉付给的还要少些。大量的葱花麦面汤或燕麦粥，加上一片干得像红木一样硬、几乎不值得费很大的劲去消化的咸肉，或者加上一小块油脂当做调味品，这就是农业工人日复一日的午餐…… 工业进步的结果西蒙医生在官方的卫生报告中说：

“汉特医生报告的每一页都证明，我国农业工人的住宅数量不足而且质量

对于农业工人来说，不过是在这样寒冷潮湿的气候下用廉价的棉织品代替了结实的家庭手织棉布，用‘名义上的’茶代替了浓烈的饮料…… 农民在风吹雨打中劳动了好几个小时以后回到自己的小屋里，坐下来烤烤火，烧的是泥炭或用黏土和煤末做的煤球，碳酸气和硫酸气烟雾腾腾。小屋的墙是用黏土和石块砌成的，地是光秃秃的泥地，跟没盖房子以前一样，屋顶是一堆蓬松的湿秸秆。为了保暖，所有的裂缝都堵死了。工人就是在这种充满恶臭的空气里，在泥泞的地上同他的老婆孩子一起吃晚饭，往往披着仅有的一套湿衣服让它在身上暖干。有些曾在夜间不得不在这类小屋里待过几小时的助产医生们描绘说，他们的双脚曾怎样陷在泥泞里，他们曾经怎样不得不在墙上挖一个小洞(这很容易办到！)来吸点新鲜空气。各阶层的大量证人都证明，吃不饱的农民每天晚上都处在各种各样的有害健康的影响下；其结果是居民身体孱弱，常常患瘰疬病，在这方面确实不乏证据…… 卡马森郡和卡迪根郡的教区官吏的报告也清楚地证明了同样的情况。此外还有一个更大的灾难，这就是白痴病的流行。下面再谈谈气候情况。在威尔士全境，一年中有八九个月刮着强烈的西南风，带来了暴雨，受侵袭的主要是丘陵地带的西坡。树木稀少，只在有遮挡的地方才能见到，在没有遮挡的地方全被大风刮倒了。小屋都蜷缩在山脚下，往往是在山沟里或者石坑里，只有最小的羊和本地的牛才能在这种牧场上生活…… 年轻人都跑到格拉摩根郡和蒙茅斯郡的东部矿区去了…… 卡马森郡是矿工的繁殖场和他们的残疾人收容所…… 人口勉强维持原状。例如在卡迪根郡：

	1851年	1861年
男人………	45 155	44 446
女人………	52 459	52 955
	97 614	97 401。”

(汉特医生的报告，散见《公共卫生。第7号报告。1864年》1865年伦敦版第498—502页)

很坏。多年来，他们在这方面的情况不断恶化。现在农业工人要找到栖身之所困难大得多了，即使找到了，也远不能适应他们的需要，这种情况也许比几世纪以来的任何时候都更糟。特别是最近二三十年来，这种祸害更迅速滋长了，目前村民的居住条件简直糟糕透了。村民在这方面束手无策，除非那些靠他们的劳动发财致富的人认为值得对他们发点善心。农业工人能不能在他耕种的土地上找到住处，那个地方适合于人住还是适合于猪住，同时是否附有一小块能够大大减轻贫困压力的园圃——这一切都不取决于他是否愿意或者有能力支付适当的房租，而是取决于别人怎样行使'任意支配自己财产'的权利。不管租地面积有多大，也没有一项法律规定必须在上面建有一定数量的工人住宅，更不用说像样的住宅了；法律同样也没有给工人保留拥有土地的丝毫权利，虽然工人的劳动对土地来说就像雨露和阳光一样必不可少……　还有一种大家都知道的情况更加深了工人的灾难……这就是济贫法关于居住和负担济贫税的规定所产生的影响。(162)在这项法律的影响下，各教区为了金钱上的利益都要把本教区居住的农业工人的人数限制在最低限度之内；因为不幸的是，农业劳动并不能保证劳苦的工人和他的一家维持永久可靠的独立地位，而多半不过是一条通向需要救济的赤贫的或长或短的迂回道路，在整个途程中工人离需要救济的赤贫是这样近，他只要一生病或者暂时失业，就不得不立刻求助于教区救济；因此，只要有农业人口在教区内定居下来，显然就会加重教区的济贫税负担……　大地主们(163)只要决定不准在他们的领地上建筑工人住宅，他们对穷人的负担马上就可以减轻一半。那些可以'任意支配自己财产'的地主，凭借绝对的土地所有权，竟能够像对待异邦人那样对待土地的耕种者并把他们从自己的庄园上赶出去。对于这样一种绝对的土地所有权，英国宪法和法律究竟准备在多大程度上予以承认，这个问题不属于本报告所讨论的范围……　这种驱逐权不单是一种理论问题，它在实际上被广泛地行使着。这是对农业工人的居住条件有决定性影响的情况之一……　这种灾祸殃及的范围，从

---

(162)1865年这项法律有了某些改进。但是人们从经验中很快就知道，这种修补是无济于事的。

(163)为了便于理解下文，这里要说明：close villages(非开放村庄)是指一个或几个大地主所有的村庄；open villages(开放村庄)是指土地分属于许多小地主的村庄。建筑投机家只有在开放村庄才能建造小屋和旅店。

最近一次人口调查中就可以看出。根据这次调查，在最近10年间，尽管地方上对房屋的需求增加了，但是英格兰的821个地区拆除的房屋却越来越多，以致撇开那些不得定居的人〈即不得在自己劳动的教区内定居的人〉不说，1861年居民人数虽然比1851年增加了 $5\frac{1}{3}\%$，但是他们居住的房屋却减少了 $4\frac{1}{2}\%$……　汉特医生说，减少人口的过程一旦达到目的，就出现一种供人观赏的村庄，那里小屋所剩无几，除了牧羊人、园丁和看守狩猎场的人这些固定的仆役以外，谁也不准居住，只有他们才能从慈善的主人那里得到对他们这个阶级来说通常已算不坏的待遇。(164)但是土地需要耕种，于是我们看到，雇来种地的工人并不是地主的房客，而是也许从三英里外的开放村庄来的；这种开放村庄有大量小房主，他们在非开放村庄的工人的小屋被拆除以后就把这些人接纳下来。在那些正走向这种结局的地方，小屋大多破烂不堪，显示出它们注定要遭到的命运。这些小屋正处在自然倒塌的各个阶段。只要房顶还没有塌下来，就允许工人租用，而工人往往也非常乐意承租，即使他必须付出像样的住宅的租金。可是房子从不修理，从不改善，除非身无分文的住户自己动手收拾一下。当房屋终于完全不能住人时，只不过表示又多了一座拆毁的小屋和未来的济贫税将相应减少而已。当大地主这样把居民从他们控制的土地上赶走以摆脱济贫税时，附近的小乡镇或开放村庄就把这些被赶出来的工人接纳下来。我说的是附近，但是这个'附近'也可能离工人每天做苦工的租地农场有3—4英里远。这样，工人为了挣得每天的面包，除了整天干活外，每天还必须走6—8英里路，而这好像不算一回事似的。现在，他的妻子和孩子们所从事的一切农活也要在同样困难的条件下来干了。然而住得远所引起的灾难还不止此。在开放村庄里，建筑投机家购买小块地皮，尽量密集地建造一些最简陋的小屋。在这些可怜的小屋里挤满了英格兰农业工人。这些小屋即使面临空旷的田野，也具有最坏的城市住宅的种种最可怖的

---

(164)这种供人观赏的村庄华而不实，如同叶卡捷琳娜二世巡游克里木时所看到的村庄一样。近来，连牧羊人往往也被赶出这些供人观赏的村庄了。例如，在哈伯勒市场附近有一个占地将近500英亩的牧羊场，这里只需要一个男劳力。以前，为了减少在这个辽阔的草原——莱斯特和北安普敦的美丽的牧场上进行长途跋涉，牧羊人通常可以在农场上得到一所小屋。而现在每周付给他13先令住宿费，他必须到很远的开放村庄去找住处了。

特点(165)……　另一方面，决不要以为，那些即使居住在他们耕种的土地上的工人能够找到一所同他们的生产劳动的生活相称的住宅。甚至在最阔绰的田庄，工人的小屋也往往是非常简陋的。有些地主认为，能让工人和他的家庭住上一间牲口棚已经很不错了，可是他们在出租这类房子时竟然恬不知耻地榨取尽可能多的房租。(166)这也许是一座破落的小屋，只有一间卧室，没有火炉，没

---

(165)“工人住宅〈在开放村庄里，这些住宅当然总是挤得满满的〉通常都是盖成一排一排的，后墙紧挨着建筑投机家声称属于他的小块地皮的边缘。因此这些住宅只有从正面才能透进阳光和空气。”(汉特医生的报告，载于《公共卫生。第7号报告。1864年》第135页)在农村中，啤酒店老板或小店主往往同时就是房屋出租者。在这种情况下，农业工人除了租地农场主外，又有了这第二个主人。他同时还必须是这个主人的顾客。“农业工人每周收入10先令，除每年付房租4镑外，还得按小店主随意规定的价格向他购买一点茶叶、糖、面粉、肥皂、蜡烛和啤酒。”(同上，第132页)这些开放村庄实际上成了英格兰农业无产阶级的“流放地”。许多小屋是不折不扣的旅店，附近地区的一切流氓都在那里出出进进。村民和他的家庭虽然在最污浊的环境中也往往能真正令人惊奇地保持纯朴正直的品格，但是在这种地方也会彻底堕落。显贵的夏洛克们在谈到建筑投机家、小地主和开放村庄时，会伪善地耸耸肩膀，这在他们中间自然已是一种时髦。他们知道得很清楚，他们的“非开放村庄和供人观赏的村庄”乃是“开放村庄”的发源地，并且没有后者前者也不可能存在。“如果没有开放村庄中的小地主，绝大部分农业工人就得在他们劳动的田庄的树下过夜了。”(同上，第135页)“开放村庄”和“非开放村庄”的制度，在英格兰中部各郡和整个东部地区非常流行。

(166)“房屋出租者〈租地农场主或地主〉直接或者间接地靠别人的劳动致富，他每周给这个人10先令工资，然后每年再从这个穷鬼身上榨取4镑或5镑房租。这种房子在公开市场上连20镑也不值，但是由于地主的权力却保持着人为的价格，地主会说：‘要么住我的房子，要么滚你的蛋，没有我的证明，看你到哪里去找住处……’如果有人为了改善自己的状况，想到铁路上去铺轨或者到采石场去干活，同样的权力又会对他说：‘要么拿这样的低工资给我干下去，要么在提出声明后过一个星期就滚蛋，有猪你也弄走，往后看你从你的菜园里长的马铃薯中能搞到什么’。如果地主〈或租地农场主〉觉得还是采取别的办法更有利，他有时就抬高房租，以作为对工人辞工的惩罚。”(同上，第132页)

有厕所，没有可以开关的窗户，除了水沟而外没有任何供水设备，没有园圃，但工人对这种不公正也无可奈何。而我们的卫生警察法仍然是一纸空文。这些法律竟然恰恰要靠出租这类破屋的地主们来实行……　我们决不能让那些偶尔见到的灿烂夺目的景象迷住眼睛而看不见那些有辱英国文明的大量事实。尽管现在的居住情况已经糟到了骇人听闻的地步，但是权威的观察家们却一致得出结论说，住宅固然普遍恶劣不堪，但同住宅数量不足比较起来，那还是一个微不足道的灾难。这种状况真是太可怕了。多年来，农业工人居住过挤的状况不仅使关心健康的人深感不安，而且也使一切关心体面和有道德的生活的人深感不安。因为那些提出关于农村地区流行病蔓延情况报告的人一而再再而三地用一成不变的看来已成老套的词句指出，由于居住过挤，为制止已发生的流行病进一步蔓延而作的一切努力都白费了。报告同样一而再再而三地证明，农村生活本来对健康有许多好处，但是由于居民过于密集，不仅传染病蔓延大大加快，而且非传染性疾病也很容易发生。揭露这类情况的人对别的祸害也没有保持沉默。虽然他们原来的任务只限于保健工作，但是他们几乎总是不得不注意到问题的其他方面。他们在报告中指出，已婚的和未婚的成年男女常常挤住在一间狭小的屋子里，这必定使人相信，在这种情况下羞耻心和庄重感被最粗暴地伤害了，道德的败坏几乎是必然的(167)……　例如，在我最近一次报告的附录里，载有奥德医生关于白金汉郡温地区突然发生热病的报告。他谈到一个从温格雷夫来的年轻人怎样把热病带到了温。他在得病的最初几天和另外9个人同住在一个房间里。两个星期的工夫，房间里就有几个人被传染了。在几星期内，9人中有5人得了热病，并有一人死亡！同时，圣乔治医院的医生哈维曾因私人出诊的关系在传染病流行期间到过温，他也向我提供了类似的情况：

---

(167)“新婚夫妇对于睡在同一个房间里的成年弟弟妹妹不会有什么好影响；虽然不能记下实例，但有足够的材料可以证实这种说法：血亲通奸罪使妇女招致极大痛苦，甚至常常死亡。”(汉特医生的报告，载于《公共卫生。第7号报告。1864年》第137页)有个曾在伦敦风气最坏的街区当过多年侦探的农村警官，在谈到他们村的姑娘时说：“她们在这样小的年纪就这样道德败坏，这样放荡不羁和厚颜无耻，这是我在伦敦风气最坏的街区当侦探时都从来没有见过的……　他们像猪一般地生活，小伙子和大姑娘，母亲和父亲，统统睡在一个房间里。”(《童工调查委员会。第6号报告》1867年伦敦版，附录第77页第155号)

‘一个患热病的年轻女人晚上同父亲、母亲、她的私生子、两个小伙子即她的兄弟以及各有一个私生子的两个姊妹睡在一个房间里，一共是10个人。几星期以前这个房间曾住过13个儿童’。”(168)

汉特医生调查过5 375户农业工人居住的小屋，其中不仅有纯农业区的，而且有英格兰所有各郡的。在5 375户中，2 195户只有一间卧室(往往兼作起居室)，2 930户有2间卧室，250户有2间卧室以上。现在我就12个郡的情况简单摘录如下。

1. 贝德福德郡：

雷斯林沃思：卧室大约长12英尺，宽10英尺，还有许多比这更小。矮小的平房通常都用木板隔成两间卧室，在高5英尺6英寸的厨房里往往还放上一张床。房租3镑。住户要自己盖厕所，房东只提供一个土坑。谁家一盖了厕所，邻居们便都来使用。一个叫理查森的一家租的一栋房屋真是漂亮非凡。它的石灰墙鼓得像行屈膝礼的女人的长裙一样。山墙一边突出来，一边凹进去，而在凹进去的一边不幸还竖着一根烟囱，即一根用泥土和木头做的歪歪扭扭的管子，活像一个象鼻子。烟囱用一根长棍支着，防备它倒下来。门和窗都是菱形的。在调查过的17户人家中，只4户有卧室一间以上，不过也是挤得满满的。在一座只有一间卧室的小屋里，住着3个大人和3个孩子，另一户这样的小屋住着一对夫妇和6个孩子，如此等等。

邓顿：房租昂贵，4镑至5镑，男子每周工资10先令。他们都想靠家里人编草辫来挣钱付房租。房租越高，需要一起干活的人便越多，这样才能付得起房租。一间住着6个大人和4个孩子的卧室，房租是3镑10先令。邓顿最便宜的房屋外沿长15英尺，宽10英尺，

---

(168)散见《公共卫生。第7号报告。1864年》第9—14页。

租金3镑。在调查过的14户人家中，只有一户有两间卧室。村前不远有一户人家，住户就在墙脚下大小便，房门下端烂掉了9英寸。晚上关门的时候，人们巧妙地从里面塞上几块砖头，再挡上块破席子。半个窗户连玻璃带窗框全掉下来了。房子里没有任何家具，3个大人和5个小孩挤做一团。邓顿比起比格尔斯韦德联合教区的其他地方来，还不算是最坏的。

2. 伯克郡：

比内姆：1864年6月，一间小平房住着丈夫、妻子和4个孩子。一个女儿在干活的地方得了猩红热回的家。她死了。一个孩子得病死去。汉特医生被请来的时候，母亲和一个孩子正患着伤寒病。父亲和另一个孩子睡在屋外边。但是，这里要保证隔离很难，因为在这个不幸的村庄的拥挤的市场上就堆放着传染病人家待洗的衣物。哈家的房租每周1先令，一间卧室里住着一对夫妇和6个孩子。另一座房子租金8便士（每周）；长14英尺6英寸，宽7英尺，厨房高6英尺；卧室没有窗户，没有火炉，没有门，除了一条过道外，没有任何其他出入口，也没有园圃。不久前，有一个男人同他的两个成年女儿和一个行将成年的儿子住在里边；父亲和儿子睡在一张床上，两个女儿睡在过道里。他家住在这里的时候，两个女儿各生过一个小孩，其中一个女儿是到贫民习艺所生了孩子以后回家来的。

3. 白金汉郡：

在1 000英亩土地上建有30户小屋，大约住着130—140人。布拉德纳姆教区占地1 000英亩，1851年有36户人家，住着84个男人和54个女人。男女人数的不平衡到1861年有所改变，这时男子有98人，女子87人，10年间男子增加14人，女子增加33人。然而户数却减少了一户。

温斯洛：大部分房屋是按好式样新建的；房屋的需要量看来很大，因为非常蹩脚的小屋每周也要付1先令或1先令3便士的租金。

沃特–伊顿：这里的地主眼看居民增加了，却拆除了大约20%的房屋。有一个贫穷的工人上工时大约要走4英里路，有人问他能不能找到一座较近的小屋，他回答说："不能，他们生怕招到像我这样有一大家人口的房客。"

温斯洛附近的廷克斯恩德：一间卧室长11英尺，宽9英尺，最高处6英尺5英寸，住着4个大人和5个孩子。另一间卧室长11英尺7英寸，宽9英尺，高5英尺10英寸，住着6个人。这两个家庭每个成员所占的空间比一个苦役犯人所应占的空间还要小。每座房屋只有一间卧室，没有后门，水非常缺乏。房租每周从1先令4便士到2先令。在调查过的16户人家中，只有一个人每周有10先令的收入。在这样的居住条件下，每个人得到的空气量相当于他整夜被关在4英尺立方的箱子里所得到的空气量。不过，那些旧的小屋倒有许多自然的通风口。

4. 剑桥郡：

甘布林盖属于几个地主所有。这里到处都可以看到破烂不堪的小屋。许多人以编草辫为业。甘布林盖到处都是致命的疲惫，到处都绝望地屈服于肮脏生活。中心地区年久失修已经成为南北两端灾难加深的根源，在这两端房子正一座接一座地倒塌下去。另有住处的地主们对这些穷窝敲骨吸髓。房租贵极了；8—9个人硬挤在一间卧室里，有两处是6个大人各带着1—2个孩子挤在一间小小的卧室里。

5. 埃塞克斯：

在本郡的许多教区，居民和小屋同时减少。但是至少有22个教区，房屋的拆除并没有阻止住居民的增加，或者说，没有引起那种到处发生的以“向城市移居”为名而进行的驱逐居民的现象。在面积为3 443英亩的芬格林霍教区，1851年有房屋145座，到1861年只剩了110座，但是居民不愿意搬走，并且甚至在这样的条件下，人口还增加了。在拉姆斯登克莱斯教区，1851年252人住在61座房屋里，而到1861年，262人却挤在49座房屋里。在面积为1 827英亩的巴西尔登教区，1851年157人住35座房屋，10年以后，180人却只住27座房屋。在总面积为8 449英亩的芬格林霍、南芬布里奇、威德福德、巴西尔登和拉姆斯登克莱斯等教区，1851年1 392人住316座房屋，到1861年，在同样大的面积上1 473人却只住249座房屋。

6. 赫里福德郡：

这个小郡受“驱逐风气”之苦比英格兰任何其他郡都更厉害。在马德利，小屋挤得满满的，这些小屋通常有两间卧室，多半为租地农场主所有。他们很容易按每年3镑或4镑的租金出租这些小屋，而他们每周支付的工资才9先令！

7. 亨廷登郡：

哈特福德教区，1851年有房屋87座，此后不久，这个面积为1 720英亩的小教区拆除了19座小屋；居民1831年452人，1851年382人，1861年341人。调查过的14户人家居住的小屋，都只有一间卧室。其中一户住着一对夫妇、3个成年儿子、1个成年姑娘、4个小孩，共计10人；另一户住着3个大人、6个小孩。有一个房间长12英尺10英寸，宽12英尺2英寸，高6英尺9英寸，住着8个人；连房内突出部分计算在内，平均每人占有的空间才将近130立方英尺。在这14间卧室内，共住着34个大人和33个小孩。这些小屋四周很少有小园圃，不过许多住户可以按每路得（$\frac{1}{4}$英亩）10或12先令的租金租到一小块土地。这些地块离住宅很远。住宅没有厕所。全家人要么不得不到自己的地里去大便，要么像这里发生的那样——这简直很难说出口——拉在一个橱柜的抽屉里，满了以后，便拿到需要粪便的地方倒掉。在日本，生活条件的循环也要比这清洁些。

8. 林肯郡：

兰托夫特：在莱特的一家中住着1个男人、他的妻子、岳母和5个孩子。这座房屋一进门有个厨房，还有个洗濯间，厨房顶上是卧室。厨房和卧室长12英尺2英寸，宽9英尺5英寸。房屋总面积长21英尺3英寸，宽9英尺5英寸。卧室是个小阁楼，四壁像宝塔糖一样越往上越收拢，正面开着一个天窗。他为什么要住在这里？因为有园圃吗？园圃小极了。因为房租吗？房租很贵，每周1先令3便士。因为离工作地点近吗？不，离工作地点有6英里远，他每天来回要走12英里路。他住在这里，只是因为这座小屋可以租到，并且他想找一座独门独户的小屋，而不管房子在什么地方，租价多高，好坏如何。下面是兰托夫特教区12户人家的统计资料，每户都只有一间卧室，共住着38个大人和36个小孩。

兰托夫特的12座房屋

户数	卧室	大人	小孩	总人数	户数	卧室	大人	小孩	总人数
1	1	3	5	8	1	1	3	3	6
1	1	4	3	7	1	1	3	2	5
1	1	4	4	8	1	1	2	0	2
1	1	5	4	9	1	1	2	3	5
1	1	2	2	4	1	1	3	3	6
1	1	5	3	8	1	1	2	4	6

9. 肯特郡：

肯宁顿，1859年居民拥挤到了极点，当时发生了白喉，教区医生对居民中较贫困阶级的状况进行了一次正式调查。他发现，在这个需要大量劳动的地方，好多小屋被拆除了，新的却没有建造。在一个地区有四座被称为鸟笼的小房子，每座有四个房间，其大小如下：

厨房 ………………	9英尺5英寸×8英尺11英寸×6英尺6英寸
洗濯间 …………	8英尺6英寸×4英尺 6英寸×6英尺6英寸
卧室 ………………	8英尺5英寸×5英尺10英寸×6英尺3英寸
卧室 ………………	8英尺3英寸×8英尺 4英寸×6英尺3英寸

10. 北安普敦郡：

布里克斯沃思、皮茨福德、弗洛尔：这三个村庄中，一到冬天就有20—30个人因为找不到工作流落街头。租地农民栽种的谷物和块根作物往往种得不够好，因此地主认为最好还是把他所有的租地合并成两到三片大地块。这样一来就造成了失业现象。地沟的一边是土地需要耕种，另一边是受欺诈的工人眼巴巴地望着土地。工人们夏天拼死拼活地劳动，而冬天却要忍饥挨饿，难怪工人们用他们自己的方言说："the parson and gentlefolks seem frit to death at them。"(168a)

弗洛尔村有好几家这样的例子：一间极其狭窄的卧室住着一对夫妇和4、5或6个孩子，或者是住着3个大人和5个孩子，或者是住着一对夫妇、祖父和6个患猩红热的孩子，如此等等。有两座各有两间卧室的房子，住着两户人家，分别有8个大人和9个

(168a)"牧师和贵族好像勾结起来要逼死他们。"

大人。

11. 威尔特郡：

斯特拉顿：调查过31户人家，其中8户都只有一间卧室。在这个教区的彭希尔地方，有一座小屋，每周租金1先令3便士，住着4个大人和4个孩子，除了还算像样的墙壁之外，从粗糙的碎石铺成的地面到腐烂的茅草屋顶，没有一处好地方。

12. 伍斯特郡：

这里拆除房屋的现象并不那么严重，但是从1851年到1861年，每座房屋容纳的人数平均由4.2人增加到4.6人。

巴德西：这里有许多小屋和小园圃。有些租地农场主说，小屋"是个大祸害，因为它招引穷人"。一个绅士说：

> "穷人不会因此得到什么好处；即使再修建500座小屋，也会像面包一样被一抢而光；事实上，修建得越多，需要量也就越大"——

照他看来，房屋产生住户，而住户又按照自然规律对"住房"产生压力。汉特医生在回答这种说法时指出：

> "但是这些穷人必然是来自某个地方。既然巴德西不存在救济之类的特别吸引力，那必然是在另一个更不合适的地方存在着某种把他们赶到这儿来的排斥力。如果每个人都能在自己的劳动地点附近找到一座小屋和一小块土地，那他当然宁愿住在这种地方而不会搬到巴德西来了，因为在这里，他租一小块土地的租金比租地农场主所付的租金贵一倍。"

人口不断地流往城市，农村人口由于租地集中、耕地转化为牧场、采用机器等原因而不断地"变得过剩"，农村人口因小屋拆除而不断地被驱逐，这些现象是同时发生的。一个地区的人口越稀少，那里的"相对过剩人口"就越多，他们对就业手段的压力就越大，农村人口多于住房的绝对过剩也就越大，从而农村中地方性的人口过剩以及最容易传染疾病的人口拥挤现象也就越严重。人群密集在分散的小村庄和小市镇的现象，同人们被强行从地面上赶走是相适应的。尽管农业工人的人数不断减少，他们的产品的数量不断增加，但他们还是不断地“变得过剩”，这是使他们成为需要救济的贫民的摇篮。他们可能成为需要救济的贫民，是他们被驱逐的一个原因，也是居住条件恶劣的主要根源，而居住条件恶劣又摧毁了他们最后的反抗能力，使他们完全变成地主(169)和租地农场主的奴隶，以致获得最低的工资对他们来说已成了天经地义。另一方面，农村中尽管经常出现“相对过剩人口”，但同时也感到人手不足。这种现象不仅局部地发生在人口过快地流往城市、矿山、铁路工地等处的地区，而且在收获季节以及在春夏两季，当英国的精耕细作的、集约化的农业需要额外劳力的许多时候，到处都可以看到。农业工人按耕作的平均需要来说总

---

(169)“农仆①的天赋职业甚至使他的地位显得尊严。他不是奴隶，而是和平的士兵，他理应得到必须由地主提供的适合已婚人居住的房屋，因为地主有权要求他从事强制劳动，就像国家要求士兵这样做一样。他的劳动，也像士兵的劳动一样，得不到按市场价格支付的报酬。像士兵一样，他也是在年幼无知、只熟悉本行职业和本乡本土的时候就被人抓去的。他必须早婚并遵守各种居住法，就像士兵必须应征入伍并遵守军法一样。”(汉特医生的报告，载于《公共卫生。第7号报告。1864年》第132页)有时也例外地有某个软心肠的地主对自己一手造成的荒凉景象感到惋惜。例如莱斯特伯爵在人们向他祝贺霍尔克姆城堡落成的时候就说：“一个人独居在自己的领地上是非常郁闷的事。我环顾四周，除了我自己的房子外，再看不到别的房子。我成了巨人城堡中的巨人，把我所有的邻居都吃光了。”

---

①见本卷第781页。——编者注

是过多，而按特殊的或者临时的需要来说又总是过少。(170)因此，在官方的文件中可以看到同一地区同时发出的自相矛盾的抱怨，既抱怨劳力不足，又抱怨劳力过剩。临时性的或局部的劳力不足并不会引起工资的提高，只会迫使妇女和儿童也参加田间劳动，使工人的年龄不断下降。一旦妇女和儿童被大规模地使用，这又会反过来成为一种新的手段，造成农业中男工过剩，并使他们的工资下降。这种恶性循环的美好结果之一是所谓的帮伙制度②，这种制度在英格兰东部地区正在兴盛起来。下面我简单地谈谈这种制度。(171)

帮伙制度几乎是林肯、亨廷登、剑桥、诺福克、萨福克和诺丁汉等郡所独有的，在邻近的北安普敦、贝德福德和拉特兰各郡的个别地方

(170)近几十年来在法国，随着资本主义生产侵入农业和把“过剩的”农村人口赶往城市，也出现了类似的现象。这里，在“过剩”人口的发源地，居住条件和其他条件也变坏了。关于小块土地所有制所造成的真正“农业无产阶级”，见前面引用过的科兰的《政治经济学》①和卡尔·马克思的《路易·波拿巴的雾月十八日》(1869年汉堡第2版第88页及以下几页[452])。1846年，法国城市人口占24.42%，农村人口占75.58%；到1861年，城市人口占28.86%，农村人口占71.14%。最近五年来，农村人口所占的百分比又大为减少了。早在1846年，皮埃尔·杜邦就在自己的《工人之歌》中写道：

“穿破衣，住洞窟，
屋檐底下，垃圾堆里找栖身处，
猫头鹰，小扒手，这些黑夜之友啊，
齐来和我们同住。”

(171)童工调查委员会第6号报告，也就是最后一次报告，于1867年3月底公布，专门谈农业中的帮伙制度。

①见本卷第709页。——编者注

②见本卷第459页。——编者注

也可以见到。我们且举林肯郡为例。这个郡的很大一部分是新地，原来是沼泽，或者像上述东部其他各郡的一些地方一样，是刚从海水下夺来的土地。蒸汽机在排水方面创造了奇迹。过去的沼泽地和沙地现在已成了一片富饶的米粮川，可以得到最高的地租。阿克斯霍姆岛及特伦特河沿岸其他教区人工开拓的冲积地也是如此。新的租地农场出现了，然而不但没有相应地修建新的小屋，连旧的小屋也拆毁了，劳力供给来自几英里以外的、分布在蜿蜒于丘陵之间的大道两旁的开放村庄。从前居民只是为了躲避漫长的冬季水患才到那里居住。在400—1 000英亩的租地农场上长期住着一些工人（他们在当地被称为定居工人），他们专门干经常性的使用马匹的繁重农活。每100英亩（1英亩＝40.49公亩或1.584普鲁士亩）土地平均还摊不到一座小屋。例如，一个租种沼泽地的租地农场主对童工调查委员会说：

> “我的租地占地320多英亩，全是耕地。没有小屋。有一个工人现在住在我这里。我有四个养马工，住在农场附近。需要大量人手的轻活都找帮伙去做。”(172)

田间有许多轻活，如除草、松土、施肥、捡石子等等。所有这些活都由住在开放村庄的帮伙，即一群有组织的人来干。

每个帮伙由10人至40或50人组成，有妇女、男女青少年（13—18岁，不过少年们大多一到13岁就离开帮伙）和男女儿童（6—13岁）。为首的是帮头，他通常是一个普通农业工人，多半是所谓的坏蛋，无赖汉，漂泊不定，好酗酒，但是有一定的干劲和才干。他招募帮伙，帮伙在他指挥下干活，而不是在租地农场主指挥下干活。

(172)《童工调查委员会。第6号报告》，证词第37页第173号。

他多半从租地农场主那里按活茬包揽农活，他的收入平均起来不会比一个普通农业工人的收入高出许多(173)，这种收入几乎完全要看他有多大本领能在最短时间内使他的那伙人付出最大量的劳动。租地农场主们发现，妇女只有在男子的专制下才能好好地干活，而妇女和儿童一干起活来，正像傅立叶已经知道的那样，就会拼命地使出自己的全身力气，可是成年男工却很滑头，总是尽量节省力气。帮头带着人从一个庄园到另一个庄园，一年中能使他的帮伙干6—8个月的活。因此对工人家庭来说，同他打交道要比同只是偶尔雇用孩子的租地农场主打交道有利和可靠得多。这种情形大大地巩固了帮头在开放村庄中的权势，以致孩子们多半只有经过他的介绍才能找到工作。从帮伙中抽出个别儿童向外出租，成了他的副业。

这种制度的"阴暗面"，就是儿童和青少年要从事过度劳动，他们每天要到5、6英里有时甚至7英里以外的庄园去劳动，往返时要长途跋涉，最后，"帮伙"内道德败坏。虽然帮头（在某些地区被称为"赶牲口的人"）备有一根长棍子，但是他很少用它打人，极少听到有谁抱怨他虐待人。他是一个民主的皇帝，或者有些像哈默尔恩的捕鼠者。因此，他需要在自己的臣民中树立威望，他用那种在他的庇护下风行一时的茨冈式的生活把他的臣民笼络住。粗野的放纵，漫无节制的寻欢作乐和极端伤风败俗的猥亵行为，使帮伙具有巨大的魔力。帮头常常在下流酒馆里畅饮到囊空如洗，然后酣醉而归，左右各由一个慓悍的女人搀扶着，走在行列的前头，儿童和青少年跟在后面乱嚷乱叫，唱着嘲讽轻浮的歌曲。在回家的路上，傅立叶所说的"男女公

(173)但是有的帮头已变成了拥有500英亩土地的租地农场主，有的则变成了成片房屋的所有主。

开”453成了习以为常的事。十三四岁的女孩因她们的年龄相仿的男伙伴而怀孕的现象屡见不鲜。帮伙所在的开放村庄变成了所多玛和蛾摩拉(174)454，这些地方的非婚生子比王国的其他地方要多一倍。受这种环境熏陶的姑娘出嫁以后，在道德上会落到怎样的结果，我们在前面已经指出①。她们的子女即使不被鸦片毁掉，也是帮伙的天生的新兵。

上面所说的是帮伙的典型形式，这种帮伙称为公开的，公共的或流动的帮伙。此外，还有私人帮伙。私人帮伙的组成同普通帮伙一样，但人数较少，这种帮伙不是在帮头手下干活，而是在一个租地农场主不知如何使用才好的老雇农手下干活。这里没有茨冈式的放荡不羁的生活，但是各种证词表明，儿童的报酬和待遇变坏了。

最近几年来不断扩大的帮伙制度(175)当然不是为了帮头的利益而存在的。它是为了大租地农场主(176)或地主(177)的发财致富的需

(174)“拉德福德郡有半数少女让帮伙制度毁了。”(《童工调查委员会。第6号报告》，附录第6页第32号)

(175)“最近几年来，这种制度大为流行。在某些地区，这种制度刚实行不久，在另一些实行较久的地区，就有更多和更年幼的儿童被卷到帮伙里面来了。”(《童工调查委员会。第6号报告》第79页第174号)

(176)“小租地农场主不使用帮伙。”“贫瘠的土地上不使用帮伙，只有每英亩能提供2镑至2镑10先令地租的土地上才使用帮伙。”(同上，第17页和第14页)

(177)有一位地主感到地租太合自己的胃口了，他愤然地对调查委员会说，一切喧扰的产生只是因为这种制度的名称不好。如果不叫“帮伙”，而叫“少年工农业合作自立协会”，那就一切都不成问题了。

①见本卷第459页。——编者注

要而存在的。在租地农场主看来，再没有更巧妙的办法能把他的劳动人员大大压低到正常水平以下，而又能经常拥有一批额外劳力来应付额外工作，花尽量少的钱榨取尽量多的劳动(178)，并使成年男工“过剩”。根据以上所述，我们可以了解，为什么人们一方面承认农民处于不同程度的失业中，而另一方面又认为，由于男劳力缺乏并流往城市，帮伙制度是“必要的”。(179)林肯郡等地的已清除杂草的田地和人类的杂草，就是资本主义生产的对立的两极。(180)

---

(178)一个当过帮头的人说：“帮伙劳动比任何其他劳动都便宜，这就是人们所以使用它的原因。”(《童工调查委员会。第6号报告》第17页第14号)一个租地农场主说：“帮伙制度对租地农场主来说无疑是最便宜的，对儿童来说无疑是最有害的。”(同上，第16页第3号)

(179)“毫无疑问，现在由帮伙中的儿童干的许多活过去都是由男子和妇女干的。在使用妇女和儿童的地方，现在失业的男子比以前更多了。”(同上，第43页第202号)但是另一方面，“在许多农业地区，特别是产粮区，因为农民移居国外以及铁路使他们便于流往大城市，劳力问题非常严重，所以，我〈这个“我”是某个大地主在农村的代理人〉认为儿童劳动是绝对必要的”(同上，第80页第180号)。英格兰农业地区的劳力问题和文明世界的其他地区不同，这是地主和租地农场主的问题：怎样才能在农村人口外流不断增加的情况下，在农村中永远保持足够的“相对过剩人口”，从而使农业工人永远领取“最低工资”？

(180)前面我引用过的《公共卫生报告》，在说明儿童死亡率时顺便谈到了帮伙制度①，这个报告一直是报刊从而是英国公众所不知道的。但是，童工调查委员会最近一次报告却为报刊提供了求之不得的“耸人听闻”的材料。自由派报刊质问那些麇集在林肯郡的雍容尔雅的绅士们、女士们和国教会的牧师们，那些曾派出自己的使团到另一半球去“驯化南洋野人”的人物们，怎么竟会睁着眼睛听任这样的制度在他们的庄园内发展起来。与此同时，上流报刊则大谈特谈农村居民的极端堕落，他们竟肯把亲生儿女卖身为奴！其实，农村居民

---

①见本卷第457—460页。——编者注

(f)爱　尔　兰[455]

在结束本节时，我们还应该到爱尔兰去看一看。首先说一说与此有关的事实。

爱尔兰的人口，1841年曾达到8 222 664人，1851年减少到6 623 985人，1861年减少到5 850 309人，1866年减少到5 500 000人，即几乎减少到1801年的水平。人口减少是从饥荒的1846年开始的，此后不到20年的工夫，爱尔兰就失去了它的总人口的$\frac{5}{16}$以上。(181)1851年5月到1865年7月，从爱尔兰移居国外的总人数为1 591 487人，而在1861年到1865年最近5年间移居国外的人口达500 000人以上。住宅从1851年到1861年减少了52 990

处在"显贵们"把他们紧紧束缚住的那种万恶的条件下，就是把他们自己的儿女吃掉，也是可以理解的。真正值得惊奇的，倒是他们大多数人都能保持良好品德。官方报告的起草人证明，甚至在帮伙制度盛行的地区，父母们对这种制度也非常反感。"在我们收集的证词中可以找到大量的材料证明，如果有一项强制法律能够使父母们抵制他们经常遇到的诱惑和压力，他们多半会感激不尽。有时是教区官吏，有时是雇主们用解雇威胁他们，强迫他们把孩子送去劳动，而不是送去上学……　时间上和精力上造成种种浪费，农民全家由于过度的无益的劳累而含辛茹苦，父母们眼看自己的子女由于小屋居住过挤或者帮伙制度的恶劣影响而道德败坏，——所有这一切在劳苦的穷人的心中会引起怎样的感触是不难理解的，这里用不着详加叙述。他们意识到，他们对于使他们在肉体上和精神上遭受许多痛苦的处境是完全没有责任的，只要他们有能力，他们是决不会表示赞同的，但是他们无力反抗这种处境。"（《童工调查委员会。第6号报告》第XX页第82号；第XXIII页第96号）

(181)爱尔兰的人口：1801年5 319 867人，1811年6 084 996人，1821年6 869 544人，1831年7 828 347人，1841年8 222 664人。

座。从1851年到1861年，15—30英亩的租地农场增加61 000个，30英亩以上的租地农场增加109 000个，而全部租地农场的总数减少了120 000个。可见，减少的原因完全是由于15英亩以下的租地农场不断消灭了，也就是说，它们不断集中了。

随着人口的减少，产品量总的来说自然也减少了。就我们的目的来说，只要考察一下1861年到1865年这五年就够了。这五年间，有500 000以上的人口移居国外，绝对人口数减少了330 000以上(见A表)。

A表 牲畜头数(182)

年份	马		牛		
	总数	减少	总数	减少	增加
1860	619 811	—	3 606 374	—	—
1861	614 232	5 579	3 471 688	134 686	—
1862	602 894	11 338	3 254 890	216 798	—
1863	579 978	22 916	3 144 231	110 659	—
1864	562 158	17 820	3 262 294	—	118 063
1865	547 867	14 291	3 493 414	—	231 120

年份	羊			猪		
	总数	减少	增加	总数	减少	增加
1860	3 542 080	—	—	1 271 072	—	—
1861	3 556 050	—	13 970	1 102 042	169 030	—
1862	3 456 132	99 918	—	1 154 324	—	52 282
1863	3 308 204	147 928	—	1 067 458	86 866	—
1864	3 366 941	—	58 737	1 058 480	8 978	—
1865	3 688 742	—	321 801	1 299 893	—	241 413

(182)如果我们回溯得更远一些，结果会更加糟糕。例如，1865年有羊3 688 742只，而1856年是3 694 294只；1865年有猪1 299 893头，而1858年是1 409 883头。

根据上表可得出如下结果：

马	牛	羊	猪
绝对减少	绝对减少	绝对增加	绝对增加
71 944	112 960	146 662	28 821

现在我们再来看看为牲畜和人提供生活资料的农业。下表中的各年度的数字是比上一年度减少或增加的数字。谷物包括小麦、燕麦、大麦、黑麦、菜豆和豌豆；蔬菜包括马铃薯、芜菁、甜萝卜、甜菜、白菜、胡萝卜、欧洲防风、野豌豆等等。

B表　耕地和草地（即牧场）的面积的增减情况

（单位：英亩）

年份	谷物地	蔬菜地		草地和三叶草地		亚麻地		耕地及畜牧地总面积	
	减少	减少	增加	减少	增加	减少	增加	减少	增加
1861	15 701	36 974	—	47 969	—	—	19 271	81 373	—
1862	72 734	74 785	—	—	6 623	—	2 055	138 841	—
1863	144 719	19 358	—	—	7 724	—	63 922	92 431	—
1864	122 437	2 317	—	—	47 486	—	87 761	—	10 493
1865	72 450	—	25 421	—	68 970	50 159	—	28 218	—
1861—65	428 041	108 013	—	—	82 834	—	122 850	330 370	—

1865年，“草地”增加了127 470英亩，这主要是由于“未开垦的荒地和泥沼地”减少了101 543英亩。我们把1865年同1864年比较一下，则可以看到谷物减少了246 667夸特，其中小麦减少48 999夸特，燕麦减少166 605夸特，大麦减少29 892夸特，等等；马铃薯种植面积在1865年虽然有所增加，但是收获量却减少446 398吨，等等（见C表）。

C表　耕地面积、每英亩产量和总产量的增减（1865年和1864年比较表）(183)

产品	耕地英亩数		1865年的增减情况		每英亩产量		1865年的增减情况		总产量		1865年的增减情况	
	1864	1865	+	−	1864	1865	+	−	1864	1865	+	−
					（英担）	（英担）	（英担）	（英担）	（夸特）	（夸特）	（夸特）	（夸特）
小　麦	276 483	266 989	—	9 494	13.3	13.0	—	0.3	875 782	826 783	—	48 999
燕　麦	1 814 886	1 745 228	—	69 658	12.1	12.3	0.2	—	7 826 332	7 659 727	—	166 605
大　麦	172 700	177 102	4 402	—	15.9	14.9	—	1.0	761 909	732 017	—	29 892
毕尔麦 }	8 894	10 091	1 197	—	16.4	14.8	—	1.6	15 160	13 989	—	1 171
黑　麦 }					8.5	10.4	1.9	—	12 680	18 364	5 684	—
					（吨）	（吨）	（吨）	（吨）	（吨）	（吨）	（吨）	（吨）
马铃薯	1 039 724	1 066 260	26 536	—	4.1	3.6	—	0.5	4 312 388	3 865 990	—	446 398
芜　菁	337 355	334 212	—	3 143	10.3	9.9	—	0.4	3 467 659	3 301 683	—	165 976
甜萝卜	14 073	14 389	316	—	10.5	13.3	2.8	—	147 284	191 937	44 653	—
白　菜	31 821	33 622	1 801	—	9.3	10.4	1.1	—	297 375	350 252	52 877	—
亚　麻	301 693	251 433	—	50 260	34.2*	25.2*	—	9.0*	64 506	39 561	—	24 945
干　草	1 609 569	1 678 493	68 924	—	1.6	1.8	0.2	—	2 607 153	3 068 707	461 554	—

* 单位为英石（1英石合14磅）

(183)本文中的数字是按《爱尔兰农业统计。1860年各郡各省农作物的种植亩数和牲畜存栏数概况》(1860年都柏林版)以及以后各年的统计和《爱尔兰农业统计。1866年平均产量估计表》(1867年都柏林版)的材料汇编的。我们知道，这些统计资料是每年向议会提出的官方统计资料。

第二版补注：官方统计表明，1872年的耕地面积比1871年减少134 915英亩。芜菁、甜萝卜等菜类种植面积“增加”了；耕地面积“减少”的情况是：小麦减少16 000英亩，燕麦减少14 000英亩，大麦和黑麦减少4 000英亩，马铃薯减少66 632英亩，亚麻减少34 667英亩，草地、三叶草地、野豌豆和油菜籽减少30 000英亩。小麦种植面积在最近五年中逐年减少的情况如下：1868年为285 000英亩，1869年为280 000英亩，1870年为259 000英亩，1871年为244 000英亩，1872年为228 000英亩。按整数计算，1872年马增加2 600匹，牛增加80 000头，羊增加68 600只，猪减少236 000头。

我们以上考察了爱尔兰的人口和农业生产的变动，现在再看一看爱尔兰地主、大租地农场主和工业资本家的财产的变动。这种变动反映在所得税的增减上。为了便于理解下面的D表，应当指出，D项（把租地农场主的利润除外的利润）也包括所谓“自由职业”的利润，即律师、医生等的收入，表内没有单独列出的C和E项则包括官吏、军官，领干薪的挂名官员、国债债权人等的收入。

D表　应纳所得税的收入(184)

（单位：镑）

	1860	1861	1862	1863	1864	1865
A项 地租	12 893 829	13 003 554	13 398 938	13 494 091	13 470 700	13 801 616
B项 租地农场主的利润	2 765 387	2 773 644	2 937 899	2 938 923	2 930 874	2 946 072
D项 工业等利润	4 891 652	4 836 203	4 858 800	4 846 497	4 546 147	4 850 199
A至E 各项合计	22 962 885	22 998 394	23 597 574	23 658 631	23 236 298	23 930 340

从1853年到1864年，D项收入每年平均只增长0.93%，而同一时期在大不列颠该项收入每年平均却增长4.58%。下表表明1864年和1865年利润（租地农场主的利润除外）的分配情况。

(184)《皇家国内税务委员。第10号报告》1866年伦敦版。

E表　爱尔兰的D项利润收入(60镑以上者)(185)

	1864年		1865年	
	镑	分配人数	镑	分配人数
年总收入………………	4 368 610	17 467	4 669 979	18 081
60镑以上100镑以下的年收入………………	238 726	5 015	222 575	4 703
年总收入中……………	1 979 066	11 321	2 028 571	12 184
年总收入中尚余………	2 150 818	1 131	2 418 833	1 194
其中……………………	1 073 906	1 010	1 097 927	1 044
	1 076 912	121	1 320 906	150
	430 535	95	584 458	122
	646 377	26	736 448	28
	262 819	3	274 528	3

英格兰是一个资本主义生产发达和工业占优势的国家,如果它的人口也像爱尔兰那样放血般地外流,它已失血而死。但是今天的爱尔兰仅仅是英格兰的一个被大海峡隔开的农业区,它为英格兰提供着谷物、羊毛、牲畜、工业新兵和军事新兵。

人口的减少使许多土地荒废,使农产品大大减少(186),并且,尽管牧场面积扩大了,但是某些畜牧部门的生产绝对减少了,而在另外一些部门中,即使有一点微不足道的进步,也经常为退步所中断。然

(185)D项中年总收入的数字同前表不符,因为已经做了法律许可的一定扣除。

(186)每英亩的产量相对地说减少了,但我们切不要忘记,英格兰间接输出爱尔兰的土地已达一个半世纪之久,可是连单纯补偿土地各种成分的东西都没有给予爱尔兰的农民。

而，在人口减少的同时，地租和租地农场主的利润却继续增加，虽然后者的增加不像前者那样经常不断。原因是容易理解的。一方面，随着租地农场集中和耕地转化为牧场，总产品中越来越大的部分转化为剩余产品。虽然总产品减少了，但是构成其中一部分的剩余产品增加了。另一方面，这些剩余产品的货币价值比它们的数量增长得更快，因为最近20年来，特别是最近10年来，肉类、羊毛等等的英格兰市场价格不断地上涨了。

正如生产者所消费的他自己的产品不是商品一样，充当生产者本身的就业手段和生存资料而不合并他人劳动以自行增殖的分散的生产资料，也不是资本。随着人口的减少，用在农业上的生产资料量也减少了，但是用在农业上的资本量却增加了，因为从前分散的生产资料中的一部分转化为资本了。

爱尔兰用在农业以外即投入工商业的总资本，在最近20年间积累得很缓慢，而且处在经常不断的大波动之中。相反地，这个总资本的各个组成部分的积聚却发展得越来越快了。最后，尽管它的绝对增长量很小，但是相对地说，即同已经减少的人口比较起来，它还是增大了。

因此，这里在我们眼前大规模地展开了一个过程。正统的经济学不能指望有比这个过程更美好的东西可用来证实他们的教条了。按照他们的教条，贫困是由绝对的人口过剩产生的，减少人口才能够恢复平衡。这是同马尔萨斯信徒所极力赞美的14世纪中叶的鼠疫[220]完全不同的另一重要实验。顺便指出，把14世纪的尺度应用到19世纪的生产关系和相应的人口关系上来，这本身就是一种学究式的天真，况且这种天真的做法还忽略了一个事实：随那次鼠疫以及由此发生的人口大量减少之后，在海峡此岸的英格兰接踵而来的固

然是农村人口的解放和致富，但在海峡彼岸的法兰西随之而来的却是更加残酷的奴役和更大的贫困。(186a)

爱尔兰1846年的饥荒毁灭的人超过100万，然而全是穷人。饥荒没有使该国的财富遭受丝毫损失。此后20年不断扩大的人口外流，不像三十年战争那样，在减少人数的同时也减少了他们的生产资料。爱尔兰的天才发明了一种崭新的方法，像行妖术一样把穷人从他们的贫困之境送到数千里之外。迁往北美合众国的移民，逐年寄回家一笔钱，给留下来的人做旅费用。今年迁出去的一批人会在明年带走另外一批人。这样一来，向国外移民不仅不需要爱尔兰花费什么，反而成了它的出口业中最能获利的部门之一。最后，这种向国外移民又是一个有组织的过程，它不只是暂时地为人口钻开一个出口，而是使每年从人口中吸走的人数多于新生的人数，结果是绝对人口水平年复一年地下降。(186b)

那些得以避免成为过剩人口而留下来的爱尔兰工人的结局又是怎样的呢？目前的相对过剩人口同1846年以前一样庞大；工资同样很低，劳动的折磨更重；农村的贫困再一次逼近新的危机。原因很简单。农业革命和向国外移民保持同一步伐。相对过剩人口的生产比人口的绝对减少更快。看一下B表就可以知道，在爱尔兰，耕地转化为牧场必然比在英格兰发生更加强烈的作用。在英格兰，随着畜

(186a)因为爱尔兰被看做“人口原理”的乐土，所以托·萨德勒在发表他的关于人口问题的著作之前，先出版了他的名著：《爱尔兰，它的灾难及其补救办法》(1829年伦敦第2版)。在该书中，他比较了各省的统计资料以及每一省里各郡的统计资料，并证明，爱尔兰的普遍贫困并不像马尔萨斯所设想的那样同人口的数目成正比，而是同人口的数目成反比。

(186b)1851—1874年期间，移居国外的总人数达2 325 922人。

牧业的发展，蔬菜的生产也发展了，而在爱尔兰却减少了。从前的大片耕地转化为休耕地或永久的草地，而同时一大部分从前未开垦的荒地和泥沼地被用来扩大畜牧业。中小租地农场主——我把耕地不超过100英亩的租地农场主全都计算在内——仍然约占总数的$\frac{8}{10}$。(186c)他们越来越受到资本主义农业生产的竞争的空前压迫而被挤垮，因此不断地为雇佣工人阶级提供新兵。爱尔兰唯一的大工业，亚麻加工业，需要的成年男工比较少，虽然自从1861年到1866年棉花涨价以来这种工业扩大了，但总的来说，它只雇用居民中较小的一部分人。像所有其他大工业一样，它由于在本部门内不断发生波动而不断地生产出相对过剩人口，即使在它吸收的人数绝对增加的情况下也是如此。农村居民的贫困成为巨大的衬衫厂等等的基础，这类工厂的劳动大军大部分散布在农村中。在这里，我们又一次碰到前面曾经叙述过的家庭劳动制度。①低工资和过度劳动是这种制度"生产过剩人口"的系统的手段。最后，人口的减少虽然没有带来像它在一个资本主义生产发达的国家所带来的那样破坏性后果，但是也不能不对国内市场产生经常的反作用。国外移民现象在这里所造成的空隙，不仅使地方性的劳动需求缩小了，而且也使小店主、手工业者，总之，一切小企业主的收入减少了。E表内60—100镑之间收入的减少，就是由于这种原因。

关于爱尔兰农业短工的状况，在爱尔兰济贫法视察员的报告

(186c)第二版注：根据墨菲《爱尔兰的工业、政治和社会》(1870年版)一书中的一个统计表：100英亩以下的租地农场占有土地的94.6%，100英亩以上的租地农场占有5.4%。

①见本卷第536—540页。——编者注

(1870年)[186d]中叙述得很清楚。这些视察员既然供职于一个只有靠刺刀,靠时而公开时而隐蔽的戒严状态才得以维持的政府,在措辞上不得不十分审慎,而这是他们的英格兰的同僚们所不齿的。尽管如此,他们也没有让他们的政府沉湎于幻想。据他们说,农村中工资率至今仍然很低,可是最近20年来已经提高了50%—60%,现在每周平均是6—9先令。但是在这种表面提高的背后,隐藏着工资的实际降低,因为工资的提高并没有和同一时期必要生活资料的涨价保持平衡;从爱尔兰某个贫民习艺所的官方报告中摘引的如下数字就可作证。

每人每周的平均生活费

日　期	食	衣	合　计
1848年9月29日到1849年9月29日	1先令3$\frac{1}{4}$便士	3便士	1先令6$\frac{1}{4}$便士
1868年9月29日到1869年9月29日	2先令7$\frac{1}{4}$便士	6便士	3先令1$\frac{1}{4}$便士

可见,同20年前比较,必要生活资料的价格几乎上涨了一倍,而衣类的价格恰好上涨一倍。

即使撇开这种不平衡不说,只是比较用货币表示的工资率,也远不能得出正确的结论。在饥荒以前,农村的工资大部分是用实物支付的,用货币支付的只是极小一部分;而今天,用货币支付已经是通例了。由此就可以得出结论:不管实际工资如何变动,货币工资率必然提高。

(186d)《济贫法视察员关于爱尔兰农业工人工资的报告》1870年都柏林版,并参看《农业工人(爱尔兰)。答可尊敬的下院1861年3月8日的质询》。

"饥荒以前，农业短工还有一小块土地，用来种植马铃薯，饲养猪和家禽。现在，他不仅要购买一切生活资料，而且连出卖猪、家禽和蛋类所得的收入也丧失了。"(187)

从前，农业工人实际上又是小租地农民，他们大多只是中等农场和大农场的后卫部队，在这些农场里找些活干。只是在1846年的灾荒以后，他们才开始构成纯粹雇佣工人阶级的一部分，构成一个同他们的雇主只发生货币关系的特殊阶层。

我们已经知道1846年以前农业工人的居住状况是怎样的。从那以后，他们的居住状况更糟了。一部分农业短工尽管人数日益减少，仍然居住在租地农场主土地上的拥挤不堪的小屋里，这种住处的可怕情景远远超过了英格兰各农业地区最坏的居住情况。除了阿尔斯特的某些地区以外，到处都是如此：南部有科克、利默里克、基尔肯尼等郡；东部有威克洛、韦克斯福德等郡；中部有国王郡、女王郡、都柏林等郡；北部有唐郡、安特里姆、蒂龙等郡；西部有斯莱戈、罗斯康芒、梅奥、戈尔韦等郡。一个视察员感慨地说："这简直是宗教和我国文明的耻辱。"(187a)为了使短工们的洞窟生活可以过得去些，那些自古以来就附属于住宅的小块土地也被系统地没收了。

"由于意识到是地主及其管家使他们受到这种非人待遇，农业短工对那些把他们当做无权人种看待的人，产生了一种相应的对抗情绪和憎恨心理。"(187a)

农业革命的第一个行动，就是以极大的规模，像奉天之命一样，

(187)《济贫法视察员关于爱尔兰农业工人工资的报告》1870年都柏林版第29、1页。

(187a)同上，第12页。

拆除耕地上的那些小屋。因此,许多工人不得不到村镇和城市里去寻找栖身之所。在那里,他们就像废物一样被抛进阁楼,洞窟,地下室和最糟糕的街区的屋角里。爱尔兰人素来以罕有的眷恋乡土之情、开朗的性格和纯正的家风而著称,这是连抱有民族偏见的英格兰人也承认的,可是现在,成千上万个这样的爱尔兰家庭突然被移植到罪恶的温室中来了。男人们现在必须到邻近的租地农场主那里找寻工作,并且只能按日被雇用,因而工资收入极不稳定;同时,

> “他们现在不得不在往返农场的路上长途跋涉,途中时常被雨淋透,还要吃到别的苦头,结果往往引起身体虚弱、疾病,从而引起贫困”(187b)。

“城市不得不年年收纳农业地区中被认为是过剩的工人”(187c),可是令人奇怪的是,“城镇中工人过剩,而农村中则到处工人不足!”(187d)实际情形是,只有“在春秋农忙季节”才感到工人不足,“而在其余季节,很多人都闲着没事干”(187e);“秋收以后,从10月到翌年开春,他们几乎找不到什么工作”(187f);甚至在干活的季节,“他们也经常一连几天没事干,并且他们的工作还经常发生各种各样的中断”(187g)。

农业革命——耕地转化为牧场,采用机器,最严格的节约劳动等等——所引起的这些后果,被那些不在国外挥霍地租而甘愿住在爱

(187b)《济贫法视察员关于爱尔兰农业工人工资的报告》1870年都柏林版第25页。

(187c)同上,第27页。

(187d)同上,第26页。

(187e)同上,第1页。

(187f)同上,第32页。

(187g)同上,第25页。

尔兰本人领地内的模范地主们弄得更加严重了。为了使供求规律完全不受损害，这班老爷们

> “现在几乎完全是从他们的小租地农民那里取得他们所需要的全部劳动，小租地农民这样就不得不为他们的地主做苦工，而工资通常比普通短工还要低。至于在播种或收割的紧急时刻，他们被迫搁下自己的田地而招致许多不便和损失，那就更不用说了”(187h)。

可见，就业的没有保障和不稳定，窝工现象的频繁发生和长期持续——所有这一切相对人口过剩的征候，都在济贫所视察员的报告中作为爱尔兰农业无产阶级的苦难列举出来了。我们记得，在英格兰农业无产阶级中我们已经看到过类似的现象。不过，不同的是，在工业国的英格兰，工业后备军是从农村得到补充，而在农业国的爱尔兰，农业后备军则是从城市，即被驱逐的农业工人的避难所得到补充。在英格兰，过剩的农业工人转化为工厂工人，而在爱尔兰，被驱逐到城市里去的农业工人，虽然对城市的工资形成压力，但仍然是农业工人，并不断地被送回农村去找活干。

官方报告的起草人对农业短工的物质状况作了如下的概述：

> “虽然他们的生活极端俭朴，但是他们的工资只能勉勉强强应付他们自己及其家属吃住之用。要做衣服，他们得有另外的收入……　他们的居住环境，加上其他方面的困苦，使得这个阶级特别容易感染伤寒和肺结核。”(187i)

这就无怪报告起草人都异口同声地证明，阴郁的不满情绪笼罩着这个阶级的行列，他们留恋过去，厌恶现在，绝望于将来，“受到煽

(187h)《济贫法视察员关于爱尔兰农业工人工资的报告》1870年都柏林版第30页。

(187i)同上，第21、13页。

动者的有害影响”，并且只有一个固执的想法：移居美洲。这就是伟大的马尔萨斯的万应灵药——减少人口，已经把绿色埃林[①]变成了多么幸福的乐土！

爱尔兰的工业工人又是过着怎样幸福的生活呢？举一个例子就可以说明。

英格兰工厂视察员罗伯特·贝克说：

> “我最近视察爱尔兰北部的时候，看到一个熟练的爱尔兰工人靠自己少得可怜的收入尽力使自己的孩子受教育，这件事使我深为惊讶。我把他亲口所说的话逐字逐句地写在下面。只要我说出他是被雇用来为曼彻斯特市场制造商品的，人们就会知道他是一个熟练的工厂工人。约翰逊说：我是一个捶布工，从星期一到星期五，都是从早晨6点钟干到夜里11点；星期六干到下午6点，有3个钟头的吃饭和休息时间。我有5个孩子。我干这种活每周收入10先令6便士；我的妻子也做工，每周挣5先令。大女儿12岁，料理家务。她是我们的厨师和唯一的帮手。她照料弟妹上学。我的妻子和我同时起床上工。有一个小姑娘每天经过我家门口，她在早晨5点半钟把我叫醒。我们什么也不吃就去上工。白天，12岁的女儿照顾弟妹。我们在8点钟回家吃早饭。我们每周只喝一次茶；我们平时喝粥，有时是燕麦片粥，有时是玉米面粥，这要看我们能买到什么了。冬天，我们往玉米面里加一点糖和水。夏天，我们收点马铃薯，那是我们在一小块地上自己种的；马铃薯吃完了，还得喝粥。不管星期日也好，平日也好，一年到头就是这样过日子。晚上下工以后，我总是感到非常疲乏。我们偶尔也能见到一小块肉，但那是太难得了。我们有3个孩子上学，每人每周要花费1便士。我们的房租每周9便士，泥炭和燃料每两周至少要1先令6便士。”(188)

这就是爱尔兰的工资，这就是爱尔兰的生活！

(188)《工厂视察员报告。1866年10月31日》第96页。

①凯尔特语：绿岛；爱尔兰的古称。——编者注

事实上，爱尔兰的贫困又成了英格兰当前的话题了。1866年底和1867年初，有一个叫达弗林侯爵的爱尔兰大地主，曾经在《泰晤士报》上着手讨论解决这个问题。“这位伟大的至尊多么仁慈啊！”[456]

我们从E表可以看出，1864年，三个谋利者从总利润4 368 610镑中只捞去262 819镑，而1865年，同是这三位大“禁欲家”就从总利润4 669 979镑中捞去274 528镑；1864年，26个谋利者得到646 377镑，1865年，28个谋利者得到736 448镑；1864年，121个谋利者得到1 076 912镑，1865年，150个谋利者得到1 320 906镑；1864年，1 131个谋利者得到2 150 818镑，几乎占全年总利润的一半，1865年，1 194个谋利者得到2 418 833镑，超过全年总利润的一半。可是，英格兰、苏格兰和爱尔兰的一小撮大地主从每年国民地租总额中吞掉的数额是如此庞大，以致英国的治国明哲认为，关于地租的分配不宜于提出像利润分配这样的统计资料。达弗林侯爵就是这些大地主中的一个。说地租和利润会在某个时候“过多”，或者说地租和利润的过多同人民的过于贫困有某种联系，这当然是既“不体面”又“不健全的”概念。侯爵依据的是事实。事实是，爱尔兰人口减少了，而爱尔兰的地租却增长了；人口减少对土地所有者“有利”，从而对土地以及仅仅是土地附属品的人民也“有利”。于是，侯爵宣告，爱尔兰的人口仍然过剩，人口外流仍然太慢。要想享有十足的幸福，爱尔兰至少还应该排出30多万工人。桑格拉都学派的医生见病人没有起色，就让放血，再放血，直到病人的血放完了，病也就没了。我们不要以为这位还很富有诗意的侯爵是个桑格拉都学派的医生。他只是要求再放30多万人的血而不是大约200万。但是事实上要想在埃林建立起千年王国，非得放出大约200万人的血不可。证据是不难提出的。

1864年爱尔兰租地农场的数目和面积

（单位：英亩）

1 1英亩以下 的租地农场		2 1—5英亩 的租地农场		3 6—15英亩 的租地农场		4 16—30英亩 的租地农场	
数目	面积	数目	面积	数目	面积	数目	面积
48 653	25 394	82 037	288 916	176 368	1 836 310	136 578	3 051 343

5 31—50英亩 的租地农场		6 51—100英亩 的租地农场		7 100英亩以上 的租地农场		8 总面积
数目	面积	数目	面积	数目	面积	
71 961	2 906 274	54 247	3 983 880	31 927	8 227 807	20 319 924(188a)

1851年到1861年间的集中所消灭的主要是前三类1英亩以下至15英亩的租地农场。这些农场必然首先消灭。结果就产生了307 058户"过剩"的租地农民，作一个低的估计，每家平均四口人，总人数就是1 228 232人。即使作一夸大的假定，假定农业革命完成后，其中的$\frac{1}{4}$将再度被吸收，结果仍须有921 174人移居国外。16—100英亩的4、5、6三类租地农场，用来经营资本主义的谷物生产也嫌太小，至于用来牧羊，就简直等于零，这是我们在英格兰早就知道的了。因此，在上述同样的假定下，又得有788 358人移居国外，结果总人数就是1 709 532人。既然胃口越吃越大，[457]地主们的眼睛立刻会发现，具有350万人口的爱尔兰仍然贫困，而所以贫困，是因为人口过剩，因此，它必须更进一步大力减少人口，才能完成它

(188a)总面积包括泥沼地和荒地。

作为英格兰的一个牧羊场和放牧场的真正使命。(188b)

这个有利可图的方法，正像这个世界上一切美好的事物一样，也有它的缺陷。随着地租在爱尔兰不断积累，爱尔兰人在美洲也以同一步伐不断积累。被羊和牛挤走的爱尔兰人作为芬尼社社员[459]崛起于大洋彼岸了。年轻的大共和国面对年老的海上女皇越来越带威胁性地昂起头来。

严酷的命运，兄弟互相残杀的罪孽，
使罗马人受尽了苦难。[460]

(188b)在本书第三册论述土地所有制的那一篇，我将更详细地谈到，单个的土地所有者以及英国的立法如何有计划地利用饥荒和由饥荒引起的情况来强力推行农业革命，并使爱尔兰的人口减少到符合地主希望的程度[458]。在那里我还要重新谈到小租地农民和农业工人的状况。这里只引证一段话。纳索·威·西尼耳在他的遗著《关于爱尔兰的日志、谈话和短评》(两卷集，1868年伦敦版第2卷第282页)中提到："G博士中肯地指出：我们有自己的济贫法，这是使地主取胜的强大工具；另一个工具就是往国外移民。没有一个爱尔兰朋友会希望战争〈地主和凯尔特族小租地农民之间的战争〉拖延下去，更不希望这场战争以小租地农民获胜而告终……　它〈这场战争〉越是迅速地结束，爱尔兰越是迅速地变成牧场国，同时人口相应地减少到一个牧场国所需要的程度，对一切阶级就越是有利。"1815年的英国谷物法保证了爱尔兰向大不列颠自由输出谷物的独占权。这样一来，谷物法就人为地促进了谷物生产。1846年，随着谷物法的废除，这种独占权突然被消灭了。撇开其他各种情况不说，单是这一事实就足以大大促使爱尔兰的耕地向牧场转化、租地农场的积聚和小农的被驱逐。1815—1846年间，人们称赞爱尔兰土地的肥沃，大肆宣扬爱尔兰的土地天然适合种植小麦，可是后来，英国的农学家、经济学家和政治家们突然发现，这些土地除适于种植青饲料外别无用处！莱昂斯·德·拉韦涅先生也急急忙忙在海峡彼岸重复这种论调。只有像拉韦涅那样"认真"的人才会相信这种幼稚话。

第二十四章
所谓原始积累

1. 原始积累的秘密

我们已经知道，货币怎样转化为资本，资本怎样产生剩余价值，剩余价值又怎样产生更多的资本。但是，资本积累以剩余价值为前提，剩余价值以资本主义生产为前提，而资本主义生产又以商品生产者握有较大量的资本和劳动力为前提。因此，这整个运动好像是在一个恶性循环中兜圈子，要脱出这个循环，就只有假定在资本主义积累之前有一种"原始"积累（亚当·斯密称为"预先积累"），这种积累不是资本主义生产方式的结果，而是它的起点。

这种原始积累在政治经济学中所起的作用，同原罪在神学中所起的作用几乎是一样的。亚当吃了苹果，人类就有罪了。[461]人们在解释这种原始积累的起源的时候，就像在谈过去的奇闻逸事。在很久很久以前有两种人，一种是勤劳的，聪明的，而且首先是节俭的精英，另一种是懒惰的，耗尽了自己的一切，甚至耗费过了头的无赖汉。诚然，神学中关于原罪的传说告诉我们，人怎样被注定必须汗流满面才得糊口；而经济学中关于原罪的故事则向我们揭示，怎么会有人根本不需要这样做。但是，这无关紧要。于是出现了这样的局面：第一种人积累财富，而第二种人最后除了自己的皮以外没有可出卖的东西。大多数人的贫穷和少数人的富有就是从这种原罪开始的；前者无论怎样劳动，除了自己本身以外仍然没有可出卖的东西，而后者虽然早就不再劳动，但他们的财富却不断增加。例如梯也尔先生为了替所有权辩护，甚至带着政治家的严肃神情，向一度如此富有才华的法国人反复叨念这种乏味的儿童故事。但是，一旦涉及所有权问题，那么坚持把儿童读物的观点当做对于任何年龄和任何发育阶段都是唯一正确的观点，就成了神圣的义务。[462]大家知道，在真正的历史上，征服、奴役、劫掠、杀戮，总之，暴力起着巨大的作用。但是在温和的政治经济学中，从来就是田园诗占统治地位。正义和"劳动"自古以来就是唯一的致富手段，自然，"当前这一年"总是例外。事实上，原始积累的方法决不是田园诗式的东西。

货币和商品，正如生产资料和生活资料一样，开始并不是资本。它们需要转化为资本。但是这种转化本身只有在一定的情况下才能发生，这些情况归结起来就是：两种极不相同的商品占有者必须互相对立和发生接触；一方面是货币、生产资料和生活资料的所有者，他们要购买他人的劳动力来增殖自己所占有的价值总额；另一方面是自由劳动者，自己劳动力的出卖者，也就是劳动的出卖者。自由劳动者有双重意义：他们本身既不像奴隶、农奴等等那样，直接属于生产资料之列，也不像自耕农等等那样，有生产资料属于他们，相反地，他们脱离生产资料而自由了，同生产资料分离了，失去了生产资料。商品市场的这种两极分化，造成了资本主义生产的基本条件。资本关系以劳动者和劳动实现条件的所有权之间的分离为前提。资本主义生产一旦站稳脚跟，它就不仅保持这种分离，而且以不断扩大的规模再生产这种分离。因此，创造资本关系的过程，只能是劳动者和他的劳动条件的所有权分离的过程，这个过程一方面使社会的生活资料和生产资料转化为资本，另一方面使直接生产者转化为雇佣工人。因此，所谓原始积累只不过是生产者和生产资料分离的历史过程。这个过程所以表现为“原始的”，因为它形成资本及与之相适应的生产方式的前史。

资本主义社会的经济结构是从封建社会的经济结构中产生的。后者的解体使前者的要素得到解放。

直接生产者，劳动者，只有当他不再束缚于土地，不再隶属或从属于他人的时候，才能支配自身。其次，他要成为劳动力的自由出卖者，能把他的商品带到任何可以找到市场的地方去，他就必须摆脱行会的控制，摆脱行会关于学徒和帮工的制度以及关于劳动的约束性规定。因此，使生产者转化为雇佣工人的历史运动，一方面表现为生产者从农奴地位和行会束缚下解放出来；对于我们的资产阶级历史学家来说，只有这一方面是存在的。但是另一方面，新被解放的人只有在他们被剥夺了一切生产资料和旧封建制度给予他们的一切生存保障之后，才能成为他们自身的出卖者。而对他们的这种剥夺的历史是用血和火的文字载入人类编年史的。

工业资本家这些新权贵，不仅要排挤行会的手工业师傅，而且要排挤占有财富源泉的封建主。从这方面来说，他们的兴起是战胜了封建势力及其令人愤恨的特权的结果，也是战胜了行会及其对生产的自由发展和人对人的自由剥削所加的束缚的结果。但是，工业骑士之所以能够排挤掉佩剑骑士，只是因为他们利用了与自己毫不相干的事件。他们借以兴起的手段，同罗马的被释奴隶成为自己保护人的主人所使用的手段同样卑鄙。

劳动者的奴役状态是产生雇佣工人和资本家的发展过程的起点。这一发展过程就是这种奴役状态的形式变换，就是封建剥削转化为资本主义剥削。要了解这一过程的经过，不必追溯太远。虽然在14和15世纪，在地中海沿岸的某些城市已经稀疏地出现了资本主义生产的最初萌芽，但是资本主义时代是从16世纪才开始的。在这个时代来到的地方，农奴制早已废除，中世纪的顶点——主权城市也早已衰落。

在原始积累的历史中，对正在形成的资本家阶级起过推动作用的一切变革，都是历史上划时代的事情；但是首要的因素是：大量的人突然被强制地同自己的生存资料分离，被当做不受法律保护的无产者抛向劳动市场。对农业生产者即农民的土地的剥夺，形成全部过程的基础。这种剥夺的历史在不同的国家带有不同的色彩，按不同的顺序、在不同的历史时代通过不同的阶段。只有在英国，它才具有典型的形式，因此我们拿英国做例子。(189)

2. 对农村居民土地的剥夺

在英国，农奴制实际上在14世纪末期已经不存在了。当时，尤

(189)在意大利，资本主义生产发展得最早，农奴制关系也瓦解得最早。在这里，农奴在获得某种土地时效权之前，就已经得到解放。因此，解放立即使他们转化为不受法律保护的无产者，这些无产者又在大部分还是罗马时代保留下来的城市中找到了现成的新主人。在15世纪末开始的世界市场的革命[463]破坏了意大利北部的商业优势之后，产生了一个方向相反的运动。城市工人大批地被赶往农村，给那里按照园艺形式经营的小规模耕作带来了空前的繁荣。

其是15世纪，绝大多数人口(190)是自由的自耕农，尽管他们的所有权还隐藏在封建的招牌后面。在较大的封建领地上，过去本身也是农奴的管事，被自由的租地农场主排挤了。农业中的雇佣工人包括两种人，一种是利用空闲时间为大土地所有者做工的农民，一种是独立的、相对说来和绝对说来人数都不多的真正的雇佣工人阶级。甚至后者实际上也是自耕农，因为除了工资，他们还分得四英亩或更多一些的耕地和小屋。此外，他们又和真正的农民共同利用公有地，在公有地上放牧自己的牲畜和取得木材、泥炭等燃料。(191)在欧洲一切国家中，封建生产的特点是土地分给尽可能多的臣属。同一切君主的权力一样，封建主的权力不是由他的地租的多少，而是由他的臣民的人数决定的，后者又取决于自耕农的人数。(192)因此，虽然英国的

(190)“用自己双手耕种自己的田地并满足于小康生活的小土地所有者……当时在国民中所占的部分比现在重要得多……　至少有16万个土地所有者靠耕种自己的小块Freehold［自由地］〈Freehold是完全自由支配的财产〉为生，他们连同家属在内要占总人口的$\frac{1}{7}$以上。这些小土地占有者的平均收入估计为60—70镑。根据计算，耕种自己土地的人多于租种别人土地的人。”（麦考莱《英国史》1854年伦敦第10版第1卷第333—334页）——在17世纪最后30多年，还有$\frac{4}{5}$的英国人是务农的。（同上，第413页）——我所以引用麦考莱的话，是因为他作为系统的历史伪造者，是要尽量“砍掉”这类事实的。

(191)决不要忘记，甚至农奴，不仅是他们宅旁的小块土地的所有者（虽然是负有纳租义务的所有者），而且是公有地的共有者。“那里〈在西里西亚〉的农民是农奴。”但是，这些农奴占有公有地。“直到今天还无法使西里西亚人分割公有地，而在诺伊马克，几乎所有村庄都非常成功地实行了这种分割。”（米拉波《弗里德里希大帝时代的普鲁士君主制度》1788年伦敦版第2卷第125、126页）

(192)日本有纯粹封建性的土地占有组织和发达的小农经济，同我们的大部分充满资产阶级偏见的一切历史著作相比，它为欧洲的中世纪提供了一幅更真实得多的图画。牺牲中世纪来显示“自由精神”，是极其方便的事情。

土地在诺曼人入侵[464]后分为巨大的男爵领地，往往一个男爵领地就包括900个盎格鲁撒克逊旧领地，但是小农户仍然遍布全国，只是在有些地方穿插有较大的封建领地。这些情况，加上代表15世纪特点的城市繁荣，就使大法官福蒂斯丘在其《谈谈英国法律的优越性》一书中十分雄辩地描述过的人民财富能够产生出来，但是这些情况是排斥资本财富的。

为资本主义生产方式奠定基础的变革的序幕，是在15世纪最后30多年和16世纪最初几十年演出的。由于封建家臣（这些封建家臣，正如詹姆斯·斯图亚特爵士正确指出的，“到处都无用地塞满了房屋和城堡”[465]）的解散，大量不受法律保护的无产者被抛向劳动市场。虽然王权——它自己也是资产阶级发展的一个产物——在追求绝对权力时，用暴力加速了这些家臣的解散，但王权决不是这件事情的唯一原因。不如说，同王室和议会顽强对抗的大封建主，通过把农民从土地（农民对土地享有和封建主一样的封建权利）上强行赶走，夺去他们的公有地的办法，造成了人数更多得无比的无产阶级。在英国，特别是佛兰德毛纺织工场手工业的繁荣，以及由此引起的羊毛价格的上涨，对这件事起了直接的推动作用。大规模的封建战争[466]已经消灭了旧的封建贵族，而新的封建贵族则是他们自己的时代的儿子，对这一时代说来，货币是一切权力的权力。因而，把耕地转化为牧羊场就成了他们的口号。哈里逊在其著作《英国概述》（载于霍林舍德的编年史的卷首）中，描述了对小农的剥夺给国家造成了多么大的破坏。他写道：“我们的大掠夺者什么也不在乎！”农民的住房和工人的小屋被强行拆除，或者任其坍毁。哈里逊说：

“我们对照一下每一个骑士领地的旧财产清单，就会发现，无数的房屋和小农户消失了；现在土地供养的人口少得多了；虽然有一些新的城市繁荣起来，但是很多城市衰落了……　城市和乡村为了作牧羊场而被毁坏，只有领主的房屋保留下来，这类情况我也能谈一些。”

这些老的编年史家的抱怨总是夸大的，但是他们准确地描绘了生产关系的革命给当时的人们造成的印象。把大法官福蒂斯丘的著作与大法官托马斯·莫尔的著作比较一下，我们就会清楚地看见15世纪和16世纪之间的鸿沟。桑顿说得对，英国工人阶级没有经过任何过渡阶段就从自己的黄金时代陷入了黑铁时代。

立法被这一变革吓住了。它还没有达到这样的文明程度：把“国民财富”，也就是把资本的形成、对人民群众的残酷剥削和他们的贫穷化当做全部国策的极限。培根在他的亨利七世执政史中说道：

“这时〈1488年〉人们越来越多地抱怨把耕地转化为少数牧人就可照管的牧场〈牧羊场等〉；定期租地、终身租地和年度租地（很多自耕农靠年度租地生活）转化为领地。这使人民衰落，因而使城市、教会、什一税也衰落……　国王和当时的议会为医治这一弊端表现出的智慧是值得赞叹的……　他们采取措施来制止对公有地的灭绝人口的掠夺，来制止随之而来的灭绝人口的牧场的形成。”

1489年亨利七世颁布的第19号法令，禁止拆毁附有20英亩以上土地的农民房屋。亨利八世二十五年颁布的法令，又重申这条法律。其中谈到：

“很多租地和大畜群，特别是大羊群，集中在少数人手中，因此地租飞涨，耕地荒芜，教堂和房屋被毁，无力养家糊口的人多得惊人。”

因此法律规定重建那些荒废了的农场，制定耕地和牧场的比例等等。1533年的一项法令抱怨不少所有者拥有24 000只羊，于是限定不得超过2 000只。(193)但是，人民的抱怨和从亨利七世以来150年内相继颁布的禁止剥夺小租地农民和农民的法律，都同样毫无效果。它们毫无效果的秘密，培根已经不自觉地透露给我们了。他在《文明与道德论文集》第29节中写道：

> "亨利七世的法令是深思熟虑的和值得赞赏的，因为它建立了一定标准的农场和农舍，也就是说，为农场和农舍保持一定数量的土地，使它们能提供相当富裕的、不是处于奴隶地位的臣民，并能使耕犁掌握在所有者手中，而不是掌握在雇工手中。"(193a)

但是，资本主义制度却正是要求人民群众处于奴隶地位，使他们本身转化为雇工，使他们的劳动资料转化为资本。在这一过渡时期中，立法也曾力图使农业雇佣工人的小屋保有四英亩土地，并且禁止他们以自己的小屋招揽房客。1627年，在查理一世的时候，丰特米

---

(193)托马斯·莫尔在他的《乌托邦》一书中谈到一个奇怪的国家，在那里，"羊吃人"（《乌托邦》，鲁宾逊译，阿伯编，1869年伦敦版第41页）。

(193a)培根说明了自由的富裕农民和优秀的步兵之间的联系。"保持足够的租地，以保证强壮的男子不致贫困，使王国的大部分土地牢靠地掌握在自耕农，即处于贵族和小屋贫农(cottagers)、雇农之间的中等地位的人的手里，这对维持王国的威力和风度是非常重要的……　因为最有权威的军事专家一致认为……军队的主力是步兵。但是，要建立一支优秀的步兵，就需要不是在奴役或贫穷中而是在自由和富裕的状况下成长的人。因此，如果在一个国家里，贵族和上流人士占有重要的地位，而农村居民和庄稼人却是他们的单纯的劳动者或雇农，却是小屋贫农，即有栖身之处的乞丐，在这种情况下可能会有一支优秀的骑兵，但决不会有一支坚忍卓绝的步兵……　法国、意大利和其他一些国家的情况就是这样，那里的居民实际上都是由贵族和贫穷的农民组成……因此，它们只好雇用瑞士等国的人来当自己的步兵营的士兵，结果形成这种情况：这些国家人口众多，但士兵很少。"（《亨利七世的执政时代》，全文转载自1719年肯尼特《英国》1870年伦敦版第308页）

尔的罗杰·克罗克在丰特米尔的领地上修建一座小屋时，还因没有拨出4英亩土地作为小屋的永久附属物而被判罪；1638年，在查理一世的时候，还任命了一个皇家委员会来监督旧法律的实施，特别是关于4英亩土地的法律的实施；克伦威尔还禁止在伦敦周围4英里的地区内修建未附有4英亩土地的房屋。在18世纪上半叶，如果农业工人的小屋未附有1—2英亩土地，他还会到法院去控告。但是现在，如果小屋附有一个小园子，或者在远离小屋的地方可以租到一点点土地，就是很幸运的了。汉特医生说：

> "地主和租地农场主在这方面是行动一致的。他们认为，小屋附有几英亩土地就会使工人过于独立。"(194)

在16世纪，宗教改革和随之而来的对教会地产的大规模的盗窃，使暴力剥夺人民群众的过程得到新的惊人的推动。在宗教改革的时候，天主教会是英国相当大一部分土地的封建所有者。对修道院等的压迫，把住在里面的人抛进了无产阶级行列。很大一部分教会地产送给了贪得无厌的国王宠臣，或者非常便宜地卖给了投机的租地农场主和市民，这些人把旧的世袭佃户大批地赶走，把他们耕种的土地合并在一起。法律保证贫苦农民对一部分教会什一税的所有权，也被暗中取消了。(195)伊丽莎白女王一次巡视英格兰之后叫喊

(194)汉特医生《公共卫生。第7号报告。1864年》第134页。——"〈旧法律〉规定的土地数量，现在看来对于工人是太多了，甚至能使他们变成小租地农民。"(乔治·罗伯茨《过去若干世纪英国南部各郡人民的社会史》1856年伦敦版第184页)

(195)"贫民享有一部分教会什一税的权利是由旧法律明文规定的。"(塔克特《劳动人口今昔状况的历史》第2卷第804、805页)

说："穷人到处受苦难。"467在她执政的第四十三年，终于不得不通过征收济贫税而正式承认有需要救济的贫民。

> "这一法律的起草人不好意思说明起草该法律的理由，因此一反惯例，未附有任何说明性的序言就把该法律公布了。"(196)

查理一世十六年颁布的第4号法令宣布这项法律是永久性的，事实上只是在1834年，这项法律才获得新的更严格的形式。(197)宗教改革的这些直接的影响并不是它的最持久的影响。教会所有权是

(196)威廉·科贝特《新教"改革"史》第471节。

(197)从下述事实也可以看出新教的"精神"。在英格兰南部，若干土地所有者和富裕的租地农场主聚首集议，拟就了关于正确解释伊丽莎白济贫法的十个问题。他们请当时著名的法学家皇家律师斯尼格(后来在詹姆斯一世时曾任法官)对这十个问题发表意见。"第九个问题是：本教区某些富有的租地农场主想出了一个能排除法令执行中遇到的任何困难的巧妙计划。他们建议在本教区设立一座监狱。每个贫民如不愿被投入上述监狱，就不予救济。其次，应当通知邻近居民，如果有人打算租赁这个教区的贫民，他可以在一定的日子，以密封函件提出他愿出的最低价格。这个计划的起草人认为，邻郡有这样的人，他们不愿劳动，但又没有财产或信用可用来获得租地或船舶而过不劳而获的生活。这种人经过开导，可以对教区作一些很有益的事情。如果贫民在雇主的保护下死亡，那就罪在雇主，因为教区对这些贫民已经尽了自己的义务。但是我们担心，现行法令不会允许实施这类英明措施，但你们要知道，本郡及邻郡的所有其他的自由农都赞同我们的意见，来敦促他们的下院议员提出这样的法案：允许监禁贫民和强迫贫民劳动，从而使任何拒绝受监禁的人都无权要求救济。我们希望，这样做能使陷于贫困的人不要求救济。"(罗·布莱基《古今政治文献史》1855年伦敦版第2卷第84、85页)——苏格兰农奴制的废除要比英格兰迟几百年。1698年索尔顿的弗莱彻还在苏格兰议会中说："在苏格兰，乞丐的人数估计不下20万。我，一个原则上的共和主义者，能提出的消除这种现象的唯一办法是恢复农奴制的旧状态，把一切没有能力独立谋生的人变为奴隶。"伊登在《贫民的状况》第1卷第1章第60、61页上说："农民的自由是需要救济的

古老的土地所有权关系的宗教堡垒。随着这一堡垒的倾覆，这些关系也就不能维持了。(198)

在17世纪最后几十年，自耕农即独立农民还比租地农民阶级的人数多。他们曾经是克伦威尔的主要力量，甚至麦考莱也承认，他们同酗酒的劣绅及其奴仆，不得不替主人把他的弃妾嫁出去的乡村牧师相比，处于有利的地位。甚至农业雇佣工人也仍然是公有地的共有者。大约在1750年，自耕农消灭了(199)，而在18世纪最后几十年，农民公有地的最后痕迹也消灭了。我们在这里不谈农业革命的纯经济原因。我们只来研究一下它的暴力手段。

赤贫的开始……　工场手工业和商业是我国贫民的真正父母。"伊登和苏格兰的那位"原则上的共和主义者"的错误只在于：不是农奴制的废除，而是农民的土地所有权的废除，才使农民成为无产者，成为需要救济的贫民。——在法国，剥夺是以另外的方式完成的，但1566年的穆兰敕令和1656年的敕令相当于英格兰的济贫法。

(198)罗杰斯先生当时虽然是新教正统派的故乡牛津大学的政治经济学教授，却在他所著的《英国的农业史和价格史》①一书的序言中强调宗教改革使人民群众成为需要救济的贫民。

(199)《关于食物价格高昂给邦伯里爵士的一封信》，萨福克一绅士著，1795年伊普斯威奇版第4页。甚至大租地制度的狂热的维护者，《当前粮食价格和农场面积相互关系的研究》(1773年伦敦版第139页)的作者[约·阿巴思诺特]也说："我最感痛心的是，我们的自耕农，即那群实际上维持这个国家的独立的人消失了；我惋惜的是，看见他们的土地现在都掌握在实行垄断的地主的手里，并被分租给小租地农民，而小租地农民承租的条件并不比必须随时听从召唤的仆从好多少。"

---

①见本卷第775、781页。——编者注

在斯图亚特王朝复辟时期，土地所有者通过立法实行掠夺，而这种掠夺在大陆各处都是不经过立法手续就直接完成了的。他们取消了封建的土地制度，也就是使土地摆脱了对国家的贡赋，以对农民和其他人民群众的课税来“补偿”国家，他们要求对地产的现代私有权（他们对地产只有封建权利），最后，他们强令实行定居法。只要把情况相应地改变一下，它们对英国农民的影响，就同鞑靼人波里斯·戈东诺夫的命令对俄国农民的影响一样[468]。

“光荣革命”[469]把地主、资本家这些谋利者同奥伦治的威廉三世(200)一起推上了统治地位。他们开辟了一个新时代，使以前只是有节制地进行的对国有土地的盗窃达到了巨大的规模。这些土地被赠送出去了，被非常便宜地卖掉了，或者被用直接掠夺的办法合并到私人地产中去了。(201)所有这一切都是在丝毫不遵守法律成规的情况下完成的。用这种欺骗的方法攫取的国有土地和从教会夺来的土地，既然在共和革命[470]中没有再度失去，就构成现今英国寡头政治

(200)下面的记载表明了这位资产阶级英雄的私人道德：“1695年爱尔兰的大片土地被赠送给奥克尼夫人，这是国王的宠爱和夫人的影响的公开证明……　奥克尼夫人的可爱的效劳想必就是淫秽的嘴唇的效劳。”（英国博物馆斯隆收集的原稿第4224号，原稿的标题是：《萨默斯、哈利法克斯、牛津、秘书弗农等人给什鲁斯伯里公爵的原信中所描绘的威廉国王、桑德兰等人的性格和行为》。里面充满了秘闻。）

(201)“王室土地的非法让渡（一部分通过出卖，一部分通过赠送）是英国历史上可耻的一章……是对国家的一个大欺骗。”（弗·威·纽曼《政治经济学讲演集》1851年伦敦版第129、130页）——〔关于现代英国大土地占有者如何占有土地的详细材料，见[霍·伊文思]《我们的旧贵族》，一个位高任重者著，1879年伦敦版。——弗·恩·〕

的贵族领地的基础。(202)市民资本家鼓励这种做法，为的是把土地转化为纯粹的商品，扩大农业大规模生产的范围，增加来自农村的不受法律保护的无产者的供给等等。并且，新土地贵族又是新银行巨头这一刚刚孵化出来的金融显贵和当时靠保护关税支持的大手工工场主的自然盟友。英国资产阶级为了自身利益做得同瑞典的市民一样正确，虽然后者的做法相反：他们同自己的经济堡垒即农民协同一致，支持国王用暴力从寡头政府手中夺回王室土地（从1604年开始，后来在查理十世和查理十一世时继续进行）。

公有地——同刚才谈的国有土地完全不同——是一种在封建制度掩护下保存下来的古代日耳曼制度。我们已经知道，对公有地的暴力掠夺大都伴有把耕地转化为牧场的现象，它开始于15世纪末，在16世纪还在继续下去。但是，当时这一过程是作为个人的暴力行为进行的，立法曾同这种暴力行为斗争了150年而毫无效果。18世纪的进步表现为：法律本身现在成了掠夺人民土地的工具，虽然大租地农场主同时也使用自己独立的私人小手段。(203)这种掠夺的议会形式就是“公有地圈围法”，换句话说，是地主借以把人民的土地当做私有财产赠送给自己的法令，是剥夺人民的法令。弗·莫·伊登爵士企图把公有地说成是代替封建主的大土地所有者的私有地，但是

(202)参看埃·伯克的关于贝德福德公爵家族的小册子[471]。“自由主义的山雀”约翰·罗素爵士就是这个家族的后裔。

(203)“租地农场主禁止小屋贫农在他们自身以外保有任何其他生物，其借口是：如果他们饲养牲畜或家禽，他们就会从谷仓中偷窃饲料。他们还说：如果你们使小屋贫农处于贫穷状态，你们就能使他们保持勤劳。实际情况是：租地农场主用这种办法夺取对公有地的全部权利。”（《圈围荒地的后果的政治上的分析》1785年伦敦版第75页）

他自己把这种狡黠的辩护词否定了，因为他要求"为公有地的圈围制定一般性的议会法令"，即承认要把公有地转化为私有地必须由议会采取非常措施，另一方面，他又要求立法对被剥夺的贫民给予"赔偿"。(204)

当任意租户，即每年都可能被解除租契的小租地农民，一群奴隶般地完全听大地主摆布的人，代替独立的自耕农时，对国有土地的掠夺，特别是对公有地的不断的盗窃，促使在18世纪叫做资本租地农场(205)或商人租地农场(206)的大租地农场增长，并且促使农村居民变成无产阶级，把他们"游离"出来投向工业。

但是，18世纪的人还不像19世纪的人那样清楚地了解到，国民财富和人民贫穷是一回事。因此，当时经济著作中就有关于"公有地的圈围"的十分激烈的论战。我从手边的大量材料[472]中只摘录几段话，因为这几段话能生动地说明当时的情况。

一位作者愤慨地写道：

> "在赫特福德郡的很多教区中，有24个平均占50—150英亩土地的租地农场被合并为3个租地农场了。"(207)"在北安普敦郡和莱斯特郡，圈围公有地的做法十分流行，由于圈地而形成的新领地大部分都变成牧场；结果在很多领地中，现在耕地还不到50英亩，而过去耕种的有1 500英亩……　过去的住宅、谷仓、马厩等等变成的废墟"是以往居民留下的唯一痕迹。"在某些地方，100所

(204)伊登《贫民的状况》序言[第XVII、XIX页]。

(205)"Capital farms."(《论面粉业和谷物昂贵的两封信》，一个企业家著，1767年伦敦版第19、20页)

(206)"Merchant-farms."(《论当前粮价昂贵的原因》1767年伦敦版第111页注)这部匿名佳作的作者是牧师纳撒尼尔·福斯特。

(207)托马斯·莱特《论小农场垄断的简短的公开演说》1795年版第2—3页。

房屋和家庭已经减少到……8所或10所……　在大多数不过15年或20年前才开始圈地的教区，土地所有者的数目同以前耕种开放地的土地所有者的人数相比是很少的。往往还有这样的事情，4—5个富有的畜牧业主侵吞了不久前圈围的大片领地，这些土地以前是在20—30个租地农民和同样数目的较小的所有者以及其他居民的手里。所有这些人和他们的家属，从自己占有的土地上被赶走，同他们一起被赶走的，还有替他们做工以维持生活的许多其他家庭。”(208)

邻近的地主在圈地的借口下，不仅侵占了荒地，而且往往也侵占了个人以一定的租金向公社租来耕种的土地或共同耕种的土地。

“我这里是说开放地和已耕地的圈围。甚至为圈地辩护的作者也承认，圈地加强了大租地农场的垄断地位，提高了生活资料的价格，造成了人口的减少……甚至像现在这样进行的荒地的圈围，也使贫民失去他们的一部分生存资料，而把本来已经过大的租地农场更加扩大。”(209)

普赖斯博士说：

“如果土地落到少数大租地农场主手中，那么小租地农民〈以前他是指“许多小土地所有者和小租地农民，他们靠自己耕种的土地上的产品和在公有地上放养的羊、家禽、猪等来维持自己和家庭的生活，因此几乎不必购买生存资料”〉就要转化为这样一种人，他们必须为别人劳动才能维持生活，而且不得不到市场上去购买自己所需要的一切……　劳动也许加重了，因为对劳动的强制更大了……　城市和手工工场将会扩大，因为将有更多寻找职业的人被赶到那里去。这就是租地农场的集中必然发生作用的道路，也是这种集中多年以来在这

(208)散见牧师阿丁顿《赞成和反对圈地的论据的探讨》1772年伦敦版第37—43页。

(209)理·普赖斯博士《评继承支付》，威·摩尔根编，1803年伦敦版第2卷第155、156页。请读一读福斯特、阿丁顿、肯特、普赖斯和詹姆斯·安德森的论著，并把它们同麦克库洛赫在他的书目汇编《政治经济学文献》(1845年伦敦版)中穷极无聊的献媚的饶舌比较一下吧。

个王国中实际发生作用的道路。”(210)

他把圈地的总的结果概括如下：

“总的说来，下层人民的状况几乎在各方面都恶化了，小土地占有者和小租地农民降到短工和雇工的地位；同时，在这种情况下谋生变得更加困难了。”(211)

确实，对公有地的掠夺和随之而来的农业革命，对农业工人产生十分强烈的影响，伊登自己就说，农业工人的工资在1765—1780年之间开始降到最低限度以下，因此必须由官方的济贫费来补助。他说，他们的工资“只够满足绝对必要的生活需要”。

现在我们再听一下一位圈地卫护者，普赖斯博士的反对者的意见。

“因为不再看见人们在开放地上浪费自己的劳动，就得出人口减少的结论，

(210)理·普赖斯博士《评继承支付》第2卷第147、148页。

(211)同上，第159、160页。这使我们想起了古罗马。“富人占有了未分土地的最大部分。他们根据当时的形势，相信这些土地不会再被夺去，因此，把邻近贫民的土地也购买下来，部分是取得贫民的同意，部分是用暴力夺得，于是，他们不再是耕种零星的土地，而是耕种大片的土地。这时他们使用奴隶来从事耕作和畜牧，因为自由民要服兵役，因而不能替他们劳动。拥有奴隶所以给他们带来巨大利益，还因为奴隶不服兵役，可以没有阻碍地繁殖和有许多孩子。这样一来，强者占有了一切财富，全境到处都是奴隶。而意大利人则由于贫穷、赋税和兵役的折磨而逐渐减少了。当和平时期到来时，他们还要遭到完全无事可做的痛苦，因为富人占有土地，并且用奴隶而不用自由民来耕种。”(阿庇安《罗马内战》第1卷第7页)这里说的是李奇尼乌斯法[473]颁布以前的时代的情况。兵役大大加速了罗马平民的没落，它也是查理大帝大力促使自由的德意志农民转化为依附农和农奴的一个主要手段。

这是不对的……　如果在小农转化为不得不替别人劳动的人之后，可以把更多的劳动动用起来，那么，这是国民〈那些已经经历转化的农民当然不在此列〉应当期待的一种利益……　如果他们的结合的劳动在一个租地农场上使用，产品就会更多：这样就可以为工场手工业创造出剩余产品，从而工场手工业，这个国家的金矿之一，就会随着生产出的谷物量的增加而相应增加。”(212)

对“神圣的所有权”进行最无耻的凌辱，对人身施加最粗暴的暴力，只要这是为建立资本主义生产方式的基础所需要的，政治经济学家就会以斯多亚派[474]的平静的心情来加以观察。带有托利党色彩的“博爱的”弗·莫·伊登爵士就是一个例子。从15世纪最后30多年到18世纪末，伴随着对人民的暴力剥夺的是一连串的掠夺、残暴行为和人民的苦难，这些只不过使他得出下面这个“称心如意的”结论：

“必须确定耕地和牧场之间的适当的比例。在整个14世纪和15世纪的大部分时期，还要有2、3英亩甚至4英亩耕地才有1英亩牧场。在16世纪中叶，这个比例变为3英亩牧场对2英亩耕地，后来是2英亩牧场对1英亩耕地，直到最后达到3英亩牧场对1英亩耕地这个适当的比例。”

到19世纪，人们自然甚至把农民和公有地之间的联系都忘却了。更不必谈最近的时期：1801年到1831年农村居民被夺去3 511 770英亩公有地，并由地主通过议会赠送给地主，难道农村居民为此得到过一文钱的补偿吗？①

(212)［约·阿巴思诺特］《当前粮食价格和农场面积相互关系的研究》第124、125、128、129页。下面这句话与此相类似，但倾向相反：“劳动者被赶出了自己的小屋，被迫去城市寻找职业；但这样便生产出了更多的剩余产品，于是资本也增大了”（［罗·本·西利］《国家的危险》1843年伦敦第2版第XIV页）。

① 见本卷第774—819页。——编者注

最后，对农民土地的最后一次大规模剥夺过程，是所谓的Clearing of Estates（清扫领地，实际上是把人从领地上清扫出去）。“清扫”是前面谈过的英国的一切剥夺方法的顶点。我们在上面谈到现代状况时知道，在已经没有独立农民可以清扫的地方，现在是要把小屋“清扫”掉，结果农业工人在他们耕种的土地上甚至再也找不到必要的栖身之所了。至于“清扫领地”的真正含义，我们只有看看苏格兰高地这个现代小说中的天国，才可以领会。在那里，这个过程有下列特点：它有系统性，有一举完成的巨大规模（在爱尔兰，地主同时把好几个村庄清扫掉；在苏格兰高地，一下子被清扫的土地面积相当于德意志几个公国），最后，还有被侵吞的土地所有权的特殊形式。

苏格兰高地的凯尔特人由克兰①组成，每一克兰是该克兰所居住的土地的所有者。克兰的代表，即克兰的首领或“大人”，只是这块土地名义上的所有者，就像英国女王是全国土地名义上的所有者完全一样。英国政府虽然成功地镇压了这些“大人”之间的内部战争，制止了他们对苏格兰低地的不断侵袭，但是克兰首领们丝毫没有放弃自己原来的劫掠行径；他们只不过改变了形式而已。他们依靠自己的权威，把他们名义上的所有权转化为私有财产权，由于遭到克兰成员的反抗，他们就决定公开使用暴力把克兰成员驱逐出去。纽曼教授说：

> “英国国王可以自以为有同样的权利把自己的臣民赶下大海。”(213)

在苏格兰，这次革命是在拥护王位觊觎者的人进行了最后一次

---

(213)弗·威·纽曼《政治经济学讲演集》1851年伦敦版第132页。

---

①即氏族。——编者注

武装暴动[475]后开始的，我们可以从詹姆斯·斯图亚特爵士[(214)]和詹姆斯·安德森[(215)]的著作中看到这次革命的最初阶段。在18世纪，还禁止从土地上被赶走的盖尔人[477]移居外国，以便用暴力把他们赶到格拉斯哥和其他工业城市去。[(216)]至于19世纪盛行的方法[(217)]，在这里以萨瑟兰公爵夫人进行的“清扫”作例子就够了。这位懂得经济学的女人一当权，就决定对经济进行彻底的治疗，并且把

---

(214)斯图亚特说：“这些土地的地租〈他错误地把这个经济范畴用于塔克斯缅[476]向克兰首领缴纳的贡税〉与其土地的面积相比是微乎其微的；但是，把租地农场所养活的人数拿来比较，也许会发现，苏格兰高地的一块土地所养活的人数，是最富饶地区的同等价值的土地所养活的人数的10倍。”（詹姆斯·斯图亚特《政治经济学原理研究》1767年伦敦版第1卷第16章第104页）

(215)詹姆斯·安德森《论激励民族创业精神的手段》1777年爱丁堡版。

(216)1860年，被暴力剥夺的人在各种虚伪的许诺下被运往加拿大。有些人逃往山里和邻近的小岛。警察在后面追赶，他们便同警察格斗，然后逃走了。

(217)亚·斯密的注释者布坎南在1814年写道：“在苏格兰高地一带旧的所有权状况日益被暴力破坏……　地主不顾世袭租佃者〈这一范畴在这里也用错了〉而把土地给予出价最高的人，如果这人是个改良家，他就会立即采用新的耕作制度。在先前广布着小农的土地上，居住的人口是同它的产品数量相适应的；在耕作改良和地租增加的新制度下，人们力求以尽量少的费用获得尽量多的产品，因此，变得无用的人手都要被赶走……　被赶出故乡的人都到工业城市去找生路……”（大卫·布坎南《论亚·斯密的〈国富论〉》1814年爱丁堡版第4卷第144页）“苏格兰的显贵像拔除野草那样剥夺农民的家庭，像印第安人对野兽巢穴进行报复那样来对待村庄及其居民……　一个人只能换到一只羊的毛或一条羊腿，甚至更贱……　当蒙古人入侵中国北部各省的时候，有人曾经在会议上建议消灭那里的居民，并把他们的土地转化为牧场。苏格兰高地的许多地主已经在自己的土地上对自己的同胞实现了这个建议。”（乔治·恩索尔《各国人口的研究》1818年伦敦版第215、216页）

全郡——郡内的人口通过以前的类似过程已经减少到15 000人——转化为牧羊场。从1811年到1820年，这15 000个居民，大约3 000户，陆续地遭到驱逐和灭绝。他们居住的所有村庄都被破坏和烧毁，他们的所有田地都被变为牧场。不列颠的士兵被派来执行这种暴行，同当地居民发生了搏斗。一个老太太因拒绝离开小屋而被烧死在里面。这位夫人通过这种方式把自古以来属于克兰的794 000英亩土地攫为己有。她把沿海地区大约6 000英亩的土地分配给这些被驱逐的居民，每户2英亩。这6 000英亩土地原来一直是荒地，并没有给所有者带来过收入。这位公爵夫人如此宽宏大量，她以平均每英亩2先令6便士的租金把这些荒地租给那些几百年来为她的家族流血流汗的克兰成员。她把掠夺来的全部克兰土地划分为29个大牧羊租地农场，每一个租地农场只住一户人家，大部分都是英格兰租地农场主的雇农。到1820年，15 000个盖尔人已被131 000只羊所代替。一部分土著居民被赶至沿海地区，以捕鱼为生。他们变成了两栖动物，按一位英国作家的说法，是一半生活在陆上，一半生活在水上，但是陆上和水上合起来也只能使他们过半饱的生活。[(218)]

但是，诚实的盖尔人由于他们对克兰"大人"的浪漫的山岳崇

(218)当现在的萨瑟兰公爵夫人为了表示她对美洲共和国的黑奴的同情，在伦敦隆重欢迎《汤姆叔叔的小屋》的作者比彻-斯托夫人的时候，——在南北战争[8]时期，她和其他贵妇人一样，明智地忘记了这种同情，当时所有"高贵的"英国人的心都是同情奴隶主的，——我在《纽约论坛报》上描述了萨瑟兰的奴隶的状况[478]。(凯里在1853年费城出版的《奴隶贸易》一书的第202、203页上引用了我的文章的一部分。)我的文章被一家苏格兰报纸转载，并且引起了该报和萨瑟兰家族的献媚者之间的一场激烈的论战。

拜，必须更加含辛茹苦。鱼的气味传到“大人”的鼻子里去了。他们嗅到其中有某种有利可图的东西，于是把沿海地区租给伦敦的大鱼商。盖尔人又一次被驱逐了。(219)

最后，一部分牧羊场又转化为狩猎场。大家知道，英格兰没有真正的森林。贵族们的鹿苑中的鹿长得像家畜，肥得像伦敦的市议员一样。所以，苏格兰是这种“高贵情欲”的最后的寄托所。1848年萨默斯写道：

> “在苏格兰高地，森林面积大大扩大了。在盖克的一边，可以看见格伦费希新森林，在另一边，是阿德韦里基新森林。在同一条线上，布莱克山这一大片荒地不久前植树造林了。从东到西，从阿伯丁附近到奥本峭壁，现在都是一条连绵不断的林带，而在高地的其他地方，又有阿恰格湖、格伦加里、格伦莫里斯顿等新森林出现……　盖尔人由于他们的土地转化为牧羊场……而被赶到更贫瘠的地方。现在鹿开始代替羊，使盖尔人更加贫困……　鹿林(219a)和人民不能并存。总有一方要让位。如果在未来的25年当中，狩猎场的数目和规模像过去25年那样增长，那么盖尔人就会在他们家乡的土地上绝迹了。苏格兰高地土地所有者中间进行的这个运动，一方面是出于时髦，贵族的欲望，打猎的爱好等等；另一方面，他们做鹿的交易只是为了牟取利润。因为事实是，把一块山地辟为狩猎场，在很多情况下都比把它变为牧羊场有利得多……　对于爱好打猎而寻找狩猎场的人说来，出价高低只受自己钱袋大小的限制……　苏格兰高地所受的痛苦，不下于诺曼人国王的政策给英格兰带来的痛苦。鹿有了更自由的活动场所，而人却被赶到越来越窄的圈子里去了……　人民的自由接二连三地被夺去……　压迫日甚一日。清扫和驱逐人民，像在美洲和澳洲的荒野

---

(219)关于这种鱼类买卖的有趣材料，我们可以在戴维·乌尔卡尔特的《公文集。新辑》中看到。——纳索·威·西尼耳在他的前面引述过的遗著中把“萨瑟兰郡采取的这种办法说成是有史以来最有利的一次‘清扫’”(《关于爱尔兰的日志、谈话和短评》1868年伦敦版[第282页])。

(219a)在苏格兰的“鹿林”中没有一棵树木。人们把羊群从秃山赶走，把鹿群赶上秃山，并称此为“鹿林”。因此，连造林也谈不上！

上砍除树木和灌木丛一样，被当做固定的原则，当做农业上的必要措施，由地主们来实行；这一过程静静地、有条不紊地进行着。”(220)

---

(220)散见罗伯特·萨默斯《苏格兰高地来信，或1847年的饥荒》1848年伦敦版第12—28页。这些信最初发表在《泰晤士报》上。英国经济学家自然把1847年盖尔人遭到的饥荒说成是由于他们人口过剩。无论如何，盖尔人“压迫着”他们的食物。——“清扫领地”或者像德国所说的“Bauernlegen”在三十年战争后在德国特别盛行，1790年还在萨克森选帝侯国引起了农民起义[479]。它在德国东部尤为流行。在普鲁士的大部分省里，弗里德里希二世第一次保证了农民的所有权。他占领了西里西亚以后，强迫地主重建农舍、仓库等等，供给农户牲畜和农具。他的军队需要士兵，他的国库需要纳税人。但农民在弗里德里希二世的混乱的财政制度下和在专制主义、官僚主义、封建主义的混合统治下，究竟过着怎样愉快的生活，这可以从弗里德里希的崇拜者米拉波的叙述中看出：“亚麻是德国北部农民的最大财富之一。但可惜，对于人类来说，这只是防止贫困的手段，而不是走向幸福生活的途径。直接税、徭役以及各种强制性服役使德国农民破产，此外他们还要为他们所买的一切东西缴纳间接税……而使他们彻底毁灭的是：他们不敢在他们愿意的地方，以他们愿意的方式出售他们的产品；他们也不敢从那些能够以较低廉的价格供给他们所需要的东西的商人那里购买这些东西。所有这些原因不知不觉地使他们毁灭，如果不纺纱，他们就无法到期缴纳直接税；纺纱成了他们的补助的来源，因为这可以使他们的妻子、儿女、男女仆人甚至他们自己从事有利的工作。但是，即使有了这种补助来源，生活还是可怜极了！夏天，他们像犯人一样从事耕作和收获的劳动，9点睡觉，2点就要起床，这样才能把活干完；冬天，他们本来需要有较长时间的休息来恢复体力，但是，如果他们为了缴纳税款而出售产品，他们就缺少谷物来做面包和种子了。因此，只好以纺纱来填补这种不足……而且要十分勤奋地纺。因此，农民在冬天要到半夜或1点才睡觉，而早晨5点或6点就要起床，或者在晚上9点睡觉，2点起床；除了星期日，他们一辈子天天都是这样。这种过度的不眠和劳动使人憔悴；因此农村里的男女比城市里的男女要衰老得快”(米拉波《弗里德里希大帝时代的普鲁士君主制度》第3卷第212页及以下几页)。

第二版补注：1866年3月，在罗伯特·萨默斯的上述著作发表了18年以后，莱昂内·莱维教授在技艺协会[281]作了一个关于牧羊场转化为鹿林的报告，他掠夺教会地产，欺骗性地出让国有土地，盗窃公有地，用剥夺方法、用残暴的恐怖手段把封建财产和克兰财产转化为现代私有财产——这就是原始积累的各种田园诗式的方法。这些方法为资本主义农业夺得了地盘，使土地与资本合并，为城市工业造成了不受法律保护的无产阶级的必要供给。

叙述了苏格兰高地荒芜状态的加剧。他说："减少人口，把土地转化为纯粹牧羊场，是不花费代价便能获得收入的最方便的手段……　鹿林代替牧羊场已经成为苏格兰高地的普遍的变化。现在是野兽赶走了羊群，就像从前为了给羊群腾出地盘而把人赶走一样……　从福弗尔郡的达尔豪西伯爵领地一直到约翰·奥格罗特都是森林。其中〈在这些森林中〉很多已住有狐狸、野猫、黄鼠狼、白鼬、伶鼬和山兔；近来那里还出现了兔、松鼠和鼠。在苏格兰的统计中被当做特别富饶和广阔的牧场的大片土地，现在既不耕作，也不改良，只是供少数人在每年一个短时期内用于狩猎消遣。"

1866年6月2日出版的一期伦敦《经济学家》杂志写道："一家苏格兰报纸在上周载有这样的消息：'萨瑟兰郡的最好的牧羊场之一，在不久前租约期满时，还曾有人出价年租1 200镑，然而现在已转化为鹿林！'就像当时诺曼征服者……为造新林曾毁掉了36个村庄一样……这种封建本能现在又出现了……包括苏格兰某些最肥沃的地区在内的200万英亩土地完全变成了荒地。格伦蒂尔特的野草是珀斯郡最富于营养的牧草之一；本奥尔德的鹿林曾是巴德诺赫广大地区内的最好的草地；布莱克山森林的一部分曾是苏格兰最适宜放牧黑脸羊的牧场。为了狩猎爱好而变成荒野的土地面积，比整个珀斯郡的面积还要广阔得多，从这个事实我们可以想象出，这种荒野的面积究竟有多大了。本奥尔德森林的土地可以养活15 000只羊，而这个森林的面积不过只占苏格兰全部猎区的$\frac{1}{30}$，从这里可以看出，这种强制性的荒芜给国家带来了多大的损失……所有这些猎场都完全是非生产的……结果等于是沉到了北海海底一样。这种人为的荒野或荒地应当用立法的断然手段来加以铲除。"

3. 15世纪末以来惩治被剥夺者的血腥立法。压低工资的法律

由于封建家臣的解散和土地断断续续遭到暴力剥夺而被驱逐的人，这个不受法律保护的无产阶级，不可能像它诞生那样快地被新兴的工场手工业所吸收。另一方面，这些突然被抛出惯常生活轨道的人，也不可能一下子就适应新状态的纪律。他们大批地转化为乞丐、盗贼、流浪者，其中一部分人是由于习性，但大多数是为环境所迫。因此，15世纪末和整个16世纪，整个西欧都颁布了惩治流浪者的血腥法律。现在的工人阶级的祖先，当初曾因被迫转化为流浪者和需要救济的贫民而受到惩罚。法律把他们看做"自愿的"罪犯，其依据是：只要他们愿意，是可以继续在已经不存在的旧的条件下劳动的。

在英国，这种立法是在亨利七世时期开始的。

亨利八世时期，1530年，年老和无劳动能力的乞丐获得一种行乞许可证。相反地，身强力壮的流浪者则要遭到鞭打和监禁。他们要被绑在马车后面，被鞭打到遍体流血为止，然后要发誓回到原籍或最近三年所居住的地方去"从事劳动"。多么残酷的讽刺！亨利八世二十七年，以前的法令又加以重申，但由于加上了新的条款而更严厉了。如果在流浪时第二次被捕，就要再受鞭打并被割去半只耳朵；如果第三次被捕，就要被当做重罪犯和社会的敌人处死。

爱德华六世在即位的第一年（1547年）颁布的法令规定，拒绝劳动的人，如被告发为游惰者，就要判为告发者的奴隶。主人应当用

面包和水，用稀汤和他认为适当的肉屑给自己的奴隶吃。他有权用鞭打和镣铐强迫奴隶从事一切令人厌恶的劳动。如果奴隶逃亡达14天，就要判为终身奴隶，并在额头或脸颊打上S字样①的烙印；如果第三次逃亡，就要当做叛国犯处死。主人可以把他出卖，遗赠，作为奴隶出租，完全像对待其他动产和牲畜一样。如果奴隶图谋反抗主人，也要被处死。治安法官必须根据报告搜捕逃亡的奴隶。如果发现流浪者三天无所事事，就要把他送回原籍，用烧红的铁器在他胸前打上V字样②的烙印，套上锁链在街道上服役或服其他劳役。如果流浪者谎报籍贯，就要被罚充当该地、该地居民或社团的终身奴隶，并打上S字样的烙印。任何人都有权把流浪者的子女领去当学徒，男的当到24岁为止，女的当到20岁为止。如果他们逃亡，就要成为他们师傅的奴隶，直到这个年龄为止。师傅随意可以给他们戴上镣铐，鞭打他们等等。为了便于识别和更加保险起见，每个主人可以在自己奴隶的脖子、手或脚上套一个铁环。(221)这个法令的最后一部分规定，贫民必须在愿意给他们饮食和劳动的地区或个人那里干活。在英国，这种教区的奴隶，在游荡者的名义下一直保留到19世纪。

伊丽莎白执政时期的1572年的法令规定，没有得到行乞许可的

---

(221)《论手工业和商业》(1770年版)的作者说："在爱德华六世执政时期，英国人确实似乎非常认真地鼓励工场手工业和使用贫民。这一点可以从规定一切流浪者都要打上烙印这条值得注意的法令中看出来。"(第5页)

---

①S是英文"slave"("奴隶")的第一个字母。——编者注

②V是英文"vagabond"("游惰者")和"vagrant"("流浪者")的第一个字母。——编者注

14岁以上的乞丐，如果没有人愿意使用他一年，就要受猛烈的鞭打，并在右耳打上烙印；如果有人再度行乞而且年过18岁，又没有人愿意使用两年，就要被处死；第三次重犯，就要毫不容情地当做叛国犯处死。类似的法令还有伊丽莎白十八年所颁布的第3号法令和1597年的法令。(221a)

詹姆斯一世时期，游荡和行乞的人被宣布为流浪者。即决法庭[480]的治安法官有权叫人当众鞭打他们，把第一次被抓到的监禁六个月，第二次被抓到的监禁两年。在监禁期间，治安法官认为适当就可以随时鞭打他们，要打多少就打多少……　不可救药的危险的流

(221a) 托马斯·莫尔在他的《乌托邦》一书[第41、42页]中说："于是，贪得无厌的人，自己家乡的真正瘟疫，几千英亩土地，统统用篱笆或栅栏圈围起来，或者通过暴力和不正当的手段迫使所有者不得不出卖一切。不择手段地迫使他们迁移——这些贫穷朴实的不幸者！男人、女人，丈夫、妻子，孤儿、寡妇，抱着婴儿的绝望的母亲，以及钱少人多(因为农业需要许多劳动力)的家庭。我是说，他们被驱逐出熟悉的乡土，找不到安身之处；他们所有的家庭用具虽然不很值钱，但在其他的情况下，还能卖一点钱；可是他们是突然被驱逐出来的，因此只好以极低的价格卖掉。当他们游荡到不名一钱的时候，除了偷盗以致被依法绞死以外，除了行乞以外，还能做什么呢？而他们去行乞，就会被当做流浪者投入监狱，理由是他们游手好闲，无所事事，虽然他们努力找工作，但没有人愿意给他们工作做。"在托马斯·莫尔所说的这些被迫行窃的贫穷的难民中间，"在亨利八世执政时期有72 000名大小盗贼被处死"(霍林舍德《英国概述》第1卷第186页)。在伊丽莎白时代，"成队的流浪者被绞死，每年都要绞死300或400人"(斯特赖普《伊丽莎白女王盛世的宗教改革和国教运动以及英国教会中其他事件的编年史》1725年第2版第2卷)。这位斯特赖普还说，在萨默塞特郡，仅仅一年中就有40人被处死，35人被打上烙印，37人遭鞭打和183个"不可救药的恶棍"被释放。但是他说："由于治安法官的疏忽大意和人民的愚昧同情，这个巨大的被控者人数还不到实际犯罪人数的$\frac{1}{5}$。"他又说："英格兰其他郡的情形并不比萨默塞特郡好，许多郡的情况甚至更糟。"

浪者，要在左肩打上R字样[①]的烙印，并要从事强制劳动；如果他再度在行乞时被抓到，那就要毫不容情地处死。这些条例直到18世纪初还有效，到安女王十二年颁布第23号法令时才被废除。

法国也有同样的法律，因为17世纪中叶在巴黎曾经建立了一个流浪者王国。在路易十六初期（1777年7月13日的敕令）还规定，16岁至60岁的身体强壮而没有生存资料或职业的人，都要罚做苦工。1531年10月查理五世对尼德兰颁布的法令，1614年3月19日荷兰各州和各城市的第1号告示，1649年6月25日联合省的公告等，都有类似的规定。

这样，被暴力剥夺了土地、被驱逐出来而变成了流浪者的农村居民，由于这些古怪的恐怖的法律，通过鞭打、烙印、酷刑，被迫习惯于雇佣劳动制度所必需的纪律。

单是在一极有劳动条件作为资本出现，在另一极有除了劳动力以外没有东西可出卖的人，还是不够的。这还不足以迫使他们自愿地出卖自己。在资本主义生产的进展中，工人阶级日益发展，他们由于教育、传统、习惯而承认这种生产方式的要求是理所当然的自然规律。发达的资本主义生产过程的组织粉碎一切反抗；相对过剩人口的不断产生把劳动的供求规律，从而把工资限制在与资本增殖需要相适应的轨道以内；经济关系的无声的强制保证资本家对工人的统治。超经济的直接的暴力固然还在使用，但只是例外地使用。在通常的情况下，可以让工人由"生产的自然规律"去支配，即由他对资本的从属性去支配，这种从属性由生产条件本身产生，得到这些条件的保证并由它们永久维持下去。在资本主义生产在历史上刚刚产生的

①R是英文"rogue"（"流浪汉"）的第一个字母。——编者注

时期，情况则不同。新兴的资产阶级为了“规定”工资，即把工资强制地限制在有利于赚钱的界限内，为了延长工作日并使工人本身处于正常程度的从属状态，就需要并运用国家权力。这是所谓原始积累的一个重要因素。

雇佣工人阶级是在14世纪下半叶产生的，它在当时和后一世纪内只占居民中很小的一部分；它的地位受到农村的独立农民经济和城市的行会组织的有力的保护。在农村和城市，雇主和工人在社会上是接近的。劳动对资本的从属只是形式上的，就是说，生产方式本身还不具有特殊的资本主义的性质。资本的可变要素大大超过它的不变要素。因此，对雇佣劳动的需求随着资本的积累而迅速增加，而雇佣劳动的供给只是缓慢地跟在后面。后来转化为资本积累基金的一大部分国民产品，在当时还是工人的消费基金。

自始就是为了剥削工人，而在其发展中一直与工人为敌的关于雇佣劳动的立法[(222)]，在英国开始于1349年爱德华三世的劳工法。在法国，与此相当的是1350年以国王约翰名义颁布的敕令。英法两国的立法齐头并进，内容也相同。关于劳工法企图强制延长工作日这一点，我就不再谈了，因为前面（第八章第5节[①]）已经讲过了。

劳工法是由于下院的迫切要求而颁布的。一个托利党人天真地说:

(222)亚·斯密说:“每当立法机关企图调解雇主与其工人之间的纠纷时，它的顾问总是雇主。”[481]兰盖说:“法的精神就是所有权。”[428]

①见本卷第305页及以下几页。——编者注

“以前贫民要求的工资太高，使工业和财富受到威胁。现在他们的工资太低，也使工业和财富受到威胁，不过这种威胁和以前的不同，而且可能更危险。”(223)

法律规定了城市和农村、计件劳动和日劳动的工资率。农村工人受雇期限应为一年，城市工人则应在“自由市场”上受雇。支付高于法定工资的人要被监禁，但接受高工资的人要比支付高工资的人受到更严厉的处罚。例如，伊丽莎白的学徒法第18条和第19条也还规定，支付高工资的人，监禁10天，而接受的人，则监禁21天。1360年的一项法令加重了处罚，甚至授权雇主按法定的工资率通过体罚去榨取劳动。把瓦匠和木匠相互联系在一起的一切结合、契约、誓约等都被宣告无效。从14世纪起到1825年废除禁止结社法[364]止，工人结社一直被认为是严重的犯罪行为。1349年的劳工法和以后的类似法令的精神清楚地表现在这一事实上：国家虽然规定了工资的最高限度，但从来没有规定工资的最低限度。

大家知道，在16世纪，工人的状况十分恶化①。货币工资提高了，但其提高的程度不及货币贬值和物价相应上涨的程度。因此，工资实际上是下降了。但是，旨在压低工资的法律仍然有效，同时，“没有人愿意使用”的人要被割耳朵和打烙印。伊丽莎白五年颁布的第4号法令学徒法，授权治安法官规定一定的工资，并按季节和物价加以调整。詹姆斯一世也把这种有关劳动的规定推行到纺织工人和其他各种工人身

(223)［约·巴·拜耳斯］《自由贸易的诡辩》，一个律师著，1850年伦敦版第206页。他挖苦地补充说：“我们总是准备为雇主效劳；难道就不能为雇工做一点事吗？”

①见本卷第828—829页。——编者注

上。(224)乔治二世把禁止工人结社的法律推行到一切工场手工业。

在真正的工场手工业时期，资本主义生产方式已经相当强大，因而用法律来规定工资已经行不通而且没有必要，但是人们为了防备万一，还不想抛弃旧武库中的这件武器。在乔治三世七年，除国丧期外，伦敦及其近郊的裁缝帮工的日工资还禁止超过2先令$7\frac{1}{2}$便士；乔治三世十三年颁布的第68号法令还授权治安法官规定丝织工人的工资；在1796年，治安法官关于工资的命令是否也适用于非农业工人，还需要经过高等法院的两次判决来确定；在1799年，一项议会法令还确认，苏格兰矿工的工资要根据伊丽莎白的一项法令和1661年及1617年的两项苏格兰法令来规定。在此期间情况有了多大的变化，这可由英国下院的一件前所未闻的事情来说明。在这里，400多年来人们都是制定法律来规定工资决不能超过的最高限度，而在1796年，惠特布雷德建议用法律规定农业短工工资的最低限度。皮特表示反对，但承认"贫民的状况是悲惨的"。最后，在1813年，规定工资的法律被

---

(224)从詹姆斯一世一年颁布的第6号法令的一条规定中可以看出，某些织布业主以治安法官的身份在自己的工场内正式规定了工资率。在德国，特别是在三十年战争以后，常常颁布降低工资的法令。"对人口稀少地区的地主来说，缺乏仆人和工人是十分麻烦的。所有村民都被禁止把自己的房间租给独身男女；凡遇到这种租房人，必须报告当局，如果他们不愿当仆人，那么，即使他们靠其他工作，靠替农民做短工或从事货币和粮食买卖为生，也要被关进监狱。(《帝国对于西里西亚的特权和法令》第1章第125条)在整整一个世纪中，各君主的命令不断地强烈责骂那些不服从苛刻条件，不满法定工资的恶劣而蛮横的无赖汉；每个地主都被禁止付给高于行政区规定的工资。但是，战后仆人的处境有时比100年后还要好；1652年在西里西亚，仆人每周还可以吃到两次肉，而在我们这个世纪，那里的某些地方，仆人每年只能吃到三次肉。而战后的工资也比以后几个世纪都要高。"(古·弗赖塔格)

废除了。自从资本家以其私人立法来管理工厂，并依靠济贫税把农业工人的工资补充到必要的最低限度以来，这些法律就变成了可笑的反常的东西。但是劳工法中有关雇主和雇佣工人之间的契约以及解约期限等条款，直到现在还完全有效，这些条款规定，对违约的雇主只许提出民事诉讼，而对违约的工人则可提出刑事诉讼。

残酷的禁止结社法于1825年在无产阶级的威胁性行动面前取消了。虽然如此，但取消的只是其中一部分。旧法令某些美丽的残片直到1859年才消失。最后，1871年6月29日的议会法令，在法律上承认工联时就认为消除了这项阶级立法的最后痕迹。但是，同一天颁布的一项议会法令（关于惩治暴行、胁迫和侵害行为的刑法修正法令），实际上以新的形式恢复了旧的状态。这种议会把戏，使工人在罢工或同盟歇业（结成同盟的工厂主同时把工厂关闭）时可能利用的手段都不按普通法来处理，而按特别刑法来处理，而这个刑法的解释权又操在担任治安法官的工厂主本人手中。两年前，同一个下院和同一个格莱斯顿先生，以人所共知的正直态度提出了一项废除一切反对工人阶级的特别刑法的法案。但是这个法案只二读了事，这样，问题就被搁置下来，直到后来，"伟大的自由党"[482]同托利党结成联盟，竟然鼓起勇气坚决反对扶它上台的无产阶级。"伟大的自由党"并不以这种背叛为满足，它还让一贯奴颜婢膝地为统治阶级效劳的英国法官把已经失效的禁止"秘密活动"法[483]重新挖掘出来，用来对付工人的结社。我们看到，500年来，英国议会出于卑鄙无耻的自私自利一直固守那种反抗工人的常设的资本家"工联"的地位，后来只是在群众的压力下才迫不得已地放弃了反对罢工和工联的法律。

法国资产阶级在革命风暴一开始，就胆敢再把工人刚刚争得的结社权剥夺掉。它在1791年6月14日颁布法令，宣布工人的一切结社都是“对自由和人权宣言的侵犯”，要课以500利弗尔的罚金并剥夺公民权一年。(225)这个法律用国家警察手段硬是把资本和劳动之间的斗争限制在对资本有利的范围内，它经历了几次革命和几次改朝换代。甚至恐怖政府[484]也没有触动它。直到最近它才被从刑法典[485]中取消。采取上述资产阶级非常措施的借口是最典型不过的了。报告人列沙白里哀说：“工资比现在提高一些，使领工资的人摆脱由于缺乏必要的生活资料而陷入的绝对的、几乎是奴隶般的依赖状态，这虽然是应当的”，但是工人不应当彼此商定自己的利益，不应当采取共同行动来缓和自己的“绝对的、几乎是奴隶般的依赖状态”，因为他们这样做就会损害“他们从前的老板、现在的企业主的自由”（使工人保持奴隶状态的自由！），因为进行结社来反对从前公会老板的专制，就是——猜猜看！——恢复法国宪法所取消的公会！(226)

4. 资本主义租地农场主的产生

我们考察了不受法律保护的无产者怎样通过暴力产生，考察了使他们转化为雇佣工人的血腥纪律，考察了国家用警察手段加强对劳动的剥

---

(225)这个法律的第一条说：“取缔同一等级或同一职业的市民的各种联合组织，是法国宪法的根本基础之一，因此禁止以任何借口或任何形式恢复这种联合组织。”第四条说：“同一职业、手艺或手工业的市民，如果为了一致拒绝从事手艺或劳动或为了按一定报酬才从事手艺或劳动而彼此协商或协议，那么这种协商和协议……应视为违反宪法，侵犯自由和人权……”从而，和旧劳工法中的规定完全一样，应视为国事罪。（《巴黎革命》1791年巴黎版第3卷第523页）

(226)散见毕舍和卢-拉维涅《议会史》第10卷第193—195页。

削程度来提高资本积累的无耻行为。现在要问：资本家最初是从哪里来的呢?因为对农村居民的剥夺只是直接地产生了大土地所有者。至于租地农场主的产生，我们是能够弄清楚的，因为这是一个延续了许多世纪的漫长过程。农奴本身，此外还有自由小土地所有者，处于极不相同的财产状况下，因而是在极不相同的经济条件下解放出来的。

在英国，最初形式的租地农场主本身也是农奴的管事。他的地位和古罗马的斐力卡斯①相似，不过活动范围狭小一些。在14世纪下半叶，管事被由地主供给种子、牲畜和农具的租地农民所代替。这种租地农民的地位同农民没有多大的区别，不过他剥削更多雇佣劳动。他不久就成为分成制佃农，半租地农场主。他筹集农业资本的一部分，而其余部分则由地主提供。双方按合同规定的比例分配总产品。这种形式在英国很快就消失了，代之而起的是真正的租地农场主，他靠使用雇佣工人来增殖自己的资本，并把剩余产品的一部分以货币或实物的形式作为地租交给地主。

在15世纪，当独立农民和那些既当雇工同时又独自耕作的雇农靠自己的劳动而致富的时候，租地农场主的境况和生产范围都同样是中等的。15世纪最后30多年开始的、几乎在整个16世纪(但最后几十年除外)继续进行的农业革命，以同一速度使农村居民变穷，使租地农场主致富。(227)对公有牧场等的掠夺，使租地农场主几乎不费代价就大大增加了自己的牲畜数量，这些牲畜又为他的土地的耕

(227)哈里逊在自己的《英国概述》中说："过去交出4镑地租都很困难的租地农场主，现在要交40镑、50镑、100镑，但是他们在租约满期时，如果手里没有积存6—7年租金的话，就认为是做了一次不好的生意。"

①见本卷第199页。——编者注

作提供了更丰富的肥料。

在16世纪，又加进了一个有决定意义的重要因素。当时，租约的期限很长，往往达99年。贵金属价值从而货币价值的不断下降，给租地农场主带来了黄金果。把前面已经指出的其他一切情况撇开不说，这种下降也降低了工资①。工资的一部分变成了租地农场主的利润。谷物、羊毛、肉类，总之，一切农产品的价格不断上涨，不费租地农场主一点力气，就增大了他的货币资本，而他必须支付的地租，却是按照以前的货币价值签订在契约上的。(228)所以，他是同时靠牺牲自己的雇佣工人和地主的利益而致富的。因此，在16世纪末，英国有了一个就当时情况来说已很富有的"资本主义租地农场

(228)关于16世纪货币贬值对社会各阶级的影响，可以参看《对近来我国各界同胞常有的一些抱怨的简单考察》，绅士威·斯·著（1581年伦敦版）。由于这一著作采取对话形式，人们在很长时期内认为这是莎士比亚写的，直到1751年还用他的名字出过新版。它的作者是威廉·斯塔福德。书中的一个地方，骑士有如下的推论：

骑士："您，我的邻居农民，您，商人先生，您，善良的铜匠，以及其他的手工业者们，你们都知道怎样维护自己的利益。因为一切物品比以前贵多少，你们也会把你们出卖的商品和劳动的价格提高多少。但是，我们没有任何东西可以提高价格出卖，以抵偿我们在购买物品时所受的损失。"在另一个地方，骑士问博士："请告诉我，您指的是哪种人？首先，您认为哪些人不会受到损失？"博士："我指的是所有靠买卖为生的人，因为他们以高价买进，也以高价卖出。"骑士："其次，您认为哪种人会得利呢？"博士："是所有按旧租金租赁由自己耕种的租地或农场的人，因为他们按旧价格支付，按新价格出售，就是说，他们为土地支付极少的钱，而以高价出售土地的一切产品……"骑士："您认为，哪种人会受到比这些人得到的利益还要大的损失？"博士："那就是所有贵族、绅士以及其他一切靠固定地租或薪金过活，或不亲自耕种自己土地，或不做买卖的人。"

①见本卷第640—641页。——编者注

主"阶级，是不足为奇的。(229)

5. 农业革命对工业的反作用。工业资本的国内市场的形成

我们已经知道，对农村居民断断续续的、一再重复的剥夺和驱逐，不断地为城市工业提供大批完全处于行会关系之外的无产者。①

(229)在法国，中世纪初期替封建主管理和征收租税的管家，不久就成为实业家，他用勒索、欺骗等办法，变成了资本家。这些管家有时自己就是显贵。例如："这个账单是贝桑松的城堡主人，骑士雅克·德·托雷斯就其应当支付的1359年12月25日至1360年12月28日的地租，交给勃艮第公爵和伯爵在第戎的管账先生的。"（亚历克西斯·蒙泰伊《关于各类历史手稿的研究》第234、235页）由此可见，在社会生活的各方面，有很大的一部分落入中间人的手里。例如，在经济方面，金融家、交易所经纪人、大小商人捞取营业中的最大好处；在民法方面，律师敲诈诉讼双方；在政治方面，议员比选举人重要，大臣比君主重要；在宗教方面，上帝被"中介人"挤到次要地位，而后者又被牧师挤到次要地位，牧师又是善良的牧羊人和他的羊群之间的必然的中间人。在法国，和在英国一样，大的封建领地被划分为无数的小农场，那是在对农村居民极其不利的条件下进行的。在14世纪出现了租地农场——fermes或terriers。它们的数量不断增长，远远超过10万个。它们以货币或实物支付产品的$\frac{1}{12}$—$\frac{1}{5}$作为地租。terriers根据土地价值和面积的大小分为封地、次封地（fiefs, arrière-fiefs）等等，而土地的面积有时只有几阿尔潘。所有这些terriers对自己土地上的居民享有某种程度的裁判权；这种裁判权有四等。农村居民在所有这些小暴君下受到压迫，是可以理解的。蒙泰伊说，当时法国有16万个法庭，而现在连治安法庭在内有4 000个就足够了。

①见本卷第823—833页。——编者注

这一奇妙的现象使老亚·安德森（不要和詹姆斯·安德森相混）在他的商业史[486]中也相信神的直接干预。我们还必须谈一谈原始积累的这个要素。若弗鲁瓦·圣伊莱尔用世界物质在一处的稀薄化来解释它在另一处的稠密化(230)，但是，与独立的、自耕的农村居民稀薄化相适应的，不仅仅是工业无产阶级的稠密化。虽然种地的人数减少了，但土地提供的产品和过去一样多，或者比过去更多，因为伴随土地所有权关系革命而来的，是耕作方法的改进，协作的扩大，生产资料的积聚等等，因为农业雇佣工人不仅被迫加强了劳动强度(231)，而且他们为自己进行劳动的生产范围也日益缩小了。因此，随着一部分农村居民的游离，他们以前的生活资料也被游离出来。这些生活资料现在转化为可变资本的物质要素。被驱逐出来的农民必须从自己的新主人工业资本家那里，以工资的形式挣得这些生活资料的价值。国内农业提供的工业原料也同生活资料的情况一样。它转化为不变资本的一个要素。

例如，可以设想，在弗里德里希二世时代全都纺亚麻的威斯特伐利亚农民，一部分遭到暴力剥夺，被逐出土地，另一部分留下来的则转化为大租地农场主的短工。与此同时，大亚麻纺织厂出现了，“被游离出来的人”受雇在那里做工。亚麻外表上和过去完全一样。它的纤维一根也没有发生变化，但是一个新的社会灵魂已经进入它的身体。它现在是手工工场主的不变资本的一部分。以前，亚麻分散在许多小生产者之间，他们自己种植亚麻，并和家人一道小量地进行纺织；现在，它积聚在一个资本家手中，他叫别人为他纺织。消耗在

(230)见他的《对自然哲学的认识》1838年巴黎版。

(231)这一点是詹姆斯·斯图亚特爵士所强调的[487]。

纺亚麻上的额外劳动以前实现为无数农民家庭的额外收入，或者在弗里德里希二世时代还实现为缴给普鲁士国王的赋税。现在，它实现为少数资本家的利润。纱锭和织机以前分散在农村，现在和工人以及原料一样都集中在少数大劳动营里了。现在，纱锭、织机和原料由纺织工人独立生存的手段都转化为指挥他们(232)和榨取他们的无酬劳动的手段。大手工工场同大租地农场一样，看不出是由许多小生产单位联合而成的，是通过剥夺许多独立小生产者而形成的。但是，不带偏见的考察是不会受迷惑的。在革命狮子米拉波的时代，人们还把大手工工场叫做manufactures réunies，即联合手工工场，正如我们现在说联合耕地一样。米拉波说：

> “人们只注意有几百人在一个厂长指挥下进行劳动的、通常叫做联合手工工场的大手工工场；而对人数众多的工人分散地独自经营的手工工场，几乎不屑一顾，把这些手工工场完全摆到次要的地位。这是一个很大的错误，因为只有它们才是国民财富的真正重要的组成部分……　联合工场使一两个企业主大发其财，但工人不过是得到或多或少的报酬的短工，他们丝毫分享不到企业主得到的好处。相反地，在分散的工场中没有人发财致富，但许多工人过着优裕的生活……　勤劳节俭的工人人数将会增加，因为他们将会认识到，良好的生活方式和劳动，是根本改善自己状况而不是稍许提高工资的手段；稍许提高工资对于将来决不可能是重要的事情，充其量只能使工人勉强糊口的生活稍微好一点。通常同小农经济结合在一起的单个分散的手工工场，才是自由的手工工场。”(233)

---

(232)资本家说：“如果你们把你们仅有的一点东西交给我，作为我辛苦指挥你们的报酬，我就让你们得到为我服务的荣幸。”(让·雅·卢梭《论政治经济学》[1760年日内瓦版第70页])

(233)散见米拉波《弗里德里希大帝时代的普鲁士君主制度》1788年伦敦版第3卷第20—109页。米拉波认为，分散的工场比“联合的”工场经济而且生产力高，并把后者只是看做由政府人为地培养出来的温室植物。当时大陆上大部分手工工场的情况可以说明这一点。

一部分农村居民的被剥夺和被驱逐，不仅为工业资本游离出工人及其生活资料和劳动材料，同时也建立了国内市场。

事实上，使小农转化为雇佣工人，使他们的生活资料和劳动资料转化为资本的物质要素的那些事件，同时也为资本建立了自己的国内市场。以前，农民家庭生产并加工绝大部分供自己以后消费的生活资料和原料。现在，这些原料和生活资料都变成了商品；大租地农场主出售它们，手工工场则成了他的市场。纱、麻布、粗毛织品（过去每个农民家庭都有这些东西的原料，它把这些东西纺织出来供自己消费），现在转化为工场手工业的产品，农业地区正是这些东西的销售市场。以前由于大量小生产者独自经营而造成的分散各地的许多买主，现在集中为一个由工业资本供应的巨大市场。(234)于是，随着以前的自耕农的被剥夺以及他们与自己的生产资料的分离，农村副业被消灭了，工场手工业与农业分离的过程发生了。只有消灭农村家庭手工业，才能使一个国家的国内市场获得资本主义生产方式所需要的范围和稳固性。

但是，真正的工场手工业时期并没有引起根本的改变。我们记得，工场手工业只占国民生产的很小一部分，它总是以城市手工业

(234)“一个工人家庭在它从事的各种劳动的间歇，通过自己的辛劳不知不觉地把20磅羊毛转化为全家一年的衣着，这并不引人注意。但是，如果它把羊毛拿到市场，送进工厂，然后送到经纪人手里，然后再送到商人手里，那么就可以看到频繁的商业活动，所用的名义资本会是羊毛的价值的20倍……工人阶级就是这样为了维持不幸的工厂人口、寄生的商人阶级和虚假的商业制度、货币制度、财政制度而受人剥削。”（戴维·乌尔卡尔特《家常话》第120页）

和农村家庭副业作为广阔的背景①。它在某种形式下，在某些工业部门，在某些地方消灭城市手工业和农村家庭副业，同时又在其他地方使它们重新出现，因为它需要它们把原料加工到一定的程度。因此，它产生了一个新的小农阶级，这些小农以种地为副业，而以工业劳动为主业，把产品直接或通过商人卖给手工工场。这就是首先使研究英国历史的人困惑不解的现象所以会产生的一个原因，虽然不是主要的原因。研究英国历史的人看到，从15世纪最后30多年起怨声不断（只是有时中止），抱怨资本主义经济在农村日益发展，农民日益被消灭。另一方面他总是又看到，这些农民不断重新出现，虽然他们人数在减少，处境日益恶化。(235)主要原因在于，英国在不同的时期，有时以谷物业为主，有时以畜牧业为主，因而农民的生产范围也跟着变化。只有大工业才用机器为资本主义农业提供了牢固的基础，彻底地剥夺了极大多数农村居民，使农业和农村家庭手工业完全分离，铲除了农村家庭手工业的根基——纺纱和织布。(236)这样，它

(235)克伦威尔时期是一个例外。在实行共和制期间，英国各阶层的人民群众都从他们在都铎王朝时代所陷入的那种衰落状态中恢复过来。

(236)塔克特知道，随着机器的采用，大羊毛工业从真正的工场手工业中，从农村工业或家庭工业的毁灭中产生出来了。（塔克特《劳动人口今昔状况的历史》1846年伦敦版第1卷第142—143页）“犁和轭为神所发明，而由英雄使用——难道织机、纱锭和纺车的由来就没有这么高贵吗？你们把纺车和犁分开，把纱锭和轭分开，结果产生了工厂和济贫院、信贷和恐慌，产生了两种敌对的国民，即农业国民和商业国民。”（戴维·乌尔卡尔特《家常话》1855年伦敦版第122页）但凯里出来了，他当然不是没有理由地责备英国，说英国力图把其他所有国家转化为纯农业国，而英国则成为它们的工厂主[488]。他认为，土耳其就

①见本卷第425—426页。——编者注

才为工业资本征服了整个国内市场。(237)

6. 工业资本家的产生

工业(238)资本家不是通过像租地农场主那样的渐进方式产生的。毫无疑问，有些小行会师傅和更多的独立小手工业者，甚至雇佣工人，转化成了小资本家，并且由于逐渐扩大对雇佣劳动的剥削和相应的积累，成为不折不扣的资本家。在中世纪城市的幼年时期，逃跑的农奴中谁成为主人，谁成为仆人的问题，多半取决于他们逃出来的日期的先后，在资本主义生产的幼年时期，情形往往也是这样。但是

是这样被毁灭的，因为"〈英国〉从来不允许土耳其的土地所有者和耕种者把犁和织机、锤和耙自然地结合起来，以巩固自己的地位"(《奴隶贸易》第125页)。在他看来，乌尔卡尔特本人就是毁灭土耳其的罪魁之一，因为乌尔卡尔特曾在土耳其为英国的利益鼓吹过自由贸易。但是最妙不过的是，凯里(附带说一下，他是俄国的大奴仆)竟想利用保护关税制度①来阻止这个分离过程，其实它只会加速这个过程。

(237)英国的博爱主义经济学家(如穆勒、罗杰斯、戈尔德温·斯密斯、福塞特等人)和自由主义工厂主(如约翰·布莱特之流)，像上帝向该隐询问他的弟弟亚伯的下落一样489，向英国的土地贵族问道，我们成千上万的自由农到哪里去了?然而你们又是从哪里来的呢?是从这些自由农的消灭中来的。为什么你们不往下问，那些独立的纺纱工人、织布工人、手工业者到哪里去了?

(238)这里所用的"工业"是和"农业"相对而言。就"范畴"的含义来说，租地农场主和工厂主一样，也是工业资本家。

①见本卷第649、867页。——编者注

这种方法的蜗牛爬行的进度，无论如何也不能适应15世纪末各种大发现[490]所造成的新的世界市场的贸易需要。而中世纪已经留下两种不同形式的资本，它们是在极不相同的经济的社会形态中成熟的，而且在资本主义生产方式时期到来以前，就被当做资本，这就是高利贷资本和商人资本。

> “现今，社会的一切财富首先落入资本家手中……他对土地所有者支付地租，对工人支付工资，对赋税和什一税的征收者支付他们要求的东西，而留给自己的是年劳动产品的很大一部分，其实是最大的而且日益增长的一部分。现在，资本家可以看做是全部社会财富的最先所有者，虽然没有任何一项法律给予他这种所有权……　所有权方面的这种变化是由于资本的取息而产生的……同样值得注意的是，整个欧洲的立法者都想用取缔高利贷的法律来阻止这件事……　资本家支配国家的全部财富的权力是所有权上的一种彻底的革命；然而这个革命是靠哪一项法律或者哪一套法律来实行的呢？”(239)

作者应该知道，革命不是靠法律来实行的。

高利贷和商业所形成的货币资本在转化为工业资本时，曾受到农村封建制度和城市行会制度的阻碍。(240)这些限制随着封建家臣的解散，农村居民的被剥夺和一部分被驱逐而消失。新的工场手工业建立在通海港口或不受旧城市及其行会制度控制的内陆地区。因此，在英国，享有公会特权的城市对这些新的工业培养所进行了激烈的斗争。

美洲金银产地的发现，土著居民的被剿灭、被奴役和被埋葬于矿井，对东印度开始进行的征服和掠夺，非洲变成商业性地猎获黑人的

---

(239)《财产的自然权利和人为权利的比较》1832年伦敦版第98、99页。这一匿名著作的作者是托·霍吉斯金。

(240)甚至在1794年，利兹城的小织布业者还派代表请求议会制定法律，禁止任何商人成为工厂主。(艾金医生《曼彻斯特市外30—40英里范围内的郊区》)

场所——这一切标志着资本主义生产时代的曙光。这些田园诗式的过程是原始积累的主要因素。接踵而来的是欧洲各国以地球为战场而进行的商业战争。这场战争以尼德兰脱离西班牙[491]开始，在英国的反雅各宾战争[403]中具有巨大的规模，并且在对中国的鸦片战争中继续进行下去，等等。

原始积累的不同因素，多少是按时间顺序特别分配在西班牙、葡萄牙、荷兰、法国和英国。在英国，这些因素在17世纪末系统地综合为殖民制度、国债制度、现代税收制度和保护关税制度。这些方法一部分是以最残酷的暴力为基础，例如殖民制度就是这样。但所有这些方法都利用国家权力，也就是利用集中的、有组织的社会暴力，来大力促进从封建生产方式向资本主义生产方式的转化过程，缩短过渡时间。暴力是每一个孕育着新社会的旧社会的助产婆。暴力本身就是一种经济力。

关于基督教殖民制度，有一位把基督教当做专业来研究的人，威·豪伊特曾这样说过：

> “所谓的基督教人种在世界各地对他们所能奴役的一切民族所采取的野蛮和残酷的暴行，是世界历史上任何时期，任何野蛮愚昧和残暴无耻的人种都无法比拟的。”(241)

荷兰——它是17世纪标准的资本主义国家——经营殖民地的历史，“展示出一幅背信弃义、贿赂、残杀和卑鄙行为的绝妙图

(241)威廉·豪伊特《殖民和基督教。欧洲人对待所有殖民地人民的通俗历史》1838年伦敦版第9页。关于对奴隶的待遇，沙尔·孔德在其《立法论》(1837年布鲁塞尔第3版)中收集了很多材料。要想知道资产者在其能够随心所欲地按照自己的形象来塑造世界的地方，把自己和工人变成了什么，就必须仔细研究这部著作。

画”(242)。最有代表性的是，荷兰人为了使爪哇岛得到奴隶而在西里伯斯岛实行盗人制度。为此目的训练了一批盗人的贼。盗贼、译员、贩卖人就是这种交易的主要代理人，土著王子是主要的贩卖人。盗来的青年在长大成人可以装上奴隶船以前，被关在西里伯斯岛的秘密监狱中。一份官方报告说：

> “例如，望加锡这个城市到处都是秘密监狱，一座比一座恐怖，里面挤满了不幸的人，贪欲和暴政的牺牲者，他们戴着镣铐，被强行和家人分离。”

荷兰人为了霸占马六甲，曾向葡萄牙的总督行贿。1641年总督允许他们进城。他们为了支付21 875镑贿款而进行“节欲”，立即到总督住宅把他杀了。他们走到哪里，那里就变得一片荒芜，人烟稀少。爪哇的巴纽旺宜省在1750年有8万多居民，而到1811年只有8 000人了。这就是温和的商业！

大家知道，英国东印度公司[146]除了在东印度拥有政治统治权外，还拥有茶叶贸易、同中国的贸易和对欧洲往来的货运的垄断权。而印度的沿海航运和各岛屿之间的航运以及印度内地的贸易，却为公司的高级职员所垄断。对盐、鸦片、槟榔和其他商品的垄断权成了财富的取之不尽的矿藏。这些职员自定价格，任意勒索不幸的印度人。总督参与这种私人买卖。他的宠信们是在使他们这些比炼金术士聪明的人们能从无中生出金来的条件下接受契约的。巨额财产像雨后春笋般地增长起来，原始积累在不预付一个先令的情况下进行。沃伦·哈斯丁的审判记录中有很多这样的实例。举一个例子来

---

(242)前爪哇岛副总督托马斯·斯坦福·拉弗尔斯《爪哇史》1817年伦敦版［第2卷第CXC、CXCI页］。

说。有一个名叫沙利文的人，当他因公出差到印度一个离鸦片产地很远的地区时，接受了一项鸦片契约。沙利文以4万镑把他的契约卖给一个名叫本恩的人，本恩又在当天以6万镑把它转卖出去，而这张契约的最后购买者和履行者声称，他从中还赚了一大笔钱。根据一个呈报议会的表报，从1757年到1766年，东印度公司和它的职员让印度人赠送了600万镑！在1769年到1770年间，英国人用囤积全部大米，不出骇人听闻的高价就拒不出售的办法制造了一次饥荒。(243)

在像西印度那样专营出口贸易的种植殖民地，以及在像墨西哥和东印度那样任人宰割的资源丰富人口稠密的国家里，土著居民所受的待遇当然是最可怕的。但是，即使在真正的殖民地，原始积累的基督教性质也是无可否认的。那些节俭的新教大师，新英格兰的清教徒[492]，1703年在他们的立法会议上决定，每剥一张印第安人的头盖皮和每俘获一个红种人都给赏金40镑；1722年，每张头盖皮的赏金提高到100镑；1744年马萨诸塞湾的一个部落被宣布为叛匪以后，规定了这样的赏格：每剥一个12岁以上男子的头盖皮得新币100镑，每俘获一个男子得105镑，每俘获一个妇女或儿童得55镑，每剥一个妇女或儿童的头盖皮得50镑！数十年后，殖民制度对这些虔诚的清教徒前辈移民[493]的叛逆的子孙进行了报复。在英国人的唆使和收买下，他们被人用短战斧砍死了。英国议会曾宣布，用警犬捕杀和剥头盖皮是“上帝和自然赋予它的手段”。

(243)1866年仅奥里萨一个邦就饿死了100多万印度人。尽管如此，有人仍力图以高价把粮食卖给那些快要饿死的人，借此来充实印度的国库。

殖民制度大大地促进了贸易和航运的发展。“垄断公司”（路德语[256]）是资本积聚的强有力的手段。殖民地为迅速产生的工场手工业保证了销售市场以及由市场垄断所引起的成倍积累。在欧洲以外直接靠掠夺、奴役和杀人越货而夺得的财宝，源源流入宗主国，在这里转化为资本。第一个充分发展了殖民制度的荷兰，在1648年就已达到了它的商业繁荣的顶点。它

> “几乎独占了东印度的贸易及欧洲西南部和东北部之间的商业往来。它的渔业、海运业和工场手工业，都胜过任何别的国家。这个共和国的资本也许比整个欧洲其余地区的资本总和还要多”[494]。

居利希忘记加上一句：荷兰的人民群众在1648年就已经比整个欧洲其余地区的人民群众更加劳动过度，更加贫穷，更加遭受残酷的压迫。

现在，工业上的霸权带来商业上的霸权。在真正的工场手工业时期，却是商业上的霸权造成了工业上的优势。所以殖民制度在当时起着决定性作用。“一位外来的神”把自己安置在祭坛上，与欧洲旧的偶像并列，忽然有一天他用力一推，使所有旧的偶像都轰然倒下。[495]殖民制度宣布，赚钱是人类最终的和唯一的目的。

公共信用制度，即国债制度，在中世纪的热那亚和威尼斯就已产生，到工场手工业时期流行于整个欧洲。殖民制度以及它的海外贸易和商业战争是公共信用制度的温室。所以公共信用制度首先在荷兰确立起来。国债，即国家的让渡，不论是在专制国家，立宪国家，还是共和国家，总是给资本主义时代打下自己的烙印。在所谓国民财富中，真正为现代人民所共有的唯一部分，就是他们的国债。[(243a)]

(243a)威廉·科贝特指出，英国的一切公共机构都被称为“皇家的”，但是债是“国家的”。

因此，一个国家的人民负债越多就越富这一现代学说是完全合乎逻辑的。公共信用成了资本的信条。随着国债的产生，不可饶恕的罪恶，已不再是亵渎圣灵，而是破坏国债的信用了。

公债成了原始积累的最强有力的手段之一。它像挥动魔杖一样，使不生产的货币具有了生殖力，这样就使它转化为资本，而又用不着承担投资于工业甚至高利贷时所不可避免的劳苦和风险。国债债权人实际上并没有付出什么，因为他们贷出的金额转化为容易转让的公债券，而这些公债券在他们手里所起的作用和同量现金完全一样。于是就有了这样产生的有闲的食利者阶级，充当政府和国民之间中介人的金融家就大发横财，包税者、商人和私营工厂主也大发横财，因为每次国债的一大部分成为从天而降的资本落入他们的手中，——撇开这些不说，国债还使股份公司、各种有价证券的交易、证券投机，总之，使交易所投机和现代的银行统治兴盛起来。

用国家的名义装饰起来的大银行，从一产生起就只不过是私人投机家的公司，它们支持政府，依靠取得的特权能够把货币贷给政府。因此，国债积累的最准确的尺度就是这些银行的股票的不断涨价，这些银行的充分发展是从英格兰银行的创立（1694年）开始的。英格兰银行开始营业的第一笔生意，就是以8%的利率贷款给政府；同时它由议会授权用同一资本铸造货币，这同一资本又以银行券的形式贷给公众。它可以用这些银行券来办理期票贴现、发放货物抵押贷款、购买贵金属。过了不久，这些由银行自己制造的信用货币又变成了铸币，英格兰银行用这些铸币贷款给国家并代国家支付公债利息。它一只手拿出去，另一只手拿更多的进来，这还不够；当它拿进来时，它仍然是国民的永远债权人，直到最后一个铜板付清为止。它逐渐成了国家的贵金属必然贮藏所和全部商业信用的重心。在英国，当人们禁止焚杀女巫的时候，却开始绞死伪造银行券者。至于银行巨头、金融家、食利者、经纪人、证券投机家和交易所的豺狼这一伙人的突然兴起，对同时代人曾产生怎样的影响，当时的著作如博林布罗克的著作可以证明。(243b)

随着国债的产生，国际信用制度出现了。国际信用制度常常隐藏着这个或那个国家原始积累的源泉之一。例如，由于没落的威尼斯以巨额货币贷给荷兰，威尼斯的劫掠制度的卑鄙行径就成为荷兰资本财富的这种隐蔽的基础。荷兰和英国的关系也是这样。在18世纪初，荷兰的工场手工业已经远远落后了，荷兰已不再是一个占统治地位的工商业国家。因此，荷兰在1701—1776年时期的主要营业之一就是贷放巨额资本，特别是贷给它的强大竞争者英国。现在英国和美国之间也有类似的情形。今天出现在美国的许多身世不明的资本，仅仅在昨天还是英国的资本化了的儿童血液。

因为国债是依靠国家收入来支付年利息等等开支，所以现代税收制度就成为国债制度的必要补充。借债使政府可以应付额外的开支，而纳税人又不会立即有所感觉，但借债最终还是要求提高税收。另一方面，由于债务一笔接着一笔的积累而引起的增税，又迫使政府在遇到新的额外开支时，总是要借新债。因此，以对最必要的生活资料的课税（因而也是以它们的昂贵）为轴心的现代财政制度，本身就包含着税收自行增加的萌芽。过重的课税并不是一件偶然的事情，倒不如说是一个原则。因此，在首先建立这种制度的荷兰，大爱国者

(243b)“如果鞑靼人充满了今日的欧洲，要使他们理解我们这里的金融家是什么，会是很困难的。”（孟德斯鸠《论法的精神》1769年伦敦版第4卷第33页）

德·维特在他的箴言[496]中对这种制度倍加赞扬，把它说成是促使雇佣工人服从、俭朴、勤勉和……从事过度劳动的最好制度。但这里，我们所关心的，与其说是这种制度对雇佣工人状况的破坏性影响，不如说是它所引起的对农民、手工业者，一句话，对一切中等阶级下层分子的暴力剥夺。关于这一点，甚至在资产阶级经济学家中间也没有异议。现代财政制度的剥夺作用，被这一制度的一个组成部分即保护关税制度加强了。

公债和与之相适应的财政制度在财富的资本化和对群众的剥夺中所起的重大作用，使科贝特、道布尔迪等一大批著作家错误地在公债和财政制度中寻找现代人民贫困的根本原因。

保护关税制度①是制造工厂主、剥夺独立劳动者、使国民的生产资料和生活资料资本化、强行缩短从旧生产方式向现代生产方式的过渡的一种人为手段。欧洲国家为了获得这种发明的专利权而钩心斗角，它们一旦为谋利者效劳，就不仅为此目的而间接通过保护关税和直接通过出口补助金等来掠夺本国人民，而且还要用暴力摧毁其附属邻国的一切工业，例如英格兰摧毁了爱尔兰的毛纺织工场手工业。在欧洲大陆上，柯尔培尔开了先例[497]以后，这个过程更是大大地简化了。在那里，工业家的原始资本有一部分直接来自国库。米拉波喊道：

> “为什么要追溯到那么远去寻找七年战争以前萨克森工场手工业繁荣的原因呢？只要看看18 000万国债就行了！”(244)

(244)米拉波《弗里德里希大帝时代的普鲁士君主制度》第6卷第101页。

①见本卷第649页。——编者注

殖民制度、国债、重税、保护关税制度、商业战争等等——所有这些真正工场手工业时期的嫩芽，在大工业的幼年时期都大大地成长起来了。大工业是以希律王式的大规模掠夺儿童[330]来庆贺自己的诞生的。像皇家海军强征水兵一样，工厂也是强行招收工人的。尽管弗·莫·伊登爵士对于从15世纪最后30多年到他所处时代即18世纪末这一段时间里，由于剥夺农村居民的土地而造成的惨象，处之泰然，尽管他对于为建立资本主义农业以及“确定耕地和牧场的合理比例”①所“必需的”这一过程，满意地表示庆幸，然而他对于为了使工场手工业生产转化为工厂生产以及确定资本和劳动力的合理比例而必须掠夺和奴役儿童这一点，却没有表现出同样的经济学上的洞察力。他说：

“公众也许有必要考虑一下这个问题：如果一种工场手工业只有掠夺小屋和贫民习艺所中的贫苦儿童，并让他们成群结队地轮班劳动大半夜而得不到休息，才能顺利地经营下去，如果一种工场手工业把不同年龄和不同爱好的男女混杂在一起，以致通过实例的传染必然造成道德败坏，荒淫放荡，——这样一种工场手工业难道能够增加国家和个人的幸福的总和吗？”(245)

菲尔登写道：

“在德比郡、诺丁汉郡，尤其在兰开夏郡，沿着能够推动水车的河流修建的大工厂，采用了最新发明的机器。这些远离城市的地方，突然需要成千上万的人手；其中以当时人口较少、土地贫瘠的兰开夏郡最需要人。特别需要手指细小而灵巧的儿童。于是，从伦敦、伯明翰等地的教区贫民习艺所招收学徒〈!〉之风盛行一时。成千上万这种从7岁到13、14岁的无依无靠的儿

(245)伊登《贫民的状况》第2卷第1章第420—422页。

①见本卷第836页。——编者注

童，就这样被运到北方去。通常，主人〈即掠夺儿童的人〉要供给自己的学徒衣食，让他们住在工厂附近的徒工房里。监工被派来监督他们的劳动。这些监工的工资和从儿童身上榨取的产品量成正比，因此他们的兴趣是让儿童尽量多干活。结果必然是残酷虐待……　在许多工厂区，尤其是在兰开夏郡，这些任凭工厂主支配的无依无靠的无辜儿童，遭到了极其残忍的折磨。他们被过度的劳动折磨致死……他们被鞭打，戴上镣铐，受尽挖空心思的残酷虐待；他们大多饿得骨瘦如柴，但还得在皮鞭下干活……　他们有时甚至被逼得自杀！……　德比郡、诺丁汉郡和兰开夏郡的那些与世隔绝的美丽而浪漫的山谷，竟成为折磨人，甚至常常虐杀人的恐怖地方！……　工厂主的利润是巨大的。但这只能燃起他们狼一般的贪欲。他们开始实行夜间劳动，就是说，在做日工的一批人精疲力竭之后，他们已经准备好另一批人去做夜工；夜班工人刚下床，日班工人就躺上去，然后再反过来。兰开夏郡流行一句俗语：床永不凉。”(246)

随着资本主义生产在工场手工业时期的发展，欧洲的舆论丢掉

---

(246)约翰·菲尔登《工厂制度的祸害》第5、6页。关于工厂制度的早期的丑恶，见艾金医生《曼彻斯特市外30—40英里范围内的郊区》第219页，以及吉斯伯恩《论大不列颠社会上层和中层阶级人们的义务》1795年版第2卷。——由于蒸汽机使工厂从农村有瀑布的地方搬到城市中心，“喜欢禁欲”的谋利者现在随手就可以找到童工，而不必强行从贫民习艺所索取奴隶了。——当罗·皮尔爵士（“诡辩大臣”的父亲）于1815年提出保护儿童法案时，弗·霍纳（金条委员会[498]的杰出人物，李嘉图的密友）在下院说：“大家都知道，有一帮工厂儿童（如果可以这样说的话）被列为一个破产者的财产的一部分，同他的动产一起公开登广告拍卖，并且卖掉了。两年前〈1813年〉王座法院[499]受理一件令人愤慨的案子。这是一件关于一批儿童的案子。伦敦一个教区把这批儿童交给一个工厂主，这个工厂主又把他们转让给另一个工厂主。最后，一些慈善家发现这些儿童处于绝对饥饿的状态。作为议会调查委员会的成员，他还知道另一个更令人愤慨的案件。几年前，伦敦某一教区和兰开夏郡一个工厂主签订了一项合同，规定这个工厂主每购买20个健全的儿童，必须购买一个白痴。”

了最后一点羞耻心和良心。各国恬不知耻地夸耀一切当做资本积累手段的卑鄙行径。例如，读一读老实人亚·安德森的天真的商业编年史。这本编年史把下面的事实当做英国国策的胜利而倍加赞扬：英国在乌得勒支和谈时通过阿西恩托条约500，从西班牙人手里夺走了经营非洲和西班牙美洲之间贩卖黑人的特权，而在此以前，英国只经营非洲和英属西印度之间的这种买卖。英国获得了到1743年为止每年供给西班牙美洲4 800个黑人的权利。这同时又为不列颠的走私提供了公开的掩护。利物浦是靠奴隶贸易发展起来的。奴隶贸易是它进行原始积累的方法。直到目前为止，利物浦"上流人士"仍然是赞扬奴隶贸易的平达；奴隶贸易——参看前面所引1795年出版的艾金医生的著作——"使商业冒险精神达到了狂热，产生了出色的海员，带来了巨额的金钱"。利物浦用于奴隶贸易的船只，1730年15艘，1751年53艘，1760年74艘，1770年96艘，1792年132艘。

当棉纺织工业在英国采用儿童奴隶制的时候，它同时在美国促使过去多少带有家长制性质的奴隶经济转化为一种商业性的剥削制度。总之，欧洲的隐蔽的雇佣工人奴隶制，需要以新大陆的赤裸裸的奴隶制作为基础。(247)

要使资本主义生产方式的"永恒的自然规律"充分表现出来，要完成劳动者同劳动条件的分离过程，要在一极使社会的生产资料和生活资料转化为资本，在另一极使人民群众转化为雇佣工人，转化为自由的"劳动贫

---

(247)1790年，奴隶与自由民在英属西印度是10:1，在法属西印度是14:1，在荷属西印度是23:1。(亨利·布鲁姆《关于欧洲列强殖民政策的研究》1803年爱丁堡版第2卷第74页)

民”(248)这一现代历史的杰作，就需要经受这种苦难501。如果按照奥日埃的说法，货币“来到世间，在一边脸上带着天生的血斑”(249)，那么，资本来到世间，从头到脚，每个毛孔都滴着血和肮脏的东西。(250)

---

(248)“劳动贫民”一词是当雇佣工人阶级已经引人注意时出现在英国法律中的。“劳动贫民”，一方面是同“闲散贫民”、乞丐等相对而言，另一方面是同那些尚未被掠夺一空而仍然占有劳动资料的劳动者相对而言。“劳动贫民”一词是从法律搬用到政治经济学上的，卡耳佩珀、乔·柴尔德等人直到亚·斯密和伊登都使用这个词。由此可以评价“可憎的政治伪君子”埃德蒙·伯克在把“劳动贫民”一词解释为“可憎的政治伪善言辞”时的好心善意究竟是什么了。这个献媚者，当他受英国寡头政治雇用时，扮演了反对法国革命的浪漫主义者的角色，就像在美洲动乱①一开始，当他受北美殖民地雇用时，扮演了反对英国寡头政治的自由主义者的角色完全一样；他是一个极其平凡的资产者：“贸易的规律就是自然的规律，因而也就是上帝的规律”（埃·伯克《关于贫困的意见和详情》1800年伦敦版第32页）。无怪乎他这位忠于上帝和自然的规律的人总是在最有利的市场上出卖他自己！在塔克尔牧师——塔克尔是一个牧师和托利党人，但从其他方面来说，他却是一个正直的人，一个很有才干的政治经济学家——的著作中，可以看到对这位埃德蒙·伯克在他的自由主义时期的最好的评述。在可耻的无气节行为目前非常盛行并虔诚地信仰“贸易的规律”的时候，我们有责任一再揭露伯克之流，他们同自己的继承者只有一点不同——那就是才能！

(249)马利·奥日埃《论公共信用及其古今史》[1842年巴黎版第265页]。

(250)《评论家季刊》说：“资本逃避动乱和纷争，它的本性是胆怯的。这是真的，但还不是全部真理。资本害怕没有利润或利润太少，就像自然界害怕真空一样。一旦有适当的利润，资本就胆大起来。如果有10%的利润，它就保证到处被使用；有20%的利润，它就活跃起来；有50%的利润，它就铤而走险；为了100%的利润，它就敢践踏一切人间法律；有300%的利润，它就敢犯任何罪行，甚至冒绞首的危险。如果动乱和纷争能带来利润，它就会鼓励动乱和纷争。走私和贩卖奴隶就是证明。”（托·约·邓宁《工联和罢工》1860年伦敦版第35、36页）

---

①指1775—1783年北美独立战争。——编者注

7. 资本主义积累的历史趋势

资本的原始积累,即资本的历史起源,究竟是指什么呢?既然它不是奴隶和农奴直接转化为雇佣工人,因而不是单纯的形式变换,那么它就只是意味着直接生产者的被剥夺,即以自己劳动为基础的私有制的解体。

私有制作为社会的、集体的所有制的对立物,只是在劳动资料和劳动的外部条件属于私人的地方才存在。但是私有制的性质,却依这些私人是劳动者还是非劳动者而有所不同。私有制在最初看来所表现出的无数色层,只不过反映了这两极间的各种中间状态。

劳动者对他的生产资料的私有权是小生产的基础,而小生产又是发展社会生产和劳动者本人的自由个性的必要条件。诚然,这种生产方式在奴隶制度、农奴制度以及其他从属关系中也是存在的。但是,只有在劳动者是自己使用的劳动条件的自由私有者,农民是自己耕种的土地的自由私有者,手工业者是自己运用自如的工具的自由私有者的地方,它才得到充分发展,才显示出它的全部力量,才获得适当的典型的形式。

这种生产方式是以土地和其他生产资料的分散为前提的。它既排斥生产资料的积聚,也排斥协作,排斥同一生产过程内部的分工,排斥对自然的社会统治和社会调节,排斥社会生产力的自由发展。它只同生产和社会的狭隘的自然产生的界限相容。要使它永远存在下去,那就像贝魁尔公正地指出的那样,等于“下令实行普遍的中庸”[502]。它发展到一定的程度，就产生出消灭它自身的物质手段。从这时起，社会内部感到受它束缚的力量和激情就活动起来。这种生产方式必然要被消灭，而且已经在消灭。它的消灭，个人的分散的生产资料转化为社会的积聚的生产资料，从而多数人的小财产转化为少数人的大财产，广大人民群众被剥夺土地、生活资料、劳动工具，——人民群众遭受的这种可怕的残酷的剥夺，形成资本的前史。这种剥夺包含一系列的暴力方法，其中我们只考察了那些具有划时代意义的资本原始积累的方法。对直接生产者的剥夺，是用最残酷无情的野蛮手段，在最下流、最龌龊、最卑鄙和最可恶的贪欲的驱使下完成的。靠自己劳动挣得的私有制，即以各个独立劳动者与其劳动条件相结合为基础的私有制，被资本主义私有制，即以剥削他人的但形式上是自由的劳动为基础的私有制所排挤。(251)

一旦这一转化过程使旧社会在深度和广度上充分瓦解，一旦劳动者转化为无产者，他们的劳动条件转化为资本，一旦资本主义生产方式站稳脚跟，劳动的进一步社会化，土地和其他生产资料的进一步转化为社会地使用的即公共的生产资料，从而对私有者的进一步剥夺，就会采取新的形式。现在要剥夺的已经不再是独立经营的劳动者，而是剥削许多工人的资本家了。

这种剥夺是通过资本主义生产本身的内在规律的作用，即通过

(251)“我们是处于社会的全新状态中……我们努力使任何一种所有制同任何一种劳动相分离。”（西斯蒙第《政治经济学新原理》第2卷第434页）

资本的集中进行的。一个资本家打倒许多资本家。随着这种集中或少数资本家对多数资本家的剥夺，规模不断扩大的劳动过程的协作形式日益发展，科学日益被自觉地应用于技术方面，土地日益被有计划地利用，劳动资料日益转化为只能共同使用的劳动资料，一切生产资料因作为结合的、社会的劳动的生产资料使用而日益节省，各国人民日益被卷入世界市场网，从而资本主义制度日益具有国际的性质。随着那些掠夺和垄断这一转化过程的全部利益的资本巨头不断减少，贫困、压迫、奴役、退化和剥削的程度不断加深，而日益壮大的、由资本主义生产过程本身的机制所训练、联合和组织起来的工人阶级的反抗也不断增长。资本的垄断成了与这种垄断一起并在这种垄断之下繁盛起来的生产方式的桎梏。生产资料的集中和劳动的社会化，达到了同它们的资本主义外壳不能相容的地步。这个外壳就要炸毁了。资本主义私有制的丧钟就要响了。剥夺者就要被剥夺了。

从资本主义生产方式产生的资本主义占有方式，从而资本主义的私有制，是对个人的、以自己劳动为基础的私有制的第一个否定。但资本主义生产由于自然过程的必然性，造成了对自身的否定。这是否定的否定。这种否定不是重新建立私有制，而是在资本主义时代的成就的基础上，也就是说，在协作和对土地及靠劳动本身生产的生产资料的共同占有的基础上，重新建立个人所有制。

以个人自己劳动为基础的分散的私有制转化为资本主义私有制，同事实上已经以社会的生产经营为基础的资本主义所有制转化为社会所有制比较起来，自然是一个长久得多、艰苦得多、困难得多的过程。前者是少数掠夺者剥夺人民群众，后者是人民群众剥夺少

数掠夺者。(252)

(252)“资产阶级无意中造成而又无力抵抗的工业进步，使工人通过结社而达到的革命联合代替了他们由于竞争而造成的分散状态。于是，随着大工业的发展，资产阶级赖以生产和占有产品的基础本身也就从它的脚下被挖掉了。它首先生产的是它自身的掘墓人。资产阶级的灭亡和无产阶级的胜利是同样不可避免的……　在当前同资产阶级对立的一切阶级中，只有无产阶级是真正革命的阶级。其余的阶级都随着大工业的发展而日趋没落和灭亡，无产阶级却是大工业本身的产物。中间等级，即小工业家、小商人、手工业者、农民，他们同资产阶级作斗争，都是为了维护他们这种中间等级的生存，以免于灭亡……他们甚至是反动的，因为他们力图使历史的车轮倒转。”（卡尔·马克思和弗·恩格斯《共产党宣言》1848年伦敦版第11、9页[372]）

第二十五章
现代殖民理论[253]

政治经济学在原则上把两种极不相同的私有制混同起来了。其中一种以生产者自己的劳动为基础，另一种以剥削他人的劳动为基础。它忘记了，后者不仅与前者直接对立，而且只是在前者的坟墓上成长起来的。

在西欧，政治经济学的故乡，原始积累的过程多少已经完成。在这里，资本主义制度或者已经直接征服整个国民生产，或者在这种关系还不很发达的地方，它也至少间接地控制着那些与它一起继续存在的、属于过时的生产方式的、腐朽的社会阶层。事实越是明显地反对政治经济学家的意识形态，政治经济学家就越是热心地起劲地把资本主义以前世界的法的观念和所有权观念应用到这个已经完成的资本世界。

殖民地的情况却不是这样。在那里，资本主义制度到处都碰到这样一种生产者的阻碍，这种生产者是自己劳动条件的占有者，靠自

(253)这里说的是真正的殖民地，即自由移民所开拓的处女地。从经济上来说，美国仍然是欧洲的殖民地。此外，这里还包括那些由于废除了奴隶制而完全改变了关系的旧种植殖民地在内。

己的劳动使自己变富，而不是使资本家变富。在那里，这两种完全对立的经济制度之间的矛盾，在它们的斗争中实际地得到证实。在资本家有宗主国的力量作后盾的地方，资本家就企图用暴力清除以自己的劳动为基础的生产方式和占有方式。同样的利益，在宗主国使资本的献媚者政治经济学家从理论上把资本主义生产方式和它自身的对立面说成是同一的，在殖民地却使他"公开揭露事实"，大声宣布这两种生产方式是对立的。为了这个目的，他证明，不剥夺劳动者，不相应地把他们的生产资料转化为资本，劳动的社会生产力的发展，协作、分工以及机器的大规模使用等等，都是不可能的。为了所谓国民财富的利益，他要寻找那些制造人民贫穷的人为的手段。在这里，他的辩护的甲胄就像松软的火绒一样裂成一片一片的了。

爱·吉·韦克菲尔德的巨大功绩，并不是他关于殖民地有什么新发现(254)，而是他在殖民地发现了关于宗主国的资本主义关系的真理。正如保护关税制度起初(255)力图在宗主国制造出资本家一样，英国一度试图用立法手段来推行的韦克菲尔德的殖民理论，力图在殖民地制造出雇佣工人。韦克菲尔德把这称为"systematic colonization"(系统的殖民)。

首先，韦克菲尔德在殖民地发现，拥有货币、生活资料、机器以及其他生产资料，而没有雇佣工人这个补充物，没有被迫自愿出卖自己的人，还不能使一个人成为资本家。他发现，资本不是一种物，而是

(254)韦克菲尔德关于殖民地本质的少许卓见，全都由老米拉波、重农主义者以及更早以前的英国经济学家们提出过了。

(255)后来，这种制度在国际竞争斗争中成了一种暂时的必要。但不论它的动机如何，后果都是一样的。

一种以物为中介的人和人之间的社会关系。(256)他向我们感慨地说，皮尔先生把共值5万镑的生活资料和生产资料从英国带到新荷兰①的斯旺河去。皮尔先生非常有远见，他除此以外还带去了300名工人阶级成员——男人、妇女和儿童。可是，一到达目的地，“皮尔先生竟连一个替他铺床或到河边打水的仆人也没有了”(257)。不幸的皮尔先生，他什么都预见到了，就是忘了把英国的生产关系输出到斯旺河去！

为了理解韦克菲尔德下述的发现，要作两点说明。我们知道，生产资料和生活资料，作为直接生产者的财产，不是资本②。它们只有在同时还充当剥削和统治工人的手段的条件下，才成为资本。但是，在政治经济学家的头脑中，它们的这个资本主义灵魂和它们的物质实体如此紧密地结合在一起，以致在任何情况下，甚至当它们正好是资本的对立面的时候，他也把它们称为资本。韦克菲尔德就是这样。其次，他把生产资料为许多互不依赖而独立经营的劳动者个人所有这种分散的现象，称为资本的均分。政治经济学家的做法和封建法学家一样，后者在纯粹的货币关系上，也贴上自己封建法律的标签。

(256)“黑人就是黑人。只有在一定的关系下，他才成为奴隶。纺纱机是纺棉花的机器。只有在一定的关系下，它才成为资本。脱离了这种关系，它也就不是资本了，就像黄金本身并不是货币，砂糖并不是砂糖的价格一样……　资本是一种社会生产关系。它是一种历史的生产关系。”(卡尔·马克思《雇佣劳动与资本》，载于1849年4月7日《新莱茵报》第266号)

(257)爱·吉·韦克菲尔德《英国和美国》第2卷第33页。

①澳大利亚的旧称。——编者注

②见本卷第820—822页。——编者注

韦克菲尔德说：

> “如果把资本以相等的份额分给社会的所有成员，那就没有人想要积累多于他能亲手使用的资本了。美洲新殖民地的情况，在某种程度上就是这样。在那里，对土地所有权的热情妨碍了雇佣工人阶级的存在。”(258)

因此，只要劳动者能为自己积累——只要他是自己的生产资料的所有者，他就能做到这一点——，资本主义积累和资本主义生产方式就是不可能的。为此所必需的雇佣工人阶级还没有。那么，旧欧洲劳动者的劳动条件是怎样被剥夺，从而资本和雇佣劳动是怎样产生的呢？靠一种非常原始的社会契约。

> “人类……采用了一种促进资本积累的简单方法”，自然，这种积累从亚当时代起就被人类当做自己生存的最终的和唯一的目的；“人类把自己分为资本所有者和劳动所有者……这种划分是自愿协商和结合的结果”(259)。

一句话，人类的大多数为了“积累资本”而自己剥夺了自己。这样，我们就应当相信，这种克己的狂热本能必定会特别在殖民地最充分地表现出来，因为只有在那里才存在着能够把一种社会契约从梦想变为现实的人和条件。但是，为什么又要提倡与自然的殖民相对立的“系统的殖民”呢？但是，但是：

> “在美国北部各州，是否有 $\frac{1}{10}$ 的人口属于雇佣工人的范畴，是值得怀疑的……　在英国……大部分人民群众是雇佣工人。”(260)

的确，劳动人口很少有为资本而自我剥夺的欲望，连韦克菲尔德

(258)爱·吉·韦克菲尔德《英国和美国》第1卷第17页。

(259)同上，第18页。

(260)同上，第42、43、44页。

也认为，奴隶制是殖民地财富唯一的自然基础。他的系统的殖民只是一种应急手段，因为他要对付的是自由民，而不是奴隶。

> “圣多明各的第一批西班牙移民，没有从西班牙得到一个工人。但是没有工人〈即没有奴隶制〉，资本就会死亡，至少也会缩小到每个人都可以亲手使用的微小数额。实际上，上述那个由英国人建立的殖民地的情况就是这样。在那里，大量资本即种子、牲畜和工具，由于缺乏雇佣工人而毁掉了，同时每个移民所占有的资本并不比他能亲手使用的资本多多少。”(261)

我们已经知道，剥夺人民群众的土地是资本主义生产方式的基础①。与此相反，自由殖民地的本质在于，大量土地仍然是人民的财产，因此每个移民都能够把一部分土地转化为自己的私有财产和个人的生产资料，而又不妨碍后来的移民这样做。(262)这就是殖民地繁荣的秘密，同时也是殖民地的痼疾——反抗资本迁入——的秘密。

> “在土地十分便宜，所有的人都自由，每个人能随意得到一块土地的地方，不仅劳动十分昂贵——就劳动者在自己的产品中占很大的份额而言——而且不论出什么价格都很难得到结合劳动。”(263)

因为殖民地的劳动者还没有和劳动条件以及他们的根基即土地分离，或者这种分离只是间或地或在极有限的范围内存在，所以，农业还没有和工业分离，农村家庭工业也还没有消灭。在那里，资本的

(261)爱·吉·韦克菲尔德《英国和美国》第2卷第5页。

(262)“土地要成为殖民的要素，不仅必须是未耕种的，而且必须是能够转化为私人财产的公共财产。”(同上，第125页)

(263)爱·吉·韦克菲尔德《英国和美国》第1卷第247页。

---

①见本卷第820—842页。——编者注

国内市场又从何而来呢？

“在美洲，除了奴隶和他们的主人，即那些把资本和劳动结合起来经营大企业的人，没有一部分专门从事农业的人口。自由的美洲人自己耕种土地，同时还从事其他许多职业。他们使用的一部分家具和工具，通常是他们自己制造的。他们往往自己建造房屋，并把自己的工业制品送到遥远的市场去。他们是纺纱者和织布者，他们制造自己消费的肥皂、蜡烛、鞋和衣服。在美洲，种地往往是铁匠、磨面匠或小商人的副业。”(264)

在这些古怪的人当中，哪里还有资本家“禁欲的场所”呢？

资本主义生产最美妙的地方，就在于它不仅不断地再生产出雇佣工人本身，而且总是与资本积累相适应地生产出雇佣工人的相对过剩人口。这样，劳动的供求规律就保持在正常的轨道上，工资的变动就限制在资本主义剥削所容许的范围内，最后，工人对资本家必不可少的社会从属性即绝对的从属关系得到了保证。政治经济学家在本国，即在宗主国，可以花言巧语地把这种绝对的从属关系描绘成买者和卖者之间的自由契约关系，描绘成同样独立的商品占有者即资本商品占有者和劳动商品占有者之间的自由契约关系。但是在殖民地，这个美丽的幻想破灭了。到这里来的许多工人都是成年人，因此这里绝对人口增长得比宗主国快得多，但是劳动市场却总是供给不足。劳动的供求规律遭到了破坏。一方面，旧大陆不断地把渴望剥削和要求禁欲的资本投进来，另一方面，雇佣工人本身有规则的再生产，遇到了非常顽强的、部分是不可克服的障碍。哪里还能与资本积累相适应地生产出过剩的雇佣工人来呢！今天的雇佣工人，明天就会成为独立经营的农民或手工业者。他从劳动市场上消失，但并不

(264)爱·吉·韦克菲尔德《英国和美国》第1卷第21—22页。

是到贫民习艺所去了。雇佣工人不断地转化为独立生产者，他们不是为资本劳动，而是为自己劳动，不是使资本家老爷变富，而是使自己变富；这种转化又反过来对劳动市场的状况产生极有害的影响。不仅雇佣工人受剥削的程度低得不像样子；而且，雇佣工人在丧失对禁欲资本家的从属关系时，也丧失了对他的从属感情。我们的爱·吉·韦克菲尔德那样勇敢，那样雄辩，那样感人地描述的种种弊病，就是由此而来的。

他埋怨说，雇佣劳动的供给不经常，不规则，不充足，“不仅总是过少，而且没有保证”(265)。

> “虽然在工人和资本家之间分配的产品很多，但是工人取得的部分非常大，以致他很快就成了资本家……　而即使寿命很长的人中间也只有少数人能够积累大量的财富。”(266)

工人决不允许资本家实行禁欲而不支付工人最大部分的劳动。即使资本家十分狡猾，把自己的雇佣工人连同自己的资本一起从欧洲输入，那也无济于事。

> “他们很快就不再是雇佣工人，他们很快就转化为独立的农民，甚至在雇佣劳动市场上转化为自己原来主人的竞争者。”(267)

这是多么可怕的事情！精明能干的资本家竟用自己宝贵的金钱从欧洲输入了自己的竞争者！一切都完蛋了！无怪乎韦克菲尔德埋怨殖民地的雇佣工人缺乏从属关系和从属感情。他的门徒梅里韦尔

---

(265)爱·吉·韦克菲尔德《英国和美国》第2卷第116页。

(266)爱·吉·韦克菲尔德《英国和美国》第1卷第131页。

(267)爱·吉·韦克菲尔德《英国和美国》第2卷第5页。

说，由于殖民地的工资高昂，在那里

> “渴望有一种较便宜较驯服的劳动，有一个能接受资本家的条件，而不是向资本家提出条件的阶级……　在旧的文明国家，工人虽然自由，但按照自然规律，他是从属于资本家的；在殖民地，这种从属关系必须用人为的手段建立起来”(268)。

照韦克菲尔德看来，殖民地的这种弊病的后果是什么呢？就是使生产者和国民财产“分散的野蛮制度”。(269)生产资料分散在无数独立经营的所有者之间，这就既破坏了资本集中，也破坏了结合劳动的一切基础。一切要历经多年并需要投入固定资本的长期性的企业，在经营中都会遇到障碍。在欧洲，资本不会有片刻迟疑，因为工

(268)散见梅里韦尔《关于殖民和殖民地的演说》第2卷第235—237、314页。甚至温和的主张自由贸易的庸俗经济学家莫利纳里也说：“在奴隶制已经消灭，但没有相应数量的自由劳动来代替强制劳动的殖民地，我们看到了和每天在我们眼前发生的事实相反的现象。我们看到，普通的工人剥削工业企业主，他们要求企业主给的工资大大超过产品中应归他们所有的合法部分。因为种植园主出售砂糖得到的价格，不足以弥补工资的提高，所以对这一超额部分，最初不得不用他的利润来弥补，后来不得不用他的资本本身来弥补。许多种植园主就是这样破产的，另一些种植园主为了避免迫在眉睫的破产，而关闭了自己的企业……　毫无疑问，与其看着整代的人毁灭，还不如看着资本积累毁灭〈莫利纳里先生多么慷慨！〉；但如果二者都不毁灭，岂不更好吗？”(莫利纳里《经济学概论》1846年巴黎版第51、52页)莫利纳里先生啊，莫利纳里先生！如果在欧洲“企业主”可以减少工人的合法部分，而在西印度工人可以减少企业主的合法部分，那么，十诫，摩西和先知们[416]，以及供求规律又都成了什么呢！请问你所承认的欧洲资本家每天没有支付的这个“合法部分”，又是什么呢？在对面，在殖民地那里，工人竟“头脑简单”到“剥削”起资本家来了，因此，莫利纳里先生很想在那里用警察手段来把在其他场合会自动发生作用的供求规律纳入正轨。

(269)韦克菲尔德《英国和美国》第2卷第52页。

人阶级是它的活的附属物，总是过剩的，总是处于供它使用的状态。可是在殖民地国家呢！韦克菲尔德讲了一个非常令人痛心的奇闻佚事。他曾经同加拿大和纽约州的某些资本家谈过话，这些地方移民浪潮经常发生停滞并把“多余”工人沉淀下来。传奇剧中的一个人物叹惜说：

> “我们的资本打算从事许多需要很长时期才能完成的工作，可是我们能用我们明知很快就会离开我们的工人来开始这些工作吗？如果我们能确实掌握这些移民的劳动，我们就会乐意立即用高价雇用他们。确实，如果我们有保证能根据我们的需要得到新的供给，即使他们肯定要离开，我们还是会雇用他们。”(270)

在韦克菲尔德把英国的资本主义农业及其“结合”劳动，同美洲分散的农民经济作了绝妙的对比之后，事情的反面就露出来了。他把美洲的人民群众描绘成富裕、独立、有事业心和比较有教养的人，而

> “英国的农业工人是悲惨的穷人，需要救济的贫民……　除了北美和某些新殖民地以外，还有哪个国家农业上使用的自由劳动的工资是大大超过工人最必需的生存资料的呢？……　毫无疑问，英国的耕马由于是一种贵重财产，吃得比英国的农民好得多”(271)。

不过没有关系，国民财富和人民贫困本来就是一回事。

究竟应该怎样治疗殖民地的反资本主义的痼疾呢？如果一下子把全部土地由人民财产转化为私有财产，这固然会消除祸根，但同时也会消除殖民地。必须有一举两得的妙计。政府应当对处女地规定

---

(270)韦克菲尔德《英国和美国》第2卷第191—192页。

(271)韦克菲尔德《英国和美国》第1卷第24、47、246页。

出一种不以供求规律为转移的价格，即人为的价格，迫使移民在赚到足够的钱购买土地(272)，转化为独立农民以前，必须从事较长时期的雇佣劳动。另一方面，政府应当用按照雇佣工人较难支付的价格出售土地得来的基金，即靠违背神圣的供求规律而从工资中榨取来的货币基金，并依据这个基金增长的程度，从欧洲把穷人输入到殖民地来，为资本家老爷充实雇佣劳动市场。在这种情况下，就会"在这个最美好的世界上，一切都十全十美"[177]。这就是"系统的殖民"的最大秘密。韦克菲尔德扬扬得意地喊道：

> "按照这个计划，劳动的供给必然是不断的和有规则的；因为，第一，既然任何一个工人在没有靠劳动挣到钱以前，都不能获得土地，所有移入的工人就得为了挣工资而结合起来进行劳动，从而就为他们的主人生产出可以使用更多劳动的资本来；第二，每个放弃雇佣劳动并成为土地所有者的人，正好由于购买土地而提供一个能把新劳动输入到殖民地来的基金。"(273)

国家强行规定的土地价格，当然必须是"充分的价格"，也就是说，必须高到"使工人在雇佣劳动市场上被另一个人取代以前不可能变成独立的农民"(274)。这种"充分的土地价格"，无非是工人为了能从雇佣劳动市场回到土地上而付给资本家的赎金的一种婉转的说

---

(272)"你们还说，除双手以外一无所有的人所以能找到工作，为自己弄到收入，是由于土地和资本的占有……恰恰相反，所以会有这种除双手以外一无所有的人，正是由于土地的个人占有……　你们把一个人置于真空中，你们就夺去了他的空气。你们夺取土地，也就是这样……　这就是说，你们把他置于没有任何财富的真空中，所以他只能按照你们的意志生活。"（散见科兰《政治经济学。革命及所谓社会主义乌托邦的起源》1857年巴黎版第3卷第267—271页）

(273)韦克菲尔德《英国和美国》第2卷第192页。

(274)同上，第45页。

法。他先是必须为资本家老爷创造“资本”，以及使资本家老爷能够剥削更多的工人，然后又必须使政府能够用他所提供的费用为他原来的资本家老爷从海外把他的“替身”送到劳动市场上来。

最具有典型意义的是，韦克菲尔德先生制定的这个专门用于殖民地的“原始积累”方法，英国政府采用了好些年。当然，它遭到了和皮尔银行法[153]同样可耻的失败。结果只是使移民潮流从英国殖民地转向美国。同时，欧洲资本主义生产的进步，以及随之而来的政府压迫的加重，使韦克菲尔德的方案成为多余。一方面，逐年涌向美洲的巨大的不断的人流，在美国东部停滞并沉淀下来，因为从欧洲来的移民浪潮迅速地把人们抛到东部的劳动市场上，而涌向西部的移民浪潮还来不及把人们卷走。另一方面，美国南北战争[8]的结果造成了巨额的国债以及随之而来的沉重的赋税，产生了最卑鄙的金融贵族，使极大一部分公有土地被分送给经营铁路、矿山等的投机家公司，——一句话，造成了最迅速的资本集中。因此，这个大共和国已经不再是迁移来的工人的天堂了。在那里，资本主义生产正在飞速向前发展，虽然工资的下降和雇佣工人的从属关系还远没有降到欧洲的标准水平。韦克菲尔德本人大声责难的、由英国政府无耻地把殖民地未开垦的土地滥送给贵族和资本家的做法，特别在澳大利亚(275)又加上金矿吸引来的人流，以及英国商品的输入所引起的对最小的手工业者的竞争，——这就产生了一个充分的“相对过剩的工

(275)澳大利亚一成为它自己的立法者，当然就要制定有利于移民的法律，但英国过去滥送土地的做法，成了一种障碍。“1862年新土地法的第一个最主要的目的，就是为移民提供更便利的条件。”（公共土地大臣加·达菲《维多利亚土地法指南》1862年伦敦版［第3页］）

人人口”，以致几乎每班邮船都带来澳大利亚劳动市场供给过剩的凶讯。在那里，有些地方的卖淫现象和在伦敦草市[503]一样盛行。

但是，我们在这里并不是要研究殖民地的状况。我们感兴趣的只是旧大陆的政治经济学在新大陆发现并大声宣布的秘密：资本主义的生产方式和积累方式，从而资本主义的私有制，是以那种以自己的劳动为基础的私有制的消灭为前提的，也就是说，是以劳动者的被剥夺为前提的。

注　释
索　引

注　　释

1 《资本论。政治经济学批判》是马克思的一部具有划时代意义的巨著。马克思在这部著作中运用辩证唯物主义和历史唯物主义的世界观和方法论揭示了资本主义社会的经济运动规律，阐述了资本主义产生、发展和灭亡的规律，根据对资本主义内在矛盾的分析，论证了资本主义为共产主义取代的历史必然性，为科学社会主义奠定了牢固的理论基础。这部著作在政治经济学领域实现了革命性的变革，创立了马克思主义的政治经济学。它把高度的科学性和革命性结合在一起，为工人阶级和劳动人民的解放事业提供了强大理论武器。

《资本论》第一卷研究资本的生产过程，第二卷研究资本的流通过程，第三卷研究资本主义生产的总过程。马克思在第一卷中系统地阐述了劳动价值理论和剩余价值理论，揭示了资本主义剥削的实质；深入研究了资本积累即剩余价值转化为资本的问题，揭示了资本主义积累的一般规律，指出资本积累的发展必然导致资本主义内在矛盾加深与无产阶级和资产阶级之间矛盾激化，最后导致资本主义制度走向灭亡。“生产资料的集中和劳动的社会化，达到了同它们的资本主义外壳不能相容的地步。这个外壳就要炸毁了。资本主义私有制的丧钟就要响了。剥夺者就要被剥夺了。”（见本卷第874页）马克思在第二卷中全面考察了资本循环、资本周转和社会总资本的再生产，把社会生产分为生产资料的生产（第Ⅰ部类）和消费资料的生产（第Ⅱ部类），分析了两大部类之间的比例关系和矛盾，并揭示了资本主义制度下生产无政府状态的不可避免性。马克思在第三卷中分析了剩余价值的不同表现形式以及全部剩余价值在产业资本家、商业资本家、信贷资本家和土地所有者之间的分配，指出在资本主义制度下，工人不仅受直接雇用他的资本家的剥削，而且受整个资本家阶级的剥削，工人要摆脱被剥削被奴役的地位，就必须推翻整个资本主义制度。马克思在《资本论》中还根据对资本主义社会化大生产的特点及其矛盾的分析，科学地预言了未来社会即共产主义社会的一些基本特征：未来的新社会是“一个自由人联合体”；生产资料为社会所有；社会生产由计划来调节和控制；阶级差别、城乡差别、脑体劳动差别将消失；个人将获得全面自由的发展，等等。

《资本论》的内容极其丰富。除了经济学内容，这部著作还包含马克思主义哲学和科学社会主义的内容，同时包含有关政治、法律、历史、教育、道德、宗教、科学技术、文学艺术等等的精辟思想，是马克思主义的理论宝库。整部著作贯穿着唯物辩证法，正像列宁所说，“虽然马克思没有遗留下‘逻辑’（大写字母的），但他遗留下《资本论》的逻辑”（见《列宁全集》中文第2版第55卷第290页）。

马克思为这部著作付出了毕生精力。早在19世纪40年代初担任《莱茵报》编辑的时候，他就开始注意经济问题。40年代中期在巴黎和布鲁塞尔期间，他系统地研读资产阶级经济学家的著作，并作了大量笔记。他的研究成果体现在《1844年经济学哲学手稿》、《哲学的贫困》、《雇佣劳动与资本》等著作中。欧洲1848年革命爆发后，他因回国参加革命而中断了经济学的研究。革命失败后他侨居伦敦，从50年代初起，重新钻研经济学，阅读了大量资产阶级经济学家的著作、官方文件和各种刊物。1857年7月—1858年6月，他写了50印张手稿，这是《资本论》的最初稿本，标题为《政治经济学批判》。在写作这部手稿的过程中，马克思同时制定了他的《政治经济学批判》写作计划。这一计划经过不断修改和完善，最后定为六册：(1)资本(包括一些绪论性章节)；(2)土地所有制；(3)雇佣劳动；(4)国家；(5)国际贸易；(6)世界市场。第一册《资本》分为四篇：资本一般；竞争；信用；股份资本。而第一篇“资本一般”又分为三部分：资本的生产过程；资本的流通过程；两者的统一，或资本和利润、利息。这一篇的划分成为后来《资本论》三卷的雏形。从1858年下半年开始，他在1857—1858年手稿的基础上开始写作《政治经济学批判》一书，打算分册出版，但只在1859年出版了第一分册。1861年8月—1863年7月，他又写了23个笔记本的手稿，共200印张。这部手稿涉及《资本论》三卷内容的一系列问题，还深入地阐述了剩余价值理论的历史。这是继1857—1858年手稿之后整个《资本论》的第二个稿本。

1862年马克思决定以《资本论》为标题，以《政治经济学批判》为副标题发表自己的著作。他计划把《资本论》写成四册：第一册是资本的生产过程；第二册是资本的流通过程；第三册是总过程的各种形态；第四册是理论史。1863—1865年他又写了第一、二、三册的手稿，并从1866年开始着手第一册即第一卷的付排工作，于次年4月付印。1867年9月，《资本论》第一卷由汉堡迈斯纳出版社出版。

《资本论》第一卷出版以后，马克思本想很快完成第二、三卷，但这一愿望没有实现。马克思逝世后，恩格斯根据马克思留下的大量手稿对《资本论》第二、三卷进行编辑整理，并于1885年和1894年先后出版了这两卷著作。恩格斯还曾打算整理马克思计划的理论史部分，即《剩余价值理论》，也就是《资本论》第四卷，但未能完成这一计划。《剩余价值理论》后来由卡·考茨基于1905—1910年整理出版。1954—1961年苏共中央马列主义研究院按马克思的手稿次序重新编辑出版了此书。

1867年9月出版的《资本论》第一卷第一版只包括第一册的内容，共六章，卷末附有一篇通俗讲述"价值形式"的附录。马克思原定《资本论》分为三卷四册，第一卷包括第一、二册，第二卷为第三册，第三卷为第四册（理论史）。第一卷出版时，马克思把卷次作了调整，第一卷只收入第一册，第二卷预计包括第二、三册，第三卷为第四册。第一卷第一版出版后，马克思对第一版的内容和篇章结构进行了修订，在1872年7月—1873年5月期间，以分册形式出版了第二版。第二版分为七篇共二十五章，第一版卷末的附录也被并入正文。马克思还亲自校订并修改了1872—1875年间出版的第一卷法文版，为使法国读者便于理解，对文字、内容作了修改和补充，对篇章作了新的安排。马克思本来想参考法文版重编德文第三版，但计划未能实现。马克思逝世后，恩格斯对马克思留下的《资本论》手稿进行编辑整理，并调整了马克思原定的《资本论》卷次，将第二册编为第二卷，将第三册编为第三卷。1883年恩格斯出版了第一卷德文第三版，后来又对第三版作了编辑加工，于1890年出版了第四版，这一版成为现在通用的版本。

《资本论》最早的中译本是1930年3月上海昆仑书店出版的《资本论》第一卷第一分册，译者是陈启修；《资本论》第一卷的第一个中文全译本，于1936年6月以世界名著译社名义出版，译者是侯外庐、王思华；《资本论》三卷的第一个中文全译本于1938年8、9月由上海读书生活出版社出版，译者是郭大力、王亚南。

本卷的中译文和《马克思恩格斯全集》中文第2版第44卷一致，是在《马克思恩格斯全集》中文第1版第23卷中译文的基础上，根据《马克思恩格斯全集》历史考证版第 2 部分第10卷的德文原文重新校订的。——7。

2 《资本论》1867年德文第一版第一卷第一章的标题是《商品和货币》，其中概述了《政治经济学批判。第一分册》1859年柏林版的内容。马克思在1866年10月13日给路·库格曼的信中谈到了作这一概述的原因。后来，在准备《资本论》1873年德文第二版时，马克思修订了自己的著作，对它的结构也作了很大的改动。他把原先的第一章和附录改为独立的三章，这三章构成第一篇。关于这些修改的具体情况，见《第二版跋》（本卷第14页）。——7。

3 完全删去的是《政治经济学批判。第一分册》中《A.关于商品分析的历史》、《B.关于货币计量单位的学说》和《C.关于流通手段和货币的学说》这三节（见《马克思恩格斯全集》中文第2版第31卷第445—457、470—481、552—582页）。马克思在撰写1863—1865年经济学手稿时放弃了他最初的打算，即在每一章理论部分的后面加上理论史的部分，而计划在《资本论》第四册中来叙述理论史，这部分后来以《剩余价值理论》为书名发表。——7。

4 指斐·拉萨尔《巴师夏-舒尔采-德里奇先生，经济学上的尤里安，或者：资本和劳动》一书的第III章《交换、价值和自由竞争》（见该书1864年柏林版第120—158页），其中拉萨尔在第149页上指明参看马克思1859年的《政治经济学批判》一书。

有关拉萨尔的抄袭行为，见马克思1864年6月3日给恩格斯和1866年10月13日给路·库格曼的信。——7。

5 “只要换一个名字，这正是说的阁下的事情”（Mutato nomine de te fabula narratur），这句话引自贺拉斯《讽刺诗集》第1卷第1首。——8、308。

6 英国应用社会统计比德国早得多。1662年伦敦市的官员约·格朗特首次把计算具体地运用于人口统计。但政治算术（统计）的真正创始人是威·配第，他在1676年写成的《政治算术》这一著作中用算术方法来分析社会经济问题。——9。

7 美国独立战争即1775—1783年北美独立战争，是13个英属北美殖民地推翻英国殖民统治，争取民族独立的战争。七年战争后英国加强对北美殖民地的压迫和剥削，激起当地新兴资产阶级和人民群众的反抗。1774年北美殖民地代表召开第一届大陆会议，通过呈交英王的请愿书和抵制英货的法案。1775年4月19日，战争在列克星敦爆发，5月10日在费城召开的第二届大陆会议决定组织大陆军，任命华盛顿为总司令。1776年7月4日在进行反英战争中的大陆会议通过《独立宣言》，宣告美利坚合众国成立。1781年10月，英军主力被击溃后，在约克镇被迫投降，交战双方最终于1783年9月签订了巴黎和约。在条约中英国正式承认美国独立，取得胜利的北美人民建立了美洲第一个资产阶级共和国。——9。

8　美国南北战争即1861—1865年的美国内战。19世纪中叶，美国南部种植园主奴隶制与北部资产阶级雇佣劳动制的矛盾日益尖锐。1860年11月，主张限制奴隶制的共和党候选人林肯当选为总统，美国南部的奴隶主发动了维护奴隶制的叛乱。1861年2月，南部先后宣布脱离联邦的各州在蒙哥马利大会上成立南部同盟，公开分裂国家，并于当年4月12日炮轰萨姆特要塞（南卡罗来纳州），挑起内战。1865年4月，南部同盟的首都里士满被攻克，南部同盟的联军投降，战争结束。北部各州在南北战争中取得了胜利，维护了国家的统一，并为资本主义的发展扫清了道路。——9、35、196、223、296、329、348、411、454、491、498、524、619、662、839、886。

9　高教会派是英国国教会中的一派，产生于19世纪。高教会信徒主要是土地贵族和金融贵族。他们主张保持古老的豪华仪式，强调与天主教徒的传统的联系。英国国教会中与高教会相对立的另一派为低教会派（见注448），其信徒主要是资产阶级和下层教士，具有新教倾向。——10、712、744。

10　三十九条信纲是英国国教会的信仰纲要，由女王伊丽莎白一世主持制定。1562年女王审定批准克兰默起草的四十二条款，后压缩为三十九条。1563年起，所有神职人员就职时必须宣誓恪守这些信纲。1571年英国国会通过法案，三十九条信纲正式成为英国国教会的信纲。——10。

11　蓝皮书（Blue Books）是英国议会或政府的（包括政府向议会提交的）文件或报告书的通称，因封皮为蓝色而得名。英国从17世纪开始发表蓝皮书，它是英国经济史和外交史方面主要的官方资料。——10、30、293、569。

12 马克思未能实现他的计划。在他逝世后，《资本论》第二册和第三册作为该著作的第二卷和第三卷先后于1885年和1894年由恩格斯编辑出版。恩格斯没有能出版《资本论》第四册。——13、404。

13 “走你的路，让人们去说罢！”(Segui il tuo corso, e lascia dir le genti!)是套用但丁《神曲》中《炼狱篇》第5首中的一句(Vien dietro a me, e lascia dir le genti)。——13。

14 《资本论》第一卷的法文版分九辑(44个分册)于1872—1875年出版发行。1872年2月初，约·鲁瓦开始进行法文版的翻译工作。为此，自1871年12月底起，他从马克思那里收到德文第二版的手稿。1872年2月，马克思开始校订法译文；5月，他收到头几个印张。在这一年，马克思在从事各种工作的同时，也忙于《资本论》的法文版。在他写作德文第二版的《跋》前，法文版第一辑问世，第二辑于1873年2月初出版。《资本论》第一卷法文版的中译文收入《马克思恩格斯全集》中文第2版第43卷。——14、24、28。

15 普法战争是1870—1871年法国和普鲁士为争夺欧洲大陆的霸权而进行的战争。法国为阻止德国统一并夺取莱茵河左岸地区，于1870年7月19日对普鲁士宣战。战争过程中，法军接连败北。1870年9月2日拿破仑第三在色当投降，法兰西第二帝国崩溃；普军长驱直入占领大片法国领土，巴黎无产阶级举行起义，夺取政权建立巴黎公社。法国资产阶级政府在普鲁士帮助下镇压了公社。1871年5月10日双方签订了法兰克福和约，普鲁士获得阿尔萨斯和洛林及50亿法郎的赔款，通过普法战争，普鲁士完成了德意志的统一，建立了德意志帝国。——15。

16 西·迈尔《维也纳的社会问题。一个“劳动给予者”著》1871年维也纳版。——15。

17 这篇跋中的开头四段文字在《资本论》第一卷德文第三版(1883年)和第四版(1890年)中被删掉了。——15。

18 官房学是16—18世纪德国有关行政、财政、经济和其他学科组成的统一的课程，是当时德国官僚候补人员所必须通过的训练科目。许多欧洲国家的中世纪大学以及后来的资产阶级大学都曾讲授这门课程。——15。

19　见《马克思恩格斯全集》中文第2版第31卷第455页。——16。

20　见马克思《政治经济学批判(1861—1863年手稿)》第XIV笔记本第782—850a页,即《李嘉图学派的解体》中《(1)罗·托伦斯》、《(2)詹姆斯·穆勒》、《(3)论战著作》、《(4)麦克库洛赫》四节。——16。

21　见马克思《政治经济学批判(1861—1863年手稿)》第XIV笔记本第852—890页,即《以李嘉图理论为依据反对政治经济学的无产阶级反对派》中《(1)小册子〈国民困难的原因及其解决办法〉》、《(2)莱文斯顿》、《(3)霍吉斯金》三节以及第XVIII笔记本第1084—1086页。——16。

22　**神圣同盟**是欧洲各专制君主镇压欧洲各国进步运动和维护封建君主制度的反动联盟。该同盟是战胜拿破仑第一以后,由俄国沙皇亚历山大一世和奥地利首相梅特涅倡议,于1815年9月26日在巴黎建立的,同时还缔结了神圣同盟条约。几乎所有欧洲君主国家都参加了同盟。这些国家的君主负有相互提供经济、军事和其他方面援助的义务,以维持维也纳会议上重新划定的边界和镇压各国革命。神圣同盟为了镇压欧洲各国资产阶级革命和民族解放运动,先后召开过几次会议。由于欧洲诸国间的矛盾以及民族革命运动的发展,1830年法国七月革命后神圣同盟实际上已经瓦解。——17。

23　**谷物法**是1815年以来英国历届托利党内阁为维护大土地占有者的利益而实施的法令,旨在限制或禁止从国外输入谷物。谷物法规定,当英国本国的谷物价格低于每夸特80先令时,禁止输入谷物。1822年对这项法律作了某些修改,1828年实行了滑动比率制,即国内市场谷物价格下跌时提高谷物进口关税,谷物价格上涨时降低谷物进口关税。谷物法的实施严重影响了贫民阶层的生活,同时也不利于工业资产阶级,因为它导致劳动力涨价,妨碍国内贸易的发展。谷物法的实施引起了工业资产阶级和土地贵族之间的斗争。这场斗争是由曼彻斯特的两个纺织厂主理·科布顿和约·布莱特于1838年创立的反谷物法同盟领导,在自由贸易的口号下进行的。1846年6月英国议会通过了《关于修改进口谷物法的法令》和《关于调整某些关税的法令》,从而废除了谷物法。——17、327、778。

24　**反谷物法同盟**是英国工业资产阶级的组织,由曼彻斯特的两个纺织厂主理·科布顿和约·布莱特于1838年创立。谷物法是英国政府为维护大土地占有者的利益，从1815年起实施的旨在限制或禁止从国外输入谷物的法令（见注23）。同盟要求贸易完全自由，废除谷物法，其目的是为了降低国内谷物价格，从而降低工人工资，削弱土地贵族的经济和政治地位。同盟在反对大土地占有者的斗争中曾经企图利用工人群众，宣称工人和工厂主的利益是一致的。但是，就在这个时候，英国的先进工人展开了独立的、政治性的宪章运动。1846年谷物法废除以后，反谷物法同盟宣布解散。实际上，同盟的一些分支一直存在到1849年。——17。

25　指首相罗·皮尔在1842和1844年实行的财政改革。他废除或降低了所有的出口税以及对原料和半成品征收的关税。为了补偿国家财政收入的减少，实施了所得税。后来在1853年，对原料和半成品征收的所有关税都取消了。——17。

26　关于以约·斯·穆勒为代表的混合主义的产生，见马克思《政治经济学批判（1861—1863年手稿）》第VII笔记本第318—331页和第VIII笔记本第332—345页。——17。

27　马克思在这里是指他的1859年出版的著作《政治经济学批判。第一分册》。只有某些德国报纸发表了有关这一著作出版的简讯。——18。

28　指约·狄慈根的文章《评卡尔·马克思〈资本论。政治经济学批判〉1867年汉堡版》，载于1868年《民主周报》第31、34、35和36号。1869—1876年该报以《人民国家报》的新名称出版。从1870年初至1872年底，《人民国家报》发表了狄慈根的下列文章：《国民经济学问题》（1870年第1、2、24、25和26号）；《社会民主的宗教》（1870年第65、66和67号，1871年第37、38、62和63号）；《致亨利希·冯·济贝耳的公开信》（1872年第31号）；《资产阶级社会》（1872年第75和77号）。——18。

29　指1867—1883年在巴黎出版的杂志《实证哲学。评论》。该杂志在1868年11—12月的第3期上发表了一篇关于《资本论》第一卷的短评，作者是实证主义哲学家奥·孔德的信徒叶·瓦·德罗贝尔蒂。——19。

30　尼·季别尔《李嘉图的价值和资本理论的最新补充和解释》1871年基辅版第170页。

关于季别尔的这本书，马克思1872年12月12日给尼·弗·丹尼尔逊的信中曾谈到，他很想看到它，1873年1月18日给丹尼尔逊的信中提到他收到了这本书。——19。

31 暗指尤·孚赫发表在《国民经济和文化史季刊》（柏林）1868年第5年卷第20卷第216页和欧·杜林发表在《现代知识补充材料》（希尔德堡豪森）1867年第3卷第3册第182页上的有关《资本论》的短评。——20。

32 指伊·伊·考夫曼写的《卡尔·马克思的政治经济学批判的观点》一文。——20。

33 见《马克思恩格斯全集》中文第2版第31卷第412—414页。——20。

34 马克思在1868年3月6日给路·库格曼的信中也说过他的辩证方法不同于黑格尔的辩证方法。——22。

35 指德国资产阶级哲学家路·毕希纳、弗·阿·朗格、欧·杜林、古·泰·费希纳等人。——22。

36 见乔·威·弗·黑格尔《哲学全书纲要》第1部《逻辑学》1840年柏林版第XIX页（《黑格尔全集》第6卷）。——22。

37 以手稿形式遗留下来的第二卷本来应该包括资本的流通过程（第二册）和总过程的各种形式（第三册），见本卷第13页。——28。

38 指马克思自己使用的一本《资本论》德文第二版。有关马克思在这本书上所作的改动的情况，见《马克思恩格斯全集》历史考证版第2部分第8卷第854—945页《异文对照表》。——28。

39 “*劳动给予者*”和“*劳动受取者*”这些术语在1870—1882年之间，曾为阿·埃·弗·谢夫莱、卡·施特拉斯布格尔、弗·比策、西·迈尔、亨·冯·济贝耳、路·布伦坦诺、阿·黑尔德、维·伯默特、哥尔茨男爵、阿·瓦格纳、麦·维尔特、约·普林斯-斯密斯和卡·瓦尔克所使用，在《1870年6月波恩工人问题大会记录》（1870年柏林版，编者为委员会秘书L. 纳格尔）一书第1—3页中也得到了使用。这两个术语分别代表资本家和雇佣工人。1867年前，马克思在他遗留下来的《资本论》第一卷手稿《第六章　直接生产过程的结果》脚注(139)中写道:“在今天的德语中,也是把资本家即用来雇用劳动的那种物的人格化,称为劳动给予者[Arbeitsgeber],而把提供劳动的实际工人称为劳动受取者[Arbeitsnehmer]。”(见《马克思恩格斯文集》第8卷第488页)——29。

40 “新三分之二”是17世纪末—19世纪中叶在一些德意志公国中流通的一种银币,值三分之二塔勒。——29。

41 《资本论》德文第二版序言是作为跋发表的,见本卷第14—23页。关于怀有偏见、不学无术的著作家们,见本卷第22页。——30。

42 《资本论》第二卷于1885年7月出版,它只包括马克思原来计划中的第二册的一部分内容,即资本的流通过程部分(见本卷第13页)。——30。

43 《资本论》第一卷的英文版由赛·穆尔和爱·艾威林根据德文第三版翻译、经恩格斯审校定稿。它于1887年初分两册由英国出版商威·斯·桑南夏恩在伦敦出版。——31。

44 《资本论》第一卷英文版各章的编号同德文版不一致。——32。

45 指马克思的《为〈资本论〉第一卷美国版所作的修改意见》。这是马克思为当时准备在美国出版英文版时写的。他把这一手稿寄给弗·阿·左尔格。但出书计划没有实现。左尔格在得悉恩格斯正在校订第一卷英译文后,把这一手稿寄给了恩格斯。这一手稿收入《马克思恩格斯全集》历史考证版第2部分第8卷第25—36页。——32。

46 恩格斯生前没有能实现出版《资本论》第二册和第三册英文版的愿望。——34。

47 “工人阶级的圣经”,见弗·梅林《德国社会民主党史》1898年斯图加特版第2卷第227页,其中写道:“约翰·菲力浦·贝克尔把《资本论》称为工人阶级的圣经”。梅林在这里指的是贝克尔的一篇文章(1868年《先驱》杂志第8期)中的一段话:“现在我们终于开始刊登提到过的著作的摘要,鼓励有抱负的人物,特别是所有的工人联合会购买这部社会主义的圣经,这部新福音书全书。”梅林《关于德国社会民主党史。历史探索》(1877年马格德堡版)第70页上也有类似的话:“大约在同一时间,马克思在汉堡的迈斯纳出版社出版了他的巨著的第一卷，也是迄今唯一的一卷：《资本论》，共产主义的圣经”。——34。

48　指马克思的《〈资本论〉第一卷第二版修改意见表》，见《马克思恩格斯全集》历史考证版第2部分第8卷第5—24页。——36。

49　马克思没有把书名写错，而是把页码写错了。——37、690。

50　一些资产阶级的代表一再诽谤马克思故意捏造威·格莱斯顿1863年4月16日演说的引文。为了揭露这种诽谤，恩格斯专门写了《布伦坦诺攻击马克思。关于所谓捏造引文问题。事情的经过和文件》，这一著作于1891年在汉堡出版。——37。

51　“小拉斯克尔反对倍倍尔的新发明”指下面这件事。在1871年11月8日帝国国会会议上，资产阶级议员、民族自由党人爱·拉斯克尔在反对奥·倍倍尔的辩论中声明说，如果德国工人想要学巴黎公社社员的样子，那么“正派的和有财产的公民们就要用棍棒打死他们”。但这句话没有公布出来。在速记记录中“用棍棒打死他们”已被改为“用自己的权力压服他们”。倍倍尔揭穿了这种伪造手法。拉斯克尔在工人群众中成了嘲笑的对象。拉斯克尔由于身材矮小，就得到了一个讽刺性的诨名“小拉斯克尔”。——41。

52　恩格斯套用了莎士比亚《亨利四世》前篇第2幕第4场中的一句话。剧中人吹牛家、胆小鬼福斯泰夫在吹嘘他一个人怎样用剑击败敌人时说：“我就这样摆着架势，这样挺着剑。”——43。

53　见《马克思恩格斯全集》中文第2版第31卷第419页。——47。

54　法律拟制(fictio juris)本是法律上一个原则，即把现实中不存在的事实在法律上当做存在的事实来处理。正文中的意思是指一种与现实相矛盾的假定。——48、662。

55　这里套用了赛·巴特勒的长诗《休迪布腊斯》第2部第1首中的一句诗。——49。

56　1785年，埃·卡特赖特发明了机械织布机。在19世纪20年代和30年代，蒸汽织布机得到较广泛的使用。——52。

57　见《马克思恩格斯全集》中文第2版第31卷第422页。“作为价值”在那里是

"作为交换价值"。——53。

58　见威·杰科布《贵金属生产和消费的历史研究》(两卷集)1831年伦敦版。马克思在1857—1858年经济学手稿中直接引用了杰科布的这句话:"可能在所有时代,贵金属的生产费用都超过它们历来被支付的价值。"见《马克思恩格斯全集》中文第2版第31卷第279页。——53。

59　见赫·梅里韦尔《关于殖民和殖民地的演说》1841年伦敦版第1卷第52页。马克思在1857—1858年经济学手稿中直接引用了这句话:"厄什韦葛(在1823年)估计,在巴西,80年间开采的金刚石的总价值还赶不上18个月中所生产的砂糖或咖啡的价值。"见《马克思恩格斯全集》中文第2版第31卷第246页。——53。

60　见《马克思恩格斯全集》中文第2版第31卷第427页及以下几页。——55。

61　*古代印度公社*是古印度社会典型的劳动组织形式,形成于原始社会瓦解、阶级社会关系产生的时期。作为生产者集体的村社由当地的农民和其他以某种方式与农业相联系的人组成。它相当独立地组织几乎所有地区的以人工灌溉和排水为基础的生产。由于受气候和地理位置的限制,村社形成了一种特殊的制度,即把手工业纳入农业生产中。村社的原始形式的特点保持了很久。虽然在大约公元前1世纪中期出现了财产差异(村社中开始形成阶级),但村社成员的土地优先权继续存在(种姓制度形成以及手工业继续受农业的约束)阻止了村社最后的瓦解。见马克思《不列颠在印度的统治》(《马克思恩格斯文集》第2卷)一文,以及1857—1858年经济学手稿(《马克思恩格斯全集》中文第2版第30卷第467、476—478页)。——55、107、413。

62　威·配第所说"*劳动是财富之父,土地是财富之母*",见他的《赋税论》1667年伦敦版第47页。马克思在1857—1858年经济学手稿中引用了配第的这句话(见《马克思恩格斯全集》中文第2版第31卷第333、428页);他在1875年4—5月写的《德国工人党纲领批注》(《马克思恩格斯文集》第3卷)中,批评了劳动是一切财富的源泉的论点。——57。

63　"*上帝的羔羊*",见《新约全书·约翰福音》第1章第29节。——66。

64　"*巴黎确实值一次弥撒*"(Paris vaut bien une messe)是亨利四世的话。1593

年，当巴黎人答应承认他为国王，条件是他应由新教改宗天主教时，他说了这句话。——67。

65　关于*反思规定*，见黑格尔《逻辑学》第1部《客观逻辑》第2编《本质论》1834年柏林版(《黑格尔全集》第4卷)。——72。

66　亚里士多德《尼科马赫伦理学》，载于《亚里士多德全集》，伊·贝克尔编，1837年牛津版第9卷第99、100页。——75。

67　关于弗·路·奥·费里埃和沙·加尼耳的重商主义的观点，见马克思《政治经济学批判(1861—1863年手稿)》第IX笔记本第391页和第VIII笔记本第358—361页。——76、99。

68　马克思所说的*现代自由贸易贩子*，除了弗·巴师夏之外，还有德国自由贸易派的信徒如约·普林斯-斯密斯、维·伯默特、尤·孚赫、奥·米夏埃利斯、麦·希尔施、海·舒尔采-德里奇等人。他们为工人举办讲座，其中一部分人还在工人协会中宣传他们的目的。——76。

69　*伦巴特街*是伦敦西蒂区的一条街，一些大银行设在这里；伦敦金融市场的同义语。——76。

70　这是马克思对亨·邓·麦克劳德《银行业的理论与实践》1866年伦敦第2版作出的评论。《马克思恩格斯全集》中文第2版第31卷第538页和马克思1868年3月6日给恩格斯的信中也有对该书的评价。——76。

71　见荷马《伊利亚特》第7章。——78。

72　马克思所说的*李嘉图学派*是指以罗·托伦斯、詹·穆勒和约·斯·穆勒为代表的资产阶级经济学家，他们在大·李嘉图的主要著作《政治经济学和赋税原理》1817年在伦敦出版之后用庸俗经济学取代了古典资产阶级经济学，试图用资产阶级的方式来解决李嘉图理论中的基本对立。其结果正如马克思所说的那样，李嘉图学派的解体是由于它无法解决两个问题："(1)资本和劳动之间的交换，与价值规律相一致。(2)一般利润率的形成。把剩余价值和利润等同起来。不理解价值和费用价格的关系。"(见马克思《政治经济学批判(1861—1863年手稿)》第XIV笔记本第851页，《马克思恩格斯全集》中文第2版第35卷第208页)对这一学派的详细分析，见马克思《政治经济学批判

(1861—1863年手稿)》第VII笔记本第319页—第VIII笔记本第347页(《马克思恩格斯全集》中文第2版第33卷第168—221页)。——79、356、590。

73　指马克思的《哲学的贫困。答蒲鲁东先生的〈贫困的哲学〉》第一章第二节，其中马克思提到下述著作：托·霍吉斯金《通俗政治经济学》，威·汤普森《最能促进人类幸福的财富分配原理的研究》，托·娄·埃德蒙兹《实践的、精神的和政治的经济学》。他还详细地引用了约·布雷《劳动的不公正现象及其解决办法》一书。而约·格雷《社会制度》一书，马克思是在《政治经济学批判。第一分册》(《马克思恩格斯全集》中文第2版第31卷第478—480页)中引用的。——85。

74　马克思所说的*蒲鲁东学派*是指法国小资产阶级社会主义者、无政府主义者皮·约·蒲鲁东的拥护者。蒲鲁东从小资产阶级立场出发批判资本主义，幻想使小私有制万古长存；蒲鲁东派主张建立“交换银行”和发放无息贷款，以维护小生产者的私有制；他们宣传用改良的办法消除资本主义“坏的”方面，保留资本主义“好的”方面；他们反对无产阶级进行暴力革命和政治斗争，主张取消任何政府和国家。在19世纪50—60年代，他们在法国工人运动中曾有强大的影响。由于马克思和恩格斯的批判，尤其是在1859年出版的《政治经济学批判。第一分册》(《马克思恩格斯全集》中文第 2 版第31卷)中的批判，“蒲鲁东主义被连根铲除了”(马克思1859年7月22日给恩格斯的信)。巴黎公社的实际经验驳倒了蒲鲁东的小资产阶级的空想的社会主义观。公社成为“蒲鲁东派社会主义的坟墓”(见马克思《法兰西内战》,《马克思恩格斯文集》第3卷第109页)。但蒲鲁东的一些重要思想，如他的社会主义观点和他的反国家主义，在各种无政府主义的流派中都有反映。——85。

75　歌德《浮士德》第1部第4场《书斋》。——85。

76　“*可感觉而又超感觉的物*”，见歌德《浮士德》第1部第16场《玛尔特的花园》。——88。

77　1848—1849年革命失败后，欧洲出现了一个政治反动时期。当时欧洲的贵族和资产阶级热衷于唯灵论，特别是桌子跳舞的降神术，而中国，爆发了太平天国革命运动。恩格斯在他的《自然辩证法》的《神灵世界中的自然研究》(《马克思恩格斯文集》第 9 卷)一文中深入分析了唯灵论。——88。

78 “在额上写着它是什么”,见《新约全书·约翰启示录》第14章第1节和第9节。——91、99、418。

79 谈到鲁滨逊的故事时,马克思指的是大·李嘉图的著作《政治经济学和赋税原理》1821年伦敦第三版第一章,尤其是第一章第三节。马克思在1857年8月写的《导言》里全面论述了鲁滨逊故事在资产阶级政治经济学中的作用(见《马克思恩格斯文集》第8卷第5—6页)。在恩格斯1869年11月19日给马克思的信中也有相关的论述。——94。

80 “欧文先生的平行四边形”,见大·李嘉图的著作《论农业的保护关税》1822年伦敦第4版第21页。罗·欧文在阐述他的社会改革的空想计划时证明,从经济上以及从建立家庭生活的观点看来,最适当的是建筑平行四边形的或正方形的住宅区。“欧文的平行四边形”这一名词即由此而来。——94。

81 参看《马克思恩格斯全集》中文第2版第31卷第454—455页。——94。

82 《马克思恩格斯全集》中文第2版第31卷第426页。——95。

83 关于亚细亚的、古代的等等生产方式,在1857—1858年经济学手稿中已有论述,见《马克思恩格斯文集》第8卷第145—146页和《马克思恩格斯全集》中文第2版第31卷第413页。——97。

84 古希腊哲学家伊壁鸠鲁认为有无数的世界。这些世界是按照它们本身的自然规律产生和存在的。神虽然存在,但存在于世界之外,存在于世界之间的空隙中,对宇宙的发展和人的生活没有任何影响。——97。

85 在马克思1843年底写的《〈黑格尔法哲学批判〉导言》(见《马克思恩格斯文集》第1卷)中已包含了这一思想。——97。

86 马克思所说的本书第三册和第四册中评论大·李嘉图的价值量的地方,见《资本论(1863—1865年经济学手稿)》第三册第二章《5.工资的普遍提高或降低(下降)对各种商品的生产价格的影响》(《马克思恩格斯全集》历史考证版第2部分第4卷第2册第273—278页)以及《政治经济学批判(1861—1863年手稿)》第XII笔记本第650—652页,即《李嘉图的剩余价值理论》中

《(1)劳动量和劳动的价值》一节(《马克思恩格斯全集》中文第2版第34卷第447—451页)。——98。

87　教父是公元2—6世纪基督教界最早的希腊语和拉丁语作家的泛称,意为教会父老。他们的著作大都对后世基督教教义和神学有较深影响。教父的最根本的观点是贬低知识和智力,颂扬无条件的信仰,敌视"异教"即非基督教的宗教和哲学,特别是古代的唯物主义。——99、104。

88　"经济学家们"(économistes)原先是对重农学派的称呼。大约在19世纪中叶,这个名词广泛用于各种经济学说的著作家,不再只用于说明某一经济学说的特点。而且,弗·魁奈及其门徒杜邦·德奈穆尔已经给自己加上了"重农学派"这一称谓。——99、110。

89　见马克思《哲学的贫困》第2章第1节中《第七个即最后一个说明》(《马克思恩格斯文集》第1卷第612、614页)。——100、744。

90　美国的这家德文报纸可能是指卡·海因岑在波士顿出版的《先驱者》。该报在1859年7月12日第26号第2版第IV栏与第3版第I栏的"杂文集"专栏匿名发表了《卡尔·马克思先生》一文。除了"那时社会革命的时代就到来了"这句话,文章摘录了马克思在《〈政治经济学批判〉序言》中有关阐述其著作的全部计划和唯物主义历史观的基本认识的一整段内容(见《马克思恩格斯全集》中文第2版第31卷第411—413页)。紧接着,作者把庸俗唯物主义的观点强加给马克思,说什么"一种女人的情绪推翻了一个王国,一种诸侯的情绪严重破坏了世界的一部分,一种改革者的思想使整个世界振奋起来,并抛弃了全部的'经济学'和所有的'生产关系'"。关于海因岑对《资本论》的反应,见马克思1869年11月6日给恩格斯的信。——100。

91　见《马克思恩格斯全集》中文第2版第31卷第412页。——100。

92　见马克思《政治经济学批判(1861—1863年手稿)》第XIV笔记本第836页。——101。

93　莎士比亚《无事生非》第3幕第3场。——102。

94　朗迪是巴黎近郊的一个地方,12—19世纪每年都在这里举办一次大集市。——103。

95　平等派指真正平等派，又称掘地派。他们是17世纪英国资产阶级革命时期的激进派，代表城乡贫民阶层的利益，要求消灭土地私有制，宣传原始的平均共产主义思想，并企图通过集体开垦公有土地来实现这种思想。——104。

96　昔尼克派是公元前4世纪前后古希腊的主张自然主义的哲学学派，又译犬儒学派，由安提西尼所创立。这个学派崇尚自然，却把自然和社会对立起来，认为社会生活和文化生活是不自然的，无足轻重的，它蔑视财富，崇尚俭朴，反映了城邦贫民和被剥夺了部分权利的自由民对大奴隶主骄奢淫逸生活的消极反抗，昔尼克派最突出的表现是一种有意的伤风败俗和玩世不恭的行为。——104、503。

97　歌德《浮士德》第1部第3场《书斋》。——105。

98　见《新约全书·约翰启示录》第17章第13节和第13章第16—17节。

《启示录》（或《约翰启示录》）是收入《新约全书》的原始基督教著作之一，写于1世纪。《启示录》的作者表达了对罗马帝国的公愤，把它打上“兽”的印记，并把它看做魔鬼的化身。马克思在这里引用这句话是暗指货币。——106。

99　见《马克思恩格斯全集》中文第2版第31卷第477页及以下几页，另见马克思对蒲鲁东主义者路·阿·达里蒙的批判（《马克思恩格斯全集》中文第2版第30卷第59—88页）。——106。

100　印加国是南美洲西南部的古国。其君主称印加，国民称印加人。11世纪以后，艾马拉和克丘亚西两大部落在秘鲁库斯科谷地陆续兼并邻近地区，15世纪中叶形成强大的奴隶制国家。印加国保存了很多原始社会残余。印加社会有严密的行政制度，分为三个阶级：贵族、平民和奴隶。社会基本单位是有共同祖先的一些家庭组成的氏族公社或村社（Aylla），共同占有土地和牲畜。16世纪，印加国最盛时期曾扩展到现在的秘鲁、厄瓜多尔、玻利维亚和智利北部，1533年被西班牙殖民者消灭。——107。

101　见《马克思恩格斯全集》中文第2版第31卷第216页和475—476页。——108。

102　见《马克思恩格斯全集》中文第2版第31卷第550页。——108。

103　见《马克思恩格斯全集》中文第2版第31卷第548—552页。——108。

104　《学说汇纂》是罗马民法大全的一个重要组成部分，汇集了罗马著名法学家关于民法和诉讼法著作中一些符合奴隶主利益的摘录。它是在东罗马帝国即拜占庭帝国皇帝查士丁尼一世执政时编著的，公元533年作为法律公布。《学说汇纂》包含如下的看法：货币是抽象的价值量，贵金属金银也同样只有虚构的价值，这个价值可以由最高的国家权力任意规定。——110。

105　菲力浦六世（瓦卢瓦的）多次发动反对英国的战争，这促使他多次下令征税并导致铸币质量下降。——110。

106　这句话引自君士坦丁二世于公元356年颁布的一项诏书（见《狄奥多西法典》第9章第23节第2段）。《狄奥多西法典》是由东罗马帝国狄奥多西二世执政时编纂的，它收集了4世纪和5世纪皇帝的敕令。——111。

107　见《马克思恩格斯全集》中文第2版第31卷第477页及以下几页。——115。

108　罗·欧文认为，在未来的新社会中，以银行券形式表现劳动价值的纸币是用于满足国内需要和货物交换的，它的发行必须同现有的储备相适应，它只有同实际的价值产品相交换时才可得到。——115。

109　威·爱·帕里《航行日志。记威·爱·帕里指挥的赫克拉号和格赖珀号轮船为开辟大西洋至太平洋的西北航线而进行的远航（1819—1820）》1821年伦敦第2版第277—278页。——116。

110　见《公共卫生。枢密院卫生视察员的报告》1864年伦敦版第12—17、232—233和248页。——116。

111　见《马克思恩格斯全集》中文第2版第31卷第470—481页。——116、121。

112　见《马克思恩格斯全集》中文第2版第31卷第469—470页。——117。

113　在古代神话里，人类历史分成五个时代。黄金时代和白银时代是五个时代中最初两个时代。在最幸福的黄金时代，人们无忧无虑，只是在后面几个时代，他们的生活才变成另外一个样子。第五个即最后一个时代——黑铁时代——充满了不平、暴行和屠杀。关于这五个时代的传说，在古希腊的叙事诗人赫西俄德以及古罗马抒情诗人奥维狄乌斯的作品中都有记述。——120。

114 指1707年英格兰和苏格兰的合并，这次合并的结果，使苏格兰最终归并于英格兰。由于这次合并，苏格兰的议会解散了，两国间在经济上的相互阻隔也随之消除了。——120。

115 见《马克思恩格斯全集》中文第2版第31卷第466页。——120。

116 见《马克思恩格斯全集》中文第2版第31卷第469页。——121。

117 黑格尔关于概念实现由必然到自由的过渡的观点，见他的《哲学全书纲要》第1部《逻辑学》1834年柏林版（《黑格尔全集》第6卷）第147节。——123。

118 圣哲罗姆《给欧斯托希的信——论童贞的保持》。——123。

119 但丁《神曲·天堂篇》第24首歌。——124。

120 关于马克思对斐·拉萨尔这一著作，尤其是对这一注释的解释，见马克思1858年2月1日和1859年2月25日给恩格斯的信。——126。

121 关于商品的惊险的跳跃，马克思在《政治经济学批判。第一分册》中已经谈过，见《马克思恩格斯全集》中文第2版第31卷第483页。——127。

122 “*接受赠马，不看岁口*”是古罗马成语。意思是接受礼物，不会计较好坏。圣哲罗姆在其对《以弗所人书》所作注释的序言中使用了这一成语。——128。

123 马克思在1878年11月28日给《资本论》俄译者尼·弗·丹尼尔逊的信中，提出把这句话改为：“事实上，每一码的价值也只是耗费在麻布总量上的社会劳动量的一部分的化身。”在马克思《资本论》第一卷德文第二版的自用本中也作了同样的修改，不过是别人的手笔。但是，《资本论》第一卷德文第三版和第四版都未作改动。——129。

124　“真爱情的道路决不是平坦的”(The course of true love never does run smooth)，见莎士比亚《仲夏夜之梦》第1幕第1场。——129。

125　“诗人的分散的肢体”(Disjecta membra poetae)是贺拉斯《讽刺诗集》第1卷第4首中的一句话。——129、397、421、542。

126　“卖就是买”这句话不是直接出自弗·魁奈，而是出自杜邦·德奈穆尔的著作《魁奈医生的学说，或他的社会经济学原理概述》，见《重农学派》，附欧·德尔的绪论和评注，1846年巴黎版第1部第392页。——130。

127　“货币没有臭味”套用了“这类税没有臭味！”这句话。“没有臭味”(non olet)是罗马皇帝韦斯帕西安对他的儿子说的，因为他的儿子不同意他征收专门的厕所税。——132。

128　“永生之水”见《新约全书·约翰福音》第4章第14节。——134。

129　见《马克思恩格斯全集》中文第2版第31卷第490—493页。——136。

130　见让·巴·萨伊《论政治经济学》1817年巴黎第3版第2卷第33—52页，在那里他谈到了危机。在紧接第2卷第3册的《政治经济学基本原理概要》第459页上他写道：“商品：为卖而买的产品。”——136。

131　见《马克思恩格斯全集》中文第2版第31卷第563页。——145。

132　见《马克思恩格斯全集》中文第2版第31卷第554—560、564页及以下几页。——147。

133　见约·斯·穆勒《政治经济学原理及其对社会哲学的某些应用》1848年伦敦版第1卷序言第3—4页。——147。

134　阿·威灵顿率领的英国军队在1808—1815年反对拿破仑第一的战争中曾取得辉煌战果，而英国的威·芬·威廉斯将军(卡尔斯从男爵)却在1855年11月27日把他领导防御的卡尔斯城交给了俄国军队。——147。

135　亚·亨·弥勒《治国艺术原理》1809年柏林版第2册第280页。——147。

136　关于王茂荫改革币制的主张以及他1853年和1854年(咸丰三年和四年)两次向皇帝呈上奏折的情况，详见郭沫若1936年10月写的《〈资本论〉中的王茂荫》(载于《沫若文集》1958年人民文学出版社版第11卷第28—34页)和吴晗1937年3月写的《王茂荫与咸丰时代的币制改革》(载于《吴晗史学论著选集》1986年人民出版社版第2卷第184—210页)。——149。

137 俄国政府1861年才向北京委派公使。在此以前,即从1715年起,"俄罗斯正教驻北京传道团"(又称传教士团,布道团)实际上起着官方代表的作用。这里的"公使馆"应为"传道团"。

这里关于中国的著作是指传道团编的文集《帝俄驻北京布道团人员论著集刊》第三卷。该《集刊》由俄文译成德文时书名为《帝俄驻北京公使馆关于中国及其人民、宗教、制度和社会关系的著述》。——150。

138 英语"sovereign"一词,既有"君主"、"帝王"的意思,又是一英镑金币的名称。——150。

139 黑格尔关于一切限度都消失了的观点,见他的《逻辑学》第1部《客观逻辑》第1编《存在论》1833年柏林版第421—455页(《黑格尔全集》第3卷)。——150。

140 皮·布阿吉尔贝尔《法国详情》,见《18世纪的财政经济学家》1843年巴黎版第213页。参看马克思《〈政治经济学批判。第一分册〉初稿片断》(《马克思恩格斯全集》中文第2版第31卷第337页)。——153。

141 "*物的神经*"(nexus rerum),意思是各种物的联系,主要的东西。此处当指货币。——154。

142 马克思把货币称为"*抵押品*"或"*社会的抵押品*",一方面是指亚里士多德的用语(见《尼科马赫伦理学》第5卷第8章第14节),另一方面是指英国经济学家约·贝勒斯对货币下的定义(见约·贝勒斯《论贫民、工业、贸易、殖民地和道德堕落》1699年伦敦版第13页)。马克思在《七个笔记本的索引》(见《马克思恩格斯全集》中文第2版第31卷第311页)中引用了亚里士多德的话,在这个注中引用了贝勒斯的话。

马克思在他1851年写作的《伦敦笔记》的《*完成的货币体系*》第LX节(《马克思恩格斯全集》历史考证版第4部分第8卷第48页)中简短地概括了约·格·毕希的论点:"货币是资产阶级社会的普遍抵押品。"(见约·格·毕希《从国家经济和商业来看的货币流通》1800年汉堡—基尔增订第2版第

1卷第298—299页)，马克思在《伦敦笔记》第VI笔记本中还摘录了约·洛克1691年的著作《略论降低利息和提高货币价值的后果》中关于"货币是抵押品"的说法(见《洛克著作集》(四卷集)1768年伦敦版第2卷第15页)。并见《马克思恩格斯文集》第8卷第54—55页。——154。

143　位于福基斯领土上的德尔斐阿波罗神庙被看做是中立的、不可侵犯的。大量的捐赠和贵重物品使寺庙成为一个重要的财政中心。公元前356年福基斯人占领并抢劫了寺庙区，这导致一场大规模的军事冲突(即公元前356—346年的第三次神圣战争)，马其顿王菲力浦二世也参加了这场战争。几年后(公元前338年凯罗尼亚会战)，他把由此而赢得的影响进一步扩大为对希腊的统治。——155。

144　*圣杯*，根据中世纪的传说，是耶稣的门徒用来承接耶稣自十字架上流下来的血的神圣杯子。中世纪后，教会规定圣杯(至少杯身)需用金或银制造。如果是银杯，里面还应镀金。有些圣杯还要镶嵌珍珠宝石。——156。

145　"*让我们成为富人或外表像富人吧。*"引自狄德罗《1767年的沙龙》。——157。

146　*东印度公司*是存在于1600—1858年的英国贸易公司，是英国在印度、中国和亚洲其他国家经营垄断贸易，推行殖民主义掠夺政策的工具。从18世纪中叶起，公司拥有军队和舰队，成为巨大的军事力量。在公司的名义下，英国殖民主义者完成了对印度的占领。该公司长期控制着同印度进行贸易的垄断权和印度最主要的行政权。1857—1859年印度的民族解放起义迫使英国人改变其殖民统治的形式。于是，公司被撤销，印度被宣布为英王的领地。——158、862。

147　《东印度(金银条块)。答可尊敬的下院1864年2月8日的质询》第3页。——158。

148　见《马克思恩格斯全集》中文第2版第31卷第534页。——160。

149　见《马克思恩格斯全集》中文第2版第31卷第541页。——162。

150　在《马克思恩格斯全集》历史考证版第2部分第5卷收入的《资本论》第一卷德文第一版中，编者把"反比"改为"正比"，并在注释中作了如下说明："马克思这里指的是货币流通的一般规律(参看本卷第141—144页)。由此得出，在支付期限较长的情况下，流通的货币手段增加了。脚注(107)也说明了这一点。”——166。

151　马克思在这里引用的是威·配第的著作《爱尔兰的政治解剖》1691年伦敦版的附录《献给英明人士》。——166、170、314。

152　见《马克思恩格斯全集》中文第2版第31卷第550页及以下几页。——167。

153　1844年英国政府为了克服银行券兑换黄金的困难，根据罗·皮尔的创议，实施了英格兰银行改革法，把英格兰银行分为两个独立部门，即银行部和发行部，并规定银行券应有一定数量的黄金作保证。没有黄金保证的银行券的发行额限1 400万英镑。但是1844年银行法没有取得成效，实际上流通中的银行券的数量不是取决于抵补基金，而是取决于流通领域内对银行券的需求量。在经济危机时期，因货币需求量特别大，英国政府暂时停止实行1844年的法令，增加了没有黄金保证的银行券的总额。马克思在《资本论》第三卷(见本书第3卷)第三十四章对1844年银行法的内容和意义作了专门评论。

关于马克思仔细研究英国银行制度的发展和1844年皮尔银行法的情况，见他的1850—1853年《伦敦笔记》的有关部分(《马克思恩格斯全集》历史考证版第4部分第7卷第89—94、108—109页；历史考证版第4部分第8卷第111—113、251和269页)以及《马克思恩格斯全集》中文第2版第31卷第569、579页。——167、485、886。

154　见《马克思恩格斯全集》中文第2版第31卷第563页及以下几页。——168。

155　见大·李嘉图《金银条块价格高昂是银行券贬值的证明》1811年伦敦修订第4版。——168。

156　“通货原理”(currency principle)或“通货理论”(currency theory)是19世纪广泛流行于英国的一种货币理论，是资产阶级经济学家对1825年开始资本主义周期性发展所作出的一种反应。它以大·李嘉图的货币数量论为出发点，认为商品的价值和价格决定于流通领域中的货币数量。他们的目的是要保持稳定的货币流通，并认为银行券的必需的黄金保证和根据贵金属进出口情况调整银行券的发行量是达到这一目的的唯一手段。从这些错误的理论前提出发，“通货理论”认为生产过剩的经济危机的决定性原因，是由于他们所宣布的货币流通规律遭到破坏。这一理论的代表人物有赛·琼·劳埃德（1850年起为奥弗斯顿男爵），罗·托伦斯，乔·沃·诺曼，威·克莱，乔·阿巴思诺特等人。他们主张把金属货币流通的抽象规律推广到银行券的发行上。除了金属货币以外，他们还把银行券称做“通货”（即流通手段）。他们相信，用贵金属为银行券建立充足的准备金，可以实现稳定的货币流通，认为银行券的发行应按照贵金属的输出、输入来调整。英国政府依据这个理论所进行的尝试（包括1844年和1845年银行法）没有收到任何成效，从而证明了这一理论在科学上缺乏根据，在实践上也不能解决问题（见《马克思恩格斯全集》中文第2版第31卷第577—580页）。——168、716。

157　见约·拉·麦克库洛赫《政治经济学文献。这门科学的分类书目》1845年伦敦版第181页。——168。

158　詹·斯图亚特关于金银的特征是世界货币的说法，见他的《政治经济学原理研究》1770年都柏林版第2卷第370页；马克思在《政治经济学批判。第一分册》中已提到斯图亚特这一说法（见《马克思恩格斯全集》中文第2版第31卷第562页）。——169。

159　“生出货币的货币”（money which begets money），引自亚·斯密《国民财富的性质和原因的研究》1812年伦敦版第87页和1802年巴黎版第1卷第189页，参看马克思《1844年经济学哲学手稿》（《马克思恩格斯文集》第1卷）。——181。

160　指法兰西研究院，它是法国的最高科学机构，由若干部分即若干学院组成。德斯杜特·德·特拉西是伦理学和政治学学院院士。——190。

161　“这里是罗陀斯，就在这里跳跃吧！”（Hic Rhodus, hic salta!）出自伊索寓言《说大话的人》。一个说大话的人自吹在罗陀斯岛上跳得很远很远，别人就用这句话反驳他。其转义是：这里就是最主要的，你就在这里证明吧！——194。

162　显然是指奥·保利的《古典古代实用百科全书》1839—1852年斯图加特版第1—6卷。马克思在1857年7月16日和9月25日给恩格斯的信中曾提到过这一著作。——195。

163　库扎政变是罗马尼亚历史上的重要事件。1859年1月，著名的社会政治活动家亚·库扎先后被选为摩尔多瓦和瓦拉几亚公国的国君。这两个长期隶属于奥斯曼帝国的多瑙河公国于1862年合并，为罗马尼亚国家的统一奠定了基础。库扎执政后，立意实行一系列的资产阶级民主改革。但是他的政策遇到了地主和一部分资产阶级的强烈反抗。在地主代表占优势的国民议会否决了政府提出的土地改革草案后，库扎于1864年实行政变，解散了国民议会，颁布了新宪法，扩大了选民范围，加强了政府权力。在这种新的政治局势下实行的土地改革，规定废除农奴制和通过赎买把土地分给农民。——196、274。

164　抵债劳役（péonage），就是要由劳役来偿还的借债形式，马克思在1867年10月11日给路·库格曼的信中作过论述。——196。

165　威·配第《爱尔兰的政治解剖》1691年伦敦版第64页，见本卷第364页脚注（1）。——199。

166　关于伊甸园，见《旧约全书·创世记》第2章第8节。——204。

167　耶·边沁是所谓的有用哲学即功利主义的代表人物之一。对他来说，个人的利益是一切行动的动力。然而，一切利益，如果正确加以理解，又处于内在的和谐状态中。各个人的正确理解的利益也就是社会的利益。——204。

168　“前定和谐”（prästabilierte Harmonie）是哥·威·莱布尼茨的用语，根据他的哲学，特别是他的单子论，每个单子与其他所有单子和整个宇宙的发展是一致的，这种和谐秩序是由上帝事先确定的。——205。

169　《新约全书·马太福音》第6章第27节和《新约全书·路加福音》第12章第25节。——209。

170　雅·杜尔哥的这一著作写于1766年。马克思把这一年作为本书的发表年。其实该书是1769—1770年由杜邦·德奈穆尔第一次发表的。马克思引用的是1844年欧·德尔在巴黎编辑出版的版本。——210。

171　“a toolmaking animal”（制造工具的动物）这一说法，引自托·本特利的著作《关于使用机器缩短工时的益处和政策的书信》1780年伦敦版。马克思在1859—1863年于伦敦所作的第VII笔记本第155页中，摘录了这一著作第2—3页上的一段话："人们用许多方式对人下定义……a toolmaking animal或engineer〈富兰克林〉已被一些人当做人的最好的、最有特点的定义而加以采纳。"——210。

172　亨·施托尔希《政治经济学教程，或论决定人民幸福的原理》1823年巴黎版第1卷第229—238页。——212。

173　安·舍尔比利埃《富或贫。社会财富当前分配的因果》1841年巴黎版第14页。——212。

174　这是套用圣经后典中的一句话："虽然不信神的人走在良好的道路上，但是他的终点是地狱的深渊。"（圣经后典《西拉子耶稣智慧书》或《便西拉智训》第21章第10节）。——223。

175　见《马克思恩格斯全集》中文第2版第31卷第430页。——225。

176　"这正是他发笑的原因"是套用歌德《浮士德》第1部第3场《书斋》中的诗句。——226。

177　"在这个最美好的世界上，一切都十全十美"（Tout pour le mieux dans le meilleur des mondes possibles）是伏尔泰小说《老实人》中的一句格言。——227、885。

178　"好像害了相思病"见歌德《浮士德》第1部第5场《莱比锡的欧北和酒寮》。——227。

179　"劳动者只是会说话的工具"是套用的古罗马作家马可·忒伦底乌斯·瓦罗的话。他在《论农业》第1卷第17章第1节中说：奴隶是"会说话的工具"，牲畜是"会发声的工具"，犁是"无声的工具"。马克思引自杜罗·德拉马尔《罗马人的政治经济学》1840年巴黎版。见《马克思恩格斯全集》中文第2版第31卷第247页。——229。

180　见马克思《资本论（1863—1865年经济学手稿）》第三册（《马克思恩格斯全集》历史考证版第2部分第4卷第2册）。——248、447、467、519、553、652。

181　"无中不能生有"引自卢克莱修《物性论》第1卷第156—159行。——249。

182 修昔的底斯是古希腊历史学家，马克思把威廉·罗雪尔讽刺地叫做威廉·修昔的底斯·罗雪尔，因为这个庸俗经济学家在他的著作《国民经济学原理》第一版序言中，如马克思所说，"谦虚地宣称自己是政治经济学的修昔的底斯"。罗雪尔在引用修昔的底斯的著作时表示："像那位我特别地奉为老师的古代历史学家一样，我也希望我的著作有益于这样一些人，他们希望准确地了解过去的事情，了解由于人性的缘故有朝一日会以这样或那样的方式再次发生的事情。"见马克思《政治经济学批判(1861—1863年手稿)》第XV笔记本第922页。——251。

183 德国作家和文学批评家约·克·哥特舍德在文学上曾起一定的积极作用，但同时他又对新的文学潮流表现出异常的偏执。因此，他的名字成了文学上傲慢与迟钝的同义语。——251。

184 马克思在《资本论》德文第一版中此处的注文中所举的一个纺纱业例子，摘自他的《政治经济学批判(1861—1863年手稿)》第II笔记本第87页。在德文第二版中改写的第(31)脚注注文根据的是恩格斯提供的材料。见马克思在1865年11月20日和1868年5月7日和16日给恩格斯的信。——253。

185 威·杰科布《再论英国农业需要保护关税。给赛·惠特布雷德的一封信》1815年伦敦版第33页。——254。

186 见马克思《资本论(1863—1865年经济学手稿)》第三册(《马克思恩格斯全集》历史考证版第2部分第4卷第2册第2章《利润转化为平均利润》)。——254。

187 指1833年的工厂法《关于规定联合王国工厂童工与青工劳动强度的法令。(1833年8月29日)》(见《公共普通法汇编》1833年伦敦版第103章)。马克思在本卷第320—326页还专门论述了1833年的工厂法。——259、321。

188 锡利亚一词源于希腊文Chilias，意为一千年的时期。锡利亚教义产生于奴隶制度解体时期，宣传基督复临，在世上建立公正、平等和幸福的"千年王国"的宗教神秘主义学说，它反映了农民和城市平民的心态。这种信仰在基督教早期流传很广，后来经常出现在中世纪各种教派的教义中。——263。

189　安·尤尔《工厂哲学：或论大不列颠工厂制度的科学、道德和商业的经济》1835年伦敦版第406页。——263。

190　关于英国十小时工作日法案，见本卷第307—337页、恩格斯《英国的十小时工作日法》（《马克思恩格斯全集》中文第2版第10卷第299—310页）、马克思《国际工人协会成立宣言》（《马克思恩格斯文集》第3卷）和《政治经济学批判（1861—1863年手稿）》第V笔记本第217—218页。——263、324。

191　小先令派（little shilling men）亦称伯明翰派，是19世纪上半叶产生于英国伯明翰的一个经济学学派。他们宣扬观念的货币计量单位的理论，把货币仅仅看做"计算名称"，否认货币的计算名称（例如镑、先令）是与一定量的贵金属相联系的。这一学派的代表人物是托·阿特伍德和马·阿特伍德兄弟以及理·斯普纳等人。他们提出了一个降低英国货币计量单位含金量的方案，这一方案被称为"小先令方案"。这一学派的别名由此而来。同时，"小先令派"还反对政府旨在减少流通中的货币量的措施。他们认为，运用他们的理论就可以通过人为地提高价格而振兴工业，保证国家普遍繁荣。然而，他们提出的使货币贬值的办法，实际上只是为以贬值的货币来清偿国家和私人的债务创造条件，从而为各种贷款的获得者即国库和大企业主带来一定的利益。关于马克思对这一学派的评价，参看《马克思恩格斯全集》中文第2版第31卷第476—477页。——269。

192　"在金钱问题上没有温情可言"是大·汉泽曼1847年6月8日在普鲁士联合议会的演说中的一句话，见《在第一届普鲁士联合议会的演说及演说者》1847年柏林版第417页。马克思在《资产阶级和反革命》第四篇论文开头也引用了这句话。——271。

193　马克思《政治经济学批判（1861—1863年手稿）》第III笔记本第106页（《马克思恩格斯全集》中文第2版第32卷第217—218页）以及第XXI笔记本第1314页上，都有关于工资制和正常工作日的论述。——271。

194　《组织规程》是1831年多瑙河两公国摩尔多瓦和瓦拉几亚的第一部宪法。这两个公国在1828—1829年俄土战争结束后为俄军所占领。《组织规程》的方案是由两公国的俄国行政当局首脑帕·德·基谢廖夫拟定的。根据《组织规程》，每个公国的立法权交给土地占有者选出的议会，而行政权则交给土地占有者、僧侣和各城市的代表推选出的终身国君。规程保持了原有的封建制度，包括徭役制，将政治权力集中在土地占有者手中。同时，《组织规程》还规定实行一系列资产阶级的改革措施，即废除国内关税壁垒，实行贸易自由，司法与行政分立以及取消刑讯等。1848年革命期间，该《组织规程》被废除。——275。

195　指《关于工厂劳动条例的修正法令。1850年8月5日》。其中对工作日的时间作了规定。

马克思利用的大概是下院决定于1859年8月9日刊印的《工厂法》第3—5页。——277、310、338。

196　关于这条注释的改动情况，见马克思1866年2月10日给恩格斯的信，其中说道："我对《工作日》一节作了历史的扩展，这超出了我原来的计划。我现在'加进去的'是对你的书到1865年止的（简略的）补充（我在注释中指出了这一点）"。

《工作日》一节在《资本论》第一卷德文第一版中是第三章的组成部分，在德文第二版中是第三篇第八章。——277。

197　孚赫的德文是Faucher，与动词fauchen（吼叫）同一词根。马克思在1867年11月30日给路·库格曼的信中谈到一个印刷错误时，称"孚赫是一个经济学的'巡回传教士'。这个家伙还算不上像罗雪尔、劳、莫耳等等这样'博学的'德国经济学家……因此，我从来不把他当做名词，而只当做动词"（见《马克思恩格斯文集》第10卷第274页）。——278。

198　杰·乔叟《公鸡和狐狸》，见德莱登编《古代和现代寓言》1713年伦敦版第280页。——280。

199　关于"全日工"和"半日工"的区别，见《工厂视察员向女王陛下内务大臣所作的报告。截至1858年10月31日为止的半年》1858年伦敦版。——281。

200　枢密院是英国国王属下的一个最高咨询机关，由内阁大臣和其他官员以及宗教界的高级代表组成。它最初成立于13世纪。在很长的时期内它拥有代表国王而不经过议会进行立法的权力。17世纪以前，枢密院在治理国家方面起过重要作用，到了18、19世纪，随着议会制的发展和内阁权力的加强，枢密院的作用急剧下降，仅保留接受和审理殖民、宗教和行政事务方面的申诉权。在现今的英国，它实际已没有任何意义。——283、459、535、754。

201　这些材料的实际来源是《童工调查委员会。1862年。第1号报告》1863年伦敦版第10页。——283。

202　见《英国工人阶级状况》中《其他劳动部门》一节。——283、294。

203　“又是克里斯平”(Ecce iterum Crispinus)是尤维纳利斯的《讽刺诗集》第四首诗的首句，在讽刺诗集的第一部分中曾有一篇痛斥罗马皇帝多米齐安的一个宫臣克里斯平的。这句话的转义是：“又是这个家伙”或“又是这个东西”。——287。

204　马克思在本卷第203页脚注(51)以及他1862年10月写的《面包的制作》一文中也谈到了有关面包掺假的情况。——288。

205　普罗塔哥拉是古希腊诡辩派哲学家，他认为物质处于不断流动中，不断变动中，但是在认识论方面，他否认真理的客观性，主张人的每一个认识的相对性。在他看来，认识的内容取决于进行认识的人：“人是万物的尺度，是存在的事物存在的尺度，也是不存在事物不存在的尺度。”——288。

206　埃利亚派是公元前6世纪末—5世纪古希腊哲学中的唯心主义派别。这一派别的最重要的代表有色诺芬、巴门尼德和芝诺。埃利亚派企图证明，运动和现象的多样性不是存在于现实中，而只存在于想象中。——288。

207　大陪审团是1933年之前存在于英国的一种陪审团，由郡长从郡中选出12—23个“忠厚老实的人”组成。陪审团的职能是对案件进行预先审查，并决定是否将被告提交刑事法庭审判。——291。

208　英国国教把星期日定为安息日，它在节期方面虽不同于犹太教(星期五晚上到星期六晚上为安息日)，但有关安息日的规定却一样严格：在安息日，任何人都不得经商或旅行；不许挑担，或把负载的牲口赶回来，什么东西都不许从家里拿出去，特别是禁止从事各种劳动。——292、306。

209　英国农业无产阶级的运动即斯温暴动，它是1830—1833年初英国南部和东南部许多郡的雇农的自发运动，这种运动是由于经济危机和租地农场主使用脱粒机而使雇农的贫困和失业现象加剧引起的。举行暴动的雇农反对使用脱粒机并要求增加工资，他们以假名“斯温上尉”的名义向租地农场主和地主发出恐吓信，烧毁庄稼垛，捣毁脱粒机，想以此来达到他们的目的。按照乔·格雷的辉格党政府的命令，农村无产阶级的这些零星分散的暴动遭到了残酷的武力镇压。——293、777。

210　1872年3月底，沃里克郡成立了一个农业工联，它领导了一次提高农业工人工资的罢工。这次罢工很快蔓延到附近的中部和东部的各郡。1872年5月，在约·阿奇的领导下成立了全国农业工联，到1873年底它大约已有10万成员。——293。

211　马克思的这个想法未能实现。此外，这里的第二卷是指《资本论》第二册和第三册。见本卷第13页。——293。

212　马克思指他对托·卡莱尔的《当代评论。(一)当前的时代。2月。(二)模范监狱。3月》一书的书评(见《马克思恩格斯全集》中文第2版第10卷第311—323页)。“天才已经消失，剩下的只是崇拜”这句话，看来是套用席勒《阉人和男人》中的诗句。——296。

213　威·斯特兰奇《健康的七要素》1864年伦敦版第84页。——298。

214　1866年危机前，英国工商业欣欣向荣，无数股份公司纷纷成立，以致约·罗素内阁中越来越多的自由派资产阶级在1865年把这一发展称为整个社会的进步。

关于马克思在这里描述的“进步年”里英国工人的状况，恩格斯后来在他的著作《〈英国工人阶级状况〉1892年德文第二版序言》中写道：“马克思的《资本论》第一卷已经详细描述了1865年前后，即英国的工业繁荣达到顶点时的英国工人阶级状况。”(见《马克思恩格斯文集》第1卷第370页)——305。

215　“不列颠人永远永远不会当奴隶！”(Britons never, never shall be slaves!)是词作家詹·汤姆生和作曲家托·阿恩1740年谱写的歌曲《统治吧，不列颠！》中的最后一句歌词。——305。

216　埃克塞特会堂是伦敦的一座建筑物，各种宗教团体和慈善团体集会的地方。——306。

217　“我死后哪怕洪水滔天！”(Après moi le déluge!)据说这句话是法国国王路易十五回答他的亲信们的谏告时说的，他们劝他不要经常大办酒宴和举行节庆，认为这会使国债剧增，危及国家。——311。

218　歌德《致祖莱卡》。——312。

219　“为了一碗红豆汤出卖自己的长子继承权”这一典故源于圣经故事：一天，雅各熬红豆汤，其兄以扫打猎回来，累得昏了，求雅各给他汤喝。雅各说，须把你的长子名分让给我，以扫就起了誓，出卖了自己的长子权(见《旧约全书·创世记》第25章第29—34节)。现已成为日常惯用的借喻语。——313。

220　1347—1350年西欧鼠疫猖獗。根据现有资料，当时死于鼠疫的约有2 500万人，占西欧总人口的四分之一。——313、809。

221　关于摩西传上帝的十诫，规定每周第七日人们应安息的传说，见《旧约全书·出埃及记》第20章第1—17节。——317。

222　这些材料马克思可能引自恩格斯《英国工人阶级状况》中《各别的劳动部门　狭义的工厂工人》一节，其中提到1802年的学徒法以及1819、1825、1831、1833年工厂法。并见马克思《政治经济学批判(1861—1863年手稿)》第XX笔记本第1243页。——321。

223　1833年6月25日的第1号报告即根据下院决定于1833年6月28日刊印的《工厂调查委员会。皇家委员会中央评议会的第1号报告》。这里的信，引自《工厂视察员向女王陛下内务大臣所作的报告。截至1848年10月31日为止的半年》1849年伦敦版第141页。——322。

224　“危险在于迟缓”这句话引自罗马历史学家梯特·李维《罗马建城以来的历史》第38卷第25章第13节。——323。

225　《〈联合王国儿童劳动调整法案〉委员会的报告。附证词》，根据下院决定于1832年8月8日刊印。——323。

226　解放法令可能是指英国政府1831年11月2日颁布的一项法令，该法令把生活在印度西部的14岁以上的黑人的劳动时间限为9小时，14岁以下的限为6小时。——323。

227　札格纳特是印度教的主神之一毗湿奴的化身。崇拜札格纳特的教派的特点是宗教仪式十分豪华，充满极端的宗教狂热，这种狂热表现为教徒的自我折磨和自我残害。在举行大祭的日子里，某些教徒往往投身于载着毗湿奴神像的车轮下将自己轧死。——323、689、743。

228　指英国宪章运动的纲领性文件人民宪章，1837年由下院六名议员和六名伦敦工人协会会员组成的一个委员会提出，并于1838年5月8日作为准备提交议会的一项草案在各地群众大会上公布。人民宪章包括宪章派的下列六项要求：普选权（年满21岁的男子）、议会每年改选一次、秘密投票、各选区一律平等、取消议会议员候选人的财产资格限制以及发给议员薪金。1839、1842和1849年，议会三次会议否决了宪章派递交的要求通过人民宪章的请愿书。——324。

229　反谷物法同盟（见注24）拥护者通过蛊惑性的宣传要工人相信，随着贸易自由的实行，工人的实际工资会提高，工人会得到比从前大一倍的大圆面包（big loaf）。他们还拿着两个写着有关字句的面包——一个大的和一个小的——在街上形象地进行鼓动。现实生活揭穿了这些诺言的全部欺骗性。由于谷物法的废除而得到巩固的英国工业资本加紧了对工人阶级的切身利益的进攻。——324、524。

230　根据基督教关于“千年王国”的教义，在世界末日来临之前基督将亲自为王治理世界一千年。在这期间，信仰基督的圣徒们将复活并与基督一同为王；魔鬼暂被捆锁，福音将顺利传遍世界。见《新约全书·约翰启示录》第20章第3—4节。——324。

231　国民公会委员是18世纪末法国资产阶级革命时期，国民公会（1792—1795年法兰西共和国国民议会）在各省和军队中派驻的享有特许全权的代表。——328。

232　暗指英国议会第三次也是最后一次否决人民宪章（见注228）。宪章派原定于1848年4月10日在伦敦组织大规模游行示威，示威群众要前往议会大厦，递交要求通过人民宪章的第三次请愿书。政府禁止游行，并调集军队和警察来阻挠这一游行。宪章派领导人中的许多人，例如爱·奥康瑙尔，采取动摇的立场，他们决定放弃游行，并劝说游行群众解散。英国政府利用游行示威的失败来反对工人和镇压宪章派。结果导致了大逮捕，大约500名最有名、最积极和最激进的分子被捕，其中也包括厄·琼斯，他于1848年6月—1850年7月遭到拘禁。恩格斯在《1845年和1885年的英国》中谈到宪章运动这次失败时说："工人阶级的活动被推到了后台。资本家阶级获得了全线的胜利。"——329。

233　指巴黎工人于1848年6月23—26日的英勇起义。二月革命后，无产阶级要求把革命推向前进，资产阶级共和派政府推行反对无产阶级的政策，6月22日颁布了封闭"国家工场"的挑衅性法令，激起巴黎工人的强烈反抗。6月23—26日，巴黎工人举行了大规模武装起义，6月25日，镇压起义的让·巴·菲·布雷亚将军在枫丹白露哨兵站被起义者打死，因此两名起义者后来被判处死刑。经过四天英勇斗争，起义被资产阶级共和派政府残酷地镇压下去。马克思在《1848年至1850年的法兰西阶级斗争》中论述这次起义时指出："这是分裂现代社会的两个阶级之间的第一次大规模的战斗。这是保存还是消灭资产阶级制度的斗争。"（见《马克思恩格斯文集》第2卷第101页）——329。

234　*嫌疑犯处治法*（loi des suspects）又称社会治安法（lois de sûreté publique），它是1858年2月19日由法国立法团通过的一项法律。该法律授予皇帝拿破仑第三及其政府以无限的权力，可以把一切敌视第二帝国制度的嫌疑分子投入监狱或流放到法国和阿尔及利亚的偏僻地区，或者彻底驱逐出法国领土。——329。

235　莎士比亚《威尼斯商人》第4幕第1场。——331、332。

236　*十表法*是罗马奴隶制国家最古老的立法文献《十二铜表法》的最初的方案，于公元前451年编成。这一法律维护私有制，它规定凡无法偿还债务者应被剥夺自由，降为奴隶或碎尸分身，它是罗马私法的起点。——332。

237　见西·尼·昂·兰盖《民法论，或社会的基本原理》1767年伦敦版第2卷第5册第20章。——332。

238　德国著作家格·弗·道默在他的著作《基督教古代的圣礼》1847年汉堡版第

1卷第33—34页中证明，最初的基督徒在举行圣餐礼时吃人肉。马克思1847年11月30日在伦敦德意志工人教育协会的演说中也谈到这一点。——332。

239　*世袭法庭*是在地主有权审判和惩罚自己的农民的基础上建立起来的封建法庭。这类法庭在封建领主土地所有权范围内拥有较低的司法权（财产司法权、遗产司法权和地产司法权），往往委托一位世袭法官（乡长或管家）来行使职权。——334。

240　在沙·傅立叶描绘的未来社会里，人在一个工作日里从事几种劳动，也就是说，工作日将由若干"*短时工作*"（courtes séances）组成，每一项工作不超过一个半至两个小时。傅立叶认为，这样劳动生产率就会大大提高，连最贫穷的劳动者也能够比从前的任何资本家更充分地满足自己的一切需要。——335。

241　见《马克思恩格斯全集》中文第2版第10卷第307页。——337。

242　*二月革命*指1848年2月爆发的法国资产阶级民主革命。代表金融资产阶级利益的"七月王朝"推行极端反动的政策，反对任何政治改革和经济改革，阻碍资本主义发展，加剧对无产阶级和农民的剥削，引起全国人民的不满；农业歉收和经济危机进一步加深了国内矛盾。1848年2月22—24日巴黎爆发革命，推翻了"七月王朝"，建立了资产阶级共和派的临时政府，宣布成立了法兰西第二共和国。法国二月革命在欧洲1848—1849年革命中具有重要影响。无产阶级和小资产阶级积极参加了这次革命，但革命果实却落到了资产阶级手里。——347。

243　指1866年8月20—25日在巴尔的摩召开的美国工人代表大会。参加大会的有60名代表，他们代表6万多名联合在工会中的工人。大会讨论了在法律上规定八小时工作日、工人的政治活动、合作社、把所有工人联合到工会中等问题。另外，大会决定成立工人阶级的政治组织——全国劳工同盟。——348。

244　这里引用的国际工人协会日内瓦代表大会的决议，是根据马克思1866年8月底写的《给临时中央委员会代表的关于若干问题的指示》拟定的，见《马克思恩格斯全集》中文第2版第21卷第268页。——348。

245 见《马克思恩格斯全集》中文第2版第10卷第299页。——349。

246 “折磨他们的毒蛇”是套用海涅《亨利希》(诗集《时代的诗》)中的诗句。——349。

247 大宪章即自由大宪章。英王“无地王约翰”统治时期(1199—1216年),对内肆意践踏封建秩序,对外征战失利,引起大封建主的不满,连支持王权的中小领主以至市民也加入了反对国王的行列。在受到骑士和市民支持的大封建主和大主教等的联合压力下,约翰被迫于1215年6月15日接受并签署了这个大宪章。大宪章限制了国王的权力,确认和扩大了大封建贵族的政治、经济和司法特权,甚至规定在他们的封建特权遭到破坏时,可以举行起义反对王室;对骑士阶层和城市居民作了某些让步;自由民得到不受国王滥用专制权力的法律保证,但基本居民群众即农奴没有得到任何权利。到19世纪,英国资产阶级革命时期,大宪章被用来作为争取权利的法律依据,并成为英国立宪君主制的象征和基础。马克思在这里是指英国工人阶级经过长期顽强的反资本斗争而争得的限制工作日的法律。——349。

248 指1789年8月26日在巴黎由制宪国民议会通过的人权宣言,即《人权和公民权宣言》。它宣告自由、财产、安全和反抗压迫是不可剥夺的天赋人权。——349。

249 “多么大的变化啊!”(Quantum mutatus ab illo!)引自维吉尔《亚尼雅士之歌》第2卷第274行。——350。

250 阿基米德有一句名言:“给我一个坚实的支点,我将把世界彻底翻转过来!”——353。

251 见马克思《政治经济学批判(1861—1863年手稿)》第XIV笔记本第782—851页。——356。

252 “确实什么也没有学到”这句流传很广的话,有人认为出自法国海军上将德·帕纳1796年的一封信。另有人认为此话出自法国外交大臣沙·莫·达来朗-贝里戈尔之口,是针对保皇党人而言,认为他们没有能够从18世纪末法国资产阶级革命中吸取任何教训。——356。

253　关于庸俗经济学抓住现象的外表来反对现象的规律，见马克思1868年7月11日给路·库格曼的信，以及马克思《政治经济学批判（1861—1863年手稿）》第XV笔记本第920—921页。——356。

254　巴·斯宾诺莎《伦理学》（第一部分，增补）中说，无知并不是充足的论据。这句话是针对那些对抱有僧侣主义目的论的自然观的代表人物说的，他们认为"上帝意志"是一切现象的原因的原因，他们进行论证的唯一手段就是求助于对其他原因的无知。——356。

255　黑格尔关于量变到质变的观点，见他的《逻辑学》第1部《客观逻辑》第1编《存在论》1833年柏林版（《黑格尔全集》第3卷）。马克思在1867年6月22日给恩格斯的信中谈到他在这里引用黑格尔的观点描述手工业师傅变成资本家的情况。

恩格斯在本页脚注（205a）以及后来的《反杜林论》中根据化学过程阐述了量变到质变的辩证发展。——358。

256　马丁·路德《论商业与高利贷》，见《可尊敬的马丁·路德博士先生著作集》1589年维滕贝格版第6部第296页。——358、864。

257　关于阿·凯特勒的平均的个人的言论，见他的《论人和人的能力之发展，或试论社会物理学》1842年爱丁堡版第9页。——375。

258　威·罗雪尔《国民经济体系》第1卷《国民经济学原理》1858年斯图加特—奥格斯堡增订第3版第88—89页。——376。

259　马克思《资本论（1863—1865年经济学手稿）》第三册（《马克思恩格斯全集》历史考证版第2部分第4卷第2册第1章《剩余价值转化为利润》）。

恩格斯在审阅《资本论》第一卷德文第四版的校样之前，已把这一篇和《资本论》第三册的第二至四篇完成并准备付印。见恩格斯1890年4月9日给斐·多·纽文胡斯的信。——378、491。

260　亚里士多德在《尼科马赫伦理学》中把人定义为城市的市民（zoon politicon）。"politicon"既有"国家的"含义，也有"城市的"含义，因为在古希腊，城市和国家是一回事，它们用同一字（polis）来表示。关于人的定义，马克思在1857—1858年经济学手稿的《导言》部分也有论述，见《马克思恩格斯文集》第8卷第6页。——379。

261　在空想社会主义者的思想的影响下，罗奇代尔城（曼彻斯特北部）的工人在1844年成立了公平先驱社。它最初是一个消费合作社，不久就扩大了，成立了生产合作机构。随着罗奇代尔城先驱社的成立，英国和其他国家的合作运动开始了一个新的时期。——385。

262　奥·孔德在其1830—1842年出版的著作《实证哲学教程》中论证了实证论，它是要把科学主要归结为对现存事物即事实上（"实证的"）的东西以及它们之间的关系的观察和理解。孔德从自己的社会理想——工人和资本家的和谐——出发，认为任何一种理论活动和实际活动都在于巩固资本主义的制度。在1848—1849年革命以后，他的观点在法国和其他国家的资产阶级的范围内已经获得广泛的影响。马克思在1866年7月7日给恩格斯的信中曾经谈到对孔德的看法。——386。

263　古代亚洲的庞大建筑，例如亚述尼尼微的庙宇，巴比伦的伊什塔尔城门和中国的长城；在埃及人那里出名的有吉萨的金字塔，在伊特鲁里亚人那里有公元前7世纪—4世纪的庙宇和陵墓。——387。

264　关于股份公司，在马克思《资本论（1863—1865年经济学手稿）》第三册已有论述（见《马克思恩格斯全集》历史考证版第2部分第4卷第2册第14章第6节）。——388。

265　关于古典共同体，见《马克思恩格斯文集》第8卷第129—130页。——388。

266　马克思在这里指的是亚·斯密在其主要著作中所说的制造针的18种操作（见斯密《国民财富的性质和原因的研究》1802年巴黎版第1卷第13页）。——392。

267　威·配第关于工场手工业分工的观点，见他的《论人类的增殖》（《政治算术论文集》1699年伦敦版第35页）。——397。

268　指纽伦堡的装配工和钟表匠彼·亨莱恩在1510年前后制造出的第一个由弹簧推动的小怀表。——397。

269　这个例子摘自《各国的工业》1855年伦敦版第2部第203—204页。马克思《政治经济学批判(1861—1863年手稿)》第XIX笔记本第1183—1184页已有这些数字的摘录。——401。

270　马克思这里依据的是约·冯·波珀的《工艺学历史》1810年格丁根版第2卷第198、381—384和386页的论述。马克思《政治经济学批判(1861—1863年手稿)》第XIX笔记本第1170—1171页已有关于工艺学的摘录。——403。

271　马克思这里依据的是约·冯·波珀的《工艺学历史》1807年格丁根版第1卷第109页的论述。马克思《政治经济学批判(1861—1863年手稿)》第XIX笔记本第1163和1164页有关于水磨的摘录。马克思在1863年1月28日给恩格斯的信中也谈到了有关情况。——403。

272　见马克思《政治经济学批判(1861—1863年手稿)》第VIII笔记本第347页、第IX笔记本第394、414页、第XIV笔记本第778—779页以及《马克思恩格斯全集》中文第2版第32卷第308—314页。——404。

273　恩格斯这里援引的是马克思《路易斯·亨·摩尔根〈古代社会〉一书摘要》。——407。

274　由于1861—1865年美国南北战争(见注8)的影响,棉花供应不足而需求量大增。——409。

275　马克思这里依据的是约·冯·波珀的《工艺学历史》1807年格丁根版第1卷第413—414页的论述。见马克思《政治经济学批判(1861—1863年手稿)》第XIX笔记本第1175页。——409。

276　*一切反对一切的战争*(bellum omnium contra omnes,也译“一切人反对一切人的战争”)是英国哲学家托·霍布斯的用语,出自他1642年的论文《论公民》中的致读者序(《霍布斯哲学著作集》1668年阿姆斯特丹版第1卷第7页)以及他用英文写的《利维坦:或教会国家和市民国家的实质、形式和权力》1651年伦敦版的拉丁文译本(《霍布斯哲学著作集》1668年阿姆斯特丹版第2卷第83页)。霍布斯认为,人的自然状态,即市民社会之外的状态,是一切人反对一切人的战争;为了克服这种状态,人们必须通过契约来建立国家。——412。

277　见马克思《哲学的贫困》第2章第2节《分工和机器》(《马克思恩格斯文集》第1卷第624、626页)。——413、416、419、486。

278　关于印度公社的情况，马克思依据的不只是这里提到的著作，还有托·拉弗尔斯的著作《爪哇史》1817年伦敦版第1卷第285页的材料。马克思在《不列颠在印度的统治》(《马克思恩格斯文集》第2卷)以及1853年6月14日给恩格斯的信中都引用过拉弗尔斯的《爪哇史》。——414。

279　拉普拉塔各国指阿根廷、乌拉圭、巴拉圭。——417。

280　据传说，公元前494年罗马的平民和贵族之间第一次发生了大冲突，贵族梅涅尼·阿格利巴为了劝说举行起义并上圣山反对贵族压迫的平民，向他们讲了一则人体四肢反抗胃的寓言，使平民同意和解。阿格利巴把当时的社会比做有生命的机体，把平民比做这个机体的手，把贵族比做供养这个机体的胃。手和胃分离开来，就要引起生命机体的必然死亡，同样，平民拒绝履行他们的义务，就等于古罗马国家的灭亡。——417。

281　技艺和手工业协会(Society of Arts and Trades)是一个于1754年在伦敦成立的资产阶级慈善性质的教育团体。19世纪50年代，协会的领导人是阿尔伯特亲王。协会宣称，它的宗旨是“促进技艺、手工业和商业的发展”并酬劳那些“为解决穷人就业、扩大商业贸易以及对国家财富增长等方面作出贡献的人”。1853年，该协会为了阻挠英国群众性罢工运动的发展和宪章派酝酿成立工人议会，企图充当工人和企业主之间的调停人。马克思称该协会为“技艺和骗术协会”(参看《马克思恩格斯全集》中文第2版第13卷第68页)。——420、433、450、841。

282　见黑格尔《法哲学原理》1840年柏林第2版第247页第187节注(《黑格尔全集》第8卷)。——421。

283　见威·罗雪尔《国民经济学原理》1858年斯图加特—奥格斯堡增订第3版。——421。

284　《关于幸福的对话》(1741年伦敦版)的作者不是《日记和通信集》(1844年伦敦版第1—4卷)的作者——外交官詹·哈·马姆兹伯里伯爵，而是他的父亲詹·哈里斯。马克思这里引证的话见哈里斯《三篇论文》1772年伦敦修订第3版第292页。——422。

285 阿基洛库斯“每个人都在不同的工作中得到乐趣”这句话转引自塞克斯都·恩披里柯的著作《反对数学家》第11卷第44页。——423。

286 “他能做很多工作，但是什么工作都做得不好。”这句话出自荷马《麦尔吉泰斯》，马克思引自伪柏拉图对话篇《阿基比阿德第二》，见编者威·汉密尔顿在《斯图亚特全集》第8卷第311页加的注。——423。

287 推翻三十僭主的时代是指公元前5世纪末期，古雅典三十寡头恐怖制度被推翻，重新建立了奴隶主民主制。这是雅典商业资本和高利贷资本发展时期。——423。

288 这句话引自柏拉图《理想国》第2册11，370 b—c。马克思在《政治经济学批判（1861—1863年手稿）》中也引用了这句话（见《马克思恩格斯全集》中文第2版第32卷第320页）。——423。

289 见马克思《政治经济学批判（1861—1863年手稿）》（《马克思恩格斯全集》中文第2版第32卷第321页）。——424。

290 柏拉图的理想国是古希腊哲学家柏拉图在其《理想国》中描述的理想的奴隶制共和国。在这种国家里，自由市民分为三个等级，奴隶不包括在三个等级之内，各等级之间实行严格分工。少数哲学家执行管理职能，军人打仗和保卫市民的生命财产，农民、手工业者为人民生产并提供生活资料。——424。

291 安·尤尔《工厂哲学：或论大不列颠工厂制度的科学、道德和商业的经济》1835年伦敦版第21页。——426。

292 见马克思《政治经济学批判（1861—1863年手稿）》第XIX笔记本第1237页。——428。

293 《各国的工业》1855年伦敦版第2部第164—165页。见马克思《政治经济学批判（1861—1863年手稿）》第XIX笔记本第1176页。——428。

294 指19世纪的自然科学的唯物主义，其代表是德国动物学家卡·福格特、荷兰生理学家雅·摩莱肖特和德国医生路·毕希纳。他们力图对人民大众进行无神论和自然科学的教育，但没有阐发关于社会历史的唯物主义观点，也没有阐发辩证的思维方式。由于他们与达尔文主义有紧密关系，他们企图根据达尔文的理论来解释社会的发展。恩格斯在《卡尔·马克思〈政治经济学批判。第一分册〉》（《马克思恩格斯文集》第2卷）一文第二部分，在批判毕希纳等人的狭隘庸俗的思维方式的同时，详细介绍了唯物主义历史观。——429。

295　热力机（kalorische Maschine）是根据一般气体体积热胀冷缩的原理而制造的机器，与蒸汽机相比，它笨重而且功率低。热力机是19世纪30年代由约·埃里克森发明的，但到19世纪末就已经失去了任何实用价值。见马克思《政治经济学批判（1861—1863年手稿）》第XIX笔记本第1176页。——429、529。

296　马克思这里依据的是《各国的工业》1855年伦敦版第2部第145—146页上的材料。见马克思《政治经济学批判（1861—1863年手稿）》第XIX笔记本第1184页。——430。

297　马克思这里依据的是《各国的工业》1855年伦敦版第2部第222—250页上的材料。见马克思《政治经济学批判（1861—1863年手稿）》第XIX笔记本第1206—1211页。——430。

298　马克思这里依据的是约·冯·波珀《工艺学历史》1807年格丁根版第1卷第271页的材料。见马克思《政治经济学批判（1861—1863年手稿）》第XIX笔记本第1172页。——430。

299　珍妮机是詹·哈格里沃斯于1764—1767年发明并用他女儿的名字命名的一种纺纱机。——430。

300　“牛在打谷的时候，不可笼住它的嘴”，见《旧约全书·申命记》第25章第4节。——431。

301　马克思这里依据的是《各国的工业》1855年伦敦版第2部第252页上的材料。见马克思《政治经济学批判（1861—1863年手稿）》第XIX笔记本第1167页。——431。

302　马克思这里依据的是约·冯·波珀《工艺学历史》1807年格丁根版第1卷第

105页上的论述。见马克思《政治经济学批判(1861—1863年手稿)》第XIX笔记本第1167页。——431。

303 马克思这里依据的是约·冯·波珀《工艺学历史》1807年格丁根版第1卷第132—134页上的论述。见马克思《政治经济学批判(1861—1863年手稿)》第XIX笔记本第1211页。——431。

304 马克思这里依据的是约·冯·波珀《工艺学历史》1807年格丁根版第1卷第105页上的论述。见马克思《政治经济学批判(1861—1863年手稿)》第XIX笔记本第1211页。——431。

305 马克思这里依据的是安·尤尔《技术词典》1843年布拉格版第1卷第423—430页上的论述。见马克思《政治经济学批判(1861—1863年手稿)》第XIX笔记本第1203页。——432。

306 马克思这里依据的是约·冯·波珀《工艺学历史》1807年格丁根版第1卷第138—140和147—149页上的论述。见马克思《政治经济学批判(1861—1863年手稿)》第XIX笔记本第1165—1166页。——433。

307 马克思这里依据的是约·冯·波珀《工艺学历史》1807年格丁根版第1卷第173—174页上的论述。见马克思《政治经济学批判(1861—1863年手稿)》第XIX笔记本第1166—1167页。——434。

308 马克思这里依据的是《各国的工业》1855年伦敦版第2部第227页上的材料。见马克思《政治经济学批判(1861—1863年手稿)》第XIX笔记本第1204和1207页。——434。

309 马克思这里依据的是《各国的工业》1855年伦敦版第2部第198和200页上的材料。见马克思《政治经济学批判(1861—1863年手稿)》第XIX笔记本第1183页。——435。

310 马克思这里依据的是1862年9月19日《旗帜报》(伦敦)第11889号第5版第6栏《国际博览会》的材料。马克思《政治经济学批判(1861—1863年手稿)》第XIII笔记本第746—747页上已有这些材料。——435、441。

311 马克思这里依据的是《各国的工业》1855年伦敦版第2部第155—156页上

的材料。见马克思《政治经济学批判(1861—1863年手稿)》第XIX笔记本第1184页。——440。

312　沙·傅立叶把人类历史的每一个时期的本质特征称做“枢纽”,即一切围绕着转的支点(傅立叶《关于普遍统一的理论》第2卷,见《傅立叶全集》1841年巴黎第2版第3卷第304页)。——441。

313　马克思这里依据的是《各国的工业》1855年伦敦版第2部第238—239页上的材料。见马克思《政治经济学批判(1861—1863年手稿)》第XIX笔记本第1185和1209页。——442。

314　马克思这里依据的是《各国的工业》1855年伦敦版第2部第222—247页上的材料。见马克思《政治经济学批判(1861—1863年手稿)》第XIX笔记本第1206—1211页。——443。

315　马克思这里依据的是《各国的工业》1855年伦敦版第2部第225页上的材料。见马克思《政治经济学批判(1861—1863年手稿)》第XIX笔记本第1206页。——443。

316　马克思这里依据的是《各国的工业》1855年伦敦版第2部第223、227、228页上的材料。见马克思《政治经济学批判(1861—1863年手稿)》第XIX笔记本第1206—1207页。——443。

317　“人的手的创造物”是席勒《钟之歌》中的诗句。——444。

318　让·巴·萨伊在与亚·斯密关于价值和财富的观点的论战中说机器提供的服务创造那个构成利润部分的价值。见萨伊《论政治经济学》1817年巴黎第3版第1卷第4章。——445。

319　约·贝恩斯的计算,见他的《棉花贸易。对布莱克本文学、科学、技术学校学员所作的有关这个问题的两次演讲》1857年布莱克本—伦敦版第48页。——447。

320　马克思这里依据的是《各国的工业》1855年伦敦版第2部第228—231页上的材料。见马克思《政治经济学批判(1861—1863年手稿)》第XIX笔记本第1207页。——447。

321　勒·笛卡儿关于动物是单纯的机器的观点，见他的著作《论人类》1664年莱顿版。——448。

322　卡·冯·哈勒关于动物是人的助手的观点，见他的《国家学的复兴》1816年温特图尔版第1卷第332页和第378页脚注8。见马克思《政治经济学批判（1861—1863年手稿）》第XIX笔记本第1163页。——448。

323　弗·培根关于生产形态的改变和人对自然的实际统治是思维方法改变的结果的观点，见他的《新工具论》1793年柏林版《序言》第13页、《箴言81》第102页。——448。

324　关于机器印花代替手工印花的情况，见恩格斯《英国工人阶级状况》中的《其他劳动部门》一节。——449。

325　关于伊·惠特尼发明的轧棉机使劳动生产率提高的情况，见马克思1861年11月1日前后写的《英国的危机》一文和《政治经济学批判（1861—1863年手稿）》第V笔记本第208页（《马克思恩格斯全集》中文第2版第32卷第391页）。——450。

326　马克思这里依据的是《孟买商会1859—1860年年度报告》中的材料。见马克思《政治经济学批判（1861—1863年手稿）》第V笔记本第209页（《马克思恩格斯全集》中文第2版第32卷第391页）。——450。

327　约·福·沃森的报告（载于1861年4月19日《技艺协会杂志》（伦敦）第408页）中提到的这些材料，见马克思1859—1863年在伦敦写的第VII笔记本第207页。那里将1861年误写为1860年。马克思《政治经济学批判（1861—1863年手稿）》第V笔记本第209页上也有这些材料（《马克思恩格斯全集》中文第2版第32卷第391页）。——450。

328　在矿井禁止使用妇女和儿童（10岁以下的）是1842年矿业法的规定。见本卷第569页。——452。

329　戈弗雷强心剂是一种用鸦片制剂制成的有害于健康的镇静药。恩格斯在《英国工人阶级状况》中的《结果》（见《马克思恩格斯文集》第1卷）一节中描述了戈弗雷对工人健康和生命的危害。——454。

330　“希律王式的掠夺”是马克思用来比喻资本主义生产中对童工进行摧残身体的残酷剥削的用语。希律王对儿童的屠杀见《新约全书·马太福音》第2章第16—18节。——464、868。

331　纳·威·西尼耳运算时没有用预付资本总量10万镑，而是用每个工人所占的份额100镑（见西尼耳《关于工厂法对棉纺织业的影响的书信》1837年伦敦版第14页）。马克思在伦敦笔记第XI笔记本中概要摘录西尼耳著作时改为10万镑。另见《马克思恩格斯全集》中文第2版第31卷第235页和第32卷第379页。——467。

332　“初恋时期”是席勒《钟之歌》中的诗句。——468。

333　《工厂视察员向女王陛下内务大臣所作的报告。截至1856年10月31日为止的半年》1857年伦敦版第12页。马克思在1857年4月写的《英国工厂制度》中使用了这一统计材料（见《马克思恩格斯全集》中文第2版第16卷第117—118页）。——478。

334　马克思在这里依据的是《各国的工业》1855年伦敦版第2部第156页上的材料。见马克思《政治经济学批判（1861—1863年手稿）》第XIX笔记本第1176页。——479。

335　马克思在《哲学的贫困》第二章第二节《分工和机器》（见《马克思恩格斯文集》第1卷）的结尾曾引用了安·尤尔《工厂哲学》中的几段文字。——483。

336　安·尤尔《工厂哲学：或论大不列颠工厂制度的科学、道德和商业的经济》1835年伦敦修订第2版第22页。——484。

337　见恩格斯《英国工人阶级状况》中的《各别的劳动部门　狭义的工厂工人》一节以及马克思《政治经济学批判（1861—1863年手稿）》第XX笔记本第1245页开头。——486。

338　见恩格斯《英国工人阶级状况》中《各别的劳动部门　狭义的工厂工人》一节。——487、489。

339　分权制是沙·孟德斯鸠在其《论法的精神》一书中提出的关于国家权力分成立法、行政、司法三种权力的学说。这三种权力互相独立地发挥作用，互相保持平衡和监督。这一学说的目的是限制在法国处于绝对统治地位的专制制度的权力。——488。

340　“温和的监狱”(les bagnes mitigés)是沙·傅立叶对工厂的称呼,见他的《虚假的、分散的、可恶的、欺骗的行业和与它相对立的自然的、联合的、诱人的、真实的产量增加三倍的行业》1835年巴黎版第59页。——491。

341　马克思在这里提到的塞·朗切洛蒂的书指《现代——并不逊于过去思想的思想》,引自约·贝克曼《发明史文集》1786年莱比锡版第1卷第125—129页。约·冯·波珀在《工艺学历史》1807年格丁根版第1卷第490页也谈到德国人改进织带机的情况。——493。

342　马克思这里依据的是约·冯·波珀《工艺学历史》1807年格丁根版第1卷第269页上的材料。见马克思《政治经济学批判(1861—1863年手稿)》第XIX笔记本第1172页。——493。

343　鲁德运动是英国18世纪中期—19世纪初工人捣毁机器的运动。这一运动以传说中的工人领袖耐·鲁德的名字命名,据说他是第一个捣毁机器的人。这一运动大约在1760年在设菲尔德和诺丁汉兴起,在1811—1817年的危机期间扩展到整个英国。——493。

344　英国政府自1812年亨·阿·西德茅斯任内务大臣、卡斯尔雷子爵任外交大臣以来,残酷地镇压工人捣毁机器的运动。同时还发动了反对法国的战争,即所谓的反雅各宾战争(见注403)。——493。

345　1834年济贫法即《关于修改和更好地实施英格兰和威尔士济贫法的法令》,该法令于1834年8月14日生效,在此之前实施的是1601年生效的、以后没有作过重大修改的济贫法。1832年,英国议会指定一个委员会研究当时的济贫法及其实施情况并准备一项新的济贫法。该委员会把当时对贫民的救济说成是英国贫困人口日益增多的一个主要原因。它得出的最重要的结论是:成立习艺所(Workhouse)是实施济贫法的重要手段;设立一个中央行政机关。1834年英国颁布的新济贫法对以前实施的《济贫法》作了修订,规定不得向有劳动能力的人及其家属提供任何金钱和食品的救济,受救济者必须在习艺所里从事强制性的劳动。习艺所里生产条件恶劣,劳动强度大,生产效率低,那里实行的制度与强迫囚徒从事苦役的牢狱制度不相上下，因此被贫民称为“济贫法巴士底狱”（见《马克思恩格斯文集》第1卷第487页），马克思则称它为“无产者的巴士底狱”（见《马克思恩格斯文集》第1卷第745页）。——496、776。

346　这里的材料引自恩格斯1867年1月29日写给马克思的信。——499。

347　下面这些表格中的材料引自托·布拉西的著作《劳动与工资一览》1872年伦敦版第124—125页。——500。

348　彼·加斯克尔《手工业工人和机器》1836年伦敦版第23、34—35页。见《马克思恩格斯全集》中文第2版第32卷第389页。——501。

349　马克思标明的出处是彼·加斯克尔的著作第1版，但他引用的却是1836年在伦敦以《手工业工人和机器》为标题出版的第2版。——501。

350　马克思这里依据的是《各国的工业》1855年伦敦版第2部第232页上的材料。见马克思《政治经济学批判（1861—1863年手稿）》第XIX笔记本第1208页。——501。

351　詹·内史密斯的证词，见托·布拉西的著作《劳动与工资一览》1872年伦敦版第129—130页。——502。

352　“好话能遮丑”（Nominibus mollire licet mala）引自奥维狄乌斯《爱经》第2卷第657行。——506。

353　在英国，从1801年起，包括财产统计在内的人口调查每十年进行一次。——510。

354　马克思这里依据的是载于1863年4月28日《泰晤士报》第24544号第8版第5栏《棉荒》的材料。见马克思《政治经济学批判（1861—1863年手稿）》第XX笔记本第1270页。——511。

355　马克思是根据《人口调查》1861年伦敦版第XXXIV页上的资料算出这一数额的。那里写着下列数字：“煤气装置、煤气用器具，——机器制造88人；煤气工程师83人，煤气装置5 469人；煤气表、蒸馏器、气量计，——制造工人314人；煤气管，——制造工人565人；煤气厂服务部门8 672人。”马克思显然是算错了，根据这些数字得出的总数为15 191人。——513。

356　马克思是根据《人口调查》1861年伦敦版第XXXVII页上的资料算出这一数额的。那里写着下列数字:“铁路经理处247人;制造铁路客车钢板和缓冲器的工人99人;铁路客车、车厢制造工人774人;铁道公司职员、门房和服务员26 846人;铁路承包商549人;火车司机,司炉10 414人;铁路工人27 773人;铁道灯制造工人5人;官员、办事员和火车站站长14 539人;铁路警察1 444人;铁路信号灯制造工人8人;车轮制造工人54人;其他有关人员47人。”马克思显然是算错了,根据这些数字得出的总数为82 779人。——513。

357　在《人口调查》1863年伦敦版第37页上有这一工业部门的数据,但不是马克思得出的总数。马克思显然是从《工厂。答可尊敬的下院1861年4月24日的质询》1862年伦敦版第31页上摘引来的。见马克思《政治经济学批判(1861—1863年手稿)》第XIX笔记本第1217页。——514。

358　在《人口调查》1863年伦敦版中没有这个数据。马克思显然是从《工厂。答可尊敬的下院1861年4月24日的质询》1862年伦敦版第31页摘引来的。那里讲到18岁以上的男子有177 596人。见马克思《政治经济学批判(1861—1863年手稿)》第XIX笔记本第1217页。——514。

359　在《人口调查》1863年伦敦版第37—39页,LIII,LV和LXV页有这一工业部门的数据,但不是马克思得出的总数。——514。

360　沙·加尼耳《论政治经济学的各种体系》1821年巴黎第2版第2卷第212页。见马克思《政治经济学批判(1861—1863年手稿)》第VIII笔记本第368页。——515。

361　《工厂视察员向女王陛下内务大臣所作的报告。截至1856年10月31日为止的半年》1857年伦敦版第16页。见马克思《政治经济学批判(1861—1863年手稿)》第XIX笔记本第1224页。——517。

362　《工厂视察员向女王陛下内务大臣所作的报告。截至1856年10月31日为止的半年》1857年伦敦版第31页。见马克思《政治经济学批判(1861—1863年手稿)》第XIX笔记本第1222、1218页。——518。

363　下面这些材料引自议会文件《粮食、谷物和面粉。答可尊敬的下院1867年2月18日的质询》。——520。

364 禁止结社法是英国议会于1799年和1800年通过的法令。法令禁止任何工人组织的建立和活动。1824年议会撤销了这些法令，但在1824年当年，因食品价格上涨引起各地纷纷罢工，资本家要求重新禁止结社，1825年，威·哈斯基森提议成立委员会调查工人结社情况，最后，由于工人的斗争，关于禁止结社的法案未获通过。1825年7月6日通过了结社法（或称工人联合法），其中再次确认撤销这些法令。但是，根据1825年的结社法，只有那些旨在规定工资和劳动时间而成立的工人社团才免于受到惩罚，当局仍然极力限制工人联合会的活动。特别是凡鼓动工人参加联合会和参加罢工的活动，都被视为“强制”和“暴力”而要受刑事处分。——523、848。

365 马克思这里依据的是载于1863年4月28日《泰晤士报》第24544号第8版第5栏《棉荒》的材料。见马克思《政治经济学批判（1861—1863年手稿）》第XX笔记本第1270—1272页。——523。

366 指英国和法国在1860年1月23日签订的贸易协定。根据这一协定法国向英国出口时髦服饰和丝绸品、首饰、刺绣品和工艺品等货物时，大部分可以免税。为此，法国取消了禁止进口英国商品的规定，代之以征收商品价格的30%的最高税额，同时法国将英国煤的进口税减低到每100公斤15生丁。

关于贸易协定的详细情况，见马克思1860年1月28日写的《法英之间的新条约》（《马克思恩格斯全集》中文第2版第19卷）。——524。

367 指英国肆无忌惮地侵占亚洲市场的情况。在东印度公司对中国的贸易垄断权被取消（1833年）以后，英国私商加紧侵占中国市场。他们在英国政府竭力支持下，向中国大量私运鸦片，毒害中国人民。后来英国发动了侵略中国的鸦片战争，强迫中国签订了掠夺性的不平等条约。

在印度，英国主要通过大量输入廉价棉布扩大市场。印度手工织布者因他们的手织棉布无法同英国生产的机织棉布竞争，而大批失业以致饿死。——528。

368 马克思这里依据的是《各国的工业》1855年伦敦版第2部第392、394页上的材料。见马克思《政治经济学批判（1861—1863年手稿）》第XIX笔记本第1177—1179页。——530。

369　马克思这里指的情况见《童工调查委员会。第2号报告》1864年版第XXXIX页第296、299号。——539。

370　*户籍总署署长*是对主管英国户籍总署的官吏的称呼。该署的职权是主管英国出生、死亡和婚姻登记的整个系统,每十年进行一次人口调查。——543、750、766、780。

371　指议会文件《工厂。答可尊敬的下院1861年4月24日的质询》(1862年2月11日刊印)第9页。——546。

372　见马克思和恩格斯《共产党宣言》第一节《资产者和无产者》(《马克思恩格斯文集》第2卷第34—35、41—43页)。——560、875。

373　“*你们夺去了我活命的资料,就是要了我的命*”,见莎士比亚《威尼斯商人》第4幕第1场。——560。

374　“*鞋匠,管你自己的事吧!*”(Ne sutor ultra crepidam!)这句话是古希腊著名画家阿佩莱斯在一个鞋匠批评他的画时所作的回答,这个鞋匠对绘画一窍不通,只能看出所画的鞋的某些毛病。见老普林尼《博物志》第35卷第85页。——562。

375　马克思没有实现这一意图。——566。

376　罗·欧文关于工厂制度是社会革命的起点的观点,见他的《在曼彻斯特的六篇演讲》1837年曼彻斯特版第56—58页。马克思在《政治经济学批判(1857—1858年手稿)》第VII笔记本第5—6页中已摘录了有关的段落(见《马克思恩格斯全集》中文第2版第31卷第109—110页)。——577。

377　1878年的工厂法和工场法是一项把有关工厂和工场的法律合并并经过修订的法律(维多利亚四十一年通过)第16章,见《工厂与工场法。1878年》,附亚·雷德格雷夫所作序言,1879年伦敦第2版。马克思个人收藏有这本书,并在雷德格雷夫所作注释的边上画了线。——577。

378　指莱·德·拉韦涅《英格兰、苏格兰和爱尔兰的农村经济》1855年爱丁堡—伦敦版。——578。

379　指詹·安德森的如下著作:《谷物法性质探讨。论苏格兰新谷物法案》1777

年爱丁堡版；《农业和农村事务论文集》1775—1796年爱丁堡版第1—3卷；《迄今阻碍欧洲农业进步的原因的研究》1779年爱丁堡版；《漫谈农学、博物学、技艺和各类文献》1799—1802年伦敦版第1—6卷。见马克思《政治经济学批判(1861—1863年手稿)》第XI笔记本第495和560页。——580。

380　关于托·罗·马尔萨斯剽窃他人人口论的情况，见他的《关于地租的本质和增长及其调整原则的研究》1815年伦敦版。见马克思《政治经济学批判(1861—1863年手稿)》第XI笔记本第495和499页。——580。

381　爱·威斯特《论资本用于土地，并论对谷物进口严加限制的失策》1815年伦敦版。见马克思《政治经济学批判(1861—1863年手稿)》第XI笔记本第495页。——580。

382　大·李嘉图《政治经济学和赋税原理》1817年伦敦版。见马克思《政治经济学批判(1861—1863年手稿)》第X笔记本第452—453、483、485页和第XI笔记本第495—496和564页。——580。

383　詹·穆勒《政治经济学原理》1821年伦敦版。见马克思《政治经济学批判(1861—1863年手稿)》第XIV笔记本第799—800页。——580。

384　见马克思《政治经济学批判(1861—1863年手稿)》第VII笔记本第300—318页、第VIII笔记本第347—376页和第IX笔记本第377—408页。——583。

385　"使人离不开自然的手，就像小孩子离不开引带一样"，是套用了18世纪末德国诗人弗·莱·施托尔贝格《致自然》一诗中的诗句。——587。

386　皮·约·蒲鲁东《经济矛盾的体系，或贫困的哲学》1846年巴黎版第1卷第73页。——589。

387　见马克思《政治经济学批判(1861—1863年手稿)》第XIV笔记本第852和859页以及第XXII笔记本第1374页。——590。

388　马克思在1878年11月28日给尼·弗·丹尼尔逊的信中，建议把这一段改正如下："接下去又有一个光辉的例证，说明穆勒是怎样对待社会生产的一种历史形式的。他说：'我到处假定，除少数例外，事物的现状在工人和资本家作为阶级而互相对立的地方都占统治地位，这就是说，资本家预付全部费用，包括工人的报酬在内。’穆勒先生欣然相信，即使在工人和资本家作为阶级而互相对立的经济制度下，资本家这样做也没有绝对的必要。”——592。

389　见马克思《政治经济学批判（1861—1863年手稿）》第VI笔记本第220页和第XII笔记本第636—639页。——598。

390　见马克思《资本论（1863—1865年经济学手稿）》第三册（《马克思恩格斯全集》历史考证版第2部分第4卷第2册第1章《剩余价值转化为利润》；第2章《利润转化为平均利润》）。——598。

391　见马克思《政治经济学批判（1861—1863年手稿）》第XI笔记本第498—508页。——604。

392　见马克思《政治经济学批判（1861—1863年手稿）》第X笔记本第445—489页、第XI笔记本第490—495、515—522页。——608。

393　见马克思《政治经济学批判（1861—1863年手稿）》第XX笔记本第1279页。——610。

394　亚·斯密关于资本是对劳动的支配权的观点，见他的《国民财富的性质和原因的研究》1802年巴黎版第1卷第59页及以下几页。马克思《政治经济学批判（1861—1863年手稿）》第I笔记本第49页（《马克思恩格斯全集》中文第2版第32卷第104页）和第VI笔记本第247页及以下几页已有这方面的材料。——611。

395　关于社会契约的观点是一种从人们的协议中引申出社会制度特别是国家的本质、从而消除人类的原始状态的学说。它以天赋人权为基础，主要是反对封建专制主义的君权神授的教条。它认为，君主统治者损害了与人民达成的契约，以此来为资产阶级革命辩护。这一观点的主要代表是托·霍布斯、皮·伽桑狄、巴·斯宾诺莎、约·洛克、许·格劳秀斯、让·雅·卢梭、亚·尼·拉季舍夫、托·杰弗逊、托·潘恩。——615。

396　马克思《哲学的贫困》第一章第二节《构成价值或综合价值》。——616。

397　“必要价格”引自弗·魁奈《关于商业和手工业者劳动的问答》，载于《重农学派》1846年巴黎版第1部第XXXV页；“自然价格”引自亚·斯密《国民财富的性质和原因的研究》，约·拉·麦克库洛赫编，1828年爱丁堡版第1卷第107页。见马克思《政治经济学批判（1861—1863年手稿）》第VI笔记本第243页。——617。

398　见《马克思恩格斯全集》中文第2版第31卷第456页。——618。

399　这是罗马法中的契约关系的四种公式。原文是：Do ut facias, facio ut facias, facio ut des, do ut des。见马克思《政治经济学批判（1857—1858年手稿）》（《马克思恩格斯文集》第8卷第115页）和《政治经济学批判（1861—1863年手稿）》第XXI笔记本第1326页。——620。

400　马克思曾计划将其经济学著作写成六册，见他于1859年写的《〈政治经济学批判〉序言》（《马克思恩格斯文集》第2卷）。计划的第三册是《雇佣劳动》，其中也将论述工资的各种特殊形式。虽然《资本论》包含关于工资及其基本形式的论述，但应该包括工资各种特殊形式的《雇佣劳动》这一册马克思没有写。——623。

401　马克思大概打算在《雇佣劳动》那一册中来详细地叙述竞争对劳动力这一商品出售价格形成的影响。见马克思《政治经济学批判（1861—1863年手稿）》第V笔记本第219页和第XX笔记本第1257页。——630。

402　《试论一般商业的性质》（1756年阿姆斯特丹版）一书的作者是理·康替龙。该书的英文版由理·康替龙的一个亲属菲·康替龙修订过。——639。

403　反雅各宾战争是1792—1815年英国、普鲁士、奥地利和俄国等参加的欧洲国家同盟为反对资产阶级革命时期的法兰西共和国和拿破仑法国而进行的长达23年的战争，也称二十三年战争。英国于1793年初加入反法同盟的联军，公开参战。战争期间，为对付劳动群众，英国政府在国内建立了残酷的恐怖制度，镇压了多起人民起义，并颁布了禁止工人结社的法令。资产阶级在这一时期要求把工作日从10小时延长到12、14和18小时。——640、695、776、861。

404　在1861—1865年美国的南北战争（见注8）时期，北部各州的海军对南部各州实行封锁，美国的棉花供应中断，从而引起了棉花危机，因此，欧洲很大一部分棉纺织工业陷于瘫痪，工人的状况严重恶化。——662。

405　宫廷侍卫长卡尔布是席勒的悲剧《阴谋与爱情》中的人物。在第3幕第2场，卡尔布最初拒绝参与德意志一邦君的宰相所策划的阴谋。这时，宰相就以辞去宰相职位相威胁，因为这样一来卡尔布的职位就要被免除，卡尔布吓死了，他叫喊说："那我呢？——您说得倒好，您！您是一个有学问的人！可是我呢——我的上帝！如果殿下免我的职，那我怎么办呢？"——664。

406　德意志工人协会全称是布鲁塞尔德意志工人教育协会，是马克思和恩格斯1847年8月底在布鲁塞尔建立的德国工人团体，旨在对侨居比利时的德国工人进行政治教育并向他们宣传科学社会主义思想。在马克思和恩格斯及其战友的领导下，协会成了团结侨居比利时的德国革命无产者的合法中心，并同佛兰德和瓦隆的工人俱乐部保持着直接的联系。协会中的优秀分子加入了共产主义者同盟的布鲁塞尔支部。协会在布鲁塞尔民主协会成立过程中发挥了出色的作用。1848年法国资产阶级二月革命（见注242）后不久，由于协会成员被比利时警察当局逮捕或驱逐出境，协会在布鲁塞尔的活动即告停止。——667。

407　西斯蒙第关于简单再生产的循环变成螺旋形的观点，见他的《政治经济学新原理，或论财富同人口的关系》1827年巴黎版第1卷第119页。——671。

408　关于犹太人的祖先亚伯拉罕的后代最终产生了整个犹太民族的情况，见《新约全书·马太福音》第1章。——671。

409　黑格尔《法哲学原理》1840年柏林第2版第203节补充第259页（《黑格尔全集》第8卷）。——679。

410　指约·斯·穆勒的著作《推论和归纳的逻辑体系，证明的原则与科学研究方法的关系》（两卷集）1843年伦敦版。——681。

411　见马克思《资本论》第二卷《资本的流通过程》，弗里德里希·恩格斯编，1885年汉堡版第341—489页（本书第2卷第389—539页）。——681。

412　弗·魁奈在他的著作《经济表》1758年凡尔赛版中第一次试图用图表说

明社会总资本的再生产和流通。马克思利用了欧·德尔1846年在巴黎出版的主要的经济学家文集《重农学派》第2卷中魁奈的著作。马克思在其《政治经济学批判(1861—1863年手稿)》第X笔记本第422页及以下几页，以及1863年7月6日和1877年8月8日给恩格斯的信中，对经济表作了论述。——682。

413　“没有任何日期”是西里西亚大地主费·玛·利希诺夫斯基于1848年8月31日在法兰克福国民议会发言反对波兰独立存在的历史权利时一再说的一句话。每当他说这句话时，都违反了德语语法规则，用了两个否定词，把“Keinen Datum hat”说成“Keinen Datum nicht hat”，因此，他的发言引起哄堂大笑。关于利希诺夫斯基的发言，详见恩格斯1848年8月7日—9月6日写的《法兰克福关于波兰问题的辩论》中的第七节。——683。

414　“人的同情感”引自席勒的叙事诗《人质》。——685。

415　套用了歌德《浮士德》第1部第2场《城门之前》中的诗句。——685。

416　据基督教传说，《旧约全书》是摩西和其他先知们写成的。“这就是摩西和先知们”这句话的意思是：这是主要的东西！这是第一诫！——686、883。

417　让·巴·萨伊“富人是靠牺牲穷人进行储蓄的”这句话，马克思引自让·吉·科兰《政治经济学》1857年巴黎版第3卷第341页。——687。

418　七月革命指1830年7月爆发的法国资产阶级革命。1814年拿破仑第一帝国垮台后，代表大土地贵族利益的波旁王朝复辟，竭力恢复封建专制统治，压制资本主义发展，限制言论和新闻出版自由，加剧了资产阶级同贵族地主的矛盾，激起了人民的反抗。1830年7月27—29日巴黎爆发革命，推翻了波旁王朝。金融资产阶级攫取了革命果实，建立了以奥尔良公爵路易-菲力浦为首的代表贵族和大金融资产阶级利益的“七月王朝”。——688。

419　指1831年里昂丝织工人的起义和英国农业工人的多次起义。——688。

420　规定就是否定(determinatio est negatio)是巴·斯宾诺莎的一个命题，他在1674年6月2日给某人的信中用这一命题来表示“限定就是否定”(见斯宾诺莎《通信集》第50封信)。马克思此处是按黑格尔的有名的解释来援引的。见《哲学全书纲要》第1部《逻辑学》1840年柏林版第180页(《黑格尔全集》第6卷）；《逻辑学》第1部《客观逻辑》第1编《存在论》1833年柏林版第117页（《黑格尔全集》第3卷）；《哲学史讲演录》第1卷1833年柏林版第294页（《黑格尔全集》第13卷）。——688。

421　这段引文引自阿·波特尔《政治经济学：它的对象、应用和原理。以美国人的生活状况来加以说明》1841年纽约版。从导言中可以看出，该书的很大一部分基本上是1833年在英国出版的乔·斯克罗普的著作《政治经济学原理》前十章的翻版，波特尔作了一些修改。——689。

422　1862年9月22日，美利坚合众国总统林肯颁布了《解放黑奴宣言》，它于1863年1月1日起生效。1865年1月31日，美国国会通过了《宪法第十三条修正案》；12月18日，该修正案正式生效，奴隶制在美国被废除。——690。

423　由于经济危机，比利时沙勒罗瓦地区的工厂主在1867年初把冶金工人以及附属矿井的矿工的工资降低了10%。工资降低的那一天，面包和面粉的价格再次提高。该地区冶金业的工人从1867年2月1—3日进行罢工并要求恢复他们原有的工资。2月2—8日，许多矿工加入了罢工，他们要求降低面粉价格。罢工者在2月2日占领了马谢讷的碾磨厂。市长下令向罢工者开枪，许多人受伤，其中三名工人受了致命伤。——693。

424　见恩格斯《英国工人阶级状况》中的导言部分（《马克思恩格斯文集》第1卷第395页）。——700。

425　“没有一天不动笔”（nulla dies sine linea），这句话据说是古希腊著名画家阿佩莱斯所说的，他照例每天不拘多少总要画一点。——704。

426　见马克思《资本论》第二卷《资本的流通过程》，弗里德里希·恩格斯编，1885年汉堡版第130—140页。——706。

427　特有财产（Peculium）是古罗马法中家长能够分给一个自由民或分给一个奴隶经营或管理的一部分财产。实际上，拥有特有财产并没有使奴隶摆脱对主人的从属关系，特有财产在法律上仍然归主人所有。例如，拥有特有财产的奴隶可以同第三者交易，但只能在赢利总额不足以完全赎身的限度内进行。特别有利的交易和其他能大大增加特有财产的办法，通常都由家长一手包办。——706、714。

428　尼·兰盖“*法的精神就是所有权*”这句话，见他的《民法论，或社会的基本原理》1767年伦敦版第1卷第236页。——711、847。

429　《旧约全书·创世记》第1章第28节。——712。

430　大概指维·里·米拉波的著作《人民之友》1755年巴黎版。在这本书中，米拉波认为，各国的财富必须以尽可能多的人口为主要源泉。弗·魁奈不同意这种观点。在1757年7月27日他和米拉波之间的一次讨论中，他使米拉波信奉了重农主义的学说。米拉波成了魁奈的学生。——712。

431　大概指托·查默斯的著作《论政治经济学同社会的道德状况和道德远景的关系》1832年格拉斯哥第2版，尤其是第11章第344和346页。见马克思《政治经济学批判（1861—1863年手稿）》第IX笔记本第416页。

“牧师们在上帝的葡萄园中也进行了幸福的劳动”，见《新约全书·马太福音》第20章第1节。——713。

432　亚·斯密关于工资率的暴力冲突的观点，见他的《国民财富的性质和原因的研究》1776年伦敦版第8章《工资》，尤其是第81—83页。——715。

433　见马克思《政治经济学批判。第一分册》第二章中《C.关于流通手段和货币的学说》一节的最后几页（《马克思恩格斯全集》中文第2版第31卷第574页及以下几页）。——716。

434　亚·斯密《国民财富的性质和原因的研究》1814年爱丁堡版第1卷第142页。——717。

435　见恩格斯《国民经济学批判大纲》结尾部分（《马克思恩格斯文集》第1卷）。——731。

436　1849—1859年间，英国参加了几次战争：克里木战争（1853—1856年），对华战争（1856—1858年和1859—1860年），以及对波斯战争（1856—1857年）。此外，1849年英国完成了对印度的占领，在1857—1859年派兵镇压印度民族解放起义。——735。

437　亚·斯密《国民财富的性质和原因的研究》第1卷第8章，爱·吉·韦克菲尔德编，1835年伦敦版第1卷第195页。——741。

438 詹·斯图亚特《政治经济学原理研究》1770年都柏林版第1卷第39、40页。——745。

439 **自由贸易理论**是资产阶级国民经济学说的一部分，尤其为18—19世纪中叶英国资产阶级思想家所宣扬。最著名的代表是亚·斯密和大·李嘉图。这种学说从理论上论证了对自由贸易的要求，它认为不应用任何限制的办法，如关税、禁止进出口来阻碍自由贸易。1846年英国废除谷物法（见注23），就消除了自由贸易的一个重大障碍。马克思把自由贸易代表的许诺与宗教上的千年王国（见注230）的许诺相比。——747。

440 关于这段引文曾经发生过一场论战。恩格斯的第四版序言和马克思1872年写的《答布伦坦诺的文章》、《答布伦坦诺的第二篇文章》就表明了这一点。后两篇文章是马克思对布伦坦诺刊登于《协和。工人问题杂志》的两篇文章《卡尔·马克思是怎样引证的》和《卡尔·马克思是怎样辩护的》的回答；恩格斯的文章《布伦坦诺攻击马克思》以及马克思1872年5月23日给弗·阿·左尔格的信中都有关于这一论战的情况。马克思在《国际工人协会成立宣言》中也引用了这段引文，见《马克思恩格斯文集》第3卷第8页。——751。

441 尼·布瓦洛-德普雷奥《讽刺诗集》第8首。——752。

442 指恩格斯的《英国工人阶级状况》（《马克思恩格斯文集》第1卷）。——753。

443 亚·斯密《国民财富的性质和原因的研究》1814年爱丁堡版第1卷第6页。——754。

444 关于英格兰的农业工人的营养状况，见马克思《国际工人协会成立宣言》（《马克思恩格斯文集》第3卷）。——755。

445 **波托西矿山**位于玻利维亚西南部的波托西省，银矿蕴藏量丰富，于1545年发现，17世纪成为最重要的银矿中心，它提供的银产量约占当时世界总产量的一半。——758。

446 马克思认为詹·埃·索·罗杰斯《英国的农业史和价格史》中有很多材料，在1866年12月17日和1867年1月19日给恩格斯的信中不仅谈到此书，而且说要在《资本论》中给它留出空位。——775。

447　安·舍夫茨别利伯爵(即阿什利勋爵)从1844年至1846年初在下院多次提出把工作日缩短到10小时的法律草案。在此之前,1840年曾根据阿什利的提案,成立了一个皇家委员会,以调查仍未实施1833年工厂法的工业部门中工人的状况。1842年他提出了禁止妇女和13岁以下的儿童在矿井中劳动的法案。1845年,他又提出了在薄印花布厂中限制童工的法案。——778。

448　低教会派是英国国教会中的一派。19世纪高教会派(见注9)产生后,反对过高强调教会的权威地位和恢复天主教旧制的一派称低教会派。主要流行于资产阶级和低级僧侣中。该派主张简化仪式,宣传资产阶级基督教的道德和从事一些慈善活动。安·舍夫茨别利伯爵(即阿什利勋爵)由于从事这种活动而在低教会派中具有相当大的影响,因此马克思讽刺地把他称为该教会的"教皇"。——778。

449　自由学派是对那些拥护经济自由主义、生产和贸易的无限制自由的经济学家的称呼。他们表达了上升时期的、部分已执政的资产阶级的利益。他们期待国家从内部和外部保证资本主义制度的运行不受干扰。资产阶级自由主义的"自由放任"(laissez faire, laissez aller)口号表达了他们主张贸易自由,反对国家干涉经济范围内的任何事务的观点。自由学派的见解,即自由贸易理论(见注439)源于重农学派的著作和亚·斯密与大·李嘉图的著作。——781。

450　"过去时代的赞颂者",见贺拉斯《诗论》第173节。——781。

451　马克思在《国际工人协会成立宣言》(《马克思恩格斯文集》第3卷)中也引用了这些材料。——782。

452　见《马克思恩格斯文集》第2卷第566—573页。——798。

453　沙·傅立叶所说的"男女公开",见他的《经济的和协作的新世界》第5篇第36章补充和第6篇结论。——801。

454　所多玛和蛾摩拉是两座淫乱罪恶之城。见《旧约全书·创世记》第18章第20节。——801。

455　在马克思遗留下来的手稿中有四页关于爱尔兰问题的提纲,这原来是为在1867年11月26日的国际工人协会总委员会会议上的发言而准备的,但他没有作这次发言。这一提纲包含了与本节后面几页类似的事实。马克思1867年12月16日在伦敦德意志工人教育协会上所作报告的提纲(共10页)论述了同样的问题。——803。

456 “这位伟大的至尊多么仁慈啊!”是套用了歌德《浮士德》的《天上序幕》中靡菲斯特斐勒司的话。——817。

457 “胃口越吃越大”(l'appétit vient en mangeant),源于弗·拉伯雷的讽刺小说《巨人传》第1卷第5章。——818。

458 这里所说的《资本论》第三册即《1863—1865年经济学手稿》第三册(见本卷第13页),但不论《1863—1865年经济学手稿》,还是恩格斯编的《资本论》第三卷都没有这方面的论述。——819。

459 芬尼社社员是爱尔兰民族主义革命组织爱尔兰革命兄弟会的参加者。19世纪50年代,爱尔兰掀起了反对英国殖民统治,争取独立的革命运动。50年代末,起初詹·斯蒂芬斯领导的小资产阶级秘密革命组织爱尔兰革命兄弟会在侨居美国的爱尔兰人中间,不久也在爱尔兰本土出现。该组织自称芬尼社。芬尼的古爱尔兰语“Fiann”,是传说中爱尔兰古代英雄芬恩·麦库尔统率的武装民团的名称。芬尼社曾广泛活动于英国、爱尔兰和美国等地,其宗旨是争取爱尔兰的独立并建立爱尔兰共和国,其成员主要是城市小资产阶级和非贵族出身的知识分子。1865年,芬尼社社员的武装起义未能成功;1867年芬尼社社员密谋发动的武装起义也遭英国政府镇压。——819。

460 “严酷的命运,兄弟互相残杀的罪孽,使罗马人受尽了苦难”(Acerba fata Romanos agunt scelusque fraternae necis),引自贺拉斯《抒情诗集》第7首。——819。

461 亚当偷吃禁果的传说,见《旧约全书·创世记》第3章。——820。

462 马克思在《资本论》第一卷的法文版中这里加了一个注,内容为:“歌德被这种无稽之谈所激怒,用下列的对话作了嘲笑:小学教师:告诉我,你父亲的财富是从哪里来的?孩子:祖父给的。小学教师:祖父的财富是从哪里来的?孩子:曾祖父给的。小学教师:曾祖父的财富是从哪里来的?孩子:抢来的。”

参看歌德《警钟般的问答式的教义》:“小学教师:想一想,孩子!这些礼物是从哪儿来的?你不可能自己就有的。孩子:唉,全是爸爸给的。小学教师:你爸爸是从哪儿得来的?孩子:祖父给的。小学教师:确实如此!那么你祖父是从哪儿得来的?孩子:抢来的。”——821。

463　15世纪末开始的*世界市场的革命*指地理上的大发现所造成的经济后果。由于发现了通往印度的海路,发现了西印度群岛和美洲大陆,商路发生了变化。意大利北部的贸易城市热那亚、威尼斯等失去了它们在过境贸易中的统治地位。相反,葡萄牙、荷兰、西班牙和英国由于位于大西洋海岸而受益,开始在世界贸易中起重要作用。——823。

464　指西部诺曼人即丹麦人和挪威人对爱尔兰、苏格兰和英格兰所采取的掠夺行为。9世纪初诺曼人开始侵袭英格兰,最初是掠夺,后来,在英格兰东北地区建立了移民区。——825。

465　詹·斯图亚特所说的到处都无用地塞满了房屋和城堡的封建家臣,见他的《政治经济学原理研究》1770年都柏林版第1卷第52页。——825。

466　指英国封建主义的危机导致贵族争夺王位和国家职位的争斗。这种争斗在两个封建家族为争夺王位进行的蔷薇战争中达到了顶点。蔷薇战争(亦称玫瑰战争)是1455—1485年在英国约克家族和兰开斯特家族之间为争夺王位而进行的战争。约克家族的族徽上饰有白色蔷薇,兰开斯特家族的族徽上则饰有红色蔷薇。站在约克家族一方的有经济比较发达的南部的一部分大封建主,以及骑士和市民阶层;支持兰开斯特家族的则是北部诸郡的封建贵族。这场家族之间自相残杀的战争几乎使古老的封建家族消灭殆尽,其后英国建立了新的都铎王朝,实行专制政体。——825。

467　“*穷人到处受苦难*”(Pauper ubique jacet)引自奥维狄乌斯《节令记》第1卷第218行。——829。

468　显然是指1579年费·伊万诺维奇统治下(当时俄国的实际统治者是波·戈东诺夫)所颁布的关于侦缉逃亡农民的命令。根据这项命令,凡经受不住地主的残酷奴役和欺压而逃跑的农民,要被通缉五年并强制遣送给原来的主人。该命令的目的在于继续扩大农奴制度,限制农民的相对自由。——831。

469 **“光荣革命”**指英国1688年的政变。这次政变驱逐了斯图亚特王朝的詹姆斯二世，宣布荷兰共和国的执政者奥伦治的威廉三世为英国国王。从1689年起，在英国确立了以土地贵族和大资产阶级的妥协为基础的立宪君主制。这次没有人民群众参加的政变被资产阶级史学家称为“光荣革命”。——831。

470 **共和革命**指1642—1646年的英国资产阶级革命，其结果是英国在1649年建立了共和国。——831。

471 指埃·伯克1796年在伦敦出版的抨击性小册子《尊敬的埃德蒙·伯克就贝德福德公爵和罗德戴尔伯爵于本届议会常会开会时在上院对他本人和他的养老金问题进行的责难而给高贵勋爵的信》。——832。

472 指马克思1863年在英国博物馆图书馆所做的八个单独的“补充笔记本”(Beihefte)，它们以字母A、B、C、D、E、F、G、H标示，正文中下面这些引文引自“补充笔记本B”。——833。

473 **李奇尼乌斯法**是公元前367年在古罗马通过的一项法律，又称李奇尼乌斯土地法。该法对于把公有地转交个人使用的权利作了某种限制，并且规定撤销部分债务。该法反对大土地占有制，反对扩大贵族的特权，反映了平民的经济地位和政治地位有所加强。根据罗马的传统说法，该法是罗马护民官李奇尼乌斯和塞克斯蒂乌斯制定的。——835。

474 **斯多亚派**是公元前4世纪末产生于古希腊的一个哲学派别；因其创始人芝诺通常在雅典集市的画廊(画廊的希腊文是“στοά”)讲学，故称斯多亚派，又称画廊学派。

斯多亚派哲学分为逻辑学、物理学和伦理学，以伦理学为中心，逻辑学和物理学只是为伦理学提供基础。这个学派主要宣扬服从命运的观念和带有浓厚宗教色彩的泛神论思想，其中既有唯物主义倾向，又有唯心主义思想。早期斯多亚派认为，认识来源于对外界事物的感觉，但又承认关于神、善恶、正义等的先天观念。晚期斯多亚派宣扬安于命运，服从命运，认为人的一生注定是有罪的、痛苦的，只有忍耐和克制欲望，才能摆脱痛苦和罪恶，得到精神的安宁和幸福。晚期斯多亚派的伦理思想为基督教的兴起准备了思想条件。——836。

475　指斯图亚特王朝的拥护者要求拥立所谓的“年轻的王位觊觎者”查·爱·路·菲·卡·斯图亚特为英国国王而于1745—1746年发动的起义。这次起义同时反映了苏格兰和英格兰的人民群众对他们遭受地主剥削以及驱逐小农的抗议。随着起义被英国正规军镇压，克兰制度在苏格兰高地开始迅速瓦解，农民被逐出土地的现象更加严重了。——838。

476　*塔克斯缅*是指克兰制度在苏格兰占统治地位时期对直接从属于克兰首领——勒尔德（“大人”）的小头目的称呼。勒尔德把土地“塔克”这一全克兰的财产交给他们照管。他们对勒尔德交纳很少的贡税，以表示承认他的权力。而塔克斯缅又把这些土地分给自己的仆从。随着克兰制度的瓦解，勒尔德变成了地主，塔克斯缅实际上变成了资本主义租地农场主。同时把过去交纳贡税改为交纳地租。关于克兰制度内部塔克斯缅的作用，见马克思《选举。——财政困难。——萨瑟兰公爵夫人和奴隶制》（《马克思恩格斯全集》中文第2版第11卷第609—610页）。——838。

477　*盖尔人*是苏格兰北部山区和西部山区的土著居民，古代凯尔特人的后裔。——838。

478　指马克思于1853年2月9日在《纽约每日论坛报》上发表的文章《选举。——财政困难。——萨瑟兰公爵夫人和奴隶制》，见《马克思恩格斯全集》中文第2版第11卷第607—615页。——839。

479　由于农业人口的状况不断恶化和受法国革命（1789—1795年）的影响，萨克森选帝侯国的农民于1790年8月举行起义。封建主们被驱逐或逃跑。8月中旬，农民成为大的农业地区的主人。由于缺少城市人口的支持和领导，1790年9月初这次起义被武力镇压。——841。

480　*即决法庭*（Petty Sessions）是英国治安法院的期庭，这种法庭按简化的诉讼程序审理小案件。——845。

481　亚·斯密《国民财富的性质和原因的研究》1814年爱丁堡版第1卷第237页。——847。

482　指英国自由党。1832年英国议会改革后19世纪50年代末和60年代上半叶在英国形成了两个政党：自由党和保守党。自由党由代表工商业资产阶级的新辉格党人、自由学派(见注449)和皮尔分子左翼托利党人组成。自由党成立后它在英国两党制中取代了辉格党人的位置。——850。

483　英国在中世纪就已经有了*禁止“秘密活动”法*。该法禁止“一切秘密活动,即使其理由是合法的”。在禁止结社法(见注364)通过以前和废除以后,工人的组织和阶级斗争都根据禁止“秘密活动”法受到镇压。——850。

484　指1793年6月—1794年6月法国雅各宾派专政的政府。它代表革命的小资产阶级。它的领导人为马·罗伯斯比尔和安·路·圣茹斯特。——851。

485　拿破仑帝国时期制定的1810年*刑法典*(Code Pénal)在第414—416条中规定禁止结社。1864年5月25日的一项法律取消了禁止罢工的规定。1884年3月21日的一项法律容许成立工会。——851。

486　亚·安德森在其著作《商业起源古今编年史》1764年伦敦版第1卷第226页中涉及15世纪经济的主要特征时,谈到“神的恩赐”。——855。

487　詹·斯图亚特《政治经济学原理研究》1770年都柏林版第1卷第1册第16章。——855。

488　见马克思《〈政治经济学批判。第一分册〉第二章初稿片断》(《马克思恩格斯全集》中文第2版第31卷第364页)。——858。

489　上帝向该隐询问亚伯的传说,见《旧约全书·创世记》第4章第9节。——859。

490　指通往印度的航线的发现以及西印度群岛和美洲大陆的发现。——860。

491　*尼德兰脱离西班牙*是尼德兰资产阶级革命(1566—1609年)的结果。尼德兰的革命是世界历史上第一次取得胜利的资产阶级革命。16世纪中叶,尼德兰城乡资本主义有了相当发展,但受到其宗主国西班牙专制主义及其支柱天主教会的严重阻碍,阶级矛盾和民族矛盾日益尖锐。1566年爆发了矛头直指天主教会的圣像破坏运动。1567年春运动遭镇压。1572年北方各省举行大规模起义,并推举奥伦治的威廉为北方各省执政。南方革命形势也日益高涨,1576年布鲁塞尔起义推翻了西班牙在尼德兰的统治。西南几省的贵族慑于革命不断深入,于1579年1月6日结成阿拉斯同盟,与西班牙当局妥协。同年1月23日，信奉新教的北方七省成立乌得勒支同盟，为建立联省共和国奠定了基础。1581年由北方各省组成的三级会议宣布脱离西班牙而独立，正式成立资产阶级联省共和国。由于荷兰省的经济和政治地位最重要，亦称荷兰共和国。

1609年，西班牙被迫与荷兰签订十二年停战协定，事实上承认了荷兰的独立。——861。

492　*清教徒*是基督教新教教徒中的一派，16世纪中叶产生于英国，原为英国国教会（圣公会）内以加尔文教义为旗帜的新宗派，如长老会、公理会等。清教徒要求"清洗"英国国教内保留的天主教旧制和烦琐仪文，反对王公贵族的骄奢淫逸，提倡"勤俭清洁"的简朴生活，因而得名。16世纪末，清教徒中开始形成两派，即温和派（长老派）和激进派（独立派）。温和派代表大资产阶级和上层新贵族的利益，主张立宪君主政体。激进派代表中层资产阶级和中小贵族的利益，主张共和政体。——863。

493　*清教徒前辈移民*（pilgrim fathers）指16世纪末17世纪初因在英格兰遭到迫害、镇压而移民北美的英格兰清教徒。从那时起开始了英国向北美洲的大举移民，这些移民为当时新英格兰各州的资产阶级的发展奠定了基石。——863。

494　古·居利希《关于当代主要商业国家的商业、工业和农业的历史叙述》1830年耶拿版第1卷第371页。——864。

495　看来马克思是套用德·狄德罗《拉摩的侄子》的如下一段话："一位外来的神谦卑地把自己安置在祭坛上，在当地的偶像旁边；他的地位逐渐地巩固起来，有一天，他用胳膊肘推了他的同僚一下，于是砰的一声，那偶像就倒下来。"——864。

496　马克思在这里引用的德·维特的箴言指《论荷兰共和国和弗里斯兰西部最重要的政治原则和箴言》，该书1662年第一次在莱顿出版。——867。

497　显然是指让·巴·柯尔培尔建立的一种为封建君主制度服务的重商主义的经济政策体系。为了使国家和封建统治者们获得高收入，柯尔培尔对不受封建剥削的工商业征收高额税，为了扩大这种税收，王室颁布了一系列的法令来促进工场手工业的发展，从而在客观上刺激了资本主义因素的成熟过程。——867。

498 金条委员会(Bullionkomitee)是英国下院于1810年成立的一个委员会，它的任务是研究银行券贬值、贵金属价格上涨的原因，揭示流通手段和英国与其他国家的汇兑率的状况。——869。

499 王座法院是英国的高等法院之一，1873年改革后成为最高法院的分院。在此之前，它一直是最高刑事法院和所有刑事案件和民事案件的最高上诉法院，有权重新审理下级司法机构的判决。——869。

500 阿西恩托条约是英国和西班牙在争夺西班牙王位继承权的战争(1701—1714年)中于1713年3月26日签订的。按照这一条约，英国人有权在属于西班牙的美洲省份中从事奴隶贸易。该条约在1713年7月13日签订的乌得勒支和约第12款中得到了确认。——870。

501 “需要经受这种苦难”(Tantae molis erat)引自维吉尔《亚尼雅士之歌》第1卷第33行。——871。

502 “下令实行普遍的中庸”见康·贝魁尔《社会经济和政治经济的新理论，或关于社会组织的探讨》1842年巴黎版第435页。——873。

503 草市原文为“Haymarket”，是伦敦西区的繁华街道。——887。

人 名 索 引

A

阿巴思诺特，约翰(Arbuthnot，John 18世纪)——英国租地农场主，1773年在伦敦出版的匿名著作《当前粮食价格和农场面积相互关系的研究》的作者。——357、379、381、830、836。

阿贝尔，卡尔(Abel, Carl)——德国语文学家和新闻工作者，《每日电讯》驻柏林通讯员；曾同弗·阿·梅克伦堡一起翻译《帝俄驻北京公使馆关于中国及其人民、宗教、制度和社会关系的著述》一书。——150。

阿庇安(Appianos[Appian]1世纪末—2世纪70年代)——古罗马历史学家；曾任执政官；写有二十四卷本《罗马史》。——835。

阿丁顿，斯蒂芬(Addington，Stephen 1729—1796)——英国经济学家，教士；写有一些教科书。——834。

阿基洛库斯(Archilochos[Archilochus]公元前7世纪)——古希腊抒情诗人。——423。

阿基米德(Archimedes 公元前287前后—212)——古希腊数学家和力学家。——353。

阿克莱，理查(Arkwright，Sir Richard 1732—1792)——英国企业家，各种纺织机械的设计者和制造者。——426、433、439、488、493、562。

阿里欧斯托，洛多维科(Ariosto，Lodovico 1474—1533)——意大利诗人，长诗《疯狂的罗兰》的作者。——43。

阿里瓦本伯爵，乔万尼(让)(Arrivabene，Giovanni [Jean]，conte 1787—1881)——意大利经济学家和翻译家；1847年布鲁塞尔经济会议的发起人；曾把一些经济学著作译成法文。——688。

阿利奇(Arledge, J. T.)——英国医生，1863年在北斯塔福德郡医院任职。——284。

阿林斯沃思，乔治(Allinsworth，George)——英国一轧钢厂的童工。——299。

阿那卡雪斯(Anacharsis 约公元前6世纪)——古代亚细亚民族的哲学家,西徐亚人。——121。

阿什利——见舍夫茨别利伯爵,安东尼·阿什利·库珀。

阿什沃思,亨利(Ashworth,Henry 1794—1880)——英国厂主,资产阶级政治活动家,自由贸易论者,理·科布顿的拥护者,反谷物法同盟创始人之一;议会议员。——333、467。

阿斯普登,乔治(Aspden,George)——286。

阿泰纳奥斯(Athenaios[Athenaeus]约2世纪)——古希腊雄辩家、语法学家和作家,论述文化史题材的对话集《哲人宴》的作者。——121、156。

埃弗里特(Everet 18世纪)——英国发明家。——493。

埃利斯(Ellis,J.)——301。

埃默里,查理·爱德华(Emery,Charles Edward 1838—1898)——美国发明家。——441。

埃斯克里格(Eskrigge)——英国纺纱厂主,斯托克波特市治安法官。——334。

艾金,约翰(Aikin,John 1747—1822)——英国医生、历史学家和激进派政论家。——685、686、860、869、870。

艾威林,爱德华(Aveling,Edward 1851—1898)——英国作家和政论家,社会民主主义者;1884年起为社会民主联盟盟员,后为社会主义同盟创建人之一;80年代末—90年代初是非熟练工人和失业工人群众运动的组织者之一;1889、1891和1893年国际社会主义工人代表大会代表;《资本论》第一卷英文译者之一,马克思的女儿爱琳娜的丈夫。——31。

爱德华三世(Edward III 1312—1377)——英国国王(1327—1377)。——313、847。

爱德华六世(Edward VI 1537—1553)——英国国王(1547—1553)。——843。

爱尔维修,克劳德·阿德里安(Helvétius,Claude-Adrien 1715—1771)——法国哲学家,机械唯物主义的代表人物,无神论者,法国的革命资产阶级的思想家。——704。

爱利莎(Elise)——英国伦敦一家宫廷时装店的老板。——294、295。

安·斯图亚特(Anna[Ann,Anne]Stuart 1665—1714)——英国女王(1702—1714)。——190、846。

安德森,亚当(Anderson,Adam 1692前后—1765)——苏格兰资产阶级经济学家,写有关于贸易史方面的著作。——855、870。

安德森，詹姆斯（Anderson，James 1739—1808）——苏格兰资产阶级经济学家，研究了级差地租理论的基本特征。——580、646、713、834、838、855。

安谛巴特洛斯（帖撒罗尼迦城的）（Antipatros of Thessalonike 约公元前1世纪）——古希腊诗人。——470。

奥德，威廉·密勒（Ord，William Miller 1834—1902）——英国医生。——789。

奥弗斯顿勋爵——见劳埃德，赛米尔·琼斯，奥弗斯顿男爵。

奥格罗特，约翰（O'Groat，John）——842。

奥克尼夫人，伊丽莎白·维利尔斯（Orkney，Elizabeth Villiers，Lady 1657—1733）——英国国王威廉三世（奥伦治的）的情妇。——831。

奥雷利，约翰·卡斯帕尔·冯（Orelli，Johann Kaspar von 1787—1849）——瑞士古典语文学家，柏拉图的《理想国》等古典古代著作家著作的出版者。——423。

奥姆斯特德，弗雷德里克·罗（Olmsted，Frederick Law 1822—1903）——美国园林设计师，写有关于英国和北美方面的著作，《普特南氏月刊》的撰稿人；1856年曾到欧洲各国考察公园的设计情况。——229。

奥普戴克，乔治（Opdyke，George 1805—1880）——美国企业家、政治家和经济学家。——191。

奥日埃，马利（Augier，Marie 19世纪中叶）——法国新闻工作者，财政经济学家，写有经济学方面的著作。——871。

奥特利，乔治（Ottley，George）——英国伦敦一家壁纸厂的经理。——287。

奥特斯，贾马里亚（Ortes，Giammaria 1713—1790）——意大利经济学家，修道士；重商主义的反对者。——712、744。

奥特韦，约翰·哈斯丁（Otway，John Hastings）——爱尔兰法官，贝尔法斯特法庭庭长。——320。

B

巴顿，约翰（Barton，John 1789—1852）——英国经济学家，资产阶级古典政治经济学的代表人物。——728、776。

巴尔本，尼古拉斯（Barbon，Nicholas 约1640—1698）——英国资产阶级经济学家，认为物的价值是由物的有用性决定的；货币国定说的先驱。——48—50、146、152、168、169、712。

巴尔扎克，奥诺雷·德（Balzac，Honoré de 1799—1850）——法国现实主义作家。——680。

巴拉德，爱德华(Ballard，Edward 1820—1897)——英国医生，伦敦卫生视察员。——539。

巴师夏，弗雷德里克(Bastiat，Frédéric 1801—1850)——法国资产阶级庸俗经济学家，阶级调和论的代表人物。——18、76、100、225、470、649。

巴特勒，赛米尔(Butler，Samuel 1612—1680)——英国讽刺诗人，革命浪漫派的代表；《休迪布腊斯》一诗的作者。——49。

巴泽多，约翰·伯恩哈德(Basedow，Johann Bernhard 1724—1790)——德国教育家，教育改革的倡导者，提倡现实主义的教学方法。——562。

拜比吉，查理(Babbage，Charles 1792—1871)——英国数学家、力学家和资产阶级经济学家。——401、404、432、449、466。

拜耳斯，约翰·巴纳德(Byles，John Barnard 1801—1884)——英国法学家，枢密大臣，托利党人；写有一些关于法律和经济问题的著作。——313、848。

拜特尔，约翰·格奥尔格(Baiter，Johann Georg 1801—1877)——瑞士语文学家，柏拉图的《理想国》等古典古代著作家著作的出版者。——423。

班克斯，乔治(Bankes，George 1788—1856)——英国法学家和政治活动家，托利党人；议会议员，财政部官员。——778。

邦伯里，托马斯·查理(Bunbury，Sir Thomas Charles)——英国经济学家，议会议员。——830。

贝德福德家族——英国贵族世家。——832。

贝恩斯，约翰(Baynes, John)——英国政论家，布莱克本市议会议员；1857年发表了两篇关于棉花贸易的论文。——446、449。

贝尔，查理(Bell，Sir Charles 1774—1842)——苏格兰生理学家和外科医生，在布拉德福德贫民习艺所任职。——322、764。

贝卡里亚侯爵，切扎雷·博内萨纳(Beccaria，Cesare Bonesana，marchese de 1738—1794)——意大利法学家、政论家和经济学家；18世纪资产阶级启蒙运动的代表。——422。

贝克，罗伯特(Baker，Robert)——英国工厂视察员(1878年以前)。——347、460、490、515、816。

贝克尔，伊曼努尔(Bekker，Immanuel 1785—1871)——德国语言学家，整理并出版了古典古代著作家(柏拉图、亚里士多德、阿里斯托芬等)的著作。——178。

贝克莱，乔治(Berkeley，George 1685—1753)——英国哲学家和神学家；主观唯心主义的代表人物；在政治经济学上是重商主义的批评者；认为劳动是财富的主要源泉；货币国定说的代表人物。——389、410。

贝魁尔，康斯坦丁（Pecqueur，Constantin 1801—1887）——法国经济学家，空想社会主义者，圣西门的学生。——709、872。

贝勒斯，约翰（Bellers，John 1654—1725）——英国经济学家；强调劳动对财富形成的意义；曾提出一些空想的社会改革方案。——154、162、170、378、403、492、552、562、709。

贝利，赛米尔（Bailey，Samuel 1791—1870）——英国资产阶级经济学家和哲学家；从庸俗经济学的立场反对李嘉图的劳动价值论，同时也正确地指出了李嘉图经济学观点中的一些矛盾。——64、71、78、101、102、614、704。

贝内特（Bennet）——631。

贝内特（Bennet，A. 19世纪上半叶）——英国农场主，仲裁人，一家贫民习艺所的管理人。——695。

倍倍尔，奥古斯特（Bebel，August 1840—1913）——德国工人运动和国际工人运动的活动家，职业是旋工；德国工人协会联合会创始人之一，1867年起为主席；第一国际会员，1867年起为国会议员，1869年是德国社会民主党创始人和领袖之一，《社会民主党人报》创办人之一；曾进行反对拉萨尔派的斗争，普法战争时期站在无产阶级国际主义立场，捍卫巴黎公社；1889、1891和1893年国际社会主义工人代表大会代表；第二国际的活动家，在19世纪90年代和20世纪初反对改良主义和修正主义；马克思和恩格斯的朋友和战友。——41。

本恩（Benn）——863。

比彻-斯托，哈丽雅特·伊丽莎白（Beecher-Stowe，Harriet Elizabeth 1811—1896）——美国女作家，美国废奴运动的积极参加者；《汤姆叔叔的小屋》的作者。——839。

比多（Bidaut，J. N. 19世纪上半叶）——法国政论家，国家官员；写有关于经济问题的文章。——372。

比泽，弗兰茨（Biese，Franz 1803—1895）——德国教育家、语言学家和哲学家，写有论亚里士多德哲学的著作。——469。

毕舍，菲力浦·约瑟夫·本杰明（Buchez，Philippe-Joseph-Benjamin 1796—1865）——法国政治活动家和历史学家，资产阶级共和党人，1821年起为圣西门的学生，七月革命后是基督教社会主义的思想家；国民议会议长

(1848)。——851。

边沁,耶利米(Bentham,Jeremy 1748—1832)——英国社会学家、哲学家和经济学家,功利主义理论的主要代表,主张效用原则是社会生活的基础。——204、704。

波斯尔思韦特,玛拉基(Postlethwayt,Malachy 1707—1767)——英国经济学家,《工商业大辞典》的编者。——316、317。

波特尔,阿朗索(Potter,Alonzo 1800—1865)——美国哲学家和经济学家,1815年起为宾夕法尼亚的主教;曾在一些院校教授神学。——689。

波特尔,埃德蒙(Potter,Edmund)——英国工厂主和政治活动家,自由贸易的拥护者,60年代初是曼彻斯特商会会长,议会议员。——341、662—665。

伯克,埃德蒙(Burke,Edmund 1729—1797)——英国政论家和政治活动家,辉格党人,后为托利党人,议会议员,重农主义者;初期倾向自由主义,后为18世纪末法国资产阶级革命的反对者;写有经济学方面的著作。——240、272、375、832、871。

伯里克利(Perikles [Pericles] 公元前495前后—429)——雅典国务活动家,战略家(公元前444—429);主张巩固奴隶主民主制。——423。

柏拉图(Platon[Plato]约公元前427—347)——古希腊哲学家,客观唯心主义的主要代表人物,奴隶主贵族的思想家,自然经济的拥护者。——423、424。

勃艮第公爵和伯爵——见菲力浦第一(罗弗尔的)。

博尔顿,马修(Boulton,Matthew 1728—1809)——英国工程师和工厂主。——434、446。

博克斯霍恩,马尔库斯·聚埃里乌斯(Boxhorn,Marcus Zuerius 1612—1653)——荷兰历史编纂学家和语言学家。——493。

博林布罗克子爵,亨利·圣约翰(Bolingbroke,Henry Saint-John,Viscount 1678—1751)——英国自然神论哲学家、政论家和政治活动家,托利党领袖。——866。

布阿吉尔贝尔,皮埃尔·勒珀桑(Boisguillebert,Pierre Le Pesant 1646—1714)——法国经济学家和统计学家,重农学派的先驱,法国资产阶级古典政治经济学的创始人;写有《法国详情》和其他经济学著作。——153、164。

布坎南,大卫(Buchanan,David 1779—1848)——英国政论家和资产阶级经济学家;亚·斯密的学生,斯密著作的出版者和注释者。——149、644、838。

布莱基,罗伯特(Blakey,Robert 1795—1878)——英国哲学家。——829。

布莱斯，阿道夫·古斯塔夫（Blaise，Adolph-Gustave 1811—1886）——法国经济学家，日·阿·布朗基的著作的编者。——391。

布莱特，约翰（Bright，John 1811—1889）——英国政治活动家，棉纺厂主，自由贸易派领袖和反谷物法同盟创始人；60年代初起为自由党（资产阶级激进派）左翼领袖；曾多次任自由党内阁的大臣。——17、296、327、642、749、781、859。

布朗基，路易·奥古斯特（Blanqui，Louis-Auguste 1805—1881）——法国革命家，空想共产主义者，主张通过密谋性组织用暴力夺取政权和建立革命专政；许多秘密社团和密谋活动的组织者，1830年七月革命和1848年二月革命的参加者，秘密的四季社的领导人，1839年五月十二日起义的组织者，同年被判处死刑，后改为无期徒刑；1848—1849年革命时期是法国无产阶级运动的领袖；巴黎1870年十月三十一日起义的领导人，巴黎公社时期被反动派囚禁在凡尔赛，曾缺席当选为公社委员；一生中有36年在狱中度过。——319。

布朗基，日罗姆·阿道夫（Blanqui，Jérôme-Adolphe 1798—1854）——法国经济学家和经济学史学家，庸俗政治经济学的代表人物，路·奥·布朗基的哥哥。——319、391。

布雷，约翰·弗兰西斯（Bray，John Francis 1809—1895）——英国经济学家，空想社会主义者，罗·欧文的信徒；职业是印刷工人；阐发了“劳动货币”的理论。——85。

布林德利，詹姆斯（Brindley，James 1716—1772）——英国工程师和发明家。——404。

布鲁姆，亨利·彼得，布鲁姆-沃克斯勋爵（Brougham，Henry Peter，Lord Brougham and Vaux 1778—1868）——英国国务活动家、法学家和著作家；辉格党人，20—30年代是自由贸易的拥护者，曾任大法官（1830—1834），曾促进1832年选举改革的实施；议会议员。——870。

布鲁纳，约翰·康拉德（Brunner，Johann Konrad 1653—1727）——德国医生。——555。

布鲁斯（Bruce）——570。

布伦坦诺，路德维希·约瑟夫（路约）（Brentano，Ludwig Joseph[Lujo] 1844—1931）——德国资产阶级庸俗经济学家，讲坛社会主义者。——41、42—43。

布罗德赫斯特，约翰（Broadhurst，John 19世纪）——英国经济学家，资产阶级庸俗政治经济学的代表人物。——70。

布罗迪，本杰明·柯林斯（Brodie，Sir Benjamin Collins 1783—1862）——英国

外科医生和生理学家。——322。
布罗顿(Broughton)——英国诺丁汉的治安法官。——282。
布洛克,莫里斯(Block,Maurice 1816—1900)——法国资产阶级经济学家和统计学家,庸俗政治经济学的代表人物。——20。
布思罗伊德(Boothroyd)——284。
布瓦洛,埃蒂耶纳(Boileau,Étienne 1200—1269)——法国商人,巴黎商会会长,记述巴黎手工业行会的《手工业手册》一书作者。——559。
布瓦洛-德普雷奥,尼古拉(Boileau-Despréaux,Nicolas 1636—1711)——法国诗人和文学评论家,法国古典文学的代表人物;《读经台》的作者。——752。

C

查理大帝——见查理一世,查理大帝。
查理一世(Charles I 1600—1649)——英国国王(1625—1649),17世纪英国资产阶级革命时期被处死。——828、829。
查理一世,查理大帝(Charles I,Charlemagne 742—814)——法兰克国王(768—800)和皇帝(800—814)。——835。
查理二世(Charles II 1630—1685)——英国国王(1660—1685)。——148。
查理五世(Karl V 1500—1558)——德意志神圣罗马帝国皇帝(1519—1556),称查理五世;曾为西班牙国王(1516—1556),称查理一世;拉萨尔的剧本《弗兰茨·冯·济金根》中查理五世的原型。——846。
查理六世(Karl VI 1685—1740)——德意志神圣罗马帝国皇帝(1711—1740),莱奥波德一世之子。——493。
查理十世·古斯塔夫(Karl X Gustaf 1622—1660)——瑞典国王(1654—1660)。——832。
查理十一世(Karl XI 1655—1697)——瑞典国王(1660—1697)。——832。
查默斯,托马斯(Chalmers,Thomas 1780—1847)——苏格兰神学家和资产阶级经济学家;马尔萨斯的追随者。——179、189、712、713。
柴尔德,乔赛亚(Child,Josiah 1630—1699)——英国商人,经济学家和银行家;重商主义者;东印度公司董事长。——109、871。
车尔尼雪夫斯基,尼古拉·加甫里洛维奇(Чернышевский, Николай Гаврилович 1828—1889)——俄国革命民主主义者,作家和文艺批评家,经济学家,哲学家。——17。

D

达尔豪西侯爵和伯爵，詹姆斯·安德鲁·布龙-拉姆齐(Dalhousie, James Andrew Broun-Ramsay, Marquess and Earl of 1812—1860)——英国政治活动家，皮尔分子，议会议员，曾任印度总督(1848—1856)，执行殖民主义掠夺政策。——842。

达尔文，查理·罗伯特(Darwin,Charles Robert 1809—1882)——英国自然科学家，科学的生物进化论的奠基人。——396、429。

达菲，查理·加万(Duffy,Charles Gavan 1816—1903)——爱尔兰政治活动家和新闻工作者，"青年爱尔兰"领导人和保障租佃者权利同盟创建人之一，议会议员；1856年流亡澳大利亚，曾多次任国家公职。——886。

达菲，威廉(Duffy,William)——286。

达弗林侯爵，弗雷德里克·坦普尔·汉密尔顿·坦普尔·布莱克伍德(Dufferin, Frederick Temple Hamilton-Temple-Blackwood,Marquess of 1826—1902)——英国国务活动家和外交家，自由党人，爱尔兰大地主，曾参加格莱斯顿内阁(1868—1872)，加拿大总督(1872—1878)，驻彼得堡大使(1879—1881)，驻君士坦丁堡大使(1881—1882)，驻埃及大使(1882—1883)，印度总督(1884—1888)。——817。

但丁·阿利格埃里(Dante Alighieri 1265—1321)——意大利诗人。——124、286。

道布尔迪，托马斯(Doubleday,Thomas 1790—1870)——英国政论家和经济学家。——867。

道默，格奥尔格·弗里德里希(Daumer,Georg Friedrich 1800—1875)——德国著作家，写有一些宗教史方面的著作。——332。

德·昆西，托马斯(De Quincey,Thomas 1785—1859)——英国著作家和经济学家，李嘉图著作的注释者。——455。

德比伯爵，爱德华·乔治·杰弗里·斯密斯·斯坦利，(比克斯塔夫的)斯坦利勋爵(Derby,Edward George Geoffrey Smith Stanley,Lord Stanley of Bickerstaffe, Earl of 1799—1869)——英国政治活动家，托利党领袖，19世纪下半叶为保守党领袖；曾任陆军和殖民大臣(1833—1834和1841—1845)，内阁首相(1852、1858—1859和1866—1868)。——524。

德尔，路易·弗朗索瓦·欧仁(Daire,Louis-François-Eugène 1798—1847)——法国著作家和资产阶级经济学家，政治经济学著作的出版者。——49、110、130、

132、165、185、365。
德库，萨洛蒙(De Cous，Salomon 1576—1626)——法国建筑师和工程师。——433。
德莱登，约翰(Dryden，John 1631—1700)——英国诗人和剧作家，古典主义的代表人物。——280。
德斯杜特·德·特拉西伯爵，安东·路易·克劳德(Destutt de Tracy，Antoine-Louis-Claude，comte de 1754—1836)——法国经济学家、感觉论哲学家和政治活动家；哲学上观念学派的创始人；立宪君主制的拥护者。——98、183、190、378、380、746。
邓宁，托马斯·约瑟夫(Dunning，Thomas Joseph 1799—1873)——英国工会活动家和政论家。——634、637、871。
狄奥多鲁斯(西西里的)(Diodorus Sicilus 公元前80前后—29)——古希腊历史学家，住在罗马；世界史《史学丛书》的作者。——167、273、394、425、587。
狄慈根，约瑟夫(Dietzgen，Joseph 1828—1888)——德国社会民主党人，自学成功的哲学家，独立地得出了辩证唯物主义若干原理；职业是制革工人，1848—1849年革命的参加者，1852年成为共产主义者同盟盟员；国际会员，国际海牙代表大会(1872)代表。——18。
狄德罗，德尼(Diderot，Denis 1713—1784)——法国哲学家，机械唯物主义的代表人物，无神论者，法国革命资产阶级的代表，启蒙思想家，百科全书派领袖；1749年因自己的著作遭要塞监禁。——157。
迪尔克，查理·温特沃思(Dilke，Charles Wentworth 1789—1864)——英国政论家和出版商。——678。
笛福，丹尼尔(Defoe，Daniel 1660前后—1731)——英国作家和政论家，小说《鲁滨逊漂流记》的作者。——164、711。
笛卡儿，勒奈(Descartes，René 1596—1650)——法国二元论哲学家、数学家和自然科学家。——448。
蒂利—亨德森(Tillie & Henderson)——爱尔兰的伦敦德里的一家衬衫厂。——531、545。
都铎王朝——英国王朝(1485—1603)。——858。
杜邦，皮埃尔(Dupont，Pierre 1821—1870)——法国作曲家，他的《工人之歌》在工人中广为流传。——798。
杜尔哥，安娜·罗伯尔·雅克，洛恩男爵(Turgot，Anne-Robert-Jacques，baron de

l'Aulne 1727—1781)——法国国务活动家、经济学家和哲学家;重农学派的重要代表人物,魁奈的学生;财政总监(1774—1776)。——210、365、611。

杜克佩西奥,爱德华(Ducpétiaux,Édouard 1804—1868)——比利时政论家和统计学家,资产阶级慈善家,监狱和慈善设施视察员。——772、774。

杜鲁门(Truman)——英国诺丁汉贫民诊所的医生。——536。

杜蒙,皮埃尔·埃蒂耶纳·路易(Dumont,Pierre-Étienne-Louis 1759—1829)——瑞士传教士和政论家;米拉波和边沁的秘书,边沁著作的出版者。——704。

杜能,约翰·亨利希·冯(Thünen,Johann Heinrich von 1783—1850)——德国资产阶级经济学家,研究过农业经济问题,他在《孤立国家》中提出了按最大利润原则来配置农业的理论和环状生产分布的构想。——717。

E

厄什韦葛,威廉·路德维希·冯(Eschwege,Wilhelm Ludwig von 1777—1855)——德国地质学家和地理学家;矿工;写有关于采矿工程的著作。——53。

恩布尔顿(Embleton)——英国纽卡斯尔热病医院的医生。——762。

恩索尔,乔治(Ensor,George 1769—1843)——英国政论家,马尔萨斯主义的批评者。——838。

F

法尔,约翰·理查(Farre,John Richard 1774—1862)——英国医生。——322—323。

范德林特,杰科布(Vanderlint,Jacob 死于1740年)——英国经济学家,重农学派的先驱,货币数量论的早期代表。——146、154、169、316、318、364、384、403、712。

菲尔登,约翰(Fielden,John 1784—1849)——英国厂主,慈善家;议会议员,工厂立法的拥护者。——464、475、869。

菲力浦第一(罗弗尔的)(Philippe I de Rouvres 1346—1361)——勃艮第公爵(1349—1361)。——854。

菲力浦六世(瓦卢瓦的)(Philippe VI de Valois 1293—1350)——法国国王(1328—1350)。——110。

菲瑟灵,西蒙(Vissering,Simon 1818—1888)——荷兰资产阶级经济学家和统计学家,庸俗政治经济学的代表。——577。
费尔贝恩,威廉(Fairbairn,William 1789—1874)——英国厂主,工程师和发明家。——501。
费里埃,弗朗索瓦·路易·奥古斯特(Ferrier,François-Louis-Auguste 1777—1861)——法国资产阶级庸俗经济学家,保护关税制度的拥护者和重商主义的模仿者,国家官员。——76。
费伦德,威廉·布什菲尔德(Ferrand,William Bushfield 1809—1889)——英国政治家,托利党人,议会议员,贵族慈善运动的主要代表。——308、309、479、662。
费希特,约翰·哥特利布(Fichte,Johann Gottlieb 1762—1814)——德国哲学家,德国古典哲学的代表人物,主观唯心主义者。——67。
丰特雷,安东·路易(Fonteret,Antoine-Louis)——法国医生,19世纪下半叶写有一些公共卫生方面的著作。——420。
弗格森,亚当(Ferguson,Adam 1723—1816)——苏格兰历史学家、哲学家和社会学家;大·休谟的追随者。——145、410、418、419。
弗莱彻,安德鲁(Fletcher,Andrew 1655—1716)——苏格兰政治家,地主,维护苏格兰的独立。——829。
弗赖塔格,古斯塔夫(Freytag,Gustav 1816—1895)——德国资产阶级著作家和新闻工作者。——849。
弗里德里希二世,弗里德里希大帝(Friedrich II,Friedrich der Große 1712—1786)——普鲁士国王(1740—1786)。——841、855。
弗利特伍德,威廉(Fleetwood,William 1656—1723)——英国主教,写有英国价格史方面的著作。——314。
弗尼霍夫,约翰(Fernyhough,John)——284。
弗农(Vernon)——831。
孚耳阿伯,约翰(Faulhaber,Johann 1580—1635)——德国数学家和工程师。——433。
孚赫,茹尔(尤利乌斯)(Faucher,Jules [Julius] 1820—1878)——德国政论家和资产阶级庸俗经济学家,青年黑格尔分子;自由贸易的拥护者;1850年为柏林《晚邮报》的创办人和编辑;1850—1861年侨居英国,为《晨星报》的撰稿人,写有关于住宅问题的著作;1851年为《伦敦新闻画报》德文版编辑;1861年回到德国,后为进步党人,1866年起为民族自由党人。——278、536—537。

福布斯(Forbes 19世纪)——英国发明家。——450。

福蒂斯丘,约翰(Fortescue,John 约1394—1476)——英国法学家,财政大臣,写有一些关于英国国家制度的著作。——825、826。

福尔邦奈,弗朗索瓦·韦龙·杜韦尔热·德(Forbonnais,François Véron-Duverger de 1722—1800)——法国资产阶级经济学家和金融家;货币数量论的拥护者,重农主义的反对者。——110。

福塞特,亨利(Fawcett,Henry 1833—1884)——英国资产阶级庸俗经济学家,约·斯·穆勒的信徒,1865年起为议会议员,自由党人。——642、706、752、859。

福斯特,纳撒尼尔(Forster,Nathaniel 1726前后—1790)——英国教士,写有一些经济学著作,维护工人的利益。——316、492、587、833、834。

福斯特,威廉·爱德华(Forster,William Edward 1818—1886)——英国工厂主和政治活动家,自由党人,议会议员(1861年起),曾任爱尔兰事务大臣(1880—1882);奉行残酷镇压爱尔兰民族解放运动的政策。——764。

富尔顿,罗伯特(Fulton,Robert 1765—1815)——美国工程师和发明家,1803年建造了第一艘轮船。——562。

富拉顿,约翰(Fullarton,John 1780—1849)——英国经济学家,货币数量论的反对者;写有一些关于货币流通和信贷问题的著作。——151、165、169。

富兰克林,本杰明(Franklin,Benjamin 1706—1790)——美国政治活动家、外交家、经济学家、作家和自然科学家;美国启蒙运动的代表人物,美国独立战争的参加者,美国独立宣言(1776)的起草人之一;他最先有意识地用劳动时间来确定价值。——65、191、210、379、711。

傅立叶,沙尔(Fourier,Charles 1772—1837)——法国空想社会主义者。——335、441、491、800。

G

哥伦布,克里斯托弗尔(Colombo[Columbus],Christoforo 1451—1506)——意大利航海家;在西班牙供职,在四次航海(1492—1504)过程中,发现并考察了加勒比群岛以及中美洲沿海地区和南美洲的东北地区。——155。

哥特舍德,约翰·克里斯托夫(Gottsched,Johann Christoph 1700—1766)——德国作家、文学评论家和理论家,18世纪德国早期启蒙运动的代表人物,对当时德国戏剧的改革和文学语言的规范化起了一定作用,后来坚持陈旧观点,停止不前。——251。

戈登，约翰(Gordon, Sir John 1798—1862)——爱尔兰医生；科克市市长。——203。

戈东诺夫，波里斯·费多罗维奇(Годунов, Борис Федорович 1551前后—1605)——俄国沙皇(1598—1605)。——831。

戈弗雷(Godfrey)——戈弗雷强心剂(一种鸦片制剂)的发明者。——454。

格迪斯(Geddes, J.)——英国一家玻璃制品厂厂主。——463。

格莱斯顿，威廉·尤尔特(Gladstone, William Ewart 1809—1898)——英国国务活动家，托利党人，后为皮尔分子，19世纪下半叶是自由党领袖；曾任财政大臣(1852—1855和1859—1866)和首相(1868—1874、1880—1885、1886和1892—1894)。——38、42—44、520、750、751。

格雷，乔治(Grey, George 1799—1882)——英国国务活动家，辉格党人，曾任内务大臣(1846—1852、1855—1858和1861—1866)和殖民大臣(1854—1855)。——333、765。

格雷，约翰(Gray, John 1798—1850)——英国经济学家；空想社会主义者，罗·欧文的信徒；阐发了"劳动货币"的理论。——85、187。

格雷格，罗伯特·海德(Greg, Robert Hyde 1795—1875)——英国大厂主，自由党人，自由贸易的拥护者。——337。

格雷古瓦，昂利·利特雷格(Gregoir, Henri Litreg 19世纪下半叶)——比利时工人，布鲁塞尔印刷工人协会书记，《布鲁塞尔轻罪法庭上的印刷工人》(1865)一书的作者。——639。

格林豪，爱德华·黑德勒姆(Greenhow, Edward Headlam 1814—1888)——英国医生和公共卫生学家。——283、284、339。

格罗夫，威廉·罗伯特(Grove, William Robert 1811—1896)——英国物理学家和法学家。——602。

格思里，詹姆斯(Guthrie, James 1785—1856)——英国医生。——322。

H

哈勒，卡尔·路德维希·冯(Haller, Carl Ludwig von 1768—1854)——瑞士法学家和历史学家，阿·冯·哈勒的儿子。——448。

哈里斯(Harris)——英国博尔顿市警察局长。——527。

哈里斯——见马姆兹伯里伯爵，詹姆斯·哈里斯。

哈里斯，詹姆斯(Harris, James 1709—1780)——英国语文学家和哲学家，国务活动家，议会议员，财政部部务委员(1763—1765)。——422。

哈里逊，威廉（Harrison，William 1534—1593）——英国教士，他的一些著作是研究英国16世纪历史的宝贵资料。——825、852。

哈利法克斯侯爵，乔治·萨维尔（Halifax，Sir George Savile，Marquis of 1633—1695）——英国国务活动家。——122、831。

哈鲁普（Harrup）——英国韦斯特伯里利的利奥韦呢绒厂厂主。——489—490。

哈姆，威廉（Hamm，Wilhelm 1820—1880）——德国农学家，写有一些农业问题的著作。——578。

哈斯丁，沃伦（Hastings，Warren 1732—1818）——英国政治活动家，英国第一任印度总督（1774—1785），同时任职于东印度公司，实行残酷的殖民政策，因滥用职权于1788年被提交法庭，但被宣告无罪并由公司赔偿损失。——862。

哈索尔，阿瑟·希尔（Hassall，Arthur Hill 1817—1894）——英国医生，写有一些关于公共卫生问题的著作。——203、288。

哈维（Harvey）——英国医生。——116。

哈维，威廉（Harvey，William 1578—1657）——英国医生、生理学家和胚胎学家，科学生理学的创始人和胚胎学研究的倡导者；1628年发现血液循环系统。——116。

哈西，维维安（Hussey，Vivian 19世纪）——英国矿主，1866年为议会矿山调查委员会委员。——570。

海恩斯，耶利米（Haynes，Jeremiah）——300。

海涅，亨利希（Heine，Heinrich 1797—1856）——德国诗人，革命民主主义运动的先驱，马克思一家的亲密朋友。——704。

汉密尔顿，威廉（Hamilton，William 1788—1856）——苏格兰哲学家，不可知论者；杜·斯图亚特著作的编者。——372、559。

汉森，格奥尔格（Hanssen，Georg 1809—1894）——德国资产阶级经济学家；写有关于农业和土地关系史问题的著作。——275。

汉特，亨利·朱利安（Hunter，Henry Julian 19世纪）——英国医生，写有许多关于工人困苦生活条件方面的报告。——458、758—759、761—763、767、781、785、787、788—791、796、797、828。

豪威耳，托马斯·琼斯（Howell，Thomas Jones 死于1858年）——英国工厂视察员。——263、279、334。

豪伊特，威廉（Howitt，William 1792—1879）——英国著作家，写有基督教的历史和许多其他问题的著作。——861。

荷马(Homeros 约公元前8世纪)——相传为古希腊著名史诗《伊利亚特》和《奥德赛》的作者。——78。

赫顿,查理(Hutton,Charles 1737—1823)——英国数学家。——428。

赫弗,斐迪南(Hoefer,Ferdinand 1819—1882)——法国出版商,原系德国人。——588。

赫拉克利特(Herakleitos 约公元前540—480)——古希腊哲学家,辩证法的奠基人之一,自发的唯物主义者。——126。

赫伦施万德,让(Herrenschwand,Jean 1728—1812)——瑞士资产阶级经济学家。——144。

赫胥黎,托马斯·亨利(Huxley,Thomas Henry 1825—1895)——英国自然科学家,生物学家;达尔文的朋友和信徒及其学说的普及者,在哲学方面是不彻底的唯物主义者。——555。

黑格尔,乔治·威廉·弗里德里希(Hegel,Georg Wilhelm Friedrich 1770—1831)——德国古典哲学的主要代表。——20、22、58、110、196、209、303、358、421、679。

亨利三世(Henri III 1551—1589)——法国国王(1574—1589)。——155。

亨利七世(Henry VII 1457—1509)——英国国王(1485—1509)。——314、826、843。

亨利八世(Henry VIII 1491—1547)——英国国王(1509—1547)。——826、843。

胡阿雷斯,贝尼托·帕布洛(Juárez[Juarez],Benito Pablo 1806—1872)——墨西哥国务活动家,内战(1858—1860)和法国武装干涉墨西哥(1861—1867)时期为自由党的领袖,墨西哥总统(1858—1872)。——196。

华德,约翰(Ward,John 19世纪)——英国历史学家,《维多利亚女王陛下在位初期的特伦特河畔斯托克城》(1843)一书的作者。——308。

华莱士,罗伯特(Wallace,Robert 1697—1771)——英国教士和统计学家,提出了人口论,后为马尔萨斯所利用。——408、711。

华氏(华伦海特),加布里埃尔·丹尼尔(Fahrenheit,Gabriel Daniel 1686—1736)——荷兰物理学家,设计过一种改良温度计。——290、343。

怀特(White)——英国社会活动家,曾任童工调查委员会委员。——286、298、302、305、463、540、542。

怀特(White,W.)——英国医生。——554。

淮亚特，约翰（Wyatt，John 1700—1766）——英国技师，曾发明纺纱机。——428。

惠特布雷德，赛米尔（Whitbread，Samuel 1758—1815）——英国政治活动家，议会议员，辉格党人。——849。

惠特尼，伊莱（Whitney，Eli 1765—1825）——美国发明家，曾发明轧棉机。——441、449。

霍布豪斯，约翰·卡姆，布罗顿男爵（Hobhouse，John Cam，Baron Broughton 1786—1869）——英国国务活动家，辉格党人；1831年的工厂法是在他的倡议下通过的；曾任印度事务督察委员会主席（1835—1841和1846—1852）。——334。

霍布斯，托马斯（Hobbes，Thomas 1588—1679）——英国哲学家，机械唯物主义的代表人物，早期资产阶级天赋人权理论的代表。——198、448、712。

霍顿，约翰（Houghton，John 死于1705年）——英国商人和经济学家，写有一些关于商业、工业和农业问题的著作。——492。

霍恩，乔治（Horne，George 1730—1792）——英国主教，写有抨击伊·牛顿、大·休谟、亚·斯密和其他学者的小册子。——713。

霍尔，克里斯托弗·纽曼（Hall，Christopher Newman 1816—1902）——英国教士，高级僧侣的代表人物。——296。

霍华德·德·沃尔登男爵，查理·奥古斯塔斯·埃利斯（Howard de Walden，Charles Augustus Ellis，Baron 1799—1868）——英国外交官。——319。

霍吉斯金，托马斯（Hodgskin，Thomas 1787—1869）——英国经济学家和政论家，空想社会主义者；他以李嘉图的理论为依据，批判资本主义，维护无产阶级的利益。——394、408、411、615、662、860。

霍林舍德，拉斐尔（Holinshed，Raphael 约死于1580年）——英国历史学家，写有英格兰、苏格兰、爱尔兰自远古时代至16世纪70年代的编年史。——825、845。

霍纳，弗兰西斯（Horner，Francis 1778—1817）——英国资产阶级经济学家和政治活动家；议会议员，辉格党人，金条委员会主席（1810），李嘉图货币论的追随者。——869。

霍纳，伦纳德（Horner，Leonard 1785—1864）——英国地质学家和社会活动家，曾任工厂视察员（1833—1859），维护工人利益。——259、260、279、320、325、329、333、335、341、460、461、476、477、491、634。

霍普金斯，托马斯（Hopkins，Thomas 1780—1864）——英国资产阶级经济学家。——266。

J

基尔希曼，尤利乌斯·海尔曼·冯（Kirchmann，Julius Hermann von 1802—1884）——德国法学家、政论家和哲学家，自由党人；1848年为普鲁士国民议会议员，属于中间派左翼，后为普鲁士邦议会议员和德意志帝国国会议员；写有哲学和法学方面的著作。——608。

基林，安（Killin，Ann）——苏格兰一所学校的创办人。——461。

基斯（Keys）——英国医生。——295。

吉尔摩公司（Gilmore）——英国曼彻斯特的一家纺织品公司。——499。

吉洛特，约瑟夫（Gillott，Joseph 1799—1873）——英国工厂主，在伯明翰首先实行钢笔尖的大规模生产。——530。

吉斯伯恩，托马斯（Gisborne，Thomas 1758—1846）——英国神学家，写有一些基督教道德问题的著作。——869。

季别尔，尼古拉·伊万诺维奇（Зибер，Николай Иванович 1844—1888）——俄国经济学家，俄国第一批马克思经济学著作的通俗化作家之一。——19。

加德纳，罗伯特（Gardner，Robert）——英国棉纺厂厂主，1844年将开设在普雷斯顿各企业的工作日从12小时缩减到11小时。——473、476。

加尔涅伯爵，热尔曼（Garnier，Germain，comte de 1754—1821）——法国经济学家和政治活动家，保皇党人；重农学派的模仿者，亚·斯密著作的翻译者和注释者。——419、635。

加利阿尼，斐迪南多（Galiani，Ferdinando 1728—1787）——意大利经济学家；重农学派学说的反对者；认为物的价值是由物的有用性决定的，同时对商品和货币的本性作了一些正确的猜测。——91、108、110、120、179、185、366、741。

加尼耳，沙尔（Ganilh，Charles 1758—1836）——法国政治活动家，资产阶级庸俗经济学家和重商主义的模仿者。——76、99、202、210、515。

加斯克尔，彼得（Gaskell，Peter 19世纪上半叶）——英国医生和政论家；自由党人。——501、511。

杰科布，威廉（Jacob，William 1762—1851）——英国商人和著作家，写有经济学方面的著作。——53、254。

杰伊（Jay）——英国的一个铁路工程的承包商。——766。

金凯德，约翰（Kincaid，John 1787—1862）——英国官员，1850年起为苏格兰工厂和监狱视察员。——461。

居利希，古斯塔夫·冯(Gülich，Gustav von 1791—1847)——德国资产阶级经济学家和经济史学家，德国保护关税派领袖；写有国民经济史方面的著作。——15、864。

居维叶男爵，若尔日·莱奥波德·克雷蒂安·弗雷德里克·达哥贝尔特(Cuvier，Georges-Léopold-Chrétien-Frédéric-Dagobert，baron de 1769—1832)——法国动物学家和古生物学家；曾经将比较解剖学上升为科学，并提出了灾变论。——588。

K

卡尔利伯爵，乔万尼·里纳尔多(Carli，Giovanni Rinaldo，conte 1720—1795)——意大利学者，重商主义的反对者；写有一些关于货币和谷物贸易的著作。——382。

卡耳佩珀，托马斯(Culpeper，Sir Thomas 1578—1662)——英国经济学家，重商主义的拥护者。——871。

卡莱尔，安东尼(Carlisle，Sir Anthony 1768—1840)——英国外科医生。——322。

卡莱尔，托马斯(Carlyle，Thomas 1795—1881)——英国作家、历史学家和唯心主义哲学家，宣扬英雄崇拜，封建社会主义的代表，资本主义生产方式和资产阶级政治经济学的批评者，托利党人；1848年后成为工人运动的敌人。——296。

卡莱尔父子公司(Carlile，Sons & Co.)——苏格兰佩斯利的一家棉麻纺纱厂。——360。

卡姆梅尔公司(Cammell)——英国的一家钢铁公司。——302。

卡斯尔雷子爵——见斯图亚特，亨利·罗伯特，卡斯尔雷子爵。

卡泽诺夫，约翰(Cazenove，John 1788—1879)——英国庸俗经济学家，马尔萨斯的追随者。——231、369、598、655、668、688。

凯尔恩斯，约翰·埃利奥特(Cairnes，John Elliot 1823—1875)——英国经济学家和政论家；反对美国南部的奴隶制度。——229、308、386。

凯尔森(Kelson)——英国医生。——766。

凯里，亨利·查理(Carey，Henry Charles 1793—1879)——美国资产阶级庸俗经济学家，阶级调和论的创始人。——252、610、648、839、858。

凯特勒，阿道夫·朗贝尔·雅克（Quételet，Adolphe-Lambert-Jacques 1796—1874）——比利时统计学家、数学家和天文学家；“平均的个人”论的创立者。——375。

坎伯尔，乔治（Campbell，Sir George 1824—1892）——英国国务活动家和外交官，议会议员（1875—1892），自由党人；1843—1874年屡任英国驻印度的殖民官员；写有关于印度的著作。——414。

康替龙，菲力浦（Cantillon，Philip）——英国经济学家，1759年曾修订出版理·康替龙《试论一般商业的性质》一书的英文版。——639。

康替龙，理查（Cantillon，Richard 1680—1734）——英国经济学家，商人，重农学派和亚·斯密的先驱；《试论一般商业的性质》一书的作者。——639、712。

考威尔（Cowell，J.W.[S.W.]）——1833年曾以英国工厂委员会委员身份调查工厂劳动。——646。

柯贝特，托马斯（Corbet，Thomas 19世纪）——英国资产阶级经济学家，李嘉图的追随者。——176、680。

柯尔培尔，让·巴蒂斯特（Colbert，Jean-Baptiste 1619—1683）——法国国务活动家，重商主义者，财政总监（1661年起），实际上操纵了法国的内外政策；曾建立国家工场，促进内外贸易。——358、867。

柯普，海尔曼·弗兰茨·莫里茨（Kopp，Hermann Franz Moritz 1817—1892）——德国化学家和化学史学家；曾把新的物理测量方法运用于化学；李比希的学生，肖莱马的老师。——358。

科贝特，威廉（Cobbett，William 1762—1835）——英国政治活动家和政论家，小资产阶级激进派的代表人物，曾为英国政治制度的民主化进行斗争；1802年起出版《纪事年鉴》和《科贝特氏政治纪事周报》。——334、829、864、867。

科布顿，理查（Cobden，Richard 1804—1865）——英国工厂主，自由党人，自由贸易的拥护者，反谷物法同盟创始人，议会议员（1841—1864）；曾参加多次国际和平主义者代表大会，如1850年8月美因河畔法兰克福和平主义者代表大会。——17、296、327、781。

科尔邦，克劳德·昂蒂姆（Corbon，Claude-Anthime 1808—1891）——法国政治活动家，共和党人，第二共和国时期任制宪议会副议长（1848—1849）；第二帝国崩溃后任巴黎市第十五区区长，1871年国民议会议员，属于左派少数派。——561。

科兰男爵，让·吉约姆·塞扎尔·亚历山大·伊波利特（Colins，Jean-Guillaume-

César-Alexandre-Hippolyte, baron de 1783—1859)——法国经济学家，原系比利时人；主张由国家征收地租，以解决资本主义制度的一切社会矛盾。——709、798、885。

克莱门特，西蒙(Clement, Simon 17世纪末)——英国商人，匿名著作《论货币、贸易、汇兑的相互关系的一般概念》(1695)的作者。——109。

克劳伦，亨利希(Clauren, Heinrich 原名哥特洛布·赛米尔·卡尔·霍伊恩 Gottlob Samuel Carl Heun 1771—1854)——德国作家，写有一些感伤主义小说。——258。

克劳生，彼得(Claussen, Pieter)——比利时发明家，圆编机的改进者。——428。

克雷格(Craig)——165。

克虏伯，阿尔弗勒德(Krupp, Alfred 1812—1887)——德国大工业家，埃森冶金厂和兵工厂厂主；曾向欧洲许多国家供应枪炮和其他军火。——449。

克伦威尔，奥利弗(Cromwell, Oliver 1599—1658)——英国国务活动家，17世纪英国资产阶级革命时期资产阶级和资产阶级化贵族的领袖；1649年起为爱尔兰军总司令和爱尔兰总督，1653年起为英格兰、苏格兰和爱尔兰的护国公。——858。

克罗克，罗杰(Crocker, Roger)——828。

克肖—利斯公司(Kershaw, Leese & Co.)——英国斯托克波特一家纺纱厂。——334。

肯尼特，怀特(Kennet, White 1660—1728)——英国主教和历史学家。——827。

肯宁安，约翰(Cunningham, John 1729—1773)——英国著作家和经济学家。——268、270、317、625、692、733。

肯特，纳撒尼尔(Kent, Nathaniel 1737—1810)——英国农学家，写有农业方面的著作。——834。

孔德，奥古斯特(Comte, Auguste 1798—1857)——法国哲学家和社会学家，实证论的创始人。——19、386。

孔德，弗朗索瓦·沙尔·路易(Comte, François-Charles-Louis 1782—1837)——法国自由主义政论家和庸俗经济学家。——861。

孔狄亚克，埃蒂耶纳·博诺·德(Condillac, Étienne-Bonnot de 1715—1780)——法国经济学家和自然神论哲学家，感觉论者；认为物的价值是由物的有用性决定的；约·洛克的追随者。——185。

孔多塞侯爵，玛丽·让·安东·尼古拉·卡里塔（Condorcet，Marie-Jean-Antoine-Nicolas Caritat，marquis de 1743—1794）——法国哲学家、社会学家、数学家和政治家；启蒙思想家，18世纪末法国资产阶级革命时期倾向吉伦特派；1769年起为科学院院士，1777年起被选为科学院常任秘书，1782年起为法兰西学院院士；罗伯斯比尔执政后被剥夺公民权；1794年3月27日被捕，两天后死于狱中。——711。

库，萨洛蒙·德——见德库，萨洛蒙。

库尔塞尔-塞讷伊，让·古斯塔夫（Courcelle-Seneuil，Jean-Gustave 1813—1892）——法国经济学家，商人；写有一些关于工业企业经济、信贷和银行问题的著作。——269、690。

库格曼，路德维希（Kugelmann，Ludwig 1828—1902）——德国医生，1848—1849年革命的参加者，国际会员，国际洛桑代表大会（1867）和海牙代表大会（1872）的代表；1862—1874年经常和马克思通信，通报德国的情况；马克思和恩格斯的朋友。——14。

库克斯利（Cooksley，W.）——英国布里斯托尔一家小五金厂厂主。——564。

库斯托第，彼得罗（Custodi，Pietro 1771—1842）——意大利经济学家，16世纪末—19世纪初意大利经济学家的著作的编者。——57、91、108、111、179、185、422、744。

库扎，亚历山大鲁·约翰（Cuza［Kusa］，Alexandru Ion 1820—1873）——罗马尼亚政治活动家，1859—1866年为多瑙河两公国摩尔多瓦和瓦拉几亚（这两个公国于1862年成立了统一的罗马尼亚国家）的国君，称亚历山大·约翰一世，由于反动派的阴谋，被迫退位并流亡国外。——196。

魁奈，弗朗索瓦（Quesnay，François 1694—1774）——法国经济学家，重农学派的创始人；职业是医生。——17、130、372、639、712。

L

拉博尔德伯爵，亚历山大·路易·约瑟夫（Laborde，Alexandre-Louis-Joseph，comte de 1774—1842）——法国考古学家、政治活动家和资产阶级庸俗经济学家，自由主义者。——610。

拉弗尔斯，托马斯·斯坦福（Raffles，Thomas Stamford 1781—1826）——英国殖民地官员，曾任爪哇总督（1811—1816）；《爪哇史》一书的作者。——415、862。

拉马志尼，贝尔纳迪诺（Ramazzini，Bernardino 1633—1714）——意大利医生，

曾收集并整理有关职业病的统计材料。——420。
拉姆福德伯爵，本杰明·汤普森（Rumford，Benjamin Thompson, Count of 1753—1814）——英国物理学家；出生于北美；一度供职于巴伐利亚政府，在英国举办过贫民习艺所。——694。
拉姆赛，乔治（Ramsay，George 1800—1871）——英国经济学家，资产阶级古典政治经济学的后期代表人物之一。——188、192、367、585、655、728。
拉萨尔，斐迪南（Lassalle，Ferdinand 1825—1864）——德国工人运动中的机会主义代表，1848—1849年革命的参加者；全德工人联合会创始人之一和主席（1863）；写有古典古代哲学史、法学史和文学方面的著作。——7、126。
拉沙特尔，克劳德·莫里斯（La Châtre [Lachâtre]，Claude-Maurice 1814—1900）——法国作家、新闻工作者、出版商和书商；空想社会主义者，巴黎公社的参加者；马克思的《资本论》第一卷法文版的出版者。——26、32。
拉斯克尔，爱德华（Lasker, Eduard 1829—1884）——德国法学家和政治活动家，民族自由党创建人和领袖之一；1865年起为普鲁士第二议院议员，1867年起为国会议员。——41。
拉韦涅，路易·加布里埃尔·莱昂斯·吉洛·德（Lavergne，Louis-Gabriel-Léonce-Guilhaud de 1809—1880）——法国资产阶级经济学家和政治活动家，保皇党人，写有农业经济方面的著作。——578、609、819。
莱瑟比，亨利（Letheby, Henry 1816—1876）——英国医生和化学家。——295。
莱斯特伯爵，罗伯特·达德利（Leicester，Robert Dudley，Earl of 1532 前后—1588）——英国女王伊丽莎白的宠臣，1588年为奉命保卫英国抵御西班牙入侵的英军司令。——797。
莱特（Wright）——794。
莱特，托马斯（Wright，Thomas 1711—1786）——英国自然科学家。——833。
莱特伯恩，约翰（Lightbourne, John）——286。
莱维，莱昂内（Levi, Leone 1821—1888）——英国经济学家、统计学家和法学家；写有商法方面的著作；理·科布顿的朋友。——841。
莱文斯顿，皮尔西（Ravenstone，Piercy 死于1830年）——英国经济学家，李嘉图主义者，维护无产阶级利益，反对马尔萨斯主义。——494、585。
莱辛，哥特霍尔德·埃夫拉伊姆（Lessing，Gotthold Ephraim 1729—1781）——德国作家、评论家、剧作家和文学史家，启蒙思想家。——22。
赖德（Ryder）——英国工厂主和发明家。——447。

赖希，爱德华（Reich，Eduard 1836—1919）——德国医生，写有一些关于公共卫生和卫生学问题的著作。——420。

兰盖，西蒙·尼古拉·昂利（Linguet, Simon-Nicolas-Henri 1736—1794）——法国律师、政论家、历史学家和经济学家；反对重农学派，对资产阶级自由和资本主义私有制、法律作了批判。——270、332、388、711、847。

兰格，赛米尔（Laing, Samuel 1810—1897）——英国法学家、政治活动家和政论家，议会议员，自由党人；曾任英国铁路公司某些高级职务。——231、741、758、777。

朗格，弗兰西斯·戴维（Longe, Francis Davy 1831—1910）——英国法学家。——283、522、557。

朗切洛蒂，塞孔多（Lancellotti，Secondo 1575—1643）——意大利考古学家和历史学家，曾任修道院长；写有一些历史方面的著作。——492。

劳埃德，赛米尔·琼斯，奥弗斯顿男爵（Loyd, Samuel Jones，Baron Overstone 1796—1883）——英国银行家和资产阶级经济学家，"通货原理"学派的主要代表人物，议会议员（1819—1826）。——146、168。

勒蒙泰，皮埃尔·爱德华（Lemontey，Pierre-Édouard 1762—1826）——法国历史学家、经济学家和政治活动家，立法议会议员（1791—1792）。——419。

勒特罗纳，吉约姆·弗朗索瓦（Le Trosne，Guillaume-François 1728—1780）——法国资产阶级经济学家，重农主义者。——49、52、110、122、133、138、142、169、184、185、188、190、244。

雷德格雷夫，亚历山大（Redgrave，Alexander 1818—1894）——英国官员，曾任工厂视察员（1878年以前）。——309、434、456、463、479、499、516、524、526、629、647、648。

雷尼奥，埃利亚斯·若尔日·奥利瓦（Regnault，Élias-Georges-Oliva 1801—1868）——法国历史学家和政论家，国家官员。——276。

李比希男爵，尤斯图斯（Liebig，Justus Freiherr von 1803—1873）——德国化学家，农业化学的创始人。——277、381、444、580、661。

李嘉图，大卫（Ricardo，David 1772—1823）——英国经济学家，资产阶级古典政治经济学最著名的代表人物。——16、19、78、79、94、98、102、146、168、194、219、238、265、356、445、451、453、469、495、497、504、580、590、596、598、604、649、661、680、700、701、709、728、869。

李奇，耶利米（Leach，Jeremiah）——286。

李奇尼乌斯(盖尤斯·李奇尼乌斯·斯托洛)(Gaius Licinius Stolo 公元前4世纪上半叶)——罗马国务活动家,护民官,曾和塞克斯蒂乌斯共同制定保护平民利益的法律。——835。

李斯特——见马沙姆男爵,赛米尔·坎利夫·李斯特。

里德,乔治(Read,George 19世纪上半叶)——英国经济学家和历史学家,《面包业的历史》一书作者。——290。

理查森,本杰明(Richardson,Benjamin 1828—1896)——英国医生,写有一些关于公共卫生和卫生学问题的著作。——295、297。

利(Leigh)——英国医生,伦敦的保健医官。——739。

利希诺夫斯基公爵,费利克斯·玛丽(Lichnowski [Lychnowsky],Felix Maria Fürst von 1814—1848)——普鲁士军官,西里西亚大地主,法兰克福国民议会议员,属于右派;1848年法兰克福九月起义时与汉·阿·埃·冯·奥尔斯瓦尔德一起被人民打死;他是海涅的诗《阿塔·特洛尔》和维尔特的著作《著名的骑士施纳普汉斯基的生平事迹》中一个讽刺人物的典型。——683。

列沙白里哀,伊萨克·勒奈·居伊(Le Chapelier,Isaak-René-Guy 1754—1794)——法国政治活动家,1791年6月14日通过的禁止工人结社和罢工的法案起草人,在雅各宾专政时期因参加阴谋活动被处死。——851。

琉善(Lucianus [Lukianus]约120—180)——古希腊讽刺作家,无神论者。——713。

卢-拉维涅,皮埃尔·塞勒斯坦(Roux-Lavergne,Pierre-Célestin 1802—1874)——法国历史学家和哲学家。——851。

卢格,阿尔诺德(Ruge,Arnold 1802—1880)——德国政论家,青年黑格尔分子,《哈雷年鉴》的出版者,《莱茵报》的撰稿人,1842—1843年同马克思一起编辑《德法年鉴》;1844年中起反对马克思,1848年为法兰克福国民议会议员,属于左派,50年代是在英国的德国小资产阶级流亡者领袖之一;1866年后成为民族自由党人。——92、177、191。

卢克莱修(梯特·卢克莱修·卡鲁斯)(Titus Lucretius Carus 约公元前99—55)——罗马哲学家和诗人,唯物主义者,无神论者。——249。

卢梭,让·雅克(Rousseau,Jean-Jacques 1712—1778)——法国启蒙运动的主要代表人物,民主主义者,小资产阶级思想家,自然神论哲学家。——856。

鲁本斯,彼得·保尔(Rubens,Peter Paul 1577—1640)——佛兰德大画家。——343。

鲁宾逊(Robinson)——英国一家纺纱厂主。——334。
鲁瓦,约瑟夫(Roy, Joseph)——马克思的《资本论》第一卷和费尔巴哈著作的法文译者。——24、32。
鲁瓦尔·德卡尔,皮·玛丽(Rouard de Card,Pie-Marie 19世纪)——法国神学家。——289。
路德,马丁(Luther,Martin 1483—1546)——德国神学家,宗教改革运动的活动家,德国新教路德宗的创始人,德国市民等级的思想家,温和派的主要代表;在1525年农民战争时期,站在诸侯方面反对起义农民和城市平民。——159、224、358、684、864。
路易十四(Louis XIV 1638—1715)——法国国王(1643—1715)。——164。
路易十六(Louis XVI 1754—1793)——法国国王(1774—1792),18世纪末法国资产阶级革命时期被处死。——846。
路易-菲力浦一世(路易-菲力浦),奥尔良公爵(Louis-Philippe I [Louis-Philippe], duc d'Orléans 1773—1850)——法国国王(1830—1848)。——321。
路易·波拿巴——见拿破仑第三。
罗,约翰(劳里斯顿的约翰·罗)(Law,John of Lauriston 1671—1729)——英国经济学家和金融家;曾任法国财政总监(1719—1720),以发行纸币的投机活动而闻名。——110、712。
罗伯茨,乔治(Roberts,Sir George 1803—1860)——英国历史学家,写有关于英国南部各郡的历史著作。——828。
罗伯逊,乔治(Robertson,George 1750—1832)——英国著作家,《政治经济学论文集。论当前国家贫困的主要原因》的作者。——604。
罗德戴尔伯爵,詹姆斯·梅特兰(Lauderdale,James Maitland,Earl of 1759—1839)——英国资产阶级政治活动家和庸俗政治经济学家;亚·斯密理论的批评者。——404。
罗哈奇(Rohatzsch,R. H. 19世纪上半叶)——德国医生。——420。
罗杰斯,詹姆斯·埃德温·索罗尔德(Rogers,James Edwin Thorold 1823—1890)——英国资产阶级经济学家,写有英国国民经济史方面的著作。——775、781、830、859。
罗日埃,沙尔·拉图尔(Rogier,Charles-Latour 1800—1885)——比利时国务活动家,温和的自由党人;1847—1852年任内务大臣。——319。
罗素伯爵,约翰(Russell,John,Earl of 1792—1878)——英国国务活动家,辉格党

领袖，议会议员，曾任内务大臣（1835—1839），陆军和殖民大臣（1839—1842），首相（1846—1852和1865—1866），外交大臣（1852—1853和1859—1865），枢密院院长（1854—1855）；1855年作为英国代表参加维也纳会议。——678、832。

罗西伯爵，佩莱格里诺·路易吉·爱德华多（Rossi，Pellegrino Luigi Edoardo，conte 1787—1848）——意大利资产阶级庸俗经济学家、法学家和政治家；长期住在法国。——201、660。

罗雪尔，威廉·格奥尔格·弗里德里希（Roscher，Wilhelm Georg Friedrich 1817—1894）——德国庸俗经济学家，莱比锡大学教授，政治经济学中的历史学派的创始人。——112、186、239、251、264、304、376、421、709。

罗伊，亨利（Roy，Henry）——英国医生和经济学家。——162、752。

洛贝尔图斯-亚格措夫，约翰·卡尔（Rodbertus-Jagetzow，Johann Karl 1805—1875）——德国庸俗经济学家和政治活动家，资产阶级化的普鲁士容克的思想家，普鲁士容克的"国家社会主义"理论家。——608。

洛德（Lord）——英国伦敦的童工调查委员会委员。——300、543。

洛克，约翰（Locke, John 1632—1704）——英国唯物主义经验论哲学家和经济学家，启蒙思想家，早期资产阶级天赋人权理论的代表。——48、110、122、147、176、448、712。

洛朗，奥古斯特（Laurent，Auguste 1807—1853）——法国化学家，同热拉尔一起对分子和原子的概念作了更为精确的阐述。——358。

M

马蒂诺，哈丽雅特（Martineau，Harriet 1802—1876）——英国女作家，马尔萨斯主义的鼓吹者。——731。

马丁，亨利（Martyn, Henry 死于1721年）——英国法学家和政治活动家；写有关于商业问题的著作。——371、393、399、400。

马尔萨斯，托马斯·罗伯特（Malthus，Thomas Robert 1766—1834）——英国经济学家，教士，人口论的主要代表。——189、246、365、408、580、604、641、655、661、668、678、679、687、688、690、700、704、711、731、745、809。

马克思-艾威林，爱琳娜（杜西）（Marx-Aveling，Eleanor [Tussy] 1855—1898）——英国工人运动和国际工人运动的活动家、政论家、社会民主联盟成员，社会主义同盟创始人之一（1884）；曾在恩格斯直接领导下工作，积极参加非熟练工人群众运动的组织工作，1889年伦敦码头工人罢工的组织者之一；

1889、1891和1893年国际社会主义工人代表大会代表；马克思的小女儿，爱·艾威林的妻子（1884年起）。——31、36、43、44。

马克西米利安（哈布斯堡的）（Maximilian von Habsburg 1832—1867）——奥地利大公，在意大利的奥国领地总督（1857—1859），在英法西武装干涉墨西哥时期被宣布为墨西哥傀儡帝国的皇帝（1864—1867），1867年被墨西哥爱国者枪毙。——196。

马利特（Mallett）——英国工厂主。——282。

马姆兹伯里伯爵，詹姆斯·哈里斯（Malmesbury，James Harris，Earl of 1746—1820）——英国外交家和国务活动家，辉格党人；驻圣彼得堡大使（1777—1782）。——422。

马沙姆男爵，赛米尔·坎利夫·李斯特（Masham，Samuel Cunliffe Lister，Baron 1815—1906）——英国工业家和发明家。——436。

马西，约瑟夫（Massie，Joseph 死于1784年）——英国经济学家，资产阶级古典政治经济学的代表人物。——588。

马歇尔，威廉（Marshall，William）——英国一家玻璃手工工场的总经理。——405。

马修曼，亨利（Matthewman，Henry）——300。

迈尔，西格蒙德（Mayer，Sigmund）——奥地利维也纳的工厂主。——15。

迈耶尔，鲁道夫·海尔曼（Meyer，Rudolph Hermann 1839—1899）——德国资产阶级经济学家和政论家，保守党人；《第四等级的解放斗争》、《德国政界的滥设企业者和营私舞弊》等书的作者。——277、608。

麦岑，奥古斯特（Meitzen，August 1822—1910）——德国资产阶级统计学家、历史学家和经济史学家，1867—1882年在普鲁士和德意志帝国统计管理局工作；写有德国土地关系史方面的著作。——275。

麦格雷戈，约翰（MacGregor，John 1797—1857）——英国统计学家和历史学家，自由贸易派，议会议员，英国皇家银行的创办人，并为董事之一（1849—1856），写有统计学方面的著作。——316。

麦考莱，托马斯·巴宾顿（Macaulay，Thomas Babington 1800—1859）——英国历史学家和政治活动家，辉格党人，议会议员；印度总督所属参事室参事（1833—1838）；曾主持制定印度刑法典，这部法典于1860年被批准为法律。——315、319、824、830。

麦克贝恩（McBean）——英国医生。——284。

麦克库洛赫，约翰·拉姆赛（McCulloch，John Ramsay 1789—1864）——英国资产阶级经济学家和统计学家，李嘉图经济学说的庸俗化者。——168、176、179、224、316、373、470、504、509、596、702、705、834。

麦克拉伦，詹姆斯（Maclaren，James 19世纪）——英国资产阶级经济学家，货币流通史的研究者。——118。

麦克劳德，亨利·邓宁（Macleod，Henry Dunning 1821—1902）——英国法学家和庸俗经济学家；主要从事信贷理论研究，阐发了所谓信贷创造资本的理论。——76、180。

曼，托马斯（Mun，Thomas 1571—1641）——英国商人和经济学家，重商主义者，贸易差额论的创立者，1615年起为东印度公司董事。——587。

曼，约翰（Mun，John 1615—1670）——英国商人和经济学家托·曼的儿子，曾出版其父亲的著作。——587。

曼德维尔，贝尔纳德（Mandeville，Bernard 1670—1733）——英国讽刺文学和民主主义的伦理学作家、医生和经济学家。——411、710、712。

毛勒，格奥尔格·路德维希（Maurer，Georg Ludwig 1790—1872）——德国历史学家，古代和中世纪的日耳曼社会制度的研究者；写有中世纪马尔克公社的农业史和制度史方面的著作。——89、275。

梅尔西埃·德拉里维耶尔，保尔·皮埃尔（Mercier de la Rivière，Paul Pierre 1720—1793）——法国资产阶级经济学家，重农学派。——130、132、153、172、175、184、188。

梅克伦堡（梅克尔堡），弗里德里希·阿道夫（Mecklenburg［Meckelburg］，Friedrich Adolf 1809—1881）——德国教师和档案保管员；曾同卡·阿贝尔一起翻译《帝俄驻北京公使馆关于中国及其人民、宗教、制度和社会关系的著述》一书。——150。

梅里韦尔，赫尔曼（Merivale，Herman 1806—1874）——英国经济学家和国务活动家，自由党人；曾任殖民副大臣（1848—1859），印度事务副大臣（1859—1874）。——730、882。

梅涅尼·阿格利巴（Menenius Agrippa 死于公元前493）——古罗马贵族。——417。

门德尔松，莫泽斯（Mendelssohn，Moses 1729—1786）——德国哲学家，自然神论者和启蒙思想家。——22。

蒙森，泰奥多尔（Mommsen，Theodor 1817—1903）——德国历史学家和法学家，柏林大学教师；写有关于古罗马史的著作。——195、199。

蒙塔朗贝尔伯爵，沙尔·福布斯（Montalembert, Charles Forbes, comte de 1810—1870）——法国政治家和政论家，奥尔良党人，第二共和国时期是制宪议会和立法议会议员（1848—1851），天主教党的首脑；1851年十二月二日政变时支持路易·波拿巴，但不久又成为他的反对者；1852年起为法兰西学院院士。——540。

蒙泰伊，阿芒·亚历克西斯（Monteil, Amans-Alexis 1769—1850）——法国资产阶级历史学家。——854。

孟德斯鸠，沙尔（Montesquieu, Charles 1689—1755）——法国哲学家、社会学家、经济学家，18世纪资产阶级启蒙运动的主要代表，立宪君主制的理论家；货币数量论的拥护者；早期资产阶级天赋人权理论的创始人之一。——110、146、711、866。

弥勒，安东（Müller, Anton 16世纪上半叶）——492。

弥勒，亚当·亨利希，尼特多夫骑士（Müller, Adam Heinrich, Ritter von Nitterdorf 1779—1829）——德国政论家和经济学家；德国政治经济学中反映封建贵族利益的浪漫学派的代表人物，亚·斯密的经济学说的反对者。——147。

米拉波伯爵，奥诺雷·加布里埃尔·维克多·里凯蒂（Mirabeau, Honoré-Gabriel-Victor Riqueti, comte de 1749—1791）——法国政论家，18世纪末法国资产阶级革命的活动家，大资产阶级和资产阶级化贵族利益的代表。——549、824、841、856、867。

米拉波侯爵，维克多·里凯蒂（Mirabeau, Victor Riqueti, marquis de 1715—1789）——法国资产阶级经济学家，重农主义者；奥·加·维·里·米拉波伯爵的父亲。——712、877。

摩尔顿，约翰·查默斯（Morton, John Chalmers 1821—1888）——英国农学家，《农业报》编辑（1844—1888），写有关于农业问题的著作。——433、637。

摩尔根，威廉（Morgan, William 1750—1833）——英国经济学家，理·普赖斯著作的出版者；写有一些反对增加军费和国债的文章。——775。

莫尔，托马斯（More, Thomas 1478—1535）——英国国务活动家和人文主义作家；曾任大法官；空想共产主义的最早代表人物之一，《乌托邦》一书的作者。——712、826、845。

莫尔斯沃思从男爵，威廉（Molesworth, Sir William, Baronet 1810—1855）——英国国务活动家，自由党人，议会议员；曾任公共工程大臣（1853—1855）和殖民大臣(1855)。——198。
莫里斯,约翰(Morris, John)——300。
莫利纳里,古斯塔夫·德(Molinari, Gustave de 1819—1912)——比利时资产阶级庸俗经济学家和新闻工作者;自由贸易论者;《政治和文学辩论日报》主编(1876)和《经济学家杂志》的主编(1881)。——185、486、689、883。
莫兹利,亨利(Maudslay, Henry 1771—1831)——英国设计师、工厂主和发明家。——442。
默里,休(Murray, Hugh 1779—1846)——英国地理学家和政论家。——395。
默里,约翰(Murray, John)——283。
墨菲,约翰·尼古拉斯(Murphy, John Nicholas 19世纪)——英国政论家,《爱尔兰的工业、政治和社会》一书的作者。——811。
穆尔,赛米尔(Moore, Samuel 1838—1911)——英国法学家,国际会员,曾将《资本论》第一卷(与爱·艾威林一起)和《共产党宣言》译成英文;50年代为曼彻斯特的厂主;马克思和恩格斯的朋友。——31、32。
穆勒,约翰·斯图亚特(Mill, John Stuart 1806—1873)——英国资产阶级经济学家和实证论哲学家;政治经济学古典学派的模仿者;詹·穆勒的儿子。——17、147、158、427、504、580、590—592、681、688、692、705、859。
穆勒,詹姆斯(Mill, James 1773—1836)——英国资产阶级经济学家、历史学家和哲学家,李嘉图理论的庸俗化者;在哲学方面是边沁的追随者;《英属印度史》一书的作者。——136、146、180、217、231、408、504、580、655、658、661、705。

N

拿破仑第三(路易-拿破仑·波拿巴)(Napoléon III [Louis-Napoléon Bonaparte] 1808—1873)——法兰西第二共和国总统(1848—1851),法国皇帝(1852—1870),拿破仑第一的侄子。——319。
内勒—维克斯公司(Naylor & Vickers)——英国的一家钢铁公司。——301。
内史密斯,詹姆斯(Nasmyth, James 1808—1890)——英国工程师,蒸汽锤的发明者。——443、477、501。
尼布尔,巴托尔德·格奥尔格(Niebuhr, Barthold Georg 1776—1831)——德国古典古代史学家,写有古代史方面的著作,曾在丹麦和普鲁士供职。——272。
牛津伯爵,罗伯特·哈利(Oxford, Robert Harley, Earl of 1661—1724)——英国国务活动家,贵族,初为辉格党人,后为托利党领袖。——831。

纽马奇，威廉（Newmarch，William 1820—1882）——英国经济学家和统计学家，自由贸易的拥护者。——342。

纽曼，弗兰西斯·威廉（Newman，Francis William 1805—1897）——英国语文学家和政论家；资产阶级激进主义者；写有一些关于宗教、政治、社会和经济问题的著作。——831、837。

纽曼，赛米尔·菲力浦斯（Newman，Samuel Philips 1797—1842）——美国哲学家、语文学家和经济学家。——186、241。

纽纳姆，乔治·路易斯（Newnham，George Lewes）——英国律师。——695。

诺思，达德利（North, Dudley 1641—1691）——英国经济学家，资产阶级古典政治经济学最初的代表人物。——122、144、147、158、448、712。

O

欧文，罗伯特（Owen，Robert 1771—1858）——英国空想社会主义者。——94、115、346、464、556、577。

P

帕里，查理·亨利（Parry，Charles Henry 1779—1860）——英国医生，自由贸易的拥护者；写有一些关于经济学和政治问题的著作。——694、695、777。

帕里，威廉·爱德华（Parry, William Edward 1790—1855）——英国旅行家，曾考察北极地区。——115。

帕里佐，雅克·泰奥多尔（Parisot，Jacques-Théodore 生于1783年）——法国海军军官和政论家，詹·穆勒的《政治经济学原理》及其他经济学著作的译者。——655。

帕麦斯顿子爵，亨利·约翰·坦普尔（Palmerston，Henry John Temple，Viscount 1784—1865）——英国国务活动家，初为托利党人，1830年起为辉格党领袖，依靠该党右派；曾任军务大臣（1809—1828），外交大臣（1830—1834、1835—1841和1846—1851），内务大臣（1852—1855）和首相（1855—1858和1859—1865）。——524。

帕尼尼，乔万尼·弗兰契斯科（Pagnini，Giovanni Francesco 1715—1789）——意大利经济学家，写有一些关于货币的著作。——111。

帕皮隆，托马斯（Papillon, Thomas 1623—1702）——英国商人和政治活动家，东印度公司董事之一，议会议员。——109。

帕森斯，查理（Parsons，Charles）——英国外科医生。——285。

培根，弗兰西斯，维鲁拉姆男爵，圣奥尔本斯子爵（Bacon，Francis，Baron of Verulam and Viscount of Saint Albans 1561—1626）——英国唯物主义哲学家、政治活动家和法学家、自然科学家和历史学家，英国启蒙运动的倡导者。——448、827。

佩托，赛米尔·莫顿（Peto，Samuel Morton 1809—1889）——英国企业主，从事铁路建筑；自由党人，议会议员；1866年企业破产后退出社会活动。——271。

配第，威廉（Petty，William 1623—1687）——英国经济学家和统计学家，英国资产阶级古典政治经济学的创始人。——56、65、99、111、122、145、166、170、314、364、397、403、422、494、639、712、713。

皮尔（Peel 19世纪初）——在北美的英国殖民者。——878。

皮尔，罗伯特（Peel，Robert 1750—1830）——英国棉纺织厂厂主，议会议员，托利党人；英国首相罗·皮尔的父亲。——869。

皮尔，罗伯特（Peel，Robert 1788—1850）——英国国务活动家和经济学家，托利党温和派（亦称皮尔派，该派即因他而得名）的领袖；曾任内务大臣（1822—1827和1828—1830），首相（1834—1835和1841—1846）；1844年和1845年银行法的起草人；在自由党人的支持下废除了谷物法（1846）。——17、167、269、869、886。

皮特（小皮特），威廉（Pitt，William, the Younger 1759—1806）——英国国务活动家，托利党领袖之一；反对18世纪末法国资产阶级革命的战争的主要策划者之一；1781年起为议会议员；曾任财政大臣（1782—1783）和首相（1783—1801和1804—1806）。——849。

皮由兹，菲力浦（Pusey，Philipp 1799—1855）——英国政治活动家，大地主，托利党人。——780。

平达（Pindaros 约公元前522—442）——古希腊抒情诗人，写有一些瑰丽的颂诗。——176、482、752、870。

平托，伊萨克·德（Pinto，Isaac de 1715—1787）——荷兰的大证券交易商和经济学家；写有经济学方面的著作。——176。

蒲鲁东，皮埃尔·约瑟夫（Proudhon，Pierre-Joseph 1809—1865）——法国政论家、经济学家和社会学家，小资产阶级思想家，无政府主义理论的创始人，第二共和国时期是制宪议会议员（1848）。——85、99、103、589、616、678。

普赖斯，理查（Price，Richard 1723—1791）——英国政论家、经济学家和道德论哲学家；资产阶级激进主义者。——316、775、834。

普罗塔哥拉(阿布德拉的)(Protagoras of Abdera 公元前约480—410)——古希腊哲学家，鼓吹奴隶主民主制的思想家。——288。

Q

奇斯曼(Cheesman)——英国一家面包店的老板。——291。

乔治二世(George II 1683—1760)——英国国王和汉诺威选帝侯(1727—1760)——52、117、849。

乔治三世(George III 1738—1820)——英国国王(1760—1820)——849。

琼斯，理查(Jones，Richard 1790—1855)——英国经济学家，资产阶级古典政治经济学的最后代表。——37、357、372、382、387、656、678、690、728。

R

热拉尔，沙尔·弗雷德里克(Gerhardt，Charles-Frédéric 1816—1856)——法国化学家，同洛朗一起对分子和原子的概念作了更为精确的阐述。——358。

若弗鲁瓦·圣伊莱尔，埃蒂耶纳(Geoffroy Saint-Hilaire，Étienne 1772—1844)——法国动物学家，进化论者，查·达尔文的先驱者之一。——855。

S

萨德勒，迈克尔·托马斯(Sadler，Michael Thomas 1780—1835)——英国经济学家、政治活动家和政论家，托利党人，慈善家；马尔萨斯人口论的反对者。——777、810。

萨默斯，罗伯特(Somers，Robert 1822—1891)——英国政论家和新闻工作者。——831、840、841。

萨瑟兰公爵夫人，哈丽雅特·伊丽莎白·乔治亚娜·鲁森-高尔(Sutherland，Harriet Elizabeth Georgiana Leveson-Gower, Duchess of 1806—1868)——苏格兰大地主，伊·鲁森-高尔·萨瑟兰的儿媳。——838、839。

萨瑟兰女伯爵，伊丽莎白·鲁森-高尔，斯塔福德侯爵夫人，萨瑟兰公爵夫人(Sutherland，Elizabeth Leveson-Gower，Countess of，Marchioness of Stafford，Duchess of 1765—1839)——苏格兰大地主，斯塔福德侯爵的妻子，哈·伊·乔·鲁森-高尔·萨瑟兰的婆婆。——838。

萨伊，让·巴蒂斯特(Say，Jean-Baptiste 1767—1832)——法国资产阶级经济学

家，庸俗政治经济学的代表人物，最先系统地阐述“生产三要素”论。——98、136、179、190、225、239、419、445、507、596、616、687、700、701。

塞克洛普(Cyklops)——英国卡姆梅尔公司的一家钢铁厂。——302。

塞克斯都·恩披里柯(Sextus Empiricus 2世纪下半叶)——古希腊医生和怀疑派哲学家。——423。

桑德兰伯爵，罗伯特·斯宾塞(Sunderland，Robert Spencer，Earl of 1640—1702)——英国政治家，贵族。——831。

桑德森(Sanderson, E. F.)——英国桑德森兄弟公司的老板之一。——302—304。

桑德森兄弟公司(Sanderson，Bros. & Co.)——英国阿特克利夫的炼钢、压延、锻铁工厂。——302—304。

桑德斯，罗伯特·约翰(Saunders，Robert John)——英国官员，曾任工厂视察员(19世纪40年代)。——336、348、464。

桑顿，威廉·托马斯(Thornton，William Thomas 1813—1880)——英国资产阶级经济学家，约·斯·穆勒的追随者。——199、311、826。

色诺芬(Xenophon 约公元前430—354)——古希腊历史学家和哲学家，奴隶主阶级的思想家；自然经济的拥护者；写有历史、经济和哲学方面的著作。——424。

沙白里哀——见列沙白里哀，伊萨克·勒奈·居伊。

沙利文(Sullivan)——863。

沙乌，华金·弗雷德里克(Schouw，Joakim Frederik 1789—1852)——丹麦植物学家。——589。

莎士比亚，威廉(Shakespeare，William 1564—1616)——英国戏剧家和诗人。——155、560、853。

舍尔比利埃，安东·埃利泽(Cherbuliez，Antoine-Élisée 1797—1869)——瑞士经济学家，西斯蒙第的追随者，把西斯蒙第的理论和李嘉图理论的某些原理结合在一起。——212、217、674。

舍伐利埃，让·巴蒂斯特·阿尔丰斯(Chevallier，Jean-Baptiste-Alphonse 1793—1879)——法国化学家和药学家。——288。

舍夫茨别利伯爵，安东尼·阿什利·库珀(Shaftesbury，Anthony Ashley Cooper，Earl of 1801—1885)——英国政治活动家，40年代为议会中托利党人慈善家集团领袖，1847年起为辉格党人，议会议员，低教会派的拥护者；1855年为克里木英军医疗状况调查委员会主席；帕麦斯顿的女婿。——463、475、476、

778。
圣西门，昂利(Saint-Simon，Henri 1760—1825)——法国空想社会主义者。——688。
圣哲罗姆——见哲罗姆。
施特鲁斯堡，贝特尔·亨利(Strousberg [Stroußberg]，Bethel Henry 原名巴鲁赫·希尔施·施特劳斯堡Baruch Hirsch Strausberg 1823—1884)——德国铁路承包商，1855年以前住在伦敦，以后住在柏林；1875年破产。——271。
施托尔贝格伯爵，克里斯蒂安(Stolberg，Christian Graf zu 1748—1821)——德国诗人和翻译家。——470。
施托尔希，安德烈·卡尔洛维奇(Шторх，Андрей Карлович 原名亨利希·弗里德里希·冯·施托尔希Heinrich Friedrich von Storch 1766—1835)——俄国经济学家、目录学家、统计学家和历史学家，德国人；彼得堡科学院院士，资产阶级古典政治经济学的模仿者。——202、212、407、416、417、682、745。
施韦格霍伊泽，约翰(Schweighäuser，Johann 1742—1830)——德国语文学家和哲学家，阿泰纳奥斯和其他希腊著作家著作的编者。——121。
什鲁斯伯里公爵，查理·塔尔博特(Shrewsbury，Charles Talbot，Duke of 1660—1718)——英国国务活动家，托利党人，1714年任首相。——831。
舒尔采-德里奇，弗兰茨·海尔曼(Schulze-Delitzsch，Franz Hermann 1808—1883)——德国政治活动家和资产阶级庸俗经济学家，1848年是普鲁士国民议会议员，属于中间派左翼；主张在普鲁士的霸权下"自上"统一德国，民族联盟创始人之一(1859)；60年代是进步党领袖之一，国会议员(1867年起)；曾企图用组织合作社的办法来使工人脱离革命斗争。——7、264。
舒尔茨，威廉(Schulz，Wilhelm 1797—1860)——德国政论家；1833年被判处五年要塞监禁，1834年逃跑，流亡瑞士至1848年；同尤·福禄培尔和阿·卢格有密切联系；德国1848—1849年革命的参加者，法兰克福国民议会议员，属于左派。——428。
斯宾诺莎，巴鲁赫(贝奈狄克特)(Spinoza，Baruch[Benedictus]1632—1677)——荷兰唯物主义哲学家，无神论者。——22、356、688。
斯蒂文斯(Stevens)——英国医生。——767、769。
斯卡尔培克，弗里德里克(Skarbek，Fryderyk 1792—1866)——波兰经济学家，华沙大学教授；亚·斯密的追随者。——380、407。
斯克里文，赛米尔(Scriven，Samuel)——英国童工调查委员会委员。——283。

斯克罗普，乔治·朱利叶斯·波利特（Scrope，George Julius Poulett 1797—1876）——英国经济学家和地质学家；马尔萨斯主义的反对者；议会议员。——689。

斯隆，汉斯（Sloane, Hans 1660—1753）——英国医生和自然科学家，从事书籍和手稿的收藏，1753年把全部收藏和另外两个私人藏书库合并，创立了英国最大的国家博物馆——英国博物馆。——831。

斯密，亚当（Smith，Adam 1723—1790）——英国经济学家，资产阶级古典政治经济学最著名的代表人物。——19、60、99、145、147、194、315、403、410、419、422、472、529、580、596、611、615、617、620、639、644、646、656、681、682、686、706、709、711、713、715、717、741、754、820、838、847、871。

斯密斯（Smith）——英国曼彻斯特一家工厂的股东兼经理。——286、287。

斯密斯，爱德华（Smith，Edward 1818前后—1874）——英国医生，枢密院卫生顾问和调查工人区居民饮食状况的医务专使，济贫法委员会委员。——454、628、754。

斯密斯，戈尔德温（Smith，Goldwin 1823—1910）——英国资产阶级历史学家，经济学家和政论家；自由党人；在政治经济学方面是曼彻斯特学派的拥护者，英格兰在爱尔兰的殖民政策的辩护士；1868年迁居美国；1871年起住在加拿大。——859。

斯密斯，威廉（Smith，William）——300。

斯密斯，约翰（Smith，John）——爱尔兰爱丁堡的典狱官。——782。

斯内尔（Snell）——556。

斯尼格（Snigge）——英国律师，詹姆斯一世时的法官。——829。

斯帕克斯，贾雷德（Sparks，Jared 1789—1866）——美国历史学家和教育家；富兰克林著作的出版者。——65、191。

斯塔福德，威廉（Stafford，William 1554—1612）——英国经济学家，重商主义的早期代表人物。——853。

斯特拉恩，威廉（Strahan，William 1715—1785）——英国出版商，大·休谟、亚·斯密等人的著作的出版者。——713。

斯特赖普，约翰（Strype，John 1643—1737）——英国教会史学家。——845。

斯特兰奇，威廉（Strange，William）——英国医生，《健康的七要素》（1864）的作者。——298。

斯特罗克，阿奇博尔德（Sturrock，Archibald）——英国大北铁路公司机务处主任。——498。

斯特普尔顿(Stapleton)——英国政治活动家,保守党人,议会议员。——693。

斯图亚特,查理·爱德华·路易·菲力浦·卡西米尔(Stuart,Charles Edward Louis Philip Casimir 1720—1788)——英国斯图亚特王朝的后裔,王位僭望者。——838。

斯图亚特,杜格尔德(Stewart, Dugald 1753—1828)——苏格兰哲学家和经济学家;哲学上唯心主义派别——所谓健全理智的哲学的代表人物;亚·斯密的反对者。——372、399、417、559。

斯图亚特,亨利·罗伯特,卡斯尔雷子爵(Stewart,Henry Robert,Viscount Castlereagh 1769—1822)——英国政治活动家,托利党人,议会议员;曾任陆军和殖民大臣(1805—1806和1807—1809)、外交大臣(1812—1822),英国政府出席维也纳会议的代表。——493。

斯图亚特,詹姆斯(Stuart,James 1775—1849)——英国医生和政论家,工厂视察员。——333、360。

斯图亚特,詹姆斯(Steuart,James 1712—1780)——英国资产阶级经济学家,重商主义的最后代表人物之一,货币数量论的反对者。——37、145、169、174、209、386、408、494、639、711、745、825、838、855。

斯图亚特,詹姆斯(Steuart, James 1744—1839)——英国将军,曾出版其父亲詹·斯图亚特的著作。——174。

斯图亚特王朝——苏格兰王朝(1371—1714)和英格兰王朝(1603—1649和1660—1714)。——831。

苏利公爵,马克西米利安·德·贝坦(Sully,Maximilien de Béthune,duc de 1560—1641)——法国国务活动家,重商主义者;国王亨利四世的顾问。——712。

索福克勒斯(Sophocles 公元前497前后—406)——古希腊剧作家,古典悲剧作者。——156。

T

塔夫内尔,爱德华·卡尔顿(Tufnell,Edward Carleton 19世纪)——英国政论家;工厂劳动调查委员会和工人阶级状况调查委员会的成员;《工联的性质、目的和成果》(1834)一书的作者。——305。

塔克尔,乔赛亚(Tucker,Josiah 1712—1799)——英国牧师和经济学家,亚·斯密的先驱。——316、712、871。

塔克特,约翰·德贝尔(Tuckett,John Debell 1786—1864)——英国政论家。——

419、828、858。

塔珀，马丁（Tupper，Martin 1810—1889）——英国诗人，写有一些空泛的劝谕性诗篇。——704。

泰勒，爱德华（Taylor，Edward）——300。

泰勒，塞德利（Taylor，Sedley 19世纪下半叶—20世纪初）——英国资产阶级经济学家，讲坛社会主义的拥护者；英国合作运动参加者，鼓吹工人参与资本分红的制度；80年代企图继续布伦坦诺在70年代开始的诽谤马克思的运动，指责马克思蓄意伪造所引用的资料。——42—44。

坦普尔，威廉（Temple，William 1628—1699）——英国外交官和政治活动家，重商主义者，奥伦治的威廉三世的近臣；写有一些经济和政治问题的著作。——712。

汤普森，本杰明——见拉姆福德伯爵，本杰明·汤普森。

汤普森，威廉（Thompson，William 1775—1833）——爱尔兰经济学家，空想社会主义者，欧文的信徒。——418。

唐森，约瑟夫（Townsend，Joseph 1739—1816）——英国地质学家和社会学家；教士；他提出的人口理论后来为马尔萨斯所利用。——408、711、712、744。

特里门希尔，休·西摩尔（Tremenheere，Hugh Seymour 1804—1893）——英国官员和政论家，曾屡次参加政府的工人劳动条件调查委员会。——289、305。

特纳（Turner）——英国牧师，柴郡威尔姆斯托工业区的教区长。——496。

特纳，威廉（Turner，William）——300。

梯特——见韦斯帕西安（梯特·弗拉维·韦斯帕西安）。

梯也尔，阿道夫（Thiers，Adolphe 1797—1877）——法国国务活动家和历史学家；奥尔良党人，曾先后任内务大臣、贸易和公共事务大臣（1832—1836）、首相（1836和1840）；第二共和国时期是制宪议会和立法议会议员（1848）；第三共和国政府首脑（内阁总理）（1871）、总统（1871—1873）；镇压巴黎公社的刽子手。——509、821。

帖木儿（跛帖木儿）（Tīmūr-i-lang [Tamerlane]1336—1405）——中亚细亚的统帅和征服者，帖木儿王朝（1370—1507）的创立者。——304。

图克，托马斯（Tooke，Thomas 1774—1858）——英国资产阶级经济学家，资产阶级古典政治经济学的代表人物，货币数量论的批评者；写有多卷本的《价格史》。——342。

托雷斯，雅克·德（Thoraisse，Jacques de 14世纪）——法国贵族，贝桑松城堡主。——854。

托伦斯，罗伯特（Torrens，Robert 1780—1864）——英国资产阶级经济学家，自由贸易论者，“通货原理”学派的代表人物，李嘉图经济学说的庸俗化者；否认劳动价值论适用于资本主义生产方式的条件。——188、200、215、466、504。

W

瓦茨，约翰（Watts，John 1818—1887）——英国政论家，早期为空想社会主义者，欧文的信徒；后为资产阶级自由主义者，资本主义制度的辩护士；1853年在伦敦创办“国民人身保险公司”，1857年在曼彻斯特设立分公司。——633、637。

瓦尔皮，蒙塔古（Valpy，Montagu J.）——英国牧师。——282。

瓦伦廷，加布里埃尔·古斯塔夫（Valentin，Gabriel Gustav 1810—1883）——德国物理学家。——555。

瓦什隆—康斯坦丁（Vacheron & Constantin）——瑞士的一家钟表工厂。——398。

瓦特，詹姆斯（Watt，James 1736—1819）——英国商人、工程师和发明家，万能蒸汽发动机的设计者。——432、434、439、442、446、562。

王茂荫（1798—1865）——中国清朝官员，1853年任户部右侍郎兼管钱法堂事务；曾提出将官票宝钞兑现的主张；《条议钞法析》和《论行大钱析》等著作的作者。——149。

威德，本杰明·富兰克林（Wade，Benjamin Franklin 1800—1878）——美国法学家和政治活动家，属于共和党左翼，参议院议长，1867—1869年任副总统；反对美国南部的奴隶制。——10。

威德，约翰（Wade，John 1788—1875）——英国政论家、经济学家和历史学家。——282、314、714。

威尔克斯，马克（Wilks，Mark 1760前后—1831）——英国殖民军军官；长期驻印度，写有一些关于印度的著作。——414。

威尔士亲王夫人——见亚历山德拉。

威尔逊，詹姆斯（Wilson，James 1805—1860）——英国经济学家和政治活动家；议会议员（1847—1859），自由贸易论者；《经济学家》的创办人和编辑；曾任财政部财务次官（1853—1858）、印度财政大臣（1859—1860）；货币数量论的反对者。——264、395。

威兰德，弗兰西斯（Wayland，Francis 1796—1865）——美国神学家、伦理学家和经济学家；曾任普罗维登斯大学校长；著有伦理学、政治经济学和其他通俗教科书。——190、241。

威廉三世（奥伦治的）（William III of Orange 1650—1702）——尼德兰总督（1672—1702），英国国王（1689—1702）。——831。

威廉四世（William IV 1765—1837）——英国国王（1830—1837）。——334。

威廉斯，威廉·芬威克，卡尔斯从男爵（Williams，William Fenwick，Baronet of Kars 1800—1883）——英国将军，1855年克里木战争时期曾指挥卡尔斯保卫战，后投降俄国军队；议会议员（1856—1859）。——147。

威灵顿公爵，阿瑟·韦尔斯利（Wellington，Arthur Wellesley，Duke of 1769—1852）——英国统帅和国务活动家，托利党人；1808—1814年和1815年在反对拿破仑法国的战争中任英军指挥官；历任军械总长（1818—1827），英军总司令（1827—1828和1842—1852），首相（1828—1830），外交大臣（1834—1835）。——147。

威斯特，爱德华（West，Edward 1782—1828）——英国经济学家，资产阶级古典政治经济学的代表人物之一，研究过地租问题。——580、603、624、625。

韦克菲尔德，爱德华·吉本（Wakefield, Edward Gibbon 1796—1862）——英国国务活动家和经济学家，曾提出资产阶级殖民理论。——310、378、615、672、777、877—886。

韦里，彼得罗（Verri，Pietro 1728—1797）——意大利经济学家，重农学派学说的最初批评者之一。——56、109、157、382。

韦奇伍德，乔赛亚（Wedgwood，Josiah 1730—1795）——英国制陶业主和企业家，某种制陶技术的发明者和英国陶器工业的奠基者。——308、312。

韦斯帕西安（梯特·弗拉维·韦斯帕西安）（Titus Flavius Vespasianus 39—81）——罗马皇帝（79—81）。——456。

维多利亚（Victoria 1819—1901）——英国女王（1837—1901）。——300、336。

维尔特，麦克斯（Wirth，Max 1822—1900）——德国资产阶级庸俗经济学家和政论家。——94、264。

维科，乔万尼·巴蒂斯塔（Vico，Giovanni Battista 1668—1744）——意大利哲学家和社会学家，曾试图确立社会发展的客观规律性。——429。

维利尔斯，查理·佩勒姆（Villiers，Charles Pelham 1802—1898）——英国政治家和法学家，自由贸易派，议会议员；曾任军法总监（1852—1858），济贫法总督察（1859—1866）。——309。

维特，约翰·德（Witt，Johan de 1625—1672）——尼德兰国务活动家，大商业资产阶级利益的代表。——712、867。

文宗——见咸丰。

沃邦侯爵，塞巴斯蒂安·勒普雷特尔（Vauban，Sébastien Le Prêtre［Prestre］，marquis de 1633—1707）——法国元帅，军事工程师，写有筑城学和围攻方面的著作以及经济学著作《王国什一税》。——164。

沃尔弗，弗里德里希·威廉（Wolff，Friedrich Wilhelm 鲁普斯 Lupus 1809—1864）——德国无产阶级革命家和政论家，职业是教员，西里西亚农民的儿子；1834—1839年被关在普鲁士监狱；1846—1847年为布鲁塞尔共产主义通讯委员会委员，共产主义者同盟创始人之一和同盟中央委员会委员（1848年3月起），《新莱茵报》编辑（1848—1849），民主主义者莱茵区域委员会和科隆安全委员会委员；法兰克福国民议会议员，属于极左派；1849年流亡瑞士，1851年迁居英国，1853年起在曼彻斯特当教员；马克思和恩格斯的朋友和战友。——5。

沃尔弗男爵，克里斯蒂安（Wolff，Christian Freiherr von 1679—1754）——德国哲学家，曾将莱布尼茨的哲学加以系统化和通俗化，开明的专制主义和早期资产阶级天赋人权理论的拥护者。——704。

沃康松，雅克·德（Vaucanson，Jacques de 1709—1782）——法国力学家，曾改进织机的构造和发明灵敏的自动装置。——439。

沃克利，玛丽·安妮（Walkley，Mary Anne 1843—1863）——英国女工。——294、295。

沃拉斯顿（Wollaston）——英国牧师。——557。

沃森，约翰·福布斯（Watson，John Forbes 1827—1892）——英国医生、政论家和民族学家；殖民官，曾长期在印度军队任职；1858—1879年任伦敦印度博物馆馆长；写有一些关于印度农业和纺织业的著作。——450。

乌尔卡尔特，戴维（Urquhart，David 1805—1877）——英国外交家、政论家和政治活动家，托利党人，亲土耳其分子；30年代在土耳其执行外交任务，曾揭露帕麦斯顿和辉格党人的对外政策，议会议员（1847—1852）；《自由新闻》（1855—1865）和《外交评论》（1866—1877）的创办人和编辑。——120、421、579、840、857、858。

伍德，威廉（Wood，William）——283。

X

西德茅斯子爵，亨利·阿丁顿（Sidmouth，Henry Addington，Viscount 1757—1844）——英国国务活动家，托利党人；曾任首相兼财政大臣（1801—1804），掌玺大臣（1806—1807），内务大臣（1812—1821）。——493。

西利，罗伯特·本顿（Seeley，Robert Benton 1798—1886）——英国出版商和政论家，资产阶级博爱主义者。——836。

西蒙，约翰（Simon，Sir John 1816—1904）——英国医生，枢密院医官，曾对英国的保健事业进行改革。——459、535、754、757、758、765、768、785—790。

西尼耳，纳索·威廉（Senior，Nassau William 1790—1864）——英国资产阶级庸俗经济学家，反对缩短工作日。——258、259、263、264、304、373、467、504、556、566、625、630、688、702、819、840。

西塞罗（马可·土利乌斯·西塞罗）（Marcus Tullius Cicero 公元前106—43）——罗马国务活动家、雄辩家、著作家和哲学家。——470。

西斯蒙第，让·沙尔·莱奥纳尔·西蒙德·德（Sismondi，Jean-Charles-Léonard Simonde de 1773—1842）——瑞士经济学家和历史学家，政治经济学中浪漫学派的代表人物。——16、181、202、272、366、615、654、666、671、675、676、687、731、746、873。

希，威廉（Shee，William 1804—1868）——爱尔兰法学家和政治活动家，自由党人，议会议员。——489。

希律（Herod 公元前73—4）——犹太国王（公元前40—4）。——464。

咸丰（1831—1861）——中国清朝皇帝（1850—1861）。——149。

肖莱马，卡尔（Schorlemmer，Carl 1834—1892）——德国化学家，有机化学的创始人，辩证唯物主义者，曼彻斯特大学教授（1859年起）；德国社会民主党党员，国际会员，60年代初成为马克思和恩格斯的朋友。——358。

辛普森（Simpson）——英国伦敦的一家纸袋纸盒厂厂主。——564。

辛辛纳图斯（鲁齐乌斯·昆克提乌斯·辛辛纳图斯）（Lucius Quinctius Cincinnatus 约公元前519—438）——罗马贵族，执政官（公元前460），独裁者（公元前458和439），据传说，他生活简朴，亲自耕种土地。——215。

休谟，大卫（Hume，David 1711—1776）——英国哲学家、历史学家和经济学家，主观唯心主义者，近代不可知论的创始人；重商主义的反对者，货币数量论的早期代表人物。——145、146、588、639、712、713。

修昔的底斯(Thukydides 约公元前460—400)——古希腊历史学家。——251、423。

Y

亚里士多德(Aristoteles 公元前384—322)——古希腊哲学家,在哲学上摇摆于唯物主义和唯心主义之间,奴隶主阶级的思想家,按其经济观点来说是奴隶占有制自然经济的维护者,他最先分析了价值的形式;柏拉图的学生。——74—75、100、104、178、192、379、469。

亚历山德拉(Alexandra 1844—1925)——丹麦国王克里斯蒂安九世之女,1863年嫁给威尔士亲王,亲王于1901年起为英国国王,称爱德华七世;克拉伦斯公爵的母亲。——294、300。

杨格,阿瑟(Young,Arthur 1741—1820)——英国农学家和资产阶级经济学家,货币数量论的拥护者;18世纪末出版的《爱尔兰游记》一书的作者。——145、265、316、775、784。

耶伦顿,安德鲁(Yarranton,Andrew 1616—约1684)——英国工程师和资产阶级经济学家。——403。

叶卡捷琳娜二世(喀德邻二世)(Екатерина II 1729—1796)——俄国女皇(1762—1796)。——787。

伊壁鸠鲁(Epikouros 约公元前342—270)——古希腊哲学家,无神论者。——97。

伊登,弗雷德里克·莫顿(Eden,Sir Frederic Morton 1766—1809)——英国资产阶级经济学家,亚·斯密的学生。——282、694、710、711、776、777、832、835、836、868、871。

伊丽莎白一世(Elizabeth I 1533—1603)——英国女王(1558—1603)。——314、828、844、848、849。

伊索克拉底(Isocrates 公元前436—338)——古希腊作家和演说家,写有一些抨击性的文章。——424。

伊文思,霍华德(Evans,Howard 1839—1915)——英国政论家。——831。

尤尔,安德鲁(Ure,Andrew 1778—1857)——英国化学家、资产阶级庸俗经济学家,自由贸易论者,写有工业经济学方面的著作。——37、263、304、315、346、373、404、405、425、426、437、465、482—484、488、497、498、502、503、636、642、646。

约翰二世(善人)(Jean II le Bon 1319—1364)——法国国王(1350—1364)。——

847。
约翰·布朗公司(John Brown & Co.)——英国的一家钢铁公司。——301、302。
约翰逊(Johnson)——爱尔兰工人。——816。

Z

泽特贝尔,格奥尔格·阿道夫(Soetbeer,Georg Adolf 1814—1892)——德国经济学家和统计学家。——29。
詹姆斯一世(James I 1566—1625)——英国国王(1603—1625),1567年起为苏格兰国王,称詹姆斯六世。——829、845、848。
詹诺韦西,安东尼奥(Genovesi,Antonio 1712—1769)——意大利唯心主义哲学家和经济学家,重商主义者。——179。
张伯伦,约瑟夫(Chamberlain,Joseph 1836—1914)——英国国务活动家,自由党人,后为自由党人合并派,1873—1875年任伯明翰市市长,曾多年任英国内阁阁员,英布战争的主要策划者之一。——739。
哲罗姆(圣哲罗姆)(Hieronymus [St. Jerome] 347前后—420)——神学家和著作家,生于达尔马提亚,曾把圣经从希腊文译成拉丁文。——123。
左尔格,弗里德里希·阿道夫(Sorge,Friedrich Adolph 1828—1906)——德国教师和新闻工作者,国际工人运动、美国工人运动和社会主义运动的活动家,德国1848—1849年革命的参加者;1852年侨居美国,国际会员,国际美国各支部的组织者,海牙代表大会(1872)代表,纽约总委员会委员和总书记(1872—1874),北美社会主义工人党创始人(1876)之一;马克思和恩格斯的朋友和战友。——32。

文学作品和神话中的人物索引

A

埃卡尔特——德国中世纪传说中的人物，是忠实的人和可靠卫士的典型形象。在关于汤豪塞的传说中，他守在维纳斯的身旁，警告一切想要接近的人说，维纳斯的魔力是很危险的。——318。

安泰——古希腊神话中的巨人，海神波赛东和地神盖娅的儿子。战斗时，他只要身体不离土地，就能从母亲大地身上不断吸取力量，所向无敌。后来，海格立斯发现了他的这个特点，把他举起与地隔开，用手扼死。——684。

安提戈涅——索福克勒斯的同名悲剧中的女主人公。她不顾国王的禁令埋葬了她的被抛尸旷野的哥哥波吕涅克斯，因此被国王下令幽禁在地窖中，最后自缢而死。——156。

奥德赛（乌利斯）——荷马的史诗《伊利亚特》和《奥德赛》中的主要人物，传说中的伊大卡岛国王，特洛伊战争时希腊军队领袖，以大胆、机智、善辩著称。传说他去过阴曹地府，同一些亡灵谈过话。——294。

B

保罗——据圣经传说，是基督教使徒之一；在信基督教之前叫扫罗。——712。

彼得——据圣经传说，是基督教使徒之一，三次不认自己的老师。——124。

柏修斯——古希腊神话中的英雄，是宙斯同丹娜所生的儿子。因神谕他将杀其外祖父，所以出生后即同母亲一起被外祖父装进木箱，投入大海，随流漂至塞里福斯岛。该岛国王欲娶其母，便用计使他去取女怪美杜莎的头。回国后出示女怪头使国王及随从全部变成了石头，救出了母亲。后来又除去海怪，救出埃塞俄比亚公主，并同她结为夫妇。——9。

布西里士——古希腊神话中的埃及国王。——424。

D

代达罗斯——古希腊神话中的能工巧匠。——469。

道勃雷——莎士比亚的喜剧《无事生非》中的人物，自大而愚蠢的官吏的化身。——102、489、695。

德奥——古希腊神话中司掌谷物的女神，亦为丰饶女神，相当于德美特女神。——470。

F

福尔土纳特——德国民间故事中的人物，他有一个神奇的取之不尽的钱袋和一顶隐身帽。——527、747。

浮士德——歌德同名悲剧中的主要人物。——105。

G

该隐——据圣经传说是亚当的长子，出于嫉妒杀死了自己的弟弟亚伯。——859。

高布赛克——巴尔扎克的同名小说中的主人公。——680。

格里昂——古希腊神话中的一个有三个身体的巨人，海格立斯夺走了他的牛，并用箭把他射死。——684。

H

哈默尔恩的捕鼠者——德国民间故事中的人物；传说中的捕鼠者，曾用魔笛替哈默尔恩城的居民消灭了鼠患，而居民没有给以应有的报答，他为了报复，又用魔笛把全城儿童从哈默尔恩城引诱走。——800。

海格立斯——古希腊神话中的一个最为大家喜爱的英雄，以非凡的力气和勇武的功绩著称，他的十二件功绩之一是驯服并抢走地狱之犬塞卜洛士。——488、684。

赫斐斯塔司——古希腊神话中的火神。罗马神话称之为武尔坎。掌管火、火山、冶炼技术和神奇手工艺，被视为工匠的始祖。——469、743。

J

基督——见耶稣基督。

K

卡尔布——席勒的悲剧《阴谋与爱情》中的宫廷侍卫长。——664。
卡库斯——罗马神话中的吐火怪物，火神武尔坎的儿子，住在阿文丁山的山洞里；杀害过路人，被海格立斯打死。——684。
克里斯平——尤维纳利斯的讽刺诗中的人物。——287。
快嘴桂嫂——莎士比亚的剧作《亨利四世》、《亨利五世的一生》和《温莎的风流娘儿们》中的人物，酒店女店主。——61。

L

莱喀古士——传说中的古斯巴达立法者，相传为公元前9世纪—8世纪时候的人。——489。
鲁滨逊·克鲁索——丹·笛福的小说《鲁滨逊漂流记》中的主人公。——94、96。

M

马立托奈斯——塞万提斯的小说《唐·吉诃德》中的一个女人。——104。
美杜莎——古希腊神话中三个蛇发女妖之一，凡是看见她的人都要变成石头；后为柏修斯所杀。转意为可怕的怪物或人。——9。
摩洛赫——古腓尼基和迦太基的宗教中的太阳神、火神和战神，祭祀摩洛赫时要用活人做祭品，因此摩洛赫这一名字成了残忍、吞噬一切的暴力的化身。——758。
摩西——据圣经传说，摩西是先知和立法者，他带领古犹太人摆脱了埃及的奴役并给他们立下了约法。——431、686、883。

P

毗湿奴——印度教中最高的神，居民的富裕阶层多半信仰此教。——689。
普隆涅斯——莎士比亚的悲剧《哈姆雷特》中的人物；一个狡猾多嘴的廷臣。——316。
普路托——罗马神话中的地府之神。——156。
普罗米修斯——古希腊神话中的一个狄坦神，他从天上盗取火种，带给人类；宙斯把他锁缚在悬崖上，令鹰啄他的肝脏，以示惩罚。——743。

Q

丘必特(迪斯必特)——罗马神话中最高的神,雷神,相当于古希腊神话中的宙斯;他为了拐走美人欧罗巴而变成一头公牛。——421、665。

邱比特——罗马神话中的爱神,他被描绘成一个带有弓箭的男孩。——712。

S

撒巴拉——印度传说中的神牛,在印度教中被奉为财富和土地之神。——665。

塞克洛普(独眼巨人)——古希腊神话中的巨人,额头上长有一只眼睛。——293。

赛克斯,比尔——见威廉·赛克斯。

桑格拉都——勒萨日的小说《山悌良那的吉尔·布拉斯奇遇记》中的人物,医生,他医治一切疾病时都给病人放血和让他们喝温水。——817。

桑乔·潘萨——塞万提斯的小说《唐·吉诃德》中的人物,唐·吉诃德的侍从。——738。

圣乔治——见胜者乔治(圣乔治)。

胜者乔治(圣乔治)——传说中的基督教“圣徒”,降龙者。——43。

T

泰门——莎士比亚的剧作《雅典的泰门》中的人物。——155。

唐·吉诃德——塞万提斯同名小说中的主要人物。——100。

托尔——斯堪的纳维亚神话中的雷神,一个斗士,手中握有大锤。——443。

W

威廉·赛克斯(比尔·赛克斯)——狄更斯的小说《奥列佛尔》中的角色,强盗。——509。

X

西可尔——莎士比亚的喜剧《无事生非》中的人物。——102。

息息法斯——古希腊神话中的科林斯王,因欺骗了众神,被罚终生推滚一巨石到山上,每当推到山顶,巨石就会又滚回山下。“息息法斯的劳动”源出于此,意即吃力而徒劳的工作。——156、486。

夏洛克——莎士比亚的剧作《威尼斯商人》中的人物；残酷的高利贷者，他根据借约要求自己的不如期还债的债户割下一磅肉。——332、788。

星期五——丹·笛福的小说《鲁滨逊漂流记》中的人物，鲁滨逊的仆人。——334。

Y

雅各——据圣经传说，是以撒的儿子，古犹太人的始祖；《雅各书》的作者。——671。

雅赫维（耶和华）——犹太教中的主神。——417。

亚伯——据圣经传说，是亚当的次子，由于遭到长兄该隐的嫉妒而被杀害。——859。

亚伯拉罕（原名亚伯兰）——据圣经传说，是古犹太人的族长。——671。

亚当——圣经中人类的始祖，据《创世记》记载，是上帝按照自己的形象用泥土创造的第一个男人。——712、820、879。

耶和华——见雅赫维。

耶稣基督（基督）——传说中的基督教创始人。——300。

以撒——据圣经传说，是亚伯拉罕的儿子，是古犹太人的族长和始祖之一，亚伯拉罕曾把他作为牺牲献给上帝。——671。

Z

札格纳特——古印度教的大神之一毗湿奴的化身之一。——323、743。

忠实的埃卡尔特——见埃卡尔特。

文 献 索 引

卡·马克思和弗·恩格斯的著作

卡·马克思

《答布伦坦诺的文章》(致《人民国家报》编辑部),载于1872年6月1日《人民国家报》(莱比锡)第44号(Antwort auf den ersten Artikel Brentanos. An die Redaktion des "Volksstaat". In: Der Volksstaat. Leipzig. Nr. 44, 1. Juni 1872)。——38。

《答布伦坦诺的第二篇文章》(致《人民国家报》编辑部),载于1872年8月7日《人民国家报》(莱比锡)第63号(Antwort auf den zweiten Artikel Brentanos. An die Redaktion des "Volksstaat". In: Der Volksstaat. Leipzig. Nr. 63, 7. August 1872)。——41。

《雇佣劳动与资本》,载于1849年4月5、6、7、8、11日《新莱茵报》(科隆)第264、265、266、267和269号(Lohnarbeit und Kapital. In: Neue Rheinische Zeitung. Köln. Nr. 264, 5. April 1849; Nr. 265, 6. April 1849; Nr. 266, 7. April 1849; Nr. 267, 8. April 1849; Nr. 269, 11. April 1849)。——667、709、878。

《国际工人协会成立宣言和临时章程。协会于1864年9月28日在伦敦朗-爱克街圣马丁堂举行的公开大会上成立》1864年伦敦版(Address and Provisional Rules of the Working Men's International Association, established September 28, 1864, at a public meeting held at St. Martin's Hall, Long Acre, London. London 1864)。——38。

《路易·波拿巴的雾月十八日》1869年汉堡第2版(Der achtzehnte Brumaire des Louis Bonaparte. 2. Ausg. Hamburg 1869)。——798。

《哲学的贫困。答蒲鲁东先生的〈贫困的哲学〉》1847年巴黎—布鲁塞尔版(Misère de la philosophie. Réponse à la Philosophie de la misère de M.

Proudhon. Paris, Bruxelles 1847）。——99—100、413、416、419、483、616、744。

《政治经济学批判。第一分册》1859年柏林版（Zur Kritik der politischen Oekonomie. H. 1. Berlin 1859）。——7、14、16、20、47、53、55、94—95、100、106、108、115—117、121、136、145、146、160、162、167、168、225、618、716。

《资本论（1863—1865年经济学手稿）》第3册（Das Kapital 〈Ökonomisches Manuskript 1863—1865〉. Drittes Buch）。——249、254、378、491、519、553、598、652、682、819。

《资本论》，约·鲁瓦先生译，译文经作者审定，1872—1875年巴黎版（Le Capital. Trad. de M. J. Roy, entièrement rev. par l'auteur. Paris 1872—1875）。——28、32、36、592、607、742。

《资本论。对资本主义生产的批判分析》，赛·穆尔和爱·艾威林译自德文第3版，弗·恩格斯审定，1887年伦敦版上、下卷（Capital: A critical analysis of capitalist production. Transl. from the 3rd German ed. by S. Moore and E. Aveling and ed. by F. Engels. Vol. 1. 2. London 1887）。——36、726。

《资本论。政治经济学批判》第1卷《资本的生产过程》1867年汉堡版（Das Kapital. Kritik der politischen Oekonomie. B. 1. Buch 1: Der Produktionsprocess des Kapitals. Hamburg 1867）。——253。

《资本论。政治经济学批判》第1卷《资本的生产过程》1872年汉堡修订第2版（Das Kapital. Kritik der politischen Oekonomie. B. 1. Buch 1: Der Produktionsprocess des Kapitals. 2. verb. Aufl. Hamburg 1872）。——27、52、60、65、70、76、78、89、91、94、95、116、118、120、121、134、151、160、167、169、192、211、249、252、253、344、411、451、479、498、514、516、688、714、806、811、841。

《资本论。政治经济学批判》，译自德文第1卷《资本的生产过程》，1872年圣彼得堡版（Капиталь. Критика политической экономии. Перевод с немецкого. Т. 1. Кн. 1: Процесс производства капитала. С. -Петербург 1872）。——19。

《资本论。政治经济学批判》第1卷《资本的生产过程》1883年汉堡增订第3版（Das Kapital. Kritik der politischen Oekonomie. B. 1. Buch 1: Der Produktionsprocess des Kapitals. 3. verm. Aufl. Hamburg 1883）。——36、44、162、192、250、274、293、358、407、446、593、608、725、726。

《资本论。政治经济学批判》第2卷《资本的流通过程》，弗·恩格斯编，1885年汉堡版(Das Kapital. Kritik der politischen Oekonomie. B. 2. Buch 2: Der Cirkulationsprocess des Kapitals. Hrsg. von F. Engels. Hamburg 1885)。——34、651、681、682、706。

弗·恩格斯

《国民经济学批判大纲》，载于1844年《德法年鉴》(巴黎)第1—2期合刊(Umrisse zu einer Kritik der Nationalökonomie. In: Deutsch-Französische Jahrbücher. Paris. 1844. Lfg. 1—2)。——92、177、191、731。

《英国的十小时工作日法》，载于1850年《新莱茵报。政治经济评论》(伦敦—汉堡—纽约)第4期(Die englische Zehnstundenbill. In: Neue Rheinische Zeitung. Politisch-ökonomische Revue. London, Hamburg, New-York. 1850. H. 4)。——337、349。

《英国工人阶级状况。根据亲身观察和可靠材料》1845年莱比锡版(Die Lage der arbeitenden Klasse in England. Nach eigner Anschauung und authentischen Quellen. Leipzig 1845)。——278、283、294、309—310、460、486、487、489、512、700。

卡·马克思和弗·恩格斯

《共产党宣言》(1848年2月发表)1848年伦敦版(Manifest der Kommunistischen Partei. Veröffentlicht im Februar 1848. London 1848)。——560、875。

其他作者的著作

A

阿巴思诺特，约·《当前粮食价格和农场面积相互关系的研究》，一个租地农场主著，1773年伦敦版(Arbuthnot, J.: An inquiry into the connection between the present price of provisions, and the size of farms. With remarks on population as affected thereby. To which are added, proposals for preventing future scarcity. By a farmer. London 1773)。——357、379、381、830、836。

阿庇安《罗马内战》(Appian: Römische Bürgerkriege)——见阿庇安(亚历山大

里亚的)《罗马史》。

阿庇安(亚历山大里亚的)《罗马史》,斐·L. J.迪勒尼乌斯译,1830年斯图加特版第7卷(Appian von Alexandrien: Römische Geschichten. Übers. von F. L. J. Dillenius. B. 7. Stuttgart 1830)。——835。

阿丁顿,斯·《赞成和反对圈地的论据的探讨》1772年伦敦第2版。引自理·普赖斯《评继承支付》1803年伦敦第6版第2卷(Addington, S.: An inquiry into the reasons for and against inclosing open-fields. 2. ed. London 1772. Nach: R. Price: Observations on reversionary payments. 6. ed. Vol. 2. London 1803)。——834。

阿什利,安·《工厂十小时工作日法案。1844年3月15日星期五在下院的演说》1844年伦敦版(Ashley, A.: Ten hours' factory bill. The speech in the House of Commons, on Friday, March 15th, 1844. London 1844)。——463、476。

阿泰纳奥斯《哲人宴》(Athenaeus: Deipnosophistae)。——121、156。

艾金,约·《曼彻斯特市外30—40英里范围内的郊区》1795 年伦敦版(Aikin, J.: A description of the country from thirty to forty miles round Manchester. London 1795)。——685、686、860、869。

安德森,亚·《商业起源古今编年史》(两卷集)1764年伦敦版(Anderson, A.: An historical and chronological deduction of the origin of commerce, from the earliest accounts to the present time. Containing an history of the great commercial interests of the British Empire. With an app. In 2 vols. London 1764)。——855、870。

安德森,詹·《论激励民族创业精神的手段,主要是为了发展苏格兰的农业、商业、工业和渔业。1775年给一位朋友的几封信》1777年爱丁堡版(Anderson, J.: Observations on the means of exciting a spirit of national industry; chiefly intended to promote the agriculture, commerce, manufactures, and fisheries of Scotland. In a ser. of letters to a friend. Written in the year 1775. Edinburgh 1777)。——646、834、838。

安德森,詹·《蜜蜂,或文学周报》1791—1793年爱丁堡版第3卷(Anderson, J.: The bee, or literary weekly intelligencer. Vol. 3. Edinburgh 1791—1793)。——713。

奥姆斯特德,弗·罗·《沿海各蓄奴州旅行记》1856年纽约—伦敦版。引自约·埃·凯尔恩斯《奴隶劳力:它的性质、经过及其可能的前途》1862年伦敦版

(Olmsted, F. L.: A journey in the seaboard slave states. New York, London 1856. Nach: J. E. Cairnes: The slave power: its character, career, & probable designs: being an attempt to explain the real issues involved in the American contest. London 1862)。——229。

奥普戴克，乔·《论政治经济学》1851年纽约版(Opdyke, G.: A treatise on political economy. New York 1851)。——191。

奥日埃，马·《论公共信用及其古今史》1842年巴黎版(Augier, M.: Du crédit public et de son histoire depuis les temps anciens jusqu'à nos jours. Paris 1842)。——871。

奥特斯，贾·《国民经济学》(六卷集)1774年威尼斯版，载于《意大利政治经济学名家文集·现代部分》，彼·库斯托第编，1804年米兰版第21卷(Ortes, G.: Della economia nazionale. Libri 6. 1774 Veneziano. In: Scrittori classici italiani di economia politica. Hrsg. P. Custodi. Parte moderna. T. 21. Milano 1804)。——744。

奥特韦，约·哈·《1860年春季开庭期安特里姆郡贝尔法斯特法庭庭长约·哈·奥特韦先生的判决》，载于《工厂视察员向女王陛下内务大臣所作的报告。截至1860年4月30日为止的半年》1860年伦敦版(Otway, J. H.: Judgment of Mr. J. H. Otway, Chairman of County Sessions. Belfast. Hilary Sessions, County Antrim. 1860. In: Reports of the inspectors of factories to Her Majesty's Principal Secretary of State for the Home Department: for the half year ending 30th April 1860. London 1860)。——320。

B

巴顿，约·《论影响社会上劳动阶级状况的环境》1817年伦敦版(Barton, J.: Observations on the circumstances which influence the condition of the labouring classes of society. London 1817)。——728、776。

巴尔本，尼·《新币轻铸论。答洛克先生关于提高货币价值的意见》1696年伦敦版(Barbon, N.: A discourse concerning coining the new money lighter. In answer to Mr. Lock's considerations about raising the value of money. London 1696)。——48—50、152、168、169。

拜比吉，查·《论机器和工厂的经济》1832年伦敦第1版(Babbage, Ch.: On the economy of machinery and manufactures. 1. ed. London 1832)。——401、

432、449、466。

拜比吉,查·《论机器和工厂的经济》1832年伦敦增订第2版(Babbage, Ch.: On the economy of machinery and manufactures. 2. ed. enl. London 1832)。——404。

拜耳斯,约·巴·《自由贸易的诡辩和通俗政治经济学》,一个律师著,1850年伦敦增订第7版(Byles, J. B.: Sophisms of free-trade and popular political economy examined. By a barrister. 7. ed. with corr. and add. London 1850)。——313、848。

贝恩斯,约·《棉花贸易。对布莱克本文学、科学、技术学校学员所作的有关这个问题的两次演讲》1857年布莱克本—伦敦版。引自《工厂视察员向女王陛下内务大臣所作的报告。截至1858年10月31日为止的半年》1858年伦敦版(Baynes, J.: The cotton trade. Two lectures on the above subject, delivered before the members of the Blackburn Literary, Scientific and Mechanics' Institution. Blackburn, London 1857. Nach: Reports of the inspectors of factories to Her Majesty's Principal Secretary of State for the Home Department: for the half year ending 31st October 1858. London 1858)。——446—447。

贝卡里亚,切·《社会经济原理》,载于《意大利政治经济学名家文集·现代部分》,彼·库斯托第编,1804年米兰版第11卷(Beccaria, C.: Elementi di economia pubblica. In: Scrittori classici italiani di economia politica. Hrsg. P. Custodi. Parte moderna. T. 11. Milano 1804)。——422。

贝克莱,乔·《提问者。几个提交公众讨论的问题》1750年伦敦版(Berkeley, G.: The querist, containing several queries, proposed to the consideration of the public. London 1750)。——389、410。

贝勒斯,约·《关于创办一所一切有用的手工业和农业的劳动学院的建议》1696年伦敦版(Bellers, J.: Proposals for raising a college of industry of all useful trades and husbandry, with profit for the rich, a plentiful living for the poor, and a good education for youth. London 1696)。——162、378、492、562、709。

贝勒斯,约·《论贫民、工业、贸易、殖民地和道德堕落》1699年伦敦版(Bellers, J.: Essays about the poor, manufactures, trade, plantations, and immorality. London 1699)。——154、170、552。

贝利,赛·《对价值的本质、尺度和原因的批判研究,主要是论李嘉图先生及其信徒的著作》,《略论意见的形成和发表》一书的作者著,1825年伦敦版(Bailey, S.: A critical dissertation on the nature, measures, and causes of value; chiefly in reference to the writings of Mr. Ricardo and his followers. By the author of essays on the formation and publication of opinions. London 1825)。——78、101、614。

贝利，赛·《货币及其价值的变动，这种变动对国家工业和金钱契约的影响》，附关于股份银行的附录，1837年伦敦版(Bailey, S.: Money and its vicissitudes in value; as they affect national industry and pecuniary contracts. With a postscript on joint-stock banks. London 1837)。——64、704。

比多，J. N.《大生产工具引起的工业技术和商业中的垄断》第2册《生产和销售的垄断》1828年巴黎版(Bidaut, J. N.: Du monopole qui s'établit dans les arts industriels et le commerce, au moyen des grands appareils de fabrication. Livr. 2: Du monopole de la fabrication et de la vente. Paris 1828)。——372。

比泽，弗·《亚里士多德的哲学，及其内在联系，着重论述他著作中的哲学用语》1842年柏林版第2卷(Biese, F.: Die Philosophie des Aristoteles, in ihrem inneren Zusammenhange, mit besonderer Berücksichtigung des philosophischen Sprachgebrauchs, aus dessen Schriften entwickelt. B. 2: Die besonderen Wissenschaften. Berlin 1842)。——469。

毕舍，菲·约·本·/皮·塞·卢–拉维涅《法国革命议会史，或1789—1815年的国民议会日志》(四十卷集)1834年巴黎版第10卷(Buchez, Ph.-J.-B./P.-C. Roux-Lavergne: Histoire parlementaire de la Révolution française, ou Journal des Assemblées Nationales, depuis 1789 jusqu'en 1815. T. 1—40. T. 10. Paris 1834)。——851。

边沁，耶·《惩罚和奖赏的理论》(两卷集)，埃·杜蒙编，1826年巴黎第3版第2卷(Bentham, J.: Théorie des peines et des récompenses, ouvrage extrait des manuscrits. Par Ét. Dumont. 3. éd. T. 1. 2. T. 2. Paris 1826)。——704。

波斯尔思韦特，玛·《阐明并增进大不列颠商业利益》(两卷集)1759年伦敦第2版(Postlethwayt, M.: Great-Britain's commercial interest explained and improved. 2. ed. Vol. 1. 2. London 1759)。——316。

波斯尔思韦特，玛·《工商业大辞典》。引自约·肯宁安《论手工业和商业》1770年伦敦版(Postlethwayt, M.: The universal dictionary of trade and commerce. With large additions and improvements. Nach: J. Cunningham: An essay on trade and commerce. London 1770)。——316—317。

波特尔，阿·《政治经济学：它的对象、应用和原理。以美国人的生活状况来加以说明》1841年纽约版(Potter, A.: Political economy: its objects, uses, and principles: considered with reference to the condition of the American people. New-York 1841)。——689。

波特尔,埃·《产棉区与移民》,载于1863年3月24日《泰晤士报》(伦敦) 第24514号(Potter, E.: The cotton districts and emigration. In: The Times. London. Nr, 24514, 24. März 1863)。——341、662—665。

伯克,埃·《关于贫困的意见和详情,原系1795年11月向最尊敬的威廉·皮特提出的报告》1800年伦敦版(Burke, E.: Thoughts and details on scarcity, originally presented to the Right Hon. William Pitt, in the month of November, 1795. London 1800)。——240、272、375、871。

伯克,埃·《尊敬的埃德蒙·伯克就贝德福德公爵和罗德戴尔伯爵于本届议会常会开会时在上院对他本人和他的养老金问题进行的责难而给高贵勋爵的信》1796年伦敦版(Burke, E.: A letter from the Right Honourable Edmund Burke to a Noble Lord, on the attacks made upon him and his pension, in the House of Lords, by the Duke of Bedford and the Earl of Lauderdale, early in the present session of Parliament. London 1796)。——832。

柏拉图《理想国》,载于《柏拉图全集》,拜特尔、奥雷利、温克尔曼编,1840年苏黎世版第13卷(Plato: De republica. In: Opera quae feruntur omnia. Recogn. Georgius Baiterus, Caspar Orellius, Augustus Guilielmus Winckelmannus. Vol. 13. Turici 1840)。——422—424。

博克斯霍恩,马·聚·《政治原理》,载于博克斯霍恩《政治论文集》1663年阿姆斯特丹版。引自约·贝克曼《发明史文集》1786年莱比锡修订第2版第1卷(Boxhorn, M. Z.: Institutionum politicarum. In: Boxhorn: Varii tractatus politici. Amstelodami 1663. Nach: J. Beckmann: Beyträge zur Geschichte der Erfindungen. 2. etwas verb. Ausg. B. 1. Leipzig 1786)。——493。

布阿吉尔贝尔,皮·《论财富、货币和赋税的性质》,载于《18世纪的财政经济学家》,欧·德尔编,1843年巴黎版(Boisguillebert, P.: Dissertation sur la nature des richesses, de l'argent et des tributs. In: Économists financiers du XVIIIe siècle. Précédés de notices historiques sur chaque auteur, et accompagnés de commentaires et de notes explicatives, par E. Daire. Paris 1843)。——165。

布坎南,大·《大不列颠赋税和商业政策的研究》1844年爱丁堡版(Buchanan, D.: Inquiry into the taxation and commercial policy of Great Britain. With observations on the principles of currency, and of exchangeable value, Edinburgh 1844)。——149。

布坎南，大·《论斯密博士的〈国民财富的性质和原因的研究〉的内容》1814年爱丁堡版(Buchanan, D.: Observations on the subjects treated of in Dr. Smith's Inquiry into the nature and causes of the wealth of nations. Edinburgh 1814)。——838。

布坎南，大·《为斯密〈国富论〉所加的注释和附录》——见亚·斯密《国民财富的性质和原因的研究》(三卷集)1814年爱丁堡版。

布莱基，罗·《古今政治文献史》(两卷集)1855年伦敦版第2卷(Blakey, R.: The history of political literature from the earliest times. Vol. 1. 2. Vol. 2. London 1855)。——829。

布朗基，日·阿·《工业经济学教程》，阿·布莱斯编，1838—1839年巴黎版(Blanqui, J. A.: Cours d'économie industrielle. Recueilli et ann. par A. Blaise. Paris 1838—1839)。——391。

布朗基，日·阿·《1848年法国的工人阶级》，引自《工厂视察员向女王陛下内务大臣所作的报告。截至1855年10月31日为止的半年》1856年伦敦版(Blanqui, J. A.: Des classes ouvrières en France, pendant l'année 1848. Nach: Reports of the inspectors of factories to Her Majesty's Principal Secretary of State for the Home Department: for the half year ending 31st October 1855. London 1856)。——319。

布鲁克纳，约·《动物界论》1767年莱顿版(Bruckner, J.: Théorie du système animal. Leiden 1767)。——712。

布鲁姆，亨·《关于欧洲列强殖民政策的研究》(两卷集)1803年爱丁堡版第2卷(Brougham, H.: An inquiry into the colonial policy of the European powers. In 2 vols. Vol. 2. Edinburgh 1803)。——870。

布伦坦诺，路·《卡尔·马克思是怎样辩护的。第一部分》，载于1872年7月4日《协和》(柏林)第2年卷第27期(Brentano, L.: Wie Karl Marx sich vertheidigt. I. In: Concordia. Berlin. Jg. 2. Nr. 27, 4. Juli 1872)。——41—42。

布伦坦诺，路·《卡尔·马克思是怎样辩护的。第二部分》，载于1872年7月11日《协和》(柏林)第2年卷第28期(Brentano, L.: Wie Karl Marx sich vertheidigt. II. In: Concordia. Berlin. Jg. 2. Nr. 28, 11. Juli 1872)。——41—42。

布伦坦诺，路·《卡尔·马克思是怎样引证的》，载于1872年3月7日《协和》(柏林)

第2年卷第10期(Brentano, L.: Wie Karl Marx citirt. In: Concordia. Berlin. Jg. 2. Nr. 10, 7. März 1872)。——37—38。

布罗德赫斯特,约·《政治经济学》1842年伦敦版(Broadhurst, J.: Political economy. London 1842)。——70。

布洛克,莫·《德国的社会主义理论家》1872 年巴黎版,引自1872年《经济学家杂志》7月号和8月号(Block, M.: Les théoriciens du socialisme en Allemagne. Extrait du Journal des Économistes. Numéros de juillet et d'août 1872. Paris 1872)。——20。

布瓦洛,埃·《巴黎的技艺和手工业的规章,订于13世纪,并称为手工业手册》1837年巴黎版(Boileau, É: Règlements sur les arts et métiers de Paris, rédigés au XIIIe siècle, et connus sous le nom du Livre des métiers. Avec des notes et une introd. par G. B. Depping. Paris 1837)。——559。

C

查默斯,托·《论政治经济学同社会的道德状况和道德远景的关系》1832年格拉斯哥第2版(Chalmers, Th.: On political economy in connexion with the moral state and moral prospects of society. 2. ed. Glasgow 1832)。——179。

柴尔德,乔·《论贸易,特别是东印度的贸易》1689年伦敦版(Child, J.: A discourse concerning trade, and that in particular of the East-Indies. London 1689)。——109。

车尔尼雪夫斯基,尼·加·《穆勒政治经济学概述》1870年日内瓦—巴塞尔版(Чернышевский, Н. Г.: Очерки из политической экономии по Миллю. Изд. Михаила Элпидина и компании. Genève, Bâle 1870. Сочинения. Т. 4.)。——17。

D

达尔文,查·《根据自然选择即在生存斗争中适者保存的物种起源》,译自英文第3版,附译者H.G.布龙的注释,1863年斯图加特增订第2版(Darwin, Ch.: Über die Entstehung der Arten im Thier- und Pflanzen-Reich durch natürliche Züchtung, oder Erhaltung der vervollkommneten Rassen im Kampfe um's Daseyn. Nach der 3. engl. Aufl. aus dem Engl. übers. und mit Anm. vers. von H. G. Bronn. 2. verb. und sehr verm. Aufl. Stuttgart 1863)。——396。

达菲,加·《维多利亚土地法指南》1862年伦敦版(Duffy, G.: Guide to the land law of Victoria. London 1862)。——886。

德·昆西,托·《政治经济学逻辑》1844年爱丁堡—伦敦版(De Quincey, Th.: The logic of political economy. Edinburgh, London 1844)。——455。

德斯杜特·德·特拉西,安·路·克·《意识形态原理》第4、5部分《论意志及其作用》1826年巴黎版(Destutt de Tracy, A. -L.-C.: Élémens d'idéologie. Pt. 4. 5: Traité de la volonté et de ses effets. Paris 1826)。——183、190、378、380、746。

德斯杜特·德·特拉西,安·路·克·《政治经济学概论》1823年巴黎版(Destutt de Tracy, A.-L.-C.: Traité d'économie politique. Paris 1823)。——183、746。

邓宁,托·约·《工联和罢工》1860年伦敦版(Dunning, Th. J.: Trades' Unions and strikes: their philosophy and intention. London 1860)。——634、637—638、871。

狄奥多鲁斯(西西里的)《史学丛书》(十九卷集),尤·弗·武尔姆译,1827—1829年斯图加特版第1、3卷(Diodorus von Sicilien: Historische Bibliothek. Übers. von J. F. Wurm. B. 1—19. B. 1. 3. Stuttgart 1827—1829)。——167、273、394、425、587。

迪尔克,查·温·《根据政治经济学原理得出的国民困难的原因及其解决办法。给约翰·罗素勋爵的一封信》1821年伦敦版(Dilke, Ch. W.: The source and remedy of the national difficulties, deduced from principles of political economy, in a letter to Lord John Russell. London 1821)。——678。

笛福,丹·《论公共信贷》1710年伦敦版(Defoe, D.: An essay upon public credit. Being an enquiry… London 1710)。——164。

笛卡儿,勒·《论人类》1664年莱顿版(Descartes, R.: De homine. Leyden 1664)。——448。

笛卡儿,勒·《正确运用理性与在科学中寻求真理的方法论》1668年巴黎版(Descartes, R.: Discours de la méthode pour bien conduire sa raison, et chercher la vérité dans les sciences. Paris 1668)。——448。

杜尔哥,安·罗·雅·《关于财富的形成和分配的考察》,载于《杜尔哥全集》,欧·德尔新编,1844年巴黎版第1卷(Turgot, A. R. J.: Réflexions sur la formation et la distribution des richesses. In: Œuvres. Nouv. éd. par E. Daire. T. 1. Paris 1844)。——210、365、611。

杜克佩西奥,爱·《比利时劳动阶级的经济预算。生活资料、工资、人口》1855年布鲁塞尔版(Ducpétiaux, É.: Budgets économiques des classes ouvrières en Belgique. Subsistances, salaries, population. Bruxelles 1855)。——772、774。

杜能,约·亨·冯·《孤立国家的农业和国民经济》1863年罗斯托克版第2卷第2部分(Thünen, J. H. von: Der isolirte Staat in Beziehung auf Landwirthschaft und Nationalökonomie. Th. 2. Abth. 2. Rostock 1863)。——717。

《对货币利息,特别是公债利息的一些看法》1738年伦敦版(Some thoughts on the interest of money in general, and particularly in the public funds. London 1738)。——52、61。

《对擅自弃职离乡工人的惩治。1360年》。引自弗·莫· 伊登《贫民的状况》1797年伦敦版第1卷(The punishment of labourers, &c. departing from their service into another county. 1360. Nach: F. M. Eden: The state of the poor. Vol. 1. London 1797)。——848。

E

恩索尔,乔·《各国人口的研究,驳马尔萨斯先生的人口论》1818年伦敦版(Ensor, G.: An inquiry concerning the population of nations: containing a refutation of Mr. Malthus's Essay on population. London 1818)。——838。

F

范德林特,杰·《货币万能,或试论怎样才能使各阶层人民都有足够的货币》1734年伦敦版 (Vanderlint, J.: Money answers all things: or, an essay to make money sufficiently plentiful amongst all ranks of people, and increase our foreign and domestic trade. London 1734)。——146、154、169、316、364、384。

菲尔登,约·《工厂制度的祸害,或略述工厂中残酷现象的根源》1836年伦敦版(Fielden, J.: The curse of the factory system; or a short account of the origin of factory cruelties. London 1836)。——464、475、869。

菲瑟灵,西·《实用国民经济手册》(共三部)1860—1862年阿姆斯特丹版(Vissering, S.: Handboek van praktische staathuishoudkunde. Dln. 1—3. Amsterdam 1860—1862)。——577。

费里埃,弗·路·《论政府和贸易的相互关系》1805年巴黎版(Ferrier, F.-L.: Du gouvernement considéré dans ses rapports avec le commerce. Paris 1805)。——76。

丰特雷，安·路·《一般大城市特别是里昂城工人的生理卫生和精神卫生》1858年巴黎版。引自《就面包工人的申诉向女王陛下内务大臣所作的报告》1862年伦敦版（Fonteret, A.-L.: Hygiène physique et morale de l'ouvrier dans les grandes villes en général et dans la ville de Lyon en particulier. Paris 1858. Nach: Report addressed to Her Majesty's Principal Secretary of State for the Home Department, relative to the grievances complained of by the journeymen bakers. London 1862）。——420。

弗格森，亚·《论市民社会史》1767年爱丁堡版（Ferguson, A.: An essay on the history of civil society. Edinburgh 1767）。——410、418、420。

弗利特伍德，威·《行情表，或六百年来英国的货币、谷物和其他商品的价格》1707年伦敦版（Fleetwood, W.: Chronicon preciosum: or, an account of English money, the price of corn, and other commodities, for the last 600 years. London 1707）。——314。

弗利特伍德，威·《行情表，或六百年来英国的金银货币、谷物和其他商品的价格》1745 年伦敦版（Fleetwood, W.: Chronicon preciosum: or, an account of English gold and silver money; the price of corn and other commodities; and of stipends, salaries, wages, jointures, portions, day-labour, etc. in England, for 600 years last past. London 1745）。——314。

福蒂斯丘，约·《谈谈英国法律的优越性》1537年伦敦版（Fortescue, J.: De laudibus legum Angliae. London 1537）。——825。

福尔邦奈，弗·韦·杜·德·《商业学入门》1766年莱顿新版第2卷（Forbonnais, F. V.-D.de: Éléments du commerce. Nouv. éd. Pt. 2. Leyden 1766）。—— 110。

福塞特，亨·《英国工人的经济状况》1865年剑桥—伦敦版（Fawcett, H.: The economic position of the British labourer. Cambridge, London 1865）。——642、706、752。

福斯特，纳·《论当前粮价昂贵的原因》（两卷集）1767年伦敦版（Forster, N.: An enquiry into the causes of the present high price of provisions. Pt. 1. 2. London 1767）。——316、492、587、833。

富拉顿，约·《论通货的调整。原理的分析，根据这些原理提出在某些固定的范围内限制英格兰银行和全国其他银行机构将来的贷款发行活动》1845年伦敦增订第2版（Fullarton, J.: On the regulation of currencies; being an examination of the principles, on which it is proposed to restrict, within certain fixed limits, the future issues on credit of the Bank of England, and of the other banking establishments throughout the country. 2. ed. with corr. and add. London 1845)。——151、165、169。

富兰克林，本·《关于国民财富的有待研究的几个问题》，载于《富兰克林全集》（十卷集），贾·斯帕克斯编，附注释和作者传记，1836年波士顿版第2卷(Franklin, B.: Positions to be examined, concerning national wealth. In: The works of B. Franklin. With notes and a life of the author. By J. Sparks. In 10 vols. Vol. 2. Boston 1836)。——191。

富兰克林，本·《试论纸币的性质和必要性》，载于《富兰克林全集》（十卷集），贾·斯帕克斯编，附注释和作者传记，1836年波士顿版第2卷(Franklin, B.: A modest inquiry into the nature and necessity of a paper currency. In: The works of B. Franklin. With notes and a life of the author. By J. Sparks. In 10 vols.Vol. 2. Boston 1836)。——65。

G

哥伦布，克·《寄自牙买加的信》(Columbus, Ch.: Brief aus Jamaika)。——155。

格莱斯顿，威·尤·《1863年4月16日在下院的演说》，载于1863年4月17日《晨报》（伦敦）第24535号(Gladstone, W. E.: Rede im House of Commons, 16. April 1863. In: The Morning Advertiser. London. Nr. 24535, 17. April 1863)。——41。

格雷，约·《国民财富基本原理的说明。驳亚当·斯密博士等人的某些错误论点》1797 年伦敦版(Gray, J.: The essential principles of the wealth of nations, illustrated, in opposition to some false doctrines of Dr. Adam Smith, and others. London 1797)。——187。

格雷格，罗·海·《从工人健康和道德影响看工厂问题。“十小时工作日法案”对英国及其他国家工业的影响》1837年伦敦版。引自《工厂视察员向女王陛下内务大臣所作的报告。截至1848年10月31日为止的半年》1849年伦敦版(Greg, R. H.: The factory question, considered in relation to its effects on the health and morals of those employed in factories. And the “Ten Hours Bill”, in relation to its effects upon the manufactures of England, and those of foreign countries. London 1837. Nach: Reports of the inspectors of factories to Her Majesty's Principal Secretary of State for the Home Department: for the half-year ending 31st October 1848.

London 1849)。——337。

格雷古瓦，昂·《布鲁塞尔轻罪法庭上的印刷工人》1865年布鲁塞尔版(Gregoir, H.: Les typographes devant le Tribunal correctionnel de Bruxelles. Bruxelles 1865)。——639。

格罗夫，威·罗·《物理力的相互关系》，附《论连续性》，1867年伦敦第5版(Grove, W. R.: The correlation of physical forces. 5. ed. Followed by a discourse on continuity. London 1867)。——602。

《各国的工业。工艺、机器和工厂的现况概述》1855年伦敦版第2部(The industry of nations. A survey of the existing state of arts, machines, and manufactures. Pt. 2. London 1855)。——399、442。

《公共经济概论，或论流通手段、农业和工业》，一位初级原理研究者著，1833年卡莱尔版 (Public economy concentrated; or, a connected view of currency, agriculture, and manufactures. By an enquirer into first principles. Carlisle 1833)。——456。

《关于济贫税和食物价格高昂给萨福克郡议会议员邦伯里爵士的一封信，建议减税降价》，萨福克一绅士著，1795年伊普斯威奇版(A Letter to Sir T. C. Bunbury, Bart., one of the Members of Parliament for the County of Suffolk on the poor rates, and the high price of provisions. With some proposals for reducing both. By a Suffolk gentleman. Ipswich 1795)。——830。

H

哈勒，卡·路·冯·《国家学的复兴，或与人为公民状况空想相对立的自然社会状况理论》(六卷集)1816年温特图尔版第1卷(Haller, C. L. von: Restauration der Staats-Wissenschaft oder Theorie des natürlich-geselligen Zustands, der Chimäre des künstlich-bürgerlichen entgegengesetzt. B. 1—6. B. 1. Winterthur 1816)。——448。

哈里斯，詹·《关于幸福的对话》1741年伦敦版(Harris, J.: A dialogue concerning happiness. London 1741)。——422。

哈里斯，詹·《关于幸福的对话》，载于哈里斯《三篇论文》1772年伦敦修订第3版(Harris, J.: Dialogue concerning happiness. In: Harris: Three treatises. 3. ed. rev. and corr. London 1772)。——422。

哈里逊，威·《英国概述》，载于《编年史》第1、2卷，拉·霍林舍德、威·哈里逊等第一次收集和发行，1587年伦敦版（Harrison, W.: The description of England. In: The first and second volumes of Chronicles, first collected and published by R. Holinshed, W. Harrison, and others. London 1587）。——825、845、852。

哈姆，威·《英国的农具和农业机器》1856年不伦瑞克增订第2版（Hamm, W.: Die landwirthschaftlichen Geräthe und Maschinen Englands. Ein Handbuch der landwirthschaftlichen Mechanik und Maschinenkunde, mit einer Schilderung der britischen Agricultur. 2. gänzl. umgearb. und bed. verm. Aufl. Braunschweig 1856）。——578。

哈索尔，阿·希·《揭穿了的掺假行为，或鉴别掺假食物和药品的通俗指南》1861年伦敦第2版（Hassall, A. H.: Adulterations detected or plain instructions for the discovery of frauds in food and medicine. 2. ed. London 1861）。——203、288。

汉森，格·《石勒苏益格—荷尔斯泰因公国农奴制的消灭和地主与农民关系的改变》1861年圣彼得堡版（Hanssen, G.: Die Aufhebung der Leibeigenschaft und die Umgestaltung der gutsherrlich-bäuerlichen Verhältnisse überhaupt in den Herzogthümern Schleswig und Holstein. St. Petersburg 1861）。——275。

汉特，亨·朱·《关于英格兰某些农业区婴儿死亡率过高的报告》（Hunter, H. J.: Report on the excessive mortality of infants in some rural districts of England）。——458。

豪伊特，威·《殖民和基督教。欧洲人对待所有殖民地人民的通俗历史》1838年伦敦版（Howitt, W.: Colonization and Christianity. A popular history of the treatment of the natives by the Europeans in all their colonies. London 1838）。——861。

赫顿，查·《数学教程》（两卷集）1804年伦敦增订第4版第2卷（Hutton, Ch.: A course of mathematics. 4. ed. enl. and corr. In 2 vols. Vol. 2. London 1804）。——428。

赫胥黎，托·亨·《初等生理学讲义》1866年伦敦版（Huxley, Th. H.: Lessons in elementary physiology. London 1866）。——555。

黑格尔，乔·威·弗·《法哲学原理，或自然法和国家学纲要》1840年柏林第2版（《黑格尔全集》第8卷）（Hegel, G. W. F.: Grundlinien der Philosophie des Rechts, oder Naturrecht und Staatswissenschaft im Grundrisse. Hrsg. von Ed. Gans. 2. Aufl. Berlin 1840. Werke. Vollst. Ausg. durch einen Verein von

Freunden des Verewigten… B. 8)。——58、110、196、421。

黑格尔，乔·威·弗·《逻辑学》(两卷集) 第1部《客观逻辑》第1编《存在论》1833年柏林版(《黑格尔全集》第3卷)(Hegel, G. W. F.: Wissenschaft der Logik. Th. 1. 2. Th. 1: Die objektive Logik. Abth. 1: Die Lehre vom Seyn. Hrsg. von L. von Henning. Berlin 1833. Werke. Vollst. Ausg. durch einen Verein von Freunden des Verewigten… B. 3)。——358。

黑格尔，乔·威·弗·《哲学全书纲要》第1部《逻辑学》1840年柏林版(《黑格尔全集》第6卷)(Hegel, G. W. F.: Encyclopädie der philosophischen Wissenschaften im Grundrisse. Th. 1: Die Logik. Hrsg. von L. von Henning. Berlin 1840. Werke. Vollst. Ausg. durch einen Verein von Freunden des Verewigten… B. 6)。——209、303。

华德，约·《维多利亚女王陛下在位初期的特伦特河畔斯托克城》1843年伦敦版。引自《童工调查委员会。1862年。第1号报告》1863年伦敦版(Ward, J.: The borough of Stoke-upon-Trent, in the commencement of the reign of Her Most Gracious Majesty Queen Victoria. London 1843. Nach: Children's employment commission. 1862. First report. London 1863)。——308。

霍布斯，托·《利维坦：或教会国家和市民国家的实质、形式和权力》，载于《霍布斯英文著作集》，威·莫尔斯沃思第一次收集和出版，1839年伦敦版第3卷(Hobbes, Th.: Leviathan: or, the matter, form, and power of a commonwealth, ecclesiastical and civil. In: Hobbes: The English works. Now first coll. and ed. by Sir W. Molesworth. Vol. 3. London 1839)。——198。

霍顿，约·《农业和手工业的改进：关于谷物、家禽、煤、啤酒花、羊毛等的宝贵资料汇编》(四卷集)1727—1728年伦敦版(Houghton, J.: Husbandry and trade improved: being a collection of many valuable materials relating to corn, cattle, coals, hops, wool etc. Vol. 1—4. London 1727—1728)。——492。

霍恩，乔·《给法学博士亚当·斯密的一封信，论他的朋友大卫·休谟的生平和哲学》，一位称做基督徒的人著，1784年牛津第4版(Horne, G.: A letter to Adam Smith LL. D. on the life, death, and philosophy of his friend David Hume. By one of the people called Christians. 4. ed. Oxford 1784)。——713。

霍吉斯金，托·《保护劳动反对资本的要求，或资本非生产性的证明。关于当前雇佣工人的团结》，一个工人著，1825年伦敦版(Hodgskin, Th.: Labour defended against the claims of capital; or, the unproductiveness of capital proved. With reference to the present combinations amongst journeymen. By a labourer. London 1825)。——411、662。

霍吉斯金，托·《财产的自然权利和人为权利的比较》1832年伦敦版(Hodgskin, Th.: The natural and artificial right of property contrasted. A ser. of letters, addressed without permission, to H. Brougham. By the author of "Labour defended against the claims of capital". London 1832)。——860。

霍吉斯金，托·《通俗政治经济学。在伦敦技术学校的四次演讲》1827年伦敦版(Hodgskin, Th.: Popular political economy. Four lectures delivered at the London Mechanics' Institution. London 1827)。——394、408、615。

霍林舍德，拉·《英国概述》——见哈里逊，威·《英国概述》。

霍纳，伦·《霍纳先生给西尼耳先生的一封信。1837年5月23日于利兹》，载于纳·威·西尼耳《关于工厂法对棉纺织业的影响的书信》1837年伦敦版(Horner, L.: Letter from Mr. Horner to Mr. Senior. Leeds, May 23, 1837. In: N. W. Senior: Letters on the factory act, as it affects the cotton manufacture. London 1837)。——260。

霍纳，伦·《关于修改工厂法以使工厂视察员能够制止目前盛行的非法劳动的建议》，载于《工厂法》，根据下院决定于1859年8月9日刊印，1859年伦敦版(Horner, L.: Suggestions for amending the factory acts to enable the inspectors to prevent illegal working, now become very prevalent. In: Factories regulation acts. Ordered, by the House of Commons, to be printed, 9 August 1859. London 1859)。——279、341。

霍普金斯，托·《论地租及其对生存资料和人口的影响。兼论影响各国劳动阶级状况的原因》1828年伦敦版(Hopkins, Th.: On rent of land, and its influence on subsistence and population: with observations on the operating causes of the condition of the labouring classes in various countries. London 1828)。——266。

J

吉斯伯恩，托·《论大不列颠社会上层和中层阶级人们的义务》(两卷集)1795年伦敦修订第2版第2卷(Gisborne, Th.: An enquiry into the duties of men in the higher and middle classes of society in Great Britain. 2. ed. corr. In 2 vols. Vol. 2. London 1795)。——869。

季别尔，尼·伊·《李嘉图的价值和资本理论的最新补充和解释》1871年基辅版(Зибер, Н.и.: Теория ценности и капитала Д. Рикардо Вь связи с позднейшими Дополнениями и разяснениями. Опыт критико-зкономического изследования. Киев 1871)。——19。

加尔涅，热·《译者注释》——见斯密，亚·《国民财富的性质和原因的研究》(五卷集)，热·加尔涅的新译本。

加尔涅，热·《政治经济学原理概论》1796年巴黎版(Garnier, G.: Abrégé élémentaire des principes de l'économie politique. Paris 1796)。——635。

加利阿尼，斐·《货币论》，载于《意大利政治经济学名家文集·现代部分》，彼·库斯托第编，1803年米兰版第3—4卷(Galiani, F.: Della moneta. Libri I—IV 1750. In: Scrittori classici italiani di economia politica. Hrsg. P. Custodi. Parte moderna. T. 3. 4. Milano 1803)。——91、108、110、120、179、185、366、741。

加尼耳，沙·《论政治经济学的各种体系及其学说的比较价值和其中最有利于财富增长的学说》(两卷集)1821年巴黎第2版(Ganilh, Ch.: Des systèmes d'économie politique, de la valeur comparative de leurs doctrines, et de celle qui paraît la plus favorable aux progrès de la richesse. 2. éd. T. 1. 2. Paris 1821)。——76、202、515。

加尼耳，沙·《政治经济学理论》(两卷集)1815年巴黎版(Ganilh, Ch.: La théorie de l'économie politique, fondée sur les faits résultants des statistiques de la France et de l'Angleterre. T. 1. 2. Paris 1815)。——210。

加斯克尔，彼·《英国的工业人口，他们的道德、社会和身体的状况以及使用蒸汽机而引起的变化。附童工劳动调查》1833年伦敦版(Gaskell, P.: The manufacturing population of England, its moral, social, and physical conditions, and the changes which have arisen from the use of steam machinery. With an examination of infant labour. London 1833)。——501、511。

居利希，古·冯·《关于当代主要商业国家的商业、工业和农业的历史叙述》(五卷集)1830—1845年耶拿版第1—2卷(Gülich, G. von: Geschichtliche Darstellung des Handels, der Gewerbe und des Ackerbaus der bedeutendsten handeltreibenden Staaten unserer Zeit. B. 1—5. B. 1. 2. Jena 1830—1845)。——15。

居维叶，若·《论地球表面的巨变》，赫弗编，1863年巴黎版(Cuvier, G.: Discours sur les révolutions du globe avec des notes et un appendice d'après les travaux récents de MM. de Humboldt, Flourens, Lyell, Lindley, etc. Réd. par Hoefer. Paris 1863)。——588。

K

卡尔利,乔·里·《注释》——见韦里,彼·《政治经济学研究》。

卡莱尔,托·《萌芽中的美国伊利亚特》,载于1863年8月《麦克米伦杂志》(伦敦—剑桥)第8卷第46期(Carlyle,Th.: The American illiad in a nutshell. In: Macmillan's Magazine. London, Cambridge. Vol. 8. Nr. 46, August 1863)。——296。

卡泽诺夫,约·《马尔萨斯〈政治经济学定义〉注释》——见马尔萨斯,托·罗·《政治经济学定义》。

卡泽诺夫,约·《政治经济学大纲。略论财富的生产、分配和消费的规律》1832年伦敦版(Cazenove, J.: Outlines of political economy; being a plain and short view of the laws relating to the production, distribution, and consumption of wealth. London 1832)。——231、369、598。

凯尔恩斯,约·埃·《奴隶劳力:它的性质、经过及其可能的前途。试论涉及美国的实际争论问题》1862年伦敦版(Cairnes, J. E.: The slave power: its character, career, & probable designs:being an attempt to explain the real issues involved in the American contest. London 1862)。——229、308、386。

凯里,亨·查·《国内外的奴隶贸易:这种贸易存在的原因及其消除的办法》1853年费城版(Carey, H. Ch.: The slave trade, domestic and foreign. Why it exists, and how it may be extinguished. Philadelphia 1853)。——839、859。

凯里,亨·查·《论工资率:世界劳动人口状况差别的原因的探讨》1835年费城—伦敦版(Carey, H, Ch.: Essay on the rate of wages. With an examination of the causes of the differences in the condition of the labouring population throughout the world. Philadelphia, London 1835)。—— 648。

凯特勒,阿·《论人和人的能力之发展》,首次译成英文,1842年爱丁堡版(Quételet, A.: A treatise on man and the development of his faculties. Now first transl. into English. Edinburgh 1842)。——375。

坎伯尔,乔·《现代印度:民政管理制度概述。卷首附当地居民及其制度的某些材料》1852年伦敦版(Campbell, G.: Modern India: a sketch of the system of civil government. To which is prefixed, some account of the natives and native institutions. London 1852)。——414。

康替龙,菲·《关于工商业、货币、金银、银行和外汇的分析。主要选自一位已故的极有才能的绅士的手稿，适应我国商业的目前情况》1759年伦敦版（Cantillon, Ph.: The analysis of trade, commerce, coin, bullion, banks and foreign exchanges. Wherein the true principles of this useful knowledge are fully but briefly laid down and explained, to give a clear idea of their happy consequences to society, when well regulated. Taken chiefly from a manuscript of a very ingenious gentleman [d. i. vermutlich Richard Cantillon] deceas'd, and adapted to the present situation of our trade and commerce. London 1759）。——639。

康替龙，理·《试论一般商业的性质》，译自英文，1755年伦敦版（Cantillon, R.: Essai sur la nature du commerce en général. Trad. de l'anglois. Londres 1755）。——639。

康替龙，理·《试论一般商业的性质》，译自英文，载于《政论集》1756年阿姆斯特丹版第3卷（Cantillon, R.: Essai sur la nature du commerce en général. Trad. de l'anglois. In: Discours politiques. T. 3. Amsterdam 1756）。——639。

考夫曼，伊·伊·《卡尔·马克思的政治经济学批判的观点》（评《资本论》1872年圣彼得堡版第1卷），载于1872年《欧洲通报》（圣彼得堡）第3卷（Кауфман, И. И.: Точка зрения политико-экономической критики у Карла Маркса. Rezension zu: Капитал. Т. 1. Спб. 1872. In: Вестникъ Европы. С.-петербургь. 1872. Т. 3）。——20。

柯贝特，托·《个人致富的原因和方法的研究，或贸易和投机原理的解释》（两卷集）1841年伦敦版（Corbet, Th.: An inquiry into the causes and modes of the wealth of individuals; or the principles of trade and speculation explained. Pt. 1.2. London 1841）。——176、680。

柯普，海·《近代化学的发展》1873年慕尼黑版（Kopp, H.: Die Entwicklung der Chemie in der neueren Zeit. München 1873）。——358。

科贝特，威·《英格兰和爱尔兰的新教"改革"史。说明这次事件怎样使这两国的基本人民群众贫困和堕落。给一切明智的和公正的英国人的信》1824年伦敦版（Cobbett, W.: A history of the Protestant "Reformation", in England and Ireland. Showing how that event has impoverished and degraded the main body of the people in those countries. In a ser. of letters, addressed to all sensible and just Englishmen. London 1824）。——829。

科尔邦，昂·《论职业教育》1860年巴黎第2版（Corbon, A.: De l'enseignement professionnel. 2. éd. Paris 1860）。——561。

科兰，让·吉·《政治经济学。革命及所谓社会主义乌托邦的起源。无产者和资产者》（三卷集）1856—1857年巴黎版第1、3卷（Colins, J.-G.: L'économie politique. Source des révolutions et des utopies prétendues socialistes. Prolétaire et bourgeois. T. 1—3. T. 1. 3. Paris 1856—1857）。——709、798、885。

克莱门特，西·《论货币、贸易、汇兑的相互关系的一般概念》，一个商人著，1695年伦敦版（Clement, S.: A discourse of general notions of money, trade, and exchanges, as they stand in relation each to other. By a merchant. London 1695）。——109。

肯宁安，约·《论赋税。赋税对我国工厂中的劳动价格的影响。给一位朋友的一封信》1765年伦敦版（Cunningham, J.: Considerations on taxes, as they are supposed to affect the price of labour in our manufactories. In a letter to a friend. London 1765）。——316。

肯宁安，约·《论手工业和商业。兼评赋税对我国工厂中的劳动价格的影响》1770年伦敦版（Cunningham, J.: An essay on trade and commerce: containing observations on taxes, as they are supposed to affect the price of labour in our manufactories: together with some interesting reflections on the importance of our trade to America. London 1770）。——268、270、316—318、625、692、693、710、733、844。

肯特，纳·《奉告土地所有者先生们》1776年伦敦版（Kent, N.: Hints to gentlemen of landed property. London 1776）。——834。

孔德，沙·《立法论，或谈谈使人民繁荣、衰落或停滞不前的一般规律》1837年布鲁塞尔修订第3版（Comte, Ch.: Traité de législation ou exposition des lois générales, suivant lesquelles les peuples prospèrent, dépérissent, ou restent stationnaires. 3. éd. rev. et corr. Bruxelles 1837）。——861。

孔狄亚克，埃·博·《商业和政府》，载于《政治经济学文选》，附欧·德尔和古·德·莫利纳里的注释，1847年巴黎版第1卷（Condillac, É.-B.: Le commerce et le gouvernement. In: Mélanges d'économie politique. Préc. de notices historiques sur chaque auteur, et accomp. de comm. et de notes explicatives, par E. Daire et G. de Molinari. Pt. 1. Paris 1847）。——185。

库尔塞尔-塞讷伊，让·古·《工商企业、农业企业的理论和实践概论，或业务手册》1857年巴黎增订第2版（Courcelle-Seneuil, J.-G.: Traité théorétique et pratique, des entreprises industrielles, commerciales et agricoles, ou manuel des affaires. 2. éd., rev. et augm., Paris 1857)。—— 269、690。

魁奈,弗·《关于商业和手工业者劳动的问答》,载于《重农学派》,附欧·德尔的绪论和评注,1846年巴黎版第1部(Quesnay, F.: Dialogues sur le commerce et sur les travaux des artisans. In: Physiocrates. Quesnay, Dupont de Nemours, Mercier de la Rivière, L'Abbé Baudeau, Le Trosne, avec une introd. sur la doctrine des physiocrates, des comm. et des notices historiques, par E. Daire. Pt. 1. Paris 1846)。——130、372。

魁奈,弗·《经济表分析》,载于《重农学派》,附欧·德尔的绪论和评注,1846年巴黎版第1部(Quesnay, F.: Analyse du tableau économique. In: Physiocrates. Quesnay, Dupont de Nemours, Mercier de la Rivière, L'Abbé Baudeau, Le Trosne, avec une introd. sur la doctrine des physiocrates, des comm. et des notices historiques, par E. Daire. Pt. 1. Paris 1846)。——682。

L

拉博尔德,亚·德·《论有利于社会一切方面的协同精神》1818年巴黎版(Laborde, A. de: De l'ésprit d'association dans tous les intérêts de la communauté, ou essai sur le complément du bienêtre et de la richesse en France par le complément des institutions. Paris 1818)。——610。

拉弗尔斯,托·斯·《爪哇史》(两卷集)1817年伦敦版(Raffles, Th. S.: The history of Java. With a map and plates. In 2 vols. London 1817)。——415、862。

拉马志尼,贝·《论手工业者的疾病》1700年摩地那版。引自《就面包工人的申诉向女王陛下内务大臣所作的报告》1862年伦敦版(Ramazzini, B.: De morbis artificum diatriba. Mutinae 1700. Nach: Report addressed to Her Majesty's Principal Secretary of State for the Home Department, relative to the grievances complained of by the journeymen bakers. London 1862)。——420。

拉马志尼,贝·《论手工业者的疾病》,译自拉丁文,1777年巴黎版(Ramazzini, B.: Essai sur les maladies des artisans. Trad. du latin. Paris 1777)。——420。

拉马志尼,贝·《论手工业者的疾病》,载于《医学百科全书。第7部分:古典作家》1841年巴黎版。引自《就面包工人的申诉向女王陛下内务大臣所作的报告》1862年伦敦版(Ramazzini, B.: Essai sur les maladies des artisans. In: Encyclopédie des sciences médicales; ou traité général, méthodique et complet des diverses branches de l'art du guérir. 7. div. Auteurs classiques. Paris 1841.

Nach: Report addressed to Her Majesty's Principal Secretary of State for the Home Department, relative to the grievances complained of by the journeymen bakers. London 1862)。——420。

拉姆赛,乔·《论财富的分配》1836年爱丁堡—伦敦版(Ramsay, G.: An essay on the distribution of wealth. Edinburgh, London 1836)。——188、192、367、585、655、728。

拉萨尔,斐·《巴师夏-舒尔采-德里奇先生,经济学上的尤里安,或者:资本和劳动》1864年柏林版(Lassalle, F.: Herr Bastiat-Schulze von Delitzsch, der ökonomische Julian, oder: Capital und Arbeit. Berlin 1864)。——7。

拉萨尔,斐·《爱非斯的晦涩哲人赫拉克利特的哲学》(两卷集)1858年柏林版第1卷(Lassalle, F.: Die Philosophie Herakleitos des Dunklen von Ephesos. Nach einer neuen Sammlung seiner Bruchstücke und der Zeugnisse der Alten dargestellt. B. 1. 2. B. 1. Berlin 1858)。——126。

莱特,托·《论小农场垄断的简短的公开演说》1795年伦敦版(Wright, Th.: A short address to the public on the monopoly of small farms, a great cause of the present scarcity and dearness of provisions. With the plan of an institution to remedy the evil: and for the purpose of increasing small farms throughout the Kingdom. London 1795)。——833。

莱维,莱·《论鹿林和高地农业对食物供应的关系》,载于1866年3月23日《技艺协会杂志》(伦敦)第15卷(Levi, L.: On deer forests and Highland agriculture in relation to the supply of food. In: The Journal of the Society of Arts, and of the Institutions in Union. London. Vol. 15. 23. März 1866)。——841—842。

莱文斯顿,皮·《论公债制度及其影响》1824年伦敦版(Ravenstone, P.: Thoughts on the funding system, and its effects. London 1824)。——494、585。

赖希,爱·《论人类的退化,退化的原因和防治办法》1868年埃朗根版(Reich, E.: Ueber die Entartung des Menschen, ihre Ursachen und Verhütung. Erlangen 1868)。——420。

兰盖,西·尼·昂·《民法论,或社会的基本原理》1767年伦敦版第1—2卷(Linguet, S.-N.-H.: Théorie des loix civiles, ou principes fondamentaux de la société. T. 1. 2. Londres 1767)。——270、388。

兰格,赛·《国家的贫困,贫困的原因及其防止办法》1844年伦敦版(Laing, S.: National distress; its causes and remedies. London 1844)。——231、741、758、

777。

朗切洛蒂，塞·《现代——并不逊于过去思想的思想》1636年威尼斯版第2部。引自约·贝克曼《发明史文集》1786年莱比锡修订第2版第1卷(Lancellotti, S.: L’hoggidi, overo gl’ingegni non inferiori a’passati. Pt. 2. Venetia 1636. Nach: J. Beckmann: Beyträge zur Geschichte der Erfindungen. 2. etwas verb. Ausg. B. 1. Leipzig 1786)。——492—493。

勒特罗纳，吉·弗·《就价值、流通、工业、国内外贸易论社会利益。1777年》，载于《重农学派》，附欧·德尔的绪论和评注，1846年巴黎版第2部(Le Trosne, G. -F.: De l’ intérêt social par rapport à la valeur, à la circulation, à l’industrie et au commerce intérieur et extérieur. 1777. In: Physiocrates. Quesnay, Dupont de Nemours, Mercier de la Rivière, L’Abbé Baudeau, Le Trosne, avec une introd. sur la doctrine des physiocrates, des comm. et des notices historiques, par E. Daire. Pt. 2. Paris 1846)。——49、52、110、122、133 、138、142、169、184、185、188、190、244。

雷尼奥，埃·《多瑙河两公国政治社会史》1855年巴黎版(Regnault, É.: Histoire politique et sociale des principautés danubiennes. Paris 1855)。——276。

李比希，尤·《化学在农业和生理学中的应用》(两卷集)1862年不伦瑞克第7版第1卷(Liebig, J.: Die Chemie in ihrer Anwendung auf Agricultur und Physiologie. 7. Aufl. In 2 Th. Th. 1. Braunschweig 1862)。——277、580、661。

李比希，尤·《农业的理论与实践》1856年不伦瑞克版 (Liebig, J.: Ueber Theorie und Praxis in der Landwirthschaft. Braunschweig 1856)。——381。

李嘉图，大·《政治经济学和赋税原理》1821年伦敦第3版(Ricardo, D.: On the principles of political economy, and taxation. 3. ed. London 1821)。——98、194、219、265、445、451、453、495、497、504、661、680、728。

里德，乔·《面包业的历史》1848年伦敦版。引自《就面包工人的申诉向女王陛下内务大臣所作的报告》1862年伦敦版(Read, G.: A brief history of the bread baking trade, from the earliest period to the present time. London 1848. Nach: Report addressed to Her Majesty’s Principal Secretary of State for the Home Department, relative to the grievances complained of by the journeymen bakers. London 1862)。——290、291。

理查森，本·《劳动与过度劳动》，载于1863年7月18日《社会科学评论》第2卷第58号(Richardson, B.: Work and overwork. In: The Social Science Review.

London. Vol. 2. Nr. 58, 18. Juli 1863)。——295、297。

卢-拉维涅，皮·塞· ——见毕舍，菲·约·本·/皮·塞·卢-拉维涅《法国革命议会史》。

卢梭，让·雅·《论政治经济学》1760年日内瓦新版（Rousseau, J. J.: Discours sur l'économie politique. Nouv. éd. Genève 1760）。——856。

鲁瓦尔·德卡尔，皮·玛·《论伪造圣物》1856年巴黎版（Rouard de Card, P.-M.: De la falsification des substances sacramentelles. Paris 1856）。——289。

路德，马·《给牧师们的谕示：讲道时要反对高利贷》1540年维滕贝格版（Luther, M.: An die Pfarrherrn wider den Wucher zu predigen. Vermanung. Wittenberg 1540）。——159、224、684。

《论促进机械工业发展的必要性》1690年伦敦版（A discourse of the necessity of encouraging mechanic industry. London 1690）。——315。

《论工会》1834年伦敦新版（On combinations of trades. New ed. London 1834）。——643。

《论谷物法》1815年伦敦版（Considerations upon the Corn Bill. London 1815）。——641。

《论国民政治经济学，或论各国间的交往对各国财富的影响》1821年伦敦版（An essay on the political economy of nations: or, a view of the intercourse of countries, as influencing their wealth. London 1821）。——233、356。

《论马尔萨斯先生近来提倡的关于需求的性质和消费的必要性的原理，从这一原理所得出的结论是：税收和供养非生产的消费者可以导致财富的增长》1821年伦敦版（An inquiry into those principles, respecting the nature of demand and the necessity of consumption, lately advocated by Mr. Malthus, from which it is concluded, that taxation and the maintenance of unproductive consumers can be conductive to the progress of wealth. London 1821）。——189、202、507、687、688、701。

《论面粉业和谷物昂贵的两封信》，一个企业家著，1767年伦敦版（Two letters on the flour trade, and dearness of corn. By a person in business. London 1767）。——833。

《论取消谷物出口奖励金：给一位朋友的几封信》1753年伦敦版（Considerations concerning taking off the bounty on corn exported. In some letters to a friend. London 1753）。——371。

《论信贷和破产法》1707年伦敦版（An essay on credit and the Bankrupt Act. With some reflections on the Escape-Act. London 1707）。——159。

罗，约翰《论货币和贸易》，载于《18世纪的财政经济学家》，欧·德尔编，1843年巴黎版（Law, John: Considérations sur le numéraire et le commerce. Mémoires et lettres sur les banques. Opusculus divers. In: Économistes financiers du XVIIIe siècle. Préc. de notices historiques sur chaque auteur, et accomp. de comm. et de notes explicatives, par E. Daire. Paris 1843）。——110。

罗伯茨，乔·《过去若干世纪英国南部各郡人民的社会史》1856年伦敦版（Roberts, G.: The social history of the people of the southern counties of England in past centuries; illustrated in regard to their habits, municipal bye-laws, civil progress, etc. London 1856）。——828。

罗伯逊，乔·《政治经济学论文集。论当前国家贫困的主要原因》1830 年伦敦版（Robertson, G.: Essays on political economy: in which are illustrated the principal causes of the present national distress; with appropriate remedies. London 1830）。——604。

罗哈奇，R. H.《不同阶层、年龄、性别的人所特有的疾病》（六卷集）1840年乌尔姆版（Rohatzsch, R. H.: Die Krankheiten, welche verschiedenen Ständen, Altern und Geschlechtern eigenthümlich sind. B.1—6. Ulm 1840）。——420。

罗杰斯，詹·埃·索·《从召开牛津议会（1259）到大陆战争爆发（1793）时期英国的农业史和价格史》（两卷集）1866年牛津版（Rogers, J. E. Th.: A history of agriculture and prices in England from the year after the Oxford Parliament 〈1259〉 to the commencement of the continental war 〈1793〉. Compiled entirely from original and contemporaneous records. Vol. 1. 2. Oxford 1866）。——775、781、830。

罗西，佩·《政治经济学教程。1836—1837年讲授（包括巴黎版的两卷内容）》，载于《政治经济学教程》1843年布鲁塞尔版（Rossi, P.: Cours d'économie politique. Année 1836—1837. Contenant les deux volumes de l'édition de Paris. In: Cours d'économie politique. Bruxelles 1843）。第1版1840—1841年在巴黎分两卷出版。——201。

罗雪尔，威·《国民经济学原理》1858年斯图加特—奥格斯堡增订第3版（罗雪尔《国民经济体系》第1卷）（Roscher, W.: Die Grundlagen der Nationalökonomie. 3. verm. und verb. Aufl. Stuttgart, Augsburg 1858. Roscher: System der

Volkswirthschaft. B. 1)。——112、186、239、251、376。

罗伊,亨·《兑换理论。1844年银行法》1864年伦敦版(Roy, H.: The theory of the exchanges. The bank charter act of 1844. The abuse of the metallic principle to depreciation. London 1864)。——162、752。

洛贝尔图斯-亚格措夫,约·卡·《给冯·基尔希曼的社会问题书简。第三封:驳李嘉图的地租学说,并论证新的租的理论》1851年柏林版(Rodbertus-Jagetzow, J. K.: Sociale Briefe an von Kirchmann. Dritter Brief: Widerlegung der Ricardo'schen Lehre von der Grundrente und Begründung einer neuen Rententheorie. Berlin 1851)。——608、609。

洛贝尔图斯-亚格措夫,约·卡·《书信和社会政治论文集》,鲁·迈耶尔编,1881年柏林版第1卷(Rodbertus-Jagetzow, J. K.: Briefe und socialpolitische Aufsätze. Hrsg. von R. Meyer. B. 1. Berlin 1881)。——609。

洛克,约·《略论降低利息和提高货币价值的后果。1691年》,载于《洛克著作集》(四卷集)1777年伦敦第8版第2卷(Locke, J.: Some considerations of the consequences of the lowering of interest, and raising the value of money. 1691. In: The works of Locke. 8. ed. In 4 vols. Vol. 2. London 1777)。——48、110、147。

M

马蒂诺,哈·《曼彻斯特的罢工》1832年伦敦版(马蒂诺《政治经济学解说》第3卷第7例)(Martineau, H.: A Manchester strike. A tale. London 1832. Martineau: Illustrations of political economy. Vol. 3. No. 7)。——731。

马丁,亨·《东印度贸易对英国的利益》1720年伦敦版(Martyn, H.: The advantages of the East-India trade to England, considered. London 1720)。——371、393、399、400、403、422、492、586。

马尔萨斯,托·罗·《关于地租的本质和增长及其调整原则的研究》1815年伦敦版(Malthus, Th. R.: An inquiry into the nature and progress of rent, and the principles by which it is regulated. London 1815)。——365、604、641。

马尔萨斯,托·罗·《人口原理。人口对社会未来进步的影响,兼评葛德文先生、孔多塞先生和其他著述家的观点》1798年伦敦版(Malthus, Th. R.: An essay on the principle of population, as it affects the future improvement of society, with remarks on the speculations of Mr. Godwin, M. Condorcet, and other writers.

London 1798)。——408、711。

马尔萨斯,托·罗·《政治经济学定义》,附约·卡泽诺夫的序言、注释和补充评论,1853年伦敦新版(Malthus, Th. R.: Definitions in political economy, preceded by an inquiry into the rules which ought to guide political economists in the definition and use of their terms; with remarks on the deviation from these rules in their writings. A new ed. with a pref., notes, and suppl. remarks by J. Cazenove. London 1853)。——655、661、668、688。

马尔萨斯,托·罗·《政治经济学原理的实际应用》,根据作者的手稿和札记作了大量补充,1836年伦敦第2版(Malthus, Th. R.: Principles of political economy considered with a view to their practical application. 2. ed. with considerable add. from the author's own manuscript and an orig. memoir. London 1836)。第1版1820年在伦敦出版。——246、668、678、679、687、731。

马克思,爱·《答塞德利·泰勒先生》,载于1884年3月《今日》(伦敦)第1卷第3期(Marx, E.: Gentlemen, Mr. Sedley Taylor disputes... In: To-Day. London.Vol. 1. Nr. 3, März 1884)。——43。

马克思,爱·《如此之多》,载于1884年2月《今日》(伦敦)第1卷第2期(Marx, E.: There is so much... In: To-Day. London. Vol. 1. Nr. 2, Februar 1884)。——43—44。

马姆兹伯里,詹·哈·《日记和通信集。记第一代马姆兹伯里伯爵出使马德里宫廷、弗里德里希大帝宫廷、叶卡捷琳娜二世宫廷、海牙的情况和赴柏林、不伦瑞克和法兰西共和国的特殊使命》(四卷集),作者之孙、第三代马姆兹伯里伯爵编,1844年伦敦版(Malmesbury, J. H.: Diaries and correspondence; containing an account of his missions to the courts of Madrid, Frederick the Great, Catherine the Second, and the Hague; and his special missions to Berlin, Brunswick, and the French Republic. Ed. by his grandson, the Third Earl. Vol. 1—4. London 1844)。——422。

马西,约·《论决定自然利息率的原因。对威廉·配第爵士和洛克先生关于这个问题的见解的考察》1750年伦敦版(Massie, J.: An essay on the governing causes of the natural rate of interest; where in the sentiments of Sir William Petty and Mr. Locke, on that head, are considered. London 1750)。——588。

迈尔,西·《维也纳的社会问题。一个"劳动给予者"著》1871年维也纳版(Mayer, S.: Die sociale Frage in Wien. Studie eines"Arbeitgebers". Wien 1871)。

——15。

麦岑，奥·《1866年以前普鲁士国家疆域内的土地和农业关系》(四卷集)1868—1871年柏林版(Meitzen, A.: Der Boden und die landwirtschaftlichen Verhältnisse des Preussischen Staates nach dem Gebietsumfange vor 1866. B. 1—4. Berlin 1868—1871)。——275。

麦考莱，托·巴·《詹姆斯二世登极以来的英国史》1854年伦敦第10版第1卷(Macaulay, Th. B.: The history of England from the accession of James the Second. 10. ed. Vol. 1. London 1854)。——824。

麦考莱，托·巴·《詹姆斯二世登极以来的英国史》第1卷。引自《工厂视察员向女王陛下内务大臣所作的报告。截至1855年10月31日为止的半年》1856年伦敦版(Macaulay, Th. B.: The history of England from the accession of James the Second. Vol. 1. Nach: Reports of the inspectors of factories to Her Majesty's Principal Secretary of State for the Home Department: for the half-year ending 31st October 1855. London 1856)。——315。

麦克库洛赫，约·拉·《商业和商轮航运业的实用、理论和历史辞典》1847年伦敦增订新版(MacCulloch, J. R.: A dictionary, practical, theoretical, and historical, of commerce and commercial navigation. Ill. with maps and plans. A new ed. corr. enl. and improved; with a suppl. London 1847)。——176。

麦克库洛赫，约·拉·《政治经济学文献。这门科学的分类书目。附史评、评注和作者介绍》1845年伦敦版(MacCulloch, J. R.: The literature of political economy: a classified catalogue of select publications in the different departments of that science, with historical, critical, and biographical notices. London 1845)。——168、834。

麦克库洛赫，约·拉·《政治经济学原理，这门科学产生和发展的概述》1830年伦敦增订第2版(MacCulloch, J. R.: The principles of political economy: with a sketch of the rise and progress of the science. 2. ed. corr. and greatly enl. London 1830)。——179、509。

麦克拉伦，詹·《通货简史。略论最优秀的作家对该问题的看法》1858年伦敦版(Maclaren, J.: A sketch of the history of the currency: comprising a brief review of the opinions of the most eminent writers on the subject. London 1858)。——118。

麦克劳德，亨·邓·《银行业的理论与实践以及通货、价格、信用和汇兑的基本原理》(两卷集)1855年伦敦版第1卷(Macleod, H. D.: The theory and practice of banking: with the elementary principles of currency; prices; credit; and exchanges. Vol. 1. 2. Vol. 1. London 1855)。——180。

曼,托·《英国得自对外贸易的财富,或我国对外贸易差额是衡量我国财富的尺度》,作者之子约·曼为公共利益出版,1669年伦敦版(Mun, Th.: England's treasure by foreign trade. Or, the ballance of our foreign trade is the rule of our treasure. Now publ. for the common good by his son J. Mun. London 1669)。——587。

[曼德维尔,贝·]《抱怨的蜂巢,或骗子变做老实人》1705年伦郭版([Mandeville, B.:]The grumbling hive: or, knaves turn'd honest. London 1705)。——411。

曼德维尔,贝·《蜜蜂的寓言,或个人劣行,公共利益》1714年伦敦版(Mandeville, B.: The fable of the bees: or, private vices, public benefits. London 1714)。——411。

曼德维尔,贝·《蜜蜂的寓言,或个人劣行,公共利益》1728年伦敦第5版(Mandeville, B.: The fable of the bees: or, private vices, public benefits. 5. ed. London 1728)。——710。

毛勒,格·路·《德国领主庄园、农户和农户制度史》(四卷集)1862—1863年埃朗根版第4卷(Maurer, G. L.: Geschichte der Fronhöfe, der Bauernhöfe und der Hofverfassung in Deutschland. B. 1— 4. B. 4. Erlangen 1862—1863)。——275。

毛勒,格·路·《马尔克制度、农户制度、乡村制度、城市制度和公共政权的历史概论》1854年慕尼黑版(Maurer, G. L.: Einleitung zur Geschichte der Mark-, Hof-, Dorf- und Stadt-Verfassung und der öffentlichen Gewalt. München 1854)。——89。

梅尔西埃·德拉里维耶尔,保·皮·《政治社会天然固有的秩序》(两卷集)1767年伦敦版,载于《重农学派》,附欧·德尔的绪论和评注,1846年巴黎版第2部(Mercier de la Rivière, P. P.: L'ordre naturel et essentiel des sociétés politiques. T. 1. 2. Londres 1767. In: Physiocrates. Quesnay, Dupont de Nemours, Mercier de la Rivière, L'Abbé Baudeau, Le Trosne, avec une introd. sur la doctrine des physiocrates, des comm. et des notices historiques, par E. Daire. Pt. 2. Paris 1846)。——130、132、153、172、176、184、188、223。

梅里韦尔,赫·《关于殖民和殖民地的演说》1841—1842年伦敦版第1、2卷(Merivale, H.: Lectures on colonization and colonies. Delivered before the

University of Oxford in 1839, 1840, and 1841. Vol. 1. 2. London 1841—1842)。——730、883。

蒙森，泰·《罗马史》(三卷集)1856—1857年柏林第2版(Mommsen, Th.: Römische Geschichte. 2. Aufl. B. 1—3. Berlin 1856—1857)。——195、199。

蒙泰伊，阿·亚·《关于各类历史手稿的研究》(两卷集)1835年巴黎版第1卷(Monteil, A.-A.: Traité de matériaux manuscrits de divers genres d'histoire. T. 1. 2. T. 1. Paris 1835)。——854。

孟德斯鸠，沙·《论法的精神》1767年伦敦版(《孟德斯鸠全集》第2卷)(Montesquieu, Ch.: De l'esprit des loix. Nouv. éd. revue, corr. & considérablement augm. par l'auteur. Londres 1767. Œuvres. T. 2)。——110、146。

孟德斯鸠，沙·《论法的精神》1769年伦敦版(《孟德斯鸠全集》第1、3卷)(Montesquieu, Ch.: De l'esprit des loix. Nouv. éd. revue, corr. & considérablement augm. par l'auteur. Londres 1769. Œuvres. T. 1. 3.)。——866。

米拉波，奥·加·维·里·《弗里德里希大帝时代的普鲁士君主制度》(八卷集)1788年伦敦版第2、3、6卷(Mirabeau, H. -G. V. R.: De la monarchie prussienne, sous Frédéric le Grand. Avec un app. cont. des recherches sur la situation actuelle des principales contrées de l'Allemagne. T. 1—8. T. 2. 3. 6. Londres 1788)。——824、841、856、867。

《民法大全》(Corpus iuris civilis)。

—《学说汇纂》(Digesta)。——110。

摩尔顿，约·查·《论农业中使用的动力》，载于1859年12月9日《技艺协会杂志》(伦敦)第368期。引自1860年1月21日《经济学家》(伦敦)第856期，标题：《农业的进步和工资》(Morton, J. Ch.: On the forces used in agriculture. In: The Journal of the Society of Arts, and of the Institutions in Union. London. Nr. 368, 9. Dezember 1859. Nach: The Economist. London. Vol. 18. Nr. 856, 21. Januar 1860. U. d. T.: Agricultural progress and wages)。——433。

莫尔，托·《乌托邦》，1516年最初用拉丁文发表，拉·鲁宾逊译成英文，爱·阿伯编，1869年伦敦版(More, Th.: Utopia. Originally printed in Latin, 1516. Transl. into English by R. Robinson. Carefully ed. by E. Arber. London 1869)。——827、845。

莫利纳里，古·德·《经济学概论》1846年巴黎版(Molinari, G. de: Études économiques. Paris 1846)。——486、689、883。

墨菲，约·尼·《爱尔兰的工业、政治和社会》1870年伦敦版（Murphy, J. N.: Ireland industrial, political, and social. London 1870）。——811。

默里，休·/詹·威尔逊等《英属印度古今历史概述》（三卷集）1832年爱丁堡版第2卷（Murray, H./J. Wilson etc.: Historical and descriptive account of British India, from the most remote period to the present time. In 3 vols. Vol. 2. Edinburgh 1832）。——395。

穆勒，约·斯·《略论政治经济学的某些有待解决的问题》1844年伦敦版（Mill, J. St.: Essays on some unsettled questions of political economy. London 1844）。——147、692。

穆勒，约·斯·《推论和归纳的逻辑体系，证明的原则与科学研究方法的关系》（两卷集）1843年伦敦版（Mill, J. St.: A system of logic, ratiocinative and inductive, being a connected view of the principles of evidence, and the methods of scientific investigation. In 2 vols. London 1843）。——681。

穆勒，约·斯·《政治经济学原理及其对社会哲学的某些应用》（两卷集）1848年伦敦版第2卷（Mill, J. St.: Principles of political economy with some of their applications to social philosophy. In 2 vols. Vol. 2. London 1848）。——147、427、580、705。

穆勒，约·斯·《政治经济学原理及其对社会哲学的某些应用》（两卷集）1868年伦敦版第2卷（Mill, J. St.: Principles of political economy with some of their applications to social philosophy. In 2 vols. Vol. 2. London 1868）。——592。

穆勒，詹·《政治经济学原理》，雅·泰·帕里佐译自英文，1823年巴黎版（Mill, J.: Élémens d'économie politique. Trad. de l'anglais par J.-T. Parisot. Paris 1823）。——655、658、661。

穆勒，詹·《政治经济学原理》1821年伦敦版（Mill, J.: Elements of political economy. London 1821）。——180、217、408。

穆勒，詹·《殖民地》，载于《不列颠百科全书》（增补卷）1831年版（Mill, J.: Colony. In: Supplement to the Encyclopædia Britannica. 1831）。——231。

N

尼布尔，巴·格·《罗马史》1853年柏林修订版（Niebuhr, B. G.: Römische Geschichte. Berichtigte Ausg. in einem B. Berlin 1853）。——272。

纽马奇，威·——见图克，托·/威·纽马奇《价格和流通状况的历史。1848—1856

年》。

纽曼,弗·威·《政治经济学讲演集》1851年伦敦版(Newman, F. W.: Lectures on political economy. London 1851)。——831、837。

纽曼,赛·菲·《政治经济学原理》1835年安多弗—纽约版(Newman, S. Ph.: Elements of political economy. Andover, New York 1835)。——186、241。

纽纳姆,乔·路·《评向议会两院委员会所作的关于谷物法的证词》1815年伦敦版(Newnham, G. L.: A review of the evidence before the committees of the two Houses of Parliament, on the corn laws. London 1815)。——695。

诺思,达·《贸易论:主要是关于利息、硬币的铸造和损坏、货币量的扩大问题》1691年伦敦版(North, D.: Discourses upon trade: principally directed to the cases of the interest, coinage, clipping, increase of money. London 1691)。——144、148、158、448。

O

欧文,罗·《评工业体系的影响,并提出改进那些对健康和道德最有害的部门的意见》1817年伦敦第2版(Owen, R.: Observations on the effect of the manufacturing system: with hints for the improvement of those parts of it which are most injurious to health and morals. 2. ed. London 1817)。——464。

P

帕里,查·亨·《从农业工人、佃农、土地所有者和国家方面来看现行谷物法的必要》1816年伦敦版(Parry, Ch. H.: The question of the necessity of the existing corn laws, considered, in their relation to the agricultural labourer, the tenantry, the landholder, and the country. London 1816)。——694 、695、777。

帕尼尼,乔·弗·《试论物品的合理价格、货币的合理价值以及罗马人的贸易》,载于《意大利政治经济学名家文集·现代部分》,彼·库斯托第编,1803年米兰版第2卷(Pagnini, G. F.: Saggio sopra il giusto pregio delle cose, la giusta valuta della moneta e sopra il commercio dei romani. In: Scrittori classici italiani di economia politica. Hrsg. P. Custodi. Parte moderna. T. 2. Milano 1803)。——111。

帕皮隆,托·《东印度的贸易是对王国最有利的贸易》1677年伦敦版(Papillon, Th.: The East-India-trade a most profitable trade to the Kingdom. And best secured and improved in a company, and a joint-stock. Represented in a letter written upon the occasion of two letters lately published, insinuating the contrary. London 1677)。——109。

培根，弗·《亨利七世的执政时代》，转载自怀·肯尼特《英国》1719年版，1870年伦敦版(Bacon, F.: The reign of Henry VII. Verbatim reprint from W. Kennet's England, ed. 1719. London 1870)。——827。

培根，弗·《文明与道德论文集》。引自理·普赖斯《评继承支付》1803年伦敦第6版第2卷(Bacon, F.: The essays or counsels, civil and moral. Nach: R. Price: Observations on reversionary payments. 6. ed. Vol. 2. London 1803)。——827。

配第，威·《爱尔兰的政治解剖。附〈献给英明人士〉》1691年伦敦版(Petty, W.: The political anatomy of Ireland. To which is added Verbum sapienti. London 1691)。——166、170、314、364。

配第，威·《赋税论》1667年伦敦版(Petty, W.: A treatise of taxes, and contributions. London 1667)。——111、145、713。

配第，威·《货币略论。致哈利法克斯侯爵。1682年》1760年伦敦版(Petty, W.: Quantulumcunque concerning money. To the Lord Marquess of Halifax. Anno 1682. London 1760)。——122、170。

配第，威·《论人类的增殖》，载于威·配第《政治算术论文集》1699年伦敦版(Petty, W.: An essay concerning the multiplication of mankind. In: W. Petty: Several essays in political arithmetic. London 1699)。——397。

平托，伊·《关于流通和信用的论文》1771年阿姆斯特丹版(Pinto, I.: Traité de la circulation et du crédit. Amsterdam 1771)。——176。

《评大不列颠的商业政策，主要是评它同谷物贸易的关系》1815年伦敦版(Remarks on the commercial policy of Great Britain, principally as it relates to the corn trade. London 1815)。——640。

《评政治经济学上若干用语的争论，特别是有关价值、供求的争论》1821年伦敦版(Observations on certain verbal disputes in political economy, particularly relating to value, and to demand and supply. London 1821)。——101、102、238、614、692。

蒲鲁东，皮·约·《经济矛盾的体系，或贫困的哲学》1846年巴黎版第1—2卷(Proudhon, P. J.: Système des contradictions économiques, ou philosophie de la misère. T. 1. 2. Paris 1846)。——589。

普赖斯，理·《评继承支付、孀老赡养金方案、人寿保险金计算法以及国债》（两卷集），威·摩尔根编，1803年伦敦第6版第2卷（Price, R.: Observations on reversionary payments; on schemes for providing annuities for widows, and for persons in old age; on the method of calculating the values of assurances on lives; and on the national debt. 6. ed. By W. Morgan. Vol. 1. 2. Vol. 2. London 1803）。——775、834、835。

Q

琼斯，理·《国民政治经济学教程》1852年赫特福德版（Jones, R.: Text-book of lectures on the political economy of nations. Hertford 1852）。——357、372、387、656、678、690。

琼斯，理·《论财富的分配和税收的源泉》1831年伦敦版（Jones, R.: An essay on the distribution of wealth, and on the sources of taxation. London 1831）。——382。

琼斯，理·《1833年2月27日在伦敦国王学院讲述的政治经济学绪论。附工资讲座大纲》1833年伦敦版（Jones, R.: An introductory lecture on political economy, delivered at King's College. London, 27th February 1833. To which is added a syllabus of a course of lectures on the wages of labor. London 1833）。——728。

《圈围荒地的后果和当前肉价高昂的原因的政治上的分析》1785年伦敦版（A political enquiry into the consequences of enclosing waste lands, and the causes of the present high price of butchers meat. Being the sentiments of a society of farmers in-shire. London 1785）。——832。

R

若弗鲁瓦·圣伊莱尔，埃·《对自然哲学的、综合的、历史的和生理的认识》1838年巴黎版（Geoffroy Saint-Hilaire, É.: Notions synthétiques, historiques et physiologiques de philosophie naturelle. Paris 1838）。——855。

S

萨德勒，迈·托·《爱尔兰，它的灾难及其补救办法》1829年伦敦第2版（Sadler, M. Th.: Ireland; its evils, and their remedies: being a refutation of the errors of the emigration committee and others, touching that country. To which is prefixed, a synopsis of an original treatise about to be published on the law of population; developing the real principle on which it is universally regulated. 2. ed. London 1829)。——810。

萨德勒，迈·托·《人口的规律》（两卷集）1830年伦敦版第2卷（Sadler, M. Th.: The law of population: A treatise, in six books; in disproof of the superfecundity of human beings, and developing the real principle of their increase. In 2 vols. Vol. 2. London 1830）。——810。

《萨默斯、哈利法克斯、牛津、秘书弗农等人给什鲁斯伯里公爵的原信中所描绘的威廉国王、桑德兰、萨默斯等人的性格和行为》（The character and behaviour of King William, Sunderland, Somers etc. as represented in original letters to the Duke of Shrewsbury, from Somers, Halifax, Oxford, secretary Vernon etc.）。——831。

萨默斯，罗·《苏格兰高地来信，或1847年的饥荒》1848年伦敦—爱丁堡—格拉斯哥版（Somers, R.: Letters from the Highlands; or, the famine of 1847. London, Edinburgh, Glasgow 1848）。——841。

萨伊，让·巴·《关于政治经济学各方面的问题，特别是商业普遍萧条的原因，给马尔萨斯先生的信》1820年巴黎版（Say, J.-B.: Lettres à M. Malthus, sur différents sujets d'économie politique, notamment sur les causes de la stagnation générale du commerce. Paris 1820）。——700—701。

萨伊，让·巴·《论政治经济学，或略论财富是怎样产生、分配和消费的》1817年巴黎第3版第1—2卷（Say, J.-B.: Traité d'économie politique, ou simple exposition de la manière dont se forment, se distribuent et se consomment les richesses. 3. éd. T. 1. 2. Paris 1817）。——179、190。

萨伊，让·巴·《论政治经济学，或略论财富是怎样产生、分配和消费的》1802年巴黎版。引自威·罗雪尔《国民经济学基础》1858年斯图加特—奥格斯堡增订第3版（罗雪尔《国民经济体系》第1卷）（Say, J.-B.: Traité d'économie politique, ou simple exposition de la manière dont se forment, se distribuent et se consomment les richesses. Paris 1802. Nach: W. Roscher: Die Grundlagen der Nationalökonomie. 3. verm. und verb. Aufl. Stuttgart, Augsburg 1858. Roscher: System der Volkswirthschaft. B.1）。——239。

塞克斯都·恩披里柯《反对数学家》（Sextus Empiricus: Adversus mathematicos)。——423。

桑顿,威·托·《人口过剩及其补救办法》1846年伦敦版(Thornton, W. Th.: Over-population and its remedy: or, an inquiry into the extent and causes of the distress prevailing among the labouring classes of the British Islands, and into the means of remedying it. London 1846)。——199、311。

色诺芬《居鲁士的教育》,恩·波波编,1821年莱比锡版(Xenophon: Cyropaedia. Ed. E. Poppo. Lipsiae 1821)。——424。

沙乌,华·弗·《土地、植物和人》,蔡泽在作者参与下译自丹麦文,1854年莱比锡第2版(Schouw, J. F.: Die Erde, die Pflanzen und der Mensch. Naturschilderungen. Aus dem Dän. unter Mitw. des Verf. von H. Zeise. 2. Aufl. Leipzig 1854)。——589。

舍尔比利埃,安·《富或贫。社会财富当前分配的因果》1841年巴黎第2版(Cherbuliez, A.: Richesse ou pauvreté. Exposition des causes et des effets de la distribution actuelle des richesses sociales. 2. éd. Paris 1841)。第1版1840年以《富人或穷人》(Richeu ou pauvre)为书名在巴黎和日内瓦出版。——217、674。

舍伐利埃,阿·《食品、药品和商品伪造掺假词典》(两卷集)1850—1852年巴黎版(Chevallier, A.: Dictionnaire des altérations et falsifications des substances alimentaires, médicamenteuses et commerciales. T. 1. 2. Paris 1850—1852)。——288。

施托尔希,亨·《政治经济学教程,或论决定人民幸福的原理》(六卷集)1815年圣彼得堡版第1—2卷(Storch, H.: Cours d'économie politique, ou exposition des principes qui déterminent la prospérité des nations. T. 1—6. T. 1. 2. St.-Pétersbourg 1815)。——203、417、682、746。

施托尔希,亨·《政治经济学教程,或论决定人民幸福的原理》(四卷集),附让·巴·萨伊的注释和评述,1823年巴黎版第1、3卷(Storch, H.: Cours d'économie politique, ou exposition des principes qui déterminent la prospérité des nations. Avec des notes explicatives et critiques par J.-B. Say. T. 1—4. T. 1. 3. Paris 1823)。——407、416。

舒尔茨,威·《生产运动。从历史统计学方面论国家和社会的一种新科学的基础的建立》1843年苏黎世—温特图尔版(Schulz, W.: Die Bewegung der Production. Eine geschichtlich-statistische Abhandlung zur Grundlegung einer neuen Wissenschaft des Staats und der Gesellschaft. Zürich, Winterthur 1843)。

——428。

斯卡尔培克，弗·《社会财富的理论。附政治经济学参考书目》（两卷集）1839年巴黎第2版第1卷（Skarbek, F.: Théorie des richesses sociales. Suivie d'une bibliographie de l'économie politique. 2. éd. T. 1. 2. T. 1. Paris 1839）。——380、407。

斯克罗普，乔·波·《政治经济学原理》1833年伦敦版（Scrope, G. P.: Principles of political economy, deduced from the natural laws of social welfare, and applied to the present state of Britain. London 1833）。—— 689。

斯密，亚·《道德情操论》1759年伦敦版（Smith, A: The theory of moral sentiments. London 1759）。——713。

斯密，亚·《国民财富的性质和原因的研究》（又译《国富论》）（两卷集）1776年伦敦版（Smith, A.: An inquiry into the nature and causes of the wealth of nations. In 2 vols. London 1776）。——408、419、715、717。

斯密，亚·《国民财富的性质和原因的研究》（三卷集），附注释和附录，大·布坎南编注，1814年爱丁堡版第1卷（Smith, A.: An inquiry into the nature and causes of the wealth of nations. With notes, and an add. vol. by D. Buchanan. In 3 vols. Vol. 1. Edinburgh 1814）。——644、656。

斯密，亚·《国民财富的性质和原因的研究》（又译《国富论》）（四卷集），附《英国和美国》一书的作者评注，1835—1836年伦敦版第1—3卷（Smith, A.: An inquiry into the nature and causes of the wealth of nations. With a commentary, by the author of "England and America". In 4 vols. Vol. 1—3. London 1835—1836）。——60、145、408、411、615、686。

斯密，亚·《国民财富的性质和原因的研究》（五卷集），热·加尔涅的新译本，附译者注释和评述，1802年巴黎版第1、5卷（Smith, A.: Recherches sur la nature et les causes de la richesse des nations.Trad. nouv. avec des notes et observations; par G. Garnier. T. 1—5. T. 1. 5. Paris 1802）。——145、420。

斯塔福德，威·《对近来我国各界同胞常有的一些抱怨的简单考察》1581年伦敦版（Stafford, W.: A compendious or briefe examination of certain ordinary complaints, of divers of our country men in these our days, etc. London 1581）。—— 853。

斯特赖普，约·《伊丽莎白女王盛世的宗教改革和国教运动以及英国教会中其他事件的编年史》1725年第2版第2卷（Strype, J.: Annals of the reformation and establishment of religion, and other various occurrences in the Church of England, during Queen Elizabeth's happy reign. 2. ed. Vol. 2. 1725)。——845。

斯特兰奇,威·《健康的七要素》1864年伦敦版。引自《童工调查委员会。1862年。第4号报告》1865年伦敦版(Strange, W.: The seven sources of health. London 1864. Nach: Children's employment commission 1862. Forth report. London 1865)。——298。

斯图亚特,杜·《政治经济学讲义》1855年爱丁堡版第1卷(《斯图亚特全集》,威·汉密尔顿编,第8卷)(Stewart. D.: Lectures on political economy. Vol. 1. Edinburgh 1855. The collected works. Ed. by W. Hamilton. Vol. 8)。——372、399、417、559。

斯图亚特,詹·《政治经济学原理研究,或自由国家内政学概论》(两卷集)1767年伦敦版第1卷(Steuart, J.: An inquiry into the principles of political economy: being an essay on the science of domestic policy in free nations. In 2 vols. Vol. 1. London 1767)。——386、408、838。

斯图亚特,詹·《政治经济学原理研究,或自由国家内政学概论》(三卷集)1770年都柏林版第1、2卷 (Steuart, J.: An inquiry into the principles of political economy: being an essay on the science of domestic policy in free nations. In 3 vols. Vol. 1. 2. Dublin 1770)。——209。

斯图亚特,詹·《政治经济学原理研究,或自由国家内政学概论》,载于《斯图亚特著作集》(六卷集),其子詹·斯图亚特汇编,1805年伦敦版第1卷(Steuart, J.: An inquiry into the principles of political economy: being an essay on the science of domestic policy in free nations. In: The works, political, metaphisical, and chronological. Now first collect. by J. Steuart, his son, from his father's corr. copies, to which are subjoined anecdotes of the author. In 6 vols. Vol. 1. London 1805)。——174。

斯图亚特,詹·《政治经济学原理研究,或自由国家内政学概论》(五卷集)1789年巴黎版第1卷(Steuart, J.: Recherche des principes de l'économie politique, ou essai sur la science de la police intérieure des nations libres. T. 1—5. T. 1. Paris 1789)。——494。

T

塔克特,约·德·《劳动人口今昔状况的历史,农业、工业和商业的发展》(两卷集)1846年伦敦版(Tuckett, J. D.: A history of the past and present state of the labouring population, including the progress of agriculture, manufactures, and commerce. Vol. 1. 2. London 1846)。——419、828、858。

泰勒,塞·《致〈泰晤士报〉编辑部》,载于1883年11月29日《泰晤士报》(伦敦)第30990号(Taylor, S.: To the Editor of The Times. In: The Times. London. Nr. 30990, 29. November 1883)。——42。

泰勒,塞·《致〈今日〉编辑部》,载于1884年3月《今日》(伦敦)第1卷第3期(Taylor, S.: To the Editor of To-Day. In: To-Day. London. Vol. 1. Nr. 3, März 1884)。——43。

汤普森,本·《政治、经济、哲学论文集》(三卷集)1796—1802年伦敦版(Thompson, B.: Essays, political, economical, and philosophical. Vol. 1—3. London 1796—1802)。——694。

汤普森,威·托·《最能促进人类幸福的财富分配原理的研究》1824年伦敦版(Thompson, W. Th.: An inquiry into the principles of the distribution of wealth most conducive to human happiness; applied to the newly proposed system of voluntary equality of wealth. London 1824)。——418。

唐森,约·《论济贫法》,一个愿人们幸福的人著(1786年),1817年伦敦再版(Townsend, J.: A dissertation on the poor laws. By a well-wisher to mankind. 1786. Republished. London 1817)。——745。

唐森,约·《西班牙游记。1786年和1787年》(三卷集)1791年伦敦版(Townsend, J.: A journey through Spain in the years 1786 and 1787. In 3 vols. London 1791)。—— 745。

梯也尔,路·阿·《财产论》1848年巴黎版(Thiers, L.A.: De la propriété. Paris 1848)。——509。

《通货论评述。给苏格兰人民的一封信:论政府干涉苏格兰现存银行制度的危险》,英国一银行家著,1845年爱丁堡版(The currency theory reviewed; in a letter to the Scottish people on the menaced interference by government with the existing system of banking in Scotland. By a banker in England. Edinburgh 1845)。——163。

图克,托·/威·纽马奇《价格和流通状况的历史。1848—1856年》(两卷集),载于《价格史。1792年到现在》1857年伦敦版第5、6卷(Tooke, Th./W. Newmarch: A history of prices, and of the state of the circulation, during the nine years 1848—1856. In 2 vols. forming the 5. and 6. vol. of the History of prices from 1792 to the present time. Vol. 5. 6. London 1857)。——342。

托伦斯,罗·《论财富的生产》1821年伦敦版(Torrens, R.: An essay on the production of wealth; with an app. in which the principles of political economy are applied to the actual circumstances of this country. London 1821)。——188、215。

托伦斯,罗·《论工资和联合》1834年伦敦版(Torrens, R.: On wages and combination. London 1834)。——466。

托伦斯,罗·《论谷物外销》1815年伦敦版(Torrens, R.: An essay on the external corn trade; containing an inquiry into the general principles of that important branch of traffic; an examination of the exceptions to which these principles are liable; and a comparative statement of the effects which restrictions on importation and free intercourse, are calculated to produce upon subsistence, agriculture, commerce, and revenue. London 1815)。——200。

W

瓦茨,约·《工会和罢工。机器和合作社》1865年曼彻斯特版(Watts, J.: Trade societies and strikes: their good and evil influences on the members of Trades Unions, and on society at large. Machinery; its influences on work and wages, and cooperative societies, productive and distributive, past, present, and future. Manchester 1865)。——633、637。

瓦茨,约·《政治经济学家的事实和臆想:科学原则述评,去伪存真》1842年曼彻斯特—伦敦版(Watts, J.: The facts and fictions of political economists: being a review of the principles of the science, separating the true from the false. Manchester, London 1842)。——633。

威德,约·《中等阶级和工人阶级的历史》1835年伦敦第3版(Wade, J.: History of the middle and working classes. With a popular exposition of the economical and political principles which have influenced the past and present condition of the industrious orders. Also an appendix. 3. ed. London 1835)。第1版1833

年在伦敦出版。——282、314、714。

威尔克斯，马·《印度南部的历史概要。迈索尔历史初探》（三卷集）1810年伦敦版第1卷（Wilks, M.: Historical sketches of the South of India, in an attempt to trace the history of Mysoor from the origin of the Hindoo Government of that state, to the extinction of the Mohammedan Dynasty in 1799. Vol. 1—3. Vol. 1. London 1810）。—— 414。

威兰德，弗·《政治经济学原理》1843年波士顿版（Wayland, F.: The elements of political economy. Boston 1843）。——190、241。

威斯特，爱·《谷物价格和工资，并论斯密博士、李嘉图先生和马尔萨斯先生关于这些问题的学说》1826年伦敦版（West, E.: Price of corn and wages of labour, with observations upon Dr. Smith's, Mr. Ricardo's, and Mr. Malthus's doctrines upon those subjects; and an attempt at an exposition of the causes of the fluctuation of the price of corn during the last thirty years. London 1826）。——624、625。

威斯特，爱·《论资本用于土地，并论对谷物进口严加限制的失策》，牛津大学学院一研究员著，1815年伦敦版（West, E.: Essay on the application of capital to land, with observations shewing the impolicy of any great restriction of the importation of corn, and that the bounty of 1688 did not lower the price of it. By a fellow of University College, Oxford. London 1815）。——624。

韦克菲尔德，爱·吉·《略论殖民艺术》1849年伦敦版（Wakefield, E. G.: A view of the art of colonization, with present reference to the British Empire; in letters between a statesman and a colonist. London 1849）。——378。

韦克菲尔德，爱·吉·《斯密〈国富论〉评注》，载于亚·斯密《国民财富的性质和原因的研究》1835年伦敦版第1卷（Wakefield, E. G.: A commentary to Smith's wealth of nations. In: A. Smith: An inquiry into the nature and causes of the wealth of nations. Vol. 1. London 1835）。——60、145、408、411、615、686。

韦克菲尔德，爱·吉·《英国和美国。两国社会状况和政治状况的比较》（两卷集）1833 年伦敦版第2卷（Wakefield, E. G.: England and America. A comparison of the social and political state of both nations. In 2 vols. Vol. 2. London 1833）。——310、672、778、878—885。

韦里，彼·《政治经济学研究》，附乔·里·卡尔利的注释，载于《意大利政治经济学名家文集·现代部分》，彼·库斯托第编，1804年米兰版第15卷（Verri, P.: Meditazioni sulla economia politica… con annotazioni di G.-R. Carli. In: Scrittori classici italiani di economia politica. Hrsg. P. Custodi. Parte moderna. T. 15. Milano 1804)。——56—57、109、157、382。

沃森，约·福·《也谈约翰·克劳弗德的报告〈论棉花的供应〉》，载于1861年4月19日《技艺协会杂志》（伦敦）第10卷（Watson, J. F.: Diskussion zu: John Crawfurd: On the cotton supply. Bericht. In: The Journal of the Society of Arts, and of the Institutions in Union. London. Vol. 10. 19. April 1861）。——450。

乌尔卡尔特，戴·《家常话》1855年伦敦版（Urquhart, D.: Familiar words, as affecting the character of Englishmen and the fate of England. London 1855）。——120、421、579、857、858。

X

西利，罗·本·《国家的危险。向立法机关、僧侣和上层阶级及中等阶级的呼吁》1843年伦敦修订第2版（Seeley, R. B.: The perils of the nation. An appeal to the legislature, the clergy, and the higher and middle classes. 2. ed. rev. London 1843）。——836。

西尼耳，纳·威·《关于爱尔兰的日志、谈话和短评》（两卷集）1868年伦敦版第2卷（Senior, N. W.: Journals conversations and essays relating to Ireland. In 2 vols. Vol. 2. London 1868）。——819、840。

西尼耳，纳·威·《关于工厂法对棉纺织业的影响的书信。附伦纳德·霍纳给西尼耳先生的信以及埃·阿什沃思先生、汤普森先生和西尼耳先生之间的谈话记录》1837年伦敦版（Senior, N. W.: Letters on the factory act, as it affects the cotton manufacture. To which are appended, a letter to Mr. Senior from Leonard Horner, and minutes of a conversation between Mr. E. Ashworth, Mr. Thompson and Mr. Senior. London 1837）。——259—264、467。

西尼耳，纳·威·《关于工资率的三篇演讲，并附关于现行的不合理现象的原因和纠正办法的导言》1830年伦敦版（Senior, N. W.: Three lectures on the rate of wages, delivered before the University of Oxford, in Easter term, 1830. With a pref. on the causes and remedies of the present disturbances. London 1830）。——625、630。

西尼耳，纳·威·《会议致词》，载于《全国社会科学促进协会第七届年会总结报告。大会1863年10月在爱丁堡召开》1863年爱丁堡—伦敦版（Senior, N. W.:

Address. In: The National Association for the Promotion of Social Science. Report of proceedings at the seventh annual congress, held in Edinburgh, October 1863. Edinburgh, London 1863)。——555、556、566。

西尼耳，纳·威·《政治经济学基本原理》，让·阿里瓦本选自纳·威·西尼耳先生已出版和未出版的讲义，1836年巴黎版（Senior, N. W.: Principes fondamentaux de l'économie politique, tirés de leçons éd. et inéd. de N. W. Senior, par J. Arrivabene. Paris 1836）。——688、689。

西尼耳，纳·威·《政治经济学科学大纲》1836年伦敦版（Senior, N. W.: An outline of the science of political economy. London 1836）。——264。

西斯蒙第，让·沙·莱·西蒙德·德·《论商业财富，或商业立法中运用的政治经济学原理》（两卷集）1803年日内瓦版第1卷（Sismondi, J.-Ch.-L. Simonde de: De la richesse commerciale, ou principes d'économie politique, appliqués à la législation du commerce. T. 1. 2. T. 1. Genève 1803）。——615。

西斯蒙第，让·沙·莱·西蒙德·德·《政治经济学概论》（两卷集）1837—1838年布鲁塞尔版第1—2卷（Sismondi, J.-Ch.-L. Simonde de: Études sur l'économie politique. T. 1. 2. Bruxelles 1837—1838）。——366、687。

西斯蒙第，让·沙·莱·西蒙德·德·《政治经济学新原理，或论财富同人口的关系》（两卷集）1827年巴黎第2版第1—2卷（Sismondi, J.-Ch.-L. Simonde de: Nouveaux principes d'économie politique, ou de la richesse dans ses rapports avec la population. 2. éd. T. 1. 2. Paris 1827）。——181、202、654、666、671、675、676、746、873。

《限制羊毛出口的理由》1677年伦敦版（Reasons for a limited exportation of wool. London 1677）。——659。

肖莱马，卡·《有机化学的产生及其发展》1879年伦敦版（Schorlemmer, C.: The rise and development of organic chemistry. London 1879）。——358。

《刑法典，或犯罪和惩罚的法典》（Code pénal, ou code des délits et des peines）。——851。

休谟，大·《对若干问题的论述》（两卷集）1764年伦敦新版（Hume, D.: Essays and treatises on several subjects. A new ed. Vol. 1. 2. London 1764）。——146。

修昔的底斯《伯罗奔尼撒战争史》（八卷集）1831年莱比锡版（Thucydides: De bello Peloponnesiaco libri octo. Lipsiae 1831）。——423。

Y

亚里士多德《政治学》，载于《亚里士多德全集》，伊·贝克尔编，1837年牛津版第10卷（Aristoteles: De republica libri VIII et economica. Politica. In: Opera. Ex rec. I. Bekkeri. T. 10. Oxonii 1837）。——104、178、192。

亚里士多德《政治学》，原文依据伊·贝克尔文本作了新的校订并译成德文，另附完整的考证资料和译者阿·施塔尔编制的人名索引，1839年莱比锡版（希腊文德文对照）（Aristoteles: Politik in acht Büchern. Der Urtext nach I. Bekkers Textesrec. auf's Neue berichtigt und in's Deutsche übertr., so wie mit vollst. krit. Apparate und einem Verz. der Eigennamen vers. von A. Stahr. Leipzig 1839. Text: grich., dt.）。——178。

杨格，阿·《爱尔兰游记。该王国目前状况概述》（两卷集）1780年伦敦第2版（Young, A.: A tour in Ireland: with general observations on the present state of that Kingdom. 2. ed. In 2 vols. London 1780）。——784。

杨格，阿·《政治算术。兼评大不列颠目前状况》1774年伦敦版（Young, A.: Political arithmetic. Containing observations on the present state of Great Britain; and the principles of her policy in the encouragement of agriculture. London 1774）。——145、266。

《一篇比较竞争和合作的利弊的得奖论文》1834年伦敦版（A Prize essay on the comparative merits of competition and cooperation. London 1834）。——372、496。

伊登，弗·莫·《贫民的状况，或英国劳动者阶级从征服时期到现在的历史》（三卷集）1797年伦敦版第1卷（Eden, F. M.: The state of the poor: or, an history of the labouring classes in England, from the conquest to the present period. With a large app. In 3 vols. Vol. 1. London 1797）。——282、694、711、776、829、833、868。

伊文思，霍·《我们的旧贵族》，一个位高任重者著，1879年伦敦第2版（Evans, H.: Our old nobility. By noblesse oblige. 2. ser. London 1879）。——831。

《应用农学和理论农学百科全书》（两卷集），约·查·摩尔顿等编，1855年格拉斯哥—爱丁堡—伦敦版第2卷（A cyclopedia of agriculture, practical and scientific, in which the theory, the art, and the business of farming are thoroughly and practically treated. By upwards of fifty of the most eminent practical and scientific men of the day. Ed. by J. Ch. Morton u. a. In 2 vols. Vol. 2. Glasgow, Edinburgh, London 1855)。——637。

尤尔,安·《工厂哲学,或加工棉、毛、麻、丝的工业经济学。附英国各工厂使用的各种机器的描述》(两卷集),译文经著者审定,1836年巴黎版第2卷(Ure, A.: Philosophie des manufactures ou économie industrielle de la fabrication du coton, de la laine, du lin et de la soie, aves la description des diverses machines employées dans les ateliers anglais. Trad. sous les yeux de l'auteur. T. 2. Paris 1836)。——346、425。

尤尔,安·《工厂哲学:或论大不列颠工厂制度的科学、道德和商业的经济》1835年伦敦修订第2版(Ure, A.: The philosophy of manufactures: or, an exposition of the scientific, moral, and commercial economy of the factory system of Great Britain. 2. ed. corr. London 1835)。——405、425、437、465、483、488、497、498、502、504、636、642。

Z

詹诺韦西,安·《市民经济学讲义》,载于《意大利政治经济学名家文集·现代部分》,彼·库斯托第编,1803年米兰版第8卷(Genovesi, A.: Lezioni di economia civile. In: Scrittori classici italiani di economia politica. Hrsg. P. Custodi. Parte moderna. T. 8. Milano 1803)。——179。

张伯伦,约·《伯明翰卫生会议开幕致词》,载于1875年1月15日《曼彻斯特卫报》(Chamberlain, J.: Eröffnungsrede. Sanitary conference at Birmingham. In: The Manchester Guardian. 15. Januar 1875)。——739。

《最近济贫税增加的理由,或劳动价格和粮食价格的比较研究》1777年伦敦版(Reasons for the late increase of the poor-rates: or a comparative view of the price of labour and provisions, humbly addressed to the considerations of the legislature. London 1777)。——659、775。

议会报告和其他官方文件

A

《埃森、韦尔登和凯特维希商会1862年年度报告》1863年埃森版(Jahresbericht

der Handelskammer für Essen, Werden und Kettwig pro 1862. Essen 1863)。——449。

《爱尔兰农业统计。1860年各郡各省农作物的种植亩数和牲畜存栏数概况》1860年都柏林版（Agricultural statistics, Ireland. General abstracts showing the acreage under the several crops and the number of live stock, in each county and province, for the year 1860. Also, the emigration from Irish ports from 1st January to 1st September, 1860. Presented to both Houses of Parliament by command of Her Majesty. Dublin 1860)。——806。

《爱尔兰农业统计。1866年平均产量估计表》1867年都柏林版(Agricultural statistics, Ireland. Tables showing the estimated average produce of the crops for the year 1866; and the emigration from Irish ports from 1st January to 31st December, 1866; also, the number of mills for scutching flax in each county and province. Presented to both Houses of Parliament by command of Her Majesty. Dublin 1867)。——806。

D

《大不列颠所有矿山状况调查委员的报告》1864年伦敦版(Report of the commissioners appointed to inquire into the condition of all mines in Great Britain to which the provisions of the act 23 & 24 Vict. cap. 151 do not apply. With reference to the health and safety of persons employed in such mines. London 1864)。——767。

《帝俄驻北京公使馆关于中国及其人民、宗教、制度和社会关系的著述》，卡·阿贝尔和弗·阿·梅克伦堡译自1852—1857年圣彼得堡俄文版，1858年柏林版第1卷(Arbeiten der Kaiserlich Russischen Gesandtschaft zu Peking über China, sein Volk, seine Religion, seine Institutionen, socialen Verhältnisse etc. Aus dem Russ. nach dem in St. Petersburg 1852—1857 veröff. Orig. von C. Abel und F. A. Mecklenburg, vielm. Mekkelburg. B. 1. Berlin 1858)。——150。

《帝国对于西里西亚的特权和法令》(Kaiserliche Privilegien und Sanctionen für Schlesien)。——849。

《东印度(金银条块)。答可尊敬的下院1864年2月8日的质询》1864年伦敦版(East India 〈Bullion〉. Return to an address of the Honourable The House of Commons, dated 8 February 1864. Ordered, by the House of Commons, to be printed, 16

March 1864. London 1864)。——158。

F

《法律(维多利亚十六和十七年通过的第99章,二十和二十一年通过的第3章)执行情况调查委员会委员关于流放和劳役监禁的报告》1863年伦敦版第1卷《正文与附录》,第2卷《证词记录》(Report of the commissioners appointed to inquire into the operation of the acts. 16 and 17 Vict. c. 99 and 20 and 21 Vict. c. 3. relating to transportation and penal servitude. Vol. 1: Report and appendix.Vol. 2: Minutes of evidence. London 1863)。——782、783。

《〈佛来米人,前进!〉协会告一切拥护真诚实现1830年国民大会通过的比利时宪法的人的呼吁书》1860年布鲁塞尔版(Manifest der Maatschappij De Vlamingen Vooruit! Gerigt tot alle de voorstanders van de eerlijke en regtzinnige uitvoering der belgische Grondwet, gestemd door het Nationaal Congres van 1830. Brussel 1860)。——774。

G

《工厂。答可尊敬的下院1861年4月24日的质询》,根据下院决定于1862年2月11日刊印,1862年伦敦版(Factories. Return to an address of the Honourable The House of Commons, dated 24 April 1861. Ordered, by the House of Commons, to be printed, 11 February 1862. London 1862)。——477、484、546。

《工厂调查委员会。皇家委员会中央评议会的第1号报告》,根据下院决定于1833年6月28日刊印,1833年伦敦版。引自《工厂视察员向女王陛下内务大臣所作的报告。截至1848年10月31日为止的半年》1849年伦敦版(Factory inquiry commission. First report of the central Board of His Majesty's commissioners. Ordered, by the House of Commons, to be printed, 28 June 1833. London 1833. Nach: Reports of the inspectors of factories to Her Majesty's Principal Secretary of State for the Home Department: for the half-year ending 31st October 1848. London 1849)。——322。

《工厂法》,根据下院决定于1859年8月9日刊印,1859年伦敦版(Factories regulation acts. Ordered, by the House of Commons, to be printed, 9 August 1859. London 1859)。——279、341。

《工厂法扩充条例。1864年7月25日》,载于《维多利亚女王二十七至二十八年通过的公共普通法汇编：大不列颠及爱尔兰联合王国第十八届议会第六次会议》1864年伦敦版（An act for the extension of the factory acts. 25th July 1864. In: A collection of the public general statutes passed in the twenty-seventh and twenty-eighth years of the reign of Her Majesty Queen Victoria: being the sixth session of the eighteenth Parliament of the United Kingdom of Great Britain and Ireland. London 1864）。——548、554。

《工厂法扩充条例。1867年8月15日》，载于《法律报告。维多利亚女王三十至三十一年通过的公共普通法，附地方法规和私法条例一览表》1867年伦敦版第2卷（An act for the extension of the factory acts. 15th August 1867. In: The law reports. The public general statutes, with a list of the local and private acts, passed in the thirtieth and thirty-first years of the reign of Her Majesty Queen Victoria. Vol. 2. London 1867）。——566—568。

《工厂视察员向女王陛下内务大臣所作的报告》（Reports of the inspectors of factories to Her Majesty's Principal Secretary of State for the Home Department）。——278、564。

—《截至1841年12月31日为止的半年》1842年伦敦版（For the half-year ending the 31st December 1841. London 1842）。——320。

—《截至1843年9月30日为止的三个月》。引自安·阿什利《工厂十小时工作日法案。1844年3月15日星期五在下院的演说》1844年伦敦版（For the quarter ending 30th September, 1843. Nach: A. Ashley: Ten hours' factory bill. The speech…in the House of Commons, on Friday, March 15th, 1844. London 1844）。——464。

—《截至1844年9月30日为止的三个月和1844年10月1日—1845年4月30日》1845年伦敦版（For the quarter ending 30th September, 1844; and from 1st October, 1844, to 30th April, 1845. London 1845）。——325、326、338、473、474、476。

—《截至1846年10月31日为止的半年》1847年伦敦版（For the half-year ending 31st October 1846. London 1847）。——339。

—《截至1847年10月31日为止的半年》1848年伦敦版（For the half-year ending 31st October 1847. London 1848）。——328。

—《截至1848年4月30日为止的半年》1848年伦敦版（For the half-year ending 30th April 1848. London 1848）。——330、628。

—《截至1848年10月31日为止的半年》1849年伦敦版(For the half-year ending 31st October 1848. London 1849)。——264、325—333、335、336、345、348、601、630。

—《截至1849年4月30日为止的半年》1849年伦敦版(For the half-year ending 30th April 1849. London 1849)。——333、334、335、336、360。

—《截至1849年10月31日为止的半年》1850年伦敦版(For the half-year ending 31st October 1849. London 1850)。——324、335。

—《截至1850年4月30日为止的半年》1850年伦敦版(For the half-year ending 30th April 1850. London 1850)。——337、349。

—《截至1850年10月31日为止的半年》1851年伦敦版(For the half-year ending 31st October 1850. London 1851)。——332。

—《截至1852年4月30日为止的半年》1852年伦敦版(For the half-year ending 30th April 1852. London 1852)。——338。

—《截至1853年4月30日为止的半年》1853年伦敦版(For the half-year ending 30th April 1853. London 1853)。——340。

—《截至1853年10月31日为止的半年》1854年伦敦版(For the half-year ending 31st October 1853. London 1854)。——203、310。

—《截至1855年4月30日为止的半年》1855年伦敦版(For the half-year ending 30th April 1855. London 1855)。——263。

—《截至1855年10月31日为止的半年》1856年伦敦版(For the half-year ending 31st October 1855. London 1856)。——310、319、461、491、600。

—《截至1856年10月31日为止的半年》1857年伦敦版(For the half-year ending 31st October 1856. London 1857)。——279、281、436、462、477、478、497、517、518。

—《截至1857年4月30日为止的半年》1857年伦敦版(For the half-year ending 30th April 1857. London 1857)。——460、462。

—《截至1857年10月31日为止的半年》1857年伦敦版(For the half-year ending 31st October 1857. London 1857)。——341、463。

—《截至1858年4月30日为止的半年》1858年伦敦版(For the half-year ending 30th April 1858. London 1858)。——279、638、641。

—《截至1858年10月31日为止的半年》1858年伦敦版(For the half-year ending 31st October 1858. London 1858)。——452、456、461、497。

—《截至1859年4月30日为止的半年》1859年伦敦版(For the half-year ending 30th April 1859. London 1859)。——634。

—《截至1859年10月31日为止的半年》1860年伦敦版(For the half-year ending 31st October 1859. London 1860)。——325、349。

—《截至1860年4月30日为止的半年》1860年伦敦版(For the half-year ending 30th April 1860. London 1860)。——281、310、321、340、434、478、629。

—《截至1860年10月31日为止的半年》1860年伦敦版(For the half-year ending 31st October 1860. London 1860)。——280、634。

—《截至1861年4月30日为止的半年》1861年伦敦版(For the half-year ending 30th April 1861. London 1861)。——280。

—《截至1861年10月31日为止的半年》1862年伦敦版(For the half-year ending 31st October 1861. London 1862)。——339、347、480。

—《截至1862年10月31日为止的半年》1863年伦敦版(For the half-year ending 31st October 1862. London 1863)。——280、341、342、347、460、467、477、479、482、516、524、525、551。

—《截至1863年4月30日为止的半年》1863年伦敦版(For the half-year ending 30th April 1863. London 1863)。——343、349、492、528、628、629。

—《截至1863年10月31日为止的半年》1864年伦敦版(For the half-year ending 31st October 1863. London 1864)。——280、485、492、499、525、526、527、629、733。

—《截至1864年4月30日为止的半年》1864年伦敦版(For the half-year ending 30th April 1864. London 1864)。——527。

—《截至1864年10月31日为止的半年》1865年伦敦版(For the half-year ending 31st October 1864. London 1865)。——345、349。

—《截至1865年10月31日为止的半年》1866年伦敦版(For the half-year ending 31st October 1865. London 1866)。——473、516、527、530、546—549、554、555、556、563、564。

—《截至1866年10月31日为止的半年》1867年伦敦版(For the half-year ending 31st October 1866. London 1867)。——485、491、648、739、816。

《公共卫生。枢密院卫生视察员的报告》(Public health. Reports)。——9、420、455、459、535。

—《第3号报告。1860年》,根据下院决定于1861年4月15日刊印,1861年伦敦版(Third report of the medical officer of the Privy Council. 1860. Presented pursuant to act of Parliament. Ordered, by the House of Commons, to be printed, 15 April 1861. London 1861)。——283、284。

—《第4号报告。1861年。附附录》，根据下院决定于1862年4月11日刊印，1862年伦敦版(Fourth report··· with app. 1861. Presented pursuant to act of Parliament. Ordered, by the House of Commons, to be printed, 11 April 1862. London 1862)。——534。

—《第6号报告。1863年。附附录》1864年伦敦版(Sixth report··· with app. 1863. Presented pursuant to act of Parliament. London 1864)。——203、311、458—460、535、629、755—757、783、784、802。

—《第7号报告。1864年。附附录》1865年伦敦版(Seventh report··· with app. 1864. Presented pursuant to act of Parliament. London 1865)。——666、758、765—769、781、782、785、788—790、797、828。

—《第8号报告。1865年。附附录》1866年伦敦版(Eighth report··· with app. 1865. Presented pursuant to act of Parliament. London 1866)。——533、758—762、764、765。

《谷物法请愿特别委员会的报告和证词》——见《王国谷物法请愿特别委员会的报告。附证词和附件》。

《关于惩治暴行，胁迫和侵害行为的刑法修正法令。1871年6月29日》，载于《法律报告。维多利亚女王三十四至三十五年通过的公共普通法》1871年伦敦版第6卷(An act to amend the criminal law relating to violence, threats, and molestation. 29th June 1871. In: The law reports. The public general statutes, passed in the thirty-fourth and thirty-fifth years of the reign of Her Majesty Queen Victoria. Vol. 6. London 1871)。——850。

《关于惩治流浪者和救济贫弱人员的法令。1547年》。引自弗·莫·伊登《贫民的状况》1797年伦敦版第1卷(An act for the punishment of vagabonds, and for the relief of the poor and impotent persons. 1547. Nach: F. M. Eden: The state of the poor. Vol. 1. London 1797)。——843。

《关于惩治流浪者和救济贫弱人员的法令。1572年》。引自弗·莫·伊登《贫民的状况》1797年伦敦版第1卷(An act for the punishment of vagabonds, and for relief of the poor and impotent persons. 1572. Nach: F. M. Eden: The state of the poor. Vol. 1. London 1797)。——844。

《关于惩治流氓、流浪者和强壮乞丐的法令。1597年》。引自弗·莫·伊登《贫民的状况》1797年伦敦版第1卷(An act for punishment of rogues, vagabonds, and sturdy beggars. 1597. Nach: F. M. Eden: The state of the poor. Vol. 1. London 1797)。——845。

《关于惩治身强体壮的流浪者和乞丐的法令。1535年》。引自弗·莫·伊登《贫民的状况》1797年伦敦版第1卷(An act for punishment of sturdy vagabonds and beggars. 1535. Nach: F. M. Eden: The state of the poor. Vol. 1. London 1797)。——845。

《关于反对拆毁市镇和房舍的法令。1488年》。引自弗·莫·伊登《贫民的状况》1797年伦敦版第1卷(An act against pulling down of towns and houses.1488. Nach: F. M. Eden: The state of the poor. Vol. 1. London 1797)。——826。

《关于工厂劳动条例的修正法令。1844年6月6日》,载于《大不列颠及爱尔兰联合王国法律汇编。1844年(维多利亚七至八年)》1844年伦敦版(An act to amend the laws relating to labour in factories. 6th June 1844. In: The statutes of the United Kingdom of Great Britain and Ireland, 7 & 8 Victoria, 1844. London 1844)。——325、327、329、331、337、338、461、480。

《关于工厂劳动条例的修正法令。1850年8月5日》,载于《大不列颠及爱尔兰联合王国法律汇编。1850年(维多利亚十三至十四年)》1850年伦敦版(An act to amend the acts relating to labour in factories. 5th August 1850. In: The statutes of the United Kingdom of Great Britain and Ireland, 13 & 14 Victoria, 1850. London 1850)。——277、310、338、340、480。

《关于工联法的修正法令。1871年6月29日》,载于《法律报告。维多利亚女王三十四至三十五年通过的公共普通法》1871年伦敦版第6卷(An act to amend the law relating to Trades Unions. 29th June 1871. In: The law reports. The public general statutes, passed in the thirty-fourth and thirty-fifth years of the reign of Her Majesty Queen Victoria. Vol. 6. London 1871)。——850。

《关于谷物和谷物法的报告:上院委员会受命研究关于谷物的生长、贸易、消费状况以及有关法律的第1、2号报告》,根据下院决定于1814年11月23日刊印,1814年伦敦版(Reports respecting grain, and the corn laws: viz: First and second reports from The Lords Committees, appointed to enquire into the state of the growth, commerce, and consumption of grain, and all laws relating thereto;··· Ordered, by the House of Commons, to be printed, 23 November 1814. London 1814)。——640。

《关于雇用童工的法令》，载于《修订条例的补充。马萨诸塞州普通法》1854年波士顿版第1卷。引自《童工调查委员会。1862年。第1号报告》1863年伦敦版(An act concerning the employment of children in manufacturing establishments. In: Supplements to the revised statutes. General laws of the Commonwealth of Massachusetts. Vol. 1. Boston 1854. Nach: Children's employment commission 1862. First report. London 1863)。——313。

《关于规定工场童工、青工和女工劳动时间及有关事宜的法令。1867年8月21日》，载于《大不列颠及爱尔兰联合王国法律汇编。1867年(维多利亚三十至三十一年)》1867年伦敦版 (An act for regulating the hours of labour for children, young persons, and women employed in workshops; and for other purposes relating thereto. 21st August 1867. In: The statutes of the United Kingdom of Great Britain and Ireland, 30 & 31 Victoria, 1867. London 1867)。——567。

《关于规定印染厂童工、青工和女工劳动强度的法令。1845年6月30日》，载于《大不列颠及爱尔兰联合王国法律汇编。1845年(维多利亚八至九年)》1845年伦敦版(An act to regulate the labour of children, young persons, and women in print works. 30th June 1845. In: The statutes of the United Kingdom of Great Britain and Ireland, 8 & 9 Victoria, 1845. London 1845)。——341。

《关于花边厂应依据工厂法条例雇用女工、青工和童工的法令。1861年8月6日》，载于《大不列颠及爱尔兰联合王国法律汇编。1861年(维多利亚二十四至二十五年)》1861年伦敦版 (An act to place the employment of women, young persons, youths, and children in lace factories under the regulations of the factories acts. 6th August 1861. In: The statutes of the United Kingdom of Great Britain and Ireland, 24 & 25 Victoria, 1861. London 1861)。——537。

《关于技工、工人、农耕人员和学徒工不同条例的法令。1562年》，载于《英格兰和大不列颠法规大全，从大宪章到大不列颠和爱尔兰王国联盟》(共20卷)1811年伦敦版第4卷(An act touching divers orders for artificers, labourers, servants of husbandry and apprentices. 1562. In: The statutes at large, of England and of Great Britain: from Magna Carta to the Union of the Kingdom of Great Britain and Ireland. In 20 vols. Vol. 4. London 1811)。——314。

《关于加强施行工厂与工场法的修正法令》，载于《工厂与工场法。1878年》，附亚·雷德格雷夫所作序言，1879年伦敦第2版(An act to consolidate and amend the law relating to factories and workshops. In: The factory and workshop act. 1878, with introduction… by A. Redgrave. 2. ed. London 1879)。——577。

《关于加强施行煤矿等矿业管理条例的修正法令。1872年8月10日》，载于《维多利亚女王三十五至三十六年通过的公共普通法》1872年伦敦版(An act to consolidate and amend the acts relating to the regulation of coal mines and certain other mines. 10th August 1872. In: The public general acts passed in the thirty-fifth and thirty-sixth years of the reign of Her Majesty Queen Victoria. London 1872)。——566。

《关于进一步减轻皇家军队负担和王国北部的法令。1640年》，引自弗·莫·伊登《贫民的状况》1797年伦敦版第1卷(An act for the further relief of His Majesty's army, and the northern parts of the Kingdom.1640. Nach: F. M. Eden: The state of the poor. Vol. 1. London 1797)。——829。

《关于禁止矿业和煤矿雇用妇女和少女、规范对男童的雇用以及制定其他与在此做工人员相关的规定的法令。1842年8月10日》，载于《大不列颠及爱尔兰联合王国法律汇编。1842年(维多利亚五至六年)》1842年伦敦版(An act to prohibit the employment of women and girls in mines and collieries, to regulate the employment of boys, and to make other provisions relating to persons working therein. 10th August 1842. In: The statutes of the United Kingdom of Great Britain and Ireland. 5 & 6 Victoria. 1842)。——452、569。

《关于农场与羊的法令。1533年》。引自弗·莫·伊登《贫民的状况》1797年伦敦版第1卷(An act concerning farms and sheep. 1533. Nach: F. M. Eden: The state of the poor. Vol. 1. London 1797)。——826。

《关于漂白厂和染厂应依据工厂法条例雇用女工、青工和童工的法令。1860年8月6日》，载于《大不列颠及爱尔兰联合王国法律汇编。1860年(维多利亚二十三至二十四年)》1860年伦敦版(An act to place the employment of women, young persons, and children in bleaching works and dyeing works under the regulations of the factories acts. 6th August 1860. In: The statutes of the United Kingdom of Great Britain and Ireland. 23 & 24 Victoria. 1860. London 1860)。——342、570。

《关于授权治安官在其各自管辖权内规定和管理丝厂雇佣人员工资的法令。1773年》，载于《英格兰和大不列颠法规大全》(共20卷)1811年伦敦版第13卷第68章。引自《论行业联合》1834年伦敦新版(An act to impower the magistrates therein mentioned to settle and regulate the wages of persons employed in the silk manufacture within their respective jurisdictions. 1773. In: The statutes at large, of England and of Great Britain… In 20 vols. Vol. 13. London 1811. Cap. 68. Nach: On Combinations of trades. New ed. London 1834)。——849。

《关于限制工厂青工和女工劳动时间的法令。1847年6月8日》，载于《维多利亚女王十至十一年通过的公共普通法汇编：大不列颠及爱尔兰联合王国第十四届议会第七次会议》1847年伦敦版（An act to limit the hours of labour of young persons and females in factories. 8th June 1847. In: A collection of the public general statutes, passed in the tenth and eleventh year of the reign of Her Majesty Queen Victoria: being the seventh session of the fourteenth Parliament of the United Kingdom of Great Britain and Ireland. London 1847)。——327、329。

《关于修改和更好地实施英格兰和威尔士济贫法的法令。1834年（威廉四世四至五年）第76章》，载于《威廉四世四至五年通过的公共普通法汇编》1834年伦敦版（An act for the amendment and better administration of the laws relating to the poor in England and Wales. 4 and 5 William IV, Cap. 76, 1834. In: A collection of the public general statutes passed in the fourth and fifth year of the reign of His Majesty King William the Fourth. London 1834)。——496、523、776、786。

《国际统计大会纲要。1855年9月10日，巴黎》。引自《工厂视察员向女王陛下内务大臣所作的报告。截至1855年10月31日为止的半年》1856年伦敦版（Programme du Congrès International Statistique, tenu à Paris le 10 Septembre 1855. Nach: Reports of the inspectors of factories to Her Majesty's Principal Secretary of State for the Home Department: for the half-year ending 31st October 1855. London 1856)。——347。

H

《汉萨德的议会辩论录》1843年伦敦版第66卷（Hansard's parliamentary debates, third series, commencing with the accession of William IV. Vol. 66. Comprising the period from the second day of February, to the twenty-seventh day of February, 1843. London 1843)。——751。

《汉萨德的议会辩论录》1863年伦敦版第170卷(Hansard's parliamentary debates, third series, commencing with the accession of William IV. Vol. 170. Comprising the period from the twenty-seventh day of March, to the third day of May, 1863. London 1863)。——38—44。

《汉萨德的议会辩论录》1864年伦敦版第174卷(Hansard's parliamentary debates, third series, commencing with the accession of William IV. Vol. 174. Comprising the period from the fifteenth day of March, to the third day of May, 1864. London 1864)。——752。

《皇家国内税务委员。第4号报告》1860年伦敦版(Fourth report of the commissioners of Her Majesty's inland revenue on the inland revenue. Presented to both Houses of Parliament by command of Her Majesty. London 1860)。——749。

《皇家国内税务委员。第10号报告》1866年伦敦版(Tenth report of the commissioners of Her Majesty's inland revenue on the inland revenue. Presented to both Houses of Parliament by command of Her Majesty. London 1866)。——747、748、807。

《皇家铁道委员会。委员们的报告》1867年伦敦版(Royal commission on railways. Report of the commissioners. Presented to both Houses of Parliament by command of Her Majesty. London 1867)。——498、646。

J

《济贫法视察员关于爱尔兰农业工人工资的报告》1870年都柏林版(Reports from poor law inspectors on the wages of agricultural labourers in Ireland. Dublin 1870)。——812—815。

《济贫法。第二章。1601年(伊丽莎白四十三年)》,载于《王国法规集》1819年版第4卷第2部分(An acte for the reliefe of the poore. 43 Elizabeth, Cap. 2, 1601. In: The statutes of the realm. Vol. 4, pt. 2. o. O. 1819)。——496。

《剑桥大学委员会。皇家委员调查剑桥大学和各院的状况、纪律、课程和收入的报告。附证词和附录》1852年伦敦版(Cambridge university commission. Report of Her Majesty's commissioners appointed to inquire into the state, discipline, studies, and revenues of the university and colleges of Cambridge: together with the evidence, and an appendix. London 1852)。——712。

《就面包工人的申诉向女王陛下内务大臣所作的报告。附证词》1862年伦敦版(Report addressed to Her Majesty's Principal Secretary of State for the Home Department, relative to the grievances complained of by the journeymen bakers; with app. of evidence. London 1862)。——203、289—291、631。

《就面包工人的申诉向女王陛下内务大臣所作的第2号报告》1863年伦敦版(Second report addressed to Her Majesty's Principal Secretary of State for the Home Department, relative to the grievances complained of by the journeymen bakers. London 1863)。——289—291。

K

《矿山管理与视察法。1860年8月28日》,载于《大不列颠及爱尔兰联合王国法律汇编。1860年(维多利亚二十三至二十四年)》1860年伦敦版(An act for the regulation and inspection of mines. 28th August 1860. In: The statutes of the United Kingdom of Great Britain and Ireland. 23 & 24 Victoria. 1860. London 1860)。——569、574、575。

《矿山特别委员会的报告。附委员会会议记录,证词和附件》,根据下院决定于1866年7月23日刊印,1866年伦敦版(Report from the select committee on mines; together with the proceedings of the committee, minutes of evidence, and app. Ordered, by the House of Commons, to be printed, 23 July 1866. London 1866)。——569—575。

L

《劳工法。1349年》,载于《英格兰和大不列颠法规大全:从大宪章到大不列颠和爱尔兰王国联盟》1811年伦敦版第1卷(Statutum de servientibus. 〈The statute of labourers.〉1349. In: The statutes at large, of England and of Great Britain: from Magna Carta to the Union of the Kingdoms of Great Britain and Ireland. Vol. 1. London 1811)。——313、848。

《联合王国的各种统计材料。第六部分》1866年伦敦版(Miscellaneous statistics of the United Kingdom. Part. VI. Presented to both Houses of Parliament by command of Her Majesty. London 1866)。——751。

《联合王国最近十五年历年简要统计一览》(Statistical abstract for the United Kingdom in each of the last fifteen years):

—第8卷《1846—1860年》1861年伦敦版(No.8: From 1846 to 1860. London 1861)。——482。

—第13卷《1851—1865年》1866年伦敦版(No.13: From 1851 to 1865. London 1866)。——482。

《罗得岛州和普罗维登斯殖民地的修订条例》1857年普罗维登斯版。引自《童工调查委员会。1862年。第1号报告》1863年伦敦版(The revised statutes of the state of Rhode Island and Providence plantations: to which are prefixed, the constitutions of the United States and of the state. Providence 1857. Nach: Children's employment commission 1862. First report. London 1863)。——313。

M

《面包房管理法。1863年7月13日》,载于《大不列颠及爱尔兰联合王国法律汇编。1863年(维多利亚二十六至二十七年)》1863年伦敦版(An act for the regulation of bakehouses.13th July 1863. In: The statutes of the United Kingdom of Great Britain and Ireland. 26 & 27 Victoria. 1863. London 1863)。——289、343—344。

N

《农业工人(爱尔兰)。答可尊敬的下院1861年3月8日的质询》,根据下院决定于1862年2月6日刊印,1862年伦敦版(Agricultural labourers 〈Ireland〉. Return to an order of the Honourable The House of Commons, dated 8 March 1861. Ordered, by the House of Commons, to be printed, 6 February 1862. London 1862)。——812。

《女王陛下驻外使馆秘书关于驻在国的工商业等情况的报告》1863年伦敦版第6号(Reports by Her Majesty's secretaries of embassy and legation, on the manufactures, commerce, &c., of the countries in which they reside. No. 6. London 1863)。——398。

Q

《全国社会科学促进协会第七届年会的总结报告》1863年爱丁堡—伦敦版 (The National Association for the Promotion of Social Science. Report of proceedings at the seventh annual congress, held in Edinburgh, October 1863. Edinburgh,

London 1863)。——453、555、556。

S

《纱厂工头和厂主的保护基金。基金收支委员会提交纱厂工头和厂主中央联合会的报告》1854年曼彻斯特版。引自《工厂视察员向女王陛下内务大臣所作的报告：截至1856年10月31日为止的半年》1857年伦敦版 (The Master Spinners' & Manufacturers' Defence Fund. Report of the Committee appointed for the receipt and apportionment of this fund, to the Central Association of Master Spinners and Manufacturers. Manchester 1854. Nach: Reports of the inspectors of factories to Her Majesty's Principal Secretary of state for the Home Department: for the half-year ending 31st October 1856. London 1857)。——488。

《上院秘密委员会受命研究一度遍及商业界的危机的原因以及随时能兑现的银行券发行管理法对该阶级的影响的报告。附证词和附件》，根据下院决定于1848年7月28日刊印，1857年重印，1857年伦敦版(Report from the Secret Committee of the House of Lords appointed to inquire into the causes of the distress which has for some time prevailed among the commercial classes, and how far it has been affected by the laws for regulating the issue of bank notes payable on demand. Together with the minutes of evidence, and an app. Ordered, by the House of Commons, to be printed, 28 July 1848. Reprinted 1857, London 1857)。——150。

《圣马丁的医官的报告。1865年》，引自《公共卫生。第8号报告》1866年伦敦版(Report of the officer of health of St. Martin's-in-the-Fields. 1865. Nach: Public health. Eighth report. London 1866)。——760。

《食物等掺假调查特别委员会的第1号报告。附证词和附件》，根据下院决定于1855年7月27日刊印，1855年伦敦版(First report from the select committee on adulteration of food, etc.; with the minutes of evidence, and app. Ordered, by the House of Commons, to be printed, 27 July 1855. London 1855)。——203、288。

T

《童工调查委员会。1862年。委员会委员的报告。第1—6号》(Children's employ-

ment commission 1862. Report 1—6 of the commissioners):——540。
—《第1号报告》1863年伦敦版(First report of the commissioners. With app. Presented to both Houses of Parliament by command of Her Majesty. London 1863)。——283—287、312、342、540、628、638。
—《第2号报告》1864年伦敦版(Second report. London 1864)。——531、536、538—540、542、544—546、548、563、628、637。
—《第3号报告》1864年伦敦版(Third report. London 1864)。——203、298、457、529、534、536、549、551、565、629、631、637。
—《第4号报告》1865年伦敦版(Fourth report. London 1865)。——298—302、304、307、405、463、501、550、551。
—《第5号报告》1866年伦敦版(Fifth report. London 1866)。——300、456、457、498、522、533、534、552、554、556—558、563—566、628。
—《第6号报告》1867年伦敦版(Sixth report. London 1867)。——789、798、799、801—803。

W

《王国谷物法请愿特别委员会的报告。附证词和附件》,根据下院决定于1814年7月26日刊印,1814年伦敦版(Report from the select committee on petitions relating to the corn laws of this Kingdom: together with the minutes of evidence, and an app. of accounts. Ordered, by the House of Commons, to be printed, 26 July 1814. London 1814)。——640。
《我们英国羊毛业的诉讼案。萨默塞特郡大陪审团的陈述。敬呈议会》1685年伦敦版(The case of our English wool. As also the Presentment of the Grand Jury of the County of Somerset thereon. Humbly offered to the High Court of Parliament. London 1685)。——291。

X

《限制工作日的长度和禁止雇用十岁以下儿童做工的法令。1851年3月18日通过》,载于《新泽西州第75号立法》1851年特伦顿版。引自《童工调查委员会。1862年。第1号报告》1863年伦敦版(An act to limit the hours of labour, and to prevent the employment of children in factories under ten years of age. Approved March 18, 1851. In: Acts of the seventy-fifth legislature of the state of New Jersey. Trenton 1851. Nach: Children's employment commission 1862. First report. London 1863)。——313。

Y

《1848年上院委员会》(House of Lords' committee, 1848)——见《上院秘密委员会受命研究一度遍及商业界的危机的原因……的报告》。

《1860年春季开庭期安特里姆郡贝尔法斯特法庭庭长约·哈·奥特韦先生的判决》——见奥特韦，约·哈·《1860年春季开庭期安特里姆郡贝尔法斯特法庭庭长约·哈·奥特韦先生的判决》。

《1861年爱尔兰面包业委员会的报告》。引自《就面包工人的申诉向女王陛下内务大臣所作的第2号报告》1863年伦敦版(Report of the committee on the baking trade in Ireland for 1861. Nach: Second report addressed to Her Majesty's Principal Secretary of State for the Home Department, relative to the grievances complained of by the journeyman bakers. London 1863)。——288—292。

《银行法特别委员会的报告。附委员会会议记录、证词、附件和索引》，根据下院决定于1857年7月30日刊印，1857年伦敦版 (Report from the select committee on bank acts; together with the proceedings of the committee, minutes of evidence, app. and index. Ordered, by the House of Commons, to be printed, 30 July 1857. Pt. 1: Report and evidence. London 1857)。——158。

《银行法特别委员会的报告。附委员会会议记录、证词、附件和索引》，根据下院决定于1858年7月1日刊印，1858年伦敦版 (Report from the select committee on the bank acts; together with the proceedings of the committee, minutes of evidence, app. and index. Ordered, by the House of Commons, to be printed, 1 July 1858. London 1858)。——164。

《英格兰和威尔士人口调查。1861年》1862—1863年伦敦版(Census of England and Wales for the year 1861. London 1862—1863)。——510、727、740、749、750、781。

《英国户籍总署署长关于出生、死亡、婚姻的第22号年度报告》1861年伦敦版(Twenty-second annual report of the Registrar-General of births, deaths, and marriages in England. London 1861)。——311。

Z

《在爱丁堡社会科学会议上的报告。1863年10月》(Report of the Social Science Congress at Edinburgh. October 1863)。——见《全国社会科学促进协会第七届年会的总结报告》1863年爱丁堡—伦敦版。

文学著作

A

奥维狄乌斯《爱经》。——506。
奥维狄乌斯《节令记》。——829。

B

巴尔扎克《高布赛克》。——680。
巴特勒,赛·《休迪布腊斯》。——49。
比彻-斯托,哈·《汤姆叔叔的小屋》。——839。
布瓦洛-德普雷奥,尼·《讽刺诗集》。——752。

D

但丁《神曲》。——13、124。
狄德罗,德·《1767年的沙龙》。——157。
笛福《鲁滨逊漂流记》。——94。
杜邦,皮·《工人之歌》。——798。

F

伏尔泰《老实人》。——227、885。

G

歌德《浮士德》悲剧第1部。——85、105、227、685、817。
歌德《致祖莱卡》。——312。

H

海涅《亨利希》(诗集《时代的诗》)。——349。
荷马《奥德赛》。——423。
贺拉斯《讽刺诗集》。——129、308、397、421、542。
贺拉斯《诗论》。——781。
贺拉斯《抒情诗集》。——819。

Q

乔叟,杰·《公鸡和狐狸》。——280。

S

塞万提斯《唐·吉诃德》。——100、691、738。
莎士比亚《亨利四世》。——43。
莎士比亚《威尼斯商人》。——331、332、560。
莎士比亚《雅典的泰门》。——155。
莎士比亚《仲夏夜之梦》。——129。
施托尔贝格,弗·莱·《致自然》。——587。
索福克勒斯《安提戈涅》。——156。

W

维吉尔《亚尼雅士之歌》。——350、871。

X

《希腊诗选》。——470。
席勒《人质》。——684—685。
席勒《阴谋与爱情》。——664。
席勒《钟之歌》。——444、468。

Y

伊索克拉底《布西里士》。——424。
尤维纳利斯《讽刺诗集》。——287。

圣经
—《旧约全书·创世记》。——204、313、712、801、820、859。
—《旧约全书·申命记》。——431。
—《新约全书·马太福音》。——671、713。
—《新约全书·约翰启示录》。——106。

报 刊 索 引

B

《巴黎革命。献给全国及佩蒂·奥古斯坦区》(Révolutions de Paris, dédiées à la Nation et au district des Petits Augustins)——法国的一家周报，1789年7月12日—1794年2月28日由路·玛·普律多姆在巴黎出版，1790年以前主编是埃·路斯达洛。——851。

《贝里卫报》(The Burry Guardian)——英国的一家日报，1857年在兰开夏郡贝里创办。——309。

C

《晨报》(The Morning Advertiser)——英国的一家日报，1794—1936年在伦敦出版；19世纪50年代是激进资产阶级的报纸。——41。

《晨星报》(The Morning Star)——英国的一家日报，自由贸易派的机关报，1856—1869年在伦敦出版；报纸还出版定期晚刊《晚星报》(Evening Star)。——41、296、619、751。

D

《德法年鉴》(Deutsch-Französische Jahrbücher)——在巴黎出版的德文刊物，编辑是阿·卢格和马克思；仅仅在1844年2月出版过第1—2期合刊；其中刊登了标志着马克思和恩格斯完成从唯心主义向唯物主义、从革命民主主义向共产主义转变的重要著作；杂志停刊的主要原因是马克思和卢格之间存在原则上的意见分歧。——92、177、191。

G

《格拉斯哥每日邮报》(The Glasgow Daily Mail)。——360。

《工人辩护士报》(The Workman's Advocate)——英国的工人报纸，1865年9月—

1866年2月在伦敦出版，每周一期。报纸最初的名称为《不列颠矿工和新闻记者总汇报》(British Miner and General newsman)，于1862年9月13日创刊，1863年3月7日改名为《矿工报》(Miner)，1863年6月13日又改名为《矿工和工人辩护士报》(The Miner and workman's Advocate)，编辑为约·托尔斯(1862年9月13日—1865年8月5日)和约·贝·莱诺(1865年8月)，1865年7月底报纸为莱诺所有，他把报纸交给国际总委员会掌握，9月8日起改名为《工人辩护士报》，编辑为莱诺(1865年9月—1866年1月)和约·格·埃卡留斯(1866年1—2月)，从1865年9月25日起成为国际的正式机关报，1865年11月起报纸归工业报股份公司所有。马克思是工业报股份公司理事会理事(1865年8月22日—1866年6月9日)。报纸维护工人阶级的利益，刊登关于总委员会会议的报道和国际的文件。1866年2月，由于编辑部内改良派的势力增强，报纸再度进行改组，并更名为《共和国》(The Commonwealth)。——292。

《公文集。公文汇编》(The Portfolio, or a Collection of State Papers)——英国的一家丛刊，简称《公文集》(Portfolio)，主要刊登外交公文和现代史方面的材料，1835—1837年由戴·乌尔卡尔特在伦敦出版；1843—1845 年以《公文集。外交评论》(The Portfolio. Diplomatic Review)的名称出版；1859—1860年在柏林出版德文版，德文名称是《新公文集。当代重要文件及材料汇编》(Das Neue Portfolio. Eine Sammlung wichtiger Dokumente und Aktenstücke zur Zeitgeschichte)，德文版主编是爱·费舍。——840。

《观察家报》(The Observer)——英国保守派的周报，英国最老的一家星期日刊；1791年在伦敦创刊。——163。

J

《纪事晨报》(The Morning Chronicle)——英国的一家日报，1770—1862年在伦敦出版；40年代为辉格党的机关报，50年代为皮尔派的机关报，后为保守党的机关报。——778。

《技艺协会和联合会机关杂志》(The Journal of the Society of Arts, and of the Institutions in Union)——英国的一家周报，1852年在伦敦创办，主要刊登技艺和古代文化研究方面的文章。——479。

《今日》(To-day)——英国的一家社会主义月刊，1883年4月—1889年6月在伦敦出版；1884年7月—1886年的编辑是亨·迈·海德门。——43。

《经济学家。每周商业时报，银行家的报纸，铁路监控：政治文学总汇报》(The

Economist. Weekly Commercial Times, Bankers' Gazette, and Railway Monitor: a political, literary, and general newspaper)——英国的一家周刊，1843年由詹·威尔逊在伦敦创办，大工业资产阶级的喉舌。——265、678、735、778、842。

《经济学家杂志。政治经济、农业、工业和商业每月评论》(Journal des Économistes. Revue mensuelle d'économie politique et des questions agricoles, manufacturières et commerciales)——法国资产阶级的月刊，1841—1943年在巴黎出版。——20。

L

《雷诺新闻。政治、历史、文学和一般知识周报》(Reynolds's Newspaper. A Weekly Journal of Politics, History, Literature, and General Intelligence)——英国的一家工人周报，1850年8月由接近宪章派的小资产阶级民主主义者乔·威·麦·雷诺在伦敦创刊，原名《雷诺新闻周报》(Reynolds's Weekly Newspaper)；1871年报纸维护巴黎公社的利益，后来成为合作社运动的刊物。——293、294、770。

M

《麦克米伦杂志》(Macmillan's Magazine)——英国的一家周报，资产阶级自由派的刊物，1859年由达·马松创办，1859—1907年在伦敦出版。——296。

《每日电讯》(The Daily Telegraph)——英国的一家日报，1855—1937年在伦敦出版；起初为资产阶级自由派报纸，后来从19世纪80年代起是保守派报纸；1937年同《晨邮报》(Morning Post)合并以后改名为《每日电讯和晨邮报》(Daily Telegraph and Morning Post)。——283。

《孟加拉公报。大陆新闻摘要双月刊》(The Bengal Hurkaru. Bi-Monthly Overland summary of news)——印度的一家日报，1795—1866年在加尔各答出版。——381。

《民主周报》(Demokratisches Wochenblatt)——德国的一家工人报纸，德国人民党的机关报，1868年1月4日—1869年9月29日在莱比锡出版，1869年8月28日起每周出两次，由威·李卜克内西主编；1868年12月5日起同时为奥·倍倍尔领导的德国工人协会联合会的机关报；周报最初受人民党小资产阶级思想的一定影响，但由于马克思和恩格斯的努力，很快开始与拉萨尔主义进行斗争，宣传国际的思想，刊登国际的重要文件以及马克思和恩格斯的一些文章，在德国社会民主工党的创建中起重要作用；1869年8月在爱森纳赫代表大会上报纸被宣布为德国社会民主工党中央机关报，并于10月改名为《人民国家报》(Der Volksstaat)。——18。

N

《纽约每日论坛报》(New-York Daily Tribune)——美国的一家日报，由霍·格里利和托·麦克尔拉思等创办，1841年4月10日—1924年在纽约出版；50年代中期以前是美国辉格党左翼的机关报，后来是共和党的机关报；40—50年代站在进步的立场上坚决反对奴隶占有制；1851年8月—1862年3月马克思和恩格斯为报纸撰稿；美国内战开始后，报纸日益离开进步立场，马克思和恩格斯遂停止撰稿并与报纸断绝关系；除日报外，还出每周版《纽约每周论坛报》(New-York Weekly Tribune)(1841年9月起)和半周版《半周论坛报》(Semi-Weekly Tribune)(不迟于1845年)，1853年5月起《半周论坛报》改名为《纽约半周论坛报》(New-York Semi-Weekly Tribune)。——839。

O

《欧洲通报。历史、政治和文学杂志》(Вестникъ Европы. Журналь исторіи, политики, литературы)——俄国一家资产阶级自由派月刊，1866—1908年由米·马·斯塔秀列维奇在圣彼得堡创办和出版；1909—1918年夏由马·马·柯瓦列夫斯基编辑；19世纪90年代初期经常刊登一些反马克思主义的文章。——20。

P

《派尔-麦尔新闻。晚报和评论》(The Pall Mall Gazette. An Evening Newspaper and Review)——英国的一家保守派日报；1865年2月—1920年在伦敦出版，每日一次，为晚刊；编辑为弗·格林伍德(1865—1880)、威·托·斯特德(1883—1889)；1870年7月—1871年6月马克思和恩格斯同报纸有联系，在此期间报纸刊登了国际工人协会总委员会关于普法战争的第一篇宣言和第二篇宣言(摘要)和恩格斯的关于普法战争的一组文章《战争短评》，以前还刊登过有关国际的代表大会的报道；巴黎公社失败后，鉴于报纸对公社的攻击日益增多，马克思和恩格斯遂停止撰稿并与报纸断绝关系。——753。

《旁观者》(The Spectator)——英国的一家自由派周报，1828年起在伦敦出版，后来成为保守派刊物。——385。

Q

《旗帜报》(The Standard)——英国保守派的日报,1827—约1917年在伦敦出版,1857—1905年曾出版晚刊《旗帜晚报》(The Evening Standard),1905年起将晚刊更名为《旗帜晚报和时代新闻》(Evening Standard and Times Gazette)。——34、296、642、772。

R

《人民国家报》(Der Volksstaat)——德国社会民主工党的中央机关报,其前身是《民主周报》;1869年10月2日—1876年9月29日在莱比锡出版,起初每周出两次,1873年7月起每周出三次;创刊时的副标题是《社会民主工党和工会联合会机关报》(Organ der sozial-demokratischen Arbeiterpartei und der Gewerksgenossenschaften),1870年7月2日起改名为《社会民主工党和国际工会联合会机关报》(Organ der sozial-demokratischen Arbeiterpartei und der internationalen Gewerksgenossenschaften),1875年6月11日起又改为《德国社会主义工人党机关报》(Organ der Sozialistischen Arbeiterpartei Deutschlands);该报反映了德国工人运动中的革命派的观点,因而经常受到政府和警察的迫害;由于编辑常被逮捕,致使该报编辑部成员不断更换,但报纸的领导权始终掌握在威·李卜克内西手里;主持《人民国家报》出版社的奥·倍倍尔在该报中起了很大作用;马克思和恩格斯从该报创刊起就为它撰稿;经常给编辑部提供帮助和指导,使这家报纸成了19世纪70年代优秀的工人报刊之一。——18、38、41。

S

《社会科学评论》(The Social Science Review)——英国的一家周报,在伦敦出版。——295、297。

《圣彼得堡消息报。政治和文学报》(С.-Петербургскія Ведомости. Газета политическая и литературная)——俄国的一家日报,1728—1914年用这个名称出版,后来改名为《彼得格勒消息报》(Петргорадскія Ведомости),1917年停刊;19世纪50年代每周出两次,由科学院出版,1875年起由国民教育部出版。——19。

《实证哲学。评论》(La Philosophie Positive. Revue)——法国的一家哲学杂志，1867年7月1日—1883年由埃·利特雷和格·尼·威卢博夫在巴黎出版。——19。

T

《泰晤士报》(The Times)——英国的一家资产阶级报纸，保守党的机关报，1785年1月1日在伦敦创刊，报名为《环球纪事日报》(Daily Universal Register)，1788年1月1日起改名为《泰晤士报》，每日出版；创办人和主要所有人为约·瓦尔特，1812年起主要所有人为约·沃尔特第二，约·沃尔特第三继其后为主要所有人；19世纪先后任编辑的有：主编托·巴恩斯(1817—1841)、约·塔·德莱恩(1841—1877)、托·切纳里(1877—1884)、乔·厄·巴克尔(1884—1912)，助理编辑乔·韦·达森特(1845—1870)等；50—60年代的撰稿人有罗·娄、亨·里夫、兰邦等人；莫·莫里斯为财务和政务经理(40年代末起)，威·弗·奥·德莱恩为财务经理之一(1858年前)；报纸与政府、教会和垄断组织关系密切，是专业性和营业性的报纸；1866—1873年间曾报道国际的活动和刊登国际的文件。——38—43、240、296、311、341、465、543、575、664、665、693、751、753、817、841。

W

《晚星报》(Evening Star)。——见《晨星报》。

《威斯敏斯特评论》(The Westminster Review)——英国的一家政治、国民经济、宗教和文学的自由派刊物，1824年由耶·边沁和约·包令在伦敦创办，1824—1887年为季刊，1887—1914年为月刊；后由詹·穆勒和约·斯·穆勒主持。——79。

X

《协和。工人问题杂志》(Concordia. Zeitschrift für die Arbeiterfrage)——德国大工业家和讲坛社会主义者的杂志，1871年创办，在柏林出版至1876年。——37—38、41、42。

《新莱茵报。民主派机关报》(Neue Rheinische Zeitung. Organ der Demokratie)——无产阶级第一家独立的日报，1848年6月1日—1849年5月19日在科隆出版；主编是马克思，编辑是恩格斯、威·沃尔弗、斐·沃尔弗、格·维尔特、恩·德朗克、斐·弗莱里格拉特等；报纸作为无产阶级的领导核心，实际履行了共产主义者同盟中央委员会的职责；1848年9月26日科隆实行戒严，报纸暂时停刊；此后在经济和组织方面遇到了巨大困难，马克思不得不在经济上对报纸的出版负责，为此他把自己的全部现金贡献出来，报纸终于获得了新生；1849年5月马克思和其他编辑被驱逐或遭迫害，报纸被迫停刊。——667、878。

《新莱茵报。政治经济评论》(Neue Rheinische Zeitung. Politisch-ökonomische Revue)——马克思和恩格斯创办的杂志，共产主义者同盟的理论刊物；1850年3—11月底总共出了六期，其中有一期是合刊(第5—6期合刊)；杂志在伦敦编辑，在汉堡印刷。——337、349。

Z

《政治、文学、科学和技艺星期六评论》(The Saturday Review of Politics, Literature, Science, and Art)——英国的一家保守派周刊，1855—1938年在伦敦出版。——19。

名 目 索 引

A

阿西恩托条约——870。
埃及——387、533、587、588。
爱尔兰——291、292、310、482、803、819、837、867。
奥地利——319。
澳大利亚——519、887。

B

拜物教
——商品拜物教——见**商品拜物教**。
——货币拜物教——73、101、108—113、157。
——资本拜物教——100、877—878。
半成品——213。
保护关税制度——34、649、859、861、867、868、877。
保险公司——237。
暴力
——暴力在历史上的作用——821、851、861。
——暴力在资本主义形成中的作用——495、825—846、861、873。
——暴力在平等的权利之间的决定作用——272。
——暴力是孕育着新社会的旧社会的助产婆——861。
——超经济的暴力——846。
——国家权力——847、861。
——作为经济力——861。
悖论——469。
本质和现象
——概述——51—52、61、64—65、70—78、88—93、98、108、110—111、114、116、125—126、137—139、141—142、159—160、179—180、274、353—355、368、608—611、615—622、634、655、715—717、734—735、877—878。
——假象(外观)——90—93、100—101、111—112、137—138、368、508、610、631—632、656、673。
并见**抽象**、**社会规律**。
比利时——34、319、346、533、693、772—774。
必然性
——概述——107—108、124、160、368。
——历史必然性——388、422、558—

559、563、683—687。
——自然必然性——56、99、515、587—588、605、874。
——技术上的必要性——416、443。
——和偶然——79、93、107—108、129、412。
——和规律——353—356、412、671—678。
——和自由——123。
并见**社会规律**。
必要劳动
——定义——250、266、305。
——剩余劳动是必要劳动的函数——609。
——资本主义和徭役制条件下的必要劳动——272—276、366。
——共产主义制度下的必要劳动——605。
——和工作日——268—269。
辩证法
——作为认识的方法——19—22。
——唯物主义辩证法——22。
——黑格尔的辩证法——22。
——黑格尔的“矛盾”是一切辩证法的源泉——688。
——生产力和生产关系的辩证法——21、97、438—441、541—547、559—561、576—580、718—722、872—874。
辩证法的规律——见**否定的否定**、**质和量**、**矛盾**。
剥夺
——对直接生产者的土地的剥夺——822、828、832—834、857—858、873—874、885。
——资本家对资本家的剥夺——722、874。
——财政制度对小资产阶级的剥夺作用——866—867。
——剥夺剥夺者——874。
并见**资本的原始积累**。
剥削
——奴隶制的剥削——272—273、619、745、835。
——封建剥削——95、272—276、619、655—656。
——封建剥削转化为资本主义剥削——655—656、821—823。
——资本主义剥削——225—227、268—271、305—307、359—361、382—386、444—457、541、562—565、583—585。
——外延方面和内涵方面的剥削——364—367、466—474、513、732。
——剥削的方法——276—281、292—311、323—326、334—335、364—369、466—480、525—527、538—543、623—642、796—802。
——资产阶级经济学对剥削的掩盖——611。
并见**劳动力**、**雇佣劳动**、**剩余价值**。
剥削社会中的国家

——作为资本的工具——312—313、329、358、419—420、710、746、847—851、861。
——国家对经济生活的“调节”——275—277、312—314、320—344、347、564—569、574—577、649。
并见**工厂立法**。

不变资本
——概述和定义——242—244、245—246、248—249、355、706。
——不变资本是首先由马克思制定的范畴——706。
——不变资本在生产过程中的存在形式——260—261、416、444、466—468、679—680、705、719—720。
——不变资本是可变资本执行职能的条件——248—249。
——不变资本的不同部分的价值向产品的转移——218—221、236—242、245—247、444—445、447。
——不变资本在价值增殖过程中的作用——297。
——不变资本的支出和所推动的劳动量之间的依赖关系——732。
——和资本积累——696。

C

财富（**物质财富**）
——财富的源泉——56—57、579—580、658、696。
——物质财富的要素——156—157、196、210—216、698、821。
——物质财富的社会表现——153—154、156、167—168。
——物质财富的占有——178—179。
——物质财富转化为资本——656。
——物质财富的再生产条件——653。
——国民财富——864。
——贫困和财富的对立——742—746、751—753、757—759、770—772、816—817、884。

财政制度——866—868。

产业资本——见**工业资本**。

超额剩余价值——369—370、468。

城市
——中世纪的城市——494、823—826、847—848、859。
——资本主义时期的城市——579、757—759。

城市和乡村的对立——408、579—580。

惩治流浪者的法律——843—846。

抽象
——抽象在分析经济形式上的作用——7—8。
——抽象的客观内容——93、193—194。
——经济学的范畴是现实关系的抽象——93。
——抽象的个别例子——183—184、193—194、207、581、652、670。

抽象劳动——50—52、57—60、65—74、78—83、91、98、109、130—

131。

D

达尔文主义——311、396、429。
大工业、现代工业
——概述——211—214、436—437、441—443、512—513、517—520、529—532、562—563。
——大工业的起点——418、421—422、425—426、432—433、435—436、438—439、453、541。
——大工业的历史——16—17、212、427、453—454、868。
——大工业的意义和影响——427、453—454、559—562。
——大工业的科学基础——433、444、559—561。
——大工业的革命的技术基础——440—443、453—454、560。
——机器是大工业的技术基础——426、427、434、439—443、487、492、519、532。
——和分工——557。
——和劳动生产率——444、467—468、512—513。
——和农业——579—580、857—858。
——和国内市场——857—859。
德国——8—10、15—16、18、29、34、274、315、358、430、431、449、451、492、495、533、824、841、849。
等价形式
——等价形式是价值的体现——64—66、70—72。
——等价形式是直接交换的形式——70、74、82—84。
——等价形式的三个特点——71—75。
——等价形式的谜——72—73。
——等价形式和相对价值形式的对比——62—63。
——等价形式的发展和相对价值形式的发展之间的关系——67—68、70—71、82—85、107—108。
地产——见**土地所有制**。
地租——33、101、164、274、598、611、651、690—691、852—853。
并见**徭役**。
第一国际——见**国际工人协会**。
东印度公司——158、523、862。
对抗——8、18、159、337、702、775。
并见**矛盾**。
对立
——使用价值和价值的对立——49—56、58—61、63—72、76—83、104—107、124—128、132—137、143、158—162。
——商品和货币的对立——105、125、130—133、136—144、150—153、182—184。
——活劳动和对象化劳动的对立——359—360、485—487、740—744。
——私人劳动和社会劳动的对立——74、114、135。

——买和卖的对立——135、139、158—161。
——贫困和财富的对立——见**财富**。
——工业资本和大土地所有权的对立——17、325、778。
并见**矛盾**。
对外贸易——165、273。
——贵金属的对外贸易——153—154。
——和世界货币——166—170。
对象化——51、56—58、63—67、71—75、76—84、89—93、107—116、123、128、135、221、225—228、248、251、257、375、611、615、700、878。
并见**物化**。

E

俄国——275、533、647、787、831。
额外剩余价值
——作为资本家的直接动机——367—372。
——作为社会价值与个别价值的差额——368—372、467—468。
——和相对剩余价值——368—372、467—468。
——和机器——467—469、517—518。
儿童劳动
——概述——425、453、531—532、732、798。
——剥削儿童劳动的后果——456—463、539—540。
——儿童劳动是相对人口过剩的原因之一——604、732。
——英国的儿童劳动——280、298、302—304、315、322—323、335、455—458、531—540、562—571。
——有关儿童劳动的法律规定——322、331、336—347、455—456、460—461、546—547。
二律背反——105、193、194、272。

F

发明
——发明在生产力发展中的作用——438—443。
——发明在生产中的应用——438—443、449—450、492—494、498—503。
——资本主义前生产方式中的发明——402—404、428、431—432、493—494。
——资本主义制度下的发明——428、431—436、438—441、449—452、492—494、498—503。
——和资产阶级与工人阶级之间的斗争——492—503。
发展
——社会发展——15—19、96—97、140、197—198、406—409、421—422、440—442、492、494—495、558—563、584—588、872—875。
——形式和内容的变化——85—87、560—563。

并见**否定的否定**、**质和量**、**矛盾**。
法
——罗马法——110—111、332、835。
——中世纪法——110—111、854。
——资产阶级的法（权利）——103、195—197、204—205、271、333—334、337、341—342、343、347、349、457、488—492、673—677、695。
法国——10、17、18、34、164、169、312、321、347、358、409、438、451、533、798、830、846、847、850—851、854。
法国革命（1789—1794年）——108、711、850。
法国革命（1830年）——688。
法国革命（1848—1849年）
——二月革命——347。
——巴黎六月起义（1848年）——329。
法国唯物主义（18世纪）——111、704。
反谷物法同盟——17。
反思规定——64—67、72、124—126。
反雅各宾战争——640、695、776、861。
反映
——概述——89—90、137—138、159、168、208。
——客观关系的颠倒反映——70—73、88—102、109—111、136—139、168、258—265、360、609—611、619—621、631、735—737。
并见**本质和现象**、**宗教**。
方法
——思维方法——97—99、448。
——辩证唯物主义的方法——19—22、429。
——黑格尔的辩证方法——22。
——解决矛盾的方法——105—108、124、135—136、161—162。
——研究方法同叙述方法的区别——19—22。
——马克思主义政治经济学的方法——见**马克思主义政治经济学的方法**。
非洲——860。
分工——127—129、197—198、406—408、409—410、413、415—416、420—426、483—486、557、719、739。
——自然形成的分工——96、407。
——工场手工业内部的分工——390、392—393、398—399、400—403、405—415、419—423。
——国际分工——519—520。
——社会分工——55—56、90、92、127、129、406—416、423—424、512、587。
——地域分工——409。
分配
——决定分配方式的条件——96—97。
——家长制农民家庭成员之间的分配——95—96。
——剩余价值的分配——596、611、651。

——共产主义社会的分配——见**共产主义**。

芬尼社社员——819。

封建主义

——概述——95—96、386、388、685、822—825、859—861。

——印度的封建主义——690。

——英国的封建主义——823—826、829—831、852。

——德国的封建主义——841。

——法国的封建主义——854。

——封建主义的解体——494、822、824—826、827、831、842。

否定的否定——22、81—86、109—113、872—874。

辅助材料——212、236、243、653、698、718。

复本位制——116—117、167。

复杂劳动——58、200、230—231。

赋税——649。

——赋税的形式——164。

——作为资本原始积累的工具——861、866—868。

——罗马帝国的赋税——164。

——亚洲的赋税——165。

——法国的赋税——164。

——英国的赋税——829。

——美国的赋税——886。

——和剩余价值——596。

妇女劳动

——概述——453、541、542—543、604、732、798。

——剥削妇女劳动的历史——425、453。

——剥削妇女劳动的后果——459—460、463。

——妇女劳动是人口相对过剩的原因之一——604。

——工场手工业中的妇女劳动——531。

——家庭工业中的妇女劳动——536—540。

——英国的妇女劳动——459—460、531—537、541—543。

——有关妇女劳动的法律规定——325、332、337—338、340—341。

G

概念——166。

并见**抽象**、**经济范畴**。

高利贷资本——171、191—192、583、860。

革命

——革命的客观必然性——873—875。

——作为革命起点的工厂制度——576—580。

——和工人阶级——9、17—18、560—562、873—874。

个别——见**一般**、**特殊和个别**。

个别价值——228、368—370、468。

个人

——个人在共产主义制度下全面而自由的发展——683。

——共产主义制度下生产劳动对个人全面发展的作用——556—557、560—562。

工厂、工厂制度

——概述——9、319、481—483、518—519、529—531。

——工厂内部的分工——55、483—486。

——工厂工人——319、481—504、522。

工厂立法

——概况——9、276、323、337—338、340—341、345、347、348、488、547、576。

——英国的工厂立法——9、276、312、315—349、489、562—570。

——法国的工厂立法——319、321、347。

——比利时的工厂立法——319。

——奥地利的工厂立法——319。

——瑞士的工厂立法——319。

——北美共和国的工厂立法——313。

工场手工业

——工场手工业的实质——33、374、390、400—401、403—406、493—494、857—858。

——工场手工业的起点——416、427。

——工场手工业产生的方式——390—393、421—422、425、856—857、860。

——工场手工业的资本主义性质——416—426。

——工场手工业的基本形式——396—406。

——工场手工业工人、局部工人——391—406、410—413、416—422、426、439、483。

——工场手工业是工厂的起点——439、868。

——和分工——390、392—393、398—399、401、402—403、405—416、419—424、435、437。

——和机器的使用——396、403—404、433—434、438—439。

——和劳动生产率——395—396。

工联——292、637、643、737。

工人阶级

——资本主义制度下工人的状况——203、347—348、487—489、496—498、522、524、582—583、660—662、666—667、699、712—714、716、762—764、766—768、846—847。

——资本主义条件下工人之间的竞争——627、630、732—733、737。

——工人是资本家最必要的资料——659、716。

——工人的再生产——198—199、242、250、659—662、665—666、670—671。

——工人的个人消费和生产消费——659—661。

并见**无产阶级**、**农业工人**。

工人阶级的斗争
——概述——17、18、326、642。
——争取缩短工作日和工资支付期——203、272、291—292、312、326—327、337、340、346、348、471。
——争取限制妇女劳动和儿童劳动——323、327、336—337、455。
——宪章运动——324、327、329。
——工人对使用机器的反抗——492—493、497。
——工人阶级的愤怒和组织性随着资本主义的发展而增长——753、874。
——英国工厂工人在国际工人运动中的特殊功绩——346。
——农业工人的斗争——-292、578—579。
工人阶级的贫困化——496、554—555、560、579、692—695、709—710、713—714、716、736—737、742—743、751、752、757—758。
并见**资本主义经济规律**、**生活资料的掺假**、**人口过剩**。
工人运动——见**工人阶级的斗争**。
工业革命(**18世纪**)——345、428—434、438—443、493、546—547。
工业周期
——概述——23、34—35、522—523、550、715—716、730、734、769。
——1825年危机是资本主义工业周期发展的开始——16—17、34—35。
——工业周期阶段的更替和劳动者的状况——522—528、715—716、730、753、769—772。
——英国工业的周期发展——522—528、769。
工业资本(**产业资本**)
——概述——181、190、872—874。
——工业资本的产生——822—823、859—871。
——货币资本转化为工业资本——181、193—194、222—227、358、360、383、860、865—868。
——工业资本的积聚和集中——358、721—724、865—868、873—874、886。
工艺学——见**技术和工艺学**。
工资
——概述和定义——198—204、217、613—621、644、692—693、714—715。
——工资水平的国民差异——199、644—649。
——工资的限度——201、715—716。
——工资的法律“调节”——848—850。
——和资本的趋势——692。
——和资本积累——708、715。
——和工业周期——734。
——和工作日——619、629—632。
——和商品价格——630。
并见**名义工资**、**计时工资**、**计件工资**、**实际工资**。

工作日
——工作日的组成部分——605、608—609、610、619。
——工作日的最高界限——268—269。
——工作日的长度和剩余价值量——593—594、629—630。
——和劳动的强度——470—480、599—600、636。
——和资本主义生产中劳动的节约——372。
——对工作日的强制限制——276、312—313、320—327、329—330、336、348—349、470—471、629。
——资本力图突破工作日的道德极限和身体极限——306—307、310—312、320、322—323、327—328、332、335—336、337、344—345、467—469。
——工人争取缩短工作日的斗争——203、263—264、271—272、291、312、321、326、346—349、471。
——和工资——629—632。
——社会主义和共产主义制度下的工作日——605。
公社(共同体)
——概述——95—97、107。
——印度公社——55、95、107、388、413—415。
——多瑙河两公国的公社——274—275。
——公社之间的商品交换——107—108。
公有地的圈围——832—835。
公有地圈围法——832—833。
共产主义
——概述——96—97、683。
——所有制形式——96—97、874。
——分配——96—97。
——劳动条件和劳动组织——96—97、734。
——必要劳动——605。
——物质技术基础——451、683。
——在协作和对土地及生产资料共同占有的基础上重新建立个人所有制——874。
——“自由人联合体”——96、97。
——人的全面发展——555—557、561、579、683。
供给和需求——见**需求和供给**。
古代世界(古希腊罗马)——74—75、97、100、110、119、159、178、195、199、229、332、388、403、423、586、835。
谷物法(英国)——324、327、336、523、524、528、778、780、819。
股份公司——358、388、724、865。
固定资本——706。
雇佣劳动
——雇佣劳动是资本主义时代的特点——198、677。
——在工人收入水平不同的情况下资本和雇佣劳动之间的一般关系——638。
官房学——15。

观念的东西——22。
——和实在的东西——97、115—116、121—126、129—130、151、152、160—162。
“光荣革命”（1688—1689年）——831。
贵族——17、687、776、778、780、817、832、886。
国际工人代表大会——348。
国际工人协会——38。
国家（国家权力）
——概述——413、588、649、825—832。
——国家对经济发展的影响——121、152、275、276、358、649、847—851、861—867。
——剥削社会中的国家——见**剥削社会中的国家**。
——和货币制度——110—111、117—122、143—144、145—152、164—170。
国内市场——见**市场**。
国债、国债制度——864—868。

H

行会、行会制度——357、374、394、415、421、822、859、860。
荷兰（尼德兰）——312、315、431、438、451、533、588、846、861—864、866—867。
化学——32、209、210、212、358、698。
汇率——169。
货币
——概述和定义——7—8、73、76、86、109、111—112、130、152、157、161、171、179—181、825。
——货币的历史——108—109、111、119—120、147—149、153、154、155、163—165。
——作为价值尺度——114—124、130、139—140。
——作为价格标准——118—119、121。
——作为流通手段——136—152。
——作为贮藏手段——153—158。
——作为支付手段——158—166。
——世界货币——166—170。
——纸币——149—152。
——信用货币——149、163。
——货币流通——136—152、158、161、163—166。
——货币转化为资本——171—205、226—227、356—357、651、658、675、821。
——工资的货币形式所造成的错觉——613—620、654—655。
——货币的拜物教性质——见**拜物教**。
并见**一般等价物**、**金和银**、**铸币**。
货币理论——108—113、115—122、126、167—170。
——货币理论史——112、116—117、145—147、151—155、168。
——货币数量论——139—141、143—146。

——通货原理——168。
货币危机——162。
货币主义——101。

J

机器
——概述——396、428—430、441—443、531。
——机器的历史——403—404、429—434、438—439、441—442。
——作为资本主义生产方式的物质基础——427、440—441、444、467—468、474—475、492。
——作为价值形成要素和产品形成要素——237—238、444。
——机器使用的界限——451—453。
——机器的资本主义使用的后果——450—491、495—504、508—509、512、522、531、737、743—744。
——机器的生产率的衡量——449。
——提高劳动生产率的手段——463。
——机器的有形损耗和无形损耗——236—239、465—466、664、698、701—702。
——机器和社会产品的结构——512—513。
——许多同种机器的协作和机器体系之间的区别——434—438。
——自动化的机器体系——437—438、497、501。
——工人对使用机器的反抗——见**工人阶级的斗争**。
——共产主义社会中机器的使用——451。
——资产阶级的机器观——427、445、482—487、493—498、501—507、515、642、736。
基础和上层建筑——8—13、95、99—100、103、556—557、560、683、711。
计件工资
——概述——633—635、639、645。
——计件工资形式的不合理——635。
——计件工资的历史——640。
——计件工资是提高劳动强度和延长工作日的手段——635—640。
——计件工资是降低工资的平均水平的手段——639。
——和计时工资——633—635、638。
——和劳动生产率——641—642。
——和工人的个人差别——638—639。
计时工资
——概述——623—624、633—635、638、814。
——确定计时工资量的条件——624、628—629、644—645。
——计时工资的计量单位——626。
——计时工资对资本家的好处——627。
技术革命
——概述——427—432、439—441、453、578。
——力学和化学革命——440。
技术和工艺学——428—429、559—

560、699、705、724、729。

济贫法(英国)——309、496、523、745、776、786、829—830。

家庭和氏族——95—96、97、407、562—563。

家庭劳动

——家庭劳动是资本主义剥削的一个领域——345、398、536—542、544—546、550、562—563、576、584、811。

——工人的状况——398。

——劳动报酬制度——637、772、811。

——工厂对家庭劳动的影响——531—532、544—546、564。

——工厂立法对家庭劳动的影响——576—577。

假象——见**本质和现象**。

价格——115—116、119—124、126、128、129、139—141、184、187—190、193、201、222。

价值

——概述和定义——50—52、58—59、64—65、78—79、101、613。

——作为社会关系——61、72、101。

——作为资产阶级生产方式的最一般的形式——99。

——和交换价值——49—51、76。

——和使用价值——59—60、235—236。

——价值量的规定——52—54、58—60、79—81、122—123、218—219、613。

——价值量随着生产率的变化而变化——53—54、59—60、699。

并见**个别价值**、**交换价值**、**相对价值形式**、**等价形式**。

价值规律——92—93、122—123、192、355、370、412、601、615、645。

并见**资本主义经济规律**。

价值形式

——概述——62、74、179—180、701。

——价值形式的两极——62—63、84—85。

——价值形式随着交换的发展而发展——82。

——简单的价值形式——62、75—78、81—82、86、115。

——总和的或扩大的价值形式——78、115。

——一般价值形式——81—83、105、115、129。

——价值的货币形式——86—87、93、114—170、701。

并见**交换价值**、**相对价值形式**、**等价形式**。

简单劳动——57—58、230—231。

简单再生产

——简单再生产的实质——653—654、656—659、670—671、675、678。

——简单再生产同扩大再生产的区别——676—677。

——生产关系的简单再生产——658—660。

——和可变资本——657。

——和剩余价值——657。

交换

——作为产品转化为商品的必要条件——54、89—90。

——直接的产品交换——107、134—135。

——公社之间的交换——107、407。

——和货币的产生——125。

交换价值——49—52、54—55、61—62、75、100—101、106、107、123、125、183、186、197—198。

交易所——162、223、854、866。

教育

——资本主义制度下工人阶级的教育——200、300、419、460—463、561。

——资本主义制度下儿童的教育——300、460—463、538—540、566、570—571。

——生产劳动同智育与体育相结合——555—557、561—562。

——工艺教育——561。

——共产主义制度下的教育——561—562、565—566。

——和工厂立法——460—463、555—556、562、565—566、568—572。

——欧文的教育观——346、556。

——斯密的国民教育观——419—420。

阶级

——阶级的产生——585—586、821—822、852—855、859—860、872—875。

——和生产资料所有制——274—275、821—823。

——和对剩余产品与剩余劳动的占有——274—275、583—584。

——封建制度下的阶级——272—275。

——资本主义制度下的阶级——9、17—18、230、273、276、310—312、329、346、385—388、687—690、710—714、774—778、874。

——统治阶级、剥削阶级——9—10、17、272—275、329、776。

——被压迫阶级、被剥削阶级——272—275、604、752—756、774—778、872—873。

——生产阶级和非生产阶级——515、582、687—688。

——阶级的消灭——18。

阶级斗争

——古代世界的阶级斗争——159。

——封建制度下的阶级斗争——159。

——工人阶级和资产阶级之间的阶级斗争——17—18、272、326—329、344、348、492—495、576、688、753、845—851、872—874。

——经济的阶级斗争——348、492—495。

——政治的阶级斗争——348、349、874。

节约

——生产资料的节约——216、228—229、377—378、382、446、472、491、532、534、605、720、874。

——劳动的节约——228、372—373、605、814。

金和银

——作为货币商品——87、108—109、119—120、130、153—154。

——金和银的特殊自然属性——108—109。

——金和银的使用价值的二重化——109。

——金和银的价值——109—110、139—140。

——金和银同时执行货币的职能——116—117。

——金和银的价值比例——116、167。

——金的价值变化和这种变化对金作为货币的职能的影响——118、139—140。

——金的权力随着商品生产的扩大而增长——154—155。

禁止结社法——523、848、850。

进步

——资本主义制度下的技术进步——366—373、429—434、437—443、466、469、474—479、497—502、518—523、548—549、559—561、664、696—698、874。

——资本主义制度下生产方式的进步——166、427—434、437—441、469、559—563、576—577、747、873—874。

经济的社会形态

——经济的社会形态的发展性质——9—13。

——不同的经济的社会形态中的分工——415—416。

——不同的经济的社会形态中的简单再生产和扩大再生产——690—691。

——剩余劳动形式是对抗性的经济社会形态的特征——251、272—273。

——资本主义关系是陈腐的经济的社会形态灭亡的产物——197—198。

——劳动资料对研究已经消失的经济的社会形态的意义——210。

——劳动资料是经济的社会形态的特征——210。

经济(经济学)范畴

——概述——136、207、616、688、706、838。

——作为现实关系的理论表现——93。

——经济范畴的历史性质——93、135—136、199。

——经济范畴的人格化——10、178、189、269、357、359、683、685。

经济关系

——概述——88—102、129、312、649、846。

——经济关系的人格化——103—104。

经济规律

——经济规律的客观性质——20—21、92、105、312、368、370、716。

——资本主义制度下经济规律实现的趋势——8、92、123、368、560—563、715—716。
——商品交换的经济规律——119、185、192、227、271、673—678。
——货币流通的规律——142—146、150、163—166。
——纸币流通的规律——150。
——供求规律——507、731—738、775、846、881—885。
并见**资本主义经济规律**。
经济和政治——100、159、415、861。
经济危机
——概述——16—17、23、34—35、145、279、769。
——经济危机的实质和原因——135—136、161—162、240、680。
——经济危机的可能性变为现实的条件——135—136。
——经济危机对工人阶级状况的影响——741—742、753、769—774。
——和货币危机——161—162。
经验
——经验认识——90—93、150、464、516、557—560。
——和意识——421、443、557—560。
精神、精神的东西
——精神活动——487。
——脑力活动——605。
——劳动过程的智力——743。
——人的体力和智力——195、311、418、420、486—487、579。
竞争——311—312、368、370、400、412、451、522、630、683、699、722。
具体劳动——50—51、55—56、59—60、61、73—74、79—80、227、232—234、242。
绝对剩余价值
——定义——366。
——绝对剩余价值的生产——306—307、359、583—584。
——绝对剩余价值同相对剩余价值的区别——584。

K

科学
——概述——24、32—33、703。
——科学是生产力——见**生产力**。
——科学在生产中的应用和作用——443、487、531、559、578、698、720、743。
——科学被资本占有——418、444、703、874。
并见**化学**、**力学**、**自然科学**。
科学的术语——32—33、250、682。
可变资本
——概述和定义——242—244、245—248、257、351、354—355、468、504、655、680—681、708、725。
——可变资本是首先由马克思制定的范畴——706。
——可变资本在生产过程中存在的形式——249—251、257、416、610、

681、708—709、719、726。
——可变资本执行职能的必要条件——248—249。
——预付可变资本量和剩余价值量之间的依赖关系——351—356。
——可变资本量和工人人数——351—356、725—726、847。
——部分农村居民的生存资料转变为可变资本的物质要素——854—855。
——和资本积累——731—734。
可能性和现实性
——概述——106、123、135—136、148—149、207、588。
——可能性转变为现实性——208、214。
克兰——837—839、842。
客体——见**主体和客体**。
空间和时间——142、258、379—382、398—400、619。
空想社会主义——94、114—115、346、556—557、577、688。
扩大再生产
——扩大再生产的实质——671、676、683、690、708—709、714。
——扩大再生产同简单再生产的区别——675—676。
——各种经济社会形态中的扩大再生产——690—691。
——生产关系的扩大再生产——708—709、716—717。
——不变资本的扩大再生产——698。
——和劳动剥削程度——716。
——和资本积聚——722—723。

L

劳动——54—58、83—84、207—217、227—231、235—236、359、615、619—620、700—701。
劳动的强度——395、470—480、599—600、739。
劳动对象、劳动材料——208—213、232、238、367、581—582、696。
劳动工具
——概述——210、229、409、421、430—431。
——作为劳动生产率的因素——395—396。
——劳动工具参加价值的形成过程——444—453。
劳动过程
——概述——207—220、228、232—234、444—445、581—582。
——作为社会生产过程的物质内容——207—208、215。
——作为劳动的对象化——211。
——作为人和自然之间的物质变换过程——207—208、211—213、215、581。
——劳动过程的简单要素——208、211—214、232—233、242、243。
——劳动过程中人的作用——207—212、215。
——个人的和协作的劳动过程——

374—384、410—413、581—582、874。
——劳动过程的主观因素——215、242、243、718。
——劳动过程的物的条件和技术条件——210—217、232—234、366、376—378、718。
——劳动过程的技术性质——248。
——和价值形成过程——217—221、226—231、232—239。
——和价值增殖过程——225、227、229—230、237—238、444—445、487、653—654。
——和劳动对资本的从属——216、366、388。
劳动货币——115。
劳动基金——655—656、703—705、708。
劳动力
——概述和定义——195、201—204、235—236、249、593、659—662、681、696—697、702—703。
——劳动力作为商品出卖的条件——195—197、201—204、386—387、672、714—715。
——劳动力的价值——198—199、204、242、249—250、267、307、351、364、367、405—406、454、593、597、601—602、644、692、714、849—850。
——劳动力的消费过程——204、216—217、386—387、593—594。
——劳动力的使用价值的特殊性质——195、216、226、269—270、416—417、593、620、664、675。
——劳动力便宜化的界限——201、405—406、541、692。
——劳动力的再生产——见**再生产**。
劳动生产率(劳动生产力)
——概述——59—60、366、387、586、645、697—699、717—719、743。
——作为资本积累的因素——698—699、717、720。
——决定劳动生产率水平的条件——53、378—379、382、387—389、395—396、586、603、605、645、719—720。
——劳动生产率的变化对商品价值的影响——52—54、59—60、234、371、699—700。
——劳动生产率的变化对劳动力价值量和剩余价值量的影响——366。
劳动市场
——劳动市场形成的必要条件——194—198、823。
——“自由殖民地”的劳动市场——883、885—888。
——和工业周期——734—735。
劳动实际上和形式上从属于资本——349—350、359、383—384、583—584、717、846—847、881。
劳动资料
——概述——208—214、236—238、383、486—487、692、718—720。

——劳动资料的无形损耗和有形损耗——214—215、238、465—466、664、697—698、701—702。
劳工法——312—313、640、847—851。
李嘉图学派——78—79、238—239、356、590、687。
理论和实践
——概述——93、197、404、433、434、440—441、649。
——理论和实践的矛盾——258、649。
——工人运动的理论和实践——576—577。
——对唯心主义的理论和实践观的批判——448。
力学——404、428、444、560。
——力学规律——431—434。
——力学在生产上的应用——431—434、440、531。
历史
——人类历史的初期——95、210。
——人类史同自然史的区别——429。
——社会的经济史——408。
——历史上各个时代不能划出抽象的严格的界限——427—428。
历史的——见**逻辑的和历史的**。
利润——33、177—179、248、598、611、651、688、736、871。
利息——611、651、678、688。
流动资本——706。
鲁德运动——493。
罗马(古代)——100、119、159、164、189、272、332、403、417、662、822、835。
逻辑的和历史的
——概述——117、171—172、192、197—198、374、388、427—429、582。
——前提和结果——93、383—384、400、583—584、658—659、673—678、720、820—823、872—874。

M

马尔萨斯主义——189、408、580、604、711—712、730—731、745、810、816。
马克思主义政治经济学的方法
——概述——19—22、24。
——方法的应用——7—8、14、47—48、54—55、57—58、61—62、93、99—100、171、191、197。
并见**抽象**、**辩证法**。
矛盾
——矛盾的客观性质——135、468—469、508、576—577。
——对立的统一和斗争——62—63、103—113、159、162、169、173—179、182、218、229—230、272、394、418、468—469、560—561、649、658、673—674、721、743—744、820—823、872—874。
——和对立——77、84、124—125、135、159、161—162、271—272、495—497。
——同一、差别和对立——62—66、83—85、125—126、135、658—659、

673—674。
——矛盾的发展——77、84、105—106、124—126、560—561、576。
——商品的矛盾——77、105、124—126、135、143。
——货币的矛盾——156、161—162。
——矛盾的解决方法——105—108、124、135。
——黑格尔的“矛盾”——688。
贸易差额——168。
美国——9—10、272—273、296、313、348、441、451、454、485、511、520、529、578、662、819、863、866、870、876、881、886。
美国独立战争——9。
美国南北战争——9、229、332、337、348、485、498、499、662、886。
名义工资——625、645。
墨西哥——196、229、863。

N

脑力劳动和体力劳动——208、487、555—556、582。
内容(实质)和形式
——概述——8、49、51、61—87、88—89、92—93、98、119—126、129—133、147、208、215、219、228、233、250—251、274、359、385、389、390、395—396、482、506、553、611、621—622、623、633—636、673、677、690—691。
——社会形式——8、49、74、84—95、98、126、171—174、197、215、250、388—389、421—422、560—564、576—577、653—656。
——元素形式(基本形式、胚胎形式、原始形式、细胞形式)——8、47、77、87、95、403、470、636。
——形式运动——138。
——形式变换——57、125—129、143、153、180—181、396、823、872。
——对资产阶级观点的批判——98—100、125、385—386、620—621、691—695、702—706、877—881。
尼德兰——见荷兰。
农村——311、408、578—579、740、787、796—797、856—858。
农民
——概述——54、95、315、388。
——资本原始积累时期对农民的剥夺——823—842、867、870—871、872。
——中世纪的农民——54。
——徭役农民——273—275、655—656。
——随着资本主义在农村的发展小农转化为雇佣工人——857。
——欧洲各国的臣属农民——824。
——15世纪英国的独立农民——852—853。
——16世纪末的俄国农民——831。
农民战争(德国)——274。
农奴制
——农奴制的生产关系——95—96、

619、655—656、821、822、823—824。
——剩余劳动形式的特殊性——619、656。
——英国的农奴制——823—824、829。
——意大利的农奴制——823。
——俄国的农奴制——831。
——多瑙河两公国的农奴制——273—274。
农业——494—495、578—580、697、698、739—740、774、778—780、797、803—805、819、857—858。
——和生态的关系——56、579—580。
农业革命——441、494—495、578—580、810、813、818、835、854—858。
农业工人
——农业工人的生活条件和劳动条件——292—293、314、578—580、640、694、739—740、754—756、775—802、810—819、824、855。
——农业工人的阶级斗争——579。
奴隶贸易——307—308、511、862、870。
奴隶制
——概述——108、229、251、272—273、307—308、388、585、619、621、714、872。
——古罗马的奴隶制——332、662。
——爪哇的奴隶制——862。
——美洲的奴隶制——196、272—273、307—308、332、348、870。

O

欧文主义——115、346、688。
——论工厂制度——556—557、577。
欧洲——824。
偶然——见**必然性**。

P

贫民习艺所(英国)——318—319、754。
平等(社会的)
——人类平等概念——75。
——资产阶级的平等——185、195、204、457、673—674。
平均利润——725、736。
蒲鲁东主义——85、103—104。
——空想的特性——85。
——蒲鲁东学派——85。
——商品生产的理想化——85、103—104。
——论所有制——678。
——论机器——486。
——对蒲鲁东主义的“构成价值”论的批判——616。
葡萄牙——861。
普法战争(1870—1871年)——169。

Q

启蒙学者(18世纪)——111、704。

R

让渡——129—130、138、153、160。
人(作为社会生产力)——56—57、88、207—208、215、235—236、378—379、428—429、581—582、696—697。
人道主义
——资产阶级人道主义——9、315、690。
——和共产主义——563。
人口(居民)
——工人人口——339、356、587、715—716、726—743。
——工业人口——311。
——城市人口——579、739—741、756—764、790—799。
——农村人口——494、578—579、740、790—799。
——流动人口——765—769。
——人口密度——408—409。
——和分工——408。
人口规律——728。
人口过剩
——作为资本主义生产的必要条件——560、728—731、736—742。
——人为的人口过剩——469、726—727、731、736—738。
——人口过剩的各种存在形式——738—741。
——作为机器的资本主义使用的结果——451—453、469、497—498、532、604、732—734。
——农村的人口过剩——309、511、735、739—740、796—798、802。
——和资本积累——726—730、732—734、739—743、881。
——和工业周期——726—730、734、738。
——和劳动生产力——732—733、742—743。
人类的原始状态——95、207—210、407—408、585—586、709。
认识
——作为克服本质和现象之间的矛盾的过程——91—92。
——经验认识——见**经验**。
——和社会实践——91—92、115—116。
——和阶级利益——605—606、619—622。
日本——165、824。
瑞典——832。
瑞士——34。

S

三十年战争——841、849。
商品
——概述——7—8、47—48、54、87—90、100—101。
——商品的二重性——47—50、61、76、90—91、106、125、135、218。
——包含在商品中的劳动的二重性——54—60、90—91、98。

——产品转化为商品的条件和前提——54—56、61、77、88—91、105—107、197—198。
——商品的价值——48—54、59—61、64—65、72、75、80、101、109—113、122—123、219、235、613、699。
——商品的拜物教性质——见**商品拜物教**。
——商品的历史性质——77、90—91、93、99。
并见**商品流通**、**商品生产**。
商品拜物教
——概述和定义——88—90、101、716—717。
——商品拜物教的前提——88—90。
——理解商品拜物教的必要条件——92—93。
——商品拜物教的历史性质——97。
——物的外观——100。
商品流通
——概述——153—154、159、168—169、171—179、186—190、192—193、197、227、673。
——商品流通和商品的形态变化——125—127、129—134。
——简单商品交换——182—184。
——商品流通同直接的产品交换的区别——134—136。
——买和卖的同一性——135。
——和资本主义——171—172、409。
——和货币流通——136—138、143、157—159、163。
商品生产
——概述——54—56、171、229、230、406、720。
——商品生产存在的条件——61、77、88—91、105—107、197。
——不同的生产方式中的商品生产——136、197。
——简单商品生产——197。
——简单商品生产和资本主义商品生产的异同——136。
——商品生产的自发性和矛盾性——127—130。
——商品生产所有权规律转变为资本主义占有规律——673—678。
——和资本主义——75、217—231、401、676—678、720—721。
商品市场——172。
并见**市场**、**劳动市场**。
商品形式
——概述——56、75—76、81—83、88—90、101、112、123、130、135—136、153。
——资产阶级生产的最一般和最不发达的形式——8、82。
商品学——48。
商人资本——171、181、415、860。
并见**商业资本**。
商业(贸易)
——概述——173—176、186。
——物物交换——111、197。
——小额贸易——164。

——世界贸易——166—169、171、670、862—864。
——奴隶贸易——307—308、870。
——和工业——864。
商业利润——651。
商业危机——145、161—162、525。
商业战争——861、864、868。
商业资本——181、191、583。
并见**商人资本**。
上层建筑——见**基础和上层建筑**。
社会
——概述——8—13、75、97、99—100、394。
——社会的产生和有规律的发展——407—409、585—586。
——对抗性的阶级社会——95、272—273、582—587、604—606。
——和自然——见**自然**。
——资产阶级关于社会的理论——99—100、205。
社会必要劳动时间
——概述和定义——52—53、88、249、376、636。
——作为价值的实体——52—53、59、88—89、218、228—229、368—369。
——和竞争——400。
社会存在
——社会存在决定社会意识——75、89—90、429、560。
社会的总体工人(总体劳动者)
——概述——379—380、401、443、582。
——工场手工业中的总体工人——393、399—406、418。
——工厂中的总体工人——483—484。
——社会总体工人构成的变化——468—469、531。
社会规律——8、20—21、394、559—562。
社会化
——和资本主义生产——390—393、396—406、409—410、443、446、487—488、508—513、544—546、558—563、576—577、677、719—724、872—874。
社会意识
——作为社会存在的反映——90—93、96—99、155。
——资产阶级的社会意识——90—93、96—97、412—413。
——意识形式——93、99。
社会主义——见**共产主义**。
社会主义革命——18、561、576—579、874—875。
社会总产品
——社会总产品的分配——653—655、679—681、847。
——共产主义制度下社会总产品的分配——96—97。
神圣同盟——17。
生产
——生产的社会性质——95—97、410—413、558—561、578—580、653、

719—723、872—874。
——生产的历史性质——97、210、559—561、683—687、872—874。
——社会发展的基础——100。
——物质生产——95、97、211。
——为满足自己需要的生产——54、94—96、153—154、413。
——和人——56、97、578—580。
——和需要——见**需要**。
——和再生产——133、653、657、659、666。
——和交换——54、90—92、107。
——和消费——214、658—659、697—699。
——和流通——158、227。
——和科学——444、531、559、720、874。
——生产的连续性——399—400、437—438、657。
——资本主义生产——见**资本主义生产**。
——共产主义制度下的生产——96—97、556—557、561、577。

生产的积聚——382、416、719—721、757—758。

生产方式
——概述——93、97—100、366、407、438、680。
——物质生活的生产方式——100。
——生产方式的历史性质——93、374、387—389、725—730、822、859—861、872—873。
——生产方式的变革和发展——57、344、356—358、373、544、593、774—775、859—861、872—873。
——过时的生产方式的继续存在——56。
——和劳动资料——427、544、872—873。
——古希腊罗马的生产方式——74—75、97。
——亚细亚的生产方式——97。
——封建主义的生产方式——100、388、828。
——资本主义的生产方式——见**资本主义生产方式**。
并见**生产关系**、**生产力**。

生产方式(工艺上的)
——概述——344—345、366、370—371、374、516—519。
——一个工业领域的工艺上的生产方式的变革必定引起其他领域的工艺上的生产方式的变革——441—443。

生产费用——399、451、474、617。
——和非生产费用——381、398。

生产关系
——概述——134、710—711。
——古代世界的生产关系——97、195。
——奴隶制度的生产关系——388、872。
——封建主义的生产关系——95—96、165、388、823—825、872。
——资本主义的生产关系——93、99—

100、113、195—196、320—321、349、383—389、488、560—561、605—606、632、712—715、743—744、821—822、870—874、877。
——共产主义的生产关系——96—97、874—875。
——生产关系的再生产——见**再生产**。
并见**生产资料所有制**、**生产力**。
生产和资本的集中——358、387—388、720—726、865—866、874、886。
生产劳动
——简单劳动过程中的生产劳动——211、239、581—582。
——重农学派对生产劳动的看法——583。
——资本主义意义上的生产劳动——211、581—582、679—681。
生产力
——生产力的要素——207—218、416—417、579—580、659。
——科学是生产力——53、418、444、487、531、559、578、703、720、743、874。
——劳动资料对于评判一个社会具有决定意义——210。
——资本主义制度下的生产力——559—560、578—580、605—606、743—744。
并见**生产资料**、**人**、**科学**。
生产资料
——概述——360—361、367、377、809。
——生产资料的组成——196、210—216、242—243、698、821。
——作为活劳动的物质要素和形成新产品的物质要素——208—214、239—240、359、653。
——作为有目的的生产活动的手段和材料——359、581—582。
——作为劳动生产率的因素——53、699、718。
——生产资料转化为资本——359—361、821—822、878。
——生产资料发展的社会桎梏——874。
——和劳动过程——237—239。
——和价值形成过程——218—222、236—243、674、699—700。
生产资料所有制
——独立劳动的所有者——94、809、824、828—830、870—874。
——生产资料和生产者的原始统一——821、872—873。
——生产资料和生产者的分离——658、665、821—828、857、870—871。
——私有制(私有财产、私有权)——95、275、672—677、832—833、872—874、876、884。
——独立经营的私有制转化为资本主义私有制——872—875、876。
——资本主义生产资料所有制——216、383—384、455、672—677、

717—723、757、842、872—874、876、884—887。
——废除生产资料私有制的客观必然性——872—874。
——生产资料社会所有制(公有制、人民财产)——95、388、413—414、832、872—874、880、884。
——共产主义社会中的生产资料所有制——96—97、874。
——和阶级——820—824、870—874。
——和异化——658、674—677。
——资产阶级的私有制观点——876。并见**土地所有制**。

生活资料
——概述——48、96、199—200、208、214、512、670、690、878。
——生活资料在资本主义制度下的商品形式——506、857。
——生活资料的价值——199—201、250、364—367、593、597、619。
——作为可变资本的实物形式——383、655、659—661、670、672、705、855。
——必要的生活资料——200—201、364—371、593。
——必要的生活资料的降价——366—368、467。
——和劳动力的再生产——196、198—202、249、658—661。

生活资料的掺假——203、288—292、694。

生息资本——181、192。
——资本主义前的形式(高利贷资本)——171、191、583、860。

剩余产品——33、265、670—672、690—691、697、714、729、809。

剩余价值
——概述和定义——176、242、245—246、251。
——剩余价值的产生——192—193、242、247—248、467—469、670、687。
——关于剩余价值的产生的庸俗理论——184—190、223—225、239—240、241、251、258—264、596、682—691、701。
——剩余价值是剥削社会的各种经济形态的特征——251。
——剩余价值的生产是资本主义社会的决定目的——177—181、217—218、222—228、251、265、269、273、344、384、467—468、582—583、683、714。
——剩余价值率——见**剩余价值率**。
——剩余价值量——351—355、468、702—703。
——剩余价值量取决于劳动力的价值——593—594。
——剩余价值的转化形式——33、177、272—276、583、598、611、651—652、679—681、688、691、809、871。
——剩余价值转化为资本——668、672、676—681、743。

并见**绝对剩余价值、相对剩余价值、超额剩余价值**。
剩余价值规律
——作为资本主义的经济运动规律——9—10、714。
剩余价值率
——定义——249、251、609。
——剩余价值率的各种公式——607—611。
——计算剩余价值率的方法——252。
——提高剩余价值率的条件——252—253、691、697。
——和剩余价值量——351—356。
剩余劳动
——概述——251、266、608—610、716。
——作为各种经济的社会形态的特征——251、272—276。
——作为利润的源泉——632。
——剩余劳动的早期形式——274—275、583—584。
——榨取剩余劳动的条件、手段和方法——286—287、369—371、406、583—589、697—698。
——剩余劳动量的规定——363—366。
剩余劳动时间
——和必要劳动时间——250—251、266—269、272—275、364—366、369、372—373、406、427、583—587。
——和自由时间——269—270、305—306。
什一税——54、95、254。
实际工资——603、646。
实践——见**理论和实践**。
使用价值
——概述——48、50—52、54—55、59—60、62、104—107、178、183、185—186、212—214、220、224、227、241、670。
——货币商品的使用价值——109。
——劳动力的使用价值——195、201—208、216、225—226、228、370。
——和价值——48—49、59—60、227—228、235—237、239—240、243—244。
氏族和家庭——95—97、407、563。
市场
——概述——126—128、158、205、522。
——作为资本主义生产的条件——172、519、669。
——市场的扩大——528、543、729、859。
——国内市场——147、811、854—859。
——世界市场——147、166—169、171、273、410、441、522、524、747、753、860。
——资本家争夺市场的斗争——518—520。
——市场商品充斥——522、524。
——和交通运输工具——519。
世界贸易——166—169、512。

并见**对外贸易**。
手工业生产——345、374、388、391—406、413—415、421—422、439—440、485—486、518、536—546、564、576。
私人劳动——55、74、83、90—93、97、114。
思维形式——74、621。
并见**社会意识**。
所有制——见**生产资料所有制**。

T

特殊——见**一般、特殊和个别**。
体力劳动——见**脑力劳动和体力劳动**。
通货学派——716。
同一和差别——62—65、67、135、716。
并见**对立、矛盾**。
统计学（资产阶级的）——314。
投机——176、223、243、311、685、769、865—866、886。
土地
——作为人类劳动的一般对象——208—209、703。
——作为劳动资料——209—210。
——作为一切财富的源泉——56—57、579—580、697。
土地肥力
——作为劳动生产率的因素——586—587、603、718。
——资本主义制度下对土地肥力的掠夺——277、307、579—580。
土地收益递减规律——580。
土地所有制（土地所有权、地产）——12、17、100、171、423、651、687、776、778、817—819、824、852、855。
土耳其——165、533。
托拉斯——723。

W

唯物主义
——历史唯物主义——见**唯物主义历史观**。
——抽象的自然科学的唯物主义——429。
唯物主义历史观——8—13、99、210、344—345、429、560—562、683、704、710—711。
乌得勒支和谈——870。
无产阶级
——无产阶级作为资本主义掘墓人的历史作用——18、874。
——无产阶级随着资本的积累而扩大——522—523、579、708—710、713、719、874—875。
——“无产者”这个概念的经济学含义——709。
——流氓无产阶级——741。
并见**工人阶级、农业工人、工人阶级的斗争、工人阶级的贫困化**。
无产阶级专政——561—562、874。
物化
——社会关系的物化——71—73、89—

102、109—113、127—129、134、135、877—878。
——物的人格化和人格的物化——90—92、135。
——社会关系的物化在共产主义制度下的扬弃——96—97。
并见**拜物教**、**对象化**。
物质性
——实践的对象性活动的物质性——207—208、211。
——社会关系的物质性——10、63—67、72—73、83—84、88—97、134。

X

西班牙——34、588、861、870。
希腊(古代)——75、99—100。
现象——见**本质和现象**。
宪章运动——见**工人阶级的斗争**。
相对价值形式
——相对价值形式的实质——63—67。
——相对价值形式的量的规定性——67—70。
——商品价值的变化对相对价值量的影响——67—69。
——和等价形式——62—63、67—68、70、82—85、107。
相对人口过剩
——相对人口过剩的实质和原因——310—311、495、519、604、727—730、732—734、881。
——相对人口过剩的形式——738—742。
——相对人口过剩的作用——519、561、727—733、736—738。
——和工业周期的阶段——730、734、737。
相对剩余价值
——定义——366。
——相对剩余价值的生产方法——365、368—369、373、471—472、583—584。
——相对剩余价值的生产对劳动的技术过程的影响——583。
——和绝对剩余价值——583—584。
——和劳动生产力——366、371—372、471—472。
——和必要劳动与剩余劳动二者之间的关系——369—370、583。
——和工场手工业分工——421—422。
消费
——个人消费——214、659—662、705。
——生产消费——214、228、241、377、659—661、680—681。
——资本家对劳动力的消费——214—217、659—661、679—681。
消费基金
——资本家的消费基金——654、670、680、697、703。
——工人的消费基金——692、696、714、847。
消费资料——659—660。

并见**生活资料**。

小资产阶级的社会主义——103—104、106、678。

协作

——概述和定义——378、446、872。

——协作的起点——382—383、388、417。

——协作的意义和对个体劳动形式的优越性——378—384。

——决定协作规模的因素——382—383。

——协作发展的结果——382—383、417。

——协作的初期形式——388。

——简单协作——389、417、418、443。

——资本主义协作——382—387、388—389、582、719。

——对大规模协作下的劳动过程进行社会调节的必要性——384、488。

——协作是农业中大革命的因素——494—495。

信贷(信用)

——信贷产生和发展的条件——156—157、161—162、163—164、685、722。

——信用货币——149、163、865。

——公共信用——864—867。

——国际信用——866。

——古罗马的信贷——159。

——中世纪的信贷——159、161。

——作为资本原始积累的因素——864—866。

——资本主义生产过程中的信贷——202—204、722、729、730。

——工人给资本家以信贷——202—204、592。

形而上学——19。

——经济学辩护论者的形而上学——19、93、98—99、136。

并见**抽象**、**唯物主义历史观**。

形式——见**内容(实质)和形式**。

需求和供给

——供求规律——见**经济规律**。

——供求一致——184、616。

——和劳动力——57、708、732—738、846—847。

——和工资——353、616—617、620、708、732—737、846—847。

需要

——概述——47—48、56、587—588。

——作为历史的产物——153、199、269。

——需要的社会制约性——153—154、199、269。

——新的需要的产生和满足——127—128、512、585—586。

——需要的范围——153—154、412。

——自然需要——199、586。

——社会需要——90、127—128、412、708。

——个人需要——91、107、153—154、269。

——雇佣工人的需要——199。

——生产需要——426、441。

——和交换——74、104—107、127—128。
——和生产——56、94、96—97、127—128、154、211、215、272、412、585。
——和消费——175。
——和劳动生产力——585—586。
——和分工——90、94—96、127、412。
——和气候——199、587—589。

Y

鸦片战争——861。
雅典(古代)——100、423。
亚洲——165、189、387、415、518。
徭役——95、273—276、619、656。
一般、特殊和个别——75—85、95、105、107、109、156、179、198、207、407—408。
——抽象的一般的形式——99。
一般等价形式(等价物)——84—87、105、107—109、111、127。
异化
——异化的根源——90—93。
——资本主义制度下经济领域内的异化——59—60、356—360、375—377、382—387、417—420、485—491、497、579、653—662、690、702、717、743—744、872—874。
——克服异化的条件——872—874。
——和生产资料所有制——384—387、655—659、665—667。
意大利——34、533、588、823。
意识形态
——概述——97、702。
——资产阶级的意识形态——16—18、98—101、108、136、204—205、412—413、429、508—509、515、877—878。
——小资产阶级的意识形态——85、101—102、106。
银——见**金和银**。
银行——150、162、167、168、170、865—866。
银行券、纸票——149—150、162、164。
印度——55、154、158、381、388、413、438、450、496、519、588、690、862、862—863。
英国
——概述——8、10、16—18、34—35、276—278、320、326—327、345—346、430、433、436、747。
——资本的原始积累——495、824—853、859—871。
——货币制度和银行制度——117—118、119—120、167、865—866。
——工业——278、320、345—346、433、498—501、522—527、535—540。
——城市——759—765。
——农业和土地关系——495、775—776、778—781、786—789、824—825、830—831、852—854、857—858。

——对外贸易——519—524、528、861—862。
——奴隶贸易——870。
——资本输出——706。
——殖民制度——861—864、868。
——人口——510—511、513—514、726—728、747。
——劳动者状况——203、276—304、320—344、453—463、470—480、496、523—527、532—546、662—667、692—696、753—754、757—819、848。
——工人运动——203、321、326、329、337、345—346、492—493。
——立法——276—277、311—314、320—346、488、562—570、576—577、776、829—831、843—850。
英国资产阶级革命(17世纪)——827、830、858—859。
语言——91。
原料——209、212、213、236、416。
运动
——概述——125—127、131—135、141—146、169、173—179、651、734。
——运动形式——124—125、137、179—181、182、734。
——资本主义生产的运动方法——734—735。
并见**发展**。
运输——441、519、551—552、862。

Z

再生产
——概述——165、653、690、699—700。
——资本主义制度下再生产的特点——653—654、729—730。
——生产关系的再生产——165、658—660、665—667、670、709、716、821。
——劳动力的再生产——198—199、242、250、367、405—406、658—662、665—666、670—671、708—710、714。
——不同经济部门中再生产的特点——698。
并见**简单再生产**、**扩大再生产**。
债役——196。
占有
——对自然的占有——56、207—208、214—215、582。
——通过劳动的占有——56、207—208、214—215、581—582。
——不付等价物的占有——444、655—657、668—678、706。
——和所有物——216、218、655、668—678。
政治和经济——见**经济和政治**。
政治经济学
——政治经济学的历史——422、711—714。
——政治经济学的对象——7—8、10。

——马克思主义政治经济学的方法——见**马克思主义政治经济学的方法**。
——资产阶级政治经济学概述——16、17—18、703—706、711—714、730、876—877。
直接的社会劳动——74、95—96、114—115。
殖民理论——876—887。
殖民制度——519、861—864、868。
纸币
——纸币的强制流通——149、152。
——纸币流通的规律——150。
质和量
——概述——48—53、56—57、98、105—113、122—123、156—157、175—177、220—221、265—266、267—269、374—383、391、422、429—432、436—443、523、653—655、668—678、720—724、820—823、872—874。
——量变到质变的转化——77—78、358、374—384、671—678、820—823、872—874。
——和度——87—89、92、96、114、150、357—358。
中国
——概述——88、149—150、154、438、861、862。
——纸张生产——438。
中介（中间环节、中项）
——概述——153、160、173、191、213、354。
——中介运动——112、127、652。
中世纪——94—95、100、159、161、272—279、358、388、394、415、448、494、583、822、854、859、864。
种姓
——印度的种姓制度——394。
——埃及的种姓制度——424、588。
重农学派——101、190、223、372、583、611、617、681、877。
重商主义——76、99、168、181、590。
主体和客体（主观和客观）
——资本主义生产过程中主体和客体的关系——178、179—180、482—490、578—580、659。
铸币——147—152、164。
资本
——概述和定义——177、181、191、269、305—307、311、358—359、658、768、877—878。
——资本的历史——171—172、191—194、196—199、216、383、586、860、865—867、872—874。
——资本的总公式及其矛盾——171—194。
——资本从一个部门流入另一个部门——729、736。
——资本的运动和矛盾——383—387、508、532、576、651、738—739。
——使用的资本和消费的资本——701。
——和工资——692—698。

资本的技术构成——707—708、710、718—721、724。

资本的价值构成——707、718—719。

资本的有机构成——355、510、517、707、718—719、725—727、729、847。

资本的原始积累

——概述——656—657、720、820—823、886。

——原始积累的要素——821—823、827、847、860—861、864—868、872—874。

——强行驱逐农民离开土地——494、823—842、880。

——地主对公有地的掠夺——832—836。

——对资本的原始积累方法的评述——842、859—862、867—871、886。

资本对劳动力的剥削——583。

——剥削的经济实质——384。

——剥削的内涵量和外延量——713—714。

——剥削程度的表现——250—254、607—611、692、698。

——和生产的无政府状态——550。

资本积聚——358、387—388、549、576、720—724、864。

并见**资本积累**。

资本积累

——概述——668、670—671、676—678、683—685、708—709、712—716、720—722、743—744、757—758。

——资本积累的必要条件、源泉和因素——651—652、670、672—673、691—692、696、697—701、717、722—723。

——资本积累的结果和后果——720—722、724、725—729、732、743—744。

——农业中的资本积累——697。

——资本积累的历史趋势——872—875。

——和工人阶级的状况——695、708—710、712—715、725—729、732—734、743—744、757—758。

——和商品生产的规律——677。

并见**资本积聚**。

资本集中——721—724、874。

并见**资本积聚**。

资本家

——概述——10、29、178、357—358、375—377、386—387、652、732。

——作为人格化的资本——178、269、359、683、685。

——作为资本主义生产关系的承担者——9—10、178、311—312、683。

——资本家的职能——217—218、227—230、385—389、683。

——工业资本家——569、596、688、822、855。

——工业资本家的产生——859—860。

——占有剩余价值是资本家行为的目的——178—179、217—218、279—

281、304、305—306、370—373、467—468、635—640。
——资本家的致富欲和挥霍欲——179、683、757—758。
——资本家对剩余价值和利润的产生的看法——258—265、616—619、688—689。
——资本家同货币贮藏者的区别——179、686。
并见**资产阶级**。
资本家阶级——见**资产阶级**。
《资本论》（卡·马克思著）
——对象和方法——7—8、10、14、19—23、24、47—48、57—58、93、99—100、111—112、171、192、197、743。
——对工人阶级的意义——34。
——资产阶级对《资本论》的态度——18。
——外国译本——19、24、27、28、31—32、36。
——《资本论》的历史——7、14—15、18—19、27、28—29、32、36。
资本输出——706、881。
资本主义经济规律
——作为自然史的规律——604。
——作为竞争的强制规律——312、368、370、412、451、683。
——价值规律是资本主义生产的内在规律——355、370、412、601、615、645。
——剩余价值规律是资本主义生产方式的一般运动规律——8—9、714。
——资本主义积累的一般规律——710、714—716、724—726、736—737、742—743、753、757—758、797—798。
——竞争规律和资本主义生产的无政府主义状态——412—413。
——土地产量递减规律——580。
——资本主义的人口规律——21、716、726—728、734—737。
——资本的积聚和集中规律——721—724、873—874。
——商品生产的所有权规律转变为资本主义占有规律——673—675、872—874。
——工资规律——623、644—645。
——资产阶级关于资本主义经济规律的观点——21、735—736。
资本主义生产
——概述——204、307、311—312、356—360、404—405、485—488、581—583、610、656—660、676、713—715、731、742、774、821。
——资本主义生产的起点和前提——171、197—198、356—358、374、388—390、402—410、658、719—721、821—823、872—874、886—887。
——资本主义生产的最初萌芽——823。
——资本主义生产的决定目的——

177—180、217—218、223—228、251、265、269、297、307、344、357、371—372、384、427、582、680、708—709、714、867。
——资本主义生产的发展——310—312、382—385、387、409—410、416—418、437—445、470—472、485—487、492—498、515—518、529—531、542—543、562—563、576—577、685、694、719—724、726—735、846、867—868、886—887。
——资本主义生产的周期性——522、729—735。
——和价值规律——354—356、368—373、412、599—600、613—615。
——和劳动生产率的发展——366—367、371—373、387—389、416—417、421—422、443—444、463—469、471、486、497—498、529—530、578—580、586、697—699、719—720、732、743、872—874。
——和资本积累——668—691、697—699、719—735。
——和社会化——392—393、397—402、409—413、443—446、487—488、510—512、544—546、576、719—724、872—874。
资本主义生产的无政府状态——204、412—413、550、576、605。
资本主义生产方式
——概述——18、47、75、99、123、191、196—199、204—205、229—231、348—350、370—371、385—386、560、563—564、605、610、714—715、717、719—721、725、732、874、880。
——资本主义生产方式的对抗和矛盾——8、18、23、135、204—205、336—337、384—386、412—413、468—469、495、508、513、582、605、743—744、757—758、874。
——资本主义生产方式的历史必然性——388—389、578—579。
——资本主义生产方式在历史上的暂时性——10—13、16、33、560—562、674、683、874。
——和封建主义——822。
资产阶级(资本家阶级)
——概述——17、190、512、778。
——资产阶级的历史作用——559—564、685—688。
——资产阶级的意识形态——见**意识形态。**
——资产阶级的阶级利益——9—10、272—273、276—277、301—307、321—341、564、660—666、832。
——和对工人阶级的剥削——268—271、277—287、291—296、316—323、324—326、335—336、359—361、478—480、549—550、562—567、654—657、767—769、777—778。
——和国家、法——259、276、305—

306、311—314、318—349、484、548—549、846—851。
并见**资本家**。
资产阶级革命——826、831—832。
——资产阶级革命的客观必然性——821—823、872—874。
资产阶级古典政治经济学
——概述——16、98—99、504、507、616—617、620—622、649、706、711—713。
——资产阶级古典政治经济学对某些经济范畴分析的特点——33、60、98—99、168、174、193—194、198、238、356、404、411、419、445、583、590、595—598、618—619、679—682、686—687、692、700、703、709、717、728。
资产阶级社会——8、47、57—58、75、99、140、153—157、166、190、202—205、409—413、553、605、676—681。
并见**资本主义生产方式**。
资产阶级庸俗政治经济学
——概述——17—18、70、76、98、136、176、179、184—185、188、205、215、217、223—225、353、356、504、515、618—619、648—649、678、701—706、716、735—738、820—822、878—881。
——资产阶级庸俗政治经济学关于剩余价值的理论——184—190、223—225、239、241、251、258—265、596、684—690、701—702。
自然
——作为劳动的根本条件——207—211、215。
——作为劳动生产力的自然条件——53、445—448、585—589、718。
——和人以及人对自然的统治——56—57、96—97、199、207—211、215、428—429、448、508、579—580、585—589、696、872—874。
——和社会——56—57、97、215、429、578—580、587—589、872—873。
——和劳动——56、96、207—209、215、444—448。
并见**土地**。
自然规律——92、394、414、444、604。
自然经济——95—96、153—154、857。
自然科学——29、443、444。
——自然科学知识在资本主义生产过程中的应用——443—444、531、559—560。
并见**科学**。
自然力——428、443—444。
——作为生产力——53、56、444—445、487、586—589、720。
——自然力对劳动生产力的影响——444—445、702。
——自然力在资本主义生产过程中的应用——444—445、720。
——和价值形成——444。
——和机器生产——428—432、444—445、487。

自由（资产阶级的）——195、197、198、204、457、619、673、851。

自由贸易

——概述——17、278、324—327、747、781、859。

——自由贸易论者——76、134、205、336、340、537、553、859。

——自由贸易对工人阶级的损害——288、340、536—537、553、764。

自由人联合体——见**共产主义**。

自由时间

——作为人发展的基础——306—307、605—606。

——和剩余时间——306—307。

宗教——90、97—99、306、429、712—713、717、854。

宗教改革——828—830。

综合技术学校——561。

租地农场——749、780、795—796、799、818、833。

——租地农场的集中——780、796、804、818、834—835。

租地农场主、租地农民——357、666、694、695、747、775—777、780、795—802、824、832、852—855、859。

计量单位和货币名称表

重　　量

1吨(Ton英国)	=20英担	1016.050公斤
1英担(Hundredweight英国)	=112磅	50.802公斤
1英担(Hundredweight美国)	=100磅	45.360公斤
1夸特(Quart)	=28磅	12.700公斤
1英石(Stone)	=14磅	6.350公斤
1磅(Pound)	=16盎司	453.592　克
1盎司(Ounce)		28.349　克
金药衡		
1磅(Troy pound)	=12盎司	372.242　克
1盎司(Troy ounce)		31.103　克
1格令(Grain)		0.065　克

长　　度

1英里(Mile)	=5280英尺	1609.329　米
1码(Yard英国)	=3英尺	91.439厘米
1码(Elle德国)		66.690厘米
1英尺(Foot)	=12英寸	30.480厘米
1英寸(Inch)		2.540厘米

面　　积

1英亩(Acre)	=4路得	6.0703市亩
		40.47　公亩
		4047.0　平方米

1路得(Rood)	1011.7平方米
1公亩(Are)	100.0平方米
1摩尔根(Morgen)	2523.0平方米

容　　量

1蒲式耳(Bushel)	=8加仑	36.349升
1加仑(Gallon)	=8品脱	4.546升
1品脱(Pint)		0.568升

货　　币

1镑(英国金币)	=20先令
1先令(英国银币)	=12便士
1便士(英国铜币)	=4法寻
1法寻(英国铜币)	$=\frac{1}{4}$便士
1基尼(英国金币)	=21先令
1索维林(英国金币)	=1镑
1法郎(法国铸币)	=100生丁
1利弗尔(法国银币)	=1法郎
1生丁(法国辅币)	$=\frac{1}{100}$法郎
1塔勒(德国银币)	=3马克
1马克(德国银币)	=100分尼
1格罗申(德国银币)	=12分尼
1分尼(德国铜币)	$=\frac{1}{100}$马克
古尔登(德国和荷兰金币)	
德拉马(希腊银币)	
瑞斯(葡萄牙铸币)	
马拉维第(西班牙金币)	
杜卡特(欧洲金币,起源于意大利)	

第一卷编审人员

译文校订

周亮勋　王锡君　张钟朴

题注和说明

韦建桦　顾锦屏　张钟朴　王学东

柴方国

资料审核和修订

蒋仁祥　章丽莉　王栋华　胡永钦

章　林　刘洪涛　沈　延　刘　英

朱　羿　李　楠　李朝晖　闫月梅

金　建　程雨凡　姜　颖　孙晓迪

全卷译文和资料审定

周亮勋

责任编辑：曹　歌
艺术顾问：宁成春
封面设计：肖　辉　林芝玉
版式设计：汪　莹

图书在版编目(CIP)数据

资本论(纪念版) 第一卷／马克思著；中共中央马克思恩格斯列宁斯大林著作编译局编译.—北京：人民出版社，2018.3(2021.12重印)

ISBN 978-7-01-018906-2

Ⅰ.资…　Ⅱ.①马…②中…　Ⅲ.马克思著作-马克思主义政治经济学　Ⅳ.①A123

中国版本图书馆 CIP 数据核字(2018)第 030599 号

书　　名	资本论（纪念版） ZIBENLUN JINIANBAN 第一卷
编 译 者	中共中央马克思恩格斯列宁斯大林著作编译局
出版发行	人民出版社 (北京市东城区隆福寺街 99 号　邮编 100706)
邮购电话	(010)65250042　65289539
经　　销	新华书店
印　　刷	北京盛通印刷股份有限公司
版　　次	2018 年 3 月第 1 版　2021 年 12 月第 5 次印刷
开　　本	787 毫米×1092 毫米 1/16
印　　张	71.5
字　　数	940 千字
插　　页	2
书　　号	ISBN 978-7-01-018906-2
定　　价	145.00 元